HISTOIRE
DV DIFFEREND
D'ENTRE LE PAPE BONIFACE VIII.
ET PHILIPPES LE BEL
ROY DE FRANCE.

Où l'on voit ce qui se passa touchant cette affaire, depuis l'an 1296. iusques en l'an 1311. sous les Pontificats de Boniface VIII. Benoist XI. & Clement V.

ENSEMBLE LE PROCES CRIMINEL FAIT A BERNARD EVESQVE DE PAMIEZ L'AN MCCXCV.

Le tout iustifié par les Actes & Memoires pris sur les Originaux qui sont au Tresor des Chartes du Roy.

A PARIS,

Chez SEBASTIEN CRAMOISY Imprimeur du Roy & de la Reyne.
Et GABRIEL CRAMOISY ruë S. Iacques aux Cicognes.

M. DC. LV.
AVEC PRIVILEGE DV ROY.

AVERTISSEMENT AV LECTEVR

Sur la publication des Actes entre le Pape Paul V. et le Roy Philippe le Second.

AMY LECTEVR,

AVERTISSEMENT
AV LECTEVR
Sur la publication des Actes entre le Pape Boniface VIII.
& le Roy Philippes le Bel.

MY LECTEVR, *les deux editions publiées en cette ville és années* 1613. *&* 1614. *des Actes du differend entre le Pape Boniface VIII. & le Roy Philippes le Bel, estoient si defectueuses, qu'elles ne pouuoient pas satisfaire la curiosité de ceux qui desiroient estre pleinement instruits de toutes les occurrences d'vne histoire si remarquable; veu qu'elles ne comprenoient que la moindre partie de ce qui s'y estoit passé. Celle que nous te donnons maintenant contient vne augmentation si notable, que la seule inspection du volume, & la lecture de l'inuentaire des pieces se feront connoistre la verité de ce que ie te dis. Ie ne doute pas neantmoins, comme les sentimens des hommes sont differens, qu'il ne s'en trouue qui diront, que la memoire de cette querelle deuoit estre plustost ensevelie dans l'oubly, que déterrée des anciens monumens, puisqu'elle a produit tant de confusions par le conflit de la puissance spirituelle auec la temporelle, du Pere spirituel & Chef de l'Église, auec celuy qui porte le titre de Roy Tres-Chrestien, & qui en est le Fils aisné & le protecteur. Cette obiection auroit quelque force, si les histoires des guerres & calamitez passées estoient plustost écrites pour conuier les viuans à en entreprendre de semblables, que pour les en détourner. Aussi l'intention de celuy qui a recueilly & disposé cet ouurage, n'a pas esté de*

AVERTISSEMENT

commettre ces deux Puissances l'vne contre l'autre, n'ignorant pas de quelle importance a esté, & sera tousiours d'entretenir vne entiere & parfaite intelligence entre le S. Siege & ce Royaume, n'estant nullement son dessein d'employer la puissance spirituelle pour ruiner la temporelle, ny celle-cy pour abbatre la spirituelle. Ses sentimens ont tousiours esté reglez selon la doctrine Chrestienne & Catholique. Il sçauoit quels sont les limites de ces deux puissances, qu'il a tousiours reuerées, comme ordonnées de Dieu dans le monde pour conduire les hommes dans la societé ciuile, & les tenir dans la communion de son Eglise. Il a creu au contraire qu'en representant auec sincerité & candeur tout ce qui s'est passé en ce grand differend, il feroit naistre dans l'esprit de ceux qui pourroient donner occasion à de semblables mouuemens, vne auersion contre des entreprises qui trainent aprés soy de si dangereuses suites.

Il est vray aussi qu'estant nay François, & éleué dans cette Monarchie, pour la conseruation des droits de laquelle il a employé tous ses soins & tous ses trauaux, il a creu estre obligé de faire paroistre à tout le monde la iustice de la cause du Roy Philippes le Bel, & de le defendre contre les fausses imputations & calomnies des Ecriuains tant anciens que modernes, partisans du Pape Boniface, qui ont donné, & donnent tous les iours des applaudissemens & des loüanges à ses entreprises, & noircissent la memoire d'vn des plus illustres de nos Rois, qui n'a eu autre dessein en tout ce grand démeslé, que la manutention des prerogatiues & des immunitez de sa Couronne, que l'humeur violente, & l'ambition demesurée de Boniface vouloit vsurper, en soustrayant de son obeïssance les Ecclesiastiques de son Estat, s'attribuant sur eux vne autorité qui ne luy appartenoit point, & passant au delà des bornes que Dieu luy a prescrites; luy rendre enfin son Royaume, qu'il tient immediatement de Dieu, tributaire; estant certain qu'vn Prince seculier qui reconnoist vn superieur en ce monde, n'est point Prince souuerain, mais ministre ou vicaire d'autruy. Que si l'on remarque dans quelques écrits qui furent publiez de la part du Roy trop de chaleur, & trop d'impetuosité dans les actions des accusateurs

AV LECTEVR.

de Boniface, (choses qui sont ineuitables, quand on a vne fois passé les bornes de la moderation) l'on verra aussi les mesmes defauts dans celles du Pape, & de ses fauteurs & adherens. L'issue pourtant a monstré que la cause du Roy, qui s'est tousiours conseruée auec ses suiets dans l'vnion de l'Eglise, estoit la plus iuste, puisque ses successeurs Benedict XI. & Clement V. ont receu en bonne part toutes les iustifications qu'il leur fit representer par ses Ambassadeurs de ce qui s'estoit passé en son Royaume, touchant le different qu'il auoit eu auec Boniface, à quoy ses mauuaises actions & violentes procedures l'auoient obligé : & casserent & annullerent toutes les Bulles qui blessoient en quelque façon sa personne, & les droits de sa Couronne. Le premier de son propre mouuement, le Roy ne le requerant point, luy donna l'absolution de toutes les sentences & excommunications, ausquelles il pourroit estre encouru, & fit le méme à l'egard des Ecclesiastiques, Prelats, Barons & autres de son Royaume qui y pourroient estre compris. Et le Roy de son costé, pour correspondre à cette bonne volonté, & monstrer que ce n'estoit point du S. Siege, dont il auoit tousiours esté tres-respectueux & deuot fils, qu'il se plaignoit, mais seulement de la personne de Boniface, se conioüit aussi tost auec sa Sainteté de son exaltation au Pontificat, & luy enuoya des Ambassadeurs pour demander en son nom l'absolution de toutes les excommunications qu'il pouuoit auoir encouruës. Clement qui succeda à Benedict, confirma tout ce que son predecesseur auoit fait ; adiousta mesme de nouuelles graces aux precedentes, declarant par sa Bulle du 27. Auril, que ny à luy, ny à ses successeurs, en la poursuite qu'ils feroient pour le fait de Boniface contre les François, il ne seroit permis de toucher en aucune façon le Roy de France, qui a esté iugé auoir eu vn bon zele en cette affaire. Vne chose aussi qui est tres-remarquable, & qui fait paroistre combien la cause du Roy estoit estimée iuste par tous ses suiets, & les entreprises de Boniface tres-iniques : c'est que les Princes du Sang, les Grands du Royaume, qu'on appelloit lors Barons, les Parlemens, tous les Prelats, les Gentilshommes, & bref toutes les Villes & les Communautez

ã iij

AVERTISSEMENT

du Royaume, tant Ecclesiastiques, que Regulieres, & Seculieres, se ioignirent à ses interests, adhererent à son Appel au futur Concile, & generalement à toutes qu'il auoit fait contre Boniface; & en enuoyerent les actes au Roy auec leurs seaux, qui se conseruent encore dans le Tresor des Chartes du Roy, au nombre de pres de sept cens: preuues certaines de l'amour & de l'obeyssance qu'ils luy portoient. Ce qui est plus amplement deduit dans la collection de ces Actes, où l'on a trauaillé auec toute la sincerité & candeur que l'on se peut imaginer, n'ayant esté rien obmis de ce qui a esté fait, tant de la part de Boniface, que du Roy Philippes le Bel. De sorte que le Lecteur ayant fait l'examen de toutes ces pieces, en pourra faire le iugement tel qu'il luy plaira; celuy qui les a recueillies n'y ayant rien apporté du sien, que le soin de les donner au public le plus correctement qu'il luy a esté possible, quoy qu'il s'y soit neantmoins rencontré quelques fautes, tant pour la mauuaise écriture de ces Actes, que pour le stile rude, qu'il faut imputer à la barbarie du siecle. Et comme la lecture de ces pieces seroit ennuyeuse à plusieurs pour leur prolixité, il a trouué à propos de faire des sommaires par articles de ce que contient chaque piece, & la conclusion qu'il en faut tirer. Que si l'on doutoit de leur fidelité, par omission, ou autrement, il est aisé d'auoir recours à l'acte entier pour s'en éclaircir.

L'ordre que l'on a suiuy en la disposition de ces Actes, a esté celuy des années, & selon l'ordre des Papes qui ont tenu le Siege durant ce differend. L'on ne peut pas douter de leur foy, ayant esté tirez pour la pluspart du Tresor des Chartes du Roy, & autres lieux publics, dont l'autorité ne peut estre reuoquée en doute. Plusieurs Bulles des Papes ont esté tirées des deux Continuateurs des Annales du Cardinal Baronius, Abrah. Bzouius, & Ordericus Raynaldus Prestre de l'Oratoire de Rome, Auteurs non suspects, & qui ont eu entrée dans la Bibliotheque Vaticane, dont ils ont tiré ces pieces, particulierement le dernier, qui y a trauaillé auec beaucoup plus de diligence. Les témoignages des Historiens, tant manuscrits qu'imprimez, qui ont esté contemporains, ou proches des temps desquels ils ont écrit, n'y ont pas esté obmis.

AV LECTEVR.

Celuy qui a fait cette collection a auſſi iugé à propos de mettre deuant tous ces Actes vne narration continue fort ſuccincte, pour donner aux Lecteurs vne inſtruction pleine & entiere de l'origine & du progrez de toute cette hiſtoire, qui euſt eſté difficile à débrouiller parmy vne ſi grande quantité de pieces. On l'a miſe en Latin pour la commodité de ceux qui n'entendent pas noſtre langue.

Le procés fait à l'Eueſque de Pamiers ſous le meſme Roy fait la cloſture de ce Recueil, quoy que pourtant ſelon l'ordre du temps, il euſt deu preceder, ayant eſté la ſource & la premiere origine de tout ce grand differend, & des maux qui s'en ſont enſuiuis: Mais pourtant on a iugé plus à propos de le mettre à la fin. Ce Roy fut obligé de reprimer l'inſolence de ce Prelat, qui s'eſtoit rendu criminel par pluſieurs attentats, & qui vouloit fouler aux pieds l'autorité Royale, ainſi que l'on pourra voir dans les Actes de ſon procés, qui contiennent des particularitez aſſez notables.

Le Lecteur iugera fauorablement, s'il luy plaiſt, de ce grand & penible trauail, & approuuera le deſſein de celuy qui l'a entrepris, puiſqu'il n'a eu autre but que celuy de ſeruir au public, & de ſatisfaire à ſoy-meſme, en contribuant en ce qu'il a pû, à la conſeruation des droits & des priuileges de cette Couronne.

EXTRAIT DV PRIVILEGE DV ROY.

PAR Grace & Priuilege du Roy, il est permis à SEBASTIEN CRAMOISY Marchand Libraire Iuré, Imprimeur ordinaire du Roy & de la Reine, ancien Consul, & ancien Escheuin de la Ville de Paris, d'imprimer vn Liure intitulé, *Histoire du Differend d'entre le Pape Boniface VIII. & Philippes le Bel Roy de France*, &c. Et ce pendant le temps & espace de quinze années consecutiues. Auec defenses à tous Libraires & Imprimeurs, d'imprimer ledit Liure, sous pretexte de déguisement ou changement qu'ils y pourroient faire, à peine de confiscation, & de l'amende portée par ledit Priuilege. Donné à S. Germain en Laye le 18. de May 1652.

Signé, Par le Roy en son Conseil,

CRAMOISY.

Acheué d'imprimer pour la premiere fois, le 15. de Iuin 1655.

HISTORIA PECVLIARIS
MAGNI ILLIVS DISSIDII INTER PAPAM BONIFACIVM VIII. ET PHILIPPVM PVLCRVM FRANC. REGEM EXCITATI.

Vlla fortaſſe totius Hiſtoriæ Francicæ pars illuſtrior, quámque poſteris tradere magis operæ pretium fuerit, quàm quæ accuratam ingentis illius diſſidij inter Francorum Regem Philippum Pulcrum, & Bonifacium Papam VIII. excitati narrationem continet. Nam non perfunctoriè ſolùm ac leuiter hoc argumentum hiſtoriarum ſcriptores hactenus attigerunt, ſed contraria ſecum ac pugnantia ſæpe loquuti ſunt, aut partium ſtudio abrepti, aut actis authenticis deſtituti. In tantis animorum agitationibus Regem verè fortem ac magnanimum, auctoritatis ſuæ ſummíque imperij iura fortiter defendentem videmus, Clero regni ſui, Nobilium ac plebeiorum Ordinibus in eius propoſitum animosè conſpirantibus, qui inuicto infractóque animo antiqua regni iura patriǽque libertatem tutati ſunt, nec ſe vanis fucatíſque verborum præſtigiis ac ſophiſticis diſtinctionibus à veritate prorſus alienis, vt vltimis hiſce temporibus tribus regni Ordinibus contigit, ductari ac tranſuerſos auferri ſe paſſi ſunt. Ex altera verò parte ſummum Pontificem exhibemus generoſum, bellicoſum, ambitioſum, regnorúmque Chriſtianorum iura inuadentem; non rerum ſacrarum adminiſtratione auctoritatem, quam pacificè repugnantéque nullo integram intactámque retinebat, quærentem, ſed rerum ſæcularium dominationem, quæ nihil ad eum pertinebat; qua de cauſa à ſuis, dominiíque Eccleſiaſtici ſubditis tan-

dem desertus est. Iis artibus quibus ad summum Pontificatum sibi viam
fecerat, quin iisdem Ecclesiæ Christianæ regimini admotus vteretur nemo
dubitabat. Facilitate namque decessoris sui Celestini V. Papæ viri simplicis ac pij abusus, eíque illudens, malis artibus quas omnes historici re-
censent, vt Pontificatu abiret facilè eum adduxit. Ambitu postea pren-
sationibúsque summus Pontifex electus, hunc sanctum virum ad pristinum cremiticæ vitæ institutum redeuntem ex itinere ad se retraxit; magi-
stratúque spoliasse non contentus, durum in carcerem coniectum, in arce
Fumonis Anagniæ vicina ante tempus mori coëgit; veritus ne Celestinus
leuis animi parúmque sibi constantis ad Pontificatum concordibus omnium
suffragiis sibi delatum se reuocari pateretur; sicque periculum ipsi immineret ne vsurpatæ fraudibus dignitatis possessione deturbaretur.

 Quanta semper veneratione Franciæ Reges Ecclesiam summósque Pontifices coluerint, & erga eos omnia pietatis officia exercuerint, quibuscunque notum fuerit, perspectáque rursus Bonifacij Papæ indoles atque
ingenium, ipsi in hanc sententiam facilè concedent, non leues ob causas,
sed vltima necessitate coactum Philippum Regem ad extrema remedia deuenisse; vt vsurpationes eius iniustas, effrænámque dominandi libidinem
coërceret. qui cùm Pontificia auctoritate in perniciem sæcularium Potesta-
tum abuteretur, summum imperij ius sibi vsurpare variis modis tentauerit;
quæ iniuria minimis Regulis nequaquam ferenda, multo minùs Franciæ Regi omnium excellentissimo, potentissimóque.

 Quod animo iamdiu voluebat Pontifex consilium, tam in sacris quàm
temporalibus summum exercendi principatum, non derepente nec vi
aperta aggressus est, sed sensim grassatus occasiones quæ leuis momenti videbantur, vt ad maiora viam sibi sterneret, arripuit. Dissentientes Franciæ & Angliæ Reges ad concordiam reuocare, litésque inter ipsos compo-
nere primum voluit; quem illi pacis arbitrum auctorémque sibi esse ali-
quanto tempore renuerunt, cùm de sæcularibus solummodo rebus ac negotiis, quæ ad ipsius officium dignitatémque minimè spectabant, inter se
contenderent. Verùm cùm hoc in negotio pro Papa se non gesturum signi-
ficasset, sed pacis, cuius se studiosum prædicabat, promouendæ solummodo
causa tanquam priuatum equestrem se obtulisset, ipsius arbitrio se tandem
permiserunt, eiúsque decretis acquieuere. Magnam inde auctoritatem po-
tentiámque in ipsos sibi acquisiuit, in suas partes Regum alterutrum trahere posse sperando, cùm latam priuati arbitri nomine sententiam auctoritate Pontificia tueri ac executioni mandare posset.

 Leuia quidem hæc initia fuerunt & tanquam præludia eorum quæ
postea successere. Cùm enim Vido Flandriæ Comes in Regis offensam,
ob filiam Angliæ Regis filio illo inconsulto desponsatam, incurrisset, præter morem in Francia seruatum, ne proceres matrimonium spreto regio

consensu contrahere possint, ut se unà cum uxore coram Rege sisteret, iussus est; cúmque ambo iussis paruissent, admissa culpa monuit ipsos Philippus, & in custodia habuit; nec priùs dimisit quàm desponsatam Anglo filiam obsidem tradidissent. Libertate potitus Flandriæ Comes, ut eadem gratia filia frueretur, apud Regem egit; sed cùm nihil proficeret Papam sibi conciliauit, & de iniuria sibi à Rege illata ad ipsum prouocauit, Romámque procuratores misit qui appellationem denunciarent. Ad se prouocantem Papa admisit, Episcopúmque Meldensem ad Regem Legatum destinauit, qui ei significaret, ut Flandriæ Comiti satisfaceret; sin minus ad tribunal Pontificium, ad quod Comes appellauerat, se sisteret. Rex irritatus quòd tam inclementer secum ageretur, Legato respondit, Papam nullo iure subnixum dominationis sæcularis regendæ munus capessere velle: Curiam apud se habere, quæ subditis suis beneficiariísque ius diceret: nec se præter Deum quenquam in terris superiorem agnoscere, cui de regni administratione rationem reddere teneretur, idcirco frustra legationem istam obiisse. Re itaque infecta Legatus discessit.

1296.

Hist. M S.

Oudergheft. p. 217.

Pontifex verò consilium promouens Constitutionem edidit, qua Reges Ecclesiasticis grandia tributa imperare, decimas, vicesimas, centesimas aliásue facultatum partes ab ipsis exigere conqueritur; quibus cùm se inconsulto parerent Clerici, vetuit ipsos Principibus quauis de causa quicquam vectigalis sine auctoritate Sedis Apostolicæ soluere, Principésque ab ipsis quicquam exigere, possessionibus eorum manus inijcere, anathematis religionem contumacibus incutiens. Sacris præterea interdixit urbibus ac ciuitatibus quæ tributorum exactioni consenserant: Ecclesiasticos verò ne in eiusmodi subsidiorum pensitationibus Regibus obedirent, simili censuræ notam minatus, prohibuit; eóque prouectus est, ut talem dominandi formam Principibus sæcularibus usurpatam abusum horrendum hac Bulla pronunciauerit.

Anno 2. Pontif. Bulla quæ incipit, Clericis Laicos. Actor.p.14.

Hanc Constitutionem fulminantem, etsi verbis indefinitis conscriptam, nullóque singulari Principe designato, ad se tamen pertinere Rex existimauit, cùm à regni sui Clero pecunias exegisset ad belli, quo premebatur, sumptus sustinendos; qua de causa omnes extraneos in regnum ingressu omnique commercio edicto prohibuit.

Exeunte eodem Pontificatûs sui anno, aliam Bullam publicauit, qua Regem de errore suo monitum acerbè corripuit, minásque ipsi intendit: eius subditis tale edictum valdè damnosum ostendere conatus. Cùm sub omnium porro extraneorum appellatione Ecclesiastici comprehendantur, temerè ac stultè Regem fecisse, cùm in eos sæcularibus Principibus nulla sit attributa potestas; quin potiùs ex hoc contra libertatem Ecclesiasticam veniendo, in excommunicationis sententiam promulgati canonis incurrisset. Non tamen præcisè statuere in Bulla sua quin pro defen-

Libro C. p. 12.

a ij

1296. sione ac necessitatibus regni ab Ecclesiasticis personis pecuniarum subsidium non praestetur; quin imò censere vbi grauis necessitas immineret, calices, cruces, aliáque vasa sacra Ecclesiarum ministeriis dicata vendi ac distrahi posse, sed id sine speciali eius mandato fieri non debere. Subiiciebat denique Adolphum Romanorum Regem, occupatas à Rege Franciae vel praedecessoribus suis ciuitates ad Imperium pertinentes cum instantia conqueri. Idem quoque de nonnullis Vasconiae terris Eduardum Angliae Regem asserere; non declinare illos Apostolicae Sedis iudicium; cùmque super iis Philippum Regem nostrum grauiter peccare asserant, de hoc iudicium ad eandem Sedem, quae omnibus potestatibus praeeminet, pertinere neminem dubitare posse. Declarat tandem Episcopum Viuariensem ad Regem destinasse, qui Bullam suam ferat, & praemissa viuae vocis oraculo exponat, mentémque suam exprimat, eum rogans ne se facilem ac tractabilem nimis perfidis consiliariis praebeat, sed consiliis suis sibi & regno salutaribus potius acquiescat. Caeterum vt libertatem Ecclesiasticam protegat, extremum vitae suae diem martyrio coronaturum esse in Bullae vltima clausula asserit.

Actor. p. 21. Hac Bulla offensus nec immeritò Rex responsum dedit, quod ad nostra tempora integrum peruenisse haud verisimile est, cuius tamen reliquiae ac fragmenta notatu digna sunt. In eo itaque, dum de re ipsa disserit, equorum traductionem, arma, pecunias, mercésque omnigenas transuehi, regnóque exportari citra voluntatem suam sine exceptione vetuisse profitetur, vt cuius merces eiusmodi essent, Clerici vel aliùs omnibus innotesceret. Ecclesiasticos deinceps ad suppetias Regi ferendas obstrictos esse probat, ad sumptus belli, quo ab Anglis & Germanis premebatur, sustinendos. Quódque Deum in veritate adoret & colat, Ecclesiam veneretur & eius ministros protestatur, verùm omnium mortalium minacia verba se contemnere praedicat. Caeterum Ecclesiasticos sibi solis hanc libertatem Ecclesiasticam, in quam per Christum à peccati iugo asserti ac vindicati sumus, adrogare non posse. Plura esse libertatis capita singularia, quae solis Ecclesiae ministris peculiaria sunt, quaeque originem à summorum Pontificum constitutionibus, Regúmque ac Principum indulgentia ac liberalitate originem ducunt.

Actor. p. 26. Archiepiscopus Rhemensis, suaeque diœceseos Episcopi & Abbates Papae per literas tunc temporis significarunt, Regem regníque Barones in ea sententia stare, eámque tueri paratos, omnes Regis subditos omissa ac remota omni priuilegiorum mentione, suppetias ad patriae defensionem ferre debere. Imprimis verò feudatarios ac beneficiarios, tam ipsos quàm caeteros Antistites, quorum aliqui praestitâ propter feudum acceptum fide obligantur; cunctos verò ferme ad Regem regnúmque protegendum, ipsiúsque iura tuenda iureiurando obstringi. Pontificem etiam enixè rogarunt, vt querelarum causas rescinderet, ne lapsu temporis difficiliora negotia emergerent. Itaque Pontifex siue facti pœnitentia ductus, siue Regis, regnique Episcoporum rationibus cedens, anno sequenti suíque Pontificatus tertio Bullam promulgauit, qua Constitutionem * suam quæ his verbis incipit Clericis Laicos, explicans, mentem suam nunquam fuisse declarauit, vt in regno Franciæ locum haberet; quippe qui sciret Regem vrgente necessitate ab Ecclesiasticis regni sui suppetias inconsulto Pontifice exigere posse.

1297.

Num. 753.
* Feraldus lib. de iuribus & priuilegiis Reg. Franc.
Ibi Car. Molinæus halucinatur dum hâc Bullam suppositiciam esse ait. Non enim promulgata est anno 13. vt ipse in Fcb. raldi libro edidit, sed tertio Pontificatûs Bonifacii an.

Delinito ac sedato hac Bullarum Pontificiarum commoda interpretatione vtcunque Regis animo, Bonifacius consilij sui promouendi consilia nihilominus agitabat; dúmque totus in eo esset occasionem commodè oblatam arripuit. Pactas conuentásque inter Franciæ Regem, Romanorum & Angliæ Reges auctoritate sua inducias Pontifex promulgauerat; illas verò prorogari necesse ipsi postea visum fuit. Bullam itaque induciarum prorogationis publicauit, interminatus excommunicationis pœnam illis qui eas infringerent. Episcopos verò Albanensem & Prænestinum misit, qui Regi hanc induciarum prorogationem denuntiarent. Cúmque ipsi, antequam Bulla coram eo lecta fuisset, quid ea contineretur innotuisset, alium se præter Deum in temporalibus superiorem in terris non agnoscere palam professus est, nec vnquam propositum sibi fuisse aut in animo habuisse, fasces imperij cuiquam summittere, vbi de regni sui ditionibus ac iuribus ageretur, quæ aduersus quoslibet oppugnantes strenuè se propugnaturum confidebat. Quantum porro ad res sacras spectat, in sanctæ Sedis potestate, vt deuotus Ecclesiæ filius iure tenetur, se fore dixit. Bulla lecta est, instruméntumque protestationis aduersus illam ab Episcopis ad Regem missis confectum & Regi traditum.

Actor. pag.

Antequam verò vlteriùs progrediatur narratio, vtque temporum ordo seruetur seriésque historiæ non abrumpatur, apprimè necessarium est hic commemorare, quot modis Columnensium gentem totius Italiæ nobilissimam potentissimámque diuexarit Pontifex, quam etiam postea inimicissimam capitalibúsque odiis aduersus se certantem expertus est. Infestus autem ideo Columnensibus erat, quòd partes Gibellinas sequerentur, Imperatoribúsque fauerent, quæ factio Guelfis qui Pontificibus summis adhærebant, contraria erat; eóque nomine inuisi Columnenses multas molestias grauiáque damna ab iis passi sunt. At Bonifacius de animo duorum è gente Columnensi Cardinalium erga se haud securus, & quos iam aliunde suspectos habebat, ambos Iacobum scilicet S. Mariæ in via lata, & Petrum S. Eustachij titulis, vt se coram sisterent iussit, vt ab eis sciret, cùm iam Pontificatus annum tertium attigisset, an ipsum pro vero ac legitimo Pontifice agnoscerent. Illi Papam adire haud tutum sibi rati, è castro Romaniæ Longetia scripserunt, Cælestinum Papam V. Pontificatui renuntiare iure non potuisse, ideóque pro legitimo Pontifice Bonifacium se non habere. Concilium ad hanc controuersiam dirimendam indicendum, ipsum

1297. *interim se pro Pontifice gerere non debere, eíque omni officio ac functione dignitatis Pontificiæ interdicunt. Si quid in ipsos moliatur, aut si quam sententiam ferat, ad futurum Concilium, sanctam Sedem, Pontificémque mox eligendum prouocant. Iratus Bonifacius hos Cardinales calumniari*

Platina in Bonifacio. Stero in anno 1297. Num. 2.

cœpit, quòd thesauros Ecclesiæ in morte Pontificum diripuissent, libellósque famosos contra se sparsissent. Bulla itaque grandi quot quantáque damna Ecclesiæ totíque Italiæ Columnensis familia intulerit, narrans, ambos Cardinales prædictos sacro Senatu mouet, sacerdotiis & vectigalibus Ecclesiasticis priuat, & tanquam morbidas oues à Dominico ouili & Ecclesiæ communione abiicit; cæteros cuiuscumque sortis ac dignitatis forent, qui Cardinalium titulis illos appellarent, ipsísque studerent; castra, terras, ciuitates, aliáque loca quæ ipsos scienter susciperent, eodem supponit interdicto. Præterea Ioannis Columnæ, Iacobi Cardinalis fratris, filios Ioannem & Oddonem, corúmque posteros vtriúsque sexus ad quartam vsque generationem sacerdotiis exclusit, incapacésque gerendi magistratus ciuiles in ditione præsertim Ecclesiastica pronuntiat. Iubet insuper vt intra decem dies vadimonium obeant ambo Cardinales, séque iudicio sistant, quod si deserant bonis omnibus vbicumque locorum sita sunt, eos spoliat. Nec tam atrocis fulminantísque Bullæ publicatione contentus Pontifex, vt certiùs fortiúsque Columnenses opprimeret, religiosam in eos militiam, Cruciatam vulgò vocant, promulgauit; sumptísque armis præcipuum huius familiæ caput

Platina in Bonifacio Villan. lib. 8. c. 21. 23. Petrarcha epist. 4. libri 2. de exilio Steph. Columnæ.

Sciarram Columnam, qui Præneste se receperat, obsidione cingit. at ille vnà cum nepotibus nocte euasit, pérque siluas vagatus duram vitam diu egit, vt se Pontificis sæuitiæ, à quo tot ærumnas atque molestias patiebatur, subduceret; tandem siluis relictis vt aliò se reciperet, in piratas incidit, vinctúsque catenis & remigio admotus multas calamitates perpessus est. Verum nec sic pulsis Italiâ cruce signatorum armis Columnensibus iræ suæ satis indulsisse credidit Bonifacius; villas itaque ipsorum, castra & arces euertit. Tam atrocis tamen illatæ iniuriæ Pontificem postmodum pœnituit, qui adactos ad desperationem Columnenses infensissimos & maximè capitales inimicos expertus est.

1298. *Interim dum hæc in Italia gererentur non cessabat Pontifex acerbas Regi molestias & negotia facessere. Impatientes tunc temporis Germani*

Anton. Florent. p. tertia Tit. 20. c. 8. §. 20.

regiminis asperioris Adolphi Nassouij Cæsaris, ad electignem noui Imperatoris procedendum esse decreuerunt; quod vbi Rex intellexit, de fratre suo Carolo Valesio Electorum Germaniæ suffragiis ad Imperium promouendo cogitare cœpit; cui consilio haud repugnaturum Pontificem verosimile erat; quippe qui memor esset accepti à Carolo beneficij, cùm rogante ac deprecante eo iuri quod Martinus V. illi in Aragoniæ regno esse voluerat, sponte cessisset. Germani tamen, Papa conniuente, Albertum Austriacum elegerunt. Quam iniuriam Rex ægrè ferens, eámque vlcisci cer-

tus, Stephano Columnæ aliísque eiusdem familiæ viris Italia vi à Pontifice exactis, tutum receptum intra regni sui fines præbuit.

1298.

Ob simultates inimicitiásque quæ huc vsque Pontificem ac Regem exercuerant, inter ipsos tamen commercium non omnino sublatum fuerat; sed animis ob præterita exulceratis, præcipua causa ingentis illius dissidij recrudescendi ex co præcipuè orta est, quòd pactis inter Philippum Franciæ, Eduardúmque Angliæ Reges, & Vidonem Flandriæ Comitem induciis conuentum fuerat controuersiarum inter ipsos Papam fore arbitrum; cuius sententiam vt vrgerent Legatos ad ipsum vnusquisque suos Romam miserunt; Philippi Regis nomine Iacobus Fani Pauli Comes, & Archiepiscopus Rhemensis, pro Anglo Dunelmensis Episcopus, pro Flandriæ Comite Robertus eius filius Niuerniæ Comes hoc officio functi sunt. Hic vbi propositæ discussǽque satis fuere omnes eorum querelæ & controuersiæ, secundùm Regem Angliæ ac Flandriæ Comitem sententiam vt priuatus arbiter pronuntiauit Bonifacius, eáque statuit vt Comiti Flandriæ filiam in custodia habitam ab anno 1296. pro libitu parentum in matrimonium collocandam, occupatáque oppida Rex Philippus redderet; Anglo item, quicquid abstulisset hoc vltimo bello in Aquitania, restitueret, deque bello duntaxat contra Infideles in Orientem gerendo cogitare vellet. Datæ Anglicano Legato huius iudicij obsignatæ per Pontificem Bullæ. Hic cum Iacobo Castellionensi Comitis Fani Pauli fratre Lutetiam petit, vbi tunc Rex erat, cúmque coram illo præsentibus Carolo Valesio eius fratre, Roberto Artesiæ, & Ludouico Ebroici Comitibus Bullæ recitarentur, Robertus irâ excandescens, raptas illas ex Angliæ Regis Legati manibus in ignem proiecit, rem non sic abituram iurans; nec Papam vltionis auidum regni damno ac detrimento iræ suæ indulturum esse. Quin imò Rex ipse nihil eorum quæ Pontifex pronuntiarat se seruaturum affirmauit, sed vt primùm exirent induciæ bellum se hostibus instauraturum.

Oudergheft. Meyer. lib. 13.

Villani c. 56. lib. 8. Oudergheft. p. 222.

Post tot molitiones Pontifex in publicatione Iubilei, quod anno 1300. indixerat, quàm ambitiosos spiritus gereret, quódque de Monarchia non solùm sacra, sed etiam terrena cogitaret, satis manifestum fecit, adstante frequentissima populi corona, modò Pontificali, modò Imperiali ornatu procedens hæc verba pronuntians, Ecce duo gladij, hic vides ò Petre successorem tuum, tu salutifer Christe cerne tuum vicarium. Præcipuè verò impotentem dominandi cupidinem libri 6. Decretalium à se congesti promulgatione declarauit; cùm plurimæ Constitutiones in eo insertæ sint, ambitioni eius inseruientes, politicóque regimini Principum omnino contrariæ. Inter cæteras maximè notanda venit illa quæ incipit his verbis, Vnam Sanctam, quæ pronuntiat vnicam esse in terris potestatem, Ecclesiasticam scilicet, quæ gladium vtrumque spiritualem & materialem gestat, sed is quidem pro Ecclesia, ille verò ab Ecclesia exer-

1300.

Ioh. de Maire lib. (antiquit. Gal. Belg.

1298.

De Maioritate & obedientia. s.

cendus; ille sacerdotis, is manu regum & militum, sed ad nutum sacerdotis. Quòd si deuiat terrena potestas, iudicabitur à potestate spirituali, vt minor à superiori; si verò spiritualis, à solo Deo non ab homine iudicari poterit. Porro concludit omni humanæ creaturæ Romano Pontifici subesse omnino esse de necessitate salutis.

1300. Rex tamen comiter ac pacificè cum Papa agere cupiens Legationem ad cum misit, cuius princeps erat Guillelmus Nogaretus Caluissoni Baro, qui inter alia Pontifici nuntiaret Regem fœdus nouum cum Rege Germaniæ percussisse, vt facilius expeditioni belli sacri vacare posset. Germaniæ Rex pariter Legatos misit qui eadem confirmarent. Papa vtrosque despectui habuit, Regisque Germaniæ Electionem improbauit; & nisi Tusciam Ecclesiæ donaret, de qua pro libitu postea statueret, molestias illi ac negotia creaturum minatus est: De Rege tunc iniquos sermones habuit, totisque viribus nisus est, vt initum inter Reges fœdus dissolueret. Ex his Papæ dictis mentem eius assecutus Nogaretus, quæ animo voluebat consilia penitùs introspexit, licentiorémque vitam notauit, & de his cùm illum monuisset carpsissétque, offensus nimia, vt sibi videbatur, libertate ac sermonibus Nogareti Pontifex, an quicquam tale in mandatis à Rege habuerit, an verò ex se talia verba protulerit, eum sciscitatus est; Ad interrogationem Bonifacij respondit Nogaretus, zelo religionis ac cultus diuini impulsum, & mala quæ inde oritura erant præsentientem ea verba dixisse. Ab eo tempore Pontifex artes quascumque, quibus Regi ac regno noceret, excogitauit, omnibúsque modis per fas & nefas perficere conatus est, sed nullus magis legitimus, quíque cum maiori plausu exciperetur, ipsi visus fuit, quàm militiam sacram contra Christiani nominis hostes in Orientem publicando, eóque magis quòd Regem in hoc bellum propendere sciret. Notant historici tales in Saracenos ac Infideles expeditiones auctoritati Pontificiæ præter modum promouendæ multum inseruisse; cùm Paparum iussu & concessione. qui in illas regiones longinquas proficiscerentur multis priuilegiis gauderent, ipsíque etiam Reges illas expeditiones suscipere iuberentur, nec eas detrectare minimè licitum esset, cùm de negotio spirituali religionísque incremento ageretur; nominis insuper auctoritatísque Pontificiæ fama eiuscemodi militiarum sacrarum præconio per vniuersum orbem terrarum diffunderetur. Bonifacius itaque Episcopum Apamiensem ad Regem misit, qui propositum sibi de bello sacro consilium ei significaret, vt sub specioso illo religionis prætextu ipsi è regno excedendi quodammodo necessitas imponeretur; vbi interim res nouas moliri nullo reclamante facillimè posset; Huic Episcopo (inquieto alioqui ac turbulento animo, quémque recenti beneficio Pontifex obstrinxerat; cùm Apamiarum Episcopatum in monasterio Canonicorum regularium S. Antonini anno 1296. in eius gratiam vel inuito Rege instituisset) in mandatis quoque dederat, vt

Platina in Bonif.
Nicole Gilles.

INTER BONIF. VIII. ET PHILIP. PVLCR.

de sacra non solùm expeditione, sed de dimittendo quoque Flandriæ Comite, eiúsque liberis cum Rege ageret. Sed cùm Pontificia mandata iussáque à Rege sperni cerneret Episcopus Apamiensis, in verba contumeliosa prorupit, se Regi nullo nomine subditum, sed Pontifici summo tam in spiritualibus quàm temporalibus subiacere, ab eóque quicquid haberet, aut esset, acceptum ferre; eóque vehementiæ processit, vt sacris interdictionem Regi regnóque minatus sit, merúmque & absolutum Pontificis in Reges Principésque imperium asseruerit. Quæ animum Regis adeo offenderunt, vt eius iussu ineunte anno supra millesimum trecentesimo primo Episcopus in carcerem coniectus sit. Qui Guillelmi Nangij historiam continuauit, hunc Episcopum carceri ideo mancipatum tradit, quòd clam in Regis perniciem moliretur, eiúsque subditos ad defectionem sollicitaret; in ius hac de causa ad Curiæ seu Parlamenti tribunal vocatum, coram iudicibus se stitisse, illic custodiæ traditum fuisse, ita tamen vt ab omni vi vel iniuria ei inferenda, sic iubente Rege, abstineretur.

Ob incarceratum Apamiensem Episcopum percitus irâ Pontifex Iacobum Normannum Archidiaconum Ecclesiæ Narbonensis Notarium suum ac Nuncium Februario mense sequenti ad Regem misit, qui Episcopum dimitti iuberet, eidémque Bullam breuem quandam Regi inscriptam & reddendam tradidit, quæ in Historiis nostris atque etiam in Iuris Canonici glossa extat: Illa Regem sibi subditum esse etiam in temporalibus pronuntiat; ad eum beneficiorum collationem non pertinere; fructus verò ac reditus, quos vacante Sede ex Episcopatibus percipiebat, Prælatis postmodum restituere debere: irritas & nullas prouisiones omnes & collationes beneficiorum regias declarat; atque hæreticum quicumque dissentiret censere se scribit. Hanc Bullam, quamuis in vetustis codicibus memoratísque historicis legatur, suppositiam esse quidam existimauerunt, quòd stilo presso ac conciso scripta sit contra Curiæ Romanæ vsum, quæ verborum prolixitatem obscuritatémque affectat: Sed omissâ suspicione falsi, dici optimo iure posset compendium amplioris verbosiorísque esse, eodem die datæ, quam etiam misit Pontifex, quámque hæc prima verba Ausculta fili denotant. Ea quidem ampla est, sermonibúsque asperioribus magísque insolitis, quàm prædicta breuior bulla, referta. In præfatione siquidem illius, à Deo super Reges & regna constitutum se prædicat, vt euellat & destruat, ædificet & plantet, vt denique cuncta pro libitu moderetur. Regem verò in ea opinione esse non debere, nulli nempe in orbe terrarum se inferiorem esse, aut summo Pontifici non subiacere, cùm qui sic sentit desipiat, infidelémque se prodat qui hocce pertinaciter asserit; iura quoque Regalarium, sicut & breuior Bulla, carpit & perstringit; Regémque increpat quòd in propria causa sententiam ferre sibi arroget, ab eóque patrando dehortatur.

1300.

Nicole Gilles.

1301.
Platina.
Chronicon
S. Dionys.
Continuat.
Guill. de
Nangis.

Chronic.
S. Dionys.
Nic. Gilles.
Glossa in
cap. generali constit.
de Elect. in
6.
Act. p. 44.

In veteri codice titulus paruæ istius Bullæ sic inscribitur: Ista clausula erat in literis quas Papa misit Regi. Num. 794. & lib. B. pag. 289.

b

1301.
Num. 20.

Per idem tempus Pontifex vt Regi regnóque amicitiam prorsus renunciaret, abruptóque omni vinculo pacis in posterum conciliandæ spem rescinderet, aliam Bullam publicauit, qua cuncta priuilegia Regi eiúsque successoribus, consiliariísque, imprimis verò bellorum causâ concessa abrogauit. Sed maiora adhuc Archidiaconus ille Narbonensis ausus est; aliam enim Bullam eodem, quo superior, die datam attulerat, qua regni Antistites, Doctores, Theologi, aliíque Ecclesiastici omnes Kalendis Nouembr. proximis Romæ aut vbicumque commoraretur Papa, adesse iubentur, vt consilia inter se communicarent, prospicerentque quomodo obuiam iretur vexationibus atque vsurpationibus, quibus Rex eiúsque ministri libertatem Ecclesiasticam euertebant, atque etiam vt Regem regnúmque ad seuerioris disciplinæ regulas reuocarent. Significabat præterea Regi scripsisse vt ad conuentum illum, si ipsi è re suâ ita videretur, Legatos suos mitteret. quibus iussis ni pareant, ipsíque etiam Regi, pœnas pro meritis inflicturum esse minabatur.

Continuator Nangij.
Chronic.
sancti Dionysij. Valsingh. in Hypodigm.
Libro B. p. 240. vers.

1302.
Chron. S. Dionys.
Continuator Nangij.
Valsingh. in Hypod.
Neustr. Libro C. p. 32.
Nicole Gilles.

Rex porrò Episcopum custodiendum Narbonensi Archiepiscopo Metropolitano suo tradidit, qui eius temeritatem secundùm regulas canonicas castigaret. quòd ægrè ferens Pontifex, vt illum liberum abire sineret, atque in bonorum ademptorum possessionem mitteret, bullâ Regem monuit, etiam censuræ Ecclesiasticæ obnoxium esse pœnísque canonicis, nisi iure id fecisse probaret. Quidam historici scripserunt Regem tandem Episcopum Nuncio tradidisse, & vtrumque regni finibus excedere iussisse; statímque auri, argenti, aliarúmque rerum exportationem extra regnum grauibus propositis pœnis edicto vetuisse. Ad Papam quoque, vt Walsinghamus tradidit, Petrus Flotta à Rege missus in hoc negotio fortiter se gessit, verbísque asperis Papam excepit. Cùm enim Bonifacius vtramque potestatem se habere dixisset, illico Flotta pro Rege suo respondit, vtique Domine, sed vestra est verbalis, nostra autem est realis.

In Hypod. Neustriæ.

Acta p. 67.

Tot ac tantis Pontificis molitionibus Rex irritatus de conuocandis tribus regni Ordinibus consilium cepit, ad quos querelas suas deferret, rationésque cum illis iniret quomodo tam audaces Papæ conatus infringerentur. Decima itaque Aprilis die in Beatæ Mariæ Basilica Parisiis cùm conuenissent, quæ Nuncius Pontificius Papa ita iubente sibi denunciasset, Rex exponi ac recitari iussit. Subditum nempe se esse Pontifici in rerum temporalium administratione; cuius propositionis veritatem vt probaret, Nuncio suo in mandatis dedisse, vt omnes regni Franciæ Ecclesiastici ad Concilium certum in diem Romam conuenirent, ibíque in commune consultarent de coërcenda, quæ vsurpabatur à Rege & delegatis ab ipso iudicibus, in Ecclesiasticos dominatione. Qui Regis nomine ad ordines regni verba fecit, Petrus Flotta, malam Curiæ Romanæ erga Franciam mentem exposuit, quantáque damna Ecclesiæ Gallicanæ illa inferret

Chron. S. Dionys.

introducto reseruationum, quas appellant, vsu, dúmque Archiepiscopa- 1302.
tus ac Episcopatus, aliáque beneficia extraneis nunquam residentibus contra auctorum fundatorúmque mentem conferunt. sexcentis malis fraudu-
lentisque artibus omnium beneficiorum collationem Papam sibi vsurpare;
adeo vt Antistites & Prælati viros in diœcesibus suis sibi notos, virtute
ac meritis conspicuos, de quibus certiùs quàm Papa iudicium ferre poterant, nullis præmiis afficere valerent. Ecclesiam Gallicanam nouis tributis premi, atque exactionibus exhauriri. Metropolitanorum in Episcopos
suæ diœcesis auctoritatem cessare, omnes Curiam Romanam adire, vbi nihil non pecunia perficitur. Tales corruptas consuetudines tolerari ampliùs
non posse. Regis nomine se affirmare nullum in temporalibus ipso superiorem
præter Deum solum agnoscere. Cæterùm ante Nuntij aduentum Regem
de coërcenda Magistratuum ac Iudicum suorum in Ecclesiasticos auctoritate, quatenus eâ abusi fuissent, apud se statuisse; sed re accuratiùs per-
pensâ executionem distulisse, ne potiores in eo partes Papa sibi arrogaret,
iussúque suo facta prædicaret. De his omnibus, ac præcipuè de temporali
dominatione, Rex Ordinum sententiam exquisiuit. Interrogati primum
Nobiles ad deliberandum secesserunt; & per aliquod temporis spatium re-
examinata, omnium nomine Artesiæ Comes respondit, Regíque gratias egit Continuat.
quòd regni sui negotia, collapsámque disciplinam restituere decreuisset; ad Nangij.
eum protegendum vitæ fortunarúmque suarum periculo promptos ac paratos
esse. Quòd si Rex has Papæ vsurpationes dissimulare ac pati vellet, eas
tamen ferre se non posse. Cæterùm à nemine alio se pendere, nec in rebus
temporalibus alium præter ipsum dominum agnoscere. Hæc Nobilium
nomine Artesiæ Comes cùm dixisset, de his propositionibus quid sentirent
Ecclesiastici respondere iussi, ad deliberandum sibi tempus concedi petierunt,
cùm & Regis animum delinire, iram sedare, concordiámque inter sanctam
Sedem & Regnum conseruare sibi propositum esset. Sed vrgente ac instante Rege hanc sententiam rogati tulerunt; Ad Regem, regiam familiam,
& regnum, eiúsque libertatem tutandam se teneri, cùm etiam ex suo ordine aliqui præstito sacramento Ducatuum, Baroniarum, & Comitatuum,
aliorúmque feudorum in regno sitorum ratione in fide manere tenerentur:
cæteri verò ex officio, vtpote subditi, obstringerentur. Vt sibi Pontificem
adire, eiúsque iussis parere liceret, Regem orauerunt; quod illis denegatum Villani l.8.
fuit, renuente Rege, cuius sententiæ Nobilium ordo adhæsit. Tertius seu c.62.
plebeiorum Ordo secundùm regni libertatem suffragium tulit; & tunc Rege Annal.
præsente Nobilibúsque adstantibus Papa Bulla igne cremata fuit, decre- Ioa. Villus.
túmque, vt Epistolam quam in historiis atque etiam in Iuris Canonici in Act. p.
glossâ non mutilatâ legimus, Rex scriberet: Illa quidem minutatim ad sin- In cap. ge-
gula istius breuioris Bullæ capita respondens, iure Regio collationem Præ- de Licet.
bendarum, vt & Sede Episcopali vacante fructuum perceptionem ad se In 6.

b ij

12 HISTORIA MAGNI DISSIDII

1302. *pertinere asserit, dementiæ & insaniæ aliter sentientes arguit.*

Act. p. 60.

Ex Comitiorum tam celebrium decreto, eodémque quo habita sunt die, qui adfuerunt Duces, Comites, Barones, aliique proceres literas ad Cardinales dedere, quibus quid gestum esset, & quæ Rex in Comitiis proposuerat, exponunt; Regem scilicet de constituenda regni sui disciplina corrigendísque moribus, si quid in eis lapsu temporis peccatum fuisset, serio cogitare; quibus in rebus Curia Romana auctoritate sua abuteretur, illius etiam qui Sedem Ecclesiæ inuaserat, conatus molitionésque demonstrant. Iura patronatûs ab omni æuo sibi quæsita penitus abrogari, aut valde labefactari queruntur; neminem tandem præter Antichristum talia aggredi posse; ideo Cardinales orant, vt in pristinum ordinem res collocari curent, videántque quomodo concordia inter Ecclesiam & regnum integra seruaretur. Regis in temporalibus merum imperium suprémámque potestatem aduersus quoscunque semper asserturos, etsi Rex ipse conniueret, nec vindicare sibi vellet. Triginta proceres & amplius approbante vniuerso Nobilium Ordine literas subsignauere, sigilláque sua eis apposuere. Ad Papam quoque, prætermissis Cardinalibus, Ecclesiastici scripsere, quidque in Comitiis actum esset, Regísque de ipso querelas accuraté significauere, sibique quam susceperat Archidiaconus Narbonensis Legationem haud probari, vt concordiam, quæ à primis temporibus inter Ecclesiam, Reges, regnúmque Franciæ intercesserat, conuelli minimé pateretur, sed integram conseruaret, vt Gallicanæ Ecclesiæ status inconcussus maneret, tandémque vt habita conditionis sortísque ipsorum ratione, imperatam per Nuncium ad se profectionem reuocaret, Pontificem rogant. His respondens Pontifex, quòd Petrum Flottam, quem Belial semiuidentem corpore appellat, calumniis contumeliísque se proscindere in publico Ordinum conuentu passi essent, solummodo queritur. Eos porro qui temporale dominium spirituali subiacere negabant, hæreticos vtpote duo principia adstruentes, asserit & prædicat.

Actor. p. 67.

Lib. B. p. 147. b.

Num. 4.

Ad procerum literas Cardinales numero septemdecim responsum dedere, obmissísque cæteris capitibus, dominationis temporalis quæstionem tantùm attigerunt; imperiúmque in Regem Papam sibi aliquando arrogasse pernegant; Narbonensem Archidiaconum si quid tale proposuerit, vt fama vulgatur, hoc in mandatis non habuisse; propterea quam inde conclusionem in Regis consistorio Petrus Flotta elicuerit, falsi manifestò argui; Papam quoque extra culpam ponere, quæque ab eo gesta fuerant ab omni criminatione absoluere conati sunt; extraneos quibus sacerdotia in Francia sita collata fuerant, Regia commendatione illa adeptos esse; Regémque à Pontifice rogatum, vt aliquam pecuniam ab Ecclesiasticis exigere per eum sibi liceret. Ad vrbes communitatésque regni similes literas iidem Cardinales misere, iísque quicquam in dominio temporali Papam sibi

Num. 8.

INTER BONIF. VIII. ET PHILIP. PVLCR. 13

adrogasse, aut libertatibus iuribúsque regni contrarium vnquam fecisse 1302. *negant. Denique conqueruntur quòd in literis quas ab ipsis acceperant, Bonifacij nomen contumeliosè reticuissent, nec venerationem ipsi debitam exhibuissent. Super his etiam contentionibus ad Robertum Burgundiæ Ducem trium Cardinalium duæ literæ extant, vna Matthæi titulo B.* Num. 51. *Mariæ in porticu, altera Roberti titulo S. Potentianæ, & Petri titulo* Lib.C.p.145. *S. Mariæ nouæ, quibus Papæ erga Regem animum beneuolum, ab eóque præstita officia memorant. Quòd si literæ ab Archidiacono Narbonensi redditæ, quæque postea immeritò Regis iussu crematæ fuerunt, pro-* Tillius *piùs inspiciantur, nihil in iis nisi Regiæ Maiestati honorificum animad-* 101. *uerti posse, cùm iis solummodo de erroribus quos admiserat moneatur, vtque monitis acquiescat, iustitiam vnicuique tribuendo, nec libertatem Ecclesiasticam conturbando. Quòd etiam Ecclesiasticis Romam petere interdictum sit, quòd regni proceres spreto Pontifice ad Cardinales scripserint, illúmque non nominatum circumlocutione designauerint, conqueruntur. Quòd verò Burgundiæ Dux scriptis literis illos rogauerit, vt turbas hasce* In actis p. *componerent, dummodo prædictorum priuilegiorum suspensionem reuocaret* 67. *Pontifex, Romámque profectionem Ecclesiasticis remitteret. Respondent, Regem inprimis sic se gerere debere, vt deinceps cum Papa in gratiam rediens illos fauores obsequio suo mereatur; ipsum autem nequaquam sic se comparare, cùm nec errorum admissorum pœniteat. Excommunicatum quippe ipsum esse, & nisi caput submitteret, supplexque ad Pontificem accederet, pacem iniri stabilirique non posse.*

Inter ingentes has turbas discordiásque plures magistratus ratione officij quo fungebantur, consilia sua aduersus Pontificis molitiones scriptis in lucem emiserunt. Inter cæteros autem Petrus de Bosco, qui se aduocatum causarum regalium Balliuiæ Constantiensis, & procuratorem vniuersitatis eiusdem loci appellat, libellum scripsit, in cuius præfatione breuiorem Papæ Bullam suprà memoratam inscrit; totísque ingenij viribus, quæ in Libro C. p. *ea proponuntur refutare conatur; háncque ratam sententiam tuetur, summam Regis libertatem esse, semperque fuisse nulli subesse, & toti regno imperare sine reprehensionis humanæ timore. Extitit* In fine huius libri p. *etiam alter, qui eodem tempore scriptum solidis rationibus firmatum &* 663. *publici iuris deinceps factum composuit, quo manifestis argumentis Papæ causam malè stabilitam euertit, contrà verò ius Regium validis rationibus adstruit.*

Duodecimo autem Martij sub exitum anni in Luparæ castro Guillel- Act 01. p. 56. *mus Nogaretus, regni Prælatis aliísque Ecclesiasticis, Carolo item Valesiæ, Ludouico Ebroici Comitibus, aliísque magnatibus adstantibus, libellum supplicem Regi obtulit, quo Bonifacium legitimum Papam non esse, ipsúmque sanctam Sedem non more solito, sed malis & fraudulentis*

b iij

1302. *artibus occupasse arguebat, Regem enixis precibus rogans, vt auctoritate potentiáque, qua pollet, eum in tam iustæ causæ persecutione adiuuaret, cùm à Deo vnctus sit vt suum vnicuique tribueret. In eum denique multa accusationum capita proposuit, vtpote hæreseos, simoniæ, aliorúmque criminum; Regem etiam orauit vt Concilium generale celebrandum curaret, vbi Papam reum se peracturum pollicebatur. Poscebat insuper vt ad Ecclesiæ regimen, qui vicarias Pontificis partes ageret, sufficeretur, donec in Concilio nouus Pontifex electus fuisset. Regem ad hæc pluribus nominibus teneri dixit, tum quia de fide ageretur, tum quia Rex esset, & ad defensionem regni Ecclesiarum, cuius patronus erat, sacramento obstrictius esset. Hæc si perficeret tritâ maioribus viâ se institurum, tandémque Ecclesiam tyrannide Bonifacij, quem improbissimum describit, liberaturum.*

Chron. S. Dionysij. Continuat. Naugij. Nic. Gillius.

Certior factus Pontifex de vetita edicto regio auri argentíique extra regnum exportatione, viáque impositis præsidiis esse munitas, ne Episcopi eius mandato obtemperantes Romam proficisci possent; Ecclesiasticos quoque ita permittente Rege tres Episcopos ad ipsum mittendos designasse, qui totum Ordinem à profectione imperata excusarent; Ad se quoque Regem

Contin. Nangij. Chron. S. Dionys.

ipsum per Petrum Antissiodorensem Episcopum scripsisse, vt à Clero persequendo desisteret, quin eum potiùs conueniret, cuius iussu hæc omnia in regno suo fierent. Cùm itaque hæc omnia Pontificem non laterent, Ioan-

Valsingh. Nic. Gillius.

nem Cardinalem Monachum natione Gallum tituli SS. Marcellini & Petri Legatum ad Regem misit, specie quidem hæc iurgia componendi, reuera autem vt clam Ecclesiasticos regni conuocaret; quod exequutus est;

Num. 751.

atque de his quæ à Franciæ Clero in his motibus sperare poterat, Pontificem monuit. Dum autem à Papa responsum expectaret, de quibusdam articulis controuersis, de quibus Pontifex sibi satisfieri volebat, cum Rege egit.

Hi articuli extant in Annalibus Ecclesiasticis Bzouij vol. XIV p. 41. 46 & ex MS Vaticanæ Biblioth. num. 4177. exscripsisse dicit.

I. *Horum primo querebatur de vetita edicto regio Ecclesiasticis Romam profectione, quò Nuntius eos vocauerat. cæteros Legatus ita proposuit.*

II. *Cùm in omnium beneficiorum collatione, siue in Curia, siue extra Curiam vacent, præcipuam Papa potestatem habeat, nullum laicum ipso inconsulto aut inuito illis prouidere posse.*

III. *Per cuncta regna, absque cuiuslibet petitione vel consensu Legatos suos ac Nuntios Papam mittere posse.*

IV. *De bonis Ecclesiasticis ad libitum statuere ipsum posse.*

V. *Regem rursus in ea manum iniicere non posse.*

VI. *Regem excusationem afferre debere, cur ipso præsente Bulla Pontificia combusta fuerit in sanctæ Sedis contumeliam; Romámque procuratorem mittere qui coram Pontifice compareat, suam si poterit innocentiam osten[s]urus. Papam quoque priuilegiorum omnium Regibus Franciæ concessorum abrogationem decreuisse.*

VII. *Regem monet ne Ecclesiarum gardiâ siue custodiâ, quam Rega-* 1302. *liam abusiuè appellari ait, abutatur, sed fructus futuris Episcopis redden-dos seruet.*
VIII. *Gladium spiritualem Ecclesiasticis reddat.*
IX. *Monetæ bis innouatæ prouideat.*
X. *Litem etiam cum Archiepiscopo Lugdunensi institutam componat, tandémque Regi significat, Papam his omnibus prospecturum esse, si ab ipso negligantur.*

His prædictis omnibus modestissimè respondit Rex; Num. 752.
I. *Primò quòd Edictum, quo subditi è regno excedere prohibebantur, non ob Ecclesiasticos solùm, sed ob rebellantes Belgas qui in se regnúmque conspirabant, publicandum curauerat.*
II. *Collationem Beneficiorum secundùm hactenus receptum in regno vsum, iure, & vt semper prædecessores sui illo vsi sunt, ad se pertinere.*
III. *Ingressu regni Legatos, si sibi suspecti fuerint, prohibere posse.*
IV. V. *Ad quartum quintúmque caput, nihil præter legibus concessa sibi arrogare velle respondit.*
VI. *Quantum ad combustam Bullam spectat, hoc à Rege responsum est; cùm inter se litigarent Laodunensis Episcopus, Ecclesiæ Canonici, & vrbis Scabini, hancce Bullam Episcopum impetrasse, vt ad aliud tribunal quàm regium Scabinos euocaret ac traduceret. ea de causa cùm querelam Scabini instituissent, consentiente Episcopo, & iuri sibi hac Bullâ quæsito renuntiante litigantes ad curiam Regis remissos fuisse: Bullam verò, vt chartam inutilem tunc discerptam fuisse; nequaquam verò in Papæ contumeliam hoc factum.*
VII. *Regaliarum porro iure vti frui decreuisse eo modo quo Reges decessores sui vsi fuerant.*
VIII. *Negauit iurisdictionis Ecclesiasticæ exercitium interrupisse; ne verò Ecclesiastici in quos ius ipsis competit, gladium spiritualem stringerent, multo minus prohibuisse.*
IX. *Monetas immutare potuisse; questibus verò subditorum suorum intellectis, illis se prospexisse.*
X. *De controuersia verò, quæ sibi cum Archiepiscopo Lugdunensi erat, ad transigendum se paratum esse ostendit. Papam denique obnixè rogare se dixit, ne libertatibus, iuribus & priuilegiis suis fruentem turbaret. Sin minùs verò hæc responsa sua Pontifici placerent, Britanniæ ac Burgundiæ Ducum arbitrio, quorum iudicio acquiescere decreuerat, totum negotium permissurum esse.*

At Papa tantum abest vt his Regis responsis acquiesceret, quin imò Num. 755. *ad Comitem Alençoniy, & Altissiodorensem Episcopum, illa sibi mole-* 756. *stissima ac valde ingrata fuisse scripserit: & nisi Rex prædicta corrigeret*

HISTORIA MAGNI DISSIDII

1302.   *ac emendaret, aduersus illum spiritualiter & temporaliter processurum, minatus fuerit, cùm voluntati diuinæ resistere homini non liceat. Cùm*
Num. 9.   *verò maleuolo ac infenso in Regem animo esse pergeret, Bullam Legato suo per Nicolaum Benefractum misit, quâ Regem vi excommunicationis in eos latæ, qui Romanam Curiam accedentes, vel inde abeuntes impediebant, excommunicatum pronuntiat; cùm Ecclesiasticos mandato Pontificio Papam adire iussos, Romam proficisci prohibuerit. omnibúsque Ecclesiasticis ne cum Rege communicarent, aut eum ad Sacramentorum communionem admitterent, sacráque adstante illo celebrarent interdixit. Huic*
Num. 754.   *Bullæ, literas siue vt vocant Breue Apostolicum adiunxit, quo Legatum iubet, vt per diuersa & frequentia regni loca aliud mandatum publicari curaret, quo Ecclesiastici vel eorum procuratores Romam intra trimestre tempus vocabantur: infra quoque illum diem Archiepiscopos Senonensem & Narbonensem, Episcopos Suessionensem, Bellouacensem & Meldensem, Sanctíque Dionysij Abbatem in ius vocaret, vtque coram Pontifice se sisterent, iuberet, contumacibus officiorum ac dignitatum Ecclesiasticarum priuationem interminatus. Statim atque Rex de hisce Bullis certior factus est, Legatus ne malè acciperetur veritus, illico se subduxit. Quidam verò Ecclesiastici qui bullâ contentos sermones disseminabant, & obsequij nexu atque obligatione subditos Regis absoluebant, in carcerem sunt coniecti. Apud Trecas quoque eodem tempore Magistratus Regiíque ministri Archidiaconum Constantiensem, & Nicolaum Benefractum per Galliam Papæ conatus & incœpta promouentes comprehenderunt.*
Tales molitiones animum Principis famæ suæ ac dignitatis vel minimum studiosi altè penetrantes, Regem sic mouerunt, vt de conuentu trium Ordinum regni sui iterum indicendo consilium iniret. Habita sunt itaque
1303.   *Parisiis in Luparæ castro Comitia anno 1303. Iunij die decimo-tertio.*
In quibus cum Ludouicus Ebroicensis Regis filius, Guido Fani Pauli
Act. p. 101.   *Comes, Ioannes Drocensis Comes, & Guillelmus de Plessiaco Eques Vicenobij dominus surrexissent, eorum vnus de misero Ecclesiæ statu, cuius causam Papæ adscribebant, ad Ordines verba fecit, hæreseos aliorúmque grauium criminum eum accusans; præstitísque ad sancta Dei Euangelia ab eis tacta corporaliter iuramentis, probationes ad reum peragendum se adducturos polliciti sunt. Hocce præstiturum coram congregato Concilio Plessiaci dominus in se recepit, Regémque vtpote Ecclesiæ pugilem fideique defensorem precibus adiurauit, vt Concilij liberi atque legitimi congregationem vrgeret. His auditis, Prælati propositionem hanc arduam & difficilem rati, & de qua seriò ac maturè deliberandum erat, discesserunt. At postridie in eodem conuentu Plessiacus è charta manu notata quædam obiecta Papæ crimina recitauit. Imprimísque hæreticum appellauit, quod animæ immortalitatem non crederet, neque aliam vitam præter hanc quam*

viui-

INTER BONIF. VIII. ET PHILIP. PVLCR. 17

viuimus agnosceret. Ipsum de præsentia corporis Christi Domini nostri in Eucharistiæ sacramento, cui nullam exhiberet reuerentiam, dubitare & male sentire. Fornicationem inter peccata non habere ; librum præterea Arnaldi Villanouani ab omnibus improbatum & ab Episcopo Parisiensi condemnatum, ipsum approbauisse. Sortilegum esse & simoniacum asseruit, cùm sic sentiret, propositionémque hanc hæreticam propugnaret, Papam simoniæ crimen admittere non posse ; sodomitam ipsum esse ; sacerdotibus vim afferre vt confessiones reuelarent ; à carnium esu diebus ab Ecclesia vetitis non abstinere ; Monachos flocci facere ac deprimere ; caritatibus domesticis indulgere, suósque locupletare ; nepotis matrimonium dissoluisse, vt eum ad Cardinalatus dignitatem promoueret. Papæ Celestino mortem accelerasse ; odium capitale in Gallos vbique exercere, cùm sæpius hæc verba illi exciderint, malle se canem esse, quàm Francum seu Gallum ; Franciæ Regis euersionem molitum, proptereà quòd in temporalibus solum Deum superiorem agnosceret ; & Francos appellare solitum Patarenos. His in Comitiis lectis, professus est Plessiacus non odio permotum, aut per calumniam illa proposuisse ; quod vt manifestè probaret, ad crimina illa in Concilio persequenda paratum se esse dixit ; Patres enim accuratè de omnibus cognituros : Iterúmque Regem & Antistites adiurauit vt Concilium quantocyus congregarent. Quòd verò Papæ iram formidaret, se impræsens ad futurum Concilium & S. Sedem prouocare dixit, sibíque instrumentum appellationis conscribi postulauit, obtinuítque, quo suis verbis & factis fides adstrueretur, & memoria eorum seruaretur. Sanctorum quoque Apostolorum Petri & Pauli, & Concilij protectioni se commisit ; séque Guillelmo Nogareto, qui iam prouocauerat, integra tamen sibi seorsim seruata prouocatione, adiunxit. Rex illico mentem suam esse declarauit, Plessiacum in Concilio, cui adfuturus erat, conuocando totis viribus adiuuare, vtque operas suas sociarent Prælatos Ecclesiæ inuitauit. Pontificis autem animum vindictæ cupidum cùm metueret Rex, vereretúrque ne dicta ac facta sua secùs interpretaretur, séque suo ac subditorum damno vlcisceretur, instrumentum appellationis æquè ac Plessiacus fecerat, conscribere & in acta referri iussit. His peractis, quotquot aderant Archiepiscopi, Episcopi, Abbates, ipse etiam Cisterciensis Abbas, Concilij indictionem, vt Papæ innocentia innotesceret, omninò necessariam esse agnouerunt ; ideóque ad Regis, Principum & Plessiaci sententiam accessere ; non tamen ea mente, vt in huius rei persecutione actores sint, aut vni partium adhæreant ; verumtamen subuerentes, ne Papa ira percitus censuris ipsos notaret, prouocationi se adhærere, & sancti Concilij generalis ac Papæ futuri protectioni sese committere dixerunt.

Horum Comitiorum tantam concordiam, vnanimémque consensum cùm Rex vidisset, alium ampliorem, magísque diffusum habere voluit, tam è subditis per omne regnum sparsis, quàm vicinis gentibus ; quod vt perfice-

1303.

Continuator Nangij Cisterciensem excipit, contra fidem instrumenti ea ad re conditi.

C

18 HISTORIA MAGNI DISSIDII

1303. ret *Amalricum Vicecomitem Narbonensem*, *Guillelmum Plessiacum equitem*, *Dionysiúmque Senonensem Clericum suum per omnes prouincias cum auctoritate mandatísque amplissimis misit*: qui rem sibi commissam tam diligenter executi sunt, vt plus quàm septingenta instrumenta seu acta publica confici curarint, quibus se consentire prouocationi ad futurum Concilium, eique adhærere declararunt Archiepiscopi, Episcopi, Ecclesiarúmque ipsarum capitula, Collegiatæ Ecclesiæ, earúmque Decani; Abbates & Priores, Abbatissæ & monasteriorum Priorissæ, varij sancti Benedicti Ordinis, sancti Augustini, Cisterciensis, Cluniacensis, Fontis-Ebraldi, Præmonstratensis, Trinitatis seu Redemptionis captiuorum, Carthusiani & Monasterij de Tirono. Eundem etiam consensum præbuerunt Mendicantium Scholæ, Prædicatores, Minores & Augustiniani, nosocomia plurima, equites sancti Joannis Hierosolymitani, regni Academiæ & Vniuersitates, vtriusque Iuris ciuilis & canonici Doctores. Prouinciarum præterea totarum, vrbiúmque ac ciuitatum seorsim; Principum, Magnatum, Baronum, Nobiliúmque consensum elicuerunt. Nauarræ denique regni Ecclesiæ, proceres, nobiles, vrbes & ciuitates illi prouocationi à Rege factæ adhæserunt. Vna equidem in vrbium omnium actis notanda clausula occurrit, Se suósque subditos & adhærentes quantum ad spirituale regimen solummodò spectat, sanctæ matris nostræ Ecclesiæ, Concilij, aliorúmque ius habentium fidei ac custodiæ se committere. In omnibus etiam illis actis publicis alia subiicitur clausula, Regem à Deo potestatem accepisse ad defensionem exaltationémque fidei, ad cuius sollicitudinis & laboris partem Antistites vocati sunt. Præter tot consensus domesticos & extraneos qui causæ Regiæ iustitiam testabantur, plures etiam Cardinales, quod aliquis vix credat, ter repetitis ac editis instrumentis prouocationi ad futurum Concilium adhæserunt, Regísque propositum, & in eo promouendo constantiam approbarunt. Cisterciensem Abbatem cum toto regno consentire noluisse quidam historici scripsere; Annalésque Colmariensés hoc præterea narrant, Abbates Cluniacensem, Cisterciensem, ac Præmonstratensem ob negatum hunc consensum regno exactos fuisse. Mira equidem istorum Annalium narratio videri queat, cùm nulla in actis publicis quæ nunc supersunt, rei sic gestæ indicia cernantur; quin imò plus quàm viginti sex acta Regis voluntati consona à Cisterciensibus conscripta inueniantur, & sex solummodò subscribere renuerint; ex alijs Ordinibus vndecim solùm reperti, qui ambiguis verbis vsi fuerint. Cistercienses hac in re remissiùs ac molliùs se gessisse verosimile esset, ob concessa paulò antè sibi suóque Ordini à Pontifice priuilegia; si tamen sex suffragia aduersus viginti sex præponderare possent.

His Comitiis peractis, certior factus Rex Abbates quosdam & monachos, ne censura Pontificia notarentur, formidare, quòd secundùm mandata

INTER BONIF. VIII. ET PHILIP. PVLCR.

Papæ coram ipso se non stitissent, eos securos esse iussit, omnibúsque opibus se adiuturum, iniuriámque omnem ab iis propulsaturum esse pollicitus est. Eodémque diplomate ipsius vxor Ioanna Nauarræ Regina Campaniæque Comes, & liberi, tam suam quàm posterorum fidem ad Abbates & monachos illos tuendos obstrinxerunt.

1303.
Acta p.13.
&num.741.
748.

Cùm autem quæ in Comitiis decreta fuerant promouere Rex cuperet, Guillelmo Chacenaco, & Hugoni Cellæ equitibus, vt Concilij conuocationem vrgerent, omniáque ad perfectionem huius negotij necessaria exequerentur, * mandauit. Simúlque Lusitaniæ Regem, Cardinales, omnium Hispaniæ regnorum, Lusitaniæ & Nauarræ Ordines consilij sui participes fecit, precibúsque sollicitauit, vt cœptis suis Ecclesiæ vniuersalis commodi & vtilitatis causâ susceptis annuerent faueréntque.

Num. 50.
*Iulij die 1.
Num. 745.
746. 747.

Dum Comitia haberentur, & quo tempore ad futurum Concilium Rex prouocauerat, Guillelmo Nogareto rebus in Italia suo nomine gerendis occupato, quæ ab Ordinibus regni decreta fuerant misit, vt ea Papæ significaret & vnicuique nota faceret mandans. Vt verò experiretur Guillelmus an Papa immutatus à sententia discederet, mandata exequi per dies aliquot distulit; sed frustra, nam Pontificem Anagniam natale solum, vbi tutiùs securiúsque, vt rebatur, degeret, concessisse intellexit. Ibi Pontifex in B. Mariæ Virginis * Natiuitatis solemnitate Bullam in Regem Regnúmque conditam, prout iam statuerat, publicè recitari iussit; allegatis in ea Regum à Pontificibus excommunicatorum exemplis, Regem ab Ecclesiæ communione submouebat, subditos à fide & obsequio Regi præstandis solutos & liberos pronuntiabat, regnúmque ac regnicolas primo occupanti subiiciebat. A Papa designatum fuisse huius regni inuasorem Cæsarem Albertum scripsere nonnulli, ideóque eius electionem ab eo firmatam approbátámque fuisse, cui subscribere ter anteà negauerat. Frustra tamen hæc molitus est Pontifex, Cæsare ac Rege amicitia tunc iunctis, quam anno supra millesimum ducentesimo nonagesimo nono, nuptiis inter liberos suos contractis, mutuóque colloquio ad Vaucolorium habito firmauerant.

* 8. die Sept.
Dat.18.Kal. Sept.
Acta p.239.
art. 44. &
p. 308.art. 14.
Platina, & Mart Polonus, & alij.
Platina.
Villan. cap. 1. lib. 80.
Gaguinus.

Quorumdam consilio Nogaretus Papæ quæ in Gallia gesta fuerant, nuntiare statuit, cùm ad executionem mandatorum Regis adfore sibi ducentos equites ex iis qui sub Carolo Valesij Comite in Italia militauerant, pecuniámque à Petrucciis Florentinis sibi numerandam certus esset. Ipsi etiam Musciatus Francesius, & Sciarra Columna (quem ex Italia fugientem & à piratis captum Rex, vt ferunt, Massiliæ redemerat) trecentis equitibus & pedestribus aliquot copiis instructi præstò adfuere, vt & Ioannis Checcani, quem in vinculis Papa detinebat, liberi, Renaldus Supinus Ferentinorum militiæ Dux, Masseique Anagniensis filij. His opibus ac copiis instructus Nogaretus, & pecunia Anagniensibus pernoc ij

Villani.
Platina, Gaguinus.
Anton.Flo-
tent. p. III.
tit. 20. cap.
8. & 10. 11.
Num. 780.
781.

1303.

Hiftor. Piftorienfis.

tos fibi viros promiffa, octauo die Sept. Natiuitati B. Mariæ dicato Anagniam ingreffus est; prælatóque Franciæ vexillo milites hæc verba Italico idiomate vociferabantur, Muoia Papa Bonifacio, e viua il Rè di Francia. id est, Papa Bonifacius moriatur, & Rex Franciæ viuat. Ad Papæ palatium recta tendere ipsis visum fuit; sed cùm transeundum esset ante ædes Marchionis Petri Caietani Papæ nepotis, eiúsque filij Conticelli domini, qui numerosa familia stipati, armatíque fortiter se defendebant, impetus eorum aliquandiu retardatus est; donec tandem viam sibi fecerint domibus eorum vi expugnatis & direptis, vt & trium Cardinalium Papæ amicissimorum, quos in custodia detinuerunt. Cúmque in platea publica obsisti sibi Nogaretus animaduerteret; pulsari tintinnabulum iussit, hócque dato signo ad vrbis magis conspicuos primariósque viros congregatos verba fecit, quidque Ecclesiæ pacis ac vtilitatis causa sibi constitutum erat edisserit, precibúsque adhibitis, vt sibi auxiliarentur inuitauit. Dictis obedientes Nogaretus illos habuit; illico namque, electo sibi

Walfingh.

duce Arnulpho inter Campaniæ opibus potentes claro, & Papæ hoste infensissimo, Ecclesiæ vexillum ciuium multitudini prætulere. Totis tunc viribus Nogaretus vt cum Papa nulla vi adhibita sermones conferret adnisus est, cùm timeret ne Ecclesiæ thésauri diriperentur; Anagnienses præterea hortatus ne eos contrectarent, nullam verò Papæ, quem ipsis commendauit, vim afferrent: magno tamen impetu via facta est, cùm à palatij ingressu fortiter arcerentur. Narrat Walsinghamius Papam inducias à Sciarra petiisse, ipsíque non vltra horas nouem concessas. quo interuallo vsus Bonifacius cum Anagniensibus egit, eorúmque fidei se commisit, vt se saluum facere vellent implorans, spémque ingentium præmiorum si ab ipsis hoc beneficium acciperet, fecit, maioráque quàm quæ eo capto reportare possent. Cùm apud populum à duce suo commotum & incitatum preces suas non valere sensisset Bonifacius, Sciarram rogat, vt scripto codicillo quid postularet sibi declaret; Sciarra per internuntios Papæ respondens mortem ipsi minatus est, nec vt diutius vitâ fruatur passurum se esse dixit, nisi imprimis ambos fratres suos Cardinales Petrum & Iacobum, totámque familiam Columnensem in integrum restitueret; quo facto Papatui renuntiaret. Tali responso attonitus Pontifex ab imo pectore su-

Valfingh. in Hypodigm.

spiria ducens dixit, Hei mihi durus est hic sermo. Finitis itaque induciis, copias vt cœpta perficerent palatiúmque perrumperent iussit; sed qui intus erant fortiter se defendentibus, B. Virginis Mariæ Basilicæ, quæ ipsis impedimento erat quominus in palatium penetrarent, valuis igne admoto combustis, tandem captus Pontifex, thesauríque partim direpti ac compilati fuere, quorum reliquias Nogaretus cura ac diligentia sua seruauit, Pontificem ipsiúsque nepotes ab omni iniuria protexit. Hoc vnum Walsinghamius adnotauit, ex omnium orbis vniuersi Regum gazis tot

INTER BONIF. VIII. ET PHILIP. PVLCR.

opes tantáfque diuitias annuo spatio expromi non potuisse, quantæ in Pontificis, Marchionis Gaietani, triúmque memoratorum Cardinalium palatiis direptæ fuerunt.

A proximis, Anagnienfibúfque, quibus aliquatenus confidebat, cùm se defertum vidisset Papa; Pontificiis ornatus vestibus mori statuit; S. Petri pallio se indui, & Constantini coronam capiti suo imponi imperauit, manúque clauem & crucem gestans in cathedra Pontificali sedit. Ad eum ita ornatum Nogaretus & Sciarra Columna accesserunt, ipsique Nogaretus quod in mandatis habebat nunciauit, quæque in Francia aduersus ipsum gesta erant exposuit, vetuítque ne in posterum contra dominum suum Regem, regnúmque noui aliquid moliretur. Ab eo quoque postulauit vt Concilium congregaret, & de vita securum esse iussit, qua priuandus non erat nisi ab Ecclesia priùs iudicatus fuisset ; minatus etiam vinctum nexúmque Lugdunum traducturum, vt ibi à Concilio generali iudicaretur, ac Sede deturbaretur; ideo sub arcta custodia detineri curaturum, vt coram Patribus si opus esset illum sisteret ; quamobrem domino Reginaldo Supino, aliísque eum custodiendum tradidit Nogaretus ; deincépsque multa ei exprobrans in hæc verba erupit: Heus tu Papa miser ac vilis contemplare domini Franciæ Regis clementiam, qui quamuis à te longè dissitum sit eius regnum, ministerio ac opera mea te ab inimicis tuis tuetur ac defendit, quemadmodum maiores ipsius decessores tuos tutati sunt. Scripsere quidam, Pontificem, cùm eiusmodi verbis premi se ac vrgeri videret, omnes controuersias quæ sibi cum Rege erant, Matthæi Rufi Cardinalis iudicio, cuius sententiæ obtemperaturus erat, permisisse. S. Antoninus Archiepiscopus Florentinus narrat, Nogareto Papam respondisse, se à Patarenis damnari patienter laturum, inter quos Nogaretus censendus erat, cuius auus vt Patarenus siue Albigensis damnatus ac combustus fuerat, hísque auditis Nogaretum recessisse. Sciarra confestim hæc Papa verba excepit, eúmque interrogauit an Papatum eiurare vellet; cui Pontifex, Vitam priùs amittam, respondit, vulgaríque sermone dixit, Ecce il collo, ecce il capo, ecce collum, ecce caput. Quibus contumeliosis verbis Sciarra irritatus eum infectatus est, & manica os eius percussit, eúmque neci daturus erat nisi Nogaretus prohibuisset. Quo die porro hæc Anagniæ gesta sunt leuiter tumultuatum, suásque intra domos Cardinales se continuerunt. Franciscus autem Pontificis nepos valido ac robusto corpore præditus, cuique operam suam in corradendis, quas collegerat, pecuniis, præstiterat, in locum Anagniæ vicinum se recepit, vbi occasionem captantes aduersarij ipsum oppressuri erant, nisi vim eorum Nogaretus arcuisset: ad diémque Lunæ sequentem Papam sub custodia habuit, eíque per eius famulos cibum ministrari curauit. Pistoriensis addit historia, Papam absque pauperculæ mulieris au-

203.

Villani.
Anton. Archiep. Florent.
Historia Pistoriensis.

Chron. S. Dionysij.

Nic. Gillius.

Histor. Pistor. Walfingh.

c iij

HISTORIA MAGNI DISSIDII

1303. xilio, quæ cum panis frusto quatuor oua ei attulit, fame periturum fuisse, ab omnibus desertum, præterquam à Cardinale quodam Francisci nomine; qui se viuum à Papa abstrahi non passurum esse dixit.

At Anagnienses, cùm ipsos Francis latæ opis pœniteret, auxilio ipsorum se non indigere declararunt, inque tuta custodia Pontificem habituros, eorúmque duces non sine aliquorum cæde, vrbe sua exegerunt. Quod verò Walsinghamius scripsit, Nogaretum & Sciarram Papam in equum effrænum verso in caudam vultu imposuisse, eúmque sic discurrere donec halitus ipsum deficeret coëgisse, nullatenus verisimile aut probabile est, cum huiusmodi fabulæ Anglus ille solus mentionem faciat, taléque facinus Nogareto, aliísque de Papæ captiuitate postulatis & accusatis nunquam obiectum fuerit.

Histor. Pistor.

Sic Pontifex cum nepotibus suis è manibus Francorum & Columnensium liberatus, in publicam vrbis plateam venit; ibíque inopiam ac miserias suas exponit, vt per triduum cibo caruisset, quem vndique affatim postea acceperit. Vrbis incolis præteritorum veniam concessit, exceptis latronibus qui thesauros Ecclesiæ Cardinaliúmque compilauerant. Pacem cum Columnensibus Cardinalibus pacisci, eósque in integrum restituere sibi propositum esse dixit, ipsósque censuris Ecclesiæ non factos esse obnoxios asseruit; cæterum illis absolutionem concedere si forte aliquomodo in eas

Platina in Bonif.

incurrissent. Confestim autem Anagniâ discedens Pontifex aliquot militum cohortibus stipatus Romam petiit; illuc à Francis deductum qui-

Walsingh.

dam scripsere: Trigesimo quinto postquam captus est die, Romam ingressus siue animo æger, acceptarúmque iniuriarum impatiens, siue alia solutione correptus in phrenesim incidit, manúsque suas corrosit; & per loca vicina nullis in aëre visis causis manifestis, audita fuisse tonitrua, fulmináque vibrata veteres historiæ nostræ narrant: nullóque pietatis edito signo, nec sacris procuratus duodecimo Octobris die anno 1303. obiit, Pontificatûs sui anno nono; cuius ad S. Petri delatum cadauer, inque monumento quod sibi viuens posuerat, depositum. In hominum memoriam eius prædecessoris Celestini Pontificis de Bonifacio prophetiam rerum exitus statim renouauit. De illo enim prædicabat Celestinus, Ascendisti vt vulpes, artes quibus sanctam Sedem inuaserat, incusans; violentos verò & furiosos animi motus considerans, Regnabis vt leo; præuisóque ipsius exitu adiecit, Morieris vt canis; quæ euentus postmodum vera comprobauit. omnes equidem historici tam Bonifacio coætanei quàm qui posteà scripsere, & mores huius Pontificis attentiùs considerauerunt, in eo conueniunt, hunc virum mortalium omnium ad quiduis audendum paratissimum fuisse, ambitionísque insanæ astro præter ius fásque præ cæteris transuersum actum

Chron. Comitis Montisfortis.

fuisse. Talia verò de illo scripserunt; Super ipsum itaque Bonifacium, qui Reges & Pontifices & religiosos, clerúmque & populum horrendè tremere & pauere fecerat, repentè timor & tremor ac dolor vna die pariter irruit, & ipſe aurum nimis ſitiens, aurum & theſaurum perdidit; vt eius exemplo diſcant ſuperiores Prælati, non ſuperbè dominari in clero & populo; ſed forma facti gregis ex animo curam gerere ſubditorum, plúſque amari appetant quàm timeri. *Platina ſuperioribus hæc addit*, Moritur hoc modo Bonifacius ille qui Imperatoribus, Regibus, Principibus, nationibus & populis terrorem potiùs quàm religionem iniicere conabatur. *Déque eo Robertus Guaguinus hæc verba facit*, Talem vitæ exitum habuit contemptor omnium hominum Bonifacius, qui Chriſti præceptorum minimè recordatus, adimere & conferre regna pro ſuo arbitrio conabatur, cùm non ignoraret eius ſe loco verſari in terris, cuius regnum non de hoc mundo & terrenis rebus, ſed de cæleſtibus eſſet; quique dolo & malis artibus Epiſcopatum Romanum ſibi quæſiuerat, & Celeſtinum à quo dignitatem receperat, in carcere, dum vixit, habuerat. *Ioannes Tillius Meldenſis Epiſcopus in breui Chronico Regum Franciæ ad annum 1302.* Mira hominis impudentia fuit, qui regnum Galliæ Pontificiæ Maieſtatis beneficium aſſerere auſus eſt. Verùm multo ſtolidiores eſſe puto, qui diſceptant an tantùm liceat Pontifici. *His elogiis Bonifacius ab hiſtoricis ornatus eſt, quibus manifeſtè patet innocentia eorum, qui vires opéſque ſuas impenderunt vt ipſum in ordinem cogerent, & ad normam prædeceſſoribus ſuis in regenda Eccleſia vſurpatam reuocarent.*

Nogaretus morte Pontificis intellecta, cùm graues ob cauſas vereretur ne Cardinales in demortui locum clientem, aut eius conatibus fauentem Papam eligerent, inſtrumento duorum Notariorum fide ac teſtimoniis firmato, quid in hac electione euenturum timeret, propoſuit; proteſtatuſque eſt, niſi legitimo ritu ac modo Pontificem Cardinales eligerent, ab ipſis corúmque actis pro Eccleſiæ defenſione ad ſanctam Sedem, futurum Concilium, & ad legitimè electum Pontificem ſe prouocare.

Decem poſt Bonifacij Papæ obitum diebus, Octobris die 22. anno 1303. Nicolaus Cardinalis Epiſcopus Hoſtienſis Taruiſio oriundus ex Dominicanorum ſeu Prædicatorum ſodalitio, vir ſanctæ probatǽque vitæ, in Papam electus eſt, & Benedicti XI. nomen aſſumpſit. Nulla deinceps interpoſita mora, Rex ad eum Legatos miſit, Bernardum Mercolij dominum, Guillelmum de Pleſſiaco equites, & Magiſtrum Petrum à Bellapertica Eccleſiæ Carnotenſis Canonicum, qui ipſi de electione gratularentur, quíque regnum cui à Deo cum ſummo imperio præpoſitus erat, ei commendarent; mandauítque inſuper vt Pontificem ad fauendum Eccleſiæ Gallicanæ, eámque honoribus augendam inuitarent ac hortarentur,

tandémque vt euidentissima reuerentiæ ac deuotionis testimonia exhiberent.
Vt primùm autem Papa electus est, frater Petrus de Peredo Clesæ Prior ad ipsum venit. Hic in Italiam & ad sanctam Sedem viuo adhuc Bonifacio aduersus illum expostulaturus à Rege missus fuerat; eo verò mortuo Papam recens electum adiit, iustas domini sui Regis querelas detulit, & à Bonifacio consuetudinum morúmque corruptelam inuectam exposuit. At mortuo Bonifacio Nogaretus à persequenda causa non destitit. Actorum autem memoriam penitus delere cupiens Pontifex, per Tholosanum Episcopum ne vlteriùs pergeret, priusquam à Rege noua mandata haberet, eum rogauit: cùm hocce scandalum sopire, & concordiam inter Ecclesiam Romanam & regnum firmare ipse decreuisset. Inde igitur profectus Nogaretus in Galliam ad Regem venit, & in Consiliariorum consessu Papæ mentem ac propositum exposuit, & ad rem maximè facere dixit, si Legatus ad ipsum ob hoc negotium mitteretur: ad Regem verò electionis suæ Bullas pro more solito, Legatúmque ad pacem componendam Pontificem mittere iamdiu debuisse. Cum prædictis viris hocce Legationis munere Nogaretus functus est, omnésque cum mandatis missi ad pacem condendam Regi regnóque honestam ac decoram, qua etiam libertates, immunitates, priuilegia, consuetudinésque probatæ, quibus Rex, Regnum, Antistites, Barones, aliique eius imperio subditi vtebantur, illæsæ ac integræ seruarentur. Hi quoque Legati, excepto Nogareto, mandatum peculiare habuere à Rege, vt procuratorio nomine à Pontifice absoluerentur à censuris, quas incurrere ille potuerat. Hac Legatione vt pax concluderetur, simúlque vt hæ confessiones & retractationes à Papa elicerentur effectum est.

Bullam itaque imprimis Regi, quamuis non rogatus, Pontifex transmisit, qua illum absoluebat à sententiis quibus ob patrata in Bonifacium obnoxius esse poterat; hæc Bulla hoc etiam peculiare habet quòd in ea Pontifex eximia caritate & humilitate conspicuus cernatur: quas virtutes sanctis Patribus inesse debere ait, quorum munus est peccatoribus obuiam ire, sinum expansis vlnis ipsis aperire, & in Ecclesiæ gremium admittere.

Alia præterea Bulla sententias omnes & Bullas Bonifacij, quibus priuilegia Franciæ Regibus, eorum consiliariis & magistratibus concessa abrogauerat, irritas fecit, solo Nogareto excepto.

Tertia * Bulla decessoris sui Bullas abrogauit, quibus Bonifacius ius, quod reseruationis appellant, sibi arrogauerat, prouidendi Ecclesiis tam cathedralibus quàm regularibus in hoc regno vacantibus, iis ad quos ius illud eligendi aut confirmandi pertinebat, ne eo vterentur, inhibens. Ad antiquam itaque formulam omnia reuocauit, morémque anteà vsurpatum in posterum obseruari statuit. Vniuersitatis siue Academiæ Parisiensis Rectori, aliísque auctoritatem pristinam reddidit, quam in artium Magistris, Theologiæ *omnium hominum Bonifacius, qui Christi præceptorum minimè recordatus* 1303. *adimere & conferre regna pro suo arbitrio conabatur, cùm non ignoraret eius se loco versari in terris, cuius regnum non de hoc mundo & terrenis rebus, sed de cælestibus esset; quíque dolo & malis artibus Episcopatum Romanum sibi quæsiuerat, & Cælestinum à quo dignitatem receperat, in carcere dum vixit habuerat.* Messire Iean du Tillet Euesque de Meaux, en sa Chronique abregée des Roys de France l'an 1302. dit, *Mira hominis impudentia fuit, qui regnum Galliæ Pontificiæ Maiestatis beneficium asserere ausus est. Verum multo stolidiores esse puto, qui disceptant an tantum liceat Pontifici.* Voila quels sont les eloges que les Historiens donnent au Pape Boniface, qui seruent de iustification pour ceux qui ont employé leurs forces & leurs moyens pour le reduire à la raison, & aux regles, suiuant lesquelles ses predecesseurs auoient gouuerné l'Eglise.

Le Seigneur de Nogaret ayant eu auis de la mort du Pape, & craignant auec iuste raison que les Cardinaux n'éleussent vn Pape creature du dernier mort, ou fauteur de ses desseins, par vn acte qu'il passa pardeuant deux Notaires, remonstra ce qu'il craignoit en cette élection, protesta qu'au cas que les Cardinaux ne procedassent legitimement, qu'il appelloit pour la defense de l'Eglise au saint Siege, au futur Concile, & au Pape legitimement éleu.

Num. 750. Liure C. pag. 194.

Dix iours aprés la mort du Pape Boniface VIII. le 22. Octobre de l'an 1303. le Cardinal Euesque d'Ostia nommé Nicolas, de l'Ordre des Freres Prescheurs, natif de Treuise, fut éleu Pape, & prit le nom de Benoist XI. homme de bonne & sainte vie.

BENOIST XI.

Aussi-tost le Roy luy enuoya ses Ambassadeurs, Bernard Seigneur de Mercœüil, Guillaume du Plessis Cheualiers, & M. Pierre de Belleperche Chanoine en l'Eglise de Chartre, pour se coniouïr de son élection, & luy recommander le Royaume que Dieu luy auoit commis en souueraineté; ensemble les chargea de le prier de vouloir honorer l'Eglise Gallicane de ses faueurs, & outre de rendre au Pape ample témoignage de toute reuerence & deuotion.

Actes p. 105.

Le Pape ne fut si-tost éleu qu'il se presenta à luy Frere Pierre de Peredo Prieur de Clesa, enuoyé par le Roy en Italie, & vers le saint Siege dés le temps de Boniface, pour faire ses plaintes contre luy; mais le trouuant mort, il s'adressa au Pape nouueau éleu, luy remonstra les iustes plaintes de son maistre, & la corruption qu'auoit introduit Boniface en l'Eglise.

Num. 757.

d

1303.   Le Seigneur de Nogaret par la mort de Boniface n'interrompit point ses pourſuites: le Pape toutefois deſirant étouffer cet affaire, le fit prier de ſa part, par l'Eueſque de Tholoſe, de ne paſſer outre ſans nouueau commandement du Roy, & qu'il eſtoit deliberé d'appaiſer ce ſcandale, & remettre l'ynion entre l'Egliſe Romaine & le Royaume. Alors le Seigneur de Nogaret vint en France trouuer le Roy, expoſa en plein Conſeil l'intention du Pape, qu'il eſtoit à propos de luy enuoyer vne ambaſſade à cet effet; ce que le Pape deuoit auoir deſia fait, & enuoyé ſes Bulles d'élection comme eſtoit la couſtume, & vn Legat pour moyenner cette paix. Nogaret donc eut la charge de cette ambaſſade auec les meſmes Seigneurs que deſſus, fondez d'amples pouuoirs pour traiter cette paix à l'honneur du Roy & du Royaume, en conſeruant les libertez, franchiſes, priuileges, & bonnes couſtumes appartenans au Roy, au Royaume, aux Prelats, Barons & ſuiets de ſa Maieſté. Ces Ambaſſadeurs, fors le Seigneur de Nogaret, eurent procuration expreſſe de receuoir au nom du Roy l'abſolution du Pape des cenſures qu'il pouuoit auoir encouruës. Cette ambaſſade eut cet effet que de faire la paix, & de tirer les Reuocations qui ſuiuent.

Act. p. 249.
Article 60.

Num. 743

1304.   Premierement le Pape enuoya au Roy vne Bulle, par laquelle il luy donnoit abſolution des ſentences qu'il pouuoit auoir encouruës pour le fait de Boniface, ſans que le Roy luy en euſt fait inſtance, porte la Bulle, qui eſt d'ailleurs remarquable pour la grande charité & humilité qu'on voit auoir eſté au Pape, qu'il ſouſtenoit deuoir eſtre grande aux ſaints Peres, la charge deſquels eſtoit d'aller au deuant des pecheurs, leur tendre les bras ſans en eſtre requis, pour les remettre au giron de l'Egliſe. Par vne autre Bulle il annulla toutes ſentences, & Bulles de Boniface portans la reuocation des priuileges donnez au Roy de France, ſon Royaume, Conſeillers & Officiers, excepté Guillaume de Nogaret.

Num. 768.
Walſ. in
Hypod.
Neuſtr.

Num. 769.

en Auril
Act. p. 229.

Il enuoya auſſi au Roy ſes Bulles, par leſquelles il caſſoit celles de ſon predeceſſeur qui s'eſtoit reſerué par icelles la prouiſion des Egliſes, tant cathedrales que regulieres, vacantes en ce Royaume; defendant à ceux qui auoient droit d'élire, & confirmer, de s'entremettre deſdites prouiſions; remit toutes ces choſes en leur premier eſtat, & ordonna qu'il en ſeroit vſé comme auparauant. Il reſtablit auſſi le Chancelier de l'Vniuerſité de Paris, & autres au pouuoir qu'ils auoient de benir les Maiſtres és Arts, Docteurs en Theologie, en Droit Ciuil & Canon. Aprés cela par vne Bulle particuliere du 13. May il abſout tous Archeueſques, Eueſques, Prelats, & autres Eccleſiaſtiques, Barons, Nobles, & autres du Royaume de toutes ſentences d'excommunication contre eux données ; tant par le P. Boniface que autre, tant pour auoir empéché les allans & venans en Cour de Rome, que pour auoir adheré à la priſe de Boniface ; excepté toutefois Guillaume de Nogaret, l'abſolution duquel il ſe reſeruoit à luy particulierement. Et par vne autre Bulle de meſme datte, il remit la contumace qu'auoient encouru les Eccleſiaſtiques François pour n'eſtre comparus à la citation que leur auoit fait donner Boniface.

Ce bon Pape monſtra en toutes ſes actions, qu'il vouloit viure tout autrement que ſon predeceſſeur, & vſer de douceur aux choſes, où la rigueur de Boniface auoit tout gaſté ; car pour adoucir quelques eſprits vlcerez dans l'Italie, il reuoqua la ſentence donnée par Boniface contre Iacques, Pierre, & Iean de S. Vito, Oton, Agapet, Eſtienne, Iacques & Sciarra neueux de ce Iean, & fils de Iean Colonne, & auſſi contre Richard pere, & Iean de Montenigro & leurs adherens, & contre la ville de Preneſte ; fors qu'il ne les reſtitua point à la dignité de Cardinal, ny ne les rehabilita pour pouuoir paruenir au Papat ny en leurs beneficies ; ne touchant point auſſi aux confiſcations : & defendit que Preneſte fuſt rebaſtie & fortifiée, & qu'elle euſt nom de Ville & Eueſché ſans ſon expreſſe permiſſion. Outre ce il ſe voit vn ſtatut de la ville de Rome, par lequel les Colonois furent remis dans la ville en l'eſtat qu'ils y eſtoient auant leur banniſſement, & reſtituez en leurs biens, & P. Caëtan qui les auoit pillez, condamné enuers eux en tous leurs dommages & intereſts, & de plus par ce meſme ſtatut, tout ce que Boniface auoit fait contre eux pour le regard de leurs biens fut declaré nul.

Le Pape neantmoins, bien qu'il euſt baillé toutes ces reuocations auoit touſiours en l'eſprit le deſir de venger la violence faite à la perſonne de ſon predeceſſeur, entreprit de faire le procés à ceux qui l'auoient pris, & volé le treſor de l'Egliſe ; ne voulut iamais traiter auec le Seigneur de Nogaret, bien qu'il fuſt enuoyé de la part du Roy ; mais ſeulement auec ceux qui furent auec luy : luy refuſa l'abſolution à cautele, & eſtant à Perouſe proceda rigoureuſement contre ceux qui auoient

d ij

1304. pris le Pape Boniface & assisté à sa capture & au vol du tresor de l'Eglise, vsa contre eux de toutes les rigueurs qu'il se pût aduiser par sa puissance.

Quelques-vns ont écrit que l'Abbé de Cisteaux Iean de Pontoise, voyant que le Roy luy vouloit mal pour n'auoir adheré à son appel, & que ceux de son Ordre estoient mal traitez en France, renonça à son Abbaye.

Chr. S. Denys. Vie de Phil. le Bel. c. 57.

Ce bon Pape chargé d'années allant de Rome à Perouse, tomba malade, & mourut le huitiéme mois de son Pontificat le septiéme Iuillet de l'an 1304. Le Siege par le discord des Cardinaux vaqua treize mois.

Siege vacant.

Pendant la longue vacance du Siege, le Seigneur de Nogaret qui voyoit que c'estoit contre luy que tendoient toutes les poursuites qu'auoit fait le Pape Benoist XI. passa deux actes de mesme datte pardeuant l'Official de Paris. L'vn contenant sa protestation & excuses, pour les enuoyer au saint Siege pour faire voir son innocence, n'estant seur pour luy d'y aller en personne. Il declara donc que l'on ne deuoit prendre aduantage contre luy en faueur de Boniface, de ce qu'il auoit demandé, comme il faisoit encore l'absolution à cautele; que ce qu'il en auoit fait estoit pour faciliter sa negotiation; persistoit tousiours en sa premiere accusation contre Boniface y ayant esté forcé pour les maux qu'il faisoit, à quoy les Ecclesiastiques & les Princes conniuoient; qu'il auoit esté meu à ce bon œuure pour l'amour qu'il portoit à sa patrie, que Boniface auoit dessein de ruiner, ayant remué entre l'Eglise & le Roy des questions du tout iniustes & inoüies. Adioustant qu'il auoit esté souuent prié par l'Eglise Romaine d'executer la resolution du Roy, & là traitoit au long de la capture de Boniface, concluant qu'elle auoit esté bien & iustement faite, qu'il y estoit obligé pour la Iustice, pour l'Eglise Romaine, pour la Republique, pour son païs, pour son Roy; qu'il estoit innocent de ce dont on l'accusoit, qu'il n'auoit point encouru les peines du Canon, *Si quis suadente*, ny les censures ordonnées contre ceux qui rauissent les biens de l'Eglise, ayant fait son possible pour empécher les violences : au reste qu'il estoit prest de se purger en plein Concile de son fait particulier, où tout le differend se deuoit terminer; toutefois si le saint Siege le vouloit poursuiure & le principal aussi, sans attendre le iugement du Concile, il offroit en ce cas subir son iugement & s'y presenter, pourueu que sa personne fust en seureté. Par

7. Sept. 1304. Act. p. 239.

le second acte le Seigneur de Nogaret se plaignoit, qu'aprés 1304. tant de fatigues & perils le Pape Benoist auoit procedé contre luy à Perouse à l'instigation de ses ennemis, comme s'il eust esté excommunié, comme si Boniface ne l'eust absous, comme il fit si-tost qu'il fut en liberté, en ce qu'il eust pû auoir encouru les censures de l'Eglise. Toutefois craignant les auoir encouruës, bien que le Pape Benoist ne l'eust excommunié, mais seulement eut declaré qu'il estoit encouru *in Canonem latæ sententiæ*, demandoit à l'Official de Paris, qu'il eust à l'absoudre à cautele en telle façon qu'il luy plairoit, estant prest d'obeïr aux commandemens du saint Siege.

Num. 766.

Au mesme temps Nogaret passa deux procurations à Bertrand de Aguassa Cheualier. L'vne pour demander en son nom l'absolution au S. Siege, ou à autres Iuges competans. L'autre pour faire ses excuses au saint Siege de n'estre present en personne pour poursuiure son accusation, & maintenir son innocence, pour recuser ceux qu'il tenoit pour suspects en cet affaire, & soustenir qu'il n'auoit aucunement participé au vol du tresor de l'Eglise, & bref pour demander vn lieu seur pour se defendre en personne. Puis aprés il fit vne declaration par vn autre acte, que ce qu'il auoit fait contre Boniface & ses fauteurs n'auoit esté pour aucune animosité qu'il eust contre eux, ains de zele enuers l'Eglise de Dieu, & pour la haine qu'il portoit à leurs vices & mauuais deportemens.

Num. 760. 762.

Num. 764.

Ce n'estoit point le Seigneur de Nogaret seul qui eut en l'esprit cette poursuite; le peuple en fit au Roy vne supplication tres-humble, luy remonstrant qu'il y estoit obligé, parce que Boniface auoit grandement failly, quand il auoit soustenu qu'il luy estoit suiet au temporel, & qu'il ne pouuoit donner les prebendes, ne retenir les fruits des Eglises Cathedrales vacantes. Prouue amplement la faute de Boniface en ce qu'il auoit dit qu'il estoit souuerain au monde, tant au spirituel qu'au temporel: que cette maxime estoit de grand preiudice à l'Eglise, donnant occasion aux Princes mécreans de reietter le Baptesme, & l'obeïssance à l'Eglise de Rome, crainte de perdre le plus haut point de leur Seigneurie, c'est à sçauoir de ne reconnoistre aucun Souuerain de leurs fiefs. Concluoient que Boniface mourut heretique en ce point; & pour ce supplioient le Roy, y estant obligé, de le faire iuger tel, & punir aprés sa mort, & d'entretenir le serment qu'il auoit fait à son couronnement, afin que la grande franchise de son Royaume fust gardée.

Actes p. 114. & 115.

1305.

d iij

HISTOIRE PARTIC. DV DIFFEREND

1305.
Num. 801.

Les Colonois firent la mesme instance au Roy, l'incitant par les grandes entreprises de Boniface, & les mauuais exemples qu'il auoit laissez ; s'arresterent particulierement à monstrer qu'il n'estoit au pouuoir du Pape de priuer vn Cardinal du Cardinalat, estant constitué en cette dignité pour le reprendre, & l'aider au gouuernement de l'Eglise, & qu'il estoit tres-dangereux d'attribuer au Pape la plenitude de puissance. Pierre Cardinal Colonne passa plus outre ; car il enuoya au Roy vne liste de plusieurs faits d'heresie & autres impietez qu'il mettoit sus à Boniface, & qu'il promettoit de verifier tres-facilement.

Num. 809.

Villani e. 8v. l. 8. Anton. Flor. part. 3. tit. 21. c. 1.

Les Cardinaux apres auoir esté long-temps enfermez en Conclaue à Perouse apres plusieurs contestations sur les diuers desseins qu'ils auoient ; les vns voulans élire vn Italien ; les autres, dont le Cardinal du Prat estoit chef, proposans vn François : Enfin ceux-cy pour paruenir à leur dessein plus facilement, nommerent l'Archeuesque de Bordeaux qu'ils sçauoient estre ennemy du Roy, pour n'auoir, ce disent aucuns, adheré auec le Roy contre Boniface ; d'autres en rendent d'autres raisons. A quoy le Conclaue ne resista pas beaucoup. Les Cardinaux François voyans qu'il y auoit de l'inclination du Conclaue pour celuy qu'ils auoient proposé, en donnerent auis au Roy en grande diligence, qui manda aussi-tost cet Archeuesque, qui vint, & luy communiqua ce qu'il faisoit pour luy ; & qu'il falloit oublier les brouilleries passées ; ce qu'il promit, & dit au Roy que c'estoit à luy de commander, qu'il estoit prest d'obeïr : le Roy lors prit la parole, & luy dit, Voicy six choses que ie requiers de vous lors que serez éleu Pape. La premiere, que vous m'absoudrez pleinement de la prise de Boniface, & me reconcilierez parfaitement auec l'Eglise. 2. Que vous reuoquerez toutes excommunications & censures fulminées, tant contre moy que contre les miens. 3. Que vous m'octroyerez pour cinq ans les decimes de mon Royaume pour me recompenser des grandes dépenses que i'ay faites en la guerre de Flandres. 4. Que vous me promettez de mettre à neant la memoire de Boniface VIII. 5. Que vous remettrez les Cardinaux Colonnes en leurs dignitez & en leur premier estat, & ferez de mes amis Cardinaux. Le 6. qui est important, ie me le reserue de le vous dire en temps & lieu. L'Archeuesque promit au Roy par son serment sur le saint Sacrement, de faire tout ce qu'il desiroit de luy, & pour asseurance l'Archeuesque luy bailla pour ostages son frere & ses deux neueux. Lors le

Rebdorff. in an. p. 418.

ENTRE LE PAPE BONIF. VIII. ET PHILIP. LE BEL. 31

Roy luy promit de le faire élire; & à l'inftant renuoya en diligence à Peroufe auertir le Cardinal du Prat de ce qu'il auoit fait, auec charge de faire en forte que l'Archeuefque de Bourdeaux fuft éleu Pape; ce qui fut fait d'autant plus volontiers que les autres Cardinaux croyoient qu'il fuft grand ennemy du Roy.

Cet Archeuefque donc fut éleu abfent le 5. Iuin de l'an 1305. & fe nommoit Bertrand Gots, natif de Villandreault en Baiadois, d'illuftre famille. Si toft qu'il eut auis de fon élection, il prit le nom de Clement V. & fe fit facrer à Lion, où les Cardinaux le vindrent trouuer; le Roy voulut affifter à fon Sacre auec plufieurs Princes François; & comme ils retournoient de S. Iuft, vn vieil mur chargé de peuple tomba, & de fa ruine le Pape & les freres du Roy qui alloient à pied conduifans la haquenée du Pape, furent vn peu bleffez, & le Roy auffi : mais Iean II. Duc de Bretagne y fut tué.

<small>Clement V.</small>

Le Pape auffi-toft qu'il fut établi confirma l'abfolution donnée au Roy par Benoift XI. & à l'heure mefme reuoqua la decretale *Vnam fanctam*, de Boniface, declarant que la France n'eftoit point plus fuiete à l'Eglife, qu'elle eftoit auant cette decretale.

<small>Ext. meruit. De priuilegiis.</small>

En fuite de ce il fit vne autre conftitution caffant celle de Boniface VIII. commençant *Clericis laicos*, & tout ce qui s'en eftoit enfuiuy, dont nous auons parlé cy-deuant : ordonnant que tout ce qui auoit efté conclu au Concile de Latran & autre, touchant les feculiers qui exigent les tailles, & pareilles fubuentions des Ecclefiaftiques, fuft inuiolablement obferué. Quelques-vns auffi ont écrit qu'il rétablit les Cardinaux Colones en leurs dignitez, pour fatisfaire à ce qu'il auoit iuré pour eftre Pape.

<small>Acte p. 297. C.vnico de immun. Ecclef. in Clement.</small>

<small>Anton. Arc. Flor.</small>

Le Roy, bien qu'il fe fuft écoulé quelque temps fans parler de l'affaire de Boniface, fe trouuant à Poitiers auec le Pape, le preffa de faire ofter du rang des Papes Boniface VIII. & de faire brûler fon corps, l'accufant de plufieurs crimes, d'herefie, fodomie, affaffinats, & autres. Le Roy reconnoiffant le Pape vn peu froid infifta dauantage, & luy declarant que c'étoit là le fixiéme point qu'il luy auoit promis par ferment d'executer, pour paruenir au Papat, ce qu'il ne luy auoit voulu lors exprimer. Le Pape fe trouua fort empefché, fe voyant engagé par ferment fi folennel : mais pour tirer l'affaire en longueur fupplia le Roy de luy permettre d'en prendre auis, que

<small>1307.</small>

<small>Villani lib. 8. c. 91. Ant. Florent. Walfing. Weftmon.</small>

que l'affaire estoit tres-important: le Cardinal du Prat, auquel il se conseilla, fut d'auis pour eluder, de dire au Roy que l'affaire meritoit l'assemblée d'vn Concile; qu'il le falloit indire: & de fait fut publiée la Bulle d'indiction d'vn Concile à trois ans de là, pour donner temps à ceux qui s'y deuoient trouuer de se preparer; qui estoit en effet vn bon moyen de refroidir le courage du Roy, & de tous ceux qui auoient entrepris cet affaire.

<small>1308.</small>

Le Pape toutefois ne laissa pas d'estre sollicité par les agens du Roy de continuer le Procés, & fit publier par la ville d'Auignon vne Bulle le 13. Septembre 1309. par laquelle sur l'accusation intentée contre Boniface par le Roy, par Loüis d'Eureux son fils, Guy Comte de S. Pol, Iean Comte de Dreux, & Guillaume du Plessis, tant les Princes que autres, estoient adiournez & assignez de comparoistre en Auignon dans la my-Caresme, pour y déduire leurs moyens d'accusation. Il declara toutefois par vne Bulle particuliere, qu'il n'auoit iamais entendu comprendre le Roy en cette citation generale, luy ayant tousiours oüy dire qu'il ne s'estoit iamais rendu partie en cet affaire; mais que son intention auoit esté de citer Loüis Comte d'Eureux, Guy Comte de S. Pol, & les autres. Renault de Supino Cheualier François desirant satisfaire à la citation du Pape, & declarer ce qu'il sçauoit de ce fait, se mit sur les champs pour aller en Auignon, où il fut assailly à trois lieuës de la ville, par des assassins; mais il se sauua, & ne passa plus outre. Nonobstant ces empeschemens Guillaume de Nogaret, Guillaume du Plessis, Pierre de Galahard, Pierre de Manasco Cheualiers & Ambassadeurs du Roy, & accusateurs de Boniface, arriuerent en Auignon, bien accompagnez, craignans le pouuoir de ceux qui auoient entrepris la defense de la memoire de Boniface, qui estoient en grand nombre. Voicy les noms de ceux seulement qui parurent: François fils de Pierre Caietan Comte, Thibault fils de Bernazo Cheualier d'Anagnia, neueu de Boniface, Got de Ariminio, Baldred Biseth, Thomas de Murro, Iacques de Mutina, Blaise de Piperno, Crescentius de Paliano, Nicolas de Verulis, Iacques de Sermineto, & Conrad de Spoleto Docteurs en Droit.

<small>1309.
Liure A.</small>

<small>Num. 776.</small>

<small>Num. 774.</small>

<small>Liure A.</small>

Nogaret donc, & ceux qui l'accompagnoient se presenterent au Pape en plein Consistoire, où leur fut leu la citation qui auoit esté publiée en Auignon: lors Nogaret proposa quelques points pour reprendre l'affaire de plus haut: Incontinant
Fran-

ENTRE LE PAPE BONIF. VIII. ET PHILIP. LE BEL. 33

François Caietan chef des defendeurs, souſtint que ces accuſateurs n'eſtoient receuables, & aprés pluſieurs conteſtations, le Pape commit deux Cardinaux *Berengarius Epiſcopus Tuſculanus*, & Eſtienne du titre de ſaint Ciriace, pour proceder en cet affaire, & receuoir les actes contenans les raiſons des parties. Le Seigneur de Nogaret communiqua ſon acte d'appel au futur Concile, & d'autres pieces faites du viuant de Boniface, inſtruiſit en particulier le Pape de tout l'affaire, & le reduiſit à ce point, que de l'engager à le continuer. Lors ils recuſerent quelques Cardinaux intereſſez en la conſeruation de la memoire de Boniface, eſtans de ſes creatures & promeus par luy au Cardinalat. Aprés cela ils propoſerent pluſieurs points contre Boniface, découurirent les mauuais deſſeins qu'il auoit contre la France. Nogaret en particulier ſe iuſtifia de ſa priſe ; que Boniface eſtant en liberté l'auoit abſous : demanda que le procés fait par Benoiſt XI. contre luy fuſt caſſé & annullé. Les defendeurs de la memoire de Boniface propoſerent amplement leurs moyens, diſans que l'on ne pouuoit proceder contre la memoire de Boniface ſans le Concile general, ny proceder contre vn Pape pour hereſies qu'en plein Concile ; que cet affaire touchoit l'vniuerſel de l'Egliſe : Que les accuſateurs n'eſtoient receuables en leur accuſation, eux eſtans les chefs de la conſpiration contre Boniface, & puis s'eſtendirent ſur le fait de la priſe de Boniface, & la violence dont on auoit vſé contre luy, & du vol du Treſor de l'Egliſe. Souſtenoient dauantage que Boniface eſtoit vray Pape, qu'il eſtoit mort tel & bon Chreſtien, s'eſtant fait veſtir auant mourir des habits Pontificaux, tenant la croix & recitant les articles de la Foy, & les reconnut, comme c'eſt la couſtume des Papes, en preſence de huit Cardinaux ; que de cela il y auoit lettre d'vn Cardinal qui l'atteſtoit.

Le Seigneur de Nogaret en ce temps ſe trouua preſſé de deux choſes ; du procés qui auoit eſté fait contre luy à Perouſe par le Pape Benoiſt ; & de cette accuſation contre Boniface. Il preſenta à cet effet vne requeſte au Pape pour iuſtifier ſes actions, & par conſequent que le procés que l'on auoit fait contre luy eſtoit iniuſte, Benoiſt XI. n'ayant eſté informé de la verité de la capture de Boniface & du vol du Treſor de l'Egliſe : repeta derechef les meſmes accuſations contre Boniface qu'il auoit autrefois publiées, pour monſtrer que ce qu'il auoit fait eſtoit tres-iuſte, & meu de zele à la Religion. Supplioit toutefois le Pape de le vouloir abfoudre à cautele, & qu'il eſtoit preſt de luy obeir, au cas qu'il le iugeaſt coupable. Adiouſta que les Cardinaux Iacques & Pierre Colonne auoient appellé au futur Concile contre le Pape, comme il auoit fait depuis, le ſieur du Pleſſis auſſi, le Roy, & tout le Royaume. Le Pape ne luy fit autre réponſe, Que l'affaire eſtoit importante & difficile, & qu'il y penſeroit.

Nonobſtant ce refus le Seigneur de Nogaret ne laiſſoit de pourſuiure : répondit aux defenſes propoſées par les Caietans tant en point de droit que de fait : ſouſtenoit premierement, que Boniface n'auoit iamais eſté Pape, qu'on ſçauoit ce que l'on diſoit de luy, *Intrauit vt vulpes, regnauit vt leo, mortuus vt canis*: que s'il a eſté quelque choſe en l'Egliſe, *fuit tanquam Lucifer in cælis*: que ce qui auoit cauſé l'oppreſſion des Colonnes, eſtoit qu'ils s'eſtoient oppoſez à ſon élection. Aprés cela il s'eſtendit en pluſieurs accuſations fort atroces contre Boniface, offrant les verifier. Par vn autre acte les accuſateurs adiouſterent, que puiſque Boniface eſtoit mort, il n'eſtoit plus de beſoin de Concile pour le iuger ; que le iugement du Pape ſuffiſoit ; que la demonſtration de pieté qu'il fit à la mort n'eſtoit ſuffiſante, qu'il falloit qu'il abiuraſt publiquement ſes fautes.

Les defendeurs fournirent d'autres amples memoires, tant de fait que de droit, où ils s'efforcerent de couurir la memoire de Boniface, rapporterent ſelon leurs fins les cauſes de la haine d'entre le Roy & luy ; que pour cela le Roy n'eſtoit receuable à faire cette pourſuite : Que le Roy auoit recompenſé le Seigneur de Nogaret d'auoir pourſuiuy cette accuſation, qu'il l'auoit receu en ſon Palais, luy auoit donné pluſieurs chaſteaux & de grands biens, & l'auoit fait ſon Chancelier : qu'il auoit mal traité ſes Nonces, & l'Abbé de Ciſteaux, pour n'auoir voulu adherer à ſon appel.

Le Pape lors, ſur ce que poſſible le Seigneur de Nogaret s'eſtoit vanté qu'il n'auoit plus de beſoin d'abſolution, puiſqu'il l'auoit admis fort ſouuent à conferer auec luy de cet affaire, dit en plein Conſiſtoire, où il trauailla ſouuent à l'Inſtruction de ce procés: Qu'il ne croyoit point qu'vn excommunié fuſt abſous pour auoir parlé au Pape & l'auoir ſalué ; c'eſt pourquoy il declaroit que pour quelque communication qu'il pouuoit auoir auec vn excommunié, qu'il n'entendoit l'auoir abſous ; ce qui fut cauſe du décret qui fut arreſté au

<small>Cap. 4. Si lumnus de ſentent. excom. in Clement.</small>

Concile de Vienne, qui decide ce point de la mesme façon 1310. que le Pape l'auoit declaré en plein Consistoire.

Lors furent faites plusieurs procedures pour faire ouïr quelques témoins valetudinaires comme par forme d'examen à futur, & autres amples memoires & articles contre Boniface; qui aboutissent tous aux mesmes points d'accusation, tels que les precedens, remplis d'infinies allegations fort inutiles & ennuyeuses.

Enuiron ce temps le Seigneur de Nogaret en presence du Pape & de tout le Consistoire se plaignit de ce que les defendeurs par leurs écritures passoient les bornes de leurs defense, méslans plusieurs choses contre l'autorité du Roy son maistre, & contre les droits qu'il a en la temporalité des Eglises de son Royaume: soustint que le Roy de son droit peut s'aider des biens des Eglises & des Prelats contre leur gré en cas de necessité pour subuenir à ses guerres, bien qu'il ne l'ait iamais fait sans le consentement de son Clergé. Il se plaignit aussi en la mesme seance de la part du Roy, de la longueur que l'on apportoit en cet affaire. Le Pape s'excusa sur les longues procedures, & qu'ils en estoient la cause: en écriuit au Roy vn bref, luy faisant de grandes excuses de cette longueur, qu'elle ne procedoit de son fait, qu'il estoit tout prest de faire ouïr les témoins; mais qu'il reconnoissoit qu'ils estoient intimidez d'approcher d'Auignon, par le pouuoir qu'auoient ceux qui defendoient le P. Boniface: que mesmes l'vn d'eux estant prest d'estre ouy fut trouué mort dans son lit, sans aucune apparence de maladie.

Num. 777.
1.Sept.1310.

Les defendeurs desirans eluder la conclusion de ce differend, produirent vn fort ample discours remply de Loix & Canons, où ils tascherent de prouuer: Premierement, que Boniface ne deuoit estre iugé que de Dieu seul, declinoient par consequent la iurisdiction du Pape; qu'à tout le moins le Concile deuoit estre assemblé; que les François n'estoient reccuables, & moins le Roy: repeterent de nouueau la prise de Boniface, & le procés fait contre ceux qui l'auoient pris.

Les accusateurs ne manquerent de répondre à cet écrit, par les mesmes moyens de Loix & de Canons, & diuiserent leur écrit en autant de parties qu'auoient fait les defendeurs: là ils disputoient amplement si Celestin auoit pû ceder le Papat: mais les vns & les autres traiterent ces matieres auec

e ij

tant de confusion, & si peu de profit, qu'il est inutile du tout de s'y arrester dauantage. Vne seule piece toutefois merite d'estre leuë exactement, qui se trouue inserée dans ce prolixe discours, qui fut produit par Messire Bertrand de Rupenegada Cheualier Procureur special des seigneurs Nogaret & du Plessis, par laquelle on reconnoist vne infinité de beaux droits du Roy, dont beaucoup de personnes mal informées font doute à present, qui estoient lors en vigueur telle, que l'on en parloit comme de chose qui s'obseruoit en France de tout temps immemorial. Que le Roy ne reconnoist pour le temporel que Dieu. Que le Roy de France pour le temporel, & ce qui en dépend, & pour les choses qui touchent son Estat, & ses hommes, n'a autre Iuge que luy & sa Cour. Que nos Rois ont tousiours conserué les droits & les libertez de l'Eglise selon les coustumes de leur Royaume, par lesquelles quelques droits, qui de droit écrit appartiennent aux Eglises, leur sont propres par ancienne coustume; comme aussi quelques droits temporels, qui deuroient appartenir de droit écrit au Roy ou autres Seigneurs temporels, appartenoient par coustume aux Eglises du Royaume. Que nos Rois estans fondateurs & dotateurs des Eglises de leur Royaume peuuent empescher les leuées de deniers sur les Ecclesiastiques de leur Estat, & prendre garde que leurs biens ne se dissipent: & les Papes ne peuuent mettre sur eux aucune imposition sans le consentement du Roy. Que le Roy de tout temps immemorial est gardien des Eglises de son Royaume, & principalement des Cathedrales; ce qui est tres-auantageux pour les Eglises. Que la Cour temporelle, & specialement celle du Roy, connoist des successions, & choses temporelles, soit au petitoire ou possessoire, soit qu'elles appartiennent aux Eglises & personnes Ecclesiastiques ou Seigneurs temporels, tant en demandant qu'en defendant. Que de toute memoire le Roy ne plaide qu'en sa Cour propre tant en demandant que defendant, sans considerer la qualité du defendeur, fors de causes purement spirituelles, & qui touchent la Foy. Que le Roy auoit de tout temps le droit de Regale sur les biens immeubles de plusieurs Eglises de son Royaume, & qu'il en iouit iusques à ce que les nouueaux Prelats ayent receu de luy en personne le temporel. Que le Roy confere les dignitez, benefices & prebendes de plusieurs Eglises, qui sont de leur fondation. Qu'outre le droit de Regale celuy-cy est obserué de tout temps, que nos Rois ont droit de perceuoir les fruits des Eglises vacantes, se les approprier, sans aucune restitution, & iouissent de ce temporel, iusques à ce que les Prelats leur ayent fait serment de fidelité & hommage. Que pendant la Regale, le Roy donne les dignitez, prebendes & autres benefices qui sont à la collation de l'Euesque, soit que les benefices vacquent *in Curia Romana*, ou autrement. Que nos Rois ont cedé à quelques Barons de leur Royaume ce droit de Regale, & en iouïssent lesdits Barons par droit feudal & Royal, qui s'appelle ainsi à cause qu'ils l'ont du Roy. Aprés suiuent plusieurs articles pour le fait de Lion, sur ce qu'il y auoit differend entre le Roy & l'Archeuesque, de sçauoir si l'Archeuesché de Lion & l'Eglise, & la temporalité de la ville estoient du Royaume, & le tout aboutit à ce point, pour monstrer que l'Archeuesque de Lion doit faire le serment de fidelité au Roy pour son temporel. Que si les Prelats & leurs Officiaux veulent par le moyen de leur Iustice spirituelle empescher que la Iustice Royale ait ses fonctions, les Rois en ce cas de tout temps ont de coûtume de faire saisir le temporel des Ecclesiastiques iusques à ce qu'ils cessent leurs entreprises. Qu'il est au pouuoir du Roy pour sa conseruation de faire garder les passages de son Royaume, pour empescher les allans & venans, soit en Cour de Rome ou ailleurs, & prendre garde que l'on ne transporte l'or & l'argent & autres marchandises hors le Royaume. Que les differends qui suruiennent pour le droit de patronage des Eglises, ont esté de tout temps decidez par le Roy & sa Cour. Que de tous ces droits par vne coustume necessaire du Royaume, qui se peut & doit appeller antiquité, tant le Roy que ses predecesseurs ont iouy de tout temps, sans qu'aucun Pape leur en ait debatu aucun article, que Boniface. Au reste que Boniface auoit imposé au Roy par sa Bulle commençant *Ausculta Fili*, dont est parlé cy-dessus, disant qu'il auoit soustenu par ses lettres qu'il n'auoit point absolument de superieur; ce qui ne se trouuera point; car qui est celuy (porte cet acte) qui reconnoisse plus deuotieusement & auec plus d'humilité la Foy Catholique, les Sacremens de l'Eglise, le souuerain Pontife, & l'Eglise Romaine & leurs superioritez, que le Roy de France?

Les defendeurs de la memoire de Boniface, & les Cardinaux qui y auoient interest, iugeant que leur affaire estoit mauuais, & au contraire les raisons & moyens des François fortes & sans réponse, fabriquerent de fausses lettres, pour

1310. couurir les actions de celuy; duquel ils auoient entrepris la defense: mais aussi-tost, à leur grande infamie, elles furent iugées fausses par la bouche mesme du Pape, & bruslées publiquement dans Auignon.

Le Pape monstra en cette action qu'il n'approuuoit point les mauuais moyens dont on se seruoit pour couurir la memoire de Boniface; faisoit toutefois ce qu'il pouuoit iustement pour appaiser la poursuite du Roy & des siens; écriuit à Charles Comte d'Aniou frere du Roy, qu'il fist en sorte que le Roy son frere se soûmist de ce differend à ce qui en seroit ordonné par l'Eglise & par luy, & que ceux qui auoient entrepris la poursuite en fissent de mesme. Le Roy fut quelque temps sans vouloir entendre à la priere que luy en faisoit son frere, mais à la fin pressé par plusieurs Grands du Royaume, decerna ses lettres patentes données à Fontainebleau, par lesquelles il remit tout ce differend au Pape, & au Concile prest d'estre assemblé, ne trouuant pas raisonnable, (portent ces lettres) qu'il fust à propos, en question de foy, de reuoquer en doute ce qui aura esté ordonné par le Pape assisté principalement du Concile. Ce consentement du Roy fut suiuy tost aprés par Louïs Comte d'Eureux fils du Roy, & de Guy Comte de S. Paul, grand Bouteiller de France, qui en donnerent leurs lettres.

Num. 789. Let. du 23. May 1310.

Num. 778. Feur. 1310.

Num. 775. 14. Feur. 1310.

Le Pape n'eut pas si tost ces desistemens qu'il publia vne Bulle, où aprés auoir narré sommairement les procedures de ce fait, & qu'il auoit esté bien informé du zele qu'auoit eu le Roy en cette poursuite, qu'il n'auoit nullement approuué les violences qui furent faites, tant en la personne du P. Boniface qu'au vol du Tresor de l'Eglise; qu'ayant esté conseillé par le College des Cardinaux de rechercher le Roy & le persuader d'en croire l'Eglise, & de s'en remettre du tout à ce qu'elle ordonneroit, à quoy il auroit resisté quelque temps, enfin y auroit consenty, comme aussi les accusateurs & defenseurs de Boniface, par actes & lettres qu'il auoit fait mettre dans les archiues de l'Eglise pour memoire perpetuelle de leur deuotion: enfin sur ces considerations il reuoqua, annulla & cassa toutes sortes de sentences non inferées dans le VI. liure des Decretales, entant qu'elles portoient preiudice à l'honneur, droits & libertez du Royaume & des suiets d'iceluy, & en ce qui touchoit les deux Decretales dudit Boniface, dont l'vne commence *Vnam sanctam*, & l'autre *Rem non nouam*, qui

Num. 785. v. Kalend. May anno VI. Pontif. 1311.

sont aux Extrauagantes communes, l'vne au titre *de maioritate* 1311.
& obedientia, l'autre au titre *de dolo & contumacia*, ordonna qu'elles auroient leur effet suiuant les modifications qu'il en auoit cy-deuant faites: reuoqua de plus toutes suspensions de priuileges, excommunications, interdits, priuations, bref tout ce qui auoit esté fait directement ou indirectement en public ou en particulier en ce fait, tant contre le Roy, ses enfans, son Royaume, droits & libertez d'iceluy, que contre ceux qui auoient fait la denonciation publique, sçauoir les Comtes d'Eureux, de S. Paul, & de Dreux, & Guillaume du Plessis, & leurs adherens à leur appel: bref tout ce qui auoit esté fait contre eux depuis le iour de Toussaints de l'an 1300. iusques alors. En suite de ce enioignit à toutes personnes de toutes qualitez & conditions, soit Greffiers, Iuges, ou autres, sur peine d'excommunication, qu'ils eussent dans quatre mois à mettre au feu toutes lettres, cedules, bulles de suspensions, excommunications, & procés originaux & copies concernant ce fait; qu'ils eussent à les tirer de leurs registres sur les mesmes peines, & les supprimer: declara toutefois qu'en cette generale absolution n'estoient compris Guillaume de Nogaret, Regnaut de Supino Cheualiers, Thomas de Morolo, Robert de Supino fils de Regnaut, Pierre de Genetano & son fils Estienne, Adenulphe & Nicolas fils de Matthieu Giffred, Buffa Orlendin, & Pierre de Luparia Cheualiers citoyens d'Anagnia, Sciarra Colonne, Iean fils de Landulphe, Godefroy fils de Iean de Ceccano, & Maximin de Trebis, qui auoient tous assisté à la prise de Boniface & du Tresor; ensemble les citoyens d'Anagnia qui auoient aidé à ces violences.

11. Le Pape craignant que Guillaume de Nogaret supporté qu'il estoit en Cour, & fort courageux, ne trauersast cette paix, se voyant comme abandonné & sans absolution, le mesme iour de la precedente Bulle il en publia vne autre en faueur du Seigneur de Nogaret, par laquelle il luy donnoit absolu- *Num. 78* tion à cautele de tout ce qu'il pouuoit auoir commis, & ce en la mesme forme que la precedente absolution; à la charge qu'il iroit au prochain voyage d'outremer auec armes & cheuaux où il demeureroit à perpetuité, si le Pape ne luy fait grace: auant lequel voyage il estoit condamné de visiter les Eglises de Nostre-Dame de Vauuert, de la Roche-d'amour, du Puy, de Boulogne sur la mer, de Chartres, de S. Eloy & de Mont-maior, & de S. Iacques en Compostelle; & au cas qu'il

e iiij

1311. vinst à deceder auant que d'accomplir ces penitences, ses heritiers deuoient iouïr du mesme benefice d'absolution, pourueu qu'ils accomplissent ce qui restoit à faire; autrement tant Nogaret que ses heritiers ne iouïroient de ladite absolution, qui demeuroit nulle pour leur regard. Et par vne autre Bulle de mesme datte le Pape declara, que ceux d'Anagnia estoient compris en cette absolution, fors ceux qui auoient assisté au vol du Tresor de l'Eglise, lesquels il se reseruoit de poursuiure quand bon luy sembleroit ; reuoquant par vne autre Bulle ce qu'il auoit arresté cy-deuant de n'admettre aucuns François pour estre ouïs contre le P. Boniface : & declara qu'il ne receuroit à l'aduenir aucuns actes qui blasmeroient le bon zele du Roy en cet affaire.

Num. 786. 787.

Num. 784.

L'on iugea bien deslors que le dessein du Pape estoit d'étouffer cet affaire ; mais pour le couurir & faire voir qu'il auoit desir que la verité de la bonne ou mauuaise vie de Boniface fust reconneuë, il ordonna par vne Bulle, que tous ceux qui sçauoient quelque chose de ce fait eussent à le reueler aux nommez dans la Bulle, sçauoir Guillaume de Nogaret Cheualier, Seigneur de Caluisson, Guillaume du Plessis & autres, & qu'ils y seront receus.

Num. 775.

Le premier de Nouembre fut commencé le Concile de Vienne en Dauphiné, où pour executer ce qui auoit esté promis au Roy, l'affaire de Boniface y fut traité & decidé, & fut resolu, Que Boniface estoit Catholique & n'auoit iamais esté heretique, par plusieurs raisons qui furent alleguées & deduites au Roy par M. Richard de Siene Cardinal grand Docteur en Droit, par Iean de Namur Cardinal Docteur en Theologie, & par le Cardinal Gentil Docteur Canoniste, & fut Boniface soustenu tel par l'appel de bataille fait par M. Caroccio, & Guillaume Debolus Catalans vaillans Cheualiers, ce qui estonna le Roy. Mais le Pape & les Cardinaux voulans le contenter firent vn decret, Que le Roy pour ce qu'il auoit fait contre le Pape Boniface n'en pourroit iamais estre recherché, ny ses successeurs. D'autres ont écrit, qu'à la verité le Concile n'approuua point la poursuite du Roy contre Boniface, mais iugea que ce qu'auoit fait Boniface contre luy estoit iniuste & nul.

Io. Villani c. 22. liu. 9. Ant. Flor. parte 3. Iean le Maire des schis. P. Masson.

Iean le Maire des schif. c. 20. par. 2.

Voila quelle fut la fin de cette grande & fascheuse diuision, qui auoit duré dix ans entiers, en laquelle le Roy eut cet aduantage, que ses droits furent maintenus, & les vsur-

ENTRE LE PAPE BONIF. VIII. ET PHILIP. LE BEL. 41

pations & entreprises de Boniface furent condamnées par les Papes mesmes; mais le Pape Clement & les Cardinaux iugerent que la poursuite qui se faisoit contre sa memoire aprés sa mort, estoit vn peu rude, & sans exemple. Le Roy toutefois voulut qu'elle se perdist du tout en son Royaume, defendant que l'on allegast le VI. liure des Decretales compilé par Boniface ; ce qui a eu vne telle suite que l'on ne l'ose encore à present alleguer en Iustice, non pas mesme pour raison; ce qui est remarqué dans la glose sur le chap. *Generali Constitutione de Elect. in 6.* en ces mots qui ont esté retranchez en l'edition de Rome : *Ideo secundum aliquos Constitutiones istius compilationis (scilicet* VI. *libri) non fuerunt receptæ in hoc regno propter istam controuersiam.* qui est la Regale.

Quelques Historiens voulans ce semble donner de la terreur aux Princes, & les détourner de venger les entreprises qui se pourroient faire sur leur autorité, rapportent *malicieusement tous les defauts aduenus du regne du Roy Philippes le Bel, & sa mort mesme, qu'ils décriuent violente contre la foy & verité de nostre Histoire, à la trop rude poursuite qu'il fit contre Boniface : remarquent d'auantage par d'ineptes circonstances, que sa posterité fut mal-heureuse ayant esté excommuniée iusques à la cinquiéme generation. A cela la lecture de sa vie peut satisfaire, où nous le voyons 26. ans regner auec autant de bon succés en ses affaires qu'aucun Roy de son temps, estant venu au dessus de ses desseins contre le Pape, & le Comte de Flandres, ses deux principaux ennemis, qu'il rangea à la raison. Aprés luy ses trois enfans succederent à la Couronne, & aprés eux Philippes de Valois son neueu, duquel la posterité regna aprés heureusement. Quelle temerité donc, voire impieté à ces Historiens, de penetrer si auant dans les secrets iugemens de Dieu, entre autres Meyer inepte Historien, partisan de la Maison d'Autriche, tres-impertinent écriuain, s'est pleu en deux lieux de son Histoire de s'épandre en iniures contre la memoire de ce grand Roy, mais auec tant d'imprudence qu'il en est ridicule, & tasche par là de se venger du rude chastiment dont vsa le Roy contre le Comte de Flandres son vassal pour s'estre rebellé contre luy. Ce mesme Auteur & vn autre Anglois auant luy mal informez de la verité, ont écrit qu'aux nopces d'Isabeau de France auec Edoüard II. R. d'An-

Villani.
Ant. Flor.
Dans Iuue-
nal des Vr-
sins 316. 317.
* *Meyerus.*

Meyer.
Steron an.

Walsing

gleterre faites à Boulogne l'an 1307. le Seigneur de Nogaret mourut soudain en la sale du Roy faisant d'horribles grimaces: ce qui est faux, veu qu'en l'année 1311. il fit sa poursuite en Auignon contre le Pape, comme il est dit cy-dessus. A cela l'on peut voir quelle foy l'on doit adiouster au reste de l'Histoire de ce Flamand, qui a fait tout ce qu'il a pû pour diffamer la memoire de Philippes le Bel, l'vn des plus grands Rois, plus pieux, & plus ialoux de son autorité, qui ayent regné sur les François.

I ergo tu, & tibi vsurpare aude, aut dominans Apostolatum, aut Apostolicus dominatum.

D. Bernardus lib. II. capite VI. de Consideratione ad Eugenium PP.

HISTORIA
PECVLIARIS
MAGNI ILLIVS DISSIDII
INTER PAPAM BONIFACIVM VIII.
ET PHILIPPVM PVLCRVM FRANCOR. REGEM
EXCITATI.

HISTOIRE PARTICVLIERE DV GRAND DIFFEREND ENTRE LE PAPE BONIFACE VIII. ET PHILIPPES LE BEL ROY DE FRANCE.

L n'y a possible en toute l'Histoire de France rien de plus remarquable, ny qui merite plus d'estre sceu auec ses circonstances, que le grand differend qui a esté entre le Roy Philippes le Bel & le Pape Boniface VIII. Iusques icy les Historiens ont passé fort legerement pardessus, & encore auec beaucoup de contrarietez, les vns emportez de diuerses passions, les autres faute de bons memoires. Nous y voyons d'vn costé vn Roy vrayement genereux, ialoux de son autorité & de sa souueraineté, assisté de son Clergé, de sa Noblesse, & de son peuple, qui ont combatu courageusement pour la manutention des anciens droits de la Couronne, & pour la liberté du païs, sans entrer en beaucoup de vaines considerations que la subtilité, ennemie capitale de la verité, a depuis suggeré aux trois Estats de ce Royaume. De l'autre part on voit vn Pape courageux, guerrier, ambitieux outre mesure, entreprenant sur les Royaumes Chrestiens, non point vne puissance spirituelle qui ne luy estoit debatuë, mais la temporelle qui ne luy appartenoit point ; & pour ce il fut abandonné des siens, & des suiets de l'Eglise. Les moyens dont il vsa pour paruenir au Pontificat, firent iuger par quelles regles il gouuerneroit l'Eglise Chrestienne, car abusant de la simpli-

cité & bonté du Pape Celestin son predecesseur luy persuada par mauuais artifices, écrits par tous les Historiens, de renoncer au Papat, ce qu'il fit ; & puis par brigues se fit élire : & non content d'auoir ainsi dépoüillé ce saint personnage qui auoit resolu de viure vne vie retirée, luy fit finir ses iours dans vne prison, craignant que l'on se seruist aussi legitimement de la bonté de Celestin pour le troubler en son vsurpation, comme malicieusement il en auoit abusé.

Ceux qui sçauent le grand respect que de tout temps nos Rois ont porté à l'Eglise & aux S. Peres, & leur grande pieté, & au contraire le naturel du P. Boniface, iugeront touiours que le Roy Philippes le Bel n'est venu aux extremitez contre luy pour causes legeres ; mais pour des vsurpations iniustes, pour des ambitions effrenées, bref pour luy auoir voulu en plusieurs façons rauir sa Souueraineté : chose insupportable aux plus petits Princes souuerains ; bien loin de la penser rauir à vn puissant Roy, vn Roy de France, le premier Roy du monde.

Le Pape pour paruenir au grand dessein qu'il auoit de se rendre souuerain, tant au temporel qu'au spirituel, y alla par degrez, commença par des choses qui sembloient legeres pour s'insinuer plus facilement : Voulut s'entremettre d'appaiser le different d'entre le Roy, & le Roy d'Angleterre ; à quoy ces Rois resisterent quelque temps, disans que c'estoit chose qu'ils termineroient sans son entremise, & puis qu'il n'y alloit rien qui fust de sa charge, rien que de temporel. Alors il leur proposa que ce qu'il en faisoit estoit pour le bien de la paix, non comme Pape, mais comme personne priuée ; à quoy ils s'accorderent, & les iugea en cette qualité, ce qui l'autorisa fort dans leurs affaires, s'asseurant qu'il auroit sans doute vn de ces deux Rois pour luy, ayant pouuoir de maintenir sa sentence arbitrale par son autorité spirituelle.

Ce premier progrez n'estoit rien au regard de ceux qui suiuent. Le Roy offensé de ce que Guy Comte de Flandres auoit promis sa fille en mariage au fils du Roy d'Angleterre sans luy en demander permission, comme c'est la coustume en France, & la raison pour ce qui est des Grands ; manda le Comte & sa femme qui s'acheminerent aussi-tost, leur remonstra leur faute & les retint prisonniers, d'où ils ne sortirent point, qu'ils n'eurent mis en ostage leur fille Philippe promise au Roy d'Angleterre. Le Comte estant en liberté poursuiuit la

ENTRE LE PAPE BONIF. VIII. ET PHILIP. LE BEL.
deliurance de sa fille; & voyant qu'il n'auançoit rien, il ga-
gna le Pape, appella à luy de tout ce que le Roy auoit faict,
enuoya à Rome pour y former son appel, qui fut accepté par
le Pape, qui enuoya vers le Roy l'Euesque de Meaux son Legat pour le sommer de faire raison au Comte de Flandres, &
à faute de ce l'adiourner à comparoistre deuant le Pape où
il estoit appellé, & là estre iugé. Le Roy s'offensa iustement
de ce procedé, & trouua estrange que le Pape entreprist sur des
choses qui n'estoient de sa iurisdiction ; & dit au Legat que
ce n'estoit au Pape de se mesler des Seigneuries terriennes,
qu'il auoit sa Cour pour faire iustice à ses suiets & hommes
liges, sans qu'il reconnust autre que Dieu pour Souuerain en
ce point, & par ainsi que son ambassade estoit fort inutile. Le
Legat fut contraint de se retirer sans rien faire.

1296.

Hist. MS.

Oudergheſt p. 217.

Le Pape auançant son dessein publia vne Bulle, par laquelle se plaignant que les Rois exigeoient sur les Ecclesiastiques
quelques subsides, decimes, vingtiémes, ou autres portions
de leurs biens, à quoy ils obeïssoient sans luy en demander
permission, ordonna que tous les Clercs quels qu'ils fussent,
qui payeroient quelque portion de leur reuenu sous quelque
pretexte que ce fust sans le congé du Saint Siege, & les Rois
& Princes qui exigeroient d'eux, ou feroient saisir leurs biens,
encourroient les censures de l'Eglise. Mit en outre en interdit
les Villes & Communautez qui auoient consenty cette exaction ; defendit aux Ecclesiastiques d'obeïr aux Rois en ce
point sous les mesmes censures. Et passoit cette Bulle si auant,
qu'il appelloit cette puissance des seculiers vn abus horrible.
Cette fulminante quoy que generale touchoit le Roy en son
particulier, ayant fait vne leuée sur le Clergé de son Royaume pour subuenir aux grands frais des guerres qu'il auoit sur
les bras ; ce qui luy donna suiet de faire vn Edict, portant
defenses à tous Estrangers de venir en France, & y exercer aucun trafic & marchandise ; contre lequel le Pape fit publier
vne autre Bulle sur la fin de la mesme année de son Pontificat, où il remonstroit au Roy fort aigrement sa faute &
par menaces, que cet Edict estoit fort preiudiciable à ses suiets, & que sous ces mots de *tous Estrangers*, les Ecclesiastiques estoient compris, que c'estoit temerité & folie à luy de
l'auoir ainsi entrepris, luy qui n'auoit nul pouuoir sur eux,
estant chose directement contraire à la liberté Ecclesiastique,
& par consequent qu'il auoit encouru les censures de l'Eglise:

Bulla anno 2. Pontif. quæ incipit Clericis Laicos. Act. p. 14.

Liure C. 7. 12.

a ij

1296. declara toutefois que ce qu'il en auoit fait n'estoit point pour vouloir nier que le Clergé ne le doiue aider en ses necessitez, qu'en ce cas les calices mesmes, les croix, les vases seruans à l'Eglise peuuent estre alienez; mais qu'il ne se doit rien faire en cela sans sa permission. Il adiouste sur la fin de la Bulle, que les Rois des Romains & d'Angleterre pour quelques pretentions qu'ils auoient sur aucunes terres de ce Royaume, ne refusoient point le iugement du saint Siege, estant d'ailleurs tres-certain que la decision luy en appartient, en ce que ces Rois soustenoient qu'en cette detention le Roy commettoit vn grand peché. Conclud enfin qu'il enuoyoit l'Euesque de Viuiers porteur de sa Bulle auec creance particuliere, priant le Roy ne se laisser emporter aux mauuais conseils, & suiure les siens, & qu'il estoit prest d'endurer le martyre pour la defense de la liberté Ecclesiastique.

Act. p. 21. Le Roy offensé de cette Bulle, non sans suiet, fit responce, qui n'est ce semble venuë entiere iusques à nous, ce qui reste neantmoins est notable. Parlant donc du fonds il confessa qu'il auoit fait ces defenses indefiniement de faire sortir hors son Royaume cheuaux, armes, argent, & toutes sortes de marchandises sans sa permission, pour connoistre à qui pouuoient appartenir les marchandises, soit aux Ecclesiastiques ou autres. Prouue en suite que les Ecclesiastiques sont obligez de fournir aux frais de la guerre, dont il estoit fort pressé du costé d'Angleterre & d'Allemagne : protesta qu'il adoroit Dieu en verité, reueroit son Eglise & ses Ministres, mais qu'il méprisoit les menaces des hommes ; qu'au reste les Ecclesiastiques ne se pouuoient approprier à eux seuls ; cette liberté Ecclesiastique, par laquelle nostre Seigneur Iesus-Christ nous a deliurez de la seruitude du peché ; qu'il y a plusieurs libertez singulieres attachées aux seuls Ministres de l'Eglise, lesquelles prennent leur source des Statuts des souuerains Pontifes, & de la liberalité & concessions des Princes souuerains. L'Archeuesque de Rheims, ses suffragans, & les Abbez de sa *Actes p. 26.* Prouince écriuirent lors au Pape, que le Roy & les Barons du Royaume soustenoient que tous les suiets du Roy, tous priuileges cessans, deuoient aider à la defense du païs, principalement les feudataires, eux & les autres Prelats, aucuns desquels sont obligez par hommage, & presque tous par serment de fidelité de defendre le Roy, son Royaume & ses droits : Prierent le Pape de vouloir auiser d'appaiser ce scandale qui

ENTRE LE PAPE BONIF. VIII. ET PHIL. LE BEL. 5

pourroit auoir quelque suite. Le Pape, soit qu'il se repentist, 1296. soit aussi qu'il eust égard aux raisons du Roy & de ses Euesques, publia l'an suiuant, troisiéme de son Pontificat, vne Bulle, 1297. par laquelle il declara qu'il n'auoit iamais entendu que sa Decretale commençant *Clericis Laicos*, eust lieu en France ; au contraire qu'il sçauoit que le Roy en cas de necessité pouuoit sans le consentement du Pape tirer secours des Ecclesiastiques de son Royaume.

Num 253. Feranld. lib. de Iurib. & Priuil. Reg. Fr. où M. Char. du Moulin se trompe fort disant que cette Bulle est suppofée, car elle n'est pas Pontif. an. 13. mais 3. comme luy mesme l'a fait imprimer dans ledit Feranld. lib. p. 12.

Nonobstant cette satisfaction, il ne laissa pas de penser aux moyens d'auancer son dessein, & prit suiet sur ce qu'ayant fait publier vne tréue entre le Roy, & les Rois des Romains, & d'Angleterre, il creut qu'il estoit necessaire de la proroger, & mit dans la Bulle de continuation de la tréue, qu'elle seroit entretenuë à peine d'excommunication contre les contreuenans. Le Pape pour faire sçauoir au Roy cette continuation luy enuoya les Euesques d'Alba & Preneste. Le Roy auerty de ce que contenoit cette Bulle, declara auant qu'elle luy fust leuë qu'il ne reconnoissoit autre que Dieu pour ce qui est du temporel, qu'il n'auoit iamais eu intention de se soûmettre à homme viuant pour chose temporelle de son Royaume, qu'il s'asseuroit de la defendre contre tous venans ; mais que pour le spirituel, qu'il estoit prest d'obeïr au saint Siege, entant que de droit il y estoit tenu comme vray & deuot fils de l'Eglise. Cela fait, la Bulle fut leuë, & ces Euesques deputez donnerent acte au Roy de sa protestation.

Auant que de passer plus outre, & pour suiure l'ordre des temps, il importe pour entendre la suite de cette histoire de representer les persecutions que fit le Pape contre ceux de la Maison des Colonnes (vne des plus anciennes & illustres famille de l'Italie), qui furent puis après ennemis puissans & irreconciliables du Pape. Le principal suiet de la haine qu'il portoit à ceux de cette Maison, venoit de ce qu'ils estoient Gibellins, c'est à dire Imperiaux, faction contraire aux Guelfes qui tenoient pour le Pape ; ce qui fut cause qu'ils furent infiniment trauersez par les Papes. Celui-cy peu asseuré de la bonne volonté de deux Cardinaux de cette Maison, Iacques Colonne du tit. S. *Mariæ in via lata*, & de Pierre du tit. de saint Eustache, ou qu'ils luy en eussent desia fait paroistre quelques témoignages, les manda pour sçauoir d'eux s'ils le tenoient pour Pape, bien qu'il fust desia dans le troisiéme an de son Pontificat. Eux ne iugeans pas qu'il fist seur pour eux prés le

6 HISTOIRE PARTIC. DV DIFFEREND

1297.
Num. 755.

Pape, luy écriuirent du chasteau de Longetia en la Romagne ; qu'il n'estoit au pouuoir du Pape Celestin V. de faire cession du Papat ; & pour ce, qu'ils ne le tenoient pour Pape ; que pour terminer ce differend qu'il falloit assembler le Concile ; que iusques à ce luy Boniface ne deuoit faire aucune fonction de Pape, & luy en interdirent l'exercice, & appellerent de tout ce qu'il pourroit faire contre eux, au Concile futur, au saint Siege ; & au Pape qui sera éleu. Le Pape irrité contre ces Cardinaux les accusa d'auoir volé le tresor de l'Eglise, qu'ils auoient composé & publié des libelles diffamatoires contre luy, fulmina vne Bulle contre eux, par laquelle aprés auoir narré amplement les maux faits à l'Eglise par cette famille, & à toute l'Italie, il deposoit du Cardinalat les deux Cardinaux susnommez, les priuoit de tous leurs benefices ; les excommunia eux & tous ceux qui les tiendroient pour Cardinaux, & qui leur porteroient aide & faueur, de quelque qualité & condition qu'ils peussent estre, & les lieux où ils se retireroient interdits. De plus Iean & Oddo enfans de Iean Colonne frere de ce Iacques Cardinal, & les descendans de ce Iean de l'vn & l'autre sexe, declarez priuez par cette Bulle de tous leurs benefices, & incapables iusques à la quatriéme generation de pouuoir iamais posseder aucuns benefices ; ny exercer aucunes charges seculieres, principalement sur l'Estat de l'Eglise, ny aspirer au Cardinalat, moins au Papat. Adiousta que les deux Cardinaux se representeroient deuant luy dans dix iours, & à faute de ce les priuoit de tous biens temporels en quelque lieu qu'ils fussent assis. Aprés cette horrible fulmination le Pape publia vne croisade contre eux, pour les opprimer plus puissamment. Sciarra Colonne vn des premiers de cette famille, s'estant retiré à Preneste, le Pape le fit assieger ; il trouua toutefois moyen de sortir de nuit auec ses neueux, se retira dans les bois où il vescut long-temps vagabond, fuyant la persecution du Pape ; d'où pensant se retirer il tomba entre les mains des Pirates, fut mis à la chaisne, où il endura de grandes miseres. Le Pape non content d'auoir chassé les Colonois de l'Italie par le moyen de cette croisade, ruina leurs maisons, & places fortes qu'ils y possedoient ; ce qui les reduisit au desespoir, tel que le Pape s'en repentit puis aprés, comme il se verra en la suite de ce discours.

Plat. in Bonif. Stero in an. 1297.

Num. 11.

Platin Bon Vill. lib. 8. c. 21. 23. Petrarch. ep. 4. lib. 2. ad Familiar. de exilio Stephani Colomnæ.

1298.

Voila quels estoient les deportemens du Pape en Italie. Il ne laissoit pas cependant de faire de mauuais offices au Roy, qui luy estoient fort sensibles. Les Allemans lassez du rude gouuernement d'Adolfe de Nassau Empereur, se resolurent de proceder à vne nouuelle élection. Le Roy ayant eu aduis du dessein des Allemans, eut quelque enuie de faire élire son frere Charles Comte de Valois : à quoy le Pape sembloit deuoir incliner pour le recompenser de la cession qu'auoit fait ce Prince du Royaume d'Aragon à la priere du Pape. Les Allemans neantmoins éleurent Albert Duc d'Austriche, le Pape y conniuant : dont le Roy fort offensé, & s'en voulant ressentir receut dans son Royaume Estienne Colonne, & autres de cette Maison chassez d'Italie par la persecution du Pape.

1298.
Anton. Flor.
part. 5. Tit.
20. c. 8.
§. 10.

Vn des principaux suiets de la grande querelle, qui fut fomenté par les simultez precedentes, qui n'empeschoient pas qu'il n'y eust quelque correspondance entre eux, vint de ce que par la tréue d'entre le Roy, le Roy Edoüard II. d'Angleterre, & Guy Comte de Flandres, il fut accordé, que le Pape seroit iuge de leurs differens : pour en faire la poursuite ils y enuoyerent leurs Ambassadeurs. Ceux du Roy furent Iacques de S. Pol, & l'Archeuesque de Rheims ; l'Euesque de Dunelm pour le Roy d'Angleterre ; & pour le Comte de Flandres, Robert Comte de Neuers son fils aisné. Ces Ambassadeurs representerent au Pape leurs moyens, contesterent deuant luy, enfin donna son iugement comme personne priuée, au profit du Roy d'Angleterre & du Comte ; qui fut tel, que le Roy rendroit au Comte sa fille qu'il detenoit prisonniere depuis l'an 1296. pour la marier à sa volonté, & quelques terres qu'il auoit conquises sur luy, & qu'il iroit en Leuant faire la guerre aux Infideles. De ce iugement le Pape en fit expedier Bulle, qu'il mit entre les mains de l'Ambassadeur Anglois, qui l'apporta à Paris estant accompagné de Iacques de Chastillon frere du Comte de S. Pol ; & comme on la lisoit en la presence du Roy, de Charles Comte de Valois son frere, de Robert Comte d'Artois, & du Comte d'Eureux, le Comte d'Artois en colere prit la Bulle de la main de l'Ambassadeur Anglois & la ietta au feu, iurant qu'il n'en seroit pas ainsi, & que le Pape ne se vengeroit pas au dépens du Royaume. Le Roy protesta lors de ne rien faire de ce qui estoit ordonné, mais qu'aussi-tost que la tréue seroit finie qu'il recommenceroit la guerre.

Oudegh.
Meyer. liv.

Villan. c.56.
l. 8.
Oudeghest
p. 222.

Aprés cette entreprise le Pape en la publication du Iubilé qu'il fit en l'année 1300. paroissant deuant le peuple, tantost en habits Pontificaux, tantost en habits Imperiaux, disant,

8 HISTOIRE PARTIC. DV DIFFEREND

1300.
Icā le Maire liu. 5. des antiquitez de la Gaule Belg.

1298.

De maiorit. & obedient. in 6.

Ecce duo gladij, hîc vides ô Petre successorem tuum, tu salutifer Christe cerne tuum Vicarium, fit voir à tout le monde le dessein qu'il auoit de se rendre seul Monarque spirituel & temporel de la Chreftienté. Son ambition fut dauantage reconnuë par la publication qu'il fit du 6. liure des Decretales compilé par luy, remply de plusieurs mauuaises & ambitieuses constitutions, entre autres celle qui commence *Vnam Sanctam*, qui porte qu'il ne doit y auoir qu'vne puissance en terre, sçauoir l'Ecclesiastique qui a les deux glaiues spirituel & materiel ; que l'vn doit estre manié pour l'Eglise, l'autre par l'Eglise, l'vn par le Prestre, l'autre par le Roy, mais à la volonté du Prestre. Que si la puissance seculiere erre, elle est iugée par la spirituelle souueraine : Pour la spirituelle, il n'y a que Dieu seul qui la puisse iuger. Enfin conclud qu'il faut croire de necessité de salut, que toute humaine creature est suiete au Pontife Romain.

Le Roy toutefois desirant s'entretenir tousiours en bonne intelligence auec le Pape, luy enuoya lors Messire Guillaume de Nogaret de S. Felix, Baron de Caluisson, Ambassadeur auec quelques autres, pour entre autres charges luy donner aduis de l'alliance faite de nouueau entre luy & le Roy d'Allemagne, pour pouuoir plus librement vaquer à l'expedition de la Guerre Sainte. Le Roy d'Allemagne y enuoya à cette fin. Le Pape méprisa l'vn & l'autre, blasma l'élection du Roy d'Allemagne, le menaça de luy faire de la peine s'il ne donnoit à l'Eglise la Toscane, dont il entendoit disposer, tint alors plusieurs mauuais discours du Roy, & fit ce qu'il put pour rompre l'alliance qui estoit entre ces deux Rois. Ce fut lors que le Seigneur de Nogaret reconnut les mauuais desseins du Pape, & sa vie scandaleuse dont il l'aduertit : surquoy il luy demanda s'il auoit charge du Roy son maistre de luy tenir ces discours, ou s'il les disoit de luy mesme ; il répondit qu'il les luy faisoit poussé de zele preuoyant les maux qui en prouiendroient. Le Pape depuis ce temps chercha tous moyens de nuire au Roy & au Royaume. Pour donc y paruenir, il se seruit de toutes sortes de moyens iustes ou iniustes ; le plus plausible & le plus legitime fut, voyant que le Roy y auoit de l'inclination, qu'il proposa aux Rois Chrestiens vne Croisade pour aller outre mer contre les ennemis du nom Chrestien. L'on remarque dans l'Histoire, que cette sorte de voyage est vne inuention qui a le plus auancé la puissance des Papes au delà des regles ordinaires qu'aucun autre, au moyen des grandes

ENTRE LE PAPE BONIF. VIII. ET PHIL. LE BEL.

des exemptions & indulgences qu'ils donnoient à ceux qui entreprenoient ces expeditions lointaines, & du commandement comme absolu dont ils vsoient envers les Princes d'y aller eux-mesmes en personne, sous pretexte d'vne chose spirituelle, & qui s'entreprenoit pour le bien de la Religion; leur nom d'ailleurs & leur autorité sous lesquelles se faisoient ces croisades, s'épandoient par le monde.

Pour donc faire sçauoir au Roy le desir qu'il auoit de faire faire ce voyage, & luy faire quiter son Royaume, pour pendant son absence, entreprendre sans aucune resistance, il luy enuoya l'Euesque de Pamiers (Euesché erigé de nouueau l'an 1296. par luy mesme en l'Eglise S. Antonin de Pamiers, contre la volonté du Roy, & dont il auoit obligé cet Euesque fort factieux) auec charge non seulement de parler du voyage, mais aussi de la deliurance du Comte de Flandres & de ses enfans. Cet Euesque ayant exposé sa charge, & voyant que le Roy n'en faisoit compte, vsa de mauuaises paroles contre luy, disant qu'il ne tenoit rien du Roy, mais du Pape dont il estoit suiet, tant au spirituel qu'au temporel, & vint iusques aux menaces d'interdire le Roy & le Royaume, soûtint la puissance du Pape sur les Princes souuerains; dont le Roy fut tellement offensé, qu'il le fit mettre en prison au commencement de l'an 1301. Le Continuateur de Guillaume de Nangis écrit que le suiet de la prison de cet Euesque fut pour les monopoles qu'il faisoit contre le seruice du Roy, taschant de faire reuolter ses suiets, & que pour ce il fut adiourné au Parlement où il comparut & fut arresté, auec defenses toutefois de luy faire mal en sa personne. Le Pape irrité de cet emprisonnement enuoya en Feurier Iacques des Normans Archidiacre de Narbonne son Notaire & son Nonce, au Roy pour luy commander de deliurer cet Euesque, & le fit porteur d'vne certaine petite Bulle adressante au Roy, qui se trouue en toutes nos Histoires, & dans la glose mesme du Droit Canon, par laquelle le Pape luy denonce qu'il estoit son suiet au temporel, que la collation des benefices ne luy appartenoit point, que s'il perceuoit les fruits des Eglises Cathedrales vacantes, c'estoit pour les rendre aux Prelats: declare en suite toutes prouisions & collations de benefices faites par le Roy nulles, de nul effet & valeur, & qu'il tenoit pour heretiques ceux qui croyoient le contraire. Quelques-vns ont pensé que cette Bulle estoit supposée, conceuë qu'elle est en stile concis, du tout contraire à

1300.

Platina in Bonif. Nic. Gilles.

Nic. Gilles.

1301.

Platina: Chr de saint Denys. Contin. de Nangis.

Chr. S. Denys. Nic. Gilles: Gl. in c. generali constit. de Elect: in 6. All. p. 44.

Aussi en vn vieil luxe

b

1301.
au titre de cette petite Bulle il y a: Ista clausula erat in literis quas Papa misit Regi. Num. 794. & Liure B. p. 289.

celuy dont on vse en Cour de Rome diffus & obscur, bien qu'elle se trouue entiere dans les vieux liures, & dans les histoires susalleguées: l'on pourroit toutefois dire sans l'arguer de fausseté, que c'est vn abregé d'vne plus longue de mesme datte, que le Pape enuoya, qui commence *Ausculta fili*: laquelle comme elle est ample, est aussi remplie d'infinis mauuais discours beaucoup plus que cette petite. Il dit dés l'entrée que Dieu l'a constitué sur les Rois & Royaumes pour arracher, détruire, edifier, planter, bref pour faire ce que bon luy semblera. Pour le Roy, qu'il ne se doit persuader qu'il n'a point de superieur en terre, & qu'il ne soit point suiet au souuerain Pontife de l'Eglise, car de le croire ainsi c'est folie, & de l'asseurer auec pertinacité c'est estre infidele: touche les points de la Regale comme la petite Bulle; reprend le Roy de ce qu'il est iuge en sa propre cause, & qu'il n'en doit vser ainsi.

Num. 10. Cont Nangij. Chr. S. Denis. Walsin. in Ypodig.

Au mesme temps de cette Bulle le Pape pour se rendre le Roy & le Royaume irreconciliables, publia vne Bulle de suspension de tous les priuileges par luy concedez au Roy & à ses successeurs, aux siens, & à ceux de son Conseil, & specialement les priuileges octroyez sur le suiet des guerres. Cet Archidiacre Nonce fit dauantage. Car il estoit chargé d'vne Bulle

Liure B. p. 240. verf.

de mesme datte que les precedentes, portant commandement à tous les Prelats du Royaume, Docteurs en Theologie, & autres Ecclesiastiques de se trouuer en personne aux Kalendes de Nouembre ensuiuant à Rome, ou autre lieu où seroit le Pape, pour aduiser aux desordres & entreprises qui se faisoient par le Roy & ses Officiers sur eux, & contre la liberté Ecclesiastique, & pour pouruoir à la reformation du Roy & de l'Estat: adioustoit qu'il auoit écrit au Roy qu'il y enuoyast de sa part, s'il croyoit que l'affaire le touchast, autrement qu'il châtiroit les vns & les autres, & le Roy mesme, selon qu'il le trouueroit à propos.

Chr. S. Denis. Continuant. Nangij. Walf. in Ypodig. Neustr. Liure C. p. 32. Nic. Gilles.

Le Roy pour ce qui estoit de l'Euesque de Pamiers le mit en la garde de l'Archeuesque de Narbonne son Metropolitain pour punir sa temerité suiuant les regles Canoniques, dont le Pape ne fut pas content: admonesta le Roy par vne Bulle de le faire deliurer & luy donner main-leuée de tous ses biens, l'asseurant que s'il n'auoit de bonnes raisons pour soustenir ce qu'il auoit fait, qu'il auoit encouru les censures de l'Eglise. Aucuns Historiens ont écrit, qu'enfin le Roy le rendit au Nonce du Pape, & qu'il leur commanda à tous deux de vuider son

ENTRE LE PAPE BONIF. VIII. ET PHILIP. LE BEL. 11

Royaume, & aussi-tost defendit le transport d'or & d'argent, & autres marchandises hors du Royaume sous grandes peines: & enuoya, ce dit Walsingham, Pierre Flotte vers le Pape qui se monstra tres-courageux en cet affaire; eurent le Pape & luy de rudes paroles; car le Pape luy ayant dit qu'il auoit l'vn & l'autre pouuoir, le Seigneur Flotte répondit pour le Roy : Ie l'accorde, mais le vostre est verbal, celuy du Roy mon maistre est reel.

1302.

In Tpodig. Nerstr.

Ces grandes entreprises du Pape firent resoudre le Roy de faire assembler les trois estats de son Royaume, pour faire ses plaintes, & pour aduiser les moyens de s'en defendre. L'assemblée se fit en l'Eglise Nostre-Dame de Paris le 10. du mois d'Auril. Là le Roy fit proposer ce que le Nonce du Pape luy auoit dit de la part de son Maistre, qu'il estoit son suiet au temporel, & de plus que voulant executer cette proposition il l'auoit chargé de donner iour aux Ecclesiastiques de son Royaume de comparoistre deuant le Pape, pour aduiser aux desordres & entreprises de luy & de ses Officiers sur les gens d'Eglise. Pierre Flotte qui parla pour le Roy, remarqua les mauuais desseins & grands torts que faisoit la Cour de Rome à l'Eglise Gallicane par reseruations, prouisions d'Archeuschez, Eueschez, & autres benefices aux Estrangers non iamais residens, contre l'intention des fondateurs; que toute la disposition des benefices alloit au Pape, par le moyen de mille trompeuses inuentions; si bien que les Prelats n'auoient moyen de faire aucune recompense aux gens de merite, dont ils auoient connoissance dans leurs dioceses plus particuliere que non pas le Pape ; que l'Eglise Gallicane estoit surchargée de beaucoup de nouueaux imposts & diuerses extorsions ; que les Archeuesques n'auoient plus aucun pouuoir sur leurs Euesques Suffragans, que pour toutes choses on auoit recours à la Cour de Rome qui ne faisoit rien que pour argent, ce qui ne se pouuoit plus souffrir. Protesta pour le Roy, qu'il ne reconnoissoit aucun Superieur au temporel que Dieu seul ; qu'au reste son intention auoit esté auant l'arriuée du Nonce de mettre ordre aux entreprises de ses Officiers sur les Ecclesiastiques, si aucunes y auoit ; mais que depuis il s'estoit retenu, ne voulant pas donner cet auantage au Pape, que ce qu'il en eust fait eust esté à sa poursuite, & par son commandement.

Ad.v pag. 67.

Chr. saint Denys.

Sur tous ces points, & particulierement sur celuy de la tem-

b ij

poralité, le Roy demanda l'auis de l'assemblée, s'adressa premierement à la Noblesse, laquelle s'estant retirée pour deliberer, & aprés auoir quelque temps concerté ensemble, le Comte d'Artois porta la parole pour tout l'Ordre, remercia le Roy de la bonne volonté qu'il auoit de remettre son Estat, qu'ils estoient prests d'exposer leurs vies & leurs biens pour le defendre; adiousta que si le Roy vouloit endurer ou dissimuler les entreprises, que de leur part ils ne les pouuoient souffrir; au reste qu'ils ne tenoient d'autre que de luy, & ne reconnoissoient autre que luy pour ce qui est du temporel. Le Comte ayant finy pour la Noblesse, le Roy fit demander aux Ecclesiastiques ce qu'ils tenoient de cette proposition : ils supplierent le Roy de leur donner delay pour deliberer amplement, ayans intention d'appaiser son courroux, & entretenir l'vnion d'entre le saint Siege & cette Couronne. Toutefois le Roy les pressa de dire leur aduis : Qui fut, qu'ils estoient obligez de defendre le Roy, les siens, & la liberté du Royaume, & de plus qu'aucuns d'entre eux y estoient astreints par serment, pour les Duchez, Baronnies, Comtez, & autres fiefs qu'ils tenoient dans le Royaume, & les autres par deuoir de fidelité. Supplierent le Roy de leur permettre d'aller vers le Pape à l'assignation qu'il leur auoit fait donner; ce qu'il leur refusa, assisté en ce point de la Noblesse. Le Tiers Estat alla pour la liberté du Royaume, & fut lors la Bulle du Pape brûlée en presence du Roy & de la Noblesse, & resolu que le Roy écriroit au Pape la lettre que nous voyons dans l'Histoire, & qui se trouue aussi dans la glose non retranchée du Droit Canon, par laquelle le Roy répond mot pour mot à la petite Bulle du Pape, soûtenant que par droit Royal la collation des Prebendes luy appartenoit, comme aussi les fruits des Eueschez vacans, qui est ce que nous appellons Regale, tenant pour insensez ceux qui croyoient autrement.

En execution de cette celebre assemblée la Noblesse composée de Ducs, Comtes, Barons, & autres grands Seigneurs écriuit aux Cardinaux le mesme iour de l'assemblée, leur representerent ce qui s'y estoit passé, comme le Roy auoit deliberé de reformer les excés qui estoient en son Estat, si aucun y auoit; remarquerent les abus de Cour de Rome tels que le Roy les auoit fait proposer, & les entreprises de celuy qui estoit lors au Siege de l'Eglise, que par le moyen d'icelles leurs patronages estoient du tout abolis ou de beaucoup diminuez, eux qui en auoient ioüy de tout temps ; bref qu'il n'y auoit que 1302. l'Antechrist qui peust entreprendre ces choses. C'est pourquoy ils les prioient d'y faire mettre ordre, afin que l'vnion demeurast entre l'Eglise & le Royaume ; que iamais ils ne se departiroient du point de la Souueraineté du Roy au temporel, bien que le Roy y conniuast & ne le voulust souftenir. Leur lettre fut signée de plus de trente grands Seigneurs, & leurs seaux appofez, aduoüez en cela du corps de toute la Noblesse de France.

 Les Ecclesiastiques écriuirent aussi, non aux Cardinaux, *Ad p. 67.* mais au Pape : déduisirent particulierement ce qui s'est passé aux Estats, & les plaintes que le Roy auoit faites contre luy; monstrerent qu'ils n'approuuoient point l'ambassade de l'Archidiacre de Narbonne ; prierent le Pape de vouloir conseruer l'ancienne vnion qui a tousiours esté entre l'Eglise, les Rois & le Royaume; que l'estat de l'Eglise Gallicane demeurast en son entier : & le supplierent pour la fin, ayant égard à leur condition, de reuoquer la citation que son Nonce leur auoit faite de sa part de venir vers luy.

 La réponse que fit le Pape aux Prelats, ne fut autre chose *Liure B p.* qu'vne plainte de ce que l'on auoit souffert Pierre Flotte, qu'il *249. b.* appelle *Belial semiuidens corpore*, dire des calomnies contre luy en plein Parlement ; soustenant que ceux qui tenoient que le temporel n'estoit suiet au spirituel, vouloient establir deux principes, par consequent heretiques.

 Les Cardinaux en nombre de dix-sept firent réponse à la *Num. 4.* lettre de la Noblesse, non point sur tous les chefs, mais seulement sur le point principal de la temporalité, que iamais, disent-ils, le Pape n'auoit pretenduë sur le Roy, & que l'Archidiacre de Narbonne n'auoit eu charge de parler, comme l'on dit qu'il auoit fait, & partant que la conclusion tenuë par Pierre Flotte au Conseil du Roy estoit fausse. Aprés cela ils tascherent par leur lettre de iustifier les actions particulieres du Pape; que les Estrangers qui auoient esté pourueus des benefices en France, l'auoient esté à la recommandation du Roy, & que pour quelques leuées de deniers le Roy en auoit requis le Pape. Ces mesmes Cardinaux écriuirent aussi *Num. 2.* vne lettre de pareille substance aux Villes & Communautez du Royaume, où ils soutenoient derechef que le Pape n'auoit iamais pensé de pretendre rien sur le temporel, ny faire chose contre les libertez & l'honneur du Roy & de la Couronne.

14 HISTOIRE PARTIC. DV DIFFEREND

1302.
Num. 8.
Liure C. p. 24.

Conclurent leur lettre par vne plainte, de ce qu'en la lettre qu'ils auoient receuë de leur part, ils n'auoient nommé le Pape Boniface comme ils deuoient, ny porté le respect, à quoy ils estoient obligez. Sur ce point restent deux lettres de trois Cardinaux, l'vne de Mathieu Cardinal du titre *B. Mariæ in Porticu*; l'autre de Robert, *titulo S. Potentianæ*, & de Pierre *tit. S. Mariæ nouæ* à Robert Duc de Bourgogne; où ils representerent au commencement les bienfaits du Pape enuers le Roy, & que si l'on regarde de prés les lettres clauses apportées par

Actes p. 200. 201.

le Nonce Archidiacre de Narbonne (que le Roy sans cause, adioustent-ils, auoit fait brûler en sa presence), l'on verra qu'il n'y a rien que d'honnorable pour le Roy, n'estant qu'vne aduertissement de ses fautes, de rendre iustice, & de ne point troubler la liberté Ecclesiastique. Se plaignoient de la defense qu'ont les Ecclesiastiques d'aller à Rome; de ce que les Grands du Royaume auoient écrit aux Cardinaux sans écrire au Pa-

Aux actes 60.

pe, sans le nommer que par circonlocution. Et parce que le Duc de Bourgongne leur auoit écrit de trouuer le moyen de pacifier ce trouble, à condition que le Pape reuoqueroit la suspension des priuileges, dont est parlé cy-dessus, & le commandement fait aux Ecclesiastiques de se representer à Rome : ils luy répondoient qu'il falloit que le Roy se mist en estat de receuoir ces graces du Pape, à quoy il ne se disposoit point; qu'il ne se repentoit de ses fautes, qu'il estoit excommunié, qu'il falloit qu'il s'humiliast, bref que c'estoit le seul moyen de paruenir à vne bonne paix.

Pendant cette grande diuision plusieurs Officiers par le deuoir de leurs charges publierent plusieurs auis & conseils contre l'entreprise du Pape ; entre autres vn nommé Pierre de

Liure C. pag. 1.

Bosco, qui prend qualité d'Aduocat *causarum regalium Bailliuæ Constantiensis, & Procurator vniuersitatis eiusdem loci*, fit vn discours, à l'entrée duquel il insere au long cette petite Bulle du Pape dont nous auons parlé, fait ce qu'il peut pour en détruire les propositions, & tient pour maxime, que *Summa Regis libertas est & semper fuit nulli subesse, & toti regno imperare sine reprehensionis hu-*

Ad. p. 58.
edit. in
octauo
an. 1614.

manæ timore. Vn autre en mesme temps en fit vn tres-solide & remply de bonnes raisons, qui a esté publié, où il monstre clairement les mauuais fondemens du Pape, & la iustice de la cause du Roy.

Sur la fin de cette année le 12. Mars Messire Guillaume de

Actes p. 56.

Nogaret, le Roy estant au Louure, où estoient plusieurs Archeuefques, Euefques, & autres Ecclefiaftiques, Charles Comte de Valois, Loüis Comte d'Eureux, & autres Grands, prefenta fa requefte contre le Pape, remonftrant qu'il n'eftoit point Pape, qu'il eftoit entré au Papat non par les voyes ordinaires, mais par tromperies & mauuais moyens ; fupplia le Roy de l'affifter en la pourfuite qu'il pretendoit faire contre le Pape, luy qui eftoit oingt pour faire exercer la iuftice : cela fait il propofa quelques accufations contre le Pape, luy mettant fus de grands crimes, herefie, fimonie, & autres : demanda au Roy qu'il luy plût promouuoir l'affemblée d'vn Concile general, où il offroit verifier tout ce dont il accuferoit le Pape; & de plus qu'il fuft pourueu d'vn Vicaire pour gouuerner l'Eglife, iufques à ce qu'au Concile il fuft procedé à nouuelle élection : fouftint au Roy qu'il y eftoit obligé par plufieurs confiderations, pource qu'il y alloit de la Foy, pource qu'il eftoit Roy, & en vertu du ferment qu'il auoit fait de defendre les Eglifes de fon Royaume, defquelles il eftoit patron ; qu'il ne feroit en cela que fuiure les veftiges de fes predeceffeurs: bref que c'eftoit pour deliurer l'Eglife de l'oppreffion de Boniface, qu'il dépeint comme vn tres-méchant homme.

Le Pape ayant eu auis de l'Edit fait par le Roy, portant defenfes de tranfporter l'or & l'argent hors le Royaume, que les paffages eftoient gardez pour empécher les Euefques d'aller à Rome à fon mandement, que les Ecclefiaftiques par la permiffion du Roy auoient deputé trois Euefques d'entre eux pour luy faire leurs excufes, que le Roy mefme luy auoit écrit par Pierre Euefque d'Auxerre, qu'il defiftaft de pourfuiure fon Clergé, & qu'il s'en prift à luy : ayant donc eu auis de tout ce que deffus, il enuoya vn Legat vers le Roy, nommé Iean Cardinal le Moine François du tit. *S. S. Marcellini & Petri*, pour traiter auec le Roy de tous ces differens, mais en effet pour affembler fecretement les Prelats ; ce qu'il fit, & écriuit au Pape ce qu'il auoit pû tirer d'eux, & attendant fa réponfe traita auec le Roy les points fuiuans, dont le Pape vouloit auoir raifon. Le premier eftoit touchant la defenfe faite par le Roy aux Ecclefiaftiques d'aller à Rome à l'affignation à eux donnée par le Nonce. Le 2. qu'en la prouifion de tous benefices, le Pape ayant le principal pouuoir, foit qu'ils vaquent *in Curia* ou non, il n'y a aucun lay qui y puiffe pouruoir fans fon confentement. 3. Que le Pape peut enuoyer fes Legats par tous les Royaumes fans attendre le confentement de personne. 4. Qu'il peut disposer à sa volonté des biens des Ecclesiastiques. 5. Qu'au contraire le Roy ne les peut faire saisir. 6. Que le Roy ait à se purger de ce que sa Bulle a esté brûlée en sa presence, & qu'il a resolu de reuoquer les priuileges concedez aux Rois de France. 7. Aduertir le Roy de n'abuser point de la garde des Eglises que par abus il appelle Regale, & que le reuenu soit reserué aux futurs Euesques. 8. Qu'il remette aux Ecclesiastiques le glaiue spirituel. 9. Qu'il aduise au changement qu'il a fait par deux fois de la monnoye. 10. Qu'il mette ordre au differend qu'il a contre l'Archeuesque de Lyon. Et pour fin, que si le Roy n'auisoit à ce que dessus, que le Pape y mettroit ordre. Les réponses du Roy à ces articles furent fort modestes. Premierement, que la defense n'auoit point esté faite au suiet des Ecclesiastiques, mais pour la rebellion des Flamens, & pour pouruoir à quelques coniurations qui se faisoient dans son Estat. 2. Que la collation des benefices comme il en a vsé luy appartient de droit, & de tout temps immemorial, & que ses predecesseurs en auoient ainsi ioüy. 3. Qu'il peut empêcher la venuë des Legats en son Estat si ils luy sont suspects. 4. & 5. Qu'il n'entend rien faire que ce qu'il luy appartient par les Loix. 6. qui concerne la Bulle brûlée : Il répond que le differend estant entre l'Euesque & le Chapitre de l'Eglise de Laon, & les Escheuins de ladite ville, l'Euesque auoit obtenu cette Bulle pour tirer les Escheuins en autre iurisdiction que la Royale, dont les Escheuins se seroient plaints, & du consentement de l'Euesque, qui renonça à sa Bulle, la cause fut renuoyée à la Iustice Royale ; sur ce la Bulle fut déchirée comme inutile, ce qui ne fut point fait au mépris du Pape. 7. qui concerne la Regale : Il répondit, qu'il entendoit en ioüir comme ses predecesseurs Rois. 8. Dit qu'il n'auoit point empêché la iurisdiction Ecclesiastique, ny moins que les Ecclesiastiques vsassent de leur glaiue spirituel aux cas qui leur appartenoient. 9. Pour le changement de la monnoye, qu'il l'auoit pû faire, toutefois sur la plainte de ses suiets qu'il y auoit donné ordre. 10. qui est le fait de Lyon : Qu'il estoit prest d'en entrer en conference. Pour conclusion supplioit le Pape de ne le troubler en ses libertez, franchises & priuileges, & que s'il n'estoit content de ses réponses, qu'il estoit prest d'en croire les Ducs de Bretagne & de Bourgongne comme luy mesme, s'estant remis à ce qu'ils en ordonneroient.

Le

Le Pape tant s'en faut qu'il fut content de ces réponses, qu'il écriuit au Comte d'Alençon & à l'Euesque d'Auxerre, qu'il en estoit tres-mal satisfait; menaça que si le Roy ne le contentoit, n'estant permis à vn homme de s'opposer aux volontez de Dieu, qu'il procederoit contre luy spirituellement & temporellement; & continuant sa mauuaise volonté enuoya vne Bulle à son Legat par Nicolas de Benefracto, par laquelle il declaroit que le Roy en vertu des excommunications fulminées contre ceux qui empéchent les allans & venans en Cour de Rome estoit excommunié, ayant prohibé à ses Prelats & autres Ecclesiastiques de venir à Rome sur son mandement; defendoit par cette Bulle à tous Ecclesiastiques de l'admettre à la participation des Sacremens, & de celebrer la Messe deuant luy. A cette Bulle il adiousta vn Bref commandant à son Legat de faire publier en diuers lieux en France la citation qu'il auoit fait faire aux Ecclesiastiques pour estre à Rome dans trois mois en personne ou autrement, & d'assigner aussi dans ce temps les Archeuesques de Sens & Narbonne, les Euesques de Soissons, Beauuais, & Meaux, & l'Abbé de saint Denys pour comparoistre en personne, sur peine de deposition de leurs charges, & priuation de leurs dignitez Ecclesiastiques.

1302.
Num. 755.
756.

Num. 9.

Num. 254.

Le Roy ne fut si-tost aduerty de ces Bulles, que le Legat se retira crainte d'estre mal traité; & quelques Ecclesiastiques qui les semoient, & dispensoient les suiets de l'obeissance deuë au Roy, furent arrestez. Et en ces entrefaites les Officiers du Roy à Troyes arresterent l'Archidiacre de Constance, & ce Nicolas de Benefracto, qui estoient en France pour ce suiet.

Toutes ces entreprises tres-sensibles aux Princes qui ont quelque sentiment de leur grandeur, firent resoudre le Roy de faire vne seconde assemblée generale de ses suiets; ce qu'il fit le treiziéme iour de Iuin de l'an 1303. en son chasteau du Louure, où Loüis d'Eureux fils du Roy, Guy Comte de S. Pol, Iean Comte de Dreux, & Guillaume du Plessis Cheualier Seigneur de Vezenobre se leuerent, & l'vn d'eux representa à l'assemblée l'estat miserable auquel lors estoit l'Eglise par la faute du Pape, l'accusant d'heresie, & de plusieurs autres grands crimes qu'ils promirent de verifier, & prouuer, par serment qu'ils firent lors sur les saintes Euangiles. Le Seigneur du Plessis s'offrit de faire cette poursuite en plein Concile, con-

1303.
Assistants.

C

iura le Roy comme champion, & defenſeur de l'Egliſe, de pourſuiure la conuocation du Concile libre & legitime. Les Prelats ayant oüy cette propoſition, iugeans cet affaire grand & difficile, & qui meritoit conſeil, ſe retirerent. Le iour ſuiuant le Seigneur du Pleſſis en la meſme aſſemblée leut vn papier où eſtoient les propoſitions qu'il faiſoit contre le Pape. Souſtenoit premierement, qu'il eſtoit heretique, qu'il ne croyoit l'immortalité de l'ame, & moins la vie eternelle, qu'il doutoit de la verité du Corps de Noſtre Seigneur en l'Euchariſtie, & ne luy portoit aucune reuerence, tenoit que la fornication n'eſtoit peché, qu'il auoit approuué le liure de Arnauld de Villeneufue, improuué de tous & condamné par l'Eueſque de Paris : Qu'il eſtoit ſorcier, ſimoniaque, ſouſtenoit que le Pape ne pouuoit commettre ſimonie, ce qui eſt heretique ; qu'il eſtoit ſodomite, qu'il contraignoit les Preſtres de reueler les confeſſions, mangeoit de la chair en tout temps, deprimoit les Moines, donnoit de grands biens à ſes parens, auoit démarié ſon neueu pour le promouuoir au Cardinalat, qu'il auoit fait mourir le Pape Celeſtin, qu'il faiſoit paroiſtre en toutes ſes actions vne haine grande contre les François, diſant ſouuent qu'il aimeroit mieux eſtre chien que François ; qu'il auoit entrepris de ruiner le Roy de France, pource qu'il ne reconnoiſſoit que Dieu ſeul au temporel ; que les François eſtoient Patariens. Ces propoſitions leuës en pleine aſſemblée par le Seigneur du Pleſſis, proteſta, que ce qu'il en faiſoit n'eſtoit par animoſité, & pour le faire voir, qu'il eſtoit preſt d'en faire la pourſuite en plein Concile, où ce qu'il propoſeroit ſeroit ſcrupuleuſement examiné ; coniura le Roy encore vne fois, & les Prelats d'en pourſuiure la conuocation. Adiouſta, que pource qu'il craignoit la colere du Pape, qu'il appelloit preſentement au Concile futur, & au ſaint Siege; demanda acte de tout ce que deſſus, qui luy fut octroyé, ſe mettant en la protection de ſaint Pierre & ſaint Paul, & du Concile, adherant à l'appel intericté cy-deuant par Meſſire Guillaume de Nogaret, ſans toutefois aucunement ſe départir du ſien. Le Roy auſſi-toſt declara que ſon intention eſtoit de l'aſſiſter à la conuocation du Concile, où il ſe trouueroit en perſonne, & pria les Prelats d'en faire autant ; & craignant que le Pape, vindicatif qu'il eſtoit, ne ſe reſſentiſt de cette procedure ſur luy ou ſes

il forma son appel en la mesme façon qu'auoit fait le Seigneur 1303.
du Plessis ; & incontinent aprés les Archeuesques, Euesques,
Abbez, & autres Ecclesiastiques, mesmes l'Abbé de Cisteaux, *Le Conti-*
reconnurent que la conuocation du Concile estoit tres-neces- *nuateur de*
saire afin que l'innocence du Pape fust reconnuë, & partant *Nangis*
qu'ils estoient de l'auis du Roy, des Princes, & du Seigneur du *contre la*
Plessis, n'estant neantmoins leur intention de se rendre par- *verité de*
ties en cet affaire, ny adherer auec ceux qui estoient par- *l'acte.*
ties ; mais que craignans que le Pape meu de leur procedé
n'vsast de ses censures ils adheroient à l'appel interietté, se
mettans en la protection du S. Concile general & du Pape
futur.

 Le Roy voyant le grand consentement de cette assemblée,
voulut en auoir vn plus grand qui fust de tout son Royaume
& de ses voisins, & pour y paruenir enuoya par toutes les Prouinces Messire Amaulry Vicomte & Seigneur de Narbonne,
Guillaume du Plessis Cheualier, & Denys de Sens son Clerc,
fondez de pouuoirs bien amples ; ce qu'ils executerent si dili-
gemment, qu'ils tirerent plus de sept cens actes de consente- *Ces actes*
ment & adhesion audit appel, des Archeuesques, Euesques, *sont des*
& de leurs Chapitres, Eglises Collegiales & de leurs Doyens, *mois d'A-*
des Abbez & Prieurs, Abbesses & Prieures, de leurs Conuens, *Septembre.*
de diuers Ordres, de saint Benoist, saint Augustin, Cisteaux,
Cluny, Fonteurault, Premonstré, de la Trinité des captifs,
Chartreux, & de Tiron : des Mendians, des Freres Prescheurs,
Mineurs, & Augustins : de plusieurs Hospitaux, des Cheualiers de saint Iean de Hierusalem : des Vniuersitez du Royaume, des Docteurs en Droit Ciuil & Canon. Ils eurent dauantage le consentement des Prouinces entieres, des Villes en
particulier, des Communautez ; des Princes & grands Seigneurs, des Barons & Nobles des Prouinces. Bref toutes les
Eglises, les Grands, Nobles, Villes & Communautez du Royaume de Nauarre adhererent auec le Roy à cet appel. Et est remar- *Num. 5. &*
quable, qu'en tous les actes des Villes il y a perpetuellement *6.*
cette clause : *Qu'ils se sousmettent eux, leurs suiets & adherens à la pro-*
tection de nostre mere sainte Eglise, du Concile, & autres qu'il appartien-
dra en ce qui concerne le spirituel seulement. & en tous ces actes, tant
des vns que des autres, y a aussi cette clause : *Que le Roy a re-*
ceu la puissance de Dieu pour la defense & exaltation de la Foy, à quoy
les Prelats sont appellez pour prendre leur part de cette peine. Outre tant
de consentemens domestiques & estrangers, qui témoignoient *Num. 770,*
771. 772.

la iustice de la cause du Roy, plusieurs Cardinaux (chose comme incroyable) par trois diuers actes adhererent à cet appel au futur Concile, approuuerent le dessein du Roy, & la pourfuite qu'il en faisoit.

Villani & Contin. Nangy.

Quelques Historiens ont remarqué que l'Abbé de Cisteaux refusa de donner son consentement auec tout le Royaume: les Annales de Colmar disent plus, que les Abbez de Cluny, Cisteaux, & Premonstré furent chassez pour n'auoir consenty comme les autres. De quoy on peut s'estonner, veu qu'il ne s'en trouue aucune marque dans ce qui nous reste de cet affaire; au contraire il se trouue 26. actes de ceux de Cisteaux conformes à la volonté du Roy, & six seulement qui refuserent d'y adherer, auec onze de diuers autres Ordres qui ne parlerent franchement. L'on peut rapporter cette froideur & lascheté de ceux de Cisteaux (si les suffrages de six peuuent contre vingt-six)

Act. p. 85.

aux priuileges concedez par le Pape à leur Ordre peu de temps auparauant.

Incontinent aprés la conclusion de cette assemblée, le Roy

Actes p. 113. & num. 741. 748.

ayant eu auis que quelques Abbez & Religieux auoient apprehension des censures du Pape, pour n'estre comparus à son mandement, leur promit toute assistance, & de les defendre contre ceux qui les voudroient troubler: & par les mesmes lettres, la Reine Ieanne sa femme Reine de Nauarre Comtesse de Champagne, & ses enfans, promirent, tant pour eux que pour leurs successeurs la mesme protection.

Le Roy desirant auancer ce qui auoit esté arresté en son

Num 50 1. Iuillet.

assemblée, donna charge par Lettres patentes à Guillaume de Chacenay, & Hugues de Celle Cheualiers, de pourfuiure la conuocation du Concile, & faire tout ce qui seroit necessaire pour y paruenir; donna aussi au mesme temps auis de sa re-

Num. 745. 746. 747.

solution au Roy de Portugal, aux Cardinaux, & à tous les Estats d'Espagne, Portugal & Nauarre, les coniurant de vouloir fauoriser son dessein, entrepris pour le bien de l'Eglise vniuerselle.

Le Seigneur de Nogaret lors du grand Parlement, & de l'appel interietté par le Roy au futur Concile, estoit en Italie de la part du Roy, qui luy enuoya la resolution de l'assemblée, auec charge de la faire sçauoir au Pape, & de la publier. Il subsista quelques iours pour voir si le Pape se reconnoistroit: mais en vain, car il sceut qu'il s'estoit retiré à Anagnia lieu de sa naissance où il pensoit estre en seureté, & auoit resolu, comme il fit, de publier le iour de la Natiuité Nostre-Dame la Bulle qu'il auoit faite contre le Roy & le Royaume, par laquelle après quelques exemples de Rois excommuniez par les Papes il excommunioit le Roy, & dispensoit ses suiets de l'obeïssance qu'ils luy deuoient, & exposoit le Royaume & les peuples au premier occupant. Aucuns ont écrit qu'il nommoit l'Empereur Albert pour en faire la conqueste, & qu'il confirma à cet effet son élection à l'Empire, qu'il auoit par trois fois déniée. Ce qui fut inutile, car l'Empereur & le Roy estoient en fort bonne intelligence, depuis le mariage qu'ils firent de leurs enfans, & l'entreueuë de Vaucouleur l'an 1299.

1303.
8. Septemb.
En datte du 18. des Calend. de Sept.
Actes p. 239. art. 44.
& p. 308. art. 14.
Plat. & Mart. Polon. alij.
Platina.

Villani c. 33. liu. 8.
Gaguin.

Le Seigneur de Nogaret fut conseillé de luy faire sçauoir ce qui auoit esté fait en France, estant asseuré de deux cens cheuaux tirez des troupes que Charles Comte de Valois auoit laissées en Italie, & d'vne bonne somme d'argent qu'il deuoit receuoir des Petrucci de Florence. Il fut aussi assisté du Seigneur Musciato de Francesis, de Sciarra Colonna, qu'on dit que le Roy auoit racheté à Marseille d'entre les mains des corsaires, qui auoit trois cens cheuaux & quelques gens de pied, & aussi des enfans du Seigneur Iean de Checcano que le Pape tenoit prisonnier, de Renaut de Supino Capitaine des Ferentins, & des enfans du Seigneur Maffeo d'Anagnia. S'estant donc asseuré de tous ces gens, ayant par le moyen de ses habitudes promis quelques sommes d'argent à ceux d'Anagnia, ils entrerent dans la ville le iour de la Natiuité Nôtre-Dame le 8. Septembre, ayans l'estendart de France, & crians, *Muoia Papa Bonifacio, e viua il Rè di Francia.* Leur resolution fut d'aller droit au Palais du Pape, mais il fallut passer deuant la maison où estoit le Marquis Pierre Gaietan neueu du Pape, & de son fils le Seigneur de Conticellis, qui assistez de leurs familles les repousserent, & contraignirent de forcer leurs maisons, comme aussi les Palais de trois Cardinaux amis particuliers du Pape, qui furent pillez, & les Cardinaux pris prisonniers. Le Seigneur de Nogaret voyant quelque resistance alla à la place publique, fit sonner la cloche, assembla les principaux de la ville, leur dit son dessein, qui estoit pour le bien de l'Eglise, les coniura de le vouloir assister; ce qu'ils firent ayans l'estendart de l'Eglise Romaine qu'ils porterent deuant leur troupe, & éleurent pour leur Chef vn nommé Arnulphe, vn des grands Seigneurs de la campagne, ennemy capital du Pape. Ce fut lors que le Seigneur de Nogaret fit ce qu'il put pour voir le

Villani. &c.

Platina.
Gaguin.
Ant. Flor. p. 3. tit. 20. c. 8. §. 20. 21.
Num. 780. 782.

Hist. Pistor

Walsing.

Pape sans violence, craignant qu'on volast le tresor de l'Eglise, & pour ce recommanda fort à ceux d'Anagnia qui l'assistoient de n'y point toucher, & moins à la personne du Pape : mais la violence fut grande à cause de la resistance qui se fit à l'entrée du Palais. Walsingham historien Anglois adiouste, que le Pape demanda tréue à Sciarra, ce qu'il luy accorda pour neuf heures seulement, pendant lesquelles le Pape rechercha le peuple d'Anagnia pour luy sauuer la vie, promettant de grandes recompenses plus grandes qu'ils ne pouuoient iamais esperer de sa prise. Le Pape voyant qu'ils ne pouuoit rien faire auec ce peuple animé par son Capitaine, pria Sciarra de luy bailler par écrit ce qu'il desiroit de luy : il luy fit dire qu'il ne luy permettroit iamais de viure, s'il ne restituoit ses deux freres Cardinaux Pierre & Iacques, & tous ceux de sa famille; que cela fait qu'il falloit qu'il renonçast au Papat. Le Pape estonné de ces demandes fit vn grand & profond soûpir, & dit, *Hei me durus est hic sermo*. La tréue finie, Sciarra commanda à sa troupe de poursuiure l'entreprise, à quoy trouuans quelque resistance, mirent le feu à l'Eglise Nôtre-Dame pour entrer dans le Palais du Pape. Enfin le Pape fut pris, le tresor pillé en partie ; ce qui resta fut sauué par la diligence du Seigneur de Nogaret, qui prit aussi en sa garde la personne du Pape & de ses neueux. Walsingham remarque que tous les Rois du monde n'eussent pas pû fournir en vn an autant de biens qu'il en fut pris, tant au Palais du Pape que des trois Cardinaux, & du Marquis Gaietan.

Le Pape se voyant ainsi abandonné par les siens, & par ce peuple, duquel il auoit quelque asseurance, se resolut de mourir comme Pape, & aussi-tost se fit vestir du manteau de saint Pierre, se fit mettre la couronne de Constantin sur la teste, & tenant la clef & la croix, s'assit dans la chaire Pontificale. Là les Seigneurs Nogaret, & Sciarra Colonne, & autres l'approcherent. Nogaret luy dit sa charge, ce qui auoit esté fait en France contre luy, luy defendit de ne rien faire à l'auenir contre le Roy son maistre & son Royaume, le somma de faire assembler le Concile, l'asseura de sa vie, & qu'il falloit qu'il y eust auparauant contre luy vn iugement de l'Eglise, le menaça de le faire conduire lié & garotté à Lyon, où il seroit iugé & deposé par le Concile general, & pour ce qu'il le feroit seurement garder pour le representer, & fut mis en la garde du Seigneur Regnaud de Supino & d'autres. Aprés

cela il vint aux reproches, & luy dit : *O toy chetif Pape considere* 1303.
& regarde de Monseigneur le Roy de France la bonté, qui de tant loin Chron. saint
est de toy son Royaume, te garde par moy & defend de tes ennemis, ainsi Denis.
que ses predecesseurs ont tousiours gardé les tiens. Il y en a qui ont écrit Nic. Gilles.
que le Pape pressé de ces paroles, remit le different qui estoit
entre le Roy & luy au iugement de Mathieu le Roux Cardinal, & qu'il en passeroit par son auis. Antonin Archeuesque
de Florence écrit, que le Pape répondit au Seigneur de Nogaret qu'il porteroit en patience d'estre condamné par des Patariens, tels qu'estoit luy Nogaret, son ayeul ayant esté brulé comme Patarien ou Albigeois ; qu'aprés cela Nogaret se
retira. Alors Sciarra prit la parole, demanda au Pape s'il ne Hist. Pistor.
vouloit pas ceder le Papat, *Non*, dit-il, *ie perdray plûtost la* Walsingh.
vie, & dit en son langage, *Ecco il collo, ecco il capo*. Sciarra en
colere luy dit de mauuaises paroles, & luy bailla d'vn gantelet sur le visage, & l'eust tué, si le Seigneur de Nogaret ne l'eust
empéché.

Le iour mesme de cette execution la ville ne fut pas beaucoup émeuë, les Cardinaux demeurerent en leurs maisons.
François neueu du Pape fort & puissant de corps, duquel il
s'estoit seruy pour extorquer & amasser l'argent qu'il auoit,
se retira en vne place prés d'Anagnia, où ses ennemis prirent
occasion de le vouloir opprimer : mais le Seigneur de Nogaret le garentit. Nogaret donc fit garder le Pape iusques au
Lundy, luy faisant bailler à manger par les siens mesmes.
L'Histoire de Pistoia dit plus, que le Pape fust mort de faim
sans vne pauure femme qui luy donna vn peu de pain & quatre œufs, & qu'il fut abandonné de tous fors d'vn Cardinal
nommé François, qui dit, qu'il mourroit auant qu'on le tirast d'auprés de luy.

Ceux d'Anagnia, se repentans de l'assistance qu'ils auoient
faite aux François, leur declarerent qu'ils n'auoient plus besoin
d'eux, & qu'ils garderoient bien le Pape, chasserent par force
tous les Estrangers de leur ville, les Chefs mesmes, & en tuerent
quelques-vns. Walsingham écrit que Nogaret & Sciarra firent
monter le Pape sur vn cheual sans mors & sans bride, le dos
tourné vers la teste du cheual, & puis le contraignirent de
courir iusques à perdre haleine; ce qui n'est pas vray-semblable, n'ayant esté écrit par aucun que cet Anglois, ny mesme
reproché en tout le procés au Seigneur de Nogaret & autres,
pour raison de la capture du Pape.

24 HISTOIRE PARTIC. DV DIFFEREND

1303.

Hist. Pistol-
loss.

Ainsi le Pape & ses neueux furent deliurez d'entre les mains des François & Colonois : se voyant donc en liberté se fit porter en la place de la ville, où il representa sa misere & sa necessité, & qu'il auoit esté trois iours sans manger, & incontinent on luy en apporta de tous costez. Il pardonna lors à ceux de la Ville, fors aux voleurs du tresor de l'Eglise & des Cardinaux ; declara qu'il vouloit auoir paix auec les Cardinaux Colonois, & que son intention estoit de les restablir, feignit aussi se vouloir remettre bien auec les François, leur pardonna & au Seigneur de Nogaret, & dit qu'ils n'auoient encouru les censures de l'Eglise ; & au cas qu'ils les eussent encourues, leur donna l'absolution.

Platina in
Bonif.

Walsing.

Chr. saint
Denys.
Nic. Gilles.

Le Pape incontinent aprés sortit d'Anagnia, alla à Rome assisté de quelques troupes pour luy faire escorte : les autres ont écrit que les François l'y conduisirent. Il arriua donc à Rome le trente-cinquiéme iour aprés sa prise : là soit de tristesse de se voir ainsi mal traité, soit aussi qu'il fust surpris d'vn grand desuoyement, cheut en frenesie, mangea ses mains, & furent oüis, disent nos vieilles histoires, tonnerres & foudres non apparens aux contrées voisines, & puis mourut sans deuotion ny prouision de foy le douziéme iour d'Octobre de l'an 1303. le 9. an de son Pontificat, & fut enterré en l'Eglise S. Pierre de Rome au tombeau qu'il auoit fait faire pour luy. Aussitost on se souuint de la prophetie qu'auoit dit son predecesseur Celestin de luy, *Ascendisti vt vulpes*, blasmant son intrusion au Papat, *regnabis vt leo* iugeant ses actions violentes, *morieris vt canis*, ce qui arriua. A la verité les Historiens du temps, & ceux qui ont écrit depuis, qui ont consideré les mœurs de ce Pape, en viennent-là, que ce fut le plus entreprenant, & le plus iniuste ambitieux qui fut iamais. Voicy ce qu'ils en ont dit. *Super ipsum itaque Bonifacium qui Reges & Pontifices, & Religiosos, Clerúmque, & populum horrendè tremere & pauere fecerat, repente timor & tremor, ac dolor vna die pariter irruit, & ipse aurum nimis sitiens aurum & thesaurum perdidit : vt eius exemplo discant superiores Prælati, non superbè dominari in Clero & populo, sed forma facti gregis, ex animo curam gerere subditorum, plúsque amari appetant quàm timeri.* Platine outre ces mots adiouste : *Moritur hoc modo Bonifacius ille qui Imperatoribus, Regibus, Principibus, nationibus & populis terrorem potiùs quàm religionem inijcere conabatur, quíque dare regna & auferre, pellere homines ac reducere pro arbitrio animi conabatur.* Et Robert Gaguin, *Talem vitæ exitum habuit contemptor*

Hist. Pistol.
Walsing.
omnes.

Chron. Comatis Monasferis.
Chr. Magnum Belgicum.
Verner. in Fascic.
Temp. an.
1294.

Platina in
Bon. alij.

omnium

INTER BONIF. VIII. ET PHILIP. PVLCR. 25

giæ, Iurisque Ciuilis ac Canonici Doctoribus benedicendis exercuerant. 1303.
Aliâ postmodum peculiari Bullâ Maij die 13. datâ absoluit omnes Archie- Num. 765.
piscopos, Episcopos, Prælatos, Ecclesiasticos, Barones, nobiles, aliósque regni- Num. 763.
*colas ab omnibus excommunicationis sententiis tam à Bonifacio quàm aliis
contra eos latis, qui Romanam Curiam adeuntibus aut ab ea redeuntibus impedimenta attulerant, aut qui Bonifacij captiuitati adhæserant, excepto semper G. Nogareto, cuius absolutionem Pontifex sibi peculiariter reseruabat.* Num. 767.
*Aliâ quoque Bullâ eodem die datâ Ecclesiasticis contumaciæ pœnam in
quam incurrerant, quia Romam à Bonifacio citati non comparuissent, remisit.*

*Hic optimus Pontifex quàm diuersum viuendi genus à prædecessoris sui
instituto sequi vellet, lenitate sua cuncta mitigando quæ ille nimio rigore
ac duritie corruperat, omnibus clarè manifestum fecit. Vt enim Italorum
quorundam animos exulceratos placaret, excommunicationis sententiam in
Iacobum, Petrum & Ioannem sancti Viti, Othonem, Agapetum, Stephanum, Iacobum & Sciarram Ioannis Columnæ filios, & Ioannis illius
ex fratre nepotes, in Ricardum etiam, & Ioannem de Montenigro, ipso-* Acta p. 227.
*rúmque partibus adhærentes, inque vrbem Præneste à Bonifacio latam
reuocauit. In Cardinalatus tamen dignitatem eos non restituit, nec ad Pon-* Anton.
tificatum adipiscendum aptos idoneósque quasi postliminio reuersos pronuncia- Flor. part.
uit, aut sacerdotia ipsis restituit: fisco etiam addictas res antiquis dominis 3. Tit. 20.
non reddidit. Vrbis præterea Romæ statutum extat, quo ius ciuitatis Co- c. 8. §. 1.
lumnensibus redditum fuit, ipsíque in pristinam dignitatem bonorúmque Num. 800.
*possessionem reducti, quibus vt ante exilium fruerentur. Petrus etiam Ca-
ietanus, qui bonis eos spoliauerat, damna illata resarcire damnatus est.
Eodémque decreto omnia Bonifacij acta, quibus tot detrimenta ac damna
passi erant, prorsus rescissa fuere.*

*Verùm Pontifex quamuis tot acta Bonifacij rescidisset, iniuriam tamen
ipsi vimque dum caperetur illatam vlcisci cogitabat: quare reos peragere
decreuit qui eum comprehenderant, & Ecclesiæ thesauros compilarant; neque, vt cum Nogareto quamuis Regis Legato de negotiis tractaret adduci
vnquam potuit, eique absolutionem ad cautelam denegauit, cæteris interim admissis Nogareti collegatis. Perusium ergo cùm venisset, rigidè inqui-* Num. 794.
*siuit in eos qui Bonifacium comprehenderant, quique capientibus operam
suam præbuerant, aut thesauros Ecclesiæ inuolauerant; & asperrimè in eos
ab ipso pro viribus est animaduersum.*

Ioannem de Ponte-Isaræ Cisterciensem Abbatem Abbatiæ renunciasse Chron. S.
quidam scripserunt, quòd Regem cuius prouocationi se non adiunxerat, Dion. in vi-
infensum sibi esse intelligeret, suósque in Gallia malè haberi cerneret. ta Phil. Pulcri c. 57.

*Porro hic bonus Pontifex Benedictus multum iam prouectæ ætatis Roma
discedens Perusium cùm peteret, in itinere morbo decubuit, & Pontificatûs
sui mense octauo, Iulij septimo anni 1304. fatis concessit. discordantibúsque*

d

inter se Cardinalibus mensium tredecim spatio Sedes Romana vacua fuit.
Cùm tamdiu S. Sedes vacaret, Nogaretus qui se vnum à Benedicto Pa-
papeti animaduerterat, coram Ecclesiæ Parisiensis Officiali bina acta seu
instrumenta vno die sibi conscribi fecit; quorum primo, quòd Romam mittendum erat, excusationes ac exceptiones ad sanctam Sedem, quam securè innocentiæ suæ tuendæ causa adire non poterat, continebantur. denuntiauit itaque
fraudi ac damno sibi esse non debere, nec Bonifacij causa fauere, quòd absolutionem ad cautelam, quam etiam nunc rogabat, olim petijsset: cùm hoc solum propositum sibi fuisset Legationis munus faciliùs obire, à Bonifacij verò
accusatione non desistere, quam coactus susceperat, vt tantis malis quibus
Ecclesiastici ac Principes conniuebant, obuiam iret, & amore erga patriam
impulsus; quam Bonifacius totis viribus euertere moliebatur, motis inter Papam & Ecclesiam quæstionibus iniustis, & nunquam antehac auditis. Adiecit insuper ab Ecclesia Romana sæpius rogatum fuisse, vt quæ Rex decreuerat exequeretur. De iis porro, quæ dum Bonifacius capiebatur, contige-
rant, in eo scripto prolixè disseruit, illúmque iure à se captum asseruit, cùm
iustitia, Ecclesiæ Romanæ vtilitas, Christianæ Reipublicæ commodum, erga
patriam charitas & Regi debitum hoc obsequium id à se exegissent. Criminis
cuius postulabatur innocentem esse, & canone, si quis suadente diabolo,
censuras latas non incurrisse, aut alias aduersus thesauri Ecclesiæ expilatores
statutas; siquidem, quantum in se fuit, omnem vim iniuriámque propulsasset.
Cæterum ad innocentiam suam tuendam criminationésque in Concilij confes-
su, vbi tota dirimenda erat controuersia, refellendas paratum se esse denun-
ciabat. Sanctæ verò Sedis iudicio se permittebat, modò sibi de securitate &
libertate idoneè caueretur; si illa, non expectata Concilij sententia, actionem
persequi, & de tota controuersia iudicium ferre vellet. Altero verò instrumento Nogaretus querebatur, quòd post tot perpessas ærumnas, & pericula
euitata, Benedictus inimicorum instigatu Perusij ipsum tanquam excommunicatum persequutus esset, ac si Bonifacius ipsum à censuris Ecclesiasticis, si
forte in eas incurrisset, non absoluisset; quod quamprimum liberatus fuit, præstitit. Veritus tamen ne illis notatus aut obnoxius esset, etsi non excommunicatum, sed canone latæ sententiæ solummodo teneri Benedictus pronunciasset;
ab Officiali Ecclesiæ Parisiensis ad cautelam absolui se quocumque modo aut
conditione petebat, cùm in sanctæ Sedis potestate se esse, illiúsque mandatis
obsequi velle declararet.

Per idem tempus duobus instrumentis Bertrandum de Aguassa equitem
procuratorem suum constituit, vno vt procuratorio nomine à sancta Sede,
aut ab alijs iudicibus ius habentibus absolutionem peteret; altero, verò, vt apud sanctam Sedem ipsum excusaret vadimonij deserti; quod
ad agendam causam, tuendámque innocentiam suam, sibique suspectos iudices recusandos se non stitisset. Eodem etiam nomine affirmaret

ipsum direpti Ecclesiæ thesauri nequaquam participem fuisse: denique locum sibi securum assignari peteret, vbi præsens criminationes obiectas dissoluere posset. Alio præterea instrumento exposuit, quæ aduersùm Bonifacium & qui partes eius sequebantur gesserat, non vindictæ aut priuati commodi causâ à se suscepta, sed zelo tantùm, ac affectu erga Dei Ecclesiam, odio vitiorum & deprauatæ illorum vitæ ductum fuisse.

Sed nec solus Nogaretus, vt Bonifacij memoria damnaretur, instabat; Ordo namque plebeius libellum supplicem Regi obtulit, enixéque eum rogauit, & ad hoc præstandum teneri monuit, quòd Bonifacius, Regem sibi in temporalibus subditum, præbendas ipsum conferre non posse, & fructus Ecclesiarum cathedralium vacantium retinendi ius non habere dum asseruit, grauiter errasset. Bonifacium eo nomine culpandum, quòd terrarum dominum tam in spiritualibus quàm temporalibus se prædicasset ac iactasset. Eiusmodi dogma Ecclesiæ magnopere noxium esse, cùm infidelibus Principibus occasionem præbeat baptismum reiiciendi, & obstet quominus Ecclesiæ Romanæ iugo se submittant, veriti ne dominationis supremæ amittant maiestatem, quæ supra se nullum agnoscit. Bonifacium hac in materia hæreticum obiisse asseuerabant; Regémque vt ex debito & officio reum peragi, eiúsque memoriæ infamiæ pœnam irrogari curaret, orabant; vtque præstito quando coronam accepit iureiurando staret, regníque eximia libertas inuiolata permaneret, rogabant.

Eadem apud Regem Columnenses vrgebant; atque in memoriam Bonifacij insanas molitiones & pessima quæ dederat exempla reuocantes, huic præcipuè propositioni innitebantur, Papæ non licere Cardinalem dignitate, qua ornatus est, priuare; quippe cùm ad illam euectus sit, vt Papam redarguat, inque regenda Ecclesia consilio suo adiuuet. Potentiæ etiam plenitudinem Pontifici attribuere periculosissimum esse. Atrociora in Bonifacium Petrus Cardinalis Columnensis iactauit, missis ad Regem codicillis, quibus multæ Bonifacij hæreses ac impietates enumerabantur, quarum facilem & citra negotium probationem promittebat.

Postquam autem Cardinales Perusij longo tempore in conclaui inclusi fuissent, diúque variis partium studiis agitati contendissent; dum pars vna Italum hominem, altera, cuius præcipuus Cardinalis Pratensis fuit, Francum promouere conatur, hæc tandem vt minori negotio voti sui compos fieret, Archiepiscopum Burdegalensem, quem Regi infestum & inimicum nouerant, quòd eius prouocationi se non adiunxisset, & Bonifacio aduersatus non esset, Papam nominarunt & elegerunt. Huic electioni, cuius alias alij rationes & causas adducunt, Cardinales non valde obstitere: qui partes ergo Franciæ fouebant, quàm celerrimè quo loci res essent Regi significarunt. Hoc nuncio accepto Archiepiscopum Burdegalensem ad se Rex accersit, quidque eius causa ageret ac tractaret cum ipso communicat, & obliuioni rixas conten-

1304.

Act. p. 214. & 215.

1305.

Num. 808

Num. 809.

Villani c. 80. l. 8.
Ant. Florent. part. 3. Tit. 21.
c. 1.

Rebdorff. in Annal. p. 418.

tionéfque superiorum temporum tradendas esse ait. Assensit Archiepisco-
pus, idque præstiturum pollicitus dixit, imperare Regem debere, se verò
iussa illius exequi: Rex illico ad eum talia verba fecit : Cùm Pontifex
electus fueris, hos sex articulos à te perfici peto.
 Primum itaque à censuris Ecclesiasticis ob captum Bonifacium plenè ac
sine exceptione me absolues, & Ecclesiam mihi perfectè reconciliabis.
 I I. *Omnes excommunicationes & censuras tam in me, quàm meos la-*
tas abrogabis.
 I I I. *Decimas regni mei per quinquennium mihi concedes, ut damna &*
dispendia quæ ob bellum Belgicum passus sum, resarcire possim.
 I V. *Te Bonifacij VIII. nomen ex actis publicis erasurum mihi pol-*
licearis.
 V. *Promittas etiam mihi te Columnenses Cardinales pristinæ fortunæ*
ac dignitati restituturum, téque Cardinales ex amicorum meorum numero
creaturum.
 Sextum, quod graue ac maximi momenti est, nunc taceo, quódque tem-
pore ac loco tibi dicturus sum.
 Iuramento coram sacrosancto Eucharistiæ mysterio præstito promisit Ar-
chiepiscopus Regi cuncta quæ rogatus fuerat se effecturum, utque fidem
magis firmaret, fratrem, duósque ex ipso nepotes obsides Regi tradidit, qui
vicissim Archiepiscopo promisit, se curaturum ut Pontifex eligeretur. Pe-
rusium itaque nuncios quanto ocyus destinat, & Cardinali Pratensi, quid
cum Archiepiscopo Burdigalensi egisset, significat; mandátque ut Archie-
piscopum illum Pontificem eligi faciat; quod equidem eo facilius & lu-
bentius à cæteris Cardinalibus impetratum est, quo magis cum Regis ini-
micum infensum & asperum credebant. Absens itaque Archiepiscopus
quinto Iunij die anno 1305. Pontifex summus electus est. Is Bertrandus
Gothus vocabatur, apud Vasatenses in villa Andrealdi è nobili familia
ortus. Vbi primùm per nuncios electum se resciuit, Clementis V. nomen
sibi imposuit, & Lugduni quò ipsum conuenerunt Cardinales, consecra-
tus est. Huic pompæ interesse Rex voluit, quem multi Franciæ Princi-
pes comitati sunt. Inter illa sollemnia dum à sancto Iusto redirent, vetus
paries quem plebis multitudo conscenderat, sub pondere fatiscens corruit;
eiúsque ruina summus Pontifex, Regísque fratres, qui Papæ gradarium
equum pedes deducebant, ipséque Rex leuiter vulnerati fuere : at Ioannes
II. Britanniæ Dux oppressus illo muri casu periit. Rebus itaque suis hoc
modo ordinatis, absolutionem Regi à Benedicto XI. datam confirmauit
Pontifex, & vna manu Decretalem illam Vnam sanctam, *à Bonifa-*
cio promulgatam abrogauit, Gallíamque vi Decretalis istius non magis
Ecclesiæ subiectam fuisse declarauit, quàm priùs erat antequam scripta
fuisset.

1305.

CLIMENS V.

Extrau. Meruit de priuilegiis

Cassam deinceps irritámque fecit constitutionem *Bonifacij VIII. quæ his verbis*, Clericis Laicos, *incipit, quǽque vi illius executioni mandata erant, quorum suprà mentionem fecimus, emendat. Statuit etiam, vt omnia Concilij Lateranensis aliorúmque decreta de vectigalibus & tributis, cæterísque subsidijs pecuniarijs, quæ Laici ab Ecclesiasticis exigunt, integra & inuiolata seruarentur. Quidam etiam scripsere, ipsum Cardinalibus Columnensibus dignitatem pristinam ac opes restituisse, vt iureiurando, quod præstiterat quando Papa electus fuit, promissísque staret.*

1307.
Acta p. 287.
Cap. vnico de immunitatibus Ecclesiast. in Clementinis.

Antonin. Archiep. Florent.

Rex & Pontifex cùm Pictauij conuenissent, iámque ab aliquo tempore de Bonifacij negotio altum silentium fuisset, apud Pontificem egit, vt Bonifacij VIII. nomen è Pontificum Romanorum catalogo sacrísque diptychis eradendum, cadauer etiam eius comburendum curaret, multorum grauium criminum, hæreseos, sodomiæ, cædiúmque per sicarios patratarum, aliorúmque illum accusans. Cùm minùs ad hæc facienda propensum ac promptum Pontificem Rex animaduertisset, vehementiùs institit, eíque denuntiauit articulum illum, sextum esse eorum, quos statim atque Pontifex creatus fuit, iureiurando effecturum esse promiserat, quódque tunc ei patefacere Rex noluerat.

1307.

Villani lib. 8. c. 91.
Antonin. Florent.
Walsingh.
Westmonasterienf.

Angebatur Pontifex iuramento tam solemni obstrictus; vt itaque moras necteret, aliorum sententiam expetere & cum iis de tam arduo ac graui negotio deliberare, vt sibi liceret, Regem rogauit. Cardinalis Pratensis, cum quo Papa consilia communicauit, vt Regis conatus cluderet, ipsi respondendum censuit, eiusmodi negotium tale tantíque momenti esse, vt Concilij examini subiici conueniret; illúdque indicendum esse. Concilium ergo post triennium celebrandum statim indicitur, vt interea qui adfuturi erant, se comparare possent. Talis equidem indictio tam sera ac tarda, ad Regis cæterorúmque, qui hoc consilium promouebant, frangendos emolliendósque animos certissimum remedium fuit.

At qui Regis negotia procurabant, sollicitè & instanter à Papa petierunt, vt cognitionem de Bonifacio eiúsque criminibus ad finem perduci curaret. Bullam itaque anno 1309. Septembr. 13. Auenioni promulgauit, eáque statuit, vt super allegatis à Rege, eiúsque filio Ludouico Ebroicensi Comite, Ægidio Comite sancti Pauli, Ioanne Comite Drocensi, & Guillelmo Plessiaco, aduersus Bonifacium criminibus anquireretur: & ideo tam dicti Principes quàm cæteri in ius vocarentur, & intra mensem Martium media quadragesima Auenionem se sisterent, vt ibi omnia causæ argumenta momentáque enumerarent. Bullâ tamen aliâ peculiari id vnum declarauit Pontifex, se nunquam Regem in hac generali citatione comprehendere voluisse; cùm illam litem suam nunquam fecisse ab eo semper intellexisset; sed hoc solum in mente habuisse, vt Ludouicus Ebroicensis Comes, & Ægidius sancti Pauli Comes, aliíque in ius vocati censerentur.

1309.
Libro A.

776.

d iij

Renatus Supinus eques Gallus cùm Pontifici in ius venire iubenti parére, & de his quæ norat teſtimonium perhibere cuperet, Auenionem verſus iter direxit; ſed tribus ab vrbe milliaribus ſicarij eum inuadunt, quos cùm ſaluus euaſiſſet, retroceſſit. His obſtaculis ſpretis Guillelmus Nogaretus, Guillelmus de Pleſſiaco, Petrus de Salaſardo, & Petrus de Manaſco equites, Regíſque legati, & Bonifacij VIII. accuſatores, valida hominum manu ſtipati, quòd potentiam eorum ſuſpectam haberent, qui magno ſatis numero Bonifacij memoriam tuendam ſuſceperant, Auenionem peruenerunt. Qui verò Bonifacij acta defendere palam viſi ſunt, hi fuere, Comes Franciſcus Petri Caietani filius, Theobaldus Bernazi filius Anagnienſis eques Bonifacij nepos; Itémque Iuris Doctores Gotus Ariminenſis, Baldredus Biſethus, Thomas de Murro, Iacobus Mutinenſis, Blaſius Pipernenſis, Creſcentius de Paliano, Nicolaus de Verulis, Iacobus de Sermoneto, & Conradus Spoletinus.

In conſiſtorij igitur conſeſſu publico Nogaretus & Legationis ſocij Papam ſedentem adierunt, & programma quo vocati Auenionem fuerant, recitari audierunt. Vt rem altius repeteret Nogaretus quædam propoſuit, eúmque ſtatim excepit Franciſcus Caietanus defenſorum præcipuus, aſſeruítque tales accuſatores idoneos non eſſe, & admitti non debere. Poſtque longas contentiones Berengarium Epiſcopum Tuſculanum, & Stephanum tituli ſancti Cyriaci Cardinales delegauit Pontifex, qui diſceptatores eſſent, contendentiúmque partium acta reciperent, rationíſque allegatas audirent. Prouocationis codicillos quibus futurum Concilium appellauerat, aliáſque literas & auctoritates ſuperſtite Bonifacio conſignatas Nogaretus communicauit, priuatímque Pontifici totam quæſtionem explicuit; eóque adegit vt ad diſceptandam eam illum adſtrinxerit. Tunc itaque Cardinales aliquot, quorum intererat memoriam Bonifacij non damnari, cùm ab ipſo in ſacrum collegium allecti fuiſſent, tanquam ſuſpectos iudices habere recuſarunt ac reiecerunt. Multa deinde crimina Bonifacio obiecerunt, ciúſque in Gallos odium, mentémque malignam notam fecerunt. Nogaretus priuatim obiectum ſibi ob captum Bonifacium crimen diluit, ſe etiam à Bonifacio libertati reddito abſolutum fuiſſe allegauit: poſtulauítque, vt de ſe à Benedicto XI. inſtituta quæſtio reſcinderetur.

Memoriæ Bonifacij aſſertores cauſas prolixas allegarunt, contenderúntque de Bonifacij memoria anquiri, aut Pontificem hæreſeos accuſari, niſi in confeſſu Concilij vniuerſalis non poſſe, cùm ea quæſtio ad Eccleſiam vniuerſalem pertineret. Accuſatores etiam nec idoneos eſſe, nec admittendos, quippe qui in Bonifacium coniurationis duces fuerint. Poſteáque de vi illata, dum ille captus fuit, déque Eccleſiæ direpto theſauro multa protulerunt. Legitimum Pontificem illum fuiſſe, & orthodoxum vixiſſe aſſeruerunt, animámque Deo reddidiſſe, poſtquam Pontificalibus ornamentis indutus, crucem manu gestans fidei articulos pro more professus esset, & clara voce coram octo Cardinalibus recitasset; quarum rerum Cardinalis cuiusdam epistola fidem faciebat.

1309.

Dùm hæc gererentur, duæ res anxium Nogaretum tenebant, quæstio Perusij à Benedicto Papa de ipso instituta, & accusatio contra Bonifacium à se proposita ac publicata: libellum propterea supplicem Pontifici obtulit, vt extra culpam crimenque esse se ostenderet; ideóque Benedictum XI. iniquè se gessisse, qui causa non cognita de capto Bonifacio, déque capto Ecclesiæ thesauro inquiri & de se quæstionem institui imperauerat: easdem aduersus Bonifacium criminationes olim à se delatas repetiit, & sua acta iuridica & iusta asseruit, nec alia ratione quàm religionis zelo incitatum fuisse. Pontificem tamen supplex rogabat, vt se ad cautelam absolueret, séque ad poenam subeundam, si in reatu esse iudicaret, paratum esse. Cardinales etiam Iacobum & Petrum Columnenses futurum Concilium appellasse, & à Papa prouocasse; quod exemplum ipse Nogaretus, Plessiacus, Rex ipse & omnes eius subditi sequuti sunt. Ad ista verò à Pontifice responsum tulit, rem arduam ac maximi momenti esse, quam diligenter pensitare conueniret. Hanc tamen repulsam passus Nogaretus nihil remisit; & allegatis à Caietanis exceptionibus apologiísque tam ad factum quàm ad ius attinentibus respondit rescripsítque. Primum itaque Bonifacium Pontificem verum legitimúmque fuisse negabat; omnibus númque nota quæ de ipso vulgò iactabantur, intrauit vt vulpes, regnauit vt leo, mortuus vt canis. II. Si verò in Ecclesia Dei gradum aliquem occuparit, fuisse tanquam Luciferum in coelis. III. Odium eius capitale Columnenses incurrisse, tótque damna ab ipso esse perpessos, quòd eius intercessissent electioni. IV. Multa deinde crimina atrocia Bonifacio obiecit, multáque testimonia allaturum promisit. Alia porrò scriptura accusatores prioribus adiecerunt, Concilij iudicio minimè opus esse, siquidem Bonifacius obierat; idoneum controuersiæ disceptatorem ac iudicem Pontificem esse, edita ab illo pietatis & religionis, in vltima vitæ clausula, signa ad obiecta crimina diluenda haud sufficere; cùm palam & publicè errores confessione contraria & abiuratione emendare debuerit.

Act. cap. 305.

Defensores Bonifacij his prolixis accusatorum scriptis contraria quantum ad ius factúmque spectabat opposuerunt, & Bonifacij memoriam integram seruare conati sunt. mutuarum simultatum, quas inter se Rex atque Pontifex exercuerant, causas proposito sibi fini accommodatas allegarunt, ob quas Regem ab actione repelli debere asseruerunt: Regem Guil. Nogaretum, quòd hanc Bonifacij accusationem persequeretur, magnis præmiis affecisse, amplissimis possessionibus & opibus donatum in Palatium suum admisisse, tandémque Cancellarium suum fecisse; Regem etiam Nuncios Apostolicos & Abbatem Cisterciensem male habuisse, quòd appellationi ad futurum Concilium sibi adhærere recusassent.

HISTORIA MAGNI DISSIDII

1309.

Tunc verò quòd Nogaretus fortè coram pluribus iactauerit se absolutione non egere, quia sæpissimè ad colloquium priuatum huius negotij tractandi causâ Pontifex ipsum admisisset, ideo Papa dixit considentibus in consistorio purpuratis Patribus, cum quibus de hac lite disceptabat, se haud credere excommunicatum quemquam eò absolutum esse, quòd Papam allocutus esset aut salutasset. Quapropter mentem suam declarauit eam esse,

Cap. 4. Si sumimus, de sentent. excom. in Clement.

vt excommunicatus haud absolutus sit vel censeatur, etsi cum eo quouis modo collocutus fuerit. Hinc decreti in Concilio Viennensi lati occasio nata, quo eodem sensu quem Papa in consistorio dixerat, sententia stabilitur.

Amplius etiam tunc inquisitum est, testiúmque causariorum senio vel valetudine anticipata interrogatio, ne testimonia perirent, instituta, aliæque scripturæ prolixæ aduersus Bonifacium conditæ, quibus eadem accusationum capita superioribúsque similia continentur, auctoritatúmque citationes inutiles nulliúsque ponderis, tædium ac fastidium lectoribus creantes cumulantur.

Circa idem tempus Nogaretus in consistorio coram Papa & Patribus de Bonifacij defensorum temeritate & inordinata eorum disceptatione questus est; qui scriptis suis defensionis terminos longè excedebant, pluráque auctoritati Regis domini sui, ciúsque Regiis iuribus in Ecclesiarum regni sui temporalibus bonis aduersantia ac contraria immiscebant. Asseruitque Regem iure suo nixum Ecclesiæ Prælatorum, vel inuitorum, bonis & opibus ad sumptus vrgente necessitate tolerandos vti posse; etsi hactenus, nisi consentiente clero, hoc non fecerit. Regis etiam nomine in eodem consessu querelas detulit ob longas moras, quæ in disceptanda hac lite

Num. 777.
*1. Sept.
1310.

ducebantur. Causam earum à se Papa reiecit, & in longas prolixásque accusatorum inquisitiones transtulit. Breui etiam ad Regem* epistola excusationibus firmis se purgauit, nullásque se affectare moras dixit. ad testium interrogationem faciendam omnia parata esse: vnum tamen se animaduertere, Auenionem accedere, terrore à Bonifacij defensoribus, quorum potentiam reformidabant, iniecto illos non audere. vnum etiam ex illis testibus, qui iamiam interrogandus erat, mortuum in lecto, citra morbi signum aut suspicionem repertum fuisse.

Bonifacij defensores controuersiæ decisionem eludere studentes prolixum commentarium legibus & canonibus infartum protulerunt, quo contendebant Bonifacium à Deo solo iudicari debere; & propterea Pontificiam iurisdictionem declinabant. Concilium saltem indici & congregari debere; Gallos, nedum Regem ipsum, ad illud haud admittendos. Iterúmque manus iniectionem in Bonifacium, & inquisitionem aduersus eos qui ipsum ceperant, repræsentarunt.

Huic scripto allegatis similibus rationibus, legúmque & canonum auctoritatibus citatis respondere accusatores non neglexerunt; atque in tot capita

INTER BONIF. VIII. ET PHILIP. PVLCR.

pita commentarios suos distinxerunt, quot defensores proposuerant. Prolixè in illis disputabatur, an Celestinus Sede Pontificia abire, & dignitatem eiurare potuisset. Verum ambæ partes hanc causam tam confuse & turbidè & sine successu agitarunt, vt pænè inutile sit illis diutius immorari. Vnum tamen instrumentum huic prolixo commentario insertum, quodque à domino Bertrando de Rupenegada equite, Nogareti, ac domini Plessiaci mandatario speciali prolatum est, attenta lectione est dignum. Illo plura iura Regia asseruntur, quæ multi imperiti dubia & ancipitia hodie reddunt, quæ temporibus illis sic stabilita erant & firmata, vt supra omnium hominum memoriam viguisse & obseruata fuisse crederentur. Eiusmodi autem capita sunt.

Regem in temporalibus nullum præter Deum se superiorem agnoscere.

Franciæ Regem in temporalibus aliisque ad hoc spectantibus, aut regni statum, & subditos, à se & Curia sua, non ab alio iudicari.

Reges nostros iura ac libertates Ecclesiæ, secundùm regni consuetudines tutatos fuisse; ita vt quædam iure scripto ad Ecclesias pertinentia, Regibus ipsis consuetudine antiqua competant; sicut vice versa alia sunt, quæ scripto iure ad Regem aut alios dominos Laicos pertinere deberent, quæ tamen veteri quæ inualuit consuetudine ad Regni Ecclesias pertinebant.

Cùm Reges Ecclesias regni fundauerint, amplissimisque possessionibus dotauerint, pecuniam regni Ecclesiasticis imperari Regem inhibere posse, ac ne dissipentur cauere; nec Papam inconsulto Rege quicquam ab illis exigere posse.

Regem ab omni æuo Ecclesiarum regni sui, ac præsertim Cathedralium tutorem ac defensorem esse, huiusque tutelam Ecclesiis vtilem ac commodam magnopere esse.

De successionibus & rebus temporalibus, siue actione petitoria aut possessoria rem suam actor persequatur, aut reus defendat, siue ad Ecclesias aut Ecclesiasticos pertineant, siue etiam ad Laicos, forum Laicum, ac præcipuè Regia tribunalia cognoscere.

Ab omni æuo apud alios iudices quàm in Curia sua, siue conueniat, siue conueniatur, nulla status aduersarij habita ratione, Regem non litigare, nisi causa merè spiritualis sit, & de iis quæ ad fidem spectant quæstio instituatur.

Iure Regaliæ plurimarum regni Ecclesiarum bonis immobilibus Regem frui, donec noui Prælati inuestituram præsentes ab eo acceperint, & in bonorum possessionem missi fuerint.

Dignitates, beneficia & præbendas plurimarum Ecclesiarum, quarum Reges conditores & auctores sunt, Regem conferre.

Præter ius Regaliæ, hocce etiam ab omni æuo stabilitum, vt Reges nostri fructus & reditus vacantium Ecclesiarum percipiant, in vsus proprios conuertant, nec restituere eos teneantur, hisque fruantur, donec Prælati fidelitatem præstito iuramento promiserint, seque vasallos profeßi fuerint.

Quamdiu verò iure illo Regaliæ Rex vtitur, dignitates, præbendas, aliáque beneficia quæ Episcopus conferre solet, siue in Curia Romana, aut alio quouis modo vacauerint, Regem conferre.

Hoc Regaliæ ius quibusdam regni Baronibus Reges nostros cessiße; ipsíque Barones eo fruuntur tanquam iure feodali, regióque ideo dicto, quòd illud à Rege acceperint.

Plura deinceps in illo scripto capita sequuntur, quæ ad controuersiam inter Regem & Archiepiscopum Lugdunensem motam spectant; disputatio autem in eo vertebatur, vtrum Archiepiscopatus & Ecclesia Lugdunensis, vrbísque dominium temporale intra Regni fines sita essent; ad hunc autem finem illa spectant, vt probetur, Archiepiscopum Lugdunensem Regi propter temporale dominium fidelitatis sacramentum præstare debere.

Si verò Antistites, corúmque Officiales iurisdictionis spiritualis auctoritate Regiæ iurisdictioni, quominus suo fungatur munere, impedimentum attulerint, solitos esse Reges in Ecclesiasticorum bona temporalia, donec ab eiusmodi cœptis destiterint, manum inijcere.

Ad sui tutelam regni vias milite præsidiario Regem munire posse, qui Romam aut alia loca petentes, indéque redeuntes arceat ac repellat, quíque obseruet ne aurum & argentum aliæque merces regno exportentur.

Lites de iure patronatus Ecclesiarum institutas à Rege ipsíúsque Curia iudicari solitas.

His iuribus consuetudine regni inueterata, quæ ius antiquum appellari potest, Regem, eiúsque decessores semper vsos fuiße, nullúmque Pontificem præter Bonifacium litem de iis vnquam mouiße.

Bonifacium denique Bulla sua, quæ incipit, Ausculta fili, cuiúsque supra mentio habita est, Regem per calumniam insimulaße, quasi nullum absolutè superiorem se agnoscere literis asseruißet; quod equidem falsum ac commentitium est; quis enim Franciæ Rege profundiori cum humilitate & deuotione fidem Catholicam, Sacramenta Ecclesiæ, summum Pontificem, Ecclesiámque Romanam veneratur, corúmque superiorem auctoritatem agnoscit?

Memoriæ Bonifacij assertores, vnáque Cardinales qui litem illam suam faciebant, causæ suæ diffisi, rationésque Gallorum validas & inexpugnabiles cernentes, falsas literas fabricati sunt, vt illius cuius defensionem susceperant, actiones à censoria nota protegerent; verùm falsæ statim magno cum auctorum dedecore & infamia compertæ sunt; Pontificísque prolata ore sententia tales iudicatæ, spectante vulgo publicè combustæ fuerunt.

His Pontifex satis manifestum fecit, malas artes, quibus Bonifacij me-

INTER BONIF. VIII. ET PHILIP. PVLCR.

moriam integram seruare illi conabantur, sibi non probari; interea tamen sub specie iustitiæ, Regis subditorúmque ipsius in actione persequenda vigorem retundere conabatur. quapropter ad Regis fratrem Carolum Andegauensem * *Comitem scripsit, hortatúsque est, hoc à Rege impetraret, vt nempe huius controuersiæ decisionem Ecclesiæ ac sibi permitteret; eidémque accusatores Bonifacij acquiescerent.*

1310.

Num 789.
* Litera
scripta
Mau 23.
an. 1310.

Has fratris sui preces aliquamdiu Rex repulit, nec se exorari passus est; verùm magnatum plurimorum precibus tandem victus diplomata seu codicillos Regios ad Fontem-Blaudi promulgauit, quibus totam controuersiam Pontifici & Concilio iamiam celebrando remisit; cùm æquum sibi non videretur decreta Pontificis, à Concilio confirmata, præsertim vbi de fide agitur, in dubium reuocare. In Regis sententiam filius eius Ludouicus Ebroicensis Comes, & Guido sancti Pauli itidem Comes & Magnus Franciæ Buticularius statim concesserunt, literísque promulgatis consensum similem præbuere. Hos consensus codicillos statim atque accepit Pontifex Bullam * *promulgauit, qua breuiter quæ in eo negotio gesta fuerant enarrat, sibi nempe Regis animum rectúmque propositum abunde in eius negotij persequutione perspectum esse; quippe qui vim Bonifacio illatam thesaurique Ecclesiæ expilationem nunquam probauerit: Cardinalium itaque consilio se à Rege enixis precibus contendisse, vt Ecclesiæ iudicio controuersiam totam permitteret. Cui propositioni cùm Rex primùm se difficilem præbuisset, postea mutato consilio manus dedisse; idem quoque accusatores & defensores Bonifacij fecisse, consignatis literis, quas in Ecclesiæ archiuis testandæ deuotionis illorum causa & ad perpetuam rei memoriam deponendas curauerit. Quibus omnibus diligenter perpensis, omnes constitutiones sexto Decretalium non insertas, quatenus illæ dignitati, iuribus, ac libertatibus Regni & Regnicolarum derogant & contrariæ sunt, abrogauit, irritásque ac nullas fecit. Quantum verò ad Bonifacij Decretales spectabat, quarum una his verbis,* Vnam sanctam, *incipit; altera verò his,* Rem non nouam, *quæ extrauagantibus communibus sub titulo* de Maioritate & obedientia, *& sub alio* de dolo & contumacia *insertæ sunt, eas vim vigorémque habituras iuxta correctionem à se anteà factam pronunciauit. Omnes insuper priuilegiorum suspensiones, excommunicationes, interdicta & priuationes, cætera denique directè vel indirectè, palam vel priuatim hac in controuersia, tam aduersus Regem quàm ipsius liberos, Regni iura & libertates, aliósque qui publicè Papam accusauerant lata abrogauit. Ii autem erant Ebroicensis, sancti Pauli & Drocensis Comites, Guillelmus de Plessiaco, quíque eorum adhæserant prouocationi. Omnia denique aduersus eos gesta à die festiuitatis omnium Sanctorum anni 1300. ad annum 1311. reuocauit. Cunctos insuper cuiuscumque sortis ac conditionis essent, actuarios, scribas, iudices, aliósque, vt intra quatuor menses omnes*

1311.

Num 778.
Febluar.
1310. in
Gallia 1311.
Romæ.

Num. 775.
14. Febr.
1310. in
Gallia.1311.
Romæ.
Num. 785.
* 5. Kal.
Maij an.
6. Pontif.
1311.

C ij

chartas, scedulas, bullas suspensionis, excommunicationes, litiúmque instrumenta originalia, vel ex ipsis desumpta exemplaria ad hanc rem pertinentia comburerent, eáque ex actis publicis eraderent sub excommunicationis pœna iussit. Hac tamen generali absolutione non comprehendebantur Guil. Nogaretus, Reginaldus Supinus equites, Thomas de Morolo, Robertus Supinus Reginaldi filius, Petrus Genetanus, eiúsque filius Stephanus, Adenulphus & Nicolaus Matthæi Giffredi filij, Buffa Orlandinus, Petrus de Luparia equites & Anagniæ ciues: Sciarra Columna, Ioannes Landulfi filius, Gothofredus Ioannis de Ceccano filius, & Maximinus de Trebis, qui omnes dum Bonifacius capiebatur, & thesauri Ecclesiæ compilabantur interfuerant, atque etiam ex Anagnienfium ciuium numero illi qui vim inferentes iuuarant.

Veritus autem Papa, ne Nogaretus vir fortis ac generosus & fauore aulæ fretus, desertum se & non absolutum sentiens hanc pacem turbaret, aliam eodem die Bullam eiusdem ac prædicta tenoris Nogareti gratiâ promulgauit, qua ipsum ad cautelam absoluit; his tamen appositis conditionibus, vt in primam transmarinam expeditionem cum armis & equis proficisceretur, ibíque vitæ quod supererat transigeret, nisi Pontifex hanc ipsi pœnam remitteret. Antequam verò illud iter susciperet pœnam, qua mulctatus fuerat, subire iussus est, Ecclesias nempe B. Mariæ Virginis Vallis-viridis, Rupis Amatoriæ, Anicienfem, Bononiensem ad mare, Carnotensem, sancti Eligij & Montis-maioris, sancti præterea Iacobi Compostellani apud Callecos visitare. Si verò priusquam impositam pœnitentiam impleuiffet vitam cum morte commutaret, ad ipsius heredes absolutionis beneficium pertinere debebat, modò residua ipsi adimplerent. sin minùs, neque Nogaretum, neque ipsius heredes absolutionis istius, quæ irrita hac in parte mansura erat, commodo fruituros.

Aliâ quoque Bullâ eodem die publicatâ ciues Anagnien'es hac absolutione liberatos pronunciauit; illos tamen qui thesaurum Ecclesiæ expilarant, excepit, sibíque ius eos, cùm visum essett, persequendi retinuit. Bullâ tandem aliâ quod antea decreuerat, nullum scilicet Gallum aduersus Bonifacium delatorem vel testem se auditurum, abrogauit; séque in posterum nulla instrumenta vel scripturas, quæ Regis hoc in negotio rectam mentem zelúmque suggillarent, admissurum protestatus est.

Ex his omnibus cuncti iudicauerunt, eam Papæ tunc esse mentem, vt memoria horum omnium perpetuo silentio inuolueretur. Vt verò de Bonifacij vita eiúsque moribus bonis malisve inquireretur, veritásque tandem pateret, cupere se vt demonstraret, Bullâ statuit iussítque cunctos, qui quidpiam illorum nossent, ad designatos in Bulla viros, Guillelmum nempe Nogaretum equitem Caluissoni dominum, Guillelmum de Plessiaco, aliósque deferre ac denunciare, admittendósque fore pronunciauit.

INTER BONIF. VIII. ET PHILIP. PVLCR. 37

Kal. Nouembribus anni 1311. *Concilij Viennensis in Delphinatu prima sessio celebrata fuit, in quo vt Regi promissa præstaret Pontifex, de Bonifacio quæsitum ac disputatum fuit. Patrum itaque decreto Bonifacius Catholicus & orthodoxus, nulláque hæresi contaminatus declaratus est, cuius rationes Ricardus Senensis Cardinalis Iuris doctor insignis, Ioannes Namurcensis Cardinalis Theologus, & Cardinalis Gentilis Canonici Iuris peritus Regi exposuerunt. talémque Bonifacium M. Caroccio, & Guillelmus Debolus fortissimi equites prouocatis ad pugnam contradicentibus, asseruerunt. Rex propterea attonitus restitit : At Pontifex Cardinaliúmque Collegium ipsi satisfacere cupientes, decreto lato ipsum eiúsque successores ab omni in posterum de admissis in Bonifacium inquisitione securos præstiterunt. Scripserunt alij, Concilium Regis aduersus Bonifacium gesta non equidem probasse, attamen ea quæ Bonifacius contra Regem molitus fuerat iniusta ac irrita iudicasse.*

Talis fuit exitus huius longi ac molesti dissidij, quod hoc sæculum per decem annos exercuit. Potiórque Regis in eo conditio fuit, quòd iura ipsius stabilita, Bonifacij verò molimina ab ipsis Pontificibus condemnata fuerint. Clemens verò Papa V. & Cardinales de Bonifacij memoria inquiri, eiúsque famam in periculum adduci, rem nimis duram, ac sine exemplo esse iudicarunt. Regi tamen placuit per totum regnum ipsius memoriam extingui & aboleri, sextúmque Decretalium librum à Bonifacio collectum allegari vetitum; adeóque hocce Regium iussum viguit, vt ne nunc quidem vllus apud iudices rationem ex illo libro petitam, allegare audeat. Quod etiam ad Cap. Generali *constitutione de Electionibus in sexto glossæ auctor his verbis in editione Romana deletis, adnotauit,* Ideo secundùm aliquos Constitutiones istius compilationis (scilicet 6. libri) non fuerunt receptæ in hoc regno propter istam, de iure nempe Regaliæ, *controuersiam.*

Quidam historici, vt Principum animis terrorem incuterent, eósque à conseruatione iurium, maiestatéque imperij sui tuenda aduersus extraneorum molitiones sub specie religionis deterrerent, improspera omnia & quæcunque malè gesta Philippo Pulcro contigerunt, ipsius etiam mortem quam violentam fuisse falsò tradunt, ob nimis rigide & asperè habitum Bonifacium euenisse scribunt, ipsiúsque posteros ad quintam generationem vsque excommunicatos, infelicésque fuisse, ex circumstantiis absurdis inepte adnotant. Horum calumnias abunde refutat ipsius vitæ historia, quam qui legerit, non alium Regem Philippo fortunatiorem per illa tempora agnoscet, qui multis prosperis successibus, per annos viginti sex quibus imperauit, vsus est, Papæ, ac Comitis Flandrensis hostium infensissimorum conatibus repressis, ipsisque in ordinem coactis. Ipsi verò tres filij nascendi ordine successerunt, iisque deficientibus ex fratre nepos Philippus

1311.
Io. Villani c. 22. lib. 9.
Antonin. Florent. parte 3.
Io. le Maire de schism. Pap. Masures.

Io le Maire de schism. cap. 10. p. 2.

Villani. Anton. Florent. Altus apud Iuuenal. Vrsiuum 316. 317.

Meyerus. Steror. Aunal.

c iij

1311.

Valesius, eiúsque posteri feliciter regnauerunt. Temeraria itaque, quin etiam impia Historicorum audacia, qui secreta Dei iudicia tam altè rimari volunt. Inter cæteros autem Meierus scriptor ineptissimus, qui dum Austriacorum partibus fauet, duobus in locis Historiæ suæ contumelias tam impudenter in memoriam maximi huius Regis iactauit, vt ridiculum inde omnibus se præbeat; hisque probris vindicem se asperrimæ pænæ Flandriæ Comiti rebellanti vassallo à Rege inflictæ ostendere voluit. Idem Meierus, aliúsque Anglus ipso antiquior, rerum gestarum veritatem ignorantes, Nogaretum in nuptiarum, Isabellæ Francicæ, & Eduardi II. Angliæ Regis Bononiæ ad mare celebritate ac sollemniis anno 1307. in aula Regia subita morte, & horrendum in modum ore ac vultu contortis, extinctum tradunt; qui mendacij manifesti arguuntur. Nogaretus siquidem anno trecentesimo vndecimo supra millesimum Auenionem profectus actionem contra Bonifacium, vt suprà dictum est, persequebatur. Hinc etiam quam fidem adhibere huius Belgæ historiis conueniat, facilè colligitur, cùm ipse Philippi Pulcri Regis maximi, piissimi, auctoritatis ac Maiestatis suæ omnium qui Francis imperarunt, Regum retinentissimi famam omnibus modis discerpere ac lacerare studio partium attentarit.

Walsingh.

I ergo tu, & tibi vsurpare aude aut dominans Apostolatum, aut Apostolicus dominatum.

D. Bernardus lib. 2. cap. 6. de Consideratione ad Eugenium Papam.

Nullum puto ab aliis maius præiudicium tolerat
Deus, quàm quod eos, quos ad aliorum
correptionem pofuit, dare de fe exempla
prauitatis cernit, & fufceptæ benedictionis ministerium vertunt in
ambitionis argumentum.

S. Gregorius lib. 2. de Baptismo cap. 6.

ACTES ET PREVVES
DV DIFFEREND
D'ENTRE
LE PAPE BONIFACE VIII.
ET
LE ROY PHILIPPES LE BEL.

f

INVENTAIRE DES PIECES
contenuës dans ce volume.

Qvelqves Extraits touchant le Pape Boniface VIII. tirez de diuerses Chroniques écrites à la main. page 1.

Table Chronologique pour l'éclaircissement de l'histoire de Boniface VIII. page 6.

1296. 17. Aoust. Defenses du Roy Philippes le Bel à toutes personnes de transporter de son Royaume or & argent, ioyaux, pierreries, armes, cheuaux & autres choses seruans à la guerre, sans sa permission & congé par écrit. page 13.

1296. Anno 2. Pontif. Bonif. Bulle de Boniface VIII. qui defend aux Ecclesiastiques de payer à qui que ce soit aucune chose. Excommunie tous Empereurs, Rois, Princes, &c. qui exigent desdits Ecclesiastiques sans la licence du S. Siege, &c. page 14.

1296. 21. Sept. Bulle de Boniface VIII. mandant au Roy Philippes le Bel, que son Ordonnáce defendant aux étrangers de demeurer en France, ny d'y faire aucun commerce, ny de rien transporter hors du Royaume, ne doit comprendre les gens d'Eglise, sur lesquels les Rois n'ont aucun pouuoir, &c. page 15.

1296. 22. Sept. Ecrit fait par le Roy contre la precedente Bulle. page 20. 21.

1297. 7. Feurier. Bulle du Pape Boniface VIII. au Roy Philippes le Bel, où il luy mande qu'il luy a enuoyé vne plus grande Lettre par l'Euesque de Viuiers: le prie de la bien considerer, & d'appeller ses plus fideles Conseillers, & la leur faire lire pour la faire obseruer. page 23.

Bulle de Boniface au Roy, se plaignant d'vn Edit que le Roy auoit fait, portant defense de rien tirer du Royaume, & qu'il n'entend que les Ecclesiastiques y soient compris, sur lesquels le Roy n'a nul pouuoir. page 24.

1297. Vne seconde Bulle du mesme à deux de ses Nonces en France, leur mandant que s'ils sont empeschez de faire sortir de France l'argent qu'ils y auront leué, ils declarent le Roy, & ses Officiers qui les auront empeschez, incidisse in sententiam promulgati canonis, & qu'ils les excommunient de nouueau. page 25.

Lettre de l'Archeuesque de Reims & ses suffragans, au Pape Boniface, se plaignans d'vne Constitution faite par sa Sainteté pour la liberté Ecclesiastique, que le Roy, les Princes, & les Seigneurs temporels, & toute la France auoient iugé tres-preiudiciable à leurs droits, &c. page 26.

1297. 20. Auril. Lettre des Euesques d'Albe & de Preneste, écrite au Roy par ordre du Pape Boniface, sur la publication & prorogation de la treue ordonnée par le Pape entre le Roy de France, & les Rois des Romains & d'Angleterre, auec peine d'excommunication contre les conteuenans. pag. 27.

1297. 10. May. Bulle du Pape Boniface contre ceux de la Maison des Colonnes, dans laquelle aprés auoir narré les maux faits par ceux de cette Maison, il depose du Cardinalat Iacques du titre de sainte Marie in via lata, & Pierre du titre de saint Eustache, Cardinaux de cette Maison, & les priue de tous leurs benefices. page 29.

1297. 4. May. Acte par lequel vn Clerc de Chambre du Pape Boniface enuoyé par luy, cite Pierre Cardinal de S. Eustache à comparoir deuant sa Sainteté, où seront les Cardinaux, & ce sous peine de priuation du Cardinalat. pag. 33.

1297. 10. May. Acte des deux Cardinaux Colonnes, contenant les raisons qu'ils ont eu de ne point comparoir deuant le Pape, auec leurs protestations; appellent au saint Siege, & au Pape futur; & disent qu'on a tousiours procedé auec grande circon-

f ij

TABLE.

spection contre les Cardinaux. page 34.

1297.
31. Iuillet.
Bulle de Boniface declarant que la Bulle commençant Clericis laïcos, *defendant aux Ecclesiastiques d'aider les Rois de leurs biens, n'est pas pour defendre les dons volontaires que les Ecclesiastiques de France voudront faire au Roy sans exaction, &c. page 39.*

1298.
Iuillet.
Le Pape Boniface promet au Roy qu'il ne iugera point le differend d'entre luy & le Roy d'Angleterre, dont il est arbitre, sans l'exprés consentement de sa Maiesté porté par ses Lettres Patentes, & par vn enuoyé exprés. p. 241.

1300.
4. Decemb.
Bulle du Pape Boniface, disant que le Pape pouuant donner des graces & des priuileges, qu'il les peut renoquer. Qu'il a donné des priuileges au Roy de France, & aux Clercs & lais de son Conseil, que ces graces ont causé beaucoup d'abus, & des dommages aux Prelats & aux Eglises. C'est pourquoy du conseil desdits Cardinaux il suspend lesdits priuileges, &c. page 42.

Boniface declare au Roy par vne petite Bulle, qu'il est son suiet au temporel, & qu'il ne doit conferer aucuns benefices, &c. page 44.

Le Roy répond qu'il n'est point son suiet au temporel ny à qui que ce soit. Que la collation des prebendes les sieges vacans luy appartient, & les fruits aussi, & qu'il maintiendra ceux qu'il y a pourueus. Ibidem.

Pierre de Bosco ou du Bois Aduocat du Roy à Coustances, donne son aduis sur cette petite Bulle fort iniurieuse au Roy. page 44. 45.

1301.
5. Decemb.
Bulle de Boniface au Roy commençant Ausculta fili. *Dit que le Roy l'a étably sur les Rois & Royaumes ad euellendum, destruendum, dissipandum, ædificandum, &c. page 47. 48. &c.*

1301.
5. Decemb.
Bulle de Boniface aux Prelats, Chapitres & Docteurs en Theologie de France, par laquelle il leur ordonne de se trouuer prés de luy à certain iour, pour estre informé par eux des oppressions qu'ils souffrent de la part du Roy,

de ses Officiers, Comtes & Barons, &c. page 53.

Autre Bulle de Boniface aux Archeuesques & autres Ecclesiastiques de France, à ce qu'ils ayent à comparoistre deuant luy auec les Docteurs és Droits, &c. page 54.

1301.
Decemb.

Decretale de Boniface commençant Vnam sanctam. De maioritate & obedientia, *Extra.*

1302.

Requeste de Guillaume de Nogaret presentée au Roy estant au Louure, en presence de plusieurs Prelats & Seigneurs contre le Pape Boniface. page 56.

1302.
12. Mars.

Extrait d'vn ancien manuscrit, qui dit que le Roy fit brusler dans Paris l'an 1301. la Bulle du Pape en presence de tous les Nobles & autres. page 59.

Lettre enuoyée par les Barons du Royaume de France au College des Cardinaux, quand le Roy appella contre Boniface Pape. page 60.

1302.
10. Auril.

Lettres des Cardinaux aux Ducs, Comtes & Barons du Royaume, pour excuser ce qu'auoit fait Boniface, & qu'on luy a imposé des choses qu'il n'a point faites; entre autres celle là, qu'il eust écrit au Roy qu'il estoit son suiet au temporel, & qu'il tenoit son Royaume de luy, &c. page 63. 64.

1302.
26. Iuin.

Bulle de Boniface aux Prelats & autres Ecclesiastiques de France, se plaignant de ce que le Roy a fait contre luy en son Parlement assemblé à Paris, pour empescher que les Ecclesiastiques qu'il auoit mandez de le venir trouuer, n'y vinssent. Se plaint des paroles dites contre luy, principalement par Pierre Flotte. Leur reproche qu'ils ont souffert dire beaucoup de paroles outrageuses contre l'Eglise, &c. page 65.

Lettre des Prelats & autres Ecclesiastiques tant Reguliers que Seculiers du Royaume de France assemblez à Paris, au Pape Boniface. page 66. 67.

Lettre des Cardinaux aux Maires, Escheuins, Iurats & Consuls des villes de France, faisant responce à vne lettre qu'ils auoient receue d'eux. page 72.

1302.
26. Iuin.

Deux aduis: Le premier du Cardinal de Porto. Le second du Pape Boniface,

TABLE

prononcez dans le Consistoire, touchant le different entre le Pape & le Roy de France, tirez d'un Manuscrit de la Bibliotheque de S. Victor. p. 72. 73. &c.

1302.
5. Septemb.
Lettre du Cardinal Matthieu S. Mariæ in Porticu à Robert Duc de Bourgogne, faisant reproche des graces & priuileges concedez par le Pape Boniface à la France, &c. page 79.

1302.
5. Septemb.
Lettre de Robert Cardinal de S. Potentiane, & de Pierre Cardinal du titre S. Mariæ Nouæ à Robert de Bourgogne, qui le loüent du zele qu'il a pour la paix de l'Eglise, & se plaignent du rude traitement qui a esté fait au Pape. page 80.

1302.
Commandement fait par le Roy de saisir les biens des Ecclesiastiques sortis du Royaume sans sa permission. p. 83.

1302.
Lettre du Roy, qui dit qu'il auoit enuoyé ses Ambassadeurs au S. Siege, auec pouuoir de nommer le Pape Boniface pour arbitre des differends qu'il auoit auec le Roy d'Angleterre, non pas comme Pape, mais comme vne personne priuée. page 84.

1302.
Bulle de Boniface en faueur de l'Ordre de Cisteaux. p. 85.

1302.
2. Decemb.
Le Roy sur des nouuelles qu'il auoit receuës de ce qui se passoit en la Cour de Rome, assemble les Prelats & les Barons de son Royaume à Paris, pour y mettre ordre. page 85. 86.

1302.
Defense faite par le Roy à tous ses suiets, Prelats, Pairs, Barons & autres sous de grandes peines, de sortir de son Royaume sans sa permission, ny en faire sortir cheuaux, &c. page 86. 87.

1303.
13. Auril.
Bulle de Boniface à Iean Cardinal du titre de S. Marcellin, où il luy donne auis du commandement qu'il auoit fait aux Archeuesques & autres Ecclesiastiques de France de le venir trouuer, pour auiser à diuers excés, & au bon gouuernement du Royaume: commande à ce Cardinal d'auertir ceux qui ont manqué, qu'ils ayent à venir dans trois mois, &c. page 89.

Articles dont le P. Bonif. auoit chargé ledit Card. l'enuoyant en France. p. 89.

Responses du Roy sur lesdits articles. page 89. 90. 91. 92.

Bulle de Boniface à Iean Cardinal de S. Marcellin, où il luy fait sçauoir qu'il n'est point satisfait des réponses. que luy a fait le Roy aux articles qu'il luy a enuoyez; commande audit Cardinal de presser le Roy de changer ses réponses. Qu'il vouloit que ce qu'il auoit dit pour l'Eglise de Lion fust obserué. p. 95.
1303.
13. Auril.

Bref du Pape Boniface au Comte d'Alençon, se plaignant des réponses faites par le Roy au Card. de S. Marcellin. p. 97.
1303.
13. Auril.

Pareil Bref écrit à l'Euesque d'Auxerre. page 97.
1303.
13. Auril.

Bref de Boniface au mesme Cardinal, où il dit que suiuant la coustume de l'Eglise Romaine, il n'y a point de doute que le Roy de France n'ait encouru les sentences generales d'excommunication, qui ont esté souuent publiées; & quoy qu'il soit Roy, & nonobstant ses priuileges qu'il ne puisse estre excommunié, interdit & suspendu; ce qu'il auoit fait, parce qu'il auoit empesché les Prelats & autres Ecclesiastiques de France d'aller en Cour de Rome, &c. page 98.
1303.
13. Auril.

Le Roy ordonne que les biens des Prelats & autres Ecclesiastiques qui sont hors le Royaume, seront saisis & mis sous sa main. p. 99.
1303.
Iuin.

Acte fait en presence du Roy, des Prelats, Barons, Comtes & autres, où Louis Comte d'Eureux, Guy Comte de saint Paul, Iean Comte de Dreux, & Guil. du Plessis firent leur plainte de la misere de l'Eglise sous Boniface, & qu'il importoit qu'il y eust vn Pape legitime, &c. page 100. 101. &c.
1303.
13. Iuin.

Forme de la lettre enuoyée par le Roy à toutes les Villes, Eglises, Communautez de son Royaume, à ce qu'elles eussent à consentir à la conuocation du Concile general, & à l'appel par luy interietté au futur Concile du consentement des Prelats, Seigneurs & Barons. p. 109.
1303.
Iuin.

La lettre écrite à ceux de Toulouse est la premiere. page 109. 110. &c.
1303.
Iuin.

Consentement des Prelats du Royaume, pour la defense du Roy, & l'appellation au Concile. p. 112.
1303.
13. Iuin.

Le Roy par plusieurs lettres promet sa protection aux Prelats, Monasteres, Barons, & Communautez contre tous

f iij

TABLE.

ceux qui les voudroient opprimer, specialement contre Boniface qui l'auoit menacé luy & tout son Royaume, &c. page 113.

1303. Aoust. Lettre de protection donnée par le Roy aux Freres Mineurs de la Prouince de Touraine, qui ont adheré à ce qui se fait contre le Pape Boniface. page 115.

1303. 15. Iuin. Le Roy ordonne à ses Officiers de ne point souffrir que l'Abbé de Clugny & ceux de son Ordre soient inquietez, pour auoir adheré auec luy à ce qu'il auoit ordonné contre Boniface. Leur enioint de leur porter toute faueur, & les proteger. page 116.

1303. 23. Iuin. Acte de l'Vniuersité de Paris qui adhere à tout ce que le Roy a arresté contre le Pape Boniface. page 117.

1303. 23. Iuin. Acte par lequel les Doyen & Chapitre de l'Eglise de Paris adherent auec le Roy à tout ce qu'il a resolu en l'affaire contre le Pape Boniface. page 119.

1303. 26. Iuin. Acte des Freres Prescheurs de Paris qui adherent audit appel, salua sui Ordinis obedientia reuerétiáque & honore Ecclesiæ Romanæ, ac fidei Catholicæ veritate, se mettans eux & leurs confreres sous la protection du S. Concile, du futur Pape legitime, sans se départir de leurs appellations. page 120. 121.

1303. Iuin. Acte par lequel l'Abbé de Luxeuil adhere à ce que le Roy a ordonné contre Boniface. p. 122.

1303. 2. Iuillet. Acte par lequel le Roy declare, qu'au cas que le Pape procede contre luy, & ceux qu'il a assemblez pour aduiser les moyens d'assembler vn Concile, qu'il en appelle au futur Concile, ou au Pape qui sera legitime. p. 124.

1303. 1. Iuillet. Lettre du Roy aux Cardinaux, où est inserée la lettre cy-dessus, & adiouste qu'il les prie instamment de trauailler à la conuocation du Concile. page 126.

1303. 1. Iuillet. Lettre du Roy aux Prelats & Ecclesiastiques, aux Princes, Ducs, Marquis, Nobles, Communautez & Vniuersitez des villes d'Espagne, Portugal & Nauarre, où est aussi inserée ladite lettre cy-dessus; & pour ce ennoye exprés deux Ambassadeurs. page 127.

Lettres dudit Roy aux villes d'Italie, & au Roy de Portugal, où la susdite lettre est inserée, & y ennoye des Ambassadeurs à cet effet. p. 127. **1303. Iuillet.**

Acte de quelques Abbez & Prieurs du Royaume de Nauarre, ausquels le Roy ayant écrit ce qui s'estoit passé denant luy contre Boniface, & ce qui y auoit esté arresté, auec l'acte de toute la resolution, le Roy leur demanda leur consentement à tout ce qui s'estoit passé; ce qu'ils accordent & adherent au Roy, saluis in omnibus auctoritate Ecclesiæ Romanæ, iuribus, honore & obedientia. page 127. **1303. Ianuier.**

Trois Actes des Cheualiers & Nobles du Royaume de Nauarre, & vn acte des villes dudit Royaume, qui adherent aussi à tout ce que le Roy a arresté contre le Pape. page 129. **1304. Auril.**

Defenses faites par le Roy à tous Ecclesiastiques de sortir hors du Royaume sans son congé; leur defend de contreuenir à cet ordre sub pœna capitali & amissione bonorum, &c. p. 131. **1303. Iuillet.**

Le Roy sous de tres-rigoureuses comminations, oblige ses Officiers de faire executer cette Ordonnance à peine d'estre reputez traistres à son Estat. p. 133. **1303.**

Acte fait par Martin de Rippa Chanoine de l'Eglise de Paris estant en plein Chapitre de Nostre-Dame, par lequel il renonce à toutes les protestations & actes qu'il pourroit auoir faits, par lesquels il pourroit sembler n'auoir pas adheré aux appellations interiettées par les Prelats du Royaume; renouque ce qu'il a fait au contraire, & adhere ausdits Prelats & Chapitre. p. 133. **1303. 8. Iuillet**

Acte par lequel plusieurs Prelats, Barons, Nobles, Consuls des Villes & Communautez, des Seneschaussées de Beaucaire, Carcassonne & Rhodez, adherent à tout ce que le Roy auoit resolu de faire contre Boniface. Il y a vn Prieur de l'Ordre de Cluny qui adhere aussi, mais auec protestation, comme aussi vn Templier. p. 134. 135. **1303. 15. Iuille**

Acte par lequel les villes de Languedoc adherent à l'appel interietté par le Roy, au futur Concile. p. 138. **1303. 15. Iuillet**

TABLE

1303. 25. Iuillet.	*Acte de plusieurs Seigneurs, & Nobles des Seneschaussées de Toulouse, & de Carcassonne, qui font la méme chose. p. 141.*
1303. 27. Iuillet.	*Pareil Acte de la Seneschaussée de Beaucaire. p. 144.*
1303. 27. Iuillet.	*Pareil Acte de plusieurs Gentils-hommes de la Seneschaussée de Rhodez. p. 148.*
	Acte de sept villes de la Seneschaussée de Rhodez, qui font la méme chose. p. 153.
1303. 25. Iuillet.	*Acte du Prieur des Freres Prescheurs du Conuent de Paris, qui dit que le Roy, les Prelats & Barons du Royaume pour certaines considerations demandent la conuocation du Concile general; & parce qu'ils craignent que le Pape s'en veüille ressentir, ils ont appellé de luy au Concile, ou au Pape futur, ou au College des Cardinaux : à quoy l'Vniuersité de Paris, tant les Religieux que les seculiers ont adheré, ausquels ledit Prieur & Conuent se ioignent. p. 153. 154.*
1303. 28. Iuillet.	*Acte par lequel les Prieur & Conuent des Freres Prescheurs de Montpellier, sommez d'adherer à ce qu'auoit fait le Roy contre Boniface, respondirent qu'ils ne le pouuoient faire sans l'ordre exprés de leur Prieur general, qui estoit à Paris. Les Agens du Roy non contens de cette réponse, disent qu'ils vouloient sçauoir l'intention d'vn chacun en particulier & en secret : ils persisterent comme deuant. Les Agens du Roy enioignirent lors à ces Religieux, que dans trois iours ils eussent à sortir du Royaume. p. 154. 155.*
1303. 1. Aoust.	*Acte par lequel l'Vniuersité de Toulouse adhere à tout ce que le Roy a arresté contre le P. Boniface. p. 155. 156.*
1303. 29. Iuillet.	*Trois Actes par lesquels plusieurs Docteurs en loix adherent à tout ce que le Roy auoit resolu contre Boniface. p. 157.*
1303. 7. Aoust.	*Actes de plusieurs Seigneurs & Gentils-hommes des Seneschaussées de Beaucaire & de Rhodez, qui adherent à tout ce que le Roy a fait contre le Pape Boniface. p. 158. 159.*
1303. 15. Aoust.	*Constitutio Bonifacij VIII. quâ cauetur, qualiter citari debeant illi, qui impediunt ne citationes peruenia nt ad eos ; quæ reuocata est per Clementem V. p. 161.*
1303. 15. Aoust.	*Bulle du Pape Boniface contre Geraud Archeuesque de Nicosie, qu'il accuse d'ingratitude, & qu'ayant sceu le different d'entre luy & le Roy de France, il a esté trouuer ledit Roy ; le suspend de l'administration de son Eglise tant au spirituel qu'au temporel. p. 162.*
1303. 15. Aoust.	*Bulle du Pape Boniface, qui reproche au Roy qu'aprés auoir receu tant de graces du S. Siege & de luy, il s'est rebellé contre l'Eglise ; qu'il attire tant qu'il peut à sa rebellion les Maistres & Docteurs du Royaume, & chasse ceux qui ne sont de son auis : Suspend la faculté qu'ont aucuns Docteurs de donner des licences, & leur defend d'en vser, iusques à ce que le Roy ait obey aux ordres du S. Siege. p. 163.*
Data Anagnia Pontific anno 9. 8. Calend. Sept.	*Bulle du P. Bon. par laquelle il suspend la faculté qu'auoient en France tous les Corps Ecclesiastiques, d'élire, se reseruant la prouision de tous les Benefices qui viendront à vacquer; annulle toutes les elections des Prelats, qui se feront au preiudice de cette suspension. page 163.*
1303. 20. Aoust.	*Acte de l'Euesque de Maguelonne (Montpellier) qui adhere à tout ce que le Roy a resolu contre le P. Boniface, & qu'il ne se seruira point d'aucuns indults du P. ny d'aucune décharge du serment de fidelité, à la charge que le Roy ne pretendra pour ce fait acquerir sur son Eglise aucuns droits. p. 164.*
1303. 15. Aoust.	*Bulle du Pape Boniface, qui narre ce qu'il auoit appris s'estre passé à Paris le iour S. Iean, le Roy present, comme il auoit esté accusé de diuers crimes , à quoy le Roy auoit consenty par la resolution de conuoquer le Concile, & l'appel au Concile, ou au Pape successeur, de tout ce que pourroit faire ledit Boniface, &c. p. 165.*
1303. Aoust.	*Acte par lequel l'Euesque de Rhodez adhere à tout ce que le Roy a resolu en l'affaire de Boniface. p. 168.*
1303. Aoust.	*Acte par lequel l'Abbé d'Alet adhere à tout ce que le Roy a ordonné pour le fait du Pape Boniface. p. 170.*
1303. 23. Aoust.	*Acte par lequel la ville d'Arras, & la Communauté d'icelle adherent à ce*

f iiij

TABLE.

1303.
17. Aouſt.
que le Roy a arreſté de faire contre le Pape Boniface, &c. page 171.
Acte par lequel le Roy ayant fait ſçauoir aux Eueſques du Duché de Bretagne, aſſemblez, ce qui auoit eſté arreſté au fait de Boniface, la conuocation d'vn Concile, &c. ils répondirent que pour l'importance de l'affaire ils deſiroient en communiquer auec l'Archeueſque de Tours, le Duc de Bretagne, & auec leurs Chapitres: Suit aprés leur reſolution. page 172.

1303.
7. Octobre.
Acte des Religieux du Conuent de Fontmorin Ordre de Ciſteaux, par lequel ils declarent ne pouuoir adherer à la conuocation du Concile, ny à l'appel, duquel on leur a fait voir les Actes. page 173.

1303.
Acte de Guillaume de Nogaret qui contient vn narré de ce qu'il a fait en Italie en vertu du pouuoir ſpecial qu'il auoit du Roy, &c. p. 174. 175.

17. Octobre.

Acte par lequel il appert que le Chapitre de la Cathedrale de Bourges, les Predicateurs & Freres Mineurs, la Communauté de ladite ville, & autres Egliſes & Communautez adhererent à tout ce que le Roy auoit arreſté contre le Pape Boniface. p. 176.

1303.
Decembre.

Procedure que le P. Boniface deuoit faire fulminer contre le Roy, le iour de la Noſtre-Dame 8. de Septembre, qu'il fut arreſté par Guil. de Nogaret. p.181.182.

1303.
8. Septemb.

Extraits de diuers Hiſtoriens, touchant le differend entre le Pape Boniface VIII. & le Roy Philippes le Bel; tant imprimez qu'écrits à la main. Depuis la page 186. iuſques à la page 202.

TABLE DES ACTES ENTRE LE PAPE BENEDICT XI. qui ſucceda à Boniface, & le Roy Philippes le Bel.

1304.
2. Aouſt.
Lettre du Roy, par laquelle il ſe coniouit auec le Pape de ſon auenement au Pontificat. page 205.

1304.
2. Auril.
Bulle du Pape Benedict XI. au Roy, où il dit que ſon amour enuers luy a paru, quand abſent, & ne le requerant point il luy a donné l'abſolution de toutes ſentences & excommunications, auſquelles il pouuoit eſtre encouru; exagere la charité qu'il a euë en cette occaſion, & prie le Roy de receuoir cette grace auec humilité. page 207.

1304.
13. May.
Bulle du Pape qui abſout tous Prelats, Eccleſiaſtiques, Barons & Nobles qui ſe trouueront excommuniez par Boniface, pour auoir empeſché les allans & venans en Cour de Rome, &c. p. 208.

Dat. Viterby 13. Kal. May Pontif. anno 1.
Bulle de Benedict XI. au Roy, par laquelle il renoque la reſerue que Boniface VIII. auoit faite des prouiſions de toutes les Egliſes Cathedrales & Regulieres de France, &c. page 209.

Memoire de diuerſes accuſations propoſées contre Boniface, par Pierre de Peredo Prieur de Cheſa, enuoyé par le Roy au S. Siege & en Italie pour diuerſes affaires, p. 209. 210. 211. &c.

La ſupplication du peuple de France au Roy, contre le Pape Boniface VIII. page 214. 215.

Acte par lequel Guill. de Chaſtenay & Hugues de Celle Ambaſſadeurs du Roy, furent trouuer les Cardinaux nommez audit Acte, en leurs maiſons, & leur preſenterent les Lettres du Roy du 1. Iuillet 1303. touchant les appellations interiettées par le Roy au Concile futur, & touchant la conuocation du Concile general demandée par le Roy. page 219.

1304.
4. Auril.

Pouuoir du Roy à ſes Ambaſſad. de traiter auec le Pape Benedict de tous les differends qu'il auoit eus auec le Pape Boniface VIII. &c. p. 224.

1303.
25. Feurier.

Autre pouuoir donné par le Roy à ſes meſmes Ambaſſadeurs, pour demander en ſon nom au P. Benedict, l'abſolution de toutes les excommunications & ſentences d'interdit, auſquelles il pourroit eſtre encouru ab homine vel à iure. ibid.

1303.
Mars.

Articles preſentez de la part des Colonnes au Roy, pour l'exciter à proteger leurs affaires, & faire reuoquer les iugemens iniuſtes rendus contre eux. page 225.

Bulle du Pape Benedict qui renoque tout ce qu'auoit fait Boniface VIII. contre les Colonnes, tant Cardinaux qu'autres, &c. p. 227. 228.

TABLE.

1304. 18. Auril. — Bulle de Benedict, qui reuoque la suspension qu'auoit ordonné Boniface à ceux qui auoient faculté de donner des licences, tant en Droit ciuil que canon. page 229.

1304. 13. May. — Bulle du Pape Benedict, par laquelle il pardonne la desobeyssance d'aucuns Prelats & autres Ecclesiastiques, pour n'estre pas comparus à Rome, au commandement que leur en auoit fait Boniface VIII. p. 229.

1304. 13. May. — Bulle du Pape Benedict au Roy, qui reuoque & annulle les suspensions qu'auoit fait Boniface VIII. des graces & indults accordez au Roy, au Royaume, à ses Officiers & amis, &c. Remet le Roy & son Royaume, &c. en mesme estat qu'il estoit auant ladite suspension, excepté Guil. de Nogaret, &c. p. 230.

Actes par lesquels six Cardinaux enquis par les Agens du Roy, s'ils ne vouloient pas adherer auec sa Maiesté en l'affaire contre Boniface; quatre desdits Cardinaux furent d'auis de sçauoir auparauant l'intention du Pape, & deux adherent auec le Roy pour la conuocation du Concile general. pag. 231. 232. — 1304. 2. May.

Bulle du Pape Benedict, par laquelle il declare tous ceux qui auoient eu part à la capture du Pape Boniface, & au vol du tresor de l'Eglise, & qui en estoient accusez, auoir encouru excommunicationis sententiâ promulgatam à canone, &c. p. 232. 233. — 1304. 7. Iuin.

Extraits de diuers Historiens de ce qui se passa entre le Pape Benedict & le Roy. p. 234.

TABLE DES ACTES FAITS PENDANT LE
Siege vacant par la mort du Pape Benoist XI.

1303. Septemb. — ACTE par lequel Guillaume de Nogaret craignant que les Cardinaux fauteurs & adherens du Pape Boniface n'éluisent quelqu'vn de ceux qui ont eu participation à ses crimes, il appelle au S. Siege & à toute l'Eglise qui doit estre assemblée, & au Pape futur, de tout ce qui pourroit estre fait au contraire, &c. page 237.

Autre Acte du mesme, qui contient ses protestations & excuses, ne pouuant seurement les declarer au saint Siege. Proteste que tout ce qu'il dira contre Boniface est vray. Aprés suit ce qu'il a proposé contre luy. p. 238. 239.

1304. 7. Septemb. — Literæ super excusationibus & ostensione innocentiæ domini Guil. de Nogareto, de prosecutione per eum facta contra Papam Bonifacium VIII. p. 239. &c.

Allegationes excusatoriæ domini Guillelmi de Nogareto super facto Bonifaciano, & protestationes. page 252. 253. &c.

1304. 10. Sept. — Guil. de Nogaret se presente à l'Official de Paris, le S. Siege vacant, pour se iustifier de ce qu'on luy impute touchant le differend d'entre le Pape Boniface & le Roy Philippes le Bel. p. 269.

Autre Acte du mesme sur le mesme suiet. page 274. — 1304. 17. Sept.

Procurations de Guil. de Nogaret à Bertrand de Aguassa pour poursuiure en son nom par deuant le S. Siege, n'y pouuant aller en personne, & comparoistre à l'assignation qui luy a esté donnée par le feu Pape Benedict, & demander vn lieu de seur accés pour y faire ses demandes, & poursuiure librement l'affaire public contre la memoire de Boniface, ses fauteurs & adherens. pag. 275. — 1304. 17. Sept.

Réponse des Ambassadeurs que le Roy auoit enuoyé en Italie pour l'élection du Pape, à la demande que ceux de Peruse leur firent, sçauoir s'ils y estoient venus pour poursuiure la memoire de Boniface, & faire des protestations contre les Cardinaux ses creatures. page 277. — 1305. 14. Auril.

Decrets du peuple Romain pour rendre iustice aux Colonnes contre les iniustices de Boniface. pag. 278.

TABLE DES ACTES DE CE QVI SE PASSA
entre le Pape Clement V. & le Roy Philippes le Bel, pour le different du Pape Boniface VIII.

EXTRAIT de l'histoire de Gio. Villani, & autres, de ce qui se passa pour l'élection du Pape Clement V. page 285.

Bulle de Clement V. par laquelle il reuoque la Bulle de Boniface, qui commence Clericis laïcos de immunitate Ecclesiarum. page 287. 288.

1306.
1. Feurier.
Bulle de Clement V. par laquelle il declare que la Bulle de Boniface commençant Vnam sanctam, ne porte aucun preiudice au Roy de France, &c. page 288.

Acte par lequel Renaud de Supino Cheualier, declare qu'ayant voulu se rendre en Auignon, sur l'auis qu'il auoit eu que le Pape Clement auoit declaré que ceux qui sçauoient quelque chose contre Boniface, y pourroient venir en toute seureté, il auroit esté assailly à trois lieues d'Auignon par gens armez qui le guettoient; ce qui l'auroit empéché de passer outre, & proteste contre cette violence. page 288. 289.

1309.
23. May.
Bulle du Pape Clement V. à Charles Comte d'Aniou, l'exhortant de faire en sorte que le Roy son frere laisse achever cette affaire, & s'en remette à la definition du S. Siege, & permette que ceux qui en font la poursuite, en fassent de mesme. page 290.

1309.
23. Aoust.
Bulle du Pape Clement V. au Roy, se plaignant de ce que l'on n'auançoit rien au fait de Boniface, &c. page 292.293.

Lettre du Roy au Pape Clement V. où il se iustifie de tout ce qui s'est passé dans son Royaume, touchant le different qu'il a eu auec le Pape Boniface: & que ses mauuaises actions l'ont obligé de faire ce qu'il a fait: ce qu'il déduit fort au long. page 295. 296.

1310.
2. Feurier.
Bulle de Clement V. qui declare au Roy, qu'en la citation qu'il a faite de Louis Comte d'Eureux son frere, Guy Comte de saint Paul, & autres qui auoient accusé d'heresie le Pape Boniface, il n'a entendu y comprendre sa Maiesté, qui ne s'est iamais rendu partie en cette affaire. page 300.

Lettre de Louis Comte d'Eureux & Guy Comte de S. Paul, au Pape Clement V. qui se rapportent à luy du consentement du Roy, de iuger l'accusation du crime d'heresie contre Boniface & sa memoire, s'en remettant à ce qu'il en ordonnera, &c. p. 301.

1310.
14. Feurier.

Bulle du Pape Clement V. par laquelle il ordonne, que toute personne Catholique sera bien receüe à dire & proposer ce qu'il sçaura, tant pour la defense du Pape Boniface, que contre luy. Ce que le Pape notifie aux Ambassadeurs du Roy prés de luy. p. 302. 303.

1311.
27. Auril.

Supplicatio Guil. de Nogareto, facta Clementi V. PP. super excusationibus & ostensione innocentiæ de profecutione contra se facta Perusij coram Benedicto XI. PP. pag. 305.

Ecrit que Guillaume de Nogaret & Guillaume du Plessis, poursuiuans la condamnation de la memoire de Boniface, ont fait donner au Pape Clement V. page 317. &c.

Notabilia quædam, & rationes iuris, & articuli in facto Bonifacij. p. 325. &c.

Autre Ecrit Latin contre le Pape Boniface. page 347.

Articuli probationum contra Papam Bonifacium, ad ipsius damnandam memoriam. p. 350. 351.

Registre des Actes, écritures & memoires faits & produits en l'instruction du procés contre le Pape Boniface VIII. & sa memoire, compilé par le commandement du Pape Clement V. page 367. &c.

1310.
16. Mars.

TABLE.

Responſe de Guillaume de Nogaret & de Guil. du Pleſſis Cheualiers à la Lettre ou Bulle du Pape Clement V. qui contenoit vn Edict de citation affiché aux principales portes des Egliſes d'Auignon, dans lequel eſtoient compris nommément le Comte d'Eureux fils du Roy de France d'illuſtre memoire, Guy Comte de S. Paul, I. Comte de Dreux, Guillaume du Pleſſis Cheualiers, & generalement tous ceux qui auoient intereſt d'accuſer, ou defendre la memoire du defunct Pape Boniface VIII. leſquels deſſus nommez, & particulierement Nogaret & du Pleſſis, expoſent les raiſons pour monſtrer le preiudice que leur fait ledit Edict de citation, contre lequel ils proteſtent, & en apportent les raiſons fort au long dans cet écrit, qui commence In nomine Domini, &c. p. 372. 373.

Rationes ex quibus probatur quòd Bonifacius legitimè ingredi non potuit Celeſtino viuente. cet écrit eſt fort long. page 448. &c.

Information de vingt-trois témoins ouys par le Pape & par ſes Commiſſaires. p. 526. &c.

Bulle de Clement V. aprés auoir ouy la demande du Roy Philippes le Bel d'aſſembler le Concile, afin d'examiner la verité des accuſations contre Boniface : ſurquoy ayant ouy ce qui ſe diſoit au contraire, prie le Roy de ſe deſſiſter de cette demande du Concile, excuſe les accuſateurs. Le Roy accorde la demande du Pape, & remet cette affaire à la deciſion de l'Egliſe. page 577.

Bulle du Pape Clement V. fort longue, où aprés auoir deduit tout ce qui s'eſtoit paſſé tant pour l'accuſation que pour la defenſe du Pape Boniface, ſadite Sainteté caſſe & reuoque toutes Sentences, Conſtitutions & Declarations, non compriſes au ſixiéme liure des Decretales, entant qu'elles peuuent porter preiudice à l'honneur, eſtat, droits & libertez dudit Seigneur Roy, de ſon Royaume, & des regnicoles, denonciateurs & adherens ; excepté deux commençantes, Vnam ſanctam, & Remnon nouam, qui ne ſont dans ledit 6. liure, qui demeurent en leur force & vertu, &c. p. 592. &c.

Bulle de Clement V. qui declare qu'en la pourſuite que luy & ſes ſucceſſeurs feront pour le fait de Boniface contre les François, il ne ſera permis de toucher en aucune façon le Roy de France, qui a eſté iugé auoir eu bon Zele en cette affaire. page 602.

Bulle de Clement V. par laquelle les citoyens d'Anagnia iſtant exceptez des abſolutions precedentes, il les y comprend dans celle-cy, à l'excluſion de ceux nommez aux Bulles d'abſolution. page 604.

Bulle de Clement V. où il dit que du conſentement de l'Eueſque d'Eureux, & autres Ambaſſadeurs qui ſont prés de luy de la part du Roy, qui ſont nommez, ceux qui auoient volé le treſor de l'Egliſe à Anagnia, n'eſtoient compris en la grace qu'il auoit faite au Roy, aux François, & à Guillaume de Nogaret, & qu'il les pourſuiuroit ainſi qu'il auiſcroit ; & leſdits Ambaſſadeurs ont promis d'apporter Lettres du Roy, portant ſon conſentement en ce regard. page 605.

Memoire des Conſtitutions de Boniface & du Pape Benedict, qui pouuoient offenſer le Roy de France & ſon Royaume, que le Pape Clement V. ordonna eſtre rayées & tirées des Regiſtres de l'Egliſe. page 606.

Acte de Renaud de Supino Cheualier du Roy de France, qui dit, que le Roy ayant enuoyé Guillaume de Nogaret pour faire ſçauoir à Boniface ſes crimes, & ce qu'il auoit reſolu de faire contre luy ; Nogaret auerty du danger où il eſtoit, pria luy Supino d'aſſembler ſes amis & les Communautez, principalement celle de Ferentino, pour l'aider, promettant de l'indemniſer de tout ce qu'il pouuoit ſouffrir pour ce fait. Ce qu'il fit, & accompagna Nogaret à Anagnia, & delà à Ferentino, & obligea le Roy & luy auſſi de garentir ladite Communauté des perils ſpi-

1312. 29. Octobre.

TABLE.

rituels & temporels, aufquels ils pou-
uoient eftre tombez pour cette action;
& recognoift auoir receu du Roy à
Carcaffonne, dix mille petits Florins
de Florence pour leurs frais, dont
il le quitte. *page 608.*

1325. *Pierre de Columna Cardinal de S. Ange fait fes Procureurs pour traiter auec le Roy de France, & Charles Comte de Valois, & d'Aniou, de la donation & tranfport fait à luy*

Cardinal par ledit Sieur Roy, & Comte, de tous les droits & biens appartenans aux Caietans &c. *page 611.*
Extraits de quelques Chroniques. page 615.
Diuers Extraits tirez de titres anciens, & autres Auteurs touchant Guillaume de Nogaret, fa maifon, fes emplois, & fa qualité de Chancelier. page 615.616.

Indice des lieux de l'Hiftoire Ecclefiaftique d'Ordericus Raynaldus, & Abraham Bzouius, Continuateurs des Annales du Cardinal Baronius, dont l'on s'eft feruy pour l'Hiftoire de Boniface VIII.

Order. Rainald. Tom. XIV.
Annal. Ecclef.

Anno 1296. §. *18. 19. 20. 21. 22. 23. 24.*
Anno 1297. §. *34. 35. Columnæ 41.*
Anno 1298. §. *7. 8. 9. 10. 22. 24.*
Anno 1299. §. *6. 23. 24. 25.*
Anno 1301. §. *29. &c.*
Anno 1302. §. *11. 12. 13. &c.*
Anno 1303. §. *34. 35. 37. 38. 39. 41. 42.*
Anno 1304. §. *9. 11. &c.*

Bzouius vol. XIII.
P. 870. 878. §. *5. 6. 7.*
P. 891. §. *10. 11.*

Vol. XIV.
P. 9. §. *15. 16.*
P. 10. §. *18.*
P. 23. §. *7.*
P. 32. §. *4. 5.*
P. 34. §. *5. 6.*
P. 37. §. *7.*
P. 44. §. *4. 5. 6. 7.*

P. 59. §. *3. 4. 5.*
P. 68. §. *1.*
P. 71. §. *4.*
P. 93. §. *3.*
P. 100. §. *1.*
P. 220. §. *22. 23.*

BONIFACIVS

BONIFACIUS VIII.

ELECTUS XXIII. DECEMB. CIƆCCXCIV.

BONIFACIUS VIII. natione Campanus de Anagnia ciuitate, fuit electus in Papam in ciuitate Neapolitana in vigilia S. Luciæ an. 1294. suo prædecessore adhuc viuente, seditque annis 8. mensib. 9. & vacauit Episcopatus diebus decem. Hic priùs nominatus est Benedictus Gayetanus tit. S. Martini in montibus Presbyter Cardinalis, fuitque Bonifacius alteratus, & incepit quadam singulari via potentiam suam & Papalem magnificentiam dilatare, cuius prædecessor Cælestinus miracula operatus in vita sua & post mortem. Ipse verò Bonifacius mirabilia fecit, quæ in fine miserabiliter defecerunt. Hic Papa Pontificatus sui anno 1. scil. 1295. statuit festum Apostolorum, & quatuor Euangelistarum, & quatuor Doctorum, scil. Gregorij, Augustini, Ambrosij & Hieronymi sub honore festi duplicis ab omnibus vniuersaliter celebrari. Adolphus Rex Alemaniæ Vicarium suum instituit in Thuscia, & transmisit dom. Ioannem de Cabilone, quem Bonifacius P. fauorabiliter suscepit.

Anno Domini 1296. P. Bonifacius fecit & erexit villam Apameensem in nouam ciuitatem, constituitque ibidem in Abbatia S. Antonij Canonicorum regularium de cætero in perpetuum esse Ecclesiam cathedralem, dom. Bernardum Sarreti Abbatem constituens primum Episcopum in eadem.

Anno Dom. 1297. P. Bonifacius cœpit facere processus contra illos de Columna, quia Stephanus de Columna thesaurarius eiusdem Papæ fuerat deprædatus : deinde dom. Iacobus & Petrus de Columna patrues & nepos Cardinalis videntes contra se motum Papam, libellum famosum contra ipsum conficiunt, quem ad multas mundi partes direxerunt, asserentes in eodem ipsum non esse Papam, sed Cælestinum : vnde citati à Bonifacio Papa non comparuerunt, & facti sunt contumaces. ob quam causam per eundem fuerunt in Consistorio sicut schismatici condemnati, & priuati capellis rubeis, & omnibus beneficiis Ecclesiasticis ac præbendis, ac omni Cardinalatus titulo & honore. Insuper bona ipsorum & filiorum Ioannis de Columna, videlicet Agapiti, Stephani & Sciaræ, fuerunt pariter confiscata in die Ascensionis Domini eodem anno, & super eodem idem Bonifacius edidit decretalem Extr. de schismaticis lib. 6. ad succidendos. Prædicti verò Iacobus & Petrus de Columna fugientes à facie Bonifacij prosequentis multo tempore latuerunt, donec idem Bonifacius fuit mortuus.

Eodem anno 1297. 3. Id. Augusti in Vrbe-veteri idem Bonifacius Pontif. anno 3. canonizauit S. Ludouicum Regem Francorum, & sanctorum Confessorum catalogo annotauit.

PREVVES DE L'HIST. DV DIFFEREND

Anno Domini 1298. quarto Kal. Ianuar. idem Papa inſtituit in Eccleſia S. Cæciliæ Albien. vt eſſent ibidem Canonici ſæculares, qui antea Canonici regulares appellabantur, & fuerunt annis multis, dom. Bernardo de Caſtaneto tunc Epiſcopo Albienſi id ipſum ſollicitè procurante. Eodem an. verſus finem, eius ſcil. 5. Non. Martij, Pontificat. ſui anno 4. Bonifacius fecit publicari ſextum librum Decretalium, quem per tres magnos & ſolennes viros fecerat compilari, plura noua conſtituens. Et Romanorum exercitum congregat contra Albertum Ducem Auſtriæ & eius ſequaces, qui fūt filius quondam Radulphi Regis Alamanniæ, pugnaueruntque inſimul, in qua pugna Adolphus occiditur, & ſui in fugam conuertuntur.

Eodem anno P. Bonifacius reconciliauit ſibi & Eccleſiæ Regem Aragonum Alphonſum, & abſoluit cum à ſententia excommunicationis, & regnum Aragonum ſibi reſtituit, regnúmque Sardiniæ ſibi conceſſit ſub certis conditionibus & pactis.

Eodem anno Papa reſidens cum ſua Curia Reate, Dominica 1. Aduentus Domini, in feſto S. Andreæ incepit Reate & in vicinis partibus vehemens terræ motus, qualem & quantum vllus tunc viuens viderat, diruitque multa ædificia in diuerſis locis, multiſque diebus & noctibus perdurauit non continuè, ſed per vices, & timorem non modicum incuſſit Papæ & Cardinalibus & toti Curiæ. Confugitque Papa ad clauſtrum Prædicatorum Reate, quod in altiori & ſolidiori loco poſitum erat, vbi in clauſtri prato facto tentoriolo de ſubtilibus aſſeribus conquieuit. Homines verò de nocte ibant, fugiebant ad campos, ſub diuo manentes, timentes ne ædificia ſuper ſe corruerent; cadebántque paſſim homines & iumenta cùm terra tremeret. His diebus pridie Non. Decemb. Bonifacius aſſumpſit quatuor ad Cardinalatum, ſcil. Archiepiſcopum Toletanum, & dom. Richardun de Zenis, dom. Theodoricum, & domin. Nicolaum de Treuiſio Magiſtrum Ord. Frat. Prædic. tit. S. Sabinæ Preſbyter. Cardinalem, quem poſtmodum tranſtulit in Epiſcop. Oſtienſem: poſtea verò alio tempore aſſumpſit Fr. Ioannem de Muro Generalem Miniſtrum in Cardinalem Epiſcopum Portuenſem, & Petrum Hiſpani in Cardinalem Epiſcop. Sabinen.

Hic articulus non repetitur in Cod. S. Victoris. [*Anno 1299. Albertus prædictus Rex Theutoniæ ſolennes nuntios miſit ad Curiam pro confirmatione Electionis ſuæ, quam Bonifacius multis rationibus tunc repulit, & ipſam penitus dixit nullam eſſe.*]

Anno Domini 1300. Bonifacius Papa conceſſit plenam indulgentiam omnium peccatorum omnibus viſitantibus limina Apoſtolorum Petri & Pauli Romæ, & facientibus ibi quindenam infra ipſum annum, ſtatuitque eandem indulgentiam in poſterum in omni anno centenario ab omnibus viſitantibus ſacra limina ſic haberi. factúſque eſt magnus concurſus populorum Romæ à toto orbe de omni conditione, ſexu & ordine, ad indulgentiam ſupradictam.

Anno 1301. apparuit cometa in parte Occidentali in ſigno Scorpionis, aliquando ad Orientem, quandoque ad Occidentem ſuos emittens radios, & durauit per menſem. Eodem anno idem Bonifacius Papa, qui contra Regem Franciæ Philippum Pulchrum plurima conceperat prouocatus, tranſmiſit litteras cum bulla ſua eidem Regi ad perpetuam rei memoriam, in quibus mandauit eidem, quòd cùm ipſe Papa dominus eſſet in temporalibus, & ſpiritualibus in vniuerſo mundo, volebat quòd regnum Franciæ recognoſceret ab eo, & contrarium ſentire & tenere, hæreticum iudicabat. Fueruntque litteræ huius in Regis palatio coram pluribus concremataæ, & ſine honore remiſſi nuntij vacui, qui dictas litteras tranſportabant. Et

DE BONIF. VIII. ET PHILIP. LE BEL. 3

extunc Rex artari fecit omnes vias, & exitus regni sui. Eodem tempore Papa excommunicauit omnes, qui impediebant illos qui ad Romanam curiam veniebant. Eodem anno corpus cuiusdam nomine Harmanni, quod 31. ann. sepultum in Ecclesia Ferrariensi extiterat, studio & mandato Fratris Guidonis Ord. Fratr. Prædic. postea Episcopi Ferrariensis, tunc Inquisitoris hæreticæ prauitatis in illis partibus, fuit exhumatum, & pariter combustum tanquam hæretici & damnati, ciúsque ara destructa, quæ satis pretiosa erat; Inquisitórque qui erat, factus fuit postmodum Episcopus Ferrariensis.

Eodem anno circa finem Quadragesimæ, Philippus Rex Franciæ, considerans quòd iacula præuisa minùs feriunt, conuocauit omnes Prælatos & Barones personaliter, omnésque communitates regni sui per procuratores idoneos, & ad se venire Parisius fecit, consilium & auxilium ab eis petiturus contra omnem hominem, & specialiter contra Bonifacium Papam. Intentio ferebatur, sitque rumor magnus in toto regno, turbatio cordium & confusio rerum, fuerúntque ipsi Bonifacio Papæ obiecta crimina ex titulis hæresis, suóque prædecessore viuente intrusio, & ingressus illegitimus ad Papatum, & quòd ei non erat parendum, sitque contra ipsum prouocatio ad Concilium generale.

Anno 1302. mense Iulij prope Curtracum sit campestre bellum Gallicorum pro parte Regis Franciæ contra Flandrenses qui antea rebellauerant Regi. Cessitque ibi fortuna inopinata Flandrensibus, & casus ac ruina Gallicis, tam mirabilis, quàm miserabilis, cùm ibi flos Gallicanæ militiæ ceciderit tam virtute hostium, quàm incautela pugnantium Gallicorum irruentium inconsultè. Ibique mortuus est Comes Attrebatensis, & Radulphus de Nigella Constabularius Franciæ, & alij quamplurimi nobiles milites & Barones in foueis & fossatis, vnde cùm caderent surgere minimè potuerunt, mortuique fuerunt ibi plurimi exercitus Gallicani. Eodem anno 3. Kal. Nouemb. Papa celebrauit Romæ Concilium Prælatorum per annum antea congregatum Regni Franciæ, omniúmque doctorum regnicolarum tam in Theologia, quàm in vtroque Iure Canonico, & Ciuili, contra Philippum Regem Francorum, coruscationibus Papæ multis pruinis, contra Regem nulla pluuia apparuit, defecerúntque sibi aliqui magni Prælati in regno, quærentes quæ sua sunt, & sibi ipsis ad tempus tantummodo consulentes.

Anno 1303. Bonifacius Regi Franciæ mouet litem, ipsúmque excommunicat indirectè, quòd non permittebat aliquem exire de regno versus Romanam curiam, nec liberè pecuniam adportari. [*Ob quam causam idem Bonifacius Albertum quondam filium Rodulphi Ducem Austriæ Regem Alemaniæ, cuius electionem antè repulerat, in Imperatorem confirmat, eidémque subiiciens regnum Franciæ, sicut & alia Regna.*] Eodem anno in vigilia natiuitatis B. Mariæ dum Bonifacius Papa Anagniæ in patrio solo ac ciuitate propriæ originis cum sua Curia resideret, vbi tutus esse credebatur in gente sua, populo ac natione, ab aliquibus suis domesticis proditus fuit, captúsque, & detentus, ac thesaurus suus, Ecclesiæ scil. deprædatus ac deperditus, non sine ignominia Ecclesiæ & dedecore grandi. Cardinales verò timentes relicto eo fugerunt, exceptis dom. Petro Hispani Sabinen. & dom. Nicolao Hostien. Episcopis. Cuius captionis & sceleris vexillifer fuit Guillelmus de Nogareto de S. Felice diocesis Tholosanæ, complicibus & consentaneis Columnensibus, ex quibus duos olim decapellauerat Cardinales. Super ipsum itaque Bonifacium, qui Reges, Episcopos, & religiosos, clerúmque, & popu-

Hæc clausula non reperitur in Cod. S. Victous.

lum horrere & tremere fecerat, timor & tremor & dolor vna die pariter irruerunt, aurúmque nimis sitiens aurum perdidit & thesaurum : vt exemplo eius discant superiores prælati non superbè dominari in clero, & populo, sed forma facti gregis ex animo curam gerere subditorum, plusque amari appetant quàm timeri. De Anagnia verò Romam perductus 35. die à captione sua, in lecto doloris ac amaritudinis positus inter angustias spiritus, cùm esset corde magnanimus, obiit Romæ 5. Idus Octobris: sequenti verò die fuit in tumulo quem sibi viuens præparauerat sepultus, in Ecclesia S. Petri, anno Domini 1303. Pontificatus sui anno 9.

Ex V. C. Regiæ Bibliothecæ numero 733.
& V. C. Bibl. S. Victoris M M. 7.

Io. Hocsemij Canon. Leodiensis, qui vixit temporibus Papæ Bonifacij, de Episcopis Leodiensibus, cap. 29.

HIs temporibus Bonifacius animosus nimis omnia facta sua expediebat pro libito, nec fratrum suorum consilia sequebatur. Et quia videbat, quòd propter potentiam regni Franciæ suam non poterat exequi voluntatem, & considerans Regis formosi simplicitatem, & quòd totum regni regimen à suis consiliariis dependebat, ad Regis & regni humiliationem pro viribus nitebatur. Cúmque Prælatos regni ad Consilium conuocasset, & Regis consiliarij hoc præscissent, Franciæ Prælatos congregat, ibique tractantur quædam non conuenientia voto Papæ, propter quod Papa commotus Prælatis scripsit epistolam in hæc verba, *Bonifacius*, &c. *verba delirantis filia*, &c. Cúmque duo Cardinales Petrus & Iacobus de Columna consiliarij Regis Franciæ, Papæ in sua voluntate resisterent, & propter hoc orta discordia, Columnenses Papæ cum sua potentia rebellarent; ipsorum castra funditus diruit, ambos Cardinales priuatos palliis tanquam schismaticos, blasphemos, & hæreticos condemnauit, prout in eius patet constitutione De schismaticis l. 6. Qui tandem auxilio Regis Franciæ Duce dom. Petro de Nungareto milite & legum eximio professore, eiusdem Regis summo consiliario, Anagniam vnde Papa duxit originem, intrauerunt; & mirabile dictu, cunctis sigillatim ciuibus effuso Regis thesauro corruptis, Moriatur Papa, clamantibus, Columnenses Papam thesauro suo in eius præsentia spoliarunt. Papa fremitum audiens timore commotus, ornamentis Papalibus insulatur: ad quem prædictus Petrus accedens, iubet vt cedat Papatui, alioquin imminere intimat sibi mortem. At Papa constanter maledixit eidem. Cúmque timore veneni iam triduo ieiunasset, quidam de suis cocta sibi porrigit oua tria, quæ propter testarum integritatem veneni suspicione carebant. cui Papa quasi alienatus, Talia, inquit, prandia tibi consueuimus ministrare.

Interim populus deceptum se pœnitens, quamuis tardè, clamare, Moriantur Columnenses, & Francigenæ, inceperunt, & addentes continuò, Papa vinat: & tunc Columnenses & Francigenæ profugerunt. His Papa magnanimus versus in amentiam, Romam peruenienti citò post diem clausit extremum Octobr. die 12.

Ex Platina in vita Bonifacij VIII.

MOritur hoc modo Bonifacius ille, qui Imperatoribus, Regibus, Principibus, nationibus, populis terrorem potiùs quàm religionem,

DE BONIF. VIII. ET PHILIP. LE BEL.

iniicere conabatur, quique dare regna & auferre, pellere homines ac reducere pro animi arbitrio conabatur, aurum vndique conquisitum plus quàm dici potest, sitiens. Discant itaque huius exemplo Principes omnes tam religiosi quàm seculares præesse clero & populis, non superbè, & contumeliosè, vt hic de quo loquimur, sed sanctè & modestè, vt Christus Rex noster, eiusque discipuli ac veri imitatores, & malint à populis amari quàm timeri, vnde tyrannorum pernicies oriri meritò solet.

Ex vet. Codice Biblioth. S. Victoris num. MM. 7. fol. 207.

Vita, status, & conditio Bonifacij Papæ VIII. per fide dignos relata, hîc inferius veraciter exarata.

CARISSIMI, licèt pauca sciam relatione digna, tamen ne mihi vos possitis officij, pœnæ & calami accidiam imputare, aliqua vobis scribam quæ apud nos præsentibus temporibus diuulgantur. Primò de vltima infirmitate & transitu defuncti Malefacij, olim sanctæ Ecclesiæ Romanæ præsidentis, & de his quæ per aliquos dies ante ipsius obitum Romæ euenerant, & quæ visa sunt ab omnibus qui ea inspicere voluerunt. Die enim nona Octobris nuper præterita, videns & considerans ipse Pharao, quòd appropinquante termino mortis suæ, non poterat inchoata per se maleficia persequi iuxta velle, confessus fuit se habere & habuisse dæmones priuatos, ad quorum præcepta fecerat omnia quæ perpetrauerat, nec habebat licentiam aliquam ex eis quomodolibet reuocandi: & inualescente eius infirmitate, & procedente de malo in peius tota die extitit furibundus, & accidit quòd die ipsa noctéque sequente circa domum illius tyranni tanta audita fuerunt tonitrua, ita horribiles ceciderunt tempestates, talis auium nigrarum horribiliter clamantium apparuit multitudo, quòd populus timore nimio constitutus clamabat vna voce, Domine Iesu Christe miserere, miserere, miserere nobis: & tempestate cessata asserebant omnes, quòd verè fuerant hi dæmones infernales animam illius Pharaonis quærentes. Decima autem die sequente, cùm illi qui erant sibi magis familiares, eidem reuelarent quæ ita acciderant, & ipsum salubriter admonerent, vt animæ suæ alias prouideret, quia euadere non poterat, induceréque vellent eundem quòd peccata sua confiteretur, legem, & fidem catholicam profiteretur, corpúsque Saluatoris quod secum deferri fecerat, honorificè, vt decebat, deuotè reciperet, ipse dæmonio inuolutus, mirabiliter indignatus, fremens & stringens dentes in eum qui tenebat corpus Domini, quasi vellet ipsum presbyterum deuorare, nihil dicens voluit se ad aliam partem. Sacerdos autem recessit ab aula, & reuertens cum fuga ad Ecclesiam, in loco suo reposuit corpus Domini. Et eadem die accidit, cùm ipse Malefacius fecisset se portari ad cellam priuatam, qui cum portauerant se ad partem trahentes viderunt & audierunt prout meliùs potuerunt, quòd ipse tyrannus accipiens anulum, & inspiciens in lapidem ipsius anuli dicebat ore proprio: O vos maligni spiritus, qui in lapide huius anuli clausi estis, qui per incantamenta vestra, & fallacias vestras malas me seduxistis & decepistis, quibus credidi, quibus etiam acquieui, quid me derelinquitis? quare me aliter non iuuatis? & statim longè proiiciens anulum reuersus est ad cameram suam, morbo ipsius & rabie accrescentibus, & in sua iniquitate iugiter perseuerans, processus quos contra Regem Franciæ &

A iij

eius familiares fecerat, omniáque mala quæ antè egerat confirmauit ratificauit, & sub verbis breuibus iterum publicauit. Cæterùm ipso præ doloribus rugiente ad modum leonis sic se habebat ille nefarius, quòd astantes sub eius facie fugiebant, ipsum rectè fore furibundum, imò veriùs ipsum fore diabolum æstimantes. Postmodum autem amici sui videntes ipsum fore in tantis anxietatibus constitutum, compatientes eidem, credentes sibi aliquid boni facere, ad mitigandum eius dolores, adduxerunt ei filium domini Iacobi de Pisa, quem antea ad solatium suum tenere, & in brachiis portare solebat, vt glorificaret se in peccato, & quem ante omnes creaturas prærogatiua affectione dilexerat; sed statim cùm vidit infantem prædictum, dirigens se in ipsum, cum deuorare videbatur velle, & nisi inde ablatus fuisset, nasum infantis dentibus subtraxisset. Finaliter dictus Pharao 12. die sequenti diem clausit extremum, diuersis vltione diuina cruciatibus accinctus, non suscepto ab eo corpore Iesu Christi, absque confessione, nulla facta ab eo fidei professione : qua die apparuerunt tanta tonitrua, tempestates & dracones in aëre figuram ignis per ora euomentes, claritates, diuersa signa, quòd credebat Populus Romanus ciuitatem, plebem confestim debere descendere in abyssum.

Ex V. Codice regio fol. 86. cotté C. coffre Boniface.

FErtvr quòd cùm quatuor religiosi Bonifacium seruarent in extremis laborantem, alter eorum dixit ei, aliis audientibus : Pater sancte, commenda animam tuam in manibus B. Mariæ Virginis. Ipse dixit : Tace miser, non credimus in asinam nec in pullum eius. Fertur etiam quòd ipse quinquaginta millia florenorum recepit, vt taceret Templariorum errorem quem sciebat.

Table chronologique pour l'éclaircissement de cette histoire.

1294.		
Nouembre		
Decembre	{ L'an 1. du Pontificat de Boniface.	Boniface VIII. éleu Pape le 24. Decembré.
Ianuier 1295. *Rome.*		
Feurier		
Mars 1295. *France.*		
Auril		
May		
Iuin		
Iuillet		
Aoust		
Septembre		
Octobre		
Nouembre		
Decembre	{ L'an 11. du Pontificat de Boniface.	
Ianuier 1296. *Rome.*		Boniface publie sa Decretale *Clericis Laicos*, contre ceux qui exigent des Ecclesiastiques sous quelque pretexte que ce soit.
Feurier		

DE BONIF. VIII. ET PHILIP. LE BEL.

Mars 1296. *France.*
Auril
May
Iuin
Iuillet
Aoust
Septembre   Bulle du 21. Septembre. Que le Roy n'a deu em-
Octobre   pécher les Ecclesiastiques de sortir de son Royau-
Nouembre   me. Renouuelle sa constitution *Clericis Laïcos*, le
                 Roy y répond par vn acte.
Decembre { L'an 3. du Ponti-
             ficat de Boniface.   Bulle de Boniface du 7. Feurier. Qui se plaint de
Ianuier 1297. *Rome.*   la defense du Roy de rien tirer du Royaume : si cet
                 Edict comprend les Ecclesiastiques, qu'il y mettra
Feurier   ordre.
                 Bulle à deux de ses Nonces. Que s'ils sont empé-
Mars 1297. *France.*   chez de faire sortir de France quelques deniers qu'ils
Auril   ont leuez, qu'ils declarent le Roy excommunié.
                Le 20. Auril deux Euesques donnent auis au Pape
May   de la protestation du Roy de ne tenir son temporel
Iuin   de personne que de Dieu.
                 Le 10. May, Excommunication publiée par le Pa-
Iuillet   pe contre les Colonnes.
Aoust   Du mesme iour, Acte de deux Cardinaux qui de-
                 clarent à Boniface qu'il n'est pas Pape : demandent
Septembre   la conuocation du Concile, & appellent de luy au
Octobre   Concile, ou au futur Pape.
Nouembre   Le 31. Iuillet, le Pape modere & declare son in-
                 tention sur sa Bulle *Clericis Laïcos*.
Decembre { L'an 4. du Ponti-
             ficat de Boniface.
Ianuier 1298. *Rome.*
Feurier
Mars 1298. *France.*
Auril
May
Iuin
Iuillet
Aoust
Septembre
Octobre
Nouembre
Decembre { L'an 5. du Ponti-
             ficat de Boniface.
Ianuier 1299. *Rome.*
Feurier
Mars 1299. *France.*
Auril

May
Iuin
Iuillet
Aouſt
Septembre
Octobre
Nouembre
Decembre { L'an 6. du Pontificat de Boniface.
Ianuier 1300. *Rome.*
Feurier
Mars 1300. *France.*
Auril
May
Iuin
Iuillet
Aouſt
Septembre
Octobre
Nouembre
Decembre { L'an 7. du Pontificat de Boniface.
Ianuier 1301. *Rome.*
Feurier
Mars 1301. *France.*
Auril
May
Iuin
Iuillet
Aouſt
Septembre
Octobre
Nouembre
Decembre * { L'an 8. du Pontificat de Bonif.
Ianuier 1302. *Rome.*
Feurier
Mars 1302. *France.*
Auril
May
Iuin

Le 5. Decembre, le Pape public ſa Bulle de ſuſpenſion des priuileges de France.

* Du 5. Decembre. La petite Bulle & la réponſe, *Sciat tua fatuitas.*
La Bulle *Aſculta fili*, où il remarque tous les maux que le Roy a faits.
Citation des Eccleſiaſtiques à Rome.
Le 8. Feurier 1301. Le Roy fit bruſler en ſa preſence, la Bulle de Boniface.
Decretale *Vnam ſanctam*, qu'il eſt Seigneur temporel & ſpirituel. *De neceſſitate ſalutis*, le faut croire.
Le 11. Mars, Nogaret repreſenta au Roy les crimes de Boniface : qu'il n'eſt point Pape : demande le Concile.
Le 10. Auril, les Grands du Royaume écriuent aux Cardinaux : ſe plaignent des mauuais deſſeins de Boniface : Que le Roy n'auoit point de ſuperieur au temporel.
Le 26. Iuin, les Cardinaux répondent à ces lettres : Excuſent le Pape, & blâment ce que l'on fait en France contre luy. *Idem* aux Villes.
Les Prelats & Eccleſiaſtiques François écriuent au Pape la plainte du Roy, qui n'auoit perſonne au deſſus de luy au temporel.
Le 5.

DE BONIF. VIII. ET PHILIP. LE BEL.

Iuillet
Aouſt
Septembre
Octobre
Nouembre
Decembre { L'an 9. du Pontificat de Boniface.
Ianuier 1303. *Rome.*
Feurier
Mars 1303. *France.*
Auril
May
Iuin
Iuillet
Aouſt
Septembre
Octobre
Nouembre
Decembre
Ianuier 1304. *Rome.*
Feurier
Mars 1304. *France.*
Auril
May
Iuin
Iuillet
Aouſt
Septembre
Octobre
Nouembre
Decembre
Ianuier 1305. *Rome.*
Feurier
Mars 1305. *France.*
Auril
May
Iuin { L'an 1. du Pontificat de Clement V.
Iuillet
Aouſt

Le 5 Septembre, vn Cardinal écrit au Duc de Bourgogne Defend fort Boniface.
Le Roy fait ſaiſir les biens des Eccleſiaſtiques ſortis de France ſans ſon congé. Octobre.
Decembre. Le Roy declare qu'il ne veut point Boniface pour arbitre entre le Roy d'Angleterre & luy.
Boniface écrit au Cardinal Iean, qu'il commande aux Eccleſiaſtiques de France de le venir trouuer.
Articles de Boniface preſentez au Roy touchant ce qu'il veut faire.
Réponſe du Roy, dequoy Boniface n'eſt ſatisfait.
Boniface dit que le Roy eſt excommunié.
Le 13. Iuin grande aſſemblée deuant le Roy, où il fut reſolu la conuocation du Concile, & l'appel à ce Concile contre Boniface, & qu'il y ſeroit pourſuiuy En meſme temps le Roy enuoya par tout ſon Royaume pour ſe ioindre auec luy. ce qu'il obtint de tous : & declara qu'il les prenoit en ſa protection.
Boniface ſuſpend l'Archeueſque de Nicoſie : ſuſpend les Docteurs François de donner les Licences, les Elections auſſi. Il répond à ce que l'on auoit fait contre luy à Paris.
Le Roy fait ſçauoir ſa reſolution aux Cardinaux, & aux Princes Eſtrangers.
Defend aux Eccleſiaſtiques de ſortir de ſon Royaume ſans ſon congé.
BONIFACE mourut le 11. Octobre.
BENOIST XI creé le 22. dudit mois.
Supplication du peuple de France au Roy contre Boniface.
Le Roy congratule Benoiſt de ſon élection.
Le Pape donne abſolution au Roy, ne la demandant.
Donne abſolution aux François, fors à Nogaret.
Le Roy enuoye pour traiter auec Benoiſt : il luy demande abſolution.
Benoiſt caſſe les ſuſpenſions faites par Boniface en France : reuoque ce qu'il auoit fait contre les Colonnes.
Le Roy pourſuit la memoire de Boniface.
Benoiſt declare excommuniez ceux qui auoient aſſiſté à la capture de Boniface.
BENOIST mort le 7. Iuillet.
Nogaret fait vn acte pour recuſer tous les Cardinaux creatures de Boniface, de ſe trouuer à l'élection du Pape futur.
Se plaint de ce qu'auoit fait Benedict contre luy : qu'il auoit eſté fort mal informé.
Eſt reſolu de pourſuiure la memoire de Boniface, contre lequel il propoſe mille crimes.
Le peuple Romain reſtablit les Colonnes en leurs biens.
CLEMENT V. éleu le 5. Iuin.
Clement reuoque la Bulle de Boniface *Clericis Laïcos.*

B

Septembre
Octobre
Nouembre
Decembre
Ianuier 1306. *Rome.*
Feurier
Mars 1306. *France.*   Fait la Clementine *Meruit*, en faueur du Roy:
Auril   reuoque la Bulle *Vnam sanctam.*
May
Iuin { L'an 2. du Pontificat de Clement V.
Iuillet
Aouft
Septembre
Octobre
Nouembre
Decembre
Ianuier 1307. *Rome.*
Feurier
Mars 1307. *France.*
Auril
May
Iuin { L'an 3. du Pontificat de Clement V.
Iuillet
Aouft
Septembre
Octobre
Nouembre
Decembre
Ianuier 1308. *Rome.*
Feurier
Mars 1308. *France.*
Auril
May
Iuin { L'an 4. du Pontificat de Clement V.
Iuillet
Aouft
Septembre
Octobre

DE BONIF. VIII. ET PHILIP. LE BEL.

Nouembre
Decembre
Ianuier 1309. *Rome.*
Feurier
Mars 1309. *France.*
Auril   Le Pape desire que le Roy remette au S. Siege
May   l'affaire contre Boniface.
Iuin { L'an 5. du Pontificat de Clement V.
Iuillet
Aoust   Poursuite contre la memoire de Boniface.
Septembre
Octobre
Nouembre
Decembre
Ianuier 1310. *Rome.*
Feurier
Mars 1310. *France.*
Auril
May
Iuin { L'an 6. du Pontificat de Clement V.
Iuillet
Aoust
Septembre
Octobre
Nouembre
Decembre
Ianuier 1311. *Rome.*   Le Roy enuoye en Italie Nogaret pour poursui-
Feurier   ure contre la memoire de Boniface.
Mars 1311. *France.*   Le Comte d'Eureux, & le Comte de S. Paul re-
Auril   mettent au Pape d'en ordonner.
           La grande Bulle de Clement du 27. Auril, reuo-
May   que ce qu'auoit fait Boniface contre la France, &
Iuin { L'an 7. du Pontificat de Clement V.   efface tout ce qui pourroit y auoir contre le Roy:
           Que les lettres en seront ostées des Registres de
Iuillet   Rome. Il ne comprend pas en cette abolition No-
Aoust   garet, Sciarra Colonne, & ceux d'Anagnia.
           Le Pape absout Nogaret, faisant quelque pe-
Septembre   nitence. Ceux d'Anagnia absous.
Octobre   Le Pape se reserue la poursuite contre ceux qui
Nouembre   ont volé le thresor de l'Eglise.
Decembre

PREVVES DE L'HIST. DV DIFFEREND

Ianuier 1312. *Rome.*
Feurier
Mars 1312. *France.*
Auril
May
Iuin { L'an 8. du Pontificat de Clement V.
Iuillet
Aouſt
Septembre
Octobre   Le Roy fait bailler de l'argent à Renaud de Suppino, pour auoir aſſiſté Nogaret.
Nouembre
Decembre
Ianuier 1313. *Rome.*
Feurier
Mars 1313. *France.*
Auril
May
Iuin { L'an 9. du Pontificat de Clement V.
Iuillet
Aouſt
Septembre
Octobre
Nouembre
Decembre
Ianuier 1314. *Rome.*
Feurier
Mars 1314. *France.*
Auril   Clement V. mourut le 20. Auril.
May
Iuin
Iuillet
Aouſt
Septembre
Octobre
Nouembre
Decembre
Ianuier 1315.

Defenses du Roy, à toutes personnes de quelque qualité, condition & nation qu'elles soient, de transporter de son Royaume, or, argent monoyé & non monoyé, ioyaux, pierres pretieuses, armes, cheuaux, & autres choses seruans à la guerre, sans sa permission & congé par écrit.

PHILIPPVS Dei gratia Francorum Rex ad notitiam præsentium, & memoriam futurorum. Ad statum prosperum & defensionem necessa- 1296. le 17. Aoust. riam regni nostri, ad cuius impugnationem hostilis iniquitas, ex diuersis vndique partibus suæ conata malignitatis exercet, sicut Regiæ sollicitudinis incumbit officio, nostros dirigentes assiduè cogitatus, præsentis temporis qualitate, ac conditione regni eiusdem consideratis attentiùs, necessaria ordinatione prouidimus qualiter regnum ipsum facultatum abundantiâ vigeat, armorum pluralitate fecundet, ac victualium affluat vbertate, ex quorum opportuno suffragio aduersùs hostiles impulsus, naturalis ratio suggerit, & æquitas persuadet, vt potenter valeat & viriliter defensari: ea propter & ne de bonis & facultatibus dicti regni vires aduersantium augmententur, præsentis ordinationis & constitutionis, quæ præhabita super hoc consilij diligentis deliberatio persuasit edicto perscripsimus, districtiùs inhibentes ne quis cuiuscunque conditionis, status, nationis aut dignitatis existat, aurum vel argentum in massa, siue in scyphis, vasis, ornamentis, iocalibus, siue in moneta, vel aliqua quauis materia siue forma, lapides pretiosos, victualia, arma vel equos, armorum aut bellica munimenta quocunque nomine censeantur, de præfati regni limitibus absque nostra super hoc specialiter obtenta licentia per terram, vel per aquam exercere per se vel alium, néve in scripta vel litteras per pecuniam infra fines ipsius regni deposita vel recepta extra illud cuilibet assignanda conficere vel deferre quouis quæsito colore præsumat. Et quoniam adeo exuberare nomine præsumptionis humanæ malitiam, quòd parum prodest inhibitionem præmittere, nisi pœna comes continuò subsequatur, quicunque huiusmodi de regno prædicto taliter extrahi contigerit, eo ipso commissa decernimus, & fisci nostri iuribus volumus applicari, & volumus transgressores constitutionis ipsius & delinquentes agendo vel consentiendo quomodolibet in hac parte omnium bonorum suorum statuimus ipso facto priuatione multari, quæ fisci nostri commodis similiter applicentur. Et vt in prædictis expressiùs delinquendi cesset audacia, quæ delatione plurium ipsa potuerunt publicari, delatorem quemlibet decimam partem pecuniæ prædictæ lucrari in denuntiationis præmium stabilimus. Quocirca mandamus, vt nullus constitutionis, & ordinationis præfatæ ignorantiam prætendere valeat, ipsam per partes, & loca Bailliuiæ vestræ, de quibus expedire videritis, solenniter publicetis, & faciatis publicè diuulgari. Datum Paris. die 17. Augusti anno Domini 1296.

Ex V. C. Bibliothecæ S. Victoris Paris.
MM.7. fol. 89.

Bulle de Boniface, qui defend à tous Ecclesiastiques de payer à qui que ce soit aucune chose. Excommunie tous Empereurs, Roys, Princes, &c. qui exigent desdits Ecclesiastiques sous quelque pretexte que ce soit, sans la licence du S. Siege. Ceux qui payent & qui reçoivent, incidunt in sententiam excommunicationis ipso facto, nonobstant tous priuileges concedez à Empereurs, Roys & autres.

BONIFACII VIII. DECRETALIS.

Cap. 3. de immunitate Clericorum in sexto.

An.1.Pontif.
1296.

BONIFACIVS Episcopus seruus seruorum Dei, ad perpetuam rei memoriam. *Clericis Laicos* infestos oppidò tradit antiquitas : quod & præsentium experimenta temporum manifestè declarant, dum suis finibus non contenti, nituntur in vetitum, ad illicita fræna relaxant, nec prudenter attendunt, quàm sit eis in Clericos Ecclesiasticas-ve personas, & bona interdicta potestas: Ecclesiarum Prælatis, Ecclesiis, Ecclesiasticisque personis regularibus & secularibus imponunt onera grauia, ipsósque talliant, & eis collectas imponunt, ab ipsis suorum prouentuum, vel bonorum dimidiam, decimam, seu vicesimam, vel quamuis aliam portionem aut quotam exigunt, & extorquent, eósque moliuntur multifariè subiicere seruituti, suæque submittere ditioni: & (quod dolenter referimus) nonnulli Ecclesiarum Prælati, Ecclesiasticæque personæ, trepidantes vbi trepidandum non est, transitoriam pacem quærentes, plus timentes maiestatem temporalem offendere, quàm æternam, talium abusibus non tam temerariè, quàm improuidè acquiescunt, Sedis Apostolicæ auctoritate seu licentia non obtenta : Nos igitur talibus iniquis actibus obuiare volentes, de fratrum nostrorum consilio Apostolica auctoritate statuimus, quòd quicunque Prælati, Ecclesiasticæque personæ, religiosæ, vel seculares, quorumcunque Ordinum, conditionis, seu status, collectas vel tallias, decimam, vicesimam, seu centesimam suorum & Ecclesiarum prouentuum, vel bonorum, Laicis soluerint, vel promiserint, vel se soluturos consenserint, aut quamuis aliam quantitatem, portionem, aut quotam ipsorum prouentuum, vel bonorum, æstimationis vel valoris ipsorum sub adiutorij, mutui, subuentionis, subsidij, vel doni nomine, seu quouis alio titulo, modo, vel quæsito colore, absque auctoritate Sedis eiusdem: necnon Imperatores, Reges, seu Principes, Duces, Comites, vel Barones, Potestates, Capitanei, vel Officiales, vel Rectores quocunque nomine censeantur, ciuitatum, castrorum, seu quorumcunque locorum, constitutorum vbilibet, & quiuis alij, cuiuscunque præeminentiæ, conditionis, & status, qui talia imposuerint, exegerint, vel receperint, aut apud ædes sacras deposita Ecclesiarum, vel Ecclesiasticarum personarum, vbilibet arrestauerint, saisiuerint, seu occupare præsumpserint; vel arrestari, saisiri, aut occupari mandauerint; aut occupata, saisita, seu arrestata receperint: necnon omnes, qui scienter dederint in prædictis auxilium, consilium, vel fauorem, publicè, vel occultè, eo ipso sententiam excommunicationis incurrant. Vniuersitates quoque, quæ in his culpabiles fuerint, Ecclesiastico supponimus interdicto. Prælatis & personis Ecclesiasticis supradictis, in virtute obedientiæ, & sub depositionis pœna districtè mandantes, vt talibus absque expressa licentia dictæ Sedis nullatenus acquiescant: quódque prætextu cuiuscunque obligationis, promissionis & confessionis, factarum hactenus, vel faciendarum ante a, priusquam huiusmodi constitutio, prohibitio, seu præceptum ad notitiam ipsorum peruenerit, nihil foluant: nec fupradicti feculares quoquo modo recipiant. Et si foluerint, vel praedicti receperint, in excommunicationis sententiam incidant ipso facto. A fupradictis autem excommunicationum & interdicti sententiis, nullus abfolui valeat, praeterquam in mortis articulo, absque Sedis Apoftolicae auctoritate & licentia fpeciali : cùm noftrae intentionis exiftat, tam horrendum fecularium Poteftatum abufum nullatenus fub diffimulatione tranfire. Non obftantibus quibufcunque priuilegiis, fub quibufcunque tenoribus, formis, feu modis, aut verborum conceptione conceffis Imperatoribus, Regibus, & aliis fupradictis : quae contra praemiffa in nullo volumus alicui, vel aliquibus fuffragari. Nulli ergo omnino hominum liceat hanc paginam noftrae conftitutionis, prohibitionis feu praecepti infringere, feu aufu temerario contraire : si quis autem hoc attentare praefumpferit, indignationem omnipotentis Dei, & BB. Petri & Pauli Apoftolorum eius se nouerit incurfurum. Dat. Romae apud S. Petrum Pontif. noftri anno 2.

Bulle du Pape Boniface VIII. au Roy Philippe le Bel.

Luy mandant que son Ordonnance defendant aux Eftrangers de demeurer en France, ny d'y faire aucun commerce, & que rien ne fust transporté hors du Royaume, ne doit comprendre les gens d'Eglise, sur lesquels les Roys n'ont aucun pouuoir, exaggerant fort cette pretention des Rois, qu'il appelle infanam praetentionem.
Que le Roy est hay de ses suiets à cause des grandes charges qu'il impose.
Renouuelle sa Constitution Clericis Laïcos.
Que le Roy sans sa permission expresse ne peut faire contribuer les Ecclesiastiques pour la necessité de ses affaires.
Il aiouste qu'en cas d'vne pressante necessité, il fera contribuer les Ecclesiastiques de France iusques à la vente des croix & des calices.
Que le iugement des differends entre luy Roy de France, & les Rois d'Angleterre, & des Romains luy appartient enant qu'il est question du peché.
Qu'il est prest de souffrir la mort pour la liberté de l'Eglise, & declare qu'il n'a pas entendu par sa constitution Clericis Laïcos, *que le Roy n'vse pas de son droit sur les gens d'Eglise, pour raison des fiefs mouuans de sa Couronne.*
Enfin il menace le Roy, s'il ne fait ce qu'il desire.

Cette Bulle fut apportée par l'Euesque de Viuiers, qui auoit charge d'en exposer au Roy plus particulierement le contenu.

BONIFACIVS Epifcopus, feruus feruorum Dei, cariffimo in Chrifto filio Philippo Regi Francorum illuftri, Salutem & Apoftolicam benedictionem. *Ineffabilis amoris dulcedine sponso suo*, qui Chriftus eft, fancta mater Ecclefia copulata dotes & gratias ab ipfo fufcepit ampliffimas, vbertate fœcundas, & fpecialiter inter eas beneficium libertatis. Voluit enim peramabilem fponfam eius libero fidelibus populis praeeffe dominio, vt velut in filios haberet more matris in fingulis poteftatem, ac etiam cuncti cum filiali reuerentia tanquam vniuerfalem matrem & dominam honorarent. Quis itaque illam offendere vel prouocare iniuriis non pauefcet ? Quis aufum credulitatis affumet fponfum in fponfae contumelia non offendi ? Quis Ecclefiafticae libertatis infractor contra Deum & Dominum, cuiufuis defenfionis clypeo protegatur, vt fupernae virtutis malleo comminui & redigi nequeat in puluerem & fauillam ? Non auertas ô fili à voce patris auditum, quum ad te paternus fermo de dulcedine pecto-

1296. 21. Septembr.

16 PREVVES DE L'HIST. DV DIFFEREND

ris cum amaricatione, quam addita noui casûs immersio introduxit. Tua enim interesse conspicimus, attenta mente suscipere quæ scribuntur. Ad nostrum siquidem non sine grandi admiratione, quin imò perturbatione peruenit auditum, quòd tu consilio deceptibili, vt credimus, & maligno Constitutionem talem hiis diebus, vt asseritur, edidisti, cuius etsi patenter verba non exprimant suadentium, tamen eam fieri vtinam non edentis fuisse videretur intentio impingere in Ecclesiasticam libertatem, ipsámque in Regno tuo, vbi vigere solet ab olim quoad Ecclesias & Ecclesiasticarum personarum bona, vt de nobis & fratribus nostris sub silentio taceamus, ad præsens voluisse subuertere, non sine graui tua nota, magnóque discrimine ac tuorum grauamine subiectorum, & aliorum etiam qui solent in Regno prædicto hactenus conuersari. Cùm igitur intersit veri patris consilium pro filiis capere, boníque Pastoris errantes oues à deuio reuocare, diligentis amici suadere salubria, & in summo militantis Ecclesiæ Iustitiæ solio præsidentis non solùm omne malum, sed & mali speciem in subditis dissipare, Nos qui Pastoris Pastorum, & Iesu Christi filij summi Patris æterni, licèt immeriti, eius fauente clementia gerimus vices in terris & in excelso solio summi Apostolatûs videlicet præsidemus, téque præcipua sinceritate prosequimur, prout prosequuti fuimus ab olim dum nos minor status haberet, horum circa te officia pro affectu & efficaci studio prouidimus exequenda, pro te filio prædilecto salubre capiendo consilium, téque ab inuio reuocando, in quo consilij te deuiasse creditur impulsio fraudulentis, ac dissipando malam notam & mali speciem quæ consulere cum malignorum temerarius ausus induxit. Præsertim si adhoc Constitutionis præmissæ referatur intentio, ad quod iam creditur secundùm eorum intentum, qui eam fieri dolosè ac improuidè suaserunt. Non debuit fili, anima tanti Regis in tale venire consilium, non decuit Excellentiæ tuæ prudentiam abire in consilio talium impiorum, qui vt fluctues, flagitant, & te, vt demergaris, impingunt. Sed saltem postquam super hoc tuos oculos paterno lumine aperimus, stare non debes in via talium peccatorum, sed attentiùs præcauere te conuenit, ne impulsu prauorum actuum tui solij cathedra pestilentiæ dici possit. Nec licuit, nec etiam expediuit quòd ad tuam considerationem pateret ingressus (tua & dicti Regni moderni temporis qualitate pensata) tam insolitæ quàm indebitæ nouitati, per quam de Regno non oriundis eodem conuersandi in ipso, mercimonia licita & actus non prohibitos cum libertate solita exercendi via præcluditur, & aditus denegatur, in multorum & etiam subditorum tuorum non leue dispendium & grauamen. Ipsi quidem subditi adeò sunt diuersis oneribus aggrauati, quod eorum ad te solita & subiecta multùm putatur infriguisse deuotio, & quanto ampliùs aggrauantur, tanto potiùs in posterum refrigescet. Nec parum amisisse censetur qui corda perdidit subditorum. Habet interdum vsus secularium Principum vel abusus hostibus de suis terris subtrahere commoda, & vt ad inimicorum terras subiecti non transeant, nec terrarum suarum bona portentur ad illos. Sed sic generalem proferre sententiam, vt tulisti, non solùm reprobatur in subditos, sed etiam in exteros cuiuslibet nationis. Non videtur is oculatæ fuisse prudentiæ, qui præteritorum non meminit, præsentia non respicit, nec habet ad futura respectum. Et si (quod absit) fuerit condentium intentio, vt ad nos, & fratres nostros Ecclesiarum Prælatos, Ecclesiasticá-ve personas, & ipsas Ecclesias, ac nostra & ipsorum bona non solùm in Regno tuo, sed etiam constitutorum vbilibet extendatur,

D'auoir defendu aux Estrangers de demeurer en France, n'y d'y faire aucun commerce & trafic.

Que le Roy Philippe le Bel estoit hay de ses suiets, à cause des grandes charges qu'il leur imposé.

D'auoir defendu que rien ne fust transporté par les Estrangers dehors le Royaume.

Que ces defenses ne doiuent s'estendre aux personnes Ecclesiastiques.

DE BONIF. VIII. ET PHILIP. LE BEL. 17

datur; hoc non solùm fuisset improuidum, *sed insanum* velle ad illa temerarias manus extendere, in quibus tibi sæcularibusque Principibus nulla est attributa potestas, quin potiùs ex hoc contra libertatem eandem temerè veniendo in excommunicationis sententiam promulgati canonis incidisses. Vide fili, ad quid præmissi Consiliarij te duxerunt, vt Sacramentorum Ecclesiasticorum perceptione ac participatione priuatus, ad tam periculosi status ignominiam deuenires. Vitauit hoc progenitorum tuorum sancta deuotio ad Ecclesiastica Sacramenta, & promptitudo reuerentiæ ad Apostolicam Sedem. Et à te his temporibus maximè vitanda fuissent, dum circa tua & ipsius regni tui honores & commoda procuranda, & euitanda dispendia, sic attentè, sic laboriosè, sic sollicitè vigilamus. Ad quid enim venerabiles fratres nostros B. Albanensem, & S. Penestrinensem Episcopos, nobilia vtique Romanæ membra Ecclesiæ ad te, ac tuum, & Angliæ Regem, & regna transmisimus? Ad quid etiam Senensem & Papiensem Episcopos, ac bonæ memoriæ Reginaldum Archiepiscopum ad Alemanniæ Regem & regnum duximus destinandos, multiplicatis nihilominus aliis Nunciis ad diuersas partes propterea destinatis? Nónne pro tua & dicti regni tui procuranda salute, & aduersitate vitanda noctes insomnes duximus, & subiuimus intolerabiles quasi labores, postquam ad Apostolatus apicem cælestis dispositio nos vocauit? Nónne quotidianis tractatibus & sollicitudinibus pro tuis agendis insistimus sine intermissione laborum? Certè non condignum pro iis nobis offers retributionis effectum. Non Ecclesiæ matri tuæ pro grandibus tibi & progenitoribus tuis impensis muneribus gratiarum grata vicissitudine correspondes, si prædictæ constitutioni creditus ingeratur intentus; quin imò nobis, & ipsi mala pro bonis, & amara pro dulcibus reddidisses, versutiis erga nos, & illam incautos inhærens, vt à te prouocaremur iniuriis, & prouocati colluctaremur ad inuicem in querelis, ac si & Dei & Ecclesiæ aduersantiam non curares. Non considerans prouidè circumposita regno tuo regiones & regna, voluntatem & statum præsidentium in eisdem, neque conceptus tuorum forsitan subditorum constitutorum in diuersis partibus regni tui. Leua in circuitu oculos tuos, & vide, cogita & repensa Romanorum, Angliæ & Hispaniæ regna, quæ vndique te circumdant, corúmque potentias ac strenuitatem & multitudinem incolarum, & patenter agnosces quòd non fuit tempus acceptabile, non dies salutis in diebus istis. Nos, & ipsam Ecclesiam talibus punctionibus tangere, talibus perturbare puncturis. Nec reuocare debuisses in dubium, quòd nostri & Ecclesiæ adiutorij & fauoris sola subtractio in tantùm te debilitaret, ac tuos, quòd vt cætera tua obmittamus incommoda, persecutiones aduersas ferre non posses, ac vbi nos & eandem Ecclesiam tibi aduersarios constitueres principales, adeò nostra & eiusdem Ecclesiæ, & aliorum prædictorum prouocationis tibi sarcina grauior redderetur, quòd ad eius pondus tui efficerentur humeri impotentes. Absit quòd insolentia Consiliariorum tuorum ad exterminij præcipitium te deducat. Absit quòd tuis sensibus quæuis incalescat durities ad talia prorumpendi. Absit quòd gratus olim filius tam grauiter matri reddatur exosus, quòd suis demeritis solita dulcedinis verba subtrahere sibi ex necessitate cogatur, & quibusuis periculosis euentibus exponere vel relinquere non adiutum. Præpara in iudicio fili carissime, mentem tuam, & discerne & iudica quid Apostolicæ Sedi conceptus & considerationis aduenerit tum diebus istis circa discussionem & examinationem miraculorum, quæ ad inuocationem claræ memoriæ L. aui tui

Les bons offices que le Pape pretend auoir rendu au Roy Philippe le Bel.

C

facta dicuntur, cum nostris fratribus vacaremus, talia nobis exenia præ-
sentasti, talia præmisisti dona, quibus Deum ad iram prouocas, & indignationem nostram non solùm, sed & ipsius Ecclesiæ promereris. Cur
degenerat tuæ clementia iuuentutis à fœlicibus actibus progenitorum
tuorum, quibus dictam Sedem fide pura & deuotione sincera summis ab
antiquo studiis coluerunt, se ipsius beneplacitis coaptando. Succede virtutibus quæsumus, qui succedisti regno, nullam immisturus maculam
excellentis sui luminis claritati. Quòd si forsan ad iniquæ suggestionis
instantiam assumpseris causam edendæ Constitutionis eiusdem prætextu nostræ Constitutionis, quam nuper pro Ecclesiastica edidimus liber-

Le Pape Boni- tate, talis profectò tam suggestorum quàm suggesti motus nullius ful-
face VIII. a citur auxilio rationis. Constitutio enim nostra, si ad riualem sensum
tionsté des pri- postposito coniuge non trahatur, id, si benè perpenditur, statuit quod aliàs
ses de nouueau per sanctiones Canonicas est statutum : licèt pœnas contra transgressores
à la Constitution adiecerit, nonnullis ex communi quasi vitio peccare desinentibus potiùs
Clericis laïcos. formidine pœnæ, quàm amore virtutis. Non enim præcisè statuimus pro
Le Pape Boni- defensione vel necessitatibus tuis, vel regni tui ab eisdem Prælatis Eccle-
face ne vouue siasticisque personis pecuniarum subsidium non præstari : sed adiecimus id
point manuais, non fieri absque nostra licentia speciali, adductis in considerationem no-
que le Roy Phi- stram exactionibus intolerabilibus, Ecclesiis & personis Ecclesiasticis, reli-
lippe le Bel fasse giosis & sæcularibus dicti regni ab Officialibus tuis auctoritate tua imposi-
centribuer les tis atque factis, de futuris potiùs verisimiliter formidantes, cùm ex præ-
Ecclesiastiques, teritis certitudo præsumi valeat de futuris. Sed te non nouimus ad tales
pour la defense exactiones auctoritate fulcitum, cuius auctoritatis abusum in te ac quolibet
& necessitez de Principe sæculari diuina & humana iura, quin imò iudicia detestantur,
son Royaume, cùm tibi sit in eis talis auctoritas penitùs interdicta, quod tibi pro tua
pourueu qu'il en & successorum tuorum salute ad perpetuam rei memoriam præsentibus
ait permission intimamus. Obiicias si quando per te vel progenitores tuos pro necessita-
speciale du Pa- tibus dicti regni ad eandem Sedem habitus sit recursus, & inanis tran-
pe. sierit petitio aures eius, quin fueritis efficaciter exauditi, vbi nempe regni
Assurance du (quod absit) grauis prædicti necessitas immineret, ne dum ab ipsius Præ-
Pape, qu'en cas latis & personis Ecclesiasticis tibi vel ipsi Sedes eadem concederet ac fa-
de necessité vr- ceret subueniri, verùm etiam si casus exigeret, ad calices, cruces, alia-
gente du Royau- que propria vasa suas manus extendet, priusquam tantum & tale regnum
me de France, il tam ipsi Sedi catum, imò carissimum & ab antiquo deuotum, expone-
fera contribuer ret minoris curæ defectum, quo minus ab ea efficacis defensionis præsidia
les Ecclesiasti- fortiretur. Nunc autem, amantissime fili, considera quis Rex quis-ve Prin-
ques: & mesmes ceps regnum tuum non impugnatus à te vel non offensus impugnat.
permettra que Nonne Rex Romanorum fuisse occupatas à te tuísque prædecessoribus,
les calices & seu occupatas teneri ciuitates & terras seu limites ad Imperium pertinen-
croix des Egli- tes cum instantia conqueruntur; & specialiter *Burgundiæ* Comitatum,
ses soient ven- quod notum est, fore feudum descendens ab Imperio, & recognoscen-
dues. dum ab ipso? Nonne carissimus filius noster Rex Angliæ illustris de non-
Que le Iuge- nullis terris Gasconiæ asserit illud idem? Nunquid super iis dicti Reges
ment apparoisse denegant stare Iuri? Nunquid Apostolicæ Sedis, quæ Christicolis omni-
au Pape, des bus præeminet, iudicium vel ordinationem recusant, dùmque in eos su-
differens entre le per iis peccare te asserunt, de hoc iudicium ad Sedem eandem non est
Roy Philippe le dubium pertinere. Profectò qui contra dictos Reges assumptionis & pro-
Bel, & les Roys secutionis malum dederunt, consulendo vel inducendo consilium, dant
des Romains, & periculosiorem progressum. Nec est habenda fiducia super hoc verisimi-
d'Angleterre, liter boni finis. Cùm ea quæ malo sunt inchoata principio, vt frequen-
entant qu'il y tiùs vix bono exitu peragantur. Pone in recta statera animarum pericula,
est question du
peché.
Des maux qui
arriuent de la
guerre.

DE BONIF. VIII. ET PHILIP. LE BEL. 19

corporum cædes, expensarum voragines, damna rerum, quæ occasione assumptionis & tuorum processuum euenerunt, rationis sequens iudicium, & non impetum voluntatis à malorum Consiliariorum consiliis elongatus. Et tunc manifestè cognosces te fuisse deceptum, nec expediuisse te talia assumpsisse. Quid ergo tibi accideret, si, quod absit, Sedem ipsam offenderes grauiter, eámque hostium tuorum constitueres adiutricem, quin potiùs contra te faceres principalem. Cùm nos, & fratres nostri, si Deus ex alto concesserit, parati simus non solùm persecutiones, damna rerum & exilia sustinere, sed & corporalem mortem subire, pro Ecclesiastica libertate. Sunt & alij, sicut ad nostram notitiam est deductum, qui malignè sibi surrepunt, dicentes, Iam non poterunt Prælati & personæ Ecclesiasticæ Regni tui seruire de feudis vel subuentiones facere, in quibus feudorum ratione tenentur. Iam non poterunt vnum scyphum, vnum equum dare liberaliter Regi suo. Non fertur ad tales & consimiles interpretationes subdolas dictæ nostræ Constitutionis intentio, tam falsidicos interpretes non admittit, sicut hæc pleniùs aliquibus tuis Nunciis & familiaribus viuæ vocis oraculo sæpius duximus exponendum. Quantumlibet autem per subdolos impulsus versatus sis, vt caderes ob præ dicta, & ea nos turbauerint, & ad indignationem non sine ratione mouerent: Nos tamen paterni amoris soliti, ac eadem Ecclesia te sui vteri filium obliuisci non possumus, quin suspenso rigore te benedictionibus præueniendo dulcedinis & via mansuetudinis prosequendo, experiamur primitus quàm reuerenter, quàm efficaciter monita paterna suscipies & medicamenta curantis illius periti Medici, Samaritanorum vicarij, qui super vulnera cuiusdam hominis descendentis de Ierusalem in Ierico, qui inciderat in latrones, & fuerat spoliatus, ac relictus plagis impositis semiuiuus, misericordia motus oleum & vinum apposuit. Igitur tali exemplo à fomentis olei benigniùs inchoantes, ecce venerabilem fratrem nostrum Viuariensem Episcopum, virum quidem probatæ religionis, scientiæ eminentis, circumspectionis maturæ, ex conuersatione diutina nobis & fratribus nostris notum, & carum, ac tui honoris & commodi zelatorem, qui & de Regno & terra tuis traxit originem, ad te prouidimus destinandum, vt præmissa solerter & clarè Celsitudini Regiæ oraculo viuæ vocis exponat, & exprimat, vt præmittitur, mentem nostram. Quem super præmissis & ea tangentibus plenè duximus informandum. Serenitatem itaque Regiam monemus, rogamus, & hortamur, attentè per Apostolica tibi scripta mandantes, quatenùs non animum reuocans, sed gratanter accipiens quòd te instanter nitimur reducere ad salutem, paterna medicamina suscipias reuerenter, nostrísque tibi & tuo Regno salubribus monitis acquiescas, errata corrigens per te ipsum, nec permittens in anima per falsa contagia te seduci. Ita quòd à Deo præmium exinde consequaris, nostram & dictæ Sedis beneuolentiam tibi conserues & gratiam, & apud homines bonam famam. Nec oporteat nos ad alia & minùs vsitata remedia perseueranter, instante ac pulsante, necnon cogente iustitia, extendere manus nostras, quamuis hoc inuiti & noluntarij faceremus. Datum Anagniæ 11. Calendas Octobris, Pontificatus nostri anno secundo.

Le Pape prest de souffrir la mort pour la liberté Ecclesiastique.

Le Pape Boniface declare qu'il n'a entendu par la Constitution Clericis laïcos: Que le Roy n'vse de son droict sur les Ecclesiastiques, pour raison des fiefs qu'ils tiennent mouuans de la Couronne.

Menaces du Pape, si le Roy ne fait ce qu'il luy mande.

Et au deuant:

Bulla Papæ Bonifacij Regi Francorum Philippo directa, super eo quòd Rex prohibuerat ne aliqua bona vel mercaturæ exirent Regnum sine sua licentia, vt in fine. Et quòd nullus posset mercari in Regno, nisi inde esset

C ij

PREVVES DE L'HIST. DV DIFFEREND

oriundus, &c. vt in principio. De quibus Papa conqueritur eo quòd ad personas Ecclesiasticas extendi possent, &c.

> Cette Bulle est imprimée dans le 14. vol. des Annales de l'Eglise de Odoric. Raynaldus aprés le Cardinal Baronius, l'an 1296. §. 25.

Ecrit fait par le Roy contre la precedente Bulle de Boniface. Qui porte

Que les Roys de France ont de tout temps fait des loix pour la conseruation de leur Estat. Que le Roy a defendu par Edict, que personne n'eust à faire sortir du Royaume, cheuaux, armes & argent sans son congé. Que les Ecclesiastiques & autres, qui feront voir ce qu'ils pretendent faire, qu'il le permettra.

Que c'est chose estrange que le cher fils du Pape, qui retient non seulement les biens des Ecclesiastiques, mais leurs personnes, que le Pape ne l'excommunie pas.

Dit que l'Eglise consiste en Clercs, & en Lais.

L'Eglise est vne: Que Iesus-Christ l'a deliureé de la seruitude du peché, & qu'il a voulu que chacun Clerc & Lay iouisse de cette liberté. Iesus-Christ n'est pas mort pour les seuls Ecclesiastiques. Les Ecclesiastiques ne doiuent pas s'approprier cette liberté Ecclesiastique à eux seuls, c'est à dire de cette liberté qua Christus nos sua gratia liberauit.

Il y a beaucoup d'autres libertez particulieres, qui appartiennent aux Ministres de l'Eglise; & ces libertez leur ont esté concedées par les Papes, par la permission des Princes seculiers.

Ces libertez ne peuuent pas oster aux Roys les moyens pour la defense de leurs Estats, & tout ce qui sera iugé necessaire pour le bien d'iceux.

Tout suiet, clerc, lay, noble, non-noble, qui refuse d'assister le Roy & l'Estat, est vn membre inutile. Tout ce qui se tire de ces parties ne peut s'appeller exaction & grief, mais vn subside pour ceux qui les peuuent defendre, eux qui ne le peuuent pas.

C'est contre le droit naturel de defendre à vn homme de se defendre, ou contribuer pour sa defense. car autrement il se perd.

Quelle honte de voir le Vicaire de Iesus-Christ defendre de payer le tribut à Cesar, & de fulminer contre les Ecclesiastiques qui aident leur Roy & le Royaume, ou plûtost eux mesmes!

Qui peut trouuer iuste de defendre aux Ecclesiastiques d'assister les Princes en leurs necessitez, ayans esté enrichis par eux? Et ce sont les Princes qui les defendent.

Ceux qui soutiennent ces choses, ne prennent pas garde que c'est aider les ennemis, & commettre crime de leze Maiesté.

C'est à quoy le Roy a l'œil ouuert : il honore Dieu & ses Ministres, mais il ne craint pas les menaces des hommes iniustes.

Le refus qu'a fait le Roy d'Angleterre homme lige du Roy, de comparoistre deuant sa Maiesté, l'a obligé de mettre sa terre en sa main; ce qui a fait que le Roy d'Angleterre a renoncé à la fidelité qu'il deuoit au Roy, & puis est entré en armes dans ses terres, & les a desolées, & fait ce qu'il a pû pour s'en rendre le maistre. Qui est le Prince qui ne doiue conseruer les terres ainsi acquises?

Pour le regard du Roy d'Allemagne, le Roy offre de sortir par arbitres auec luy, & il obseruera ce qu'ils ordonneront.

Pour la plainte qu'il a fait du Comté de Bourgogne, il n'y a rien de si iuste. Ce Roy d'Allemagne aprés auoir défié le Roy, & declaré fierement la guerre, le Roy a creu pouuoir iustement conquerir ledit Comté.

Au reste les Roys ses predecesseurs ont donné de grands biens aux Ecclesiastiques,

& plus qu'aucuns autres Roys : ils ne peuuent pas sans ingratitude dénier de le secourir contre l'iniuste aggression de ces Roys.

Regiſtre C. page 15.

*Responsiones nomine Philippi Regis, ad Bullam Bonifacij PP. VIII.
datam Anagniæ 11. Kalend. Octobr. Pontificatus anno secundo.*

ANTEQVAM essent clerici, Rex Franciæ habebat custodiam Regni
sui, & poterat statuta facere, quibus ab inimicorum insidiis & nocu-
mentis sibi & Regno præcaueret, & per quæ inimicis subtraheret omnimoda subsidia, quibus ipsum & Regnum possent grauius impugnare.
Hac de causa dominus Rex, qui nunc est, equos, arma, pecunias, & similia generali edicto prohibuit extrahi de Regno suo, ne forsitan talia per
malignorum fraudulentiam ad manus inimicorum in domini Regis & Regni præiudicium deuenirent : nec hoc simpliciter prohibuit, sed adiecit
hoc non debere fieri absque eius licentia speciali, super hoc habens rectam intentionem, quòd quando sibi constaret pro certo, quòd talia, sic
ab ipso prohibita, essent bona clericorum; & quòd extrahi de Regno, sibi
& Regno non obessent, nec inimicis prodessent, nulli sic petenti, & præmissa probanti, licentiam denegaret. Et videtur satis mirabile, quòd carissimus filius Papæ, non solùm clericorum bona, sed etiam personas de-
tinet violenter, nec propter hoc dominus Papa ipsum denunciat sententiam excommunicationis incurrisse. Sancta mater Ecclesia, sponsa Christi, non solùm est ex clericis, sed etiam ex laïcis : imò sacra testante
Scriptura, sicut est vnus Dominus, vna fides, vnum baptisma, sic à primo iusto vsque ad vltimum ex omnibus Christi fidelibus, vna est Ecclesia, ipsi Christo, cœlesti sponso, annulo fidei desponsata, quam ipse à
seruitute peccati, & iugo Veteris Legis, ac mortuo hostis antiqui per
mortem suam misericorditer liberauit; qua libertate gaudere voluit omnes illos, tam laïcos quàm clericos, quibus dedit potestatem filios Dei
fieri, iis videlicet, qui credunt in nomen eius, & susceperunt Christianæ fidei sacramenta. Nunquid solùm pro clericis Christus mortuus est,
& resurrexit? absit. Nunquid est personarum acceptio apud Dominum,
vt solùm clerici in hoc mundo gratiam, & in futuro gloriam conse-
quantur? absit. Sed per indifferentiam, omni credenti, operanti bonum
per fidem & dilectionem, æternæ retributionis præmium repromisit. Et
quia clerici in Ecclesia, vt patet per prædicta, sunt, & merito, & numero potiores, non debent, nec possunt, nisi forsitan per abusum, sibi
appropriare, quasi alios excludendo, Ecclesiasticam libertatem, loquendo de libertate, qua Christus nos sua gratia liberauit. Multæ verò sunt libertates singulares, non vniuersalis Ecclesiæ, sponsæ Christi, sed solùm
eius ministrorum, qui cultui diuino ad ædificationem populi sunt, vel
esse debent spiritualiùs deputati : quæ quidem libertates per statuta Romanorum Pontificum, de benignitate, vel saltem permissione Principum sæcularium sunt concessæ; quæ quidem libertates sic concessæ vel permissæ,
ipsis Regibus regnorum suorum gubernationem ac defensionem auferre
non possunt; nec ea quæ dictæ gubernationi & defensioni necessaria,
seu expedientia, deliberato bonorum ac prudentium consilio iudican-
tur, dicente Domino Pontificibus Templi, *Reddite ergo quæ sunt Cæsaris
Cæsari, & quæ sunt Dei Deo.* Et quia turpis est pars, quæ suo non congruit
vniuerso, & membrum inutile, & quasi paralyticum, quod corpori suo

subsidium ferre recusat, quicumque, siue clerici, siue laïci, siue nobiles, siue ignobiles, qui capiti suo, vel corpori, hoc est domino Regi & regno, imò etiam sibimet, auxilium ferre recusant, semetipsos, partes incongruas & membra inutilia, & quasi paralytica esse demonstrant: vnde si à talibus pro rata sua subuentionum auxilia requiruntur, non exactiones, vel extorsiones, vel grauamina dici debent: sed potiùs capiti, & corpori, & membris debita subsidia; sed & pro defensoribus & pugilibus ipsorum, quibus non licet, vel qui non possunt, pugnare per seipsos, stipendia præparata. Nemo siquidem tenetur pro aliis propriis stipendiis militare: & quod, si inimicorum rabies inualesceret contra Regnum, constat quòd bona clericorum penitus dissiparentur; quare, multo plus aliis, indigent ab hostili impugnatione defendi: ideóque in naturalis iuris iniuriam esse videtur, prohibere cuicunque seruo vel libero, clerico vel laïco, nobili vel ignobili, clypeum defensionis obiicere contra hostilem gladium, aut stipendia soluere defensori. Nónne meritò Deus tales tradidit in reprobum sensum, qui ius naturale & antiquum nituntur subuertere pro suæ libito voluntatis? Et quis sapiens & intelligens hæc, non incidit in vehementem stuporem, audiens Vicarium Iesu Christi prohibentem tributum dari Cæsari, & sub anathemate fulminantem, ne clerici, contra iniquæ & iniustæ persecutionis incursus, domino Regi & Regno, imò sibimetipsis, pro rata sua, manum porrigant adiutricem? Dare verò histrionibus, & amicis carnalibus, & neglectis pauperibus, expensas facere superfluas in robis, equitatiuis, comitatiuis, comessationibus, & aliis pompis sæcularibus, permittitur eisdem, imò conceditur, ad perniciosæ imitationis exemplum. Hoc enim natura & ratio, ius diuinum & humanum, pariter detestantur, ad illicita fræna laxare, & licita, imò necessaria, cohibere. Quis enim sanæ mentis iudicaret licitum & honestum, sub anathemate cohibere, ne clerici, ex deuotione Principum incrassati, impinguati, & dilatati, pro modulo suo eisdem Principibus assistant, contra ingruentes iniustarum persecutionum aduersitates, quocunque colore excogitato, doni, vel mutui, vel subuentionis, pro scipsis, pro Rege, & Regno pugnantibus, & resistentibus inimicis vi armorum, alimenta præbendo, vel stipendia persoluendo? Non enim prudenter attendunt qui talia prohibent, vel renuunt, quòd hoc nihil aliud est, quàm inimicos iuuare, & crimen læsæ Maiestatis incurrere, & quasi velle prodere ipsum Reipublicæ defensorem: ad quod crimen puniendum intendimus plus solito, volente Deo oculos aperire. Deum siquidem fide & deuotione colimus, & Ecclesiam Catholicam, ac ministros eius multipliciter veneramur in terris, sicut & omnes patres nostri: sed hominum minas, minùs rationabiles, & iniustas, minimè reformidamus: nam coram Deo, fauente eius clementia, semper iustitia inuenietur in nobis. Nónne Rex Angliæ quondam homo noster ligius vocatus ad iudicium coram nobis, cum omni solennitate quâ decuit, ad imperium domini sui venire contempsit? Quare necesse habuimus terras, quas à nobis tenebat, ad manum nostram trahere, iudicio & iustitia mediante, cuius occasione dictus Rex Angliæ homagio & fidelitati, quibus nobis adstringebatur ratione terrarum, quas à nobis tenebat in feudum, renunciauit expresè, & postea contra nos insurgens crudeliter, prædictas terras nisus est sibi adquirere, non tam vi armorum, quàm dolo, via iustitiæ, & rationis, & consuetudinis approbatæ, penitus prætermissa. Quis Rex, quís-ve Princeps, terras feudales sic à vassallo suo dimissas, & tam multipliciter forefactas, ad se non traheret, & non defenderet, tanquam suas? Nec super hoc debetur ab aliquo increpari, sed potius de contrario reprehendi. Et Regi Theutoniæ quid potuit, vel debuit, plus offerri, quod esset rationis & pacis, quàm quòd quatuor viri eligerentur idonei, duo pro nobis, & duo pro ipso, qui de limitibus Regni & Imperij cognoscerent, & tractarent, & quicquid super hoc ordinarent, ambo Reges in perpetuum obseruarent: Et si prædicti quatuor discordarent, ipsi possent eligere quintum, qui eorum discordiam ad concordiam reuocaret? Et si dictus Rex Theutoniæ de Comitatu Burgundiæ conqueratur, sua querimonia nulla ratione fulcitur. Nam notorium est omnibus, quòd post guerram apertam, & diffidationem superbam, à dicto Rege nobis factam, dictum Comitatum nobis duximus acquirendum. Nam in diffidatione sua contra nos grauiora facere minabatur, & iam forsitan fecisset, si ad hæc sibi se obtulisset facultas. Nónne sanctæ matri Ecclesiæ nos, & antecessores nostri, multa grata seruitia ab antiquo, & immensa beneficia contulimus, quibus ministri eiusdem multo pinguius, & gloriosius, quàm in aliis regnis temporalibus exaltantur? Super quo velit Deus, quòd ingratitudinis vitium non incurrant: non enim debent debitas subuentiones negare, sed vltro quicquid habent offerre, præsertim cùm videant manifestè, quòd prædicti Reges iniustè, & sine causa rationabili, nos impugnant. Quare modò non fuissemus ab Ecclesia amplioribus iniuriis prouocandi, sed potius ab ea, tanquam à pia matre fouendi & placandi, & à malis imminentibus efficaciter consolandi. *Hactenus in Regio.*

Bulle du Pape Boniface VIII. au Roy Philippe le Bel.

Luy mande qu'il luy a enuoyé vne plus grande lettre par l'Euesque de Viuiers, le pric de la bien considerer, & d'appeller ses plus fideles Conseillers, & la leur faire lire pour la faire obseruer en son Royaume, & qu'il doit bien prendre garde quels seront ces Conseillers.

BONIFACIVS Episcopus seruus seruorum Dei, carissimo in Christo filio Philippo Regi Francorum illustri, salutem & Apostolicam benedictionem. *Excitat nos*, fili carissime, puræ sinceritatis affectus quo sumus personam tuam, progenitores tuos, & domum regiam prosecuti, vt te paternis correctionibus, salubribus monitis, & efficacibus exhortationibus iuxta qualitatem emergentium agendorum cùm expedit alloquamur. Pater enim filium quem tenerrimè diligit attentius corrigit & castigat. Quapropter alias prolixiores nostras litteras secretas, & clausas tibi per venerabilem fratrem nostrum Guillelmum Viuariensem Episcopum super certis articulis destinamus. Cùm igitur contenta in eis tuum & regni tui statum contingere multipliciter dignoscantur, Celsitudinem regiam monemus, rogamus & hortamur attentè quatenus litteras ipsas per teipsum sæpius perlegas, & quæ continentur in illis infra teipsum frequenter repetas, consideres & attendas, & infra pectoris tui claustra reuoluas, ac deinde, illis ex Consiliariis tuis, de quorum fideli & saniori consilio fiduciam gesseris pleniorem, quósque credideris vtriusque hominis te desiderare salutem, ad tuam præsentiam euocatis, easdem litteras in regia eorúmque præsentia facias perlegi & diligentius explicari, & earumdem litterarum mente, seu nostra in ipsis ad verum intellectum puritatis adducta, quantum ea in tuo, etiam regni tui statu & salute præponderent reuoluas attentius, & regeres iusto salubri & vtili ac expedienti tibi, tuo tuorúmque te iudicio directurus. Nec omittas

1296.
22. Septembr.

in huiufmodi tuorum aduocatione Confiliariorum aduertere, quod gerit plerumque ad dominos aliquorum collateralium deceptrix intentio fubditorum. Sunt enim quidam qui dum confpiciunt eorum dominos vigere quiete, ac perflui opulentia pacis, iniiciunt inuidiæ oculos, & exiftimant fe apud eos fieri, per huiufmodi bonorum affluentiam minùs caros. Et tunc tantùm fe reputant in plenam eorum gratiam prouenturos, cùm illos agnouerint grauibus fcandalorum, & turbationum flagitiis agitari. Quid expediat igitur tuis famæ, ftatui & honori, tu videris. Diligentiam ergo adhibe ftudiofam, & informa mentem tuam in ftatu regio, & regalem animum in Ecclefiæ matris tuæ pura deuotione confirma. Et ecce nihilominus per eundem Viuarienfem Epifcopum in præfatis contenta litteris, viuæ vocis oraculo volumus Celfitudini tuæ pleniùs exprimi, ac mentem noftram circa illa feriofiùs aperiri, vt & ipfarum ferie litterarum, noftráque mente perceptis, & adductis ad debitæ difcuffionis examen, fic diuinis, & noftris beneplacitis te conformes, quòd qualibet materia turbationis abolita viuas & regnes, & efficiaris diuino & humano iudicio gloriofus, & nos & Sedem eandem meritò tibi conftituas in propitiatione paratos. Datum Anagniæ 10. Kalend. Octobr. Pontificatus noftri anno 2.

I. Bulle de Boniface au Roy, fe plaignant d'vn Edict que le Roy auoit fait, portant defenfe de rien tirer du Royaume, & d'auoir aucun commerce anec les Eftrangers. Le Pape dit, que fi cet Edict comprend les Ecclefiaftiques, fur lefquels le Roy n'a nul pouuoir, qu'il ne l'a pû faire ny les y comprendre. Exhorte le Roy de ne point fuiure les mauuais confeils d'aucuns de fes Confeillers, & de declarer fon intention fur ledit Edict, & de fe corriger.

II. Bulle dudit Boniface à deux de fes Nonces en France, leur mandant que s'ils font empefchez de faire fortir de France l'argent qu'ils y auront leué, ils declarent le Roy & fes officiers qui les auront empefchez, incidiffe in fententiam promulgati Canonis, & qu'ils les excommunient de nouueau nonobftant leurs priuileges.

I.

1297.
7. Feurier.

BOnifacivs Epifcopus feruus feruorum Dei Philippo Regi Francorum illuftri, falutem & Apoftolicam benedictionem. Exiit à te nuper *Edictum*, quo inter cætera pecuniarum & certarum rerum de regno tuo generaliter prohibetur extractio, & de regno non oriundis eodem conuerfatio folita impeditur. Et quidem fi fuit edicentis intentio, vt ad hoftes tuos non portarentur huiufmodi, ne ad ipfos ex hoc prouenirent compendia, nec effet commercium cum eifdem, fub quadam poteft tolerantia præteriri: fed fic generalis Edicti promulgatio vel ftatuti, vt textus verborum indicat, proculdubio iuftæ redargutioni fubiicitur, & edicentis in ipfo, ficut per alias litteras tibi iam fcripfimus, culpa notatur, præfertim fi eorumdem verborum intellectum patiaris extendi, vt ad Ecclefias, Ecclefiafticaf-ve perfonas, de quibus difponendi tibi non eft attributa poteftas, ipfius edicti fententia porrigatur: quin potiùs per hoc durioris redargutionis morfui fubiaces, non vt pœnam promulgati Canonis, quod referimus dolenter, euites. In iftis equidem fi prudenter aduertitur, te tuúmque confilium fanctorum Patrum fcripta non inftruunt, & claræ memoriæ progenitorum tuorum exempla laudabilia non adducunt. Sunt-ne ifta præfidia, quæ rependis Ecclefiæ? Eft ifte modus acceptus, per quem regiæ dignitatis fama clarefcat, ac te & regnum tuum Deo & hominibus
reddas

reddas gratum? Profectò non credimus: quinimo hæc iram Dei prouocant, comminantur iudicium, odia pariunt, regiam famam lædunt. Super quibus, fili, increpando paternè tibi iam scripsisse recolimus, vt ab iis te prudenter retraheres & prudentiùs abstineres; illáque fuit increpantis intentio, vt debitum sui prosequeretur officij, & te carissimum filium in lapsum culpa non duceret, vt in peccatorum semitis deuiares. Est namque præcipuè officium Pastoris, vt increpet, arguat per misericordiam, & corripiat per medelam. Et si quidem intra claustra pectoris hæc debita meditatione reuoluas, liquebit apertiùs quod salutaris tibi nostra increpatio proficit, & oleum peccatorum tuum caput vngentium adulatio, reprobanda videlicet in hoc saltem tui decipientis consilij, te confundit. Nec credat magnificentia regia, aliter in iis informata quàm debeat, quòd præmissæ constitutionis nostræ secundùm cendentis iudicium sanus sensus admittat, quòd interpretationem habeat sic strictam, sic rigidam, sic auaram, prout nonnullorum, & specialiter de tuo consilio, interpretatur astutia, vel forsitan speculationis claræ durities, vtinam malignitas non coloret, sed reducatur humanè ad sensum & rationabilem intellectum. Quapropter dilectissime filiorum, dirigens in conspectu Domini vias tuas, diuæ memoriæ prædecessorum tuorum sequendo vestigia, reuerentiam consuetam & debitam eidem Ecclesiæ deuotus impendas, quod in prædictis & circa prædicta per te aut officiales tuos est factum illicitè, tacitè vel expresè per reformationem congruam corrigens & annullans. Nisi enim zelus tuæ nimiæ indeuotionis obsistat, ipsa mater Ecclesia tibi tanquam amantissimo filio brachiis maternæ affectionis accumbens, in opportunis subsidiis libenter assistet, & in gratiarum fauoribus vbera maternæ charitatis effundet. Datum Romæ apud S. Petrum 7. Idus Februar. Pontificatus nostri anno 3.

Apud Odoric. Raynaldum Annal. Eccles. tom. 14, anno 1297. §. 46.

II.

BONIFACIVS Episcopus &c. Berardo Albanensi, & Simoni Penestrino Episcopis Apostolicæ Sedis Nuntiis. Fraternitati vestræ per Apostolica scripta mandamus, quatenus cùm, ad habendam pecuniam nostram pro causa prædicta ad partes vltramontanas mittamus, ad præsens & hoc procurari sollicitè per vestrum ministerium præcipuè confidamus, si fortè, quod absit, inuenta ipsa pecunia, per carissimum filium nostrum in Christo Philippum Francorum Regem illustrem, vel officiales eius aut quoslibet alios eiusdem pecuniæ de regno Franciæ prohiberetur vel non permitteretur extractio tacitè vel expressè, vos ambo vel alter vestrùm eundem Regem, officiales ipsius & quoscunque alios impedientes, tanquam impingentes apertè in Ecclesiasticam libertatem, & destruentes tam pium, tam vtile, tam arduum Dei & terræ sanctæ negotium, ex præteritis culpis per ipsos circa huiusmodi iam commissis, & specialiter impediendo venientes ad Romanam Ecclesiam, matrem cunctorum Christi fidelium & magistram, denuntietis publicè in sententiam promulgati canonis incidisse, & nihilominus in eum & eos de nouo excommunicationis sententiam proferatis: nonobstantibus quibuscunque priuilegiis vel indulgentiis eisdem Regi, officialibus, vel quibuscunque aliis impedientibus ab Apostolica Sede concessis, etiam si oporteret de illis expressam præsentibus, ac de verbo ad verbum fieri mentionem. Datum Romæ apud S. Petrum 5. Id. Februarij anno 3.

Apud eundem Raynaldum eodem loco.

Lettre de l'Archeuesque de Reims & ses suffragans au Pape Boniface, qui disent que sa Sainteté ayant fait vne Constitution pour le bien de l'Eglise, & pour la liberté Ecclesiastique, le Roy, les Princes & les Seigneurs temporels & toute la France l'ayant iugée tres-preiudiciable à leurs droits, ont resolu de faire appeller tous les François, tous priuileges cessans, principalement les Feudataires du Roy, enx & les autres Prelats du Royaume obligez enuers le Roy par hommage, & tous par serment de conseruer & defendre le droict & l'honneur du Roy & du Royaume, sans lequel il leur est impossible de subsister. Supplient le Pape de considerer la necessité où ils sont, & qu'il importe de conseruer l'Eglise Gallicane en ses libertez, qui ne peut estre bien & en son repos, sans estre vnie auec le Roy, les Princes & les Seigneurs temporels.

Au Thresor Regiſtre B p. 235.

Supplicatio facta Papæ per Archiepiscopum Remensem, & suffraganeos suos & Abbates prouinciæ suæ, vt prouideat super quadam constitutione per eum edita.

SANCTISSIMO patri ac domino suo, domino Bonifacio, diuina prouidentia sacro-sanctæ Romanæ ac vniuersalis Ecclesiæ Summo Pontifici, deuoti eius filij, miseratione diuina Petrus Remensis Archiepiscopus, & Episcopi Remensi Ecclesiæ suffragantes, & Abbates, cum humili sui recommendatione, deuotissima pedum oscula beatorum. In hac terrestri patria Ecclesiam militantem constituens prouidentia conditoris, eam ex alto prouidit sic commoda substitutione Vicarij gubernandam, qui, ne ipsam tempestuosæ huius sæculi fluctuationes confunderent, in turbatione sibi consilium impenderet, in tribulatione solatium, & in aduersitate succursum, vt sic huiusmodi salubri præsidio fulta Vicarij, triumphanti Ecclesiæ, quæ est Christi, ad salutem humani generis, eo deuotius, quo tranquillius, deseruiret. Ad ipsius quippe vicariatus apicem, diebus nostris, quod læti referimus, diuinæ gratia prouisionis assumpti, qualiter ad salubre regimen, statum prosperum, & exaltationem felicem ipsius Ecclesiæ, desideriis summis aspirantes, paternam curam, studium efficax, & indefessæ sollicitudinis operam duxeritis impendendam, vniuersalis iam notio publicat, & ipsa rei experientia manifestat. Ex huius siquidem desiderij feruente affectu, quem ad felicem statum vniuersalis Ecclesiæ paterno more solliciti geritis, beatitudinem vestram nouam nouiter constitutionem edidisse cognoscimus, per cuius beneficium, Ecclesiarum pericula remediare, salubriter obuiare dispendiis, & Ecclesiasticæ libertati voluit vtiliter prouidere: Verùm quia excellentissimus Princeps dominus noster Rex, ac Principes, Barones, & domini temporales, cæterique regnicolæ Franciæ, occasione ipsius constitutionis, quam onerosam, grauem, & præiudicialem nimis asserunt iuri suo, cùm omnes, tum singulos incolas dicti regni, ad defensionem regni & patriæ, omni priuilegio, excusatione, & exceptione cessantibus, vocare prætendunt, præsertim feodatarios & fideles Regis eiusdem, nósque, & alios Prælatos de regno, quorum quidam per homagium, & ferè omnes iuramento sumus fidelitatis adstricti eidem domino nostro Regi, ad ius & honorem ipsius, & regni seruandum, absque cuius necessario defensionis præsidio viuere tutè non possumus, nec defendi à nostrorum, quorum non deest copia, persecutione continua æmulorum, & dura turbatione commoti, per maiores in vnum consilio inito, quoad remedium vtile beniuolentia paterna prouideat, irreparabilis causæ præiudicium, quod non sine multa cordium amaritudine recitamus, retorquere disponunt; sicque Gallicana Ecclesia, quæ retroactis temporibus in pacis pulcritudine, & libertatis plenitudine conquieuit, diuersis iam exponitur fluctuationibus tempestatum, fremunt scandala, excrescunt angustiæ, & finalis ruinæ pericula sunt in promptu: ad Apostolicæ sanctitatis prouidentiam circumspectam propterea duximus fiducialiter recurrendum, quanta possumus deuota, & vnanimi instantia supplicantes, vt opportune & salubriter prouisionis remedium in hac parte clementius adhibere dignetur, per quod sedet scandala, & cum præfato domino Rege, suisque principibus, & cæteris temporalibus dominis dicti regni, eadem Gallicana seruet Ecclesia pacis & caritatis solitæ vnionem, ac sub alarum suarum velamine, & protectionis opportunæ suffragio suo, nostris temporibus, vni semper impendat creatori deuotè debitum famulatum. Et ecce venerabiles patres Episcopos ad Sanctitatis vestræ præsentiam propter hoc speciale destinamus, qui frementia scandala & imminentia, imò instantia in ianuis huiusmodi discriminosa pericula, sensibus vestris perfectiùs explicabunt oraculo viuæ vocis.

Les Euesques d'Albe & de Preneste, par ordre de Boniface exposent au Roy que sa Sainteté auoit ordonné vne treue entre le Roy de France, & les Roys des Romains & d'Angleterre, & prorogé ladite treue, & que le Pape auoit prononcé vne excommunication contre les contreuenans. Comme ils presenterent au Roy les lettres du Pape, auant que les faire lire le Roy sit faire, luy present, ces protestations: Que le gouuernement temporel de son Royaume ne dépendoit que de luy seul, & n'auoit en cela aucun superieur, & qu'il n'entendoit se soûmettre à personne viuant pour ce regard; qu'il auoit resolu de defendre ses droits & son Royaume auec ses amis; que cette indiction de treue, & l'intention de celuy qui la faisoit indire, ne l'empêchoient point: Pour le spirituel sa Maiesté estoit prest d'obeir aux ordres du S. Siege, comme deuot fils de l'Eglise. Quoy fait lesdits Euesques firent lire lesdites lettres pour la treue, & se retirerent.

Literæ B. Albanens. & S. Prænestin. Episc. super publicatione treugarum, inter Franc. Rom. & Angl. Reges.

VNIVERSIS præsentes litteras inspecturis miseratione diuina B. Albanens. & S. Prænestin. Episcopi salutem in Domino: *Notum facimus*, quòd cùm nos exposuissemus oraculo viuæ vocis, excellenti Principi, domino Philippo Francorum Regi illustri, treugas per sanctissimum patrem, & dominum nostrum, dominum Bonifacium Papam octauum, litteris suis patentibus iamdudum indictas, vsque ad festum natiuitatis beati Ioannis Baptistæ proximo iam elapsum, ipsi Regi, ac Romanorum & Angl. Regibus illustribus, super guerris, instigante Diabolo suscitatis, inter Romanorum & Angliæ Reges prædictos, seu quemlibet eorum, ex vna parte, & prædictum Franciæ Regem, ex altera: quas treugas publicare, & dictas litteras præsentare Francorum & Angl. Regibus ipsis distuleramus ex causa, necnon ad prorogationem dictarum treugarum ante tempus earum finitum, litteris suis patentibus per dictum dominum nostrum factam, à dicto festo beati Ioannis Baptistæ proximo præterito, vsque ad biennium percompletum, ac etiam vsque ad dictum tempus treugas de nouo indictas: sententias insuper excommunicationis in contrauenientes la-

1297.
20. Aug.

D ij

tas per ipsum Papam, prout in dictis litteris plenius continetur: Cúmque dictas litteras præsentaremus dicto Regi Franciæ legendas, idem Rex incontinenti, antequam eædem litteræ legerentur, nomine suo, & se præsente, fecit exprimi, & mandauit in nostri præsentia protestationes huiusmodi, & alia quæ sequuntur: videlicet, regimen temporalitatis regni sui ad ipsum Regem solum & neminem alium, pertinere, séque in eo neminem superiorem recognoscere, nec habere, nec se intendere supponere vel subiicere modo quocunque viuenti alicui, super rebus pertinentibus ad temporale regimen regni: sed potius se intendere feoda sua iustitiare, regnum suum defendere continuè, iúsque regni per omnia prosequi cum subditis suis, amicis, & valitoribus, prout hæc Dominus ministrabit: maximè cùm dictarum treugarum indictionis virtus, vel indicentis intentio, ipsum Regem aliquatenus non impediat in præmissis, vel aliquo eorumdem, vt dicebat, nec aliquem obicem contrarietatis opponat; sed dicti Regis regnique sui turbatores & æmulos arctiùs deprimat, illorum compescat audaciam, ausus frenet, ac excommunicationis sententias, si contra tenorem treugarum ipsarum venire præsumpserint, ipso Rege, dictóque regno suo, remanentibus non ligatis, iuxta declarationem per dictum dominum Papam factam litteris suis patentibus, ipsi Regi directis: à quibus declaratione & protestationibus, verbo vel facto, nunc, vel in futurum, idem rex non intendit recedere, vt dicebat. Quatenus autem ipsius Regis tangit animam & ad spiritualitatem attinet, idem Rex, prædecessorum suorum sequens vestigia, paratus est monitionibus, & præceptis Sedis Apostolicæ deuotè ac humiliter obedire, in quantum tenetur, & debet, & tanquam verus, & deuotus filius, Sedis ipsius, & sanctæ matris Ecclesiæ reuerentiam obseruare. Quibus præmissis, nos ad publicationem dictarum treugarum, & earum prorogationis, ac sententiarum, processimus, dictásque litteras Apostolicas, & earum tenorem, legi, & seriatim exprimi fecimus Regi prædicto. In quorum testimonium sigilla nostra præsentibus duximus apponenda. Datum Credulij Beluacens. diœces. 13. Kalend Maij, anno Domini 1297. Pontif. prædicti domini Bonifacij VIII. anno 3.

Bulle de Boniface, par laquelle après auoir narré les maux faits par ceux de la Maison des Colonnes, & tasché de la reduire à la raison, il dit qu'il auoit mandé à Iacques Cardinal du titre de Sainte Marie in via lata, *& Pierre du titre de S. Eustache Cardinaux de la Maison des Colonnes, de faire en sorte qu'Estienne Colonne neueu dudit Iacques, & frere dudit Pierre, ne tinst point la cité de Palestrine, les Chasteaux de Colonne & Carle contre l'Eglise, & qu'il n'en assistast pas Federic l'Empereur ennemy de l'Eglise. Qu'il auoit exhorté les deux Cardinaux de faire raison à ceux de leur Maison, qui pretendoient part ausdites terres; qu'ils ne l'auoient iamais voulu faire, au contraire lesdits Cardinaux se seroient retirez. C'est pourquoy il depose du Cardinalat lesdits deux Cardinaux, & de tous leurs benefices, les declare incapables à perpetuité de paruenir à la dignité Cardinale, & autre dignité Ecclesiastique, & des benefices assis* infra centesimum ab vrbe miliare; *les excommunie & tous ceux qui les tiendront pour Cardinaux, & ceux qui les receuront pour assister à l'élection du Pape; declare interdits les lieux qui les receuront. Priue à tousiours Iean & Oddo enfans de Iean Colonne frere dudit Cardinal Iacques, & tous les descendans dudit Iean, tant masles que femelles, de toutes sortes de benefices: declare inhabiles lesdits Iean & Oddo d'estre promûs au Cardinalat & au Pontificat, & declare les enfans de Iean*

DE BONIF. VIII. ET DE PHILIP. LE BEL.

inhabiles de tenir benefices iusques à la quatriéme generation. Ordonne, que lesdits Iacques & Pierre Cardinaux comparoistront dans dix iours pardeuant luy, à faute dequoy les prine de tous leurs biens meubles & immeubles.

V. Cap. vnicum de schismaticis in 6.

BONIFACIVS Episcopus seruus seruorum Dei, ad perpetuam rei memoriam. *In excelso throno* vidi sedere virum quem adorabat multitudo Angelorum psallentium in vnum, cuius imperij nomen est in æternum, & factus est principatus super humerum eius, & vocatur nomen eius Admirabilis, Deus fortis, Pater futuri sæculi, Princeps pacis, cuius licèt immeriti vices tenentes in terris debemus exurgere, vt dissipentur inimici eius, & fugiant à facie eius qui oderunt eum, sicut deficit fumus deficiant, & sicut fluit cera à facie ignis, sic pereant peccatores pertinaces in malo. Exultent iusti in conspectu Dei, & in lætitia delectentur, habentibus virtute præmium & culpa supplicium transiens posteris in exemplum, ex ore sedentis in throno procedente gladio bis acuto. Sanè præteritorum temporum nefandis Columnensium actibus, & præsentium prauis operibus recidiuis, ac futuris, de quibus verisimiliter formidabatur, in considerationem prudenter adductis, venit patenter in lucem quòd Columnensium domus exasperans, amara domesticis, molesta vicinis, Romanorum Reipublicæ impugnatrix, sanctæ Romanæ Ecclesiæ rebellis, vrbis & patriæ perturbatrix, consortis impatiens, ingrata beneficiis, subesse nolens, præesse nesciens, humilitatis ignara, plena furoribus, Deum non metuens, nec volens homines reuereri, habens de vrbis & orbis turbatione pruritum, studuit carissimum in Christo filium nostrum Iacobum Aragoniæ Regem illustrem, tunc hostem Ecclesiæ ac rebellem, Siculisque perfidia præsidentem, de facto in nostrum & carissimi in Christo filij nostri C. Siciliæ Regis illustris graue præiudicium, & grauamen Christianitatis, & terræ sanctæ succursus grande dispendium, in rebellione tenere tam sibi quàm nobili iuueni Frederico nato quondam Petri olim Regis Aragoniæ in crimine criminoso fauendo, vt illud notissimum omittamus qualiter quondam Ioannes de Columna tituli sanctæ Praxedis Presbyter Cardinalis, & Oddo de Columna nepos ipsius, pater Iacobi sanctæ Mariæ in via lata, & auus Petri de Columna sancti Eustachij, Diaconi Cardinalium tempore fœlicis recordationis Gregorij Papæ IX. prædecessoris nostri fuerunt durè ac grauiter ipsam Ecclesiam persecuti, cum damnatæ memoriæ Frederico olim Romanorum Imperatore, supradictæ Ecclesiæ publico persecutore & hoste, tempore quo quondam Matthæus Rubeus de domo filiorum Vrsi, sororius dicti Oddonis, Senatus in vrbe regimen exercebat, ad honorem & obsequium Ecclesiæ memoratæ, à cuius Matthæi domo dictus Cardinalis & Oddo, & eorum posteri, multa beneficia receperunt, præsertim à fœlicis memoriæ N. Papa III. prædecessore nostro, qui dictum Iacobum iuuenem satis, & inscium, perniciosam tamen postmodum hypocrisim tunc temporis periculosè gerentem ad Cardinalatus prouexit honorem, quod vtinam non fecisset, quia nec Sedi Apostolicæ, nec Christianitati, nec dicti prædecessoris N. domui talis promotio expediuit, quam dicti Iacobus & Petrus, ac sui velut ingratitudinis filij & beneficiorum immemores multipliciter impugnarunt, terras etiam subiectas Ecclesiæ sibique rebelles in rebellione fouebant, in hoc dantes eisdem auxilium & fauorem. Nouissimis verò temporibus dicti iuuenis Frederici latenter discurrentibus nuncijs per vrbem & loca

1297.
10. May.

vicinia, vt immiſſis ſcandalis ea poſſent ipſius ſubiicere ditioni, licèt id procurarent homines dictæ domus Columnenſium, & ad hoc eis miniſtrarent auxilia & fauores, manſuetudinis tamen Apoſtolicæ Sedis benigna ſinceritas, quæ libentiùs emendat in ſubditis peccata quàm puniat, nec exerit ferrum præciſionis in morbos quos ſanare poteſt, mulcibris lenitas medicinæ eos ſtuduit, nunc paternæ lenitatis dulcedine alloqui, nunc verbis caritatiuæ correctionis inducere, vt à talibus abſtinerent, ipſorúmque elatam pertinaciam ; imò effrenem ſuperbiam non ſemel, ſed pluries in fulgore terrificæ comminationis increpuit, tendens ante ipſos arcum iuſtitiæ in rigore quo ſagitta perpetuæ deiectionis ſolita non conuerti retrorſum emittitur, vt formidabilis vindictæ ſignificatio eis clementer exhibita ſtupori eorum ſenſum timoris incurreret, & fugam ad miſericordiam per compendium pœnitentiæ ſuaderet. Sed nec ſic profecimus apud eos, traxit enim illos in deſperationis laqueum moles præponderans peccatorum, vt nec rationibus, nec correctionibus, monitionibus, ſiue minis reduci potuerint ad ſalutem, quin potiùs velut aſpis ſurda ſuarum aurium obſtruxerunt auditum, eligentes quaſi pro gloria confuſionis opprobrium, & irreparabilis ruinæ periculum pro tutela. Periculis igitur obuiare volentes, dictis I. & P. Cardinalibus diſtrictè mandauimus, vt terras quas Stephanus ipſius Iacobi nepos, & frater Petri præfati tenere vulgariter dicebantur, videlicet ciuitatem Peneſtrin. caſtra Columnæ & Caroli, procurarent cuſtodienda ad noſtrum beneplacitum aſſignari, ne per ea vrbis & patriæ poſſent quies & tranquillitas impediri ; & vt ex eis non poſſet præſtari auxilium dicto Friderico hoſti Eccleſiæ memoratæ, vtque ipſe hoſtis, & valitores ſeu adiutores ipſius non receptarentur in eis. Aſſignationem quorum non reuocabatur in dubium ab ipſorum I. & P. voluntate pendere, quæ conficto ſeu quæſito colore teneri per dictum Stephanum dicebantur, ne dilecto filio Matthæo Præpoſito Eccleſiæ de ſancto Audomaro Morinenſis diœceſis, & nobilibus viris Oddoni & Landulfo fratribus dicti I. filiis ſæpedicti Oddonis aſſignaretur paterna & hæreditaria portio, quæ in dictis ciuitate & caſtris competebant eiſdem, quia propter duritiam & crudelitatem dictorum Iacobi & Ioannis defuncti, Petri & fratrum ſuorum nequiuerunt habere, licèt quadraginta anni & ampliùs ſint elapſi, quòd obiit dictus Oddo, quatenus etiam nos pietate moti pro bono pacis inter eos interpoſuerimus ſollicitè partes noſtras, vt vnuſquiſque de dictis ciuitate & caſtris ſuam portionem hæreditariam obtineret, oblationibus magnis factis nepotibus dicti Iacobi in auantagium, vt huiuſmodi concordia proueniret, conſiderantes fore indignum, vt quibus de vna ſubſtantia competit æqua ſucceſſio, alij abundanter affluant, alij paupertatis incommodis ingemiſcant : quos tamen rationibus, precibus, ſiue minis ad hoc nequiuimus emollire. Ipſi verò I. & P. Cardinales à noſtra præſentia recedentes non facta huiuſmodi aſſignatione, quæ ab eorum beneplacito dependebat, nunquam ad nos poſtea redierunt. Nos igitur attendentes ipſorum Columnenſium adeo incalluiſſe duritiam, adeo fore nequitiam induratam, quòd non rationibus dirigi, non blandimentis allici, non fomentis reduci, nec minis etiam inclinari potuerunt ad bonum, ex quo blandimenta non proderant, nec fomenta valebant deliberauimus apponere manus ad fortia, & ferro abſcindere vulnera, quæ medicamenta non ſenſerant lenitiua, ac præmiſſis & aliis quæ nobis & fratribus noſtris rationabiliter occurrerunt prouida deliberatione diſcuſſis, prouidimus non ſolùm contra filios dicti Ioannis qui peccabant apertiùs, verùm etiam contra I. & P. præfatos, ex quorum adipe prædictæ iniquitas & superbia procedebant, iustè procedere, qui consentiebant ipsis peccantibus præstando fomentum, fauorem, præsidium & tutamen, quia culpa non caret, & delicti efficitur particeps qui non prohibet delinquentem dum potest, & negligere, cùm quis potest, perturbare peruersos, nihil aliud est quàm fouere, nec caret scrupulo societatis occultæ qui manifesto facinori desinit obuiare. Cúmque dictorum I. & P. Cardinalatus & status dictæ Ecclesiæ, eiúsque fidelibus esset in scandalum, corúmque potestas non in ædificationem sed in destructionem, ipsíque obessent quibus prodesse debebant; nec nos releuarent per suam particularem sollicitudinem, qui vocati sumus à Deo in plenitudine potestatis, imò potiùs impugnarent, quantumlibet venerabilibus fratribus nostris Episcopis & dilectis filiis Presbyteris & Diaconibus sanctæ Romanæ Ecclesiæ Cardinalibus quantum cum Deo possumus deferamus, ipsorum Collegium honoremus, eorumdem I. & P. elegimus domare superbiam in robore virtutis altissimi, arrogantiam & præsumptionem elatam conterere, eos tanquam oues morbidas à Dominico ouili abiicere, ipsósque vt culpa supplicium timeat, & virtus præmium retributionis expectet, à loco suo quantumcunque sublimi perpetuò amouere, tam ex eorum culpis & demeritis, ac suorum, quàm ex causis rationabilibus quæ nos mouent, præsertim cùm explorati diuini & humani iuris existat vnum pro altero interdum ex causa puniri. Eorum ergo absentiam Dei replente præsentia, ad honorem Dei omnipotentis, beatæ Mariæ semper virginis, beatorum Apostolorum Petri & Pauli, & Romanæ Ecclesiæ sæpedictæ præfatos Iacobum sanctæ Mariæ in via lata, & Petrum sancti Eustachij Diaconos Cardinales, de ipsorum fratrum nostrorum consilio, à Cardinalatibus ipsius sanctæ Romanæ Ecclesiæ, & prædictarum Ecclesiarum deponimus, omnibúsque Cardinalatus seu Cardinalatuum viribus, commodis, vtilitatibus, honoribus, prouentibus, fructibus, redditibus, obuentionibus, & quibuscumque ad Cardinalatum seu Cardinalatus ipsos spectantibus, priuamus perpetuò, necnon cunctis Monasteriis & Ecclesiis Hospitalibus, religiosis & sæcularibus, ipsis & eorum cuilibet sub quacunque forma modo titulo-ve concessis, ac commissionibus seu commendis de eis factis, & omni iure & iurisdictione ipsis & eorum cuilibet competentibus in eisdem vel ipsorum aliquo vel aliquibus infra vrbem & circa vrbem, reddentes ipsos, & vnumquemque ipsorum perpetuò inhabiles ad apicem Apostolicæ dignitatis, & Cardinalatus honorem, seu statum, dignitatem & officium, beneficium, ministerium & iurisdictionem quælibet in Romana Ecclesia & eius curia, seu in vrbe, & circa vrbem, aut in Monasteriis, Ecclesiis, regularibus vel sæcularibus, constitutis infra centesimum miliare ab vrbe, cuiuscunque ordinis, conditionis aut status existant, & statuentes vt nec ad ipsa, nec ipsorum aliquod vocari aut eligi valeant, vel assumi. & si secus scienter vel ignoranter actum fuerit, illud decernimus irritum & inane. Excommunicamus insuper prædictos I. & P. & etiam omnes illos qui de cætero scienter & deliberatè, pro Cardinalibus ipsos vel aliquem eorum habuerint, & assensum præstiterint, quòd pro Cardinalibus habeantur, & qui ipsos, vel ipsorum aliquem in electione Romani Pontificis ad aliquem actum vt Cardinales admiserint, vel vocis eorum suffragium, aut alicuius ex eis, omnes etiam & singulos cuiuscumque eminentiæ fuerint, dignitatis, ordinis, conditionis aut status, etiamsi fuerint sanctæ Romanæ Ecclesiæ Cardinales, qui ipsis Iacobo, & Petro, vel eorum alteri, postquam, quod absit, in hæresim, vel in schisma

& rebellionem ceciderint, in hæresi vel schismate aut rebellione stantibus scienter & deliberatè præstiterint auxilium, consilium, vel fauorem, publicè vel occultè, omni statu ecclesiastico, prælatura, & honore priuamus, & omnia ciuitates, castra, terras, & loca, quæ ipsos, vel aliquem eorum in hæresim, schisma, vel rebellionem lapsos, scienter susceperint, tenuerint, ecclesiastico supponimus interdicto. Priuamus quoque perpetuò Ioannem & Oddonem, natos quondam Ioannis de Columna, fratres dicti Iacobi, & omnes qui descenderunt & descendent ab ipso Ioanne de Columna per masculinam & fœmininam lineam, omnibus dignitatibus, personatibus, officiis, canonicatibus, præbendis, & beneficiis ecclesiasticis cum cura vel sine cura, & pensionibus, quæ in quibuscumque religiosis vel sæcularibus Ecclesiis obtinent, vel ab eis, omnique iure ad ipsa, vel ipsorum aliquod, vel aliqua obtinenda ipsis, vel eorum alicui competenti. Reddimus etiam inhabiles perpetuò tam ipsos Ioannem & Oddonem, & alios fratres eorum, quàm omnes qui per lineam masculinam vel fœmininam à dicto Ioanne de Columna descenderunt vel descendent, ad Apostolicæ dignitatis apicem, & Cardinalatus, seu status honorem, & ad dignitatem, iurisdictionem, beneficium, officium, ministerium, & regimen, quælibet ecclesiastica vel mundana, quocumque nomine censeantur, in dictis Romana Ecclesia, & curia, & in vrbe, vel circa quomodolibet obtinenda: & nihilominus omnes filios dicti Ioannis, & omnes qui ab ipso Ioanne per dictas lineas descenderunt vel descendent, inhabiles reddimus vsque ad quartam generationem, ad omnes ecclesiasticos ordines, prælaturas cuiusuis altitudinis, eminentiæ, ordinis, conditionis aut status, honores, dignitates, personatus, canonicatus, præbendas, pensiones, officia & beneficia ecclesiastica vel mundana, & regimen, quælibet & vbilibet extra vrbem, præsertim in prouinciis, ciuitatibus, castris, terris, & locis Romanæ Ecclesiæ sæpedictæ subiectis; decernentes irritum & inane, si secus à quoquam scienter vel ignoranter fuerit attentatū. Omnia insuper canonicatus, præbendas, dignitates, personatus, officia & beneficia cum cura vel sine cura, pensiones, ecclesiasticos redditus seu prouentus, quæ dicti Iacobus & Petrus, vel vnusquisque eorum habet, tenet, seu possidet in quibuscumque seu à quibuscumque Ecclesiis, donationi Apostolicæ reseruamus, intendentes de ipsis disponere, prout eorum obedientia vel inobedientia, humilitas vel obstinata superbia exiget, seu videbimus expedire. Ad hæc Iacobum & Petrum prædictos apertè monemus, eisque districtè præcipimus, astantibus nobis dicto collegio venerabilium fratrum nostrorum sanctæ Romanæ Ecclesiæ Cardinalium, & aliorum Prælatorum, clericorum & laicorum multitudine copiosa, vt infra decem dierum spatium, quod eis pro peremptorio termino assignamus, personaliter compareant coram nobis recepturi pro meritis, & nostris beneplacitis parituri: alioquin dictos Iacobum & Petrum, & eorum quemlibet, si, vt præmittitur, coram nobis non comparuerint, omnibus bonis mobilibus, stabilibus, seu immobilibus, quæ ipsis aliquibus, vel alicui eorum in quibuscumque ciuitatibus, communitatibus, Comitatibus, Baroniis, castris, tertis, roccis, villis, casalibus, territoriis, districtibus, possessionibus, seu iuribus infra prouincias seu terras Ecclesiæ Romanæ subiectas, siue infra regnum Siciliæ citra farum vel vltra fuerint constituta, vel alibi vbicumque, Apostolica auctoritate priuamus, publicamus, & etiam confiscamus; nihilominus contra eos alias spiritualiter & temporaliter prout expedire viderimus processuri. Præmissa omnia & singula facimus exigente iustitia, & ex officio, ac de Apostolicæ

pleni-

DE BONIF. VIII. ET DE PHILIP. LE BEL.

plenitudine poteſtatis, nonobſtantibus quibuſcunque rimulis Iuris canonici vel ciuilis, conſtitutionibus canonicis, vel ciuilibus, priuilegiis, ſeu conceſsionibus dictæ Sedis, ſub quacunque verborum cōceptione conceſsis, etiamſi de ipſis, vel eorum toto tenore de verbo ad verbum oporteret fieri mentionem, quæ contra hæc, vel eorum aliqua, vel aliquod poſſet obiici vel opponi. Actum Romæ apud ſanctum Petrum in publico conſiſtorio noſtro, ſexto Idus Maij, Pontificatus noſtri anno tertio.

Coffre Boniface numero 11.

Acte par lequel vn Clerc de chambre du Pape Boniface enuoyé par luy, cite Pierre Cardinal de S. Euſtache de comparoir le iour meſme deuant ſa Sainteté où ſeront les Cardinaux : le Pape voulant ſçauoir, ſi Papa eſt. Et ce ſous peine de priuation du Cardinalat.

Coffre Boniface numero 95.

IN nomine Domini Amen. Anno Domini 1297. indict. 10. menſis Maij die 4. Pontif. dom. Bonifacij Papæ VIII. anno 3. in præſentia mei Notarij, & teſtium ſubſcriptorum ad hoc ſpecialiter vocatorum & rogatorum, Magiſt. Ioannes de Pen. Clericus cameræ eiuſdem domini Papæ, citaui vener. patrem dom. Petrum S. Euſtachij Diacon. Cardinal. ex parte ipſius dom. Papæ, per hæc verba : Vobis reuerendo patri dom. P. S. Euſtachij Diacono Card. ego Ioannes de Pen. cameræ dom. Papæ Clericus de ipſius domini ſpeciali mandato facto mihi, per eum oraculo viuæ vocis mando in virtute obedientiæ, & ſub pœna priuationis Cardinalatus, vt hodie die ſabbati de ſero coram eo in præſentia fratrum dominorum Cardinaliū, quos ipſo ſero vocari mandauit, præſentialiter comparere debeatis, audituri quid ſibi placuerit dicere, & mandare quòd vult ſcire, ſi Papa eſt. Actum Romæ in palatio S. Apolenaris in capella ipſius domini Cardinalis, præſente domino Ricardo de Monte nigro Præpoſito Remen. & domino Olerado de Laude Familiarib. eiuſdem domini Cardinalis. Et ego Petrus de Setia publicus Imperiali auctoritate Notarius, prædictæ citationi rogatus interfui, & eam fideliter ſcripſi & publicaui, & meum ſignum appoſui. Et ſignatum ſigno ipſius Notarij. Actum, autenticatum, lectum, auſcultatum & tranſcriptum fuit hoc inſtrumentum in Monte Pen. in camera venerandi patris domini Iacobi Sanctæ Mariæ in via lata Diacon. Card. præſentibus venerabilibus viris dominis Thomaſio de Monte nigro Archidiacono Rotomagen. Iacobo de Labio Canonico Carnotenſi, Henrico de Arion. Priore S. Benedicti de Calcaia Spoletan. diocesis, Ioanne de Gallicano dom. Papæ ſcriptore, & fratre Deodato de Ordine Minorum, teſtibus ad hæc vocatis & rogatis. Sub anno Domini 1297. indict. 10. menſis Maij die 15. Pontif. domini Bonifacij Papæ VIII. anno 3. ſign.

1297.
4. May.

Acte de deux Cardinaux, Iacques du titre de Sainte Marie in via lata, & Pierre du titre de S. Euſtache. Diſent que le 4. May 1297. Benedict Cayetan qui ſe dit Pape, les manda à S. Pierre, pour ſçauoir s'il eſtoit tenu par eux pour Pape: qu'ils ne voulurent pas comparoir n'y croyans pas de ſeureté, & firent leurs proteſtations, qui portent qu'il n'eſtoit pas Pape legitime, ce qu'ils denonçoient au College des Cardinaux, & que la ſubuerſion de l'Egliſe eſtoit certaine ſi l'on le tenoit pour tel. Que la renonciation de Celeſtin n'eſt pas Canonique, & en diſent pluſieurs raiſons. Et ſur cette declaration qu'ils font à Boniface qu'il n'eſt pas Pape, ils demandent inſtamment que le Concile general ſoit conuoqué, à la deci-

E

34 PREVVES DE L'HIST. DV DIFFEREND

sion duquel ils promettent d'acquiescer. Cependant *ils demandent que tous les actes de Boniface soient mis en suspens, & que le Concile en iuge, & insques à ce, entant qu'à eux est, ils luy interdisent tout exercice du Papat.* Et par ce, disent-ils, *qu'ils craignent la tyrannie de Boniface qui voudra proceder contre eux, ils appellent au saint Siege ou au Pape futur, & au Concile general, & ce pour eux leurs parens, amis, & adherens.* Disent *que l'on a tousiours procedé auec grande circonspection contre les Cardinaux, & en rendent quelques raisons.* Ils declarent *donc aux Princes, Prelats, & à tous les Chrestiens qu'estant necessaire de pouruoir d'vn souuerain Pasteur à l'Eglise, qu'il faut assembler le Concile general pour pouruoir à tous ces desordres, & qu'ils ne sont point obligez d'obeir en rien à Boniface, principalement aux choses qui appartiennent à l'Office Pontifical.*

A cet acte il y a plusieurs témoins François.

1297.
10. May.

VNIVERSIS præsens instrumentum publicum inspecturis, cuiuscumque præcellentiæ, dignitatis, status, vel conditionis existant, Ecclesiasticæ, vel mūdanæ. Miseratione diuina Iacobus S. Mariç in via lata, & Petrus S. Eustachij Diaconi Cardinales, salutem in Domino sempiternam. Ad notitiam vestrā deducimus tenore præsentis publici instrumenti sigillorum nostrorum munimine roborati, quòd cùm nuper videlicet die Sabbati 4. mensis Maij, anni Domini præsentis 1297. decimæ indictionis circa horam nonā ipsius diei Sabbati, Benedictus Gaietanus qui se dicit Romanum Pontificem, non sine maligni spiritus instigatione, subitò, temerariè, præcipitanter & iniustè mandauerit nobis, si tamen mandatum dici debet, per Mag. Ioannem de Penestre clericum Cameræ, vt eadem die Sabbati in sero coram eo apud S. Petrum personaliter compareremus, audituri quid vellet dicere & mandare, quia volebat scire vtrum ipse sit Papa, nos cùm locus esset nobis cert:, vera & nota ratione suspectus, præsertim quòd die illa vrbs tota erat commota & in armis posita, timentes periculum personarum, coram ipso Benedicto, licèt sibi in nullo respondere teneremur, per Procuratores & excusatores legitimos eadem die excusationem legitimam de suspicione loci proponi fecimus in præsentia Notarij & testium fide dignorum : & sequenti die Dominico cùm non pateret aditus Procuratoribus nostris, ad eum protestationes fieri fecimus in camera sua coram Hostiariis maioribus & minoribus de suspicione loci, vt præmittitur, & de insidiis nobis positis in via, si iuissemus ad locum ipsum hora prædicta, & alias legitimas excusationes proponi, vt de hiis apparet publicis documentis. Ceterum quia in fine illius citationis, si tamen citatio dici debeat, continebatur expressè, quòd dictus Benedictus scire volebat, vtrum ipse sit Papa, eidem duximus secundùm tenorem infrà scriptæ scedulæ respondendum, cuius tenor talis est. Respondemus ad vltimum verbum inter alia, in mandato nobis facto propositum, si tamen mandatum dici debeat : quod volebatis scire, vtrum essetis Papa, quòd vos non credimus legitimum Papam esse, sacróque coetui dominorum Cardinalium denuntiamus, suámque prouisionem & remedium super hoc expóscimus, cùm hoc expediat vniuersali Ecclesiæ & fidei fundamento, vt loco Dom. nostri Iesu Christi, & in cius vices non nisi verus & legitimus, verè & legitimè pastor præsit, curámque gregis sibi commissi legitimè gerat, ne si quod absit non verus pastor insurgeret, seu etiam remaneret, non leuem iacturam, seu fundamentalem subuersionem reciperet S. Catholica & vniuersalis Ecclesia, Ecclesiasticis Sacramentis, indignè, proh dolor! profanatis, dum per eum indignè, indebitè, & illegitimè ministrarentur, qui potestatem & auctoritatem ministrandi legitimam non haberet. Non enim Sacramenta dare possunt, qui ea dandi potestatem non habent, nec ministros creare qui non sunt. Frequenter namque audiuimus à plurimis non leuis auctoritatis viris, Ecclesiastici & secularis status & dignitatis, dubitari verisimiliter, an renuntiatio facta per sanctæ memoriæ dominum Celestinum PP. V. tenuerit, & legitimè & canonicè facta fuerit, cùm verisimiliter contrarium videatur, ex eo quòd Papatus à solo Deo est, & qui à Deo vel ab alio superiori committuntur, à nullo possunt inferiori remoueri, & sic Papalis potestas quæ à solo Deo committitur, à nullo inferiori remoueri posse videtur. Item ex eo quòd nullus potest auctoritatem & potestatem aliquam spiritualem auferre, quam conferre non potest: sed auctoritatem Papalem nullus conferre potest nisi Deus, ergo neque eam auferre ; sed si tenetur renuntiatio, auferretur Papalis potestas, ergo renuntiatio non videtur fieri posse. Item etiam Decretalis *Inter corporalia* expressè innuit, quòd depositio Episcoporum, translatio eorum, & absolutio per cessionem soli PP. est reseruata, nec etiam ipsi conceditur, nisi in quantum Papa quodammodo Deus est, id est Dei Vicarius, vt patet ex textu. Ergo remotio Papæ; quia Papatus omnes dignitates excellit, per superiorem Papa voluit ipse Deus tantummodo fieri, id est, per semetipsum; nulla enim ratio capit, quòd Deus voluerit inferiores dignitates per ipsum Deum tantùm, aut per harum superiorem dignitatum tolli posse, nec per ipsum superiorem, nisi in quantum ipse superior scilicet Papa est Dei Vicarius, & tamen voluerit ipsum Papatum, quæ est summa dignitas, quæ propriè Christi est, nedum per inferiorem Deo, sed etiam per inferiorem ipsa dignitate tolli posse ; & sic solus Deus videtur tollere posse Papatum & nullus alter, sicut multipliciter videtur colligi ex textu prædictæ Decretalis. Item ex eo quòd summa virtus creata per nullam virtutem creatam videtur posse tolli : sed Papatus est summa potestas in creatura, ergo per nullam virtutem creatam tolli posse videtur. Item ex eo quòd nec Papa, nec tota creaturarum vniuersitas potest facere quòd aliquis Pontifex non sit Pontifex, ergo multomagis non videtur posse facere quòd summus Pontifex, non sit summus Pontifex. nam minus est tollere simpliciter Pontificem, quàm summum Pontificem. Ergo cùm simpliciter Pontificem nullus possit tollere nisi Deus, nec summum Pontificem videtur aliquis posse tollere nisi Deus, quod fieret si renuntiare posset ita quando valeret. Item ex eo quòd Papa non est Papa nisi per legem diuinam, & nisi per legem alicuius creaturæ, nec omnium creaturarum simul, ergo nullo modo videtur quòd Papa possit eximi quin sit Papa. Non enim Papa ex quo consensit, & subiecit se legi sponsæ, potest esse non Papa per aliquam creaturam, neque per omnes simul, vt videtur. Item ex eo quòd nullus potest tollere votum alicuius, seu ab ipso absoluere, nisi ille qui est supra votum : sed Papatus est quoddam votum maximum supra omnia vota, nam vouet Papa de facto ipsi Deo quòd curam habebit vniuersaliter gregis sui, totius scilicet vniuersalis Ecclesiæ, & quòd de ipsis reddet rationem : ergo ab ipso voto solus Deus eum absoluere posse videtur: ergo de Papa nullus videtur posse fieri non Papa, nisi tantummodo à solo Deo aliqua ratione : nullus enim alicui obligatus potest ab obligatione se ipsum absoluere, qua tenetur obnoxius, maximè superiori obligatus: sed Papa nullum habet superiorem nisi Deum, & per Papatum se Deo obligauit, ergo à nullo posse videtur absolui nisi à Deo. Item ex eo quòd nullus videtur se ipsum absoluere posse, sed si valeret renuntiatio, videretur quòd seipsum posset absoluere. Item ex eo quòd Papalis obligatio non videtur posse tolli, nisi per maiorem potestatem quàm Papalis sit, sed nulla potentia creata est maior quàm Papalis, ergo fieri non potest per Papam, nec per aliquid aliud, nisi per Deum, vt qui semel est Papa, non sit semper Papa, dum viuit, vt videtur. Item ex eo quòd nulla dignitas Ecclesiastica post legitimam confirmationem potest tolli nisi per eius superiorem, sed Papa solus est cæteris maior, ergo à solo Deo tolli posse videtur. Item ex eo quòd Apostolus vult & probat Sacerdotium Christi esse æternum, & adiuuere in æternum in Sacerdote, sequitur ipsum esse Sacerdotem in æternum, ergo nullo modo potest esse vita summi Pontificis, & summi Sacerdotis sine summo sacerdotio, ergo non potest renuntiare, vt videtur, & nimis extraneum & à ratione remotum apparet, quòd summus Pontifex qui est verus successor & Vicarius Iesu Christi, qui est Sacerdos in æternum, possit absolui ab alio, quàm ab ipso Deo, & qui quandiu vixerit non maneat summus Pontifex, & quòd aliquo modo possit esse vita summi Sacerdotis sine summo sacerdotio vt videtur. Item ex eo quòd si diceretur quòd vita summi Sacerdotis esset sine summo sacerdotio, argumentum Apostoli vbi dicit, secundùm legem Mosaïcam, plures facti sacerdotes &c. penitus nullum videretur esse, sed falsitatem cōtineret: nam posset argui contra ipsum, quare Christus sempiternum habet sacerdotium, respondet Apostolus, eo quòd manet in æternum. Dico tibi Beate Apostole, non est verum quòd potest in vita sua renuntiare, & non erit sacerdos ampliùs, ex hac positione quòd Papa renuntiare posset, totius Scripturæ sacræ & verbi Apostoli falsitas sequi videretur, & ex multis aliis rationabilibus & euidentibus causis, hoc ipsum videtur verisimiliter & iustissimè in dubitationem deduci. Item ex eo quòd in renuntiatione ipsius multæ fraudes & doli conditiones, & intendimenta & machinamenta, & tales, & talia interuenisse multipliciter asseruntur, quòd esto quòd posset fieri renuntiatio, de quo meritò dubitatur, ipsam vitiarent, & redderent illegitimam inefficacem & nullam. Item ex eo quòd esto quòd renuntiatio tenuisset, quod nullo modo asseritur, neque creditur, plura postea interuenerunt, quæ electionem postmodum subsecutam, nullam & inefficacem reddiderunt omnino. Ex quo igitur vos qui principaliter tangimini dubitatis & in quæstionem deducitis, dicendo vos velle scire, vtrum sitis Papa, prout in mandato per vos facto, si mandatum dici debet per Mag. Ioannem de Penestre Clericum Cameræ continebatur expresse, amodo nos qui ex vera fide asserimus & climata conscientiæ firmiter credimus, vos non Papam tuta conscientia silere non possumus, quin in tanto negotio, quod sic vniuersaliter tangit medullitus Ecclesiam, veritas declaretur. Propter quod petimus instanter & humiliter generale Concilium congregari, vt in eodem de iis omnibus veritas declaretur, omnisque error abscedat. Et si quidem vniuersale Concilium, auditis, & pensatis supradictis, & aliis negotium contingentibus, declarauerit renuntiationem legitimè & canonicè processisse, & electionem legitimè & canonicè postea subsecutam, eiusdem declarationi cui stare & parere nos offerimus, à nobis, & ab aliis humiliter deferatur, & pareatur omnino. Si verò vel renuntiationem non legitimè vel canonicè processisse, vel electionem minùs legitimè, vel canonicè subsecutam dicti Concilij declaratione, aut deliberatione claruerit, cedat error, & de vero sponso prouideatur legitimè & canonicè vniuersali Ecclesiæ sponsæ Christi. Propter pericula autem notoria & manifesta, quæ Ecclesiæ Dei multi-

DE BONIF. VIII. ET PHILIP. LE BEL.

pliciter ex huiusmodi dubietate & ambiguitate, & illegitimitate, cùm claruerit, imminere noscuntur, petimus quod iustè & de iure debemus, & ad id tenemur, nec possumus aliquatenus tuta conscientia præterire, omnes vestros actus & processus suspendi, & de eis & super eis per dictum generale Concilium videri, & iudicari, & decerni, & ab omni pastoralis officij cura & actu abstineri omnino, quousque, vt suprà dictum est, per generale Concilium de suprà dictis veritas declaretur. Et quatenus in nobis est, vobis omnem pastoralis officij executionem interdicimus omnino, vsque ad prædictam discussionem, & declarationem prædicti petiti Concilij generalis: supponimus quoque nos, statum, bona & iura nostra, & omnium aliorum qui præsenti denuntiationi, petitioni, prouocationi, & protestationi insistere & adhærere voluerint, cuiuscumque conditionis, status & dignitatis existant, Ecclesiasticæ vel mundanæ, iurisdictioni diuinæ, protectioni, defensioni & decisioni dicti Concilij generalis & veri Ecclesiæ Romanæ Pastoris. Et quia vestram timemus tyrannidem, ne prouocatus ex prædictis, & aliis contra nos, & nostros, & bona, aut statum, & iura nostra, & nostrorum & cuiuslibet nostrûm spiritualiter, aut temporaliter, cum scandalo Ecclesiæ maximo, non sine graui Christi offensa in nostrum præiudicium non modicum & grauamen, & scandalum plurimorum de facto, cùm de iure non possitis, nec iurisdictionem aliquam habeatis in nos quousque de suprà dictis per Concilium generale veritas declaretur, procedatis quomodolibet ex arrupto, peruertendo maximè iuris ordinem contra consuetudinem Romanæ Ecclesiæ, & Canones Nicæni Concilij, & iura, quæ nedum contra Cardinales tanquam principalia membra & Ecclesiæ cardines solemnitatem iuris maximam in testibus & in aliis, & maturitatem debitam semper obseruat, sed contra quamcumque personam Ecclesiasticam vel secularem, iuris ordinem seruare, & iustitiam cuilibet reddere consueuit, indeliberatè, & inconsultè sine causa & maturitate, seu monitione legitimis in nos vel nostrûm alterum, seu nostros consanguineos, familiares, & deuotos, vel alios nobis in hac parte adhærentes vel adhærere volentes, cuiuscumque præeminentiæ, dignitatis, conditionis, aut status existant, depositionis, excommunicationis, suspensionis vel interdicti in terram nostram, vel alias sententias, siue processus spirituales vel temporales, si tamen dici debeant sententiæ, vel processus de facto, & contra iustitiam fulminando, ad Sedem Apostolicam, seu subsequentem verum Ecclesiæ Romanæ Pastorem, & ad generale Concilium, vt præmittitur postulatum, nomine nostro, & omnium adhærentium cuiuscumque status, vel conditionis existant, siue Ecclesiasticæ, vel seculares personæ, in his scriptis prouocamus, appellamus, & specialiter publicè protestamur. Et quia timemus periculum personarum, si notificaremus vobis in persona in loco maximè vbi estis, videlicet quin faciatis capi denuntiantes, vel notificantes prædicta, sicut quotidie facitis illis qui aliquid, quod vobis non placeat, pro iustitia sua & veritate proponunt. Præsertim quòd comminati estis, horrenda, inaudita, & stupenda facere in honore, seu dignitate, personis & rebus, quæ non sunt opera Pontificis, sed inimici Dei & orthodoxæ fidei, atque nostri potius, & tyranni. Publicè protestamur quòd in vrbe Romana, ciuitatibus, & castris per totum orbem vbi securè poterimus, Principibus, Prælatis, & fidelibus vniuersis prædicta notificari, & denuntiari publicè faciemus ad maiorem euidentiam, & veritatis testimonium præmissorum. Placeat igitur vobis vniuersis & singulis ad prædicti postulati generalis Concilij congregationem efficaciter, & diligenter intendere, vt om-

E iij

PREVVES DE L'HIST. DV DIFFEREND

ni errore sepofito de prædictis, & aliis per sacri deliberationem Concilij veritas elucefcat, & prouideatur Ecclesiæ salubriter & celebriter, quæ deformationem & iacturam patitur sub tyranno prædicto ; cùm hoc vniuersali Ecclesiæ expediat summè, & animarum saluti, & fidei fundamento, vt ouili gregis Dominici, non nisi verus & legitimus verè & legitimè pastor præsit, & quòd à Dei Ecclesia sponsa Christi, quæ non habet maculam neque rugam, omnis iniquitas, iniustitia, & illegitimitas repellatur, & toti orbi qui in tenebris manet, & guerris ex illegitimitate, & iniquitate tyranni, salus, pax, quies & tranquillitas fauente diuina misericordia propinetur : & medio tempore, donec per prædictum generale Concilium veritas declaretur, pendente ipsius statu, eidem in nullo parere, seu intendere vel respondere de aliquo omnino curetis, in his potissimè quæ ad Pontificale officium pertinere noscuntur, & in quibus vertitur præcipuè periculum animarum. Vt autem prædicta in dubium venire non possint, rogauimus magistrum Dominicum Notarium infrascriptum, vt de prædictis nobis conficiat publicum instrumentum. Actum in Castro Longetiæ in territorio Romano in domo domini Petri de Comite, præsentibus venerabilibus viris dom. Richardo de Monte nigro Præposito Remensi, & dom. Tomasio de Monte nigro Archidiacono Rothomagensi, dom. Iacobo de Labro Canonico Carnotensi, Magistro Alberto de Castiniate Canonico Ebredunensi, Magistro Ioanne de Gallicano domini PP. scriptore, Canonico Ecclesiæ S. Reguli Siluanectensis, ac religiosis viris fratre Iacobo Benedicti de Tuderto, fratre Deodato Rocci de Montepenestrin. ac fr. Benedicto de Perusio Ordinis Fratrum Minorum, testibus ad præmissa vocatis specialiter & rogatis. Sub anno Domini millesimo ducentesimo nonagesimo septimo, decima indictione, die Veneris decima mensis Maij in aurora ante solis ortum.

Et ego Dominicus Leonardi de Penestre Apostolicæ Sedis auctoritate Notarius publicus præmissis interfui, & ea rogatus scripsi, & in publicam formam redegi, & nihilominus ipsi domini Cardinales, ad maiorem cautelam & testimonium præmissorum huic instrumento publico sigilla sua apponi fecerunt.   Sigill. duobus figillis.   *Coffre Boniface numero 758.*

Bulle du P. Boniface, qui dit qu'il a depuis quelque temps fait vne defense par vne Bulle commençant Clericis Laïcos, *à tous Ecclesiastiques de bailler aucun subside, & aucune chose aux Empereurs, Roys, & Princes, sans l'autorité du saint Siege ; & aux Empereurs, Roys & Princes, d'exiger aucune chose des Ecclesiastiques. Que neantmoins cette defense n'est pas pour defendre les dons volontaires que les Ecclesiastiques de France voudront faire au Roy sans exaction, & que cette defense ne comprend pas les droits feudaux, & autres seruices deus par Ecclesiastiques au Roy, & aux autres Seigneurs, ny aussi ne comprend pas les cas de la pressante necessité de l'Estat. Au contraire le Roy & ses successeurs peuuent en ce cas receuoir des Ecclesiastiques pour sa defense, inconsulto etiam Romano Pontifice. Et que cette necessité de l'Estat sera declarée & iugée par le Roy & ses successeurs en leur conscience, pourueu que les Roys ayent passé vingt ans. Mais au cas qu'ils soient au dessous dudit âge les Ecclesiastiques & les Lais qui seront du Conseil estroit des Roys, iugeront de cette necessité. Declare en outre, qu'il n'a pas entendu par cette defense rien faire contre les libertez, franchises, & coustumes du Roy de France, du Royaume, des Comtes & Barons.*

Coffre Boniface numero 753.

Bulle de Boniface VIII. declarant que la Bulle Clericis Laicos *defendant aux Ecclesiastiques d'aider les Roys de leurs biens, ne s'estend point pour la France.*

VNIVERSIS præsentes litteras inspecturis Offic. Cur. Par. salutem in Domino. Noueritis nos anno Domini millesimo trecentesimo tertio, die Veneris post Natiuitatem Domini vidisse quasdam litteras sub hac forma: Bonifacius Episcopus seruus seruorum Dei venerabilibus fratribus Archiepiscopis, Episcopis, ac dilectis filiis electis Abbatibus, Prioribus, Præpositis, Decanis, Archidiaconis, Capitulis, & aliis personis, necnon & nobilibus viris, Ducibus, Comitibus, Baronibus, militibus & cæteris per regnum Francorum constitutis. Ad perpetuam rei memoriam. Et si de statu regni cuiuslibet in quo Catholicæ fidei cultus viget, paternæ sollicitudinis studio cogitemus, ad statum tamen Christianissimi Regni Franciæ, in quo semper anteactis temporibus erga Romanam Ecclesiam matrem viguit deuotionis integritas, reuerentiæ plenitudo resplenduit, seruit obedientiæ promptitudo, tanto solertius aciem considerationis extendimus, & circa illud cogitationes nostræ versatur instantia, quantò ipsum vberiori fauore prosequimur, & sinceriùs gerimus in visceribus caritatis. Dudum siquidem Pastoralis officij debitum exequentes in fauorem Ecclesiarum, & Ecclesiasticæ libertatis auctoritate Apostolica duximus statuendum, ne Prælati, & personæ Ecclesiasticæ cuiuscumque dignitatis, status, aut conditionis existant, sub adiutorij, mutui, vel doni nomine, Imperatoribus, Regibus, Principibus, aut Præsidētibus cæteris, præstent absque Apostolicæ Sedis auctoritate subsidia, quocumque nomine censeantur, néve Imperatores, Reges, Principes, aut aliter præsidentes ea imponere, exigere, vel recipere ab eisdem Prælatis & personis Ecclesiasticis audeant, certis pœnis adiectis nihilominus in hac parte. Verùm nonnulli nostræ intentionis ignari, suaeque prudentiæ innitentes, huiusmodi constitutionem nostram non rationabili, aut æquitati consonæ, sed voluntariæ interpretationi subiicere moliuntur, non attendentes, quòd ad eum qui condidit interpretatio noscitur pertinere. Nos igitur huic morbo congruam intendentes adhibere medelam, & vt cuiuslibet ambiguitatis scrupulus in hac parte tollatur, & veritatis puritas elucescat, auctoritate præsentium declaramus, quòd constitutio ipsa, vel eius prohibitio, ad donaria vel mutua, seu quæuis alia voluntaria Prælatorum & personarum Ecclesiasticarum eiusdem regni, cuiuscunque status, ordinis, vel conditionis existant, omni prorsus tractione, aut exactione cessante, se aliquatenus non extendat, licèt ad id forsitan carissimi in Christo filij nostri Philippi Francorum Regis illustris, vel successorum suorum qui pro tempore fuerint, aut Officialium eorumdem, seu Ducum, Baronum, nobilium, vel aliorum dominorum temporalium de regno prædicto, requisitio cuialis, & amica præcedat, quódque feudalia, censualia, siue iura quælibet in rerum Ecclesiasticarum datione retenta, vel alia seruitia consueta regi eiúsque successoribus, Ducibus, Comitibus, Baronibus, nobilibus & aliis temporalibus dominis supradictis, tam de iure quàm de consuetudine à personis Ecclesiasticis debita præfata constitutio non includat, vel aliquatenus comprehendat, & quòd personæ Ecclesiasticæ pro Ecclesiarum suarum vtilitatibus, compositionis, aut transa-

1297.
31. Iuillet.

ctionis titulo, vel alio quouis modo, seu pro libertatibus acquirendis, cum Rege, suisque successoribus, Ducibus, Comitibus, Baronibus, nobilibus, & aliis dominis temporalibus prælibatis, prout conscientiis eorum videbitur, & ante constitutionem eandem poterant, liberè valeant conuenire, nec illas per ipsius constitutionis vigorem in iis contingat aliquatenus impediri ; quódque constitutio eadem clericos clericaliter non viuentes, sese mercationibus, & mercimoniis præsertim inhonestis & vilibus, vel sæuis immiscentes actibus non defendat. Adiicimus insuper huiusmodi declarationi nostræ, quòd si præfatis Regi, & successoribus suis pro vniuersali, vel particulari eiusdem regni defensione periculosa necessitas immineret, ad huiusmodi necessitatis casum se nequaquam extendat constitutio memorata ; quin potiùs idem Rex, ac successores ipsius possint à Prælatis, & personis Ecclesiasticis dicti regni petere, ac recipere pro huiusmodi defensione subsidium, vel contributionem, illúdque ad illam Prælati & personæ prædicti, præfato Regi, suisque successoribus, inconsulto etiam Romano Pontifice, teneantur & valeant, sub quotæ nomine, aut aliàs etiam imperari, non obstantibus constitutione prædicta, seu quouis exemptionis, vel alio quolibet priuilegio sub quacunque verborum forma confecto, à Sede Apostolica impetrato: quódque necessitatis declaratio supradictæ ipsius Regis, & successorum suorum conscientiis, dummodo successores ipsi vicesimum ætatis annum exegerint, relinquatur, super quo dictorum Regis, & successorum conscientias onerari, eisque innotescere volumus, quod quicquid recipi vltra ipsius defensionis casum contigit, in suarum recipient periculum animarum , sub quo nisi salubriter prouidere, aut attendere potuerunt, in quo periculo remanerent. Si verò defensionis prædictæ tempore huiusmodi ætatis annum præfati non excesserint successores, declaratio necessitatis eiusdem Prælatorum, clericorum, & laicorum, qui de ipsorum successorum stricto consilio, seu maioris partis ipsorum fuerint, conscientiis relinquatur, quorum similiter conscientias onerari volumus, eisque pleniùs aperiri, quòd si quid vltra casum defensionis reciperetur eiusdem, in dispendium salutis consiliariorum reciperetur ipsorum, illúdque restituere teneantur: quódque præterea non existit intentionis nostræ, non extitit , nec existit per constitutionem prædictam, seu declarationem præsentem, iura, libertates, franchisias, seu consuetudines quæ præfatis Regi & regno, Ducibus, Comitibus, Baronibus, nobilibus, & quibusuis aliis temporalibus dominis editionis præfatæ constitutionis tempore, ac etiam ante illud competere noscebantur, tollere, diminuere, vel quouis modo mutare, aut eis in aliquo derogare, seu nouas seruitutes, vel submissiones imponere, sed iura, libertates, franchisias, & consuetudines supradictas, prætactis Regi, & aliis, illæsa & integra conseruare. Nulli ergo omnino hominum liceat hanc paginam nostræ declarationis infringere, vel ei ausu temerario contraire. Si quis autem hoc attemptare præsumpserit, indignationem omnipotentis Dei, & beatorum Apostolorum Petri & Pauli eius se nouerit incursurum. Datum apud Vrbem veterem 11. Kal. Augusti, Pontificatus nostri anno tertio. In cuius rei testimonium sigillum Curiæ Parisientis præsentibus litteris duximus apponendum. Datum anno & die prædictis.

Et sur le reply: BITRIS.

Lesdites Lettres sont scellées du seel de ladite Officialité sur cire verte en double queue de parchemin pendant auant reply.

Le

DE BONIF. VIII. ET PHILIP. LE BEL.   41

Le Pape Boniface promet au Roy, qu'il ne iugera point le differend d'entre luy & le Roy d'Angleterre dont il est arbitre, sans l'exprés consentement de sa Maiesté, porté par ses lettres patentes, & par vn enuoyé exprés.

IN nomine Domini. Amen. Hoc est sumptum, seu transcriptum cuiusdam litteræ sanctissimi patris, ac domini domini Bonifacij, diuinâ prouidentiâ sacrosanctæ Romanæ, ac vniuersalis Ecclesiæ summi Pontificis, vera bulla cum filo canapis integro bullatæ, non abolitæ, non viciatæ, non abrasæ, nec in aliqua sui parte corruptæ, sed omni prorsus suspicione carentis, vt prima facie apparebat, cuius tenor talis est. Bonifacius Episcopus seruus seruorum Dei, carissimo in Christo filio Philippo Regi Franciæ illustri, salutem & Apostolicam benedictionem. Licèt per speciales nuntios, & Procuratores tuos nuper ad nostram præsentiam destinatos, & à te ad hoc mandatum habentes, super reformanda pace, & concordia, & super iis quæ ad pacem pertinentia, ac super omnibus & singulis litibus, quæstionibus, causis, controuersiis, damnis, iniuriis, guerris, & offensis, iuribus, & actionibus realibus & personalibus, atque mixtis, cæterisque discordiis, quæ sunt vel esse possent inter te ex parte vna, & carissimum in Christo filium nostrum Eduardum Regem Angliæ illustrem ex altera, in nos tanquam in priuatam personam, & Benedictum Gaietanum, tanquam in arbitrum, arbitratorem, laudatorem, diffinitorem, sententiatorem, & amicabilem compositorem, præceptorem, ordinatorem, dispositorem, & pronuntiatorem altè & bassè, absolutè, & liberè compromiseris, prout ex forma huiusmodi compromissi noscitur pleniùs apparere. Nos tamen ad tuam cautelam, & vt securiùs in nostra puritate quiescas, Serenitati tuæ præsentium tenore prædicimus, & expressè promittimus, quòd præter contenta in iis quæ iam pronuntiata noscuntur, nostræ nequaquam intentionis existit ad aliquam in reliquis pronuntiationem, vel diffinitionem in huiusmodi negotio ex prædicto compromisso procedere, sine tuo expresso consensu præhabito à te per patentes litteras tuas, & per specialem nuntium destinando. Et si secus appareret, illud ex nunc nullius esse dicimus firmitatis. Datum Romæ apud sanctum Petrum 5. Non. Iulij, Pontificatus nostri anno quarto.

1298. Iuillet.

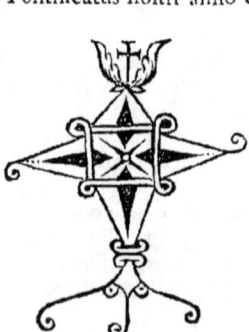

Et ego Gaufridus de Plexiaco Apostolica publicus auctoritate Notarius sumptum, seu trãscriptum huiusmodi de prædicta originali littera fideliter propria manu trãscripsi, & facta diligenti collatione ad litteram ipsam vnà cum reuerendo patre domino P. Autissiodorenti Episcopo, quia illud cum eadem originali littera inueni fideliter cõcordare, nullo addito, vel mutato, quod formã, vel sententiam immutaret, ipsum in hanc publicã formam redegi, meóque solito signo signaui rogatus, præsentibus domino Episcopo supradicto, ac discreto viro domino Petro de Bella-pertica, ac nobili viro domino Petro Flote milite, aliisque ibidem astantibus, testibus. Anno Domini millesimo trecentesimo, inditione decima-tertia, Pontif. domini Bonifacij Papæ octaui anno sexto.

F

Bulle de Boniface, disant que le Pape pouuant donner des graces & priuileges, qu'il les peut renoquer. Dit qu'il a donné des priuileges au Roy de France & à ses successeurs pour la defense de son Royaume, & aussi aux clercs & lais de son Conseil étroit. Que ces graces ont causé beaucoup d'abus, & de dommages aux Prelats & aux Eglises. C'est pourquoy du conseil des Cardinaux il suspend lesdits priuileges, principalement ceux qui ont esté concedez pour le secours de l'Estat. Ordonne que ce qui est demandé aux Prelats, & autres Ecclesiastiques, sub titulo decimæ vel subsidij, quoy qu'ils y ayent presté leur consentement, ne sera point payé sans son ordre. Il donne vn terme dans lequel on luy representera tous lesdits priuileges, afin que les ayant consideréz, il puisse iuger s'il doit moderer sa suspension. Aduertit le Roy de ne point s'estonner s'il ordonne que l'on luy apporte ces priuileges, car ce qu'il en fait est à bonne fin.

Coffre Boniface numero 20.

1300. 4. Decemb.

BONIFACIVS Episcopus, seruus seruorum Dei, carissimo in Christo filio Philippo Regi Franciæ illustri salutem, & Apostolicam benedictionem. *Nuper ex rationabilibus* causis moti, præsertim ad releuanda grauamina, & quasi importabilia onera Ecclesiarum, Prælatorum, & Ecclesiasticarum personarum, regularium & sæcularium, regni tui, litteras infrà scripti tenoris fieri fecimus, & bulla nostra bullari, quarum tenorem ad tuam prouidimus notitiam præsentibus deducendum. Tenor autem talis est. Bonifacius Episcopus, seruus seruorum. Ad perpetuam rei memoriam. *Saluator mundi* secundùm ordinatissimam distributionem temporum, naturæ postquàm durum Mosaicæ, ac tandem Euangelicæ gratiæ suaue ac leue iugum imposuit; & ideò non mirandum si eius Vicarius, Petrique successor, secundùm varietatem temporum, personarum & locorum qualitate pensata, statuta, priuilegia, indulgentias, concessiones & gratias quæ à Sede Apostolica pro tempore conceduntur, credente ipsa coniectura prodesse, aut necessitate vrgente, vel vtilitate publica suadente, postquàm experimento inutilia comprobantur, suspendit, reuocat, & immutat, præsertim propter ingratitudinem vel abusum illorum, quibus huiusmodi gratiæ, ac priuilegia & indulgentiæ sunt concessa, & tendit ad noxam quod concessum fuerat ad medelam. Eius quoque quod ex causa conceditur, ea cessante cessare debet effectus. Iureque patet pariter & exemplo quòd promissa vel concessa, ex causa reuocantur postmodum rationabiliter & mutantur. Nec Romanus Pontifex in concedendis gratiis, sic plenitudinem potestatis astringit, quin possit eas cùm decet & expedit, reuocare, ac etiam immutare. Nos igitur attendentes quòd nonnulla priuilegia, indulgentias & gratias carissimo in Christo filio nostro Philippo regi Franciæ illustri, eiusque successoribus, & specialiter pro defensione regni sui, sub certis formis duximus concedenda, & gratiosè aliqua concessimus clericis & laicis, qui de suo, & successorum suorum stricto Consilio fuerant, vel maiori parti eorum; quorum priuilegiorum, gratiarum, indulgentiarum, & concessionum occasione, per abusum, Ecclesiis & Ecclesiarum Prælatis, ac personis religiosis, & sæcularibus dicti regni magna dispendia, & grauamina sunt illata, & grauia scandala sunt exorta, & inanteà possent oriri: ac præcauentes ne tali prætextu, suprà dicti Ecclesiæ Prælati, ac personæ Ecclesiasticæ plus grauentur, prouidimus super hoc salubre remedium adhibere. Vnde illa omnia, quantùm ad omnem ipsorum effectum, de fratrum no-

DE BONIF. VIII. ET PHILIP. LE BEL. 43

ſtrorum conſilio, vſque ad prædictæ Sedis beneplacitum duximus ſuſpendenda, illa maximè quæ occaſione guerrarum, quibus dicti regni ſtatus pacificus turbabatur, tunc temporis fuere conceſſa. Nec conſiderationem noſtram pertranſit, quòd diuina faciente clementia per miniſterium noſtrum, inter ipſum, & cariſſimum in Chriſto filium noſtrum E. Regem Angliæ illuſtrem, pacis eſt reformatio ſubſecuta, & ſaltem non eſt tanta neceſſitas defenſionis huiuſmodi, cum tanto onere aliorum; at ſi qua ſit, eſſe dignoſcitur culpa ſua. Inſuper quicquid Prælatis & perſonis Eccleſiaſticis regularibus & ſæcularibus dicti regni, ſub titulo decimæ vel cuiuſuis ſubſidij, quocumque nomine cenſeatur impoſitum, fuerit petitum, vel requiſitum ab eis, etiamſi ad illud ſoluendum Prælati, & perſonæ prædicti aſſenſum præſtiterint, vel ad hoc ſe duxerint obligandos, nec adhuc exactum fuerit, vel ſolutum, abſque Sedis eiuſdem ſpeciali mandato decernimus non ſoluendum. Executoribus ſuper præmiſſis, vel aliquo præmiſſorum à dicta Sede conceſſis, diſtrictè mandantes, vt contra huiuſmodi ſuſpenſionem & decretum noſtra, aliquos non aggrauent, vel moleſtent, aut contra eos huiuſmodi occaſione vel cauſa aliquo modo procedant; & ſi ſecus fecerint, illud decernimus irritum, & inane, & nullius volumus exiſtere firmitatis. Cæterùm quia labilis eſt humana memoria, & ipſi Regi ſe corrigenti & habilitanti ad gratiam promerendam, libenter quantùm cum Deo poſſumus, abſque multorum ſcandalo complacemus, dictis ſuſpenſione ac decreto in ſua firmitate manentibus, Kalendas Nouembres proximò venturas, pro peremptorio termino aſſignamus, vt omnia priuilegia, gratiæ, indulgentiæ, & conceſſiones, quæ dicto Regi, & ſucceſſoribus ſuis, ac clericis & laicis, de ipſorum conſilio, illa præſertim quæ dum in Vrbe veteri, vel Anagnia cum noſtra moraremur curia, ſub quauis forma noſcimur conceſſiſſe, dictæ Sedis conſpectui præſententur, & ad noſtram, & ipſius Sedis notitiam deducantur, vt conſideratis ipſis & viſis, prouideri poſſit, ſi dicta ſuſpenſio fuerit in aliquo vel aliquibus moderanda. Dat. Lateran. 11. Nonas Decembres, Pontificatûs noſtri anno ſeptimo.

Tu igitur, ſicut filius prædilectus, in iis quæ rationabiliter, & pro vtilitate publica fecimus, non turberis, ſed ea æquanimiter toleres, prudenter attendens, quia vt præmittitur, terminum aſſignamus, quo priuilegia, indulgentiæ, gratiæ & conceſſiones prædictæ noſtro conſpectui præſententur, & ad noſtram, & dictæ Sedis notitiam deducantur, vt conſideratis ipſis & viſis, prouideri poſſit ſi dicta ſuſpenſio fuerit in aliquo vel aliquibus moderanda. Dat. Lateran. Non. Decembr. Pontificatûs noſtri anno ſeptimo.

Et ſur le dos eſt eſcrit: Bulla Bonifacij Papæ VIII. per quam ipſe ſuſpendit omnia priuilegia per eum conceſſa Regi, & ſuis ſucceſſoribus, necnon Eccleſiaſticis & laicis de ſuo ſtricto Conſilio exiſtentibus, & præſertim conceſſa occaſione guerrarum regni, vſque ad Sedis Apoſtolicæ beneplacitum. Præfigendo certum terminum dicta priuilegia ſuo conſpectui præſentandi, vt prouideri poſſit, ſi dicta ſuſpenſio fuerit in aliquo moderanda.

Sed nota quod reuocatoria iſtius ſuſpenſionis facta per Benedictum Papam XI. immediatum ſucceſſorem ſuum, eſt in hoc ſcrinio, & eſt xxxviii. Et alia reuocatoria facta per Clementem Papam V. ſucceſſorem dicti Benedicti Papæ XI. eſt ſimiliter in hoc ſcrinio, & eſt xlviii.

Quapropter dicta priuilegia in ſuo valore remanere noſcuntur.

Odericus Rainaldus tom. XIV. Annal. Eccleſiæ poſt Card. Baronium, anno 1301. num. 30. de hac Bulla hæc notat:

Bonifacius &c. Saluator mundi, &c. erasa est illa Bulla omnino iussu Clementis V. ad Regis Francorum gratiam.

Boniface declare au Roy qu'il est son suiet au temporel, & qu'il ne doit conferer aucuns Benefices, & que les fruits des Benefices dont il a la garde, se doiuent referuer au successeur.
Le Roy répond qu'il n'est point son suiet au temporel, ny à qui que ce soit. Que la collation des Prebendes les sieges vacans luy appartient, & les fruits aussi; & qu'il maintiendra ceux qu'il a pourueus.

Bonifacius Episcopus seruus seruorum Dei, Philippo Francorum Regi. Deum time, & mandata eius obserua.

SCIRE te volumus, quòd in spiritualibus & temporalibus nobis subes. Beneficiorum & præbendarum ad te collatio nulla spectat : & si aliquorum vacantium custodiam habeas, fructus eorum successoribus reserues : & si quæ contulisti, collationem huiusmodi irritam decernimus; & quantum de facto processerit, reuocamus. Aliud autem credentes, hæreticos reputamus. Dat. Laterani Non. Decembr. Pontificatus nostri anno 7.

Philippus Dei gratia Francorum Rex, Bonifacio se gerenti pro summo Pontifice, salutem modicam, seu nullam.

SCIAT tua maxima fatuitas in temporalibus nos alicui non subesse. Ecclesiarum ac præbendarum vacantium collationem ad nos iure regio pertinere, fructus earum nostros facere : collationes à nobis factas, & faciendas fore validas in præteritum & futurum, & earum possessores contra omnes viriliter nos tueri : secus autem credentes, fatuos & dementes reputamus. Datum Parisius, &c.

P. de Bosco ou du Bois Aduocat du Roy à Coustances, donnant son aduis sur la petite Bulle de Boniface fort iniurieuse au Roy:
Dit que le Pape sur cette Bulle peut estre reputé heretique, s'il ne s'en repent publiquement, & n'en fait satisfaction au Roy defenseur de la Foy.
Dit que le Pape veut rauir au Roy sa liberté plus eminente, disant, Nónne Papa scienter rapit, & aufert summam Regis libertatem, quæ semper fuit, & est, nulli subesse, & toti Regno imperare, sine reprehensionis humanæ timore.
Rex supremam iurisdictionem & libertatem suorum temporalium vltra mille annos possedit.
Se sert du Chapitre Adrianus *en faueur de Charles-Magne, que Loüis le Debonnaire remit,* quantum ad electionem Prælatorum.
Qu'il seroit plus à propos que les Papes fussent paures comme ils estoient anciennement, & que lors ils estoient Saints.
Au Tresor Registre C. p. 1.

Deliberatio Magistri Petri de Bosco Aduocati Regalium causarum Balliuiæ Constantien. & Procuratoris Vniuersitatis eiusdem loci, super agendis ab excellentissimo Principe & Domino, domino Philippo, Dei gratia Franc. Rege. Contra Epistolam Papæ Romani, inter cætera conti-

nentem hæc verba: Scire te volumus quòd in spiritualibus & temporalibus, &c. *in actis inter Bonifacium & Philippum Pulcrum, p. 11.*

QVOD autem Papa sic scribens nitens & intendens, sit & debeat hæreticus reputari, per rationes infrascriptas potest manifestè probari, nisi resipiscere, & suum errorem corrigere palam & publicè voluerit, & Regi Christianissimo Ecclesiæ defensori satisfacere super tanta iniuria, per totum suum regnum & ferè per vniuersum orbem diuulgata cum scandalo maximo, & infamia populi Christiani, præsertim regni Franciæ, quem ferè totum, & pro certo cunctos eiusdem Regis amicos hæreticos falsò reputare præsumpsit, tantam scienter iniuriam faciendo, prout ex sequentibus apparebit. Circa quorum probationem circueundo materiam procedere oportet, cùm contra certum fundamentum, & rationem argui non possit, eo quòd Papa nullam causam, nullámque rationem sui dicti protendit; nisi quod innuit hoc sibi taliter complacere. Primò per exemplum : secundò, per veteris & noui Testamenti, ac sacrorum Canonum auctoritates: tertiò, ad impossibilia, & manifesta inconuenientia deducendo argui potest. Licèt enim chronicæ scripturæ dicant 1. Indos, 2. Assyrios, 3. Græcos, & 4. Romanos mundi monarchiam tenuisse, intelligunt de maiori parte mundi, non de toto, quia expressè dicunt Alexandrum vltra Græciam super Orientalem & Babylonicam mundi partem principatum tenuisse, & Romanos eidem obedire recusasse. Præterea cùm à principio secundùm legem naturæ omnia essent communia, permittente Domino qui ait, Quod calcauerit pes tuus tuum erit. Multum diu ante legem Mosaïcam fuerunt omnia rerum dominia distincta, & in lege scriptum fuit, Furtum non rapinam facies, rem proximi non concupisces, nec occides. qui contrarium facit, & se facere posse contendit etiam ignoranter, reus est mortis : ergo multo fortiùs si scienter. Nónne Papa concupiscit, & rapit, & aufert de nouo scienter summam Regis libertatem, quæ semper fuit & est, nulli subesse & toti regno imperare sine reprehensionis humanæ timore. Præterea negari non potest, quin semper post distincta primò rerum dominia, inuasio rerum occupatarum, ab aliis maximè per tempus à quo memoria hominum non existit possessarum, & præscriptarum fuerit, & est peccatum mortale. Rex autem supremam iurisdictionem & libertatem suorum temporalium vltra mille annos possedit. Item idem Rex à tempore Karoli Magni sui de cuius genere descendit, vt in canone legitur, Antecessores possedit, & præscripsit collationé præbendarum, & fructus custodiarum Ecclesiarum non sine titulo & occupando, sed ex dono Adriani Papæ, qui de assensu Concilij generalis eidem Karolo, hoc & quasi sine comparatione maiora concessit, videlicet quòd ipse & eius hæredes perpetuò possent Romanos Pontifices, Cardinales, Patriarchas, Primates, Archiepiscopos ac Episcopos omnes Catholicos quos vellent nominare, & eligere, ac præfici facere cum effectu, quæ quantum ad electionem Prælatorum Ludouicus hæres dicti Caroli remisit, collationem præbendarum, & dominium fructuum custodiæ Ecclesiarum retinendo, prout singuli Reges Francorum hactenus vsi fuerunt. Et si aliqua iura dicunt Reges beneficia conferre non posse, & consuetudinem super hoc introductam non tenere. Respondeo quòd hæc iura, vt ex chronicis apparet, post huius tempus per centum annos, & vltrà facta fuerunt. & iura cùm fiunt, non ad præteritos casus, sed ad futuros debent trahi. Nec iura quæsita tollunt, maximè cùm de hoc in eis nil caueatur, & postquam huiusmodi iura facta fuerunt, Rex possedit, &

F iij

præscripsit bona fide suppositis titulo, & possessione temporis præcedentis. Præterea Papa non potest supremum dominium regni Franciæ vindicare, nisi quia summus sacerdos est. sed cont. si esset ita. Hoc beato Petro & singulis eius successoribus competiisset, qui in hoc nihil reclamarunt, nihil vindicauerunt. Reges Franciæ hoc possidentes, & præscribentes tolerarunt per mille ducentos septuaginta annos. Possessio verò centenaria etiam sine titulo hodie per nouam constitutionem dicti Papæ sufficeret ad præscribendum contra ipsum & Ecclesiam Romanam, ac etiam contra Imperium, secundùm leges Imperiales. Sic apparet per legum & canonum conditores de præscriptionibus tractantes. Dixerunt Imperium & Ecclesiam Romanam dominia suarum rerum amittere, permittendo ipsa à quocumque tanto tempore detineri, & possideri, quia prout in lege cauetur contra defides, & suorum iurium contemptores introductæ sunt odiosæ præscriptiones; & si Ecclesia Romana & Imperator subiectionem si quam habuissent, quod non est verum, per centum annos Reges possidere libertatem, & præscribere permittendo, totum ius suum amisissent; multo fortiùs ipsos hoc amiserunt permittendo tanto tempore possidere & præscribere libertatem. Præterea si Papa modò statueret præscriptiones sibi non obstare, ergo similiter aliis non obstarent, maximè Principibus qui superiores non recognoscunt. Et sic Imperator Constantinopolitanus, qui eidem dedit totum patrimonium quod habebat, cùm huius donatio quia nimis magna facta per legitimum administratorem rerum Imperij, sicut sunt Episcopi & alij Prælati non tenuerunt, vt Iuris ciuilis doctores, & præscriptio non obstat, secundùm ipsam apparet, quòd donator vel Imperator Alemanniæ loco eius per Papam subrogatus totam huiusmodi donationem posset reuocare: quia vt dicit lex, quod quisque iuris in alterum statuit ipse eodem iure vtatur. & poëta, Legem patere quam ipse tuleris. & Imperator ait, Licèt legibus soluti simus legibus viuere volumus. Ex hoc sequitur * ad casum summæ paupertatis, quem habuerunt sui prædecessores antè factam sibi à Constantino primo Imperatore Christiano donationem prædictam, quæ à principio non tenuit de iure, quin imò potuit reuocari, prout concorditer dicunt doctores legum, nisi longissimi temporis obstaret præscriptio, & hæc esset vltio digna dici, iuxta ea quæ scripta sunt, & quæ * Nec enim lex iustior illâ, quæ facit artifices arte perire sua, & qui gladio occidit gladio peribit, propter hoc prohibitus fuit vsus gladij,Petro, dixit ei Dominus, Mitte gladium in vaginam qui gladio occidit, &c. Et forté expediret Romanos Pontifices fore pauperes sicut olim fuerunt, vt sancti essent; bonum esset eis cum paupertate cælum intrare, non cum superbia, elatione, concupiscentia & rapina sequi huiusmodi actores, qui sicut scriptum est, à fructibus eorum cognoscetis eos, quia vt ait Philosophus, quædam sunt ita mala quòd nullo modo possint benè, nec bono modo * sicut furtum, adulterium, homicidium: & sicut iuxta dictum Apostoli, omnis Christi actio nostra esse debet instructio: ita dicit Canon, Illud quod agitur à Prælatis facilè trahitur à subditis in exemplum. Item alibi scriptum est, Seruus non potest tollere legem domini sui: & si Papa seruus Dei est, vt ipse testatur cùm se vocat seruum seruorum Dei, mortalia peccata, rapinas, concupiscentias, elationis fugere, & euitare tenetur. nam, vt ait Christus, non veni legem soluere, sed adimplere: & Psalmista, declina à malo, & fac bonum, inquire pacem & prosequere eam. quod non facit Papa tollens præscriptiones, ac libertates Regum, ac Principum de toto mundo, si hoc faciat vbique, quod fortiori ratione facere poffet, pacem tollens, guerrarum & malorum quæ fequerentur ex eis caufam occafionem manifeftè præftans, vlt. antichriftum, & tentatores inferni fe malum oftendens. Cùm caufam, occafionem, & rationem, & colorem facti tam nefarij non prætendit fcripturum multifariè offendendo. Nam, vt ait Philofophus, fcire eft rem per caufam cognofcere, & non fufficit dicere fic eft, fed oportet affignare caufam. Item omnes transferentes fecundùm aliquam fimilitudinem fe transferunt, & neminem fine caufa audit prætor, & non folùm cauendum eft malè agere, fed ne quis malè agere videatur, maximè in Papa qui eft caput Ecclefiæ, & lux mundi confiftens verbo magis, & opere totum mundum debet docere, & ipfe manifeftè facit contrarium, atque docet, de nouo vendicans * * * Cætera defiderantur.

Bulle de Boniface au Roy commençant (Aufculta fili) *dit que Dieu l'a eftably fur les Roys, & Royaumes,* ad euellendum, deftruendum, diffipandum, ædificandum. *Que le Roy ne fe doit laiffer perfuader, qu'il n'a point de fuperieur, & qu'il n'eft point fuiet au Pape,* nam defipit qui fic fapit, & eft infidelis. *Remonftre au Roy qu'il foule fes fuiets, opprime les Ecclefiaftiques, & fcandalife tous les Grands de fon Royaume. Dit qu'il a plufieurs fois aduerty fa Maiefté de fe corriger, & qu'il gouuernaft en paix fon Royaume. Qu'il a pourueu aux Benefices & Canonicats vacans en Cour de Rome, & hors de la Cour fans permiffion du Pape, à qui lefdites prouifions appartiennent. Que fes prouifions ont efté fans exemption. Que le Roy eft Iuge en fa caufe, qu'il ne veut aucun Iuge foit dedans ou dehors fon Royaume pour les torts & iniures que luy ou les fiens font. Qu'il fait faifir les biens des Ecclefiaftiques aux cas qui ne luy font permis. Remarque plufieurs vexations que reçoiuent les Ecclefiaftiques en France. Dit que l'Eglife de Lyon eft fort opprimée, que cette Eglife eft hors des limites de fon Royaume, qu'il fçait cela particulierement ayant efté Chanoine en l'Eglife de Lyon. Que le Roy reçoit le reuenu des Eglifes Cathedrales,* Sede vacante, *ce que par abus il appelle Regale, & conuertit les reuenus à fon profit. En forte que ce qui autrefois auoit efté donné en garde aux Roys pour fe conferuer, maintenant eft confumé abufiuement par eux. Que les gardiens de cette Regale font des voleurs, & de là vient la ruine des Eglifes. Marque le changement de la monnoye à la foule des peuple. Qu'il a fouuent aduerti le Roy de fon deuoir fans fruit. C'eft pourquoy il a ordonné aux Prelats, aux Chapitres des Eglifes, aux Docteurs en Theologie du Royaume, de le venir trouuer à certain iour, afin d'aduifer à la reformation du Royaume, & y donner vn meilleur ordre. Que le Roy y pourra enuoyer fi bon luy femble.*
Dit qu'aucuns veulent excufer le Roy fur fes mauuais Confeillers, mais qu'il eft inexcufable de les retenir en ayant efté aduerty. Enfuite il fait vne longue declamation contre ces mefchans Confeillers. Exhorte le Roy de s'en défaire. Pour la fin il déplore le miferable eftat de la Terre Sainte, excite le Roy de reftablir fon Eftat pour contribuer ce qui fera de fon autorité pour le recouurement de la Terre Sainte.

Coffre Boniface numero 794.

Cette Bulle iniurieufe fut rayée des Regiftres du Vatican par ordre de Clement V. voyez ce qui en eft dit fur la fin de cette Bulle.

48 PREVVES DE L'HIST. DV DIFFEREND

1301.
5.Decembr.

BONIFACIVS Episcopus seruus seruorum Dei, carissimo in Christo filio Regi Francorum illustri, salutem & Apostolicam benedictionem. *Ausculta, fili carissime*, præcepta patris, & ad doctrinam magistri qui gerit illius vices in terris, qui solus est magister & dominus, aurem tui cordis inclina, viscerosæ sanctæ Matris Ecclesiæ ammonitionem libenter excipe, & cura efficaciter adimplere, [vt in corde contrito ad Deum reuerenter redeas, à quo per desidiâ, vel deprauatus consilio nosceris recessisse, ac eius & nostris beneplacitis te deuotè côformes.] A d te igitur sermo noster dirigitur, tibi paternus amor exprimitur, & dulcia matris vbera exponuntur. Campum si quidem militiæ humanæ mortalitatis ingressus, renatus sacri fonte baptismatis, renuncians diabolo & pompis eius, non quasi hospes & aduena, sed iam domesticus fidei, & ciuis Sanctorum effectus, ouile Dominicum intrasti, colluctaturus non solùm contra carnem & sanguinem, sed etiam contra aëreas potestates mundique rectores præsentium tenebrarum, sic veri Noë es arcam ingressus, extra quam nemo saluatur, Catholicam scilicet Ecclesiam, veram columbam, immaculatam vnici Christi sponsam, in qua Christi Vicarius, Petríque successor primatum noscitur obtinere, qui si collatis clauibus regni cœlorum Iudex à Deo viuorum & mortuorum constitutus agnoscitur, ad quem sedentem in solio iudicij dissipare pertinet suo intuitu omne malum. Huius profectò sponsæ quæ de cœlo descendit, à Deo parata sicut sponsa ornata viro suo, Romanus Pontifex caput existit. Nec habet plura capita monstruosa, cùm sit sine macula, sine ruga, nec habens aliquod inhonestum.

[Sanè, fili, cur ista dixerimus imminente necessitate, ac vrgente conscientia expressiùs aperimus. Constituit enim nos Deus, licèt insufficientibus meritis super Reges, & regna, imposito nobis iugo Apostolicæ seruitutis, ad euellendum, destruendum, disperdendum, dissipandum, ædificandum atque plantandum sub eius nomine & doctrina, & vt gregem pascentes Dominicum, consolidemus infirma, sanemus ægrota, alligemus fracta, & reducamus abiecta, vinúmque infundamus, & oleum vulneribus sauciatis. Quare, fili carissime, nemo tibi suadeat quòd superiorem non habes, & non subsis summo Hierarchæ Ecclesiasticæ Hierarchiæ: nam desipit qui sic sapit, & pertinaciter hæc affirmans conuincitur infidelis, nec est intra boni pastoris ouile: & licèt de singulis Regibus & Principibus sub fide militantibus Christiana, pro eorum salute sollicitè cogitemus; erga te tamen officij nostri debitum eo ampliùs eóque cariùs & attentiùs dirigere debemus & exequi, quo maiori personam tuam paterna & materna caritate amplectimur, & non solùm te, sed & progenitores, domum, & regnum tua, in diuersis nostris statibus plenâ & purâ sumus beneuolentiâ prosecuti. Nec possumus cùm non debeamus præterire silentio, quin ea per quæ oculos diuinæ Maiestatis offendis, nos perturbas, grauas subditos, Ecclesias & Ecclesiasticas sæcularésve personas opprimis & affligis, necnon Pares, Comites, & Barones, aliósque nobiles, & Vniuersitates, ac populum dicti regni, multóque diuersis angustiis scandalisas, tibi aperiùs exprimamus. Profectò erga te hactenus seruasse nos nouimus ordinem caritatis, interdum præsentialiter per nos ipsos, dum nos minor status haberet, ac postquam nos Dominus prouexit ad apicem Apostolicæ dignitatis per multiplicatas nostras literas, solennes nostros, & tuos Nuncios, Prælatos & Comites, alios domesticos nostros, & tuos, te opportunis studiis, & temporibus inducendo, vt errata corrigeres, emendares excessus,

cessus, regnum tuum in pacis dulcedine ac tranquillitate disponeres, ac Cleri & populi grauaminibus abstineres, tuóque iure contentus in aliorum iniuriam occupatrices non extenderes manus tuas. Sed quòd te correxeris, & in te salutis semina sata, vt vellemus fructificauerint, non videmus, quinimò delinquendi licentiam, & multiplicandi peccata videris, proh dolor! in consuetudinem deduxisse : & vt aliqua explicabiliter inseramus ; ecce quòd licèt pateat manifestè, ac explorati iuris existat, quòd in Ecclesiasticis dignitatibus, personatibus, & beneficiis, canonicatibus, & præbendis vacantibus in Curia vel extra Curiam Romanus Pontifex summam, & potiorem obtinet potestatem : ad te tamen huiusmodi Ecclesiarum, dignitatum, personatuum, & beneficiorum, canonicatuum collatio non potest quomodolibet pertinere, nec pertinet, nec per tuam collationem in ipsis, vel eorum aliquo potest alicui ius adquiri, sine auctoritate, vel consensu Apostolicæ Sedis, tacitis, vel expressis, quos qui acceperit, & se denegat accepisse, eis per ingratitudinem est priuandus, & etiam ille qui permissa vel concessa abutitur potestate, & qui contrarium tibi suadet, est contrarius veritati. Nihilominus tu metas & terminos tibi positos irreuerenter excedens, ac factus impatiens super hoc iniuriosè obuias ipsi sedi, eiúsque collationes canonicè factas executioni mandari non sustines, sed impugnas quatenus tuas qualitercunque factas præcedere dignoscuntur ; & cùm in iudicio esse debeat distinctio personarum, tu tamen in propriis causis ius tibi dicere, & non in communi, sed in proprio iudicio partes actoris, & iudicis sortiaris, & si quenquam iniuriari tibi reputas, contemnis de ipso conqueri coram competenti iudice, seu etiam coram nobis, quantumcunque iniurians sit persona Ecclesiastica, vel mundana de regno tuo, vel extra, & de illatis per te vel tuos iniuriis atque damnis, ac de tuis & tuorum excessibus recusas per aliquem iudicari, & ad faisienda, & occupanda Ecclesiastica bona & iura pro libito voluntatis occupatrices manus extendis in casibus tibi non concessis ab homine vel à iure. Prælatos insuper, & alias personas Ecclesiasticas, tam religiosos quàm sæculares regni tui etiam super personalibus actionibus, iuribus, & immobilibus bonis, quæ à te non tenentur in feudum, ad tuum iudicium pertrahis & coarctas, & inquestas fieri facis, & decimas tales, licèt in clericos, & personas Ecclesiasticas nulla sit laicis attributa potestas: præterea contra iniuriatores, & molestatores Prælatorum, & personarum Ecclesiasticarum eos vti spirituali gladio qui eis competit liberè non permittis, nec iurisdictionem eis competentem in Monasteriis, seu locis Ecclesiasticis quorum recipis guardiam, vel custodiam, vel à prædecessoribus tuis receptam proponis, pateris exercere ; quin potiùs sententias, seu processus per dictos Prælatos, ac personas Ecclesiasticas licitos promulgatos, & latos, si tibi non placeant, directè vel indirectè reuocare compellis. Et quod tacere nolumus, Lugdunensem Ecclesiam, tam nobilem, tam famosam, tam charam in prædictæ sedis pectore constitutam, quæ in spiritualibus & temporalibus hactenus reflorebat, tu & tui iniuriosis grauaminibus, & excessibus ad tantam inopiam, & oppressionis angustiam deduxistis, quòd vix adiicere poterit, vt resurgat, quam constat non esse infra limites regni tui, nósque qui quandoque canonicus fuimus in eadem Ecclesia, eiúsque libertatum, priuilegiorum, & iurium notitiam plenam habemus, non reuocamus in dubium, quòd iniuriosè nimis tractas eandem. Vacantium regni tui Ecclesiarum Cathedralium reditus, & prouentus, quos tui, & tu appellas REGALIA per abusum, tu & ipsi tui non moderatè percipitis, sed immode-

G

50 PREVVES DE L'HIST. DV DIFFEREND

raté confumitis ; fic fit, vt quorum cuftodia fuit ab initio Regibus pro conferuatione commiſſa ; nunc ad confumptionis noxam difcriminosè deueniant ; & difcriminofis abufibus exponantur. Quod enim cuftodiendum eſt rapitur, & quod conſeruandum illicitè deuoratur; & cuftodes funt lupi rapaces effecti ; & fub prætextu cuftodiæ ſtatus Eccleſiarum, & perſonarum Eccleſiafticarum diſpendia perfert, damna fuſtinet, & miferabilis fortitur euentus, primæuæ conſeruationis ſpe vtique defraudatur: Et quidem Prælati & Eccleſiaſticæ perſonæ ; nedum iis quos regni tui continet incolatus, ſed per illud alienigenæ etiam tranſeuntes bona propria mobilia de regno ipſo nequaquam extrahere permittuntur ; ex quo diuerſa patiuntur incommoda, & qui ſuper hoc libero vti debent arbitrio, ſeruitutis quaſi iugo premuntur. Sicut de mutatione monetæ, aliiſque grauaminibus, & iniurioſis proceſſibus per te ac tuos magnis ac paruis regni eiuſdem incolis irrogatis; & habitis contra eos, qui proceſſu temporis explicari poterunt, taceamus ad præfens; qualiter in præmiſſis, & aliis libertas Eccleſiaſtica, & immunitas tuis ſunt eneruatæ temporibus, qualiter tu à ſacris & piis, prouidis & maturis progenitorum tuorum veſtigiis, quæ per vniuerſa mundi climata eniteant illuſtriſſimos radios claritatum, degenerare noſcaris. Nempè multorum ad nos inſinuatio clamoſa perducit, ac nedum in regno ipſo, ſed in diuerſis mundi partibus innoteſcit, & Eccleſiæ dicti regni quæ ſolebant hactenus libertatibus, & quiete vigere, nunc factæ funt ſub tributo, ſicut luctuoſus clamor earum ſub intolerabili perſecutione teſtatur. Nec ignoras quòd ſuper iis, & conſimilibus de te ad Deum, nec non ad te ſæpius, nedum ſæpè clamauimus, & exaltauimus vocem noſtram, annunciauimus ſcelera, delicta deteximus, ſperantes te ad pœnitentiam ſalubriter reuocare, & adeo deſudauimus inclamando, quòd raucæ factæ ſunt fauces noſtræ : ſed tu velut aſpis ſurda obturaſti aures tuas, & noſtra ſalubria monita non audiſti, nec recepiſti ea velut medicamenta curantis. Verùm licèt ex præmiſſis contra te ſumere arma, pharetram atque arcum non indignè, nec iniuſtè poſſemus, vt te à tanto reuocaremus iniuſto ad ſemitam reducendo ſalutis ; adhuc nihilominus dum filialiter metuas, hæc tibi præſignificare decreuimus, vt ſaniori ductus conſilio à facie arcus inflexibilis ſententiæ potiùs, imò prorſus effugias, quàm expectes debitæ iudicium vltionis, cùm tutius dignoſcatur ante caſum occurrere, quàm remedium quærere poſt ruinam. Cùm autem nos debitum paſtoralis officij vrgeat, & publicæ vtilitatis interſit, vt qui nec Deum timent, nec deferunt Eccleſiæ, neque cenſuram canonum reuerentur, & quaſi deſcendentes in profundum malorum contendunt, quamuis eis diſpliceat, ad ſalutem etiam trahamus inuitos. Nos nolentes ne ex diſſimulatione tam longa nos tua culpa reddat obnoxios ; ne ſi nos, vel te, quod abſit, incorreptum Deus de hac vita ſubtraheret, anima tua de noſtris manibus requiratur, neve tui cuſtodia quam ſuſcepimus in commiſſo nobis officio Apoſtolicæ ſeruitutis, in noſtrum cedat periculum, & diſcrimen ac perditionem multorum, diſſimulando talia, & diutius tolerando ea : amore paterno commoti, qui omnem vincit affectum, ex affluentia maternæ ſollicitudinis excitati ad prouidendum ne perdat Deus cum impiis animam tuam, néve tua, & tam amati regni claritas malibus actibus, & deteſtandis inſolentiis denigretur : deliberatione cum fratribus noſtris ſuper hoc habita pleniori, venerabiles fratres noſtros Archiepiſcopos, Epiſcopos, ac dilectos filios Electos, & Ciſtercien. Cluniacen. Premonſtraten. nec non S. Dionyſij in Francia Pariſien. dioceſis, & Maioris Monaſterij Turonen.

Ordinis S. Benedicti monasteriorum Abbates, & Capitula Ecclesiarum Cathedralium regni tui, ac Magistros in Theologia, & in Iure canonico, & ciuili, & nonnullas alias personas Ecclesiasticas oriundas de regno prædicto, per alias nostras patentes literas certo modo ad nostram præsentiam euocamus; mandantes eisdem, quòd in Kalend. Nouembr. futuris proximè, quas eis pro peremptorio termino assignamus, nostro se conspectui repræsentent, vt apud te ac alios sublata repentina exceptione Consilij, quinimo maturiori cautela seruata, & frustratoriis obiectibus amputatis, super præmissis, & aliis deliberatè consulamus eosdem, cum quibus sicut cum personis apud te suspicione carentibus, quin potius acceptis, & gratis, ac diligentibus nomen tuum, & affectantibus statum prosperum regni tui, tractare consultiùs & ordinate salubriùs valeamus, quæ ad præmissorum emendationem, quàm directionem, quietem, atque salutem, ac bonum & prosperum regimen ipsius regni, videbimus expedire. Si tuam itaque rem agi putaueris, eodem tẽpore per te vel per fideles viros, & prouidos tuæ conscios voluntatis, ac diligenter instructos, de quibus plenè valeas habere fiduciam, iis poteris interesse; alioquin tuam vel ipsorum absentiam diuina replente præsentia in præmissis, & ea contingentibus, ac aliis, prout nobis superna ministrauerit gratia, & expedire videbitur; procedemus. Tu autem audies quid loquetur in nobis Dominus Deus noster, in quibus tamen sine offensa Dei, scandalo, & periculo Ecclesiæ, offensione iustitiæ, ac vtilitatis publicæ læsione, & honoris tui poterimus minorationis vitare dispendia, deferre tibi disponimus, & tui etiam culminis salubria commoda promouere, si te correxeris, & habilitaueris ad gratiam promerendam. Cæterum licet super præmissis, & similibus ad excusandas excusationes in peccatis, te aliqui excusare nitantur, non tantùm ea tibi, quantum & tuis prauis Consiliariis imputando, in hoc tamen tu inexcusabilis comprobaris, quòd tales Consiliarios honoris tui vtique destructores, tuæque salutis, & famæ falsos, & impios consumptores, assumis & retines, eisque regium præbes assensum, qui ad tam enormia, & detestabilia te inducunt : Hi sunt quasi falsi Prophetæ suadentes tibi falsa & stulta, quia non viderunt à Domino visionem. Ergo fraudulentis detractionibus & subuersionibus talium, sub adulationis, & falsi consilij vtique velamento confictis, minimè quæsumus acquiescas, quia in vastitate quadam hostili deuorant incolas regni tui, & non tibi, sed eis mellificarunt apes, isti sunt secretiora illa hostia, per quæ Ministri Bel sacrificia quæ superponebantur à Rege clanculo asportabant, ij sunt qui sub vmbra tui longa manu, tua & aliorum bona diripiunt, & sub obtentu iustitiæ palliati subditos opprimunt, Ecclesias grauant, & redditus alienos violenter inuadunt, pupillo & viduæ non intendunt, sed impinguantur lacrymis pauperum, & diuitum oppressione discordias suscitant ac fouent, guerras nutriunt, ac pacem de regno tollere prauis operationibus non verentur. Verumtamen cadit in hac illa praua dissimulatio Iudæorum, qui dum linguis crucifigentes Dominum, dicentes tamen eis non licere interficere quemquam, tradebant eum occidendum militibus, vt ab eis culpa in alios transferretur. Tantam namque prudentiam Deus tibi ministrat ex alto, tantam vides & audis in aliis, quorum potes exemplo doceri, tótque tibi meminimus salubria consilia destinasse, quòd si tua studia conuertere solerter ad bonum, talium te curares consiliorum iuuamine communire, qui te in stultum finem nequaquam impingerent, sed ad incrementa salutis, & vtilitatis publicæ prudentiùs animarent: sed timemus ne apud te (cuius interiores oculi putantur illicitis excæcati) vile-

G ij

scat sermo Dominicus, & verba ædificatiua vitæ, productiua salutis, amoris defectui ascribantur.]

Ad hæc ne terræ sanctæ negotium, quod nostris, & tuis, ac aliorum fidelium debet arctius insidere præcordiis, nos putes obliuioni dedisse: memorare fili, & discute quòd primogenitores tui Christianissimi Principes, quorum debes laudanda vestigia sollerti studio, & claris operibus imitari, exposuerunt olim personas, & bona in subsidium dictæ terræ: sed Saracenorum inualescēte perfidia, & Christianorum [ac maximè tua], & aliorum Regum, & Principum deuotione solita tepescente, terra eadem tuis vtique temporibus, heu perdita noscitur & prostrata. Quis itaque canticum Domini cantat in ea, quis assurgit in eius subsidium, & recuperationis opportunæ iuuamen aduersus impios Saracenos magnificantes, & operantes iniquitatem, debacchantes in illa. Ad eius quippe succursum arma bellica petiisse videntur, & abiecti sunt clypei fortium qui contra hostes fidei dimicare solebant. Enses & gladij euaginantur in domesticos fidei, & sæuiunt in effusionem sanguinis Christiani, & nisi à populo Dei domesticæ insolentiæ succidantur, & pax ei perueniat salutaris, terra illa fœdata actibus malignorum, à periculo desolationis, & miseriæ per eiusdem populi ministerium non resurget. Si hæc & similia iis beneuola mente reuoluas, inuenies quòd obscuratum est aurum, & color optimus est mutatu. An non ignominia & confusio magna tibi, & aliis Regibus, & Principibus Christianis adesse dignoscitur, quòd versa est ad alienos hæreditas Iesu-Christi, & sepulcrum ipsius ad extraneos deuolutum? Qualem ergo retributionis gratiam merebuntur apud Deum Reges & Principes, & cæteri Christiani, in quibus terra quærit respirare prædicta, si non est qui sustentet eam ex omnibus filiis quos Deus ipse genuit, nec est qui supponat manum, ex omnibus quos nutriuit. Clamat enim ad Dei filios ciuitas Hierusalem, & suas exponit angustias, & in remedium doloris eius filiorum Dei implorat affectus. Si ergo filius Dei es, dolores eius excipias, tristare, & dole cum ipsa, si diligis bonum eius. Tartari quidem, Pagani & alij infideles eidem terræ succurrunt, & ei non subueniunt in ea Christi sanguine pretioso redempti, nec est qui consoletur eam ex omnibus charis eius. Hoc à dissidiis priuatis obuenit, dum vtilitas publica cupiditatis ardore consumitur, nonnullis quæ sunt sua quærentibus, non quæ Christi, quorum peccata Deus vltionum Dominus non solùm in ipsis vindicat, sed etiam in progenies eorumdem. Tremenda sunt itaque Dei iudicia & timenda, quibus non parentes iustitia damnabuntur, iustus autem de angustia liberabitur, & cadet impius in laqueum quem extendit. Tu verò fili, communiens in tribus temporibus vitam tuam, ordinando præsentia, rememorando præterita, & præuidendo futura, sic te præpares in præmissis [& aliis sic reformes, quòd ad iudicium Dei, & nostrum ab illo dependens, non damnandus accedas,] sed in præsenti diuinam gratiam, & in futuro saluationis, ac retributionis æternæ gloriam merearis. Datum Laterani Non. Decembris, Pontificatus nostri anno 7.

Odoricus Raynaldus Tomo XIV. Annalium Ecclesiasticor. post Baronium ad annum 1301. §. 31. hanc Bullam edidit, demptis locis quæ includuntur hamulis huiusmodi [ ], & loco integro ab his verbis, *Sanè fili, cur ista dixerimus* &c. vsque ad hæc verba, *Ad hæc ne terra sancta*, &c & notat hæc omnia non reperiri in registris Vaticanis, & erasa penitus, & deleta iussu Clementis V. Papæ in gratiam Philippi Regis Francorum.

DE BONIF. VIII. ET DE PHILIP. LE BEL.

Bulle de Boniface aux Prelats, Chapitres, & Docteurs en Theologie de France, leur dit qu'il n'ignore pas les oppressions qu'ils souffrent, & tous les Ecclesiastiques de France de la part du Roy, de ses Officiers, Comtes & Barons; qu'il s'en est plaint par ses lettres; & aprés en auoir communiqué auec les Cardinaux, par resolution auroit esté arresté de les conuoquer : ce qu'il fait; & leur ordonne de se trouuer prés de luy à certain iour auec les instructions & informations sur ce suiet. Entend que les Archeuesques, Euesques, & les Docteurs y viennent en personne, & promet que l'on trauaillera pour la conseruation de l'honneur de l'Eglise Catholique, pour la liberté d'icelle, pour la reformation du Royaume & correction du Roy, & pour y establir vn bon gouuernement. Qu'il auroit adnerty le Roy, que s'il trouuoit à propos d'y enuoyer quelqu'vn de sa part auec de bons memoires, qu'il l'entendra volontiers, autrement qu'il chastiera le defaut que le Roy fera en ce cas, & celuy de ses Prelats.

Au Tresor Registre B. fol 240.

BONIFACIVS Episcopus seruus seruorum Dei, venerabilibus fratribus Archiepiscopis, & Episcopis, ac dilectis filiis electis, & Capitulis Ecclesiarum cathedralium regni Franciæ, ac Doctoribus in Theologia, & Magistris in Decretis, in Iure canonico, & ciuili, de regno natis eodem, salutem & Apostolicam benedictionem. *Ante promotionem* nostram ad summi Apostolatus officium dum adhuc nos minor status haberet, & post vsque impræsentiarum, multa sunt nostro Apostolatui reserata fide digna, assertione multorum, quorum nonnulla etiam ad contingentia regna, & populos in mali exempli perniciem sunt diffusa; & ea multos ex vobis credimus non latere, super excessibus, culpis, insolentiis, iniuriis, atque damnis, quæ Prælatis, Ecclesiis, & Ecclesiasticis personis, regularibus, & sæcularibus in regno Franciæ constitutis, & alibi, per carissimum in Christo filium nostrum Philippum Regem Francorum illustrem, & Officiales suos, seu Bailliuos multipliciter inferuntur, ac etiam Paribus, Comitibus, Baronibus, aliisque nobilibus, Vniuersitatibus, & populo dicti regni, prout hæc & alia in aliis nostris litteris quas eidem Regi dirigimus, seriosius continentur. Vnde super hoc cum fratribus nostris deliberatione habita pleniori, de fratrum ipsorum consilio ad nostram præsentiam vos duximus euocandos. Quocirca vniuersitatem vestram monemus, rogamus, & hortamur attente per Apostolica scripta, vobis in virtute obedientiæ districtius iniungentes, quatenus in Kalendis Nouembris proximò futuris, quas vobis pro peremptorio termino assignamus, instructi, & informati super præmissis, & aliis super quibus instructionem, & informationem vestram videritis opportunam, vos fratres Archiepiscopi & Episcopi, nec non electi, Doctores, & Magistri personaliter, vos verò Capitula per procuratores idoneos cum sufficienti mandato, & informatos plenius, nostro vos conspectui præsentetis, vt supra præmissis, & ea contingentibus vestra possimus habere consilia, qui apud eundem Regem suspicione caretis, & sibi & regno accepti estis, & grati, & diligitis ipsum Regem; nec non tractare, dirigere, statuere, procedere, facere & ordinare, quæ ad honorem Dei & Apostolicæ Sedis, augmentum Catholicæ fidei, conseruationem Ecclesiasticæ libertatis, & reformationem regni, & Regis correctionem præteritorum excessuum, & bonum regimen regni eiusdem viderimus expedire. Nos enim ipsi Regi per nostras alias significamus litteras, vt si rem suam agi putauerit in præmissis, suáque crediderit interesse, per se vel per fideles viros, & prouidos suæ conscios voluntatis, ac diligenter instructos cum sufficienti mandato coram nobis possit, si velit, eodem termino comparere. Alioquin suam vel illorum, aut

1301.
5. Decembr.

Rainol. an.
1301. n. 29.

G iij

etiam veſtram abſentiam diuina replente gratia in præmiſſis, & ea contingentibus, & aliis prout nobis fuerit miniſtratum à Domino, & expedire viderimus, puniemus. Vos autem mandatis noſtris in hac parte taliter obedire curetis, quòd non poſſitis de contemptu, vel negligentia, ſeu inobedientia reprehendi; ſed magis de diligentiæ, obedientiæ, ac deuotionis promptitudine commendari. Dat. Lateran. Non. Decembr. Pontificatus noſtri anno 7.

Bulle de Boniface aux Prelats, & autres Eccleſiaſtiques de France, à ce qu'ils ayent à comparoiſtre deuant luy auec les Docteurs és Droits, & qu'il ſera iuge des cauſes qu'aucuns pourront auoir de ne pas obeïr à ſon ordre.

Au Treſor Regiſtre B. fol. 242.

1301.
5. Decemb.

BONIFACIVS Epiſcopus ſeruus ſeruorum Dei, venerab. fratribus Archiepiſcopis, Epiſcopis, & dilectis filiis noſtris Electis per regnum Franciæ conſtitutus, ac Ciſtercien. Præmonſtraten. necnon & S. Dionyſij in Francia Pariſienſis diocceſis, ac Maior. Monaſterij Turon. Ordinis S. Benedicti Monaſterior. Abbatib. ſalutem, & Apoſtolicam benedictionem. *Vos & vniuerſos* Doctores in Theologia, & Magiſtros in Iure canonico, & ciuili de regno Franciæ oriundos, ad noſtram præſentiam per noſtras alias litteras euocamus, vt certo tempore compareatis coram nobis perſonaliter: illos tantùm Doctores, ſeu Magiſtros in Iure canonico, & ciuili ab huiuſmodi comparatione volumus excuſatos haberi, qui coram ſuis ordinariis ſe duxerint excuſandos legitimè, & ſuper hoc fidem fecerint coram eis. Impedimenta verò legitima, ſi, quod abſit, Archiepiſcopis, Epiſcopis, Electis, & Abbatibus, vel veſtrûm alicui, vel aliquibus euenerint, probare volumus coram nobis, illo, vel illis quos ad hoc duxerimus deputandos. Datum Lateran. Nonas Decemb. Pontif. noſtri anno 7.

Bonifacij Decretalis Vnam ſanctam.

In Eccleſia duo gladij, ſpiritualis, & temporalis, ſiue materialis, vterque in poteſtate Eccleſiæ. is pro Eccleſia, ille ab Eccleſia exercendus; ille ſacerdotum, is manu Regum, ſed ad nutum ſacerdotis.
Le temporel ſuiet au ſpirituel.
Spiritualia præcellunt terrenis.
Spiritualis poteſtas terrenam inſtituit & iudicat. Spiritualis à ſolo Deo iudicatur.
L'on ne peut croire autrement, niſi duo fingantur principia, ſicut Manichæus, quod eſt hæreticum
Eſt de neceſſitate ſalutis credere, omnem creaturam humanam ſubeſſe Papæ.

Extr. de Maioritate & obedient.

Bonifacij VIII. Papæ Decretalis, quæ incipit Vnam ſanctam. *De maioritate & obedientia, Extra.*

1302.

BONIFACIVS, &c. *Vnam ſanctam Eccleſiam* Catholicam, & ipſam Apoſtolicam, vrgente fide credere cogimur & tenere. Noſque hanc firmiter credimus, & simpliciter confitemur, extra quam nec salus est, nec remissio peccatorum; sponso in canticis proclamante, Vna est columba mea, perfecta mea, vna est matri suæ, electa genitrici suæ: quæ vnum corpus mysticum repræsentat, cuius caput Christus: Christi verò Deus. In qua vnus Dominus, vna fides, vnum baptisma. Vna nempe fuit diluuij tempore arca Noë vnam Ecclesiam præfigurans, quæ in vno cubito consummata, vnum (Noë videlicet) gubernatorem habuit & rectorem, extra quam omnia subsistentia super terram legimus fuisse deleta. Hanc autem veneramur, & vnicam: dicente Domino in Propheta: Erue à framea Deus animam meam, & de manu canis vnicam meam: pro anima enim, id est, pro seipso capite, simul orauit, & corpore: quod corpus vnicam scilicet Ecclesiam nominauit, propter sponsi fidei sacramentorum, & caritatis Ecclesiæ vnitatem. Hæc est tunica illa Domini inconsutilis quæ scissa non fuit, sed sorte prouenit. Igitur Ecclesiæ vnius & vnicæ vnum corpus, vnum caput, non duo capita, quasi monstrum, Christus videlicet, & Christi Vicarius Petrus, Petrique successor: dicente Domino ipsi Petro, Pasce oues meas: meas, inquit, & generaliter, non singulariter has vel illas: per quod commisisse sibi intelligitur vniuersas. Siue ergo Græci, siue alij, se dicant Petro, eiusque successoribus non esse commissos, fateantur necesse se de ouibus Christi non esse: dicente Domino in Ioanne, Vnum ouile, & vnicum esse pastorem. In hac eiusque potestate duos esse gladios, spiritualem videlicet, & temporalem, Euangelicis dictis instruimur. Nam dicentibus Apostolis, Ecce gladij duo hic, in Ecclesia scilicet, cùm Apostoli loquerentur, non respondit Dominus nimis esse, sed satis. Certe qui in potestate Petri temporalem gladium esse negat, malè verbum attendit Domini proferentis, Conuerte gladium tuum in vaginam. Vterque ergo est in potestate Ecclesiæ, spiritualis scilicet gladius, & materialis. Sed is quidem pro Ecclesia, ille verò ab Ecclesia exercendus. Ille sacerdotis, is manu regum & militum, sed ad nutum & patientiam sacerdotis. Oportet autem gladium esse sub gladio, & temporalem auctoritatem spirituali subijci potestati: nam cùm dicat Apostolus, Non est potestas nisi à Deo: quæ autem sunt, à Deo ordinata sunt: non autem ordinata essent, nisi gladius esset sub gladio, & tanquam inferior reduceretur per alium in suprema. Nam secundùm beatum Dionysium, lex diuinitatis est, infima per media in suprema reduci. Non ergo secundùm ordinem vniuersi omnia æquè ac immediatè, sed infima per media, & inferiora per superiora ad ordinem reducuntur. Spiritualem autem, & dignitate, & nobilitate, terrenam quamlibet præcellere potestatem, oportet tanto clariùs nos fateri, quanto spiritualia temporalia antecellunt. Quod etiam ex decimarum datione, & benedictione, & sanctificatione, ex ipsius potestatis acceptione, ex ipsarum rerum gubernatione claris oculis intuemur. Nam veritate testante, spiritualis potestas terrenam potestatem instituere habet, & iudicare, si bona non fuerit: sic de Ecclesia & Ecclesiastica potestate verificatur vaticinium Hieremiæ: Ecce constitui te hodie super gentes & regna, & cætera quæ sequuntur. Ergo si deuiat terrena potestas, iudicabitur à potestate spirituali: Sed si deuiat spiritualis, minor à suo superiori: si verò suprema, à solo Deo, non ab homine poterit iudicari: testante Apostolo, Spiritualis homo iudicat omnia, ipse autem à nemine iudicatur. Est autem hæc auctoritas (etsi data sit homini, & exerceatur per hominem) non humana, sed potiùs diuina, ore diuino Petro data, sibique, suisque successoribus, in ipso, quem confessus fuit, petra firmata:

dicente Domino ipsi Petro : Quodcumque ligaueris, &c. Quicumque igitur huic potestati à Deo sic ordinatæ resistit, Dei ordinationi resistit, nisi duo (sicut Manichæus) fingat esse principia : quod falsum & hæreticum iudicamus. quia testante Moyse, non in principiis, sed in principio cælum Deus creauit & terram. Porro subesse Romano Pontifici omnem humanam creaturam declaramus, dicimus, diffinimus, & pronuntiamus omnino esse de necessitate salutis. Datum Lateran. Pontificatus nostri anno octauo, 14. Kal. Decembr.

Requeste de Guillaume de Nogaret au Roy, estant au Louure en presence de plusieurs Prelats & Seigneurs. Il represente comme Boniface est entré par tromperie au Pontificat ayant seduit Celestin. Qu'il ne sert de ri n de dire qu'aprés la mort de Celestin les Cardinaux ont derechef consenty à son élection, car son introduction estant vitieuse, n'a pû estre rectifiée.
Il propose donc au Roy que c'est à luy à preuenir les maux qu'il veut faire ; dit qu'il n'est point Pape, non intrauit per ostium, est heretique, simoniaque. Aprés il remarque les vices de Boniface, & les maux qu'il commet. Demande au Roy qu'il luy plaise assembler ses Prelats, Princes, & Barons, à ce que le Concile soit connoqué où Boniface soit iugé, & que l'on procede à nouuelle élection. Supplie aussi le Roy & les Cardinaux de pouruoir à l'Eglise de Rome d'vn Vicaire, pour faire les fonctions Pontifi a es iusques à vne nouuelle élection ; estant necessaire d'arrester la personne de Boniface, afin qu'il ne trauerse ce bon dessein : & coniure le Roy de faire ce bon œuure par diuerses considerations.

Au Tresor Registre C. p. IX^{xx} IX.

Requesta facta Regi per Dominum Guillelmum de Nogareto, contra PP. Bonifacium VIII.

1302.
12. Mars.

IN nomine Domini. Amen. Anno eiusdem Domini 1302. indictione 1. mensis Martij die 12. Pontificatus sanctissimi patris dom. Bonifacij diuina prouidentia Papæ VIII. anno 9. in nostrorum notariorum publicorum & testium subscriptorum præsentia, coram excellentissimo Principe domino Philippo Dei gratia Francorum Rege illustrissimo, constitutus nobilis vir dominus Guillelmus de Nongareto miles, legum professor venerabilis, viuæ vocis oraculo protulit, & in scriptis tradidit ea quæ sequuntur:
Fuerunt Pseudo-prophetæ in populo, sicut & in vobis erunt magistri mendaces, &c. Gloriosus princeps Apostolorum, Beatus Petrus nobis loquens in spiritu futurum prædixit, quod sicut ante Pseudo-prophetæ fuerant, sic & erant venturi magistri mendaces, introducentes sectas perditionis, per quas via veritatis maculabitur, & in auaritia verbis fictis negotiabuntur de nobis, addens quòd magistri huiusmodi secuti sunt viam Balaam ex Bosor, qui mercedem iniquitatis amauit, correctionem verò habuit suæ vesaniæ, subiugale iumentum, quod hominis voce loquens, perhibuit Prophetæ insipientiam: quæ omnia prout ab ipso Patriarcha maximo nobis nuntiata sunt, hodie ad literam oculi nostri cernunt. Sedet enim in cathedra Beati Petri, mendaciorum magister, faciens se, cùm sit omnifarie maleficus, Bonifacium nominari; & sic nomen falsum sibi assumpsit ; & cùm non sit verus præsidens, nunc magister se dicit omnium hominum dominum, iudicem, & magistrum. Præter enim formam communem à sanctis Patribus
insti-

DE BONIF. VIII. ET PHILIP. LE BEL.

institutam, contra regulas insuper rationis, & sic non per ostium in ouile Dominicum latenter ingrediens, non pastor nec mercenarius, sed est potius fur & latro: Namque Romanæ Ecclesiæ vero coniuge viuente, fictis blanditiis, atque mendaciis, ad dimittendum sponsam suam, coniugem ipsum simplicitate gaudentem, decipiens, & inducens contra veritatem, clamantem, *quod Deus coniunxit homo non separet;* ac tandem manus violentas in eum iniiciens, sibi falsò persuadentem hoc ex Spiritu sancto esse quod seductor ille dicebat, ipsam Ecclesiam sacrosanctam omnium Ecclesiarum magistram, suam dicens esse coniugem, cùm esse non posset, sibi appropriare nefariis amplexibus non expauit: non consensit etenim verus Rom. Pontifex Celestinus dicto diuortio, qui tantis insidiis est deceptus; nihil enim tam contrarium consensui, quàm error, vt etiam leges humanæ testantur; vt de violentia taceamus: verùm quia spiritus vbi vult spirat, & qui spiritu Dei agitur, non est sub lege, vniuersalis Ecclesia sancta Dei fraudes nesciens supplantatoris illius, titubans, & perplexa, an à Spiritu sancto venisset, quòd eius regimen dimitteret Celestinus, precibus populi exigentibus propter timorem Schismatis, tolerauit seductorem prædictum, quousque iuxta doctrinam Domini, à fructibus eius posset percipi, an homo huiusmodi ad dictum regimen à Spiritu sancto, vel aliunde venisset: fructus autem eius, vt inferiùs clarè subiicitur, nunc sunt omnibus manifesti; ex quibus non à Deo, sed aliunde, & sic non per ostium in ouile venisse omnibus clarè patet: fructus enim eius sunt pessimi, quorum finis mors est; & ideo necesse est, vt tam mala arbor iuxta sententiam Domini, scindatur, & in ignem ponatur. Nec ad eius potest excusationem prodesse, quod ab aliquibus dicitur post mortem dicti Celestini summi Pontificis, Cardinales in eum denuo consensisse: cùm eius esse coniux non potuerit, quam primo viro viuente, fide digno coniugij, constat per adulterium polluisse. Quia ergo quod in Deum committitur, in omnium fuerit iniuriam, & in tanto scelere maximè propter sequentia, quilibet de populo, etiam mulier, aut infamis, admittitur; ego, qui subiugale iumentum, virtute Domini, non propria, vocem hominis perfecti ad tantum onus sufficientis assumens, dicti falsi prophetæ Balaam vesaniam reprehendens, quem in Deo ad instantiam Regis Balaac, hoc est, dæmoniorum Principis cui seruit, ad maledicendum populo, à Domino benedicto paratum vobis excellentissimo Principi domino Philippo Dei gratia Francorum Regi supplico, vt sicut Angelus domini prophetæ Balaam, antiquitus qui ad maledicendum populo Domini procedebat, occurrit gladio euaginato in via, sic dicto pestifero, qui longe peior est dicto Balaam, vos qui vncti estis ad executionem iustitiæ; & ideo sicut Angelus Dei, minister potestatis & officij vestri gladio euaginato occurrere velitis, ne possit malum populo perficere quod intendit.

I. Propono liquidem, prædictum, qui se nominat Bonifacium, Papam non esse; sed sedem quam obtinet de facto, detinere iniustè, ad maximum dispendium animarum omnium Ecclesiæ sanctæ Dei; & vitiosum multis modis habuisse ingressum; nec intrauit per ostium, sed aliunde, quare fur est censendus & latro.

II. Item propono, quòd dictus Bonifacius est hæreticus manifestus, multis speciebus hæreseos loco & tempore congruis declarandis, à corpore sanctæ Ecclesiæ prorsus abscissus.

III. Item propono, quòd dictus Bonifacius est horribilis simoniacus, qualiter à mundi initio aliquis nunquam fuit, pestiíque criminis huius sic

H

est in eo vbique terrarum notoria, quod patet omnibus volentibus intelligere indistinctè in tantum quòd publicè blasphemans, prædicauerit simoniam committere se non posse.

IV. Item propono, quòd dictus Bonifacius inuolutus manifestis criminibus enormibus infinitis, est in eis taliter induratus, quòd est prorsus incorrigibilis, & positus in profundum malorum, in tantum quòd amplius, sine subuersione status Ecclesiæ, tolerari non potest: est enim os eius maledictione plenum, & eius pedes & gressus veloces ad effundendum sanguinem; Ecclesias, quas deberet nutrire, prorsus dilacerans, bona pauperum malè consumens, nefandos homines munera sibi dantes amplectens, viros iustos persequens, in populo dominans, non ministrans, Ecclesiis, populo Dei, & Principibus populorum, graue onus, & importabile iugum imponens, humiles despiciens, abiectos profequens in populo, non cum Christo colligens sed dispergens, nouas sectas, & alias perditionis inaudi_ tas introducens, viam veritatis blasphemans, per rapinam æstimans se Domino Iesu Christo benedicto semper æqualem; & in summa auaritia constitutus, aurum sitit, aurum cupit, subtilique ingenio ab omni gente aurum extorquet, & obmisso prorsus cultu Dominico, verbis fictis, nunc blanditiis, nunc terroribus, nunc falsis disciplinis, ad finem pecuniæ de nobis omnibus negotiatur, omnibus inuidens, præter sua neminem diligens, guerras nutriens, pacem subditorum persequens & detestans : est enim in peccatis nefandis inueteratus, omnibus viis & doctrinis Domini contrarius & repugnans, templi vera abominatio, quam Daniel Domini propheta descripsit; & ideo contra cum arma & leges debent insurgere, atque omnia elementa, qui sic statum Ecclesiæ subuertit, propter cuius peccata Deus totum mundum flagellat, nihilque sibi insatiabili superest quod ipsum valeat satiare, nisi solum insatiabile os inferni, & ignis inextinguibilis perpetuò perseuerans. Cùm igitur in Concilio generali omnium consilio deceat & iudicio dictum flagitiosum damnari, qui pariter Deum & omnes offendit: Peto, requiro quanta possum instantia, & supplico vobis domino Regi prædicto, vt Prælatis, Doctoribus, & populis, atque Principibus fratribus nostris in Christo, maximè Cardinalibus, & Prælatis omnibus, intimetis, vt omnes generale Concilium conuocetis, in quo nefandissimo prædicto damnato, per venerabiles Cardinales prouideatur Ecclesiæ de Pastore : coram quo Concilio, offero me paratum legitimè persequi supradicta. Et cùm dictus homo in summo fastigio constitutus à superiore interim suspendi non possit, & ideo ipso facto propter prædicta suspensus intelligi debeat, postquam status eius in iudicium deducitur modo prædicto, supplico & requiro per vos cum dictis Cardinalibus, & ego de præsenti eos & Ecclesiam Dei requiro, vt de Vicario ipsi Romanæ Ecclesiæ, persona dicti flagitiosi posita in custodia, prouideatur, qui administrare valeat quæ incumbent, quousque de Pontifice sit Ecclesiæ Dei prouisum, ad omnem occasionem schismatis prorsus tollendam, & vt dictus flagitiosus persecutionem huiusmodi non impediat vel retardet. Hoc autem à vobis domino Rege prædicto requiro, vos teneri ad hoc asserens propter plura. Primò, propter fidem. II. propter regiam dignitatem, ad cuius officium pertinet omnes pestiferos extirpare. III. propter iuramentum, quod pro Ecclesiarum regni defensione præstitistis, quas prorsus dilacerat dictus rapax. IV. quia ipsarum Ecclesiarum patroni estis; & ideo nedum estis earum defensioni adstricti, sed etiam reuocationi bonorum ipsarum, quæ dictus homo disperfit. V. progenitorum vestrorum vt vestigia sequentes, matrem nostram Ecclesiam Romanam liberare debetis à tam nefando nexu, quo per oppressionem ligata tenetur. Peto autem de requisitionibus huiusmodi per notarios præsentes hos fieri publicum instrumentum, sub venerabilium testimonio virorum, qui hic præsentes existunt. Acta & prolata fuerunt hæc, vt suprà dictum est, Parisius, in regali domo de Lupara, anno, indictione, mense, die, & Pontificatu prædictis, præsentibus reuerendis in Christo patribus dominis, Dei gratia, St. Senonen. & Narbonen. Archiepiscopis, Melden. Niuernen. & Antissiodoren. Episcopis, ac strenuis viris dominis K. Valesij, L. Ebroicensi Comitibus, R. Duce Burgundiæ, I. de Cabilone dom. de Arlayo, I. de Dampetra dom. de S. Desiderio, G. de Castellion. Constabulario Franciæ Comite Portuen. & pluribus aliis vocatis ad hoc specialiter & rogatis. Et ego Iacobus de Iassenis, Trecensis diocesis auctoritate Apostolica Notarius, prolationi, & traditioni prædictis præsens fui, vnà cum suprascriptis testibus, ac etiam cum venerabili viro Magistro Gauffrido de Plexeiano, sacrosanctæ Romanæ Ecclesiæ auctoritate Apostolica publico Notario: & de præmissis, ad instantiam, & requisitionem dicti domini Guillelmi, hoc instrumentum publicum confeci, & illud propria manu mea consignatum, meo solito signo signaui rogatus.

Ex veteri libro MS.

NOTA quòd die Dominica post octauam Purificationis B. Mariæ 1301. Rex Franciæ fecit comburere Bullam Papæ in medio omnium nobilium, & aliarum personarum, quæ erant eadem die Parisius, & cum trompis fecit huius combustionem Bullæ per totam villam Parisius præconizari.

1301.

Item à die Veneris ante diem Dominicam erant elapsi quindecim dies, quòd idem Rex condemnauit filios suos in præsentia totius Curiæ suæ, & procerum omnium qui erant præsentes, si aduoharent ab aliquo viuente, nisi solummodo à Deo, regnum Franciæ.

Lettre des Ducs, Comtes & Barons de France aux Cardinaux: Parlent de l'vnion ancienne entre le saint Siege & le Royaume de France, & des peines qu'ont pris les Roys de France pour la Foy Chrestienne: & pource que ce seroit, disent-ils, chose dure de voir vne diuision par les entreprises de celuy qui est seant au siege de l'Eglise, declarent qu'ils ne souffriront iamais les outrageuses entreprises que Boniface a fait au Roy, & au Royaume, que le Roy fit exposer deuant vne grande assemblée. Où l'on fit entendre que Boniface maintenoit que le Roy & le Royaume luy estoient sousmis au temporel; ce qui n'est pas: & qu'il auoit mandé les Prelats & Docteurs pour aduiser à reformer les excez faits par le Roy & ses Officiers sur l'Eglise, & sur tout son Royaume; ce qu'il n'a pû faire: car ils soustiennent que aucune correction & amende ne doit venir de sa part, ny par son pouuoir; & n'y a que le Roy qui la doit faire: Que le Roy auoit commencé à faire cette reformation, mais qu'il a desisté, ne voulant pas que l'on creust que cela fust fait par l'ordre du Pape. Marquent le preiudice à l'Estat, si les Prelats vont en Cour de Rome. Reprochent à Boniface, qu'il a pris de grandes sommes pour les collations des Prelatures, & autres Benefices. Remarquent qu'il a pourueu aux Benefices des personnes indignes, & le grand desordre qu'il y a pour cela ; qu'il veut pourvoir aux Benefices dont la collation appartient au Roy & aux Seigneurs; Bref que toutes ces choses ne peuuent estre commises que par l'Antechrist. Supplient lesdits Cardinaux de faire reparer ces choses, afin que l'on pense au voyage d'Outremer, & autres bonnes œuures.

Declarent qu'ils ne se départiront iamais de ce que dessus, ores que le Roy vouluft le contraire.

Les plus grands Seigneurs du Royaume mirent leurs seaux à ces Lettres.

Au Tresor Coffre Boniface Regiftre B. fol. 246.

Lettre enuoyée par tous les Barons du Royaume de France au College des Cardinaux, quand le Roy appella contre Boniface Pape.

1302.
10. Auril.

A HONORABLES peres lors chiers & anciens amis, tout le Colliege & à chafcun des Cardinaux de la sainéte Eglife de Rome, li Duc, li Comte, li Baron, & li Noble, tuit du Royaume de France, Salut, & continuel accroiffement de charité, d'amour, & de toutes bonnes auentures à leur defir: Seignours, vos efpiciaulment fçauez, & fçait chacun qui a fain entendement, comment l'Eglife de Rome, & li Royaume de France, li Rois, li Baron, li Clergié, & li peuples d'iceluy Royaume, ont d'anciennecté, & continuellement de couftume efté conioints enfemble par ferme & vraye amour, & charité, & les grans miseres, les peines & les trauaux que nos antecessours, & li plufieurs de nous & des nostres, ont souffert, souffrent, & souffreront toufiours en l'honneur de celuy qui pour nous souffrit paffion & mort, pour fouftenir & effaucier la loy, & la foy Chrétienne, & fainéte Eglife, pour laquelle plufiours d'eux ont maintefois souffert moult de griefues peines & trauaux, & eftés pris & naurés à mort, & les grans cures que la diuine Eglife a mifes pour le bon eftat du Royaume. Et pource que trop griefue chofe feroit à nous, fe celle vraye vnité qui fi longuement a duré entre nous fe demenuifoit & defailloit maintenant par la male voulenté, & par l'ennemitié longuement nourrie foubs l'ombre d'amitié, & par les torcionnieres & defrenables entreprifes de celuy, qui en prefent eft ou fiege du gouuernement de l'Eglife, nous vous certifions par la tenour de ces lettres aucunes mauuaifes & outrageufes nouuelletez, que il a de nouuel entreprifes à faire à noftre tres-chier & redouté Seignour, Phelippe par la grace de Dieu Roy de France, & à tout le Royaume; lefquelles noftre Sire li Roy fit expofer entendiblemét par deuant nous, & tous les Prelats, les Abbez, les Priours, & les Doyens, les Preuofts, les Procureurs des Chapitres & des Conuents, des Colleges, des Vniuerfitez, & des Communautez des villes de fon Royaume, prefens deuant luy, pour lefquels fe ils par fa defordenée volenté eftoient pourfuiuies, l'vnitez & l'amitiez deuant dites, fe déferoient & defioinderoient entre ladite Eglife, & le Roy, & le Royaume, & nous: car nous ne le pourrions, ne ne vourrions fouffrir en nulle maniere, pour peine, perte, ne mefchief que fouffrir en deuffions, en perfonnes, en enfans, en heritages, ne en autres biens. Premiers entre les autres chofes que audit Roy noftre Sire furent enuoyées par meffages, & par lettres, il eft contenu, que du Royaume de France, que noftre Sire li Roy, & li habitans du Royaume, ont toûjours dit eftre foubget en temporalité de Dieu tant feulement, fi comme c'eft chofe notoire à tout le monde, il en deuroit eftre fubjet à luy temporellement, & de luy le deuoit, & doit tenir: & plus que il encores auec ce a fait appeller les Prelats, les Doéteurs en Diuinité, les Maiftres en Canon & en Lois dudit Royaume de France, pour amander & corriger les ex-

DE BONIF. VIII. ET PHILIP. LE BEL.

cés, les griefs, les oppreſſions, & les dommages, que il dit par ſa volenté, eſtre faits par noſtre Sire le Roy, par ſes Miniſtres, & par ſes Baillifs, as Prelas, as Egliſes, as perſonnes des Egliſes, à nous, aux Vniuerſitez, & au peuple dudit Royaume, iaçoit ce que nous, ne les Vniuerſitez, ne li peuples dudit Royaume ne requirons, ne ne voulions auoir, ne correction, ne amende ſur les choſes deuant dites par luy, ne par s'authorité, ne par ſon pouuoir, ne par autre, fors que par ledit noſtre Sire le Roy : & ja auoit pourueu li Roys noſtre Sire, à mettre remede à griefs, s'aucun en y euſt, mais pour ce a retardé, puis que ces nouuelles ſont venuës à luy ; que il ne veult mie que il apere, que il le face par cremeur, ou par commandement, ou par correction de luy, ou d'autruy. Par laquelle conuocation ainſi faite, li Royaume demourroit en grand peril, & en grand deſconfort, ſe il ſe vuidoit de ſi precieux ioyaux & treſors, auſquels nuls ne ſe comperent, & que len doit mettre auant toutes forces, & auant toutes armes, c'eſt à ſçauoir, le ſens des Prelas & des autres ſaiges, par qui conſeil, par qui ſens, & par qui pourueance, le gouuernement du Royaume eſt adrecicz & maintenus, la foy eſt tenuë & eſſauciée en fermeté, li Sacremens de ſaincte Egliſe ſont ameniſtrez & tenus, & iuſtice faicte & gardée en celuy Royaume, pour leſquiex choſes, & pour autres, leſquelles trop longs choſe feroit à eſcripre. Et pource eſpeciaulment que cil qui à preſent ſiet ou ſiege du gouuernement de l'Egliſe, a faict & faict encores chacun iour par ces ordenances de volenté les confirmations & les collations des Archeueſques & des Eueſques, & des autres nobles beneſices du Royaume deuant dit, & y a miſes par grandes quantitez & ſommes d'argent, parquoy il les a greuées & chargées, ſi que il conuient que li menus peuples, qui leur eſt ſoubgez, ſoient greuez & rançonnez : car autrement ne pourroient payer les exactions qui leur a faictes par perſonnes meſcogneuës, & aucunes ſouſpeçonneuſes, & telles, & pluſieurs, ſi comme enfans & pluſieurs autres, qui de nul beneſice d'Egliſe tenir ne ſont dignes, & qui nulle reſidence ne font és Egliſes, où ils ont les beneſices, ne jà ni entrerent ; & ainſi les Egliſes ſont defraudées de leur ſeruice, & les volontez de ceux qui les Egliſes fonderent ſont anienties, parquoy les aumoſnes ſont laiſſées, pitié arriere miſe, & les bienfaicts ſoubſtraits qui aux Egliſes ſouloient eſtre faits, & les Egliſes en ſont ſi abaiſſées & decheuës, que à peine y a nuls qui les deſſeruent, ne li Prelas ne poent donner leurs beneſices aux nobles Clercs, & autres bien nez, & bien lettrez, de leurs dioceſes, de qui Anteceſſours les Egliſes ſont fondées ; parquoy maluais exemple eſt donnez communement à toute le peuple, & pour les penſions nouuelles, & les ſeruices outrageous & deſaccouſtumez, & les exactions & extorſions diuerſes, & les dommageuſes nouuelletez, li generaux eſtats de l'Egliſe eſt du tout muez, & oſtez à ſouuerains Prelas, li pooirs de faire ce qui à eux de leur office appartient & eſt accouſtumez de faire, & encore ne luy ſouffiſt ce mie, mais les collacions des beneſices, que noſtre Sire li Roys & nos Anteceſſours ont fondez, & à li & à nous appartiennent, & ont de tout temps appartenu à li & à nos deuanciers, & eſt accouſtumé à appartenir, il nous empeſche & les veut adiouſter & traire deuers li par grand conuoitiſe, pour plus grans exactions, & plus grans ſeruices attraire à luy ; & leſquelles choſes nous ne pourrions ne vourions ſouffrir des ores en auant en nulle maniere pour meſchief nul qui nous puiſſe auenir, & ſe ainſi eſtoit que nous, ou aucuns de nous le vouſiſſiens ſouffrir, ne les ſoufferroit mie lidicts noſtre Sire li Roys, ne li commun peuples dudit Royaume : & à grand douleur, & à grand meſchief, nous vous faisons à sçauoir par la teneur de ces lettres que ce ne sont choses qui plaisient à Dieu, ne ne doiuent plaire à nul homme de bonne voulenté, ne onques mes telles choses ne descendirent en cuer d'homme, ne ores ne furent, ne attenduës aduenir, fors auecques Antechrist : Et ia-çoit ce que il die en ses lettres, que ce a-il faict du conseil de ses freres, si sçauons nous certainement, ne autre chose ne voulons, ne ne pourrions croire, que ce ne vous desplaise, & que à telles nouuelletez si grans errours, & si folles entreprises vous donnissiez voltre assentement, ne vos consens, ne ne voulsissiez que ceste vnitez, que si longuement & si fermement a du-ré, à le honneur de Dieu, & à l'essaucement de la foy Chrestienne, au grand bien, & au proffit, & au bon estat de l'Eglise & du Royaume, par la peruerse volenté, ou par la folle enuchie d'vn tel homme, se desfist & desioinsist. Pourquoy nous vous prions & requerons tant affectueusement, comme nous pouuons ; que comme vous soyez establis & appellez en par-tie ou gouuernement de l'Eglise, & chacun de vous, en ceste besoigne veilliez tel conseil mettre, & tel remede, que ce qui est par si legier & par si desordenné mouuement commancié, soit mis à bon point, & à bon estat, si que l'amour, & li vnitez qui a tousiours duré entre l'Eglise & le Royau-me, puisse demourer & accroistre, & que li griefs esclandres, qui pour ce est meus & est appareillez d'estre si grans & si cruels, que la generalle Eglise & toute Chrestienté s'en pourroit douloir à tousiours, puissent par vostre vertu, bon conseil, & par vostre amendement cessier: & que l'en puisse en-tendre pourfitablement au sainct voyage de oultre mer, & as autres bonnes œuures, que li bons Chrestiens du Royaume ont accoustumé à faire, & à poursuir, & monstrer tel semblant, que li malices, qui est esmeus, soit ar-riere mis & aniertis, & que de ces excés qu'il a accoustumé à faire, il soit chastiez en telle maniere, que li estas de la Chrestienté soit & demeure en son bon point, & en son bon estat ; & de ces choses nous faites à sçauoir par le porteur de ses lettres vostre volenté & vostre entention : car pour ce nous l'enuoyons especiaument à vous, & bien voulons que vous soyez certain que ne pour vie, ne pour mort, nous ne departirons, ne ne veons à depar-tir de ce procez, & feust ores, ainsi que li Roys nostre Sire le vouluft bien. Et pource que trop longue chose, & chargeans seroit, se chacun de nous metteroit seel en ces presentes lettres, faites de nostre commun assente-ment, nos Loys fils le Roy de France ; Cuens de Eureux ; Robert Cuens d'Artois ; Robert Dux de Bourgoigne ; Iean Dux de Bretaine ; Ferry Dux de Lorraine ; Iean Cuens de Hainaut & de Hollande ; Henry Cuens de Luxembourg ; Guis Cuens de S. Pol ; Iean Cuens de Dreux ; Hugues Cuens de la Marche ; Robert Cuens de Bouloigne ; Loys Cuens de Niuers & de Retel ; Iean Cuens d'Eu ; Bernard Cuens de Cōminges ; Iean Cuens d'Aub-marle ; Iean Cuens de Fores ; Valeran Cuens de Perigors ; Iean Cuens de Ioigny ; I. Cuens d'Auxerre ; Aymars de Poitiers ; Cuens de Valentinois : Estennes Cuens de Sancerre ; Renault Cuens de Montbeliart ; Enjoignant Sire de Coucy, Godefroy de Breban, Raoul de Clermont Connestable de France, Iean Sire de Chastiauvilain, Iourdain Sire de Lille, Iean de Cha-lon Sire Darlay, Guillaume de Chauvigny Sire de Chastiau-Raoul, Ri-chars Sire de Beaujeu, & Amaurry Vicuens de Narbonne, auons mis à la requeste, & en nom de nous, & pour tous les autres, nos seaus en ces presen-tes Lettres. Donné à Paris le 10. iour d'Auril l'an de grace 1302.

DE BONIF. VIII. ET PHILIP. LE BEL.

Lettre des Cardinaux aux Nobles, Ducs, Comtes, & Barons du Royaume de France. Ils asseurent que Boniface & eux font ce qu'ils peuuent pour conseruer l'vnion entre l'Eglise, le Pape, & le Roy, & le Royaume de France : asseurent que Boniface n'a iamais écrit au Roy qu'il estoit son sujet au temporel, & qu'il le tenoit de luy. Que l'Archidiacre de Narbonne Nonce du Pape n'auoit rien dit approchant de cela, ny baillé rien par écrit. Ainsi que la proposition de P. Flotte faite deuant le Roy n'a nul fondement. Qu'à la verité les Prelats & autres Ecclesiastiques ont esté mandez par le Pape, pour declarer auec eux ce qu'il faudroit faire; ce qu'il a desiré de faire comme auec personnes non suspectes au Roy. Que si l'on eust bien consideré les Lettres que le Pape a écrites au Roy, l'on l'en deuroit remercier : elles n'ont d'autre but, que de restablir les griefs que reçoiuent les gens d'Eglise, & de rendre le Royaume heureux.

Que si le Pape a foulé l'Eglise Gallicane, c'a esté à la priere du Roy en luy accordant vne decime; qu'il a donné beaucoup de dispenses à la priere du Roy, & des Grands; que c'est ingratitude de luy reprocher ce fait. Que personne de bon sens ne peut nier, que le Pape ne soit le Primat & summus Hierarcha in Hierarchia Ecclesiastica, & qu'il n'ait l'autorité de reprendre les fautes, & les pechez des hommes. Qu'il ne se souuient pas qu'il ait pourueu des estrangers aux Eglises Cathedrales, fors à Bourges & à Arras, gens tres-sçauans non suspects au Roy.

Remarquent combien de bien-faits & de graces Boniface a donné aux Docteurs de Paris, & autres personnes de sçauoir; qu'il s'en trouuera cent François contre vn Estranger.

Ils se plaignent de ce que ces Seigneurs par leurs Lettres n'ont nommé Boniface Souuerain Pontife, & l'ont designé par des paroles peu respectueuses, peu deuotes, & nouuelles.

Au Tresor Coffre Boniface numero 4.

MISERATIONE diuina Episcopi, Presbyteri, & Diaconi S. Romanæ Ecclesiæ Cardinales, nobilibus viris, Ducibus, Comitibus, Baronibus, & nobilibus regni Franciæ, in vero salutari salutem. Recipimus literas vestræ nobilitatis, & nuntios, quas nobis per eosdem nuntios latores præsentium destinastis, quarum intellectus tenor nostros amaricauit animos, & turbauit auditus. Vobis igitur præsentibus respondemus, quòd sanctissimus Pater & Dominus noster, dominus Bonifacius diuina prouidentia sacrosanctæ Romanæ, ac vniuersalis Ecclesiæ summus Pontifex, & nos ipsi vinculum caritatis & sinceritatis affectus, quæ inter ipsum dominum nostrum summum Pontificem, prædecessores ipsius Roman. Pontifices, & nos & prædecessores nostros S. R. Ecclesiæ Cardinales, ac magnificum Principem dom. Philippum Franciæ Regem illustrem, ac prædecessores suos, fuerunt ac viguerunt abolim, manutenemus libenter, & vt firma, & stabilia maneant promptis studiis laboramus; ad hoc etiam inuenimus ipsum dom. nostrum paratum & promptum. Inimicus tamen homo superseminauit zizania, quæ Deo auctore in fasciculos colligata erunt in combustionem & cibum ignis. & volumus vos pro certo tenere, quòd prædictus dom. noster summus Pontifex nunquam scripsit Regi prædicto, quòd de regno suo sibi subesse temporaliter, illudque ab eo tenere deberet: & prouidus vir magister Iacobus Archidiaconus Narbonen. Notarius & Nuncius dom. nostri prædicti, sicut constanter affirmat, ipsi domino Regi, hoc ipsum vel simile nunquam verbaliter nunciauit aut scripto. Vnde propositio quam fecit Petrus Flote in præsentia dicti dom. Regis, Prælatorum, & vestra, & aliorum multorum, arenosum & falsum habuit fundamentum, & ideo necesse

1302.
26. Iuin.

est quòd cadat ædificium, quod ædificabitur super illud; Prælati verò Doctores in Theologia, & vtriusque Iuris Magistri vocati fuerunt ad ipsius domini nostri præsentiam, certo eis peremptorio termino assignato, vt cum eis super agendis posset deliberare consultius, sicut cum personis ipsi domino Regi non suspectis, imò acceptis & gratis, ac diligentibus nomen eius, & affectantibus statum prosperum, & tranquillum ipsorum domini Regis & regni. Nec est nouum per Sedem Apostolicam pro qualitate temporum & necessitate causarum, Concilia non solùm particularia, sed etiam generalia conuocari, quorum aliqua plurium ex nobis temporibus congregata noscuntur. Detulit tamen dictus dominus noster ipsi domino Regi & regno generale Concilium non vocando, in quo forsitan conuenissent nonnulli nationum & regnorum illorum, qui minus dilectionis ad dictos Regem & regnum noscuntur habere. Et si ad eorundem Prælatorum & vestram peruenisset notitiam literarum tenor, quas idem Archidiaconus dicto domino Regi ex parte ipsius domini nostri summi Pontificis præsentauit, & fuisset expositus diligenter, reddendæ fuissent Deo & Domino vestro gratiæ copiosæ super paterna cura & materna dulcedine, quam ipse dominus noster gessit, & gerit vt ipsi Rex & regnum habeant statum prosperum & quietum, & vt tollantur grauamina, quæ Prælatis, Ecclesiis, ac Monasteriis, & nonnullis ex vobis & Clero, & populo sunt illata, cùm vtique dictus dom. noster summus Pontifex, si Ecclesiam Gallicanam grauauit, hoc fecit concedendo ipsi dom. Regi decimam plurium annorum Ecclesiasticorum prouentuum regni sui. Et quod ad dictum eius in qualibet Ecclesia Cathedrali, & Collegiata regni prædicti, vna persona idonea poneretur, nonnullis etiam dignitates, & beneficia contulit consideratione Regis eiusdem, Prælatorum, & aliquorum ex vobis. Dispensationes quoque multas concessit & magnas, quæ non latent Regem ipsum & multos ex vobis, ex quibus per ingratitudinem non dilectionis & reuerentiæ, recipit idem dominus noster debitam repensiuam. Ad hæc non venit in dubium homini sanæ mentis, Romanum Pont. obtinere primatum, & esse summum Hierarcham in Ecclesiastica Hierarchia, ac posse omnem hominem arguere de peccato. *Nostræ quoque memoriæ non occurrit, quòd Cathedralibus Ecclesiis dicti Regni prouiderit de personis Italicis nisi Biturieen. & Aurebaten. Ecclesiis, quibus de personis prouidit ipsis Regi non suspectis & regno, quorum eminens scientia latè patet, nec sunt conditiones eorum incognitæ.* Multis verò aliis Ecclesiis Cathedralibus prouidit de personis oriundis de regno prædicto, nec Regi, nec regno prædictis probabili ratione suspectis. Quis vnquam prædecessorum suorum formas prouidendi pauperibus clericis plus extendit, quibus per nonnullos ex Prælatis non fiebat prouisio, & mendicare quodammodo cogebantur in opprobrium clericale, exsurgant cum ipso domino Magistri in Theologia, quibus ipse in Parisien. Ecclesia canonicatus contulit & præbendas. exsurgant magistri, & alij literati, & in acie stent cum ipso qui paupertate grauati multis sudoribus, multis vigiliis, multis laboribus adepti sunt scientiæ margaritam, & dicam quomodo illorum pietas ad quos beneficiorum collatio pertinebat, respexit eosdem. Inuenietis pro vno extraneo, cui est per ipsum dominum in dicto regno prouisum ferè centum, qui de prædicto regno traxerunt originem, ab eo prouisionis gratiam recepisse. Et si de vacantibus beneficiis regni prædicti, aut vacaturis prouidit, nónne prouidit de personis oriundis de regno eodem, & familiaribus & Clericis Regis, Prælatorum, regni, & vestris. Ad hæc vt non taceamus vobis solidam veritatem, non decuit, imò licuit, nec

etiam

DE BONIF. VIII. ET PHILIP. LE BEL. 65

etiam expediuit sanctissimum patrem & dominum nostrum dom. Bonifacium diuina prouidentia sacrosanctæ Rom. ac vniuersalis Ecclesiæ summum Pontificem in literis vestris, quas nobis misistis, non nominare summum Pontificem, sed, quod dolenter referimus, omissis filialis, & solita reuerentiæ more, ac stilo ipsum nominastis per quandam circumlocutionem indeuotorum verborum & nouiter inuentorum. Huiusmodi autem literarum nostrarum placeat vobis habere bonum interpretem & fidelem. Datum Anagniæ 6. Kal. Iulij, Pontificatus verò præfati domini nostri domini Bonifacij PP. octaui anno octauo. Sigill. 17. sigillis ceræ rubræ.

Bulle de Boniface aux Prelats, & autres Ecclesiastiques de France, se plaignant de ce que le Roy a fait contre luy en son Parlement assemblé à Paris, pour empescher que ceux qu'il auoit mandez de venir le trouuer, n'y vinssent. Se plaint des paroles dites contre luy, principalement par P. Flote, Belial semiuidens corpore, & mente totaliter excæcatus. *Leur reproche qu'ils ont souffert dire beaucoup de paroles outrageuses contre l'Eglise, qui alloient à dissoudre l'vnité, qu'aucun d'eux ne s'est retiré, ny voulu refuter aucune chose qui y fut dite.* Nónne, dit-il, duo principia nituntur ponere qui dicunt temporalia spiritualibus non subesse. *Il exhorte ces Prelats de mépriser les menaces qui leur sont faites s'ils n'obeissent, & de se ioindre à luy, asseurant de bien traiter les obeissans, & de bien chastier les desobeissans.*

Coffre Boniface Registre B. p. 249. verſ.

BONIFACIVS Episcopus seruus seruorum Dei venerabilibus fratribus Archiepiscopis, Episcopis, ac dilectis filiis Electis, & Capitulis Ecclesiarum cathedralium regni Franciæ, ac Doctoribus in Theologia, & Magistris in Iure canonico & ciuili, de regno natis eodem, salutem, & Apostolicam benedictionem. *Verba deliranti filiæ* quantumcunque desideriis maternis infesta, quantauis sint enormitate foedata, nequeunt puritatem inficere piæ matris, & affectum in filiationis odium prouocare maternum, cùm in ipsa miseratione quam diligit amor inueniatur maternalis, qui licèt miseratione doleat naturæ legibus compatiendo filiis, in ipsa tamen miseria consolatur. Sanè conturbata sunt nuper vniuersa Ecclesiæ pia præcordia in auditu verborum, quæ sub fictæ consolationis pallio, recitando quodammodo composita sunt, vt credimus, nomine prædilectæ filiæ Ecclesiæ Gallicanæ in matris immaculatæ opprobrium, grande malum, quasi qui ab amico causam quæreret recedendi. Sed legitur, quòd frustra rete iacitur ante oculos pennatorum. Ecce collectis ex Parlamento Parisiis congregato mendicatis suffragiis, ne ad vocationem Sedis Apostolicæ vocati venirent, eorumdem verborum compositores necessariò concludere voluerunt, damna rerum, & ruinas corporum præcipuè prætendendo. Scimus equidem multorum relatione fidelium, nec latet Sedis Apostolicæ notitiam, quæ & quanta fuerint in eadem concione narrata, & præcipuè quæ Belial ille Petrus Flote semiuidens corpore, menteque totaliter excæcatus, ac quidam alij prædicauerint, sanguinem sitientes populi Christiani, qui carissimum filium Philippum Regem Franciæ illustrem trahere conantur in deuium, proh dolor! propinquum, cùm tantæ Christianitatis sublimitas erroneo ducatu submergitur, cui ducatus à cæcis miserabiliter ad mentis interitum, nisi ex alto diuina sibi succurret pietas, propinatur, quod amarè illuget mater Ecclesia, circa salutem eius quærens remedium, & meditatione sollicita contra tantæ maiestatis naufragium quærit

I

portum. Verùm vos, fratres, & filij, si professionis vestræ debitum circumspectis considerationibus attenditis, cuius venenosæ fictionis suggestio deberet in contemptû tantæ matris obedientiæ filialis neruum concidere, aut debitum peruertere statum ordinis clericalis. Videmini siquidem secundùm dicta eorum spem ponere in terrenis, si timore terrenorum contemnitis cælestia, vel seponitis propter timorem iudicum, Christi iugum. Multa præterea superba iniqua & scismatica, in eadem fideli concione profanata fuerunt per oratores huiusmodi, per quæ velle videbantur dissuere vnitatem Ecclesiæ, inconsutilem tunicam Domini nostri, quæ per vos debebantur reiici, vel certè potiùs non audiri, nec etiam recitari. In vestram tamen excusationem aduertimus, qualiter detractores præfati, vt præconceptum venenum festinanter euomerent in corde & corde loquentes aliqui vix inter se moras loquendi gerebant. Verùm præcipiti in momento temporis respuerunt manna dulcedinis, & venenum aspidis effundentes in Ecclesiæ matris opprobrium, vniuersale scandalum, & status detrimentum eorum, quia si verba eorum iusto examinarentur examine, eos esse Prælatos non iudicant, sed indignos quibuslibet prælaturis, nec digni sunt regere, non immeritò corrigendi. Restat vt colligamus ex verbis eorum quæ gesta fuerunt absque nostra scientia machinationibus venenosis, vt & vos fictis coloribus ab vnione vniuersalis Ecclesiæ abducerent nequiter, vósque contra nos, quos vellent iniquitatis eorum habere complices prouocarent. Sed in vanum laborant, & deficiunt iniquo scrutantes scrutinio, sequaces tantæ superbiæ exquirendo, disponentes ab Aquilone sedem erigere contra Vicarium Iesu-Christi. Quoniam, vt primus Lucifer, cui non fuit huc vsque secundus, cecidit, cum suis sequacibus corruet, quantacunque fulciatur potentia & secundus. Nónne duo principia nituntur ponere, qui dicunt temporalia spiritualibus non subesse? Iis iam dictis finem imponimus, Fraternitates vestras in Domino exhortantes, vt spretis temporalibus, & contemptis iudicum minis, nobiscum ascendatis ad cor altum, & exaltabitur Deus, qui dissipat consilia Principum, & cogitationes reprobat populorum, pro firmo scientes, quòd obedientes gratiosè videbimus, & contumaces pro qualitate inobedientiæ puniemus. Datum, &c.

Lettre des Prelats & autres Ecclesiastiques, tant reguliers que seculiers du Royaume de France assemblez à Paris, au Pape Boniface.

Qu'ils ont grand déplaisir d'auoir appris ce qu'il a escrit au Roy par l'Archidiacre de Narbonne; qu'aussi-tost le Roy du conseil des Barons fit appeller ceux qui estoient absens, & eux aussi pour le venir trouuer, les vns en personne, les autres par deputez : ce qui fut fait, & se trouuerent tous le 10. Auril en l'Eglise Nostre-Dame de Paris, où le Roy estoit present : Que sa Maiesté leur fit entendre que sa Sainteté luy auoit fait dire par ledit Archidiacre, & par ses Lettres, Quòd de regno suo quod à Deo solo ipse, & prædecessores sui tenere hactenus recogniti sunt, temporaliter vobis subesse, illúdque à vobis tenere deberet. *Et non content de cette maxime inouïe en ce siecle, sa Sainteté auroit cité pardeuant luy les Prelats & autres Ecclesiastiques reguliers & seculiers, pour aduiser à reformer le Royaume, & les excez commis par le Roy & ses Officiers, par les Pairs, Comtes & Barons : ce qui seroit desoler le Royaume, que d'en tirer ceux desquels le Roy prend ses conseils, & par lesquels les Sacremens sont dispensez aux peuples. Que ces griefs ont esté suiuis d'vne infinité d'autres, que luy & l'Eglise de Rome ont fait au Roy, au Royaume, & à l'Eglise Gallicane par reserues, par ordinations d'Archeuesques & Euesques, par collation des benefices de France aux*

estrangers, inconnus, suspects & non residens, d'où viennent infinis desordres qui sont notez.
Dauantage ils l'accusent d'auoir chargé les Eglises de pensions, de cens & de diuerses exactions qui changent la face de l'Eglise. Que ces choses si extraordinaires, & autres qu'ils designent ne se peuuent plus souffrir.
Qu'il est certain que le Roy n'a point de superieur au temporel, non plus que ses predecesseurs, que c'est la plus saine opinion des Docteurs, tant François que autres.
Ils adioustent que le Roy comme amy les pria, tant eux que les Barons, & leur commanda comme Maistre & Seigneur, de trauailler pour la conseruation de l'ancienne liberté, de l'honneur de son Estat & de ses suiets, de mettre ordre à ces oppressions, & d'aduiser à la reformation de son Royaume & de l'Eglise Gallicane, & principalement aux oppressions que pouuoient faire ses Officiers sur ses suiets Ecclesiastiques & autres. Que sa Maiesté auoit arresté cet ordre auant l'arriuée dudit Archidiacre, & sans doute que l'execution s'en fust ensuiuie, s'il n'eust creu que luy Pape se fust attribué cette reformation. Sur cela les Barons & les Syndics des Communautez declarerent au Roy, qu'ils estoient prests d'exposer leurs vies & biens pour son seruice, & adiousterent expressément, que si le Roy se resoluoit d'endurer ces entreprises, ou les vouloit dissimuler, qu'ils ne l'endureroient pas.
Que les Ecclesiastiques auoient tasché d'adoucir l'esprit du Roy, disans que l'intention de sa Sainteté n'estoit pas telle qu'il sembloit; qu'il n'auoit point un dessein d'offenser sa Maiesté; bref vserent de toute la moderation possible: neantmoins ayant demandé temps pour se resoudre, pendant lequel ils ont tasché d'exhorter le Roy, les Princes, & Seigneurs de vouloir conseruer l'union auec l'Eglise Romaine à l'imitation de ses predecesseurs ; enfin pressez de dire leur aduis, craignans d'encourir l'indignation du Roy & du public, & iugeans que s'ils n'obeissoient il s'ensuiuroit de grands scandales, tant contre l'Eglise de Rome que contre l'Eglise Françoise, ils respondirent, que ceux d'entre eux tenans des Duchez, Comtez, Baronies & fiefs du Roy estoient obligez par serment particulier enuers le Roy, & tous ensemble par deuoir & obligation de l'assister de conseil & de leurs biens: supplierent le Roy de leur permettre d'obeir à sa Sainteté en allant le trouuer suiuant son ordre.
A quoy fut respondu, que le Roy ne souffriroit point qu'ils sortissent du Royaume. Considerans donc ce grand schisme entre le Roy de France & l'Eglise de Rome, les maux qui en peuuent venir; que la diuision est née, les personnes des Ecclesiastiques exposées à la violence, les lais mesmes commençans à fuir la compagnie des Ecclesiastiques comme s'ils estoient leurs ennemis formels: pour fin ils prient le Pape de considerer ces raisons, & de ne point rompre cette ancienne vnion, qui est entre l'Eglise, le Roy, & le Royaume, & de reuoquer sa citation, afin d'euiter tous les desordres qui en peuuent arriuer.

Au Tresor Boniface Registre B. p. 243.

SANCTISSIMO patri ac domino suo carissimo, domino Bonifacio diuina prouidentia sacrosanctæ Romanæ, ac vniuersalis Ecclesiæ Summo Pontifici, sui humiles ac deuoti Archiepiscopi, Episcopi, Abbates, Priores Conuentuales, Decani, Præpositi, Capitula, Conuentus, atque Collegia Ecclesiarum cathedralium, collegiatarum, regularium, & sæcularium totius regni Franciæ Parisius congregati, deuota pedum oscula beatorum. Non absque cordium dolore, & amaritudine lacrimarum, beatitudini vestræ significare compellimur, quia serenissimus Princeps dominus noster Christianissimus Philippus Dei gratia Francorum Rex illustris, auditis quæ per venerabilem virum Archidiaconum Narbonenſem Notarium & Nuncium veſtrum, nuper ſibi ex parte veſtra relata fuerunt, ac inſpectis Apoſtolicis literis clauſis, ei per eundem Archidiaconum præſentatis, & quibuſdam, licèt paucis, Baronibus ſuis, tunc ſibi aſſiſtentibus, earum communicato tenore; ex his, tam dominus Rex, quàm Barones ipſi, ingenti admiratione, & vehementi turbatione commoti, ſtatim idem dominus Rex de Baronum ipſorum conſilio, Barones cæteros tunc abſentes, ac nos, videlicet Archiepiſcopos, & Epiſcopos, Abbates, Priores Conuentuales, Decanos, Præpoſitos, Capitula, Conuentus, atque Collegia Eccleſiarum, tam cathedralium, quàm collegiatarum, regularium, ac ſæcularium, necnon Vniuerſitates & Communitates villarum regni, ad ſuam mandauit præſentiam euocari, vt Prælati, Barones, Decani, Præpoſiti, ac duo de peritioribus vniuſcuiuſque cathedralis, vel collegiatæ Eccleſiæ perſonaliter, cæteri verò per Oeconomos, Syndicos, & Procuratores idoneos, cum plenis & ſufficientibus mandatis comparere ſtatuto loco & termino curaremus. Porro nobis cæteriſque perſonis Eccleſiaſticis ſupradictis, necnon & Baronibus, Oeconomis, Syndicis, & Procuratoribus Communitatum, & villarum, & aliis, ſic vocatis, ex præmiſſæ vocationis forma, ad mandatum regium hac die Martis 10. præſentis menſis Aprilis, in Eccleſia B. Mariæ Pariſius in præfati Regis præſentia conſtitutis, idem dominus Rex proponi fecit cunctis audientibus palam & publicè, ſibi ex parte veſtra fuiſſe inter alia per prædictos Archidiaconum & literas intimatum, quòd de regno ſuo, quod à Deo ſolo ipſe & prædeceſſores ſui tenere hactenus recogniti ſunt, temporaliter vobis ſubeſſe, illúdque à vobis tenere deberet; nec contenti verbis huiuſmodi, ſic mirabilibus, ſicque nouis, & inauditis à ſæculo apud incolas dicti regni, ſed ea producere ſatagentes executionis in actum, Prælatos omnes ſui regni, ac Magiſtros in Theologia, & Profeſſores vtriuſque Iuris, oriundos de regno prædicto, pro corrigendis exceſſibus, necnon & pro culpis, inſolentiis, iniuriis, atque damnis, quæ Prælatis, Eccleſiis & perſonis Eccleſiaſticis, regularibus, & ſæcularibus, in regno conſtitutis eodem, & alibi, per ipſum dominum Regem, & Officiarios, ſeu Bailliuos ſuos, ac etiam Paribus, Comitibus, Baronibus, aliiſque nobilibus, Vniuerſitatibus, & populo ſui regni, inferri prætenditis, emendandum, ad veſtram præſentiam euocaſtis, vt ſic regnum præfatum pretioſis iocalibus, incomparabilibúſque theſauris, clypeis fortium præferendis, ſapientia videlicet Prælatorum, & ſapientium etiam aliorum quorum fidelis maturitate conſilij, & prouidentia circunſpecta, regi habet & dirigi regnum ipſum, firmari fides, Sacramenta Eccleſiaſtica exhiberi, & miniſtrari iuſtitia, & per eos facultatibus & diuitiis vacuatum penitus & exhauſtum dubij caſus euentibus, miſerabilis ruinæ periculis, & deſolationis extremæ diſpendiis exponatur: in quibus, & aliis diuerſis grauaminibus, quæ per vos, & Romanam Eccleſiam, ſibi, regno, & Eccleſiæ Gallicanæ, tam in reſeruationibus, quàm ordinationibus voluntariis Archiepiſcopatuum, Epiſcopatuum, & collationibus beneficiorum inſignium dicti regni, perſonis extraneis, & ignotis, & nonnunquam ſuſpectis, nullo tempore reſidentibus in Eccleſiaſticis beneficiis ſupradictis, ex quibus diuini cultus diminutio ſequitur, piæ fundantium, ſeu donantium, voluntates, propulſo pietatis officio, defraudantur, pauperibus dicti regni eleemoſynarum largitio conſueta ſubtrahitur, regni depauperacio prouenit, & Eccleſiæ iacturam deformationis incurrunt, dum ſtipendiorum perceptione ſubtracta, obſequiis destitutae remanent seruitorum, earum prouentibus extraneorum commoditatibus deputatis: & Praelati, dum non habent, quid pro meritis tribuant, imò retribuant, nobilibus, quorum progenitores Ecclesias fundauerunt, & aliis literatis personis, non inueniunt seruitores, ac huiusmodi ex causis deuotione tepescente fidelium, non est hodie qui ad Ecclesias manum liberalitatis extendat, vt alias ex praemissis edictis praebetur exemplum: nec non pensionibus nouis & censibus Ecclesiis de nouo impositis, immoderatis seruitiis, aliisque exactionibus & extorsionibus variis, praeiudicialibus signis, & damnosis nouitatibus, ex quibus generalis status Ecclesiae immutatur, Praelatis superioribus dandi coadiutores suffraganeis Episcopis, & alias tam ipsis quàm suffraganeis, ea quae ad suum spectant officium exequendi facultas adimitur, vt pro his ad Apostolicam Sedem cum muneribus recurratur, aliisque diuersis casibus, & nonnullis articulis, à longè retrolapsis, & vestris praesertim temporibus, illata fuisse, & continuè inferri conqueritur, suam, & successorum suorum, & regni exheredationem tam enormem & grauem, támque manifestum sui, & regni honoris dispendium, & euidens detrimentum non intendens, sicut non poterat, diutius tolerare: & se certum asserens, quòd superiorem in temporalibus, sicut nec sui progenitores habuerunt, prout est toti mundo notorium, non habebat; ac saniorum in praesenti negotio, sicut Doctorum in Theologia & Magistrorum in vtroque Iure de regno suo oriundorum, & alij, qui inter Doctores alias & peritos orbis peritiores & famosiores habentur, relatione concordi, habuerat iustam causam; nos vniuersos & singulos tam Praelatos, quàm Barones & alios requisiuit instantiùs, praecepit vt dominus, & rogauit ac precibus institit vt amicus, vt cùm ad conseruationem libertatis antiquae, honorum, & status regni praedicti, ac incolarum ipsius, & releuationem grauaminum praedictorum, reformationem regni, & Ecclesiae Gallicanae, de nostro, & Baronum ipsorum, consilio, ad laudem diuini nominis, exaltationem Catholicae fidei, honorem vniuersalis Ecclesiae, & diuini cultus augmentum, salutaria disponat inire consilia, & efficacem operam adhibere, praesertim circa grauamina per Officiales suos, & alios de regno praedicto, si quae sunt Ecclesiis, & Ecclesiasticis personis, illata; super quibus debitae correctionis remedium, ante aduentum praefati Archidiaconi, ordinauerat adhibere, quod iam duxisset in executionis effectum, nisi quod id ex metu, vel ad mandatum vestrum fecisse forsan aliquibus videretur, id quod vobis adscribere non possetis: ad haec non solùm omnia, quae in bonis forent ipsius, sed & etiam personam, & liberos, si casus exigeret, exponendo, sibi in his, in quibus singulariter omnium, & generaliter singulorum, res agi dignoscitur, causa prouehitur, & proprium vniuscuiusque tangitur interesse, prout ex debito fidelitatis astringimur, curaremus adesse consiliis, & auxiliis opportunis, petens sibi statim super his ab vniuersis, & singulis, praecisè & finaliter responderi. Barones simul cum Syndicis & Procuratoribus supradictis, secedentes in partem, ac demum deliberato consilio redeuntes, praefato domino Regi, de huiusmodi suo laudabili proposito & beneplacita voluntate, ad multa laudum praeconia, & gratiarum actiones exuberes, assurgentes, vnanimiter responderunt, se ad ea paratos, nedum exponere res & bona quae extant, sed ad haec totaliter offerebant, se, & suas personas, vsque ad mortis supplicium, tormentorum quorumlibet grauamina non vitando: adiicientes expressiùs viua voce, quod si praefatus dominus Rex praemissa, quod abfit, eligeret tolerare, vel sub dissimulatione transire, ea ipsi nullatenus sufficerent. Itaque à nobis subsequenter responsione petita, licèt longiores deliberationis inducias postulantes, ipsum dominum Regem, & maiores ex Baronibus memoratis (quòd non ea intentione ad eundem dominum Regem Apostolicæ literæ processissent, vt vestræ voluntatis existeret in regni prædicti libertatem impingere, vel quidquam honori regio contrarium in hac parte quomodolibet innouare, multa lenitate verborum, persuasionibus studiosis, & multiplicatis excusationum præsidiis) nisi fuimus informare, ac ipsum ad seruandum vinculum vnionis, quod inter sanctam Romanam Ecclesiam, & prædecessores suos, & ipsum, vsque ad hæc tempora viguisse dignoscitur, multiplici inductione ; vlteriori tamen dilatione negata, ac prædicto patenter & publicè vniuersis, quòd si quis voluntatis contrariæ appareret, ex tunc pro inimico Regis, & regni, notoriè habebatur, consultiùs attendentes, & conspicientes apertiùs, quòd nisi dominus Rex, & Barones prædicti, ex nostra forent responsione contenti, præter alia pericula, & grauia scandala, quorum non esset numerus, neque finis, tam Romanæ, quàm Gallicanæ Ecclesiæ deuotio, & obedientia omnimoda laicorum, & totius populi, quæ ex tunc irrecuperabiliter tollebatur, non sine multæ perplexitatis angustia, sic duximus respondendum : Quod ipsi domino nostro Regi in conseruatione personæ suæ, suorúmque, & honorum, ac libertatis, & iurium dicti regni, prout quidam nostrùm, qui Ducatus, Comitatus, Baronias, Feoda, & alia membra nobilia dicti regni tenemus ex forma iuramenti, & cæteri, qui omnis debito sibi sumus fidelitatis astricti, adessemus eidem debitis consiliis, & auxiliis opportunis : Eidem domino nostro Regi humiliter supplicantes, vt cùm Apostolicæ sanctitati ad obedientiam teneamur, ad beatitudinis vestræ pedes, iuxta præmissæ vocationis vestræ tenorem, permitteret nos transferre. Ex parte cuius, & Baronum, est secuta responsio ; quòd nos nullomodo abire permitterent : regnum sic periculosè, sic deformiter, sic irreparabiliter vacuari, quin potiùs exhauriri totaliter, nullatenus sustinerent. Considerantes igitur tam vehementem commotionem, & turbationem tam periculosam, & grauem, imò grauissimam, Regis, Baronum, & aliorum laicorum regni prædicti ; & iam cognoscentes apertiùs, quòd antiqui hostis, pacis æmuli, zizaniæque satoris, qui à suæ ruinæ principio conatur, vt Ecclesiæ vnitatem pacis turbatione rescindat, caritatem vulneret, sanctorum dulcedinem operum inuidiæ veneno fellis inficiat, humanúmque genus euertat modis omnibus, & perturbet, faciente nequitia, amabilis fœderis vnitatis, & amicitiæ singularis, quæ inter sæpedictam Romanam Ecclesiam, ac præfatum dominum nostrum Regem, ac prædecessores eius, & regnum, ad laudem altissimi, in fidei Christianæ profectum, & tam Ecclesiæ, quàm Regis, & regni, exaltationis monimenta fœlicia, hactenus viguerunt, dissolutioni & separationi lugubri & flebili, proh dolor ! porta patet, & insurgunt vndique frementia scandala, excrescunt angustiæ, Ecclesiis, Ecclesiasticísque personis, expositionis, ac rerum & bonorum direptionis, pericula intentantur, cùm iam abhorreant laici, & prorsus effugiant consortia clericorum, eos à suis omnino consiliis & allocutionibus abdicando, ac si contra eos proditoriæ factionis conscij, vel participes, extitissent, & ad contemnendam Ecclesiasticam censuram, & processus, si quauis auctoritate forsan fierent contra eos, iam se parant & muniunt, in graue periculum animarum, & alia varia & diuersa pericula, quæ nec lingua referre sufficeret, nec posset scriptura dis-

DE BONIF. VIII. ET PHILIP. LE BEL.

ferere: Hinc in promptu ad sanctitatis vestræ prouidentiam circunspectam in hoc summæ necessitatis articulo duximus recurrendum, flebilibus vocibus, & lacrimosis singultibus, paternam clementiam implorantes, ac supplicantes humiliter, quòd salubre remedium in præmissis, per quod firmata tam longi decursu temporis inter Ecclesiam, Regem, & regnum, fructuosæ vnionis, & mutuæ dilectionis integritas, in antiquæ caritatis dulcedine conseruetur, status Ecclesiæ Gallicanæ in pulcritudine pacis, & quietis optatæ remaneat, prospiciatur nobis, nostrísque statibus, reuocando vestræ vocationis Edictum, ac prædictis periculis & scandalis obuietur, Apostolicæ prouidentiæ studio, ac paternæ officio pietatis, dignemini prouidere. Conseruet Altissimus B. V. Ecclesiæ suæ sanctæ per tempora longiora. Datum Parisius die Martis prædicta.

Lettre des Cardinaux aux Maires, Escheuins, Iurats, & Consuls des Villes de France, susdits responso à vne lettre qu'ils auoient receu d'eux, & contient les mesmes choses que celle desdits Cardinaux à la Noblesse, & en mesmes termes.

Au Tresor Boniface numero 8.

MISERATIONE diuina Episcopi, Presbyteri & Diaconi Cardinales, Maioribus, Scabinis, Iuratis, Cosulibus, & omnibus Vniuersitatibus, Communibus, Communitatibus ciuitatum & villarum regni Franciæ, salutem in Domino. Recepimus nuntios vestræ Vniuersitatis, & litteras quas nobis per eosdem nuntios latores præsentium destinastis, tenor quarum nostros amaricauit animos vehementer & turbauit auditus, dum falso fundamento os ponentes in cœlum, sanctissimum patrem & dominum nostrum dom. Bonifacium diuina prouidentia sacrosanctæ Romanæ, ac vniuersalis Ecclesiæ summum Pontificem non nominastis stilo & more solitæ reuerentiæ, summum Pontificem, sed quibusdam verborum circumlocutionibus imprudenter & nouiter adinuentis. Siquidem præfatus dominus noster summus Pontifex excellenti Principi dom. Philippo illustri Regi Franciæ nunquam scripsit, quod de regno suo temporaliter sibi subesset, illúdque ab eo tenere deberet, aut aliquid aliud quod sit vel fuerit contra iura, libertates, & honorem dictorū Regis & regni, quæ iura, libertates & honorem præfatus dominus noster, & nos volumus illæsa seruari, ipsáque non diminuere, sed augere; ac promptis affectibus studia nostra conuertimus, vt inter ipsum dominum nostrum & Apostolicam Sedem, ac dominum Regem præfatum & domum suam amoris sinceritas, & caritas vigeant, quæ inter præfatum dominum nostrum & prædecessores suos Romanos Pontifices, & ipsum dom. Regem & prædecessores ipsius Franciæ Reges Catholicos & deuotos hactenus viguerunt, si per eum non remaneat, & ad id se Rex ipse coaptet. Qui quoque dominus noster de nullo Archiepiscopo vel Episcopo prouidit alicui cathedrali Ecclesiæ dicti regni, nisi de oriundis de ipso regno, Bituricen. Archiepiscopo, & Atrebaten. Episcopo duntaxat exceptis, quorum eminens scientia latè patet, & sunt notæ laudabiles conditiones eorum. Si quando grauauit Ecclesias, hoc fecit concedendo ipsi Regi, quòd ad suum dictum seu beneplacitum in qualibet Ecclesia cathedrali, & collegiata regni sui vna persona idonea poneretur, & prouidendo in forma pauperum multitudini pauperum clericorum, ad quos parum se extendebat pietas Prælatorum, & aliorum ad quos beneficiorum Ecclesiasticorum collatio pertinebat. De nonnullis insuper vacantibus, & vacaturis dignitatibus, beneficiis & præbendis dicti regni, prouidit clericis dicti Regis, Prælatorum, Ducum, Comitum, & Baronum. Nec est nouum per Sedem Apostolicam pro qualitate temporum & necessitate causarum Concilia non solùm particularia, sed etiam generalia conuocari: quorum aliqua plurium ex nobis temporibus congregata noscuntur. Detulit quoque dictus dominus noster ipsis domino Regi & regno generale Concilium non vocando, in quo forsitan conuenissent nonnulli regionum, & regnorum illorum qui minus dilectionis ad dicta dominum Regem, & regnum habere noscuntur. Nec volumus vos latere, quòd super præmissis nos scribimus domino Regi, Prælatis, Ducibus, Comitibus & Baronibus dicti regni. Præsentium autem literarum nostrarum habeatis bonos interpretes & fideles. Datum Anagniæ 6. Kal. Iulij, Pontificatus verò præfati domini nostri domini Bonifacij Papæ VIII. anno octauo. Sigill. 17. sigillis.

Deux aduis. Le 1. du Cardinal Porto. Le 2. du Pape Boniface VIII.

L'opinion ou le vœu du Cardinal de Porto, est qu'il estoit venu aduis au Pape qu'il se faisoit beaucoup de choses en France contre la liberté Ecclesiastique.

Qu'il y a vne bonne intelligence entre le Pape & le College des Cardinaux, qu'il ne s'y fait rien que de commun accord.

Que la lettre écrite par le Pape au Roy de France, dont il se plaint, a esté veuë plusieurs fois en consistoire & fort examinée, & qu'elle ne contenoit rien que de bon & de charitable.

Que quelques-vns ont dit qu'elle portoit que le Roy denoit reconnoistre tenir son temporel de l'Eglise; ce qui n'est pas, & dit qu'il ne croit pas que celuy qui la porta, ait fait plus qu'il ne luy auoit esté ordonné.

Que l'on dit qu'vne lettre auoit esté écrite au Roy sur cela, qu'il ne sçait d'où elle venoit, qu'il sçauoit bien qu'elle ne venoit pas de leur College, ny du Pape.

Qu'il croyoit le Roy bon Prince & Catholique, mais qu'il auoit près de luy des Conseillers qui luy faisoient tort.

Quel tort, dit-il, luy a-t-on fait? Le Pape a appellé à luy les Prelats François, qui sont les amis du Roy & ses familiers: il n'a pas conuoqué ses ennemis. Que craint-il?

Que le Roy ne se peut plaindre pour ce qui est des collations des Prebendes. En ce fait il y a deux choses: Ius patronatus, & præsentatio, collatio, & vsus. Dit que collatio beneficij ad laïcum nullo iure potest pertinere, s'il a prescrit, il n'a rien en ce cas que par l'Eglise.

Que le Roy a son Confesseur. Ce Confesseur n'a pouuoir que du Pape: Les Euesques tirent leur pouuoir du Pape. Les Euesques habent certam potestatem: Papa plenissimam, & prouue la plenitude de puissance au Pape. qui croit le contraire est heretique. Vnum caput est in Ecclesia, & le prouue: dit que c'est le Pape; que tous sont obligez de luy obeir, & est dominus omnium temporaliter & spiritualiter.

Que le Roy se plaint de ce que le Pape pourvoit les Estrangers des benefices de son Royaume, il auouë que le Pape a promeu Ægidium de Roma grand Docteur, & l'Euesque d'Arras nourris dans la France.

Que personne ne peut douter que le Pape ne puisse iuger de omni temporali, ratione peccati. Iurisdictio temporalis competit Papæ de iure: Quantum ad vsum & executionem non ei competit, sed Regibus. & le prouue.

Le vœu ou l'opinion du Pape porte, Que de tout temps l'Eglise, & le Royaume de France ont esté liez d'amitié: dit que S. Remy dit au premier Roy qu'il baptiza, que tant que le Royaume sera bien auec l'Eglise il prosperera; au contraire, il perira.

Dit

Dit qu'il dist cela au Roy luy estant venu legat en France.

Qu'il sçait que regnante Philippo Magno, le Roy de France n'auoit pas plus de reuenu que dix-huict mille liures, & qu'auiourd'huy par le moyen des graces, & dispenses que l'Eglise leur a fait il a plus de quarante mille liures.

Il parle auec iniure de P. Flotte, cæcus corpore & mente, le décrit comme vn mauuais conseiller, heretique, & que le Royaume a esté en ruine depuis que le Roy a suiuy son conseil. Que ledit Flotte a pour appuy les Comtes d'Artois & de saint Paul. Qu'il veut chastier ce Flotte temporellement & spirituellement.

Dit que Flotte a falsifié sa lettre qu'il écriuoit du conseil des Cardinaux au Roy, ou en a fabriqué vne, & a imposé que luy Pape mandoit au Roy qu'il eust à reconnoistre de luy son Royaume; que iamais vne si grande folie ne luy est entrée dans l'esprit. Qu'il y a quarante ans qu'il estudie en Droit, qu'il sçait que les deux puissances sont ordonnées de Dieu. Il declare qu'il n'a eu nulle intention d'vsurper la Iurisdiction du Roy. Mais que le Roy ny aucun fidele ne peuuent nier qu'il ne soit son suiet ratione peccati, & c'est ce qu'a deduit le Cardinal de Porto.

Pour la collation des benefices, qu'il a souuent dit aux Ambassadeurs du Roy: Volumus quòd Rex faciat licitè id quod facit illicitè. Collatio beneficiorum non potest cadere in laicum, ita quòd habeatius seu auctoritatem spiritualem & potestatem conferendi.

Qu'il n'a pas permis au Roy de mettre vn Chanoine à chacune Eglise de son Royaume.

Dit qu'il a offert au Roy de luy permettre de donner les prebendes de l'Eglise de Paris, pourueu qu'il les baillast à des Docteurs, & à gens sçauans. Se plaint que le Roy ne fauorise que des gens incapables.

Que le Roy luy enuoye quelques gens de bien, comme le Duc de Bourgogne, ou le Duc de Bretagne, & qu'ils luy disent en quoy il a manqué, qu'il est prest de se corriger s'il a failly.

Qu'il a tousiours aimé le Roy & le Royaume, qu'on le luy a reproché estant Cardinal, qu'il a fait de grandes faueurs & graces au Roy: l'on le sçait assez. Que s'il ne l'eust assisté contre les Anglois & les Allemans, il estoit perdu. Qu'il aimoit ses Predecesseurs S. Louis, & Philippe.

Qu'il sçait les affaires de France; que le Roy est hay de ses voisins. Amantes neminem, amat vos nemo.

Dit que ses predecesseurs ont deposé trois Roys de France. Que ce Roy ayant fait plus de mal qu'eux, il le peut deposer, sicut vnum garcionem. Ce qu'il fera auec déplaisir.

Pour ce qui est des Prelats, il veut qu'ils viennent, & renouuelle le commandement. Il faut, dit-il, qu'ils viennent à pied ou à cheual. Il les appelle pour le bien de l'Estat, ils sont amis du Roy & ses feaux, comme a dit le Cardinal Porto. Qu'il sçait que le Royaume est tout corrompu, qu'il y faut mettre l'ordre. Declare qu'il deposera ceux des Prelats qui ne viendront pas, & dés à present il veut que ceux qui n'ont pas d'excuse legitime, sçachent qu'ils sont deposez.

Ex MS. Biblioth. S. Victoris.

Duo vota. 1. Cardinalis Portuensis qui vocabatur Fr. Mathæus de Aquasparta. 2. Bonifacij VIII. P. In Consistorio, vbi agebatur de discordia inter Papam & Regem Franciæ.

ECCE ego constitui te super gentes & regna, vt euellas & destruas, dissipes & dispergas, & ædifices & plantes. Verba ista scripta sunt in Ieremia, & recitan-

1. Verum Cardinalis Portuensis.

tur in lectione hesterna, quæ loco Epistolæ legitur & possunt conuenienter de B. Ioanne exponi, qui commendabilis reperitur eo quòd comendatur, & per Prophetarum oracula, & per similitudines & figuras scripturarum tam veteris quàm noui testamenti, nec figuratur per Isaac natus de sterili matre, & ita B. Ioannes Baptista per multas etiam similitudines noui testamenti, quas causa breuitatis omitto. Vnde meritò potest dici ei à Christo, *Ecce ego constitui te*, &c. vbi proponitur Ioannes Bapt. tanquam efficax & intrepidus prædicator veritatis, ad cuius commendationem tanguntur quatuor in verbis istis. Primò considerandum vocantis ad officium B. Ioan. excellentiam & altitudinem, *Ecce constitui te.* Secundò, recipientis aptitudinem. Tertiò, dignitatis sibi commissæ latitudinem super gentes & regna. Quartò, officij sibi commissi debitam executionem, *Vt euellas & destruas, &c.* Primo verò B. Ioannem vocantis excellentia in hoc quod dicitur, *Ecce ego constitui te*. Nemo ad dignitatem & honorem debet se ingerere, quia sicut dicit Apostolus ad Hebræos, nemo assumit sibi honorem, sed qui vocatus est à Domino tanquam Aaron: B. Ioannes non ingessit se, sed ex vtero matris fuit vocatus, quia in vtero sicut Ieremias fuit sanctificatus, vnde dicitur in Hieremia, Dominus ab vtero vocauit me, recordatus est nominis sui ei, & de Apostolis cantatur, Constitues eos principes super omnem terram. Secundò, tangitur vocati seu constituti aptitudo S. te S. qui es idoneus & dignus: quàm aptus, quàm idoneus fuit B. Ioannes, ipse Saluator testimonium perhibet, Inter natos mulierum non surrexit maior Ioanne Baptista. Tertiò, tangitur officij sibi commissi, seu dignitatis latitudo super gentes & regna, non dicit in illo angulo terræ vel illo, sed vbique, quia super gentes & regna. Ecce potestatis suæ longitudo, magnitudo, latitudo & plenitudo, & videte licèt ista verba dicta sint de Ieremia, & de B. Ioanne Baptista, per accidens tamen veriùs possint dici de Christo, & eius Vicario B. Petro, & eius successoribus summis Pontificibus, vt dicat Deus Pater, *Ecce ego constitui te super gentes & regna*, vnde dicitur in Psalmo, Omnia subiecisti sub pedibus eius, vnde cantatur de Apostolis. Quartò tangit officij Christo commissi super gentem & regna debitam executionem vt euellas, &c. & licèt possit ista executio multipliciter distingui, tamen causa breuitatis, distinguo executionem officij Christo, & eius Vicario Petro, & eius successoribus summis Pontificibus commissi, in duo, videlicet in malorum oppressionem, vnde dicit *vt euellas & destruas, dissipes & dispergas*, & in bonorum exaltationem, *vt ædifices & plantes*. vnde dicebat B. Paulus, *Ego plantaui, Apollo rigauit, Dominus autem incrementum dedit, rogabimus Dominum*, &c. Posteà subiunxit ista quæ sequuntur, aliqua autem mihi commissa ad dicendum, sed primò assumo verbum Apostoli, & vtar eo, *scio quòd veritatem loquar, & non mentior*. mihi testimonium perhibente Spiritu sancto in conscientia mea. Quondam dissensio mota est inter dom. nostrum dom. summum Pontificem, sacrum Collegium Cardin. & Ecclesiam ex parte vna, & illustrem Regem Franciæ & suos ex altera, quæ ex modica causa, tenui, & leui valde ortum habuit. Verum est quòd plures querimoniæ venerunt ad summum Pontificem, quòd multæ inordinationes fiebant in illo regno, & quòd libertas Ecclesiastica in nullo obseruabatur. Verum est etiam quòd quædam littera secreta fuit facta de communi consensu summi Pontificis & fratrum, quia volo quòd sciatis & dicam veritatem, & non mentiar, quia in Collegio inter summum Pontificem qui est caput nostrum, & inter Fratres, nulla est dissensio, nulla diuersitas, nulla diuisio, sed est inter nos omnis concordia, omnis pax, omnis vniformitas, quia quicquid vult dominus no-

ster nos volumus, & quicquid nos volumus sui gratia vult & ipse, ita est
testimonium Spiritu sancto in conscientia, illa litera sic facta non fuit subitò missa, sed fuit ad consistorium pluries deportata, fuit lecta, relecta, diligenter examinata, illa littera erat tota plena caritate, erant ibi pij patris
verba, & dulcibus verbis matris monebatur Rex quòd desisteret ab aliquibus, & emendaret aliqua, referunt aliqui quod continebatur in illa littera, quod dom. Rex deberet recognoscere regnum suum ab Ecclesia, propter Deum, cesset murmur quia nunquam fuit scriptum in illa litera, vel
mandatum ex parte summi Pontificis, & fratrum quod deberet recognoscere se tenere regnum suum ab aliquo, & credo illum qui fuit missus talem virum qui non excessit fines mandati sibi commissi. dicitur quòd vna
alia littera fuit missa domino Regi, nescio vnde venerit illa littera, sed scio
quòd per fratres sacri collegij non fuit missa, & excuso dominum nostrum, quia credo firmiter quòd illam litteram non misit, nec ab eo emanauit; sed illa littera quam misit summus Pontifex dominus noster, & fratres, fuit ex mera caritate, & erat omni dulcedine & dulcore plena, sicut
esse debet littera pij patris & dulcis matris, quia agnum mater nimis tene-
rè diligat, dicat dulcia filio & blanda verba : pater tamen districtius, quia
magis sapienter diligit, & immiscet aliqua aspera, vnde dicit Salomon,
Fili audi disciplinam Patris, &c. Et Tobias filio suo idem dicit, & scriptum
est alibi, etiam flagellat Deus omnem filium quem diligit: vnde si fuerunt in
illa littera aliqua quæ videbantur Regi dura, scio tamen quòd nihil erat ibi
quod non esset ad correctionem suam & ad bonum suum, & sine dubio
ego reputo Regem bonum & Catholicum Principem quantum est de persona sua, sed timeo quòd habeat aliquos consiliarios qui non sunt ei multum vtiles. Dicitur in lib. Regum quòd Absalon volebat vsurpare regnum
Dauid patris sui, erat ibi quidam consiliarius Achitophel qui interpretatur
fratris mei ruina, ille enim dedit malum consilium, vnde dicitur, ibi dissipet Dominus consilium Achitophel, vtinam etiã dissipet omnes malos consiliarios, & videatur in quo grauatur Rex Franciæ, si Prælati sui regni vocantur ad tractandum super aliquibus, non vocantur alieni, non vocantur
æmuli, non vocantur contrarij, sed vocantur familiares domestici, qui
tantum diligunt honorem Regis & regni sicut pupillam oculi sui, vocantur
etiam Romam non vltra fines mundi, non vltra vniuersum, non perpetuo
moraturi, sed expedito negotio reuertentur. Item de collationibus præbendarum regni sui non videtur quòd grauetur, quia duo sunt ibi, ius
patronatus & præsentatio, collatio & vsus; ad laicum nullo iure potest pertinere collatio beneficij, sed dicas, Rex aliquid habet amplius, nescio, sed
dico quod nullo modo potest pertinere nisi ministerialiter : sed dicas
præscriptionem habet pro se : quæro si potest dare, quare ergo imperrauit
super hoc priuilegium ab Ecclesia. Item Rex habet confessorem suum
tanquam bonus & Catholicus Princeps, cui confitetur; qua auctoritate, qua
potestate absoluit eum, certè auctoritate summi Pontificis & deriuatur in
omnes, ab eo Episcopi etiam Archiepiscopi habent determinatam prouinciam, & sunt assumpti in partem sollicitudinis, vnde habent certam potestatem, summus Pontifex habet plenissimam, nullus est qui possit eam limi-
tare, ego dicam vnam magnam fatuitatem & præsumptionem, sed ita sentio pro ista veritate, quod auderem eam defendere contra totum mundum,
& auderem exponere vitam meam, quod summus Pontifex qui est Vicarius B. Petri habet plenitudinem potestatis, quia certum est quòd Christus,
qui fuit dominus vniuersorum, dimisit potestatem suam Petro & successo-

ribus eius, vnde dixit Pasce oues meas, non istas vel illas, sed oues meas, & dabo tibi regni coelorum claues; vnde qui dicunt contrarium hæretici sunt, & impugnant illum articulum, Catholicam Ecclesiam, Sanctorum communionem, remissionem peccatorum ; quod probatur ex auctoritatibus veteris Testamenti, & noui, & ex sacris constitutionibus sanctorum Patrum. Sed istis omnibus omissis assumo vnum, quod in toto vniuerso orbe est vnus summus, in vna domo est vnus pater-familias, in vna naui est vnus rector ; aliàs esset inordinatio, & totum esset inordinatum ; in vno corpore vnum caput non duo capita, quia totum esset monstruosum, quod significatiuè probatur in arca Noë in qua solus rector fuit Noë, & * * de mandato Domini, vnde omnes qui remanserunt extra arcam submersi sunt & perierunt: illi autem qui interfuerunt saluati sunt. Sic in Ecclesia, quæ est nauis Christi & Petri, dicitur esse vnicus rector & vnum caput, ad cuius præceptum omnis tenetur obedire, & ille dicitur esse dominus omnium temporalium & spiritualium qui habet plenitudinem potestatis, vt postea melius apparebit, & iam tactum est, & iste est summus Pontifex, qui est successor Petri, & qui hoc credunt benè sentiunt, qui autem contrarium malè credunt. Item non potest Rex queri quòd extranei instituantur in regno suo, bene verum est quòd summus Pontifex dominus noster posuit fratrem Ægidium de Roma de Ordine Augustinorum, non insisto ad eius commendationem, sed tamen vos scitis qualis clericus est, ipse est Magister in Theologia, & fuit nutritus & educatus in regno illo. Episcopus etiam Atrebaten. qui est Professor legum & Doctor in vtroque Iure canonico & ciuili, & fuit etiam nutritus in illo regno, & diligit honorem regni sicut seipsum : non occurrit modò memoriæ meæ quòd sunt plures de terra ista in regno Franciæ ; istud tamen non est nouum quia Ecclesia consueuit sibi reseruare prouisionem Ecclesiarum, vnde dom. noster summus Pontifex habet plenitudinem potestatis in spiritualibus, vnde pro libertate Ecclesiæ, & pro ipso ego & omnes fratres sacri Collegij auderemus, & vellemus exponere corpora nostra, & vitam nostram. Item planum est, quòd nullus debet reuocare in dubium, quin possit iudicare de omni temporali ratione peccati : scriptum est, fecit Deus duo luminaria magna, luminare maius, vt præesset diei, & luminare minus, vt præesset nocti. Sunt enim duæ iurisdictiones, spiritualis, & temporalis : iurisdictionem spiritualem principaliter habet summus Pontifex, & illa fuit tradita à Christo Petro & summis Pontificibus successoribus eius: iurisdictionem temporalem habent Imperator & alij Reges ; tamen de omni temporali habet cognoscere summus Pontifex, & iudicare ratione peccati, vnde dico quòd iurisdictio temporalis potest considerari prout competit alicui ratione actus & vsus, vel prout competit alicui de iure, vnde iurisdictio temporalis competit summo Pontifici qui est Vicarius Christi, & Petri de iure. vnde qui dicit contrarium impingit in illum articulum, Iudicaturus est viuos & mortuos, & in illum etiam prædictum, Sanctorum communionem. Sed iurisdictio temporalis quantum ad vsum, & quantum ad executionem actus non competit ei, vnde dictum est Petro, Conuerte gladium in vaginam. vnde videtur modò quòd dominus Rex Francorum non habet materiam conquerendi. Rogabimus Dominum, quòd ita illum illuminet gratia Spiritus sancti, & eum dirigat & suos, quòd desistat ab inceptis, & remaneat bonus filius Ecclesiæ, & summi Pontificis domini nostri & fratrum Collegij qui diligunt eum in caritate non ficta, in perfecta caritate, & si velit redire, scio, quòd dominus noster paratus est eum cum duobus brachijs amplecti : hoc concedere dignetur, qui viuit & regnat per infinita secula benedictus.

Finito sermone domini Portuensis incepit loqui dominus Papa, & assumpsit istud verbum Geneseos 2. Quos Deus coniunxit homo non separet. Licet hæc verba dicta sint de primis parentibus Eua & Adam, tamen conuenienter applicantur ad Ecclesiam istam, & regnum & Reges Francor. quos coniunxit semper, & quorum coniunctio incepit à fide, & baptismo primo regis Franciæ, in quo Deus copulauit eum vnitate fidei Ecclesiæ Romanæ. Et tunc dixit S. Remigius primo Regi Franciæ quem baptisauit, & ipsi habent in vita sua, teneas te Rex cum Ecclesia, & quandiu tecum Ecclesiam tenueris semper prosperaberis tu & regnum tuum, quando etiam recedes ab Ecclesia rues tu & regnum tuum. Et nos diximus hoc regi cùm fuimus legati in partibus illis, & cum magna reuerentia, & gratiarum actione recepit. Quot bona peruenerint ex coniunctione ista illi regno nos scimus, & nihil de iis nos latet, & scimus quòd aliquando temporibus Magni Philippi, Rex Franciæ non habebat de situatis redditibus decem octo mill. libr. & hodie per fomenta, gratias, & dispensationes istius Ecclesiæ habet quadraginta mill. lib. & plus. Ergo quos Deus sic coniunxit homo non separet. Quis est homo iste? Homo habet quadruplicem significationem in Scriptura. Aliquando accipitur pro Patre, aliquando pro Filio, aliquando pro Spiritu sancto, aliquando pro Christo, vel quocunque homine virtuoso, aliquando pro diabolo, vel homine diabolico, vt hic, inimicus homo superseminauit zizanias, & in ista vltima significatione accepimus eum: modò quis est iste homo? iste est Achitophel secundùm similitudinem, & secundùm interpretationem. Achitophel fuit consiliarius Absalon contra patrem suum Dauid, & hic vno modo interpretatur ruina fratris, vel frater meus ruens, alio modo id est acerum & fel, iste Achitophel est quidem diabolus, vel diabolicus homo, quem Deus iam in parte puniuit excæcutiens corpore, cæcus mente, scilicet Petrus Flote homo acetosus, homo fellicus, homo hæreticus censendus, & condemnandus, vt hæreticus, ruina fratris quia nunquam postquam ipse fuit consiliarius, fecit Rex nec regnum nisi ruere de malo in peius inter Regem & regnum & Ecclesiam istam. Sed infatua quæso Domine consilium Achitophel, videlicet istius Petri, & satellitum suorum, & præualeat ei consilium ** pro Dauid pro Christo, & eius Ecclesia. Satellites istius Achitophel sunt Comes Attrebaten. nobilis homo est, & aliquando fuit amicus noster, sed non est modò, qualis homo est totus mundus scit, & Comes S. Pauli. Et volumus quòd hic Achitophel iste Petrus puniatur temporaliter & spiritualiter, sed rogamus Deum quòd reseruet nobis eum puniendum sicut iustum est. Iste Petrus literam nostram, quam de consensu, & consilio fratrum nostrorum, non repentina, sed repetita deliberatione totius Collegij & ex conuentione, & conuento habito cum nunciis regiis non miseramus ei, ex eo quòd dixerant nobis prius scribatur, sed hoc Regi falsauit, seu falsa de ea confixit, quia nescimus bene an literam falsauerit, nam literæ prædictæ fuerunt celatæ Baronibus, & Prælatis, imposuit nobis quòd nos mandaueramus Regi, quòd recognosceret regnum à nobis. Quadraginta anni sunt quòd nos sumus experti in Iure, & scimus quòd duæ sunt potestates ordinatæ à Deo, quis ergo debet credere, vel potest, quòd tanta fatuitas, tanta insipientia sit vel fuerit in capite nostro. Dicimus quòd in nullo volumus vsurpare iurisdictionem Regis, & sic frater noster Portuensis dixit. Non potest negare Rex seu quicunque alter fidelis, quin sit nobis subiectus ratione peccati. Quantum ad collationem beneficiorum, dicimus quòd nos

2. Votum Papæ Bonifacij.

zelantes veritatem & salutem animæ Regis frequenter nunciis suis diximus, volumus quòd Rex faciat licitè quod facit illicitè. Volumus super hoc sibi facere omnem gratiam quam poterimus, quia certum est, & omnia iura clamant quòd collatio beneficiorum non potest cadere in laicum, ita quòd habeat ius seu auctoritatem spiritualem, & potestatem conferendi, nolumus quòd decipiantur animæ, nec illi qui tenent vel recipiunt, quia constat retinere vel recipere non possunt nisi consensu nostro tacito vel expresso. Nos concessimus Regi quòd possit ponere vnum Canonicum in qualibet Ecclesia regni sui, & quia Ecclesia Parisien. est honoranda & nobilis Ecclesia, volebamus ei concedere sicut frequenter diximus collationem præbendarum in illa Ecclesia, ita tamen quòd non poneret ibi nisi Magistros in Theologia, vel Doctores Iuris canonici, vel ciuilis, vel personas alias quæ essent magnæ scientiæ & literaturæ, nō nepotem illius vel illius, ad preces illius, vel illius. Dicit quòd nos conferimus beneficia istis vel illis, nos possumus, sed Magistros in Theologia in Ecclesia Parisien. proprio motu, mittendo aliquibus vsque in Franc. & Episcopus Matisardus quid fecit, posuit ibi duos pueros nepotes suos, non audiuimus, nec vidimus quòd Rex vel aliquis Prælatorum beneficiauerit, sicut decet, vnum Magistrum in Theologia, sed nepotes vel alios qui non multùm valent. Certa ista hoc dicimus intelligimus & scimus, si autem adhuc dicent quòd in aliquibus excessissemus vel excederemus, adhuc diximus plus quòd nos sumus parati facere nos pares fratribus nostris Cardinalibus & Prælatis, & eos facere pares nobis, & stare in terra, & omnia emendare secundùm eorum arbitrium & iudicium; adhuc dicimus plus, mittat Rex Barones qui non sint satellites malitiæ, sed homines boni, puta Ducem Burgundiæ, vel Comitem Britanniæ vel similes, & ipsi dicant quòd excessimus, vel excedamus, aut grauemus in aliquo, parati sumus reuocare, & extenta veritate in articulo collationis beneficiorum faciemus, quicquid poterimus de gratia: frequenter diximus nunciis Regis, non velit Rex litem contestari nobiscum, quia nos plures lites contestati sumus, & responderemus ei iuxta stultitiam suam, & dicimus hic duas auctoritates quæ videntur contrariæ, sed concordant. Prima dicit, non respondeas stulto secundùm stultitiam suam, ne efficiaris sibi similis. Alia dicit, respondeas stulto iuxta stultitiam suam, ne sibi videatur sapiens. Prima est quòd nunquam volumus respondere iuxta stultitiam suam, quia in quantum in nobis est, volumus esse in pace, & in amore cum Rege, quia semper dileximus regnum & illos de regno, & sciunt multi qui hic sunt, quòd ego semper quandiu fui in Cardinalatu fui Gallicus, ita quod frequenter fuit mihi improperatum à fratribus meis Romanis, à quodam qui est mortuus, & etiam ab alio qui est iuxta me, quòd eram pro Gallicis & contra Romanos, dicebant enim quia semper alij Cardinales Campani fuerant cum Romanis: etiam postquam fuimus in statu isto, multum dileximus Regem, & fecimus ei multas gratias quas nolumus modò explicare per singula, quia melius sederet in ore alterius quàm in nostro. Audemus dicere quòd vix teneret Rex pedem in stallo nisi nos essemus, cùm enim insurgerent contra eum Anglici, & Alemani, & quasi omnes maiores subditi & vicini eius, ipse habuit triumphum de omnibus, & per quem? per nos, & quomodo? per depressionem aduersariorum suorum, & profectò ipsum tam dileximus eum quòd pater carnalis non posset plus diligere, nec facere pro filio suo carnali, multum etiam dileximus S. Regem Ludouicum, & Philippum, cuius anima requiescat in pace. Si verò per omnia ista Rex non resipiscat, nolit nos ponere ad

Ripam, quod non sustineremus, sed pro tempore futuro responderemus ei iuxta stultitiam suam: nos scimus secreta Regni, nihil latet nos, omnia palpauimus, nos scimus quomodo diligunt Gallicos Allemani, & illi de Lingadoch & Burgundi, qui possunt dicere illis quod B. Bernardus dixit de Romanis, amantes neminem, amat vos nemo. Vnde parcatur nobis in hoc, fratres nostri, quòd si Rex non resipiscat, & nolit desistere ab inceptis, nec permittat venire Prælatos, in hoc non crederemus eis quando puniremus. Prædecessores nostri deposuerunt tres Reges Franciæ, & ipsi hoc habent in chronicis suis, & nos in nostris, & de vno habetur in decretis, & licet nos non valleremus pedes nostrorum prædecessorum, tamen cùm Rex commisit omnia quæ illi commiserunt & maiora, nos deponeremus Regem ita sicut vnum garcionem, licèt cum dolore, & tristitia magna, & essemus dolentes, & tristes sicut nos necessariò oporteret. Quantum ad vocationem Prælatorum, respondemus vobis qui pro ipsis venistis, quòd non relaxabimus, nec suspendemus vocationem, imò illam confirmamus, roboramus, & iterum innouamus, & si qui sint qui non venerant, habebit locum illud Cantic. Tempus præsentationis aduenit, si non possunt venire equites, veniant pedes. Vocauimus eos pro bono statu Ecclesiarum, & Regis & regni, possemus vocasse totum orbem, sed amodò sumus debiles, & annosi: non vocauimus alienos, sed domesticos, & fideles Regis, & regni, sicut dicit dominus Portuensis, quia audiuimus regnum illud esse desolatum inter omnia regna mundi. Et quia à planta pedis vsque ad verticem non est in eo sanitas, dicatur eis qui veniunt, & significamus vobis quòd si qui sint qui non veniant, nos deponemus, & priuabimus eos iuxta illud Euangelij, Malos malè perdis, & vineam suam locabit aliis agricolis; imò plus dicimus, quòd ex nunc si non veniant legitimo impedimento remoto, sciant se depositos, & priuatos. Venietis cras coram nobis, & fratribus nostris in Consistorio, & si vultis aliqua alia dicere, libenter audiemus, accipietis litteras vestras, & nos quantum in nobis est, ita vos expedimus, & ita vobis respondemus.

Ex V. C. Bibliothecæ S. Victoris Parisi. M. M. 7. fol. 82. verso.

Lettre du Cardinal Mathieu S. Mariæ in Porticu, à R. Duc de Bourgogne: fait reproche des graces & priuileges concedez par le P. Boniface à la France, & dit que les lettres apportées au Roy par Iacques de Normannis Archidiacre de Narbonne Nonce du Pape, estoient remplies de douceur & de charité pour la France.

Le Pape auoit exhorté le Roy de faire iustice, de conseruer la liberté Ecclesiastique, & qu'il n'opprimast ses suiets: au lieu d'en sçauoir gré, les lettres du Pape ont esté brûlées en presence du Roy, & des Grands; ce qu'aucun payen, ou tyran n'a iamais entrepris. Dit que le Roy est excommunié pour auoir empesché les Prelats, & ceux qui estoient conuoquez, d'aller à Rome. Reproche audit Duc, de ce que luy, ny la Noblesse, & les Communautez du Royaume n'ont point écrit de cette affaire au Pape.

Se plaint d'eux, que dans les lettres qu'ils ont écrit, ils n'ont pas voulu nommer le Pape que par circumlocution. Prie ledit Duc de considerer, qu'au Pape appartient de faire les canonizations, donner les dispenses de mariages, les Indulgences, les prouisions aux Prelatures, la permission aux Princes de leuer les decimes: tout cela le Pape l'a fait en faueur de la France, & marque la canonisation de saint Louis.

Au reste il dit qu'il croit impossible de faire pour le Roy enuers le Pape, ce dont il le prie; qui est de reuoquer la suspension de toutes les graces qu'il luy auoit conce-

80 PREVVES DE L'HIST. DV DIFFEREND

dées, & qu'il auoit lors que le fit, Archidiacre vint prés de luy, & la reuocation du commandement aux Prelats de comparoir deuant luy. Qu'il faut que le Roy se mette en estat de faire penitence de ses fautes, qu'il satisfasse le Pape de toutes les iniures qu'il luy a fait ; autrement le Pape se rendroit ridicule. Que le Pape n'écrira iamais à vn excommunié comme est le Roy ; que ce seroit folie d'en vser ainsi : qu'il seroit à propos que le Roy confessast auoir esté mal conseillé & trompé, & qu'il est prest de se corriger.

Au tresor coffre Boniface numero 58.

1302.
5. Septemb.

MAGNIFICO viro consanguineo, & amico carissimo domino R. Dei gratia Duci Burgundiæ Mathæus miseratione diuina S. Mariæ in porticu Diaconus Cardinalis, cum sincera dilectione salutem. Audiuimus diligenter quæ religiosus vir Fr. Hugo ordinis militiæ Templi, lator præsentium sub litteris vestris de credentia nobis dixit, qui cum responso Apostolico & præsentibus nostris litteris ad vos reuertitur festinanter. Sane si ad memoriam reuocentur, & congregentur in vnum beniuolentiæ sinceræ dilectionis affectus, obsequiorum cumulus, quibus sanctissimus pater, & dominus noster dominus Bonifacius diuina prouidentia Papa VIII. cùm minor status haberet, serenissimum Principem dominum Philippum Francor. Regem illustrem extitit prosecutus, & claræ memoriæ patrem eius, nec non multiplicia priuilegia, indulgentiæ, concessiones, & gratiæ, quæ ipsi Regi & successoribus eius, ac aliis contemplatione ipsius immensitas Apostolicæ largitatis indulsit, venirent prudentibus in stuporem, & inueniretur in eis quantum idem Rex, & domus eius sanctæ Romanæ Ecclesiæ matri suæ, & præfato domino nostro summo Pontifici tenerentur : non redderent mala pro bonis, aut odium in dilectione notarent. Et si clausarum litterarum Apostolicarum series, quas ipsi Regi prouidus vir Magister Iacobus de Normannis domini Papæ notarius Archidiaconus Narbonen. Apostolicæ Sedis nuncius præsentauit, diligentiùs attendatur, inuenientur litteræ ipsæ dulcedine plenæ, paterna caritate respersæ, ipsorum Regis & regni vtilitatem publicam continentes, honestatem regiam, & salutem. Sed heu odium peperit veritas, & non potuit æquo animo tolerari, quod Dei Vicarius ammonebat. Ideóque ex suprà, & infrà scriptis non immeritò confunduntur prudentium viscera, & corda tremuerunt, caliguit visus, tepuit intellectus, aufugit auditus, hortatus est dominus noster Regem, vt errata corrigeret, iustitiam obseruaret & Ecclesiasticam libertatem, non grauaret subditos, sed salubriter regeret regnum suum. Sed quid est inde secutum, combustæ sunt Apostolicæ litteræ in ipsius Regis, & magnatum præsentia, quod à nullo hæretico, pagano aut tyranno legimus esse factum. Solet in Christianis Regibus Christianæ religionis deuotio relucere. Qualia virtutum exempla de processibus regalibus in contingentes populos, diffunduntur, sapientia præditi viri diligenter attendant. O quomodo obscuratum est aurum & color optimus immutatus. Quare saltem S. Ludouici, à quo Rex ipse traxit originem, luminosa offuscantur exempla. Quare cuiuscunque dignitatis, status, nationis, & conditionis personæ exponuntur periculis personarum, si per mare vel per terram regnum ipsum exire præsumant, prout hæc & alia in constitutione per ipsum Regem nuper edita continentur. Vt quid specialiter Prælati & personæ Ecclesiasticæ dicti regni pro vtilitate dictorum Regis & regni ad Sedem Apostolicam euocati, regnum ipsum non permittuntur exire, ac ad prædictam venire sedem, prout ex Apostolico mandato tenentur. Nónne
certum

certum est ipsum Regem excommunicationis sententiam incurrisse in certis anni solennitatibus promulgatam publicè contra eos qui impediunt ad Sedem venientes eandem; quam qualiter non obseruat, sed sustinet animo indurato, claues Ecclesiæ contemnendo, vestra nobilitas quæ est sibi proximior potest scire? Ceterum vnum non duximus præsentibus omittendum, quod vtinam Deo placeret, vt esset à cunctorum mortalium memoria penitus abolitum, quomodo idem Rex, vos, & alij, Duces, Comites & Barones, & Communitates dicti regni, qui nuper ad Sedem Apostolicam speciales nuncios cum vestris litteris directis Collegio dominorum Cardinalium destinastis, præfato domino nostro summo Pontifici scribere contempsistis, nec in aliqua litterarum ipsarum nominabatur dominus noster solito stylo, sed vbi mentio fiebat de ipso, describebatur per quandam circumlocutionem verborum nouiter inuentorum. Quod non licuit nec decuit, nec etiam expediuit. Reuoluite inclite nobilis, & cogitate corde deuoto, nunquid ad alium quàm ad verum, & Catholicum Romanum Pontificem pertinet Sanctorum canonizatio, matrimoniorum dispensatio in gradibus à iure prohibitis, indulgentiarum concessio in remissione peccaminum, Prælaturarum, & aliorum beneficiorum collatio vel institutio, compulsio ad faciendum decimas solui Principibus, aut aliis personis secularibus. Hæc omnia inimicus homo videtur subuertere voluisse, cùm per præfatum dominum nostrum summum Pontificem ad honorem Dei, dilatationem fidei catholicæ, ac deuotionem fidelium accendendam, præfatus S. Ludouicus fuerit catalogo Sanctorum adscriptus, & per ipsum dominum multa de aliis supradictis in fauorem regium & suorum facta noscantur. Ad hæc quia longum esset omnia & singula enarrare, ac ex iis quæ scribimus, ac aliis quæ vos non latent multa poterit nobilitas vestra colligere, stylum restrinximus in scribendo. Ad illa tamen propter quæ cum præfato domino nostro promouenda, religiosum virum Fr. Hugonem de Cathalano Ordinis Militiæ Templi ad Romanam curiam destinastis, cum litteris vestris de credentia nobis missis, vt inter præfatos dominum nostrum, & Regem possit concordia facilius promoueri, amicabiliter & fideliter respondemus, quòd prædictorum consideratio aufert nobis, & cuius prudenti, frontem, ausum & animum petendi ab ipso domino nostro sic pulsato, inuriato, & inhonorato publice verbis, & factis per ipsum dom. Regem, consiliarios, officiales, & astantes eidem, & persuadendi eidem quæ suppliciter petiuistis, quod faceret vt concordia sequeretur. Petiistis namque vt dominus ex nunc dominum Regem reduceret in eundem statum, & ad illa gratias & priuilegia in quibus erat, quando dictus Archidiaconus peruenit ad ipsum, & specialiter quòd suspensionem omnino tolleret priuilegiorum & gratiarum, per eundem dominum concessorum Regi prædicto & successoribus suis, ac aliis contemplatione ipsius, quæ idem dominus sibi exhiberi mandauit, vt discuteret clariùs in quibus esset suspensio temperanda totaliter vel in parte. Reuocationem insuper vocationis Prælatorum, & aliarum personarum dicti regni Franciæ factam per ipsum dominum, vt in Kal. Nouemb. proximo futuris comparerent personaliter coram ipso, per litteras vestras data fiducia, quòd iis factis per dominum nostrum procurabitis versa vice per ipsum Regem fieri posteà quod dolebit. Domine Dux scriptum est, Nichil est quod non seruat ordinem, seruatque naturam. Vnde tanta est virtus ordinis, quòd est etiam in caritate seruandus. Ille ordo quem petitis est ordo præposterus, nec necessariò aut congrue commutandus. Nunquid Christi Vicarius dominus noster summus Pontifex, exprobratus à

L.

82 PREVVES DE L'HIST. DV DIFFEREND

Rege, iniuriatus, & inhonoratus, vt præmittitur, debet Regi quæ petiuittis concedere, vel offerre in ftatu in quo eft, nec difponenti fe ad gratiam, neque pœnitenti de commiffis, nec iniurias, nec offenfas reuocanti, nec fatisfactionem, aut oblationem fatisfaciendi aliquam offerenti. Si dominus talia faceret, Rege non difpofito, nec impendente fatisfactionem, nec etiam offerente, poffet haberi in opprobrium & derifum, & redderentur contemptibiles iuftitiæ eius viæ. Præterea dominus ipfi Regi vt non excommunicato non fcriberet, cùm excommunicatus exiftat. Concederétne gratias homini fic ligato publicè. Hoc facere, non clementiæ, fed infaniæ potiùs effet adfcribi. Deus omnipotens peccato hominibus non indulget, nifi priùs humilientur, conterantur, & pœniteant de peccatis. Faciet igitur dominus Rex ex parte fua quod debet ; & hoc perfuadeatis eidem. Nec ipfi nec vos dubitetis, quin dominus nofter aquas mifericordiarum fuarum, & gratiarum largiffimè in ipfum dom. Regem effundat. Foret quidem laudabile, & commendatione dignum quòd dom. Rex profiteretur fe in veritate in multis de præmiffis circumuentum fuiffe, ac feductum prauo confilio, & errorem & factis cognofceret, corrigeret, & efficaciter emendaret, & fe emendaturum offerret, & ex tunc domini noftri clementiam, & gratiam humiliter imploraret. Hæc eft via recta, quæ in præfenti conquærit gratiam, & gloriam in futuro. Ad quam ipfum Regem per vos, & alios de quibus expedire videritis inftantiùs inducatis. Datum Anagniæ 8. Id. Septemb. Pontificatus fanctiff. patris, & dom. noftri Bonifacij Papæ VIII. prædicti anno 8.

Lettre de Robert Cardinal de S. Potentiane, & de Pierre Cardinal du titre S. Mariæ Nouæ, à Robert de Bourgogne. Le louënt du zele qu'il a pour la Paix de l'Eglife, & l'affeurent que Boniface confiderera fa perfonne ; mais qu'ils 'trouuent de grandes difficultez à luy parler de l'affaire du Roy de France, veu qu'il a efté fi iniurienfement traité. Mais neantmoins qu'ils fçauoient que le Pape eft fi bon & fi iufte, que s'il reconnoiffoit an Roy des marques d'humilité & de repentance, qu'il feroit ce qui fera en luy pour le bien du Roy & du Roy.aume. Prient ledit Duc de faire en forte que le Roy s'humilie, & qu'il reconnoiftra la bonté de fa Sainteté.

Au Trefor Coffre Boniface, regiftre B. p. 54.

1302.
5. Septemb.

NOBILI & magnifico viro eorum amico cariffimo dom. Roberto Duci Burgundiæ miferatione diuina Robertus S. Potentianæ Prefbyter, & Petrus S. Mariæ nouæ Diaconus Cardinales, fal. & bonorum omnium incrementa. Recepimus litteras, quas per religiofum virum fratrem Hugonem nepotem Vifitatoris templi veftra nobis nobilitas deftinauit, & vifis iis quæ eædem miffæ veftræ litteræ continebant, & audicis etiam iis quæ idem frater Hugo ex parte veftra nobis dicere voluit oraculo viuæ vocis, feruorem dilectionis, & deuotionis, quam ad Romanam retroactis temporibus habuiftis Ecclefiam & habetis multipliciter commendamus. Nam ex iis quæ ex parte veftra nobis expreffit idem Fr. Hugo, manifeftè cognofcimus & fentimus, quòd honoris, pacis & vnitatis facrofanctæ Romanæ Ecclefiæ zelator eftis magnificus, & ad omne id quod in ipfius Romanæ Ecclefiæ cedat honorem, tanquam eiufdem Romanæ Ecclefiæ deuotus filius, & libenter & efficaciter imponitis partes veftras. in iis maximè quæ ftatum pacificum, & tranquillum, qui inter Romanam Ecclefiam, & illuftres Reges Franciæ qui fuerunt pro tempore huc vfque & perfeueranter viguit & refloruit, poſſent quomodolibet perturbare. & conſiderata caritate, & dilectione ſincera, qua dominus noſter dom. Bonifacius diuina prouidentia ſacroſanctæ Rom. Eccleſiæ ſummus Pontifex perſonam veſtram proſequitur, poſſumus vobis, ſicut illi qui dilectionem, & caritatem huiuſmodi non ignorant, ſecurè & in omni veritate aſſerere, quòd inter omnes Principes huius mundi, idem dominus noſter petitionibus veſtris libenter annueret, & ea libentiùs exaudiret. Sed cùm ſitis vir prouidus generis nobilitate præclarus, & conſilij maturitate conſpicuus, credimus quòd notaueritis, & notetis quot & quantis iniuriis multifariè multiſque modis laceſſitus dom. noſter præfatus, qui propter multa beneficia, & gratias, quæ & quas dom. Regi Franciæ gratioſè contulerat, debebat multipliciter honorari. & ſub colore, & ſub qua forma verborum, à nobis idem dominus noſter poſſet induci ad illa quæ à nobis veſtra nobilitas poſtulauit, honeſtè videre non poſſumus, cùm nulla eidem domino noſtro effectualiter offeratur emenda, de iniuriis iam illatis. Sed quantumcumque idem dom. noſter ſit præuentus iniuriis, & opprobriis exprobratus, ſcimus tamen & certi ſumus, quòd in eo regnat tanta benignitas, tantàque ſinceritatis dilectio, quam ad magnificum Principem dominum Philippum Regem Franciæ illuſtrem habere dinoſcitur, quòd ſi humilitatis ſigna recognoſceret in Rege præfato, & in eo filialem inueniret emendam, ipſe ad omne id quod in ipſius Regis & regni cederet honorem & commodum, ſe more pij patris committeret, & idem dom. Rex ſentiret eundem dom. noſtrum ſummum Pontificem honoris, & commodi ipſius Regis, & regni ſui feruidum zelatorem. Quare cùm deceat vos, qui ex nobilitate generis, morum honeſtate, & maturitate conſilij inter alios conſiliarios Regis eiuſdem locum quaſi obtinetis ſupremum, Regem eundem inducere erga Rom. Eccleſiam, & dom. noſtrum ſummum Pontificem, qui ipſi Eccleſiæ diuina diſponente clementia feliciter præeſſe dinoſcitur, ad omne humilitatis & deuotionis exemplum: ſic erga eundem Regem velitis efficaciter interponere partes veſtras, quòd ipſe erga Deum & præfatum dominum noſtrum qui vices ipſius gerit in terris filius deuotus & humilis valeat inueniri. Et eo faciente quod debet experietur apertè benignitatem, & manſuetudinem Romanæ Eccleſiæ, & eiuſdem domini noſtri paternum affectum. Iſta nouit altiſſimus, ſcribimus bona fide, & ſicut illi qui dominum Regem Franciæ ſincerè diligimus, & regni ſui medullitus affectamus ſalutem. Dat. Anagniæ 5. die Septembris.

Le Roy ayant fait defenſes à tous Eccleſiaſtiques de ſortir de ſon Royaume ſans ſa permiſſion: nonobſtant ſa Maieſté eut aduis que quelques Prelats, Abbez, Prieurs, Docteurs en Theologie, & autres gens d'Egliſe eſtoient ſortis ſans permiſſion: il ordonne à ſes Officiers de ſaiſir & mettre en ſa main tous les biens deſdits Prelats & Eccleſiaſtiques ſortis du Royaume contre les defenſes; veut que l'on luy enuoye leurs noms, & vn memoire de leurs biens, auſquels il ordonnera des gardiens pendant leur abſence.

Commandement fait par le Roy de ſaiſir les biens des Eccleſiaſtiques ſortis du Royaume ſans ſa permiſſion.

PHILIPPVS Dei gratia Francorum Rex, Bailliuo Aurelian. vel eius locum tenenti ſalutem. Cùm nos regni noſtri his diebus vtilitate penſata deliberationéque ſuper hoc præſtita, ſub certis ſemel & iterum formis districti duxerimus prohibendum, ne quis de incolis regni nostri certis rationibus, & causis in ipsa prohibitione contentis, ab eodem regno absque nostra speciali licentia exire præsumeret quoquo modo : nonnulli nihilominus Prælati, Abbates, Priores, Magistri in Theologia, Doctorésque Iuris canonici & ciuilis, & aliæ quædam Ecclesiasticæ & sæculares personæ, prout ad nostrum nuper venit auditum, inhibitione huiusmodi nostra spreta, ab eodem regno egredi, quod molestum gerimus, præsumpserunt. Nolentes igitur ob ipsarum absentiam personarum bona earum temporalia dissipari, & potiùs ea cupientes prouidè conseruari, mandamus tibi quatenus bona omnia temporalia personarum quarumlibet Bailliuiæ tuæ, quæ prohibitionem nostram transgresserunt prædictam, ad manum nostram causa custodiæ ponere non obmittas, eáque diligenter custodiri facias, donec de certis eorum custodibus duxerimus prouidendum : de nominibus verò ipsorum, & quantitate bonorum immobilium singulorum te diligenter informes, informationem, quam inde feceris, nobis quàm citiùs relaturus, vel sub sigillo tuo inclusam missurus. Actum Parisius Dominica post festum B. Lucæ Euangelistæ anno Domini 1302.

Extraict du Regiſtre 36. du Treſor, Lettre 29.

Lettre du Roy, qui dit qu'il auoit enuoyé ſes Ambaſſadeurs au S. Siege, auec pouuoir de nommer le Pape Boniface pour arbitre des differens qu'il auoit auec le Roy d'Angleterre, non pas comme Pape, mais comme vne perſonne priuée, c'eſt à ſçauoir Benedictus Gaietanus : *& le Compromis porte que ledit Boniface ne pourra proceder en cette affaire ſans ſon conſentement exprés, porté par Lettres Patentes. Ce qui l'oblige de proteſter publiquement qu'il ne veut point que ledit Boniface ordonne rien en cette affaire en vertu du Compromis, veu que du conſentement du Roy d'Angleterre & du ſien il a eſté déchargé dudit Compromis; eſtant d'ailleurs ledit Boniface fort ſuſpect pour les differens qui ſont ſuruenus entre ſa Maieſté, & ledit Boniface, & de fait le recuſé, & nomme trois Cheualiers, & Grands, auſquels il a donné pouuoir de le faire ſçauoir audit Boniface, & à ceux qui y ont intereſt.*

Au Regiſtre B. fol. 28.

PHILIPPVS Dei gratia Francorum Rex vniuersis præsentes litteras inspecturis salutem. Ad notitiam perferri volumus singulorum, quòd cùm olim nuntij, & procuratores nostri ad Apostolicam Sedem pro certis nostris, & regni nostri negotiis destinati, super quæstionibus, dissensionibus, & guerris inter nos, & illustrem Regem Angliæ consanguineum nostrum earum exortis, in summum Pontificem tanquam in priuatam personam, & B. Gaitanum compromiserim, sub certis pactionibus, conditionibus, & conuentionibus in huiusmodi compromisso adiectis, in quibus inter alia expresè cauetur, quòd idem B. non potest in negotio ipso procedere absque nostro expresso consensu per nostras patentes litteras super hoc præhabito, & si secus fieret, nullius existeret firmitatis, prout in litteris Apostolicis super hoc confectis pleniùs continetur. Nos tenore præsentium palam, & publicè protestamur quòd nos non consentimus, sed dissentimus expresè ac nolumus, quòd idem B. vlteriùs in negotio prædicto procedat. Præsertim cùm per certos tractatum, & processum inter nostros, & præfati Regis Angliæ procuratores & nuntios postmodum habitos, à compromisso prædicto sit omnino recessum, ac ex præmissis, & aliis certis, & legitimis caufis, & rationibus poteftas fibi tradita expirarit. ac præfatum B. ex difcordia, & inimicitia inter eum, & nos poft compromiffum prædictum de nouo fubortis, aliifque legitimis caufis, & rationibus quæ notoriæ, ac manifeftæ nofcuntur, fufpectum non immeritò habeamus, & ex nunc cum recufamus tenore præfentium vt fufpectum: ac nihilominus dilectis, ac fidelibus noftris Galchero de Caftellione Comiti Portiani, Ioanni dom. de Haricuria, & Ioanni Moucheti militibus, quos & quemlibet eorum infolidum ad notificandum eidem B. & aliis quorum intereft, feu intererit, & de quibus viderint expedire, præmiffa omnia & fingula procuratores noftros conftituimus, & nuntios fpeciales, proponendi caufas, & rationes huiufmodi coram eo, & aliis prout vbi, & quando fibi expediens vifum erit; ipfúmque vt fufpectum noftro nomine recufandi, ac faciendi omnia & fingula quæ circa præmiffa fuerint opportuna ; alium vel alios procuratores pro nobis loco fui ad præmiffa fubftituendi, & cum vel eos reuocandi, cùm viderint expedire, plenam, & liberam præfentium tenore committimus poteftatem & fpeciale mandatum. Ratum habituri, & gratum quicquid per eos vel ipforum alterum fubftitutum, vel fubftitutos ab ipfis, vel eorum altero, in præmiffis, & ea tangentibus factum fuerit, feu etiam procuratum. In cuius rei teftimonium præfentibus litteris noftrum fecimus apponi figillum. Datum apud Vincennas in Octabis fefti Omnium Sanctorum, anno Domini 1302.

Bulle de Boniface aux Abbez & Abbeſſes de l'Ordre de Ciſteaux, que les terres labourées ou incultes appartenantes audit Ordre, & qu'ils auront baillées à cultiuer, ſeront exemptes de payer aucunes decimes & premices.

Bulla Bonifacij VIII. pro Cifterciensibus.

BONIFACIVS, &c. Abbatibus, Abbatiffis, & Conuentibus Ordinis Cifterciensis: Nos propter magnæ deuotionis affectum, quem ad nos & Apoftolicam Sedem habetis, Ordinem ipfum, ac vos, & alios eiufdem Ordinis profeffores, intima caritate profequimur, &c. Ideóque dilecti filij noftri, Roberti, tituli S. Pudentianæ Cardinalis, qui tanquam præfati Ordinis, quem profeffus exiftit, promotor affiduus, neceffitates veftras, & dicti Ordinis, nobis reuerenter expofuit, & fuper illis noftræ prouifionis auxilium imploravit, fupplicatione moti, vobis auctoritate præfentium indulgemus, vt de terris veftris cultis, & incultis, ad Ordinem veftrum fpectantibus, quas aliis conceffiftis, vel concederis in pofterum, excolendas, de quibus tamen aliquis decimas, feu primitias non percepit, nullus à vobis, feu cultoribus terrarum ipfarum, aut quibufcunque aliis, decimas, feu primitias, extorquere præfumat, &c. Dat. 15. Kal. Ianuar. Pontificatus noftri anno 8.

1302.

Idem B. Conferuatores priuilegiorum Cifterciensibus dedit Abbatem B. Stephani Diuionenfis, & alios, Bull. dat. 6. Id. Ianuar. Pontificatus anno 8. Quorum ratio petenda eft ex Io. Villan. Continuator. Willelm. de Nangiac. & Annalib. Colmarienfibus inf.

Le Roy ſur des nouuelles qu'il auoit receu de ce qui ſe paſſoit en la Cour de Rome, aſſemble les Prelats, & les Barons de ſon Royaume pour y m ettre ordre.

PHILIPPVS Dei gratia, &c. dilecto & fideli noftro Epifcopo Aurelian. falutem, & dilectionem. Noua vobis de Romana curia nouiter ad-

1302.
1 Decemb.

86 PREVVES DE L'HIST. DV DIFFEREND

uenerunt, quæ nos, vos, & alios Prælatos, Ecclesias, & personas Ecclesiasticas, Barones, nobiles, & alios incolas regni nostri, vestrum, & aliorum Prælatorum, Baronum, & aliorum prædictorum, & totius regni eiusdem honorem, & statum non mediocriter, nec in paruo tangere dignoscuntur. Super quibusdam vobiscum, aliisque Prælatis, & Baronibus supradictis deliberare volentes, vestróque quemadmodum & nostro statui & honori in hac parte, vt expedit, prouidere in præmissis, mandamus vobis quatenus ad nos versus Parif. cum qua minori commodè poteritis comitiua, vt vestris parcatur expensis, omnibus aliis postpositis, & remissis, visis præsentibus accedatis. Datum apud nouum Mercatum in crastino S. Andreæ Apostoli 1302.

Du Registre 36. du Tresor, Lettre 34.

Hæc sunt nomina Prælatorum de regno Franciæ, qui fuerunt in festo Omnium Sanctorum apud Romam anno Dom. 1302.

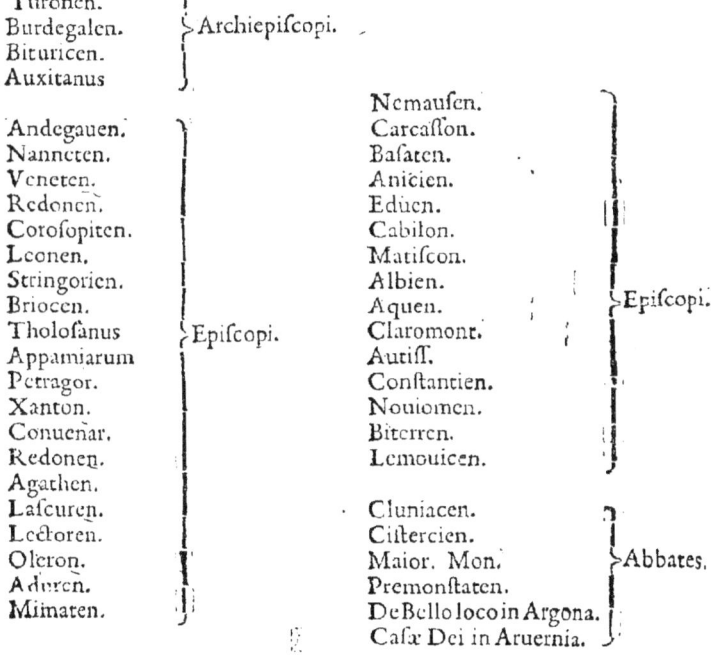

Turonen. ⎫
Burdegalen. ⎬ Archiepiscopi.
Bituricen. ⎪
Auxitanus ⎭

Andegauen. ⎫
Nanneten.   ⎪
Veneten.   ⎪
Redonen.   ⎪
Corosopiten.⎪
Leonen.   ⎪
Stringorien.⎪
Briocen.   ⎪
Tholosanus ⎬ Episcopi.
Appamiarum ⎪
Petragor.   ⎪
Xanton.   ⎪
Conuenar.   ⎪
Redonen.   ⎪
Agathen.   ⎪
Lascuren.   ⎪
Lectoren.   ⎪
Oleron.   ⎪
Aduren.   ⎪
Mimaten.   ⎭

Nemausen.   ⎫
Carcasson.   ⎪
Basaten.   ⎪
Anicien.   ⎪
Eduen.   ⎪
Cabilon.   ⎪
Matiscon.   ⎪
Albien.   ⎪
Aquen.   ⎬ Episcopi.
Claromont.   ⎪
Autiss.   ⎪
Constantien.   ⎪
Nouiomen.   ⎪
Biterren.   ⎪
Lemouicen.   ⎭

Cluniacen.   ⎫
Cistercien.   ⎪
Maior. Mon.   ⎬ Abbates.
Premonstaten.   ⎪
De Bello loco in Argona.⎪
Casæ Dei in Aruernia.   ⎭

Ex eodem registro numero 61.

Defense faite par le Roy à tous ses suiets, Prelats, Pairs, Barons, & autres, sous de grandes peines, de sortir de son Royaume sans sa permission, ny en faire sortir cheuaux, & autres choses necessaires à l'Estat.

SENESCHALLO Tholosæ salutem. Ad proteruiam rebellium edomandam superbiam, & reprimendas impugnationes hostiles, quæ contra nos, & regnum, cuius moderamini disponente Domino præsidemus, co-

DE BONIF. VIII. ET PHILIP. LE BEL. 87

gitantes assiduè, consilia & cautelas, ac vias exquirentes, & modos vtiles & salubres, quia ex conspirationibus variis, quæ contra statum nostrum, & regni eiusdem alienigenis, & remotis euidentibus coniecturis perpendimus intentari, non tam euidentia pericula, quàm suspecta verentur, necessaria ordinatione prouidimus qualiter regnum ipsum sapientum affluat libertate, quorum prouidentia circumspecta, & fidelis maturitate consilij dirigantur agenda salubriter, & vtiliter publica res geratur, ac bellatorum strenuitate peruigeat, & incolarum præclaritate fœcundet, quorum defensetur clypeis regnum ipsum tueatur. Eapropter Baronum nostrorum consilio præsentis constitutionis edicto, sub pœna corporum & bonorum omnium temporalium auctoritate regia districtiùs inhibemus, ne quis de fidelibus, aut subditis nostris, seu indigenis dicti regni, aut cuiuscunque dignitatis, status, nationis aut conditionis existat, mercatoribus duntaxat, alienigenis, & nuntiis mercatorum exceptis, de regni nostri limitibus absque speciali licentia per nostras patentes litteras obtinenda, pedes vel eques, per mare, vel per terram exire præsumat, aut in via ponere, vel iter arripere excundi: nec equos, nec mulos magnos, cùm tam bellicis actibus quàm pro exemptionibus, & aliis negotiis reipublicæ ipsius regni necessarij dignoscuntur extrahere per se, vel per alium de finibus dicti regni, nec in via ponere extrahendi. Si quis autem constitutionis huiusmodi violator temerarius extiterit, præter pœnam corporis bonis omnibus temporalibus, quæ in regno prædicto obtinet, sit eo ipso priuatus, quæ fiscis nostris commodis applicentur: dignum est enim & competens, vt defensionis patriæ desertores bonorum habitatione priuentur, & excludantur à fructu, qui onera recusant debita supportare. & nihilominus transgressor huius extra gratiã nostram positus, & indignationem * illâ prorsus se nostrum, & regni nouerit inimicum. Si quis etiam de prædictis cuiuscunque*circa mercatores autem, & nuncios supradictos constitutionem pridem à nobis editam, de auro & argento, pecunia, & aliis certis rebus de regno nostro nullatenus extrahendis firmiter volumus & inuiolabiliter obseruari. Quocirca vobis districtè præcipiendo mandamus quatenus constitutionem, & prohibitionem huiusmodi omnibus & singulis vestræ Seneschalliæ Paribus, Comitibus, Baronibus, vexillariis, Primatibus, Archiepiscopis, Episcopis, Prælatis, Abbatibus, Prioribus, & personis aliis quibus videritis expedire specialiter intimantes, ea in locis sollicitudini vestræ commissis publicetis solenniter, ac publicè diuulgari, teneri, & obseruari firmitèr faciatis. si qui verò terras habeant extra limites dicti regni, ad eas visitandas licitè valeant egredi regnum ipsum euestigio reuersuri, &c. siue fuerit Par, siue Baro, Comes, vexillarius, miles, armiger, nobilis, vel ignobilis, Primas, Archiepiscopus, Episcopus, Prælatus, Abbas, Prior, Præpositus, Decanus, Presbyter, vel Clericus, aut alterius, &c. 1302.

Au Regiſtre 36. du Treſor lettre 12.

Bulle de Boniface à Iean Cardinal du titre de ſaint Marcellin : dit qu'il auoit commandé aux Archeueſques, Eueſques, & autres Eccleſiaſtiques de France de le venir trouuer pour aduiſer à diuers excés, & au bon gouuernement du Royaume de France ; aucuns ont obey, autres non. Commande à ce Cardinal d'aduertir ceux qui ont manqué, qu'ils ayent à venir dans trois mois. Nomme particulierement les Archeueſques de Sens, & de Narbonne, les Eueſques de Soiſſons, Beauuais, & Meaux, & l'Abbé de ſaint Denys, qu'il menace de priuer ipſo facto *de leurs*

88 PREVVES DE L'HIST. DV DIFFEREND

dignitez, s'ils y manquent dans ce terme.
Il exempte de cette citation quelques Euesques pour leur indispostion, & l'Euesque d'Arras pour l'affection qu'il a monstré enuers le saint Siege.

Coffre Boniface numero 754.

1303.
13. Auril.

BOnifacivs Episcopus seruus seruorum Dei, dilecto filio Ioanni Monachi tit. SS. Marcellini, & Petri Presbyt. Cardinali salutem & Apostolicam benedictionem. *Venerabiles fratres* nostros Archiepiscopos & Episcopos, ac dilectos filios Electos & Abbates Cisterciens. Cluniacens. Premonstraten. nec non S. Dionysij in Francia Parisiens. diocefis, & Maioris Monaster. Turonen. S. Benedicti ordinis, Capitula Ecclesiarum cathedralium regni Franciæ, Magistros quoque in Theologia, & in Iure canonico & ciuili, & nonnullas alias personas Ecclesiasticas oriundas de regno prædicto, ad emendationem multorum grauaminum, & excessuum, regiámque directionem, quietem & salutem, ac bonum statum regiminis dicti regni, & pro subsidio terræ sanctæ, ac ex aliis rationabilibus causis hactenus notis, fecimus ad nostram præsentiam euocari. Et licèt nonnulli ex Archiepiscopis & Episcopis, Abbatibus, Magistris, & aliis sic vocatis, sicut obedientiæ filiis, nostro se conspectui humiliter duxerint præsentare, personas suas exponendo periculis, bonisque suis Ecclesiasticis, & secularibus relictis in prædam, & eis occupatis, & surreptis per secularis potestatis abusum ; reliqui tamen tanquam inobedientiæ filij & rebelles, deferentes homini plus quàm Deo, nostro conspectui in termino eis præfixo, vel post terminum ipsum se minimè præsentarunt. Nos igitur attendentes, quòd obedientia parum prodesset humilibus, si contemptus contumacibus non obesset, quamuis propter multitudinem non venientium, quoad nonnullos rigorem mansuetudine temperemus. Voluimus tamen, & per Apostolica tibi scripta mandamus, quatenus per te vel alium, seu alios in diuersis dicti regni Prouinciis, siue partibus ex parte nostra proponi facias publicæ citationis edictum, vt omnes à nobis vt præmittitur euocati, qui non comparuerunt in termino suprascripto, nec post terminum, etiam quamuis diutius expectati, infra trium mensium spatium, quod eis pro peremptorio termino per te vel alium, aut alios præcipimus assignari, per se vel procuratores idoneos ad hæc ab eis specialiter constitutos cum sufficienti mandato compareant coram nobis, recepturi pro meritis, aut suam si poterunt innocentiam ostensuri, nostrísque parituri beneplacitis & mandatis : Senonen. & Narbonen. Archiepiscopis, & Suessionen. & Beluacen. & Melden. Episcopis, & Abbati Monasterij S. Dionysij in Francia auctoritate nostra districtè præcipias infra dictum spatium personaliter compareant coram nobis sub poena depositionis, & priuationis cuiuslibet Ecclesiastica dignitatis & status, quam ipsos & eorum quemlibet incurrere volumus ipso facto, si infra idem spatium se nostro conspectui non curauerint præsentare recepturi pro meritis, aut suam si poterunt excusare innocentiam, nostrísque beneplacitis parituri. Ipsi namque qui ab Apostolica Sede tot receperunt beneficia & honores, irretiti ingratitudinis vitio pleni sunt, eo acrius de inobedientia puniendi, quo erant amplius ipsi Sedi, & ad exhibitionem obedientiæ & reuerentiæ debitores. Ceterum venerabiles fratres nostros Rotomagen. Archiepiscopum, & Parisien. Ambianen. Lingonen. Pictauen. & Baiocen. Episcopos propter senectutem, & debilitates corporales ipsorum, nec non Attrebaten. Episcopum

DE BONIF. VIII. ET PHILIP. LE BEL. 85

pum propter constantiam legalitatis, & fidei, quam ad nos, & Sedem gerit eandem, & etiam Episcopum, & Capitulum Laudunen. qui multa sunt passi grauamina & pressuras, à citatione, & comparitione huiusmodi habemus, & haberi volumus excusatos. Dies autem huiusmodi citationum, & formas, & quicquid super præmissis duxeris faciendum, nobis per tuas literas, & alias per publica documenta fideliter intimare procures. Datum Laterani Idus Aprilis Pontificatus nostri anno nono.

Articles dont le P. Boniface auoit chargé le Cardinal Iean du titre de saint Marcellin, l'enuoyant en France.

1. Que le Roy reuoque la defense qu'il a faite aux Prelats d'aller au saint Siege.
2. Que le Pape a la souueraine puissance de pouruoir aux Benefices vacans in Curia ou non, & qu'aucun lay ne peut les conferer sans sa permission.
3. Que le Pape peut comme bon luy semble enuoyer des Legats & Nonces sans licence de qui que ce soit.
4. Que le Pape a la dispensation des biens d'Eglise, & nul ne s'en doit mesler, & les exiger.
5. Qu'aucun Roy ne doit faire saisie des biens des Ecclesiastiques, ny faire conuenir en sa Cour les Ecclesiastiques en actions personneles, & pour immeubles, qui ne sont tenus en fief d'eux.
6. Que le Roy a souffert brusler en sa presence vne Bulle; que pour se purger de ce fait, il faut qu'il enuoye vers luy quelqu'vn pour ouïr ce qu'il en ordonnera, & d'y obeïr; & comme aussi il a dessein de reuoquer tous les priuileges & graces que luy & ses predecesseurs ont concedé à luy & à son Royaume.
7. Qu'il n'abuse point de ce que par abus il appelle Regale, & qu'il ne ruine pas les Eglises qui sont en sa garde, & qu'il fasse conseruer les fruits pour les futurs successeurs.
8. De gladio spirituali Prælatis reddendo.
9. Est sur le fait de la monnoye qui a ruiné toute la France; & que le Roy en doit faire restitution.
10. & 11. parle de la ville de Lyon & de son territoire, & dit qu'elle n'appartient point au Roy.
12. Que le Roy satisfasse sur ces excez, en sorte que le Pape & le saint Siege en soient satisfaits, autrement qu'il y pouruoira en procedant contre luy spirituellement, & temporellement.

Responses du Roy sur lesdits articles.

Sur le 1. qu'il n'a point fait la defense au mépris de l'Eglise, mais à cause des Flamens qui auoient excité quelque sedition, & déduit ce point au long. Dit qu'il n'a point intention d'empescher les allans en Cour de Rome. Que ce pouuoir neantmoins appartient à tous les Roys, Republiques, & Communautez de faire telles defenses pour le bien de leurs affaires.

Sur le 2. pour la collation des Benefices, qu'il en a vsé & vse comme a fait S. Loüis & ses predecesseurs.

Sur le 3. Qu'il n'empesche point les Legats, s'il n'a suiet de soupçon sur eux & sur quelque cause.

4. Qu'il n'entend en ce point faire chose contre la coustume.

5. Idem.

6. Du bruslement de la Bulle; que cela arriua sur vn procez entre l'Euesque de Laon

M

& *son Chapitre contre les Escheuins dudit lieu: l'Euesque se seruoit d'vne Bulle, que les Escheuins contredirent. L'Euesque se departit de l'effet de sa Bulle, & de son consentement elle fut abandonnée comme inutile; mais en cela il n'y eut point de dessein de faire iniure au Pape ny à l'Eglise.*

7. *Des Regales, le Roy n'entend en vser que comme faisoit S. Loüis & ses predecesseurs, & improuue les abus qui s'y commettent, & desire qu'ils soient reparez.*

8. *& 9. Qu'il a pû de son autorité faire de sa monnoye ce que bon luy a semblé, à l'imitation de ses predecesseurs, & qu'il a donné ordre sur ce fait.*

10. *Qu'il a ordonné que les griefs soient reparez.*

11. *Pour le fait de Lyon le Roy dit qu'il est prest d'en traiter, & que ce desordre est venu faute d'auoir fait par l'Archeuesque le serment de fidelité, & en cela sa Maiesté n'a point fait faute; que son intention n'est pas d'vsurper l'autruy.*

Le Roy enfin dit qu'il a la mesme intention que ses predecesseurs, de conseruer l'vnion entre les Papes & le saint Siege. Prie le Pape de penser à la mesme chose, & ne le point empescher en la iouissance de ses libertez, franchises, & priuileges. Que si le Pape ne se contente de ses responses, sa Maiesté est preste d'en passer par l'aduis des Ducs de Bretagne, & de Bourgogne, qui ont de l'affection pour le bien de l'Eglise & du Royaume; & que le Pape auoit par ses Nonces fait les mesmes offres.

Au Coffre Boniface numero 751. 752.

Infrascripti sunt articuli, super quibus mittitur dilectus fidelis noster Ioannes tit. sanctorum Marcellini & Petri Presbyter Cardinalis.

1. SVPER reuocatione constitutionis, prohibitionis, præcepti, & impedimenti cuiuslibet præstitorum directè vel indirectè, per magnificum Principem Philippum Francor. regem illustrem, & per Senescallos, Bailliuos, officiales, & familiares suos venientibus ad Romanam curiam, seu redeuntibus ab eadem, specialiter venerabilibus fratribus nostris Archiepiscopis, & Episcopis, & dilectis filiis Electis, Abbatibus, & Capitulis Ecclesiarum cathedralium, & Magistris in Theologia, & in Iure canonico, & ciuili, & aliis personis Ecclesiasticis dicti regni vocatis à nobis, qui in Kal. Nouembr. proximo præteritis nostro se conspectui præsentarent, & super amotione cuiuslibet occupationis factæ per eum, vel de eius mandato, aut per aliquem prædictorum, & satisfactione plenaria impendenda, non obstantibus quibuscunque pœnis, multis comminationibus, seu processibus per ipsum Regem factis, vel auctoritate ipsius.

2. Item ad denuntiandum eidem, quòd in quibuscunque beneficiis Ecclesiasticis conferendis vacantibus in curia, vel extra curiam Romanus Pontifex summam, & potiorem obtinet potestatem, & quòd per collationem cuiusuis laici in ipsis, vel eorum aliquo non potest alicui ius acquiri, sine auctoritate vel consensu Sedis Apostolicæ, tacitis vel expressis.

3. Item ad denuntiandum & declarandum eidem, quòd Romanus Pontifex Legatos de latere, & non de latere, ac nuntios liberè mittere potest ad quæuis imperia, regna, vel loca prout vult, absque petitione cuiuslibet, vel consensu, vsu, vel consuetudine contrariis nequaquam obstantibus.

4. Item, quòd Ecclesiasticorum bonorum, & prouentuum administratio, non quibusuis laicis, sed personis Ecclesiasticis noscitur attributa, & quòd summa potestas administrationis, & dispensationis eorum ad Apostolicam Sedem spectat, & quòd ipsa Sedes nullorum requisitis assensibus

DE BONIF. VIII. ET PHILIP. LE BEL. 91

de illis disponere potest, & nunc centesimam, nunc decimam seu quamuis quotam imponere, petere & exigere, prout videbitur expedire.

5. Item, quòd ipsi Regi, aut aliis Principibus, seu laicis quibuscunque non licet saisire, vel occupare Ecclesiastica iura, vel bona in casibus non concessis ab homine vel à iure, vel Prælatos seu alias personas Ecclesiasticas super personalibus actionibus, iuribus, seu immobilibus bonis, quæ ab eis non tenentur in feudum ad suum iudicium trahere & arrare, aut inquestas facere fieri, ipsásque quomodolibet detinere. Quomodo etiam occupatur spiritualis gladius Prælatorum, vt eo liberè vti non possint, & specialiter in Monasteriis, siue locis, quorum guardiam Rex ipse recepit, aut prædecessores ipsius.

6. Item, quòd cùm præsentia dicti Regis, nec sicut potuit prohibentis, multis præsentibus Bulla nostra, & litteræ quibus erat appensa cum imaginibus Beatorum Apostolorum Petri & Pauli, & nomine nostro sculpto ipsa combustæ & consumptæ fuerunt, in dictæ Sedis contumeliam & con-in temptum, per procuratorem idoneum cum sufficienti mandato compareat coram nobis, suam si poterit innocentiam ostensurus, & nostris pariturus beneplacitis & mandatis, & quomodo nos concepimus reuocare omnia priuilegia bullata bulla nostra, & prædecessorum nostrorum, sibi, liberis, fratribus & posteris, aut officialibus suis concessa, vt pœna tanti facinoris transeat posteris in exemplum.

7. Item, quòd guardia & custodia Ecclesiarum cathedralium vacantium, quas vocant Regalia per abusum, non abutatur, nec vacationis tempore non extendantur manus ad cædendas syluas non cæduas, vel ad vacuanda seu destruenda viuaria, & ad alia illicita, Ecclesiis, seu Monasteriis ipsis damnosa; quódque habitationes, domus & maneria non depereant, sed in statu congruo conseruentur, & massariæ ouium & aliorum animalium debito teneantur in statu, & deductis expensis opportunis necessariis, & moderatis ad custodiam, seu guardiam & perceptionem prouentuum, quod residuum fuerit, reseruetur futuris Prælatis fideliter resignandum: & quòd qui secus fecerit non solùm coram competenti Iudice, sed etiam in tremendo iudicio tenebitur reddere rationem.

8. Item, de gladio spirituali reddendo Prælatis & personis Ecclesiasticis, non obstantibus priuilegiis Regi, liberis, fratribus & posteris suis, aut officialibus suis concessis, cum nonobstantibus clausulis opportunis.

9. Item, aperiendi sunt oculi Regis super mutatione monetæ bis à temporibus paucis facta, in magnum damnum Prælatorum, Ecclesiarum, Baronum, & Ecclesiasticarum personarum & secularium, & quomodo ad restitutionem tenetur, & quòd faciat emendari.

10. Item renouanda est eius memoria super suis, & suorum malefactis, & excessibus, de quibus sit mentio in littera nostra clausa, quam portauit dilectus filius Magister Iacobus Notarius noster.

11. Item, quòd nos testamur non tantùm vt priuata persona, sed etiam personaliter, & decernimus huiusmodi nostro dicto testimonio esse standum, quòd ciuitas Lugdunen. eiúsque suburbia, & contingentia ædificia, siue horti, non sunt infra terminos, fines seu limites regni Franciæ constituta, nec etiam Ecclesia & villa S. Irenæi, & Ecclesia seu locus qui dicitur S. Iustus super seu prope Lugdunum, & quòd prædicta ciuitas & castra, terræ, possessiones, & bona ad dictam Lugdunen. Ecclesiam pertinentia, merum & mixtum imperium & iurisdictio in eisdem sunt iuris, & proprietatis præfatæ Ecclesiæ Lugdunen. & pertineant ad eandem, quódque

M ij

92 PREVVES DE L'HIST. DV DIFFEREND

Rex ipſe, & quiuis alij Reges Franciæ non habent, nec habere debent in ipſis, vel eorum aliquo ius aliquod, vel reſſortum, & quòd dictæ ciuitatis vniuerſitas, communitas, ſeu ciues ſingulares, vel ſpeciales perſonæ ipſius, nec merum, nec mixtum imperium, nec iuriſdictionem habent in ciuitate, ſuburbiis, hortis vel ædificiis, contingentibus, aut in caſtris, bonis, & poſſeſſionibus prædictis, nec etiam in Eccleſiis ſeu villis, vel locis S. Irenæi, vel S. Iuſti præfatis; & quòd vel conceſſionem, vel commiſſionem qualitercumque ipſis, vel eorum alicui à præfato Rege Francorum factam ſub quauis forma vel conceptione verborum, aut etiam faciendam mero, aut mixto imperio, ac iuriſdictione in prædictis ciuitate, ſuburbiis, ædificiis, contingentibus, territorio ſeu diſtrictu, caſtris, villis, poſſeſſionibus, terris, ſeu bonis, aut in ipſorum aliquo vllatenus vti poſſunt, ipſóſque, vniuerſitatem, communitatem, ciues ſingulares, aut ſpeciales perſonas Lugdun. commiſſione, vel conceſſione huiuſmodi, vel quauis alia non poſſe ipſa, vel ipſorum aliqua, vel aliquid exercere, quibus etiam omne ius omnémque poteſtatem concedendi ordinationes, municipalia nos penitus interdicimus, maximè dum ſpeciales perſonæ ciuitatis eiuſdem ſunt excommunicationis ſententia innodati, & ciuitas ipſa Eccleſiaſtico ſuppoſita interdicto; & quòd Archiepiſcopo & Capitulo Lugdunen. clericis & vaſſallis, ſeu hominibus ipſorum de damnis & iniuriis eis illatis ſatisfactio plena fiat, nec impedimentum præſtetur quo minus auctoritate Lugdunen. Eccleſiæ merum & mixtum imperium, & iuriſdictio in dictis ciuitate, ſuburbiis, villis, caſtris, terris, poſſeſſionibus, bonis, & locis valeat exerceri.

12. Item expreſsè denuntiandum eſt Regi per Cardinalem eundem, quòd ſi Rex prædicta non correxerit & emendauerit taliter infra certum tempus, taliter quòd nos & Apoſtolica Sedes meritò contentemur, quod à Nobilio Viro C. Andegauiæ Comite fratre eius, & ab eiuſdem Regis nuntiis datum eſt nobis intelligi, ex tunc nos, & Sedes eadem ſuper præmiſſis prouidebimus, ſtatuendo, declarando, & procedendo ſpiritualiter, & temporaliter, prout & quando videbimus expedire.

Oder. Rainaldus a fait imprimer ces articles en ſon 14. Vol. des Annal. Eccleſ. 1303. numero 34. il en a retranché le fait de Lyon.

RESPONSIONES REGIS.

AD primum articulum de reuocatione prohibitionis, &c. Reſpondet dominus Rex quòd conſtitutionem, vel prohibitionem non edidit, nec impedimentum directè, vel indirectè præſtitit in præiudicium, iniuriam, vel contemptum S. Matris Eccleſiæ, aut euerſionem, ſeu perturbationem Eccleſiaſticæ libertatis, per quas vel quod euntes ad Apoſtolicam Sedem, vel exinde redeuntes debeant impediri; licèt propter aliquorum maliciam, ac pro neceſſitate, tuitione & ſecuritate regni ſui, hoc diſcriminoſo guerrarum tempore ſtatutum ediderit, ſicut non ſolùm prædeceſſores ſui, & alij Reges & Principes, verùm etiam communitates, & vniuerſitates villarum, & ceteri domini temporales conſueuerunt facere etiam nulla neceſſitate cogente in dominiis, & territoriis ſuis cùm ſibi expedire conſpiciunt, de equis, animalibus, armis, argento, auro, pecunia, & aliis certis rebus abſque ſua licentia de regno ipſo nullatenus extrahendis: ac propter repentinam, & ſubitam rebellionem Flamingorum poſtmodum subsecutam, & propter commotiones, & seditiones occultas à popularibus, plebeiis, & aliis minoribus contra Regem, Ecclesias, Prælatos, Barones, & alios diuites & maiores, concitationibus, coniurationibus, & conspirationibus, & aliis variis modis, & viis in diuersis regni partibus machinatas pro defensione necessaria regni sui, vrgenti, necessitate cogente constitutionem, & inhibitionem ediderit, ne quis indigena regni sui, mercatoribus, & nuntiis mercatorum duntaxat exceptis, regnum ipsum exiret absque ipsius licentia vel permissu; ac Archiepiscopos, & Episcopos, nec non Abbates, & alios Prælatos, & personas Ecclesiasticas dicti regni, tam voce quàm litteris requisiuit, eisque sub naturalitatis affectu, & fidelitatis debito expressè mandauit, ne ipsum regnúmque prædictum, & Ecclesias suas in tantis periculis, & tribulationibus, & angustiis deserant, quin potiùs in tam necessaria Ecclesiarum, & regni defensione sibi assistere tenentur consiliis, & auxiliis opportunis. Credens ipse dom. Rex quòd * dominus Papa si prædictas tribulationes, angustias, & necessitates sciuisset, & aliis etiam ipsorum Regis & regni amicis, & beneuolis placuisset. Nec cuiquam ad Romanam curiam volenti accedere ex causa licita vel honesta licentiam denegauit. Et circa custodiam passagiorum intendit Rex taliter prouidere, quòd personis quibuslibet indigenis dicti regni, vel aliis accedentibus ad curiam suprà dictam, vel exinde redeuntibus obstaculum, vel impedimentum indebitum nullatenus apponeret, nec fiet aliquid in hac parte, ex quo præfatus summus Pontifex, vel Ecclesia, seu quiuis alius iustè materiam habeat conquerendi, & ob reuerentiam Sedis Apostolicæ, & ad preces dicti domini Cardinalis, & aliorum Prælatorum tolerabit de patientia dominus Rex, quòd prædicti Prælati, & alij prohibitionis regiæ transgressores ad Ecclesias, & loca sua redeant, & rehabeant bona sua.

Ad secundum articulum de Collatione beneficiorum, &c. Respondet Rex quòd collatione beneficiorum vsus est, & vtitur sicut ad eum pertinet de iure & bona consuetudine, sicut S. Ludouicus, & alij prædecessores sui vsi fuerunt, à tempore cuius memoria non existit, nec circa hoc fecit, nec intendit facere aliquam nouitatem, nec credit quòd Papa sibi facere velit, qui longum vsum suum & prædecessorum suorum in collatione huiusmodi nouit plenissimè ab experto.

Ad 3. art. de missione libera legator. &c. Respondet Rex quòd non impediuit, nec impedire intendit Legatos, Nuncios, vel alias quæcunque personas, quo minus liberè ingredi valeant regnum suum, nisi sibi & regno sint legitima ratione suspecti, vel aliter habeat iustam causam.

Ad 4. art. quòd bonor. & prouentuum Ecclesiasticorum administratio, &c. Respondet Rex quòd non intendit circa hoc quicquam facere, quod sibi non competat de iure, vel bona consuetudine.

Ad 5. art. quòd Regi vel aliis laicis non licet saisire, &c. Respondet Rex quòd non intendit super hoc fecisse, vel in posterum facere aliquam nouitatem, nec bona prædicta saisire vel occupare, nisi in casibus licitis concessis ab homine vel à iure, nec personas Ecclesiasticas super actionibus merè personalibus, vel aliàs nisi in casibus à suis prædecessoribus consuetis ad forum suum trahere vel artare: nec impediuit hactenus, nec intendit impedire in posterum quominus Prælati suo spirituali gladio vti possint in casibus ad eos spectantibus de consuetudine vel de iure, imò * * * & ordinariè intendit more prædecessorum suorum spiritualem gladium temporali, cùm fuerit requisitus & impedimenta tollere prout ad ipsum pertinet. Si qua tamen in Ecclesiis, vel Monasteriis de sua garda existentibus, quod in aliis circa hæc contingeret interponi. Et si officiales sui forsitan in præmissis excesserint, paratus est corrigere & punire.

Ad 6. art. de littera combusta, &c. Respondet Rex quòd cùm Episcopus, Decanus, & Capitulum Laudunen. Scabinos ad Parlamentum regium citari fecissent, partibus in iudicio constitutis, & pro parte Episcopi, Decani & Capituli prædictorum petitione porrecta, cùm Scabinos ad respõdendum eidem petitioni peterent coartari, fuit ex parte Scabinorum propositum, quòd ipsi Episcopus, Decanus, & Capitulum ipsum Scabinos prædictos super contentis in petitione prædicta in alio foro traxerant, & processus fieri fecerant auctoritate litterarum Sedis Apostolicæ contra eos. Ipsi verò Episcopus, Decanus & Capitulum, vt nonobstante exceptione prædicta dicti Scabini compellerentur ad respõdendum petitioni suæ in Curia Regis, prædictas litteras Apostolicas in medium producentes sponte duxerint quòd eis vti volebant, sed penitus renunciabant eisdem, easdémque litteras tradiderunt, quæ tanquam inualidæ, & nullius efficaciæ vel valoris ad requisitionem partis aduersæ, ne ipsis possent de cætero contra eam dicti Episcopus, Decanus, & Capitulum se iuuare, de ipsorum consensu destructæ fuerunt, in quo non fuit intentionis alicuius quicquam attentare, vel facere in Dei offensam, aut domini Papæ, vel Ecclesiæ iniuriam vel contemptum.

Ad 7. art. de Regalibus, respondit Rex quòd nunquam fuit, nec est intentionis, vel voluntatis suæ in huiusmodi perceptione Regalium præiudicialem, vel noxiam facere nouitatem, sed intendit eis vti quemadmodum S. Ludouicus, & alij prædecessores sui vti consueuerunt, consumptione, dissipatione, destructione, excessu, & abusu quibuslibet penitus relegatis: & si excessus vel abusus per officiales suos priscis temporibus commissus fuerit in præmissis, sibi displicuit, & displicet, eósque paratus semper fuit & est facere corrigi, & emendari excessus, vt iustitia suadebit : & ad cauendum ne excessus, vel abusus in his in posterum quomodolibet committatur, fecit dominus Rex ad instantiam subditorum suorum prouisiones, ordinationes, & statuta salubria, & quosdam de fidelioribus de suo consilio clericos, & laicos elegit, & specialiter deputauit ad faciendum prouisiones, ordinationes, & statuta huiusmodi firmiter obseruari, & custodiendum regalia huiusmodi cùm casus emergerit.

Ad nonum de mutatione monetæ, respondet Rex quòd pro necessaria, & vrgenti defensione regni ad mutationem monetæ processit, sicut licitè facere potuit, sicut prædecessores ipsius vti consueuerunt, & vsi sunt à tempore cuius memoria non existit. & nihilominus ad requisitionem subditorum suorum, super hoc celeri, & salubri remedio iam prouidit, ita quòd nemini in breui supererit materia conquerendi.

Ad 10. art. de grauaminibus illatis, &c. respondet quòd Rex semper fuit voluntarius, & paratus reuocare grauamina, si qua Ecclesiis, Prælatis, Baronibus, vel aliis fidelibus, vel subditis suis, aut aliis quibuscunque, per officiales suos iniustè illata fuerunt ; & pro huiusmodi grauaminibus tollendis, & in posterum præcauendis fecit Rex ad subditorum suorum instantiam de Prælatorum & Baronum consilio constitutiones, ordinationes, & statuta salubria ; & de iam illatis grauaminibus, & commissis excessibus per officiales eosdem, per regnum generaliter, & specialiter facit inquiri, vt corrigatur & emendetur, si quid corrigendum desit, vel etiam emendandum.

Ad 11. art. de negotio Ecclesiæ Lugdunensis, respondit Rex quòd eidem Ecclesiæ, & personis eiusdem super earum grauaminibus, & pressuris, quæ propter exortam inter ipsos, & ciuem, & populum habent pati, compassus est hactenus, & pia semper affectione compatitur; & si propter defectum non præstitæ fidelitatis debitæ, Archiepiscopus pati habeat, non est culpa Regis sed sua: & nihilominus super dicto negotio paratus est Rex acceptare, & intrare tractatum, seque exhibere circa hoc ita tractabilem, fauorabilem & benignum, quòd cunctis manifestissimè apparebit, quòd sit suis finibus contentus, quòd iura Ecclesiæ, & personarum ipsarum non vult in aliquo vsurpare vel quomodolibet occupare.

Et cùm dom. Rex ad conseruationem & augmentum continuum concordiæ, vnitatis, & pacis, quæ inter ipsum & prædecessores suos Romanos Pontifices, & sanctam Rom. Ecclesiam, ac ipsum dom. Regem, prædecessores suos, & regnum, ad laudem diuini nominis, augmentum Catholicæ fidei, & totius Christianitatis profectum hactenus viguerunt, totis affectibus semper intendat. Supplicat quatenus placeat domino PP. more prædecessorum suorum intendere ad hoc idem, & non impedire Regem in suis libertatibus, franchisiis, priuilegiis vel indultis: Et si forsan contentus non sit responsionibus supradictis, seu in iis vel aliis quicquam discordiæ superesset, paratus est dominus Rex credere super hoc consilio Ducum Britanniæ & Burgundiæ, qui Deo, ipsi domino Papæ, & Ecclesiæ prædictæ deuoti, ac Regi & regno fideles, honorem & bonum statum dominorum Papæ & Regis, Ecclesiæ & regni, ac continuationem laudabilem mutuæ vnitatis, & pacis puro corde diligunt & affectant; maximè cùm dominus Papa, sicut Regi per nuncios suos de Romana Curia redeuntes relatum extitit, dixerit & obtulerit, quòd super discordiis inter ipsum, & Regem exortis paratus erat, & volebat omnino credere Ducum consilio prædictorum.

Bulle de Boniface à Iean Cardinal de S. Marcellin. Qu'il n'est point satisfait des responses que luy a fait le Roy aux articles qu'il luy a enuoyez: quelques-vnes ne sont pas vrayes, les autres iniustes, d'autres obscures. Que cela ne répond pas à l'esperance que l'Euesque d'Auxerre luy auoit donnée de la part du Roy, & aussi Charles Duc d'Alençon frere du Roy, qui asseuroient que le Roy acquiesceroit à ce que desiroit sa Saincteté; que pour luy il en prendroit volontiers l'aduis des Ducs de Bourgogne & de Bretagne.
Pour l'Eglise de Lyon, qu'il entendoit que ce qu'il en auoit dit fust obserué. Commande audit Cardinal de presser le Roy de changer ses responses, autrement qu'il procedera contre luy spirituellement & temporellement.

Au Registre B. fol. 273.

BONIFACIVS Episcopus seruus seruorum Dei, dilecto filio Ioanni   1303.
titt. SS. Marcellini & Petri Presb. Card. salutem & Apostolicam be-   13. Auril.
nedictionem. *Litteras tuas nuper accepimus* inter cætera continentes regias responsiones ad articulos, super quibus te ad regnum Franciæ pridem duximus destinandum, quos ex parte nostra eidem Regi in præsentia Consiliariorum suorum, vt scripsisti, tua discretio præsentauit: sed vtinam responsiones huiusmodi dicti Regis charitate, deuotione, gratitudine plenæ forent, & vacuæ amaritudine, & dolore, & constantiam fidei, bonorum operum abundantiam, & imitando exempla laudabilia prædecessorum suorum Regum Franciæ redolerent, & darent suauitatem odoris. Si enim Rex ipse ad memoriam reuocaret innumera beneficia, & immensas gratias, quæ ab

Apostolica Sede, & à nobis specialiter noscitur percepisse, & qualiter eum in benedictionibus dulcedinis, & beneficiis copiosis nos, & Sedes ipsa munificè, & largè præuenimus, inueniret profectò vnde spirituali patri & matri teneretur, nec bonum in malo præsumeret, nec odium in dilectione notaret, sed apertè cognosceret quàm paternis, & maternis affectibus, & salubribus monitis nos & Sedes eadem ipsum prosequimur, & sumus hactenus prosecuti; nec adhuc & à cœpto desistimus, quin noctes ducamus insomnes, labores voluntarios appetentes, vt ipsum à tanto deuio retrahamus, & reducamus ad veritatis semitam, & salutis, & statum prosperum regni sui, & à damnis, & Ecclesiasticarum personarum cessetur iniuriis, & oneribus subiectorum. Sanè dictarum responsionum seriem diligenter attendimus, ipsisque attentiùs perscrutatis, & cum fratribus nostris consilio maturo discussis, non inuenimus, quòd responsionibus ipsis meritò debeamus esse contenti. Ipsarum enim aliquæ veritati non consonant, nec congruunt æquitati, quinimò contradicunt certæ, & indubitatæ veritati examinatæ, & discussæ per Magnos, Prælatos, & Doctores in Theologia, & in Iure canonico, & ciuili in nostra præsentia congregatos; aliquæ verò, sub verborum foliis inuolutæ defectiuè dubiæ, incertæ, nec clarè noscuntur, quibus inniti solidè nec possumus, nec debemus: sunt & aliæ quæ dilationem sapiunt, & nostrum animum in suspenso detinent sine fructu. Hæc non sunt ea, quæ venerabilis pater noster Antisiodoren. Episcopus & dilectus filius nobilis Carolus Alançoni, & Carnoti Comes germanus Regis eiusdem intelligere dabant nobis, sperantes, quòd Rex ipse super articulis ipsis sic acquiesceret votis nostris, quòd possemus meritò contentari, ad hoc, vt puritas nostra pleniùs elucescat & pateat, quòd non ambulamus in tenebris, sed in luce, & vt etiam ab ipsis, qui foris sunt, testimonium habeamus magnatibus dicti regni, & præsertim dilectorum filiorum nostrorum Ducum Burgundiæ, & Britanniæ, nostrorum, & eiusdem Ecclesiæ deuotorum fidelium dicti Regis, libenter ipsorum requireremus consilium, & haberemus collationem cum eis super articulis antedictis, ipsorum sano, & salubri consilio vteremur, prout cum honore dominicæ Sedis, & nostro vti possemus. Non enim erubescimus ea in lucem deducere, pro quibus, si opus esset, martyrium subiremus, gratum quidem nobis esse plurimùm & acceptum, ac ipsis Ducibus magni meriti apud Deum, vt nostro se conspectui personaliter præsentarent audituri, & intellecturi per collationes mutuas nostra motiua, & nos motiua intelligeremus eorum, quibus, vt præmisimus, libenter præstaremus assensum. Demum super articulis contingentibus Ecclesiam Lugdunen: ea quæ sententialiter diffiniuimus & Apostolica auctoritate, decernimus fore seruanda, ac per te significauimus ipsi Regi, volumus esse firma, & illibata seruari, nec super eis aliquid immutamus. Cæterum præsentium literarum nostrarum tenorem ad regiam deducas notitiam suo si poteris præsente Consilio festinanter, & insistas prudenter, vt responsiones suas sic corrigat, sic clarificet, & emendet, omni dispendio prorsus excluso, quòd exinde meritò contentemur, alioquin sibi ex parte nostra denuncies, quòd cùm non debeamus deferre homini plusquam Deo, contra ipsum spiritualiter & temporaliter procedemus, prout viderimus expedire, & nihilominus ad nos celeriter redire procures, relaturus quicquid feceris in præmissis. Datum Laterani Id. April. anno 9.

Bref

Bref du Pape Boniface au Comte d'Alençon, se plaignant des réponses faites par le Roy au Cardinal de S. Marcellin : pareil à celuy écrit à l'Euesque d'Auxerre.

Coffre Boniface numero 756.

BONIFACIVS Episcopus seruus seruorum Dei, dilecto filio, nobili viro C. Comiti Alençon, salutem, & Apostolicam benedictionem. Litteras *dilecti fily* nostri Ioannis tit. SS. Marcellini & Petri Presbyteri Cardinalis nuper accepimus continentes responsiones, quas magnificus princeps Philippus Franciæ Rex germanus tuus ad articulos fecit, quos Cardinalis prædictus ex parte nostra præsentauit eidem, quibus diligentius intellectis, & attentius perscrutatis, & in maturam deliberationem cum fratribus nostris deductis mirati fuimus plurimum, & valde commoti, quia responsiones eædem certæ & examinatæ veritati contradicunt, nec rationi congruunt, nec consonant æquitati, nec sunt tales, neque reperimus in eis illa, de quibus debeamus merito contentari secundùm fiduciam, quam venerabilis frater noster P. Antissiodoren. Episcopus, & tu dedistis nobis quando recessistis de Romana curia in Franciam redituri, vnde ipsi Cardinali rescribimus, quòd de responsionibus ipsis, sicut nec debemus, minimè contentamur. Ad hæc nolumus te latere, quòd nisi Rex ipse responsiones huiusmodi sic corrigat & emendet, quòd exinde merito contentemur, cùm contra Deum non sit homini deferendum, contra Regem eundem spiritualiter & temporaliter, prout expedire viderimus, procedemus. Datum Lateran. Id. Aprilis, Pontificatus nostri anno nono.

1303. 13. Auril.

Lesdites lettres sont seellées d'vn seel de plomb pendant au bout desdites lettres. Et sur le dos est ainsi écrit : Comiti Alençon.

Bref de Boniface à l'Euesque d'Auxerre, luy donnant aduis auoir receu la réponse du Roy aux articles que luy auoit presentez de sa part Iean du titre de saint Marcellin Cardinal, lesquelles responses il a trouué peu raisonnables, & ne sont telles que Charles Comte d'Alençon, & luy Euesque luy auoient fait esperer ; & si le Roy ne le contente en cette occasion qu'il procedera contre luy spirituellement & temporellement.

Coffre Boniface num. 755.

BONIFACIVS Episcopus seruus seruorum Dei, venerabili fratri Episcopo Antissiodorensi salutem & Apostolicam benedictionem. *Litteras dilecti fily* nostri Ioannis tit. SS. Marcellini & Petri Presbyteri Cardinalis nuper accepimus, continentes responsiones, quas magnificus princeps Philippus Franciæ Rex ad articulos fecit, quos Cardinalis prædictus ex parte nostra præsentauit eidem, quibus diligentius intellectis & attentius perscrutatis, & in maturam deliberationem cum fratribus nostris deductis, mirati fuimus quamplurimum, & valde commoti, quia responsiones eædem examinatæ veritati contradicunt, nec rationi congruunt, nec consonant æquitati, nec sunt tales, neque reperimus in eis illa de quibus debeamus merito contentari, secundùm fiduciam quam dilectus filius nobilis vir Karolus Comes Alençonij, & tu dedistis nobis quando recessistis de Romana curia in Franciam redituri. Vnde ipsi Cardinali rescribimus, quòd de responsionibus ipsis, sicut nec debemus merito contentamur. Ad hæc nolumus te latere, quòd nisi Rex ipse responsiones huiusmodi sic corrigat & emendet, quòd exinde merito contentemur, cùm contra Deum

1303. 13. Auril.

non fit homini deferendum, contra Regem eundem fpiritualiter & temporaliter, prout expedire viderimus, procedemus. Dat. Lateran. Idus April. Pontificat. noftri anno 9.

Bref de Boniface au Cardinal Iean du titre de S. Marcellin : il dit que fuiuant la couftume de l'Eglife Romaine il a fouuent publié diuerfes fentences d'excommunication generales. Qu'il n'y a point de doute que le Roy de France n'ait encouru lefdites fentences, quoy qu'il foit Roy, & nonobftant fes priuileges qu'il ne puiffe eftre excommunié, interdit, ny fufpendu. Ce qu'il auoit fait, parce qu'il a empefché les allans & venans en Cour de Rome, & particulierement les Prelats de France & autres Ecclefiaftiques, & ce fous de feueres peines. Que fa Saincteté les auoit conuoquez pour aduifer à la reformation du Royaume, pour le bien de la Foy, pour la liberté Ecclefiaftique. Que lefdits Prelats luy ont fait entendre ce que deffus, & ont allegué cette excufe, bien que quelques-vns ayent comparu; ce qui l'oblige à prononcer ledit Roy excommunié. Ordonne audit Nonce de le luy annoncer, & d'excommunier tous les Prelats & autres Ecclefiaftiques qui feront fi hardis que d'adminiftrer les Sacremens audit Roy, & de dire la meffe deuant luy, les interdit de toutes fortes d'exercice en l'Eglife. Ordonne audit Nonce de faire publier cette excommunication par tout où il fera neceffaire, & qu'il commande abfolument au Confeffeur du Roy de comparoiftre dans trois mois deuant fa Saincteté.

Coffre Boniface numero 9.

1303.
13. Auril.

BONIFACIVS Epifcopus feruus feruorum Dei, dilecto filio Ioanni tit. SS. Marcellini & Petri Prefb. Card. falutem & Apoftolicam benedictionem. *Per proceffus noftros* diuerfis præteritis diebus folemnibus fecundùm morem laudabilem S. R. Ecclefiæ publicè factos, & préfente copiofa fidelium multitudine folenniter publicatos, inter alia anathematis, & excommunicationis fententias continentes, qui in archiuis eiufdem Ecclefiæ conferuantur, non reuocamus in dubium, ficut non poteft, nec debet aliquatenus reuocari, quin magnificus princeps Philippus Francorum Rex dictis anathematis, & excommunicationis fententiis fit ligatus, quantumuis regali præfulgeat dignitate, non obftantibus quibufcunque priuilegiis, & indulgentiis, & fub quauis forma, vel tenore conceffis, quòd interdici, fufpendi, vel excommunicari non poffit, quæ omnia duximus reuocanda ad hoc quòd contra huiufmodi noftras fententias, & proceffus per ea nequeat fe tueri quominus includatur in eis, ex eo quòd ad Sedem Apoftolicam venientes, & redeuntes ab ea fecit, mandauit, ordinauit, & ftatuit multipliciter impediri, & fpecialiter nonnullos Ecclefiarum Prælatos, & perfonas Ecclefiafticas regni fui ad noftram præfentiam venire prohibuit, fub grauibus poenis, & bannis, quos pro reformatione dicti regni, vtilitate populi, augmento Catholicæ fidei, conferuatione Ecclefiafticæ libertatis, correctione dictorum exceffuum, fubfidio terræ Sanctæ, & ex aliis rationabilibus caufis moti feceramus ad noftram præfentiam euocari, ficut penè totus orbis ad eamdem Sedem, & Beatorum Petri & Pauli Apoftolorum limina confluens affirmauit, & nonnulli Archiepifcopi, Epifcopi regni præfati hæc, & iis fimilia per fuas nobis literas intimarunt, & per procuratores fuos ad eorum excufationem proponi fecerunt, quafi ex hoc legitimam caufam haberent non comparendi in præfixo eis termino coram nobis, quamuis nonnulli Archiepifcopi & Epifcopi, & aliæ perfonæ Ecclefiafticæ propter hoc comparere non obmiferint coram nobis quafi obedientiæ filij,

& zelo deuotionis accensi ad nos, & dictam Ecclesiam matrem suam: quas quidem excusationes per Procuratores ipsos propositas tanquam friuolas non admisimus, sed repulimus publicè, ac repellimus, vt debemus. vnde ipsum Regem sic ligatum à communione fidelium, & Sacramentorum perceptione nunciamus exclusum, & per te, vel alium, seu alios præcipimus nunciari. Nam cui Romanus Pontifex Vicarius Iesu Christi, Petrique successor non communicat, nullus communicare debet, aut ei Sacramenta Ecclesiastica ministrare. Eos verò, cuiuscunque fuerint præeminentiæ, dignitatis, ordinis, conditionis, aut status, etiam in Archiepiscopali, vel Episcopali dignitate præfulgeant, qui eiusmodi Sacramenta, vel ipsorum aliqua dicto Regi ligato taliter ministrare præsumpserint, aut coram eo Missam celebrare publicè, vel priuatè, excommunicationis sententia innodamus, ipsisque interdicimus lectionis, prædicationis, administrationis Sacramentorum, audiendi confessiones officium, prædicentes apertè nos grauiùs contra eos spiritualiter, & temporaliter processuros, prout expedire viderimus; præsertim cùm Rex ipse oblatum per te impendendum sibi absolutionis beneficium iuxta formam Ecclesiæ, auctoritate nostra recipere contempserit; ex quo videtur (quod dolentes referimus) in sua malitia induratus. Quare sibi eadem auctoritate præcipias, & iniungas, vt quicquid fecit, mandauit, ordinauit, & statuit ad impedimentum adeuntium ad dominicam Sedem, vel redeuntium ab eadem, reuocare procuret, & efficaciter corrigat, & emendet. Præsentium autem literarum nostrarum tenorem deducas ad præfati Regis notitiam, & in locis de quibus expedire videris, seu prouinciis facias solemniter publicari, ne quis per ignorantiam de contentis in ipsis litteris se valeat excusare, quòd ad eius notitiam non peruenerit, quod tam solemniter fuerit publicatum. Cæterum patri Nicolao Ordinis Prædicatorum olim confessori Regis eiusdem ex parte nostra districtè præcipias, vt infra trium mensium spatium huiusmodi præceptum immediatè sequentium, quod sibi pro peremptorio termino studeas assignare, personaliter nostro se conspectui repræsentet, recepturus pro meritis, aut suam si poterit innocentiam ostensurus, ac pariturus nostris beneplacitis, ac mandatis; alioquin contra eum spiritualiter, & temporaliter, prout expedire viderimus procedemus. Datum Laterani Id. Aprilis, Pontificatus nostri anno nono.

Le Roy ordonne que les biens des Prelats & autres Ecclesiastiques de quelque condition & nation qu'ils soient, qui sont hors du Royaume, soient saisis, & mis sous sa main.

PHILIPPVS Dei gratia Francorum Rex, Præposito Paris. salutem. Prouidere volentes, vt bona Ecclesiarum tam cathedralium, quàm collegiatarum, sæcularium & regularium, regni nostri in nostra speciali guardia, & protectione existentium, ad laudem diuini nominis, & Ecclesiarum ipsarum profectum iuxta pias fundantium voluntates administrentur fideliter, & vtiliter dispensentur, ac præcauere sollicitè, prout ad nos pertinet, ne de bonis eisdem hostes, vel aduersarij dicti regni ad impugnationem, grauamen, vel dispendium regni eiusdem fortiores, aut potentiores reddantur: mandamus tibi quatenus bona omnia temporalia Prælatorum, ac personarum Ecclesiasticarum, cuiuscunque nationis, status, aut conditionis existant, qui extra regnum ipsum morati, vel ab ipso impræsentiarum abesse noscuntur, vbicunque in tua Præpositura, & eius resforto

1303.
Iuin.

PREVVES DE L'HIST. DV DIFFEREND

confiftentia, diligenti de ipfis indagatione & inquifitione præhabitis, ad manum noftram cures faifire, ac per fidelem idoneámque perfonam, ad hoc fpecialiter deputandam à te, quæ de ipfis bonis, & eorum valore legitimo tuo reddat periculo rationem, in manu noftra colligi, & fideliter, & integrè leuari facias, donec de conditionibus Prælatorum , & aliarum perfonarum prædictarum potuerimus effe certi , & aliud à nobis habituris in mandatis. Actum Parif. die Mercur. in fefto B. Ioannis Bapt. anno Domini 1303.

Du Regiftre 36. du Trefor, Lettre 98.

Acte fait en prefence du Roy, des Prelats, Barons, Comtes, & autres, où Loüis Comte d'Eureux, Gui Comte de S. Pol, & Iean Comte de Dreux, & Guill. du Pleßis firent leur plainte de la mifere de l'Eglife fous Boniface, & qu'il importoit qu'il y euft vn Pape legitime qui gouuernaft l'Eglife auec regle. Que Boniface eftoit tout couuert de crimes. Et du Pleßis iura fur l'Euangile, que ce qu'il auoit dit-eftoit vray; qu'il eftoit preft de pourfuiure Boniface au Concile general ou ailleurs où il feroit refolu: fupplia le Roy tanquam pugil fidei , *& defenfeur de l'Eglife de trauailler à la conuocation d'vn Concile comme il luy appartient: fit la mefme inftance aux Prelats , & à la Nobleffe. Les Prelats ingerent cette affaire importante, voulurent du temps pour y penfer. Le 14. Iuin ledit du Pleßis, le Roy prefent & les Prelats, leut vn écrit, par lequel il certifioit que Boniface eftoit heretique, ne croit l'immortalité de l'ame, ny la vie eternelle, & difoit qu'il aimeroit mieux eftre chien que François: ne croit point la realité du Corps de Iefus-Chrift en l'Euchariftie : difoit que la fornication n'eftoit peché , nec* fricatio manuum. *Qu'il a approuué vn liure d'Arnaud de Villeneuue cenfuré & bruflé. Qu'il a fait eriger de fes ftatuës dans les Eglifes pour les idolatrer. Qu'il a vn Demon familier qui le confeille. Confulte les deuins. Qu'il a prefché publiquement que le Pape ne pouuoit commettre fimonie, ce qui eft herefie. Fait trafic de Benefices par vn nommé Simon vfurier. Veut mettre la guerre par tout. Dit que les Francois funt* Patareni. Eft Sodomite. *A fait affaßiner plufieurs en fa prefence. A forcé des Preftres de reueler les confeßions , & les a publiées. Qu'vn iour vn Euefque d'Efpagne s'eftant confeßé à vn Cardinal d'vn grand venir, il preffa le Cardinal de luy reueler , en fuite il depofa l'Euefque , & le reftablit pour de l'argent. Qu'il deprime l'Ordre des Cardinaux , & quelques Ordres de Moines, difant que le monde fe perdoit par eux, qu'ils eftoient hypocrites, & qu'il ne fe falloit confeffer à eux, ny les tenir en fa maifon. Qu'il a conceu vne haine cruelle contre le Roy de France; & auant qu'il fuft Pape dift, que s'il l'eftoit qu'il ruineroit la Chreftienté , ou il détruiroit la fierté Françoife. Qu'il a empefché la paix entre France & Angleterre. Qu'il a prefsé le Roy de Sicile de faire mourir tous les Francois. Qu'il a confirmé le Roy d'Alemagne à la charge de détruire* fuperbiam Gallicanam, *qu'il difoit ne recognoiftre perfonne au temporel , qu'ils auoient menty par la gueule. Que fi vn Ange du Ciel luy difoit que la France n'eft pas fuiette à luy & au Roy d'Alemagne,* anathema fit. *Qu'il eft caufe de la ruine de la Terre Sainte, ayant pris tout l'argent qui y eftoit deftiné, l'a donné à fes parens qu'il a fait Marquis, Comtes & Barons, leur a fait baftir des chafteaux; & a expulsé la Nobleffe de Rome. Qu'il a rompu plufieurs bons mariages , qu'il a fait fon neueu Cardinal fort ignorant , & on l'a marié, & contraint fa femme de fe faire Religieufe, & l'on dit qu'il euft depuis d'elle deux baftards. Qu'il a fait mourir en prifon Celeftin, fon predeceffeur, & fait mourir plufieurs Docteurs, pour auoir écrit, fi Celeftin pouuoit renoncer le Papat. Qu'il a fait fortir plufieurs Religieufes fans caufe.*

Ces accusations leuës, du Plessis fit sa protestation que ce n'estoit pas par haine qu'il portast à Boniface, mais pour le bien de l'Eglise, & iura qu'il croyoit qu'il estoit heretique. Promettant que pour ces crimes il le poursuiura au Concile. Demanda au Roy & aux Prelats qu'ils eussent à procurer la connocation d'vn Concile pour ce regard. Et pour ce (dit-il) qu'il croit que Boniface aduerty de ces procedures fulminera contre luy, ses amis, & adherens il appelle de luy au futur Concile, au Pape futur, & au S. Siege, & en demande acte, & adhere aux appellations interiettées par Guil. de Nogaret.

Aprés cela le Roy fit sa declaration, qu'ayant oüy ce qu'auoit dit du Plessis & Guillaume de Nogaret contre Boniface, il consentoit à la connocation du Concile general, promit de faire ce qui estoit en luy pour cela, & prie instamment les Prelats là presens de se ioindre à luy en ce cas, & desire se trouuer en personne au Concile. Mais croyans que Boniface se ressentira de ce que dessus, & qu'il empeschera ladite connocation par fulminations contre luy & son Royaume abusant de son autorité, il appelle au Concile futur & au Pape futur, sans se départir de l'appel de Nogaret qu'il approuue. Les Prelats & autres Ecclesiastiques firent la mesme chose que le Rey. Fait au Louure à Paris.

Au tresor Registre fol. 281.

IN nomine Domini. Amen. Anno ciusdem Domini 1303. Indict. 1. 13. die mensis Iunij, Pontificatus domini Bonifacij Papæ VIII. anno 9. Tenore præsentis instrumenti nouerint vniuersi, quòd præsentibus serenissimo principe dom. Philippo Dei gratia Rege Franciæ, illustribus, & reuerendis in Christo patribus Archiepiscopis & Episcopis, ac religiosis viris Abbatibus & Prioribus, ac etiam nobilibus viris Comitibus, Baronibus, & quamplurimis aliis personis, tam Ecclesiasticis quàm sæcularibus infra scriptis, in præsentia nostrorum Notariorum publicorum subscriptorum ad hoc specialiter vocatorum & requisitorum, prout in subscriptionibus infra scriptis continetur. Magnifici ac nobiles viri domini Ludouicus Regis Franciæ filius Ebroicensis, Guido sancti Pauli, & Ioannes Drocensis, Comites, ac Guillelmus de Plessiciano dominus Vicenobij, miles, moti, vt dicebant, feruore deuotionis affectu, & zelo caritatis inducti, sacrosanctæ Romanæ ac vniuersali Ecclesiæ matri suæ, quam sub dicti domini Bonifacij præsidentia periculosè deprimi, ac deformationem enormem, & iacturam pati dicebant, compatientes ab intimis, ac Christianæ fidei, in qua salus animarum consistit, & quæ suis temporibus, proh dolor, miserabiliter contabescit, & deperit, vt dicebant, periculo condolentes, ad ipsius Ecclesiæ, & totius Christianitatis salubre regimen, & bonum statum, ac reparationem, & exaltationem Catholicæ fidei, votis, vt dicebant, feruentibus intendentes, maximè cùm eidem Ecclesiæ, fidei fundamento, & animarum saluti summè expediat, vt Dominici gregis ouili, nonnisi verus & legitimus ac verè & legitimè pastor præsit, & quòd ab eadem Ecclesia sponsa Christi, quæ non habet maculam neque rugam, omnis error, scandalum, iniquitas, & iniustitia repellatur, ac toti mundo quem ex peruersis actibus, detestandis operibus, & perniciosis exemplis dicti dom. Bonifacij in guerris & tenebris manere dicebant, salus, pax & tranquillitas diuina fauente misericordia procuretur, contra dictum dominum Bonifacium hæreticæ prauitatis, & alia diuersa horribilia, & detestabilia crimina, quibus eum irretitum esse dicebant, & super eis publicè & notoriè diffamatum, præsentibus dicto domino Rege, Archiepiscopis, Episcopis, & aliis Prælatis, ac personis Ecclesiasticis, qui pro suis &

Ecclesiarum suarum agendis conuenerant, ac Baronibus, Comitibus, & aliis nobilibus, quorum nomina sunt inferiùs conscripta, dixerunt & asseruerunt, ac dictus Guillielmus proposuit & obiecit, iurantes ad sancta Dei Euangelia tacta corporaliter se præmissa omnia & singula credere esse vera & posse probari. Adiiciens idem Guil. de Plesseiano, huiusmodi iuramento, quòd præmissa credebat se probare posse, & quòd huiusmodi negotium contra dictum dominum Bonifacium in generali Concilio, vel alibi, vel quando, & coram quibus de iure fuerit faciendum, ad finem debitum persequeretur: Requirentes instanter dictum dominum Regem tanquam fidei pugilem, & Ecclesiæ defensorem, vt pro declaratione veritatis huius, ad laudem diuini nominis, augmentum, & exaltationem Catholicæ fidei, & honorem ac bonum statum Ecclesiæ vniuersalis, & totius populi Christiani, conuocationi & congregationi dicti Concilij generalis, prout ad eum pertinet, opem daret, & operam efficacem, cùm in talibus & similibus omnibus ex feruore fidei & zelo iustitiæ, directrix semper extiterit veritatis Regia domus sua, quódque Archiepiscopos, Episcopos, & Prælatos alios supradictos instanter requireret & instaret efficaciter apud eos; ipsíque comites & milites requisierunt etiam instanter, & pluries, Prælatos eosdem, tanquam Ecclesiæ filios & columnas, vt modis legitimis, iuxta sanctorum Patrum instituta, & Canonicas sanctiones, conuocationi & congregationi dicti Concilij opem darent, & operam efficaciter, vt tenentur. Iidem verò Prælati, obiectionibus supradictis auditis, & pleniùs intellectis, huiusmodi negotium non solùm arduum, immo arduissimum, & maturi indigere deliberatione consilij reputantes, de loco recesserunt eodem.

Die autem Veneris proximè sequenti, scilicet 14. die eiusdem mensis Iunij, præsente præfato domino Rege, necnon dominis Archiepiscopis præsentibus, ac in præsentia nostrorum Notariorum publicorum, ad hoc specialiter vocatorum, & requisitorum, prædictus Guillielmus de Plesseiano miles dixit, proposuit, obiecit, asseruit, & legit prout in quadam cedula, quam tenebat in manibus, continetur pleniùs, cuius tenor talis est.

Ego Guillielmus de Plesseiano miles dico, propono, & assero, Bonifacium nunc Sedi Apostolicæ præsidentem, hæreticum fore perfectum, in hæresibus, factis enormibus, & peruersis dogmatibus, inferiùs declaratis, quæ vera fore, & me probare posse credo, vel quæ sufficient ex ipsis, ad probandum ipsum perfectum hæreticum, loco, & tempore competenti, & coram quibus hoc fieri de iure poterit, & debebit; & hoc iuro super hæc sancta Dei Euangelia, corporaliter per me tacta.

I. Primò, quia non credit immortalitatem, seu incorruptibilitatem animarum rationalium, sed credit, quòd anima rationalis, simul cum corpore corrumpatur.

II. Item, quòd non credit fore vitam æternam, nec finaliter refrigerium consequi posse homines, sed totam sortem & partem consolationis, & lætitiæ fore in hoc mundo: & per hoc asserit, quòd deliciare corpus suum quibuscunque deliciis, non est peccatum. Et ex abundantia fermenti huiusmodi, ore publicè dicere, & prædicare non erubuit, se magis velle esse canem, vel asinum, seu quodcunque animal brutum, quàm Gallicum; quod non dixisset, si crederet Gallicum habere animam, quæ posset æternam beatitudinem promereri; & hoc quamplurimos docuit, qui in mortis articulo recognouerunt.

III. Item, quòd publica super his fama laborat.

IV. Item, quòd fideliter non credit, quòd verbis à Christo institutis, à

DE BONIF. VIII. ET PHILIP. LE BEL.

fideli, & rite ordinato Presbytero dictis, in forma Ecclesiæ, super hostiam, sit ibi corpus verum: & hinc est, quòd nullam reuerentiam, vel modicam, ei facit, quum eleuatur à Sacerdote, nec ei assurgit, immo verò tergo assistit, & magis se honorari, & locum vbi sedet ornari facit, quàm altare vbi hostia consecratur.

v. Item, quòd super hæc est publicè diffamatus.

vi. Item, fertur dicere, fornicationem non esse peccatum, sicut nec fricationem manuum: & de hoc est publica vox & fama.

vii. Item, dixit sæpius, quòd ad deprimendum Regem, & Gallicos, si aliter non posset fieri, præcipitaret se, & totum mundum, & totam Ecclesiam. Et quum sibi per aliquos astantes dicebatur, quòd Deus aduerteret, immo, dicebat, non aduertat Deus: & cùm sibi replicabatur per bonos homines, qui audiebant prædicta, quòd non diceret, quia magnum scandalum pateretur Ecclesia Dei, & omnes Christicolæ, respondebat, non curo quæcunque veniant scandala, dummodo Gallici, & eorum superbia, destruantur: Quia necesse est, vt veniant scandala.

viii. Item, quendam librum compositum per magistrum Arnaldum de Villa-noua Medicum, continentem, siue sapientem hæresim, per Episcopum Parisiensem, & per Magistros Theologiæ facultatis Parisiensis reprobatum, damnatum, & combustum, & per ipsum Bonifacium publicè, in pleno Consistorio Cardinalium scilicet, reprobatum, condemnatum, & combustum, postmodum rescriptum, idem vitium continuans, reuocauit, & etiam approbauit.

ix. Item, vt suam damnatissimam memoriam perpetuam constituat, fecit imagines suas argenteas erigi in Ecclesiis, per hoc homines ad idolatrandum inducens.

x. Item, habet Dæmonem priuatum, cuius consilio vtitur in omnibus, & per omnia. Vnde dixit semel, quòd si omnes homines de mundo essent ab vna parte, & ipse ab alia, non possent cum decipere, nec in iure, nec in facto; quod non posset fieri, nisi arte dæmonica vteretur. Et super hoc est publicè diffamatus.

xi. Item, sortilegus est, consulens diuinatores, & diuinatrices. Et de hoc est publicè diffamatus.

xii. Item, publicè prædicauit, Papam Romanum non posse committere simoniam, quod est hæreticum dicere. Et hoc crimen est tam in veteri Testamento, quàm in nouo, & in sacris generalibus Conciliis reprobatum. Vnde publicè per quendam vsurarium nomine Simonem, de Prælaturis maioribus, personatibus, dignitatibus, & beneficiis Ecclesiasticis, quibus specialiter ordo sacer & necessariò est annexus, de absolutionibus & dispensationibus nundinatur, sicut in foro rerum venalium de rebus prophanis consueuit nundinari. Et secundùm hoc laborat publica fama contra ipsum.

xiii. Item, contra speciale legatum Christi, factum suis propriis filiis, dicentis, pacem relinquo vobis, veniens, toto posse pacem impedit inter Christianos, & discordias, & guerras nititur seminare. Vnde semel cùm diceretur coram eo, quòd partes quædam volebant certo bono modo inter se amicabiliter concordare, ipse pacem prohibuit, inhibens alteri parti ne concordaret ad pacem: & cùm altera pars humiliter supplicaret, quòd daret illi parti licentiam concordandi, dixit quòd non faceret, & si filius Dei, vel Petrus Apostolus in terram descenderet, & hoc sibi præciperet, ipse diceret ei, Non credam tibi.

XIV. Item, morem gerens perfectorum hæreticorum, qui apud se solos dicunt fore fidelem Ecclesiam, eos autem qui sunt veri cultores fidei orthodoxæ, quia ab eorum difcedunt erroribus, afferunt Patarenos; quia natio Gallicana, natio notoriè Christianissima, suos in fide errores non sequitur, omnes, & singulos reputat, & publicat, vt dicitur, Patarenos.

XV. Item, Sodomitico crimine laborat, tenens concubinarios secum. Et de hoc est publicè, & vulgatissimè diffamatus.

XVI. Item, plurima homicidia clericorum in præsentia sua fecit fieri, & mandauit, gaudens de morte ipsorum: & si in principio non percutiebantur per ministros suos mortaliter, toties iubebat eos percuti, dicendo, Percute, percute, *Dali, dali*, quod exinde mortui sunt complures.

XVII. Item, cùm quendam nobilem condemnasset ad carcerem, inhibuit ne sibi petenti & pœnitenti, in mortis articulo, sacramentum pœnitentiæ ministraretur, propter quod videtur credere sacramentum pœnitentiæ peccantibus non esse necessarium ad salutem.

XVIII. Item, compulit Sacerdotes aliquos, vt sibi reuelarent confessiones hominum, & eas postea, absque confitentium voluntate, ad eorum confusionem & verecundiam, vt eos redimere faceret, publicauit: in tantum, quod semel quendam Episcopum de Hispania, qui cuidam Cardinali quoddam occultum & enorme crimen confessus fuerat in foro pœnitentiæ, publicata confessione sua, quam sibi ab eodem inuitè & coactè dici fecit, publicè depofuit propter illud crimen, & postea accepta pecunia eum restituit. Propter quod in sacramento pœnitentiæ hæresi carere non videtur.

XIX. Item, in vigiliis ieiunalibus & Quadragesima non ieiunat, sed carnes indifferenter, absque caussa, comedit, & patitur sine caussa suos domesticos & familiares comedere, dicens, non esse peccatum in hoc, contra generalem statum Ecclesiæ faciendo, & eundem latenter subuertere satagendo.

XX. Item, statum & ordinem Cardinalium deprimit, & depressit; & ordinem Monachorum nigrorum, & alborum, fratrum Minorum & Prædicatorum; de quibus dixit multoties, quòd mundus perdebatur per ipsos, & quòd falsi hypocritæ erant, & quòd nunquam bonum eueniret alicui qui confiteretur ipsis, vel esset familiaris ipsorum, vel ipsos in domo sua teneret. Nec vnquam bonum verbum dixit de aliquo Prælato, vel Religioso, vel Clerico, sed semper conuicia & opprobria mendaciosa, vt famæ eorum detrahat; & vt ipsos redimere faciat, gaudet in accusationibus eorundem. Et de hoc est publica vox & fama.

XXI. Item, fidem nitens destruere, ab antiquo concepit odium contra Regem Franciæ, in fidei detestationem; eo quod ibi est, & fuit splendor fidei, & magnum Christianitatis sustentamentum, & exemplar: & antequam Sedem istam teneret reperierut dixisse, quòd si esset Papa, potiùs vellet totam Christianitatem subuertere, quin nationem destrueret, quam appellat superbiam, Gallicorum.

XXII. Item, diffamatus est, quòd cùm nuntij Regis Angliæ, nomine eiusdem Regis peterent sibi dari decimam regni Angliæ, quòd ipse respondit eisdem, quòd non daret eis decimam, nisi ex pacto, quòd de ipsa guerram facerent contra Regem Franciæ: Et vltra hoc, magnas quantitates pecuniæ certis personis dedisse dicitur, vt impedirent, ne pax inter duos Reges fieret. Ipse etiam pro suis viribus, impediuit nuntiis, literis, & aliis, quibus potuit, modis, etiam datis nummis. Mandasse etiam dicitur

DE BONIF. VIII. ET PHILIP. LE BEL.

tur Friderico, qui tenet insulam Siciliæ, quòd si vellet perdere Regem Carolum, & fracta sibi pace, & non seruata, quam fecerat, & se tenere iurauerat, cum eodem vellet se mouere contra dictum Regem, & occidere omnes Gallicos, quòd ipse ad hoc faciendum daret sibi opem, auxilium, consilium, & iuuamen: & quòd pro hoc faciendo daret sibi & concederet dicta regna. Confirmauit etiam Regem Allemaniæ in futurum Imperatorem, & publicè prædicauit, quòd hoc faciebat, vt destrueret nationem, quam vocat superbiam, Gallicorum, qui dicebant se non subesse alicui temporaliter: dicens quòd de hoc mentiebantur per gulam, declarando, quòd quicumque etsi Angelus de cœlo descendens sit, dixerit, quòd non subsint eidem, & Regi Allemaniæ, quòd anathema sit. Et tamen anteà sæpius dixerit publicè (licèt ego proponens non dicam ipsum dixisse verum) quòd ille erat proditor domini sui, & quòd ipsum proditionaliter interfecerat, & non erat dignus dici, nec nominari, Rex, nec debitè electus, & inter eundem & Regem Franciæ accordata pro bono pacis, in quibus ius vtriusque saluaretur, dissoluit, & subito iuramentorum præstitorum à procuratoribus eiusdem Regis Allemaniæ eisdem dicitur iniunxisse, ne seruarent; in hoc bona pacis immutando, & zizaniam inter fratres seminando.

XXIII. Item, diffamatus est publicè, quòd Terra sancta perdita est, propter culpam suam, & peruenit ad inimicos Dei, & fidei: & quòd ipse opera data hoc sustinuit, & negauit subsidium dare Christicolis, qui eam defendebant, & subsidium à summis Pontificibus constitutum & assignatum amouit, & thesauros & pecuniam Ecclesiæ, quæ mitti ad illos vsus debebat, conuertit, vt patrimonium Iesu Christi consumeret in persecutionem Christianorum fidelium, & amicorum Ecclesiæ, & inde suos ditaret parentes.

XXIV. Item, simoniacus esse publicè dicitur, immo fons & fundamentum simoniæ, nedum in beneficiis conferendis, sed etiam in Ordinibus tribuendis, & dispensationibus faciendis; omnia beneficia Ecclesiæ venalia exposuit, in plurimis plus offerenti contulit, Ecclesiam, & Prælatos Ecclesiæ, seruos constituit, & tailliabiles fecit, non propter bonum fidei, nec ad deprimendum infideles, sed vt fideles deprimeret, & vt de bonis Ecclesiæ, & patrimonio Crucifixi, suos parentes ditaret; eósque Marchiones, Comites, Barones, præsumpsit facere, & fortalitia magna eisdem construere non expauit, eradicatis, & expulsis multis nobilibus Romanis, & aliis.

XXV. Item, publicè dicitur, quòd plurima matrimonia, legitimè copulata, dissoluit, contra præceptum Dominicum, in damnum & scandalum plurimorum, & nepotem suum coniugatum, ignarum penitus, & indignum, qui vitam ducebat, & ducit, notoriè dissolutam, ad Cardinalatus apicem sublimauit, viuente vxore, quam compulit votum emittere castitatis, & postea dicitur duos spurios ex ea genuisse. Et de hoc est publicè diffamatus.

XXVI. Item, diffamatus est publicè, quòd antecessorem suum Cælestinum, virum sanctæ memoriæ, sanctam vitam ducentem, sibi fortè conscius, quòd renuntiare non potuisset, & propter hoc legitimum ad Sedem ipse Bonifacius non habuisset ingressum, inhumaniter tractauit, & inclusit in carcerem, & sibi eundem celeriter & occultè mori fecit, & de hoc est per totum mundum publica vox, & fama. Plures, & magnos literatos regularem vitam ducentes, qui de hoc, An ille potuisset renuntiare, inter se disputauerant, intrudi, & mori fecit in carcere.

O

XXVII. Item, quòd personas Religiosas, regularem vitam ducentes, sine caussa rationabili, in scandalum plurimorum, ad sæculum reuocauit.

XXVIII. Item, diffamatus est, quia dixit, quòd in breui faceret omnes Gallicos Martyres, vel Apostatas.

XXIX. Item, publicè diffamatus est, quia non quærit salutem animarum, sed perditionem earum.

Quibus sic propositis, & perlectis, idem Guillielmus protestatus fuit, dixit, iurauit, prouocauit, appellauit, & supposuit, legendo in scriptis, per hæc verba: Protestor autem ego Guillielmus de Plesseiano miles, quòd prædicta non propono, nec dico, propter odium aliquod speciale ipsius Bonifacij (quia non habeo eum odio, sed maleficia sua prædicta) nec iniuriam, nec infamiam, ipsius, nec alterius, sed propter zelum fidei, & propter deuotionem, quam habeo ad sanctam Dei Ecclesiam, & ad sanctam Sedem Romanam, dicens, quòd per ea quæ vidi & à fide dignis audiui de factis eiusdem, & ex verisimilibus coniecturis & probabilibus præsumptionibus, collectis ex prædictis, & aliis quamplurimis diuersis articulis suo loco & tempore declarandis, ad sancta Dei Euangelia tacta manu mea iuro me credere ipsum esse perfectum hæreticum, & me etiam credere quòd de prædictis & aliis talia probari poterunt contra eum, quæ secundùm statuta sanctorum Patrum sufficient ad eundem hæreticum iudicandum: Iuro etiam me pro viribus contra eundem persecuturum prædicta in Concilio generali congregando in loco mihi tuto & securo, ad honorem Dei, & exaltationem Fidei Christianæ, iure honore & statu sanctæ Sedis Apostolicæ in omnibus semper saluis: propter quæ instanter & cum reuerentia requiro vos dominum Regem, ad quem spectat sanctæ matris Ecclesiæ fideíque Catholicæ defensio, & de hoc estis rationem in extremo examine redditurus, & vos dominos Prælatos, qui columnæ fidei estis, & qui de prædictis simul cum aliis reuerendis patribus sanctæ Ecclesiæ Prælatis Catholicis in generali Concilio congregandis, debetis esse iudices, quatenus procuretis & detis operam efficacem vt generale Concilium in loco congruo & securo & tempore opportuno congregetur; coram quo prædicta proponi, procedi & probari valeant, vt præmittitur, contra eundem Bonifacium: vósque & dominum Regem instanter requiro, vt eosdem Prælatos præsentes & absentes vbicumque terrarum, ad quos spectat, requiratis & efficaciter inducatis, vt laborent viriliter, & alios requirant fideliter, quòd prædictum Concilium ad prædicta, modo quo permittitur, congregetur: & quia hoc pendente, habeo ipsum Bonifacium suspectum probabiliter, ne propter prædicta commotus & concitatus, contra me, adhærentésque mihi, procuratores, & adiutores, amicos, & familiares meos, bonáque mea, & ipsorum, quoquo modo procedat, vel procedere hoc pendente attentet; idcirco in his scriptis coram vobis domino Rege, & dominis Prælatis, ac coram vobis publicis tabellionibus hic personaliter ad dictum sacrum conuocandum generale Concilium, & Apostolicum & Catholicum futurum, & ad sanctam Sedem Apostolicam, & illum, & illos, ad quem, & quos de iure meliùs possum & debeo, prouoco & appello, apostolos & literas testimoniales semel, secundò, & tertiò, instanter per vos mihi dari & tradi petens, supponens me, adhærentes, fautores, familiares, amicos, procuratores meos, & omnes illos, qui in posterum mihi voluerint adhærere, bonáque mea, & ipsorum, sub protectione & custodia beatorum Apostolorum Petri & Pauli, & dicti sacri congregandi Concilij, & Apostolici, & Catholici futuri, & sanctæ Sedis Romanæ; adhærens nihilominus ad cautelam, & adhærere volens appellationi & appellationibus, processui & processibus super his factis per nobilem virum dominum Guillielmum de Nogareto militem in quantum rite & legitimè factæ, & facti reperientur, non recedendo ab appellatione præsente. Quibus sic lectis & peractis, præfatus dominus Rex respondit, Prælatos prædictos requisiuit, prouocauit, appellauit, & requisitionem, & prouocationem, & appellationem fecit, prout infrascripta schedula ibidem, eo, & Prælatis, aliisque infrà scriptis, præsentibus & audientibus lecta, pleniùs continetur: cuius tenor talis est:

Nos Philippus Dei gratia Franciæ Rex auditis & intellectis propositis & obiectis per vos G. de Plesseiano militem, & antea per dilectum & fidelem militem nostrum G. de Nogareto, contra Bonifacium, nunc Romanæ Ecclesiæ regimini præsidentem, licèt pudenda patris cuiuslibet proprio libenter pallio tegeremus, ob feruorem tamen Catholicæ fidei, ac deuotionem eximiam, quam ad sacrosanctam Romanam & vniuersalem Ecclesiam matrem nostram, & omnium fidelium, sponsam Christi, progenitorum nostrorum inhærendo vestigiis gerimus, qui pro exaltatione ac defensione Ecclesiasticæ libertatis, & fidei, proprium sanguinem fundere minimè dubitauerunt, fidei negotio, & Ecclesiæ statui consuli cupientes, pro vitando dispendio scandali generalis, præmissa nequeuntes vlterius, vrgente conscientia, sub conniuentia vel dissimulatione transire, cùm super his, & frequentibus, & assiduis clamoribus per fide dignos, & magnæ auctoritatis viros, sæpe & sæpius inculcatis, eius opinio vehementer & notabiliter sit grauata, cùm super excidio fidei nostræ, & quorumlibet aliorum, & præcipuè Regum, & Principum orbis terræ, qui ad eius exaltationem & augmentum collatam nobis a Domino suscepisse cognoscimus potestatem, debet negligentia reprobari, vestris in hac parte requisitionibus, pro diuini reuerentia nominis, saluis in omnibus sacrosanctæ Romanæ Ecclesiæ honore, & reuerentia, debitis, assentimus, ac conuocationi, & congregationi dicti Concilij, vt super præmissis veritas elucescat, & omnis error abscedat, vniuersalis Ecclesiæ, & totius Christianitatis statui, ac fidei, & terræ sanctæ negotio consulatur, ac scandalis, & periculis ingruentibus occurratur, parati sumus, quódque libenter offerimus, quantum ad nos attinet, opem dare & operam efficacem: vósque Archiepiscopos, Episcopos, & Prælatos alios hic præsentes, tanquam Ecclesiæ filios, & columnas fidei, ad exaltationem, augmentum & conseruationem ipsius fidei à Domino in partem sollicitudinis euocatos, instanter requirimus, & obsecramus per viscera misericordiæ Iesu Christi, quatenus huiusmodi conuocationi, & congregationi Concilij, in quo personaliter intendimus interesse, totis, vt condecet, studiis intendatis, ac viis, & modis congruis efficaciter laboretis. Ne autem dictus Bonifacius, qui animosè & iniuriosè contra nos pluries fuit procedere comminatus, impediesatagens ne sua, si qua sint, in lucem veniant opera tenebrarum, huiusmodi conuocationi, & congregationi Concilij, directè, vel indirectè, impedimenta præstando, vel aliter quouis modo, status vester in eo integer existat, contra nos, statum nostrum, Ecclesias, Prælatos, Barones & alios fideles, vassallos, & subditos nostros, terras nostras vel ipsorum, regnum nostrum, & ipsius regni statum, in aliquo, spirituali gladio abutendo, de facto procedat, excommunicando, interdicendo, suspendendo, vel alio quoquo modo, pro nobis, & nobis adhærentibus, & adhærere volentibus, ad prædictum generale Concilium, quod instanter conuocari petimus, & ad verum legitimum futurum Summum Pontificem, vel alios, ad quem, vel ad quos fuerit appellandum, prouocamus, & appellamus in scriptis, non recedendo ab appellatione per dictum G. de Nogareto interposita, cui ex tunc adhæsimus, ac etiam adhæremus, apostolos testimoniales à vobis Prælatis, & Notariis, cum instantia postulantes, ac expressè protestantes de innouando prouocationem, & appellationem huiusmodi, vbi, quando, & coram quibus nobis visum fuerit expedire.

Infrà scripti verò Archiepiscopi, Episcopi, Abbates, & Priores, præmissis sic factis & habitis respondent, prouocauerunt, appellauerunt, supposuerunt, & protestati fuerunt, ac responsiones, prouocationes, appellationes, suppositiones, ac protestationes fecerunt, prout in schedula quadam, ibidem publicè ac seriosè perlecta, plenius continetur: cuius tenor sequitur in hæc verba:

Nos Nicosiensis, Remensis, Senonensis, Narbonensis, & Turonensis, Archiepiscopi; Laudunensis, Beluacensis, Cathalaunensis, Autissiodorensis, Meldensis, Niuernensis, Carnotensis, Aurelianensis, Ambianensis, Morinensis, Siluanectensis, Andegauensis, Abrincensis, Constantiensis, Ebroicensis, Lexouiensis, Sagiensis, Claromontensis, Lemouicensis, Anicensis, Matisconensis, Episcopi; Cluniacensis, Præmonstratensis, Maioris Monasterij, Cistercensis, Sancti Dionysij in Francia, Compendiensis, Sancti Victoris, Sanctæ Genouefæ Parisius, Sancti Martini Laudunensis, Figiacensis, & Belliloci in Lemouicinio, Abbates; Frater Hugo Visitator domorum Ordinis militiæ Templi, ac sancti Ioannis Ierosolymit. in Francia, & Sancti Martini de Campis Parisiensis, Priores: auditis, quæ per vos, domini Comites, & Guillielme prædicti, heri & hodie dicta, proposita, & obiecta fuerunt contra dominum Bonifacium Papam VIII. huiusmodi dictis, propositis, assertionibus, & iuramentis vestris, requisitionibus, & aliis legitimis causis inducti, & quadam quasi necessitate compulsi, attendentes, quòd in præmissis negotium fidei, quod est Christi, nos qui ad ipsius defensionem, & exaltationem fidei, & animarum regimen sumus, licèt immeriti, in partem sollicitudinis euocati, cupientes obuiare periculis, quæ imminent, expressis, conuocationem, & congregationem dicti Concilij, præmissis, & aliis causis, vtilem & omnino necessariam reputantes, vt ipsius domini Bonifacij innocentia clareat, sicut teste conscientia exoptamus, aut de impositis sibi per Concilium discutiatur, statuatur, & fiat quod decernunt canonicæ sanctiones, vobis domine Rex, & vobis domini Comites, & G. respondemus, quòd, saluis in omnibus sacrosanctæ Romanæ Ecclesiæ honore & reuerentia debitis, vestris in hac parte requisitionibus, super ipsius conuocatione Concilij, assentimus: & parati sumus conuocationi, & congregationi dicti Concilij, iuxta sanctorum Patrum instituta, & canonicas, & legitimas sanctiones, opem dare & operam efficaces, non intendentes quoquomodo partem in hoc negotio facere, seu quibuscumque partem facientibus adhærere. Verùm, ne dictus dominus Bonifacius, motus seu prouocatus ex iis, prout timemus ex verisimilibus coniecturis, & comminationibus multis de procedendo contra nos, ab eo factis, contra nos, Ecclesias, Parochos, & subditos nostros, quoquomodo procedat, aut procedi faciat, sua, aut alia auctoritate quacunque, excommunicando, suspendendo, interdicendo, deponendo, priuando, vel alio quouis modo, quocumque colore quæsito, in impedimentum vel perturbationem dicti Concilij, & quin in eodem Concilio considere, coniudicare, & omnia alia facere, quæ ad offi-

DE BONIF. VIII. ET PHILIP. LE BEL. 109

cium Prælati pertinent, facere valeamus, noftríque, adhærentium nobis, & adhærere volentium ftatus, in omnibus falui debeant remanere, pro nobis, Ecclefiis, Parochis, & fubditis noftris, ac pro nobis adhærentibus, feu adhærere volentibus in hac parte, ad prædictum Concilium congregandum, & ad futurum verum & legitimum Summum Pontificem, & ad illum, vel illos, ad quem, vel quos de iure fuerit appellandum, prouocamus & appellamus in fcripto, & apoftolos cum inftantia petimus, fupponentes nos, Ecclefias, Parochos, fubditos, & amicos noftros, & adhærentes, noftrorum, & ipforum ftatum & iura, noftráque, & eorum bona, protectioni diuinæ Concilij prædicti, ac futuri veri & legitimi Summi Pontificis; ac proteftantes de innouando appellationem huiufmodi, vbi, quando, & coram quibus, nobis vifum fuerit expedire.

Actum Parifius apud Luparam in camera dicti domini Regis, anno, indictione, menfe, diebus Iouis, & Veneris, ac Pontificatu prædictis, præfentibus nobilibus viris dominis Andegauen. Bolon. Dampni-Martini, & aliis Comitibus fuperiùs nominatis, Matthæo de Trya, Petro domino Chanbliaci, P. domino de Wirmes, Hugone de Bouilla, militibus, necnon Magiftris, Stephano Archid. Brugen. Nic. Archid. in Ecclefia Remen. G. Thefaurario Andegauen. Petro de Bella Pertica, Reginaldo dicto Barbou, & Ioanne de Montegneyo, ac nonnullis aliis, tam clericis, quàm laicis, ad hoc vocatis fpecialiter & rogatis teftibus. Et ego Euenus Phyli de Sancto Nicafio clericus Corofopitenfis diœcefis, Apoftolica publicus auctoritate Notarius, præmiffis omnibus, & fingulis, duntaxat fupradicta die Veneris actis, dictis & habitis, interfui, & hic me fubfcripfi, & folitum fignum meum appofui, requifitus.

Forme de la lettre enuoyée par le Roy à toutes les Villes, Eglifes, & Communautez de fon Royaume, à ce qu'elles cuffent à confentir à la conuocation du Concile general, & à l'appel par luy interietté au futur Concile du confentement & de l'aduis de plufieurs Prelats Ecclefiaftiques, Seigneurs, & Barons.

PHILIPPVS Dei gratia Francorum Rex, difcretis viris dilectis nobis in Chrifto cathedralium, collegiatarum Ecclefiarum Decanis, & Capitulis, Prioribus Prædicatorum, Gardianis Minorum fratrum, alierúmque Religioforum Conuentibus, Nobilibus, Confulibus, Ciuibus, aliifque perfonis Ecclefiafticis, & fecularibus Tholofan. ciuitatis & diocefis, falutem, & dilectionem in Domino. *Nuper nobis*, multifque Archiepifcopis, Epifcopis, Abbatibus, Prioribus, Comitibus, Baronibus, aliifque pluribus perfonis, tam Ecclefiafticis, quàm fecularibus præfentibus Parif. contra Bonifacium, nunc Sedi Apoftolicæ præfidentem, plura enormia, & horribilia crimina, quorum aliqua immanem hærefim continent manifeftè, ex parte plurium illuftrium perfonarum, quorumdámque militum feruore dilectionis fanctæ matris Ecclefiæ, ac zelo fidei Catholicæ accenforum, fignificata, dicta, propofitáque fuerunt, iuramentáque affertiuè fuper ipfis criminibus præftita ab eifdem illuftribus, & nobilibus perfonis ea proponentibus & fignificantibus, prout in inftrumentis publicis fuper hæc confectis plenius continetur: per quos proponentes, & fignificantes ipfa crimina inftanter & pluries, tam nos quàm præfati Prælati requifiti, & adiurati fuimus, vt ad honorem Dei, fidei Catholicæ, & Ecclefiæ fanctæ matris fuper conuocatione generali Concilij conuocandi, per quos fuerit faciendum ad veritatem inquirendam, & fciendam fuper ipfis loco, &

1303.
Iuin.

O iij

tempore, & vbi decebit proponendis intenderemus, & operam daremus efficacem; quod deliberatione diligenti præhabita necessariò debere fieri visum fuit: Nihilominus ad cautelam, & vt possit malis obuiari, per nos, ipsos Prælatos, Barones, Nobiles, Vniuersitatem Parisiensem, Magistros in Theologia, Conuentus Religiosorum, & Capitula Ecclesiarum, appellationes, prouocationes interpositæ fuerunt, prout in quibusdam instrumentorum super hæc confectorum videre poteritis contineri. Quare ad vos dilectos, & fideles clericos nostros Archidiaconum Aigiæ in Ecclesia Lexouiensi,& Magistrum Petrum de Latilliaco Canonicum Parisiensem, & eorumque mlibet mittimus pro prædictis vobis aperiendis, & clariùs significandis, vos vestrúmque singulos ex affectu requirentes pro honore Dei, fidei Catholicæ, & sanctæ matris Ecclesiæ, quatenus tanquam ipsius Ecclesiæ veri filij, cuius negotium agitur, conuocationi Concilij generalis consentire, appellationibúsque, & prouocationibus interpositis adhærere velitis, nihilominúsque ad tuitionem vestram expressiorem, quam sincero affectu procurare proponimus, de nouo prouocare, & appellare secundùm formam, & modum quos in præfatis instrumentis videbitis contineri, ac nobis super hoc patentes litteras, per ipsos vel eorum alterum sigillis vestris mittere sigillatas. Actum Parif. die louis post festum Natiuitatis Beati Ioannis Baptistæ, anno Domini millesimo trecentesimo tertio. *Lesdites lettres sont seellées sur double queuë de parchemin d'vn seel de cire blanche pendant au reply.*

Autre lettre conforme à celle cy-dessus.

1303.
Iuin.

NOVERINT vniuersi, quòd nos Nicolaus Fulconis de Tornaco tenens sigillum Senescaliæ Tholofæ, & Albiensis, ac Vicarius eiusdem, vidimus tenuimus legimus, & inspeximus diligenter die Mercurij ante festum beati Petri ad vincula quandam patentem litteram sigillatam, vt prima facie apparebat, sigillo domini nostri Regis Franciæ in hæc verba: Philippus Dei gratia Franciæ Rex, discretis viris dilectis nobis in Christo cathedralium, collegiatarum Ecclesiarum Decanis, & Capitulis, Prioribus Prædicatorum, Gardianis Minorum fratrum, aliorúmque Religiosorum Conuentibus, Nobilibus, Consulibus, Ciuibus, aliísque personis Ecclesiasticis, & secularibus Tholofæ ciuitatis, & diocesis, salutem, & dilectionem in Domino. Nobis nuper, multis Archiepiscopis, Episcopis, Abbatibus, Prioribus, Comitibus, Baronibus, aliísque personis pluribus, tam Ecclesiasticis quàm secularibus præsentibus Parif. contra Bonifacium, nunc Sedi Apostolicæ præsidentem, plura enormia, & horribilia crimina, quorum aliqua immanem hæresim continent manifestè, ex parte plurium illustrium personarum, quorumdam militum feruore dilectionis sanctæ matris Ecclesiæ, ac zelo fidei Catholicæ accensorum significata, dicta, propositáque fuerunt, iuramentáque assertiuè super ipsis criminibus præstita ab eisdem illustribus, & nobilibus personis ea proponentibus, & significantibus, prout in instrumentis publicis super hoc confectis plenius continetur: per quos proponentes, & significantes ipsa crimina instanter & pluries, tam nos quàm præfati Prælati requisiti, & adiurati fuimus, vt ad honorem Dei, fidei Catholicæ, & Ecclesiæ sanctæ matris super conuocatione generalis Concilij conuocandi, per quos fuerit faciendum ad veritatem inquirendam, & sciendam super ipsis, loco & tempore, & vbi decebit proponendis intenderemus, & operam daremus efficacem; quod deliberatione diligenti præhabita necessario debere fieri visum fuit. Nihilominus ad cautelam, & vt possimus malis obuiari, per nos, ipsos Prælatos, Barones, Nobiles, Vniuersitatem Parisiensem, Magistros in Theologia, Conuentus Religiosos, & Capitula Ecclesiarum, appellationes, & prouocationes interpositæ fuerunt, prout in quibusdam instrumentorum super hoc confectorum videre poteritis contineri. Quare ad vos, dilectos & fideles clericos nostros Archidiaconem Algiæ in Ecclesia Lexouienf. & Magistrum Petrum de Latilliaco Canonicum Parisiensem, & eorum quemlibet mittimus pro prædictis vobis aperiendis, & clariùs significandis; vos vestrúmque singulos ex affectu requirentes pro honore Dei, fidei Catholicæ, & sanctæ matris Ecclesiæ, quatenus tanquam ipsius Ecclesiæ veri filij, cuius negotium agitur, conuocationi Concilij generalis consentire, appellationibúsque, & prouocationibus interpositis adhærere velitis, nihilominúsque ad tuitionem vestram expressiorem, quam sincero affectu procurare proponimus, de nouo prouocare, & appellare secundùm formam, & modum quos in præfatis instrumentis videbitis contineri, ac nobis super hoc patentes litteras, per ipsos vel eorum alterum, sigillis vestris mittere sigillatas. Actum Parisius die Iouis post festum Natiuitatis Beati Ioannis Baptistæ, anno Domini millesimo trecentesimo tertio. In cuius visionis testimonium sigillum prædictum huic transcripto duximus apponendum. Actum Tholosæ dicta die Mercurij, anno Domini millesimo trecentesimo tertio.

LE Roy voyant le grand consentement de l'assemblée des Grands, & de ceux de son Conseil voulut en auoir vn plus grand qui fust de tout son Royaume, & des Princes ses voisins. Et par le moyen des lettres qui sont cy-dessus, & des Ambassadeurs qui les porterent, la chose fut si bien conduite, que dans les mois d'Aoust & de Septembre de l'année 1303. le Roy eut ce contentement que d'auoir plus de sept cens actes de consentement, & adhesion à son appel, par des Archeuesques, Euesques, & leurs Chapitres, par des Eglises Collegiales & leurs Doyens, par des Abbez & Prieurs, Abbesses, & Prieures, & par leurs Conuens, de diuers Ordres, sçauoir de S. Benoist, S. Augustin, Premonstré, de la Trinité des Captifs, des Chartreux & de Tiron, de Cisteaux, Cluny, & de Fonteurault : par les Religieux Mendians freres Prescheurs, Mineurs, & Augustins : par plusieurs Hospitaux, par les Cheualiers de S. Iean de Hierusalem : par les Vniuersitez du Royaume: par diuers Docteurs en Droit Ciuil & Canon : par des Prouinces entieres, par plusieurs villes en particulier, & par des Communautez : par plusieurs Princes, & grands Seigneurs, Barons, & Gentilshommes des Prouinces : par toutes les Eglises, les Grands, la Noblesse, Villes & Communautez du Royaume de Nauarre. Et est remarquable, qu'en tous les actes donnez par les villes il y a perpetuellement cette clause : Qu'ils se soûmettent eux, leurs suiets, & adherens à la protection de nostre Mere sainte Eglise, du Concile, & autres qu'il appartiendra, en ce qui concerne le spirituel seulement. Et en tous les autres actes, tant des vns que des autres, il y a cette clause : Que le Roy a receu la puissance de Dieu pour la defense & exaltation de la Foy, à quoy les Prelats sont appellez *in partem sollicitudinis.*

Plusieurs Cardinaux par trois diuers actes adhererent auec le Roy à cet appel, & approuuerent sa poursuite. Quelques-vns ont écrit que l'Abbé de Cisteaux refusa de donner son consentement, ce qui ne paroist point en aucun des actes : au contraire il se trouue vingt-six actes de ceux de Cisteaux conformes à tous les autres en faueur du Roy, & six seulement qui refuserent d'y adherer, auec onze de diuers autres Ordres qui ne parlerent pas franchement.

Le Roy en consequence de ces actes donna grande quantité de lettres particulieres, pour asseurer ceux qui auoient adheré auec luy, promettant de les defendre contre ceux qui les voudroient inquieter pour ce regard. La Reyne & leurs enfans promirent la mesme protection.

Acte de plusieurs Archeuesques, Euesques, Abbez, de ceux du Temple, & de saint Iean de Ierusalem, & autres qui reconnoissent estre obligez de defendre la personne du Roy, de la Reyne, & de leurs enfans, leur honneur, leurs droits & libertez, & de l'asister en tout ce qui leur sera possible contre qui que ce soit, mesmes contre le Pape Boniface, qui a menacé le Roy & le Royaume. Promettent sauf la reuerence qu'ils doiuent au S. Siege, de faire ce qu'ils pourront pour la conuocation du Concile general, comme ils ont promis cy-deuant par les actes publics. Et dautant que le Roy, les Prelats, & Barons ont appellé par écrit dudit Pape, & qu'il est à craindre qu'il ne s'en ressente par excommunications, &c. promettent d'asister le Roy & ses Barons, & ne s'en separer point pour quelque absolution du serment de fidelité qu'il puisse donner : le tout sauf le droit de l'Eglise Romaine, le leur, & celuy de leurs Eglises, n'entendans pas que le Roy pour cette adhesion acquiere sur eux & leurs Eglises de nouueaux droits.

Coffre Boniface numero 1.

Consensus Prælatorum regni Franciæ pro Regis defensione, & appellatione ad Concilium. 15. Iunij 1303.

1303.
15. Iuin.

VNIVERSIS præsentes literas inspecturis miseratione diuina Nicosien. Remen. Senonen. Narbonen. & Turonen. Archiepiscopi ; Laudunen. Beluacen. Cathalanen. Antissiodoren. Melden. Niuernen. Carnoten. Aurelianen. Ambianen. Morinen. Siluanecten. Biterren. Andegauen. Abrincen. Constantien. Ebroicen. Lexouien. Sagien. Claromonten. Lemouicen. Anicien. & Matisconen. Episcopi ; Cluniacen. Præmonstraten. Maioris Monasterij Turonen. Sancti Dionysij in Francia, Compendien. Sanctæ Genouefæ, Sancti Victoris Parif. Sancti Martini in Laudunen. Figiacen. & Belliloci in Lemouicinio, Abbates ; Frater Hugo Visitator domorum Ordinis militiæ Templi, ac sancti Ioannis Hierosolymitani in Francia, ac sancti Martini de Campis Parisien. Priores : æternam in vero salutari salutem. Cùm personam domini nostri Regis Franciæ, statum, honorem & iura defendere teneamur, eidem domino Regi promissimus, quòd personam suam, dominæ Reginæ, & filij sui heredis in regno statum, honorem, iura & libertates eiusdem, totis viribus, quantum secundùm Deum poterimus, defendemus, & in eorum tuitione sibi assistemus, contra quamcumque personam, quæ eum vellet impetere, statum, honorem, iura, & libertates eius infringere, aut etiã annullare, etiam contra dominum B. Papam octauum, qui multa contra eos & regnum Franciæ, dicitur comminatus fuisse. Nec ab eo vnquam separabimus in defensione prædicta, sanctæ Sedis Apostolicæ reuerentia semper salua, faciemusque de conuocatione generalis Concilij, prout aliàs concessimus, prout in concessionibus nostris, in instrumentis inde confectis plenius continetur. Cùmque tam dictus dominus Rex, quàm nos, ac magnifici viri domini K. & Lud. fratres dicti domini Regis, G. Sancti Pauli, & I. Drocens. Comites, & alij multi Barones, & nobiles regni, sub certis formis prouocauimus, & appellauimus & in scriptis, ne dictus domin. Papa commotus occasione præmissorum

rum, vel aliquorum ex eis, procederet contra ipsum dominum Regem regnum, Barones, nos & subditos, & nobis adhærentes, & adhærere volentes, prout in instrumentis inde confectis plenius continetur. Promittimus, quòd si dictus dominus Papa procedat quocumque quæsito colore, occasione præmissarum appellationum, adhæsionum, & quorumcumque aliorum conuocationem dicti Concilij tangentium, excommunicando, interdicendo, suspendendo, deponendo, absoluendo à iuramento fidelitatis, homagij, vel alterius cuiuscumque obligationis, vel aliàs quoquomodo procedendo contra Regem, prædictos K. L. & Comites, aut magnificum virum R. Ducem Burgundiæ, qui appellationi prædictæ dicitur adhærere, & alios adhærentes, & adhærere volentes, qui se nobis sub forma qua se dominus Rex, & alij prænominati nobis obligarunt & obligant, obligabunt: nos dicto domino Regi & Baronibus, ac sibi assistentibus, assistemus, & secundùm Deum pro viribus defendemus, nec nos separabimus ab eisdem, nec absolutionibus à iuramentis fidelitatis, vel aliis quibuscumque relaxationibus, indultis & indulgendis, impetratis vel impetrandis, vel vltro oblatis vel offerendis, seu concedendis, vtemur; imò semper eidem domino Regi, Baronibus, & adhærentibus adhærebimus. Et hæc omnia, & singula supradicta promisimus, voluimus, & iurauimus, iure Romanæ Ecclesiæ, nostróque, & Ecclesiarum nostrarum, in omnibus, & per omnia semper saluo, & illicita conspiratione, seu coniuratione cessante. Nolentes, quòd idem dominus Rex nouum homagium, seu iuramentum acquirere in nobis, & nostris Ecclesiis valeat in aliis per prædicta. In cuius rei testimonium præsentibus litteris nostra fecimus apponi sigilla. Datum Parisius die 15. Iunij, anno Domini millesimo trecentesimo tertio. Sigillatæ 32. sigillis.

Le Roy par plusieurs lettres semblables à celles-cy, promet sa protection aux Prelats, Monasteres, Barons, & Communautez contre tous ceux qui les vendroient opprimer, specialement contre Boniface qui l'auoit menacé, luy & tout son Royaume, pour auoir arresté la conuocation du Concile. Et parce que ledit Boniface a fulminé contre les Prelats qui n'auoient comparu à Rome à son commandement, & adheré à ladite conuocation : sa Maiesté promet de les proteger, & qu'il ne se separera iamais de leurs interests, & ses successeurs aussi, ayant fait iurer en l'ame de sa Maiesté le Comte de S. Paul. La Reine, & leurs enfans Louïs & Philippes promettent d'obseruer ce que dessus, qui font iurer ledit Comte de S. Paul comme il auoit fait pour le Roy.

Litteræ Regis, quibus defensionem omnium Prælatorum & Procerum regni sui suscipit aduersus Bonifacium VIII.

PHILIPPVS Dei gratia Francorum Rex, vniuersis præsentes litteras inspecturis, salutem. Cùm Prælatos, Barones, & alios fideles, & subditos nostros defendere teneamur, nos dilecto nostro P. Monasterij S. Cornelij Compendiæ Abbati promisimus, personam suam, statum, honorem, libertates, & iura ipsius Monasterij sui, consanguineorum, parentum, affinium, amicorum, & subditorum suorum, qui de adhærentibus fuerint, & aliorum adhærentium, & adhærere volentium, efficaciter defendemus; tibique assistemus in eorum defensione contra omnem hominem, qui vellet statum, honorem, libertates, & iura prædicta infringere, vel etiam annullare: & specialiter contra B. tunc Ecclesiæ Romanæ regimini præsiden-

PREVVES DE L'HIST. DV DIFFEREND

qui multis contra nos, ipsum, & alios Prælatos, & regnum, diciomminatus fuisse : nec nos ab eo, & suis, vt præmissum est, nec à nobis in defensione prædicta separabimus, nec etiam excludes, faciemusque de conuocatione Concilij generalis, quod aliàs proſimus, ſicut in inſtrumentis publicis inde confectis pleniùs contineur. Cúmque tam nos, quàm Prælati, & Barones regni noſtri, ſub certis formis prouocauerimus, & appellauerimus & in ſcriptis: ne dictus B. iam fortè proceſſerit, occaſione præmiſſorum, vel quia Prælati per nos retenti pro defenſione neceſſaria regni noſtri poſt eius vocationem ex inopinato emergente, ad vocationem huiuſmodi non iuerint, ſed ad requiſitionem noſtram ſe ex cauſis legitimis excuſarunt, vel procedat, pendente negotio dicti Concilij, vel etiam terminato, præmiſſorum occaſione, quocunque quæſito colore, excommunicando, interdicendo, ſuſpendendo, deponendo, abſoluendo à iuramento fidelitatis, vel homagij, aut alterius cuiuſlibet obligationis vinculo, ſeu aliàs quoquomodo contra nos, Prælatos, Barones, conſanguineos, parentes, affines, amicos, vel ſubditos eorumdem, aut alios adhærentes, vel adhærere volentes; nos dictis Prælatis, Baronibus, & aliis adhærentibus, vel adhærere volentibus, aſſiſtemus, & defendemus eoſdem; nec nos ſeparabimus de eis, nec abſolutionibus à iuramentis quibuſlibet in præſenti negotio in animam noſtram factis, vel præſtitis, per quoſcumque, vel aliis quibuſcunque relaxationibus, indultis vel indulgendis, impetratis vel impetrandis, vltro oblatis vel conceſſis, offerendis vel etiam concedendis, vtemur, imò ſemper eiſdem Prælatis, Baronibus, & aliis adhærentibus, & adhærere volentibus adhærebimus. Nos hærédeſque noſtros, ad omnia præmiſſa, & ſingula præmiſſorum, inuiolabiliter obſeruanda, ſpecialiter obligamus, & ea propoſitis ſacroſanctis Euangeliis tenere & inuiolabiliter obſeruare, ac etiam adimplere,'iurari fecimus, in præſentia noſtra, & in animam noſtram, per dilectum & fidelem noſtrum Comitem S. Pauli. Cæterum cariſſimæ conſorti noſtræ Ioannæ Reginæ Franciæ, ac cariſſimo Ludouico primogenito, & Philippo ſecundo-genito natis noſtris, & Baronibus ſupradictis, damus præſentibus in mandatis, vt eidem Abbati P. omnia & ſingula præmiſſa promittant, ſéque expreſsè, & ſpecialiter obligent ad obſeruationem eorumdem, & ſimilibus iuramentis aſtringant. Nos verò per promiſſiones & iuramenta, quæ dictus Abbas ſuper præmiſſis & præmiſſa tangentibus, nobis fecit & præſtitit, non intendimus, nec volumus nouum homagium, iuramentum, ſeu aliam nouam ſeruitutem, in ipſo, & in Monaſterio ſuo, & ipſius ſucceſſoribus, in aliis acquirere in futurum. Nos autem Ioanna, Franciæ & Nauarræ Regina, Campaniæ, Briæque Comitiſſa Palatina; noſque Ludouicus & Philippus præfati, præmiſſa omnia & ſingula tenere firmiter, & fideliter obſeruare, quantum ad nos pertinet, vel in futurum poterit pertinere, promiſimus, & per præfatum Comitem S. Pauli in animas noſtras iurari fecimus, nos, hæredes & ſucceſſores noſtros ad hæc expreſsè, & ſpecialiter obligantes. Nos verò prænominatus Rex præmiſſa omnia & ſingula per præfatos conſortem & liberos noſtros de mandato noſtro promiſſa, iurata, & prædictas obligationes modo prædicto factas fuiſſe teſtamur. Et ad maiorem cautelam ſigillum noſtrum, nos Regina prædicta literis his appendi fecimus, vnà cum ſigillo præfati domini noſtri Regis. Datum Pariſius die 15. Iunij anno Domini 1303.

DE BONIF. VIII. ET PHILIP. LE BEL.

Pareilles lettres, & en mesmes termes addressées, Dilecto Fratri Yterio de Nantolio Priori domus Hospitalis S. Ioannis Hierosolymitani. Actum Pariss. die Sabbati in festo B. Laurentij anno 1303. *seellées de deux seaux.*

Au Thresor Boniface num. 748.

Pareilles lettres, Dilecto Fr. Hugoni de Peraudo generali Visitatori domorum Ordinis militiæ Templi, pro domibus suis infra regnum suum existentibus. *de mesme datte, & seel.*

Au Thresor Boniface numero 741.

Lettres de protection données par le Roy aux freres Mineurs de la Prouince de Touraine, qui ont adheré à ce qui se fait contre Boniface VIII.

PHILIPPVS Dei gratia Francorum Rex, vniuersis præsentes litteras inspecturis salutem. Cùm Prælatos, Barones, & alios fideles subditos nostros defendere teneamur, nos Ministro fratrum Minorum prouinciæ Turonens. singulisque fratribus eiusdem Ordinis, & prouinciæ nobis adhærentibus promisimus, quòd personas suas, status, honores, libertates, & iura ipsorum, Ecclesiarúmque suarum, consanguineorum, parentum, affinium, amicorum, & subditorum suorum, qui de adhærentibus fuerint, & aliorum adhærentium, & adhærere volentium efficaciter defendemus, sibique assistemus in eorum defensione contra omnem hominem, qui vellet status, honores, libertates, & iura prædicta infringere, vel etiam annullare, & specialiter contra Bonifacium, nunc Ecclesiæ Romanæ regimini præsidentem, qui multa contra nos, ipsum, & alios Prælatos, & regnum dicitur comminatus fuisse, nec nos ab eo & suis, vt præmissum est, nec ipsos à nobis in defensione prædicta separabimus, nec etiam excludemus, faciemúsque de conuocatione generalis Concilij, quod aliàs promisimus, sicut in instrumentis publicis inde confectis plenius continetur. Cúmque tam nos quàm Prælati, & Barones regni nostri sub certis formis prouocauerimus, & in scriptis, ne dictus Bonifacius commotus occasione præmissorum, vel aliquorum ex eis procederet contra nos, Prælatos, Barones & subditos nostros, prout in instrumentis publicis inde confectis plenius continetur, promittimus, quòd si dictus Bonifacius iam forte processerit occasione præmissorum, vel quia Prælati per nos retenti pro defensione necessaria regni nostri post eius vocationem ex inopinato emergente ad vocationem huius non iuerunt, sed ad requisitionem nostram se ex causis legitimis excusarunt, vel procedat pendente negotio dicti Concilij, vel etiam terminato præmissorum occasione, quocunque quæsito colore, excommunicando, interdicendo, suspendendo, deponendo, absoluendo à iuramento fidelitatis, vel homagij, aut alterius cuiuslibet obligationis vinculo, seu aliàs quoquomodo contra nos, Prælatos, Barones, consanguineos, parentes, affines, amicos, vel subditos eorumdem, aut aliàs adhærentes, vel adhærere volentes, nos dictis Prælatis, Baronibus, & aliis adhærentibus, & adhærere volentibus assistemus, & defedemus eosdem, nec nos separabimus ab eis, nec absolutionibus à iuramentis quibuslibet in præsenti negotio in animam nostram factis, vel præstitis, per quoscunque, vel aliis quibuscunque relaxationibus indultis vel indulgendis, impetratis vel impetrandis, vltro oblatis vel concessis, offerendis vel etiam concedendis vtemur; imò semper eisdem Prælatis, Baronibus, & aliis adhærentibus, vel adhærere volenti-

1303. Aoust.

bus adhærebimus: nos, hærédésque noftros ad omnia præmiſſa, & ſingula præmiſſorum inuiolabiliter obſeruandum ſpecialiter obligantes, & ea propoſitis ſacroſanctis Euangeliis tenere, & adimplere iurari fecimus in præſentia noſtra, & in animam noſtram per dilectum, & fidelem noſtrum Comitem Sancti Pauli. Cæterum cariſſima conſorti noſtræ Ioannæ Reginæ Franciæ, ac cariſſimo Ludouico primogenito, & Philippo ſecundogenito natis noſtris, & Baronibus ſupradictis, damus præſentibus in mandatis, vt eidem Miniſtro prædictiſque fratribus nobis adhærentibus omnia & ſingula præmiſſa promittant, ſéque expreſsè, ac ſpecialiter obligent, ad obſeruationem eorumdem, & ſimilibus iuramentis obſtringant: nos verò per promiſſiones, & iuramenta quæ dictus Miniſter ſuper præmiſſis, & præmiſſa tangentibus nobis fecit, & præſtitit, non intendimus, nec volumus nouum homagium, iuramentum, ſeu aliam nouam ſeruitutem in ipſo, & in eius Eccleſia, & in ipſius etiam ſucceſſoribus in aliis acquirere in futurum. Nos autem Ioanna Dei gratia Francorum, & Nauarræ Regina, Campaniæ Briæque Comitiſſa Palatina, nóſque Ludouicus & Philippus præfati præmiſſa omnia, & ſingula tenere firmiter, & fideliter adimplere quantum ad nos pertinet, vel in futurum pertinere poterit, promiſimus, & per præfatum Comitem ſancti Pauli in animas noſtras iurari fecimus, nos, hæredes & ſucceſſores noſtros ad hoc expreſsè, & ſpecialiter obligantes. Nos verò prænominatus Rex præmiſſa omnia, & ſingula per præfatos conſortem, & liberos noſtros de mandato noſtro præmiſſa iuramenta, & prædictas obligationes modo prædicto factas fuiſſe teſtamur: & ad maiorem cautelam ſigillum noſtrum, nos, Regina prædicta litteris iis appendi fecimus vnà cum ſigillo præfati domini noſtri Regis. Datum Pariſius die Martis, ante feſtum Aſſumptionis Beatæ Mariæ Virginis, anno Domini milleſimo trecenteſimo tertio.

Le Roy ordonne à ſes Officiers de ne point ſouffrir que l'Abbé de Cluny, & ceux de ſon Ordre ſoient inquietez, pour auoir adheré auec luy à ce qu'il auoit ordonné contre Boniface. Leur ordonne de leur porter toute faueur; & de plus ſi ledit Abbé leur demande conſeil & aſſiſtance contre ceux de ſon Ordre, qui n'auront pas en cette occaſion ſuiui ce qu'il a arreſté, de ne luy rien refuſer. Prie ceux qui ſont hors de ſon Royaume de fauoriſer leſdits de Cluny en cette occaſion.

Litteræ quibus Rex Officiariis ſuis ſcribit, vt appellationi ad futurum Concilium interiectæ ab Abbate Cluniacenſi adhæreant, & illi auxilium præbeant.

1303.
15. Iuin.

PHILIPPVS Dei gratia Francorum Rex, vniuerſis & ſingulis regni noſtri Seneſchallis, Bailliuis, Caſtellanis, Præpoſitis, Iuſtitiariis, & ſeruientibus noſtris quibuſcunque ad quos præſentes litteræ peruenerint, ſalutem. Vobis vniuerſis & ſingulis præcipiendo mandamus quatenus dilectum, & fidelem noſtrum Abbatem Cluniacenſem, qui ad futurum proximum generale Concilium, vel ad futurum ſummum Pontificem, prout melius fuerit faciendum vnà nobiſcum, & cum aliis Prælatis & Baronibus regni noſtri ex cauſis legitimis prouocaſſe noſcitur, & etiam appellaſſe, non permittatis duratæ appellatione, ſeu prouocatione huiuſmodi ab aliquibus regni noſtri, ſtatus cuiuſcunque, vel conditionis exiſtant, nec etiam alios Abbates Ordinis Cluniacenſis, Priores & adminiſtratores quoſcunque ſubditos, familiam, amicos, & affines eorum eis adhærentes in appellatione,

vel prouocatione huiusmodi in eorum personis, rebus, iuribus, priuilegiis,
& possessionibus quibuscunque, ab aliquo opprimi, affligi, aut quomodocunque
indebitè molestari; quinimo eidem Abbati, & personis prædictis
assistatis, quantum de iure poteritis, in gratia, auxilio, & fauore. Cæterum
si aliquos idem Abbas de subditis suis inuenerit qui nollent in appellatione,
& prouocatione prædicta adhærere eidem, sed indultam viam
sequi niterentur & vellent, & vestrum super his idem Abbas velit habere
consilium & iuuamen, volumus & mandamus, vt eundem Abbatem in
punitione, & retractatione talium personarum adiuuare nullatenus differatis,
ab eodem vel eius certo mandato super his requisiti. Illos verò qui
extra regnum nostrum commorantur, & degunt, affectuosè rogamus, vt
eundem Abbatem, si eorum indigeat auxilio, iuuent similiter in prædictis,
si super hoc, vt præmittitur, fuerint requisiti. Datum Parisiis die 15. Iunij
anno Domini 1303.

Extraict d'vn Registre du Tresor des Chartes du Roy cotté 36. lettres 75. & 126.

Acte de l'Vniuersité de Paris qui adhere à tout ce que le Roy a arresté contre le Pape Boniface.

VNIVERSIS præsentes litteras inspecturis Officialis Curiæ Parisiensis salutem in Domino. Nouerint vniuersi, nos anno Domini millesimo trecentesimo tertio die Iouis in festo Translationis Beati Martini vidisse litteras inferiùs annotatas, sigillo verò venerabilium, & discretorum virorum Magistrorum, ac secularium Vniuersitatis Parisiensis studentium, vt prima facie apparebat, sigillatas, tenorem qui sequitur continentes: Vniuersis præsentes litteras inspecturis vniuersitas Magistrorum, & scholarium Parisius studentiū salutem in Domino. Ad notitiam singulorum volumus peruenire, quòd nuper nonnullis ex nobis maiorem partem facultatum nostrarum, & totius Parisiensis studij facientibus pro certis causis, & negotiis accedentibus ad præsentiam excellentissimi Principis domini Philippi Dei gratia Franciæ Regis illustris, ipso domino Rege, ac nonnullis Archiepiscopis, Episcopis, Abbatibus, Prioribus, Comitibus, Baronibus, & aliis magnæ auctoritatis personis, tam Ecclesiasticis quàm secularibus, apud Luparam Parif. existentibus recitatum fuit, nobis expositum, & narratum ibidem, quòd die Iouis, & die Veneris præcedentibus ipsis domino Rege, Archiepiscopis, Episcopis, & aliis personis prædictis præsentibus, per quosdam Comites, & alios nobiles Regni Franciæ contra dominum Bonifacium Papam octauum proposita, & significata fuerunt diuersa enormia & horribilia, ac detestabilia crimina, quorum quædam hæresim sapiunt manifestè, quibus cum irretitum esse dicebant, & super iis publicè, ac notoriè diffamatum, præstito ibidem ab eisdem proponentibus ad sancta Dei Euangelia tacta corporaliter iuramento, quòd huiusmodi proposita, & significata credebant esse vera, & posse probari in generali Concilio, vel alias vbi, quando, & coram quibus de iure fuerit faciendum; & per proponentes eosdem à domino Rege tanquam fidei pugile & Ecclesiæ defensore, ac Archiepiscopis, Episcopis, Abbatibus, Prioribus, & personis aliis Ecclesiasticis supradictis tanquam Ecclesiæ fideique columnis, petitum fuerat, ac instanter & pluries requisitum, vt pro declaratione veritatis huius, vt omnis error abscedat, ac periculis & scandalis, quæ vniuersali Ecclesiæ imminent, occurratur, conuocationi & congregationi dicti Concilij generalis

ralis, ad laudem Dei nominis, & exaltationem & augmentum Catholicæ fidei, ac salubre regimen, & bonum statum vniuersalis Ecclesiæ, & totius populi Christiani, opem darent, & operam efficaces. Quódque idem dominus Rex, Archiepiscopi, Episcopi, Abbates, Priores, & aliæ personæ Ecclesiasticæ supradictæ auditis, & intellectis pleniùs propositis, & significatis, & requisitionibus supradictis, considerantes quòd in hoc casu negotiũ agitur fidei, quod est Dei, & quòd ad defensionem, conseruationem, & exaltationẽ ipsius fidei ipse dominus Rex collatam sibi recepit à Domino potestatem, iidémque Prælati sunt in partem sollicitudinis euocati, super præmissis per dies multos discussione, ac deliberatione præhabita diligenti, ex præmissis & aliis legitimis causis moti conuocationem, & congregationem dicti Concilij generalis, vtilem & omnino necessariam reputantes huiusmodi conuocationi, & congregationi consenserant, ac responderant quòd conuocationi, & congregationi prædictis opem, & operam darent efficaciter vt deberent: & ne dictus dominus Bonifacius motus, seu prouocatus ex iis, prout timebant ex verisimilibus coniecturis, & comminationibus multis, contra eos, Ecclesias, Parochianos, & subditos suos quoquo modo procedat, aut procedi faciat sua, vel alia auctoritate quacunque, excommunicando, suspendendo, interdicendo, deponendo, priuando, aut aliàs quouis modo in impedimentum, & perturbationem Concilij congregandi, & quin confedere, coniudicare, & alia quæ ad officium Prælati pertinent facere in eodem Concilio possent, saluique eorum, & sibi adhærentium status manere deberent, pro se, Ecclesiis, Parochianis, & subditis suis, & pro sibi adhærentibus, seu adhærere volentibus in hac parte, ad prædictum Concilium congregandum, & ad futurum verum & legitimum summum Pontificem, & ad illum, vel ad illos, ad quem, vel ad quos de iure fuerit appellandum, prouocarunt, & appellarunt in scriptis, & apostolos testimoniales cum instantia petierunt supponentes se, Ecclesias, Parochianos & subditos, ac sibi adhærentes, ipsorum status, iura, & bona protectioni diuinæ, prædicti Concilij, ac futuri veri & legitimi summi Pontificis, ac protestantes de innouando appellationem huiusmodi vbi, quando, & coram quibus eis visum fuerit expedire. Quare pro parte præfati domini Regis petiebatur à nobis, vt conuocationi & congregationi dicti Concilij generalis assentire, ac quantum in nobis est opem dare, & operam curaremus. Nos autem præmissis considerationibus, & causis inducti conuocationem, & congregationem ipsius Concilij reputantes vtilem necessariam & salubrem, ac expedientem fidei negotio, & Ecclesiæ sanctæ Dei, eiusdem conuocationi, & congregationi Concilij assentimus, ac opem & operam libenter dabimus iuxta posse, & prouocationi, & appellationi præfati domini Regis adhæremus, quantum de iure possumus, & debemus secundùm Deum & iustitiam, & sanctæ permittunt canonicæ sanctiones, supponentes nos, ac nobis adhærentes, & adhærere volentes, statum nostrum, & vniuersitatem nostram protectioni diuinæ, & prædicti Concilij generalis, ac futuri veri & legitimi summi Pontificis. In quorum omnium testimonium sigillum nostræ vniuersitatis prædictæ præsentibus litteris duximus apponendum. Datum die Veneris ante festum Natiuitatis Beati Ioannis Baptistæ, anno Domini millesimo trecentesimo tertio. Transcriptum autem huiusmodi litterarum fieri fecimus, sub sigillo Parisiensis Curiæ, cuiuslibet iure saluo. Datum anno & die prædictis.

DE BONIF. VIII. ET PHILIP. LE BEL.

Acte par lequel les Doyen & Chapitre de l'Eglise de Paris adherent auec le Roy à tout ce qu'il a resolu en l'affaire contre le Pape Boniface.

Il y a vne clause qui porte: Ad defensionem, & exaltationem ipsius fidei dominus Rex collatam sibi recipit à Domino potestatem. iidem Prælati sunt in partem sollicitudinis euocati.

Au Thresor Boniface numero 18.

VNIVERSIS præsentes litteras inspecturis, Decanus & Capitulum Parisien. salutem in Domino. Ad notitiam singulorum volumus peruenire, quòd nuper nonnullis ex nobis vocatis ad præsentiam excellentissimi Principis domini Philippi Dei gratia Regis Franciæ illustris, ipso dom. Rege, ac nonnullis Archiepiscopis, Episcopis, Abbatibus, Prioribus, Comitibus, Baronibus, & aliis magnæ auctoritatis personis, tam Ecclesiasticis quàm sæcularibus in Camera regia apud Luparam Parisius existentibus recitatum fuit, expositum, ac narratum ibidem, quòd die Iouis, & die Veneris præcedentibus, ipsis domino Rege, Archiepiscopis, Episcopis, & aliis personis prædictis præsentibus, per quosdam Comites, & alios nobiles regni Franciæ contra dom. B. Papam octauum proposita, & significata fuerunt diuersa enormia, & horribilia & detestabilia crimina, quorum quædam hæresim sapiunt manifestè, quibus eum irretitum esse dicebant, & super eis publicè, ac notoriè diffamatum, præstitis ibidem ab eisdem proponentibus ad sancta Dei Euangelia tacta corporaliter iuramentis, quòd huiusmodi proposita & significata credebant esse vera, & posse probari in generali Concilio, vel aliàs vbi, quando, & coram quibus de iure fuerit faciendum; & per proponentes eosdem à domino Rege tanquam fidei pugile, & Ecclesiæ defensore, ac Archiepiscopis, Episcopis, Abbatibus, Prioribus, & personis aliis Ecclesiasticis supradictis, tanquam Ecclesiæ fideique columnis, petitum fuerat, ac instanter, ac pluries requisitum, vt pro declaratione veritatis huiusmodi, vt omnis error abscedat, ac periculis & scandalis quæ vniuersali Ecclesiæ imminent occurratur, conuocationi & congregationi dicti Concilij generalis, ad laudem Dei nominis, & exaltationem, & augmentum Catholicæ fidei, ac salubre regimen, & bonum statum vniuersalis Ecclesiæ, & totius populi Christiani, opem darent & operam efficaces: quódque idem dom. Rex, Archiepiscopi, Episcopi, Abbates, Priores, & aliæ personæ Ecclesiasticæ supradictæ auditis, & intellectis pleniùs propositis & significatis, & requisitionibus supradictis, considerantes quòd in hoc casu negotium agitur fidei quod est Dei, & quòd ad defensionem, conseruationem, & exaltationem ipsius fidei ipse dom. Rex collatam sibi recipit à Domino potestatem, iidémque Prælati sunt in partem sollicitudinis euocati, super præmissis per dies multos discussione & deliberatione præhabita diligenti, ex præmissis & aliis legitimis causis moti conuocationem & congregationem dicti Concilij generalis vtilem, & omnino necessariam reputantes, huiusmodi conuocationi & congregationi consenserant, ac responderant, quòd conuocationi & congregationi prædictis opem, & operam darent efficacem vt deberent: & ne dictus dominus B. motus, seu prouocatus ex iis, prout timebant ex verisimilibus coniecturis, & comminationibus multis, contra eos, Ecclesias, Parochianos, & subditos suos quoquomodo procedat, aut procedi faciat, sua vel alia auctoritate quacunque, excommunicando, suspendendo, interdicendo, deponendo, priuando, vel aliàs quouis modo in impedimentum, & perturbationem Concilij congregandi, & quin confedere, coniudicare, & alia quæ ad officium Prælati pertinent facere in eodem Concilio poſſent, ſaluique eorum, & ſibi adhærentium ſtatus manere deberent, pro ſe, Eccleſiis, Parochianis, & ſubditis ſuis, & pro ſibi adhærentibus, ſeu adhærere volentibus in hac parte, & prædictum Concilium congregandum, & ad futurum verum, & legitimum ſummum Pontificem, & ad illum vel ad illos, ad quem vel ad quos de iure fuerit appellandum prouocarunt, & appellarunt in ſcriptis, & apoſtolos teſtimoniales cum inſtantia petierunt, ſupponentes ſe, Eccleſias, Parochianos, ſubditos, ac ſibi adhærentes, ipſorum ſtatus, iura & bona protectioni diuinæ, prædicti Concilij, ac futuri veri & legitimi ſummi Pontificis; ac proteſtantes de innouando appellationem huiuſmodi, vbi quando, & coram quibus eis viſum fuerit expedire. Quare pro parte præfati dom. Regis petebatur à nobis, vt conuocationi, & congregationi prædicti Concilij generalis aſſentire, ac quantum in nobis eſt opem dare, & operam curaremus. Nos autem præmiſſis conſiderationibus, & cauſis inducti, conuocationem, & congregationem ipſius Concilij reputatam ab eis vtilem, neceſſariam, ac ſalubrem, ac expedientem fidei negotio, & Eccleſiæ ſanctæ Dei, eiuſdem conuocationi, & congregationi Concilij aſſentimus, & opem, & operam libenter dabimus iuxta poſſe, & prædictis prouocationibus, & appellationibus adhæremus, ſaluis auctoritate, & reuerentia Sedis Apoſtolicæ, ſanctaque ac Catholicæ Eccleſiæ vnitate, & in quantum ſecundùm Deum poſſumus & debemus. Et ne dictus dominus B. motus, ſeu prouocatus ex iis, prout timemus ex veriſimilibus coniecturis, & comminationibus multis, contra nos, vel aliquem ex nobis, vel Eccleſiam noſtram quoquomodo procedat, aut procedi faciat ſua, vel alia auctoritate quacunque, excommunicando vel ſuſpendendo, interdicendo, vel aliàs quoquo modo in impedimentum, vel turbationem Concilij congregandi, & quin aliàs ſtatus noſtri ſalui maneant pro nobis, & nobis adhærentibus, ſeu adhærere volentibus, ad prædictum Concilium congregandum, & ad futurum verum & legitimum ſummum Pontificem, & ad illum, ſeu ad illos, ad quem, ſeu quos de iure fuerit appellandum, prouocamus, & appellamus in ſcriptis, & apoſtolos teſtimoniales cum inſtantia petimus. Supponentes nos, ac nobis adhærentes, & adhærere volentes, ſtatum noſtrum, Eccleſiam noſtram protectioni diuinæ, & prædicti Concilij generalis, ac futuri veri & legitimi ſummi Pontificis; ac proteſtantes de innouando appellationem, ſeu prouocationem huiuſmodi, vbi, quando, & coram quibus nobis viſum fuerit expedire. In quorum omnium teſtimonium ſigillum noſtrum præſentibus litteris duximus apponendum. Datum Pariſius die Veneris ante feſtum Beati Ioannis Baptiſtæ, anno Domini milleſimo trecenteſimo tertio. *Seellé.*

Acte des Freres Treſcheurs de Paris, qui adherent audit appel, ſalua ſui Ordinis obedientia reuerentiaque, & honore Eccleſiæ Romanæ, ac fidei Catholicæ veritate, *ſe mettans eux & leurs Confreres ſous la protection du ſaint Concile, & du futur Pape legitime, ſans ſe departir de leurs appellations.*

Au Threſor Coffre Boniface num. 26.

1303.
26. Iuin.

IN nomine Domini. Amen. Anno eiuſdem milleſimo trecenteſimo tertio indictione prima, viceſima ſexta die menſis Iunij, Pontificatus domini Bonifacij Papæ octaui anno nono, tenore præſentis inſtrumenti publici

DE BONIF. VIII. ET PHILIP. LE BEL. 121

blici nouerint vniuerfi, quòd in præfentia mei Notarij, & teftium fubfcriptorum ad hoc fpecialiter vocatorum, & rogatorum, fratres Reginaldus de Albigniaco, locum tenens Prioris, vel Superioris conuentus fratrum Prædicatorum Parif. Ioannes de Allodio quondam Cancellarius Parif. Petrus de Condeto, Nicolaus Confeffor domini Regis, Wibertus eius focius, Ioannes Parif. Guillelmus Parif. Stephanus de Cingiaco eius focius, Richardus de fancto Dionyfio, Ioannes de Monte-lectorici ; Durandus de fancto Porciano, Bernardus de Cuciaco, Thomas de Confleto, Bartholomeus de Bello-loco, Guillelmus de fancto Euulcio, Ioannes de fancto Maximino, Adam de Chableis, Girardus de Tilligniaco, Nicolaus de Sancto Arnulpho, Tietricus de Auella, Bernardus Metenf. Henricus Teffon, Petrus de Moncello, Guillelmus de Marifcone, Petrus de Conapeuilla, Ioannes de Monafterio, Robertus Senon. Michaël de Vonell. Herueus de Ancto, Simon Meten. Ioannes de fancto Vincentio, Petrus Beleti, Ioannes de Latigniaco, Nicolaus de Bella-villa, Ioannes Infulenf. Renerus Pruuinen. Albertus Cathalonenf. Guillelmus de Forefta, Mauricius de fancto Paulo, Simon de Azayo, Ioannes Minceti, Balduinus de Baffeya, Droco Beluacenf. Reginaldus de Iarz. Bartholomeus Parif. Guillelmus Guidonis, Guillelmus le Loquetis, Gerardus de fancto Amando, Andreas Infulen. Godefridus Leodienfis, Ioannes de Chetenuilla, Michaël de Magneyo, Stephanus de Chenillone, Guillelmus Gebennenf. Ioannes Meldenfis, Hugo Donati, Bernardus Dominici, Guillelmus Durandi, Bernardus Maffandi, Guillelmus Bertrandi, Bomeus Matheus de Appulia, Ioannes Taurini, Robertus de Attrebato, Ioannes de Vallibus, Petrus de Tarniaco, Gaufridus de Albigniaco, Cubertus Scotus, Robertus Scotus, Hugo Scotus, Alexander Scotus, Robertus Andrini, Ioannes de Mouciaco, Egidius de Bofco, Nicolaus Parif. Ytherius Alani, Oliuerus de fancto Ioanne, Hugo de Compendio, Ioannes Carnotenfis, Reginaldus Meten. Ioannes Breardi, Michaël de Pontegremi, Georgius Carnoten: Hugo Bifuntinus, Guillelmus Barberij, Gerardus de Monafteriolo, Nicolaus de Monte-lectorici, Nicolaus de Tilecaftro, Ioannes de fancto Mederico, Nicolaus de Gandauo, Guillelmus Attrebat. Ioannes Lugdun. Gerardus Beluacenf. Galterus Normannus, Stephanus de Albigniaco, Rucho reuerendus Prior Prouincialis Franciæ, Bernardus Aruernus Prior Parif. Alanus Supprior, Ioannes de Braya, Petrus Ifraël, Theobaldus de fancto Porciano, Herueus Naralis, Herueus de Giffo, Euftachius Parif. Ioannes de Belua, Nicolaus de Nongento, Remondus Orientis, Iacobus Laufannenfis, Ioannes Lemouicen. Nicolaus de Berraudi Curia, Guillelmus Bifuntinus, Poncius de Brefon, Garinus de Barro, Pregentius de Guingampo, Michaël de Ceris, Guillelmus de Efpauilla, Helias de Prato, Egidius de fancto Dionyfio ; Hugo de Infula, Stephanus Yuardi, Yuo Cadomi, Galterus de Vinoliis, Petrus de Clugniaco, Ioannes Chaumardi, Petrus de Treforcio, Iacobus de Manfo, Ioannes Harelli, Gaufridus de Percio, Nicolaus de Conino, Egidius Infulenf. Adam Parif. & Stephanus Chifleti de Conuentu dictorum fratrum Prædicatorum Parif. in Capitulo eiufdem Conuentus hora tertia congregati, auditis expofitifque fibi, & plenius intellectis prouocationibus, & appellationibus ex parte excellentiffimi Principis domini Philippi Dei gratia Regis Franciæ illuftris, ac reuerendorum in Chrifto patrum dominorum Archiepifcoporum, Epifcoporum, Abbatum, & Priorum, ac Baronum Regni Franciæ, quorum nomina in publicis inftrumentis confectis fuper hoc plenius continentur, ex certis caufis, & fub certis modis in eifdem inftrumentis feriofiùs expofitis, & contentis, ad facrum congregandum generale Concilium, vel ad futurum verum & legitimum fummum Pontificem, vel ad illum, vel illos ad quem, vel quos de iure foret appellandum, pro fe, & fibi in hac parte adhærentibus, feu adhærere volentibus interiectis, ne dictus Bonifacius Papa octauus motus, feu prouocatus ex iis, contra præ dictum dominum Regem, Prælatófque, & Ecclefias, fubditos, & adhærentes, parentes, & amicos quoquomodo procederet, aut procedi faceret, excommunicando, fufpendendo, interdicendo, deponendo, priuando, vel aliàs quouis modo quocunque colore quæfito, fua, aut alia auctoritate quacúque, prout in eifdem inftrumentis publicis plenius continetur, prouocationibus, & appellationibus antedictis adhæferunt. Et ex abundanti ex eifdem & fub eifdem modis & verbis fimiliter appellarunt, falua fui Ordinis obedientia, reuerentiáque, & honore Ecclefiæ Romanæ, ac fidei Catholicæ veritate, fupponentes fe & fua, & ftatum fuum protectioni dicti facri congregandi Concilij, & prædicti veri & legitimi futuri fummi Pontificis, non recedendo ab appellationibus fupradictis, fed eis potiùs adhærendo. Actum Parifius in Capitulo domus Prædicatorum fratrum, anno, indictione, die, menfe, & Pontificatu fupradictis. Præfentibus nobili & potenti viro domino Matthæo de Tria milite, Magiftro Ioanne de Forefta Canonico Baiocen. Ioanne de Montigniaco, Magiftris Thoma de Forefta, & Drocone de Rimaricomonte, Clericis, teftibus ad hoc vocatis fpecialiter & rogatis.

Et ego Ioannes de Prunino auctoritate facrofanctæ Romanæ Ecclefiæ Notarius publicus, vnà cum fuprafcriptis teftibus, præmiffis omnibus, & fingulis præfens interfui, & ea vt fuprà leguntur, fideliter in publicam formam redegi, meóque figno confueto fignaui requifitus & rogatus.

Acte par lequel l'Abbé de Luxeuil adhere à ce qu'a ordonné le Roy contre Boniface.

1303.
Iuin.

VNIVERSIS præfentes litteras infpecturis, Th. humilis Abbas Luxouij falutem. Cùm perfonam domini noftri Regis Franciæ, ftatum, honorem & iura defendere teneamur, eidem domino Regi promifimus, quòd perfonam fuam, dominæ Reginæ, & filij fui in regno hæredis ftatum, honorem, iura & libertates eiufdem totis viribus quantum fecundùm Deum poterimus, defendemus, & in eorum tuitione fibi affiftemus contra quamque partem quæ cum vellet impetere, ftatum, honorem, iura & libertates eius infringere, aut etiam annullare, etiam contra dominum B. Papam VIII. qui multa contra eos, & regnum Franciæ dicitur comminatus fuiffe, nec ab eo vnquam nos feparabimus in defenfione prædicta, fanctæ Sedis Apoftolicæ reuerentia femper falua : faciemúfque de conuocatione Concilij generalis, prout aliàs conceffimus, prout in tranfactionibus noftris in inftrumentis publicis inde confectis plenius continetur. Cùmque tam dictus dominus Rex, quàm nos, & magnifici viri Karolus,

DE BONIF. VIII. ET PHILIP. LE BEL.

& Ludouicus fratres dicti domini Regis, Comes S. Pauli & I. Droceni. Comes, & alij milites, Barones, & nobiles regni sub certis formis prouocauerimus, & appellauerimus, & in scriptis, ne dictus dominus Papa commotus occasione præmissorum, vel aliquorum ex eis procederet contra ipsum Regem, regnum, Barones, nos & subditos, & nobis adhærentes, & adhærere volentes, prout in instrumentis inde confectis plenius continetur: promittimus, quòd si dictus dominus Papa procedat quoquo quæsito colore, occasione præmissorum, appellationum, adhæsionum, & quorumcumque aliorum conuocationem dicti Concilij tangentium, excommunicando, interdicendo, suspendendo, deponendo, absoluendo à iuramento fidelitatis, homagij, vel alterius cuiuscumque obligationis, vel alio quoquo modo procedendo contra Regem, prædictos K. & L. & Comites, aut magnificum virum R. Ducem Burgundiæ, qui appellationi prædictæ dicitur adhærere, & alios adhærentes, & adhærere volentes, qui se nobis sub forma qua se dictus dominus Rex, & alij prænominati nobis obligauerunt, & obligant, & obligabunt: Nos dicto domino Regi, ac Baronibus, & sibi adhærentibus assistemus, & secundùm Deum pro iuribus defendemus, nec nos separabimus ab eisdem, nec absolutionibus à iuramento fidelitatis, vel aliis quibuscunque relaxationibus indultis vel indulgendis, impetratis vel impetrandis, vel vltro oblatis, vel offertis, vel concessis, seu concedendis vtemur: imò semper eidem domino Regi, Baronibus & adhærentibus adhærebimus. Et hæc omnia & singula promisimus volumus & iuramus, iure ratione Ecclesiæ, nostróque & Ecclesiarum nostrarum in omnibus, & per omnia semper saluo, & illicita conspiratione, seu coniuratione cessante. Nolentes quòd idem dominus Rex nouum homagium, seu iuramentum acquirere in nobis, & nostris Ecclesiis valeat in aliis per prædicta. In cuius rei testimonium præsens litteris nostrum fecimus apponi sigillum. Datum apud Vicen. anno Domini 1303. die Martis post octauam Apostolorum Petri & Pauli mense Iulio.

Le Roy dit que plusieurs Comtes, Barons, & Cheualiers meus de zele de Religion luy remonstrerent le miserable estat de l'Eglise sous le Pape Boniface, tout couuert de crimes horribles qu'ils croyoient veritables, & qu'ils pourroient prouuer, & qu'ils en feront la poursuite au Concile general ou ailleurs où il sera iugé à propos. Ces choses furent dites en presence du Roy assisté des Prelats & autres Ecclesiastiques, Barons, Comtes, & autres, & demanderent en outre au Roy, tanquam fidei pugili & Ecclesiæ defensori, & aux Prelats presens, qu'on trauaillast à la conuocation d'vn Concile general, cùm in talibus casibus directrix veritatis extiterit regia domus nostra.

Le Roy sur cela ayant pris conseil & entendu les Prelats, l'Vniuersité de Paris, les Docteurs en Theologie, & autres, & quelques Estrangers, comme aussi plusieurs Grands & Nobles, il fut resolu que la conuocation du Concile general estoit du tout necessaire pour le bien de l'Eglise, afin que l'innocence du Pape soit connuë. Le Roy promet de faire tout ce qui sera en luy pour paruenir à cette conuocation; & appelle au futur Concile ou au Pape futur legitime, ou à celuy qui sera trouué plus à propos, de tout ce que pourra faire Boniface contre luy, & tous ceux qui auront adheré auec luy, au cas qu'il ait du ressentiment de cette action. Le Roy pour auoir vn consentement de toutes les Communautez de son Royaume, tant Ecclesiastiques que seculieres, enuoya diuerses personnes qualifiées par tout son Royaume.

Le Roy declare, qu'au cas que le Pape procede contre luy, & ceux qu'il a assemblez pour aduiser les moyens d'assembler vn Concile, qu'il en appelle au futur Concile, ou au Pape qui sera legitime.

1303.
1. Iuillet.

PHILIPPVS Dei gratia Francorum Rex, vniuersis præsentes litteras inspecturis salutem. Etsi Catholicæ fidei & vniuersalis Ecclesiæ, matris fidelium, sponsæ Christi, negotium cunctos, quos eiusdem participatio fidei, & religio Christiana complectitur, principaliter & immediatè contingat, ac proprium interesse respiciat singulorum: nos tamen & alios Reges, & Principes orbis terræ eo principaliùs, atque peramplius tangit & respicit, & ad ipsius promotionem negotij cùm causa deposcit, eo astricti tenemur obnoxiùs, quo ad exaltationem, & augmentum eiusdem fidei, & defensionem Ecclesiæ, & Ecclesiasticæ libertatis commissam suscepisse recognoscimus & fatemur, & traditam diuinitus potestatem. Nuper siquidem nonnulli Comites, Barones, & milites regni nostri, fide dignæ quidem, & magnæ auctoritatis personæ, moti vt dicebant feruore fidei, sinceræ deuotionis affectu, & zelo caritatis inducti, sacrosanctæ Romanæ, & vniuersali Ecclesiæ matri suæ, quam sub præsidentia B. nunc eiusdem Ecclesiæ regimini præsidentis miserabiliter deprimi, ac deformationem enormem, & iacturam pati dicebant, compatientes ab intimis, ac Christianæ fidei in qua salus animarum consistit, & quæ suis temporibus proh dolor contabescit, & deperit, excidio condolentes, ad ipsius Ecclesiæ, & totius Christianitatis salubre regimen, & bonum statum, ac reparationem, & exaltationem Catholicæ fidei, votis vt dicebant feruentibus intendentes, maximè cùm eidem Ecclesiæ fidei fundamento, & animarum saluti summè expediat, vt dominici gregis ouili, non nisi verus & legitimus, ac verè & legitimè pastor præsit, & quòd ab eadem Ecclesia sponsa Christi, quæ non habet maculam neque rugam, omnis error, scandalum, iniquitas, ac iniustitia repellatur, ac toti mundo quem ex peruersis actibus, detestandis operibus, & perniciosis exemplis dicti Bonifacij in guerris, & tenebris manere dicebant, salus, pax, & tranquillitas diuina fauente misericordia procurentur, contra dictum Bonifacium hæreticæ prauitatis, & alia diuersa, enormia, horribilia, ac detestabilia crimina, quibus cum irretitum esse dicebant, & super eo publicè, ac notoriè diffamatum; nobis ac Archiepiscopis, Episcopis, & aliis Prælatis, ac personis Ecclesiasticis, qui pro suis & Ecclesiarum suarum agendis conuenerunt, ac Baronibus, Comitibus, & aliis nobilibus regni nostri præsentibus asseruerunt, proposuerunt, & obiecerunt publicè & patenter, præstitis ab eisdem obiectoribus, vt vestram in hac parte conscientiam informarent, nostrúmque ad exauditionem petitionis suæ animum faciliùs inclinarent, ad sancta Dei Euangelia tacta corporaliter iuramentis, quòd huiusmodi crimina credebant esse vera, & se posse probare, quódque ipsa in generali Concilio, vel aliàs vbi, & coram quibus expedire viderint, & de iure fuerit faciendum, ad finem debitum prosequentur. Petentes à nobis tanquam fidei pugili, & Ecclesiæ defensore, ac Archiepiscopis, & Episcopis supradictis tanquam Ecclesiæ fideique columnis, vt pro declaratione veritatis huiusmodi, vt omnis error abscedat, ac periculis & scandalis quæ vniuersali Ecclesiæ imminent occurratur, conuocationi, & congregationi dicti Concilij generalis, ad laudem diuini nominis, augmentum, & exaltationem Catholicæ fidei, honorem & bonum statum vniuersalis Ecclesiæ, ac

totius populi Christiani opem daremus, & operam efficaces, cum in talibus
& similibus casibus semper directrix veritatis extiterit Regia domus nostra.
Nos autem licèt pudenda patris proprio libenter pallio tegeremus, ob specialis tamen deuotionis, & dilectionis zelum, quem ad praefatam Ecclesiam, matrem fidelium, sponsam Christi, cuius tanquam Christianae legis
& Catholicae fidei zelatores deuotum nos filium profitemur, & defensiorem recognoscimus specialem, progenitorum nostrorum insequendo vestigia gerimus, praemissa nequeuntes vrgente conscientia, sub conniuentia
vel dissimulatione transire, praesertim cùm super excidio fidei, nostro, &
& aliorum quorumlibet, & praecipuè Regum, & Principum orbis terrae deberet patientia reprobari, huiusmodi propositionibus, & obiectionibus, ac requisitionibus auditis, & pleniùs intellectis, ac super iis cum Praelatis, videlicet Archiepiscopis, Episcopis, Abbatibus, Prioribus, Vniuersitate Parisiens. studij, ac Magistris in Theologica facultate, & in vtroque
Iure Doctoribus, Religiosis, & aliis de regno nostro oriundis, ac etiam aliunde, ac in regno ipso, & alibi praelaturas, & beneficia obtinentibus, nec
non Baronibus, & aliis nobilibus deliberatione, & discussione habita pleniori, conuocationem, & congregationem dicti Concilij ex praemissis, &
aliis iustis, & legitimis causis vtilem, & salubrem expedientem fidei negotij, & Ecclesiae sanctae Dei, & omnino necessariam reputantes, conuocationi, & congregationi huiusmodi faciendae, vt praefati B. innocentia clareat, sicut teste conscientia exoptamus, aut de impositis sibi per Concilium discutiatur, statuatur & fiat, quod praecipiunt, & decernunt canonicae sanctiones, deliberato consilio expresse consensimus, & proponentibus
respondimus memoratis, quòd eisdem conuocationi & congregationi
opem libenter, & operam, prout ad nos pertinet, praeberemus. Certis, ne
idem B. ex iis prouocatus contra nos, Praelatos, Barones, & personas praedictas, Ecclesias, terras, fideles & subditos nostros, & eorum, aut nobis adhaerentes, vel adhaerere volentes in hac parte procederet, ad praedictum
Concilium, & ad futurum verum & legitimum summum Pontificem, &
ad illum vel ad illos, ad quos de iure fuerit appellandum, ex parte nostra,
& ipsorum sub certis formis prouocationibus, & appellationibus interiectis.
Nos itaque ad petendum praedictū generale Concilium conuocari, & etiam
congregari, & ad faciendum omnia, & singula quae circa haec fuerint opportuna, dilectos, & fideles Guillielmum de Chatenayo, & Hugonem de
Cella milites nostros exhibitores praesentium, & vtrumque ipsorum in solidum procuratores nostros constituimus, & nuncios speciales, dantes eis,
& alteri ipsorum in solidum super praemissis omnibus & singulis, ac ea
tangentibus, vel dependentibus eisdem plenam, & liberam potestatem,
& speciale mandatum, ratum habituri, & gratum quicquid per eos, vel
eorum alterum factum, gestum, vel procuratum fuerit in hac parte. In
cuius rei testimonium, sigillum nostrum praesentibus literis duximus apponendum. Datum Parisius die 1. Iulij, anno Domini 1303. *& sçellé.*

126   PREVVES DE L'HIST. DV DIFFEREND

Lettre du Roy aux Cardinaux, où est inserée la lettre cy-dessus, & adiouste qu'il les prie instamment de trauailler à la connocation du Concile, prout ad eos pertinet, *afin de mettre ordre aux maux qui trauaillent l'Eglise, & leur enuoye exprés pour cet effet deux Ambassadeurs.*

PHilippvs Dei gratia Francorum Rex, venerabilibus, & amicis in Christo carissimis eadem gratia Episcopis, Presbyteris, & Diacon. Cardinalibus sacrosanctæ Romanæ Ecclesiæ, salutem, & sinceræ dilectionis affectum. Ineffabilis amoris dulcedine sponsus, & caput Ecclesiæ Dei Filius Dominus noster Iesus Christus amplectens, & prosequens sponsam suam, ipsam fundauit in Petri vocabulo supra petram, vósque ipsius columnas Ecclesiæ, fidei cardines, & Apostolorum constituit successores: vnde super iis quæ augmentum, & exaltationem fidei orthodoxæ, ac honorem, & bonum statum vniuersalis Ecclesiæ, & totius populi Christiani respiciunt, vos fiducia secura requirimus, ac specialibus cùm causa deposcit litteris, & precibus excitamus. Nuper siquidem nonnulli Comites, &c. *vt suprà vsque ad hæc verba*, prouocationibus, & appellationibus interiectis. Quapropter venerabilem cœtum vestrum attentè requirimus, & rogamus, quatenus ad conuocationem, & congregationem prædicti Concilij generalis loco, & tempore congruis celebrandi pro honore Dei, & augmento Catholicæ fidei, ac bono statu vniuersalis Ecclesiæ, & totius populi Christiani, diligenter & vnanimiter, prout ad vos pertinet, intendatis, per quod omni ab Ecclesia Dei errore propulso, ac sedatis scandalis, resurgant pax & tranquillitas, paretur miserabili terræ sanctæ subsidium, vobísque pro tam laudabili opere à diuina clementia condignè proueniat retributionis augmentum. Credentes dilectis, & fidelibus Guillelmo de Chacenaio, & Hugoni de Cella militibus nostris, vel eorum alteri, quos ad vos propter hæc specialiter destinamus, in iis quæ circa hæc vobis ex parte nostra duxerint exponenda. Datum Parisius die 1. Iulij anno Domini 1303. *& seellé.*

Coffre Boniface num. 747.

Lettre du Roy aux Prelats & Ecclesiastiques, aux Princes, Ducs, Marquis, Nobles, Communautez, & Vniuersitez de villes d'Espagne, Portugal, & Nauarre, où est aussi inserée ladite lettre cy-dessus; & pour ce enuoye exprés deux Ambassadeurs.

PHilippvs Dei gratia Francorum Rex, venerabilibus in Christo patribus vniuersis Archiepiscopis, Episcopis, nec non Electis, Abbatibus, Prioribus, Decanis, Capitulis, Conuentibus, Collegiis, cæterísque personis Ecclesiasticis, ac nobilibus viris, Principibus, Ducibus, Marchionibus, Comitibus, Baronibus, militibus, & aliis nobilibus, Communitatibus, & Vniuersitatibus villarum, cæterísque fidei orthodoxæ cultoribus per regna Hispaniæ, Portugalliæ, & Nauarræ constitutis, ad quos præsentes litteræ peruenerint, salutem, & sinceræ caritatis affectum. Etsi Catholicæ fidei, & vniuersalis Ecclesiæ. *Et cætera, vt suprà vsque ad hæc verba*, retributionis augmentum. Credentes dilectis, & fidelibus Magistris Guillermo de Chemino, & Egidio Lupi Decano Tutel. Clericis, & Martino de Roncaut seruienti armorum nostris vel eorum alteri, quos ad vos propter hæc specialiter destinamus, in iis quæ circa hæc vobis ex parte no-

DE BONIF. VIII. ET PHILIP. LE BEL.

stra duxerint exponenda. Datum Parisius die 1. Iulij, anno Dom. 1303. *& scellé.*

Coffre Boniface num. 76.

Lettre dudit Roy aux villes d'Italie, où ladite lettre est inserée, & y enuoye deux Ambassadeurs à cet effet.

PHILIPPVS Dei gratia Francorum Rex, nobilibus, prudentibus, ac circunspectis viris carissimis amicis nostris, Potestatibus, Capitaneis, Antianis, Consiliis, Communibus, & populis totius Italiæ cum pura dilectione salutem, &c. *vt in superioribus vsque ad hæc verba,* retributionis augmentum. Dilectis, & fidelibus nostris magistris Ioanni Britonis, & Matthæo de Curtibus iumellis legum doctoribus, exhibitoribus præsentium, quos ad vos propter hæc specialiter destinamus, & eorum cuilibet super iis quæ ex parte nostra vobis exponent oraculo viuæ vocis, tanquam ab ore nostro prolatis fidem indubiam adhibentes. Datum Paris. *Scellé.*

Coffre Boniface num. 744.

Lettre dudit Roy au Roy de Portugal, où ladite lettre est inserée, & rien danantage.

EXCELLENTI & magnifico Principi D. Dei gratia Regi Portugalliæ illustri, carissimo consanguineo nostro, Philippus eadem gratia Francorum Rex, salutem, & felices ad vota successus. Etsi Catholicæ fidei & vniuersalis Ecclesiæ, &c. *vt in præcedentibus litteris numero* 746. Datum Parif. die decima Iulij, anno Domini 1303. *Scellé.*

Coffre Boniface numero 745.

Acte de quelques Abbez, & Prieurs du Royaume de Nauarre, ausquels le Roy ayant écrit ce qui s'estoit passé deuant luy contre Boniface, & ce qui y auoit esté resolu, auec l'acte de toute la resolution, signé par Eueni Phili de sancto Nicasio (*imprimé aux actes p.* 31.) *& le consentement du Chapitre de l'Eglise de Paris, & de l'Vniuersité de Paris: le Roy leur demanda leur consentement à tout ce qui s'y estoit passé; ce qu'ils accordent, & adherent auec le Roy,* saluis in omnibus auctoritate Ecclesiæ Romanæ, iuribus, honore & obedientia.

Coffre Boniface num. 24.

VNIVERSIS præsentes litteras inspecturis, Andreas Dei gratia Hospitalis Roscideuallis Prior humilis, Ferrandus eadem gratia Monasterij de Irach Abbas humilis, eorúmque conuentus S. Ioannis Hierosolymitani in Nauarra, S. Petri de Stella, S. Crucis, & S. Martialis de Tutela Priores, nec non Commendator domus Trinitatis de Ponte reginæ, salutem in Domino sempiternam. Litteras excellentissimi Principis domini Philippi Dei gratia Francorum Regis recepimus, vidimus & legimus sigillo suo sigillatas, nobis & quamplurimis aliis Christi fidelibus directas, in quibus notum omnibus nobis faciebat, quòd nonnulli magnifici nobiles viri magnǽque auctoritatis Comites & milites, moti, vt dicebant, feruore fidei, seu sincerǽ dilectionis affectu, & zelo caritatis inducti, sacrosanctæ Romanæ, & vniuersali Ecclesiæ matri suæ, quæ sub domini Bonifacij PP.

1303.
Lanauer.

VIII. præsidentia periculosa deprimi, ac deformationem enormem, & iacturam pati dicebant, compatientes ab intimis, ac Christianæ fidei, in qua salus animarum consistit, & quæ suis temporibus proh dolor! miserabiliter contabescit & deperit, vt dicebant, periculis condolentes, contra dictum dom. Bonifacium hæreticæ prauitatis, & alia diuersa horribilia, & detestabilia crimina, quibus eum irretitum esse dicebant, & super iis publicè ac notoriè diffamatum, præsentibus ipso dom. Rege, Archiepiscopis, Episcopis, & aliis Prælatis, & personis Ecclesiasticis, Baronibus, Comitibus, & aliis nobilibus proposuerunt & obiecerunt publicè & patenter, præstitis ab eisdem obiectoribus, vt suam in parte conscientiam informarent, suúmque ad exauditionem petitionis suæ animum facilius inclinarent, ad sancta Dei Euangelia tacta corporaliter iuramentis, quòd ea quæ proposuerant contra dictum dom. Bonifacium credebant esse vera, & posse probare, & quòd in Concilio generali, vel alias coram quibus expedire videtur, & de iure fiunt facienda, persequerentur ad finem debitum. Petentes ab ipso tanquam fidei pugile, & Ecclesiæ defensore, nec non à Prælatis, Archiepiscopis, & Episcopis ibidem præsentibus, tanquam Ecclesiæ fideíque columnis, vt pro declaratione veritatis huiusmodi, & vt omnis error abscederet, & periculis, & scandalis quæ vniuersali Ecclesiæ imminent occurreretur, conuocationi, & congregationi dicti Concilij generalis ad laudem diuini nominis, & exaltationem Catholicæ fidei, honorem, & bonum statum vniuersalis Ecclesiæ, ac totius populi Christiani, opem daret, ac operam efficaces, vt in talibus, & consimilibus casibus semper directrix veritatis extiterit regia domus sua. Qui licèt pudenda patris proprio pallio libenter tegeret, ob specialis tamen dilectionis zelum, quem ad præfatam Ecclesiam matrem fidelium & sponsam Christi, cuius tanquam Christianæ legis, & Catholicæ fidei zelatorem deuotum se filium profitetur, & defensorem recognoscit specialem, primogenitorum suorum insequendo vestigia gerens, præmissa sub conniuentia, vel dissimulatione transire non possit: super propositis cum Prælatis, Archiepiscopis, Episcopis, Religiosis, Baronibus, Comitibus, Principibus, ac Vniuersitate Paris. deliberatione habita, conuocationi, & congregationi dicti Concilij generalis faciendi, vt præfati dicti domini Bonifacij innocentia clareret, quod teste conscientia exoptabat, aut de impositis sibi per Concilium generale discutiatur & statuatur, & fiat quod decernunt & præcipiunt canonicæ sanctiones, consensit; ac proponentibus respondit, quòd eisdem conuocationi, & congregationi opem præberet, & operam efficaces, prout ad ipsum pertinere poterat, & debebat. Cæterum de personis, quæ proposuerunt crimina supradicta contra dictum D. Bonifacium, & de criminibus propositis contra ipsum, nec non qualiter conuocationi, & congregationi dicti Concilij generalis consenserunt nonnulli Archiepiscopi, Episcopi, Abbates, & Priores qui præsentes fuerunt tempore obiectionis criminum, & tempore iuramenti ab obiectoribus præstiti, qui credebant quæ proposuerant esse vera, & posse probari in Concilio generali, per quoddam publicum instrumentum, signo Eueni Phili de S. Nicasio clerici Corosopitensis diœcesis Apostolica publici auctoritate Notarij fecit nos penitus informatos. De consensu verò Decani, & Capituli Parisien. nec non Vniuersitatis Magistrorum, & Scolarium Parisi. super conuocatione, & congregatione dicti Concilij dato, & præstito, per litteras sigillo Curiæ Official. Parisi. nos fecit similiter informatos. Nos requirens per suas litteras, & per suos nuncios speciales, vt

conuo-

DE BONIF. VIII. ET PHILIP. LE BEL.

conuocationi & congregationi dicti Concilij generalis confentire vellemus caufis & rationibus fupradictis. Nos verò qui fidei Catholicæ cultum & augmentum modis omnibus defideramus & volumus, confiderantes conuocationem, & congregationem dicti Concilij generalis fore vtilem, neceffariam, & falubrem ad expeditionem fidei & Ecclefiæ fanctæ Dei; & vifis auditis & intellectis pleniùs per infpectionem publicorum inftrumentorum prædictorum, nobis in hac parte exhibitorum, proceffibus omnibus habitis & propofitis circa conuocationem & congregationem dicti generalis Concilij, in præfentia excellentiffimi principis dom. Philippi Regis Franciæ, requifiti nihilominus à prædicto Rege tanquam à vero cultore fidei Catholicæ, ac præcipuo zelatore eiufdem fidei, habito confilio, pleniffimáque deliberatione habita circa præmiffa confenfimus vnanimiter conuocationi & congregationi Concilij generalis fupradicti, auctoritate facrofanctæ Romanæ Ecclefiæ, iuribus, honore, & obedientia in omnibus femper faluis. In cuius rei teftimonium figilla noftra duximus præfentibus apponenda. Datum menfe Ianuarij, anno Domini 1303. *Seellé de fix feaux.*

Trois actes des Cheualiers & Nobles du Royaume de Nauarre, & vn acte des Villes dudit Royaume, qui adherent à tout ce que le Roy a arrefté contre Boniface.

Coffre Boniface numero 5. 6. 106. 457.

VNIVERSIS præfentes litteras infpecturis, Bernardus Durandi, Marcus Sancij de Rada, Didacus Roderici de Rada, Rodericus Didaci de Rada, Petrus Didaci de Rada, Ennecus Petri de Rada, Ferrandus Sancij de Daualos, Michaël Simonis de Coreilla, Petrus Martini de Coreilla, Ennecus Petri de Coreilla, Sancius Arnaldi de Coreilla, Rodericus Sancij de Cafcant, Lupus Orticij de Artaxo, Gomicius Garfiæ de Monte acuto, Garfias Petri de Monte acuto, Remigius Gundiffalui de Cortes, Tarinus Garfiæ de Buynuel, Ferrandus Petri de Caffeda, Martinus Garfiæ Dolcoz, Ioannes Gundiffalui de funibus, Ioannes Corberani de Vidaurre, & Ioannes de Vidaurre, milites & armigeri regni Nauarræ, falutem in Domino. Litteras excellentiffimi principis domini Philippi Dei gratia Francorum Regis recepimus, vidimus, & legi fecimus, figillo fuo figillatas, nobis & quamplurimis aliis Chrifti fidelibus directas, in quibus nobis omnibus notum faciebat, quòd nonnulli magnifici nobiles viri magnæque auctoritatis Comites, & milites, moti, vt dicebant, feruore fidei, feu finceræ dilectionis affectu, & zelo charitatis inducti, facrofanctæ Romanæ, ac vniuerfali Ecclefiæ matri fuæ, quæ fub domini Bonifacij PP. VIII. præfidentia periculofa deprimi, ac deformationem enormem & iacturam pati dicebant, compatientes ab intimis, ac Chriftianæ fidei in qua falus animarum confiftit, & quæ fuis temporibus, proh dolor! miferabiliter contabefcit & deperit, vt dicebant, periculis condolentes, contra dictum dom. Bonifacium hæreticæ prauitatis, & alia diuerfa horribilia, & deteftabilia crimina quibus irretitum effe dicebant, & fuper iis publicè, & notoriè diffamatum, præfentibus ipfo dom. Rege, Archiepifcopis, Epifcopis, & aliis Prælatis, perfonis Ecclefiafticis, Baronibus, Comitibus, & aliis Nobilibus, propofuerunt, & obiecerunt publicè & patenter, præftitis ab obiectoribus, vt fuam in hac parte confcientiam informarent, fuúmque ad exauditionem petitionis fuæ animum faciliùs inclinarent, ad fancta Dei Euangelia tacta corporaliter iuramentis, quòd ea quæ

R

proposuerant contra dictum dom. Bonifacium credebant esse vera, & posse probare, & quòd in Concilio generali, vel aliàs coram quibus expedire videretur, & de iure fuerit faciendum, prosequerentur ad finem debitum. Petentes ab ipso tanquam fidei pugile, & Ecclesiæ defensore, nec non à Prælatis, Archiepiscopis, & Episcopis ibidem præsentibus tanquam Ecclesiæ fideique columnis, vt pro declaratione veritatis huiusmodi, & vt omnis error abscederet, & periculis, & scandalis quæ vniuersali Ecclesiæ imminent occurreretur, conuocationi & congregationi dicti Concilij generalis, ad laudem diuini nominis, & exaltationem Catholicæ fidei, honorem & bonum statum vniuersalis Ecclesiæ, ac totius populi Christiani, opem daret & operam efficaces, vt in talibus, & consimilibus casibus semper directrix veritatis extiterit regia domus sua. Qui licèt pudenda patris proprio pallio libenter tegeret, ob specialis tamen dilectionis zelum, quem ad præfatam Ecclesiam matrem fidelium & sponsam Christi, cuius tanquam Christianæ legis & Catholicæ fidei zelatorem, deuotum se filium profitetur, & defensorem recognoscit specialem, primogenitorum suorum insequendo vestigia, gerens, præmissa sub conniuentia, vel dissimulatione transire non posset: super propositis cum Prælatis, Archiepiscopis, Episcopis, Religiosis, Baronibus, Comitibus, Principibus, ac Vniuersitate Parisiensi deliberatione habita, conuocationi, & congregationi dicti Concilij generalis faciendi, vt præfati dom. Bonifacij innocentia clareret, quod teste conscientia exoptabat, aut de impositis sibi per Concilium generale discutiatur, statuatur, & fiat quod decernunt, & præcipiunt canonicæ sanctiones, consensit, & proponentibus respondit, quòd eisdem conuocationi, & congregationi opem præberet & operam efficaces, prout ad ipsum pertinere poterat & debebat. Cæterum de personis quæ proposuerunt crimina supradicta contra dictum dom. Bonifacium, & de criminibus propositis contra ipsum, nec non conuocationi & congregationi dicti Concilij generalis consenserunt nonnulli Archiepiscopi, Episcopi, Abbates, & Priores, qui præsentes fuerunt tempore obiectionis criminum, & tempore iuramenti ab obiectoribus præstiti, qui credebant quæ proposuerant vera, & posse probare in Concilio generali, per quoddam publicum instrumentum signo Eueni Phili de S. Nicasio Cleri Corisopiten. diocef. Apostolica publici auctoritate Notarij, fecit nos penitus informari: de consensu verò Decani, & Capituli Parif. nec non vniuersitatis Magistrorum, & Scholarium Parif. super conuocatione & congregatione dicti Concilij dato, & præstito, per litteras sigillo Curiæ Officialis Parisien. nos fecit similiter informari. Nos requirens per suas litteras, & per suos nuncios speciales, vt conuocationi & congregationi dicti Concilij generalis consentire vellemus, causis & rationibus supradictis. Nos verò qui fidei Catholicæ cultum, & augmentum modis omnibus desideramus & volumus, considerantes conuocationem, & congregationem dicti Concilij generalis fore vtilem, necessariam, & salubrem ad expeditionem fidei, & Ecclesiæ sanctæ Dei, & visis auditis, & intellectis pleniùs per inspectionem publicorum instrumentorum prædictorum nobis in hac parte exhibitorum, processibus omnibus habitis & propositis, circa conuocationem & congregationem dicti Concilij generalis, in præsentia excellentissimi Principis dom. Ph. Regis Francorum, requisiti nihilominus à prædicto tanquam à vero cultore fidei Catholicæ, ac præcipuo zelatore eiusdem fidei, habito consilio, plenissimáque deliberatione habita circa præmissa, consentimus vnanimiter conuocationi & congre-

DE BONIF. VIII. ET PHILIP. LE BEL.

gationi Concilij generalis supradicti, auctoritate sacrosanctæ Romanæ Ecclesiæ, iuribus, honore, & obedientia in omnibus semper saluis. In cuius rei testimonium sigilla nostra duximus præsentibus apponenda. Datum mense Aprilis, anno Domini 1304. *Seellé de 22. seaux.*

VNIVERSIS presentes litteras inspecturis, Furtunius Aznarij dominus de Castellione, Aznarius Eneci de Coreylla, Petrus Sancij de Monte acuto, Martinus Roderici d'Argayt, Gundissaluus Aznarij de Monte acuto, Simon Enneci de Monte acuto, Gundissaluus Lupi de Coreylla, Petrus Ferrandi de Coreylla, Sancius Petri de Monte acuto, Petrus Vareylles, Garsias Aluariz de Cortes, Remigius Petri de Cortes, Sacius Petri de Vareylles, Simon Orticij Dalcoaz, Ochoe Orticij Dalcoaz, Lupus Orticij de Mõte acuto, Garsias Lupi de Valcierra, Michaël Garcias Dalcoaz, Guillelmus de Villanoua, Ochoas de Villanoua, Simon Garcie Vicecomes de Baygnes, milites, & nobiles regni Nauarræ, salutem in Domino. Litteras excellentissimi Principis, *&c. vt in superiori littera, & iisdem verbis.* Datum mense Aprilis, anno Domini 1304. *seellée de 21. seaux.*

Pareilles lettres, & en mesmes termes des Cheualiers & Barons du Royaume de Nauarre, sçauoir, Furtunius Almorauit Gonfanarius Nauarræ, Ogerius de Malo Leone, Petrus Velaz de Gueuara, Ioannes Corberani de Leeth, & Martinus Eximini Dayuar, & Corberanus de Maloleone. *Données en Auril 1304. seellées de six seaux. numero* 106.

Autres pareilles lettres, & en mesmes termes, des villes de Pampelone, de Stella, de Tudela, de Sanguessa, de Olito, de sancto Ioanne de Pede Portus, de Burgo Roscidæuallis, de Larrassoyna, de Ponte Reginæ, de Arcubus, de Viana, de la Guardia. Dat. mense Ianuario 1303. *sellé de douze seaux. numero* 457.

Defenses faites par le Roy à tous Ecclesiastiques de sortir de son Royaume sans son congé, estans lesdits Ecclesiastiques obligez de luy obeir, sub naturalitatis, officij, & fidelitatis debito astricti : *leur defend de contreuenir à cet ordre,* sub capitali pœna, & amissione bonorum, *& en toutes autres peines que par droit & coustume ils peuuent estre contraints, & que sa Maiesté peut ordonner.*

Defenses faites par le Roy à tous Ecclesiastiques de sortir hors son Royaume.

PHILIPPVS Dei gratia Francorum Rex, dilecto, & fideli nostro Archiepiscopo Remensi salutem & dilectionem. Olim pro defensione necessaria regni nostri, ad cuius impugnationem hostilis iniquitas conatus suæ malignitatis exercet, aliisque cæteris, & legitimis causis inducti, constitutiones & inhibitiones, ne quis de fidelibus, vel subditis nostris, vel incolis regni nostri, cuiuscunque status, & conditionis existant, exiret limites regni eiusdem, vel in via se poneret exeundi, & de auro, argento, pecunia, & aliis cæteris rebus non extrahendis de regno nostro, absque nostra licentia speciali, sub diuersarum pœnarum adiectione duximus promulgandas, certis ad conseruationem, & executionem constitutionum, & inhibitionum ipsarum executoribus, & portuum, & passagiorum finium dicti regni custodibus deputatis. Verùm ex constitutionibus, & inhibitionibus huiusmodi nullus, vel modicus, quod non sine turpatione referri-

1305. sur la fin de Iuillet.

132 PREVVES DE L'HIST. DV DIFFEREND

mus, est hactenus secutus effectus, cùm per desidiam, negligentiam, & defectum quorumdam ex ipsis custodibus, ac fraudem & malitiam aliquorum, post editionem, & contra tenorem, & formam constitutionum ipsarum personæ nobis & regno suspectæ ingressæ fuerint, ac de die in diem quædam propriis, & aliæ mutatis habitibus passim, & indifferenter ingrediantur, & quædam egrediantur terminos dicti regni, ac de regno ipso huiusmodi res prohibitæ absque nostra licentia extrahantur. Cùm igitur præsentis conditio temporis, regni status, & ingruentium exigat qualitas agendorum, vt constitutiones, & inhibitiones prædictæ solito strictiùs, & firmiùs obseruentur, præsertim cùm Flandrensium rebellium abhorrenda rebellio, detestanda sæuitia, ferináque rabies magis ac magis de die in diem inualescat, & periculosè succrescat, adeóque ipsi mala malis, & excessibus excessus cumulantes, & ad subuersionem, destructionem omnimodam, & finale excidium dicti regni, & Ecclesiarum totis conatibus saragentes, nuper ad ciuitatem Morinensem, & ad alias diuersas villas, & loca Morinensis, Attrebatensis, & Tornacen. dioeceseum collecta satellitum hostiliter accedentes, B. Mariæ Morinensis, & aliorum prædictorum locorum Ecclesias, ipsius Virginis, & aliorum Sanctorum imagines existentes in eis, reuerentia penitus retroiecta, & diuino amore postposito nefandis ausibus, & temeritate sacrilega, ignis incendio concremarunt, ac villas, & loca prædicta per cædis, depopulationis, & deuastationis voraginem, deposita omni humanitatis mansuetudine, horribili crudelitate totaliter destruxerunt ; nec Deo, nec homini, nec personæ, nec dignitati aliquatenus deferentes, nec sexui, nec ætati parcentes, & alios diuersos enormes & detestabiles commiserunt excessus, qui humanis sensibus horrorem, & stuporem ingerunt, & audientium dura quamtumlibet corda impunguntur. Nos ad necessariam ipsius regni & Ecclesiarum, ac personarum Ecclesiasticarum defensionem totis, vt decet, studiis intendentes, ac propter hoc exponentes quibuslibet personæ laboribus, & dispendiis non vitatis, totaliter nos & nostra, & ad defensionem eandem nostram, & aliorum Prælatorum dicti regni, quorum in hac causa agitur, & proprius cuiuslibet prosequitur interesse, præsentiam pro consilio impendendo, exhortatione, sollicitatione, & confortatione populi, animarum regimine, diuinis mysteriis, & officiis exequendis, aliisque diuersis ex causis vtilem, & necessariam reputantes, cùm ad defensionem natalis patriæ, Ecclesiarum & fidei, omnes & singuli teneantur. Vos attentè requirimus, & sub naturalitatis officij, & fidelitatis debito pro nobis, & regno nostro astricti tenemini, districtè præcipiendo mandamus, quatenus nobis in defensionis prædictæ negotio consiliis, & auxiliis opportunis, & debitis assistatis, inhibentes vobis districtiùs, sub capitali, & amissionis bonorum omnium pœnis, & omnibus aliis, quas iura, & consuetudines statuunt, & nos infligere possumus, ne nos, & regnum, & Ecclesiam nostram in tantæ necessitatis articulo negligendo, seu contemnendo defensionem nostram, deferentes excatis limites dicti regni, vel vos in via exeundi ponatis. Nos enim si secus præsumpseritis attentare, vos & omnes tam clericos, quàm laicos vestros in hac parte sequaces, & vobiscum, vt præmittitur, fugiendo defensionem primam deferentes, extra guardiam, & protectionem nostram, & à regno nostro extunc perpetuò relegamus & exponimus, tanquam nostros, & regni notorios proditores in personis & rebus impunè per quoslibet offendendos. Datum apud Vicennas Dominica post festum Magdalenæ, anno Domini 1303.

DE BONIF. VIII. ET PHILIP. LE BEL.

Le Roy sous de tres-rigoureuses comminations oblige ses Officiers d'auoir l'œil à l'execution de l'Ordonnance cy-dessus, à peine d'estre reputez traistres à son Estat.

PHILIPPVS Dei gratia Francorum Rex, Senescallis, Bailliu's, Præpositis, ceterisque nostris, ac custodibus portuum, passagiorum, & finium regni nostri vbilibet deputatis, salutem. Turbamur non modicum, quòd cùm olim pro defensione necessaria regni, *&c. vsque ad hæc verba*, dura quantumlibet corda impunguntur, *vt in aliis litteris superioribus*. Vobis & vestrùm singulis sub capitali, & amissionis omnium bonorum pœnis firmiter iniungimus, & districtè præcipiendo mandamus, quatenus ad conseruationem constitutionum, & inhibitionum ipsarum solito diligentiùs, & efficaciùs intendentes, prouideatis attentiùs, ne persona quæcunque Ecclesiastica vel sæcularis, cuiuscunque dignitatis, ordinis, status, vel conditionis existat, etiamsi Archiepiscopus, Episcopúsve existat proprius, vel iuramento, habitu (mercatoribus & nunciis mercatorum duntaxat exceptis) exeat dictum regnum, néve litteræ apertæ, vel clausæ quibuscunque personis transmissis, etiamsi ad aliquos de affinibus, consiliariis, vel familiaribus nostris huiusmodi forsan litteræ, vel ab ipsis ad alios dirigantur, afferantur in regnum, vel extrahantur de ipso huiusmodi litteræ, aut aliæ res prohibitæ in constitutionibus, & inhibitionibus suprà dictis, nisi de egressu, missione, vel extractione prædictis patentes litteras nostras recipere vos contingat: omnes litteras quas ad manus vestras deuenire contingit, quibuscunque absque personarum acceptione directas, nobis & non aliis, clausas & integras, sine apertione, vel inspectione mittentes, omnia bona illorum, si quos forsan exire contigerit absque nostra speciali licentia capientes ad manum nostram, & tanquam confiscata nostris commodis applicantes, ad præmissa omnia & singula diligenter, & fideliter exequenda, siue indignationem nostram perpetuam, & corporum, ac bonorum nostrorum pericula capitis euitare totis viribus, totísque conatibus intendentes; cùm nos proculdubio grauiùs offendere non possetis, quàm si in negligentia, vel defectu, dolo, fraude, vel malitia vos, quod absit, contigerit inueniri. Nos enim non solùm omnes illos cuiuscunque status, dignitatis vel conditionis existerent, etiamsi Archiepiscopali vel Episcopali dignitate fulgerent, qui nos in regno in præsentis necessitatis articulo deferendo contra nostræ formam prohibitionis exirent, sed & vos exire in casu negligentiæ, fraudis, malitiæ, vel defectus, nostros & regni nostri reputaremus non immeritò proditores. Datum apud Vicennas Dominica post festum B. Magdalenæ, anno Domini 1303.

Acte fait par Martin de Rippa Chanoine de l'Eglise de Paris, & Regent en la Faculté de Theologie: estant en plein Chapitre de Nostre-Dame, renonça expressément à toutes les protestations, & actes qu'il pouuoit auoir faits, par lesquels il pourroit sembler n'auoir pas adheré aux appellations interiettées par les Prelats du Royaume le iour S. Iean; renoque tout ce qu'il a fait au contraire, & adhere auec lesdits Prelats, & ledit Chapitre.

Coffre Boniface num. 530.

IN nomine Domini. Amen. Nouerint vniuersi præsens instrumentum publicum inspecturi, quòd anno Dom. 1303. indict. 1. mensis Iulij die 8. 1303. S. Iuillet.

Pontificatus fanctiss. patris, ac domini domini Bonifacij diuina prouidentia Papæ VIII. anno 9. in mei Yuonis notarij publici infrà scripti, & testium subscriptorum, ad hoc vocatorum & rogatorum præsentia, viris venerabilibus, & discretis dominis, & magistris I. Decano, P. Cantore, Philippo Archidiacono, S. Cancellario, P. Succentore, I. de Gandauo, R. & P. de Lauduno, E. de Gandicuria, G. de Pertico, P. de Fayello, & Martino de Rippa Canonicis Ecclesiæ Parisien. in Capitulo ipsius Ecclesiæ hora capituli more solito congregatis, & capitulum facientibus, prædictus magister Martinus de Rippa prædictæ Ecclesiæ Canonicus dixit, renunciauit, assensit, & adhæsit, voluit, & protulit in hunc modum. Ego magister Martinus de Rippa Canonicus Parisiensis actu regens Parisius in Theologica facultate, in præsentia vestri Decani, & Capituli Parisiensis, tui tabellionis, seu Notarij publici expresse renuntio omnibus protestationibus à me factis, cuiuscunque tenoris extiterint, per quas apparere posset, seu aliquibus videri me non velle assentire, & firmiter adhærere prouocationibus, & appellationibus à Prælatis regni Franciæ nuper Parisius congregatis, ac Capitulo Parisien. interiectis, seu interpositis die festi natiuitatis B. Ioannis Baptistæ nuper præterita, præsente illustrissimo dom. nostro Rege nostro publicatis, ac omnibus instrumentis, tam publicis quàm priuatis, si quæ super dictis protestationibus confecta extiterint, renuncio, eadem reuoco, & pro nullis haberi volo, firmiterque, & voluntariè præmissis appellationibus & prouocationibus à præfatis Prælatis, & Capitulo emissis, seu interpositis assentio & adhæreo; nec est intentionis meæ ab eisdem resilire, vel eis contraire : & super his volo per te Yuonem de Castello Notarium publicum fieri instrumentum. Actum Parisius, anno, indiction. mense, die, hora & Pontificatu prædictis, præsentibus magistro Hugone de Valliaco, & Iacobo de Medunta, testibus ad hoc vocatis specialiter & rogatis. Et ego Yuo de Castello, &c. *signé*.

Acte par lequel plusieurs Prelats, & Ecclesiastiques, Barons, & Nobles, Consuls, des Villes & Communautez des Seneschaussées de Beaucaire, Carcassonne, & Rhodez adherent à tout ce que le Roy auoit resolu de faire en l'affaire contre Boniface.
Il y a vn Prieur de l'Ordre de Cluny qui adhere aussi, sub modis & conditionibus, & protestationibus factis, *& contenuës en l'acte fait par l'Abbé de Cluny. Vn Templier fait la mesme protestation.*

Au Thresor Boniface num. 10.

1303.
26. Iuillet.

NOVERINT vniuersi, quòd cum conuocatis apud Montempessullanum, & præsentibus in domo fratrum Minorum dicti loci die præsenti nonnullis Prælatis, Prioribus, & personis Ecclesiasticis, ac Baronibus, Comitibus, & Nobilibus, ac Consulibus, & Syndicis, & Procuratoribus ciuitatum, castrorum, & villarum insignium Bellicadri, Carcasson. & Ruthen. Senescalliarum, coram nobilibus & discretis viris dominis Amalrico Vicecomite, & domino Narbon. & magistro Dionysio de Senonis Clerico domini nostri Francorum Regis, dicti domini diligenter ostenderint, & exposuerint, quòd nuper nonnullis Archiepiscopis, Episcopis, Abbatibus, Prioribus, Comitibus, Vniuersitate Magistrorũ, & Scholarium Parisius studentium, & multis aliis magnæ auctoritatis viris & personis, tam Ecclesiasticis, quàm sæcularibus Parisius apud Luparam, in dicti domini Regis præsentia constitutis, recitatum fuit eis & expositum, ac narratum ibidem, quòd ipsis domino Regi, Archiepiscopis, Episcopis, & aliis personis prædictis, per quosdam Comites, & alios Nobiles regni Franciæ contra dominum Bonifacium Papam octauum proposita, & significata fuerunt diuersa enormia & horribilia, ac detestabilia crimina, quorum quidam hæresim sapiunt manifestè, quibus eum irretitum esse dicebant, & super eis publicè, ac notoriè diffamatum, præstitis ibidem ab eisdem proponentibus ad sancta Dei Euangelia tacta corporaliter iuramentis, quòd huiusmodi proposita, & significata credebant esse vera, & posse probari in generali Concilio, vel aliter vbi, quando, & coram quibus de iure fuerit faciendum, & per proponentes eosdem à domino Rege tanquam pugile fidei, & Ecclesiæ defensore, ac Archiepiscopis, Episcopis, Abbatibus, Prioribus, & personis aliis Ecclesiasticis supradictis, tanquam Ecclesiæ fideique columnis petitum fuerat, ac instanter, ac pluries requisitum, vt pro declaratione veritatis huius, vt omnis error abscedat, ac periculis & scandalis quæ vniuersali Ecclesiæ imminent occurratur, conuocationi, & congregationi dicti Concilij generalis, ad laudem Dei nominis, & exaltationem, & augmentum Catholicæ fidei, ac salubre regimen, & bonum statum vniuersalis Ecclesiæ, & totius populi Christiani opem darent & operam efficaces; quódque idem dominus Rex, Archiepiscopi, Episcopi, Abbates, Priores, & aliæ personæ Ecclesiasticæ supradictæ, auditis, & intellectis plenius propositis, & significatis, & requisitionibus supradictis, considerantes, quòd in hoc casu negotium agitur fidei, quod est Dei, & quòd ad defensionem, conseruationem, & exaltationem ipsius fidei ipse dominus Rex collatam sibi recepit à Domino potestatem, iidémque Prælati sunt in partem sollicitudinis euocati, super præmissis per dies multos discussione, & deliberatione præhabita diligenti, ex præmissis, & aliis legitimis causis moti conuocationem, & congregationem dicti Cöcilij generalis vtilem, & omnino necessariam reputantes, huiusmodi conuocationi, & congregationi consenserant, & responderant quòd conuocationi & congregationi prædictis opem & operam darent efficaciter vt deberent. Et ne dictus dominus Bonifacius motus, seu prouocatus ex iis, & prout timebant ex verissimilibus coniecturis, & comminationibus multis, contra eos, Ecclesias, Parochianos, & subditos suos quoquomodo procedat, aut procedi faciat, sua, vel alia auctoritate quacunque, excommunicando, suspendendo, interdicendo, deponendo, priuando, aut aliter quouismodo in impedimentum, & perturbationem Concilij congregandi, & quin confedere, & coniudicare, & alia quæ ad officium Prælati pertinent facere in eodem Concilio possent, saluis quæ eorum, & sibi adhærentium status manere deberent, pro se, Ecclesiis, Parochianis, & subditis suis, & sibi adhærentibus, seu adhærere volentibus in hac parte ad prædictum Concilium congregandum, & ad legitimum & verum futurum summum Pontificem, & ad illum, vel ad illos, ad quem, vel ad quos de iure fuerit appellandum prouocarunt, & appellarunt in scriptis, & apostolos testimoniales cum instantia petierunt; supponentes se, & Ecclesias, Parochianos, & subditos, ac ipsi adhærentes, ipsorum status, iura & bona protectioni diuinæ, prædicti Concilij, ac futuri veri & legitimi summi Pontificis; ac protestantes de innouando appellationē huiusmodi, vbi, quando, & coram quibus eis visum fuerit expedire. Cúmq; dicti domini nomine, & ex parte dicti domini Regis à nobis instanter petierunt, à Prælatis, Comitibus, Baronibus, nobilibus, cæterisque personis secularibus, & Ecclesiasticis, & requisierunt, vt cōuocationi & congregationi prędicti Cōcilij generalis assentire, ac quantum in eis est opem, & operā dare curarent. Idcirco nos B. Ramundi fancti Tibarij, P. Montis Oliui, Bernardus Poncij fancti Aniani pro nobis, & Conuentu nostri Monasterij, Petrus Bertrandi sancti Policarpi, G. Fredoli Iussellen. Poncius sancti Ylarij Monasteriorum Abbates : Bertrandus Prior de Cassiano, B. Abbas Lodonen. Ermengaudus Moisseti, & B. Austurconis Canonici Ecclesiæ Albien. pro nobis, & procuratorio nomine Capituli Ecclesiæ prædictæ, Guillelmus de Gardia Archipresbyter de Graolheto Procurator domini Petri de Rosson Præpositi Ecclesiæ Albien. Vicariique generalis domini Episcopi Albien., Albertus Vincentij Rector Ecclesiæ de sancto Fructuoso, Procurator Capituli Ecclesiæ Lodonen. Guillelmus de Conchis Monachus Monasterij sancti Guillelmi de deserto Procurator Monasterio vacante, frater Bernardus de Rocha miles Præceptor domus de Vaor militiæ Templi, tenens locum Præceptoris pro Visitatore in domibus militiæ prædictæ in Prouincia, pro nobis, & Præceptoribus domorum prædictarum, & aliis fratribus earumdem, B. Bordarll. Procurator Abbatis infirmantis, & Conuentus Monasterij Iocunden. Guilabertus de Ruppe Procurator Abbatis, & Conuentus Monasterij Castren. Ramundus Rufi Monachus, & Procurator Conuentus Monasterij Lodonen. Lambertus Monachus, & Procurator Monasterij Iussellen. Sicardus de Vauro, Thesaurarius Albien. Arnal. Ramundi Canonicus & Procurator Præpositi, & Capituli Ecclesiæ sancti Salui ciuitatis Albiensis, frater Guillelmus de Aquis viuis Prior claustralis, & Syndicus Conuentus Monasterij sancti Tiberij, P. de Gasalanicis Procurator Abbatis, & Conuentus Monasterij de Anhana Senescalliæ Carcass. & Biter. P. Abbas de Vabre, Stephanus Prior de sancto Antonino Senescalliæ Ruthenen. Petrus Abbas Salmodij, Bermundus Præcentor Procurator Abbatis, & Conuentus Monasterij sancti Egidij, Guillelmus Prior de Rumpon. Reuerendus Prior de Landris Senescalliæ Bellicadri, & Nemauf. Visis, & auditis quibusdam processibus Parisius habitis coram domino nostro Rege nobis ostensis per dominos memoratos, contentis in quibusdam instrumentis, & litteris autenticis nobis ostensis, præmissis considerationibus, & causis inducti conuocationem, & congregationem ipsius Concilij vtilem, necessariam, salubrem, ac expedientem fidei negotio, & sanctæ Dei Ecclesiæ reputantes, eidem conuocationi, & congregationi Concilij pro nobis, & nostris Conuentibus, ac nominibus quibus suprà, ac Capitula Ecclesiarum cathedralium, & collegiatarum prædictarum, & nos frater G. de Dauouilla Minister domus Lymoli, Ordinis sanctæ Trinitatis, pro nobis, & Conuentu dictæ domus, & omnes prænominati, pro nobis, adhærentibus, & adhærere volentibus assentimus, opem & operam libenter dabimus, & dare promittimus iuxta posse, & prouocationi & appellationi, ac appellationibus præfati domini Regis per ipsum, & per quoslibet alios eius nomine, & aliorum quorumlibet sibi adhærentium, adhæremus quantum de iure possumus, & debemus secundùm Deum & iustitiam, & vt sanctæ permittunt canonicæ sanctiones, saluis tamen auctoritate, & reuerentia Sedis Apostolicæ, sanctæque ac Catholicæ Ecclesiæ vnitate. Et ne dictus domin...s Bonifacius motus, seu prouocatus ex iis, prout timemus ex verissimilibus coniecturis, & comminationibus varijs factis per eum, contra nos, vel aliquem ex nobis, Ecclesias nostras, & bona, subditorumque nostrorum, & aliorum quorumcunque nobis adhærentium quoquomodo procedat, aut procedi faciat, sua, vel alia auctoritate quacunque, excommunicando, vel suspendendo, interdicendo, vel deponendo, aut aliter quoquomodo in impedimentum, vel turbationem congregandi Concilij, & quin aliter status nostri salubres remaneant, pro nobis,

DE BONIF. VIII. ET PHILIP. LE BEL.

bis, & nobis adhærentibus, & adhærere volentibus, ad prædictum sacrum Concilium congregandum, & ad futurum verum & legitimum summum Pontificem, & ad illum, seu ad illos, ad quem, seu quos de iure fuerit appellandum prouocamus, & appellamus publicè in iis scriptis, in præsentia Tabellionum, & Notariorum publicorum, aliorúmque testium subscriptorum, & apostolos & litteras testimoniales ab eis cum instantia petimus: supponentes nos, & nobis adhærentes, ac subditos, Ecclesias, & bona, Capitula & Conuentus, & singulos ex eisdem, status nostros, & eorum, ac fautores, & consiliatores nostros, & subditorum aliorúmque nobis adhærentium, seu adhærere volentium in hac parte protectioni diuinæ, & Beatorum Petri & Pauli, & dicti Concilij generalis, ac Sedis Apostolicæ, & futuri veri & legitimi summi Pontificis; ac protestantes de innouando appellationem, seu prouocationem huiusmodi, quando, vbi, & coram quibus nobis visum fuerit expedire. Nos autem Prior de Rumpon. præmissis consentimus, adhæremus, & appellationem prædictam, ac cætera prædicta, quantum ad nos pertinet facimus, prout Abbas Monasterij Clunhiacen. assensit, adhæsit, ac etiam appellauit, & sub modis, conditionibus, & protestationibus factis, & contentis in sua appellatione prædicta, & consensu præstito domino Regi in præmissis. Nósque Præceptor prædictus præmissis consentimus, & adhæremus appellationibus prædictis, & appellationem præsentem quantum ad nos & Præceptores, ac fratres dictæ Prouinciæ pertinet, facimus modo & forma, & cum protestationibus, & pactionibus, quibus Visitator Franciæ Militiæ Templi prædictus consensit, & adhæsit domino Regi, & appellationibus memoratis. Acta fuerunt hæc in loco prædicto octauo Kalendas Augusti, anno Domini millesimo trecentesimo tertio, domino Philippo Dei gratia rege Franciæ regnante, in præsentia, & testimonio domini Guillelmi de Lomeriis militis Vicarij Aquarum mortuarum, Petri Leui Domicelli, Petri de Columbariis Rectoris Ecclesiæ de Gaiano diocesis Narbonen. Durandi Guirandi Monachi sancti Egidij, Magistrorum Boneti Iaca Notarij Curiæ domini Episcopi Magalonensis, Petri de Manso, & Bernardi de Ferreriis Notariorum domini Episcopi prædicti, & domini Regis, & plurium aliorum testium ad hoc specialiter vocatorum: & mei Petri de Malhaco de Vauro publici Senescalliæ Tholosæ, & Carcasson. domini Regis Notarij, qui præmissis omnibus præsens fui, & requisitus à Prælatis, & personis prædictis, hoc instrumentum publicum recepi, scripsi, & meo sequenti solito signo contignaui, & rasi in secunda linea, & tertia, à verbo *Narbon.* vsque ad verbum sequens, *& magistro Dionysio.*

Et ego Bonetus Iaca Notarius publicus dicti domini nostri Regis in Senescallia Bellicadri, & Nemausi, & Curiæ dicti domini Officialis Magalonensis supraescriptus, qui vocatus & rogatus, per prænominatos nobilem virum dominum Amalricum Vicecomitem dominum Narbonen. & Magistrum Dionysium de Senonis Clericum dicti domini Regis, nec non per prænominatos Abbates & Priores, & alios dicentes se supra Procuratores, Præceptores, & Locumtenentes, præsens interfui omnibus suprà scriptis, & me subscribo in testimonium præmissorum, & signum meum sequens appono.

Et ego Bernardus de Ferreriis publicus dicti domini Regis in Senescallia Bellicadri & Nemausi, & domini Magalonensis Episcopi Notarius supraescriptus, qui vocatus & rogatus, per prænominatos nobilem virum do-

S

minum Amalricum Vicecomitem, & dominum Narbon. & Magiſtrum Dionyſium de Senonis Clericum dicti domini Regis, necnon & per prænominatos Abbates, & Priores, & alios dicentes ſe ſuprà Procuratores, Præceptores, & locum tenentes præſens interfui omnibus ſuprà ſcriptis, & me ſubſcribo, & ſignum meum hic appono.

Et ego Petrus de Manſo publicus dicti domini noſtri Regis in Seneſcallia Bellicadri, & Nemauſ. & domini Magalonenſis Epiſcopi, Notarius ſuprà ſcriptus, qui vocatus & rogatus, per prænominatos nobilem virum dominum Amalricum Vicecomitem, & dominum Narbonen. & Magiſtrum Dionyſium de Senonis Clericum dicti domini Regis, nec non & per prænominatos Abbates, & Priores, & alios dicentes ſe ſuprà Procuratores, Præceptores, & locum tenentes præſens interfui omnibus ſuprà ſcriptis, & me ſubſcribo, & ſignum meum hic appono.

Nos verò infrà ſcripti, qui non ſumus ſuperiùs nominati, viſis, & inſpectis proceſſibus ſupraſcriptis, præmiſſis conuocationi & congregationi conſenſimus, & appellationibus adhærentes, de nouo prouocamus, appellamus, & omnia per alios prænominatos facta pro nobis, & nobis adhærentibus approbamus, & facimus, ſigilla noſtra in præmiſſorum teſtimonium vnà cum dictis dominis præſenti inſtrumento publico apponentes.

Et ſont leſdites lettres ſcellées de 45. petits ſeaux en cire verte pendans.

Acte par lequel les villes du Languedoc adherent à l'appel interieté par le Roy au futur Concile.

Au Threſor Boniface num. 3.

1305.
25. Iuillet.

VNIVERSIS præſentes litteras inſpecturis. Conſules ciuitatum, & burgorum Narbon. Carcaſſon. Biterr. Apam. Albiæ, Agathen. & Lodeuen. ac villarum de Monte Regali, de Caſtris, de S. Pontio Thommeriarum, de Lautreco, de Craſſa, de Limoſo, de Pedenacio, de Trib. bonis, de Cancio, de Florenciaco, de Capite Stagno, de Barbarrano, de Villamagna, de Amacio, de Burlacio, de Saxiacho, de Riuo, de Montanhaco, de Mirapiſce, de Cetennon. de Berenchis, de S. Tiberio, de S. Paulo, de S. Geruaſio, de Podio Naucerio, de Rozenchis, de Ginhaco, de Peteracho, de Olargio, de Monte-Oliuo, de Laurano, de Coffolento, de Villalherio, de Conchis, de Villaiglino, de Villamoſtauſſion. de Ledmiano, de Briſateſta, de Graolheto, de Senegatio, de S. Dionyſio, de Albanno, de Ambileto, de Palma, de Regali monte, de Sauardimo, & Procuratores, Syndici, & rectores locorum, caſtrorum, ſeu villarum de Electo, de Paulinhio, terræ ſaltus de Lodeua, de Aſiliano, de Claromonte, de S. Aniano, de Podio terito, de Bizano, de Carma, de Aniana, de Biſano, de Granolheriis, de Caunis, de S. Guilelmo, de Falgeriis, de Pipionibus Seneſcalliæ Carcaſſon. ſalutem in Domino Ieſu Chriſto. Præſentium litterarum ſerie vobis fieri volumus manifeſtum, quòd cùm nobiles viri dominus Amalricus Vicecomes, & dom. Narbon. Guilielmus de Playſiano dominus de Vicenobr. milites, & Magiſter Dionyſius de Senonis, Clericus dom. noſtri Francorum Regis, nobis & nonnullis Prælatis, Prioribus Capitulorum, & Conuentuum, Eccleſiarum cathedralium, collegiatarum, & Monaſteriorum Syndicis, & Procuratoribus, Baronibus, Nobi-

DE BONIF. VIII. ET PHILIP. LE BEL.   137

libus, Consulibus, Vniuersitatum, ciuitatū, castrorum, & villarum insignium præfatæ, & Bellicadri, & Ruthenen. Senescalliarum conuocatis, & præsentibus die præsenti, apud Montempessulanum in domo fratrum Minorum dicti loci coram eis diligenter ostenderint, & exposuerint, quòd nuper nonnullis Archiepiscopis, Episcopis, Abbatibus, Comitibus, Prioribus, vniuersitate Magistrorum, & Scholarium Parisius studentium, & multis aliis magnæ auctoritatis personis, tam Ecclesiasticis, quàm secularibus Parisius apud Luparam in dicti domini Regis præsentia constitutis, recitatum fuit eis & expositum, ac narratum ibidem, quòd ipsis dom. Regi, Archiepiscopis, Episcopis, & aliis personis supradictis per quosdam Comites, & alios Nobiles regni Francorum contra dom. B. Papam VIII. proposita & significata fuerunt diuersa enormia, ac horribilia, ac detestabilia crimina, quorum quædam hæresim sapiunt manifestè, quibus eum irretitum esse dicebant, & super eis publicè, ac notoriè diffamatum, præstitis ibidem ab eisdem proponentibus ad S. Dei Euāgelia tacta corporaliter iuramentis, qui huiusmodi proposita, & significata credebant esse vera, & posse probari in generali Concilio, vel aliàs, vbi, quando, & coram quibus de iure fuerit faciendum, & per proponentes eosdem à dom. Rege tanquam fidei pugile, & Ecclesiæ defensore, ac Archiepiscopis, Episcopis, Abbatibus, Prioribus, & personis aliis Ecclesiasticis supradictis, tanquam Ecclesiæ fideique columnis, petitum fuerat, ac instanter, & pleniùs requisitum, vt pro declaratione veritatis huius, vt omnis error abscedat, ac periculis, & scandalis, quæ Ecclesiæ vniuersali imminent occurratur, conuocationi & congregationi dicti Concilij generalis, ad laudem Dei nominis, & exaltationem, & augmentum Catholicæ fidei, ac salubre regimen & bonum statum vniuersalis Ecclesiæ, & totius populi Christiani, opem darent & operam efficaces: quódque idem dominus Rex, Archiepiscopi, Episcopi, Abbates, Priores, & aliæ personæ Ecclesiasticæ supradictæ, auditis, & intellectis propositis & significatis, ac requisitionibus supradictis, considerantes, quod in hoc casu negotium agitur fidei, quod est Dei, & quòd ad defensionem, conseruationem, & exaltationem ipsius fidei, ipse dom. Rex collatam sibi recepit à Domino potestatem, iidémque Prælati sunt in partem sollicitudinis euocati: super præmissis, per dies multos, discussione, & deliberatione præhabita diligenti, ex præmissis, & aliis legitimis causis moti, conuocationem & congregationem Concilij generalis vtilem, & omnino necessariam reputantes, huiusmodi conuocationi & congregationi consenserant, & responderant, quòd conuocationi & congregationi prædictis opem & operam darent efficaciter, vt deberent. Et ne dictus dom. B. motus, seu prouocatus ex iis, prout timebant ex verisimilibus coniecturis, & comminationibus multis, contra eos, Ecclesias, Parochianos, & subditos suos quoquomodo procedat, aut procedi faciat, sua, vel alia auctoritate, excommunicando, suspendendo, interdicendo, deponendo, priuando, aut aliàs quouis modo in impedimentum, & perturbationem Concilij congregandi, & quin confœdere, coniudicare, & alia quæ ad officium Prælati pertinent facere in eodem Concilio possent, saluique eorum, & sibi adhærentium status manere debeant, pro se, Ecclesiis, Parochianis, & subditis suis, & pro sibi adhærentibus, seu adhærere volentibus in hac parte, ad prædictum Concilium congregandum, & ad futurum verum & legitimum summum Pontificem, & ad illum vel ad illos, ad quem vel quos de iure fuerit appellandum prouocarunt, & appellarunt in scriptis, & apostolos testimoniales cum instantia petierunt:

S ij

supponentes se, Ecclesias, Parochianos, subditos, & sibi adhærentes, ipsorum status, iura, & bona protectioni diuinæ, prædicti Concilij, ac futuri veri & legitimi summi Pontificis: ac protestantes de innouando appellationem huiusmodi, vbi, quando,& coram quibus eis visum fuerit expedire. Quare cùm pro parte domini Regis, per dictos dominos peteretur à nobis, vt conuocationi & congregationi prædicti Concilij generalis assentire, ac quantum in nobis est opem dare & operam curaremus, & de præmissis, nobis, ac cæteris ibidem congregatis, processus Parisius coram domino Rege habitos, per instrumenta autentica, & litteras diuerlis sigillis sigillatas oftenderint: nos præmissis considerationibus, & caulis inducti conuocationem & congregationem ipsius Concilij, vtilem, necessariam, salubrem, ac expedientem fidei negotio, ac S. Dei Ecclesiæ reputantes, eidem conuocationi, & congregationi Concilij pro nobis, & Vniuersitatibus locorum prædictorum, & aliis Vniuersitatibus locorum expressorum superiùs, & non expressorum Senefchalliæ Carcasson. prædictæ, & nobis adhærentibus, & adhærere volentibus, assentimus, opem & operam libenter dabimus, & dare promittimus iuxta posse, & prouocationi & appellationi, ac appellationibus præfati dom. Regis per ipsum, & quoscumque alios eius nomine factis, & aliorum quorumlibet sibi adhærentium, adhæremus quantum de iure possumus, & debemus secundùm Deum & iustitiam, & vt sanctæ permittunt canonicæ sanctiones, saluis auctoritate & reuerentia Sedis Apostolicæ, sanctæque, ac Catholicæ Ecclesiæ vnitate. Et nedictus dom. B. motus, seu prouocatus ex iis, prout timemus ex verisimilibus coniecturis, & comminationibus variis factis per eum, contra nos, vel aliquem ex nobis, seu Vniuersitatum prædictarum, & aliorum quorumcunque nobis adhærentium quoquomodo procedat vel procedi faciat, sua vel alia auctoritate quacunque, excommunicando, vel suspendendo, interdicendo, vel aliàs quoquomodo in impedimentum, vel turbationem congregandi Concilij, & quin aliàs status nostri salui remaneant, pro nobis & Vniuersitatibus prædictis, & singulis hominibus ex eisdem, & aliis nobis adhærentibus, seu adhærere volentibus, ad præfatum sacrum Concilium congregandum, & ad futurum verum & legitimum summum Pontificem, & ad illum, seu ad illos, ad quem seu quos de iure fuerit appellandum prouocamus, & appellamus publicè in iis scriptis, in præsentia Tabellionum & Notariorum publicorum aliorumque testium subscriptorum, & apostolos, & litteras testimoniales cum instantia petimus ab eisdem: supponentes nos, Vniuersitates prædictas, & ex eis singulos, ac quoslibet nobis adhærentes, & adhærere volentes, status nostros, & eorum fautores, & adiutores nostros, bona, & iura nostra, & Vniuersitatum, prædictorum & singulorum ex eis, nobisque adhærentium, & adhærere volentium in hac parte, protectioni diuinæ, & beatorum Petri & Pauli, & dicti Concilij generalis, ac Sedis Apostolicæ, & futuri veri & legitimi summi Pontificis, ac protestantes de innouando appellationem, seu appellationes huiusmodi, vbi, quando, & coram quibus nobis visum fuerit expedire. In præmissis enim omnibus, nos consentientes, adhærentes, & appellantes prædicti consentimus, adhæremus, & appellamus, sub modis & formis, quibus dominus Rex, & aliæ Vniuersitates regni Franciæ consentientes, consenserunt, adhæserunt, & appellauerunt. Acta hæc fuerunt in loco prædicto 8. Kal. Augusti, anno Domini 1503. domino Philippo Dei gratia Rege Francorum regnante, in præsentia & testimonio fratrum Petri de Pullis Gardiani, Petri Rabelli, Ioannis de

DE BONIF. VIII. ET PHILIP. LE BEL.

Fonte, Reuer. Fabri, fratrum Minorum Conuentus domus prædictæ de Monte - Pessulano : Magistrorum Boneti Iaca Cur. dom. Magalonen. Episcopi, Bernardi de Ferreriis, & Petri de Manso ciusdem dom. Episcopi, & dom. Regis Notariorum publicorum, aliorúmque plurium testium ad hæc specialiter vocatorum : & mei Petri de Malhaco de Vauro publici Senescalliarum Tholosæ, & Carcass. dom. Regis prædicti Notarij, qui præmissis interfui, & requisitus à dictis Consulibus, Syndicis, Rectoribus, & Procuratoribus hoc instrumentum de prædictis recepi, scripsi, & meo sequenti signo solito consignaui. Et ego Bonetus Iaca Notarius publicus, *& cæt.* signum meum apposui. Et ego Bernardus de Ferreriis publicus, *& cæt.* signum meum appono. Et ego Petrus de Manso publicus, *& cæt.* signum meum apposui. Sigillat. 60. sigillis.

Acte de plusieurs Seigneurs, & Nobles des Seneschaussées de Toulouse, & de Carcassonne, qui adherent à tout ce que le Roy a arresté pour le fait de Boniface.

Coffre Boniface num. 21.

VNIVERSIS præsentes litteras inspecturis, Petrus Miri magnifici viri domini Gastonis Dei gratia Comitis Fuxen. & Guillelmus de Vileta miles substitutus à locumtenente nobilis & egregiæ dominæ Alienordis de Monteforti Comitissæ Vindocinen. dominæ terræ Albig. prædictis, Ioannes de Leuis dominus Mirapiscis, pro nobis, & fratribus nostris, Guillelmus de Vicinis de Coffolonto, Lambertus de Carcryo, Def. de Limoso, de Saxiacho, B. de canc suspenso, dicti loci, Hugo Ademarij de Limiberiis pro nobis, & Bertrando de Insula Domicello, Guillelmus de Cureryo de Bisano, Petrus de Vicinis de Regnis, Guillelmus de Villeta pro nobis, de Monte Leyderio, & pro domino Germundo de Burlacio, Petrus de Claromonte de Caucio in parte, Berengarius Guillelmi, Guirandus de Lodeua de Fontesio, Amalricus de Turceryo de Lespinhano pro nobis, & Bernardo de Andusia Domicello domino de Olargio milites, Sicardus Vicecomes Lautercen. Amalricus de Narbona de Perinhano, Petrus Bermundi de Andusia pro me, & Rogerio de Andusia fratre, meo Aymericus, de Claromonte de Serracio, Amalricus de Turceryo, de Podio terito, Salomon de Falgneriis eiusdem loci, Guarcius de Castro nouo eiusdem loci domini, & Domicelli, Guillelmus de Pemairoll. Ermengaudi de Boiano, Andreas Sciani Deodati de Bociatis, Arnaldus Donadei Fredoli de Lautrico de Venesio dominorum Domicellorúmque Procuratores, & Ar. Helie condominus de Villarzelo, salutem in Domino Iesu Christo. Præsentium litterarum serie vobis fieri volumus manifestum, quòd cùm nobiles viri domini Amalricus Vicecomes, & dominus Narbonæ, Guillelmus de Playsiano, dominus de Vicenobrio, milites, & Dionysius de Senonis Clericus domini nostri Francorum Regis nobis, & nonnullis Prælatis, Prioribus, Capitulorúmque, & Conuentuum, Ecclesiarum cathedralium, collegiatarum, & Monasteriorum Syndicis, & Procuratoribus, Consulibus, Vniuersitatum, ciuitatum, castrorum, & villarum insignium Carcasson. Bellicadri, & Ruthenen. Senescalliarum conuocatis, & præsentibus die præsenti apud Montempessulanum in domo fratrum Minorum dicti loci coram eis diligenter ostenderint, & exposuerint, quòd nuper nonnullis Archiepiscopis, Episcopis, Abbatibus,

Prioribus, Conuentibus, vniuerfitate Magiſtrorum, & Scholarium Pariſ. ſtudentium, & multis aliis magnæ auctoritatis perſonis, tam Eccleſiaſticis quàm ſæcularibus Pariſius, apud Luparam in dicti domini Regis præſentia conſtitutis, recitatum fuit eis & expoſitum, ac narratum ibidem, quòd ipſis domino Regi, Archiepiſcopis, Epiſcopis, & aliis perſonis prædictis, per quoſdam Comites, & alios Nobiles regni Franciæ contra dominum Bonifacium Papam octauum propoſita, & ſignificata fuerunt diuerſa enormia, & horribilia, ac deteſtabilia crimina, quorum quædam hæreſim ſapiunt manifeſtè, quibus cum irretitum eſſe dicebant, & ſuper eis publicè diffamatum, ac notoriè, præſtitis ibidem ab eiſdem proponentibus ad ſancta Dei Euangelia tacta corporaliter iuramentis, quòd huiuſmodi propoſita, & ſignificata credebant eſſe vera, & poſſe probari in generali Concilio, vel alias, vbi quando, & coram quibus'de iure fuerit faciendum ; & per proponentes eoſdem à domino Rege, tanquam pugile fidei, & Eccleſiæ defenſore, ac Archiepiſcopis, Epiſcopis, Abbatibus, Prioribus, & perſonis aliis, Eccleſiaſticis ſupradictis, tanquam Eccleſiæ fideique columnis, petitum fuerat, ac inſtanter & pluries requiſitum, vt pro declaratione veritatis huius, vt omnis error abſcedat, ac periculis & ſcandalis quæ vniuerſali Eccleſiæ imminent occurratur, conuocationi, & congregationi dicti Concilij generalis ad laudem Dei nominis, & exaltationem, & augmentum Catholicæ fidei, ac ſalubre regimen, & bonum ſtatum vniuerſalis Eccleſiæ, & totius populi Chriſtiani opem darent & operam efficaces. Quòdque idem dominus Rex, Archiepiſcopi, Epiſcopi, Abbates, Priores, & aliæ perſonæ Eccleſiaſticæ ſupradictæ auditis & intellectis pleniùs propoſitis, & ſignificatis, & requiſitionibus ſupraſcriptis, conſiderantes, quòd in hoc caſu negotium agitur fidei quod eſt Dei, & quòd ad defenſionem, conſeruationem, & exaltationem ipſius fidei ipſe dominus Rex collatam ſibi recepit à Domino poteſtatem, iidémque Prælati ſunt in partem ſollicitudinis euocati, ſuper præmiſſis per dies multos diſcuſſione, ac deliberatione præhabita diligenti, ex præmiſſis, & aliis legitimis cauſis moti, conuocationem, & congregationem dicti Concilij generalis vtilem, & omnino neceſſariam reputantes, huiuſmodi conuocationi, & congregationi conſenſerant, & reſponderant, quòd conuocationi & congregationi prædictis opem & operam darent efficaciter vt deberent. Et ne dictus dominus Bonifacius motus, ſeu prouocatus ex iis, prout timebant ex veriſimilibus coniecturis, & comminationibus multis, contra eos, Eccleſias, Parochianos, & ſubditos ſuos quoquomodo procedat, aut procedi faciat, ſua vel alia auctoritate quacunque, excommunicando, ſuſpendendo, interdicendo, deponendo, priuando, aut aliàs quouis modo in impedimentum, & perturbationem Concilij congregandi, & quin conſedere & coniudicare, & alia quæ ad officium Prælati pertinent, facere in eodem Concilio poſſent, ſaluique eorum, & ſibi adhærentium ſtatus manere deberent, pro ſe, Eccleſiis, Parochianis & ſubditis ſuis, & pro ſibi adhærentibus, ſeu adhærere volentibus in hac parte, ad prædictum Concilium congregandum, & ad futurum verum & legitimum ſummum Pontificem, & ad illum, vel ad illos ad quem, vel ad quos de iure fuerit appellandum prouocarunt, & appellarunt in ſcriptis, & apoſtolos teſtimoniales cum inſtantia petierunt: ſupponentes ſe, & Eccleſias, Parochianos, ſubditos, ac ſibi adhærentes, ipſorum ſtatus, iura, & bona protectioni diuinæ, prædicti Concilij, ac futuri veri & legitimi ſummi Pontificis ; ac proteſtantes de innouando appellationem huiuſmodi, vbi, quando, & coram quibus eis viſum fuerit expedire. Quare cùm pro parte dicti domini nostri Regis, per dictos dominos peteretur à nobis, vt conuocationi & congregationi prædicti Concilij generalis assentire, ac quantum in nobis est opem & operam curaremus, & de præmissis nobis, & cæteris ibidem congregatis processus Parisius coram domino Rege habitos, per instrumenta autentica, & litteras diuersis sigillis autenticis sigillatas ostenderint: nos præmissis considerationibus, & causis inducti conuocationem & congregationem ipsius Concilij vtilem, necessariam, salubrem, ac expedientem fidei negotio, ac sanctæ Dei Ecclesiæ reputantes, eidem conuocationi, & congregationi Concilij pro nobis, & nominibus quibus suprà, ac pro subditis nostris, & nobis adhærentibus, & adhærere volentibus assentimus, ac opem & operam libenter dabimus, & dare promittimus iuxta posse, & prouocationi, & appellationi, ac appellationibus præfati domini Regis, per ipsum, & per quoscumque alios eius nomine factis, & aliorum quorumlibet sibi adhærentium adhæremus, quantum de iure possumus, & debemus secundùm Deum & iustitiam, & vt sanctæ permittant canonicæ sanctiones, saluis auctoritate & reuerentia Sedis Apostolicæ, sanctæque ac Catholicæ Ecclesiæ vnitate. Et ne dictus dominus Bonifacius motus, seu prouocatus ex iis, prout timemus ex verisimilibus coniecturis, & comminationibus variis factis per eum, contra nos, vel aliquem ex nobis, vel gentium, aut subditorum nostrorum, & aliorum quorumcunque nobis adhærentium quoquomodo procedat, vel procedi faciat, sua, vel alia auctoritate quacunque, excommunicando, vel suspendendo, interdicendo, vel aliàs quoquomodo in impedimentum, vel turbationem congregandi Concilij, & quin aliàs status nostri salui remaneant, pro nobis, & nobis adhærentibus, seu adhærere volentibus ad prædictum sacrum Concilium congregandum, & ad futurum verum & legitimum summum Pontificem, & ad illum seu ad illos, ad quem, seu quos de iure fuerit appellandum prouocamus, & appellamus publicè in his scriptis, in præsentia Tabellionum, & Notariorum publicorum, aliorúmque testium subscriptorum, & apostolos, & litteras testimoniales cum instantia petimus ab eisdem: supponentes nos, ac nobis adhærentes, & adhærere volentes, status nostros, fautores, & adiutores nostros, bona, & iura nostra, & subditorum nostrorum, nobisque adhærentium in hac parte protectioni diuinæ, & Beatorum Petri & Pauli, & dicti Concilij generalis, ac Sedis Apostolicæ, & futuri veri & legitimi summi Pontificis; ac protestantes de innouando appellationem, seu prouocationem huiusmodi, vbi, quando, & coram quibus nobis visum fuerit expedire. In præmissis enim omnibus nos consentientes, adhærentes, & appellantes prædicti consensimus, adhæremus, & appellamus, sub modis, formis, pactionibus, & protestationibus, quibus dominus Rex, & alij Barones, & Nobiles regni Franciæ consentientes consenserunt, adhæserunt, & appellauerunt. Acta fuerunt hæc in loco prædicto octauo Kalendas Augusti, anno Domini millesimo trecentesimo tertio, domino Philippo Dei gratia Rege Francorum regnante, in præsentia, & testimonio fratrum Petri Rabelli, Ioannis de Fonte, R. Fabri, & Petri de Pullis, Gardiani, & fratrum Conuentus Minorum dictæ domus de Montepessulano, Magistrorum Petri de Manso, Boneti Iaca Notarij Curiæ domini Episcopi Magalonen. & Bernardi de Ferrenis Notarij domini Episcopi Magalonen. & Notariorum domini Regis, aliorúmque plurium ad hoc specialiter vocatorum. Et mei Petri de Malhaco de Vauro publici Senescalliarum Tholos. & Carcass. dicti domini Regis Notarij: qui requisitus per Barones, & milites consen-

144 **PREVVES DE L'HIST. DV DIFFEREND**
tientes adhærentes, & appellantes prædictos, de præmissis hoc præsens instrumentum recepi, scripsi, & meo sequenti signo solito consignaui.

Et ego Bonetus Iaca Notarius publicus dicti domini nostri Regis Franciæ in Senescallia Bellicadri & Nemausi, & Curiæ domini Officialis Magalon. suprascriptus, qui vocatus & rogatus per prænominatos nobilem virum dominum Amalricum Vicecomitem & dominum Narbonen. & dominum Guillelmum de Plasiano militem dominum de Vicenobrio, & Magistrum Dionysium de Senonis Clericum dicti domini Regis, necnon per prænominatos Nobiles, & Procuratores prædictos, præsens interfui omnibus suprascriptis, & me subscribo in testimonium præmissorum, & signum meum sequens appono.

Et ego Bernardus de Ferreriis publicus domini nostri Regis Franciæ in Senescallia Bellicadri & Nemausi, & domini Episcopi Magalonensis Notarius, qui vocatus & rogatus per prænominatos nobilem virum dominum Amalricum Vicecomitem & dominum Narbon. & dominum Guillelmum de Plasiano militem dominum de Vicenobrio, & Magistrum Dionysium de Senonis Clericum dicti domini Regis, necnon & per prænominatos Nobiles, & Procuratores, præsens omnibus suprà scriptis interfui, & me subscribo in testimonium præmissorum, & hic signum meum appono.

Et ego Petrus de Manso publicus serenissimi principis domini Regis Franciæ in Senescallia Bellicadri & Nemausi, & domini Magalonen. Episcopi Notarius vocatus & rogatus per prænominatos nobilem virum dominum Amalricum Vicecomitem & dominum Narbon. & dominum Guillelmum de Plasiano militem dominum de Vicenobrio, & Magistrum Dionysium de Senonis Clericum dicti domini nostri Regis, necnon & per prænominatos Nobiles, & Procuratores, præsens omnibus suprà scriptis interfui, & me subscribo in testimonium præmissorum, & signum meum appono.

Et nos verò infrà scripti, qui non sumus superiùs nominati, visis & inspectis processibus suprà scriptis conuocationi, & congregationi consentimus, & appellationibus adhærentes de nouo prouocamus, appellamus, & omnia per alios prænominatos facta pro nobis, & nobis adhærentibus appellamus, & facimus, sigilla nostra in præmissorum vnà cum dictis dominis præsenti instrumento publico apponentes.

Et sont lesdites lettres seellées de trente-quatre petits sceaux de cire verte pendans.

Acte de la Noblesse de la Senefchauffée de Baucaire, qui adhere à ce qu'a resolu le Roy contre Boniface.

Coffre Boniface num. 12.

1303.
27. Iuillet.

VNIVERSIS præsentes litteras inspecturis, Guillelmus de Bandone dominus loci pro nobis, & pro domino Braconeto domino Gaudiose, Marchetius dominus de Canilhaco pro nobis, & R. de Rocafolio milite domino de Rocafolio, R. Peleti de Alesto, & de Calomonte, Osilius Guarini de Tornello, R. Decani de Bellaguarda, Poncius de Guodeto de Anetico, Guido de Senareto filius domini Guilaberti de Senareto Comitis Montisferrandi, Bernardus de Languisello de Albasio, Guillelmus de Brinhono dicti loci de Brinhono, Armandus de Becortono Bellicastri, Armandus Vicecomes Podomiaci, Guillelmus de Castro-

DE BONIF. VIII. ET PHILIP. LE BEL.

Castronouo sancti Remigij, R. & Bernardus de Barre dicti loci pro partibus, & Bernardus de Barre filius, & Procurator domini Petri de Barre militis, pro parte dicti loci milites, Anitorgius de Perra, Guarinus de Apcheria, R. de Andusia de Floiraco, Poncius Bremondi de Castlario, R. & Guichardus de Petra de Seueria, Br. de Petraforti de Ansdio, & de Sansuhaco, Gomtrandi Amici de Ruperforti, Guiotus de Turnone, Gitbertus de Sollempniaco, R. Guigonis Procurator Brulhonis de Sereriis, Guido de Ruppe dicti loci, & de Pescheriis, Rostangnus de Sabrano dicti loci, Albertus de Gorcia, Petrus & R. de Vignorio dicti loci de Vignorio pro se, & procuratorio nomine R. de Crota domini de Bidagiis, Poncius de Mirabello dicti loci, Guillelmus de Monterodato, pro parte dicti loci, Armandus de Monterareno, pro parte dicti loci, Guillelmus de Baladuno dicti loci, Petrus de Montelauro pro parte castri Montislauri Domicelli, pro se, & subditis suis Senescalliæ Bell. salutem in Domino Iesu Christo. Præsentium litterarum serie vobis fieri volumus manifestum, quòd cùm nobiles viri domini Amalricus Vicecomes & Dominus Narbonen. Guillelmus de Plaziano, dominus de Vicenobrio milites, & Dionysius de Senon. Clericus domini nostri Regis Franciæ, nobis, & nonnullis Prælatis, Prioribus, Capitulorúmque, & Conuentuum, Ecclesiarum cathedralium, collegiatarum, & Monasteriorum Syndicis, & Procuratoribus, Consulibus, Vniuersitatum, castrorum, & villarum insignium Carcasson. Bellicad. & Ruthen. Senescalliarum conuocatis, & præsentibus die præsenti apud Montempessulanum in domo fratrum Minorum dicti loci, coram nobis, & eis diligenter ostenderunt & exposuerunt, quòd nuper nonnullis Archiepiscopis, Abbatibus, Prioribus, Conuentibus, Vniuersitate Magistrorum & Scholarium Paris. studentium, & multis aliis magnæ auctoritatis personis, tam Ecclesiasticis, quàm sæcularibus Paris. apud Luparam in dicti domini Regis præsentia constitutis, recitatum fuit eis & expositum, ac narratum ibidem, quòd ipsis domino Regi, Archiepiscopis, & aliis personis prædictis, per quosdam Comites, & alios Nobiles regni Franciæ contra dominum Bonifacium Papam octauum proposita, & significata fuerunt diuersa enormia & horribilia, ac detestabilia crimina, quorum quædam hæresim sapiunt manifestè, quibus eum irretitum esse dicebant, & super eis publicè, ac notoriè diffamatum, præstitis ibidem ab eisdem proponentibus ad sancta Euangelia tacta corporaliter iuramentis, quòd huiusmodi proposita & significata credebant esse vera, & posse probari in generali Concilio, vel aliàs, vbi, quando, & coram quibus de iure fuerit faciendum; & per proponentes eosdem à domino Rege, tanquam pugile fidei, & Ecclesiæ defensore, ac Archiepiscopis, Episcopis, Abbatibus, Prioribus, & personis aliis Ecclesiasticis supradictis, tanquam Ecclesiæ fideique columnis petitum fuerat, ac instanter & pluries requisitum, vt per declarationem veritatis huiusmodi, vt omnis error abscedat, ac periculis & scandalis quæ vniuersali Ecclesiæ imminent occurratur, conuocationi, & congregationi dicti Concilij generalis, ad laudem Dei nominis, & exaltationem & augmentum Catholicæ fidei, ac salubre regimen, & bonum statum vniuersalis Ecclesiæ, & totius populi Christiani opem darent & operam efficaces: quódque idem dominus Rex, Archiepiscopi, Episcopi, Abbates, Priores, & aliæ personæ Ecclesiasticæ supradictæ, auditis, & intellectis plenius propositis & significatis, & requisitionibus suprà scriptis, considerantes, quòd in hoc casu negotium agitur fidei, quod est Dei, & quòd ad defensionem,

T

146 PREVVES DE L'HIST. DV DIFFEREND

conferuationem, & exaltationem ipfius fidei ipfe dominus Rex collatam fibi recepit à Domino poteftatem, iidémque Prælati funt in partem follicitudinis euocati: fuper præmiflis per dies multos difcuffione, ac deliberatione præhabita diligenti, ex præmiffis, & aliis legitimis caufis moti conuocationem & congregationem dicti Concilij generalis vtilem, & omnino neceflariam reputátes, huiufmodi conuocationi & congregationi confenferant, & refponderant, quòd conuocationi & congregationi prædictis opem & operam darent efficaciter, vt deberent. Et ne dictus dominus Bonifacius motus, feu prouocatus ex iis, prout timebant ex verifimilibus coniecturis, & comminationibus multis, contra eos, Ecclefias, Parochianos, & fubditos fuos quoquomodo procedat, aut procedi faciat, fua, vel alia, auctoritate quacumque, excommunicando, fufpendendo, interdicendo, deponendo, aut aliàs quouis modo impedimentum, aut perturbationem Concilij congregandi, & quin confedere & coniudicare, & alia quæ ad officium Prælati pertinent facere in eodem Concilio poffent, faluis eorum, & fibi adhærentium ftatus manere deberent, profe, Ecclefiis, Parochianis, & fubditis fuis, & pro fibi adhærentibus, feu adhærere volentibus in hac parte, ad prædictum Concilium congregandum, & ad futurum verum & legitimum fummum Pontificem, & ad illum, vel ad illos, ad quem, vel ad quos de iure fuerit appellandum prouocarunt, & appellarunt in fcriptis, & apoftolos teftimoniales cum inftantia petierunt: fupponentes fe, & Ecclefias, Parochianos, fubditos, ac fibi adhærentes, ipforum ftatus, iura, & bona protectioni diuinæ, prædicti Concilij, ac futuri veri & legitimi fummi Pontificis; ac proteftantes de innouando appellationem huiufmodi, vbi, quando, & coram quibus eis vifum fuerit expedire. Quare cùm pro parte dicti domini Regis, per dictos dominos peteretur à nobis, vt conuocationi, & congregationi prædicti Concilij generalis affentiremus, & de præmiflis nobis, & cæteris ibidem congregatis, per proceffus Parif. coram domino Rege habitos, per inftrumenta autentica, & litteras diuerfis figillis autenticis figillatas oftenderint: nos præmiffis confiderationibus, & caufis inducti conuocationem, & congregationem ipfius Concilij vtilem, neceflariam, falubrem, & expedientem fidei negotio, & fanctæ Dei Ecclefiæ reputantes, eidem conuocationi & congregationi Concilij pro nobis, & nominibus quibus fuprà, ac pro fubditis noftris, & nobis adhærentibus, & adhærere volentibus affentimus prouocationi, appellationi, ac appellationibus præfati domini Regis, per ipfum, & per quofcumque alios eius nomine factis, & aliorum quorumlibet fibi adhærentium adhæremus quantum de iure poffumus, & debemus fecundùm Deum, & iuftitiam, & vt fanctæ permittunt canonicæ fanctiones, faluis auctoritate, & reuerentia Sedis Apoftolicæ, fanctæque ac Catholicæ Ecclefiæ vnitate. Et ne dictus dominus Bonifacius motus, feu prouocatus ex iis, prout timemus ex verifimilibus coniecturis, & comminationibus variis factis per eum, contra nos vel aliquem ex nobis, vel gentium, aut fubditorum noftrorum, & aliorum quorumcunque nobis adhærentium quoquomodo procedat, vel procedi faciat, fua, vel alia auctoritate quacunque, excommunicando, vel fufpendendo, interdicendo, vel alio quoquomodo impedimentum, vel turbationem congregandi Concilij, & quin aliàs ftatus noftri falui remaneant, pro nobis, & nobis adhærentibus, feu adhærere volentibus ad prædictum fanctum Concilium congregandum, & ad futurum verum & legitimum fummum Pontificem, & ad illum, feu ad illos, ad quem feu quos de iure fuerit appellandum prouocamus, & appellamus publicè in iis fcriptis : in præsentia Tabellionum, & Notariorum publicorum, aliorúmque testium subscriptorum, & apostolos & litteras testimoniales cum instantia petimus ab eisdem: supponentes nos, ac nobis adhærentes, & adhærere volentes, status nostros, fautores, & adiutores nostros, bona, & iura nostra, & subditorum nostrorum, nobísque adhærentium in hac parte, protectioni diuinæ, & beatorum Petri & Pauli, & dicti Concilij generalis, ac Sedis Apostolicæ, ac futuri veri & legitimi summi Pontificis; ac protestantes de innouando appellationem, seu prouocationem huiusmodi, vbi, quando, & coram quibus nobis visum fuerit expedire: in præmissis enim omnibus petitis à nobis nos consentientes, adhærentes, & appellantes prædicti consensimus, adhæremus, & appellamus, sub modis, formis, pactionibus, & protestationibus, quibus dominus Rex, & alij Barones, & Nobiles de Franc. duntaxat consentientes confenserunt, adhæserunt & appellauerunt. Hæc acta sunt in Montepessulano in domo fratrum Minorum, anno Dominicæ Incarnationis millesimo trecentesimo tertio, scilicet sexto Kalend. Augusti, domino Philippo illustrissimo Rege Franciæ regnante, in præsentia, & testimonio nobilis viri domini Ioannis de Verenis militis dicti domini Regis, Senescalli Bellicadri, & Nem. dominorum Guillelmi Aymerici legum Doctoris, Ioannis de Sagio Doctoris Decretorum, & mei Boneti Iaca Notarij publici dicti domini Regis in Senesc. Bellicadri & Nemen. & Curiæ domini Officialis Magalonensis, qui hæc requisitus scripsi, & & signum meum sequens apposui. Rostanguus Imberti Procurator, domini prædictorum locorum. Prædictis etiam interfuerunt vnà mecum dicto Boneto Iaca Notario, Petrus de Manso, & Bernardus de Ferreriis Notarij publici dicti domini Regis, & domini Magalonen. Episcopi, qui requisiti infrà se subscripserunt.

Post hæc anno quo suprà, scilicet quinto Kalend. Augusti, ego Poncius de Montelauro domicellus, auditis per me omnibus, & singulis suprà scriptis, prædictis omnibus, & singulis adhæreo, consentio, & appello in iis scriptis, protestor, & suppono me, & mea, & apostolos peto, & facio in omnibus, & per omnia, vt suprà alij, vt in suprascripto instrumento continetur, adhæserunt, confenserunt, appellauerunt, protestati sunt, & se, & sua bona suppoluerunt, fecerunt, & apostolos petierunt: requirens inde fieri publicum instrumentum per te Bonetum Iaca Notarium publicum suprascriptum. Horum testes sunt dominus Guillelmus Aymerici Doctor legum, Bertrandus de Bosco, & ego Bonetus Iaca Notarius publicus suprà scriptus, qui hæc scripsi, & signum meum sequens apposui.

Et ego Petrus de Mauro publicus serenissimi principis domini Regis Franciæ, & domini Gaucelini Dei gratia Magalonens. Episcopi Notarius, vocatus, & rogatus per prænominatos nobiles dominum Amalricum Vicecomitem & dominum Narbon. & dominum Guillelmum de Plaziano dominum de Vicenobrio milites, & Dionysium de Senon. Clericum domini nostri Regis, & per præfatos Nobiles & Barones, me subscribo, & signum meum appono.

Ego Bernardus de Ferreriis publicus domini nostri Franciæ Regis in Senescallia Bellicadri, & Nem. & domini Magalonen. Episcopi Notarius, vocatus, & mandatus à nobilibus viris dominis Amalrico Vicecomite & domino Narbon. Guillelmo de Plasiano domino de Vicenobrio militibus, & Dionysio de Senon. Clerico dicti domini Regis, & requisitus à Nobilibus, & Baronibus in suprascripto instrumento contentis, hic subscripsi & signaui.

148 PREVVES DE L'HIST. DV DIFFEREND

Item, anno quo suprà, scilicet septimo Idus Augusti, ego Guillelmus de Ruppe de Maura, & ego Petrus Hugonis milites, & ego Rostangnus Mali Sanguinis nomine nostro, & procuratorio nomine omnium Nobilium de Bellicadro, & ego Fredolus Valleti Procurator domini Ioannis de Saluio militis procuratorio nomine eiusdem, attentis omnibus, & singulis scriptis suprà in instrumento suprà scripto, consentimus, adhæsimus quibus suprà nominibus, & in scriptis appellamus, protestamur, & supponimus nos, & prædictos, quorum sumus Procuratores, & bona nostra, & eorum, & apostolos petimus, & in omnibus & per omnia, vt Nobiles in suprà scripto instrumento adhæserunt, consenserunt, appellauerunt, protestati sunt, & se, & bona sua suppossuerunt, & apostolos petierunt; requirentes inde fieri publicum instrumentum, per te Bonetum Iaca Notarium publicum suprà scriptum. Hæc acta sunt in Nemauso prædicta recipientibus nomine dicti domini Regis, dominis Amalrico Vicecomite & domino Narbonæ, Guillelmo de Plaziano domino de Vicenobrio militibus, Dionysio de Senon. Clerico Regis: in præsentia & testimonio domini Ioannis de Veranis militis Senescal. Bellicadri, & Nemen. domini Ioannis Odoardi Iurisperiti, & Petri de Manso, & Bernardi de Ferreriis Notariorum suprà scriptorum, & mei dicti Iaca Notarij publici dicti domini Regis, & Curiæ domini Officialis Magalonens. qui hæc scripsi requisitus, & lignum meum sequens apposui.

Et seellé de trente-six petits seaux pendans.

Acte de plusieurs Gentilshommes de la Senesschauffée de Rhodez, qui consentent à tout ce que le Roy a ordonné pour le fait du P. Boniface.

Coffre Boniface num. 13.

1303.
17. Iuillet.

VNIVERSIS præsentes litteras inspecturis, Guido de Seneyraco, Deodatus de Castutio, Bego de Barreria Castrinoui milites, Bertrandus de Balaguerio, de Capdenaco, Robertus de Castromarino, Castlussonus Procurator domini Guillelmi Iordani domini Montirlauri, Petrus Sigalli. Procurator Berengarij de Arpaione domini eiusdem loci, Vesianus de Cardalhaco, pro domino Arnaudo de Cardalhaco milite patre meo, & pro dominis aliis de Capdenaco, Hugo de Balaguerio, R. de Lenesone de Castrismar. pro me, & Bernardo de Combreto nepote meo, domini & domicelli Senescalliæ Ruthen. salutem in Domino Iesu Christo. Præsentium litterarum serie vobis fieri volumus manifestum, quòd cùm nobilis vir dominus Amalricus Vicecomes & dominus Narbonæ, & Dionysius de Senonis Clericus domini nostri Regis Franciæ, nobis, & nonnullis Prælatis, Prioribus, Capitulorúmque, & Conuentuum, Ecclesiarum cathedralium, collegiatarum, & Monasteriorum Syndicis, & Procuratoribus, Consulibus, Vniuersitatum, ciuitatum, castrorum, & villarum insignium Carcasson. Bellicadri, & Ruthen. Senescalliarum conuocatis, & præsentibus die præsenti apud Montempessulanum in domo fratrum Minorum dicti loci, coram nobis, & eis diligenter ostenderint, & exposuerint, quòd nuper nonnullis Archiepiscopis, Episcopis, Abbatibus, Prioribus, Conuentibus, Vniuersitate Magistrorum & Scholarium Paris. studentium, & multis aliis magnæ auctoritatis personis, tam Ecclesiasticis, quàm sæcularibus Paris. apud Luparam in dicti domini Regis præsentia constitutis, recitatum fuit eis & expositum, ac narratum ibidem, quòd ipsis domino

Regi, Archiepiscopis, Episcopis, & aliis personis prædictis, per quosdam Comites, & alios Nobiles regni Franciæ contra dominum Bonifacium Papam octauum proposita, & significata fuerunt diuersa enormia, & horribilia, ac detestabilia crimina, quorum quædam hæresim sapiunt manifestè, quibus eum irretitum esse dicebant, & super eis publicè diffamatum ac notoriè, præstitis ibidem ab eisdem proponentibus ad sancta Dei Euangelia tacta corporaliter iuramentis, quòd huiusmodi proposita & significata credebant esse vera, & posse probari in generali Concilio, vel aliàs vbi, quando, & coram quibus de iure fuerit faciendum; & per proponentes eosdem à domino Rege, tanquam pugile fidei & Ecclesiæ defensore, ac Archiepiscopis, Episcopis, Abbatibus, Prioribus, & personis aliis Ecclesiasticis supra dictis, tanquam Ecclesiæ fideique columnis petitum fuerat, ac instanter & pluries requisitum, vt pro declaratione veritatis huius, vt omnis error abscedat, ac periculis quæ vniuersali Ecclesiæ imminent occurratur, conuocationi, & congregationi dicti Concilij generalis, ad laudem Dei nominis, & exaltationem & augmentum Catholicæ fidei, ac salubre regimen & bonum statum vniuersalis Ecclesiæ, & totius populi Christiani, opem darent & operam efficaces. Quódque iidem dominus Rex, Archiepiscopi, Episcopi, Abbates, Priores, & aliæ personæ Ecclesiasticæ supradictæ auditis, & intellectis pleniùs propositis, & significatis, & requisitionibus suprascriptis, considerantes quòd in hoc casu negotium agitur fidei, quod est Dei, & quòd ad defensionem, conseruationem, & exaltationem ipsius fidei, ipse dominus Rex collatam sibi recepit à Domino potestatem, iidémque Prælati sunt in partem sollicitudinis euocati: super præmissis per dies multos discussione, ac deliberatione præhabita diligenti, ex præmissis & aliis legitimis causis moti conuocationem, & congregationem dicti Concilij generalis vtilem, & omnino necessariam reputantes, huius conuocationi & congregationi consenserant, & responderant, quòd conuocationi & congregationi prædictis opem & operam darent efficaciter vt deberent. Et ne dictus dominus Bonifacius motus, seu prouocatus ex iis, prout timebant ex verisimilibus coniecturis, & comminationibus multis, contra eos, Ecclesias, Parochianos, & subditos suos quoquomodo procedat, aut procedi faciat sua, vel alia auctoritate quacunque, excommunicando, suspendendo, interdicendo, deponendo, vel aliàs quouis modo in impedimentum, & perturbationem Concilij congregandi, & quin consedere & coniudicare, & alia quæ ad officium Prælati pertinent facere in eodem Concilio possent, saluíque eorum, & sibi adhærentium status manere deberent, pro se, Ecclesiis, Parochianis, & subditis suis, & pro sibi adhærentibus, seu adhærere volentibus in hac parte, ad prædictum Concilium congregandum, & ad futurum verum & legitimum summum Pontificem, ad illum vel ad illos, ad quem vel ad quos de iure fuerit appellandum, prouocarunt & appellarunt in scriptis, & apostolos testimoniales cum instantia petierunt: supponentes se, & Ecclesias, Parochianos, subditos, ac sibi adhærentes, ipsorum status, iura, & bona protectioni diuinæ, prædicti Concilij, ac futuri veri & legitimi summi Pontificis; ac protestantes de innouando appellationem huiusmodi, vbi, quando, & coram quibus eis visum fuerit expedire. Quare cùm pro parte dicti domini nostri Regis, per dictos dominos peteretur à nobis, vt conuocationi & congregationi prædicti Concilij generalis assentiremus, & de præmissis nobis, & cæteris ibidem congregatis, per processus Paris. coram domino Rege habitos, per instrumenta autentica, & litteras diuersis sigillis, & autenticis sigilla-

T iij

tas oftenderint : nos præmiſſis conſiderationibus, & cauſis inducti conuocationem & congregationem ipſius Concilij vtilem, neceſſariam, ſalubrem, ac expedientem fidei negotio, & ſanctæ Dei Eccleſiæ reputantes, eidem conuocationi & congregationi Concilij pro nobis, & nominibus quibus ſuprà, ac pro ſubditis noſtris, & nobis adhærentibus, & adhærere volentibus aſſentimus, & prouocationi & appellationi, ac appellationibus præfati domini Regis per ipſum, & per quoſcunque alios eius nomine factis, & aliorum quorumlibet ſibi adhærentium, adhæremus quantum de iure poſſumus, & debemus ſecundùm Deum & iuſtitiam, & vt ſanctæ permittunt canonicæ ſanctiones, ſaluis auctoritate, & reuerentia Sedis Apoſtolicæ, ſanctæque ac Catholicæ Eccleſiæ vnitate. Et ne dictus dominus Bonifacius motus, ſeu prouocatus ex iis, prout timemus ex veriſimilibus coniecturis, & comminationibus variis factis per eum, contra nos, vel aliquem ex nobis, vel gentium, aut ſubditorum noſtrorum, & aliorum quorumcunque nobis adhærentium quoquomodo procedat, vel procedi faciat, ſua vel alia auctoritate quacunque, excommunicando, vel ſuſpendendo, interdicendo, vel aliàs quoquomodo in impedimentum, vel turbationem congregandi Concilij, & quin aliàs ſtatus noſtri ſalui remaneant, pro nobis, & nobis adhærentibus, ſeu adhærere volentibus ad prædictum ſacrum Concilium congregandum, & ad futurum verum & legitimum ſummum Pontificem, & ad illum, ſeu ad illos, ad quem, ſeu quos de iure fuerit appellandum prouocamus, & appellamus publicè in iis ſcriptis : in præſentia Tabellionum, & Notariorum publicorum, aliorúmque teſtium ſubſcriptorum, & apoſtolos & litteras teſtimoniales cum inſtantia petimus ab eiſdem : ſupponentes nos, ac nobis adhærentes, & adhærere volentes, ſtatus noſtros, fautores, & adiutores noſtros, bona, & iura noſtra, & ſubditorum noſtrorum nobíſque adhærentium in hac parte protectioni diuinæ, & beatorum Petri & Pauli, & dicti Concilij generalis, ac Sedis Apoſtolicæ, & futuri veri & legitimi ſummi Pontificis; ac proteſtantes de innouando appellationem, ſeu prouocationem huiuſmodi, vbi, quando, & coram quibus nobis viſum fuerit expedire. In præmiſſis enim omnibus petitis à nobis, nos conſentientes, adhærentes, & appellantes prædicti conſentimus, adhæremus, & appellamus, ſub modis, formis, pactionibus, & proteſtationibus, quibus dominus Rex, & alij Barones, & Nobiles de Francia duntaxat conſentientes confenſerunt, adhæſerunt, & appellauerunt. Acta fuerunt hæc apud Montempeſſulanum in dicto loco, anno Dominicæ Incarnationis milleſimo trecenteſimo tertio, ſcilicet ſexto Kalendas Auguſti, illuſtriſſimo domino Philippo Franciæ Rege regnante, in præſentia, & teſtimonio Magiſtrorum Boneti Iaca, Petri Manſo, Bertrandi de Boſco Notariorum, Petri de Beſſolis Iuriſperiti, Bertrandi de Petra-forti domini Ariſdij, & plurium aliorum, & mei Bernardi de Ferrerus publici præfati domini Francorum Regis in Seneſcallia Bellicadri, & Nemauſi, & domini Magalonenſis Epiſcopi Notarij, qui vocatus & mandatus per dictos dominos Amalricum Vicecomitem & dominum Narbon. & Dionyſium de Senonis Clericum dicti domini Regis, rogatúſque per præfatos Barones & Nobiles hæc omnia, & ſingula ſcripſi, hicque appoſui ſignum meum ſummum.

Et ego Petrus de Manſo publicus ſereniſſimi principis domini Regis Franciæ, & reuerendi patris domini Gaucelini Dei gratia Magalon. Epiſcopi Notarius vocatus & rogatus, per prænominatos nobilem virum dominum Amalricum Vicecomitem & dominum Narbonæ, ac Diony-

DE BONIF. VIII. ET PHILIP. LE BEL. 151

sium de Senonis Clericum domini nostri Regis, & per prænominatos Nobiles, & Procuratores, me subscribo, & signum meum appono.

Et ego Bonetus Iaca Notarius publicus dicti domini Regis, & Curiæ domini Officialis Magalonen. qui requisitus & vocatus, vt suprà, Petrus de Manso Notarius me subscribo, & signum meum sequens appono.

Et sont lesdites lettres seellées de neuf petits seaux en cire verte pendans.

Acte de sept villes de la Seneschaussée de Rhodez, qui adherent à la resolution prise par le Roy contre le Pape Boniface.

Coffre Boniface num. 2.

1303. Iuillet.

VNIVERSIS præsentes litteras inspecturis, Consules villarum, & castrorum de Naiaco, de sancto Antonino, de sancto Africano, de Petrucia, & de Villanoua, diocesis & Senescalliæ Ruthen. salutem in Domino Iesu Christo. Præsentium litterarum serie vobis fieri volumus manifestum, quòd cùm nobiles viri domini Amalricus Vicecomes & dominus Narbonæ, Guillelmus de Playsiano dominus de Vicenobrio, milites, & Magister Dionysius de Senon. Clericus domini nostri Franciæ Regis, nobis & nonnullis Prælatis, Prioribus, Capitulorúmque, & conuentuum, Ecclesiarum cathedralium, collegiatarum, & Monasteriorum Syndicis, & Procuratoribus, Baronibus, Nobilibus, Consulibus, Vniuersitatum, ciuitatum, castrorum, & villarum insignium præfatæ & Bellicadri, ac Carcasson. Senescalliarum connocatis, & præsentibus die præsenti apud Montempessulanum coram eis diligenter ostenderint & exposuerint, quòd nuper nonnullis Archiepiscopis, Episcopis, Abbatibus, Comitibus, Prioribus, Vniuersitate Magistrorum, & Scholarium Parisi. studentium, & multis aliis magnæ auctoritatis personis, tam Ecclesiasticis, quàm sæcularibus Parisiis apud Luparam in dicti domini Regis præsentia constitutis, recitatum fuit eis, & expositum, ac narratum eisdem, quòd ipsis domino Regi, Archiepiscopis, Episcopis, & aliis personis suprà dictis per quosdam Comites, & alios Nobiles regni Franciæ contra dominum Bonifacium Papam octauum proposita, & significata fuerunt diuersa enormia, ac horribilia & detestabilia crimina, quorum quædam hæresim sapiunt manifestè, quibus eum irretitum esse dicebant, & super eis publicè, ac notoriè diffamatum, præstitis ibidem ab eisdem proponentibus ad sancta Dei Euangelia tacta corporaliter iuramentis, quòd huiusmodi proposita & significata credebant esse vera, & posse probari in generali Concilio, vel aliàs, vbi, quando, & coram quibus de iure fuerit faciendum; & per proponentes eosdem à domino Rege, tanquam fidei pugile & Ecclesiæ defensore, ac Archiepiscopis, Episcopis, Abbatibus, Prioribus, & personis aliis Ecclesiasticis suprà dictis, tanquam Ecclesiæ fideique columnis, petitum fuerat, ac instanter & pleniùs requisitum, vt pro declaratione veritatis huiusmodi, vt omnis error abscedat, ac periculis & scandalis quæ vniuersali Ecclesiæ imminent occurratur, conuocationi, & congregationi dicti Concilij generalis, ad laudem Dei nominis, & exaltationem, ac augmentum Catholicæ fidei, ac salubre regimen, & bonum statum vniuersalis Ecclesiæ, & totius populi Christiani, opem darent & operam efficaces. Quódque idem dominus Rex, Archiepiscopi, Episcopi, Abbates, Priores, & aliæ personæ Ecclesiasticæ suprà dictæ, auditis & intellectis propositis & significatis, ac requisitionibus suprà dictis, considerantes, quòd in hoc casu negotium agitur fidei, quod est Dei, & quòd ad defensionem, conseruationem, & exaltationem ipsius fidei ipse dominus Rex collatam sibi recepit à Domino potestatem, iidémque Prælati sunt in partem sollicitudinis euocati: super præmissis per dies multos discussione, ac deliberatione præhabita diligenti, ex præmissis, ac aliis legitimis causis moti conuocationem & congregationem dicti Concilij generalis vtilem & omnino necessariam reputantes, huiusmodi conuocationi, & congregationi consenserant & responderant, quòd conuocationi & congregationi prædictis opem & operam darent efficaciter, vt deberent. Et ne dictus dominus Bonifacius motus, seu prouocatus ex iis, prout timebant ex verisimilibus coniecturis, & comminationibus multis, contra eos, Ecclesias, Parochianos, & subditos suos quoquomodo procedat, aut procedi faciat, sua, vel alia auctoritate quacunque, excommunicando, suspendendo, interdicendo, deponēdo, aut priuando, aut aliàs quouis modo in impedimentum, & perturbationē Concilij congregandi, & quin confedere, cōiudicare, & alia quæ ad officium Prælati pertinent facere in eodem Concilio possent, saluique eorum, & sibi adhærentium status manere debeant, pro se, Ecclesiis, Parochianis & subditis suis, & pro sibi adhærentibus, seu adhærere volentibus in hac parte ad prædictum Concilium congregandum, & ad futurum verum & legitimum summum Pontificem, & ad illum, vel ad illos, ad quem, vel quos de iure fuerit appellandum, prouocarunt & appellarunt in scriptis, & apostolos testimoniales cum instantia petierunt: supponentes se, Ecclesias, Parochianos, subditos, & sibi adhærentes, ipsorum status, iura, & bona protectioni diuinæ, prædicti Concilij, ac futuri veri & legitimi summi Pontificis; ac protestantes de innouando appellationem huiusmodi, vbi, quando, & coram quibus eis visum fuerit expedire. Quare cùm pro parte domini Regis, per dictos dominos peteretur à nobis, vt conuocationi & congregationi prædicti Concilij generalis assentire, ac quantum in nobis est opem dare & operam curaremus, & de præmissis nobis, ac cæteris ibidem congregatis processus Paris. coram domino Rege habitos, per instrumenta autentica, & litteras diuersis sigillis sigillatas ostenderint : nos præmissis cons derationibus, & causis inducti, conuocationem & congregationem ipsius Concilij vtilem, necessariam, salubrem, ac expedientem fidei negotio, & sanctæ Dei Ecclesiæ reputantes, eidem conuocationi, & congregationi Concilij pro nobis, & vniuersitatibus locorum prædictorum, & nobis adhærentibus, & adhærere volentibus assentimus, & opem & operam libenter dabimus, & dare promittimus iuxta posse, & prouocationi & appellationi, ac appellationibus præfati domini Regis per ipsum, & quoscunque alios eius nomine factis, & aliorum quorumlibet sibi adhærentium, adhæremus quantum de iure possumus & debemus secundùm Deum & iustitiam, & vt facere permittunt sanctæ canonicæ sanctiones, saluis auctoritate, & reuerentia Sedis Apostolicæ, sanctæque ac Catholicæ Ecclesiæ vnitate. Et ne dictus dominus Bonifacius motus, seu prouocatus ex iis, prout timemus ex verisimilibus coniecturis, & comminationibus variis factis per eum, contra nos, vel aliquem ex nobis, seu vniuersitatum prædictarum, & aliorum quorumcunque nobis adhærentium quoquomodo procedat, vel procedi faciat, sua, vel alia auctoritate quacunque, excommunicando, vel suspendendo, interdicendo, vel aliàs quoquomodo in impedimentum, vel turbationem congregandi Concilij, & quin aliàs status nostri salui remaneant, pro nobis, & vniuersitatibus prædictis, & singulis hominibus ex eisdem, aliis nobis adhærentibus, seu adhærere

volen-

volentibus ad præfatum sacrum Concilium congregandum , & ad futurum verum & legitimum summum Pontificem, & ad illum, seu ad illos, ad quem, seu quos de iure fuerit appellandum, prouocamus , & appellamus publicè in iis scriptis, & apostolos cum instantia petimus nobis dari: supponentes nos, vniuersitates prædictas, & ex eis singulos, ac quoslibet nobis adhærentes, & adhærere volentes, status nostros, & eorum fautores, & adiutores nostros, bona, & iura nostra, & vniuersitatum prædictarum, & singulorum ex eis nobisque adhærentium , & adhærere volentium in hac parte protectioni diuinæ, & Beatorum Petri & Pauli, & dicti Concilij generalis, ac Sedis Apostolicæ , & futuri veri & legitimi summi Pontificis; ac protestantes de innouando appellationem , seu appellationes huiusmodi, vbi, quando, & coram quibus nobis visum fuerit expedire. In præmissis etiam omnibus nos consentientes , adhærentes , & appellantes prædicti consentimus, adhæremus, appellamus sub modis, formis, pactionibus, quibus dominus Rex , & aliæ vniuersitates regni Franciæ consentientes , consenserunt, adhæserunt & appellauerunt. In quorum testimonium nos Consules prædicti sigilla Consulatuum nostrorum, & communitatum villarum prædictarum huic instrumento, seu litteris præsentibus duximus apponenda. Nos verò Guillelmus de Mostolgolio miles , & Berengarius de Arpaion. Domicellus dominus de Calomonte , visis & intellectis consensibus appellationibus , & cæteris suprà scriptis, pro nobis , & nostris subditis, & adhærentibus , seu nobis adhærere volentibus consentimus congregationi dicti Concilij generalis , & præfatis appellationibus domini Regis , & aliorum eius nomine appellantium , seu eidem adhærentium in præmissis adhæremus & appellamus in iis scriptis, supponentes nos, subditos nostros, & nobis adhærentes protectioni prædictæ, cum protestationibus, pactionibus, & modo, & forma suprà scriptis. Sigilla nostra præsentibus apponentes vnà cum præfatis Consulibus in fidem , & testimonium omnium præmissorum. Actum & datum apud Montempessulanum , sabbato post festum Beatæ Mariæ Magdalenæ , anno Domini millesimo trecentesimo tertio.

Seellée de sept petits seaux en cire verte pendans.

Acte du Prieur des Freres Prescheurs, qui dit que le Roy, les Prelats, & Barons du Royaume pour certaines considerations demandent la connocation du Concile general, & parce qu'ils craignent que le Pape s'en veüille ressentir, ils ont appellé de luy au Concile, ou au Pape futur, ou au College des Cardinaux, à quoy l'Vniuersité de Paris, & les Colleges , tant de Religieux que de seculiers ont adheré, à quoy il adhere & le Prieur du Conuent de Paris.

Lettre du Prieur Prouincial de l'Ordre des Predicateurs en la Prouince de France, aux Religieux de ladite Prouince, comme il a adheré auec le Roy, les Prelats, Barons, & Vniuersitez du Royaume à l'appel au futur Concile general.

VNIVERSIS Prioribus, Superioribus, eorúmque Vicariis, ac cæteris Fratribus Ordinis Fratrum Prædicatorum in Prouincia Franciæ constitutis , ad quos præsentes litteræ peruenerint, Frater Raymundus Fratrum eiusdem Ordinis in dicta Prouincia Prior Prouincialis indignus , salutem , & profectum in gratia salutari. Serenissimus princeps , & amantissi-

1305.
25. Iuillet.

mus dominus Philippus Dei gratia Rex Francorum illuſtris,Prælati de regno Franciæ, eiuſdémque regni Barones, reuerentia ſanctæ matris Eccleſiæ,& fidei Catholicæ veritate ſeruatis,priùs deliberatione matura digeſtis conſiliis, & variis tractatibus iteratis ex certis cauſis, & propter graues articulos, qui vobis per alios poterunt pleniùs explicari,petunt conuocationem ſacri Concilij generalis , & ad hoc quantū ad eos attinet laborare intendunt: & ne fortaſſis interim grauamen aliquod per ſummum Pontificem inferatur eiſdem, ad ipſum ſacrum Concilium, ſeu futurum ſummum Pontificem legitimum ſucceſſorem , ſeu Collegium Cardinalium, ad illum, vel ad illos, ad quem, vel ad quos de iure ſpectare poterit, pro ſe, ſibique adhærentibus appellarunt, Vniuerſitate Pariſienſi, & Collegiis, tam Religioſis quàm ſæcularibus dictæ petitioni conſentientibus , & adhærentibus appellationi prædictæ. Ego inſuper frater Bernardus Prior Fratrum noſtrorum Pariſ. eiuſdémque loci conuentus, hoc ipſum fecimus, ne inter tot & tantos ſingularitas in nobis appareat, vel ne videamur oculis quaſi reciprocis in ſenſu proprio gloriari. Quod vtique veſtræ diſcretioni ſignificare curaui , vt & vos aperto conſiderationis oculo ſic agatis , ne indignationem domini noſtri Regis incurrere, nec ab aliquo alio poſſitis meritò reprehendi. Valete , & orate pro me. Datum Pariſ. feria tertia poſt feſtum Magdalenæ.

Acte par lequel les Prieur & Conuent des Freres Preſcheurs de Montpellier ſommez d'adherer à ce qu'auoit fait le Roy contre Boniface , répondirent qu'ils ne le pouuoient faire ſans l'ordre exprés de leur Prieur general qui eſtoit à Paris. Les agens du Roy non contens de cette réponſe , dirent qu'ils vouloient ſçauoir l'intention d'un chacun en particulier, & en ſecret. Ils perſiſterent comme deuant. Les agens du Roy enioignirent lors à ces Religieux, que dans trois iours ils euſſent à ſortir du Royaume; & qu'ils n'eſtoient plus en la protection du Roy. Les agens du Roy eſtoient Amaulry Vicomte de Narbonne, & Denis de Sens Clerc du Roy.

Au Treſor Boniface num. 707.

1303.
28. Iuillet.

NOVERINT vniuerſi, quòd cùm nobilis vir dominus Amalricus Vicecomes & dominus Narbonæ , & diſcretus vir dominus Dionyſius de Senon. Clericus dom. noſtri Regis Franciæ requiſiuiſſent ex parte dicti dom. Regis Priorem, & Fratres Prædicatores inferiùs nominatos conuentus Montiſpeſſuli exiſtentes in refectorio corumdem , vt conuocationi & congregationi Concilij generalis, & appellationi per dictum dom. Regem, Prælatos,& Religioſos, tam Ordinis corumdem Prædicatorum, quàm aliorum Ordinum, & alias Eccleſiaſticas perſonas , Barones , & Nobiles de Francia factæ, vt prædicti domini Amalricus,& Dionyſius dicebant, expoſitis per nobilem virum dom. Guillelmum de Platiano militem dom. de Vicenobrio, in domo Fratrum Minorum Montiſpeſſuli, die feſto B. Mariæ Magdalenes proximè præterito, aſſentirent , & adhærerent : reſponderunt Prior, & Fratres prædicti dictis dom. Amalrico & Dionyſio, quòd non conſentirent,nec adhærerent prædictis conuocationi & congregationi,& appellationi,niſi de expreſſa voluntate, & aſſenſu Prioris generalis totius Ordinis, quem dicebant ſe credere eſſe Pariſius,ex vocatione regia de ipſo facta. Quam quidem reſponſionem dicti domini Amalricus , & Dionyſius ingratam, & inſufficientem eſſe dixerunt, nec eam admiſerunt. Et iterum ipſi domini A. & D. dixerunt eiſdem Priori & Fratribus, vocando primò ad ſe propter hoc dictum Priorem, ſe velle ſtatim corda, & voluntates singulorum eorumdem super præmissis secretè ad partem & singulariter perscrutari. Et tunc dictus Prior requisitus vt iterum responderet, dixit, se non aliter respondere, nisi vt suprà responderat. deinde alij Fratres prædicti requisiti, idem dixerunt & responderunt quod suprà. Quibus responsionibus factis, idem Prior præcepit Fratribus prædictis in & sub virtute sanctæ obedientiæ, ne amodò prædictis dominis Amalrico, & Dionysio super præmissis de aliquo singulariter, nec aliter responderent. Et præfati domini Amalricus & Dionysius incontinenti præceperunt, ex parte dicti domini Regis, præfatis Priori & Fratribus, qui infra triduum proximum exirent, & exiuissent totaliter Franciæ regnum, dicendo eis, quòd sub vel in protectione regia ex tunc non essent, imò ipsos ab eadem potiùs expellebant. Nomina verò Prioris, & Fratrum prædictorum sunt hæc, Frater Ioannes Gobi Prior, Fratres Guillelmus de Melgorio, Petrus Dauid, Paulus Arnaudi, &c. Acta fuerunt hæc in Montepessulo in refectorio conuentus prædicti Fratrum prædictorum, anno Dominicæ Incarnationis 1303. scilicet 5. Kal. Augusti, illustrissimo dom. Philippo Francorum Rege regnante, in præsentia & testimonio nobilis viri domini Ioannis de Varenis militis Senescalli Bellicadri, dominorum Petri Ioannis, Bartholomei de Crusello Legum Doctorum, Magistrorum Boneti Iaca, Petri de Manso, Guiraudi de Noguerio Notariorum, & mei Bernardi de Ferreriis publici præfati dom. Francorum Regis in Senescallia Bellicadri & Nemaus. & domini Magalonen. Episcopi Notarij, qui mandatus à dictis dominis Amalrico & Dionysio, & rogatus à prædictis Priore & Fratribus, hæc scripsi, & signo meo signaui.

Acte par lequel l'Vniuersité de Toulouse adhere à tout ce que le Roy a arresté contre le P. Boniface.

Coffre Boniface num.284.

VNIVERSIS præsentes litteras inspecturis, Vniuersitas Magistrorum, & Scholarium Tholosæ studentium salutem in Domino. Ad notitiam singulorum volumus peruenire, quòd nuper ex parte serenissimi principis carissimi dom. nostri Philippi Dei gratia Regis Franciæ illustris, nobis extitit intimatum, quòd ipso domino Rege, ac nonnullis Archiepiscopis, Episcopis, Abbatibus, Prioribus, Comitibus, Baronibus, & aliis magnæ auctoritatis personis, tam Ecclesiasticis quàm secularibus apud Luparam Parisius existentibus recitatum fuit, expositum & narratum ibidem, quòd ipsis domino Rege, Archiepiscopis, Episcopis, & aliis personis prædictis præsentibus, per quosdam Comites, & alios Nobiles regni Franc. contra dom. B. Papam VIII. proposita, & significata fuerunt diuersa enormia, & horribilia & detestabilia crimina, quorum quædam hæresim sapiunt manifestè, quibus eum irretitum esse dicebant, & super iis publicè, & notoriè diffamatum, præstito ibidem ab eisdem proponentibus, ad sancta Dei Euangelia tacta corporaliter iuramento, quòd huiusmodi proposita & significata credebant esse vera, & posse probari in generali Concilio, vel aliàs, vbi, quando, & coram quibus de iure fuerit faciendum ; & per proponentes eosdem à domino Rege, tanquam fidei pugile, & fidei defensore, ac Archiepiscopis, Episcopis, Abbatibus, Prioribus, & personis aliis Ecclesiasticis supradictis, tanquam Ecclesiæ fideique columnis petitum fuerat, ac instanter & pluries requisitum, vt pro declaratione veritatis huiusmodi,

1303.
1. Aoust.

V ij

vt omnis error abscedat, ac periculis & scandalis quæ vniuersali Ecclesiæ imminent occurratur, conuocationi & congregationi dicti Concilij generalis, ad laudem Dei nominis, & exaltationem & augmentum Catholicæ fidei, ac salubre regimen, & bonum statum vniuersalis Ecclesiæ, & totius populi Christiani opem darent & operam efficaces : quódque idem dominus Rex, Archiepiscopi, Episcopi, Abbates, Priores, & aliæ personæ Ecclesiasticæ supradictæ, auditis & intellectis pleniùs propositis, & significatis, & requisitionibus supradictis, considerantes quòd in hoc casu negotium fidei agitur, quod est Dei, & quòd ad defensionem, conseruationem & exaltationem ipsius fidei ipse dominus Rex collatam sibi recepit à Domino potestatem, iidémque Prælati in partem sollicitudinis euocati, super præmissis, per dies multos discussione, & deliberatione præhabita diligenti, ex præmissis & aliis legitimis causis moti, conuocationem, & congregationem dicti Concilij generalis vtilem, & omnino necessariam reputantes, huiusmodi conuocationi & congregationi consenserant, ac responderant quòd conuocationi & congregationi prædictis opem & operam darent efficaciter vt deberent. Et ne dictus B. motus, seu prouocatus ex iis, prout timebant ex verisimilibus coniecturis, & comminationibus multis, contra eos, Ecclesias, Parochianos, & subditos suos quoquomodo procedat, aut procedi faciat, sua, vel alia auctoritate quacunque, excommunicando, suspendendo, interdicendo, deponendo, priuando, vel aliàs quouis modo, in impedimentum, & perturbationem Concilij congregandi, & quin confedere & coniudicare, & alia quæ ad officium Prælati pertinent facere in eodem Concilio possent, saluique eorum, & sibi adhærentium status manere deberent, pro se, Ecclesiis, Parochianis & subditis suis, & pro sibi adhærentibus, & adhærere volentibus in hac parte, ad prædictum Concilium congregandum, & ad futurum verum & legitimum summum Pontificem, & ad illum, seu ad illos, ad quem vel ad quos de iure fuerit appellandum, prouocauerunt & appellauerunt in scriptis, & apostolos testimoniales cum instantia petierunt: supponentes se, Ecclesias, Parochianos & subditos, ac sibi adhærentes, ipsorum status, iura, & bona protectioni diuinæ, prædicti Concilij, ac futuri veri & legitimi summi Pontificis ; ac protestantes de innouando appellationem huiusmodi, vbi, quando, & coram quibus eis visum fuerit expedire. Quare pro parte præfati dom. Regis petebatur à nobis, vt conuocationi & congregationi dicti Concilij generalis assentire, ac quantum in nobis est opem dare & operam curaremus. Nos autem præmissis considerationibus, & causis inducti conuocationem & congregationem ipsius Concilij reputantes vtilem, necessariam & salubrem, ac expedientem fidei negotio, & Ecclesiæ S. Dei, eidem conuocationi, & congregationi Concilij assentimus, ac opem & operam libenter dabimus iuxta posse, & prouocationi & appellationi præfati domini Regis adhæremus quantum de iure possumus, & debemus secundùm Deum & iustitiam, & sanctæ permittunt canonicæ sanctiones, supponentes nos, ac nobis adhærentes, & adhærere volentes, statum nostrum, & vniuersitatem nostram protectioni diuinæ, & prædicti Concilij generalis, ac futuri veri & legitimi summi Pontificis. In quorum omnium testimonium sigillum nostræ vniuersitatis prædictæ præsentibus litteris duximus apponendum. Datum Tholosæ, die Iouis, in festo B. Petri ad vincula, anno Domini 1303. *Seellé.*

*Trois actes par lesquels plusieurs Docteurs en loix adherent à tout ce que
le Roy auoit resolu contre Boniface.*

Coffre Boniface num. 485.

ANno Dominicæ Incarnat. 1303. scil. 6. Kal. Augusti, dom. Philippo 1303.
illustrissimo Rege Franc. regnante. Nouerint vniuersi, quòd nos Ioan- 29. Iuillet.
nes de Varenis miles Senescallus Bellicadri, Bernardus de S. Quintino,
dom. castri S. Hilarij, Guillelmus Aymerici, Ioannes de Sagio Legum
Doctores, & Dionysius de Senonis Clericus dom. nostri Regis conuocationi Concilij generalis consentimus, opem & operam, quatenus in nobis
est dare promittimus, appellationibus à dicto dom. Rege, seu eius nomine
factis, seu interpositis adhæremus, & diu est adhæsimus, & in scriptis iterum appellamus illis forma, & modis quibus dom. Rex, Barones, & Prælati Franciæ appellauerunt, petentes inde fieri publicum instrumentum
per te Notarium infra scriptum. Et post hæc ego Guillelmus Aymerici prædictus Procurator, & procuratorio nomine dom. Petri de S. Georgio Doctoris Decretorum Prioris Armazanicarum consentio, appello & adhæreo,
vt siue alij, & ego meo nomine consentientes adhæsimus & appellauimus.
Hæc acta sunt in Montepessulo in domo fratrum Minorum, in præsentia & testimonio dom. Guillelmi Reuelli Official. Magalonen. dom.
Remondi de Agone Prioris de Veruna Canonici Magalon. dom. Remondi de Pugeto Rectoris Ecclesiæ S. Ioannis de Cucullis diocesis Magalon.
& mei Boneti Iaca Notarij publici dicti domini Regis, & Cur. dom. Offic.
Magalon. qui hæc requisitus scripsi, & signum meum sequens apposui.

ANno Dominicæ Incarnat. 1303. 5. Kal. Augusti, dom. Philippo illustrif.
Rege Franc. regnante. Nouerint vniuersi, quod dom. Petrus Ioannis, &
Bartolomæus de Clusello Legum Doctores in Montepessulo commorantes
in præsentia nobilis viri domini Amalrici Vicecomitis & dom. de Narbona, & dom. Dionylij de Senon. Clerici Regij consenserunt conuocationi Concilij generalis, & adhæserunt appellationibus Regis, & Baronum,
& Prælatorum de Francia, & in scriptis appellauerunt illis modis, & formis quibus idem dom. Rex, Barones, & Prælati prædicti consenserunt,
adhæserunt & appellarunt, requirentes inde fieri publicum instrumentum
per me Notarium infra scriptum. Hæc acta sunt in Montepessulo in domo
Fratrum Prædicat. in præsentia & testimonio Mag. Hugonis de Porta Procuratoris Regis in Senescallia Bellicadri, Bertrandi de Bosco, Guiraudi
de Nogerio, Bernardi de Ferrariis, Petri de Manso Notariorum, & mei
Boneti Iaca, &c. vt suprà.

ANno Dominicæ Incarnat. 1303. 7. Id. Augusti, domino Philippo illustrissimo Rege Franc. regnante. Nouerint vniuersi quòd dominus Guillelmus de Rotmanis Doctor Decretorum consensit conuocationi Concilij
generalis, & adhæsit appellationibus regiis, & Baronum, & Prælatorum
de Francia, & in scriptis appellauit illis modis, & formis, quibus idem
dominus Rex, Barones, & Prælati prædicti consenserunt, adhæserunt, &
appellauerunt: requirens inde fieri publicum instrumentum, &c. vt in superioribus.

158 PREVVES DE L'HIST. DV DIFFEREND

Acte de plusieurs Seigneurs & Gentilshommes des Seneschaussées de Beaucaire & de Rhodez, qui adherent à tout ce que le Roy a fait contre le Pape Boniface.

Coffre Boniface num. 22.

1303.
7. Aoust.

VNIVERSIS præsentes litteras inspecturis, Rostagnus de Bellomonte, P. de Remelinis, Vezianus de Grandomonte, Brt. Gos, R. de Aramone, Alfancus Rabassa, Ioannes Rabassa, R. de Puteo, Rostagnus Carnassa, Petrus de Gaudyacco, Petrus de Saluanhame. R. Clausaria de Remolinis, Iaufredus Palyera, R. Sarcij, Ioannes Chausandi milites, Portus de Voloberico, Oliuarius de Coyrano, Rostagnus Brt. R. Adalberti, Iacobus Tebron, R. de Arenis, Poncius de Coyrano, Aymericus Bonpar, Guido de Merendolis, Oliuarius de Aramone, Decanus de Aramone, Elzias de Mescagria, Ioannes de Aramone, Iacobus de Aramone, P. de Aramone, Rostagnus de Coyrano, Hugo Lumbardi, Bn. Mascaroni, Guilelmus Yuardi, Brt. de Coyrano, Aymericus Boutor, Franciscus de Aramone, Rostagnus Guiscardi, Franciscus de Clausaria, Guil. de sancto Boneto, Franciscus Bonpar, P. Recorini, Brt. Bereng. R. Alzias, G. de sancto Boneto, G. Torelon, R. de sancto Boneto, Guillelmus Cotaron, Bertrandus de Tucco, Bertrandus Bereng. Bertrandus Petri, Ponc. de Mayrano, R. Hugonis, P. de Actoribus, R. de Granis, Bereng. Audeberti, R. de Graua, R. Ferreriis, Bn. de Menas, P. de Aramone, Rigaudus de Fornes, Oliuerius de Aramone, Guil. de Menis de Thezeriis, Ph. de sancto Michaële, R. de Valle Aygueria, Guillelmus Bremondi de Olpilheriis, Guillelmus Boneti, Poncius Boneti, Domicelli Viairie de Volobrica Senescalliæ Bellicadri, Ar. de Ponte pro domino Br. de Ponte patre suo milite domino de Ponte de Camareto, Guillelmus de Ponte Domicelli Senes. Ruthen. salutem in Domino Iesu Christo. Præsentium litterarum serie vobis volumus fieri manifestum, quòd cùm nobiles viri domini Amalricus Vicecomes & dominus Narbonæ, Guilelmus de Plaziano dominus de Vicenobrio milites, & Dionysius de Senonis, Clericus domini nostri Regis Franciæ, nobis, & nonnullis Prælatis, Prioribus, Capitulorúmque, & Conuentuum, Ecclesiarum cathedralium, collegiatarum, & Monasteriorum Syndicis, & Procuratoribus, Consulibus Vniuersitatum, castrorum, & villarum insignium Carcass. Bellicadri & Ruthen. Senescalliarum conuocatis, & præsentibus die præsenti apud Nemaus. in Palatio Regio dicti loci, coram nobis, & eis diligenter ostenderint & exposuerint, quòd nuper nonnullis Archiepiscopis, Episcopis, Abbatibus, Prioribus, Conuentibus, & vniuersitate Magistrorum, & Scholarium Paris. studentium, & multis aliis magnæ auctoritatis personis, tam Ecclesiasticis, quàm sæcularibus Paris. apud Luparam in dicti domini Regis præsentia constitutis recitatum fuit eis & expositum, ac narratum ibidem, quòd ipsis domino Regi, Archiepiscopis, Episcopis, & aliis personis prædictis, per quosdam Comites, & alios Nobiles, & Barones regni Franciæ contra dominum Bonifacium Papam octauum proposita, & significata fuerunt diuersa enormia & horribilia, ac detestabilia crimina, quorum quædam hæresim sapiunt manifestè, quibus cum irretitum esse dicebant, & super eis publicè, ac notoriè diffamatum, præstitis ibidem ab ipsis proponentibus, ad sancta Dei Euangelia tacta corporaliter iuramentis, quòd huiusmodi proposita, & significata credebant esse vera, & posse probari in Concilio generali, vel aliàs, vbi, quando, & coram quibus de iure fuerit faciendum; & per proponentes cosdem à domino Rege, tanquam pugile fidei, & Ecclesiæ defensore, ac Archiepiscopis, Episcopis, Abbatibus, Prioribus, & personis aliis Ecclesiasticis supradictis, tanquam Ecclesiæ, fideique columnis petitum fuerat, ac instanter & pluries requisitum, vt pro declaratione veritatis huiusmodi, & vt omnis error abscedat, ac periculis & scandalis quæ vniuersali Ecclesiæ imminent occurratur, conuocationi & congregationi dicti Concilij generalis, ad laudem Dei nominis, & exaltationem & augmentum Catholicæ fidei, ac salubre regimen, & bonum statum vniuersalis Ecclesiæ, & totius populi Christiani, opem darent & operam efficaces. Quódque iidem dominus Rex, Archiepiscopi, Episcopi, Abbates, Priores, & aliæ personæ Ecclesiasticæ suprà dictæ, auditis, & intellectis pleniùs propositis & significatis, & requisitionibus suprà scriptis, considerantes, quòd in hoc casu negotium fidei agitur, quod est Dei, & quòd ad defensionem, conseruationem & exaltationem ipsius fidei ipse dominus Rex collatam sibi recepit à Domino potestatem, iidémque Prælati sunt in partem sollicitudinis euocati; super præmissis per dies multos discussione, ac deliberatione præhabita diligenti, ex præmissis, & aliis causis legitimis moti, conuocationem & congregationem dicti Concilij generalis vtilem, & omnino necessariam reputantes, huiusmodi conuocationi & congregationi consenserant, & responderant quòd conuocationi & congregationi prædictis opem & operam darent efficaciter, vt deberent. Et ne dictus dominus Bonifacius motus, seu prouocatus ex his, prout timebant ex verisimilibus coniecturis, & comminationibus multis, contra eos, Ecclesias, Parochianos, & subditos suos quoquomodo procedat, aut procedi faciat, sua, vel alia auctoritate quacunque, excommunicando, suspendendo, interdicendo, deponendo, priuando, vel aliàs quouis modo in impedimentũ, & perturbationem Concilij congregandi, & quin confedere & coniudicare, & alia quæ ad officium Prælati pertinent facere in eodem Concilio possent, saluique eorum, & sibi adhærentium status manere deberent, pro se, Ecclesiis, Parochianis, & subditis suis, & pro sibi adhærentibus, seu adhærere volentibus in hac parte ad prædictum Concilium congregandum, & ad futurum verum & legitimum summum Pontificem, ad illum, seu ad illos, ad quem, vel quos de iure fuerit appellandum, prouocarunt & appellarunt in scriptis, & apostolos testimoniales cum instantia petierunt; supponentes se, & Ecclesias, Parochianos, subditos, ac sibi adhærentes, ipsorum status, iura, & bona protectioni diuinæ, prædicti Concilij, ac futuri veri & legitimi summi Pontificis; ac protestantes de innouando appellationem huiusmodi, vbi, quando, & coram quibus eis visum fuerit expedire. Quare cùm pro parte dicti domini nostri Regis, per dictos dominos peteretur à nobis, vt conuocationi & congregationi prædicti Concilij generalis assentiremus, ac in quantum in nobis est opem dare & operam curaremus, & de præmissis nobis, & cæteris ibidem congregatis, per processus Parif. coram domino Rege habitos, per instrumenta autentica, & litteras diuersis sigillis autenticis sigillatas ostenderint: nos præmissis considerationibus, & causis inducti, conuocationem & congregationem ipsius Concilij vtilem, & necessariam, salubrem, ac expedientem fidei negotio, & sanctæ Dei Ecclesiæ reputantes, eidem conuocationi & congregationi Concilij pro nobis, & nobis adhærentibus, & adhærere volentibus assentimus, ac opem & operam libenter dabimus, ac dare promittimus iuxta posse, & prouocationi, appellationi, ac appellationibus præfati domini Regis, per ipsum, & per quoscunque alios eius nomine factis, & aliorum quorumlibet sibi adhærentium adhæremus quantum de iure possumus, & debemus secundùm Deum & iustitiam, & vt sanctæ permittunt canonicæ sanctiones, saluis auctoritate, & reuerentia Sedis Apostolicæ, sanctæque ac Catholicæ Ecclesiæ vnitate. Et ne dictus dominus Bonifacius motus, seu prouocatus ex his, prout timemus ex verisimilibus coniecturis, & comminationibus variis factis per eum, contra nos, vel aliquem ex nobis, & aliorum quorumcunque nobis adhærentium, quoquomodo procedat, vel procedi faciat, sua, vel alia auctoritate quacunque, excommunicando, vel suspendendo, interdicendo, vel aliàs quoquomodo, in impedimentum, vel turbationem congregandi Concilij, & quin aliàs status nostri salui remaneant pro nobis, & nobis adhærentibus, seu adhærere volentibus, ad prædictum sacrum Concilium congregandum, & ad futurum verum & legitimum summum Pontificem, & ad illum, seu ad illos, ad quem, seu quos de iure fuerit appellandum, prouocamus, & appellamus publicè in iis scriptis, in præsentia Tabellionum, & Notariorum publicorum, aliorúmque testium subscriptorum, & apostolos & litteras testimoniales cum instantia petimus ab eisdem: supponentes nos, ac nobis adhærentes, & adhærere volentes, status nostros, fautores, & adiutores nostros, bona & iura nostra protectioni diuinæ, & Beatorum Petri & Pauli, & dicti Concilij generalis, ac Sedis Apostolicæ, & futuri veri & legitimi summi Pontificis; ac protestantes de innouando appellationem, seu prouocationem huiusmodi, vbi, quando, & coram quibus visum fuerit expedire. In præmissis enim omnibus petitis à nobis nos consentientes, adhærentes, & appellantes prædicti consentimus, adhæremus & appellamus, sub modis formis pactionibus, & protestationibus, quibus dominus Rex, & alij Nobiles regni Franciæ duntaxat consentientes consenserunt, adhæserunt, & appellauerunt. Acta fuerunt hæc Nem. in Palatio Regio anno Incarnationis Domini millesimo trecentesimo tertio, septimo Idus Augusti, serenissimo principe domino Philippo Rege Franc. regnante, in præsentia & testimonio nobilis, & potentis viri domini Ioannis de Varenis militis, Sen. Bell. & Nemauf. domini Ioannis Odoardi Iurisperiti, Petri Aymerici de Nanco, Magistrorum Boneti Iaca, & Bernardi de Ferreriis Notariorum, qui se vnà cum me Petro de Manso Notario infrà scripto subscripserunt; & mei iam dicti Petri de Manso publici prædicti Regis Franciæ in Senescallia Bellicadri & Nem. Notarij infrà scripti, qui mandatus per dictos dominos A. Vicecomitem, & Guillelmum de Plasiano milites, & Dionysium de Senon. Clericum domini Regis, & requisitus hoc scripsi publicè, & signaui.

Nouerint vniuersi, quòd anno Incarnati Domini millesimo trecentesimo tertio septimo Idus Augusti, domino Philippo Rege Franc. regnante, dominus Vgo Bardui miles Armazanicarum pro se, & nomine procuratorio Nobilium dicti loci de Armazanicis, auditis & intellectis dictis, & contentis in superiori instrumento, requisitus etiam per suprà nominatos nobiles dominos A. Vicecomitem & dominum Narbonæ, & dominum Guillelmum de Plasiano dominum de Vicenobrio milites, & Dionysium de Senonis Clericum domini nostri Regis Franciæ, quòd assentiret & consentiret suo nomine, & quo suprà conuocationi & congregationi sacri Concilij generalis, & adhæreret appellationi, & appellationibus per dictum dominum nostrum Regem, & Prælatos, & Barones regni Franciæ factis,

&

& etiam ipsam appellationem innouaret: dixit, & respondit suo nomine, & quo supra, quòd ipse consentiebat conuocationi & congregationi Concilij generalis faciendæ, & adhærebat suo nomine, & quo supra appellationi, seu appellationibus per dominum nostrum Regem Franciæ, & alios Prælatos, & Barones, & Nobiles regni Franciæ factis, & etiam protestatus fuit de innouando appellationem prædictam, vbi, & quando, & coram quibus visum fuerit faciendum, & consentit, adhæsit, & appellauit, cum protestationibus, modis, & formis & pactionibus, quibus dominus Rex, & alij Nobiles Senescalliæ Bellicadri, & regni Franciæ consentientes consenserant, adhæserant, & appellauerant. Ad hæc fuerunt testes nobilis vir dominus Ioannes de Varenis Sen. Bellicadri & Nem. miles, Mag. Ioannes Odoardi Iurisperitus, Magistri Bonetus Iaca, & Bernardus de Ferreriis Notarij. Et ego Petrus de Manso publicus prædicti Regis Franciæ Notarius, qui mandatus, & requisitus per dictos dominos Nobiles hæc scripsi publicè & signaui.

Ego Bernardus de Ferreriis publicus illustrissimi domini Francorum Regis in Senescallia Bellicad. & Nem. & domini Magalonensis Episcopi Notarius, rogatus & mandatus à nobilibus viris dominis Amalrico Vicecomite & domino Narbonæ, Guillelmo de Plasiano domino de Vicenobrio militibus. & Dionysio de Senonis Clerico dicti domini Regis, & requisitus à nobilibus & domicellis, in suprà scriptis instrumentis nominatis, sic subscripsi, & signo meo solito signaui, quod est tale.

Scellée d'vn peut sceau pendant.

Constitutio Bonifacij P. VIII. qua cauetur qualiter citari debeant illi qui impediunt ne citationes deueniant ad eos. quæ reuocata est per Clementem V.

BONIFACIVS, &c. ad perpetuam rei, &c. Rem non nouam aggredimur, neque viam insolitam ambulamus, sed anterioris iuris calcatam vestigiis præsentis constitutionis indubitato roboramus suffragio, & inconcusso munimine stabilimus: est siquidem iam sancitum, quod propositum publicæ citationis edictum eum arcet, qui impedit aut facit etiam se celando ne ad eum possit peruenire citatio, appareátque contumax qui sic agit, quódque in albo Prætoris huiusmodi edicta proposita suæ iurisdictioni subiectos arceant, & attringant magis, quàm fieri voce præconia quæ innotescit paucis, vel litteris citarentur. Ius enim quod talem modum citationibus posuit violenter præsumpsisse credendum est, vt quæ in eodem albo tot ipsius albi publicum locum frequentatum oculis paterent legenda, ad citati notitiam deuenirent; vnde ad præbendum omnibus eorum quæ sanciuntur lectionem & notitiam, mandatur legem tabulis, aut lapidibus sculptam sanctissimæ Ecclesiæ describi porticibus, & affigi. Præmissis igitur in debitam considerationem deductis, ac in lance irrefragabilis rationis appensis, nos qui vniuersis disponente Domino præesse dignoscimur, volentes per hanc constitutionem nouellam nostram circa prædicta statutum expressius inueniri, declaramus de fratrum nostrorum consilio, & nihilominus hoc edicto perpetuò valituro statuimus, vt citationes auctoritate Apostolica de quibuscunque personis, vndecunque, & vbicunque sint, cuiuscunque status, dignitatis & præeminentiæ Ecclesiasticæ, vel mundanæ, etiamsi Imperiali, vel Regali fulgeant dignitate, præsertim si im-

1303.
15. Aoust.

pediant vel faciant, per se, vel alios quoquo modo, ne citationes ipsæ ad eos perueniant ex quacūque causa faciendo, vel citandorum domicilia, siue loca tutè, vel liberè adiri non possint, cùm prout scriptum est existimare debemus an eo ire liceat, & est citatio facienda proinde ad instar edictorum propositorum in albo Prætoris, etiam extra dies solemnes, in quibus Romani Pontifices suos facere consueuerunt generales processus publicè, id nobis specialiter, & ex certa conscientia iubentib. facien. in audientia litterarum nostrarum, aut in Palatij nostri aula, postmodum affigendæ in ianuis maioris Ecclesiæ loci, in quo Roma, communis omnium populi Christiani nationum residebit Curia, vt cunctis possit patere, & ita referri citatis valeant; & arcent citatos post tantum lapsum, quem considerata locorum distantia volumus citationibus competentem apponi, sicut si ipsos personaliter apprehendissent, non obstantibus aliquibus priuilegiis, indulgentiis, & litteris Apostolicis generalibus, aut specialibus quibuscunque personis, Pontificali, Imperiali, Regali, vel alia Ecclesiastica, seu mundana dignitate præditis, per quam talium citationum effectus possit quomodolibet impediri, etiamsi de ipsis, & eorum totis tenoribus de verbo ad verbum, aut de propriis nominibus personarum, monasteriorum, locorum illorum, Ecclesiarum, quibus conceduntur, vel eorum ordinibus, aut dignitatibus oporteat in nostris litteris fieri mentionem. Nulli ergo, &c. Anagniæ 18. Kal. Septemb. Pontif. anno 9.

Ex v. c. Bibl. S. Victoris Parif. cotté MM. 7. fol. 94.

Bulle de Boniface contre Geraud Archeuesque de Nicosie, qu'il accuse d'ingratitude, & qu'ayant sceu le differend d'entre luy & le Roy de France, il a esté trouuer ledit Roy, & l'a confirmé en sa rebellion, & trauaillé par diuers moyens à troubler l'Eglise, & le saint Siege. Le suspend de l'administration de son Eglise, tant au spirituel que temporel.

1303.
15. Aoust.

BONIFACIVS Episcopus seruus, &c. ad perpetuam rei memoriam. Quantò in Ecclesia Dei venerabilis frater noster Gerardus Archiepiscopus Nicosiensis, si dici meretur venerabilis, locum obtinet altiorem, tantò nos, & Apostolicam Sedem maiori deberet studio reuereri, summopere præcauendo, ne nos, & Sedem eandem offenderet, aut aliquibus iniuriis prouocaret; sed ipse, prout accepimus, in reprobum sensum datus contra Sedem prædictam, & nos qui eum ad Archiepiscopalem prouexinimus dignitatem calcaneum erigere satagendo, mandatum, quod pridem à nobis dum esset apud Sedem prædictam receperat, vt ad Ecclesiam suam accederet, vilipendens, nobisque illudens, ad partes Burgundiæ properauit; ibique audito, quòd Philippus Francor. Rex à nostra, & dictæ Sedis reuerentia deuiabat, nobisque se reddebat rebellem, ad ipsius Regis præsentiam se contulit, ac apud eum, & in illis partibus moram trahens, ipsum Regem callidis commentis ad huiusmodi rebellionem instigat, & & fouet in ea, ac alias ibidem contra nos & Sedem prædictam dolos concinnat & machinatur quos potest. Nos autem nolentes, quòd prædicta Nicosiensis Ecclesia, sub eius vmbra spiritualiter, vel temporaliter patiatur, seu quòd eiusdem Ecclesiæ bona, quam taliter contra mandatum nostrum deseruit, perueniant ad eundem; ipsum ab administratione bonorum omnium spiritualium, & temporalium dictæ Ecclesiæ Apostolica auctoritate suspendimus, vsque ad nostræ, & dictæ Sedis beneplacitum voluntatis, aliàs contra eum nihilominus processuri, prout ceruicositatis suæ

DE BONIF. VIII. ET PHILIP. LE BEL.

culpa exegerit, nobisque videbitur expedire. Nulli ergo, &c. Datum Anagniæ 18. Kal. Septemb. Pontif. anno 9.

Apud Old. Raynald. Tom. 14. Annal. Eccleſiaſtic. anno 1303. § 37.

Bulle dudit Boniface, qui reproche au Roy après auoir receu tant de graces du ſaint Siege, & de luy, qu'il s'eſt rebellé contre l'Egliſe, & de plus qu'il attire tant qu'il peut à ſa rebellion les Maiſtres & Docteurs de ſon Royaume, & chaſſe ceux qui ne ſont de ſon aduis. Suſpend la faculté qu'ont aucuns deſdits Docteurs de donner des licences, & leur defend d'en uſer iuſques à ce que le Roy ait obey aux ordres du ſaint Siege.

Bonifacivs, &c. ad perpetuam rei memoriam. Sedes Apoſtolica, ſicut totus ferè orbis facti euidentia didicit, regnum Francorum eiuſque Reges, tam antiquis, quàm modernis temporibus magnis dotauit largitionibus gratiarum, & amplis priuilegiis communiuit: quæ ſi Philippus Rex Franciæ in examen debitæ conſiderationis adduceret, dictam Sedem & nos, quos præcipuè habuit ad ſua beneplacita promptos, liberales in gratiis, & in cunctis opportunitatibus gratioſos, contumeliis non conaretur afficere, nec iniuriis prouocare: ſed ad nos, & ipſam ex debito gereret affectum deuotionis, & reuerentiæ ſpecialis. Verùm Rex ipſe huiuſmodi beneficiorum immemor, & gratiarum oblitus, elatus in ſuperbiam, & in reprobum ſenſum datus, contra nos, & Sedem eandem tanquam impinguatus recalcitrans, non ſolùm ab eiuſdem Sedis, & noſtra ſe deuotione ſubtraxit, ſed ſe nobis conſtituendo rebellem, in illam omnium peſſimam ſpeciem ingratitudinis incidit, qua pro bonis mala, pro gratiis contumeliæ, ac pro beneficiis maleficia compenſantur. Quia verò dictus Rex non ſolùm alios de dicto regno, ſed & Magiſtros & Doctores, Baccalarios, & Scholares exiſtentes in ſtudiis regni prædicti ad huiuſmodi rebellionem ſecum trahere ſatagit, & iam eorum aliquos traxit; quos autem trahere non valet, à regno eiicit & excludit prædicto. Nos nolentes quòd ob fauorem, vel timorem ipſius aliqui à noſtra, & eius Sedis, reuerentia deuiantes, & alias minùs idonei cathedrâ poſſint aſcendere Magiſtralem, omnes de regno prædicto poteſtatem habentes dandi licentiam, regendi, ſeu docendi, ac approbandi, volentes licentiam huiuſmodi obtinere in Theologica facultate, ac Iure canonico & ciuili, ab huiuſmodi poteſtate, donec idem Rex ad noſtra, & eiuſdem Sedis mandata, cum ſatisfactione debita reuertatur, Apoſtolica auctoritate ſuſpendimus: diſtrictiùs inhibentes eiſdem ne interim aliquibus dictam licentiam concedere quoquo modo præſumant; ac decernentes exnunc irritum & inane, ſi ſecus ſuper hoc à quoquam ſcienter, vel ignoranter contigerit attentari. Nulli ergo, &c. Datum Anagniæ 18. Kal. Septemb. Pontific. anno 9.

1303.
15. Aouſt.

Bulle dudit Boniface, par laquelle il ſuſpend la faculté qu'auoient en France tous les Corps Eccleſiaſtiques d'élire, ſe reſeruant la prouiſion de tous les Benefices qui viendront à vaquer; annulle toutes les élections de Prelats qui ſe feront au preiudice de cette ſuſpenſion; & ce iuſques à ce que le Roy ait reconnu ſa faute.

Bonifacivs Epiſc. &c. ad perpetuam rei memoriam. Sedes Apoſtolica, ſicut totus ferè, & cæt. vt ſuprà in proxima Bulla uſque: Quia verò idem Rex præcipuè Prælatos dicti regni, ad huiuſmodi rebellionem & indeuotionem ſecum trahere ſatagit, & iam eorum aliquos traxit; quos

PREVVES DE L'HIST. DV DIFFEREND

autem trahere ad se non valet, à regno eiicit & excludit prædicto. Nos nolentes, quòd ob timorem, vel fauorem ipsius, vel alia quacunque de causa in Ecclesiis cathedralibus, & regularibus dicti regni aliqui præficiantur, qui nobis & dictæ Sedi fideles, deuoti, & aliàs idonei non existant, omnes prouisiones dictarum Ecclesiarum, si quæ forsan vacant ad præsens, vel cùm eas vacare contigerit, dispositioni nostræ, ac dictæ Sedis, donec idem Rex ad nostra, & eiusdem Sedis mandata cum satisfactione debita reuertatur, auctoritate Apostolica reseruamus : districtiùs inhibentes omnibus & singulis, ad quos in dictis Ecclesiis Prælatorum electiones, vel ipsarum electionum confirmationes, aut quæcunque dispositiones pertinent earumdem, ne contra reseruationem huiusmodi quemquam eligere, seu electionem aliquam confirmare, aut aliàs de Ecclesiis ipsis disponere quoquo modo præsumant : ac decernentes exnunc irritum, & inane, si secus super hoc à quoquam scienter, vel ignoranter contigerit attentari. Nulli ergo, &c. Datum Anagniæ 18. Kal. Septemb. Pontificatus anno 9.

Apud eundem Raynaldum ad annum 1303. num. 39.

Acte de l'Euesque de Maguelonne (Montpellier) disant qu'il est obligé de defendre le Roy, son Estat, & ses droits & libertez, contre qui que ce soit, mesmes contre le Pape Boniface qui le menace ; declare qu'il adhere à tout ce que le Roy a resolu contre ledit Boniface, & qu'il ne se seruira point d'aucuns indults du Pape, ny d'aucune décharge de serment de fidelité, à la charge que le Roy ne pretendra pour ce fait acquerir sur son Eglise aucuns droits.

Coffre Boniface num. 19.

1303.
20. Aoust.

VNIVERSIS præsentes litteras inspecturis, Gaucelinus permissione diuina Magalon. Episcopus, æternam in Christo salutem. Cùm personam domini nostri Regis Franciæ illustris, statum, honorem, & iura ipsius defendere teneamur, ipsi domino Regi promittimus, quòd personam suam, dominæ Reginæ, ac filij seu hæredis in regno, statum, honorem, iura, & libertates eiusdem totis viribus quantum secundùm Deum poterimus defendemus, & in eorum tuitione sibi assistemus contra quamcunque personam quæ eum vellet impetere, statum, honorem, iura, & libertates eius infringere, aut etiam annullare ; etiam contra dom. B. Papam octauum qui multa contra eos, & regnum Franciæ dicitur comminatus fuisse : nec ab eo vnquam nos separabimus in defensione prædicta, sanctæ Romanæ Ecclesiæ, & S. Sedis Apostolicæ reuerentia, honore, iure & fidelitate per nos debita semper saluis ; faciemúsque de conuocatione Concilij generalis, prout aliàs concessimus, vel nostri procuratores concesserunt coram nobilibus viris dominis Amalrico Vicecomite Narbonen. Guillermo de Plaziano domino Vicenobrij militibus, & Dionysio de Sen. Clerico dicti domini nostri Regis ipsius, nomine regio recipientibus, & mandato, vt in instrumentis inde confectis pleniùs continetur. Cùmque tam dictus dominus Rex, ac magnifici viri domini Karolus & Ludouicus fratres ipsius, G. sancti Pauli, & I. Drocen. Comites, & multi Prælati, & multi alij Barones, & Nobiles regni, & nos postmodum, sub certis formis per procuratores nostros prouocauerimus, & appellauerimus in scriptis : ne dictus dom. Papa commotus occasione præmissorum, vel aliquorum ex eis procederet contra ipsum dom. Regem, regnum, Prælatos, Barones, nos & subditos nostros, & nobis, & ipsis adhærentes, & adhærere volentes, prout in instrumentis inde confectis pleniùs continetur, promittimus, quòd si dictus dom. Papa procedat quocunque quæsito colore, occasione præmissarum appellationum, adhæsionum, & quarumcunque aliarum conuocationum dicti Concilij tangentium, excommunicando, interdicendo, deponendo, absoluendo à iuramento fidelitatis, homagij, vel alterius cuiuscunque obligationis, vel aliàs quoquo modo procedendo contra dictum Regem, prædictos Karolum, & Ludouicum, & Comites, ac magnificum virum dom. R. Ducem Burgundiæ, qui appellationi prædictæ dicitur adhærere, & alios adhærentes, & adhærere volentes, qui se nobis sub forma qua dominus Rex, & alij prænominati nobis obligauerunt, obligant, obligabunt, nos dicto domino Regi, & Baronibus, & sibi adhærentibus assistemus, & secundùm Deum pro viribus defendemus, nec nos separabimus ab eisdem, nec absolutionibus à iuramentis fidelitatis, vel aliis quibuscunque relaxationibus indultis vel indulgendis, impetratis vel impetrandis, vel vltro oblatis, vel offerendis, concessis vel concedendis vtemur; imò semper domino Regi, Baronibus, & adhærentibus adhærebimus suprà dictis. Et hæc omnia, & singula supradicta promittimus inuiolabiliter obseruare, saluis prædictis sanctæ Romanæ Ecclesiæ, & sanctæ Sedi Apostolicæ, & nostrarum Ecclesiarum in omnibus semper & per omnia saluo iure, omni illicita conspiratione, vel coniuratione omnino cessante : Nolentes quòd propter hoc idem dominus Rex nouum homagium, nouum ius seu obligationem in nobis, vel nostris Ecclesiis sibi possit adquirere, vel adquirat. In quorum testimonium præsentes litteras sigillo nostro signauimus. Actum & datum apud Rippam Lodouen. diocesis, vbi sumus debiles existentes, 13. Kal. Septembris, anno Domini 1303. & sigillat.

Bulle de Boniface qui narre ce qu'il auoit appris s'estre passé à Paris le iour S. Iean le Roy present, comme il auoit esté accusé de diuers crimes, à quoy le Roy auoit consenty par la resolution de connoquer le Concile, & l'appel au Concile ou au Pape successeur, de tout ce que pourroit faire ledit Boniface. En suite dequoy le Roy defendit de receuoir aucunes lettres du Pape, ny qu'il luy fust obey: & de plus qu'il auoit receu en son Royaume Estienne Colonne, en quoy il estoit coupable.

Il dit qu'il ne se trouuera point qu'il soit entaché d'heresie, ny aucun de sa parenté, imò nemo de tota Campania vnde originem ducit notatur hoc nomine. Aprés il fait de grandes reproches au Roy, & se sert d'exemples d'aucuns Princes qui ont obey à l'Eglise. Il remarque que le Roy s'estoit mis en furie lors qu'il luy ennoya quelques articles en quoy il auoit manqué, par Iacques de Normannis son Notaire; Que ne voulant receuoir ses remonstrances il augmentoit ses iniures contre luy: Que la reception d'Estienne Colonne témoignoit qu'il estoit son ennemy : Que l'autorité du Pape sera du tout auilie, si les Roys, & Princes vsent de ces voyes.

Dit que le Concile general ne peut estre assemblé sans luy. Que le Pape Zacharie priua vn Roy de France du Royaume.

Allegue quelques exemples de Roys qui ont obey aux ordres des Papes. Que le Roy de France n'est pas plus grand que ceux-là, ny luy moindre que ses predecesseurs.

Menace, si le Roy ne met ordre à ces excez, qu'il procedera contre luy, en sorte que l'on ne pourra rien desirer de sa charge, nonobstant cette friuole appellation, n'y ayant (dit-il) mortel plus grand que luy, ny de pareil.

Coffre Boniface num 794.

1303.
15. Aoust.

BONIFACIVS Episcopus seruus seruorum Dei, ad perpetuam rei memoriam. Nuper ad audientiam [nostram vulgatus rumor attulit, quòd in festo natiuitatis B. Ioannis Baptistæ proximè præteriti Philippo Regi Franc. Parisius in præsentia multorum in Iardino eiusdem Regis congregatorum, contra nos diuersa crimina denuntiata fuerunt, quandoque eidem Regi supplicatum extitit, quòd ipse huiusmodi denuntiationibus assentiret, & consilium super hoc apponeret, dando ad conuocandum, seu conuocari faciendum Concilium generale opem & operam efficaces, & quòd huiusmodi denuntiationi & requisitioni Rex idem, & Prælati qui ibidem erant assenserant ; & ne nos contra ipsos Regem, & regnum suum, Prælatos, Comites, Barones, Nobiles, & alios procederemus in aliquo, ad ipsum generale Concilium, aut ad Papam nostrum successorem legitimum, vel ad sanctam Romanam Ecclesiam extitit appellatum in scriptis ; & quòd multi appellationi huiusmodi adhæserunt, inter Regem, Prælatos, & adhærentes eosdem certis confœderationibus, & obligationibus factis ; districtè mandato per Regem eundem, quòd nullus nuntios, aut litteras nostras reciperet, vel nobis in aliquo obediret ; ac Stephano de Columna nostro, & Ecclesiæ hosti in regno suo, non sine incursu grauium sententiarum, recepto. Sanè qua ad hoc sinceritate mentis conuenticula huiusmodi, qua caritate, quo zelo processerit, qua temeritate id auserit, qui veritatem considerant, euidenter intelligent, & qui sapiunt manifestè cognoscent, intueantur blasphemias, maledictorum tempus inspiciant, videant Regij mandata Iustitiarij, non negligant; optamus colligationem, & confœderationem ipsius, receptionem Stephani prudenter aduertant, & immunitatem Ecclesiæ, summorúmque Pontificum statum, nisi ea fatua támque superba eodem quo processerunt comprimantur impetu, & occidant intus orta. Attendant nihilominus diligenter nos siquidem os suum ponentes in cœlum, & lingua eorum transeunte super terram hæresis mendaciis mendaciter blasphemarunt blasphemiis, aliísque confictis, quantum in eis sint criminibus lactimarunt.] Sed vbi auditum à sæculo est, quòd hæretica fuerimus labe resperii. Quis nedum de cognatione nostra, immò de tota Campania vnde originem duximus notatur hoc nomine. [Certè heri & nudiustertius, apud eundem Regem dum cum beneficiis mulcebamus, Catholici fuimus, hodie verò ab ipso totaliter blasphemamur. Sed quæ causa tam subitæ mutationis, quæ causa inreuerentiæ filialis, verè sciant cuncti quòd increpationis iurium quo peccatorum suorum purgare nolebamus vulnera, & pœnitentiæ acrimonia, qua crimina tegerentur purgata, cùm ad continuandum armauerunt dolos, & ad falsas infamias prouocarunt. Maior Episcopo Mediolanen. sumus, & quàm fuerit clarior Valentinianus Augustus, est Rex Franciæ minor : ille sicut humilis, & Catholicus Princeps non erubuit postferri se Mediolanen. Episcopo, cùm vt homo delinqueret summissurum, & necessariò susceptu rum medicamenta charitatis : hic autem sicut Sennacherib in superbiam datus, nos qui cum salubribus corrigebamus monitis, spreuit & sublimauit nos, & post tergum nostrum caput mouit, sed paucat, quòd contra eum Senacherib dicitur cui exprobrasti, quem blasphemasti, contra quem exaltasti vocem, & eleuasti in excelsum oculos tuos contra sanctum Israël.] Et ecce sanctus Israël, id est Dei Vicarius, hic & Petri successor, cui dictum est, Pasce oues meas, & tu es Petrus, & super hanc petram ædificabo Ecclesiam meam, & portæ inferi non præualebunt ad-

DE BONIF. VIII. ET PHILIP. LE BEL. 167

uersus eam, & quodcunque ligaueris super terram ligatum erit & in cœlis, & quodcunque solueris super terram, erit solutum & in cœlis, propter quod qui in naui Petri non est naufragio peribit, & qui in ea est, oportet quòd gubernatoris gubernatione subsistat. [Cùm igitur de calumnia obiectoris propter falsitatem huiusmodi obiecti criminis pateat per consequens, quòd calumnietur in obiectis aliis debet patere maledictorum penitus, consideretur causa, tempúsque mandato continuum, quæ mandauimus, eum ex legitimis causis excommunicatum publicè nuntiari, & ex hoc contextu, & sceleritate actuum quis non iure præsumat eum non charitatis, sed ad vindictæ zelum, quis non cogitabit ipsum ad tantæ temeritatis audaciam deuenisse, id præteriti temporis roborat coniectura: olim itaque dum capitula in quibus excedebat nostris comprehensa litteris, per dilectum filium Iacobum de Normannis Notarium nostrum transmisimus, ægrè tulit, & indignatus est, & in furiam versus maledicere cœpit, non veritus quod scriptum est, Principi populi tui non maledices. Cùm autem nos cessare credidit paulo antè, nos in Christo Patrem sanctissimum humiliter dixit, & sic nos in suis litteris appellauit; nunc verò quia vrgente conscientia ex debito pastoralis officij ipsius correctionem omittere non valemus, dilatatus, impinguatus, incrassatus recalcitrauit dilectus, & peiora prioribus addidit maledicta, ex quibus eius in iis malum conuincimus zelum, & iniquitatis in ipso fomitem comprobamus, & dicere cum Propheta possumus, Nunquid redditur pro bono malum, quia foderunt foueam animæ meæ, sed faciente Domino, incidet in foueam quam fecit, & dolor eius in verticem ipsius descendet? hunc eius animum mandati præmissi peruersitas apparebat, directa sunt enim verba canonum, cum qui ab Episcopo suo ante sententiæ tempus pro dubia suspicione discesserit, manifestam manere censuram, quam Clerici Symmachi PP. qui ab eo etiam de hæresi accusato contra regulas ante tempus discesserint incurrissent, nisi prouidentia Synodi actum fuisset misericorditer cum eisdem, eundem zelum, & animum prædicta colligatio patefecit. Ad hæc receptatio Stephani memorata non solùm malum indicat zelum, sed Regem ipsum inimicum detegit, & Principis Apostolorum mandati etiam transgressorem, ait enim de Clemente: Si inimicus est Clemens alicui pro actibus suis, cum illo nolite amici esse, sed auertite vos ab illo, cui ipsum sentitis aduersum: si verò quis amicus fuerit iis, quibus ipse non loquitur, vnus ex iis est qui exterminare Ecclesiam Dei volunt, qui cum inimicis alicuius suas amicitias copulant, eius inimici censentur, & ideò facile mentiuntur. Nónne Ecclesiæ mutabitur status, & Romanorum Pontificum vilescet auctoritas, & si talibus Regibus? & Principibus, aliisque potentibus aperiatur via aditúsque pandatur? Confestim enim Romanus Pontifex Petri successor, qui clara ipsius Petri voce omnibus præest, cùm circa alicuius Principis, vel Potentis volet correctionem intendere, & immittere manus, tunc dicetur hæreticus, vel notoriè in scandala criminosus, vt sic fugiatur correctio, & suprema potestas penitus confundatur: absit à secta nostrorum temporum hoc perniciosum exemplum, absit à nobis tanta vecordia, absit tam damnabilis negligentia, quòd talem errorem sinamus succrescere, quin in ipsius sui ortu succidamus eundem.] Nunquid ergo suprà prædictis contra nos petatur à nobis (sine quo congregari non potest Concilium generale) illud in exemplum tam detestabile, maximè vt omittamus ad præsens de excommunicatione multiplici, qua idem Rex tenetur astrictus, calumniatoribus malo, vt ex superioribus patet, præcedenti

168 PREVVES DE L'HIST. DV DIFFEREND

zelo, aut etiam inimico, aut sibi confœderatis, quibus colligatus est, etiam concedemus, taliterque fomentum dabimus huic pesti, nempe, quod in aliorum Prælatorum persona ex prædictis causis secundùm scita canonum repellere deberemus illos, in nostra sine alicuius iniuria, si nobis, & fratribus nostris videbitur, poterimus meritò refutare, [vt nemo deinceps Rex, aut Princeps, vel alius Potens Franciæ Regis exemplo contra Romanum Pontificem sic prorumpat in verba blasphemiæ, nullus sic eius correctionem euitet, an sic, vt taceamus de Rege Francorum à Zacharia regno priuato, diuæ recordationis Theodosius Magnus ab Ambrosio Mediolanen. Episcopo extra Ecclesiam factus contra cum exarsit? an Lotarius gloriosus contra Nicolaum Papam sic erexit calcaneum, aut contra Innocentium Fridericus? an Rex Franciæ maior est iis? an nos minores sumus prædecessoribus nostris? an minùs iustè procedimus? quippe trium horum non est aliquod, sed ij, vt debuerunt sustinuerunt humiliter, ille autem, vt Adonias cum diis terræ contra Deum Abraham, quia contra nos vices eius gerentes in terris vehementer, vt si, quod absit, perstiterit, ruat iusto iudicio, grauiùs eleuatus est. Per hæc autem non credat aliquis, quòd contenti simus, qui non obstâte huiusmodi friuolæ appellationis obtentu, quæ ad maiorem, vel parem, siue mortalem aliquem non potuit interponi, super prædictis, & aliis notabilibus ipsius Regis, ciúsque sequacium excessibus, prout expedierit suo loco & tempore, nisi se corrigant, & satisfactionem impendant debitam, ne eorum sanguis de nostris requiratur manibus, procedamus.] Dat. Anagniæ 18. Kal. Septemb. Pontif. nostri anno nono.

Old. Rainaldus Annal. Ecclesiastic. Tom. 14. ad annum 1303. §. 56. notat hæc omnia loca, quæ hamulis huiusmodi [ ] includuntur, in Codice Vaticano erasa fuisse iussu Clementis V. in fauorem Philippi Regis.

Acte par lequel le Comte de Rhodez adhere à tout ce que le Roy a resolu en l'affaire de Boniface.

Au Tresor, Boniface num. 47.

VNIVERSIS præsentes litteras inspecturis, Henricus Dei gratia Comes Ruthenensis salutem in Domino Iesu Christo. Præsentium tenore vobis volumus fieri manifestum, quòd auditis, & intellectis quibusdam processibus continentibus consensus quorundam Prælatorum, Baronum, & Communitatum Senescalliarum Bellicadri, Ruthenen. & Carcasson. super conuocatione & congregatione Concilij generalis, per eosdem præstitos ad sciendum veritatem quorumdam capitulorum enormium, horribilium, & detestabilium, quorum quædam hæresim sapiunt manifestam, nobis ex parte dom. Regis Franciæ diligenter expositorum, & sibi vt dicitur denuntiatorum per quosdam Comites & Nobiles regni sui contra dom. Bonifacium Papam VIII. & vt periculis exinde vniuersali Ecclesiæ, & toti populo Christiano imminentibus occurratur, quibusdam eorum appellationibus subsecutis. Nos considerantes, quòd in hoc casu negotium agitur fidei, quod Christicolas tangit vniuersaliter singulos, & singulariter vniuersos, congregationem & conuocationem dicti Concilij generalis vtilem, necessariam & expedientem vniuersali Ecclesiæ, & omnibus Christi fidelibus reputantes, huiusmodi congregationi & conuocationi Concilij generalis, pro nobis, & nostris subditis, & hominibus, & vniuersitatibus nostris, & singulis de eisdem, aliisque nobis adhærentibus, & adhærere
volen-

volentibus in hac parte consentimus, & opem & operam dare promittimus iuxta posse. Et ne dictus dominus Bonifacius motus, seu prouocatus ex iis, prout timemus ex verisimilibus coniecturis, & comminationibus, contra nos, seu aliquem ex nobis, subditis, vel nostrorum hominum, aut vniuersitatum, vel aliquos ex eis, seu contra quempiam ex adhærentibus nobis, vel adhærere volentibus in hoc casu quouis modo procedat, excommunicando, interdicendo, vel aliàs, sua, vel aliena auctoritate quacunque, in impedimentum, seu perturbatione conuocationis & congregationis prædicti Concilij, vel aliàs appellationibus ab eo per dom. nostrum Regem, & quoscunque alios eius nomine, & quorumlibet aliorum sibi adhærentium in hoc casu factis adhæremus, & de nouo consentimus, prouocamus, & appellamus publicè in iis scriptis ab eo ad dictum sacrum Concilium, & futurum verum & legitimum summum Pontificem, & ad illum, seu ad illos, ad quem, seu quos de iure fuerit appellandum, quantum de iure possumus, & debemus secundùm Deum & iustitiam, & prout sanctæ permittunt canonicæ sanctiones, salua reuerentia, & auctoritate Sedis Apostolicæ, sanctæque ac Catholicæ Ecclesiæ vnitate, & cum protestationibus factis, & protestatis per nos, & nobis saluis, quas alij Barones, & vniuersitates Senescalliæ Bellicadri, & regni Franciæ consentientes, & adhærentes huic negotio, & prouocantes consenserunt & adhæserunt, & prouocauerunt, fecerunt & protestati fuerunt, & retenta & salua nobis nominibus quibus suprà, & nostris subditis, & hominibus, & vniuersitatibus, & singulis de eisdem permissione, quam dictus dominus Rex Franciæ, & Regina, & liberi corundem fecerunt Baronibus regni Franciæ, & vniuersitatibus, & aliis personis consentientibus in prædictis. Et si aliæ protestationes meliores, vel vtiliores factæ, aut protestatæ sunt per aliquem, vel aliquos Barones regni prædicti Franciæ, nos pro nobis, & nostris prædictis ipsas factas, & protestatas esse volumus, & eas facimus, protestamur, & eis vti volumus, & eas, & quamlibet ex eis nobis, & nostris prædictis saluas esse volumus, & eis vtiles & saluas nobis, & nostris prædictis retinemus. Et quòd nos dictus Comes, & nostri subditi homines, & vniuersitates, & singuli eorum, & nobis adhærentes, si melior conditio Baronibus regni Franciæ, & aliquibus aliis est concessa, quàm nos dictus Comes, & nostri prædicti nobis adhærentes habemus, & sit nobis concessa illa melior conditio, petentes apostolos cum instantia qua conuenit nobis dari, supponentes nos, & subditos nostros, & homines & vniuersitates nostras, & singulos earumdem ceteróique nobis adhærentes, & adhærere volentes, bonáque nostra, & subditorum, & hominum nostrorum, & vniuersitatum nostrarum, & singulorum ex eis nobísque adhærentium fautores, & consiliarios nostros, & nobis adhærentium protectioni diuinæ, & Beatorum Petri & Pauli Apostolorum, & veri & legitimi futuri summi Pontificis, & sanctæ Romanæ Ecclesiæ, & dicti Concilij generalis; ac protestantes de innouando appellationem huiusmodi, quibus suprà nominibus, vbi, & quando, & coram quibus nobis videbitur expedire. In quorum testimonium nos Comes prædictus sigillum nostrum præsentibus duximus apponendum. Actum & datum Ruthenæ die Iouis ante festum B. Bartholomæi Apostoli, anno Domini 1303. *& scellé.*

Y

170 PREVVES DE L'HIST. DV DIFFEREND

Acte par lequel l'Abbé d'Alet adhere à tout ce que le Roy a ordonné pour le fait du Pape Boniface.

1303.
Aoust.

VNIVERSIS, & singulis præsentes litteras inspecturis, Petrus Dei gratia Abbas Monasterij Electensis, Narbonensis diocesis, in eo qui est omnium vera salus salutem. Cùm personam domini nostri Regis Franciæ, statum, honorem, iura, & libertates defendere teneamur, eidem domino Regi promittimus, quòd personam suam, dominæ Reginæ, & filij sui hæredis in regno, statum, honorem, iura, & libertates eorumdem totis viribus quantum secundùm Deum poterimus defendemus, & in eorum tuitione eisdem assistemus, contra quamcunque personam, quæ eis vellet impetere statum, honorem, iura, & libertates eorum infringere, aut etiam annullare, etiam contra dominum Bonifacium Papam octauum, qui multa contra eos & regnum Franciæ dicitur comminatus fuisse : nec ab eis vnquam nos separabimus in defensione prædicta, sanctæ Sedis Apostolicæ reuerentia semper salua, faciemúsque de conuocatione Concilij generalis, prout Prælati cæteri concesserunt, & prout in responsionibus ipsorum in instrumentis inde confectis pleniùs continetur. Cùmque tam dictus dominus Rex, quàm magnifici viri K. & Lod. fratres dicti domini Regis, G. sancti Pauli, & Ioannes Droc. Comites, & alij multi Barones & Nobiles regni, sub certis formis prouocauerint & appellauerint, & in scriptis, ne dictus dominus Papa commotus occasione præmissorum, vel aliquorum ex eis procederet contra ipsum dominum Regem, regnum, Barones, nos & subditos, & nobis adhærentes, & adhærere volentes, prout in instrumentis inde confectis pleniùs continetur : promittimus, quòd si dominus Papa procedat quocunque quæsito colore occasione præmissarum appellationum, adhæsionum, & quorumcunque aliorum conuocationem dicti Concilij tangentium, excommunicando, interdicendo, suspendendo, deponendo, absoluendo à iuramento fidelitatis, homagij, vel alterius cuiuscunque obligationis, vel aliàs quoquomodo procedendo contra Regem, Reginam, hæredes K. & L. & Comites prædictos, ac magnificum R. Ducem Burgundiæ, qui appellationi prædictæ dicitur adhærere, & alios adhærentes, & adhærere volentes, qui se nobis sub forma qua se dominus Rex, & alij prænominati obligarunt, obligant, & obligabunt : nos dicto domino Regi, & Baronibus, ac sibi adhærentibus assistemus, & secundùm Deum pro viribus defendemus, nec nos separabimus ab eisdem, nec absolutionibus à iuramentis fidelitatis, vel aliis quibuscunque relaxationibus indultis vel indulgendis, impetratis vel impetrandis, vel vltro oblatis, vel offerendis, seu concessis, seu concedendis vtemur ; imò semper eidem domino Regi, Baronibus, & adhærentibus adhærebimus. Et hæc omnia, & singula suprà dicta promisimus, voluimus & iurauimus, iure Romanæ Ecclesiæ, nostróque, & Ecclesiarum nostrarum in omnibus & per omnia, semper saluo, & illicita conspiratione, seu coniuratione cessante, nolentes, quòd idem dominus Rex nouum homagium, seu iuramentum acquirere in nobis, & nostris Ecclesiis valeat in aliis per prædicta. In cuius rei testimonium præsentibus litteris nostrum fecimus apponi sigillum. Datum in dicto Monasterio Electens. 12. Kalendas Septembris, anno Domini millesimo trecentesimo tertio.

DE BONIF. VIII. ET PHILIP. LE BEL. 171

Acte par lequel la ville d'Arras, & la Communauté d'icelle adhere à ce que le Roy a arresté de faire contre le Pape Boniface; & y a cette clause, Nos, nobis subditos, & adhærentes protectioni Dei, sanctæ Matris Ecclesiæ, dicti Concilij, & aliorum in quantum spiritualitatem tangit. *Cette clause se trouue dans tous les actes que les villes de France ont baillez au Roy en cette occasion, & en adherant auec luy pour le fait de Boniface.*

Coffre Boniface numero 319.

VNIVERSIS præsentes litteras inspecturis, Maior, Scabini, totáque communitas villæ Atrebatensis salutem. Cùm quamplurima enormia & horribilia crimina, quorum aliqua hæresim immanem continent manifestè, contra B. nunc Sedi Apostolicæ præsidentem, ex parte plurium personarum illustrium, & quorundam militum feruore dilectionis sanctæ Matris Ecclesiæ, ac zelo fidei Catholicæ accensorum, significata, dicta, propositáque fuerunt præsente excellentissimo principe dom. nostro Philippo Dei gratia Francor. Rege, & multis Prælatis pro suarum Ecclesiarum negotiis congregatis, iuramentáque assertiuè præstita ab ipsis illustribus, & nobilibus personis, ipsa crimina proponentibus & significantibus, prout in instrumentis super hæc confectis continetur. A quibus præfatus dom. Rex, & Prælati instanter, & pluries fuerunt requisiti, vt ad honorem Dei, fidei Catholicæ, ac Ecclesiæ sanctæ Matris super conuocatione generalis Concilij conuocandi, per quos faciendum fuerit, ad veritatem inquirendam & sciendam super ipsis, & aliis loco, & tempore proponendis, cùm ad ipsum Regem tanquam Ecclesiæ pugilem præcipuum, & ad Prælatos tanquam Ecclesiæ columnas pertinet laborare, opem dare studerent efficacem. Quod deliberatione diligenti præhabita necessariò debere fieri visum fuit: & ne ad impedimentum conuocationis prædicti Concilij contra dictum dom. Regem, regnum suum, sibi adhærentes, contra ipsos Prælatos, Ecclesias suas vel sibi adhærentes, prædictus B. per se, vel per alium, sua vel quauis alia auctoritate procederet, vel procedi faceret, excommunicando, suspendendo, interdicendo, status eorum deprimendo, vel alio quoquo modo, colore quocunque quæsito, ad idem Concilium, summúmque futurum proximum Pontificem Catholicum ex parte ipsorum appellatum extitit ac etiam prouocatum. Nos more solito congregati nolentes, sicut nec decet, ab ipsorum vestigiis deuiare, prædicti conuocationi Concilij pro nobis, & nostris subditis consentimus, & illud fieri, prout nos tangit per præsentes supplicamus, præfatis appellationibus, & prouocationibus adhærentes. Et nihilominus ex eisdem causis, & sub iisdem formis ad ipsum Concilium, summúmque futurum summum Pontificem, & ad alios ad quos faciendum est, in iis scriptis, pro nobis nostrísque subditis, & nobis adhærentibus appellamus, & etiam prouocamus, & apostolos testimoniales cum instantia petimus, nos, nobis subditos & adhærentes, & adhærere volentes protectioni Dei, sanctæ Matris Ecclesiæ, dicti Concilij, & aliorum quorum faciendum est, in quantum spiritualitatem tangit, ad nostram defensionem supponentes, protestantes nos appellationem, prouocationem huiusmodi innouaturum vbi, quando, & quoties viderimus expedire. In cuius rei testimonium sigillum nostrum duximus præsentibus litteris apponendum. Datum anno Domini 1303. in vigilia B. Bartholomæi Apostoli. & sigill.

1303.
23. Ao.st.

Y ij

Acte par lequel le Roy ayant fait sçavoir aux Evesques du Duché de Bretagne assemblez ce qui avoit esté arresté au fait de Boniface, la convocation d'vn Concile, &c. Ils répondirent que pour l'importance de l'affaire ils desiroient en communiquer auec l'Archevesque de Tours, le Duc de Bretagne, & auec leurs Chapitres. Depuis lesdits Evesques donnerent par écrit leur réponse, qui porte que sauf la fidelité qu'ils doivent à l'Eglise Romaine, & au Pape, ils adherent auec le Roy à ladite convocation, secundùm antiqua SS. Patrum canonica instituta.

Au tresor Boniface num. 471.

1303.
27. Aoust.

IN nomine Domini, Amen. Anno Incarnat. Domini 1303. die 27. mensis Augusti, indict. 15. Pontificatus domini Bonifacij Papæ VIII. anno 9. in mei Notarij, & testium infrà scriptorum præsentia serenissimus princeps dom. Philippus Rex Franc. illustris, reuerendis in Christo patribus, ac dominis dominis Theobaldo Dolen. R. Maclouien. G. Briocen. G. Trecoren. G. Leonen. Alano Corosopiten. & H. Venet. fecit exponi, quòd nuper ipso dom. Rege, & nonnullis Archiepiscopis, Episcopis, Abbatibus, Prioribus, Comitibus, Baronibus, & aliis magnæ auctoritatis personis, tam Ecclesiasticis, quàm sæcularibus de regno Franciæ oriundis, & etiam aliunde, ac etiam in eodem regno, & alibi etiam prælaturas, & beneficia obtinentibus, in camera regia apud Luparam Parisius præsentibus, contra dom. B. Papam VIII. proposita & significata fuerunt diuersa enormia, horribilia & detestabilia crimina, quorum quædam hæresim sapiunt manifestè, quibus eum irretitum esse dicebant, & super eis publicè, ac notorie diffamatum, præstitis ibidem ab eisdem proponentibus ad sancta Dei Euangelia tacta corporaliter iuramentis, quòd huiusmodi proposita & significata credebant esse vera, & posse probari in generali Concilio, vel alias, vbi, quando, & coram quibus de iure fuerit faciendum: & per proponentes eosdem à dom. Rege tanquam fidei pugile, & Ecclesiæ defensore, ac Archiepiscopis, Episcopis, Abbatibus, Prioribus, & personis aliis Ecclesiasticis supradictis, tanquam Ecclesiæ fideique columnis petitum fuerat, ac instanter & pluries requisitum, vt pro declaratione veritatis huiusmodi, vt omnis error abscedat ac periculum, & scandalis quæ vniuersali Ecclesiæ imminent occurratur, conuocationi & congregationi dicti Concilij generalis ad laudem Dei nominis, & exaltationem & augmentum fidei Catholicæ, ac salubre regimen, & bonum statum vniuersalis Ecclesiæ, & totius populi Christiani, opem darent & operam efficaces. Quódque idem dom. Rex, Archiepiscopi, Episcopi, Abbates, Priores, & aliæ personæ supradictæ, auditis, & plenius intellectis propositis & significatis, & requisitionibus supradictis, considerantes quòd in hoc casu negotium fidei agitur quod est Dei, & quòd ad defensionem, conseruationem, & ipsius fidei exaltationem ipse dom. Rex collatam sibi recepit à Domino potestatem, iidem Prælati sunt in partem sollicitudinis euocati: super præmissis per dies multos discussione ac deliberatione præhabita diligenti, ex præmissis, & aliis legitimis causis moti, conuocationem & congregationem dicti Concilij generalis vtilem, & omnino necessariam reputantes, huiusmodi conuocationi & congregationi consenserant, & responderant quòd conuocationi & congregationi prædictis opem & operam darent efficaces vt deberent. Et ne dictus dominus B. motus, seu prouocatus ex his, prout timebant ex verisimilibus coniecturis, & comminationibus multis, contra

DE BONIF. VIII. ET PHILIP. LE BEL. 173

eos, Ecclesias, Parochianos & subditos suos quoquo modo procedat, aut procedi faciat, sua, vel alia auctoritate quacunque, excommunicando, suspendendo, interdicendo, deponendo, priuando, vel alias quouis modo, in impedimentum, & perturbationem Concilij congregandi, & quin concedere, coniudicare, & alia quæ ad officium Prælati pertinent facere in eodem Concilio possent, saluique eorum & sibi adhærentium status manere deberent, pro se, Ecclesiis, Parochianis & subditis suis, & pro sibi adhærentibus, seu adhærere volentibus in hac parte, ad prædictum Concilium congregandum, & ad futurum verum & legitimum summum Pontificem, & ad illum, vel ad illos, ad quem vel ad quos de iure fuerit appellandum, prouocarunt & appellarunt in scriptis, & apostolos testimoniales cum instantia petierunt: supponentes se, Ecclesias, Parochianos, subditos, & sibi adhærentes, ipsorum status, iura, & bona protectioni diuinæ, prædicti Concilij, & futuri veri & legitimi summi Pontificis; ac protestantes de innouando appellationem huiusmodi, vbi, quando, & coram quibus eis visum fuerit expedire. Quare pro parte præfati dom. Regis petebatur ab ipsis, vt conuocationi & congregationi prædicti Concilij generalis assentire, ac quantum in eis est opem dare & operam curarent. Præmissis verò auditis, & à dictis Episcopis diligenter intellectis, Ingonio prædicti Episcopi responderunt, quòd propter arduitatem prædicti negotij, cum reuerendo in Christo patre, ac domino domino Archiepiscopo Turonensi, & domino Duce Britanniæ, nec non cum Capitulis, seu Canonicis Ecclesiarum suarum super præmissis deliberare volebant: demum pluribus habitis deliberationibus, die Dominica post festum B. Lucæ Euangelistæ B. Maclouiens. G. Briocen. G. Leon. A. Corosopiten. H. Veneten. & H. Nanneten. Dei gratia Episcopi præsentes personaliter apud Trinitatem responderunt, & responsionem suam in scriptis tradiderūt, prout in quadam scedula ibidem lecta continetur plenius, cuius tenor sequitur in hæc verba: H. Nanneten. B. Maclouien. H. Veneten. G. Briocen. Alan. Corosopiten. & G. Leon. notum facimus vniuersis, quòd nos saluis in omnibus statu, fide ac fidelitate nostris ad sacrosanctæ Romanæ, ac vniuersalis Ecclesiæ summum Pontificem, omniąue conspiratione, coniuratione ac colligatione omnino cessantibus, annuimus assentire congregationi, seu conuocationi Concilij generalis, secundùm antiqua sanctorum Patrum canonica instituta, ad honorem Dei, ac reformationem & exaltationem fidei Christianæ, per eum ad quem pertinet cùm opus fuerit, & causa sufficiens ad id subsit, & expedire viderit faciendæ. Præmissa autem omnia & singula exposita Ingonio, responsaque facta apud Trinitatem fuerunt, anno, diebus, indictione prædictis, præsentibus venerabilibus viris, & discretis Gaufrido Garnapin Archidiacono Pentheuriæ in Ecclesia Briocen. Ioanne de Herent Canonico Briocen. Petro de Tilleriis presbytero Maclouien. diocesis, & Legum Professoribus: Petro Piere Capellano domini Episcopi Nanneten. Thoma Chāpion Decano de Treganon Maclouien. diocesis, & pluribus aliis testibus, ad hoc vocatis specialiter & rogatis. Et ego Stephanus Rose Clericus Dolens. diocesis publicus Imperiali auctoritate Notarius vnà cum suprà scriptis testibus præmissis omnibus dum fuerunt exposita, & responsa locis prædictis præsens interfui, eáque omnia scripsi propria manu, ac in publicam formam redegi, meóque signo consueto signaui rogatus.

Y iij

174 PREVVES DE L'HIST. DV DIFFEREND

Acte par lequel les Religieux du Conuent de Fontmorin Ordre de Cisteaux, declarent ne pouuoir adherer, & consentir à la conuocation du Concile, ny à l'appel, dont on leur a fait voir les actes.

Au Tresor Boniface num. 691.

1303.
7. Octobre.

IN nomine Domini, Amen. Per præsens publicum instrumentum omnibus pateat euidenter, quòd anno Dom. 1303. indictione 2. mensis Octobr. die 7. Pontificatus dom. Bonifacij Papæ VIII. anno 9. religiosi viri Prior Claustralis Monasterij Fontismorum, & Conuentus eiusdem loci Ordinis Cistercienfis, Biturucen. diocesis, ex parte venerabilis viri dom. Ioannis de Auxeio Cantoris Ecclesiæ Aurelian. ab excellentissimo principe domino Philippo Dei gratia Rege Francor. illustri, super hoc in istis partibus destinati diligentissimè literatoriè requisiti, ac super motibus & causis conuocationis congregandi Concilij, appellationum Regis, Baronum, & Prælatorum regni eiusdem, eorumque adhærentium, & adhæsionum plenius informati, conuocationi & congregationi dicti Concilij consentire noluerunt, nec eidem opem, nec operam dare promiserunt, nec appellationibus, seu prouocationibus adhærere voluerunt, nec eas innouarunt, nec appellare, seu prouocare voluerunt, imò præmissa facere recusarunt. Actum in Monasterio dicti loci, anno, indictione, mense, die, & Pontificatu prædictis, præsentibus Guillelmo de Burgundia, & Guillelmo de Rueta Clericis testibus ad hoc vocatis specialiter & rogatis.

Et ego Guillelmus de Hotot Clericus Constantien. diocesis publicus sacrosanctæ Romanæ Ecclesiæ, ac sacri Imperij auctoritate Notarius, &c.

Il y a au Tresor dix autres actes semblables à celui-cy, tous de l'Ordre de Cisteaux, & six autres actes d'autres Ordres.

Acte par lequel Guillaume de Nogaret en vertu du pouuoir special qu'il a du Roy du 7. Mars 1302. va à Ferentin, & parlant à Renaud de Suppino Capitaine de ladite ville luy fit sçauoir qu'il auoit esté enuoyé par le Roy en Italie pour son seruice, & en faueur de la Foy. Que ceux d'Anagnia qui auoient promis de l'assister, le trahirent & firent ce qu'ils purent pour l'arrester, luy & les siens, par l'aide de Boniface lors Pape. Que ledit de Suppino auoit promis de l'assister contre le Pape, & ceux d'Anagnia. Ledit Nogaret comme Ambassadeur du Roy promet de dédommager ledit de Suppino de tous les dommages qu'il auoit encourus pour ce regard, & ceux qu'il souffrira à l'aduenir, & promet de l'aider d'hommes & d'argent, tant que ce differend demeurera entre ledit de Suppino & ses adherens, contre ceux d'Anagnia, & les parens de Boniface.

Au Tresor, coffre Boniface, num. 782.

1303.
17. Octob.

A Tous ceux qui ces Lettres verront Pierres le Feron Garde de la Preuosté de Paris, salut. Sçachent tuit que nous auons veu vn instrument contenant la forme qui s'enfuit. In nomine Domini Amen. Anno Domini millesimo trecentesimo tertio, Apostolica Sede Pastore vacante, indictione secunda, mensis Octobris die decima septima, in præsentia mei scriniarij, ac testium subscriptorum, ad hoc specialiter vocatorum & rogatorum, hac die nobilis vir dominus Guillelmus de Nogareto excellentissimi Regis Franciæ miles & nuncius specialis, prout per litteras dicti domini Regis, suo

DE BONIF. VIII. ET PHILIP. LE BEL.

sigillo proprio sigillatas apparet : quarum tenor per omnia talis est : PHILIPPVS Dei gratia Francorum Rex, vniuersis præsentes litteras inspecturis salutem. Nouerit vniuersitas vestra, quòd nos dilectis, & fidelibus nostris Ioanni Mouschet, & Guillelmo de Nogareto militibus, ac Magistris Thierrico de Hiricon. & Iacobo de Gesserinis, de quorum industria, & fidelitate confidimus, quósque ad certas partes, pro quibusdam nostris negotiis destinamus, & cuilibet eorum in solidum tractandi pro nobis, & nomine nostro cum quibuscunque personis, nobilibus, vel aliis Ecclesiasticis, vel mundanis cuiuscunque præeminentis status, vel conditionis existant, de alligationibus, confœderationibus, & amicitia contrahendis inter nos & personas easdem, ac subuentionibus, subsidiis & auxiliis mutuò faciendis, ac tractatus huiusmodi prosequendi, complendi, & quauis firmitate vallandi, ac faciendi & firmandi confœderationes, alligationes, amicitiámque prædictas, ac subuentiones, subsidia, & auxilia quælibet promittendi, & faciendi omnia & singula quæ circa præmissa fuerint opportuna, plenam & liberam tenore præsentium committimus potestatem, ratum habituri & gratum quicquid per eos vel tres, duos, aut vnum ex ipsis factum fuerit in præmissis, & ea tangentibus, seu dependentibus ex eisdem. In cuius rei testimonium præsentibus litteris nostrum fecimus apponi sigillum. Datum Parisius, die septima Martij, anno Domini millesimo trecentesimo secundo. Figura verò sigilli cerei domini Regis prædicti est ista : Rex sedens pro tribunali, tenens vnum lilium in manu dextra, & in alia manu sceptrum regale, & in circuitu sigilli est talis littera, *Philippus Dei gratia Franc. Rex*. Accedens ad ciuitatem Ferentini ostendens, & legi faciens prædictas litteras publicè domini Regis prædicti, requirens, & se requisiuisse & deprecasse asserens, ex parte dicti domini Regis, nobilem, & potentem virum dominum Raynaldum de Suppino ciuem, & Capitaneū ciuitatis Ferentini prædictæ, vt cùm dictus dominus Rex eundem dominum Guillelmum miserit ad partes Campaniæ, pro eiusdem domini Regis seruitio in fauorem fidei orthodoxæ, & commune ciuitatis Anagniæ; promitterīt & cœperint dictum dominum Guillelmum iuuare, & in prædictis dare consilium, & iuuamen eidem, & proditionem fecerint eidem domino Guillelmo, & sequacibus suis, volendo ipsum capere, & sequaces ipsius, & crudelem mortem inferre eis, ac trasfinare fecissent per Anagniam vexillum, ac insignia dicti dom. Regis, fauore & adiutorio illius Bonifacij tunc in Sede Apostolica existentis, quòd intuitu dicti dom. Regis eidem domino Guillelmo dare deberet consilium, auxilium, & fauorem contra commune Anagniæ, ad vindicandum dictum dom. Regem, & se de proditione, & iniuria prædicta, ac promisisse ex parte dicti dom. Regis ipsum dom. Raynaldum filios, & familiam suam, consanguineos, vassallos, & omnes & singulos sequaces suos seruare indemnes occasione præd. & eidem dom. Raynaldo dare consilium, auxilium, & fauorem in pecunia, & gente, & eidem non deficere, vsque quòd durabit vel duraret briga, seu negotium prædictum. Et quia dom. Guillelmus prædictus asseruit dictum dom. Raynaldum esse beniuolum, solicitum, & fidelem contra commune prædictæ ciuitatis Anagniæ, & consanguineos dicti Bonif. tam in vita ipsius Bonifacij quàm in morte, ad confundendum eosdem, & vindicandum iniuriam dicti domini Regis, & ipsum dominum Guillelmum receptasse, tam in vita quàm morte Bonifacij prædicti : idem dominus Guillelmus, vt nuncius dicti domini Regis, & nomine, vice, & pro parte dicti dom. Regis, ac auctoritate dictarum litterarum promisit dicto domino Raynaldo recipienti pro se, & sequacibus suis, resarcire de bonis, & super bonis eiusdem domini Regis prædicti ipsi domino Raynaldo, & sequacibus suis eorum omnia damna,& expensas quascunque sustinuerint in futurum, seu sustinebunt, vel fecerint, seu incurrent occasione præfata, & eidem domino Raynaldo non deficere, sed subuenire in pecunia, & gente, quousque briga, seu dissensio prædicta durabit inter dictum dominum Raynaldum & sequaces suos, ex parte vna, & commune Anagniæ, & consanguineos dicti Bonifacij ex altera: hoc promittens dictus dominus Guillelmus obseruare, & adimplere, & obseruari facere à domino Rege præfato, & per fidem suam, & per legalitatem, honorem, ac coronam domini Regis præfati. Acta sunt hæc in ciuitate Ferentiæ præsentibus testibus domino Andreà Rubeo, domino Thomasio domini Rimanni, domino Ambrosio domini Clementis, domino Luca Magistri Loffridi, Siluestro Matheo, & Petro Andrea militibus, & ciuibus ciuitatis Ferent. ad hoc specialiter vocatis & rogatis. Et ego Iacobus de Iudice de Ferentin. sanctæ Romanæ Ecclesiæ Scriniarius, prædictis dum agerentur rogatus interfui, & in publicam formam redegi, ideóque signaui. *Et nous en ce transcript auons mis le seel de la Prenosié de Paris, sauf tous droits, l'an de grace mil trois cens huict le Mercredy des Cendres.*

Acte par lequel il appert qu'vn enuoyé par le Roy à Bourges representa au Chapitre de la Cathedrale ce qui auoit esté fait pour le fait de Boniface. à quoy ceux dudit Chapitre adhererent, en suite les Religieux Predicateurs, les Freres Mineurs, la Communauté de ladite Ville, & d'autres Eglises & Communautez adhererent à tout ce que le Roy auoit arresté.

Au Tresor Boniface num 17.

1303.
Decembre.

IN Christi nomine, Amen. Per hoc præsens instrumentum publicum pateat vniuersis, quòd coram venerabilibus viris dominis, & Magistris Ioanne Sigaloniæ, Martino Bruerie, Matthæo Narzene, Ioanne de Buscnceyo, in Ecclesia Bitur. Archidiaconis, Ioanne de Bregni Archipresbytero, Simone de Archiaco, Ioanne Gersillon, Stephano de Aquaiparsa, Ludouico de Sancero, Helia Peleti, Arnulpho Bœcalle, Guillelmo de Chardoneyo, & Guillelmo de Dumis Canonicis Ecclesiæ Bitur. in dicta Ecclesiæ Capitulo, propter hoc ad campanæ sonitum, vt moris est, euocatis, & specialiter congregatis capitulum dictæ Ecclesiæ facientibus, repræsentantibus, & pro Capitulo se habentibus, vt dicebant, constitutus venerabilis vir dominus Ioannes de Auxeyo, Cantor Ecclesiæ Aurelianensis, Clericus excellentissimi principis domini Philippi Dei gratia Regis Franciæ illustris, ex parte ipsius domini Regis ad hoc destinatus, prout apparebat per litteras patentes ipsius domini Regis ibidem lectas, in nostrum Notariorum, & testium præsentia subscriptorum exposuit ibidem per dictas litteras, & aliàs verbo tenus diligenter causas propter quas nuper idem dominus Rex, Prælati, plures Barones illustres, & alij Nobiles regni Franciæ propter nonnulla crimina varia & diuersa contra dominum Bonifacium Papam octauum, per quosdam Barones illustres, & alios Nobiles opposita, quorum quædam hæresim sapiunt, & continent manifestam, consenserant, & promiserant conuocari Concilium generale, vt ibidem de dictis criminibus cognoscatur. Et ne idem dominus Bonifacius ex eis, vel aliquibus eorundem motus, contra ipsos procederet excommunicando, interdicendo, suspendendo, deponendo, priuando, aut aliàs quoquomodo quocunque colore quæsito, sua, aut alia auctoritate, seu potestate quacunque,

que prouocauerant & appellauerant, prout in quodam instrumento publico super hoc confecto ibidem lecto plenius continetur: petens ab eisdem Canonicis Capitulum facientibus, vt dictum est, vtrum conuocationi dicti Concilij generalis consentirent, & praedictis appellationibus, & prouocationibus adhaererent pro conseruatione status sui, honore sanctae Romanae, ac vniuersalis Ecclesiae, ac etiam vnione, & Catholicae fidei incremento: qui deliberatione super hoc praehabita diligenti vnanimiter & concorditer nemine contradicente responderunt, quòd placebat eis praedictis requisitionibus annuere, & eidem domino Regi super iis in omnibus, sicut condecet complacere, procedentes ibidem in scriptis suo, & nomine Decani, & totius Capituli dictae Bitur. Ecclesiae, sub forma quae sequitur hic inserta. Nos autem praemissis considerationibus, & causis inducti conuocationem & congregationem ipsius Concilij generalis reputatam ab eis vtilem, necessariam & salubrem, ac expedientem fidei negotio, eiusdem conuocationi & congregationi Concilij consentimus, ac opem & operam libenter dabimus iuxta posse, & praedictis appellationibus, & prouocationibus adhaeremus, saluis auctoritate, & reuerentia Sedis Apostolicae, sanctaeque ac Catholicae Ecclesiae vnitate, ac in quantum secundùm Deum possumus, & debemus. Et ne dictus dominus Bonifacius motus, seu prouocatus ex iis, prout verisimiliter formidamus, contra nos, vel aliquem ex nobis, aut Ecclesiarum nostrarum quoquomodo procedat, aut procedi faciat, sua vel alia auctoritate quacunque, excommunicando, interdicendo, suspendendo, vel aliàs quoquomodo in impedimentum, vel turbationem Concilij congregandi, & quin aliàs status nostri remaneant salui, pro nobis, Vicariis, & Clero nostro, Ecclesiis, hominibus nostris adhaerentibus, adhaerere volentibus, & imposterum adhaesuris, ad praedictum Concilium congregandum, & ad futurum & legitimum summum Pontificem, & ad illum, seu ad illos, ad quem seu quos de iure fuerit appellandum prouocamus, & appellamus in scriptis, & apostolos testimoniales cum instantia petimus: supponentes nos, ac nobis adhaerentes, & adhaerere volentes, statum nostrum, & Ecclesiarum nostrarum, Vicarios, cum toto Clero, Ecclesiis, & hominibus nostris, nobis adhaerentibus, & adhaerere volentibus in futurum protectioni diuinae, & praedicti Concilij, ac futuri veri & legitimi summi Pontificis; ac protestantes de innouando appellationem, seu prouocationem huiusmodi, vbi, quando, & coram quibus nobis visum fuerit expedire. Acta fuerunt haec, vt praemittuntur, anno Domini millesimo trecentesimo tertio, indictione prima, Pontificatus praedicti domini Bonifacij Papae octaui anno nono, die Dominica post festum Inuentionis Beati Stephani, circa horam tertiam, praesentibus venerabilibus viris Magistris Helya Dorli Bailliuo Bitur. Bernardo de Vociaco Canonico Vallinen. Petro de Tornella Canonico Ecclesiae Castri Censerij Eduen. dioecesis, Ioanne Fradeti, Simone de Disisia, Clericis testibus, cum pluribus aliis testibus ad hoc vocatis & rogatis. Ipsa verò die inter horam nonam & vesperos, in testium praesentia suprà scriptorum in Capitulo Religiosorum virorum fratrum Praedicatorum Bitur. coram Priore, & Conuentu dicti loci, numero triginta & octo in eorum Capitulo propter hoc euocatis, & specialiter congregatis ad sonitum campanae, vt moris est, comparens praenominatus dictus Cantor legi fecit ibidem litteras domini Regis, & articulos crimina eidem domino Bonifacio opposita continentes. Quibus lectis eisdem exposuit diligenter ex parte domini Regis causas, propter quas idem dominus Rex, Praelati, & Barones regni Franciae consenserant & promiserant

Z

generale Concilium conuocari, vbi de dictis criminibus cognoscatur, & qualiter, sicut præmittitur, appellauerant, & prouocauerant; petens ab eisdem, vtrum conuocationi prædicti Concilij consentirent, & prædictis appellationibus, & prouocationibus adhærerent. Prior verò prædictus vice sua, & totius Conuentus, & cuiuslibet eorundem, & omnes vnanimiter & concorditer responderunt nemine contradicente, quòd ipsi conuocationi prædictæ consentiebant, promittentes eidem opem & operam impartiri, & appellationibus & prouocationibus prædictis sub saluitate quæ præmittitur adhærebant, appellantes nihilominus, & prouocantes in scriptis, ac etiam protestantes sub forma quæ superius est expressa. Eadem verò die horâ vesperorum in testium præsentia suprà scriptorum in Capitulo religiosorum virorum fratrum Minorum Bitur. coram Gardiano, & Conuentu dicti loci, numero viginti trium in eorum capitulo propter hoc euocatis, & specialiter congregatis ad sonitum campanæ, prout moris est, prænominatus dominus Cantor lectis ibidem litteris domini Regis, & articulis suprà dictis, expofuit eis diligenter, & seriatim causas propter quas dictus dominus Rex, Prælati, & Barones regni Franciæ confenserant, & promiserant generale Concilium conuocari, vbi de dictis criminibus cognoscatur, & qualiter, vt præmittitur, prouocauerant & appellauerant, petens ab eisdem, vtrum conuocationi prædicti Concilij consentirent, & appellationibus, seu prouocationibus prædictis adhærerent. Gardianus verò prædictus vice sua, & totius Conuentus, & cuiuslibet eorundem, ac omnes vnanimiter, & concorditer nemine contradicente responderunt, quòd ipsi conuocationi prædictæ consentiebant; promittentes eidem iuxta posse opem & operam impartiri, & appellationibus & prouocationibus prædictis, sub saluitate, quæ præmittitur, adhærebant, appellantes & prouocantes nihilominus in scriptis, ac etiam protestantes sub eadem forma quæ superius est expressa. Die verò Lunæ immediatè subsequenti, circa horam tertiam in eorundem testium præsentia, ac venerabilis viri Magistri Adam de Sulliaco Officialis Bituricens. in Prioratu de Comitali Bitur. ciuitatis, conuocata ibidem per præconem villæ vniuersitate Burgensium, & ciuium vrbis & suburbij Bitur. sicut conuocari consuetum esse asserebant ab antiquo, congregatáque ibidem Burgensium & ciuium Bitur. magna multitudine, suprà fatus dominus Cantor lectis ibidem litteris domini Regis, & vulgariter explanatis, expositisque seriatim causis omnibus suprà dictis, ex parte domini Regis requisiuit eos diligenter, vtrum conuocationi Concilij, appellationibus & prouocationibus prædictis consentirent, & eis adhærerent, & vtrum sub saluitate quæ præmittitur appellarent, seu etiam prouocarent. Qui vna voce concordi & clamore, nemine contradicente, responderunt, placet, placet, & conuocationi præmissæ expressè & concorditer consenserunt, promittentes eidem dare opem & operam iuxta posse; & appellationibus, seu prouocationibus prædictis sub saluitate, quæ præmittitur adhæserunt, ac nihilominus pro se, & tota vniuersitate Bitur. liberis, & familiaribus suis appellarunt, & prouocarunt in scriptis, se supponentes & protestantes sub forma quæ superius est expressa. Eadem verò die in choro, seu Iaris Ecclesiæ sancti Petri puellarum Bitur. in nostrùm Notariorum & testium præsentia subscriptorum coram venerabilibus viris Bernardo de Vociaco, Petro de Bosco, Guerino de Gonciuilla, Nicolao de Senonis, Guillelmo de Perolio, domino Petro de Agia, Can. prædictæ Ecclesiæ, ibidem more solito per campanæ sonitum ad capitulandum euocatis, & specialiter propter hoc congregatis, Capitulum facientibus, repræsentantibus, & pro Capitulo dictæ Ecclesiæ se habentibus, vt dicebant, expositis eisdem per dominum Cantorem prædictum causis omnibus, & singulis suprà dictis, exhibitisque ad legendum litteris domini Regis cum instrumento publico suprà dicto, factáque requisitione prædicta responderūt concorditer, quòd ipsi vice, & nomine Prioris, & totius Capituli, Vicariorum, & Clericorum dictæ Ecclesiæ conuocationi prædictæ consentiebant, promittentes eidem dare opem & operam iuxta posse, ac appellationibus & prouocationibus prædictis, cum saluitate quæ prædicitur, adhæserunt vice, & nomine prædictis, Ecclesiæ suæ, & aliarum sibi subiectarum, sibi adhærentibus, & adhærere volentibus in futurum appellantes in scriptis, se supponendo & protestando, prout superiùs est expressum. Eadem vero die Lunæ in choro sæcularis Ecclesiæ sancti Vrsini Bitur. in nostrûm Notariorum, & testium præsentia subscriptorum corâ venerabilibus viris Ioanne Priore, Guillelmo de Bosco, Guillelmo de sancto Habirado, Petro de Fagia, Ioanne Ber. & Ioanne de Nauarra Canonicis Ecclesiæ suprà dictis, ibidem more solito ad campanæ sonitum, prout moris est, ad capitulandum euocatis, & propter hoc specialiter congregatis, lectis ibidem prædictis litteris domini Regis, & instrumento super dictis appellationibus confecto ibidem ad legendum exhibito, & pro lecto habito, expositisque seriatim ibidem causis, & rationibus suprà dictis, per dominum Cantorem prædictum, factáque requisitione prædicta, prædictus Prior suo, & nomine omnium aliorum ibidem præsentium, nullo penitus discordante, respondit quòd ipse, & omnes alij conuocationi faciendæ generalis Concilij suprà dicti consentiebant, promittentes dare opem & operam iuxta posse, ac appellationibus suprà dictis adhærebant, & eas innouando in quantum meliùs de iure poterant suo, & nomine totius Capituli, Vicariorum, Cleri Ecclesiæ sancti Vrsini, Ecclesiarum sibi subiectarum appellabant, & prouocabant in scriptis, sub modo & forma, & saluitate qui superiùs sunt expressi. Ipsa autem die Martis in Capitulo sæcularis Ecclesiæ sancti Austregisili de Castro Bitur. coram venerabilibus viris dominis Simone Decano, Petro de Brolio, & Petro Bioti Canonicis prædictæ Ecclesiæ, pulsato ad capitulandum more solito, Capitulum dictæ Ecclesiæ facientibus & repræsentantibus, vt dicebant, lectis ibidem litteris prædictis domini Regis, & instrumento super dictis appellationibus confecto ibidem, ad legendum exhibito, & pro lecto habito, expositisque seriatim ibidem causis omnibus, & rationibus suprà dictis, per dominum Cantorem prædictum, factáque requisitione prædicta, prædictus Decanus suo, & nomine omnium aliorum ibidem præsentium nullo penitus discordante respondit, quòd ipse, & omnes alij conuocationi faciendæ generalis Concilij suprà dicti consentiebant, promittentes dare opem & operam iuxta posse, ac appellationibus suprà dictis adhærebant, & eas innouando in quantum meliùs de iure poterant suo, & nomine totius Capituli, Vicariorum, Cleri Ecclesiæ de Castro, Ecclesiarum sibi subiectarum appellabant, & prouocabant in scriptis, sub modo & forma, & saluitate, qui superiùs sunt expressi. Et statim postea ipsa die Martis in Capitulo Ecclesiæ Beatæ Mariæ de Salis Bitur. coram venerabilibus viris Magistro Petro de Duno, Adam de Chemino, Petro de Brolio, B. de Marcossa, & Petro de Monasterio, Canonicis prædictæ Ecclesiæ, in eorum Capitulo propter hoc euocatis, & specialiter ad sonitum campanæ congregatis Capitulum facientibus, repræsentantibus, & pro Capitulo se habentibus, vt dicebant, in nostrûm Notariorum, & testium præsentia subscriptorum, lectis ibidem prædictis litteris

180 PREVVES DE L'HIST. DV DIFFEREND

domini Regis, & inſtrumento ſuper dictis appellationibus confecto ibidem, ad legendum exhibito, & pro lecto habito, expoſitiſque ſeriatim ibidem cauſis omnibus, & rationibus ſuprà dictis, per dominum Cantorem prædictum, factáque requiſitione prædicta, prædictus Petrus de Brolio, & omnes alij voce concordi, & clamore, nemine contradicente, reſponderunt, quòd conuocationi faciendæ Concilij generalis conſentiebant; promittentes eidem opem dare & operam iuxta poſſe, ac appellationibus ſuprà dictis adhærebant, & eas innouando in quantum de iure meliùs poterant, ſuo & nomine totius Capituli, Vicariorum, Cleri Eccleſiæ Beatæ Mariæ prædictæ, Eccleſiarum ſibi ſubiectarum appellabant, & prouocabant in ſcriptis, ſub modo & forma & ſaluitate, qui ſuperiùs ſunt expreſſi. Et ſubſequenter ipſa die Martis in Capitulo ſæcularis Eccleſiæ Beatæ Mariæ Medij Mon. Bitur. coram venerabilibus viris Magiſtro Petro de Virſione Decano dictæ Eccleſiæ, Richardo de Salinis, Ioanne de Porta noua, & Drocone Bona-fillia, Canonicis prædictæ Eccleſiæ, in eorum Capitulo ad campanæ ſonitum, prout moris eſt, ſimiliter ad capitulandum euocatis, & propter hoc ſpecialiter congregatis, præſentibus pluribus Vicariis dictæ Eccleſiæ, lectis ibidem prædictis litteris domini Regis, exhibitóque ad legendum inſtrumento ſuper dictis appellationibus confecto, & pro lecto habito, expoſitiſque ſeriatim ibidem cauſis omnibus, & rationibus ſuprà dictis, per dominum Cantorem prædictum, factáque requiſitione prædicta, prædictus Decanus ſuo & nomine omnium aliorum ibidem præſentium nullo penitus diſcordante, reſpondit quòd ipſe, & omnes alij conuocationi faciendæ generalis Concilij ſuprà dicti conſentiebant, promittentes dare opem & operam iuxta poſſe, ac appellationibus ſuprà dictis adhærebant, & eas innouando in quantum meliùs de iure poterant ſuo & nomine totius Capituli, Vicariorum, Cleri Eccleſiæ Beatæ Mariæ Medij Mon. Eccleſiarum ſibi ſubiectarum appellabant & prouocabant in ſcriptis, ſub modo, & forma, & ſaluitate quæ ſuperiùs ſunt expreſſæ. Acta ſunt hæc vt præmittuntur, anno, indictione, Pontificatu, diebus, & locis prædictis, præſentibus venerabilibus viris Magiſtris Helia de Horliaco Bailliuo Bitur. Petro de Tournella Canonico de Caſtro-cenſoris, Ioanne Fradeti Clerico tenente ſigillum Præpoſituræ Bitur. teſtibus ad hoc cum pluribus aliis teſtibus ad hoc vocatis ſpecialiter & rogatis.

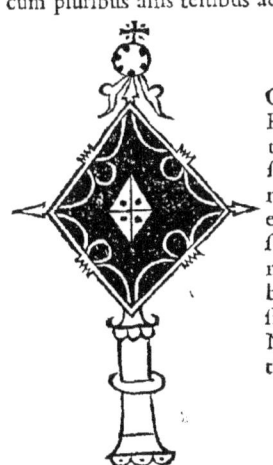

Et ego Guillelmus de Hotot Clericus Conſtantienſis dioceſis, publicus ſacroſanctæ Romanæ Eccleſiæ, ac ſacri Imperij auctoritate Notarius, qui vnà cum Notario infrà ſcripto publico, & teſtibus ſuprà ſcriptis omnibus, & ſingulis præmiſſis præſens interfui, exinde hoc præſens inſtrumentum publicum ſcripſi fideliter, & confeci, méque ſubſcripſi, meúmque conſuetum ſignum in præſenti publico inſtrumento ad petitionem, & requiſitionem dicti Cantoris, vnà cum ſigno dicti Notarij publici infrà ſcripti appoſui rogatus.

Et ad præsentium memoriam, & notitiam futurorum, ego Aymericus Arnaudi de Castro Lemouicen. Clericus publicus auctoritate sanctæ Romanæ Vrbis Præfecti Notarius Bituricensis, curiæque iuratus, qui præmissis vnà cum suprà scriptis testibus, & Notario præsens interfui rogatus, in eorum testimonium, huic præsenti instrumento publico me subscripsi, signúmque meum apposui consuetum.

Procedure que Boniface VIII. deuoit faire fulminer contre le Roy Philippes le Bel, le iour de la Nostre-Dame 8. Septembre, qu'il fut arresté par Guillaume de Nogaret.

Il dit l'autorité qu'il a sur les Roys. Que voulant vser de douceur enuers le Roy de France, il n'a point de dessein de luy imposer aucune peine, mais seulement luy faire sçauoir que pour ses fautes il est notoirement excommunié à Iure.

Qu'il a fait ce qu'il a pû pour le reduire: ses admonitions n'ont seruy qu'à le rendre plus contumax, & fascheux.

Qu'il l'a aduerty par ses Ambassadeurs, puis par Iacques des Normans son Notaire, par lettres qui luy marquoient ses fautes; ce qu'il receut mal.

Que c'est vne chose certaine, que les Empereurs, Roys, & autres qui empeschent les allans vers le Pape, & retournans, sont excommuniez. Que le Roy a fait tout ce qui se peut en ce cas, car outre diuerses violences commises contre plusieurs personnes qui venoient à Rome, il a empesché les Prelats de comparoir à son mandement; n'a pas permis aux Euesques de Noyon, Coustances, & Beziers deputez par les Prelats de France, de venir faire leurs excuses.

Il adiouste qu'il a fait ce qu'il a pû pour reduire le Roy; car voyant qu'il auoit méprisé son Notaire, il luy auoit enuoyé le Cardinal Iean du titre de S. Marcellin, issu de France & son amy, & par luy auoit offert de l'absoudre des excommunications. Que ce Cardinal auoit esté tres-mal receu, & l'absolution méprisée, luy auoit donné des gardes, & auoit esté comme mis au ban Royal.

Aprés cela ledit Roy auoit fait vne vnion auec quelques Prelats & Barons contre luy, troublé l'vnité de l'Eglise, & contraint plusieurs d'adherer auec luy à son friuole appel. Certes, dit-il, il doit craindre la parabole sacrée, que la vigne ne soit loüée à d'autres qui en rendront bon compte en temps & lieu.

Que par le rude traitement fait à ce Cardinal, il est tombé in Canonem latæ sententiæ. Sans parler de ce qu'il a fait à l'Abbé de Cisteaux qu'il a arresté, & plusieurs autres Religieux Italiens, & mis aux prisons du Chastelet, pour s'estre voulu retirer, & n'auoir voulu adherer à son appel.

Il touche en passant la violence faite à l'Euesque de Pamiers.

Dit qu'il a fait emprisonner Nic. Benefracta Chapelain dudit Cardinal, qui portoit des lettres du Pape audit Cardinal, par lesquelles il le declaroit excommunié.

A retiré en son Royaume Estienne Colonne ennemy du Pape & de l'Eglise, sans craindre l'excommunication fulminée contre ceux de cette famille.

Que pour tous ces faits il n'y a point de difficulté de croire que ledit Roy est excommunié, & par consequent de droit ne peut conferer aucuns benefices; n'a plus de pouuoir ny d'autorité de commander par luy ny par autre; & ses suiets ne sont *plus obligez de luy garder la foy; & ce par l'autorité des Canons.*

C'est pourquoy il declare à tous ses suiets qu'il est excommunié, & qu'ils sont deliurez du serment de fidelité qu'ils luy denoient, & de fait les absout, & leur defend sur peine d'anatheme de luy obeïr.

Defend à toutes personnes sous la mesme peine de recenoir aucun Benefice dudit Roy, & d'estre declarez à iamais incapables de tenir Benefices, & de la perte de ceux qu'ils ont; & de plus il casse & annulle tous le traitez de ligue & d'association faits par ledit Roy auec les Princes, quels qu'ils soient.

Pour fin il exhorte ledit Roy de penser à luy, de rentrer en l'obeissance qu'il luy doit, afin qu'il ne soit obligé, iusto in eum iudicio animaduertere.

Il ordonne que l'acte de ce procés soit attaché à la porte de l'Eglise d'Anagnia, afin que ledit Roy, & ceux à qui il touche n'en pretendent cause d'ignorance.

Ex MS. Bibl. S. Victoris.

1303.
8. Septemb.

SVPER Petri solio excelso throno diuina dispositione sedentes illius vices gerimus, cui per Patrem dicitur: Filius meus es tu, & ego hodie genui te, postula à me, & dabo tibi gentes hereditatem tuam, & possessionem tuam terminos terræ, reges eos in virga ferrea, tanquam vas figuli confringes eos: per quod monetur, vt intelligant Reges, disciplinam apprehendant, erudiantur iudicantes terram qui seruiant Domino in timore, & exultent ei cum tremore, ne si irascatur aliquando pereant cùm exarserit ira eius, ideóque magnum iudicamus vt paruum, quia eius Vicarius, apud quem personarum acceptio indignè reperitur, hoc veteris & noui testamenti veritas habet, hoc venerandorum Conciliorum probat auctoritas, id sanctorum Patrum tenet sententia, id etiam naturalis ratio manifestat. Sed licèt tanta potestate sit prædita Petri Sedes, tantáque polleat dignitate, tamen vt pius pater seueritatem mansuetudine temperantes, ac lenientes æquitate vigorem, non ad confringendum, quamquam iustè possemus ferream, sed ad dirigendum in viam salutis directionis virgam impræsentiarum assumimus, & correctionis ferulam amplexamur, nouum adhuc nihil, prout nunc qui * * despicis excuti facimus, neque simpliciter iudicantis opera fungimur, quinimo vtentes denuntiatoris officio nullas pœnas Philippo Regi Franciæ imponimus, sed ei propter excessus suos iam excommunicato notoriè inflictas potiùs à iure intimamus. Bonus itaque medicus si quibus est vsus medicamenta morbis officiant se de * * vertit, non eis statum duriorem subiciens, sed leniora, nisi morborum aliud expofcat acuitas administrans; sic peccatorum eiusdem sauciati Regis vulnera priùs palpauimus, exac. * lenitatibus multimus, ipsúmque à pietate paterna non fecimus alienum. Ah proh dolor! nihil fecimus, imò lenimenta huiusmodi seminarium contumaciæ fuerunt & odij, cum erexerunt in superbiam, & ad contemptum pertinaciter prouocauerunt: vnde nos ad alias, non graues tamen medelas conuertimus, vt salutem experiatur, vtinam tactus leuiter non confractus se corrigat, fructuosam. Sicut Nabugodonosor præ cæteris terræ Rex inclitus, quod optamus, ne obstinatus in quem transfixit videat, & cogamur ferro abscindere vulnera quæ fomentorum medicinam non sentiunt, pœnitentiam agat, an, quod absit, in profundum malorum demersus sordidus sordescat ampliùs, & velut Pharao indurescat. * Oculi siquidem dum idem Rex peccaret grauiter in diuersis articulis in Clerum, & Ecclesiam Gallicanos, primò per eiusdem Regis nuntios ad nos missos ipsum super his salubribus monuimus monitus, & deinde ad eum dilectum filium Iacobum de Nor-

DE BONIF. VIII. ET PHILIP. LE BEL. 183

mannis Notarium nostrum ei nostras deferentem litteras, in quibus excedebat capitula continentes transmisimus, quódque imprudenter quàm infrunito animo & irreuerenti tractauerit non aduertens, quòd secundùm Euangelicam veritatem, qui spernit missum spernit mittentem, ideo dignus sententiâ, quam dudum Constantinus Papa in Iustinum Imp. Iustiniani filium ex simili causa tulit, qui in vicino erant manifestò cognoscunt, cùm idem patuerit de longinquo ; nec considerans quod antiquis est sancitum sanctis Patribus, promulgatum canonibus, quòd si quis Romam petentes rebus quas ferunt spoliare præsumpserit, communione careat Christiana, quódque isti qui accedunt ad Romani Pontificis præsentiam, cum rebus suis debeant esse sub Apostolica protectione securi, & paruipendens excommunicationis sententiam, quam inhærentes vestigiis Rom. Pontificum, & præcipuè Nicolai IV. P. prædecessorum nostrorum, qui dictorum canonum auctoritate suffulti contra talia facientes ad excommunicationem hactenus processerunt, addito per Nicolaum eundem processibus ipsis, si huiusmodi committentes Imperiali aut Regali dignitate radient. Nos eiusdem priuilegio excluso, in omnes etiamsi prædicta fulgeant dignitate, qui ad Sedem Apostolicam venientes vel recedentes ab ea capiunt, spoliant, vel detinere præsumunt, aut impedimentum aliquod exhibent, quominùs ad eandem Sedem liberè cum personis, bonis, & rebus suis veniant & recedant ab ea in die cœnæ Domini proximè præterito, tali modo declarantes etiam illos, qui per se vel suos officiales vel ministros, aut aliis incolis imperij, regnorum, seu terrarum suarum, vel transeuntibus per ea vndecunque oriundis ad Sedem venientibus memoratam, vel redeuntibus ab eadem, equitaturas limitant, vel subtrahant quæ deferunt, seu reportant pro suis opportunitatibus, vel expensis, aut quasuis alias res & bona, siue aperiant litteras, vel auferunt, seu taxant numerum personarum, seu quantitatem expensarum aut euectionum, vel aliàs directè vel indirectè talibus venientibus, vel redeuntibus impedimentum, vel obstaculum præstare præsumunt, impeditores fore ad dictam Sedem venientium & redeuntium, & excommunicamus * * * * suprà dictam adeò nostris temporibus, sicut alios fecerat notoriè, seu regni fines in transgressores grauissimis interminatis pœnis, & in nos iactatis blasphemiis artæ custodiæ deputant, ablatis post dictam nostram sententiam non solùm indigenis, sed etiam ad eandem Sedem per regnum ipsius aliunde venientibus rebus suis vel iniuriosè taxatis, imò autem omnino subtractis, ac litteris, quas deferunt, apertis per custodes passuum aut retentis, quòd nullus liberè ad dictam Sedem potest accedere, nec Prælati Franciæ per nos, vt suprà dictis capitulis deliberaremus cum eis, ad nostram præsentiam euocari potuerimus, sicut eorum * * per litteras suas quas in Archiuio Romanæ Ecclesiæ conseruari facimus. Sic & Nouiomens. Constantiens. & Biterren. Episcopos ipsorum nuntios excusatio eodem impediente Rege venire, quo casu etiamsi princeps quisquis fuerit, hoc prohibuerit, illum censet Canon communione priuandum. Quis cum liberè ad memoratam Sedem proficisci dicet, qui sic tractatur, & quòd retineatur, vel regnum permittatur exire sub alterius potestate consistit: Certè nullus qui sanè intelligat, & qui scripti iuris in hoc cognoscat, habet aliquam veritatem. Sed volentes secundùm sacrorum doctrinam Canonum pacis seruare vinculum, cum implorare, æquitate & firmitate portare, nec sicut moti sumus, imò Euangelica dicta pensantes, conati sumus errantē ouem, tam caram, támque nobis dilectam, quam propriis humeris, ne periret, ad

ouile reducere, in vberibus collocare pafcuis, & dulcedinis pabulo confouere. Nam cogitantes fecundùm Euangelij parabolam, quòd qui notarium fpreuerat, faltem noftrum vereretur filium, ad reducendum eum dilectum filium noftrum Ioannem SS. Marcellini, & Petri presbyterum Cardinalem de regno oriundum ipfius, qui tanquam amicus fuus eius zelabatur falutem, curauimus deftinare, offerentem inter cetera fibi ex parte noftra abfolutionem ab excommunicationum fententiis quibus erat notabiliter irretitus; verùm fruftra nos talis cogitatus arripuit, quia fi erga prædictum notarium fe vt præmittitur geffit, filium noftrum magis ignominiosè compefcuit, quia ficut ipfe nobis Cardinalis refpondit, oblatam abfolutionem contempfit, eique deputatis cuftodiis ne liberè poffet ire quò vellet, nec recipere qui venirent ad eum, de regno fuo non reuerfurum fine fua licentia & fic quodammodo, vt eiufdem Cardinalis verbo vtamur, regio banno fuppofitum pertulit, & efflauit eundem; & etiam vltra parabolam ipfe tandem nos patremfamilias non dimifit intactum, fed iterum lacerauit blafphemiis, & iniuriis laceffiuit, oblitus quod legitur; honora patrem tuum, & matrem tuam, vt longæuus fis fuper terram, & quòd filio femper honefta, & fancta patris * * videri, & taliter eius non effici caftigator, confæderationibúfque, & collationibus factis cum nonnullis Prælatis, latronibus & perfonis aliis regni fui pacis vinculum, quod faluum effe totis affectibus nitebamur rupit, perturbat vnitatem Ecclefiafticam, & inconfutilem Domini tunicam * * * * fcindere non expauit, ac fuæ appellationi friuolæ contra nos interpofitæ adhærere perperam coëgit, & cogit inuitos, & in ruinam fecum perniciosè deducit. Sanè parabolam timeat, ne vinea aliis locetur agricolis, qui fuis temporibus fructus reddant, paucat cenfuram canonum quæ contra tales dignofcitur præparata, & ne ex huius ftricta cuftodia Cardinalis prædictus canonem latæ fententiæ, qui ad eos per interpretationem trahitur, qui clericos fine læfione detinent in cuftodia publica vel priuata, cùm non multùm à fpecie feruorum differant, quibus, quò voluerit facultas recedendi non datur * * * diligenter accendat. Ad hæc, vt omittamus de dilecto filio I. Abbate Ciftercienfi detento, & aliis multis Religiofis maximè Italicis, de eius quia iuffio regia vrgebat recedentibus regno, captis de ipfius conniuentia, & aliquo tempore in Caftelleto feruatis eo quòd adhærere nollent appellationi prædictæ, ac de eo quod quondam in perfona venerabilis fratris noftri B. Appamiarum Epifcopi temerarie actum extitit: nuper Nicolaum de Benefracta capellanum Cardinalis iam dicti, noftras ad eum portantem litteras, quibus Regem excommunicatum, per eundem Cardinalem mandauimus publicè nunciari, capi fecit, & repetitum à Cardinali eodem à carcere noluit relaxare, prout idem Cardinalis nobis id per proprias litteras notum fecit, * * perinde * habere cùm ipfe Rex impedimentum præftiterit, ficut fi mandata denunciatio præceffiffet: Stephanum infuper de Columna noftrum, & Ecclefiæ hoftem in fuo regno receptauit patenter, non veritus excommunicationis fententiam, quam poft Columnenfium fugam de Tibure promulgauimus publicè, quibufcumque priuilegiis nonobftantibus in omnes etiamfi Imperiali, aut Regali præfulgeant dignitate, qui dictum Stephanum, & alios quondam filios Ioannis de Columna, & Iacobum fratrem dicti Ioannis, Ricardum & Petrum de Montenigro, dicti Iacobi nepotes reciperent, conducerent, receptarent, receptari vel recipi facerent, feu conduci, aut eis vel ipforum alicui publicè vel occultè auxilium, fauorem, vel confilium exhiberent, quódque

DE BONIF. VIII. ET PHILIP. LE BEL.

que contra adiutores, fautores, & receptatores prædictorum Iacobi, & filiorum dicti Ioannis ab olim per nostras litteras procedi mandauimus, vt contra hæreticos, receptatores, fautores, & adiutores eorum, nunquam in iis seruit Deo Rex Francorum in timore, aut ei cum tremore exultat, ne iratus in eum per suum Vicarium exardescat: nempe tanto offendit grauius quanto perniciosius peccat suæ perditionis ad alios exempla transmittens: heu ipsum consilia praua commaculant cum, syrenes ** non vsque in exitum dulces damnosè permulcent, periculosè regalem mentem exagitant, & decipiunt incessanter, non tamen propterea liberè possumus, nec debemus, hominem namque primum à peccato diaboli non excusauit suggestio, quoniam Dominici mandati transgressor solueret poenam mortis, & silentium nostrum nihil aliud foret, nisi delinquendi occasio, & dissolutio Ecclesiasticæ disciplinæ. Cùm enim notorium etiam facti continui sit, quòd ipso faciente, & contra dictam nostram veniente sententiam libertas non est per regnum ipsius veniendi ad Apostolicam Sedem, & quòd sic dictus Nicolaus est captus, & præfatus Stephanus est receptatus in regno, nostræque sententiæ suprà dictæ latæ sint, vt prædictum, publicè; sicque canonum excommunicatio in aperto liquet ex præmissis. Vt taceamus ad præsens de custodia iam dicto Cardinali imposita, detentione Abbatis, captione Religiosorum dictorum, & temerariis actibus in iam dictum commissis Episcopum, eundem Regem manifestis excommunicationibus esse ligatum, & per consequens beneficia Ecclesiastica, personatus, & dignitates, si eorum aliquo legitimo titulo quando ad eum collatio pertinet, de iure interim non posse conferre, imperium sine iurisdictione aliqua per se, vel alios, aut communes actus seu legitimos exercere, & collationem, & exercitium ipsa nullius existere firmitatis, ac fideles, & vassallos ipsius esse à fidelitate, & etiam iuramento quibus astringuntur eidem homini debito, & totius obsequij, auctoritate canonum absolutos. Hoc omnibus iis præcipuè qui de eius sunt regno, vel in eo moram faciunt nunciantes, eum excommunicatum comitari poenas huius declaramus, & more periti medici, cùm non profuerunt monita, à leuioribus incipientes ad sanctorum Patrum statuta tenentes omnes fideles, ac vassallos, eiusque iuratos, à fidelitate, & sacramento quo vsque idem Rex in excommunicatione permanserit, Apostolica nihilominus auctoritate absoluimus, & ne eidem fidelitatem obseruent, & seruiant, modis omnibus, & sub interminatione anathematis, quia magis Deo quàm hominibus seruire oportet, etiam fidelitatem Christiano Principi Deo aduersanti, eiusque præcepta calcanti nulla cohibent. auctoritate persoluere prohibemus. Et quia Rex ipse aliquos forsan inueniret, qui beneficia huius Dei timore postposito ab ipso reciperent, districtè præcipimus sub excommunicationis, amissionis beneficiorum quæ aliàs haberent, & inhabilitatis perpetuæ ad Ecclesiastica beneficia de cætero obtinenda poena, quam ipso facto incurrant si contrarium agant, ne ab eo sic excommunicato manente illa recipiant quoquo modo; districtè sub huiusmodi à nobis infligendis poenis inhibentes, Capitulis Ecclesiarum in quibus beneficia ipsa per Regem excommunicationem durante conferuntur eundem, ne eos quibus conceduntur ab ipso recipiant vel admittant. Porrò cùm scriptum sit, Dissolue colligationes impietatum, solue fasciculos deprimentes, nos confœderationes prædictas, etiam cum quibuslibet terræ regibus, aut principibus, quod non credimus, initas, dissoluimus, & iuramenta siqua sunt præstita annullamus; etiam nunciantes & monentes ipsum Regem, vt à facie arcus fugiens resipiscat, ad obedientiam redeat, & ad Dominum

A a

186 PREVVES DE L'HIST. DV DIFFEREND
conuertatur, ne quod præterire non valebimus, iusto in eum iudicio animaduertere compellamur. Vt autem nostri processus, quem de consilio fratrum
nostrorum facimus ad occasionem omnium notitiam deducatur, cartas,
siue membranas processum continentes eundem in cathedrali Ecclesiæ
Anagn. appendi vel affigi, seu * * * faciemus, quòd processum nostrum
suo quasi sonoro præconio, & patulo iudicio publicarent, ita quòd idem
Rex, & alij quos processus ipse contingit, nullam posteà possint excusationem prætendere, quòd ad eos tales processus non peruenerint, vel
quòd ignorauerint eundem; cùm non sit verisimile remanere quoad ipsos
incognitum vel occultum, quod tam patenter omnibus publicatur. Actum
Anagniæ in aula nostri Palatij 6. Idus Septemb. Pontificat. nostri anno
nono.

Ex V. C. Bibl. S. Victoris, M M. 7. fol. 74. verso.

*Extraits de diuers Historiens touchant le different entre le Pape
Boniface VIII. & le Roy Philippes le Bel.*

Extrait de Io. Villani, ancien Historien Italien, qui viuoit enuiron l'an
M. CCCII. au Liure 8. Chap. 62. & 63. de son Histoire.

De la questione di Papa Bonifacio con Re di Francia.

NEL anno M. CCCII. benche fosse comminciato assai dinanzi, la sconfitta di
Coltrai, lo sdegno da Papa Bonifacio al Re di Francia, per cagione della pro-
messa chel detto Papa hauea fatta al Re di Francia, & à messer Carlo di Valois suo
fratello, di farlo essere Imperadore, quando mandò per lui, come adrieto facemo mentione, la qual cosa non auenne, quale che si fosse la cagione, anzi nel detto anno
medesimo, hauea confermato à Re de Romani, Alberto d'Ostrich figliuolo che fu del
Re Ridolfo, per la qual causa il Re di Francia si tenne ingannato, & tradito da lui,
& per suo rispetto ritenne, & facea honore à Stefano della Colonna suo nimico, il
qual era in Francia, sentendo la discordia messa, & lo Re fauoraua lui & suoi à suo
podere, & oltre à cio il Re fece pigliare il vescouo di Palmia in Carcassese, opponendo gli ch' era paterino, & ogni vescouado vacante del Reame si godea & volea
fare lui le inuestiture : onde il Papa Bonifacio, il quale era superbo, & dispettoso, &
ardito a fare ogni gran cosa, come magnanimo & possente che gli era, & si tenea,
veggendosi fare quelli oltraggi al Re di Francia, mescolo lo regno con la mala vo-
lontade, & fecesi al tutto nemico al Re di Francia, & prima per giustificare sue ragioni, fece richiedere, tutti i gran Prelati di Francia, che douessono venire a Corte;
ma il Re contradisse loro, & non li lasciò venire : onde il Papa maggiormente ina-
nimo contra al Re di Francia, & trouò per sue ragioni & decreti che il Re di Francia, come gli altri signori Christiani douea ricognoscere dalla sedia Apostolica la signoria del temporale comme della spirituale : & per questo mandò in Francia per
suo legato vno chierico Romano Archidiacono di Narbona, che protestasse & amo-
nisse lo Re, sotto pena di scomunicationi di cio fare, di riconoscire da lui, & se cio
non facesse lo scomunicasse & lasciasselo interdetto : & venendo il detto Legato nella
citta di Parigi, il Re non li lasciò publicare le sue lettere & priuilegi, anzi glie
le tolse la gente del Re, & acconciatarlo del reame, & venute le dette lettere Papali inanzi al Re, & suoi Baroni il Comte d'Artesse, che ancora v'inea, per dispetto
le gittò in sul fuoco & arsele; onde grande iudicio liene auenne, & lo Re fece guar-
dare tutti i passi del suo reame, che messo ò lettere di Papa non intrasse in Francia.

DE BONIF. VIII. ET PHILIP. LE BEL.

Sentendo ciò Papa Bonifacio, scomunicò per sententia il detto Filippo Re di Francia. Et per giustificare sè il detto Re, & per fare suo appello fece in Parigi vno grande concilio di molti chierici, & Prelati, & di tutti suoi Baroni, scusando sè & opponendo à Papa Bonifacio più accuse con più articoli d'iresia, & simonia, & homicidi, & d'altri villani peccati, onde di ragione doueua esser del Papato deposto. Ma l'Abati di Cestelle non volle consentire, allo appello anzi si parti & tornossi in Borgogna in disgratia al Re di Francia: la qual cosa hebbe poi mala fine, diche nacque grande discordia & seguinne grande male, come appresso diremo.

CAP. LXIII. Dopo la detta discordia medesima nata tra Papa Bonifacio, & il Re Filippo di Francia, ciascuno di loro procaccio d'abbatere l'vno l'altro per ogni via & modo che potesse, il Papa da grauare il Re di Francia di scomuniche, & altri processi per priuarlo del reame & con questo fauoraua i Fiaminghi suoi rubelli, & tenea trattato con loro, Alberto d'Alamagna studiaua che passasse à Roma, per la deuotione imperiale, & per fare leuare il regno à Carlo, consorte del Re di Francia, & al Re di Francia fare muouere guerra a confini del suo reame dalla parte d'Alamagna: lo Re di Francia, dal l'altra parte non dormiua, ma con grande sollecitudine, & consiglio di Stefano della Colonna, & daltri saui Italiani, & di suo reame, mandò messer Guielmo di Nogareto di Proenza, sauio chierico & sottile, con messer Musciatto de Franzesi in Toscana, forniti di molti danari contanti a riceuere dalla compagnia de Peruzzi, allhora sui mercatanti, quanti danari bisognasse, non sapiendo ellino perche, & arriuati al Castello di Staggia, ch'era del detto messer Musciatto, vi stettono più tempo mandando Ambasciadori & messi, & lettere, & facendo à loro venire le genti di segreto, facendo intendere à Paesani che v'erano per trattare acordo tra'l Papa el Re di Francia, & però haueano la detta moneta recata, & sotto questo colore, menorono il trattato segreto di fare pigliare in Alagna il Papa Bonifacio, spendendo molta moneta, corrompendo i Baroni del paese, & cittadini d'Alagna, & come fue trattato venne fatto, che essendo Papa Bonifacio con suoi Cardinali, & con tutta la corte nella città d'Alagna in Campania ond'era nato, & in casa sua, non pensando, ne sentendo questo trattato, ne predendosi guardia, & se alcuna cosa ne senti, per suo gran cuore il misse à non calere. Hora forse come piacque a Dio per li suoi gran peccati, del mese di Settembre M. CCCIII. Sciarra della Colonna, con genti à cauallo in numero di CCC. & a piede assai, di sua amista, & soldati del Re di Francia, co signori de Ceccano, & da Supino, & d'altri Baroni de Campagna, & di figliuoli di messer Maffio d'Alagna, & dissesi col sentinento d'alcuni de Cardinali che teneano al trattato, & vna mattina per tempo entro in Alagna, con l'insegne del Re di Francia, dicendo & gridando; Muoia Papa Bonifacio, & viua il Re di Francia, & corsono la terra senza contasto veuno. Anzi tutto lo ingrato popolo d'Alagna, segui le bandiere & la rubellatione, & giunto al Palagio Papale, senza riparo presono il Palazo, perche il presente assalto fu improuiso el Papa e suoi non prendeano guardia, Papa Bonifacio sentendo il romore, & vegendosi abandonare da tutti i Cardinali fugiti, & nascosi per paura, ò chi da mala parte, & quasi da più de suoi familiari, & vegendo che suoi nimici haueano presa la terra el palagio doue era, si si acusò morto, ma come magnanimo & valente disse, Da che per tradimento come Iesu Christo voglio essere preso, couuienmi morire, almeno voglio morire come Papa. Et di presente si fece parare dell'amanto di San Piero, & con la corona di Gostantino in capo, & con le chiaui & croce in mano, & posesi a sedere suso la sedia Papale, & giunto a lui Sciarra & altri suoi nimici, con villane parole lo schernirono, & arestaro lui & la sua famiglia, che con lui erano rimasi, & intra li altri lo scherni messer Guielmo di Nogareto, che per lo Re di Francia haueua menato il trattato ond'era preso, & minacciollo di menarlo legato al Leone sopra Rodano, & quiui in generale concilio il farebbe deporre & condennare.

A a ij

Ex Continuatore Vuil. de Nangiaco, MS.

AN. MCCCI. mense Februario missus à Papa Bonifacio Narbonensis Archidiaconus, venit in Franciam, denuncians ex parte ipsius Papæ Regi Franciæ, vt Appamensem Episcopum sibi redderet indilatè : & ostendit eidem litteras, in quibus Romanus Pontifex Regi Franciæ demandabat, quòd volebat cum scire se tam in temporalibus, quàm in spiritualibus, subesse Romani Pontificis ditioni; Et omnino eidem Regi, sicut continebatur in litteris, prohibebat, ne Ecclesiarum de cætero, vel præbendarum vacantium in regno suo, quamdiu haberet custodiam earumdem, vsusfructus sibi præsumeret detinere; sed totum mortuorum successoribus reseruaret. Reuocabat præterea idem Romanus Pontifex omnes gratias & indulgentias ; quas pro subsidio regni Franciæ, Regi, belli concesserat ratione, prohibendo, ne collationem aliquam præbendarum, aut Beneficiorum vacantium sibi præsumeret vsurpare. Quòd si deinceps hoc faceret, totum inane & irritum decernebat; & secus, & aliter sentientes, hæreticos reputabat. Citauit autem dictus Archidiaconus, Bonifacij Papæ nuncius, Prælatos regni Franciæ vniuersos, cum quibusdam Abbatibus, & Magistros in Theologia, ac Iure canonico, & ciuili, Romæ Kalendis Nouembribus anni proximò venturi, personaliter comparendos. Philippus Rex Franciæ reddens Papæ nuncio Appamensem Episcopum, vt de regno suo festinanter recederet, imperauit: & pòst media subsequenti Quadragesima congreganit Parisius omnes Barones, ac milites, atque totius regni Franciæ magistratus, cum maioribus Prælatis, & minoribus vniuersis: vbi primùm à personis Ecclesiasticis sciscitauit, à quo suum temporale Ecclesiasticum, & Barones, & milites sua se tenere feoda agnoscebant: timebat etenim Maiestas regia, ne propter hoc quod Papa mandauerat, tam sibi in temporalibus, quàm in spiritualibus se subesse, vellet idem Romanus Pontifex eniti, quòd regnum Franciæ à Romana Ecclesia in feodum teneretur: Et cùm omnes à Francorum regibus tenuisse, ac de cætero se tenere dicerent vniuersa, Rex eisdem gratias reddidit, & promisit, quòd corpus, & omnia, quæ habebat, exponeret pro libertate regni conseruanda. Similiter autem Barones, & milites, per os Attrebatensis Comitis Roberti postea responderunt, dicentes, quòd ex toto robore prompti erant pro corona regni Franciæ contra omnes aduersarios decertare. Sic illo soluto Concilio, edici fecit regia Maiestas, ne aurum, aut argentum, aut mercaturæ quæque de regno Franciæ veherentur : quòd qui contrà faceret, totum amitteret, & grandi nihilominus emenda, vel graui pœna corporis puniretur. Et tunc deinceps fecit omnes exitus, passus, & introitus regni Franciæ cautissimè custodire.

AN. M. CCCII. Eodem concursu temporis Prælati regni Franciæ, qui anno præcedenti proximo ad Romanam Curiam venire fuerant euocati, consilium habentes adinuicem, non eunt, tum propter bellum Franciæ imminens, tum quia extra regni limites aurum, vel argentum, prohibiti sunt portare. Sed ne possent de inobedientia reprehendi, tres pro se Episcopos illuc mittunt Bonifacio Papæ, suæ causam dilationis intimantes. Et eidem Papæ etiam Autissiodorensem Episcopum Petrum, Rex Franciæ destinauit, rogans eum, vt sui amore superfederet negotio, pro quo dictos Episcopos congregari voluerat, vsque ad tempus magis postea opportunum.

DE BONIF. VIII. ET PHILIP. LE BEL.

Prælatis regni Franciæ iuxta mandata Papalia, anno præcedenti præterito sibi facta; Nouembribus Kalendis Romæ non comparentibus, Papa nihil, quod intendebat, ordinauit; & quia aduenisse commodè, prout ipsi sibi significauerant, non valebant, eis Romanus Pontifex Ioannem Monachum, Romanæ Ecclesiæ Presbyterum Cardinalem, in Franciam destinauit: qui apud Parisius circa initium Quadragesimalis temporis, Prælatorum Concilio congregato, habuit secretum consilium cum eisdem, & Papæ per suas inclusas litteras, quod ab ipsis audierat, * * de mandato tandiu moratus est in Francia, quo vsque super his suum beneplacitum nunciaret.

AN. M. CCCIII. Audiens Rex Philippus à pluribus fide dignis, sublimibusque personis, Papam Bonifacium detestandis infectum criminibus, diuersisque hæresibus irretitum, quamuis adhuc de facili Regis obturarent aures, demum tamen in publico Parlamento Parisius Prælatis, Baronibus, Capitulis, Conuentibus, Collegiis, Communitatibus, & Vniuersitatibus villarum regni sui, nec non Magistris in Theologia, & Professoribus Iuris vtriusque, aliisque sapientibus & grauibus personis, diuersarum partium & regnorum præsentibus, importunis denunciatorum clamoribus, & frequentibus pulsatis instantiis, præcipuè Ludouici Ebroicensis, Guidonis Sancti Pauli, ac Ioannis Drocensis, Comitum, qui præstitis ad sancta Dei Euangelia, ab eis tacta corporaliter, iuramentis, asserebant, prædicta se credere esse vera, & ea legitimè posse probari; Regémque, tanquam Principem Christianæ fidei defensorem, instantissimè requirebant, vt pro deliberatione super præmissis habenda generale conuocari Concilium procuraret; cùm vrgente conscientia vlteriùs dissimulare non posset, ad Concilium generale per Sedem Apostolicam promouendum, quod in isto casu summo præest Pontifici, deliberatione super hoc, multa tamen maturitate, præhabita; Prælatis, Baronibus, & aliis suprà dictis (Abbate Cistercij duntaxat excepto) sibi adhærentibus, appellauit: appellationésque suas die Natiuitatis Beati Ioannis Baptistæ in horto Regalis Palatij, Parisius, coram omni clero & populo, palam & publicè legi fecit: ac postmodum Papæ Bonifacio per Guillielmum de Nogareto militem, legúmque professorem, regiis patentibus litteris interinari petens, ab eodem conuocationem Concilij protectioni supponens.

Papa Bonifacius appellationem Regis Franciæ prædictam sibi per Guillielmum de Nogareto militem; ad hoc duntaxat à Rege præfato directum. insinuatione facta generali * * quia promotione Concilij requisita: sed ab eo, vt dicitur, denegata penitus, & expressè: etiam per suas litteras valuis Ecclesiarum affixas, tandem in domo sua, quam inhabitabat, Anagniæ, vnde extrahebat originem, à quibusdam vrbis ciuibus, ipsius militibus, * * armísque causa, armata multitudine præfatum militem, qui hoc totum fieri, communis asserebat opinio, procurauerat, cum concomitantibus, opémque sibi ferentibus, violenter detentus & captus, ne de facto in præiudicium Regis, aut regni, appellationibus suprà dictis nonobstantibus quicquam satageret attentare, Romam vsque producitur. Nimirum tam dolore cordis tactus intrinsecus, quàm corporis ægritudine detentus, pauco pòst tempore superueniente, diem clausit extremum; cui Benedictus vndecimus fratrum Prædicatorum Ordinis, natione Italicus, Papatui successit.

A a iij

Extrait de l'ancienne Chronique S. Denis, en la vie de Philippes le Bel, Chap. 42. 43. & 53. du Vol. 2. M. CCCI. imprimée à Paris, l'an mil quatre cens septante six, & M. D. XIV.

L'AN M. CCCI. l'Euesque de Pamiers, paroles contentieuses pleines de blasmes, de diffames, en plusieurs lieux auoit semées, si que, comme l'en disoit, auoit faict esmouuoir contre la Maiesté; pour ce fut appellé à la Cour du Roy, & iusques à tant qu'il se fust purgé soubs le nom de l'Archeuesque de Narbonne, fut de sa volonté en sa garde detenu. Et iaçoit ce que contre cest Euesque les amis du Roy fussent griefuement esmeus; toutesfois le Roy de sa benignité ne souffrit pas celuy en aucunes choses estre molesté, ne mal mis, sachant & entendant de grand courage estre iniure en sa soueraine poesté souffrir. Et au mois de Feurier l'Archidiacre de Narbonne enuoyé de par le Pape Boniface, vint en France de par iceluy Pape, denonçant au Roy de France qu'il luy rendist iceluy homme sans delai: & il luy monstra lettres esquelles le Pape mandoit au Roy de France, qu'il vouloit qu'il sçeust, luy tant és temporelles choses, comme és spirituelles estre soubmis en la dition & Seigneurie du Pape de Rome, & ensement mandoit au Roy, si comme esdites lettres estoit contenu, que des Eglises desormais en auant, ne des prebendes vacantes en son Royaume (iaçoit qu'il eust la garde d'eux) les fruits, profits, ou les rentes à luy ne presensist, ne presumast tenir, & tout ce gardast au successeur des morts. Et auec ce rappelloit iceluy Pape de Rome, toutes les faueurs, graces, indulgences, lesquelles pour l'aide du Royaume de France, ou au Roy auoit octroyé pour la raison de la guerre: En denuoyant lequel aucunes collations de prebendes ou de benefices n'entreprist à luy vsurper, poursuiuir, ou detenir: laquelle chose si desormais le faisoit, le Pape le tenoit pour vain, & pour faux; & tenoit l'en, & disoit, que tous ceux qui se consentans seroient, il les reputoit pour heretiques. Alors ce messagier du Pape semonit tous les Prelats du Royaume de France, auec aucuns Abbez, & Maistres en Theologie, & les cita à venir à Rome és Calendes de Nouembre prochainement venant, pour eux comparoir personnellement deuant le Pape. Aprés cela le Roy rendit au messagier du Pape, l'Euesque de Pamiers, & leur commanda que hastiuement ils partissent de son royaume. Et après ce à la mi-Caresme suyuant, iceluy Roy assembla à Paris tous les Barons, Cheualiers, & Maistres du Royaume, & tous les Prelats, & les meneurs. Et premierement des personnes Ecclesiastieques, demanda de qui leur temporel Ecclesiastic, & aux Barons & Cheualiers leurs fiefs appelloient ne disoient à tenir. Car à certes la Maiesté Royale doutoit, pource que le Pape luy auoit mandé, tant des temporels comme de spirituels estre à luy soubmis, que ne volsist le Pape de Rome dire, que le Royaume de France fust tenu de l'Eglise de Rome. Et comme tous les Prelats du Royaume disent auoir tenu du Royaume de France; lors le Roy promist que son corps, & toutes ces choses que il auoit, exposeroit & metteroit pour la liberté & franchise du Royaume en toutes manieres garder; & aussi les Barons & Cheualiers par la bouche du noble Comte d'Artois, respondirent aprés ce, disans, que de toutes leurs forces estoient prests & appareillez pour la Couronne du Royaume de France encontre tous aduersaires, estriuer & defendre. Et ainsi quand iceluy Concile fut fini, fit lors crier la Maiesté Royale, que or, ne argent, ne quelconques autres marchandises, ne sussent transportées hors du Royaume de France; & que quiconques feroit le contraire, il perdroit tout, & toutesfois à tout le moins, en grand' amende, & en grand' peine de corps seroit puny : & deslors en auant fit le Roy les issuës, & les pays, & contrées du Royaume de France en toutes manieres garder. Si fut le Pape plus courroucé que deuant, & enuoya au Roy vn solemnel message, qu'on appelloit Iacques de Normands, lequel le Roy ne voulut oüir, non plus que le Pape n'auoit fait les siens, commandant qu'il eust à sortir de son Royaume dedans trois iours. Et le Roy appella contre le Pape au Concile, & fut ledit appel leu par vn Cheualier appellé M. Pierre de la Flotte, & les articles publiez en l'Eglise Nostre Dame de Paris, & les Prelats & les Colleges du Royaume consentirent à l'appel.

L'an suiuant M. CCCII. les Euesques s'assemblerent, eux qui estoient semons d'aller à Rome, & virent qu'ils n'y pouuoient aller, à cause de la defense de porter hors le Royaume or ni argent: Mais afin qu'ils ne peussent estre repris de desobeïssance, ils enuoyerent pour eux trois Euesques, qui denoncerent au Pape Boniface la cause de leur demeurance, & à iceluy Pape aussi enuoya le Roy de France Pierre Euesque d'Auxerre, & luy pria que pour s'amour il retardast de la besogne, pour laquelle il vouloit lesdits Euesques assembler, iusques à vn temps après.

En l'an M. CCCIII. Boniface entendit ce que l'en auoit dit de luy au Concile assemblé en France, & l'appel qui fut proposé des Prelats, en la voye soy mettant, se proposa d'y remedier, s'en alla à Anagnie, où il se mit en leur protection; toutesfois il se trouua assailli de ses ennemis. Quand ceux de la ville virent ce, si manderent aux Romains qu'ils receussent leur Pape, lequel leur fut rendu, & eust esté feru deux fois d'vn des Cheualiers de la Colonne, n'eust esté vn Cheualier de France qui le contresta: mais toutesfois ce Cheualier Colonne fut feru au visage en se retirant : si comme il fut mené à Rome d'vn Cheualier du Roy de France, Messire Guillaume de Nogaret se semit humblement, auquel Pape l'en dit luy auoir reproché, & dit; *O toy chetif Pape, consere & regarde de Monseigneur le Roy de France la bonté, qui tant loing est de toy son Royaume, te garde par moy, & defend.* Après mourut ledit Boniface d'vn flux de ventre, & cheut en frenesie, si qu'il mangeoit ses mains, & furent ouïs tonnoirres & foudres non apparens aux contrées voisines. Celuy Pape sans deuotion & sans prouision de soy mourut.

Extrait d'vne petite Chronique de France M.S. qui se trouue en la Bibliotheque du Roy, commençant à Faramond, & finissant au Roy Charles VI.

AVcvns de ses Messagers le Roy enuoya à Boniface, qui oüir ne les daigna, mais enuoya en France vn Legat pardeuers le Roy, lequel Legat venu à Mascon fut arresté, iusques à tant que le Bailly eust fait au Roy asçauoir la venuë dudit Legat, auquel Bailly le Roy commanda, qu'à iceluy commandast de vuider de son Royaume, & que en riens n'entendoit lui ouïr, plus que Boniface auoit ses gens ouïs: & ainsi s'en departit ledit Legat. Après lequel partement assembla à Paris le Roy tous les Prelats, Barons, Docteurs, & Vniuersitez de son Royaume, pour pouruoir à ce qu'aucune interdiction ne peust mettre ou Royaume ledit Boniface, contre lequel furent proposez & redigez par escrit oudit Conseil de France plusieurs articles contenans heresie, homicide, simonie, & adultere. Et par deliberation fut l'appellation entregettée & publiée en l'Eglise de Paris, ou nom du Roy, & de son Royaume, dudit Boniface en Concile general, qui par l'vniuersal Eglise seroit aduisié estre tenu, pour voir ledit Boniface purger illec lesdites articles.

Ex *Annalib. Dominicanor. Colmariensium.*

Anno M. CCC. II.

REx Franciæ fratrem suum Carolum, quem præcedenti anno in adiutorium Papæ, cum multis militibus armatis transmiserat, simpliciter reuocauit. Papa verò priuilegia domini Regis Franciæ, necnon & Principum eius, cassauit, & totaliter dicitur deleuisse.

M. CCCIII. Tres Abbates, Cluniacensis, Cistercensis, & Præmonstratensis, à Rege Franciæ capiuntur, quòd noluerunt ei contra Papam in suis Constitutionibus obedire.

Papa Regem Franciæ excommunicauit.

Rex Franciæ Parlamentum in festo Ioannis Baptistæ dicitur habuisse, in quo significauit dominum Papam in pluribus articulis fidei grauiter excessisse.

Ex *Appendic. Annalium H. Steronis Altahensis.*

Anno Domini M. CCC. I.

BOnifacivs Papa, qui contra Philippum Regem Franciæ plura conceperat, prouocatus, transmisit litteras suas, cum Bulla sua, eidem Regi, ad perpetuam rei memoriam : in quibus mandauit eidem Regi, quòd cùm ipse Papa dominus esset in spiritualibus, & in temporalibus in vniuerso mundo, volebat, vt recognosceret regnum Franciæ ab eodem ; & contrarium sentire, & tenere, hæreticum iudicabat. Fuerúntque litteræ eius in Regis Palatio coram pluribus concrematæ, & sine honore remissi nuncij vacui, qui portauerant. Et tunc Rex idem artari fecit omnes vias, & exitus regni sui. Quo anno idem Papa excommunicauit omnes impedientes illos, qui veniebant ad Curiam Romanam. Posteà idem Rex conuocatis Prælatis, Baronibus, ac Comitibus regni sui, Parisiis Concilium celebrauit, petens consilium & auxilium contra Papam prædictum : & obiecta sunt Papæ crimina, & titulus hæresis, suóque prædecessore viuente intrusio, & ingressus illegitimus ad Papatum, & quòd ei non esset parendum : fitque contra ipsum prouocatio ad Concilium generale.

Auctor Magn. Chronic. Belg. ex Gest. Pontificalib. & Chron. illustriss. Principis Comitis Montisfortis.

Anno M. CCC.

SVper ipsum itaque Bonifacium, qui Reges, & Pontifices, ac Religiosos, Clerúmque, & populum, horrendè tremere, & pauere fecerat, repentè timor, & tremor, ac dolor, vna die pariter irruit : & ipse aurum nimis sitiens, aurum & thesaurum perdidit : vt, eius exemplo discant superiores

superiores Prælati, non superbè dominari in Clero, & populo, sed forma
facti gregis, ex animo curam gerere subditorum, plúsque amari apperant,
quàm timeri. De Anagnia verò Romam perductus, 35. die à captione sua,
in loco doloris & amaritudinis positus, inter angustias spiritus, cùm esset
magnanimus, obiit Romæ, v. Id. Octobr.

Glos. in c. Generali constitutione, De election. & elect. potest. in VI. *hac
parte recisa in editione Roman.*

ALII dicunt, quòd Regalia accipiuntur pro iuribus, quæ habet Princeps in aliquibus Ecclesiis, videlicet, quòd vacante aliqua Ecclesia
Rex percipiat fructus, & Ecclesiam conferat. Nam collatio Beneficiorum
computatur in fructu. Et ista fuit controuersia aliàs mota inter Philippum
Regem Francorum, & Bonifacium VIII. conditorem huius Compilationis. Qui Bonifacius dicto Philippo Regi scripsit quandam epistolam, in
qua continebantur ista verba, *Collatio Beneficiorum est spiritualis. Secus autem
credentes hæreticos reputamus.* Quam epistolam cùm perlegisset ipse Philippus, eidem Bonifacio scripsit aliam epistolam, in qua posita erant ista verba, *Collatio Beneficiorum ad nos spectat, & pertinet. Secus credentes fatuos, & dementes reputamus.* Ideo, secundùm aliquos, Constitutiones istius Compilationis non fuerunt receptæ in hoc regno, propter istam controuersiam.

Ex Thomæ de Vvalsingham, Monachi S. Albani, Anglorum protomartyris, Ypodigmate Neustriæ, anno M. CCCI. *& ex Historia, in Eduardo I.* M. CCCII.

APPAMENSIS Episcopus, de conspiratione contra Regem Franciæ
accusatus, & ad Regis vocatus Curiam, in custodia detinetur. Mense
verò Februario ad mandatum domini Papæ liberatus, iubetur vna cum
nuncio domini Papæ, regnum euacuare, infra certum terminum à Rege
præfixum. Quo facto Papa sic exasperatus est, vt omnes gratias à se, vel suis
prædecessoribus, concessas Francorum Regibus reuocaret, & in eundem
Regem excommunicationis sententiam fulminaret. Quam tamen Regi nemo ausus est nunciare, vel in regno Franciæ publicare. Fecit etiam Papa citari cunctos Prælatos de regno Franciæ, necnon & omnes Magistros in Theologia, & in Iure tam canonico, quàm ciuili Doctores, vt coram eo Romæ
in Kalendis Nouembris comparerent. Rex verò Franciæ publico prohibuit edicto, ne quis aurum, vel argentum, seu merces quascunque, asportaret de regno suo, sub forisfactione omnium bonorum, adiecta nihilominus pœna graui: Misitque domino Papæ nuncium dictum Petrum de
Flote, qui mandata Regis constantissimè coram Papa prosequebatur: de
cuius audacia Papa exasperatus dicto Petro respondit, *Nos habemus,* inquit, *vtramque potestatem.* Et illicò Petrus pro suo domino respondit ; *Vtique domine, sed vestra est verbalis, nostra autem realis.* Quo responso tantùm
excanduit ira Papæ, vt diceret, se mouere contra eum cœlum & terram:
Fecit etiam omnes exitus & introitus vbique diligentissimè custodiri.

Ex Histor. Anno gratiæ M. CCC. III.

PRÆLATI Franciæ, missis ad Papam tribus Episcopis, de non veniendo
ad diem citationis præfixum, se per eosdem excusarunt. Papa verò Prælatis Franciæ non comparentibus, misit in Franciam Ioannem Monachum,

presbyterum Cardinalem, qui conuocatis Prælatis, Parifius, secretum consilium habuit cum eisdem.

Ex Ypodigmat. Anno M. CCC. III.
Et ex Hiftor. Anno M. CCC. IV.

CIRCA festum S. Ioannis Baptistæ milites quidam in præsentia Cleri & populi Parifius congregati, Papæ Bonifacio imposuerunt plura enormia, puta hæresim, simoniam, & homicidia. Propter quæ per Regem Franciæ appellatum est contra eum, ad illum cuius interest, donec conuocato Concilio se à criminibus purgaret obiectis.

Ex Hiftor.

CIRCA festum Natiuitatis beatæ Virginis, videlicet in vigilia Natiuitatis eiusdem, venit summo manè magnus exercitus hominum armatorum, missus ex parte Regis Franciæ, & Cardinalium Columnensium damnatorum, repentè ad portas ciuitatis Anagn. in quam Papa confugerat pro tutela, quia ibidem natus fuerat. Inuenientes igitur portas apertas ingressi sunt ciuitatem, & mox dederunt insultum Palatiis domini Papæ, & Marchionis nepotis Papæ, & trium Cardinalium. Communitas verò villæ, comperto quòd Sciarra, frater Columnensium Cardinalium, & Wilhelmus de Nogareto, Senescallus Regis Franciæ, aduenissent, ea conspiratione vt Papam deponerent, vel necarent, statim pulsata communi campana, & tractatu habito in communi elegerunt sibi Capitaneum, quendam Arnulphum, vnum ex maioribus dominis de Campania, per quem instanti negotio regerentur. Qui quidem Arnulphus, illis ignorantibus, domini Papæ extitit capitalis inimicus. Interim domini Papæ aduersarij eius Palatio, & Marchionis nepotis sui, triùmque Cardinalium, acerrimos dederunt insultus, sed familiaribus domini Papæ, & Marchionis viriliter se defendentibus, illorum Palatia inuadere nequiuerunt : trium tamen Cardinalium Palatia, qui reputabantur specialiter amici Papæ, per vim & potentiam sunt ingressi, & omnia bona ibidem reperta diripuerunt, & asportauerunt. Ipsi verò Cardinales à tergo per latrinam vix euaserunt. Interea superuenit dominus Arnulphus villæ Capitaneus, adducens secum dominum Reginaldum de Suppine, qui habuit in Campania magnum dominium, & erat Papæ capitalis aduersarius, cum quo etiam venerunt filij domini Ioannis de Chitan, quorum patrem Papa tunc in carcere detinebat. Cùmque dictus Capitaneus, cum suis sociis suprà dictis, venisset ad Sciarram de Columna, & eius exercitum, statim cum omni populo, quem ducebat, coniunxit se eidem : & communibus votis irruerunt tantùm in Papam, & nepotem suum, quòd diu, vt putabatur, eis resistere non valerent. Ob quam causam dominus Papa timens sibi, treugas petiit à Sciarra, quas sibi concessit, & nepoti suo, vsque ad horam nonam dictæ diei, quæ videlicet treugæ captæ fuerant hora prima. Durante treuga Papa misit secretè ad populum Anagn. supplicans vt saluarent vitam suam, promittens, quòd si hoc facerent, quòd ipsos in tantum locupletaret, quòd omnes suo perpetuo merito gaudere deberent. Populus verò se excusauit, dicens se nil posse iuuare in hac parte, præsertim cùm tota potestas villæ Capitaneum sequeretur. Tunc Papa supplicauit Sciarræ, vt significaret articulos, in quibus fuerat iniuriatum sibi, & suis fratribus, & ipse paratus esset secundùm consilium Cardinalium facere restitutionem sibi. Sciarra verò respon-

DE BONIF. VIII. ET PHILIP. LE BEL. 195

dit, quòd non permitteret Papam viuere, nisi duos Cardinales fratres suos plenè restitueret, scilicet, Petrum, & Iacobum de Columna, quos priùs damnauerat, ad temporalia, & spiritualia; & non solùm illos restitueret, sed & omnes de eorum sanguine, vel parentela; & quòd idem Papa, post huiusmodi restitutionem, renunciaret Papatui ; & quòd postmodum corpus eius esset ad voluntatem ipsius Sciarræ. His auditis ingemuit Papa, & ait; *Heu me, durus est hic sermo*. Cùmque concordari non possent, & aduenisset hora diei nona, iterum Sciarra cum exercitu dedit insultum Papæ, & nepoti suo: at ipsi se viriliter defendebant. Tandem videntes aduersarij, quòd principalis Ecclesia Anagn. quæ erat de Sancta Maria, esset eis impedimento, quominus poterant accingere pro votis Palatium Papæ, apposuerunt ignem ad ostium Ecclesiæ suprà dictæ. Itaque valuis Ecclesiæ combustis totaliter ingressi sunt Ecclesiam homines Sciarræ, & despoliauerunt omnes Clericos & Laicos mercenarios, habentes cultellos ibidem, & alia mercimonia ad vendendum: ita quòd non dimiserunt valorem quadrantis ex omnibus, quæ apprehendere potuerunt. Tandem Marchio, nepos Papæ, perpendens, quòd se vlterius non posset defendere, reddi sit se dicto Sciarræ, & Capitaneo memorato, ea conditione, vt vitam ipsius, & filij sui saluarent, seruientiúmque suorum. Quibus auditis Papa fleuit amarè. Post hæc ruptis ostiis & fenestris Palatij Papæ, & pluribus locis igne supposito, per vim ad Papam exercitus est ingressus; quem tunc permulti verbis contumeliosis sunt aggressi: minæ etiam ei à pluribus sunt illatæ: sed Papa nulli respondit. Enimuerò, cùm ad rationem positus esset, an vellet renunciare Papatui, constanter respondit, non, imò citiùs vellet perdere caput suum, dicens in suo vulgari; *Ecco il collo, ecco il capo*; quod est dicere, *Ecce collum, ecce caput*. Et statim protestatus est coram omnibus, quòd Papatui nunquam renunciaret, quamdiu posset habere vitam. Sciarra verò voluit libenter interfecisse Papam, sed per quosdam fuit prohibitus, ita quòd Papa malum in corpore non recepit. Attamen Ostiariis Papæ fugatis, & quibusdam interfectis, eiectisque, tam maioribus, quàm minoribus, de sua familia, deputati sunt custodes Papæ per Sciarram, & Capitaneum, dominus Reginaldus de Suppine, & multi alij cum eodem. Acta sunt hæc in vigilia natiuitatis sanctæ Mariæ, septima hora diei. Exercitus verò, postquam irrupit Palatium, mox dispoliauit Papam, & eius cameram, atque thesaurariam suam, & asportauit vestimenta, cum omnibus aliis rebus inuentis ibidem. Et reuera creditur, quòd omnes reges mundi non possent tantum de thesauro reddere infra vnum annum, quantum fuit de Papali Palatio asportatum, & de Palatiis trium Cardinalium, & Marchionis. Remansit autem Papa, & nepotes sui, sub custodia militum, & custodum Sciarræ, vsque in diem tertiam. Medio tempore Sciarra tractauit cum suis, quomodo Papam morti traderet, vel mitteret ad Regem Franciæ corpus eius: sed populus Anagn. hoc comperiens, facta conuocatione secreta, ignorantibus Capitaneo, & Sciarra, quasi ad decem millia hominum concurrunt ad Palatium, vbi Papa seruabatur in custodia, & expulsis, atque peremptis custodibus, ingressi sunt, & deliberauerunt Papam, & nepotes eius, habituri eorum custodiam penes se.

Sed ante hæc omnia sciendum, quòd cùm primò Sciarra, & Capitaneus, cum Seneschallo Regis Franciæ, comprehendissent Papam, in equum posuerunt effrenem, ad caudam versa facie, & sic discurrere, ferè vsque ad nouissimum halitum, coëgerunt, & tandem penè fame necauerunt, donec eum populus Anagn. (vt præmittitur) liberasset. Sciarra verò propter id

Bb ij

offensis villæ communibus, cum exercitu de villa receſſit. Tunc populus fecit Papam deportari in magnam plateam, vbi Papa lachrymando populo prædicauit, inter omnia gratias agens Deo, & populo Anagn. de vita sua. Tandem in fine sermonis dixit; Boni homines, & mulieres, constat vobis qualiter inimici mei venerunt, & abstulerunt omnia bona mea, & non tantùm mea, sed & omnia bona Ecclesiæ, & me ita pauperem, sicut Iob fuerat, dimiserunt. Propter quod dico vobis veraciter, quòd nihil habeo ad comedendum, vel bibendum, & ieiunus remansi vsque ad præsens. Et si sit aliqua bona mulier, quæ me velit de sua iuuare eleemosyna, in pane, vel vino: & si vinum non habuerit, de aqua permodica, dabo ei benedictionem Dei, & meam, & omnes qui quicquam portauerint, quantulumcunque modicum, in meam subuentionem, absoluo ab omnibus peccatis suis. Tunc omnes hæc audientes ex ore Papæ, clamabant, Viuas Pater sancte. Et mox cerneres mulieres currere certatim ad Palatium, ad offerendum sibi panem, vinum, vel aquam, in tantum quòd statim camera Papæ victualibus repleta fuit. Et cùm non inuenirentur vasa ad capiendum allata, fundebant vinum & aquam in arca cameræ Papæ, in maxima quantitate. Et tunc potuit quisque ingredi, & cum Papa loqui, sicut cum alio paupere, qui volebat. Tunc Papa exiens, absoluit omnes existentes in ciuitate ab omnibus peccatis eorum generaliter, præter despoliatores Ecclesiæ Romanæ. Spoliatores etiam Cardinalium, & aliorum de Curia non absoluebat, nisi bona huiusmodi infra triduum reportarent. Veruntamen Papa remisit expresse omnibus, qui bona sua asportauerant, dum tamen illa bona de Thesauro Ecclesiæ non fuerunt. Et statim protestatus est coram omnibus, quòd voluit habere pacem cum Columnensibus Cardinalibus, & suis aliis inimicis; & paratus erat ipsos restituere ad temporalia, & spiritualia, Cardinales : & hoc fecit proclamari per villam. Intereà reportata fuerunt bona illius quædam, sed non omnia, priùs ablata. His itaque gestis, Papa subitò, & inopinatè, recessit de villa Anagn. progrediens versùs Romam, cum maxima multitudine armatorum. Et cùm peruenisset ad Sanctum Petrum, ex timore, quem conceperat, quando captus fuit, & mœrore rerum inæstimabilium perditarum, & fame, quam contraxerat sub custodia aduersariorum suorum, citò deficit: & sic completa est in eo prophetia prædecessoris sui, qui dixit; *Ascendisti vt vulpes ; regnabis vt leo ; morieris vt canis.*

Ex Ypodigmate. Anno M. CCC. III.

BONIFACIVS Papa, sibi timens, Anagniam originis suæ vrbem venit, & tutelæ ciuium se commisit. Quò peruenientes Regis familiares Franciæ, vnà cum fautoribus Cardinalium Columnensium, comprehenderunt Papam, & in equum effrenem posuerunt, ad caudam versa facie: & sic discurrere, ferè ad nouissimum halitum, coëgerunt, & tandem penè fame necauerunt, donec cum populus Anagn. liberasset. Reuerà cùm persecutores eum in quodam Palacio reclusissent, ad decem millia populi ciuitatis concurrerunt, & Palatium infregerunt, & expulsis, atque peremptis custodibus, liberauerunt, & Romam, cum armatorum multitudine, perduxerunt. Cùmque peruenisset ad S. Petrum, &c.

Ex Continuatore MARTINI POLONI, *M S.*

ANno Dom. M. CCCI. Bonifacius Papa, qui contra Regem Franciæ plurima conceperat, prouocatus, transmisit litteras, cum Bulla sua, eidem Regi, ad perpetuam rei memoriam; in quibus mandauit eidem, quòd cùm ipse Papa dominus esset in temporalibus, & spiritualibus in vniuerso mundo, volebat quòd recognosceret regnum Franciæ ab eodem; & contrarium sentire, & tenere, hæreticum iudicabat: fuerúntque hæ litteræ in Regis Palatio coram pluribus concrematæ, & sine honore remissi nuntij vacui, qui portauerant: & tum Rex artari fecit omnes vias & exitus regni sui. Eodem anno, Papa excommunicauit omnes, qui impediebant illos, qui ad Romanam Curiam veniebant.

Anno Dom. M. CCCII. in fine Quadragesimæ Philippus Rex Franciæ considerans, quòd præuisa iacula minùs feriunt, minúsque lædunt, conuocauit omnes Prælatos, & Barones, personaliter, omnésque communitates regni sui, per procuratores idoneos, & aduenire Parisios exegit, consilium, & auxilium ab eisdem contra omnem hominem petiturus; specialiter autem contra Bonifacium Papam intentio ferebatur: sitque rumor magnus in toto regno, turbatio cordium, & confusio rerum: fuerúntque ipsi Papæ Bonifacio obiecta crimina, & titulus hæreseos, suóque prædecessore viuente intrusio, & ingressus illegitimus ad Papatum, & quòd ei non esset parendum: sitque contra ipsum Papam prouocatio ad Concilium generale.

Anno Dom. M. CCCIII. Bonifacius Papa Regi Franciæ mouet litem, ipsúmque excommunicat, inducens, quia non permittebat aliquem exire de regno versùs Curiam Romanam, nec liberè pecuniam apportari: ob quam caussam idem Bonifacius Albertum, quondam filium Andolphi, Ducem Austriæ, Regem Alamanniæ, cuius electionem antè repulerat, in Imperatorem confirmat, eidémque subiiciens regnum Franciæ, sicut & alia regna.

Ex Fasciculo temporum Werneri Carthus.

Anno Christi M. CC. XCIV.

ISTE Bonifacius fuit vir in his, quæ ad Curiam pertinent, experientissimus: & quia parem non habuit, nec posuit prudentiæ suæ modum, in tantam arrogantiam erexit seipsum, vt dominum totius mundi se diceret, tam in temporalibus, quàm in spiritualibus: & multa magnificè fecit, quæ in fine miserabiliter defecerunt, deditque exemplum cunctis Prælatis, ne alta saperent, sed forma facti gregis, magis studerent amari à subditis, quàm timeri. Hic est, de quo dicitur, quòd intrauit vt vulpes, vixit vt leo, & moritur vt canis.

Extrait des Annales de France, composées par M. Nicole Gilles Secretaire du Roy, iusqu'au Roy Charles VIII.

En l'année MCCXCVI.

TANTOST aprés (la mort du Pape Celestin) ledit Boniface enuoya à Paris deux Cardinaux pour traiter paix entre les François, & les Anglois. Iceluy Pape Boniface aussi, contre la voulenté du Roy, separa la cité de Palmiers de l'Archeuesché de Thoulouse, & y mist vn nouuel Euesque: lequel, quand il se vit esleué en la dignité Episcopale, fut moult orgueilleux, & dist, & proposa plusieurs males, contumelieuses, & iniurieuses paroles, de la personne du Roy Philippe le Bel, à la grand charge de son deshonneur, & fit, comme l'on dit, contre luy plusieurs conspirations, & disoit iceluy Euesque, qu'il ne tenoit riens du Roy, mais estoit nuëment subiect au Pape, *in spiritualibus, & in temporalibus*: parquoy le Roy fit saisir son temporel, & le fit appeller pour s'en purger, & pour faire le serment de fidelité au Roy. Et combien qu'il fust trouué chargé & coulpable, & que le Roy fust incité par plusieurs fois d'en faire rigoureuse punition, toutesfois il ne voulut point que il fust molesté en sa personne, sachant, & disant, que plus glorieuse chose est à vn Prince de magnanime courage, pardonner à ceux dont il se pourroit bien venger, que ce n'est de prendre vengeance contre eux: mais bien iceluy Euesque de son consentement arresté, & mis en la garde de l'Archeuesque de Narbonne.

En l'année M. CCC. Pour raison dudict Euesque de Palmiers, dont dessus a esté parlé, se meut grand controuersie & dissension entre ledit Pape Boniface, & le Roy Philippes le Bel: car le Pape enuoya l'Archediacre de Narbonne deuers le Roy, & luy enuoya vn rescrit, par lequel il demandoit au Roy s'il ne se tenoit pas, & reputoit suiet de luy, *tam in spiritualibus, quàm in temporalibus*: luy defendant que deslors en auant il ne prist, ne leuast aucune chose des Regales des Eglises de son Royaume, *quamuis haberet custodiam earundem*. Et reuoquoit ledit Pape toutes graces, indulgences, & octroys, qu'il auoit faits en faueur du Roy, pour la conduite de ses guerres: & s'il aduenoit par aprés, qu'il fist le contraire, le Pape decernoit le tout nul, irrite, & inane, ainsi qu'il estoit contenu par sa Bulle, dont la teneur s'ensuit: *Bonifacius Episcopus, seruus seruorum Dei, Philippo Francorum Regi. Deum time, &c.* Et cita ledit Archediacre de Narbonne, messagier du Pape, tous les Prelats, Euesques, & Maistres, tant en Theologie, que en Droit Canon, & Ciuil, à comparoir en personnes pardeuant ledit Pape, és Kalendes du mois de Nouembre ensuiuant. Aprés ce que le Roy, & ses Prelats eurent veu & oüy le message du Pape, le Roy qui ne vouloit point mettre la main seculiere à la personne dudit Euesque de Palmiers, le fit bailler audit Archediacre, & luy commanda qu'incontinent il partist, & s'en allast hors du Royaume; & escriuit le Roy audit Pape Boniface vnes lettres responsiues à sa Bulle, desquelles la teneur s'ensuit: *Philippus Dei gratia Francorum Rex, Bonifacio se gerenti pro Summo Pontifice, salutem modicam, siue nullam. Sciat tua maxima fatuitas, &c.* Puis les Prelats de France, qui tous estoient citez à Rome, regarderent qu'ils n'y pouuoient aller, tant pour la guerre de Flandres, que pource qu'il estoit prohibé de ne porter or, ny argent hors du Royaume. Toutesfois, afin qu'ils ne fussent repris de desobeissance, ils enuoyerent vers le Pape trois Euesques, pour les excuser. Et semblablement le Roy escriuit au Pape, par l'Euesque d'Auxerre, qu'il surseist la besongne desdits Prelats; parquoy le Pape n'osa riens ordonner pour ceste heure, de ce qu'il auoit en pensée de faire; mais enuoya Iean le Moyne Prestre Cardinal de Rome, qui vint à Paris au commencement du Caresine, & fit assembler vn Conseil d'Euesques à sa poste, ausquels il parla secretement, & escriuit au Pape ce qu'il auoit oüy d'eux, & demeura en France iusques à ce qu'il peust oüir nouuelles du Pape: & cependant ledit Cardinal alla en voyage à Sainct Martin de Tours. Iceluy Pape Boniface fut le premier, qui voulut empescher les elections, & collations des benefices de ce Royaume, par reseruations, & graces expectatiues; & fut le premier qui commença à venir contre les saincts Canons, & ordonnances. Aussi fina-il ses iours miserablement, comme sera veu cy-aprés. Pour auoir vn conseil des choses dessusdites, le Roy fit assembler à Paris vn Conseil general des Barons, & Prelats de son Royaume. Et en la presence du Roy, & desdits Barons, & Prelats, ledit Pape Boniface fut chargé, accusé, & diffamé de plusieurs crimes, c'est à sçauoir d'heresie, & simonie, d'homicide, & autres plusieurs crimes. Et pource qu'à vn Pape heretique, selon les saincts Canons, on ne doit point obeïr, il fut dit, qu'on ne luy obeïroit point, iusques à ce qu'il se fust du tout purgé. Apres ladite conclusion, le Roy qui à cause de ce que luy auoit mandé le Pape, doutoit que le Pape voulsist dire & maintenir, que le Royaume de France fust tenu, & suiet à homage de l'Eglise de Rome ; ce qui n'auoit iamais esté fait parauant de ses predecesseurs, il demanda ausdits Prelats, gens d'Eglise, & Barons, de qui ils tenoient leur temporalité ; lesquels tous respondirent, qu'ils l'auoient tousiours tenuë des Roys de France, & la tenoient, & vouloient tenir de luy : dont le Roy les mercia, & promist, & iura, qu'il employeroit le corps & les biens pour la liberté & defense des droits de son Royaume, selon la maniere accoustumée. Semblablement le dirent les Prelats, Barons, & Cheualiers, & autres, qui là estoient assemblez. Et par la bouche de Messire Robert d'Artois fut defendu, que nul or, ny argent, ne marchandises, ne fussent transportées hors le Royaume, sur peine de confiscation, & amende arbitraire : & fist l'on garder les passages estroitement. Quand ledit Cardinal le Moyne, qui estoit à Tours, sceut ces choses, il doubta, & le plustost qu'il peut, il issit hors du Royaume, & s'en alla. Et en ces entrefaictes furent prins par les Officiers du Roy à Troyes, l'Archediacre de Constances, & vn autre, qui estoient messagiers du Pape, lesquels il enuoyoit pour interdire le Royaume.

Quand ledit Pape Boniface sceut le cas, dont il auoit esté chargé, & appellé, au Conseil en France, il se douta, & proposa d'assembler vn Conseil, pour y remedier. Et afin que les parens des Cardinaux de la Coulonne, qu'il auoit deposez, & fait raser & abbatre leurs maisons, & places, ne luy fissent iniure, il s'en alla en la cité de Ananie, où nasquit Origenes, pour tenir son conseil, & se meist en la garde de ceulx de la cité, en laquelle ses aduersaires l'assiegerent : parquoy les habitans, qui n'estoient point puissans de resister, manderent aux Romains, qu'ils veinssent receuoir leur Pape : & si tost qu'ils arriuerent, ils leur liurerent : & par deux fois cuida le Pape estre tué par vn Cheualier de ceulx de la Coulonne, si ne fust, qu'on le destourna : toutesfois il le frappa de la main armée du gantelet, sur le visage, iusques à grand' effusion de sang : & fut ledit Pape conduit & mené à Rome, par Messire Guillaume de Nogaret, François, que le Roy auoit là enuoyé pour le secourir, & deliurer : lequel de Nogaret, quand il l'eut conduit à Rome, dist au Pape telles parolles, ou semblables en substance ; *Considere la bonté, & puissance du bon & noble Roy de France, qui est si loin de toy, & par moy t'a fait deliurer, garder, & defendre de tes ennemis, ainsi que ses predecesseurs ont tousiours gardé, & defendu les tiens.* Lequel Pape commit la besongne du debat du Roy de France, & de luy, à Mathieu le Roux, Cardinal, & qu'il en ordonnast, & sist à sa volonté. Puis ledit Pape se mist dedans le Chastel S. Ange à Rome, & luy print vn flux de ventre, & comme l'on dit, entra en frenesie si cruelle, & vehemente, qu'il rongea, & mangea ses mains, & mourut piteusement : & à l'heure de sa mort furent ouyes fouldres, & tempestes terribles audit Chasteau S. Ange. Apres la mort dudit Boniface, les Cardinaux, Euesques, & Prelats s'en retournerent à Rome. Et est celuy Pape, dont on dit, *Intrauit vt vulpes, regnauit vt leo, moritur vt canis.*

Extraict du Recueil des Roys de France, leurs Couronne & Maison, par Iean du Tillet, Protenotaire, & Secretaire du Roy, Greffier de son Parlement.

IL est cogneu par tout, que les Rois de France ne tiennent leur temporel que de Dieu : & aucun superieur en terre ne recognoissent ; qui les doit faire meilleurs, que ceux qui ont superieurs en terre; la crainte duquel les conduiroit à mal, & Dieu n'en est autheur. Parquoy n'y a excuse à ceux, qui ne tiennent que de luy, quand ils en font. Pour ce les Barons de France conseillerent au Roy Philippes Auguste, l'an 1202. ne faire paix, ne tresue aux Anglois, par l'admonestement, ou contrainte du Pape, & Cardinaux, qui en vsoient. Quand vn Cardinal notifia au Roy Philippes le Bel, la tresue ordonnée par le Pape Boniface VIII. de son authorité, entre ledit Philippes le Bel, les Rois des Romains, & Angleterre, ayant peine, ou commination de censures, ledit Philippes le Bel l'an 1297. fit response, par l'aduis de ses Princes, & Conseil, qu'il estoit prest d'obeïr au Siege Apostolique, pour le regard de son ame, & spiritualité : mais qu'il ne recognoissoit pardessus luy, que Dieu, quant au regime temporel de son Royaume : & n'entendoit s'assuiettir, ou soubsmettre à personne viuante, pour raison dudit temporel, ains le manier, poursuir, & iusticier, comme le Createur luy en donneroit la cognoissance de l'vtilité, ou dommage. Aprés, ledit Boniface VIII. (irrité d'ailleurs) manda par Bulle audit Roy Philippes le Bel, qu'il estoit son suiet en temporel, comme spirituel, declarant heretiques ceux, qui ne le croiroient: En quoy il fut fortement contredit. Ladite Bulle bruslée à Paris, en la presence dudit Roy, ses Princes, & Conseil.

Et en ses annotations, sur ces mots de ce Chapitre, QVAND VN CARDINAL. Le Pape Boniface VIII. animé contre le Roy Philippes le Bel, auoit depesché exprés ce Cardinal, au titre de Saincte Marie *in Porticu*, pardeuers sa Maiesté, pour le brauer par l'indiction d'icelle trefue, qui fut le commencement de la noise, laquelle termina par le voyage que le Baron de Caluisson en Languedoc fit à Rome. Ledit Boniface auoit voulu maistriser sadite Maiesté, en ce qu'il l'auoit interpellé par sa Bulle, de ne marier ses filles, sans l'en aduertir, & luy en communiquer, & en ce que, par autre sienne Bulle, il auoit prohibé à sa Maiesté de ne marier ses enfans, freres, & sœurs, auec Dom Sanche IV. du nom Roy de Castille, ou ses enfans, sans nouuelle dispense : En quoy il fut peu obey; car on n'y eust esgard, comme dit a esté cy-deuant; ains ses Decretales mesmes en deuindrent hayneuses, si qu'en ce Royaume l'authorité en est presque nulle. De luy est emané vn dire, qui monstre le peu qu'il acquist onc en l'opinion des hommes, *Intrauit vt vulpes, regnauit vt leo, mortuus est vt canis*.

PAR BVLLE, laquelle commençoit par ces mots, *Vnam Sanctam*.

EN QVOY IL FVT FORTEMENT CONTREDIT. Estant ce diffide entre le Roy Philippes le Bel, & ledit Boniface, plusieurs Officiers de sa Maiesté, pour le deuoir de suiection, s'efforcerent luy donner par escrit plusieurs aduis & conseils, contenans les moyens destructifs de l'entreprise d'iceluy Boniface : entre autres, tant M. Pierre du Bois, Aduocat de sa Maiesté au Bailliage de Constantin, qu'vn autre personnage de grande literature legale, luy deduirent par escrit, ce que sa Maiesté pouuoit, & deuoit respondre à ladite Bulle d'iceluy Boniface.

BRVSLEE

BRVSLEE. Le Cardinal de Sainčte Marie *in Porticu*, porteur de ceste Bulle, voyant ce qui en estoit aduenu, escriuit lors à Robert Duc de Bourgongne, se compleignant de ce que ledit Roy Philippes le Bel auoit fait brusler en sa presence, de ses Princes, & Conseil, icelle Bulle.

Extraict de la Chronique abbregée des faicts & gestes politiques, & militaires des Roys de France, par reuerend Pere en Dieu Messire Iean du Tillet Euesque de Meauls.

M. CCC. LE Pape Boniface commandoit par toutes ses Bulles au Roy, comme à son vassal: luy manda vne fois, qu'il deliurast l'Euesque de Pamiers, qui estoit accusé d'auoir dit publiquement plusieurs propos contre sa Maiesté; encore fut-il si outrecuidé, qu'il osa escrire au Roy Philippes, qu'il tenoit le Royaume de France de luy, & qu'il estoit son subiect. Ce que pour faire arrester aux Estats, ensemble les absouldre du serment de fidelité qu'ils auoient à leur Prince, il enuoya vn Archidiacre de Narbonne, Legat en France. Le Comte d'Artois, estant aduerty du contenu en la Bulle, la brusla, & fit desloger ce Nonce sans trompette.

M. CCC. II. La haine & inimitié du Pape, si grande contre le Roy, qu'il l'excommunia, & donna son Royaume à Albert d'Austriche Empereur, qui ne voulut iamais pour cela entreprendre la guerre. Oh ! merueilleuse fut voirement l'impudence d'vn tel homme, qui n'a point eu de honte d'asseurer, que le Royaume de France estoit tenu en foy & hommage de la Maiesté Papale, & subiet à icelle. Encore plus esceruelez estime-je ceux qui debatent, à sçauoir, s'il luy est loisible de ce faire. Enfin il excommunia aussi toute la France. Les Euesques suiuirent le party du Roy.

M. CCC. III. Le Pape Boniface fut empoigné ceste année par Sarra Columne, son ennemy, & quelques ministres du Roy. On dit que ce fut le chef de la Maison du Baron de Caluisson en Languedoc. Il fut gardé en la cité d'Anagnie, en sa maison paternelle. Dequoy il eut si grand despit, qu'il mourut comme enragé. On dit de luy, qu'il estoit entré au Pontificat en renard, & auoit regné en lion, & estoit mort comme vn chien.

Ex Codice MS. Regiæ Biblioth. num. 1872. cui titulus: Libellus qui dicitur Augustalis, continens sub compendio breuem descriptionem omnium Augustorum, ad illustrem Nicolaum Marchionem Estensem, scriptus anno CIƆ CCC LXXXVII.

ADVLFVS Comes de Anaxone * genere Germanus in Romanorum Regem electus est, sed non benedictionem, nec coronationem recepit in Italia. Hic fuit vir magnanimus, contra quem Albertus Rodulfi prædicti filius insurgens ipsum vicit. Nam Adulfus magis viribus quàm consilio vtens occisus est, cùm regnasset annis I V.

*Nassau.

Albertus Dux Austriæ Rodulfi filius victo & occiso Adulfo, electus est in Regem Romanorum ab Electoribus: à Bonifacio PP. famoso petiit venire ad benedictionem & coronationem; cui Bonifacius magnanimus tyrannus sacerdotum respondit, ipsum indignum Imperio qui proditione occiderat dominum suum Adulfum in prælio, & tenens coronam in capite, & spatam alatus dixit, Ego sum Cæsar. Tamen posteà orta grauissima discordia inter Philippum Regem Franciæ & se, confirmauit Albertum,

Cc

& vocauerat cum quando captus fuit. Hic Albertus cùm regnaſſet annis 10. interfectus eſt ab vno nepote ſuo filio fratris, cùm exiret de naui tranſito Rheno.

Ex Hiſtoria Genuenſi MS. Biblioth. Regiæ num. 40. pag. 42. verſ.

ANNO 1299. in Ianuenſ. Archiepiſcopum electus eſt Porchetus Spinola de Ianua Ordinis Minorum; cui dum eſſet apud ſummum Pontificem Bonifacium VIII. in die cinerum ſuper capita Prælatorum Papa cinerem imponente, ipſóque Archiepiſcopo cinerem volente ſuſcipere, ſummus Pontifex ipſe inquit, *Memento quòd Gibellinus es, & cum Gibellinis in cinerem reuerteris*, & cinerem iecit in oculos ipſius Archiepiſcopi, eúmque ab Archiepiſcopatu priuauit. Quod ſummus Pontifex egit motus ſuſpicione non vera, quòd Iacobum, & Petrum ipſius Iacobi nepotem de Columna Cardinales eidem Papæ rebelles, & à Cardinalatu depoſitos, ipſe Archiepiſcopus recepiſſet. Sed eodem anno veritatem agnoſcens, ipſum Porchetum in Archiepiſcopatum reſtituit.

Ioan. Mariana Hiſt. Hiſpan. lib. 15. c. 6. de Bonifacio P. VIII.

EI v s calamitate documentum datum ſacerdotum Imperia opinione magis hominum famáque integra (quam tueri ipſi & extendere beneſactis debent) metúque Religionis, quàm viribus, & potentia conſtari. Villaneus auctor eſt. Bonifacium doctum quidem virum fuiſſe, & à multo rerum vſu excellentem, ſed crudelem, ambitioſum auaritiæ ſe ſordibus fœdaſſe, vt gentiles locupletaret: Quæ grauiſſima pernicies eſt, deteſtanda ignominia, viginti duos Epiſcopos, duóſque Comites ex gente ſua fecit.

Stephanus Infeſſura.

1294. NELLA *vigilia di natale fu creato Papa in Napoli il Cardinale detto di S. Martino in Monte, & fu chiamato Bonifacio VIII. di Caſa Caetana, & in ſuo tempo fiori in modo la futtione Guelfa & Gibellina che ne naquero grandiſsime conteſe, & maſsime tra lo detto Papa Bonifacio & Coloneſi Gibellini.*

Mornacus ad l. 7. de Iuſtitia & Iure, pag. 6.

CVM circa annum 1300. quinque libros Bonifacius VIII. ad Gregorij collectionem adiecisſet, audiui ſæpiùs à Senatore maximo Hieronymo Angenœo vetuiſſe iampridem Senatum ne vlla deinceps voluminis Bonifaciani, quod Sextum dicimus, ad inſtruendas dirimendaſque lites allegarentur capita, vetúſque de eo Senatuſconſultum tantiſper in ſacris Curiæ tabulariis fuiſſe, dum dominica * ſummi cuiuſdam quem nominabat manu ſubductum fuerit.

*Le Premier Preſident le Maiſtre.

BENEDICTVS XI.
ELECTVS
xxii. Octobris cɪɔ ccc iii.

PHILIPPI PVLCRI EPISTOLA,
QVA BENEDICTO XI. GRATVLATVR
Pontificiam dignitatem adepto.

Sanctißimo Patri in Domino, BENEDICTO, *diuina prouidentia Sacrosanctæ Romanæ, ac vniuersalis Ecclesiæ Summo Pontifici,* PHILIPPVS *Dei gratia Francorum Rex, deuota pedum oscula beatorum.*

ENEDICTVS Dominus Deus Israel, quia visitauit & fecit redemptionem plebi suæ, & erexit cornu salutis nobis in domo Dauid pueri sui : qui facit mirabilia magna solus : qui cælestia pariter & terrena salubri moderamine dirigens, ac perpetua ratione gubernans, in hac valle miseriæ, miserationes innumeras, liberalis in gratiis, & in misericordia copiosus, exercet. Ipse quidem circa Ecclesiam suam sanctam, Petri nauiculam, matrem Fidelium, Christi sponsam, quam à fundationis initio splendore virtutum mirabiliter illustrauit, piæ semper continuans miserationis affectum, & paternæ exequens pietatis officium : licèt eam in pelago mundi huius intumescentium vndarum fluctibus agitari, & procellis concuti patiatur ad tempus, ipsam submergi, vel periclitari naufragio non permittat, continuum semper impendens in tribulatione solatium, in turbatione pacamen, & in aduersitate succursum, sicut rerum euentus, ac succedentium experimenta temporum manifestè declarant. Cùm enim Ecclesia ipsa diebus nuper præteritis, post oppressiones & afflictiones multimodas, & graues, quasi parturientis ; angustias, quas ex malitia præsidentis in ea mercenarij, sub vmbra pastorum, longo tractu temporis discriminosi, pertulerat, quùm prostrata, & naufragio proxima, videretur propria virtute deficere, ipse pater misericordiarum, & Deus totius consolationis, ad ipsius statum miserabilem & lugubrem piæ dirigens compassionis affectum, & ad releuationem ipsius suæ potentiæ dexteram clementer extendens, ipsam ab opprobriosæ captiuitatis ærumnis dignanter eripuit, à deplorandæ viduitatis incommodis misericorditer liberauit, dato sibi cælitus noui sponsi solatio Benedicti, qui vt nomini rem conformet, & præteritis futura continuet, opera Deo grata speratur, & hominibus placitura, facturus. Exultet igitur eadem sacrosancta mater Ecclesia, & in iubilum supernæ laudis assurgat, tenebrarum semota caligine, se nouæ lucis radio illustratam, & abiecto iugo tyrannicæ seruitutis, status debiti, & pristinæ libertatis resumpsisse decorem iocundetur, deposito vidualis desolationis nubilo, lætitiæ nuptialis illuxisse serenum, nouum adepta pastorem, suæ sterilitatis & opprobrij redemptorem. Exultet præcipuè sacer Prædicatorum Ordo, se talem, & tantum filium peperisse, alumnum nutriuisse tam inclitum, tam præclarum, quem patrem orbis, & fidei successorem Petri, Christi vicarium, in supremo iustitiæ federe solio glorietur. Lætetur & iubilet, quòd ex eius horto arbor ista fructifera prodiit, quæ in domo Domini fœliciter complantata, fructum datura creditur suo tempore gratiosum. Lætetur insuper, totum or-

bem ex eius gremio suscepisse nouum patrem pauperum, & dispensatorem prouidum fidelium animarum, qui sicut multùm apud Deum, sic apud homines proficit in honore. Lætabundus exultet chorus fidelium, fidei orthodoxæ, cultorúmque fides ipsa, quæ ex nefandis prædecessoris actibus, detestandis operibus, & perniciosis exemplis, obnubilata sui luminis claritate, quæ minabatur excidium, per sanctitatis, & vitæ merita, & virtutum exercitia laudabilia successorum, quibus ab ouili claruisse dinoscitur, reformationis accommodæ incrementa salubria, ac fulgorem solitæ claritatis creditur resumptura. Lætetúrque pacis optatæ dulcedine, quæ per iniquos excessus potiùs, quàm processus, temerarij abusoris, quasi extra terminos exulabat. Iste fidelis testamenti Dominici executor, ad pristini status solùm procurationem, totíque mundo, spiritualis & temporalis commoda quietis afferre probabiliter existimatur. Nos autem pro bonis affectibus exultamus, qui meretricialia deliramenta perpessi diutiùs, patrem confidimus successisse beniuolum, qui prædecessoris erronea corrigat, malefacta reformet, pacem nutriat, iustitiam foueat, & diligat æquitatem, in cuius affectione sincera deuotionis filialis, in cuius deuotione filiali paterna benignitas conquiescat. Sed ex eo præcipuè materia nobis gaudij & exultationis accrescet, quòd regiminis nostri in Apostolica Sede virum sedere conspicimus, bonorum omnium, sicut fama testatur, & publicat, nitore conspicuum, virtutum speculum, & sanctitatis exemplar: virum vtique secundùm cor nostrum, qui non quærit quæ sua sunt, sed quæ Dei, ad Catholicæ fidei, & vniuersalis Ecclesiæ bonum, & exaltationis incrementa fœlicia, ac statum prosperum, & quietum totius populi Christiani, & promotionem fœlicem negotij Terræ Sanctæ ducitur puro zelo. Igitur pro tam dignæ, tam salubris, & vtilis prouisionis euentu, bonorum omnium largitori, ad laudes, & gratias in humilitatis spiritu assurgentes, eius imploramus deuotè clementiam: vt qui vos ad regimen Ecclesiæ sanctæ, ad dandam salutis scientiam plebi suæ, ad supernæ dignitatis honorem, pia miseratione prouexit; sic credita vobis multiplicari talenta concedat; sic in sanctitate & iustitia coram ipso, & in viam pacis dirigat gressus vestros; quòd post regiminis præsentis excursum, ad cælestis gloriæ solium, vnà cum grege vobis commisso clementi pietate perducat, iudicaturum cum cæteris sanctis suis, omnis orbis terræ finium nationes. Cæterum nos & regnum, cuius moderamini disponente Domino præsidemus, & Ecclesiam Gallicanam Sanctitatis vestræ fauoribus fiducialiter commendamus, & ad exponendum perfectiùs, & pleniùs exhibendum Beatitudini vestræ, omnimodæ reuerentiæ & deuotionis indicia, ecce dilectos & fideles Berraldum, dominum Mercolij, Magistrum Petrum de Bellapertica, Canonicum Carnotensem, & Guiliermum de Plesseiano militem, nuncios nostros, ad Sanctitatis vestræ præsentiam destinauimus, quos benignè recipere, ac eorum relatibus paterna clementia audientiam præbere placidam, & fidem non dubiam adhibere dignetur. Datum, &c.

Bulle de Benedict XI. au Roy, où il dit que son amour enuers luy a paru, quand absent & ne le requerant point il luy a donné l'absolution de toutes sentences & excommunications, ausquelles il pouuoit estre encouru: exagere la charité qu'il a euë en cette occasion, & prie le Roy de receuoir cette grace auec humilité, & qu'il n'a autre but que le salut de sa Maiesté, & la gloire de son Estat.

Coffre Boniface num. 768.

BENEDICTVS Episcopus seruus seruorum Dei, carissimo in Christo filio Philippo Regi Francorum illustri, salutem & Apostolicam benedictionem. Quanto nos, fili carissime, ad tui directionem sollicitudo impulerit Pastoralis officij, quantáue paternæ pietatis dilectio ad salutem tuam super te viscera mansuetudinis nostræ commouerit, absolutio, quam tibi nuper absenti, & non petenti ab omnibus excommunicationum sententiis, quibus ex quacunque causa forsitan tenebaris astrictus, in tuorum nunciorum præsentia te in benedictione dulcedinis præuenientes impendimus, manifestat. Id ne sanguis tuus de nostris requiratur manibus fecisse lætamur, id egisse non pœnitet, & quod plus est, illud etiam facere debebamus. Sumus namque illius Vicarius, qui dixit hominem illum qui fecit cœnam magnam seruo suo dixisse, exi in vias & sepes, & compelle intrare, vt impleatur domus mea. In hoc parabolam illam impleuimus, secundùm quam habens centum oues relictis nonaginta nouem in deserto, vadit ad illam, quam deuiasse putabat, donec inueniat eam, & inuentam imponit in humeros suos gaudens. Nunquid igitur te etiam si nolles non cogemus intrare? nunquid tantam ouem quanta tu es, sic nobilem, præcipuam, & præclaram relinquemus, quin impositam nostris humeris reducamus? Absit quantum in nobis sit negligentia talis, absit omissio tam damnosa, nempe si corporum medici quandoque inuitis apponunt medicamenta salutis, quanto magis nos qui animarum omnium curam diuina dispositione suscepimus hoc implere tenemur? Porrò quis superbus Episcopum Vrbis & Orbis de humilitate redarguet? Quis superstitiosus eius cui, sicut scriptum est, sanctitas ignoscendi dereliquit gloriam, si indulget reprehendet? Quis præterea adeò rigidus, tam salubrem clementiam in sua contineret ira, vel sæuitia conderet; certè nullus qui pacem diligat, qui quietem subiectorum desideret, & Ecclesiæ tranquillitatem exquirat. Hanc itaque nostram, imò Dei, cuius in terris legatione fungimur, deuotè, velut obedientiæ filius gratiam suscipe humilis, sicut prudens ex ea efficere, nobis patri tuo crede, & ad obedientiam matris Ecclesiæ tibi salutiferam, & honorabilem te conuerte firmissimè, sperans quòd à te nihil aliud quàm tuam salutem, & regni tui gloriam affectamus. Considera fili, quòd Ioas Rex Iuda gloriosus vixit, & recta est operatus, donec consilio, & doctrina Ioiadæ summi sacerdotis est vsus, quo cessante ignominia affectus est, & occisus gladiis seruorum propriorum occubuit. Ausculta ergo patrem tuum, & in eius parabolas aures tuas inclina, sic Deo propitio tuum stabilietur regnum, & gloriaberis in terra sublimis. Ad hæc nuncios tuos prædictos læti recepimus, & litteras tuas libenter vidimus, quas nobis iidem nuntij ex parte tuæ Celsitudinis præsentarunt. Datum Romæ apud S. Petrum 4. Non. April. Pontificat. nostri anno primo.

1304.
2. Auril.

PREVVES DE L'HIST. DV DIFFEREND

Bulle dudit Pape qui absout tous Prelats & Ecclesiastiques, Barons, & Nobles qui se trouueront excommuniez par Boniface, pour auoir empesché les allans & venans en Cour de Rome, & absout aussi ceux qui estoient tombez in sententiam Canonis *pour auoir operé à la prise de Boniface, excepté Guill. de Nogaret, qu'il reserue à luy & au saint Siege.*

Coffre Boniface num. 765.

1304.
13. May.

BENEDICTVS Episcopus seruus seruorum Dei, ad perpetuam rei memoriam. Sanctæ Matris Ecclesiæ multa benignitas filiorum salutem desideriis intimis vigilanter exquirens, ad ea toto posse diligenter intendit, conflat operas, & labores exponit, ex quibus eis prosperitatis, & pacis incrementa proueniant, molestis via præcludatur euentibus, & noxia subtrahantur. Nos autem qui eidem Ecclesiæ quàm insufficientibus meritis disponente Domino præsidemus, ad vniuersas fidelium nationes, tanquam vniuersalis eorum pater, paternæ dirigimus considerationis intuitum, illis quietis & salutis commoda quantum nobis ex alto permittitur procurando; sed ad regnum Francorum, eiúsque Regem, & incolas tanto attentiùs aciem considerationis extendimus, quanto feruentiùs statum zelamus prosperum, quietem diligimus, ac exaltationem ex intimis appetimus eorundem. Cùm itaque, sicut accepimus, tam Archiepiscopi & Episcopi, quàm alij Ecclesiarum secularium, & regularium Prælati, & alij Clerici, & Ecclesiasticæ personæ, religiosæ & seculares, nec non Barones, Nobiles, & alij laici de regno prædicto excommunicationum sententiis olim à Bonifacio PP. VIII. & aliis prædecessoribus nostris Roman. Pontificibus in impedientes eos qui ad Sedem accedebant Apostolicam, vel recedebant ab ea, seu litteras deferebant ipsorum, & ex aliis causis in suis processibus promulgatis, nec non latis à canone pro eo quòd se culpabiles reddiderunt in captione eiusdem Bonifacij prædecessoris, & nuntiorum ipsius, & aliorum prædecessorum prædictorum teneantur astricti, quorum aliqui diuina celebrarunt officia, & immiscuerunt se illis, & receperunt ordines, & beneficia Ecclesiastica sic ligati: Nos præmissa omnia paterna meditatione pensantes, ac attendentes vtilitates, & commoda quæ ex eodem regno dum in ipsius Ecclesiæ deuotione persistit Ecclesiæ prædictæ proueniunt, quódque propter euitandum scandalum, præsertim vbi multitudo delinquit seueritati est aliquid detrahendum: Sperantes insuper quòd Rex & incolæ memorati, tanto Deum & dictam Ecclesiam studebunt peramplius, & deuotiùs reuereri, quanto eadem Ecclesia misericordiùs, & gratiosiùs egerit cum eisdem: huiusmodi inducti considerationibus Archiepiscopos, Episcopos, Prælatos, clericos, personas, Barones, Nobiles, & laicos prædictos, & quoscunque de dicto regno, qui huiusmodi sententiis Bonificij, & aliorum prædecessorum prædictorum quomodolibet astringuntur, omnésque qui occasione huiusmodi captionis præfati B. prædecessoris, & nuntiorum prædictorum dicto vel facto, opere vel fauore quomodocunque in sententiam canonis inciderunt, Guillelmo de Nogareto milite, cuius absolutionem nobis, & dictæ Sedi Apostolicæ specialiter reseruamus, duntaxat excepto, à sententiis prædictis absoluimus, restituendo eos communioni fidelium & Ecclesiasticis Sacramentis. Cum illis insuper ex eisdem qui prædictis ligati sententiis ordines, aut beneficia Ecclesiastica receperunt, quòd in ipsis ministrare possint ordinibus, & eadem beneficia retinere, nec non cum eis qui sic ligati diuina celebrarunt officia, vel immiscuerunt se illis, super irregularitate inde contracta

DE BONIF. VIII. ET PHILIP. LE BEL.

tracta, auctoritate prædicta de misericordia quæ superexaltatur iudicio dispensamus. Nulli ergo omnino hominum liceat hanc paginam nostræ absolutionis, restitutionis & dispensationis infringere, vel ei ausu temerario contraire: si quis autem hoc attemptare præsumpserit indignationem omnipotentis Dei, & Beatorum Petri & Pauli Apostolorum eius se nouerit incursurum. Dat. Perusij 3. Idus Maij, Pontificatus nostri anno 1. sub plumbo.

Ap. Od. Raynal. tom. 14. Annal. Ecclef. ad annum 1304. §. 9.

Bulle de Benedict XI. au Roy, par laquelle il reuoque la reserue que Boniface VIII. auoit faite des pronisions de toutes les Eglises cathedrales & regulieres de France, ayant fait defenses à tous ceux qui auoient droit d'élire, & confirmer les élections, d'en vser tant que ladite reserue durera. Le Pape entend que l'on en vse comme auparauant ladite reserue.

BENEDICTVS Episcopus seruus seruorum Dei, carissimo in Christo filio Philippo, Regi Franciæ illustri, salutem, & Apostolicam benedictionem. Vt eo magis erga Deum, & Apostolicam Sedem regalis deuotionis excrescat affectus, quò sibi gratiosam Sedem repererit suprà dictam, votis tuis annuentes, tuas petitiones, quantum possumus, fauorabiliter exaudimus. Dudum siquidem Bonifacius Papa VIII. prædecessor noster, certis ex caussis prouisionem omnium cathedralium Ecclesiarum, & regularium, tunc in regno vacantium, vel quas tunc vacare contingeret, dictæ Sedis dispositioni reseruare duxit, districtiùs inhibens omnibus, ad quos ius eligendi & postulandi Prælatos in ipsis Ecclesiis, aut confirmandi electiones, vel admittendi postulationes, vel alias earundem Ecclesiarum prouisio, vel quæuis alia dispositio pertineret, in huiusmodi electionibus, postulationibus, confirmationibus, admissionibus & prouisionibus, & quibuscunque dispositionibus dictarum Ecclesiarum se intromittere, huiusmodi reseruatione durante, quoquomodo præsumerent: ac de cætero decreuit extunc irritum & inane, si secus super hoc à quoquam fuerit scienter, vel ignoranter attentatum. Nos autem celsitudinis regalis obtentu, pro cuius parte super hoc extitit supplicatum, reseruationem, inhibitionem, & decretum huiusmodi, Apostolica auctoritate reuocamus, volentes vt prædicti omnes huiusmodi, iure illis competente, cùm tempus ingruerit, vtantur liberè, sicut priùs : & nihilominus prouisiones & confirmationes electionum factæ post reseruationem, inhibitionem, & decretum prædictum in dictis Ecclesiis, dummodo aliàs canonicæ fuerint, plenam obtineant firmitatem; nec electiones, aut postulationes factæ postmodum in prædictis Ecclesiis, ex eisdem reseruatione, inhibitione, ac decreto, quin debitum sortiantur effectum, possint quomodolibet impediri. Datum Viterbij 13. Kal. Maij, Pontificatus nostri anno 1.

Memoire de diuerses accusations proposées contre Boniface par Pierre de Peredo Prieur de Chesa, enuoyé par le Roy au S. Siege, & en Italie pour diuerses affaires.
Dit qu'aprés la mort de Boniface, & la creation de Benedict, il proposa ce qui fut fait le 14. Iuin en presence du Roy & des Prelats contre Boniface, fait sçauoir & intime les appellations interietées de luy, & les renouuelle en presence de sa Sainteté, & des Cardinaux, & demande la conuocation du Concile à Lyon, ou ailleurs en lieu non suspect, non éloigné, seur pour le Roy & le Royaume. Il dit que la mort de Boniface estant interuenuë, il n'a pû auoir nouuelles instructions du Roy, il

D d

210 PREVVES DE L'HIST. DV DIFFEREND

ne peut pas dom. Regem Francor. & regnum nominare actores.

Ce memoire est fait de cette sorte, qu'il represente ce qui se faisoit & tenoit par les precedens Papes, & conclud chacun article, Iste autem Bonifacius non sic, sed prorsus aliter. *L'accuse de n'auoir obserué aucuns ieusnes, d'auoir amassé des biens pour ses parens.*

Que les Roys & les Cardinaux estoient bien traitez.
L'on ne faisoit nulle fripponnerie pour les Benefices.
Que les Euesques n'achetoient point la grace de sortir de la Cour de Rome. Les electections libres.
Rarement l'on procedoit contre les Cardinaux, & à la deposition des Euesques.
Que l'on donnoit fort peu pour les prouisions de Rome. Ils ne vendoient point les Benefices.
Que rarement on faisoit des diuisions des Euesche, & il falloit en auoir le consentement des Roys & Patrons.
Anciennement l'on ne déstoit point les suiets du serment de fidelité ad nutum oculi, *& sans grande information. Ils ne priuoient point les Colleges de pouuoir élire leurs Prelats.*
Ils ne disoient pas que tous les Benefices qui vacquoient in Curia *estoient à la disposition du Pape.*
Faisoient peu de reserues.
Ils ne disoient pas, quòd scripti in albo parietis pro citatis personaliter habeantur.
Que le Pape fust Seigneur temporel & spirituel, & que l'on deuoit appeller à luy en tous cas.
Ils ne croyoient pas schismatiques ceux qui osoient impugner les vices des Papes, & quòd à temporalibus Regum appelletur ad Papam.
Et dicitur in Francia quòd non restat, nisi quòd fiat vna constitutio quæ æquipolleret omnibus, quòd omnes clerici, & laici essent ministri duntaxat ad nutum summi Pontificis corúmque qui præsident.
Les Papes ne croyoient pas de leger contre les Prelats.
Que l'on ne s'informoit pas des Prelats qui auoient de l'argent.
Aucun des Papes auant Boniface n'a permis la leuée de l'argent pour la Terre Sainte, pour par aprés le diuiser entre les Papes & les Roys.
Et aprés chacun article il y a, Iste autem Bonifacius non sic, sed prorsus aliter.
Il dit à la fin qu'il s'est fait en France vn liure de actibus Bonifacij & exactionibus. *Que ses exactions ont esté si excessiues, que l'on en pourroit achepter vn Royaume.*

Au Tresor num. 757. Boniface.

1303.
6. Octobre.

EGo frater Petrus de Peredo Prior de Chesa à serenissimo Principe domino Philippo Dei gratia Rege Franciæ ad Sedem Apostolicam, & cæteras partes Italiæ pro certis ipsius Regis, & regni negotiis prosequendis & promouendis destinatus 6. die Octobris Vrbem intraui. Postque audito de morte quondam Bonifacij, & demum de creatione sanctiss. patris & domini domini Benedicti diuina prouidentia summi Pontificis, stilum prosecutionis negotiorum mihi commissorum ex nouis emergentibus, & si non penitus ab ipso diuertere, deliberatione præhabita expediens visum aliqualiter immutare. Et propter illa quæ imminebant huic sanctæ Romanæ Ecclesiæ facienda, postposui differendo aliqua tunc proponere & intimare, ne in agendis per sacrum Collegium præstaretur impedimentum,

DE BONIF. VIII. ET PHILIP. LE BEL.

quodcunque, quæ nunc proponere, & intimare, innouatéque, & petere necesse est.

Inprimis igitur propono, & proposita 14. die mensis Iunij in præsentia dom. Regis, nec non dominorum Archiepiscoporum Nicosien. Remen. Senonen. Narbonen. Turonen. pluriúmque Episcoporum, Prælatorum aliorum, ac etiam regni prædicti Parisius, de consilio, & assensu prædicti domini Regis, ac plurium Prælatorum & Baronum suorum, quorum nomina in appellatione interiecta seriosiùs continentur, contra personam dicti Bonifacij denuntio, appellationésque interiectas intimo, & præmissa omnia innouo in præsentia Sanctitatis veſtræ, & fratrum veſtrorum. Et tunc leget de verbo ad verbum proposita & appellationes. Et peto à vobis, sanctissime Pater, simúlque à toto Collegio fratrum veſtrorum, conuocari Concilium Lugduni, vel ad alium locum Regi, regno, & incolis regni Franciæ ad prosecutionem præmissorum accommodum, tutum, nec suspectum, nec plus iusto remotum.

Et quia sicut dixi de nouo emerserunt mors ipsius domini Bonifacij, & creatio sanctissimi patris nostri dom. Benedicti, de quibus Rex non potuit deliberasse, quia non diuinare de futuris, ideò de iis quæ infrà dicam non possum ipsum dom. meum Regem Franciæ & regnum nominare actores. Verùm ad honorem Domini nostri Iesu Christi, & ad statum & vnitatem suæ sanctæ Ecclesiæ, Sanctitati veſtræ denuntiare intendo, vnde illud nobilissimum membrum sanctæ Ecclesiæ Dei Rex, & regnum Franciæ doluerunt ex dolore eius qui tunc gerebat se pro capite. Et non est dubium, quòd si semper idem dolor esset in capite, semper & membra dolerent. Hoc autem pro tanto explicare cupio, quia vos qui estis summus medicus explicatâ causâ ægritudinis aliqualiter commodiùs mederi poteritis, aut ad medendum mittere magis instructos, quos vestra Sanctitas destinandos eligere voluerit ad propinandum ægrotantibus medicinam. Sanctissime Pater, de tristi regimine, & pleno doloribus præfati Bonifacij, per totum tempus suum doluit membrum illud prædictum nobilissimum.

Viderant etenim, vel audiuerant semper sanctos Patres qui huic sanctæ Sedi præfuerant, orationi, ieiuniis, abſtinentiis, modestiis linguæ & gulæ, & cæterorum sensuum corporis intendere & seruire. Bonifacius autem prædictus non sic, sed aliter prorsus.

Viderunt & audiuerunt eosdem sanctos Patres nouis oratoriis ædificandis, & monasteriis construendis, ac religiosis viris educandis intendere, & operam dare. Iste autem Bonifacius non sic, sed prorsus aliter.

Item, viderunt sanctos Patres, & audiuerunt prædiis, hæreditatibus, dotibus Ecclesiarum, monasteriorum, cœnobiorum, immunitatem, tutelam omnimodam ne distraherentur, aut dissiparentur, aut quoquo modo alienarentur præstare. Iste autem Bonifacius non sic, sed prorsus aliter.

Item, viderunt sanctos Patres qui præfuerunt huic sanctæ Ecclesiæ, bona Ecclesiarum, si qua reliqua essent, in vsus pauperum distribuere, non thesaurisare, non congregare aurum, & lapides pretiosos ad superabundantiam, & ad æmulationem omnium Christianorum non distribuere in emptiones castrorum, Comitatuum ad excessum, & scandalum pro carne sua miserabili exaltanda. Iste autem Bonifacius non sic, &c.

Item, viderunt, vel audiuerunt quòd sancti Patres qui fuerant, si prodesse poterant proderant, aut omnino non nocebant ad vindictam, aut ad supplicationem iuris alterius. Iste autem Bonifacius, &c.

Item, viderunt sanctos Patres qui præfuerunt, confratres suos Cardinales benignè audire, nec sine eorum consiliis aliquid notabile diffinire. Iste autem Bonifacius, &c.

Item, audiuerant sanctos Patres qui præfuerant, cum honore, & humilitate benignè affari, & tractare Cardinales, & Reges, & Principes. Iste autem Bonifacius, &c.

Item, viderunt & audiuerunt sanctos Patres qui præfuerant, causas maximè electionum quæ deuoluebantur ad hanc Sedem tractare conuentionaliter cum omni consilio fratrum, non per vnum mediatorem, non clam, non cogendo ad resignandum, non pactis, non conuentionibus cum altero vel vtroque litigantium, sed per iustitiam, Deum habentes præ oculis. Iste autem Bonifacius, &c.

Item, viderunt vel audiuerunt temporibus sanctorum Patrum Episcopos, Prælatos quofcunque existentes in Curia habere liberam facultatem petendi licentiam, ac recedendi de Curia, si causa aliàs necessaria non astringeret, nec habebant necessitatem redimendi licentiam. Temporibus autem istius Bonifacij non sic, sed prorsus aliter.

Item, viderunt & audiuerunt, quòd temporibus sanctorum Patrum permittebantur electiones maximè cathedralium Ecclesiarum singulis Collegiis, & perrarò forsan, quia in Curia duo coelecti cesserant inuicem iuri suo prouidebant, imò & tunc vt plerumque rem ittebant electionem Capitulis & Collegiis. Temporibus autem istius, &c.

Item, temporibus SS. Patrum qui præfuerant perrarò procedebatur ad depositionem vnius Episcopi, & tunc ex magna causa conuentionaliter agitata, & ex magno tractu, & rariùs ad depositionem vnius Cardinalis, sed rarissimè, & tunc cum plenissima & maturissima ad depositionem duorum vel plurium simul, nec etiam compellebantur ad cessionem talium dignitatum, quod parum differt à depositione. Temporibus autem istius Bonifacij, &c.

Item, temporibus SS. Patrum qui præfuerant adeò purè fiebant prouisiones à Sede ista, quòd nihil omnino, nec antè, nec pòst recipiebant ex pacto, nec vi, nec compulsione, aut per retentionem personarum in Curia nisi pro consuetudinibus antiquis confuetum erat dari, & illud erat modicum; imò si offerebatur gratis, sancti Patres qui præfuerant plerumque recusabant. Temporibus autem, &c.

Item, temporibus SS. Patrum qui præfuerant, non exponebantur minores dignitates & præbendæ, & alia inferiora beneficia venalia, sed cum magna puritate & finceritate conferebantur beneficia, & absque notabili grauamine Ecclesiarum. Temporibus autem, &c.

Item, temporibus SS. Patrum qui præfuerant fiebant diuisiones Episcopatuum perraræ, & quando hoc, fiebant cum causæ cognitione plenaria de valore reddituum, vt sciretur quid dandum, quid detrahendum, & quid relinquendum, & cum aliqua complacentia Regum, Patronorum, & populi, ad tollendum scandalum; sicque de monasteriis transferendum ad alia monasteria, vel vniendis aliqualiter præsentiebatur bona voluntas fundatorum. Temporibus autem ipsius Bonifacij non sic, sed prorsus aliter.

Item, temporibus SS. Patrum qui præfuerant fiebant constitutiones, & iura in Conciliis, aut cum plena deliberatione cum fratribus, & cum aliis peritis in Iure, & fiebant iura quæ erant ad correctionem morum, vel ad defensionem libertatis Ecclesiasticæ, non autem iura fiebant ad nutum oculi, vt diceretur statim, absoluimus omnes in talibus prouinciis constitutos à iuramento fidelitatis quocunque astricti sunt, vt nonobstante sa-

DE BONIF. VIII. ET PHILIP. LE BEL.

cramento obediant tali principi amico nostro in omnibus confœderationibus, & colligationibus quas fecit nobiscum: nec etiam statuebant, priuamus omnia Collegia talis regni, vt non possint de cætero eligere sibi Prælatos, & ne in tali regno Cancellarij possint dare licentiam regendi, nobis omnia reseruantes, & quòd omnia beneficia quæ vacabant in Curia pertineant ad collationem dom. Papæ, nec in perpetuum reuertantur ad Ordinarios, & quòd scripti in albo parietis habeantur pro citatis personaliter, & quòd dom. Papa est dominus spiritualitatis & temporalitatis, vt in vtroque appelletur ad eum, & quòd quicunque peccat grauiter, qui hoc non credit, & quòd habentur pro schismaticis quicunque impugnant, vel audent impugnare vitia, vel malefacta præsidentis, & quòd à temporalibus Regum appelletur ad dom. Papam. & dicitur in Francia quòd non restat, nisi quòd fiat vna constitutio quæ æquipolleret omnibus, quòd omnes Clerici, & laici essent ministri duntaxat ad nutum summi Pontificis, eorúmque qui præsident. Hæc autem & consimilia non fiebant temporibus SS. Patrum, sed de vita & honestate clericorum, & defensione libertatis Ecclesiasticæ, & iurium fiebant constitutiones, cum pœnis excommunicationis & interdicti. Temporibus autem dicti Bonifacij non sic, sed prorsus aliter.

Item, temporibus SS. Patrum habebatur cautela in collationibus beneficiorum regni, quòd Ecclesiæ regni non grauarentur, nec defraudarentur notabiliter residentia personarum beneficiatarum, & sic per eas residentias defendebantur Ecclesiæ, & defendebantur bona Ecclesiarum cum incolis regni, perfauorabiliores erant Ecclesiis. Temporibus autem dicti, &c.

Item, alij SS. Patres honorabant Prælatos regni, & deferebant eis, nec ad vanas voces populorum & communitatum, aut ad clamores Regum & Principum, nisi primitus causa cognita, non scandalisabant eos, nec citabant de facili, ex quo habebantur Prælati in magna reuerentia. Temporibus autem dicti Bonifacij non sic, sed prorsus aliter, ita quòd hodie in tantam vilitatem deducti sunt per eum à quo honorari debebant, foueri, sustineri & defendi, iam quasi viluerunt in conspectu Regum, & Principum & popularium.

Item, temporibus SS. Patrum non erant exploratores ab eis instructi, qui explorarent penes quos Prælatos esset pecunia, sed explorabant per quos Prælatos benè regeretur Ecclesia, & illos promouebant & exaltabant. Temporibus autem dicti, &c.

Item, temporibus SS. Patrum beneficia Ecclesiastica conferebantur personis acceptis Deo, & non considerabant quæ personæ essent de parte & de secta casæ, vel domus suæ, vt in ipsis fundarent Ecclesiam Dei.

Et ad vltimum quis Romanorum Pontificum vsque ad tempora dicta Bonifacij, sub colore quòd in subsidium Terræ sanctæ essent conuertenda legata ad pias causas, indulsit, & priuilegia concessit Regibus & Principibus legata indistincta, sub conditione quòd diuiderentur per medium inter concedentem summum Pontificem, & Principem cui concedebat: cuius priuilegij concessione ferè omnia testamenta fraudarentur, & totum qualitercunque relictum sub ratione, quia indistinctum contra voluntatem, & intentionem testantium, eriperetur de ore pauperum, & conuerteretur in bursam concedentis & Principis?

Item, quis alius Romanorum Pontificum compellebat Prælatos existentes in Curia pro ipsorum retentione inibi, vt reciperent sub vsuris grauibus magnas pecuniarum summas, & talibus, quòd pro decem millibus floren. redderentur xvi.millia, vt summa recepta perueniret ad ipsum summum Pontificem, vsurarum verò incrementum perueniret ad nepotum suorum compendium.

Ob honorem Sedis Apostolicæ, & quia ego sum talis, & quia nimis prolixum esset, omisi explicare illud aliter quàm se gessit, & rexit præfatus dominus Bonifacius. Sed Pater sancte, sciatis, quòd in Francia quantum ad ea quæ tangunt regnum Franciæ, est factus quidam liber, & compositus de actibus ipsius Bonifacij, & exactionibus, quæ, vt dicitur, ascendunt ad tantam summam, quòd nummularius nullus posset enumerare, & quòd posset emi vnum regnum æquè magnum, sicut est aliquod Christianorum regnum, si inueniretur venale, vt dicitur. Sanctissime Pater, prouideatis in istis, vt possitis serenare super iis omnibus mentem domini Regis & regni.

Supplication du peuple de France au Roy contre Boniface.

La souueraine franchise du Roy est, que le Roy ne reconnoisse de son temporel, Souuerain en terre que Dieu.

Que le Roy fist declarer que Boniface erra, quand il luy manda qu'il estoit son Souuerain au temporel, qu'il ne pouuoit donner des prebendes, ny retenir les fruits des Eglises cathedrales vacantes.

Il deduit par diuers exemples comme les Prestres & les Roys sont distinguez, & doiuent estre diuerses personnes, l'vn pour le spirituel, l'autre pour le temporel.

Nul par droit escrit peut monstrer sa franchise fors que vous, parlant au Roy.

Exagere fort ce que Boniface a dit, que Dieu l'auoit commis pour gouuerner le spirituel, & le temporel, & monstre qu'il a failly en disant cela. Par là il donne suiet à tous Princes mescreans, & aux Princes Chrestiens desobeissans de ne le reconnoistre, pensans perdre le plus haut point de leur Seigneurie. Si les Apostres & les disciples eussent dit ainsi, ils n'eussent conuerty vn seul Prince.

Boniface est heretique allant contre la Loy de Dieu, & ainsi mourut sans signe de repentance, soustenant qu'il luy estoit permis de faire ainsi. & mourut heretique.

Pour fin, disent que le Roy sur tous autres Princes par heritage est defenseur de la Foy, destructeur des Bougres (c'est à dire heretiques), & qu'il peut & doit requerir que Boniface soit iugé heretique, & puny apres sa mort comme l'on pourra.

Que le Roy est obligé de garder le serment qu'il a fait à son Sacre.

Registre cotté C. p. 114.

La Supplication du pueuble de France au Roy, contre le Pape Boniface le VIII.

AVovs tres-noble Prince, nostre Sire, par la grace de Dieu Roy de France, supplie & requiert le pueuble de vostre Royaume, pource que il li appartient que ce soit faict, que vous gardez la souueraine franchise de vostre Royaume, qui est telle, que vous ne recognissiez de vostre temporel Souuerain en terre, fors que Dieu, & que vous faciez declairer, si que tout le monde le sçache, que le Pape Boniface erra manifestement, & fit pechié mortel notoirement, en vous mandant par lettres bullées, que il estoit vostre Souuerain de vostre temporel, & que vous ne pouuez preuendes donner, ne les fruits des Eglises cathedrales vacans retenir, & que tous ceux qui croient le contraire, il tenoit pour hereges.

Item, que vous faciez declairer que l'en doit tenir ledit Pape pour heretege, non pas vous, & toute la gent de vostre Royaume, qui tousdiz ont

DE BONIF. VIII. ET PHILIP. LE BEL.

creu & croient le contraire ; Et pource que il ne veult cette erreur rappeller, ayant dit mout de fois que en cette creance viuroit & mourroit, & que ja pour nul homme ce ne rappelleroit, lesquelles choses il ne pouuoit faire, ne dire, ne croire, sans pecher mortellement contre vous, contre vos hoirs, & vos antecessours, & contre tous vos suiets, & contre tout le pueuble Latin, qui croit la Decretale, qui dit, que vous ne recogniffez nul souuerain en terre. Et que le Pape, qui la fist, ne vouloit pas, ne ne deuoit surreicion demander sur voltre temporel ; si que ledit Pape vous vouloit tolir à tort la graigneur noblesse, & le plus haut point de voftre Seigneurie, en faisant contre le commandement de la Loy noftre Seigneur sachammant, en disant que il li lisoit fere encontre, & que ce soit voir, il pert, pour cen que li, qui disoit que il estoit sers Dieu, ne pouuoit la Loy de son Seigneur oster, ne refuser à la garder, meismemant quant és commandements de la Loy, que il ne fust, & deust estre tenu pour bougre ; L'en puet prouuer per viue force, sans ce que nul y puisse par raison respondre, que le Pape n'eut onques Seigneurie de voftre temporel, ne en autre, ne auoir, ne chalongier ne doit, fors tant comme ceux qui la Seigneurie auoient ou temps sainct Syluestre, & puis l'en ont donné, & se il prenoet plus chalemont, & demandent, conuoitise, & rapine feroit, par les raisons, qui ensuiuent. Quand Dieu le Pere emprés le Ciel & les quatre Elements eut formé Adam & Eue, il dira eux & à leur succession, *Quod calcauerit pes tuus, tuum erit*, si comme se dit le commencement de la Bible ; c'est à dire, que il vouloit, que chacun homme fust le Seigneur de cen qu'il occuperoit de terre. Ainsi departirent les fils d'Adam la terre, & en furent Seigneurs trois mil ans, & plus, auant le temps Melchisedec, qui fut le premier Prestre, qui fut Roy, si comme dit l'histoire : mais il ne fut pas Roy de tout le monde, & obeissoient la gent à li comme à Roy du temporel, non pas comme à Prestre, & fut auant Roy que Prestre. Emprés sa mort fut grand temps, 600. ans ou plus, auant que nul autre fust Prestre. Et Dieu le Pere qui donna la Loy à Moïse, l'estabii Prince de son peuple d'Israël, & li commanda, que il fist Aaron son frere Souuerain Prestre, & son fils apres li. Et Moïse bailla & commit, quand il deust mourir du mandement de Dieu, la Seigneurie du temporel, non pas au Souuerain Prestre son frere, mais à Iosué sans debat, que Aaron & son fils après li y meissent ; mais gardoient le Tabernacle, & entendoient illec au seruice de Dieu, & se aidoient au temporel defendre, & conquerre par armes, & autrement. Et tous les autres Prestres & Diacres le firent après eux, aussi comme les autres gens. Et puis quand vint à partir la terre Saincte entre les douze lignies, qui conquise l'auoient, celuy Dieu, qui toutes les choses presentes & auenir sçauoit, commanda à Iosué leur Prince, que il partist la terre entre les onze lignies ; & que la lignie des Prestres & des Diacres eussent en lieu de leur partie, les diesmes & les premisses de tout, & en vesquissent sans terres auoir, si que eus peussent plus profitablement Dieu seruir, & prier pour le pueuble. Et puis quand vint grand piece aprés, quand le pueuble d'Israël demanda Roy à noftre Seigneur, ou fit demander par le Prophete Samuel, il ne leur eslit pas le Souuerain Prestre, mais Saul, qui surmontoit de grandeur tout le pueuble, de tout le col, & de la teste. Emprés noftre Seigneur eslent Dauid en Roy, non pas le Souuerain Prestre, si que il not nul Roy en Hierusalem sus le pueuble de Dieu, qui fust Prestre, mais auoient Roy & Souuerain Prestre en diuerses personnes, & auoit l'vn assez à faire de gouuerner le temporel, & le autre l'espirituel du petit pueuble : & si obeïssoient tous les Prestres du temporel as Rois. Emprés nostre Seigneur Iesus-Christ fust Souuerain Prestre, & ne trouue l'en point escrit, qu'il eust onques nulle possession de temporel, ne que il voulsist que Herodes, qui Roy estoit, ne Pilate, qui estoit Garde de ce que li Empereur de Rome auoit ou païs, l'en obeïssient de riens ; ains dit que l'en rendist à Cesar ce que l'en li deuoit, & à Dieu aussi ; & fist payer pour li, & pour sainct Pere son Vicaire d'vn denier d'or, qu'il fit prenre en la gueulle d'vn poisson, & le fist, afin qu'il n'eust esclandre en luy, par lequel il passont, non pas pource que il en deussient riens. Aprés ce, sainct Pere, & sainct Pol, sainct Clement, & les autres saincts Apostoiles, ne les autres, iusques au temps dudit Boniface, ne demanderent onques Seigneurie, fors en ce que Constantins donna à l'Eglise. Ce fut grand abomination à oüir que cest Boniface, pource que Dieu dit à sainct Pere, *Ce que tu lieras en terre sera lié au Ciel*, ceste parolle, d'esperitualité, entendi mallement, comme bougre, quant au temporel ; se il meist vn homme en prison temporelle, le meist pour ce Dieu en prison en Ciel. Et si dist sainct Augustin *contra Vincentium Donatistam*, l'en puet en preschant vser de la saincte Escriture, en sens de mystere, si comme le prescheur voit que bien est : mais l'en doit vser en disputoison, en sens de la lettre, non mie par mystere. Et si dient les Docteours que les faits de nostre Seigneur, escrits au vieil Testament, sont figure & exemple du nouuel Testament. Et l'Apostre dit, que nous deuons prenre exemple as Fils Iesus-Christ. Donques quand Dieu le Pere bailla à deux personnes le gouuernement de son petit pueuble d'Israël, à vn le temporel, à l'autre l'esperituel, comment osa dire ledit Boniface, & mander, que de la volenté de Dieu, il deuoit auoir le pouuoir & la charge de gouuerner l'esperituel & le temporel de tout le monde : quar se il eust le pouuoir du temporel sur vous & sur vostre Royaume ; par plus forte raison il eust ce pouuoir sur tous les Princes Chrestiens : pource que il n'en y a nul, qui par droit escrit peut monstrer sa franchise, fors que vous : pourquoy vous li poués dire que à tort, par tresgrande conuoitise, vouloit cen sonprenre de nouuel par dessus vous, & par le greigneur orgueil que l'en puest trouuer, que homme eust onques demandé poësté en monde. Comment pourroit homme dire parole plus enflée d'orgueil, que ceste, Dieu m'a commis en terre son pouoir en temporalité, & en esperitualité, si que sus toutes gens en toutes manieres s'estent mon pouuoir & ma poësté. L'en puet bien voir se l'entente de si sage seculier, comme il estoit, fust de bien gouuerner tout le temporel & l'esperituel. Il n'en prist pas si grand fais ; quar mil plus sage & plus fors ni souffissient pas. Li mesmes ne souffisoit pas à l'espirituaulté gouuerner ; ne son deuoir ne faisoit ; car il estoit tenu de garder les commandemens de la Loy du vieil Testament, & du nouuel, qui dient, que il deuoit amer & enseigner chacun homme du monde, comme soy-mesmes, & que qui ne sera baptisé, & ne croira en Iesus-Christ sera condempné ; & que si, comme il qui est Pape, aimoit Dieu, il estoit tenu sauuer & luy rendre toutes armes, & les enseigner par faicts & par paroles. Or ne les enseignoit il pas bien en fait de tel orgueil, & de telle conuoitise : quar il queroit son profit & sa volenté, non pas de tout le pueuble, & si n'enseignoit par paroles, ne mais pais où il fust nez, de moult la mendre partie de la gent. Et n'ensuiet pas nostre Seigneur Iesus-Christ, qui enuoia prescher la foy Chrestienne par soixante & douze deciples, ausquelz il donna le sens & les langages de toutes gents, ayais ledit Boniface fu en ce negligent : quar onques par soy ne par autre ne

regarda

regarda ne n'enseigna la centiesme partie de la gent du monde. Il estoit greigneur besoing que il sçeust Arabic, Caldei, Grieux, Ebrieux, & tous autres langages, desqueulx il est moult de Chrestiens, qui ne croyent pas comme l'Eglise de Rome, pource que eus n'ont esté de ce enseigniez, si comme les Pentarcos deuers Orient, neuf cens Euesques quique il y a sous li prés de tous les Grieux, & plusieurs autres desquieulx enseigner il laissa la cure, pour les plus obeissans suppediter, greuer & molester, que il est dessus dit. Se celuy qui par miracles ne pouuoit donner les langages, eust fait apprendre en tous les langages de lettres, tant d'escholiers, biens disposez pour apprédre, que ils souffississent pour enuoier à tous les pueubles prescher la foy Chrestienne: & se eus n'eussent assez sceu pour ce fere à sa vie, ses successeurs les eussent enuoyez, en parfaisant ce que il eust commencié ; ansi comme Moises commença le conquest de la Terre Saincte, & se ne la vit onques, mais establit pour soy, quand il deust mourir, en son lieu Iosué, & commanda au pueuble qui luy obeist. Pour cen appert, puis que dire le conuient: quar qui folie dit, folie doit oir; pourquoy en respondre sens & verité ne puet peril auenir. Quar se Boniface par soy & par tout son Clergie, eust à Dieu rendu tout le pueuble Latin, qui mourut, tant comme il eust en cure, que il en laissa quatre cens perir par sa negligence, & pource car il ne garda les commandemens de la Loy, en ce que nostre Seigneur Iesus-Christ dit à sainct Pierre, *Pasce oues meas*, & entendi de toutes, de quelconque lieu, & de quelconques lignages ils fussent, & il laissa ce à faire, pour entendre à pouruoir & noblir son lignage, & pour vous tollir vostre greigneur franchise, il ne puet nier, que par cest fait, plus encores que se il le deist, pource que l'en croit plus exemple de fait, que de paroles, que il ne donnast occasion à tous Princes mescreans, & à tous les Chrestiens Princes desobeissants, de refuser le Baptesme & l'obeissance de l'Eglise de Rome : pource que ils pensent perdre le plus haut point de leurs seigneuries, c'est à sçauoir, de non reconnoistre souuerain de leur fius. Se les Apostres, & les autres deciples, eussent fait, ou dit ainsi, nul ne cuideroit que ils peussent auoir vn tout seul Prince conuerti. Et si croit on que il commença à vous, bon Roy, pource que vous, & vos Antecesseurs, & tout le pueuble soufmis à vous, auez tout temps esté les plus obeissans, & les plus deuots à l'Eglise de Rome, & à toutes les autres ; si comme il pert bien, regardée la Iurisdiction & l'authorité des Eglises de vostre Royaume, & des autres. Et pour cen il pert, que Boniface, à l'exemple de Zacharias, s'efforça de faire contre le greigneur bien, le greigneur mal, que il pouet, quand il oyt, que vous, & vostre Conseil, & tout vostre pueuble, qui tant est grand, vous teniez pour si mal payez de son mandement. Et que si grand esclandre en estoit par tout le monde, comme le fait greigneur, que l'en ne pourroit dire, ne escrire, & si eust esté trop greigneur, se l'en eust vsé de semblable sur tout le pueuble Latin : quar nul homme n'i eust obei, tant comme il s'en peust defendre. Le cuer & la volenté du mandeour, qui cuidoit faire tout le monde trembler, s'endurcirent sans repentir, & sans retraire à l'exemple de Pharaon. Ne onques homme ne s'apperçeut, que il ne mourut en si grand iniquité, en faisant le contraire de nostre Seigneur Iesus-Christ, & de sainct Pol, qui dit ainsi ; *Se mon frere estoit esclandré, pour l'en oster, ie me garderoie de menger char à tousiours mais* : & pource que il ne parlast sans faire, & sans que il ne fust greuous au pueuble, & que esclandre ne ussist, iceluy sage Apostre, quand il alloit preschant, par son art, & par ses mains, queroit en faisant panniers, ce que necessaire y estoit pour luy, & pour ceux qui auec li estoient : & li

Apoſtoiles en ſon Canon meſme dit, que pour eſclandre eſchiuer, l'en doit faire, & laiſſer à faire, tout ce que l'en peut ſans pechié mortel. Et ſi fut, & eſt eſclandre greigneur dudit mandemét, de l'orgueil, & de la conuoitiſe; pource que les ſages regardoient, que les Apoſtoiles, & les Empereurs, quand ils furent leurs doez, qui pour eux eſtablirent le plus, que ils peurent. Laquelle choſe pert bien, à ce que l'Empereur dit, que il eſtoit Seigneur du mode, ſans rien excepter, qui ne auint onques à Alexandre, ne à autre. Et ſe n'oſerent il dire que l'en ſe peut defendre contre l'Egliſe de Rome, & contre li Empire, par preſcription de cent ans. Autrement il conuenift reuenir à faire; comme les poiſſons qui ont toute la mer commune, ſi que le plus fort boute hors le plus foible, & occupe le lieu tant comme il luy plaiſt à demourer. Ainſi feroient la gent, ſe longue teneure ne deffendoit les tenans. Dont ſemble il bien, que ledit Pape vouloit tout le monde deſtruire, & mettre en guerre, qui de nouuel vouloit occuper ceſte Seigneurie, qui tenuë & porliſe auoit eſté plus de mil ans en bonne foy des Roys de France. Par autele raiſon puet l'en demander tout l'heritage que Dieu le Pere partit entre Adam & ſes fis, quand il dit, *Ce que ton pied marchera, & que tu occuperas ſera tien.* Parquoy il pert, qu'il alloit droitement comme herege, contre la Loy de Dieu & contre le commandement. Onques quand ledit Boniface ſçeut ſi grand eſclandre eſmeuë par ledit mandement, ne ſen ſouffriſt pour ce appaiſier. Il appert bien, que il ne doubta eſclandre de riens, & que ceſte entente de li fu peruerſe, ſi que l'en n'apperceut onques ſur ce ſon eſmandement. Et quand l'en ne puet nier, qu'il ne ſceuſt tel eſclandre, & il ne lui en chalu, mais pourſui, comme mellencolieux, ſa folle entente, plus fort que deuant, par pluſieurs fais peruers, par leſqueulx il rema Dieu, & en ce ſen reduici, ſans reſortir de riens en ſa vie. Et fit ces choſes notoirement, en diſant, que il li liſoit à faire. Et ſi appert clerement, que il ne le pooit fere, ſans pluſieurs pechiez mortels, qui ne puent eſtre eſcuſé, que ce ne fuſt verité notoire. Pourquoy, par les dits de ſainct Pol, & de ſainct Auguſtin, il renoia Dieu notoirement, & en ceſt eſtat fu mort, ſans ce que l'en onques aperçeuſt ſa repentance, ſi comme ceux qui furent preſens, & la renommée de Romme le teſmoigne, *& in Epiſtola ad Titum* 1. c. x1. q. 3. c. *exiſtimant*. Et ſe maintint touſiours, comme Pharaon, que il li liſoit à faire: pourquoy il pert raiſonnablement, que il fut herege, & en ceſte erreur mourut. Et s'aucuns vouloit ledit Boniface excuſer de tout ceſt eſclandre, en diſant, que ledit Pape ne pouoit laiſſer, que il ne fiſt ſon pouoir des choſes deſſus-dites, que il ne cheiſt en pechié mortel, & que ſentence fu telle: Contre ce puet l'en dire, que il appert, que ce fuſt faux, quand il s'enſuiuroit qu'il creuſt, que tous les Apoſtoiles euſſent veſcu tous dix en pechié mortel, pource qu'ils ne firent ainſi. Parquoy que aucun autre ne praigne exemple à faire auſſi; & pource que la peine de luy face piour aux autres; & meſinement pource que puis qu'il fuſt Pape, & deuant meſmes, on li vit notoirement fere moult de choſes, qui ne pouuoient eſtre faites en bonne maniere, deſquelles on n'apperceut onques ſigne de emendement. Vous, noble Roy ſur tous autres Princes, par herege defendeour de la Foy, deſtruteur de bougres, pouez & deuez, & eſtes tenus requerre, & procurer, que ledit Boniface ſoit tenus & iugiez pour herege, & puniſen la maniere que l'en le pourra & deura, & doit faire emprés ſa mort; ſi que vôtre ſouueraine franchiſe ſoit gardée & declairée, & qu'elle ne periſſe, ne ne ſoit auiléé en voſtre temps, & ſi que vous gardiez le ſerement lequel vous feites en voſtre couronnement, l'honneur & le profit de vous, & de

DE BONIF. VIII. ET PHILIP. LE BEL.

vos ancesseurs, & de vos heirs, & de tout vostre pueuble; si que par la deuotion de vous, ancesseurs de vous, & de vostre grand pueuble, la greigneur franchise de vostre Royaume ne soit perduë, ne en doute ramenée; & que celle iniure faicte à vous & à vostre pueuble, soit bien & souffisamment esmendée.

Acte par lequel Guill. de Chastenay, & Hugues de Celle Ambassadeurs du Roy furent trouuer les Cardinaux nommez audit acte en leurs maisons, leur presenterent les lettres du Roy du 1. Iuillet 1303. qui leur representoit l'assemblée faite à Paris contre Boniface, les appellations interiettées au Concile futur, la demande d'en conuoquer vn; prie lesdits Cardinaux de se ioindre à luy pour ce regard. Cinq desdits Cardinaux répondirent qu'ils auoient tousiours aimé l'estat & la personne du Roy; mais pour le contenu en ses lettres qu'ils seront tousiours de l'aduis du Pape, & s'en tiendront à ce qu'il en ordonnera. Cinq autres Cardinaux répondirent qu'ils trouuoient à propos la conuocation du Concile general, & promettent entant qu'à eux est d'y contribuer.

Coffre Boniface num. 771.

IN nomine Domini, Amen. Per præsens publicum instrumentum pateat vniuersis, quòd anno Natiuitatis Domini millesimo trecentesimo quarto, indictione secunda, mensis Aprilis die octaua, Pontificatus sanctissimi patris domini Benedicti Papæ vndecimi anno primo, nobiles viri domini Guillemus de Chatenayo, & Hugo de Cella excellentissimi principis domini Regis Franciæ illustris milites, & nuntij, vnà mecum Petro de Piperno Notario infrà scripto, ad hoc specialiter vocato & rogato, accedentes ad præsentiam reuerendorum patrum, domini M. sanctæ Mariæ in porticu Diaconi Cardinalis, domini L. Episcopi Albanen. domini P. Episcopi Sabinen. domini Th. Episcopi ciuitatis Papalis, domini F. sanctæ Luciæ in Silice Diaconi Cardin. domini I. Episcopi Tusculan. domini G. sancti Nicolai in carcere Tullian. Diacon. Cardin. domini I. tituli sanctorum Marcellini & Petri Presbyteri Cardinalis, domini L. sancti Angeli Diaconi Cardinalis, domini N. sancti Adriani Diaconi Cardinalis, ipsorum cuilibet Romæ in eorum hospitiis singulariter, & diuisim ex parte dicti domini Regis præsentauerunt quasdam litteras clausas credentiæ, & alias apertas sigillo præfati domini Regis Franciæ sigillatas, prout mihi Petro Notario plenè constat. Tenor litterarum apertarum est talis : PHILIPPVS Dei gratia Francorum Rex, Veneran. patri amico in Christo carissimo M. sanctæ Mariæ in porticu Diacono Cardinali salutem, & sinceræ dilectionis affectum. Ineffabilis amoris dulcedine sponsus, & caput Ecclesiæ Dei filius Dominus Iesus-Christus amplectens & prosequens sponsam suam fundauit in Petri vocabulo super petram, eiusdem beato Petro Apostolorum Principi, suisque legitimis successoribus cura commissa, venerabiles Episcopos Presbyteros & Diaconos Cardinales ipsius columnas, Ecclesiæ fidei cardines, & Apostolorum constituit successores. Vnde super iis quæ augmentum, & exaltationem fidei orthodoxæ, & honorem & bonum statum vniuersalis Ecclesiæ, & totius populi Christiani respiciunt, vos fiducia secura requirimus, ac specialibus cùm res deposcit litteris, & precibus excitamus. Nuper siquidem nonnulli Comites, Barones, & milites regni nostri, fide dignæ quidem, & magnæ auctoritatis personæ, moti, vt dicebant feruore fidei, sinceræ deuotionis affectu, & zelo caritatis inducti, sacrosanctæ Romanæ, ac vniuersali Ecclesiæ matri suæ, quam sub Bonifacij nunc eius-

1304, 8. Auril.

E e ij

dem Ecclesiæ regimini præsidentis præsentia miserabiliter deprimi, ac deformationem enormem, & iacturam pati dicebant, compatientes ab intimis, ac Christianæ fidei, in qua salus animarum consistit, & quæ suis operibus proh dolor! contabescit & deperit, excidio condolentes, ad ipsius Ecclesiæ, & totius Christianitatis salubre regimen, & bonum statum, ac reparationem & exaltationem Catholicæ fidei, vt dicebant, feruentiùs intendentes, maximè cùm eidem Ecclesiæ fidei fundamento, & aliarum saluti summè expediat, vt Dominici gregis ouili non nisi verus & legitimus verè & legitimè Pastor, & quòd ab eadem Ecclesia sponsa Christi quæ non habet maculam, neque rugam, omnis error, scandalum, iniquitas, & iniustitia repellantur, ac toti mundo, quem ex peruersis actibus, detestandis operibus, & perniciosis exemplis dicti Bonifacij in guerris, & tenebris manere dicebant, salus, pax, & tranquillitas diuina fauente misericordia procurentur, contra dictum Bonifacium hæreticæ prauitatis, & alia diuersa enormia, quibus cum irretitum esse dicebant, & super iis publicè, ac notoriè diffamatum, nobis, ac Archiepiscopis, Episcopis, & aliis Prælatis, ac personis Ecclesiasticis, qui pro suis, & Ecclesiarum suarum agendis conuenerant, ac Baronibus & aliis Nobilibus regni nostri præsentibus asseruerunt, proposuerunt, & obiecerunt publicè & patenter, præstitis ab eisdem obiectoribus, vt nostram in hac parte conscientiam informarent, nostrúmque ad exauditionem petitionis suæ animum faciliùs inclinarent, & sancta Dei Euangelia tacta corporaliter iuramentis, quòd huiusmodi crimina credebant esse vera, & se posse probare, quódque ipsa in generali Concilio, vel aliàs vbi, & quando, & coram quibus expedire viderint, & de iure fuerit faciendum, ad finem debitum prosequentur; petentes à nobis tanquam fidei pugile, ac Ecclesiæ defensore, ac Archiepiscopis, & Episcopis suprà dictis, tanquam Ecclesiæ fideique columnis, vt pro declaratione veritatis huiusmodi, vt omnis error abscedat, ac periculis & scandalis quæ vniuersali Ecclesiæ imminent, occurratur, conuocationi, & congregationi dicti Concilij generalis, ad laudem diuini nominis, augmentum, & exaltationem Catholicæ fidei, honorem, & bonum statum vniuersalis Ecclesiæ, ac totius populi Christiani, opem daremus & operam efficaces, cum in talibus & similibus casibus semper directrix veritatis extiterit Regia domus nostra. Nos autem licèt pudenda patris proprio libenter pallio tegeremus, ob specialis tamen deuotionis & dilectionis zelum, quem ad præfatam Ecclesiam matrem fidelium, sponsam Christi, cuius tanquam Christianæ legis, ac Catholicæ fidei zelatores deuotum nos filium profitemur, & defensorem recognoscimus specialem, progenitorum nostrorum insequendo vestigia gerimus, præmissa nequeuntes vrgente conscientia sub conniuentia vel dissimulatione transire, præsertim super excidio fidei, nostra, & aliorum quorumlibet, & præcipuè Regum, & Principum orbis terræ deberet patientia reprobari, huiusmodi propositionibus, obiectionibus & requisitionibus auditis & pleniùs intellectis, ac super iis cum Prælatis, videlicet Archiepiscopis, Episcopis, Abbatibus, Prioribus, Vniuersitate Parisien. studij, ac Magistris in Theologiæ facultate, & in vtroque Iure Doctoribus, Religiosis, & aliis de regno nostro oriundis, & etiam aliunde, ac in ipso regno, & alibi etiam prælaturas & beneficia obtinentibus, necnon Baronibus & aliis Nobilibus deliberatione, & discussione habita pleniori, conuocationem & congregationem dicti Concilij ex præmissis, & aliis iustis & legitimis causis vtilem & salubrem, & expedientem fidei negotio, & Ecclesiæ sanctæ Dei, & omnino necessariam reputantes, conuocationi &

DE BONIF. VIII. ET PHILIP. LE BEL.

congregationi huiufmodi faciendæ, vt præfati Bonifacij innocentia clareat, ficut tefte confcientia exoptamus, aut de impofitis fibi per Concilium difcutiatur, ftatuatur, & fiat quod præcipiunt, & decernunt Canonicæ fanctiones, deliberato confilio expresse confenfimus, ac proponentibus refpondimus memoratis, quòd eifdem conuocationi & congregationi operam libenter & operam, prout ad nos pertinet præberemus. Cæterum ne idem Bonifacius ex iis prouocatus, contra nos, Prælatos, Barones, & perfonas prædictas, Ecclefias, terras, fideles & fubditos noftros, & eorum, aut nobis adhærentes vel adhærere volentes, in hac parte procederet, ad prædictum Concilium, & ad futurum verum & legitimum fummum Pontificem, & ad illum, vel ad illos ad quos de iure fuerit appellandum, ex parte noftra & ipforum fub certis formis, prouocationibus, & appellationibus interiectis. Quapropter amicitiam veftram attentè requirimus, & rogamus, quatenus ad conuocationem & congregationem prædicti Concilij generalis loco & tempore congruis celebrandi, pro honore Dei & augmento Catholicæ fidei, & bono ftatu vniuerfalis Ecclefiæ, & totius populi Chriftiani diligenter, prout ad nos pertinet, intendatis, per quod omni ab Ecclefia Dei errore propulfo, ac fedatis fcandalis refurgant pax, & tranquillitas, paretur miferabili Terræ fanctæ fubfidium, vobisque pro tam laudabili opere à diuina clementia condignè proueniat retributionis augmentum: credentes dilectis, & fidelibus Guillelmo de Chatenayo, & Hugoni de Cella militibus noftris, vel eorum alteri, quos ad vos propter hoc fpecialiter deftinamus, in iis quæ circa hæc vobis ex parte noftra duxerint exponenda. Datum Parifius die prima Iulij, anno Domini millefimo trecentefimo tertio. Poft præfentationem verò dictarum litterarum, & per dictum dominum M. diligenter infpectarum, dicti milites ex parte dicti domini Regis petierunt cum inftantia ab eodem, vt ipfe dominus M. iuxta tenorem dictarum litterarum pro honore Dei, & augmento Catholicæ fidei, & bono ftatu vniuerfalis Ecclefiæ, & totius populi Chriftiani, & vt Terræ fanctæ fubfidio fuccurratur, ad conuocandum, & congregandum dictum Concilium vellet dare opem & operam efficaces, & fuum præftare affenfum. Qui dominus M. Cardinalis in mei Petri Notarij infrà fcripti, & dictorum militum præfentia refpondit per hæc verba: Nos femper dileximus & diligemus ftatum, honorem, & commodum Regis & regni Franciæ: fed contenta in dictis litteris, & ifta requifitio funt propofita, & requifita in confiftorio coram fummo Pontifice, & Cardinalibus: qui dominus Pontifex dixit, quòd habebit deliberationem fuper hoc; nos verò ordinationi fuæ ftamus, & eius beneplacito in eo quod fuper hoc confenferit nos confentimus, & confentiemus, cum honore, & ftatu Ecclefiæ. Item, prædicti milites aliam litteram præfati domini Regis fimilis tenoris & formæ, folo titulo mutato, præfentauerunt, me Petro Notario præfente, domino L. Epifcopo Albanen. præfato, & poft præfentationem, & infpectionem dictarum litterarum per dictum dominum L. Epifcopum Albanenfem, dicti milites ex parte dicti domini Regis ab eodem petierunt cum inftantia, vt idem dominus L. iuxta dictarum litterarum tenorem pro honore Dei, & augmento Catholicæ fidei, & bono ftatu vniuerfalis Ecclefiæ, & totius populi Chriftiani, & vt Terræ fanctæ fubfidio fuccurratur, ad conuocandum & congregandum dictum Concilium loco & tempore congruis vellet dare opem & operam efficaces, & fuum præftare affenfum. Qui dom. L. Epifc. Albanen. in mei Petri Notarij, & dictorum militum præfentia refpondit & dixit: Nos diligimus ftatum, & honorem Ecclefiæ Romanæ, & ftatum Regis, & regni Franciæ. Ista sunt proposita & requisita coram domino summo Pontifice ; in eo quod super hoc idem dominus Papa deliberabit parati sumus consentire, & assentire pro bono statu Ecclesiæ & mundi. Item, præfati milites aliam litteram similis tenoris & formæ, solo titulo mutato, directam domino P. Episcopo Sabinen. prædicto ex parte dicti Regis præsentauerunt eidem, me Petro Notario præsente : post præsentationem verò dictarum litterarum, & per eundem dominum Sabinensem Episcopum inspectarum, dicti milites ex parte dicti domini Regis cum instantia petierunt ab eodem, vt ipse dominus Sabinen. iuxta dictarum litterarum tenorem pro honore Dei, & augmento Catholicæ fidei, & bono statu vniuersalis Ecclesiæ, & totius populi Christiani, & vt Terræ sanctæ subsidio succurratur, ad conuocandū & congregandū dictum Concilium loco & tempore congruis, vellet dare opem & operam efficaces, & suum præstare assensum. Qui dominus Episcopus Sabinen. præfatus in mei Petri Notarij, & dictorū militum præsentia respondit in hunc modum : Statum, honorem domini Regis, & regni Franciæ semper pro posse procurauimus & affectamus : sed ista vestra requisitio, & contenta in dictis litteris facta sunt, & proposita in consistorio coram domino Papa, & Cardinalibus; super eo quod in hoc ipse dominus Papa deliberabit, & ordinabit pro bono statu Ecclesiæ Romanæ, & Regis, parati sumus consentire & assentire. Item, præfati milites aliam litteram similis tenoris & formæ, solo titulo mutato, directam domino Th. Episcopo ciuitatis Papalis prædicto ex parte dicti domini Regis præsentauerunt eidem, me P. Notario præsente : post præsentationem dictarum litterarum, & per eundem dominum Th. inspectarum, dicti milites ex parte dicti domini Regis ab eodem cum instantia petierunt, vt ipse iuxta dictarum litterarum tenorem pro honore Dei, & augmento Catholicæ fidei, & bono statu vniuersalis Ecclesiæ, & totius populi Christiani, & vt Terræ sanctæ subsidio succurratur, ad conuocandum & congregandum dictum Concilium loco & tempore congruis vellet dare opem & operam efficaces, & suum præstare assensum. Qui dominus Th. Episcopus ciuitatis Papalis prædictus in mei Petri Notarij, & dictorum militum præsentia respondit per hæc verba : Statum Romanum, & vniuersalis Ecclesiæ, & pacem & tranquillitatem Regis, & regni Franciæ affectamus, & totius populi Christiani : sed ista vestra requesita, & contenta in dictis litteris sunt proposita, & requisita in consistorio coram domino Papa, & super hoc promisit deliberare cum fratribus : nos in eo quod deliberabit super hoc consentimus, & assentimus pro pace Ecclesiæ & mundi. Item, memorati milites aliam litteram similis tenoris & formæ, solo titulo mutato, directam domino F. Cardinali prædicto, ex parte dicti domini Regis præsentauerunt eidem, me Petro Notario præsente. Post præsentationem dictarum litterarum, & per eundem dominum F. Cardinalem inspectarum, dicti milites ex parte dicti domini Regis eandem petitionem & similem cum instantia fecerunt eidem dom. F. Cardinali. Qui dom. F. Cardinalis in mei Petri Notarij, & dictorum militum præsentia respondit per hæc verba : Ea quæ continentur in dictis litteris, & ista requisita, sunt proposita & requisita in consistorio coram Papa, & Cardinalibus, & super hoc dom. Papa dixit, quòd volebat habere deliberationem ; nos in eo quod deliberabit super hoc assentimus, & sumus consentire parati. Item, dicti milites aliam litteram similis tenoris & formæ, solo titulo mutato, directā dom. I. Episcopo Tusculan. prædicto ex parte dom. Regis præsentauerunt eidem, me Petro Notario præsente : post præsentationem dictarum litterarum, & per eundem dom. Tusculanum inspectarum, dicti milites ex parte dicti dom.

DE BONIF. VIII. ET PHILIP. LE BEL. 223

Regis eandem petitionem & similem fecerunt eidem domino Tusculano. Qui dominus Tusculanus in mei Petri Notarij, & dictorum militum praesentia respondit in hunc modum: Quia videmus expediens pro Ecclesia Romana, & Catholica fide, & Regis, & regni Franciae, & totius populi Christiani statu, & pace consentimus & assentimus, vt generale Concilium fiat, & promittimus in quantum ad nos pertinet dare opem & operam efficaces. Item dicti milites aliam litteram similis tenoris & formae, solo titulo mutato, directam domino G. sancti Nicolai in carcere Tullian. Diacono Cardinali praedicto, ex parte domini Regis praesentauerunt eidem, me Petro Notario praesente. Post praesentationem dictarum litterarum, & per dictum dominum G. inspectarum, dicti milites ex parte dicti domini Regis eandem petitionem & similem cum instantia fecerunt eidem domino G. Cardinali. Qui dominus G. Cardinalis in mei Petri Notarij, & dictorum militum praesentia respondit in hunc modum: Quia pro Ecclesia Romana, & fide Catholica, & pro pace, & tranquillitate totius populi Christiani & Regis, & regni Franciae necessarium videmus, vt fiat Concilium, nos exnunc consentimus & assentimus vt fiat, & promittimus in quantum ad nos pertinet dare opem & operam efficaces. Item, memorati milites aliam litteram similis tenoris & formae, solo titulo mutato, directam domino I. Presbytero Cardinali praefato ex parte domini Regis praesentauerunt eidem, me Petro Notario praesenti. Post praesentationem dictarum litterarum, & per eundem dominum I. inspectarum, dicti milites ex parte dicti domini Regis eandem petitionem & similem cum instantia fecerunt eidem. Qui dominus I. Presbyter Cardinalis in mei Petri Notarij, & dictorum militum praesentia respondit in hunc modum: Quia statum sanctae Romanae Ecclesiae, & Regis, & regni Franciae, & populi Christiani, & pacem affectamus, consentimus vt Concilium fiat, & promittimus ad hoc opem dare & operam efficaces in quantum ad nos pertinet. Item, dicti milites aliam litteram similis tenoris & formae, solo titulo mutato, directam domino L. Cardinali praefato, ex parte dicti Regis praesentauerunt eidem, me Petro Notario praesente. Post praesentationem dictarum litterarum, & per ipsum dominum L. Cardinalem inspectarum, dicti milites ex parte dicti domini Regis eandem petitionem & similem cum instantia fecerunt. Qui dominus L. in mei Petri, & dictorum militum praesentia respondit in hunc modum: Quia pacem & tranquillitatem Romanae, ac vniuersalis Ecclesiae, & totius populi Christiani, ac statum & honorem Regis, & regni Franciae, & exaltationem fidei cupimus: idcirco consentimus & assentimus, vt Concilium fiat, & promittimus operam dare efficacem, in quantum ad nos pertinet. Item, supra dicti milites aliam litteram similis tenoris & formae, solo titulo mutato, directam domino N. Cardinali praedicto, ex parte domini Regis praesentauerunt eidem, me Petro Notario praesente. Post praesentationem dictarum litterarum, & per ipsum dominum N. inspectarum, dicti milites eandem petitionem & similem, ex parte domini Regis cum instantia fecerunt eidem Cardinali. Qui dominus N. Cardinalis in mei Petri Notarij, & dictorum militum praesentia respondit in hunc modum: Quia videmus expediens, & necessarium pro fide Catholica, & pro statu sacrosanctae Romanae, & vniuersalis Ecclesiae, & tranquillitate Regis, & regni Franciae, & totius populi Christiani, vt Concilium generale conuocetur & congregetur, exnunc consentimus & assentimus vt fiat, & promittimus in quantum in nobis est, ad hoc dare consilium, auxilium, & iuuamen, & praestare opem & operam efficaces.

 Et ego Petrus Philippi de Piperno Clericus sacrosanctæ Romanæ Ecclesiæ Imperiali auctoritate Notarius publicus, præmissis omnibus vnà cum dictis militibus præsens interfui, manu propria in publicam formam redegi, meóque solito signo signaui rogatus.

Pouuoir du Roy à ses Ambassadeurs Beraud Sire de Mercueil, Pierre de Belleperche, Guillaume de Nogaret, & Guillaume du Plessis Cheualiers, de traiter & composer auec le Pape Benedict de tous les differens qu'il auoit eus auec le Pape Boniface pour quelque cause que ce soit, prout honori nostro, & ipsius regni, & ad plenam conseruationem libertatum, franchisiarum, priuilegiorum, & bonarum consuetudinum, & iurium nostrorum, & ipsius regni Prælatorum, Baronum, & aliorum incolarum.
Au Tresor Boniface num. 743.

1303. 25. Feurier.

PHILIPPVS Dei gratia Francorum Rex, vniuersis præsentes litteras inspecturis salutem. Nouerit vniuersitas vestra, quòd nos dilectis & fidelibus consiliariis & familiaribus nunciis nostris Beraudo domino Mercolij, Magistro Petro de Bella-pertica Canonico Carnotensi, Guilielmo de Nogareto, & Guilielmo de Plasiano militibus, de quorum industria, & fidelitate confidimus, quósque ad Apostolicam Sedem pro quibusdam nostris, & regni nostri negotiis destinamus, & tribus ex eis in solidum, tractandi cum sanctissimo P. Benedicto diuina prouidentia sacrosanctæ Romanæ, ac vniuersalis Ecclesiæ summo Pontifice deputato, vel deputatis ab eo, de quibuscunque discordiis, quæstionibus, dissensionibus, & controuersiis inter quondam Bonifacium, tunc ipsius Ecclesiæ regimini præsidentem, ac nos & regnum nostrum quauis caussa, vel occasione subortis, conueniendi, concordandi, paciscendi, transigendi, & amicabiliter cōponendi, prout honori nostro, & ipsius regni, & ad plenam conseruationem libertatum, franchisiarum, priuilegiorum, & bonarum consuetudinum, & iurium nostrorum, & ipsius regni, Prælatorum, Baronum, & aliorum incolarum eiusdem viderint expedire, ac omnia alia & singula faciendi quæ circa præmissa fuerint opportuna, plenam, & liberam præsentium tenore committimus potestatem : ratum habituri, & gratum quicquid per ipsos quatuor, tres, aut duos: ex eis factum fuerit in hac parte. Datum Nemausi Sabbatho ante festum Beati Mathiæ Apostoli, anno Domini CIƆCCCIII. & sigill.

Pouuoir donné par le Roy à Beraud de Mercueil, Pierre de Belleperche, & Guillaume du Plessis ses Ambassadeurs, qu'il enuoye vers le S. Siege pour ses affaires, & pour demander en son nom au Pape Benedict absolution de toutes les excommunications, & sentences d'interdit, ausquelles il pourroit estre encouru, ab homine vel à iure.
Coffre Boniface num. 742.

1303. Mars.

PHILIPPVS Dei gratia Francorum Rex, vniuersis præsentes litteras inspecturis salutem. Notum facimus quòd nos dilectis, & fidelibus consi-

DE BONIF. VIII. ET PHILIP. LE BEL.

Confiliariis, & familiaribus Nuntiis noftris Beraudo domino Mercolij, Magiftro Petro de Bellapertica Canonico Carnotenfi, & Guillielmo de Plaiiano militi, de quorum induftria, & fidelitate confidimus, quófque ad Apoftolicam Sedem pro quibufdam noftris, & regni noftri negotiis deftinamus, ac duobus ex eis in folidum acceptandi & recipiendi pro nobis, & nomine noftro à fanctiffimo Patre B. diuina prouidentia facrofanctæ Romanæ, ac vniuerfalis Ecclefiæ fummo Pontifice, deputato vel deputatis ab eo, abfolutionis, vel relaxationis beneficium, à quibuflibet excommunicationis, vel interdicti fententiis, fi quas forfan quibufcunque temporibus retroactis, ex quibufuis caufis incurrimus, ab homine vel à iure prolatas ; ac faciendi omnia & fingula quæ circa præmiffa fuerint opportuna, plenam præfentium tenore committimus poteftatem, & damus fpeciale mandatum : ratum habituri, & gratum quicquid per ipfos, vel duos ex eis factum fuerit in hac parte. Datum Nemaufi Sabbatho poft Brandon. anno Dom. 1303. *feellé.*

Articles prefentez de la part des Colonnes au Roy pour l'exciter à proteger leurs affaires, & faire reuoquer les iniuftes iugemens rendus contre eux par voye de reftitution en entier, & non par voye de nouuelle creation.
Boniface a fouuent reconnu en prefence de témoins l'iniuftice de fes fentences. La qualité des crimes, comme herefie, dont eftoit accufé Boniface, oblige à cela.
Qu'il a aigrement repris les Cardinaux de ce qu'ils ne s'eftoient oppofez à ce qu'il a fait. Qu'ils n'auoient efté citez, non conuaincus, non contumacez, ny confeffans, ny denoncez d'aucun crime notoire. Luy ennemy capital aprés vn appel formé.
Que la caufe d'vn Cardinal doit eftre traitée in Concilio generali. *Que l'on fçait, que pour l'affaire d'vn Cardinal, le Concile general a efté affemblé cinq fois.*
Si le Pape peut fans caufe chaffer vn Cardinal, aucun Cardinal ne fera fi hardy que de s'oppofer à luy, eux qui font eftablis pour luy feruir de confeil, & pour luy refifter aux occafions. Sunt coniudices Romani Pontificis & membra.
Periculofiffimum eft dicere, quòd de plenitudine poteftatis poffit omnia.
Papa nihil poteft, ni fecundùm legem Dei.
Il peut venir beaucoup d'inconueniens de l'abus de la plenitude de puiffance, comme fi le Pape vouloit priuare Reges de plenitudine poteftatis tantùm.
Par les Canons & Decrets en ces cas il faut proceder par reuocation & reftitution en entier. Si l'on en faifoit autrement, comment, difent-ils, le Pape nous pourroit-il donner de nouueau les citez, chafteaux, & biens dont nous auons efté priuez par ce tyran, dont les Vrfins font en poffeffion, & les Gayetans & autres.
Que le Pape Benedict a pris la voye de reuocation, ayant annullé tous les iugemens rendus contre les Colonnes, fors quelques-vns, quant à prefent.

Coffre Boniface num. 801.

SERENISSIME princeps, & clementiffime domine, hæc funt quæ dominationis veftræ clementiam omnino mouere habent, quòd negotium Ecclefiæ Dei in perfonis deuotorum veftrorum Columnenfium, habet expediri per viam reuocationis fententiarum iniquiffimarum, imò nullarum ipfo iure, latarum contra ipfos, fi fententiæ dici poffent, & per viam reftitutionis in integrum, & non per viam nouæ creationis.
Primò neceffitas omnino vrget, & ftatus Ecclefiæ hoc requirit propter propofitiones côtra Bonifacium factas, tam de hærefi quàm de illegitimitate,

Ff

quarum propositionum cùm pendeat euentus, quilibet prudens aduertit, quæ & quanta pericula sint Ecclesiæ Dei, si per viam aliam procedetur, & quòd nullatenus per viam aliam sine periculis maximis procedi potest.

Secundò, nullitas ipsarum sententiarum patet, quia ipse idem Bonifacius frequentissimè recognouit iniquitatem, & nullitatem sententiarum suarum, & quòd ex odio, & iniquitate processerat, & in furore ; & hoc frequenter dixit coram fide dignis, & omni exceptione maioribus.

Item, frequentissimè publicè reprehendit valde acriter Cardinales in consistorio omnium, quia tantæ iniquitati, & destructioni Ecclesiæ, & status Cardinalatus non contradixerant, & dicebat quòd tempore Cardinalatus sui nullatenus fieri potuisset.

Item sententia, si sententia dici potest, lata fuit in nō citatos, non conuictos, non contumaces, non confessos, nulla accusatione, denuntiatione, seu notorio præcedentibus, nulla causæ cognitione præmissa, nulla data defensionis copia, ex quibus etiam secundùm ius diuinum, & naturale constat nullitas sententiæ, contra quod Papa non potest, nec aliquis purus homo.

Item, lata fuit per inimicum, & notoriè quæ inimici sunt gerentem, & de facto hoc comminantem, & ex odio & furore, & sic contra ius naturale, contra quod Papa non potest.

Item, post appellationem legitimam, legitimè ex causis legitimis interpositam, & post allegationem suspicionis, & recusationem legitimam, & ex causis legitimis factam, & petitionem arbitrorum legitimam legitimè factam; & sic secundùm Concilium Nicænum, vbi hoc cauetur, quod sicut vnum de quatuor Euangeliis honorandum est, omnis processus post hæc habitus etiam per Rom. Pontificem nullus est ipso iure. Nullus est etiam processus ipso iure post hæc habitus, secundùm B. Siluestrum in Concilio generali : & omnis condemnatio, quæ post huiusmodi subsequeretur, nulla est ipso iure secundùm B. Leonem in Concilio generali.

Item, nulla fuit ipso iure, quia causa Cardinalis non nisi in generali Concilio agi debet, & si secus agatur nullum est ipso iure secundùm sancta Concilia, & canones SS. Patrum, imò pro vnius Cardinalis causa inuenitur quinquies generale Concilium celebratum.

Item, Cardinales instituti sunt ad assistendum Romano Pontifici propter stilum veritatis: quomodo aliquis Cardinalis audebit reprehendere Rom. Pontificem contra veritatem loquentem vel agentem, si sine causa possit eum expellere & priuare ?

Item, Cardinales positi sunt ad resistendum in facie Romano Pont. cùm reprehensibilis, sicut Paulus restitit Petro, sicut ipse dicit : In faciem ei restiti, quia reprehensibilis erat. Quomodo aliquis Cardinalis audebit in faciem resistere Romano Pontifici, si sine causa possit eos expellere & priuare ?

Item, Cardinales sunt coniudices Romani Pont. & sunt membra, non tantùm corporis Ecclesiæ sed capitis: quomodo ergo poterunt priuari coniudices sine causa? certè nullo modo.

Item, si hoc esset, nihil esset aliud nisi statum vniuersalis Ecclesiæ immutare, quod Papa non potest, vt per omnes diffinitum est.

Item, si hoc posset, nihil aliud esset, nisi quòd disrumperetur corpus Ecclesiæ, & confunderetur ordo, si Rom. Pont. omnia posset de suæ arbitrio potestatis, quæ data est tantùm ad ædificationem, non ad destructionem, & vt posset pro veritate, non contra veritatem secundùm Apostolum.

Item, status Cardinalis est perpetuus, figurantur enim in vectibus de lignis setim, qui inducuntur in lateribus arcæ, id est Ecclesiæ, vt portetur in eis, & subditur, quòd in circulis semper erunt, & nunquam extrahentur ab ipsis, vt patet Exodi 21.

Item, Cardinales positi sunt, vt excubent & obseruent quidquid ad cultum pertinet multitudinis Ecclesiæ, & constituti sunt, vt custodiant cultum sacerdotij religione perpetua. Numer. 3.

Item, Papa & Cardinales constituti sunt, vt disponant & ordinent, quæ ad ædificationem Ecclesiæ ordinata fuerunt, & disponant opera singulorum, & diuidant quis quid in Ecclesia Dei portare debeat. Numeri 4.

Item, quòd de plenitudine potestatis possit omnia, hoc periculosissimum est dicere. Nam & Deus dicitur non posse malum agere, multo minùs ipse. Romanus enim Pontifex nihil potest, nisi secundùm legem Dei, & quod lex Dei eum docet, hoc solum potest, & habet docere, & loqui ad populum, vt patet Exodi 4. cap.

Item, ex abusu plenitudinis potestatis de facili sequeretur generale schisma Ecclesiæ. Quid si vnus Papa fortè minùs sapiens vellet priuare de plenitudine potestatis tantùm Reges. Quid si vnus Papa fortè hæreticus vellet priuare omnes Cardinales Catholicos, & hæreticos ordinare. Infinita sunt igitur pericula quæ euenirent, ad quæ vitanda omnino necessarium est, per viam reuocationis & restitutionis procedere.

Item, attendendum est, quòd secundùm canones decretorum, & secundùm decreta SS. Conciliorum in omnibus huiusmodi casibus per reuocationis, & restitutionis in integrum viam procedendum est, & sic procedi debere in canonibus cauetur, vt patet L. dist. maximè in §. Contra, & in cap. Ioannes.

Item, si de nouo fieret, esto quòd propter omnes inconuenientias superiùs non dimitteretur, quomodo daret nobis Papa de nouo ciuitates, castra, bona & iura nostra, quibus tyrannus ille nos priuauit, quorum aliqua detinentur per Vrsinos, aliqua per Caietanos, & nonnulla per alios, certè non esset via tuta ad hoc, nisi per viam reuocationis & restitutionis: & hanc viam assumpsit dom. Benedictus, qui reuocauit, & annullauit omnes sententias latas contra Columnenses, exceptis quibusdam super quibus dixit, se nil innouare tunc, & in reuocatione sua sustulit omnem effectum sententiarum Bonifacij, exceptis illis tribus articulis reseruatis.

Patet igitur ex suprà dictis, quòd necessitas Ecclesiæ, & conuenientia, iustitia, & æquitas, & decentia omnino suadent, per viam reuocationis, & restitutionis procedi, & quòd bono modo per viam aliam nullatenus prouideretur Ecclesiæ, nec pericula vitarentur.

Bulle du P. Benedict, qui reuoque tout ce qu'auoit fait Boniface VIII. contre les Colonnes, tant Cardinaux que autres, & ceux de Montenigro. Les restablit comme ils estoient auparauant. Excepté les confiscations ausquelles il ne touche quant à present. Pour Preneste il defend qu'elle soit redifiée & fortifiée, & que l'Episcopat n'y soit restabli sans sa permission.

Benedicti XI. Decretalis, qua reuocat processus, & sententias latas per Bonifacium VIII. contra Iacobum, Petrum, & Sciarram de Columna, eorúmque posteros, & alios.

DVDVM bonæ memoriæ Bonifacius Papa octauus prædecessor noster contra Iacobum, Petrum, & Iohannem de Sancto Vito, Ottonem quondam Agapitum, Stephanum, Iacobum, & Sciarram nepotes memorati Iacobi, & filios olim Ioannis de Columna, & posteritatem eorum, necnon contra Richardum, Petrum, & Ioannem de Montenigro, ac adiutores, fautores, & receptores eorum, cuiuscunque status, etiamsi Imperiali vel Regali dignitate fulgerent: contra ipsam insuper Præneste, dum vixit, varios fecit processus: sententias graues pœnas habentes, & multas, prout in eisdem processibus continetur, ex quibus sic paucas ex multis, & prolixis breues, exprimimus, quòd intelligi volumus specialiter singulas numeratas, & nominatim expressas. Inter cætera siquidem deposuit dictos Iacobum, atque Petrum à Cardinalatibus sanctæ Romanæ Ecclesiæ, reddens eos, & filios dicti Iacobi, & posteritatem eorum, inhabiles ad Apostolicæ dignitatis apicem, & Cardinalatus honorem: ipsos, eosdémque Iacobum & Ottonem, & Richardum, Beneficiis Ecclesiasticis & Ecclesiis cunctis priuauit, eósque, & Agapitum, Stephanum, & Sciarram prædictos, banniuit ab vrbe, & ita Ecclesiæ suprà dictæ ipsorum confiscauit bona, & iura, plurium excommunicationum sententiis innodauit, addixit infamiæ, capiendos exposuit, iudicauit schismaticos, & tanquam hæreticos puniendos, ab administrationibus, & officiis, iurisdictionibus, exercitio, & dignitatibus, in vrbe, & circa, in Romana Ecclesia, & Curia, ac ipsorum posteros, perpetuò, & in terris Romanæ Ecclesiæ, vsque in quartam generationem, per masculinum, & fœmininum sexum coërcuit, eis incolatum, ciuilitatem, & habitationem vrbis, circumpositæ regionis, & terrarum subiectarum Ecclesiæ interdixit, & intestabiles fecit. Nos itaque qui eius vices in terris gerimus, cuius est proprium misereri & parcere, eorum miseriis & ærumnis compatimur, ad clementiam pro eis commouemur, ipsis pietatis nostræ aperimus viscera, & mansuetudinem non negamus, misericordes ab eis non auertimus oculos, illisque pium animum exhibemus. Ideóque omnes prædictas depositionis à Cardinalatibus, priuationis à Beneficiis, & Ecclesiis, inhabilitatis ad Papatum Romanum, & bonorum, & iurium, quæ certis nobilibus Romanis ciuibus, & aliis concessa sunt (confiscationibus exceptis, in quibus nihil immutamus ad præsens) sententias, pœnas, & multas, & alias quæ in processibus memoratis siue alibi continentur: verbo etiam in vita ipsius, vel in morte, in eos latas, & inflictas, seu confirmatas, & innouatas per prædecessorem eundem, sicut si (vt prædicitur) essent per nos specialiter numeratæ, & nominatim expressæ, tam ad prædictos Iacob. & fil. dicti Ioannis de Col. masculinam & fœmininam prolem corundem Ioannis, & filiorum per vtrumque sexum posteritatem descendentem ab eis, Pet. & Richardum, & Ioan. de Montenigro præfatos, quàm ad coadiutores, fautores, receptatores, susceptores, & sequaces eorum quoslibet alios, penitus tollimus & viribus vacuamus : Ita quòd nec etiam pro præterito tempore possint super eis aliquæ personæ impeti, quæ incurrissent eas, aut contra ipsas aliquem effectum habere. Eisque quod quæuis alia quàm præfatarum depositionis à Cardinalatibus, priuationis Beneficiorum, & Ecclesiarum, confiscationis bonorum, & iurium, quæ (vt præmittitur) dictis ciuibus, seu aliis sunt concessa, & inhabilitatis ad Papatum, sententia, siue pœna abstulit, reddimus : & irregularitatem, si quam quoquo modo contraxerint, remouemus, & notam abolemus ipsius: Inhibentes ne iam dicta Præneste cum monte suo reædificetur, vel muniatur, aut ciuitatis nomen, siue Episcopatum recuperet, absque nostra licentia speciali. Non obstantibus quibuscunque constitutionibus, processibus, inhibitionibus, decretis, priuilegiis, indulgentiis, & litteris Apostolicis, per quæ præsentibus non expressa, vel totaliter non inserta, earum effectus possit quomodolibet impediri, & de quibus, quorúmque totis tenoribus, de verbo ad verbum, debeat in nostris litteris fieri mentio specialis.

Bulle de Benedict XI. qui reuoque la suspension qu'auoit ordonné Boniface à ceux qui auoient faculté de donner des licences, tant en Droit Ciuil que Canon.

Au Tresor Boniface num. 765.

BENEDICTVS Episcopus seruus seruorum Dei, carissimo in Christo filio P. Regi Francor. illustri salutem, & Apostol. benedictionem. *Vt eò magis* erga Deum, & Apostolicam Sedem regalis deuotionis excrescat affectus, quò sibi gratiosiorem Sedem repererit suprà dictam, votis tuis libenter annuimus, tuásque petitiones quantum cum Deo possumus fauorabiliter exaudimus. Dudum siquidem Bonifacius Papa VIII. prædecessor noster certis ex causis omnes in regno tuo potestatem habentes licentiandi Magistros, aut Doctores in Theologica Facultate, seu in Iure canonico, vel ciuili ab huiusmodi potestate suspendit vsque ad eiusdem Sedis beneplacitum voluntatis, decernens extunc irritum, & in[...] secus super hoc à quoquam scienter, vel ignoranter contingeret attemptari. Nos autem Celsitudinis Regalis obtentu, pro cuius parte super hoc nobis extitit supplicatum, suspensionem & decretum huiusmodi auctoritate Apostolica reuocamus, volentes, vt omnes in eodem regno potestatem huiusmodi obtinentes ea vtantur liberè sicut priùs : quod si forsan aliqui huiusmodi suspensione durante in iure, ac facultate prædictis licentiati fuerint per eosdem, quod actum per eos extitit in hac parte ratum nihilominus sit & firmum, ac si eadem suspensio nullatenus præcessisset. Datum Viterbij 14. Kal. Maij Pontificat. nostri anno 1. sub bulla plumbi.

1304. 18. Auril.

Benedict pardonne la desobeyssance, & contumace d'aucuns Prelats, Chapitres & Docteurs François, pour n'estre pas comparus à Rome au commandement que leur en auoit fait Boniface VIII.

Au Tresor Boniface num. 767.

BENEDICTVS Episcopus seruus seruorum Dei, carissimo in Christo filio Philippo Regi Francorum illustri salutem, & Apostolicam benedictionem. *Dudum Bonifacius Papa VIII.* prædecessor noster venerabiles fratres nostros Archiepiscopos & Episcopos, & dilectos filios Electos, & Capitula Ecclesiarum cathedralium regni Franciæ, ac Doctores in Theologia, & Magistros in Iure canonico, vel ciuili, de regno natos eodem, ob certas causas in litteris suis super hoc directe expressas, ad suam præsentiam conuocauit, mandans districtè in virtute obedientiæ, vt coram ipso eis ad hoc statuto termino comparerent. Quorum plures, sicut ex parte tua nobis fuit expositum, coram prædecessore prædicto non comparuerunt termino prælibato. Nos autem Celsitudinis Regalis obtentu, pro cuius parte super hoc nobis extitit supplicatum, prædictis omnibus qui in iis inobedientes fuerunt, vel etiam contumaces, remittimus huiusmodi inobedientiam, contumaciam & contemptum, vt exinde nullum ipsis possit imminere dispen-

1304. 13. May.

230 PREVVES DE L'HIST. DV DIFFEREND

dium, nullúmque obstaculum interponi. Datum Perusij 3. Id. Maij, Pontificatus nostri anno 1.

Bulle de Benedict X I. au Roy, quireuoque & annulle les suspensions qu'auoit fait Boniface VIII. des graces & indults accordez au Roy, au Royaume, à ses Officiers & à ses amis, & l'acte qu'il auoit fait pour délier plusieurs personnes du serment de fidelité auquel ils estoient obligez enuers le Roy. Remet le Roy & son Royaume, ses Conseillers & amis en mesme estat qu'ils estoient auant ladite suspension, fors & excepté Guillaume de Nogaret duquel il se reserue l'absolution: reuoque aussi & annulle les priuileges accordez au preiudice du Roy & du Royaume, post ortam discordiam entre le Roy & Boniface.

Coffre Boniface num. 769. & au coffre des Bulles num. 151.

1304.
13. May.

BENEDICTVS Episcopus seruus seruorum Dei, carissimo in Christo filio Philippo Regi Francorum illustri salutem, & Apostolicam benedictionem. Ad statum tuum & regni tui felicem paternis desideriis aspirantes, ad ea libenter intendimus, per quæ status ipse suminotis impedimentis quibuslibet, votiuis iugiter successibus prosperetur, & salutaria dante Domino recipiat incrementa. Dudum siquidem, prout ex parte tua fuit expositum coram nobis, Bonifacius Papa VIII. prædecessor noster, nonnullos contra te, ac regnum tuum, consiliarios, familiares, officiales, fautores,& valitores tuos regni prædicti, processus fecit diuersorum tenorum, variásque sententias promulgauit, gratias, priuilegia, & indulta tibi, & eis concessa suspendit. Pluribus insuper nonnulla priuilegia, in tuam & regni prædicti læsionem concessit, declarationes circa fines, seu limitationes edidit dicti regni, ac nonnullos, qui tibi iuramento fidelitatis, & ex aliis vinculis, & obligationibus tenebantur astricti, ab huiusmodi iuramentis, vinculis & obligationibus prorsus absoluit, in tuum, & aliorum prædictorum, ac eiusdem regni non modicum præiudicium, & grauamen. Nos autem, qui regalem magnificentiam apud Deum, & homines cupimus exaltari, volentes tibi, regno, consiliariis, familiaribus, officialibus, fautoribus, & valitoribus præfatis, ne prætextu processuum, sententiarum, suspensionum, declarationum, & absolutionum huiusmodi, aliquid tuo, seu eorum statui, vel saluti dispendium spiritualiter, aut temporaliter imminere valeat, prouidere; omnes, & singulos processus habitos, & sententias promulgatas, suspensiones, & declarationes, ac absolutiones, vt præmittitur factas contra te, regnum, consiliarios, familiares, officiales & valitores, præfata per eumdem prædecessorem, in quacumque forma verborum, quibuscunque de causis, siue dicti processus, & sententiæ, suspensiones, declarationes, & absolutiones fuerint publicati, siue non, siue verbo tantùm, siue etiam in scripturam redacti extiterint, auctoritate Apostolica, de Apostolicæ plenitudine potestatis reuocamus, annullamus, & viribus vacuamus, téque, ac regnum, consiliarios, familiares, officiales, fautores, & valitores supra dicta (Guillelmo de Nogareto milite, cuius absolutionem nobis specialiter reseruamus, dumtaxat excepto) ad plenum reponimus, & reducimus in eum statum in quo eratis ante processus, & sententias, suspensiones, declarationes & absolutiones prædicta, vt ex eis vel eorum aliquo tibi, vel eis, aut tuo, vel ipsorum statui, aut saluti præiudicium nequeat prouenire, vel obstaculum aliquod interponi. Omnia quoque priuilegia & indulgentias cuicunque genti, vniuersitati, vel loco, seu singularibus personis, cuiuscunque conditionis, status aut dignitatis existant, in tuum, seu dicti regni præiudicium, ab eodem prædecessore post ortam discordiam inter te, & ipsum, quomodocunque, & in quacunque forma verborum concessa, eadem auctoritate cassamus, irritamus, & exnunc viribus vacuamus, decernendo ea nullius existere firmitatis. Nulli ergo omnino hominum liceat hanc paginam nostræ reuocationis, annullationis, vacuationis, reseruationis, repositionis, reductionis, cassationis, irritationis, & constitutionis infringere, vel ei ausu temerario contraire. Si quis autem hoc attemptare præsumpserit, indignationem omnipotentis Dei, & Beatorum Petri & Pauli Apostolorum eius se nouerit incursurum. Datum Perusij 3. Idus Maij, Pontificatus nostri anno primo.

Actes par lesquels six Cardinaux enquis par les Agens du Roy, s'ils ne vouloient pas adherer auec sa Maiesté en l'affaire contre Boniface : quatre desdits Cardinaux furent d'aduis de sçauoir auparauant l'intention du Pape, & deux adherent auec le Roy pour la conuocation du Concile general.

Au Tresor Boniface num. 770. 772.

IN nomine Dom. Amen. Per præsens publicum instrumentum pateat vniuersis, quòd anno Domini 1304. &c. vt in præcedenti littera, accedentes personaliter ad præsentiam venerabilium patrum domini R. S. Eustachij Diaconi Card. domini fratris R. tit. S. Pudentian. Presbyteri Cardinalis, & domini fratris G. tit. S. Martini in montibus Presbyt. Cardinalis, eorum cuilibet Viterbij in ipsorum hospitiis singulariter, & diuisim præsentauerunt litteras Regis Franc. tenoris sequentis. Phil. Dei gratia, &c. ineffabilis amoris dulcedine, &c. Qui R. S. Eustachij respondit : Honorem, statum, & exaltationem domini Regis, & regni Franc. nos affectamus : sed ista requisita, & contenta in dictis litteris sunt proposita, & requisita in consistorio coram domino Papa, & Cardinalibus : qui dominus Papa respondit, quòd super hoc habebit deliberationem : nos verò suæ ordinationi & beneplacito stamus, & in eo quod ipse consenserit & mandauerit, idem volumus & consentimus.

1304.
2. May.

R. Cardinalis S. Pudentianæ respondit : Quia videmus expediens pro Ecclesia Dei, & populi Christiani totius mundi, & pro statu regni Franciæ, nos consentimus & assentimus vt Concilium fiat, & promittimus ad hoc dare opem & operam efficaces, quantum ad nos pertinet.

G. Card. sancti Martini respondit : Nos diligimus honorem, & statum Ecclesiæ Romanæ, & honorem Regis, & regni Franciæ & commodum : sed ista sunt proposita & requisita coram domino nostro summo Pontifice, & Cardinalibus : in eo quod dominus Papa deliberabit super hoc, parati sumus consentire & assentire, pro bono statu Ecclesiæ & mundi. *Signé.*

IN nomine Domini. Amen. Per præsens publicum instrumentum pateat vniuersis, quòd anno Natiuitatis Domini 1304. indict. 2. mensis Maij die 12. Pontificatus sanctissimi patris dom. Benedicti P. XI. anno 1. nobiles viri domini Guillelmus de Chatenayo, & Hugo de Cella excellentissimi principis Regis Franciæ illustris milites & nuncij, vnà mecum Petro de Piperno Notario infrà scripto, ad hoc specialiter vocato & rogato, accedentes ad præsentiam reuerendi patris domini fratris I. Episc. Portuen.

& S. Rufinæ Perufij in suo hospitio præsentauerunt quasdam litteras clausas credentiæ, & alias apertas, sigillo præfati dom. Regis Franciæ sigillatas, prout mihi Petro Notario plenè constat, ex parte dicti dom. Regis: quarum litterarum tenor est talis: PHILIPPVS Dei gratia Franc. Rex, Venerab. patri amico in Christo carissimo I. Portuen. & S. Rufinæ Episcopo salutem, & sinceræ dilectionis affectum. Ineffabilis amoris dulcedine, &c. vt in præcedenti. Dat. Parisius die 1. Iulij, anno Dom. 1303. Post præsentationem dictarum litterarum eidem domino I. Episcopo Portuensi, & S. Rufinæ, & per eundem diligenter inspectarum, dicti milites ex parte dicti dom. Regis, ab eodem petierunt cum instantia, vt ipse iuxta tenorem dictarum litterarum pro honore Dei, & augmento Catholicæ fidei, & bono statu vniuersalis Ecclesiæ, & totius populi Christiani, & vt Terræ sanctæ subsidio succurratur, ad conuocandum & congregandum dictum Concilium loco & tempore congruis, vellet dare opem & operam efficaces, & suum præstare assensum. Qui dom. I. Episc. Portuen. & sanctæ Rufinæ in mei Petri Notarij, & dictorum militum præsentia respondit in hunc modum: Nos diligimus statum, & honorem Ecclesiæ Romanæ, & Regis Franciæ, & pacem totius populi Christiani vellemus: sed ista vestra requisitio, & contenta in dictis litteris sunt requisita, & proposita coram Papa, & Cardinalibus: in eo quod ipse dominus Papa deliberabit super hoc, nos consentimus, & assensum præstamus.

Item, præfati milites alias litteras Regis similis tenoris, directas reuerendo in Christo patri L. sanctæ Mariæ in via lata Diacono Cardinali, præsentauerunt die 12. mensis Maij, anno prædicto: qui respondit in hunc modum: Placet nobis pro statu Ecclesiæ Romanæ, & pace & tranquillitate totius populi Christiani, & regni Franc. cuius honorem diligimus, vt Concilium generale conuocetur & congregetur, & super hoc consentimus, & nostrum præstamus assensum.

Item, præfati milites alias litteras Regis similis tenoris, directas reu. in Christo patri domino I. S. Georgij ad Velum aureum Diacono Cardinali, præsentauerunt die 15. Maij: qui respondit in hunc modum: Ista vestra requisitio est proposita coram domino nostro; nos ad hoc non respondemus ante suam responsionem, sed audita eius responsione, & beneplacito, nos respondebimus, & aliud responsum non damus ad præsens. *Signé.*

Bulle du Pape Benedict, par laquelle après auoir exageré la capture du Pape Boniface, & le vol du tresor de l'Eglise, il nomme tous ceux qui en estoient accusez, qu'il denonce auoir encouru excommunicationis sententiam promulgatam à canone, *& tous ceux qui les ont asistez, les cite à certain iour pour comparoir pardeuant luy, pour oüir ce qu'il ordonnera contre eux; autrement qu'il procedera contre eux* via regia.

Au Tresor Boniface num. 794.

1304.
7. Iun.

BENEDICTVS Episcopus seruus seruorum Dei, ad perpetuam rei memoriam. *Flagitiosum scelus,* & scelestæ flagitium, quod quidam sceleratissimi viri summum audentes nefas in personam bonæ memoriæ Bonifacij P. VIII. prædecessoris nostri non sine graui perfidia commiserunt, puniendum persequi, ex iustis causis huc vsque distulimus: sed vlterius sustinere non possumus, quin exurgamus, imò Deus in nobis exurgat, vt dissipentur inimici eius, & ab ipsius facie fugiant qui oderunt eum, dissipentur, dicimus si verè pœniteant, sicut ad prædicationem Ionæ Niniue
conuersa

conuersa est, aliàs vt Iericho subuertantur. Olim siquidem dum idem Bonifacius Anagniæ propriæ originis loco cum sua curia resideret ipsum nonnulli perditionis filij primogeniti sathanæ, & iniquitatis alumni, omni pudore postposito, & reuerentia retroiecta, prælatum subditi, parentem liberi, & vassalli dominum, Guillelmus scil. de Nogareto, Raynaldus de Supino, Thomas de Morolo, Robertus filius dicti Raynaldi, Petrus de Genazano, Stephanus filius eius, Adenulphus, & Nicolaus nati quondam Matthiæ, Giffredus Buffa, Orlandus, & Petrus de Luparia ciues Anagnini milites, Sciarra de Columna, Ioannes filius Landulphi, Gofredus filius Ioannis de Ceccano, Maximus de Trebis, & alij factionis ministri armati hostiliter & iniuriosè ceperunt, manus in eum iniecerunt impias, proteruas crexerunt ceruices, & blasphemiarum voces funestas ignominiosè iactarunt. Eorum etiam facto, & opera per eiusdem factionis complices, & alios thesaurus Romanæ Ecclesiæ ablatus violenter extitit, & nequiter asportatus; hæc palam, hæc publicè, hæc notoriè, & in nostris etiam oculis patrata fuerunt, in iis læsæ Maiestatis, perduellionis, sacrilegij, legis Iuliæ de vi publica, Corneliæ de sicariis, priuati carceris, rapinæ, furti, & tot alia, quot ex huiusmodi facto facinora sunt secuta, crimina, & felloniæ etiam delictum commissa notamus, in iis stupidi facti sumus. Quis crudelis hic à lacrimis temperet, quis odiosum compassionem non habeat, quis deses, aut remissus iudex ad puniendum non surgat, quis pius siue misericors non efficiatur seuerus? hic violata securitas, hic immunitas temerata, propria patria tutela non fuit, nec domus refugium, summum Pontificium dehonestatum est, & suo capto sponso Ecclesia quodammodo captiuata. Quis locus reperietur amodò tutus, quæ sancta Romano violato Pontifice poterunt inueniri? O piaculare flagitium! ò inauditum facinus! ò Anagnia misera quæ talia fieri in te passa es! Ros & pluuia super te non cadant, & in alios descendant montes, te autem transeant, quia te vidente, & prohibere valente fortis cecidit, & accinctus robore superatus est. O infelicissimi patratores, non imitati quem nos imitari volumus Dauid sanctum, qui in Christum Domini, etiam inimicum persecutorem & æmulum suum, quia dictum erat, Nolite tangere Christos meos, manum extendere noluit, & in extendentem irrui gladio iustè fecit. Infandus dolor, lamentabile factum, perniciosum exemplum, & inexpiabile malum, & confusio manifesta! Sume lamentum Ecclesia, ora tua fletibus rigent, elegi & in adiutorium debitæ vltionis filij tui de longè veniant, & filiæ tuæ de latere surgant. Verùm quia scriptum est, Feci iudicium, & iustitiam, & honor Regis iudicium diligit: nos in prædictis sic iudicium quod ad honorem nostrum pertinet facere cupimus, quòd à iustitia minimè diuertamus, ideóque forma iuris, quæ, sicut hæc sunt, seruatur in notoriis, obseruata; præfatos superiùs nominatim expressos cæterósque participes, qui hoc in suprà dictum Bonifacium in persoinis propriis exercuerunt Anagniæ, omnésque qui in his dederunt auxilium, consilium vel fauorem, denunciamus de fratrum nostrorum consilio præsente hac multitudine copiosa, promulgatam à canone excommunicationis sententiam incurrisse, ipsósque citamus peremptoriè quatenus infra festum SS. Apostolorum Petri & Pauli proximè venturum personaliter compareant coram nobis, iustam dante Domino nostram super præmissis, quæ vt præmittitur notoria sunt, audituri sententiam, nostrísque mandatis, & iussionibus humiliter parituri; alioquin eorum nonobstante absentia contra eos via incedentes regia procedemus. Hanc autem citationem nostram, quam non sine causa ex

Gg

certa scientia fecimus, ipsos artare volumus, sicut si eorum quomodolibet apprehendisset. Vt autem hi nostri processus ad communem omnium notitiam deducantur, &c. Datum Perusij 7. Idus Iunij, Pontif. nostri anno 1.

Extrait de diuers Historiens, de ce qui se passa entre le Pape Benedict XI. & le Roy.

Chronicon Illustrissimi Principis Comitis Montisfortis. Anno M. CCC. IV.

POST Pascha, Benedictus Papa recedit de Romana vrbe, & vadit Perusium, cum sua Curia. Hic quoque Benedictus simultatem, & dissidium, quæ suborta fuerant inter Regem Franciæ Philippum, & Bonifacium Papam, sedauit: & priuilegia, ac libertates, quibus Regem priuauerat Bonifacius, prædecessor eiusdem, restituit Regi, & concessit, sicut antiquitus, in hebdomada Pentecostes, præsentibus Regis nunciis, Perusij in Consistorio, anno Domini prætaxato.

Thomas de Walsingham in Ypodigmate Neustriæ. Anno M. CCC. IV.

PAPA Benedictus, considerans pium esse, ouem errantem, etiam licèt inuitam, ad ouile reducere, Regem Francorum, non petentem, à sententia excommunicationis per prædecessorem suum lata in eum, absoluit.

Extraict des Annales de France de M. Nicole Gilles. L'an M. CCC.

APRES ledict Boniface, fut Pape Benoist XI. de ce nom, qui ne le fut que huict mois, & quelques iours. Iceluy Pape Benoist reuoqua les reseruations, & graces expectatiues, que ledit Boniface auoit octroyées, contraires aux saincts Decrets : & voulut que les élections, confirmations, & autres dispositions des Benefices de ce Royaume, eussent lieu : & que ceux, à qui ce appartenoit, en vsassent, comme parauant. Et sur ce octroya ledit Benoist ses Bulles, & lettres Apostoliques, qu'il enuoya au Roy de France, desquelles la teneur s'ensuit : *Benedictus Episcopus, seruus seruorum Dei, carißimo in Christo filio, Philippo Regi Franciæ illustri, salutem, & Apostolicam benedictionem. Vt eò magis erga Deum, & Apostolicam Sedem, &c.* M. CCC. IV. En ce temps, le Roy estant à Paris, feit assembler en l'Eglise Nostre-Dame plusieurs Euesques, Abbez, Barons, & Cheualiers, & leur monstra vn rescript, que le Pape Benoist, qui auoit esté esleu après Boniface, luy auoit enuoyé, lequel il feit lire : & par iceluy ledict Pape absoluoit le Roy, la Royne, ses enfans, & son Royaume, de la sentence d'excommuniement, que le Pape Boniface VIII. auoit prononcée contr'eux, combien que le Roy n'eust de ce faict aucune pourfuite, ainsi que le Pape l'attestoit par lesdites lettres. Et pour faire ayde au Roy, afin qu'il peust reduire sa monnoye à la valeur ancienne, il luy octroya le reuenu d'vn an des prebendes de ceux qui mourroient en son Royaume, & les dismes des Benefices de deux années : & excommunia tous les aduersaires dudit Roy, & de son Royaume : & auec ce restituoit au Chancelier de Paris la faculté de la licence de tous les Maistres de Theologie, & Decret : laquelle faculté ledit feu Pape Boniface luy auoit ostée, & icelle retenuë à luy, & ses successeurs.

LE SIEGE VACANT
PAR LA MORT
DV PAPE
BENOIST XI.

237

*ACTE PAR LEQVEL GVILLAVME DE NOGARET
considerant la mauuaise vie de feu Boniface VIII. couuerte de crimes enormes,
& voyant que plusieurs personnes qui sont à present assistans le S. Siege, ont approuué sa mauuaise vie, & qu'il est à craindre que ses adherens seront aussi pernicieux à l'Eglise qu'il a esté, s'il n'y est pourueu : Il appelle au S. Siege, & à
toute l'Eglise qui doit estre assemblée, & au Pape futur, crainte que les Cardinaux qui sont fauteurs dudit Boniface n'élisent quelqu'vn de ceux qui ont eu
participation à ses crimes : afin qu'ils ne pensent point à élire aucun de ces gens
là comme excommuniez à Canone. Que la iuste crainte qu'il a de ces fauteurs
de Boniface l'a empesché de se trouuer au S. Siege. Il adiouste qu'il ne nomme
pas quant à present ces fauteurs, que leurs deportemens denotent assez. Cet acte
est fait pardeuant l'Official de Paris.*

Coffre Boniface num. 750.

VNIVERSIS præsentes litteras inspecturis, Officialis Cu-   1303.
riæ Parif. Sede vacante salutem in Domino. Noueritis   Septembre.
quòd nobilis vir dom. Guillelmus de Nogareto miles
illustris Regis Francor. coram nobis personaliter constitutus in scriptis appellationem interposuit in hæc verba:
Scriptum est nihil esse quod Ecclesiæ Dei magis officiat,
quàm vt indigni pastores ad animarum regimen assuman-
tur : si hoc est igitur periculosum in quibuslibet Ecclesiarum Prælatis,
quanto sit periculosius in summo Pontifice cùm indignus assumitur, diuina testante Scriptura, nec non peruersus & detestabilis exitus ex promotione Bonifacij proximò defuncti, qui Dei Ecclesiæ nostris præfuit temporibus, ostendit præsentibus qui nunc viuunt, ac eis qui sequuntur futuro tempore dat exemplum. Cæterum prouerbium est vulgare, Tales discipuli qualis magister. Eapropter Guillelmus de Nogareto videns quamplures personas maximè aliquas Sedi Apostolicæ assistentes, nedum in vita sua fouisse
in suis peruersitatibus dictum Bonifacium, sed nunc post mortem eius, vbi
cessat causa terroris eius effrenatæ potentiæ quæ tunc ipsos aliqualiter ex-
cusabat, ipsum Bonifacium, eius abhorrendam memoriam, ac ipsius dam-
nabilia facta sequentes, ac etiam defendentes, ne super hæresi, schismate,
simoniaca peste, sodomitali abominatione, homicidiis, aliisque innume-
rabilibus vitiis, concupiscentiis, in quibus in profundo malorum positus, &
prostratus incorrigibilis, ac insperatus decessit, conuocetur Ecclesia per
Concilium generale, fiat iustitia, prout decet ex quo censendi sunt hæresis manifesti fautores, intuens proh dolor! quòd filij matris sanctæ Romanæ
Ecclesiæ pugnant sic turpiter contra eam, quæ semper fuit sine macula
sine ruga, tradunt gentibus in derisum, semper castam violare conantur,
incrassati dilatati per eam recalcitrant contra ipsam, vbera sanctissima, quæ
sunt meliora vino matris nostræ castissimæ vnguentis optimis flagran-
tia, nobis vitæ pabulum effundentia, subacare nituntur ad instar vberum
meretricis: Sicut me contra dictum Bonifacium exposui pro defensione
matris præfatæ, sic & contra eius sequaces, & fautores qui quodammodo
censendi sunt eo peiores, & magis si tolerarentur Ecclesiæ Dei nociui.
Me murum volens opponere pro defensione Ecclesiæ memoratæ in iis scriptis prouoco, & appello ad Sedem Apostolicam, ad totamque Dei Ecclesiam congregandam, & ad summum Pontificem futurum legitimum,

Gg iij

seu ad eum quem melius valeam appellare, ne reuerendi patres Cardinales dicta labe fautoriæ carentes quenquam ex eis fautoribus, aut eis coniunctis, vel adhærentibus, quoquomodo præsumant eligere in Ecclesiæ Dei paſtorem, nec cum eis vtpote excommunicatis à canone, ad electionem, vel electionis ipſius tractatum procedant, nec eis communicent Ecclesiæ Dei pretioſiſſimam margaritam. Quam appellationem, ad dictam Sedem, ac reuerendorum patrum cœtum Cardinalium propter metum iuſtum prædictorum fautorum, & eorum inimicitias, quibus me grauiſſimè perſequuntur, non audens accedere, interpono, proteſtor, & publico coram vobis, domine Officialis Pariſ. Curiæ, volens, & requirens dictis patribus reuerendis, ac omnibus Catholicis, quorum cuiuſlibet intereſt, fieri manifeſtum. Præfatos verò fautores ceſſo ad præſens nominare, ex cauſa, nec eſt periculum, cùm eorum opera manifeſta, geſtus inſuper omnibus qui ſint ipſi manifeſtè declarent, & ab eorum fructibus clarè noſcuntur: ex abundanti tamen me probaturum offero prædicta omnia & ſingula loco & tempore opportunis. In quorum omnium teſtimonium ſigillum Curiæ Pariſ. præſentibus litteris ad requiſitionem, & togatum dicti domini Guillelmi militis duximus apponendum. Dat. anno Dom. 1504. die Sabbati poſt feſtum Natiuitatis B. Mariæ Virginis.

Acte de Guillaume de Nogaret qui contient ſes proteſtations & excuſes, ne pouuant ſeurement les declarer au S. Siege: Proteſte que tout ce qu'il dira contre Boniface eſt vray, & qu'il en a eſté informé par perſonnes dignes de foy.
Declare que s'il demande abſolution à cautele ou autrement pour ſeurté de ſa conſcience, qu'il n'entend pas approuuer aucune action dudit Boniface, ny eſtre lié en quelque ſorte par luy.
Aprés ſuit ce qu'il propoſe contre Boniface.
Heretique, idolatre, ſimoniaque, ſacrilege, habuit vitioſum ingreſſum ad Papatum, *diſſipateur des biens d'Egliſe, vſurier, homicide, ſodomite,* fouebat ſchiſma in Eccleſia, a troublé le College des Cardinaux par les Colonnes, a ruiné la ville de Rome, les Barons, & les Grands, a ſuſcité les diuiſions dans l'Italie, & entre les Princes Chreſtiens, a tenté par diuers moyens de ruiner le Royaume de France, principalem columnam Ecclesiæ Romanæ, a tiré de la France tout l'argent qu'il a pû, en a ruiné les Egliſes, a meu pluſieurs queſtions iniques contre la France & l'Egliſe Gallicane. A voulu conuoquer les Prelats François, & autres Eccleſiaſtiques pour la ruine de la France, a menacé ceux qui n'eſtoient comparus, a excité les Roys contre la France, a ſuſpendu les Facultez de faire des Docteurs, s'eſtoit reſerué la prouiſion aux Prelatures, a voulu détruire l'Egliſe Gallicane qui fait vne grande partie de l'Vniuerſelle. Dit que lors que les Eccleſiaſtiques & les Princes ne mettent ordre à la reformation, chacun a droit de le faire. Que le Roy de France a eſté prié de mettre la main à ce deſordre, que luy Nogaret a aduerty Boniface de le faire, ce qu'il a mépriſé. Que luy Nogaret propoſa les crimes de Boniface au Roy, & luy demanda qu'il promeiſt vn Concile general, où il feroit voir les crimes de Boniface; à quoy le Roy conſentit, & tout le Parlement. Que le Roy pour conſeruer l'vnion entre l'Egliſe de Rome, & luy, auoit enuoyé Nogaret & autres pour cela, mais ſans aucun auancement. Que en plein Parlement de France Boniface fut accuſé par des perſonnes eminentes, & arreſté que le Concile ſeroit conuoqué où Boniface ſeroit cité. Que toute la France conſentit à cela. Que Nogaret eut ordre du Roy de publier ce qui auoit eſté arreſté, & de preſſer le Concile. Boniface s'oppoſa à tout cela, & ne penſa pas à ſe iuſtifier, & ainſi tenu pour conuaincu. Que luy Nogaret a eſté*

pressé d'vser de force, qu'il auoit differé iusques à ce qu'il eust veu le peril eminent, & iusques à ce qu'il eust sceu le dessein de Boniface de publier ses sentences contre la France; & qu'y ayant du peril à differer, que luy Nogaret auec peu de forces, mais asseuré de la iustice de son entreprise entra dans Anagnia; les parens de Boniface ayant voulu empescher son dessein, il fut obligé de les forcer assisté de ceux d'Anagnia. Pierre Gayetan & ses enfans estans pris, Nogaret empescha en ce qu'il put la violence, mais l'opiniastreté de Boniface fut cause du mal. Nogaret defendit le pillage du Palais du Pape & du Tresor, mais la furie du soldat fut plus forte. Il sauua neantmoins la vie à Boniface & à ses parens. Nogaret parlant à Boniface luy representa ce qui auoit esté fait en France contre luy, & qu'il estoit tenu pour condamné pour ses heresies, mais qu'il falloit que le Iugement de l'Eglise interuinst auant que de le faire mourir ; qu'à cet effet il le seroit garder. Ceux d'Anagnia voyans cette garde foible, la chasserent du Palais & d'Anagnia, & en tuerent vne partie. Ainsi Boniface fut deliuré, feignit se repentir, & fit mine de pardonner à ceux qui l'auoient ainsi forcé, & mesme à Nogaret, & leur en donna l'absolution, quoy qu'ils n'en eussent besoin, ayant repris l'affaire & poursuiuy iusqu'à sa mort. Boniface quitta Anagnia, vint à Rome où il mourut blasphemant contre Dieu, & fut le prouerbe accomply, Intrauit vt vulpes, regnauit vt leo, moritur vt canis. Boniface mort, Nogaret a creu deuoir poursuiure : fut à Rome aprés l'élection du Pape. L'accusation d'heresie morte non extinguitur. Prié de differer il obeyt, & le Pape monstra auoir dessein de bien viure auec le Roy. Il vint en France, fit que le Roy enuoya des Ambassadeurs au nouueau Pape, ce que le Pape deuoit preuenir, de iure & consuetudine, enuoyant la Bulle de sa creation. Dit que le Pape nouueau ne sçachant pas son bon dessein ne luy auoit pas voulu donner l'absolution à cautele, & le receuoir à defendre son innocence. Il conclud que le bon zele l'a obligé de faire ce qu'il a fait, & rien fait pourquoy il ait encouru in canon. si quis suadente, qui est contre ceux qui mettent la main sur les Ecclesiastiques, dolo & iniuria, non pas contre ceux qui rauissent les biens des Eglises, & qui font iniure aux Ecclesiastiques. Que s'il a excedé en quelque chose, il est prest d'en rendre compte au Concile general où il representera ses actions, & qu'il est prest d'obeir à ce qui sera iugé.

Coffre Boniface Regiftre C. p. 1 x^{xx} x v.

Litteræ super excusationibus, & ostensione innocentiæ domini Guillelmi de Nogareto, de prosequutione per cum facta contra Papam Bonifacium VIII.

VNIVERSIS præsentes litteras inspecturis, Officialis Curiæ Parisiensis, Sede vacante, salutem in Domino. Nouerint vniuersi, quòd nobilis vir dominus Guillelmus de Nogareto, illustris Regis Franciæ miles, in nostra præsentia propter hoc personaliter constitutus, in scriptis proposuit, & scripta, quæ sequuntur, tradidit, & edidit coram nobis in hunc modum: In nomine Domini nostri Iesu Christi, Amen. Hæ sunt protestationes, quæ sequuntur, & excusationes, quas dictus Guillielmus se præsentare non valens Sedi Apostolicæ, propter inimicitias manifestas, proponit, & publicat, ad æternam rei memoriam, coram vobis, honorabili viro domino Officiali Curiæ Parisiensis, Sede vacante, vt notæ fiant Sedi Apostolicæ, ad suam innocentiam purgandam, & ad finem inferiùs comprehensum. Dictas verò defensiones, excusationes, & omnia & singula infrà scripta, si quæ sunt, quæ declaratione, seu specificatione per-

1304.
7.Septemb.

sonarum, locorum, temporum, rerum, vel casuum, vel quauis alia, indigeant, dictus Guillielmus offert se loco, & tempore opportunis declaraturum, prout de iure fuerit faciendum.

Ante omnia protestatur dictus Guillielmus, quòd si verbo, vel facto, aliqua erronea, vel aliqua illicita (quod absit) idem Guillielmus proponeret, per infrà scripta, vel alia, hoc esset contra intentionem suam, nec vult, nec intendit super eis esse pertinax: sed omnia correctioni Ecclesiæ, & seipsum supponit.

Item protestatur, quòd non adstringit se, nec adstringere intendit, ad probandum omnia, & singula, infrà scripta, vel aliud proponendum per eum, nisi demum ea, quæ suæ intentioni sufficiant de eisdem, ac etiam si, & prout, iuris necessitas eum adstringet.

Item protestatur, quòd omnia, & singula infrà scripta, quæ proponit idem Guillielmus de criminibus dicti Bonifacij, ea proponit informatus ab aliis personis fide dignis, credens omnia & singula vera esse, & quòd nihil proponit ad cuiusquam iniuriam, sed ad iuris sui tuitionem.

Item protestatur, quòd, quia bonarum mentium est sibi timere culpam, vbi culpa non est, ne etiam Sedes Apostolica ipsum Guillielmum notet occasione præmissorum, quæ imponuntur eidem Guillielmo; sed ipsum Guillielmum securiùs ac liberiùs admittat ad omnia; Quia insuper forsitan posset esse ipse Guillielmus ligatus ex causa alia, quam ignorat, & expedit sibi viam eligere tutiorem, & in omnibus seruare reuerentiam sanctæ Sedis Apostolicæ, si idem Guillielmus simpliciter fortè, vel cum cautela, vel modo quocumque alio, absolutionem petat ad sui securitatem, & animæ salutem, non hoc intendit verbo, vel facto, dictum Bonifacium, vel eius facta, vel eius processus illicitos approbare, vel se confiteri ligatum, nec à suis defensionibus, vel excusationibus recedere: sed eas sibi in omnibus, & per omnia esse saluas, cum omnibus iuris beneficiis, ad finem, ad quem inferiùs idem Guillielmus concludit: quamuis omnes protestationes, & singulas infrà scriptas, idem Guillielmus vult, & intelligit pro repetitis haberi, in quibuscunque proponendis, petendis, supplicandis, per eum, vel alium eius nomine, coram Sede Apostolica, corámque serenissimo principe domino Rege Franciæ, & eius Curia, vel alibi vbicunque: & nunc, vt extunc, prædicta omnia, & singula protestata repetit, & protestatur idem Guillielmus.

1. Proponit siquidem dictus Guillielmus, quòd dictus Bonifacius habuit vitiosum ingressum ad regimen ouilis Dominici, & aliunde quàm per ostium est ingressus, ex quo non fuit verus Papa, sed fur, & latro censendus; & de hoc grauiter diffamatus apud bonos, & graues; quod etiam à fructibus eius, iuxta doctrinam Domini, manifestè probatur.

II. Item proponit, quòd dictus Bonifacius erat hæreticus, vel à fide Catholica deuius; & de hoc grauiter diffamatus, vt suprà; quod etiam à fructibus eius cognoscitur manifestè.

III. Item proponit, quòd dictus Bonifacius fuit, & erat, idololatra, sacrilegus, diuinationibus vtens, & dæmonum inuocator, & de his grauiter diffamatus est, vt suprà.

IV. Item proponit, quòd dictus Bonifacius fuit, & erat, simoniacus manifestus, detestabilis, sine delectu; quippe qui nihil intendit dereliqueret, quod gratis debuisset concedi, ac super eo monitus, & incorrigibilis, & de his grauiter diffamatus.

V. Item proponit, quòd dictus Bonifacius fuit, & erat, bonorum Ecclesiasti-

DE BONIF. VIII. ET PHILIP. LE BEL.

clesiasticorum, immo & ipsarum Ecclesiarum, monasteriorum, & personarum Ecclesiasticarum, nedum ipsorum bonorum, dilapidator, deuoratórque manifestus, & de his grauiter diffamatus, vt supra.

VI. Item proponit, quòd dictus Bonifacius fuit, & erat vsurarius manifestus per suos ministros, & cupidus turpis lucri.

VII. Item proponit, quòd dictus Bonifac. fuit, & erat homicida, pluribus homicidiis post dictū regimen susceptum cōmissis, & de hisgrauiter diffamatus.

VIII. Item proponit, quòd dictus Bonifacius fuit, & erat horribilis Sodomita, & incorrigibilis, & de his grauiter diffamatus, vt supra.

IX. Item proponit, quòd dictus Bonifac. fuit, & erat præmissis, & aliis vitiis, & criminibus varus, & diuersis concupiscentiis, & immunditiis suis, notoriis & manifestis dimissus, deditus, inueteratus, prostratus, incorrigibilis, positus in mari magno & profundo malorum, totum corpus Ecclesiæ scandalizans, & idē abiiciendus, & ampliùs non toleradus in Ecclesia sancta Dei.

X. Item proponit, quòd dictus Bonifac. trahebat secū primo gehennæ mancipio populorum cateruas, diuisiones, discordias, & schismata in Ecclesia Dei fouendo, & etiam suscitando, ex quibus ruina, & peruersio status S. Ecclesiæ consequebantur, nisi Deus celeri remedio prouidisset, qui licet etiam periclitantem, derelictā tamen Petri nauiculā non dimittit. Benedictus scit ipse.

XI. Item proponit, quòd dictus Bonifac. permutans statum, & pacem turbans Ecclesiæ, incepit à capite, videlicet Rom. Ecclesia, quæ mater & magistra est omnium Ecclesiarum, & semper erit, zizaniam, & discordiam inter Cardinales fouendo, ac etiam suscitando, & aliquos ex eis, videlicet Columnenses, in Ecclesia Dei fulgentes, tanquam hæreticos, & simoniacos, à corpore Ecclesiæ separando de facto, in scandalum Ecclesiæ vniuersæ: fundamenta Ecclesiæ ipsius, quæ in montibus sanctis consistunt, de nocte, & sine veritatis luce, & omnium iuriū ordine prætermisso, fodiendo, more latronū.

XII. Item proponit, quòd cùm propter vrbis potentiam, abundantiam, & nobilitatē, quæ maximè in turribus, hoc est, nobilibus, & magnatibus vrbis ipsius, & patriæ vicinæ consistunt, quia etiā vrbs ipsa mater, & caput nationū esset præteritis temporibus, constituerit Dominus Iesus Christus in ea domū suam, Arcam fœderis huius & vicinarum, dictus Bonifac. damnans, contra doctrinam Apostolicam, ipsa Rom. Ecclesia, & eius potestate, per effrenatæ cupiditatis voraginem abutendo, nobiles ipsos, Barones, & magnates, pro posse suo euulsit, depauperauit, ac suis castris, & fortalitiis, & bonis aliis, per impressionem officij sui, & concussionem priuauit, in grauem dictæ vrbis periclitationem, & vicinarum scandalum, & totius Ecclesiæ sanctæ Dei.

XIII. Item proponit, quòd ad finem scandali, & ruinæ Dei Ecclesiæ, dictus Bonifacius ad diuisionem, & discordiam personarum singularum, ac etiam populorum, tam in Tuscia, quàm alibi, semper intendit, & diuisiones, ac discordias huiusmodi fouit, ac plurimum suscitauit, ex quibus infinita homicidia, & alia scandala sunt sequuta.

XIV. Item proponit, quòd dictus Bonifacius, regiminis sui tempore, Regum, & Principum Catholicorum, & eorum regnorum discordiam, & guerram fouit, ac etiam suscitauit, licet cùm suarum iniquitatum conceptum non poterat cooperire, alium eorum pacificatione significatum præstabat, aurum ab eis extorquens subtili ingenio, prout a barbaris fieri consueuit; cùm tamen pax, & concordia Regum ipsorum, & Principum, potissimum sit necessaria ad pacem, & vnitatem Ecclesiæ sanctæ Dei.

XV. Item proponit, quòd videns regnum Franciæ venerabilem partem Ecclesiæ sanctæ Dei, ac principalem columnam sustentationis Eccle-

IIh

fiæ Romanæ, doctrinæ sacræ paginæ, & fidei Catholicæ splendore lucens, ab initio temporis sui regiminis, semper conatus est regimen huius conculcare, & lumen suæ claritatis auferre, & regnum ipsum destruere, & ad nihilum deducere suo posse, præsumens quòd prostrato regno huiusmodi, facile sibi esset de cæteris suam voluntatem complere.

XVI. Item proponit, quòd ad finem conculcationis regni Franciæ prædicti, nunc blandiens, & gratiis coloratis, nunc minis, terroribus, & aliis modis diuersis, dominum Philippum Regem Franciæ prædictum, Principem Christianissimum, decipere conatus fuit, ad patientiam eius peruertorum actuum, & ab eo, more in aliis Regibus minimè consueto, omnine, quod potuit, aurum emunxit. Eidem cùm ad voluntatem suam sibi pecunias non fundebat, grauiter comminando, sicut Prælatis, & aliis personis Ecclesiasticis faciebat ipsius regni, interdum etiam falsa crimina imponendo, vt sub disciplinæ posset colore, eius pecunias exhaurire, & id etiam pro libito conculcare.

XVII. Item proponit, quòd ad finem dictæ conculcationis, ab Ecclesiis, & Ecclesiasticis personis dicti regni, per sui officij effrenatam potentiam, infinitas auri, & pecuniæ, quantitates extorsit, & per modos huiusmodi plures Ecclesias, & monasteria depauperauit, in tantum, quòd oportuit plures ex eis terras, castra, & villas, hæreditatésque alias distrahere, ex quibus cultus Dei consueuerat annona sustentari, quarum quantitatum summa est quasi inæstimabilis: ad quæ omnia restituenda tenetur Romana Ecclesia, quatenus ad eam peruenerit, & quatenus actiones habet, & prosecutionem legitimam ad bona ibidem quæsita, & mobilia congregata, quæ hodie in malos vsus notoriè disperguntur.

XVIII. Item proponit, quòd ad finem dictæ ruinæ, & voracitatem suæ cupiditatis pleniùs faciendam, & prouocandam Ecclesiam Gallicanam ad schisma, Regi & Ecclesiæ Gallicanæ prædictis quæstiones mouit implicitas, insolitas, ponderosas, ac importabiles, cùm tamen nulli alij Principi, Ecclesiæ, vel regno huiusmodi quæstiones moueret, in quo regno Franciæ fides viget, religio, & Cleri honestas: vbi insuper libertas Ecclesiastica, ad Romanam Ecclesiam obedientia, defensio Ecclesiarum, iuriúmque Ecclesiasticorum solutio, & conseruatio, plenè, & deuotè exercentur, exhibentur, & præstantur inter cætera regna mundi: Ex quo liquet clarissima coniectura, & euidens demonstratio ipsius Bonifacij iniquitatum conceptus.

XIX. Item proponit, quòd dictus Bonifacius conuocationem fecit non necessariam, non vtilem, non decentem, sed plenam scandalo, de dicti regni Prælatis, Abbatibus, Magistris Theologis, & Iuris professoribus vtriusque, volens, & intendens excæcare, seu extinguere lumen, & oculos dicti regni, & per consequens in foueam secum regnum ipsum prostrare, dicendo non esse ei curæ de scandalo alio, vel schismate, si sequerentur, cùm tamen ad ea vitanda obmittenda fuissent, quæ sine mortali peccato potuissent obmitti.

XX. Item proponit, quòd cùm multi ex dictis Prælatis, Abbatibus, Doctoribus, & personis vocatis, se legitimè excusassent, alij verò venissent ad Romanam Curiam, dictus Bonifacius non venientibus minas feroces intulit, & terrores, venientibus verò, loco remunerationis obedientiæ, promissis diuersis gratiis, ab eis, antequàm vellet eos licentiatos, pecunias exhausit quascunque potuit extorquere ; aliis relinquens exemplum, si, quod absit, fuisset ei creditum, cùm quis eorum thronum summi Pontificis ascenderit in futurum, indigens pecuniae congregandae, conuocationem faciat Praelatorum regni Franciae, ad habendum eorum pecunias tali modo; de quo merito fuit generatum scandalum in animis audientium quorumcunque: Ex quibus patet luce clarius ipsius Bonifacij de prauitate intentionis conceptus.

XXI. Item proponit, quòd ad commutandum, seu destruendum regnum praedictum Franciae, prouocauit quantum potuit excellentem principem Regem Allemanorum illustrem, Flamingos, aliósque Reges, & Principes, ac populos contra Regem, & regnum Franciae verbis, & factis.

XXII. Item proponit, quòd nuper, ante mortem suam, dicta scandala continuans, Reges, & Principes conuocauit, & quantum in se fuit etiam prouocauit, vt cum auxilio pecuniae suae venirent ad conterendum Romanos, Campanos, & alios Christianos fideles, sine omni caussa rationabili siue iusta: & erat tunc, pridie festi Natiuitatis gloriosae Virginis, & antè, in proposito, & actu huiusmodi faciendi.

XXIII. Item proponit, quòd commutando, & grauando regnum praedictum, dictus Bonifacius in festo Assumptionis beatae Mariae Virginis suspenderat potestatem creandi, & promouendi ad Doctoriam, vel Magisterium, quemcunque promouendum in Facultatibus Theologiae, Iuris canonici, vel ciuilis, Parisiis, vel in aliis Studiis quibuscunque priuilegiatis regni Franciae: & reseruationem fecerat prouisionis omnium cathedralium Ecclesiarum, quas in ipso regno vacare contingeret, quandiu duraret discordia, quam ipse supponebat, cùm alia nulla erat inter dictum dominum Regem, & Romanam Ecclesiam.

XXIV. Item proponit, quòd tunc, pridie dicti festi, & diebus, & mensibus proximè praecedentibus, dictus Bonifacius fuit, & erat in proposito, & actu scandalizandi, & conuiciandi spiritualiter, & temporaliter, manifestè contra Deum, & iustitiam, dominum Regem, & regnum Franciae praedictum: & processus suos ad hunc finem conceperat, & ordinauerat, quos proponebat, & disposuerat, in die festi praedicti in ciuitate Anagniensi publicari, ex quibus schismatis manifestè periculum sequebatur.

XXV. Item proponit, quòd non erat locus remedio, nisi sibi occurreretur de facto, cùm humiliter, & instantissimè, diuersis temporibus, monitus, & requisitus ex parte dicti domini Regis, Praelatorum, & Baronum regni praedicti Franciae, & per plures alias eminentes personas, cessare velle a ruina, & scandalo regni praedicti, ac totius Ecclesiae generalis, tanto magis inflammabatur ipse Bonifacius, & tanto minus proficiebatur in eo, nec erat quisquam, ad quem commodè posset recurri, propter morae periculum, & maximè schismatis, & propter potentiam, & resistentiam Bonifacij suprà dicti.

XXVI. Item quòd cùm ad conseruationem & defensionem corporis vniuersi Catholicae Ecclesiae, necessaria sit conseruatio, ac defensio partium corporis ipsius, & maximè tam magnae partis, tam egregiae, corporis ipsius Ecclesiae, vt est regnum Franciae, cùm ipsa Ecclesia in partibus suis consistat, in casu manifestè tam necessario, vbi non erat locus alij remedio, moraeque etiam breuis temporis graue ac irreparabile periculum allatura fuisset, maximè schismatis, vt est dictum, ad occurrendum, & resistendum facto dicto Bonifacio, ne perficeret incepta scandala suprà dicta, debuit, & potuit assurgere quilibet Catholicus Christianus, potissimùm miles, & maximè dicti regni, cuius specialiter intererat, etiam priuatus quilibet, in Ecclesiasticae, & saecularis potestatis defectum, auctoritate legis diuinae, & humanæ; & si nulla lex hoc exprimeret, satis hoc ratio naturalis ostendit.

XXVII. Item proponit, quòd cùm dictus Bonifacius manifestè nequam, & corruptus esset oculis Ecclesiæ, &, vt apparet ex præcedentibus, ad scandalum Ecclesiæ Dei tenderet, nedum ex suo doloso proposito, sed etiam ipso facto, in Ecclesiasticæ potestatis defectum, eiiciendus fuit per sæcularem potestatem, & etiam à quocumque priuato, maximè milite, in defectum Ecclesiasticæ, ac sæcularis potestatis, in tanto necessitatis articulo, vbi non erat locus alij remedio, vt dictum est; cùm membra huius sacri, ac mystici corporis, sicut corporis cuiuslibet hominis, mutuum sibi, iuxta doctrinam Apostolicam, debeant auxilium, ad conseruationem corporis vniuersi.

XXVIII. Item proponit, quòd licèt hæc cura, & Ecclesiæ defensio, à Christo Domino Principibus sæcularibus sit commissa, vt in simoniacis, maximè monitis, comprimendis, hæreticis, & schismaticis deiiciendis, & iis qui contra Ecclesiasticam disciplinam agunt, vt dictus Bonifacius agebat manifestè, continendis, quos Ecclesiæ humilitas non potest corrigere, vt erat in proposito, vel aliàs, in Ecclesiasticæ potestatis defectum, rigorem suæ potestatis intra Ecclesiam, hoc est, in personis Ecclesiasticis debeant exercere; quod si obmiserint, cùm possint, ratio exigetur ab eis: in vtriusque tamen, Ecclesiasticæ, & sæcularis, potestatis defectum, huiusmodi Ecclesiæ defensio, necessitate temporis, cuilibet Catholico priuato, qui possit, incumbit.

XXIX. Item proponit, quòd si hæc cura & defensio aliarum Ecclesiarum pertinet ad Principes sæculares, potissimùm Ecclesiæ Romanæ defensio, vt fuit in proposito, quæ caput est Ecclesiarum omnium, & magistra; & ideo eius defensio principaliter pertinet ad dictos Principes, & etiam, in vtriusque potestatis, Ecclesiasticæ, & sæcularis, defectum, ad quemlibet Catholicum Christianum, maximè militem, qui pro Reipublicæ defensione mortem subire tenetur, vt est ipse Guillielmus.

XXX. Item proponit, quòd dictus dominus Rex Franciæ instanter, & pluries, nedum anno præterito, sed etiam antè iamdudum, fuerat requisitus pro Romana Ecclesia, & Ecclesiis regni sui, quas omnes dictus Bonifacius deuorabat, vt pro Christo, & defensione Fidei, ad liberandam Romanam, & vniuersalem Ecclesiam à scandalo & periculo suprà dictis, & captiuitate Bonifacij suprà dicti deberet intendere.

XXXI. Item proponit, quòd iamdudum quadriennium est elapsum, vel circa, idem Guillielmus zelo Dei, & Fidei, caritatiuè, & canonicè monuit prædictum Bonifacium super simonia prædicta Ecclesiarum, & rerum Ecclesiasticarum, ac oppressionibus Ecclesiæ Gallicanæ: qui, more viperæ, monitionem, omnémque disciplinam abiecit, ac magis in prauæ cupiditatis libidinem, quàm antè exarsit. Cúmque ipsum Guillielmum super his noluisset audire, primò secretè, secundò coram testibus legitimis monitus, idem Guillielmus dixisset Ecclesiæ, si commodè potuisset, sed propter eius auctoritatem, & potentiam omnis disciplina Ecclesiastica cessabat in eo, immo potiùs ab ipso erat abiecta.

XXXII. Item proponit, quòd idem Guillielmus, videns & intuens periculum, & scandalum Ecclesiæ Dei, ex persona, & factis dicti Bonifacij, zelo Dei, fidei Catholicæ, ac sanctæ matris Ecclesiæ, iamdudum, scilicet in Quadragesima proximè præterita fuit annus elapsus, proposuit dicti Bonifacij defectus, & crimina prædicta dicto domino Regi Franciæ, non audens propter terrorem, auctoritatem, & effrenatam potentiam dicti Boni-

DE BONIF. VIII. ET PHILIP. LE BEL.

facij, pro his Bonifacium ipsum adire; requisiuitque dominum Regem præfatum, vt conuocationem Concilij generalis procuraret: Prouocans idem Guillielmus dictum Bonifacium super præmissis ad iudicium Concilij prædicti, & offerens se coram dicto Concilio prosequi legitimè suprà dicta paratum, & adhuc offert idem, prouiso per Ecclesiam, vt sine periculo suo, quod propter dictas inimicitias sibi imminet, possit securè exequi negotium huiusmodi, iustitia mediante.

XXXIII. Item proponit, quòd dictæ prouocationi factæ per eundem Guillielmum, dictus dominus Rex, multæque eminentes personæ, in Parlamento facto Parisius, in quo dictus Bonifacius publicè de hæresi, & prædictis criminibus pluribus delatus extitit, adhæserunt.

XXXIV. Item proponit, quòd licèt dictus dominus Rex personam, liberos, & regnum suum, pro Fidei, & Romanæ Ecclesiæ defensione exponere semper paratus existat, attamen more probi filij erubescens retegere verenda illius, quem pro patre habebat, & vt patrem bona fide venerabatur, tardauit, & eò distulit adhibere remedium in prædictis, quousque ignis dicti scandali sic fuit incensus, quòd nisi dictus dominus Rex ipse defensioni status Ecclesiæ diligentiùs intendisset, petendo, & procurando Concilium generale, ad adhibendum super his remedium opportunum, grauis, & instantis ruinæ status Ecclesiæ periculum imminebat.

XXXV. Item proponit, quòd dictus dominus Rex, certis ex caussis, & specialiter ad procurandum, confortandum, & conseruandum, cum consilio & auxilio amicorum, domini Regis ipsius, & Ecclesiæ, pacem, & vnitatem, quæ fuit pristinis temporibus inter Romanam Ecclesiam, ac dictum dominum Regem, eius progenitores, ac regnum Franciæ, misit, & destinauit nuntium ad vrbem, & partes alias dictum Guillielmum.

XXXVI. Item proponit, quòd dictus Guillielmus, dicto mandato suscepto, ad vrbem, & alias partes, se conferens, fideliter laborauit, ad confortationem, & conseruationem pacis, & dictæ vnitatis, Ecclesiæ Romanæ, Regis, & regni Franciæ: Sed nihil proficere valuit cum Bonifacio suprà dicto.

XXXVII. Item proponit, quòd Guillielmus prædictus, licèt, si potuisset, debuisset manum apponere ad liberandum Ecclesiam à notorio, & instanti periculo suprà dicto, tamen sentiens Parlamentum generale in regno Franciæ, pro arduis regni Franciæ negotiis, faciendum, & sperans quòd super adhibendo remedio, sine scandalo, in ipso Parlamento deberet haberi tractatus, expectauit vsque post Parlamentum prædictum, in quo dictus Bonifacius fuit delatus per eminentes personas legitimè super hæreti, & aliis pluribus criminibus, & defectibus suprà dictis: ac dominus Rex ipse, & Prælati dicti regni præsentes requisiti fuerunt, vt dicto periculo remedium adhibere deberent, dando opem & operam efficacem, ad conuocandum generale Concilium, vbi de præmissis fieret, quod iustitia suaderet, fuitque dictus Bonifacius ad dictum generale Concilium legitimè prouocatus.

XXXVIII. Item proponit, quòd dictus dominus Rex, & Prælati regni ipsius præsentes, pro se, & pro tota Ecclesia Gallicana, requisitionem, scilicet, procurandi conuocationem dicti Concilij ad finem prædictum, admiserunt, & se ad præstandum opem & operam ad procurandum conuocationem huiusmodi, obtulerunt, adhærendo nihilominus prouocationi dicti Guillielmi primò factæ.

XXXIX. Item proponit, quòd dictus dominus Rex mandauit dicto Guillielmo, tunc in illis partibus agenti, vt processum publicaret prædictum,

H h iii

in dicto Parlamento habitum, & vt prouocaret conuocationem dicti Concilij.

XL. Item proponit, quòd cùm idem Guillielmus vellet processus huiusmodi publicare ipsi Bonifacio, & ipsum requirere super conuocatione dicti Concilij generalis, metu iusto, & propter mortis periculum, quod dictus Bonifacius sibi parabat, non potuit Bonifacium ipsum adire securè, nec etiam Cardinales venerandos.

XLI. Item proponit, quòd dictus Bonifacius certioratus, & sciens dictos processus contra eum habitos, quæsitis falsis, & plenis iniquitate coloribus, malè sibi conscius de præmissis, & ideo iudicium subterfugiens, nedum denegauit verbo, & facto conuocationem dicti Concilij, quam iam vltro, si esset innocens, vel se vellet corrigere, obtulisset: sed etiam dictis domino Regi, Prælatis, & eis in præmissis adhærentibus, grauiter est minatus, & se constituit in contumacia manifesta, & totaliter impediuit, ne fieri posset iustitia de prædictis.

XLII. Item proponit, quòd ex eo, quòd dictus Bonifacius de præmissis erat grauiter diffamatus, & accusatus legitimè, seu delatus, nec super eis se purgare curauit : quia etiam se posuit in contumacia manifesta, & fuit iudicij subterfugus, vt est dictum, in omnibus prædictis criminibus, de iure, pro conuicto, & confesso haberi debuit, & habetur, & in caussa hæresis maximè, in qua pro verè hæretico damnato haberi debuit, & habetur, sine aliqua approbatione, & constitutione Concilij generalis.

XLIII. Item proponit, quòd idem Guillielmus fuit pro Romana Ecclesia instanter, pluries, & legitimè requisitus, vt facto manu militari occurreret instantibus scandalis, & periculis ipsius Romanæ, ac Vniuersalis Ecclesiæ, quæ dictus Bonifacius præparauerat, vt est dictum.

XLIV. Item proponit, quòd dictus Guillielmus expectans ampliùs adhuc, si fortè dictus Bonifacius se corrigeret, distulit prædictis scandalis Ecclesiæ facto occurrere, vsque ad diem Lunæ proximum ante festum Natiuitatis beatæ Mariæ Virginis prædictum, in tantum quousque vidit præsens periculum, cui necessariò facto occurrendum fuit; nec fuit locus alij remedio, cùm in die festi prædicti publicare suos iniquos processus disposuerat dictus Bonifacius, in ruinam, & scandalum dicti regni Franciæ, & totius Ecclesiæ sanctæ Dei ; omnisque mora erat graue, & irreparabile periculum allatura, nec erant aliqui Cardinales, seu quicunque alij, qui possent, vel auderent, iuxta disciplinam Ecclesiasticam, occurrere periculis suprà dictis, propter terrorem, & effrænatam potentiam Bonifacij inueterati.

XLV. Item proponit, quòd tunc dictus Guillielmus, licèt se non benè munitum, nec se sufficientem habere comitiuam videret, volens magis pro defensione Fidei, & vnitatis Romanæ Ecclesiæ cum suo Rege & regno Franciæ mortis subire discrimen, quàm verè tanta opprobria vlteriùs tolerare, sperans, quòd si non habere poterat sic subito gentem armorum, sufficientem ad complendum, & perficiendum dictum negotium, quòd Christus Dominus, cuius erat negotium, licèt insperatum, scilicet duos solùm Scutiferos, seu Domicellos de sua patria secum habens, vocatis & subitò accersitis pluribus nobilibus, & aliis bonis viris, Ecclesiæ Romanæ deuotis, maximè de Campania, in vigilia, seu pridie festi Natiuitatis beatæ Mariæ prædicti, intrauit Anagniam : & quia aliàs commodè non poterat procedere in negotio suprà dicto, cum comitiua equitum & peditum Romanæ Ecclesiæ deuotorum.

XLVI. Item proponit, quòd eis ingressis, cùm ipse Guillielmus, & qui eò intrauerant, non declinando ad dextram, vel sinistram, ad domum dicti Bonifacij venerunt, erátque iter eorum ante domum Petri Gaijtani, nepotis ipsius Bonifacij, idem Petrus, eiúsque liberi, & familiares, impedire dictum Guillielmum, & eius comitiuam, volentes, cum Sbirris, & incustellantis, domum suam, & viam publicam munientes, ipsi Guillielmo, & eius comitiuæ, hostiliter, sicut inimici Dei, & Ecclesiæ, resistentes, plura mala per suam vim & potentiam intulerunt, munierúntque similiter domos, & turres, domum Bonifacij præfati circumuicinas, & vicini proximi, ad impediendum violenter ipsum Guillielmum cum comitiua sua, in negotio Christi prædicto.

XLVII. Item proponit, quòd tunc, ex necessitate, oportuit ipsum Guillielmum, & eius comitiuam prædictam, per pugnam, & aggressum, capere domos, turres, ipsa fortalitia, dictúmque Petrum Gaiitanum, & eius liberos, aliter non volentes negotium Christi complere.

XLVIII. Item proponit, quòd dictus Guillielmus Potestatem, Capitaneúmque, & populum congregatum dictæ ciuitatis in platea communi adiens, eis exposuit caussam sui aduentus, & suæ intentionis propositum, & eos requisiuit instanter, vt Dei, & Fidei contemplatione, ac Romanæ Ecclesiæ, quam dictus Bonifacius captiuabat, sibi consilium, & auxilium opportunum præstarent, ad complendum negotium Christi prædictum, defensionis Ecclesiæ: qui pariter vnanimes, & concordes, sibi ad hoc consilium, & auxilium promiserunt, & eum, & alios, qui venerant cum eodem, sub fide sua etiam receperunt; Capitaneúsque, & maiores dictæ ciuitatis Anagnien. de populi totius consensu, & nomine ciuitatis, ipsum Guillielmum, & eos qui cum eo venerant, ad pugnandum, & pro dicto negotio laborandum, palàm, & publicè secuti fuerunt, vexillum Ecclesiæ Romanæ secum habentes, & publicè deferentes.

XLIX. Item proponit, quòd cùm dictus Petrus Gaiitanus, cum eius domo, & liberis, capti essent, & antè, idem Guillielmus tractatum sibi motum, quantum in se fuit, suscepit, & fecit quidquid potuit, vt posset ingredi domum dicti Bonifacij, & ipsum adire, pro faciendo, quod faciendum tunc temporis incumbebat, sine aggressu armatorum hominum, atque pugna: quod obtinere non potuit, propter dicti Bonifacij pertinaciam, & suorum; quòd faciebat dictus Guillielmus, ne diriperetur thesaurus, qui esse in domo dicti Bonifacij dicebatur, & ne ipse Bonifacius in persona periculum pateretur.

L. Item proponit, quòd cùm dictus Guillielmus, propter tractatum prædictum, qui sibi per aliquos mouebatur, & pro habendo consilio super eo, & propter necessitatem personæ suæ, longè aliquantulum à domo dicti Bonifacij se traxisset in ciuitate prædicta, illi, qui in comitiua ipsius Guillielmi venerant, & homines Anagnini cum eis, per aggressum, quia aliter non poterant, domum dicti Bonifacij, & eius cameram fuerunt ingressi, antequam idem Guillielmus venisset de loco, in quo se traxerat de seorsum.

LI. Item proponit, quòd antè & posteà, & in ipso ingressu domus dicti Bonifacij, ibi fuit tumultus; & per familiares, & coniunctos ipsius Bonifacij, & per homines Anagninos, & alios, multa ablata dicuntur de domo prædicta; & si hoc fuit, factum est ipsorum, Guillielmo inuito, qui antè hoc prohibuerat, quantum potuerat, omnibus, qui venerant cum eodem, & recommendauerat eis thesauri, & rerum mobilium dicti Bonifacij custod.am, & salutem ipsius Bonifacij, ne in persona periculum pateretur.

LII. Item proponit, quòd si quid ablatum, vel direptum fuit de domo prædicta, hoc factum fuit sine noxa, & culpa ipsius Guillielmi; & quidquid potuit, fecit idem Guillielmus, vt thesaurum, & res eiusmodi Ecclesiæ saluarentur, & quæ ex eis salua fuerunt, ipsius Guillielmi ministerio salua fuere.

LIII. Item proponit, quòd propter diligentiam, & curam dicti Guillielmi, vita salua tunc fuit dicto Bonifacio, dicto Petro Gaiitano, & eius liberis, cùm, nisi idem Guillielmus prohibuisset, interfecti fuissent.

LIV. Item proponit, quòd cùm dictus Guillielmus ad domum dicti Bonifacij venisset, Bonifacium ipsum adiuit, pluribus bonis præsentibus personis, ac palàm exposuit sibi caussam sui aduentus, & modum, exponens ipsi Bonifacio processus prædictos, contra eum habitos, super dictis criminibus, & defectibus ipsius Bonifacij, ipsius etiam Bonifacij subterfugium, & contumaciam, & purgationis defectum, ex quibus habebatur pro conuicto, & confesso, & in casu hæresis, pro damnato. Verùm quia hoc decebat Ecclesiæ iudicio declarari, antequam fieret mortis executio contra eum, dictus Guillielmus sibi exposuit, quòd volebat ei vitam seruare, ne à sanguinem eius sitientibus, propter eius demerita, occideretur, sine iudicio, & ipsum generalis Concilij iudicio repræsentare; quod nolens subire volebat, cùm iudicium in eum inuitum, maximè in casu hæresis, redderetur: Volebat etiam facere & dare opem & operam efficaces dictus Guillielmus, ne ipse Bonifacius posset mala, & scandala Ecclesiæ Dei, in membris suis, maximè dicto domino Regi, & regno Franciæ inferre, quæ præparauerat, & decreuerat facienda. Et quòd ad hunc finem custodiam ipsi Bonifacio dictus Guillielmus adhibebat, ius publicum, & defensionem Fidei, & factum matris Ecclesiæ exequendo, non ad ipsius Bonifacij iniuriam, vel alterius cuiuscunque.

LV. Item proponit, quòd à die Sabbathi, pridie dicti festi Natiuitatis gloriosæ Virginis, circa Vesperas, dictus Guillielmus adhibitis Capitaneo ciuitatis, & aliis Baronibus, & nobilibus, Romanæ Ecclesiæ fidelibus, & subditis, adhibuit dictam custodiam, ad finem prædictum, vsque ad diem Lunæ sequentem, hora primæ, qua homines Anagnini, qui primò ipsum Guillielmum, & comitiuam suam modicam, respectu ipsorum, sub fide sua receperant, & ad hoc arculum præstiterant, cum aggressu, & potentia ipsum Guillielmum, & alios, qui secum erant, de domo dicti Bonifacij, & tota Anagnia deiecerunt, plures ex eis occidendo, & omnibus damna, & iniurias grauissimas irrogando.

LVI. Item proponit, quòd postea dictus Bonifacius, sine custodia, in sua libertate existens, deuotionem pœnitentiæ in se simulans, quam non habebat, vt apparuit ex postfacto, sponte remisit omnibus, qui in præmissis, per ipsum Guillielmum gestis, & eius comitiuam, fuerant, vel auxilium præstiterant, vel assensum, omnem rancorem, omnem iram, omnem pœnam, ac excommunicationis notam, si quam incurrerant ex præmissis, licèt ipsi nulla pœna, vel excommunicatione possent, vel deberent notari: immo potiùs præmium eis pro Christi negotio, quod gesserant, non pœna deberetur; & ideo tanquam virtuosum negotium exequentes, ipsius negotij executionem postea resumpserunt, & vsque ad mortem eius prosequuti fuerunt, & adhuc contra eius memoriam, & sequaces prosequi legitimè sunt parati.

LVII. Item proponit, quòd dictus Bonifacius dimittens Anagniam, ac
Romam

Romam veniens, postea vixit diebus pluribus, quibus Deum recognoscere, & se corrigere potuisset, & etiam debuisset; qui, more aspidis, aures suas obturans, pertinax in suis sceleribus, & iniquitate, insaniens, & Deum blasphemans, mortuus fuit, vt vulgariter prouerbium impleretur, quod dicebatur de eo, scilicet, *Intrauit vt vulpes, regnauit vt leo, moritur vt canis.*

LVIII. Item proponit, quòd post mortem dicti Bonifacij, sanctissimo patre domino summo Pontifice ad ipsum Pontificatum assumpto, idem Guillielmus appropinquauit Romae, ad prosequendum, vnà cum sociis suis, negotium inceptum conuocationis Concilij generalis, cùm dictus Bonifacius super haeresi, & criminibus, quae morte non extinguuntur, esset delatus, & perniciosum esset, ac cederet in ruinam, & scandalum Ecclesiae sanctae Dei, si memoria eius cum debito sonitu non periret, prout ipse viuendo meruit, & in morte, multique, ad exemplum eius vitae, damnabilis primo gehennae mancipio traherentur, quod per Sedem Apostolicam summè vitandum.

LIX. Item proponit, quòd ipso Guillielmo se ad eius prosequutionem parante, reuerendus pater dominus Episcopus Tholosae, ex parte praefati domini summi Pontificis ipsum Guillielmum instanter requisiuit, vt vsque ad nouum mandatum domini Regis praedicti, praedictam prosequutionem differre deberet, cùm ipse dominus Papa ad pacem dicti domini Regis, & eius regni, & reformationem dicti scandali, Ecclesiae, & regni Franciae, intenderet, & conseruationem vnitatis, quae fuit hactenus inter Ecclesiam, & dominum Regem, & regnum praedictos.

LX. Item proponit, quòd idem Guillielmus, ob reuerentiam praefati domini summi Pontificis distulit tunc prosequutionem praedictam contra dicti Bonifacij memoriam; & affectans super omnia renouationem, & confirmationem pacis, & vnitatis Romanae Ecclesiae, dicti domini Regis, & regni sui, quae fuit pristinis temporibus, omissis omnibus negotiis aliis, festinauit venire ad dominum Regem praedictum, & sibi, & eius venerabili Consilio, fideliter exposuit piam, & sanctam intentionem domini Papae praefati, & totis viribus laborauit, vt ipse dominus Rex mitteret solemnes nuntios, ad procurandum, suscipiendum, & confirmandum ea, quae pacis sunt, inter Romanam Ecclesiam, & dictos dominum Regem, & regnum; quod fecit dominus Rex, ad procurationem ipsius Guillielmi, piam intentionem, & affectionem ostendens, quam habet ad Ecclesiam, matrem suam, ex abundantia caritatis, eam praeueniens, tamen priùs ex parte dicti domini summi Pontificis, Bulla super creatione summi noui Pontificis, & Legati ad firmandum dictas amicitias, de iure & consuetudine, mitti potiùs debuissent; ex qua procuratione dicti Guillielmi, secutus est dictus nuntius per dominum Regem missus mediantibus, cum dicto domino summo Pontifice confirmationis dictae pacis, & vnitatis desideratus affectus, & reuocatio plurium peruersorum processuum, quos dictus Bonifacius attentauerat, in praeiudicium dicti domini Regis, & Ecclesiae Gallicanae; & semper apud dominum summum Pontificem idem Guillielmus, qui nuntius erat cum eis, cum praedictis aliis solemnibus nuntiis praesentialiter laborasset, si ipsi domino placuisset; qui forte ignorans ipsius Guillielmi innocentiam super praemissis sibi impositis, ipsum Guillielmum vitauit, vt sibi placuit, nec ad cautelam absolutionem petentem, & se paratum defendere super eis, ad hoc admisit eundem, propter ea, quae ab aliquibus sibi falsò suggerebantur, contra ipsum Guillielmum. Ex præmissis igitur concludit dictus Guillielmus, se in præmissis bono zelo Dei, & fidei, ac defensionis Ecclesiæ sanctæ Dei, & specialiter sui domini Regis, & regni Franciæ, quos persequebatur dictus Bonifacius, vt eorum verè perfidus inimicus, ac legitimè processisse, agonizando pro iustitia, pro Romana Ecclesia, pro Republica, vt miles fidelis, ac pro sua patria dicti regni, ac pro suo domino Rege Franciæ, cuius idem Guillielmus miles, ac vassallus existit, ac defendendo vnitatem Romanæ Ecclesiæ, dicti domini Regis, & regni Francorum, pro cuius conseruatione fuerat diffamatus; & se super sibi impositis innocentem fuisse, & esse; nec intendit fecisse, propter quod potuerit in Canonem, *Si quis suadente*, vel alium incidisse, qui pœnas inferunt eis, qui dolo, & per iniuriam, non ex iusta caussa, ad captionem, vel indebitam custodiam Clericorum procedunt, qui personis Ecclesiasticis iniurias inferunt, non ius publicum exequendo, qui etiam bona Ecclesiarum violenter rapiunt, vel inuadunt; cùm tamen idem Guillielmus dicta bona, & thesaurum ipsius posse suo saluauerit Ecclesiæ suprà dictæ. Et cùm operam daret rei licitæ dictus Guillielmus, si eo inuito, & prohibere non valente, iuxta prædictam executionem iustitiæ, aliquid est ablatum, idem Guillielmus est censendus extra noxam, & culpam. Item si fortè, quod absit, appareat ipsum Guillielmum super præmissis aliquatenus excessisse, hoc esset sine dolo ipsius: culpáque extenuaretur per supposita per eundem; paratum se offerens idem Guillielmus ad correctionem Ecclesiæ suscipiendam humiliter, & deuotè: propterea quòd idem Guillielmus timet coram Sede Apostolica de præmissis sibi ad suggestionem inimicorum suorum quæstionem fieri, vel moueri, eiúsque interfit apud dictam Sedem, vel alibi, vbi pro ligato, vel excommunicato idem Guillielmus habeatur pro præmissis, ne vexetur: cùm alibi, vbi idem Guillielmus non ligatus esse intendit, apud ipsum quoque generale Concilium, idem Guillielmus defensiones, & excusationes suas super præmissis proponere intendat, & offerat, ac prosequi negotium principale prædictum, & se ostendere innocentem paratus sit: & si fortè in aliquo esset culpabilis, correctionem subire, ad cognitionem Ecclesiæ, in generali futuro Concilio congregandæ, cuius conuocationem petierunt eminentes personæ, quæ coram domino Rege prædicto, suis Prælatis reuerendis, & Baronibus, dictum Bonifacium tunc viuentem, in Parlamento publico, in festo Natiuitatis beati Ioannis Baptistæ anni præteriti, Parisius, legitimè detulerunt, & eum ad generalis Concilij prouocauerunt iudicium super hæresi, & aliis pluribus criminibus, & defectibus prædictis, & requisierunt, vt ipsi conuocationi daret Maiestas regia opem & operam efficacem; præmissáque, quatenus ipsum Guillielmum tangere possunt, sint accessoria iudicio, & negotio principali prædicto maiori, de quo in dicto Concilio generali per Ecclesiam debet cognosci; nec per minorem quæstionem maiori præiudicium iudicio fieri debeat, vel per accessorium principali: Adhærens insuper dictus Guillielmus prouocationi nedum propriæ, sed etiam ei, quam dictæ eminentes personæ in dicto Parlamento fecerunt, requisitioni, & petitioni generalis Concilij, quam ipsi fecerunt; cuius Concilij iudicium idem Guillielmus super præmissis subire intendit; cúmque dicti Guillielmi negotium super præmissis ex dicto principali dependeat, vt est dictum, & ei accedat, cognitionem iudicij dicti Concilij dictus Guillielmus inuocat, & implorat, & Sedi Apostolicæ supplicat, ad dictum Concilium prouocando, ne aduersus ipsum Guillielmum, non auditum, & defendere se paratum super eis, in quoquam super præmissis procedat;

& si fortè processit, id reuocet & annullet. Verùm, si fortè dicta Sedes cognosceret, ipsum Guillielmum, super præmissis, coram ipsa Sede, se teneri defendere, ac prosequi dictum principale negotium, non expectato iudicio Concilij generalis, offert dictus Guillielmus nunc, vt extunc, se paratum cognitionem, ac iudicium dictæ Sedis subire super sufficientia, de loco, securitate, & aliis ipsi Guillielmo prouiso contra dictas inimicitias : & si fortè culpabilis in quoquam repertus fuerit, eius correctionem humiliter, & deuotè recipere, & eius obedire mandatis. Et hoc offert idem Guillielmus vestræ reuerentiæ, ac promittit pro dicta Sede recipienti, & præmissa omnia apud vos publicat, vt per vos nota fiant sanctæ Sedi prædictæ, ac omnibus quorum interest, ex eo quod idem Guillielmus, propter manifestas, & graues inimicitias, quas habet apud dictam Sedem, & in itinere aliquorum potentium, qui manifestè ex præmissis minitantur ipsi Guillielmo, & ipsum offendere nituntur, & impediunt cognitionem, perquisitionem & prosequutionem hæresis, & criminum præmissorum, sine periculo personæ suæ, Sedem ipsam adire non potest. In cuius rei testimonium sigillum Curiæ Parisien. præsentibus litteris duximus apponendum. Datum & actum anno Dom. 1304. die Lunæ in vigilia Natiuitatis Virginis gloriosæ.

Acte de Guillaume de Nogaret:. Il dit que Benedict, decedé depuis peu, auoit mal informé, procedé contre luy, dont il demande la cassation, ayant declaré qu'il estoit encouru in canonem latæ sententiæ, auec quelques autres qu'il y auoit compris, pour auoir commis plusieurs crimes contre Boniface, & pillé le tresor de l'Eglise. Sur cela il represente le faict, & dit, Qu'il fut enuoyé par le Roy vers Boniface, où il trouua l'Ambassadeur du Roy d'Allemagne. Que Boniface fit voir sa mauuaise volonté contre ces Roys, voyant qu'ils auoient intention de faire la paix pour secourir la Terre Saincte. Qu'estant en Cour de Rome il apprit les vices de Boniface, & comme il s'en fut bien informé, voulut l'en aduertir ; mais auant cela il luy dit que le Roy ne luy auoit point donné cette charge ; mais que le zele l'y obligeoit. Boniface augmenta sa rage contre luy, & il reuint en France, où il representa au Roy ce qu'il auoit fait, & sceu des actions du Pape. En vne assemblée de Prelats & de Nobles il fit rapport de ce qu'il auoit fait, & qu'il estoit necessaire de remedier aux maux que faisoit le Pape : le Roy fut conseillé de bien penser sur cette affaire, & fit vne autre assemblée, en laquelle l'affaire bien discutée, fut resolu que l'on poursuiuroit la conuocation du Concile general, où le Pape Boniface se purgeroit. Boniface indigné de cette procedure, au lieu de changer de vie fit ce qu'il pût pour ruiner le Royaume & l'Eglise Gallicane, se reserua toutes les prouisions des Eglises Cathedrales, suspendit toutes les facultez de ceux qui faisoient les Docteurs. Mais ayant resolu de publier ses fulminations contre le Roy, & le Royaume le iour de la Natiuité de N. Dame, luy Nogaret ne pouuant souffrir cette iniure, & voyant le mal qui en pouuoit venir s'en retourna en Italie, où il communiqua auec quelques Romains bien intentionnez pour s'opposer à ces desseins : en sorte qu'ayant assemblé quelques Barons de Rome, & de la Noblesse de la campagne qui l'éleurent chef de cette entreprise, ils entrerent auec des forces dans Anagnia la veille de la Nostre-Dame, où le Capitaine de la ville, & les principaux habitans auec l'estendart de l'Eglise de Rome, se declarerent pour luy : la resistance que firent les amis de Boniface, l'obligea à forcer son Palais ; où estant il parla au Pape, luy remonstra ses crimes, & les maux qu'il proiettoit de faire, & comme il fuyoit le iugement de l'Eglise. Luy dit que son intention estoit de le conseruer pour le reseruer au iugement de l'Eglise au Concile general. Lors sans le

soin de Nogaret il eust esté tué, dont plusieurs luy en ont depuis fait reproche. Pendant cela, l'on dit que quelques-vns d'Anagnia, les domestiques de Boniface, & autres de la lie du peuple pillerent quelques meubles de Boniface, & quelque soin qu'on y peust prendre l'on ne put empescher cela. Nogaret dit, habebam enim duos tantùm de mea patria mecum domicellos, *le reste de ces gens de guerre, peu exceptez, n'estant point de sa connoissance: asseurant que ce qui a esté sauué du tresor de l'Eglise l'a esté par son soin; qu'il n'a point touché à la personne de Boniface, ny souffert qu'on l'ait touché; il a voulu & donné ordre que ses domestiques ordinaires luy administrassent son boire & son manger.*
Aprés il traite l'affaire du Pape Celestin, & comme Boniface l'auoit trompé. Que Boniface est verus latro. Parle amplement de la différence qu'il y a inter verum Pastorem & Bonifacium. *Exaggere ses crimes. Allegue plusieurs raisons tirées de la Sainte Escriture; qu'il a deu entreprendre cette action, & que le zele l'y a porté. Exemples de plusieurs Prelats chastiez & punis pour leurs mauuaises actions, & chassez de leurs Eglises. Qu'il faut commencer par les Ecclesiastiques à purger l'Eglise de Dieu.*
Se plaignant de la procedure du Pape Benedict pour le fait du vol du tresor de l'Eglise, il dit qu'il deuoit plustost proceder contre celuy qui auoit accumulé ces tresors par tant de mauuaises voyes & iniustes, & qui auoit ruiné toutes les Eglises. Declare manifestement, que le Pape Benedict auoit esté fort mal informé de tout ce qui s'est passé à Alagna.
Supplie le Pape reconnoissant la verité de cette affaire de reuoquer ce que Benedict a fait contre luy, & qu'il conuoque le Concile general pour rendre iustice à ceux qui demandent qu'on condamne la memoire du Pape Boniface, & contre ses fauteurs & adherens, s'offrant d'en faire la pourfuite comme il faisoit du viuant de Boniface. Mais dautant, dit-il, qu'il y a de ces fauteurs qui sont assistans au S. Siege au grand scandale de l'Eglise, il les recuse.
Sur la fin il demande au S. Siege & au Pape à toute fin absolution à Cautele, ou par son Ordinaire.

Au tresor coffre Boniface num. 802.

Allegationes excusatoriæ domini Guillielmi de Nogareto, superfacto Bonifaciano, & protestationes.

CRVDELIS est, qui negligit famam suam, sed magis crudelis qui salutem animæ suæ contemnit. Iuris insuper executio non habet iniuriam, ac interest cuiusque Catholici, si possit, sine peccato prospicere, ne cuiquam sit in scandalum pusillo vel magno. Quapropter ego Guillielmus de Nogareto miles serenissimi principis domini Regis Franciæ, non intendens ad cuiusquam iniuriam, sed ius publicum exequi, necnon proprium seruare illæsum, intelligens felicis recordationis dominum Benedictum summum Pontificem proximè defunctum deceptum falsis suggestionibus, ac per ignorantiam iustitiæ causæ meæ ante decessum suum contra me processum aliquem incepisse, quem, vt infrà subiicio, cum Sedis Apostolicæ reuerentia, quatenus de facto processit, humiliter aliàs postulo reuocari, quo me cum pluribus aliis nominatis per eum, licèt non auditum, nec vocatum publicauit in latæ sententiæ canonem incidisse ratione plurium criminum in personam Bonifacij quondam Romanæ Ecclesiæ præsidentis, & in thesauro Ecclesiæ apud Anagniam commissorum notoriè in conspectu oculorum suorum, vt asserit: ipsúmque dominum summum Pontificem: nos quasi per formam edicti citasse, vt ad diem festi Beatorum Apostolorum Petri & Pauli proximè præteriti coram eo comparere deberemus, super præmissis sententiam audituri. De contumacia excuso me primitus, quòd processus ipsius vsque in vigilia dicti festi ad quod citatus fueram, notitiam non habui, eram enim in Francia; quare tunc comparere non potui, nec posteà me commodè Sedis Apostolicæ conspectui præsentare, tam propter domini Papæ ipsius decessum, qui fuit in proximo, quàm propter graues inimicitias quas ibi habeo potentium, qui me propter Christi negotium, vt infrà subiiciam, persequuntur animam meam, quærentes perdere, propter quas sine mortis periculo posteà non potui, nec adhuc possum me dictæ Sedis conspectui præsentare. Licet autem conscientia sit de præmissis innocentiæ meæ testis, ad Dominum timens ne forte proximo suo ex præmissis in scandalum, ad hoc vitandum singulos adire non valens, per scripturam omnibus significo iustitiam causæ meæ, paratus si deficerem, vel hactenus defecerim à Catholico quocumque doceri apud Ecclesiam, nihilominus innocentiam meam legitimè defensurus. quod omnibus fieri notum insuper est necessarium, ne Dei, ac fidei zelatores à promotione Christi negotij, quod assumitur pro sanctæ Matris Ecclesiæ defensione, propter processum prædictum domini Benedicti tabescant. Igitur diligenter ad ea quæ sequuntur aduertite sapientes & docti. Verùm quia ex facto ius oritur, est necesse processus mei seriem ex integro recitari, deinde rationes Iuris diuini & humani subiiciam, ad demonstrandum clariùs iustitiam causæ meæ. Ad hoc sciendum est quòd iam quadriennium est elapsum, anno Domini scilicet millesimo trecentesimo & vltra, cùm ego venissem nuncius domini Regis prædicti cum aliis ad præfatum Bonifacium pro domini Regis ipsius negotiis, inter cætera verò ad significandum sibi tunc de nouo contractas amicitias inter dominum Regem ipsum, & Regem Alamannorum illustrem, ad pacem maiorem, & statum tranquillum Ecclesiæ Romanæ, ad pacem etiam subiectorum regnorum ipsorum, ac insuper negotium Terræ Sanctæ per eos vnitos promptiùs assumendum, petendúmque ab eo Concilium pro dicto negotio assumendo, cùm dictus dominus Rex Franciæ sequi vestigia prædecessorum suorum intenderet ad prosecutionem negotij memorati: nuncij verò Regis Alamannorum præfati propter idem negotium venissent ad eum: vtriúsque Regis nuncij specialiter pro prædictis Bonifacium ipsum simul adiuimus, & vnà Regum ipsorum intentum exposuimus, ac omnia suprà dicta. Qui more aspidis aures obturans, nos in præmissis audire noluit, nec ei curæ fuit de negotio Terræ Sanctæ, dictúmque Regem Alamannorum, & eius electionem multis falsis impositis criminibus, ac exquisitis coloribus reprobauit, & grauiter de Regis ipsius exterminio comminando, nisi daret Ecclesiæ Tusciam ex integro, intendebat quippe de Tuscia regnum disponere, & ex eo carnem suam fœtidam promouere, nam de bono Ecclesiæ non curabat. Si autem dictus Rex sibi daret Tusciam, palam promisit, & obtulit se ad pacem eius intendere, nec non Regem ipsum recipere ad Ecclesiæ gratiam, ac ipsum exaltando vsque ad nubes supra Imperatores, qui pro tempore fuerint promouere. Non oblitus insuper Reg. Franc. de ipso multa dixit obprobria, ad ipsum terrendum, Regum ipsorum pacem, & amicitias reprobando, ac nationibus regnorum ipsorum, & ipsis Regibus multiplices blasphemias & iniurias effundendo, non ad alicuius disciplinæ colorem, sed pacem Regum ipsorum detestans, in seipsum propter pacem sæuiens, nemine sibi causam præstante, iuxta illud, Ex abundantia cordis os loqui-

Ii iij

tur, pacem & præfatas amicitias nisus fuit rumpere, venenum & cordis sui nequitiam emittendo: fecit insuper quod potuit, vt nos vtriusque Regis nuncios disiungeret, ad finem Regum ipsorum concordiæ separandæ: Temptans nos qui pro Rege Franciæ venerамus, & inuerecundè petens à Rege ipso magnam pecuniam, vt à personis Ecclesiasticis exigebat. Nos verò omnes eius ventum sic repulimus, quòd non potuit præualere. Tunc igitur ego videns eius nequitiam, super eius hæresi, sodomia, simonia, rapinis, homicidiis, & aliis criminibus informatus damnum Ecclesiæ, nec non pericula quæ Christicolis omnibus imminebant ex peruersis eius operibus intuens, afflictionem Ecclesiarum regni Franciæ considerans, quas ille Bonifacius deuorabat, sequens doctrinam Dominicam ipsum primò secretè monui, vt à simoniis, extorsionibus, & aliis Ecclesiarum ipsarum Ecclesiasticarúmque personarum oppressionibus diuersis, quas sibi plenè humiliter exposui desisteret, sibi significans mala quæ publicè dicebantur de eo, reuerentérque supplicans, vt famæ suæ consuleret, Ecclesiis prædictis, & regno. Qui monitione spreta huiusmodi vocatis ad se testibus dicta monitione repetita pleniùs coram eis scire voluit, an præmissa mandatus à domino meo qui me miserat dicerem, an potiùs ex meipso. Me verò respondente, quòd ex meipso zelo fidei contemplationéque dictarum Ecclesiarum, & dicti domini mei patroni Ecclesiarum ipsarum motus fueram ad præmissa, more dementis infremit, michi minas graues, iniurias, & blasphemias inferens vehementer, quas in Christo patienter sustinui, cuius zelo ducebar, negotia propter quæ veneram, cum aliis nunciis diligenter tractando diebus pluribus cum eodem. Tunc ergo reducens ad memoriam quæ de ipso sæpiùs audiueram, ipsum vidi discolum, omni caritate carentem, contra disciplinam agentem Ecclesiæ, ac omnem abicere honestatem, læsus in corde propter Christi obprobrium, & Ecclesiæ suæ periculum, non audens propter eius effrenatam potentiam ampliùs in præmissis procedere, fleui supra Romanam Ecclesiam, per dictum adulterum captиram, flebam supra Gallicanam Ecclesiam, quam ille prorsus destruere se iactabat, ad quod cotidiè laborabat. Ad dominum autem meum reuertens de præmissis omnibus informaui, requirens ipsum latiùs, vt Ecclesias regni sui defenderet, ac Romanam Ecclesiam matrem suam; quæ sibi per plures alios magnæ auctoritatis viros pluries repetita fuere: qui verebatur, vt pudoratus filius verenda illius cernere, quem ob honorem Ecclesiæ venerabatur vt patrem. Comminatis autem, & multiplicatis Ecclesiæ Dei scandalis, per eundem tandem in Quadragesima proximo ante Bonifacij mortem ipsius præterita de dicti Bonifacij superstitione deprauata, cæterísque peruersis vitiis, & criminibus eiusdem pleniùs informatus, videns per rei euidentiam captiones instantes, quas parabat in laqueum schismatis Ecclesiæ Gallicanæ, vexationes inferendo multiplices, ac quæstiones insolitas nusquam in aliis regnis auditas, implicitas, ponderosas, ac prorsus importabiles suscitando, vt sic regnum ipsum cùm non posset aliter prouocare ad schisma, palàm cordis venenum proferens, se de schismate si sequeretur penitus non curare. Cùm tamen ad vitandum scandalum, etiam iusta quælibet, quæ sine mortali peccato potuissent obmitti, vitanda fuissent, cùm non haberem vltrà quid facerem, super quibus monueram Bonifacium antè dictum, iuxta Domini consilium, volui Ecclesiæ pandere defectus Bonifacij sæpè dicti. Non audens verò propter mortis periculum pro iis eum adire, dictum dominum Regem adiui, pluribus Prælatis, & Baronibus eidem assistentibus, sibi exponens dicti Boni-

DE BONIF. VIII. ET PHILIP. LE BEL.

facij defectus prædictos, & crimina: ipsum dominum Regem requirens, vt conuocationi daret operam Concilij generalis, coram quo prædicta legitimè me prosequi paratum obtuli zelo Dei, fidei, iustitiæ, ac totius Ecclesiæ sanctæ Dei, ipsum Bonifacium ad dicti Concilij iudicium prouocando. De qua prouocatione constat pleniùs per legitima documenta. Qui dominus Rex tunc me audire distulit, sperans, quòd fortè dictus Bonifacius per viam tractatus pacifici cessaret à dictis scandalis, quæ contra vnitatem Ecclesiæ Romanæ, & regni Franciæ parabat, ac se corrigeret de prædictis: meúmque zelum attendens idem dominus Rex, ad vrbem, & partes me destinauit vicinas, vt cum amicis domini Regis ipsius, & Ecclesiæ tractarem, & darem operam efficacem ad confortandum, & conseruandum vnitatem prædictam. Ego verò mandato suscepto huiusmodi ad partes ipsas me conferens, pro commisso michi negotio laboraui fideliter, nichil autem proficere volui cum Bonifacio suprà dicto. Me igitur in illis partibus propter hoc existente, dictus Bonifacius publicè Parisius coram dicto domino Rege, Prælatis regni, & Baronibus, Iuris diuini & humani Magistris, Conuentibus, Capitulis, communitatibus Ecclesiæ Gallicanæ delatus, extitit super hæresi, defectibus, & criminibus suprà dictis, & ad iudicium generalis Concilij prouocatus legitimè per eminentes personas, ac requisita fuit procurari conuocatio dicti generalis Concilij, per dominum Regem & Prælatos prædictos; quod fuit à domino Rege, & Prælatis ipsis concessum, ad dictúmque generale Concilium prouocatum per eos: cui prouocationi venerabilis studij Parisf. Vniuersitas adhærens, ac Ecclesia Gallicana consensit; prouocationi verò per me primò factæ, vt dictum est, dominus Rex, & prædictæ personæ eminentes nihilominùs adhæserunt, vt constat pleniùs per legitima documenta. Michi fuit mandatum insuper per dominum Regem ipsum, vt processum huiusmodi in illis partibus legitimè publicarem, & procurarem apud Sedem Apostolicam, conuocationem Concilij antè dicti; quæ facere non potui tunc propter mortis periculum, quod michi ex insidiis dicti Bonifacij imminebat, nec ad eius præsentiam poteram venire securus, licèt feci quod potui cum illustri Rege Siciliæ, ac pluribus aliis viris magnis zelantibus Ecclesiæ Romanæ honorem. Ille verò sciens dictos processus contra se habitos, cùm si fuisset innocens, se purgaturus super omnibus, specialiter autem de hæresi, debuisset vel saltem se corrigere, vltróque non requisitus conuocationem Concilij generalis offerre, non eius iudicium subterfugere, ad quod fuerat prouocatus, quod etiam inuitus tenebatur subire; sibi malè conscius in suis peruersitatibus induratus re verbo, & scripturæ cuiusdam lamentationis suffragio, sub forma constitutionis ad æternam memoriam publicatæ conuocationem denegauit dicti Concilij, iudicium subterfugiens, de hæresi, & aliis sibi impositis se non curando purgare, nec non in lamentatione huiusmodi colores adinueniens plenos calumnia, blasphemiis, & iniuriis loco purgationis contra dictum Regem, & Prælatos prædictos, vt insanus prorupit. Propter quas temeritates contentas in ea, constitutio fuit huiusmodi per dom. Benedictum Papam prædictum legitimè reuocata. & sic sine omni excusatione liquet ipsius Bonifacij prorsus incorrigibilis super præmissis purgationis defectus, iudicij subterfugium, & contumacia manifesta, ex quibus in casu hæresis pro verè hæretico, in omnibus verò criminibus, pro conuicto & confesso habetur, præmississque sceleribus non contentus scandalum, quod postquam ad regimen Ecclesiæ venerat semper minatus fuerat, scilicet quòd omnino destrueret regnum Franciæ, etiam si seipsum cum tota Dei Ecclesia regnum ipsum destruendo prostraret, in festo Assumptionis gloriosæ Virginis anni elapsi proximi complere cœperat, reseruando Sedi Apostolicæ prouisionem Ecclesiarum Cathedralium cùm vacarent, ac potestatem creandi Doctores, seu Magistros in Theologia, Iuris etiam vtriusque professionibus in toto ipso regno de facto suspendendo, ac alia multa grauia contra regnum ipsum præiudicia faciendo. Sed in festo Natiuitatis gloriosæ Virginis proximo tunc sequenti suæ iniquitatis conceptum proposuerat consummare, publicando processus, quos conceperat contra Deum & iustitiam, ad dicti domini Regis, & regni exterminium, & scandalum totius Ecclesiæ sanctæ Dei: non erat aliquis Cardinalis, vel alius qui auderet resistere, vel adhibere remedium propter eius potentiam & terrorem. Nullus Regum vel Principum occurrere se parabat, non erat qui subuenire posset: iuxta disciplinam Ecclesiæ pertinebat ad Principes sæculares Ecclesiam Dei defendere contra eum, ac iuxta statuta Canonum ipsum conterere suæ viribus potestatis, sed non erat qui faceret, licèt plures ex eis requisiti fuissent: imminebat casus Ecclesiæ, mora paucorum etiam dierum erat grauissimum, ac irreparabile periculum illatura: sicut Gallicos sic Romanos destruere conabatur, Tuscos, Campanos, & alios Christi fideles: principes insuper sæculi conuocauerat, vt dixit sæpiùs, ad conterenda capita Romanorum: prout enim ipse schismaticus Cardinales dictos de Columna personas eminentes in Ecclesia Dei fulgentes, quia pro veritate Christi contra ipsum legitimè petierant conuocationem generalis Concilij, contra Deum, & iustitiam de Ecclesia Dei de facto violenter expulerat, sic Vrbem prostrare, regnúmque Francorum conceperat, putans sibi facile per consequens totam Dei Ecclesiam conculcare, per schisma concutere generale. Hæc igitur respiciens, Patrum exempla relegens, licèt negotium insperatum susciperem, verbum illud commemorans, Agonizare pro iustitia, & Dominus Deus tuus pugnabit pro te contra aduersarios tuos, magis elegi pro iustitia, me cum mortis discrimine murum opponere, quàm tanta Christi obprobria sustinere. Requisitus ergo legitimè pluries & instanter, vt in auxilium Ecclesiæ celeriter assurgerem, scutum, & arma non cum extraneis, sed Ecclesiæ Romanæ fidelibus, & deuotis in eius adiutorium apprehendi, vt dicto Bonifacio resisterem in facie, ne compleret scandala suprà dicta, ad quæ suo doloso proposito properabat & actu. Accersitis ergo Baronibus, aliisque Nobilibus Campaniæ, qui me ad hoc pro defensione Ecclesiæ Capitaneum elegerunt & Ducem, pridie festi Natiuitatis Beatæ Virginis ingressus sum Anagniam, cum armata potentia Nobilium prædictorum, nam aliàs non poteram negotium Christi complere, ab Anagninis ciuibus, eorum Capitaneo potestate petij subsidium pro Christi negotio, ac Romana Ecclesia sua matre: auditis verbis huiusmodi ciues ipsi cùm ad eos ciuitatis ipsius regimen, & iurisdictio pertineret, susceperunt ipsum negotium manifestè, Capitaneus namque cum ciuibus maioribus vexillum Romanæ Ecclesiæ palam semper secum habentes, michi ad cöplendum Christi negotium personaliter astiterunt. Cùm autem pacificè Bonifacium ipsum adire vellemus, & sibi exprimere causam nostri aduentus, minimè potuimus propter eius pertinaciam & resistentiam, & suorum: quare per aggressum belli nos procedere oportuit, ac quod incumbebat facere, cùm aliter non possemus. Cùm ergo domum dicti Bonifacij fuissemus ingressi, sibi omnes processus dictis Nobilibus præsentibus ego diligenter exposui, & quòd esset subterfugus, & contumax manifestus purgationi se subtrahens, propter quod in casu hæresis pro hæretico vero, in omnibus criminibus

nibus pro conuicto & confesso haberi poterat & debebat, sibique volebam resistere ne perficeret mala quæ parauerat Ecclesiæ sanctæ Dei: cúmque volens nollet venire ad iudicium Ecclesiæ, volebam ipsum à morte custodire iudicio generalis Concilij præsentandum. Multi inhiabant ad eius sanguinem, ego ipsum, & suos à morte defendi, de quo fui ab omni gente tempore aliquo communiter increpatus per aliquos Anagninos, ac suam familiam, & fortè per alios forenses. In turba huiusmodi de pecunia dicti Bonifacij suisque mobilibus multa capta dicuntur, me quantum potui prohibente, & ad custodiam diligentiam quam potui adhibente: sed plenè prouidere non poteram, duos enim tantùm de mea patria mecum domicellos habebam, omnes autem alij erant, & omnes paucis exceptis mihi prorsus ignoti, & idcirco non potui plenè, vt volui, consulere Thesauri custodiæ. Nam si potuissem aliter prospexissem, quicquid tamen saluum fuit de suo Thesauro vel Ecclesiæ, per mei diligentiam saluum fuit, quòd fuit magnus Thesaurus sic saluus: personam eius non tetigi, nec tangi permisi, circa ipsum retinui comitiuam decentem, potum & cibum ab aliis quàm à suis non permisi ei aliquatenus ministrari, vt periculum personæ eius vitarem. Hic fuit processus Anagniæ, ex quo michi imponitur, me prædicta flagitia commisisse, cùm tamen manus mundas meas, & meorum famulorum ab omni iniuriosa executione circa personam dicti Bonifacij seruauerim vsquequaque, nec valorem vnius nummi ex thesauro, vel rebus eius attigi, cùm esset in potestate mea, si omnia capere voluissem, ad tollendum etenim inuenissem adiutores plurimos quàm seruandum. Duo quippe sunt in hoc negotio principaliter attendenda. Primum, si processus meus in se iustus fuerit. Secundum, si bono zelo iustâque de causa processerim in eodem. Meum autem processum fuisse, quoad sui materiam, iustum ostenditur, est enim certum, dictum Bonifacium ad Ecclesiæ regimen assumptum fuisse Celestino viuente, qui fuerat verus sponsus Ecclesiæ, quam dimittere sine Dei voluntate non potuisse sapientes asserunt, sanctorúmque Patrum scripturæ clarè tradunt pariter & exempla, nec sibi legem imponere, vt sibi per voluntatem suam liceret distinguere quod Deus coniunxit, cùm in potestate Dei sit disiungere tale coniugium, non hominis, nec se quisquam potestatem habens clauium absoluere consueuerit, vel ligare: Domino Iesu Christo potestas in cœlo data fuit, & est pariter & in terra, & tamen cùm à Deo patre petiisset, vt ab eo si fieri poterat calix ille transiret, statim subiunxit patri dicendo, non vt ego volo, sed vt tu. Verumtamen quia vbi Dei spiritus ibi libertas, nec sunt sub lege qui Spiritu Dei aguntur, an vir ille sanctus Celestinus in scripturis tam parum fundatus, Spiritu sancto ductus dimitteret sponsam suam, an simplicitate, vel alio modo deceptus, & sic per consequens, an dictus Bonifacius esset ingressus per ostium dubitauit Ecclesia, sic titubans, ac admirans ipsum Bonifacium tolerauit. Schisma fuit in populo, aliis dicentibus Bonifacium Papam esse, aliis dicentibus ipsum verum Papam non esse. Ignorabat Ecclesia Bonifacij memorati defectum, quòd excommunicatus, ac etiam hæreticus, & à fide Catholica deuius ipsum regimen suscepisset, latebat lupus sub agni pelle, latro, & pseudo-Apostolus sub veste Pastoris. Verùm quia nichil occultum, quod non sciatur, nichil absconditum, quod non reueletur, reuelata est hypocritæ turpitudo, manifestus factus est Ecclesiæ, testimonium eius operibus perhibentibus eum latronem, non pastorem fuisse, Scriptura Domini nos docente; tres namque personas scriptura Christi commemorat, Pa-

K k

ſtoris, mercenarij ſcilicet, & latronis. Paſtor diligendus, mercenarius tolerandus, latro deiiciendus, & penitus excludendus, vt ſancti Patres oſtendunt: iuxta verò doctrinam Dominicam alter ab altero manifeſtè cognoſcitur, & quòd hic non fuerit paſtor, ſed latro diſcernitur manifeſtè. Paſtor enim oues diligit, & pro ouibus animam ſuam ponit ſaluandis ; hic autem à principio ſui regiminis oues Chriſti ſemper odiuit, & ſpecialiter regni Franciæ, pro quibus delendis animam ſuam ponebat pluries, quo ſuæ mentis nequitiam expreſſit dicendo, quòd & ſi ſciret ſe, ac totam Eccleſiam Dei proſtare, deſtrueret regnum ipſum. Paſtor libenter oues ſuas audit, ac cognoſcit, & oues vocem eius audiunt, & ſequuntur : ille autem voces ac clamores ouium nunquam audire, nec eas exaudire, vel cognoſcere voluit, niſi ad finem pecuniæ extorquendæ, nec oues Chriſti ſpontè vocem eius audiebant, ſed potiùs ipſum ex ſuis operibus abhorrebant, & cum vt peſtem propter eius auſteritatem ſolùm timebant. Iugum veri paſtoris ſuaue, ac onus eius leue : iugum illius verò duriſſimum, ac importabile onus eius. Paſtor mitis ac corde humilis : ille verò ſeuerus, ſeditioſus, & corde ſupra quemlibet ſuperbum elatus. Verus paſtor iuxta doctrinam Apoſtolorum Principis paſcit gregem Domini ſibi commiſſum verbo pariter, & exemplo : ipſe verò paſcebat contumeliis, blaſphemiis, & factis ſuis peruerſis populum ad ruinam ducebat. Paſtor ſponte, ipſe verò coactè : Paſtor paſcit voluntariè, non turpis lucri gratia ; ille verò nichil quodammodo non venditum derelinquens, vſuras inſuper, rapinas, ac omne turpe lucrum amplectens. Paſtor paſcit, vt & ipſe forma gregis factus, non in populo dominando; ille quippe omnem formam gregis abiiciens, Chriſto in potentia ſe æqualem faciens crudeliter omnibus dominando. Paſtor pacem inter oues Chriſti prædicat, & procurat : ipſe verò guerras iniuſtas, diſcordias, ac ſchiſmata ſemper fouit, & ſeruit, ſic quòd ſuo tempore pax extra mundi terminos exulauit. Verus paſtor Dei populo benedicit, nec vult mortem peccatoris, ſed vt conuertatur & viuat, & per diſciplinam corrigat eum paternam : ille verò quibuſlibet pecuniam non offerentibus maledicens, os plenum amaritudine, nec non maledictionibus ſemper habens, & pedes veloces ad ſanguinem effundendum abiiciebat Domini diſciplinam, ad terrorem inſuper imponebat ſingulis crimina, cùm autem ſe pecuniis redemerant, eos vſque ad ſuperos exaltando. Poſtremò ſimoniacus manifeſtus, incorrigibilis, idololatra, ſacrilegus, vtens diuinationibus, ac dæmonum inuocator, ſodomita deteſtabilis, homicida, de pluribus homicidiis, poſt dictum regimen ſuſceptum commiſſis, omnis turpis lucri cupidus, ac per ſuos miniſtros vſurarius manifeſtus, pauperibus auferens, carni ſuæ tribuens, vicinorum ſuorum oppreſſor, Eccleſiarum bona dilapidans, Religionem & Monaſteria prorſus exterminans, nedum rerum, ſed perſonarum Eccleſiaſticarum vorator, bonos proſequens, malos permouens, caſtella pro ſuis conſtruens, Eccleſias diruens & exulans, inſatiabilis auro per oppreſſionem officij modo ſubtili ſicut à barbaris, aurum ab omnibus auferens, & extorquens, nullum bonum actum amans, niſi ad vanam gloriam vel colligendam pecuniam, aut ſuam hypocriſim in iuſtitiam transformandam. Perlegantur antiqui nouíque Teſtamenti paginæ, Doctoris gentium ad Timotheum & Titum doctrina, quatuor Sancta Concilia, ſanctorúmque Patrum decreta, quæ ſint in Epiſcopo requirenda, quæ inſuper ſunt in eo vitanda, reperiet veritatem ſcire deſiderans, quæ requirantur, omnia dicto Bonifacio defuiſſe : omnia verò vitanda, non ex ſimplicitate vel ignorantia, ſed certa ſcientia, cùm eſſet inter filios, ſeu diſcìpulos Belzebut peritissimus affuisse destitutus viribus, renibus præualens, concupiscentiis, immunditiis, & desideriis cordis sui dimissus, inueteratus, induratus & omnino prostratus, factus decrepitus incorrigibilis, quod est species hæresis manifesta, populorum cateruas secum trahens gehennæ primo mancipio, totum corpus Ecclesiæ scandalizans, in schismatis laqueum ponens Dei Ecclesiam & prosternens, ab initio sui regiminis fundamenta domus Dei, quæ in montibus sanctis existunt eradicans, ad finem schismatis laborauit continuò, consummasset suum flagitiosum propositum, nisi celeri remedio fuisset occursum, eràtque in actu scandalum hoc perpetrandi, quando per me fuit eius nequitiæ, cum adiutorio fidelium obuiatum, vt in defensionum mearum articulis, si quis eos inspiciat, pleniùs continetur, quos ad æternam memoriam nuper legitimè publicaui. Cæterum mercenarius, per Euangelium in hoc à latrone dinoscitur, quòd cùm vidit lupum venientem, fugit, nec est ei cura de ouibus defendendis, quia mercenarius est. Hoc est, non amore custodiæ assistit ouibus, sed potiùs pro mercede, quarum dum *** mercedem habeat curam non habet. Talis autem non deicitur, nam intrauit per ostium domini voluntate, nec ex se oues dissipat vel consummat: sed latro non intrat per ostium, nec domini voluntate, ouésque solùm non negligit, vel contra lupum non defendit, vt mercenarius: sed ipse lupo crudelior oues dilacerat dilapidat diripit, & dissoluit: mercenarius ergo toleratur à subditis, quousque per superiorem, vel à Deo fiat de ipso iudicium: latro verò, per filios & defensores Ecclesiæ deicitur, ne corpus Christi scilicet Ecclesiam sanctam corrumpat; inimicus est enim, non Prælatus, quin immo cùm sit schismaticus, non est de corpore sanctæ Ecclesiæ, sed membrum mortuum, ac quoad Deum prorsus abscissus: fuit, & erat ergo dictus Bonifacius, non Pastor vel mercenarius, sed pseudo-Apostolus, atque latro deiciendus ** ne totum corpus corrumperet Ecclesiæ sanctæ Dei, erat quippe dictus Bonifacius nedum peruersus, quoad statum sui regiminis, sed etiam vt priuata persona, dæmoniorum templum, ac omnium flagitiorum sepulcrum; erat enim notoriè reprobus, deprauatus, repletus omni iniquitate, malitia, fornicatione, auaritia, nequitia, plenus inuidia, contentione, dolo, malignitate, susurro, detractor Deo odibilis, contumeliosus, superbus, elatus, inuentor malorum, sanctis Patribus non obediens, insipiens, incompositus, sine caritate, sine foedere, sine misericordia venenum aspidum semper in labiis habens paratum. Qui cùm per scripturas & longam experientiam Dei iustitiam cognouisset, benè agere non intellexit, in tanto fastigio constitutus de facto iudicans alios in iis, & per consequens seipsum condemnans, furabatur prædicans non furandum, moechabatur prædicans non moechandum, sacrilegium faciebat prædicans sacrilegium esse vitandum, in legis Dei verbo glorians legem ipsam factis præuaricans, Christum ore profitens, factis cum denegans, ac Deum in omnibus inhonorans. O quàm piaculare flagitium! quòd mater pietatis captiuata fuerit à tali latrone, hæc nostræ desolationis abominatio in Templo Domini constituta, quæ libro describitur Danielis in Nerone, vel mago Simone, vel quoquam flagitioso nusquam par crimen auditum. Quis enim locus tutus? quæ causa esse poterit excusata, si veneranda Dei templa, maximè Romana Ecclesia, supra quam vniuersalis per Dominum est fundata, pecuniis talibúsque nefariis expugnentur. Quem murum integritatis, aut vallum fidei prouidebunt Catholici, si auri fames execrabilis penetralia veneranda prorumpit? Quid denique tutum esse poterit, vel securum, si sanctitas incorrupta corrumpitur? ad quem locum peccatores recurrent, si principale refugium talia patiatur? Flete, & vlulate omnes qui bibitis vinum, accingite vos, & plangite sacerdotes & ministri Domini super Romanam Ecclesiam matrem nostram, attendite & videte vos qui transitis per viam, si est dolor sicut dolor Ecclesiæ matris nostræ: filios enutriuit, & exaltauit, impinguati, dilatati recalcitrant contra eam, filij matris eius pugnant hostiliter contra eam. Expergiscimini igitur omnes qui dormitis in via, leges insurgant, & arma, necnon quisque Catholicus; veniant filij sui de longè, & de lateribus eius filiæ surgant in adiutorium sponsæ Christi, quæ sic crudeliter à dicto Bonifacio dū viuebat captiuabatur, adhuc eo mortuo, ab eius damnanda memoria fautoribus & sequacibus obfuscatur. Custos in vineis posita vineam suam nónne poterit custodire? poterit vtique præstante Domino: scriptum est enim quòd portæ inferi, hoc est sequaces ipsius Bonifacij pariter & fautores aduersus eam non poterunt præualere, licétque Petri nauicula propter Iudam turbaretur, sicut & hodie per alium Iudam turbatur, non tamen fluctibus mergebatur, nec ergo nunc mergetur Domino protegente. Ex præmissis ergo concluditur processum prædictum iustum in se fuisse, tam in materia, quàm in forma: licèt enim ipse communiter aliquando moueri de crimine non valeat, hic potuit in causa fidei maximè, quia verus Papa non erat, & sic schismaticus, per consequens ex suis operibus pseudo-Apostolicus manifestus. Secundò, quia hæreticus, & à fide Catholica deuius, nedum ex suis operibus per Euangelium manifestus, sed etiam ex sui manifesta contumacia, necnon purgationis defectu hæreticus à canone declaratus, ac confessus in cæteris & conuictus,& si necesse fuerit veram eius hæresim, scilicet quòd non crederet altaris, pœnitentiæ sacramentum resurrectionem, mortuorum, & vitam æternam, sum legitimè probare paratus. Tertiò propter simoniam, qua monitus legitimè palam & sine delectu asserens sibi licere, detestabiliter vtebatur, qua peior hæresis inueniri non potest. Quartò, ex eo quòd erat incorrigibilis, agens contra disciplinam Ecclesiasticam in omnibus, ac positus in profundo malorum, de quo vtpote vera hæresi potest Apostolicus accusari. Quintò, præmissa consentiens fama confirmat, quæ licet per se probationem plenam sola non faciat, semiplenam tamen facit, & plenissimam cum præmissis: erat ergo notorium multis modis dictum Bonifacium hæreticum à fidéque Catholica deuium, ac in sui principio per ostium non intrasse, fuit enim, & est facti notoriè per rei euidentiam ex suis operibus manifestis omnibus, vt est dictum: hoc enim est probatio necessaria, ac demonstratio manifesta à Domino per Euangelium instituta. Cùm enim permisisset tales latrones, qui per ostium non ingrediuntur, non Pastores, & alibi permisisset pseudo-Apostolos vel Prophetas in Ecclesia Dei futuros, quia nos non possumus ab initio cùm tales ingrediuntur eos cognoscere, Dominus statim dās nobis probationem, & euidentem demonstrationem subiungit, à fructibus eorum cognoscetis eos, est enim necessaria probatio, vt dicit Dominus alibi, quòd non possit mala arbor fructus bonos facere, nec bona arbor facere fructus malos. Cùm ergo tales fuerint fructus Bonifacij, vt præmissum est, sequitur necessariò ipsum per ostium non intrasse, & sic latronem non Pastorem fuisse, & pseudo-Apostolum seu Prophetam, & sic non Catholicum, sed hæreticum eum fuisse. Hoc idem probatur alibi, vbi & in fractione panis discipuli Dominum cognouerunt. Item alibi, si filij Abrahæ essetis opera Abrahæ faceretis, sed vos Diabolum patrem habetis, & ideo opera eius facitis, &c. Interrogatus ex parte Ioannis Dominus, an ipse esset

DE BONIF. VIII. ET PHILIP. LE BEL.

Christus, respõdit, cæci vident, claudi ambulant, surdi audiunt, &c. Hoc est, miracula enim quæ facio me Dei filium esse demonstrant. Item alibi increpat Dominus incredulitatem eorum, quia iis quæ viderant scilicet miraculis non crediderant, & condemnat eos, tanquam excusationem non habentes. Alibi iustificans illos de ciuitate Niniuæ ad comparationem eorum. Item, ad hoc facit quod legitur, Nemo posset facere opera quæ tu facis, &c. Ad idem ait Apostolus super cognitione Dei, inuisibilia enim ipsius à creatura mundi, per ea quæ facta sunt, intellecta conspiciuntur, sempiterna quoque eius virtus & Diuinitas, ita quòd sint inexcusabiles, quia cùm cognouissent Deum, non sicut Deum glorificauerunt. Item, ad id quod per effectus causas cognoscimus. Item illud Gregorij, Probatio voluntatis est exhibitio operis. Si igitur inexscrutabilem aliter animum hominis ex operibus comprehendimus, maximè maledictionis ore, & amaritudine concurrente, iuxta illud, Ex abundantia cordis os loquitur: si Deus, eius virtus, diuinitas incomprehensibilis ac inuisibilis, per eius opera cognoscuntur, ita quòd sint inexcusabiles ignorantes eundem: si insuper Iesus Christus in humilitate carnis passibilis constitutus, quòd sic Deus verus cognoscitur ex eius operibus, vt illud Ioannis decimo, Opera quæ ego facio in nomine patris mei, hæc perhibent testimonium de me. & iterum, Si non facio opera patris mei nolite credere mihi: si autem facio, & si mihi non vultis credere, operibus credite, vt cognoscatis & credatis, quia Pater in me est, &c. Sic in proposito cùm contrariorum sit eadem disciplina, non habet excusationem Cardinalis, Princeps, vel quicunque Catholicus qui viderit, seu aliter didicerit opera dicti Bonifacij, non intelligat ipsum non à Deo, sed verum Antichristum sine fide aliunde intrasse, quàm per ostium, & Catholicum non fuisse: scripturæ enim mentiri non possunt, Nunquid enim, vt ait Dominus, oportet impleri scripturas. Vide, & relege Petri Epistolam secundam, ait enim, Fuerunt pseudo-Prophetæ in populo, sicut & in nobis erunt magistri mendaces, &c. Legat diligens indagator totum illud Petri capitulum, inueniet omnia ibi contenta, ab initio vsque ad finem, in persona dicti Bonifacij, & fautorum suorum impleta. Aurum in fornace à plumbo, vel argento discernitur: demens, furiosus, vel prodigus quis per opera declaratur, & per ea quæ malè, & furiosè disponit. Dolus occultus in corde, vt dicit lex, ex perspicuis indiciis probatur in homine. Item alibi per facti qualitatem, & alibi per opera subsecuta. Qualiter ergo, sic clarè, sic lucide qualis sit, quis mente, quid velit, quid sentiat probari potest, sicut operibus non videmus, quod lex humana conuenienter ostendit, quòd populus voluntatem & consensum suum super eo quod vult pro iure seruari, nec verbis nec scripturis suffragio melius potest exprimere, quàm rebus & factis. Ad hæc si quis dicat se fidem habere, non habens opera fidei, mentitur; homo enim mortuus, non est homo: fidem autem sine operibus Apostolus mortuam esse testatur, per opera ergo fides cuiusque, aut infidelitas clarè probatur, ad quod ratio naturalis omniàque iura concurrant: est ergo illud facti notorium in persona dicti Bonifacij per rei euidentiam, ex continuatis operibus procedentem, vt est suprà probatum. Secundò est notorium iuris interpretatione diuini pariter & humani: lex enim, & Euangelium declarat ex præmissis dictum Bonifacium hæreticum & latronem fuisse, vt suprà tactum est. Ius humanum idem interpretatur, & declarat eo quòd delatus de hæresi, se legitimè purgare noluit cùm posset, quo casu Concilij generalis constitutio hæreticum ipsum declarat. Item, ex eo quòd contumax subterfugus iudicij, vt suprà

K k iij

tactum est, sanctorum Patrum & Ecclesiæ vniuersalis statuta ad conseruationem edita status Ecclesiæ habent eum in omnibus pro conuicto. Nec dicat quis quòd statuta canonum Papam non ligent, ligant enim etiam verum Papam vtique in causa fidei, & vbi de statu suo, * quòd non sit verus Papa mouetur, statu eius in dubium deducto, necnon in aliis vbi status Ecclesiæ tangitur vniuersæ, potéstne Papa statum Ecclesiæ subuertere, à Domino, ac sanctis Patribus institutum? non est enim, vt ait Apostolus, Papæ data potestas, nisi pro veritate, non ad destructionem, sed ad ædificationem: illud autem cederet ad destructionem, & disciplinæ Ecclesiasticæ subuersionem. Hic autem illa disputatio locum non habet in casu notorio, vbi manus cuiuslibet Catholici esse debuerant supra eum, vt ait Dominus in lege, sint manus tuæ supra eum, &c. maximè postquam incorrigibilis in contumacia iudicium subterfugiens se ponebat, & statum Ecclesiæ notoriè subuertebat. Sanè iuris interpretatione coniecturam ex sequentibus ad præcedentia, ac iuris præsuppositionem validissimam * * * & de iure. Dictus autem Bonifacius post meum processum fuit notoriè incorrigibilis vsque, in sua libertate existens habens opportunitatem loci & temporis ad mortem, decessitque non receptis, cùm posset, Ecclesiasticis sacramentis, ex quibus propter infamiam eius, accusationem, seu delationem, super hæresi, aliisque criminibus purgationis defectum, manifestam contumaciam, aliáque præcedentia, quæ concurrunt, euidens demonstratio, ac iuris scripti declaratio hæresis ipsius sequitur, ac interpretatio manifesta. Cùm esset ergo notorium iuris, notoriúmque facti, dictum Bonifacium talem esse, nemo dubitat quin iusta fuerit materia mei processus habiti contra eum, ac iusta de causa motus fuerim ad prædicta, iustáque fuit forma processus, & modus agendi super notorio, vbi non debuit ordo iudiciarius obseruari, nec potuit, ipso impedimentum præstante maximè Papa * * graue, ac irreparabile periculum, vt est dictum. Cùm enim notoriè conuocationem generalis Concilij, omnémque viam disciplinæ Ecclesiasticæ prorsus abiceret, per sui potentiam effrenatam, resistentiam & pertinaciam, nec per disciplinam Ecclesiasticam, vel viam iudiciariam ipso impedimentum præstante, vt patet ex superioribus, ampliùs posset in eum procedi iuxta statuta canonum, erat per potestatem exteram conterendus, & abiciendus omnino. Si ergo conteri per exteram potestatem debuit, & potuit, multo fortiùs ei resisti contra suos peruersos conatus, & cùm iudicium in inuitum reddatur, debuit inuitus præsentari iudicio, quod nolens subire nolebat. Concludo insuper ex superioribus ad secundum, scilicet me liquidè zelo Dei, & fidei super præmissis auctoritatéque legitima processisse, iuris diuini videlicet, & humani, pro fide Ecclesiæque defensione Catholicæ, quam ad ruinam trahebat, specialiter verò Romanæ Ecclesiæ, quam ille Bonifacius captiuabat, pro patriæ meæ, ac totius reipublicæ tuitione, pro qua maximè, quia miles, in casu tam necessario pugnare tenebar, pro domínique mei prædicti defensione quem exterminare continuè properabat contra Deum, & iustitiam, solùm ad finem schismatis, vt est dictum, pro conseruationéque vnitatis Romanæ Ecclesiæ, ad dictum dominum meum Regem, & regnum Franciæ, pro qua fueram destinatus, ac pro certando pro iustitia, sibíque ne concepta scandala perficeret in facie resistendo. Quod igitur legitimè factum est, non est michi ad pœnam trahendum: feci namque quod quilibet Catholicus potuit & debuit, in vtriusque tam Ecclesiasticæ quàm sæcularis alterius potestatis defectum: nec debet contristari Romana Ecclesia tali viduata pastore, sed plaudere manibus ad

DE BONIF. VIII. ET PHILIP. LE BEL. 263

coelum erectis à tali liberata praedone, non sponso, sed violento raptore. nimirum etenim maiores nostri lugendum, vel etiam funerandum putarunt eum qui ad patriam delendam, & parentes & liberos occidendos properat, vt ille Bonifacius faciebat, quem si filius patrem, aut pater filium occidisset, sine scelere esse, ac praemio afficiendum omnes constituerant, prout lex asserit saecularis; cumque excommunicatus esset ex causis praemissis, à seipso damnatus, incorrigibilis, & à corpore praescissus Ecclesiae, vt est dictum, non esset iuxta sanctorum Patrum decreta censendus homicida, si quis Catholicus zelo matris ardens ipsum Bonifacium trucidasset, vt dicit capitulum in decretis : sic Phinees placauit Dominum, sic Abraham Reges occidit, sic Moyses Ægyptium, sic pater Machabaeorum Dei aduersarios trucidauit, sic Dominus in lege praecipit tali casu, Sint manus tuae supra eum, &c. Sic simoniaci moniti incorrigibiles, sic haeretici seu schismatici, & quicunque pacem turbantes Ecclesiae, sicut iste, conteruntur auctoritate Patrum sanctorum ab extera potestate, aliter relinqueretur Ecclesia indefensa, quod absit. Nónne vnum est Ecclesiae corpus, cuius caput est Christus, nónne membra huius sacri corporis sibi debent iure naturali, & ex Apostoli doctrina compati, & ad inuicem mutuum auxilium ad defensionem corporis vniuersi: si enim vicinum ab iniuria defendere teneor, quanto magis Ecclesiam matrem meam? si pro patria pugnare teneor, prout feci in proposito, quanto magis pro Dei Ecclesia vniuersa? si pro domino meo temporali certare teneor, quanto magis pro Christo? si iussu Dei pro iustitia rei cuiuslibet agonizo, quanto magis pro fide Catholica maximè, vbi non erat locus remedio, erátque mora etiam modici temporis grauissimum, & irreparabile periculum allatura? Porro quòd pro defensione Romanae Ecclesiae legitimè requisitus in praemissis processerim, multo magis iustificat factum meum, licet si non fuissem requisitus, nihilominus ipsam Ecclesiam in tali necessitatis articulo defendere debuissem, vt superiùs est probatum, nec debet quis contemnere Dei prouisionem, quòd per me sic exulem hominem, sic exigui corporis, atque status voluerit suae Ecclesiae subuenire. Nónne probatur numerosis exemplis per homines humiles & infirmos suo populo Dominum subuenisse: Iudicum libri, Pauli Epistolae, & aliae scripturae Diuinae hoc manifestè declarant, cùm etiam ab alienigenis excitatis Dei iussu propter Diuinae Maiestatis offensam populus Domini pluries est subactus, qui meritum habuissent, si bona intentione, non ex odio, vel superbia processissent, quanto magis ergo nos qui bono zelo contra dictum Bonifacium propter Diuinae Maiestatis offensam processimus in praedictis, habere debemus praemium, & non poenam, qui populum Dei non contriuimus, sed Dei Ecclesiam à manu liberauimus Pharaonis, non nostra, sed Dei potentia? Quis enim me contra dictum Bonifacium, nisi Dominus excitauit, michi singulariter nichil abstulerat, nec me offenderat, nisi Deum & Ecclesiam offendendo? Quid ergo ad praemissa mouere me potuit, nisi zelus ad Dominum, quare aliter tanto discrimini me praesumpsissem exponere: non enim me reputet quis indignum, digitus enim Domini me ad praedicta compulit & direxit: éstque instar sacrilegij disputare, an dignus sit quem Princeps terrenus elegit in suum ministrum; maius ergo sacrilegium est de illo quem elegit Altissimus in sui negotij defensorem. Praeterea, nónne potestatem adhibui legitimam, ciuitatis Anagniae videlicet Capitaneum, & populum adhibendo, Nobiles ac Barones Campaniae, vt superiùs est expressum, qui omnes me pro dicto Christi negotio suum Capitaneum elegerunt, & praesidem habuerunt, quid ergo michi veritate inspecta possit obiici non video, videat Ecclesia mater sancta, meo sensui non innitor, sensum propono Ecclesiæ, dum tamen per veros speculatores veritatem inspiciat, & non ad voluntatem, vel nutum inimicorum procedat. Latrant aliqui non esse credendum, hominem sic vtriusque Iuris Diuini & humani peritum, vt fuit Bonifacius, sic in negotiis ab antiquo expertum, in tanto statu domus Dei, tantóque tempore constitutum in tantam labem erroris venisse. Latrent contra Dominum qui prædixit, quòd tales istis temporibus debeant in Ecclesia Dei surgere præsidentes. Latrent contra Petrum Apostolum, qui hoc futurum in Epistola secunda prædixit. Latrent contra Augustinum in hæc verba testantem, Veteres scrutans historias inuenire non possum scidisse Ecclesiam, & de domo Domini populos seduxisse, præter eos qui sacerdotes à Deo positi fuerant & prophetæ, & speculatores: isti ergo vertantur in laqueum tortuosum in omnibus locis ponentes scandalum. Item, audi Petrum Apostolum alibi prædicentem, Tempus est, vt iudicium à domo Dei incipiat. Præterea defecit, ne inde prodirent scientia virtutum, & miraculorum experientia, dominicáque doctrina. Cæterum scrutator veritatis aduertat de Lucifero, quem decore, ac sapientia Deus supra omnes Angelos sublimauit, superbia cecidit, Deum cognoscit, & se contra Deum peccasse, cur ergo nō sibi seruit? cur eum non diligit? cur non conuertitur ab errore: quare profundum, nónne oportet hæreses esse secundùm Apostolum, vt probati manifesti fiant. Quid te summo creatori opponis, sic cedit ad Dei gloriam pœna malorum, sicut merces iustorum: operatur Dominus sicut sibi placet ad finem iræ vel gloriæ de sua materia vasa sua, prout Apostolus eleganter ostendit: licet enim in sui creatione rerum dispositor omnia vasa bona constituat, futura mala voluntate propria deprauantur, quare iusto iudicio condemnantur. Insurgunt aliqui fictam Religionem tenentes, dicendo, quòd licet processus meus iustus fuerit, ex eo tamen sequitur, vt asserunt, Ecclesiæ confusio propter laïcorum scandalum, & maximè non diligentium Ecclesiam, qui eo quòd talem habuerint præsidentem eam subsannant, supra ipsam capita sua mouentes; debemúsque secundùm Apostolum cauere ne vituperetur ministerium sacerdotum: ad quod allegant verbum illud: Seniorem ne increpaueris, addentes, quòd ideo Dominus Iudam tolerauit, cùm esset proditor & habens loculos; prouidendum est etenim ne pusillis, & proximo sint in scandalum Ecclesiæ Dei ministri, aliter essent eis in laqueum, quod est valde vitandum. Pro dolor! hypocritæ tristes vanam quærentes gloriam, nobis datam gratiam vacuantes genimina viperarum, quis nos ab ira futura defendet? Populum Dei decipitis talia seminando, quis nos docuit simulatorē veritati præponere? Quàm durè nos Saluator increpet? Aduertite, Euangelium vndecimo Lucæ, cùm Dominus in domo Pharisæi recubuit, perlegite nónne doctrina Dominica nequam oculum scandalizantem Ecclesiam eiici præcipit, vbi est periculum, ne totum corpus corrumpat? quis est autem oculus Ecclesiæ, nisi Prælatus? nónne Moises hoc idem faciendum demonstrat? si sacerdos peccauerit, nónne vt scriptum est faciet peccare populum? nónne ergo eius correctio faciet corrigi populum? Datan & Abiron, quia per ostium non intrabant ad sacerdotium, durissima pœna percussos videte: Hely summum sacerdotem, & verum non propter peccata sua principaliter, nisi eo solo quòd filiorum suorum ministrorum templi peccata non pœnituerat, grauiter percussum, & pro eius tali peccato populum cernite corruisse: Abiatar summum sacerdotem propter læsæ Maiestatis crimen commissum cōtra Principem legite per Salomonem eiectum:

Iudam

Iudam proditorem attendite laqueo emissis intestinis suspensum: Arrium, Acacium, & alios plures Episcopos propter hæresim condemnatos, & prorsus eiectos: attendite Saul vnctum Regem à Domino propter idololatriam inobedientiæ tam grauissimè condemnatam; Apostolorum Principem, quia solo exemplo iudaïzare gentes faciebat, per Paulum palam in facie reprehensum. Audite Principem Apostolorum clamantem, Tempus est, vt iudicium à domo Dei incipiat. Scripturam Malachiæ Prophetæ relegite, Et purgabit filios Leui, &c. vbi sacrificium propter peccata sacerdotum in abominationem Deo conuersum, eis purgatis per animaduersionem condignam, acceptum Deo sicut ab initio Spiritus sanctus ostendit. Item alibi in Ezechiele, A sanctis meis incipite: scriptura etenim per sanctos & filios Leui sacerdotalem intelligit dignitatem, maximè summum Pontificem qui est caput sacerdotum, vt scriptum est, Omne caput languidum, omne cor mœrens, & planta pedis, &c. Considerate, quòd nec honor Ecclesiæ, neque mors vel vita, nec quæuis tribulatio nos debent à veritate, sicut nec à Christo Domino separare. Sum enim, inquit, via, veritas, & vita: si Christus est veritas, quicunque à veritate recedit, vt omnes sancti Patres ostendunt, qualiter ergo quem ex suis operibus satis dyscolum, & oculum nequam fuisse, sanctum vocabitis? & nos sacrilegos, ac si sanctum Pontificem cepissemus? Timete Spiritus sancti sententiam, qua nos in Isaïa condemnat, Væ qui dicitis malum bonum, & bonum malum. & alibi, Væ qui dicitis amarum dulce, & dulce amarum. Licèt enim ad vitandum scandalum secundùm Apostolum omittamus, quæ sine mortali peccato possunt omitti, vt ab esu carnium, quas aliàs sumere sine peccato possemus, ne proximo simus in scandalum, sicut etiam Dominus ad vitandum scandalum huiusmodi soluisse legitur pro sua persona tributum: ea tamen quæ sine mortali peccato non possunt omitti, non sunt propter vitandum fatuorum scandalum omittenda, sed eis via regia respondendum est iuxta doctrinam Domini, quòd cæci sunt & duces cæcorum. Præterea nónne Apostolus Episcopum, quem ibi nominat presbyterum, peccantem coram omnibus præcipit publicè arguendum, vt & cæteri timorem habeant, sicut ipse Petrum legitur arguisse? Si ergo dictus Bonifacius verus Pastor non fuit, sed latro cum Datan & Abiron, & mago Simone puniendus: si autem intrauerat per ostium, petebat coram omnibus quare publicè arguenda peccata filiorum suorum, nepotum suorum, & ministrorum, venientes ad Romanam Ecclesiam per suas simonias & corruptiones offendentium, & omnes suos vicinos cum potentia Ecclesiæ opprimentium, cum Hely summo sacerdote plectendus: item erat nequam oculus, & ideo ne totum corpus corrumperet eiiciendus omnino: illud solum à Domino postulo, ne propter eius peccatum tota Ecclesia à Domino puniatur, sicut propter peccatum Hely subactus est populus, & Arca Domini captiuata, à quo nos Christus defendet. Prædo enim fuit, & pseudo, non verus Pontifex sicut Hely, sed de vero summo Pontifice esset iustè timendum, si peccata dicti Bonifacij in membris suis viuentia, fautoribus scilicet eius memoriæ, & eius sequacibus non corrigeret, ipsum Bonifacium omnis iniquitatis felle amarissimum dulcem diceret vel haberet, nedum enim talis Papa se ipsum ipso facto damnaret: error enim cui non resistatur approbatur, & ex hoc in crimen incideret fautorici, & ad instar Papæ Anastasij, qui sic fauit latenter Acacio, Dei iudicio puniretur; sed esset periculum, ne ex hoc Dei populus rueret, & arca fœderis Romana capta ab inimicis fidei duceretur. Audite enim Isaïam clamantem: Væ qui dicitis bonum malum, & malum bonum, ponentes tenebras lucem, & lucem tenebras: propterea captiuus ductus est populus meus, quia non habuit scientiam, & nobiles eius interierunt fame, & multitudo eius siti exaruit, propterea dilatauit infernus animam suam, & aperuit os suum absque vllo termino, & ascenderunt fortes eius, populus eius, sublimes gloriosique eius ad eum, & incuruabitur homo, & incuruabitur vir, & oculi sublimium deprimentur, & exaltabitur Dominus in iudicio, & Deus sanctus sanctificabitur in iustitia. Cùm igitur exaltetur Dominus tali iudicio, & sanctus sanctificetur in tali iustitia, non est Ecclesiæ confusio tales Sacerdotes puniri, sed esset nedum Ecclesiæ confusio, sed exterminatio & ruina, si talia non punita, non correcta manerent; infirmitas enim capitis periculosior, quàm membrorum: illi verò hypocritæ, qui allegant ignominiosum Ecclesiæ, quòd possit dici talem Pontificem habuisse Dominum accusent, qui hoc ad sui Electorúmque gloriam, vel propter populi peccata sustinuerit; ignominiáque talis toleranda; sed illa esset intolerabilis, & futura damnabilis, si schismatici, hæretici, & alij criminosi, per suam immunditiam deprauati sumerent audaciam, & exemplum peccandi, boníque corrumperentur exemplo, si dicta flagitia Bonifacij suorúmque consortum impunita manere Romana Ecclesia pateretur, sic enim confunderetur ministerium sanctorum Pontificum, sic mouerent nedum iusti, sed infideles, & peruersi capita, sic subsannarent honorem Ecclesiæ, si eam cernerent latronum speluncam. & quod Apostolus prohibet seniore increpari, de Sacerdote seniore, qui sensu virtutibus præcellit alios, intelligit; talis enim non est contra veritatem increpandus, sed pro veritate sequendus: aliàs Apostolus esset contrarius sibi ipsi, cùm ipse pro veritate Petrum increpauerit auctoritate discipulis omnibus seniorem: senior enim à veritate recedens meretur illud audire, maledictus puer centum annorum. Sanè præuaricatores veritatis tales hypocritæ non Catholici sunt censendi, qui ob honorem Ecclesiæ disciplinam Ecclesiasticam damnant, à Domino sanctísque Patribus institutam: nam scelera præfati Bonifacij * * * quæ sui sunt talia, quæ nisi corrigerentur parturirent, quod à Spiritu sancto dicitur in Michea, Audite hoc principes domus Iacob, & iudices domus Israël, quia abominamini iudicium, & omnia recta peruertitis: qui ædificatis Sion in sanguinibus, & Ierusalem in iniquitate. Principes eius in muneribus iudicabant, & sacerdotes eius in mercede docebant, & prophetæ eius in pecunia diuinabant, & super Dominum requiescebant dicentes, Numquid non Dominus in medio nostrûm? non venient super nos mala. Propter hoc, causa vestri, Sion quasi ager arabitur, & Ierusalem quasi aceruus lapidum erit, & mons templi in excelsa siluarum. Absit ergo, quòd Ecclesia Dei tale iudicium patiatur propter præmissorum correctionis defectum. Item, maledixit in dicto processu dictus Papa dominus Benedictus Anagniæ ciuitati, quia talia passa fuit, ne ros vel pluuia super eam veniant, sicut Dauid montibus Gelboe maledixit: sed Dauid Spiritus Domini maledixit montibus, quare Dominus eius maledictionem impleuit; dominus Papa Benedictus deceptus, quoad causam per eum expressam; maledixit Anagniæ, quod discerni poterit, si Dominus suam maledictionem non implet, quin ros & pluuia super eam veniant sicut antè, licèt Dominicæ caritati, quòd ab opere bene cœpto postmodum recalcitrauerit, iustè maledicendum fuisset. Iterum ille qui Regem Saul dominum suum in terra vulneratum iacentem, cui compati & misereri debebat, non zelo iustitiæ, sed vt Dauid Regi placeret percussit, iustè punitus est. Ego verò cum dictis nobilibus iusto zelo pro veritate corpus Domini defendendo, scilicet sanctam Ecclesiam, me murum opposui, quare contra nos procedi tale forte non debet. Conquerebatur insuper Papa Benedictus de thesauro perdito, magis conqueri debuisset, & flere de tanto thesauro tam nequiter ex tot spoliis Ecclesiarum, per dictum Bonifacium congregato, ac gaudere pro animarum salute disperso. Si enim obmitterentur bella iusta, quæ pro pace fuerint Ecclesiæ, propter mortem hominum, ac dispersionem rerum, quæ ex bellis huiusmodi sequi solent, pax Ecclesiæ extra mundi terminos exularet: domus Dauid non aliter pacem habere meruit, nisi filius eius Absalon moreretur: eratne propter hoc cessandum ab executione iustitiæ? vbi namque legitur in turba manu militari contra resistentes exequi iustitiam Dei ministros, quin tales dispersiones sequantur? nusquā vtique: quinimmo tali casu iuris repetitionem denegant damnum passo. Non curet ergo Romana Ecclesia de talibus rebus amissis, sed gaudeat & gratias reddat Deo se tanto, sicque periculoso naufragio liberatam: operam dedi rei licitæ, diligentiam adhibui quam potui pro thesauri custodia. Magnus thesaurus, qui non fuit perditus, per me saluus fuit Ecclesiæ, quod periit me in quantum potui resistente, & prohibente sacco, ampliùs non valente dispersum est. Non sum ergo trahendus ad culpam de iure diuino, canonico, vel ciuili: pax enim Ecclesiæ consolatur mœstitiam, nedum rerum hoc casu, sed hominum perditorum, vt ad Bonifacium non prædictum, sed alium, legitur Augustinum dixisse. Sed in suo processu dixit dictus Papa dominus Benedictus immemor eius, quod scriptum est de Christo Domino, Non secundùm visionem oculorum iudicabit, &c. quòd notoriè oculis eius videntibus ego, & multi alij quos nominat commisimus in persona dicti Bonifacij suprà dicta: ipse tamen Papa tunc non erat, licèt posteà fuerit Domino disponente. sed licèt factum nostri processus in die illa per nos apud Anagniam habiti esset cuique notorium, zelus tamen noster ex causa procedens, ex quibus processimus, ac negotij dicta iustitia, salua sui gratia, sibi penitus non liquebant: quare si deceptus non fuisset non sic festinasset, sed de iis primitus inquisisset, maximè cùm sciret super præmissis dictum Bonifacium grauiter diffamatum, ac in dicto Parlamento publicè Parisi. delatum coram dicto domino Rege Franciæ, & Ecclesia Gallicana. Si enim ad corporis mei, vel patris, vel fratris, vel vicini tuitionem hominem vel exequendo alias iustitiam occidissem in eius, & populi totius conspectu, non habens alias propositum occidendi si commodè potuissem vitare, debuissetne propter hoc me non auditum de homicidio condemnare? nequaquam: iniusta fuisset enim sententia, licèt causam meæ occisionis ignorasset: causam enim meam primitus inquirere debuisset: cùmque ciuitati præsidens notoriè criminosum occidit, non sequitur ipsum notorij homicidij reum esse. Ego verò cum eis qui michi fuerunt in præsidium ad præmissa processi, palam omnibus ostendendo, quòd exequendo iustitiam, & pro defensione Ecclesiæ omnia faciebam. Reuerentiæ sanctæ matris Romanæ Ecclesiæ supplico igitur humiliter & deuotè, ne contra folium quod vento rapitur potentiam suam ostendat, nec fragilem stipulam persequatur: sed cùm Deus non sit personarum acceptor, me non despiciat, qui sibi deuotè seruiui: meæ causæ consideret iustitiam; si bene processi, deuotionem meam recipiat; si peccaui bono zelo ductus, ignorans hoc feci, paratus correctionem eius, disciplinam recipere pariter & doctrinam. Cæterum præcipitatio multa mala ministrat: non ergo secundùm visionem oculorum talium præcipitando iudicet, neque secundùm aurium auditum arguat, sed in iudicij pondere

Ll ij

suæ manſuetudinis virtutem oſtendat, excuſationes meas, & defenſiones patienter audiat, eas enim quatenus meæ intentioni ſufficiant ſum paratus probare, ſi præmiſſa fortè non ſufficerent, cùm tamen ſufficere debeant, prout credo, manifeſti negotij qualitate inſpecta; dictúmque proceſſum per dictum dominum Benedictum Papam per ignorantiam facti, omni iuris ordine prætermiſſo, contra me attemptatum iniuſtè, ſalua ſanctitatis eius reuerentia, quatenus de facto proceſſit, reuocet & annullet; conuocet generale Concilium ad faciendum iuſtitiam de dicto Bonifacio, eius damnanda memoria, fautoribus, ſequacibus, & miniſtris: qui omnes, niſi pœnitentiam agant, vnà cum ipſius Bonifacij memoria ſunt damnandi, contra quos me offero zelo Dei, & fidei dictum principale negotium legitimè proſequi, quod cœpi iam Bonifacio ipſo viuente. Cùm autem ex dictis fautoribus aliqui Sedi Apoſtolicæ irreuerenter aſſiſtant, ac in ſcandalum Eccleſiæ ſanctæ Dei, michi facti propter dictum Chriſti negotium inimici, perdere meam quærentes animam, ad impediendum proſecutionem præfati Chriſti negotij, quod ex ſuis conatibus pluries oſtenderunt, ipſos nimirum vt ſuſpectos recuſo, ne Sedes ipſa ſanctiſſima quidquam eis in dicti Chriſti negotio principali, vel etiam defenſionum mearum, quod ab ipſo principali dependet communicet quoquomodo, quorum nomina ceſſo ad præſens exprimere, cùm eorum manifeſti fructus ipſos oſtendunt, cóſque nominabo, & tales me probaturum offero loco & tempore opportunis, & etiam dicti Bonifaciani partem, ſeu ſchiſma pro eo iam mortuo faciunt in Dei Eccleſia, clarè omnibus oſtendentes vitam ipſius Bonifacij peruerſam viuituram in eis. Ad defenſiones meas igitur proſequendum, ac dictum principale negotium contra dictum Bonifacium, & eius ſequaces, iam dudum per me cœptum legitimè proſequendum, quod eſt Chriſti & Eccleſiæ Romanæ negotium, peto, ſupplico, & inſtanter requiro me per Eccleſiam ipſam admitti, quo caſu propter enormitatem criminum dicti Bonifacij, maximè hæreſis, ſchiſmatis, ſimoniæ, quæuis etiam meretrix, vel perſona humilis poſſet, & deberet admitti; michique de loco ſecuro & idoneo, & aliis ſecuritati meæ, adiutorum meorum, & perſonarum neceſſariarum ad dictam proſecutionem, & negotium Chriſti fouentium contra dictos inimicos meos, & eorum potentiam neceſſariis prouideat: ita quòd ego, & mei adiutores in Chriſto, ſine timore inimicorum noſtrorum liberè poſſimus cum veritate, & iuſtitia promouere, & proſequi negotium ſuprà dictum. Verùm ne tenulentis, & puſillis ſim ex præmiſſis interim in ſcandalum, nec impediar in proſecutione præmiſſorum, licèt non intendam eſſe ligatus à canone, vel aliàs ad cautelam, ſeu eo modo quo meliùs de iure fieri debeat, ſine præiudicio tamen iuris mei, quod mihi competit ex defenſionibus ſuprà dictis, per ipſam Sedem peto & requiro abſolui, & etiam per meum Ordinarium, ipſam Sedem adire propter inimicitias prædictas non valens; petens, ſupplicans, & requirens michi, immo magis Reipublicæ Chriſtum colentium, ſuper iis omnibus fieri iuſtitiæ complementum. Hæc igitur omnia dictam Sedem adire præmiſſis de cauſis legitimè impeditus in publicam atteſtationem deduco, vt ſic ad notitiam perueniant dictæ Sedis, ad etiam infamiam meam vitandam, innocentiámque purgandam, & ne ſim cuiquam in ſcandalum, fiant omnibus Catholicis manifeſta, quorum cuiuſlibet intereſt, ſicut mea, eos omnes maximè ſpeculatores ſapientes & doctos requirens in Chriſto Domino cui ſeruiunt, ac cuius corporis pro cuius defenſione certo ſunt participes, michi fragili ad tanti ponderis onus ſpiritualiter, & temporaliter adiutores existant. Protestans, & omnibus significans, quòd nichil præmissorum expressi, ad cuiusquam iniuriam vel contumeliam, sed ad iuris mei, necnon corporis Ecclesiæ Dei defensionem. Si quis autem Catholicus videat, me quid præmissorum minùs bene dixisse, per Deum viuum Dominum Iesum Christum eum requiro, vt mei miserens oleum benedictionis per fraternam correctionem, & veram doctrinam super vulnus meum infundat: paratus enim sum iuxta consilium Augustini, nedum à doctis & sapientibus, sed ab anniculo, seu minoribus quoque correctionem, & doctrinam suscipere salutarem in Christo Iesu Domino nostro, cui gloria, virtus, honor, potestas, & imperium in secula seculorum. Amen.

Guillaume de Nogaret se presenta à l'Official de Paris, le S. Siege vacant, & representa que quelquesfois le S. Siege estant mal informé peut donner vn Iugement qui peut estre corrigé. Que l'on a tousiours approuué les oppositions faites contre ceux qui ruinoient l'Eglise. Le Pape legitime ne doit persecuter celuy qui entreprend cette bonne action. Si quelque Antechrist enuahit le S. Siege, il importe à l'Eglise de luy resister, & en ce cas l'Eglise n'est pas offensée. Et si l'ordre ne s'y peut mettre sans la force, il ne faut pas desister, & si lors il se commet des violences, il ne faut pas s'arrester pour cela. Ce cas est le sien, luy qui est seruiteur de Iesus-Christ, obligé de defendre l'Eglise de Dieu, luy qui est François, obligé de combatre pour sa patrie, vassal qu'il est du Roy, obligé par droit diuin & humain de defendre son honneur, & s'opposer à Boniface. Qu'il ne peut estre censé sacrilege, ayant defendu l'Eglise, qu'il n'a point encouru les censures qui n'ont lieu que contre des blasphemateurs. Neantmoins s'il y a eu quelque excés commis mal à propos, il en demande pardon en toute humilité, principalement en ce que l'on luy impose d'auoir volé le tresor de l'Eglise, ce qu'il n'a pû empescher. D'autres disent qu'il est tombé in Canonem latæ sententiæ, pour auoir pris Boniface; ce qui est faux, car il ne luy a pas touché, ny commandé de le prendre, mais a seulement empesché qu'il ne fist plus de mal. L'on pourroit dire qu'il est tombé in Canonem latæ sententiæ, s'il auoit fait cette action par haine, non zelo iustitiæ. Que Benedict Pape mal informé par ses ennemis a procedé sans l'ouïr, auoit prononcé que inciderat in Canonem latæ sententiæ, & cité par-deuant luy à Perouse pour ouïr sa sentence; qu'il s'estoit retiré vers le Roy pour auoir son assistance. Le S. Siege ne doit trouuer estrange s'il ne compare, attendu le danger des chemins. Mais dautant qu'il desire faire voir son innocence en plein Concile, où le fait de Boniface sera examiné, il s'adresse à l'Official de Paris son Ordinaire à cause de son domicile; quoy qu'il ne croye pas estre lié par aucune sentence, parce que luy & ceux qui l'assistoient à Anagna lors de la prise de Boniface furent absous par luy-mesme estant libre; ce qu'il offre de prouuer. D'ailleurs Benedict en sa procedure n'a pas declaré cum esse ligatum, sed solùm in Canonem latæ sententiæ incidisse. En tout cas il demande à l'Official qu'il ait à l'absoudre ad cautelam, ou autrement comme bon luy semblera, offrant d'obeir au S. Siege, lequel estant mieux informé du fait en ordonnera. Et dés à present il recuse tous ceux qu'on sçait fauoriser le fait de Boniface, qui sont ses ennemis, & les nommera en temps & lieu.

Coffre Boniface num. 766.

1304.
10. Sept.

VNIVERSIS præsentes litteras inspecturis, Officialis Curiæ Parisien. Sede vacante, salutem in Domino. Noueritis quòd nobilis vir dom. Guillielmus de Nogareto illustris Regis Franciæ miles coram nobis personaliter constitutus in scriptis proposuit, & scripta tradidit, & edidit quæ sequuntur. Quoniam non debent inde nasci iniuriæ vnde iura nascuntur, ab Sede Apostolica, quæ mater est omnium Ecclesiarum, & magistra, supra quam est fundata Christi Ecclesia, non possunt, nec debent nasci iniuriæ vnde iura nascuntur, & per quam aliorum corriguntur errores. Licèt autem summus Pontifex locum Dei tenere noscatur in terris, cùm tamen homo sit, omniúmque non possit habere memoriam, nec omnium quæ in facto consistunt habere notitiam : contingit interdum, quòd per subreptionem, aut minùs plenam negotij instructionem aliquando per Apostolicam sedem in iudicio, vel extra iudicium ordinantur, processus aliqui statuuntur etiam super iis quæ Sedes ipsa notoria reputat, quæ postmodum Sedes ipsa meliùs instructa corrigat in melius, & immutat & bene, sequeretur enim aliàs quòd veritas impugnaretur, per quam debet defendi, quod absit. Non est igitur iniuriosum dictæ Sedi, nec eius honori detrahitur, cùm in casu huiusmodi Sedis ipsius reuerentiæ supplicatur, vt illud in quo taliter est processum emendet, testante Domino, qui facti vel iuris ignorantia falli non potest. Quis ex vobis me, hoc est eos qui locum meum obtinent, arguet de peccato, non contemnendo, non contumeliando, sed cum reuerentia iustitiam postulando ? Præterea si lupus inuasit gregem dominicum sub pelle pastoris, Ecclesiæ præsidendo, vel pastor in lupum postea sit conuersus, in schisma vel damnatam hæresim incidendo, vt temporibus præteritis pluries noscitur accidisse, qui zelo Dei ac fidei feruore incensus, contra lupum talem inuehitur, contra ipsum certando sibi in facie, pro veritate Domini resistendo verbo & facto, vbi verbum non sufficit, non iniuriam, non contumeliam infert Ecclesiæ, sed eam defendit, non blasphemus, sed Ecclesiæ defensor existit, siue sit qui ratione officij defensioni huiusmodi teneatur, siue in vtriusque Ecclesiasticæ, ac sæcularis potestatis defectum priuatus Catholicus membrum Christi, corpus Ecclesiæ cuius membrum est, cùm non sit locus alij remedio, moráque sit graue periculum maximè schismatis allatura, in articulo necessitatis defendens. Summúsque Pontifex legitimus pugilem talem non debet persequi, sed amplecti, aliàs foueret errorem per consequens illius, contra quem erat pro veritate certandum, timeréque posset Dei iudicium, quo Papa Anastasius fuit à Deo percussus, eo quòd Acacium hæreticum qui locum præsulis tenuerat latenter fouebat : si enim nostris peccatis exigentibus aliquis Antichristus, à fide Catholica deuius Petri locum, pseudo-Apostolus locum Christi per fallaciam se fingendo Catholicum est ingressus, vel qui intrauit per ostium à corpore Ecclesiæ per sui turpitudinem se abiecit, ab eo qui verus sponsus non est, Dei Ecclesia captiuatur; cuius magis interest quàm Ecclesiæ tali præsidenti, seu potiùs Ecclesiam laceranti resisti? non enim læditur honestas Ecclesiæ, cùm à blasmo defenditur, ciúsque custoditur honestas. Et si opus sanctum huiusmodi, quod sine peccato mortali à Catholico qui valeat obuiare omitti non potest, aliter compleri non possit propter talem Antichristi potentiam & pertinaciam : Nónne leges & arma, Catholicíque fideles debent insurgere, turbæ coadunari, & in furore vindictæ tali Neroni resistere, si aliàs non possit negotium Christi compleri. Si etiam in turba huiusmodi homines moriantur, res pereant, dispergantur thesauri, pugile, & pro Christo certante operam dante rei licitæ, non sibi lucrari volente, nec causam rapinæ præstante, sed propter turbæ occursum prohibere rapinam huiusmodi non valente, quid curandum de talibus ? erátne propter hoc cessandum à

DE BONIF. VIII. ET PHILIP. LE BEL. 271

Christi negotio? Absit à seculo talis error, aliàs nullum bellum esset iustum, quod fiat pro iustitia, ex quibus talia sequi solent. Hæc noui & antiqui Testamenti, sanctorum innumerabilia Patrum exempla manifestè declarant. Si igitur vt fecisse intendo, ac oftendere sum paratus, in vtriusque potestatis, tam Ecclesiasticæ quàm secularis defectum, in necessitatis articulo, vbi non erat locus alij remedio. Ego Guillielmus de Nogareto seruus Christi, licèt peccator, misericordiam eius sperans, miles dom. Regis Franc. & ideo ad tuendam rem publicam Ecclesiæ Christi astrictus, cuius sum membrum, de patria regni Franc. pro qua pugnare teneor, oriundus, fidelis dicti domini Regis, & ideo ad eius honoris defensionem iure diuino & humano ligatus, zelator fidei Christianæ, vt Catholicus quisque tenetur, pro Christo, fide Catholica, pro Ecclesiæ vniuersalis, & maximè Romanæ Ecclesiæ matris nostræ, pro patriæ meæ prædictæ, ac honoris & status domini mei defensione, manu, cùm non possem aliàs, militari custodiam adhibui decentem, & necessariam Bonifacio, tunc locum Pastoris, & summi Pontificis obtinenti, ipsam eandem Ecclesiam persequenti, & gregem Dominicum inuadenti, & multipliciter in ruinam, & scandalum etiam schifmatis vapulanti, & restiti in facie, legis diuinæ & humanæ auctoritate, ne ipsam Ecclesiam duceret in ruinam, Christo seruiui, certaui pro iustitia, sûmque iustitiam executus. Non est ergo mihi ad iniuriam Ecclesiæ adscribendum, sed potiùs obsequium ; non sum sacrilegus qui Ecclesiam sanctam defendi, non sum censendus in canonem incidisse contra blasphemos & iniuriantes inductum : non sum per Romanam Ecclesiam pœnis, & contumeliis feriendus, sed beneficiis amplectendus, licèt ea non desiderem, sufficit enim pro mercede gratia Christi; quinimo cùm propositum, & voluntas distinguant maleficia, si quid in sacro opere huiusmodi, vel circa ipsum minùs diligenter, vel incautè processum est in tali turbine, vel aliquatenus sit excessum, correctionem Ecclesiæ, ac Sedis Apostolicæ humiliter subire paratus, veniam consequi debeo & postulo, & cum humilitate, instantia & ploratu requiro, maximè in quibus per alios me prohibere non valente super rapina thesauri, vel aliis quomodolibet sit excessum. Cæterum per alios veritatem negotij ignorantes mihi imponitur, quòd Bonifacium Papam ceperim notoriè, & sic in canonem latæ sententiæ notoriè censear incidisse. Certè salua reuerentia dicentium, dictum Bonifacium non cepi, nec personam eius tetigi, nec tangi feci, nec permisi, tempore vitæ meæ, notoriè tamen eius peruersis processibus legitima auctoritate, vt Dei minister, restiti, & custodiam ne ipsos in ruinam Ecclesiæ faceret & inceptos complerent, circa eum adhibui palam & publicè manu militari, quia aliter fieri non poterat, vt in articulis defensionum mearum pleniùs continetur; nec propter hoc sequitur ex facto notoriè me in canonem incidisse, in quem forte incidissem, si odio vel animo iniuriandi, non zelo iustitiæ processissem: licet enim ciuitati præsidens, vel alius Dei minister, palam in populi totius conspectu hominem merentem occidat, iustitiam exequendo, verùmque sit ipsum notoriè hominem occidisse, non sequitur eum homicidij reum esse, sed potiùs Dei ministrum. Et sic licèt factum mei processus sit notorium, dictum Bonifacium adhibiti, quod esset minutum quoad me, si me zelus iustitiæ non mouisset, non sequitur in negotio huiusmodi me iniuriam Ecclesiæ, sacrilegium, vel aliud flagitium irrogasse, cùm nedum pseudo, vt hic erat, sed vero Apostolico debeat & possit, vbi periculum vertitur, pro veritate resisti. Sicut doctor Gentium beatissimo Apostolorum Principi se commemorat restituisse, sanctorúmque Patrum instituta declarant. Cùm igitur pater in Christo. sanctissimus dominus Benedictus summus Pontifex proxim. dum viuebat de veritate dicti negotij minùs instructus per meos inimicos capitales, qui sibi & eius lateribus cotidie assistebant, & alios veritatem deprauare volentes, & dicti Bonifacij fautores deceptus, de iustitia insuper, & zelo quo propter iustitiam in præmissis processerunt minùs instructus, opinans se tanquam super notorio iustè procedere, cùm mei negotij iustitiam ignoraret, contra me penitus non auditum nec vocatum, processum incepit, ac si in præmissis ad iniuriam more sacrilegi processissem, denuntiando me in canonem latæ sententiæ incidisse, & me quasi per formam edicti citando, vt ad certam diem scilicet festum BB. Apostolorum præteritum proximum coram eo comparere deberem, de præmissis sententiam auditurus: ego verò absens essem, & eiusmodi processum ignorans, de partibus illis veniens ad dominum meum Regem prædictum, ad quem iam veni in crastino festi B. Ioannis Baptistæ lapsi proximè, pro habendo ab eo auxilio, & consilio, qualiter ad honorem Dei, & Ecclesiæ super dicto principali negotio gerere me deberem : non debet iniuriosum sanctæ Sedis reuerentia reputare, si ego cum humilitate, & reuerentia Sedis ipsius eidem Sedi conqueror, & reformationem processus illius in melius postulem & requiram, vt contra iustitiam non offendar per processum huiusmodi, qué dictus dominus Papa putans forté bene agere per m̄r mei deceptus ignorantiam, fecit in mei præiudicium, vt ex præmissis apparet. Primitus me excusans de contumacia, eo quòd citationem prædictam iustè ignorauerim, vt est dictum vsque in vigilia festi prædicti, ad quod eram citatus, vt coram eo Perusij comparerem, inimicitiásque habeo capitales, quas sum paratus probare, tam apud dictam Sedem Perusij, quàm in itinere, propter quas sine mortis periculo me non potui postea conspectui dictæ Sedis præsentare, nec adhuc possum. Esto quòd dicta Sedes etiamnum vacaret, cui de idoneo pastore Christus Dominus prouidere dignetur. Verùm cùm innocentiam meam purgare desiderem in præmissis coram generali Concilio, quod iamdudum petitum est legitimè conuocari, pro dicto negotio principaliter, hæresis, schismatis, & aliorum criminum Bonifacij suprà dicti, cui defensionum mearum accedit negotium, & ab eo dependet, quod principale negotium intendo, & me offero prosequi ad finem memoriæ damnandæ dicti Bonifacij, cum fautoribus & sequacibus suis, & qui conuocationem iustitiæ impediunt fieri de præmissis hæresi, schismate, & aliis criminibus Bonifacij memorati coram dicto Concilio generali, ad cuius iudicium iamdudum ante dictos processus, per me contra dictū Bonifacium habitos, legitimè prouocaueram Bonifacium prædictum; cui meæ prouocationi dictus dom. Rex, & multæ personæ eminentes adhæserunt in Parlamento facto Parisius in festo B. Ioannis Baptistæ anni præteriti, vbi de hæresi, & aliis enormitatibus iterum fuit delatus Bonifacius memoratus : vel coram Sede Apostolica, si ibidem defendere causam meam, ac persequi dictum principale negotium Sedes ipsa nouerit me debere, contra dictarum inimicitiarum periculum, per ipsam Sedem super loco idoneo, & aliis meæ securitati prouiso; & reuocationem dicti processus perperam & iniustè contra me interpositi, cum Sedis Apostolicæ reuerentia humiliter postulare quatenus de facto processit : quam reuocationem etiam nunc humiliter postulo, & requiro ad ipsam Sedem interim accedere, vt dictum est, impeditus. Coram vobis dom. Officialis Paris. qui ratione domicilij mei

Parisius

DE BONIF. VIII. ET PHILIP. LE BEL. 273

Parisius estis meus Ordinarius, sub publica attestatione præmissa deduco, supplicans, vt hæc cum articulorum defensionum mearum tenore nota fiant sanctæ Sedi prædictæ, ac aliis quorum interest, sub publico testimonio, prout de iure, & ratione videritis faciendum. Præterea, quia bonarum mentium est, ibi timere culpam vbi fortè culpa non est, & licèt Dei misericordiam in multis periculis subsecutus nescio si gratia vel odio dignus sum, ne insuper apud pusillos, vel iuris mei ignaros ex mea persona scandalum generetur, non propter hoc intendens me confiteri ligatum, maximè cùm etsi ligatus fuissem, ex præmissis mihi impositis, quod absit, ego & omnes qui tunc cùm dicitur dictum Bonifacium captum fuisse præsentes fuimus Anagniæ, contra dictum Bonifacium modo quolibet procedendo, agentes & consentientes, per eundem Bonifacium in sua libertate existentem, fuerimus postea plenariè absoluti ab omni sententia, atque pœna, quibus possemus ex eis teneri. quæ coram dicta Sede, ac coram vobis, & quolibet competenti iudice, me offero probaturum loco & tempore opportunis. Probationes verò huius articuli promptas coram vobis non habeo de præsenti, quòd sciens dictus Papa dom. Benedictus in suo processu noluit ex certa scientia decernere nos ligatos, sed solùm in canonem latæ sententiæ incidisse, quod, si malo zelo, & sine iusta causa processissemus, verum esse forsitan potuisset, licèt fuissemus postea absoluti, moráque sit periculosa mihi interim, maximè si ex causa alia quam ignoro, essem fortè ligatus: insuper vbi ad Sedem Apostolicam accedere impedior, iusta de causa, vt dictum est, esto quòd certum esset me ligatum, & per Sedem Apostolicam absoluendum, sit mihi per Ordinarium absolutio indulgenda. Peto cum omni humilitate, & instantia supplico, & requiro per vos, ad cautelam vel aliàs, eo modo quo vobis iustum videbitur, me absolui ab omni sententia, si qua fortè tenear ob prædicta, cuius absolutio debeat aliàs ad Sedem Apostolicam pertinere. offerens me paratum iuramentum coram vobis subire, dictæ Sedis parere mandatis, quæ certiorata legitimè de prædictis meis defensionibus, & præmissis omnibus, si me culpabilem repererit mihi duxerit iniungenda: supplicans saluti animæ meæ & famæ, & ne sim cuiquam pusillo, vel alij in scandalum, prouideri, maximè cùm sim ad iustum bellum, quod dictus Rex habet pro executione iustitiæ in procinctu, me taliter absoluto, iturus, quod solum sufficit propter periculum, vt dicta absolutio, si fortè indigeo, debeat mihi concedi, & si possem eam adire, à Sede Apostolica eam libentiùs postulassem. Articulorum autem defensionum mearum, cum quibusdam protestationibus, quas protestationes ante omnia suprà scripta volo & intendo pro propositis & præmissis haberi, tenor est. In nomine Domini nostri Iesu Christi, &c. Coram vobis sub sigilli Curiæ Paris. testimonio publicatus, sed quàm periculosum esset mihi per inimicos meos, ac magis veritatis dicti Christi negotij præmissa tractari, constátque aliquos Sedi Apostolicæ assistentes propter dictum negotium grauiter, & notoriè me ***, méque persecutos fuisse, ac persequi tota die, ac magis negotium Christi prædictum impedientes per generale Concilium, vel aliàs iustitiam fieri de præmissis: omnes eos & singulos quos ad præsens cesso nominare ex causa, nominaturus loco & tempore opportunis, vt suspectos recuso, ne videlicet dicta Sedes sanctissima communicet ex eis alicui quidquam quod directè vel indirectè, principaliter vel accessoriè pertineat ad negotium memoratum, defensionísque meæ super præmissis negotium attingi non potest, quominus ipsum principale tangatur. Causam verò suspicionis prædictæ

M m

satis specifico, cùm sint Bonifacij prædicti, & eius status suæ memoriæ contra veritatis perquisitionem præmissorum manifesti fautores; quod licèt in Curia manifestum, eorúmque facta & opera manifestè declarent, me si necesse sit, offero legitimè probaturum, complere paratus quæ ex parte mea fieri debeant in præmissis in causa suspicionis huiusmodi, prout iuris ratio suadebit : quæ omnia in attestationem deduco legitimam, vt sic nota fiant iis quorum interest, & specialiter sanctæ Sedi prædictæ. In quorum omnium præmissorum testimonium sigillum Cur. Parisien. ad requisitionem ipsius dom. Guillelmi militis præsentibus litteris duximus apponendum. Datum die Sabbati post Natal. Beatæ Mariæ Virginis, anno Domini 1304. sigillatum.

Acte de Nogaret qui declare que bien qu'il ait poursuiuy pour faire condamner la memoire de Boniface, & qu'il ait agy contre ses fauteurs, & qu'il entend continuer; il n'a pas neantmoins de haine contre eux, ny ne les tient pas pour ses ennemis ; mais entant que la Religion l'oblige il est ennemy de leur peché, & desire leur amendement, estant plus à propos s'ils ne viennent à resipiscence, qu'ils soient chastiez par iustice pour éuiter le scandale : declare que ce qu'il a fait & fera, qu'il y est obligé pour la defense de Dieu & de l'Eglise, pour la conseruation de son droit, & de celuy du public.

Coffre Boniface num. 761.

1304.
17. Sept.

VNiversis præsentes litteras inspecturis, Officialis Curiæ Parisi. Sede vacante, salutem in Domino. Notum facimus, quòd in nostra præsentia propter hoc personaliter constitutus nobilis vir dom. Guillelmus de Nogareto illustris Regis Franc. miles proposuit, & protestatus fuit, quòd cùm idem miles in aliquibus scripturis, ac recusationibus, appellationibus, prouocationibus, & aliis coram nobis traditis, propositis, oblatis quomodolibet, publicatis, seu aliquibus eorum mentionem fecerit idem Guillelmus de pluribus fautoribus Bonifacij quondam Romanæ Ecclesiæ præsidentis, ac eius memoriæ post mortem eius, qui persequantur ipsum militem, & ei sint inimici, propter ea in quibus idem Guil. pro defensione fidei, & Ecclesiæ contra dictum Bonifacium dum viuebat, & post mortem eius, contra ipsius memoriam, fautores, & sequaces processit & procedere intendit, idem miles non est propter hoc, nec esse intendit inimicus ipsorum, seu eorum qui sibi inimicantur ex præmissis, vel ea tangentibus, sed quatenus zelo Dei, & fidei solùm moueri potest, & debet, peccatum solum eorum odit, correctionémque, ac salutem animarum ipsorum vellet idem miles, licèt si corrigi noluerint, sed in sua pertinacia perseuerent, potiùs eligat idem miles fautores ipsos, & quoscunque sequaces, vel adiutores memoriæ, vel errorum, vel malefactorum dicti Bonifacij ad terrorem aliorum, & vitandum scandalum, & periculum Ecclesiæ puniri iustitia mediante, quàm si scandalum, vel periculum Ecclesiæ sustineret : & quidquid dixit, fecit super præmissis, vel ea tangentibus promouendo dictum negotium, vel se etiam defendendo, dicet, vel faciet in futurum, hoc zelo Dei, & defensionis Ecclesiæ, & ad conseruationem iuris sui, seu publici, se dicturum, facturum declarat de præsenti, ac etiam nunc, vt extunc, & protestatur expressè coram nobis Officiali prædicto, & publicat, vt hæc nota fiant omnibus, quorum vel in futurum quomodolibet intererit. In quorum testimonium sigillum Curiæ Parisi. præsentibus

litteris duximus apponendum. Datum & actum anno Dom. 1304. die
Mercurij post festum Exaltationis S. Crucis. *scellé.*

*Procurations de Guillaume de Nogaret à Bertrand de Aguassa, pour poursuiure en
son nom pardeuant le S. Siege, n'y pouuant aller en personne, & comparoistre à
l'assignation qui luy a esté donnée par le feu P. Benedict, & demander vn lieu
de seur accez pour y faire ses demandes, & poursuiure librement l'affaire public
contre la memoire de Boniface, ses fauteurs & adherens. Et pour se defendre sur
le fait de violence faite à la personne dudit Boniface, & sur le vol du tresor de
l'Eglise. Comme aussi pour recuser les Iuges qu'il ingera le denoir estre. Et pour
receuoir pour luy quelque sorte d'absolution que ce soit par le S. Siege, ou autre
Iuge competant,* ab omni sententia canonis vel hominis. *Pour laquelle absolution il n'entend faire preiudice à sa poursuite contre la memoire dudit Boniface.*

Au tresor Boniface num. 760. 762.

VNIVERSIS præsentes litteras inspecturis, Officialis Curiæ Parisien. Sede vacante, salutem in Domino. Notum facimus quòd in
nostra præsentia propter hoc personaliter constitutus nobilis vir dominus Guillelmus de Nogareto miles illustris Regis Franc. procuratores
suos constituit nobilem virum dom. Bertrandum Aguassa militem absentem, ac substituendum vel substituendos per eum nomine & vice ipsius
Guillelmi, & eorum singulos, ita quòd non sit melior conditio occupantis, ad proponendum excusationes suas, ac probandum, si necesse
foret, & legitimè prosequendum coram Sede Apostolica, inimicitiarum grauium videlicet, & alias propter quas sine personæ suæ periculo, se non potuit Sedis Apostolicæ conspectui præsentare, ad diem ad quam citatum
fuisse dicitur, per felicis recordationis dom. Benedictum summum Pontificem tempore quo viuebat, nec postea, nec adhuc potest, & specialiter subeundi in ipsius animam de calumnia iuramentum, vel de veritate dicenda,
& cuiuslibet alterius generis iuramentum, quod ipse posset subire, si personaliter præsens esset, ad finem excusationis, & exonerationis ipsius militis suprà
dicti. Ad petendum insuper de loco securo, & aliis opportunis remediis prouideri per Sedem Apostolicam ipsi militi, ita quòd sine sui periculo possit
se super præmissis legitimè defendere, & liberè prosequi negotium publicum Christi, & fidei contra memoriam Bonifacij olim Romanæ Ecclesiæ
præsidentis, eiusque fautores, & sequaces super hæresi, schismate, & aliis
enormibus criminibus, iamdudum contra ipsum Bonifacium, tunc viuentem per militem ipsum assumptum. Ratum & gratum perpetuò habiturum quidquid per dictos Procuratores suos, vel eorum alterum super præmissis, vel ea tangentibus factum gestum fuerit, vel quomodolibet procuratum. In cuius rei testimonium sigillum Curiæ Parisien. præsentibus litteris duximus apponendum. Datum & actum anno Dom. 1304. die Mercurij post Exaltationem S. Crucis. *scellé.*

1304.
17. Sept.

*Autre Procuration de mesme datte passée par ledit de Nogaret audit de Aguassa
ad defendendum ipsum super his, quæ in personam Bonifacij VIII. vel
super Thesauro Romanæ Ecclesiæ Anagniæ ipsum cum aliis commisisse
dicitur, super quibus innocens esse intendit.*

Autre Procuration de mesme datte passée par ledit Nogaret audit de Aguassa, pour recuser les Iuges, qu'il estimera le denoir estre, qui seront deleguez pour l'affaire cy-dessus.

VNIVERSIS præsentes, &c. Nouerint vniuersi, quòd coram nobis constitutus nobilis vir dom. Guillelmus de Nogareto illustris Regis Franc. miles, constituit procuratores suos, nobilem virum dom. Bertrandum Aguassa militem, ac substituendū, vel substituendos per eum vice & nomine ipsius Guillelmi, ac eorum quemlibet in solidum, ad petendum & recipiendum pro eo, & eius nomine, quodlibet generis absolutionis beneficium à Sede Apostolica, & ab aliis Iudicibus competentibus, ab omni sententia canonis, vel hominis, quacunque idem Guil. possit esse ligatus. Dans eisdem procuratoribus plenam, & liberam iurandi potestatem in eius animam, ipsum militem Ecclesiæ stare mandatis. Datum vt suprà. *scellé*.

VNIVERSIS præsentes litteras inspecturis Officialis Curiæ Parisien. Sede vacante, salutem in Domino. Notum facimus quòd in nostra constitutus præsentia nobilis vir dom. Guillelmus de Nogareto, miles illustris Regis Franc. constituit procuratores suos, & constitutionem procuratorum suorum in scriptis tradidit vt sequitur. Cùm Guillelmo de Nogareto militi dom. Regis Franciæ ab aliquibus imponatur, ipsum militem in persona Bonifacij olim Romanæ Ecclesiæ præsidentis, thesauro Ecclesiæ, & aliis circa eius personam Anagniæ commisisse, & ex iis in canonem latæ sententiæ incidisse : super quibus cum Sedis Apostolicæ reuerentia idem Guillelmus iustas defensiones & excusationes habere, & ostendere intendit loco & tempore opportunis, quas cùm Sedes Apostolica pleniùs audiuerit, & nouerit, ipsum innocentem cognoscet, & ex præmissis penitus non ligatum. Quia tamen bonarum mentium est ibi culpam timere vbi culpa non est, & licèt idem miles innocens esse credat, correctioni tamen & disciplinæ sanctæ matris Ecclesiæ seipsum supponere in præmissis, & aliis quibuslibet semper intendit. Ne tamen impediri valeat in prosecutione defensionum suarum super præmissis, ac principalis negotij contra dictum Bonifacium ob eius hæresim, & alia eius detestabilia contra eum proposita, dum viuebat, assumpti, post mortémque eius, contra eius memoriam, & contra eius fautores, ac ipsius erroris sequaces legitimè prosequendi, volens idem Guil. in omnibus S. matris Ecclesiæ, & Sedis Apostolicæ reuerentiam conseruare : licèt etiam zelo bono de multorum sapientum consilio processisse intendat; nescit tamen an odio, vel ira dignus sit, maximè quia peccator est, & si non ex præmissa causa ligatus esset, posset forte esse ligatus ex causa alia quam ignorat; desiderat prouidere suæ securitati, ac animæ suæ saluti, & ad cautelam vel sub conditione si indigeat, vel alio modo quolibet qui sine præiudicio iuris sui, ac publici Sedi Apostolicæ legitimus videatur, absolui ab omni vinculo sententiæ canonis, qua possit esse occasione, vel ratione præmissorum ligatus. Hac igitur intentione & forma Procuratores constituit coram nobis nobilem virum dom. Bertrandum Aguassa militem, ac substituendum vel substituendos per eum vice & nomine ipsius Guillelmi, & eorum quemlibet in solidum, ita quòd non sit melior conditio prohibentis, ad petendum pro ipso Guil. absolutionis beneficium prædictum, modo & intentione prædictis à Sede Apostolica, vel eius auctoritatem habente, vel habentibus, vel habituris, ex concessione speciali, vel alio modo legitimo, prout sine ipsius militis iuris, & sine iuris publici præiudicio Sedi Apostolicæ videbitur saluti, & securitati ipsius militis, & dictorum negotiorum prosecutioni legitimè prouidendum. Quibus idem miles per petitionem absolutionis, & receptionem afferre indebitum præiudicium nullo modo intendit, imò contrarium protestatur: dans eisdem Procuratoribus, & eorum cuilibet in solidum potestatem iuramentum in animam ipsius Guillelmi subeundi de stando mandatis Ecclesiæ per ipsum Guillelmum, si super præmissis appareret legitimè ipsum Guillelmum culpabilem extitisse, ipsi Guillelmo per dictam Sedem Apostolicam iniungendis. In cuius rei testimonium sigillum Curiæ Parisiensis præsentibus litteris duximus apponendum. Datum & actum anno Dom. 1304. die Mercurij post festum Exaltationis sanctæ Crucis. *& seellé.*

Acte par lequel sur ce que ceux de Peruse virent venir quelques Ambassadeurs du Roy en leur ville, ils desirerent sçauoir s'ils y estoient venus pour poursuiure la memoire de Boniface, & faire des protestations contre les Cardinaux ses creatures. Ils répondirent qu'ils n'estoient pas venus pour brouiller, mais pour faire le bien de l'Eglise & de leur ville, & afin que l'on éleust bien-tost vn Pape. Ces Ambassadeurs pressez de répondre plus clairement, dirent qu'ils n'estoient venus pour faire tort, ny à la ville, ny aux personnes particulieres, ny aux Courtisans, ny à aucun des Cardinaux.

Coffre Boniface num. 759.

IN nomine Domini Amen. Anno natiuitatis eiusdem 1305. Indict. 3. die 14. mensis Aprilis, Apostolica Sede per obitum felicis recordationis dom. Benedicti P. XI. pastore vacante, in præsentia mei Notarij, & testium subscriptorum, prouidi viri domini Lambertus domini Ioannis de Podio, Micaël domini Nicole, Gratia Boni, Iacobus Oratoris, & Hugolinus domini Raynerij, sapientes ciuitatis Perusij, ac Penizulus dictus Pelacane, Andreuzulus Raynerij, & Puzulus Ioannis, Priores ciuitatis eiusdem, ad religiosum virum fratrem Ytherium de Nantolio Priorem S. Ioannis Ierosolymitani in Francia, Magistrum Gaufridum de Plexeio Cancellarium Turonen. Protonotarium Franciæ, & dom. Ioannem Moucheti, illustris Regis Franciæ nuntios, ex parte communis, & populi ciuitatis Perusij, vt dicebant, personaliter accedentes, exposuerunt nuntiis suprà dictis, quòd cùm suspicio esset in villa quòd ipsi nuntij contra memoriam dom. Bonifacij P. VIII. & Cardinales per eum creatos protestationes aliquas facere intendebant, volebant scire ab eis, an ad hoc specialiter missi erant, si huiusmodi suspicio esset vera, & protestationes huiusmodi facere proponebant. Qui nuntij responderunt, quòd ipsi non venerant, nec erant in ciuitate Perusij ad faciendum brigam aliquam contra aliquos, neque schisma, imò venerant pro bono statu Ecclesiæ vniuersalis, ac communis & populi ciuitatis Perusij, & ad hoc vt citiùs prouideretur Romanæ Ecclesiæ de Pastore. Præfati verò sapientes dixerunt, quòd omnino super petitis certam responsionem ab ipsis habere volebant: iidem autem nuntij rogarunt sapientes, & Priores eosdem, vt huiusmodi responsione vellent esse contenti: qui iterum responderunt & dixerunt quòd contenti non erant, & quòd si talis protestatio fieret, etiam vsque ad sanguinem nullatenus sustinerent. Quibus sic actis iidem nuntij iterum rogarunt sapientes, & Priores præfatos, vt eis sufficeret responsio prælibata, vel saltem communi, & populo suis referrent; & si commune, & populus aliam responsionem habere vellent, cras responderent eisdem. Die verò crastina adue-

1305.
14. Auril.

niente, videlicet die 15. dicti menfis Aprilis, domini Raynaldus domini Tancredi, Ciccolus domini Ioannis Feus Libructi Michaël & Gratia fapientes, & Hugolinus Euerardi, & Puzulus Boniannis Priores ad ipfos nuncios, ex parte communis, & populi prædictorum iterum accedentes dixerunt, quòd fuper petitis aliàs tam per ipfos, quàm quofdam alios certam, & determinatam refponfionem habere volebant. Quibus dictus M. Gaufridus nomine fuo, & aliorum fociorum fuorum refpondit, quòd fibi aliquam iniuriofam nouitatem, communi dictæ ciuitatis, vel fpecialibus perfonis, feu curialibus, aut aliis quibufcunque, vel etiam dominis Cardinalibus facere nullatenus intendebant. Actum Perufij in hofpitio dicti domini Prioris, præfentibus Fr. Henrico de Nagiaeo Sedis Apoftolicæ hoftiario, M. Guillelmo de Vfto Canonico Abrincen. Fr. Stephano de Guigniaco Prefbytero ordinis S. Ioannis Hierofolymit. & M. Petro Alaude Canonico Ecclefiæ de Andeliaco Rotomagen. diocefis, teftibus ad hæc vocatis & rogatis: & ego Iacobus Marfilij de Guartino Clericus Alatrin. diocef. S. R. E. & Imperiali auctoritate Notarius publicus, &c.

Decrets du peuple Romain pour rendre iuſtice aux Colonnes contre les iniuſtices de Boniface.

1. *Ils font reſtituez en entier.*
2. *Eſt ordonné que P. Caetan & ſes enfans pour recompenſer les pertes que les Colonnes ont ſouffert en leurs terres y deſignées, donneront à Eſtienne & Iacques Colonnes cent mille florins d'or, ou des terres de meſme valeur.*
3. *Boniface ayant fait ce qu'il a fait contre les Colonnes par pure meſchanceté, tout eſt caſſé & annullé, ſtatuts, conſtitutions, decrets, ſentences, dons de leurs biens, tant par luy que ſes Legats & Nonces, & les Colonnes reintegrez en tous leurs biens & droits; & ce decret aura lieu nonobſtant tout Droit Canon, ou Ciuil, & couſtumes contraires.*
4. *Les Caietans condamnez de rendre tout l'argent, & reſtablir les dommages que les amis des Colonnes ont ſouffert; ce qui ſe fera inceſſamment.*
5. *Que Poncellus Vrſi rendra au Peuple de Rome la ville de Nepi, qui auoit eſté aſſignée audit Peuple Romain par Iacques Colonne dit Sciarra, & que le Peuple Romain ſera remis en cette poſſeſſion.*

Coffre Boniface num. 800.

Leges populi Romani & Senatus conſulta ſuper iuſtitia Columnenſium contra iniquitates Bonifacianas.

IN nomine Domini. Hæc funt quædam capitula ftatuti Vrbis nunc vigentis, & fumpta ex ipfo ftatuto Vrbis, quod nunc eft penes infrà ſcriptum Notarium.

Cùm bonæ memoriæ Benedictus PP. XI. compatiens tribulationibus, & perfecutionibus Columnenfium, & fequacium eorumdem, voluerit, & iufferit reaffidari, & pro reaffidatis haberi eofdem Columnenfes, & fequaces eorum; ideo ftatuimus & ordinamus, quòd Columnenfes & eorum fequaces fint reaffidati, & pro reaffidatis habeantur, & eofdem in integrum reftituimus, & maximè quia dictæ diffidationes factæ fuerunt magis calore inuidiæ & odij, quàm zelo iuftitiæ exercendæ; & ad petitionem cuiufcunque de prædictis Columnenfibus & eorum fequacium, Senator, &

DE BONIF. VIII. ET PHILIP. LE BEL.

quiuis alius ad regimen Vrbis positus teneatur ipsos specialiter reaffidare, & in integrum restituere, nonobstante aliqua lege, statuto Vrbis, consuetudine suprà vel infrà positis.

Item, quia notorium est, & certum quòd Columnenses ciues Romani, zelo odij, profundæ malitiæ, & iniquitatis destructi, & desolati fuerunt, per dom. Petrum Gaytanum, & eius prætextu, & occasione sint manifestæ, prout præfata euidentia apparet, volentes prouidere pacifico statui Vrbis, & populi Romani, & ne similia contra ciues Romanos ab aliquo alio imposterum attententur, & ne huiusmodi nefanda ad exemplum trahantur, statuimus & ordinamus hoc præsenti nostro capitulo, quòd dominus Petrus Gaytanus, & eius filij per compensationem, & emendationem damnorum ciuitatum Penestrin. Turris de Marmure, Castrorum Columnæ, Preteforti, Rmipucci Normannorum & communantiæ prædictorum Columnensium, quæ funditus dirutæ fuerunt, dent & soluant, & dare, & soluere teneantur Stephano & Iacobo de Columna, filiis quondam dom. Ioannis de Columna, & Iordano eorum nepoti centum millia Floren. auri, aut castra & possessiones dicti dom. Petri Gaytani sita in districtu Vrbis, valentia quantitatem centum mil. Flor. auri: quæ castra & possessiones valentes centum mil. Flor. auri pro emenda prædicta, prædictis Columnens. damus, & ex certa scientia adiudicamus & assignamus, pro emenda dicimus, & compensatione dirutionis, & destructionis accasamentorum; & præmemoratus dominus P. Gaytanus, & dicti eius filij dent, dare & assignare teneantur eisdem Columnensibus pro satisfactione, & emendatione prædictorum castrorum & possessionum, & in castris & possessionibus sitis & positis extra vrbem, & longè ab vrbe per quinque miliar. & Senator, siue Senatores, & Capitaneus populi Romani qui sunt vel per tempora fuerint, teneantur vinculo sacramenti, & omnes quicunque alij officiales fuerint, ad regimen populi Romani, sint etiam sacramento astricti prædicta omnia & singula attendere, obseruare & facere, & attendi, & obseruari facere, & executioni mandare penitus, & cum effectu, omni dilatione, & exceptione remota, ad beneplacitum dictorum Columnensium, seu cuiuslibet eorum, & in iis & pro iis omnibus, & singulis exequendis, & ad executionem mandandis, cum effectu plenissimo, prædictus dom. Senator, seu Senatores & Capitaneus, & quicunque alij officiales vrbis habeant plenum merum, atque plenissimum arbitrium, & omnem plenissimam potestatem procedendi & faciendi contra prædictos dom. Petrum Gaytanum, ciusque filios, & ipsorum quemlibet, & contra omnes, & singulos rebelles, & inobedientes, & contra * * * volentes quacunque, & qualitercunque se opponere & obstare contra prædicta, nihilominus prædicta faciant, seu fiant, & executioni cum effectu plenissimo mandentur, seu mandari possint, & debeant: & prædicta, & omnia & singula fieri, & executioni mandari volumus ipso facto sine strepitu, & figura iudicij, ordine, & solennitate iuris omnibus prætermissis, imò ipso facto, & omni tempore, diebus videlicet feriatis, & non feriatis prædictis omnibus & singulis antè & infrà scriptis siue scribendis, Iure aliquo canonico vel ciuili, consuetudine Vrbis, statutis factis, & faciendis qualitercunque, & quomodocunque suprà & infrà positis, qui in contrarium loquerentur non obstantibus, & teneantur prædicti Senator, seu Senatores, Capitaneus, omnésque alij officiarij prædicti cogere, & cogi facere totis viribus, omni exceptione remota, omnes & singulos detentores, & possessores terrarum, & possessionum, & rerum prædictarum domini Petri, &

filiorum eius secundùm arbitrium eis datum, ad petitionem dictorum Columnens. Ita quòd prædicta omnia & singula cum effectu plenario executioni mandentur, nonobstantibus aliquibus, & quibuscunque cōtradictionibus, & exceptionibus quibuscunque * * competentibus, vel quibuscunque aliis pactis factis, seu faciendis, quos contractus factos, seu faciendos præsenti capitulo annullamus & irritamus, irritos pronuntiamus, & volumus quòd deinceps non sint alicuius efficaciæ, seu valoris quoad emendationem prædictam faciendam Columnensibus antedictis, & facta emendatione ante dicta cum effectu plenissimo, Senator, & Capitaneus, & alij officiarij Vrbis cogant prædictos Columnen. & prædictos dom. Petrum & filios ad faciendum inter eos pacem, & ad præstandam inuicem securitatem ; & prædicta executio non fiat nec fieri possit in rebus, bonis, & possessionibus, domibus, siue castris prædictorum domini Petri, & filiorum eius positis infra vrbem, nec etiam extra vrbem, sed longè ab vrbe, scilicet à portis vrbis quinque miliaria circumcirca.

Cùm Bonifacius P. VIII. dationes & concessiones omnes quas fecit de bonis Columnens. & eorum sequacium, fecerit ad ponendum scandalum, ignem & perpetuam guerram in terra ista, sicut manifestè videtur; ideóque hoc præsenti statuto dicimus, & ordinamus quòd sint & esse debeant ipso iure nullæ, non obstantibus statutis, seu priuilegiis quæ in contrarium loquerentur.

Quia satis publicum & notorium est, quòd dominus Bonifacius P. VIII. non zelo iustitiæ, imò zelo manifestæ malitiæ, & iniquitatis multa & diuersa ordinamenta fecit, ac fieri fecit, & facta fuerunt per ipsum, eiúsque officiarios, seu Senatores tempore eius Papatus contra Columnenses & eorum bona, ac etiam contra fautores, & sequaces eorum, corúmque bona, quæ sunt horribilia Deo, & omni populo Christiano, & in iis malum & desperatum exemplum posuit, non solùm in Vrbe eiúsque districtu, imò per vniuersum orbem terrarum, ex quibus omnia mala quæ orta sunt originem habuerunt. Nos igitur volentes prædictis iniquitatibus obuiare, & ea reducere ad bonum exemplum, & ne similia alij facere in posterum attentarent, & vt pax & tranquillitas in posterum sit in vrbe, & eius districtu, hoc præsenti capitulo dicimus, statuimus & ordinamus, quòd omnia & singula ordinamenta, seu statuta, constitutiones, decreta, sententiæ, seu priuilegia, condemnationes, seu diffidationes, & concessiones, & dationes bonorum ipsorum Columnens. & eorum sequacium, seu quocunque nomine censeantur, facta, lata & ordinata per prædictum P. Bonifacium toto tempore sui Papatus, seu per eius nuntios, legatos, iudices, Senatores, vicarios, seu eius offic. vel per aliquem eorum, cuiúscunque tenoris, & conditionis existant, sint cassa & irrita, & nullius valoris, & pro cassis & irritis habeantur, & quòd de cetero nullius valoris existant. Imò exnunc reaffidamus, & in integrum ex certa scientia restituimus & reintegramus eosdem, nonobstante aliquo Iure canonico vel ciuili, consuetudine & statutis Vrbis factis, vel faciendis suprà vel infrà positis, quæ in contrarium loquerentur, quæ quantum ad prædicta, ex certa scientia tollimus & irritamus; & quòd castra, & terræ recuperatæ per ipsos Columnens. de castris, & terris quæ prædictus P. Bonifacius toto tempore sui Papatus concessit quibusdam nobilibus zelo ignis & discordiæ ponendo in Vrbe, remaneant apud Columnenses prædictos, & de eorum recuperatione, inuasione & occupatione non possint, nec debeant puniri ipsi, nec eorum sequaces, nec contra eos aliquo modo; si qui processus aut

diffida-

diffidationes, seu condemnationes factæ essent contra ipsos & eorum sequaces, sint cassæ & vacuæ, & nullius roboris exiltant. hoc tamen saluo, quòd si aliqua persona haberet ius in terris, & castris prædictis, ob alias causas, quàm per concessionem dicti P. Bonifacij, eiusque officialium, vel senatorum, quòd sit licitum vnicuique, ius habenti in terris & castris prædictis, ipsum ius persequi iure ordinario in curia Capitolij. Quod capitulum volumus & mandamus, quòd sit præcisum & perpetuum, non obstante Iure canonico vel ciuili, consuetudinibus vrbis, capitulis factis & faciendis suprà vel infrà positis, quæ in contrarium loquerentur. Quod præsens capitulum pro vltimo habeatur in ordine, licèt alibi scriptum reperiatur.

Cùm publica sint, & notoria populo Rom. offensiones & læsiones, & damna, quæ prætextu & occasione Columnens. domus Gaytana intulit & præstitit multis ciuibus Romanis, & præcipuè quibusdam ciuibus Romanis, qui prætendebantur esse fideiussores Agapiti de Columna, qui etiam assumpta tali occasione damnificati fuerunt in bonis eorum, præcipuè in domibus, & vltimò coacti asserunt fuisse soluere quemlibet eorum mille Flor. auri, de quibus dicuntur fuisse diffidati, & posteà reaffidati de quantitatibus suprà dictis. Idcirco ne prædicta in posterum attententur, & ne ad exemplum trahantur; hoc præsenti capitulo statuimus & ordinamus, quòd dom. Petrus Gaytanus, & filij eius teneantur, & debeant cuilibet dictorum fideiussorum ostensis per eos diffidationibus, & reaffidationibus prædictis restituere omnem pecuniam, & omnia damna, quam, & quæ sustinuerunt & soluerunt, & iisdem illata fuerunt, emendare, restituere, & resarcire, priùs legitima, atque clara probatione facta, & ostensione de damnis quæ sustinuerunt, & pro prædictis damnis, & pecunia restituenda, & emendanda procedat, & procedi debeat, contra prædictum dom. P. & eius filios ipso facto, ad simplicem requisitionem ipsorum fideiussorum, vel alterius cuiusque petentis summariè, sine strepitu & figura iudicij, solennitatibus, & iuris ordine non seruatis, tam per viam diffidationis, quàm per viam adiudicationis de bonis dicti dom. Petri Gaytani sitis extra vrbem, & longè ab vrbe per quinque milliaria; & hæc fiant, & executioni mandentur omni tempore, & diebus feriatis, non obstantibus Iure canonico & ciuili, consuetudine vrbis, capitulis, statutis factis & faciendis suprà vel infrà positis, quæ in contrarium loquerentur.

Cùm satis certum & notorium sit, quòd tempore Papatus domini Bonifacij P. VIII. & domini Pandulphi de Sabello Senatoris, Iacobum de Columna dictum Sciarram assignasse domino Angelo, Petro Matthæi, & aliis consociis ipsius dom. Angeli, Ambasciatoribus Sen. & populi Romani ciuitatem Nepesin. recipientibus vice & nomine dom. Senatoris, & populi Rom. sicut patere dicitur publico instrumento scripto manu Ioannis de Balnoregio Notar. Palat. pro bono pacis, concordiæ, ac honoris ciuitatis Romanæ, & populi Romani, pace, & concordia nobilium infrà scriptorum Roman. ciuitatis, statuimus & ordinamus, quòd nobilis vir Poncellus dominus Vrsi, de filiis Vrsi, & quilibet alius detentor ciuitatis Nepesin. debeat, & teneatur ipsam ciuitatem Nepesin. dare, & assignare, & dari & assignari facere plenissimè cum effectu ad retinendum, & custodiendũ dominis Senat. Capitan. & Anxianorum populi Romani nomine Cameræ vrbis, & dicti Romani populi, vel nuntiis specialibus, ad recipiendam tenutam, & possessionẽ, & custodiã dictæ Nepesin. ciuitatis prædictorum dominorũ nomine, & quilibet ipsorum per se solum Senat. Capitan. & Anxianorum ciuitatis Romanæ, & populi qui nunc funt, & qui per tempora erunt, & quòd prædicti dom. Senat. Capitan. & Anxiano vinculo facri teneantur prædictum nobilem virum Poncellum, & quemlibet alium detentorem dictæ ciuitatis Nepefinæ pleniffimè & efficaciffimè, cum omni pleniffimo effectu, totis viribus,& omnibus viis, modis, & remediis neceffariis vel vtilibus, feu opportunis de iure, & de facto ad reftitutionem, dationem, & traditionem corporalem poffeffionis, & ad refignandum, & dandum ad cuftodiendum & retinendum prædictis Senat. Capitan. & Anxianis Cameræ Vrbis nomine populi Romani tenutam, & poffeffionem corporalem dictæ ciuitatis Nepefin. cum effectu pleniffimo, ad petitionem, requifitionem, beneplacitum, & mandatum prædictorum Senat. Capitanei, & Anxianorum, omni dilatione, & exceptione de iure, vel de facto remota.

Scriptum & exemplatum per me Petrum de Galganis Notarium, ex ftatuto vrbis nunc vigente, quod penes me eft, decreto, & auctoritate dom. Thomæ de Magiftris, Lucæ Iudicis ordinarij, habentis poteftatem ab Apoftolica Sede publicandi decreta, interponendi, & alios iudiciales actus exercendi.

CLEMENS V.
ELECTVS
v. menfis Iunij anni cIↄccv.

CE QVI SE PASSA POVR L'ELECTION
au Pontificat du Pape Clement V.

Gio. Villani Hist. lib. VIII. chap. LXXX.

NELLI anni di Christo 1304. a di 27. del mese di Luglio mori Papa Benedetto nella citta di Perugia. Doppo la detta morte fu gran discordia tra'l collegio de Cardinali in eleggere Papa, & per lori sette erano diuisi in due parti, dell' vna era capo M. Matheo Rossi delli Orsini, con M. Francesco Gaetani nipote di Papa Bonifacio; & dell' altra era capo M. Napoleone delli Orsini del monte, el Cardinale da Prato, per rimettere i loro parenti & amici Colonnesi in istato, & erano amici del Re di Francia, & essendo stati piu di 9. mesi rinchiusi & distretti per li Perugini perche chamassono Papa, & non poteano accordarsi; alla fine trouandosi il Card. da Prato con il Cardinale Gaetani in segreto luoco, disse noi faciamo grande male alla santa chiesa à non chiamare Papa, & se io ci trouassi buon mezo saresti contento? quello respose di si & così ragionando vennero à questa concordia per sagacità del Card. da Prato, trattando col detto Messer Francesco in questo modo li diede il partito, che l'vno collegio elegiesse tre oltramontani sofficienti al Palpato, & l'altro collegio infra 40. di prendesse l'vno di quelli tre quale à lui piacesse, & quello fosse Papa; per la parte di Gaetani si prese di fare la elettione, & elessero tre arciuescoui oltramontani, creati per P. Bonifacio suo zio molto suoi amici confidenti, & nemici del Re di Francia loro auersario, infra quali tre fue l'vne el primo l'Arciuescouo di Bordeaux piu confidente. Il sauio Card. di Prato si penso che meglio si potea fornire loro intendimento à prendere Raimondo del Gotto Arciuescouo di Bordeaux che nullo delli altri, con tutto che fosse creatura di P. Bonifacio, & non amico del Re di Francia, ma cognoscendo huomo vago d'honore, & di Signoria, & che era Guascone, che di natura sono cupidi, che di leggieri si potea pacificare col Re, & così presero secretamente, & per sacramento, elli e la sua parte del collegio, & fermo da l'vno collegio à l'altro con carte & cautele delli detti patti, per sue lettere prime, & delli altri Cardinali di sua parte scrissono al Re di Francia, & inchiusono i patti, & tutte le scritture, & per fidati messi, & buoni corrieri, non sentendone nulla l'altra parte, mandarono da Perugia à Parigi in XI. di admonendo & pregando il Re di Francia, che s'elli volesse racquistare suo stato in sancta chiesa, & rileuare i Colonesi, ch' el nimico si facesse ad amico, cio era M. Ramondo del Gotto Arciuescouo di Bordeaux l'vno de tre eletti piu confidente dell' altra parte trattando con lui patti prima per se, & per li amici suoi, perche in sua mano era rimessa la elettione di quelli tre, cui allui piacesse. Lo Re fu molto allegro, & sollicita alla impresa, primo mando lettere amicheuoli per messi all' Arciuescouo de Bordeaux ch' elli li facesse incontro, che li volea parlare, & infra presenti 6. di fu il Re à Parlamento con poca compagnia, & secreta in vna foresta à vna badia nella contrada di S. Gioanni d'Angeli col detto Arciuescouo, & conferi con lui vdita insieme la messa, & giurati in su l'altare, lo Re Parlamento con luy con belle parole, & poi li disse io ho in mano di poterti fare Papa s'io voglio, & pero sono venuto ad te, per che se tu mi prometti di farmi sei gratie ch'io ti demandera, io ti farò questo honore, & acciuche sij certo che io ne ho il potere, trasse fuori & mostrossi le lettere, & la commissione dell' vno, & dell' altro collegio.

Nn iij

Il Guafcone couidofo della dignità Papale quafi ſtupefatto d'allegrezza, li ſi gitto à piedi & diſſe, Signore mio, hora cognofco che du m'ami, & vomi rendere bene per male tu hai à comandare, & io à vbidire. Lo Re lo rileuo fù, & bacciollo in bocca, & poi li diſſe le 6. ſpetiali gratie ch'io voglio da te ſono queſte.

Executé. *Prima che mi reconcilij perfettamente con ſantà Chieſa, & facciami perdonare il misfatto ch'io commiſi per la preſura di Papa Bonifacio.*

Executé. *Secunda, di ricomunicare me, & miei ſeguaci.*

Executé. *Tertia, che mi concedi tutte le decime per 5. anni del mio reame per aiuto alle ſpeſe fatte alla guerra di Fiandra.*

Quarta, che tu diſfarai & annullerai la memoria di Papa Bonifacio.

Executé. *Quinta, che tu renderai l'honore del Cardinalato à M. Iacopo, & M. Pietro della Colonna, & rimetterali in ſtato, & che farai con loro inſieme certi miei amici Cardinali.*

La feſta gratia, & promeſſa mi riſerbo al luogo, & tempo ch'è ſegreta è grande. L'Arciueſcouo promiſſe tutto per ſacramento in ſul Corpus Domini, & oltra accio li diede per iſtatico il fratello, & due ſuoi Nepoti, & lo Re promiſſe, & giurò à lui di farlo eleggere Papa, & cio fatto ſi partirono. Il Re incontanente ſcriſſe al Card. da Prato, & alli altri di ſuo collegio cio c'hauea fatto, & che ſicuramente elegeſſono Remondo del Gotto Arciueſcouo de Bordeaux. La biſogne fu ſi ſollicita che in 3s. di fu tornata la riſpoſta à Perugia, & hauuta il Cardinale la detta riſpoſta la manifeſto al ſuo collegio, & richieſe cautamente l'altro collegio che quando alloro piaceſſe ſi congregaſſero in vno, che voleuano oſſeruare i patti, & coſi fu fatto, & rannatiſi inſieme i detti collegi come fu biſogno à ratificare l'ordine di queſti fatti con vallate carte, & ſacramenti tu fatto ſollennemente, & cio fatto per lo Card. da Prato, propoſta ſauiamente vna autorita della ſanta ſcrittura che accio ſi confacea, per la autorita à lui conceſſa per lo modo detto, eleſſe Papa il detto M. Ramondo del Gotto Arciueſcouo de Bordeaux, non ſappiendo la parte di Bonifacio lo inganno. La Elettione fu fatta 5. Guigno 1305. vſciti i Cardinali di la onde erano rinchiuſi ordinaro di mandarli il decreto de la eletione oltramonti oue era il Arciueſcouo ch' accetto il Papato allegramente, & feceſi nominare Papa Clemente V. è fu coronato à Lione 11. Nouemb. 1305.

4. Promeſſe. Condamnatiô de la memoire de Boniface.

Villani audit l. 8. c. 91. dit Iuin 1307. Le Roy de France vint à Poictiers où eſtoit le Pape, que là il luy demanda l'execution du quatrième article de ſa promeſſe qui concerne la condamnation de la memoire de Boniface ; que le Roy fit propoſer par ſon Conſeil contre Boniface 43. art. d'hereſies, & qu'il les prouueroit. Que cela troubla fort le Pape & les Cardinaux. Car le Pape conſideroit la conſequence,

Conradus Vecerius en la Vie de Henry VII. a écrit la meſme choſe, & auec toutes les meſmes circonſtances.

& d'ailleurs il l'auoit promis ; d'autre part il diſoit qu'il ne voyoit rien de tel en la vie de Boniface, qu'vne partie du College des Cardinaux eſtoient ſes creatures, l'vn deſquels eſtoit le Cardinal du Prat. Le Roy en cette occaſion auoit les deux factions contraires à ſon intention. Enfin le Cardinal du Prat qui ſçauoit ce que le Pape auoit promis au Roy, conſeilla le Pape de dire au Roy, qu'il n'y auoit point de ſeureté de propoſer ce fait aux Cardinaux, mais qu'il eſtoit plus à propos, & pour d'autant plus rendre abominable la memoire de Boniface, & rendre cette action plus autentique contre luy, de le faire en plein Concile, qu'il aſſembleroit à Vienne, où le Roy n'auroit pas tant d'autorité ny de pouuoir, & l'Egliſe en plus grande liberté. Et l'Auteur adiouſte, que du Prat diſt au Pape, & eſſendo à Vienna ſi ſarai fuori della forza del Re, & di ſuo Reame. Cet expedient pleut au Pape, & le diſt au Roy, dont il fut mal content ; neantmoins le Pape luy promit de faire choſe qui le ſatisferoit ; & ainſi le Roy ſe retira.

Villani au chap. c 1. dudit liure 8. *Dit qu'en l'année 1308. mourut Albert Roy d'Alemagne; il fut question d'en élire vn autre. Le Roy de France qui desiroit faire élire son frere Charles de Valois, declara son intention aux principaux de son Conseil, & leur découurit lors les promesses que luy auoit fait le Pape lors de son Election, qu'il n'auoit découuertes à personne, & que c'estoit la 6. qui estoit à executer, & que le Pape ne sçauoit pas. Ils furent d'auis de ne point perdre le temps, de faire cette poursuite pour son frere, & luy en dirent les moyens, & comme ils estoient d'auis de s'y conduire; sçauoir que le Roy accompagné de son frere, & de toutes ses forces allast en Auignon, sous pretexte de faire la poursuite contre la memoire de Boniface, que lors le Roy se declareroit pour son frere de le faire Roy d'Alemagne, & en suite Empereur. Le Pape eut auis de tout ce dessein par vn des Conseillers du Roy, qui eut recours à son Conseil ordinaire, qui estoit le Cardinal du Prat. Ce Cardinal qui n'estoit pas content du Roy, conseilla le Pape de faire en sorte auant que le Roy luy eust fait sa demande, que les Electeurs se hastassent de proceder à l'élection, & luy nomma Henry Comte de Luxembourg qu'il sçauoit estre homme de bien & fidele. Le Pape receut cet auis, en sorte qu'il fit faire l'expedition si secrete, qu'en huit iours les Electeurs assemblez à Midelbourg éleurent celuy qu'il desiroit. Le Roy eut auis de cette élection, & qu'il auoit esté trompé par le Pape. Dont il fut fort indigné, & depuis il declara au Pape qu'il n'estoit plus son amy.*

Antoninus 3. parte Historiar. Tit. 21. cap. 3.

ANno Dom. 1311. Kal. Nouemb. cœpit celebrari Concilium generale Viennæ in Burgundia, prout fuerat antè publicatum: In quo præsentes fuerunt plusquam ccc. Episcopi. Et cùm Clemens vt satisfaceret promissioni factæ Regi Franciæ in sua promotione, scilicet de delenda memoria Bonifacij ex Ecclesia, cum Prælatis Concilij tractaret: quia Rex illum hæreticum fuisse probare intendebat. Concilium nullo modo assentire voluit: sed contrarium declarauit, scilicet ipsum fuisse Catholicum, & indubitatum Pontificem. Verùm quia ipse fecerat processus contra Regem Francorum: ad quietandum ipsum non valentem obtinere quod cupiebat iniustum, declarauit & firmauit decreto Concilium, quòd quacunque de causa Rex offendisset Bonifacium Papam, seu Ecclesiam, nullo vnquam tempore posset ipsi Regi vel eius filiis, & hæredibus aliquid damni inferri vel pœnæ.

v. *Iean le Maire de Belges en son Traité des Schismes, & des Conciles*, lib. 1. chap. 20.

Bulle de Clement V. qui dit que la Bulle de Boniface commençant Clericis Laicos, *& les declarations en suite auoient apporté de grands scandales & incommoditez, & que l'on pouuoit apprehender dauantage, & pour ce il la reuoque, & tout ce qui s'en est ensuiuy; voulant que ce qui a esté cy-deuant ordonné contre ceux qui exigent des Ecclesiastiques tailles ou collectes, & ceux qui y donnent consentement, comme aussi ce qui a esté ordonné touchant la subuention que doiuent bailler les Ecclesiastiques aux lais, soit obserué.*

Decretalis Clementis V. qua reuocat decretalem Bonifacij VIII. quæ incipit Clericis Laicos de immunitate Ecclesiarum.

QVoniam ex constitutione Bonifacij Papæ VIII. prædecessoris nostri, quæ incipit, *Clericis Laicos*, & ex declaratione, seu declara-

288 PREVVES DE L'HIST. DV DIFFEREND

tionibus, ex illa poſtmodum ſubſecutis, nonnulla ſcandala, magna pericula, & incommoda grauia ſunt ſecuta, & ampliora ſequi, niſi celeri remedio ſuccurratur, præſumitur veriſimiliter in futurum. Nos de conſilio fratrum noſtrorum conſtitutionem & declarationem, ſeu declarationes prædictas, & quicquid ex eis ſecutum eſt, vel ob eas, penitus reuocamus, & eas haberi volumus pro infectis: volentes & firmiter ſtatuentes illud (contra quoſcunque laicos exigentes, ſeu extorquentes ab Eccleſiis Eccleſiaſticiſque perſonis tallias, ſeu collectas, aut exactiones quaſcunque, & contra dantes ad id faciendum conſilium, auxilium vel fauorem : nec non & circa præſtandas ſubuentiones laicis ab Eccleſiarum Prælatis, ac aliis viris Eccleſiaſticis) inuiolabiliter obſeruari, quod ſuper his à prædeceſſoribus noſtris in Lateranen. & generali Conciliis, quæ nos ſub obteſtatione' diuini iudicij præcipimus obſeruari diſtrictè, ſalubriter eſt prouiſum.

Clement V. declare que la Bulle de Boniface, Vnam ſanctam, ne porte aucun preiudice au Roy de France, & au Royaume, & la reuoque; & qu'il n'entend point que par icelle le Roy, le Royaume, & les François ſoient plus ſuiets de l'Egliſe Romaine qu'ils eſtoient, mais qu'ils demeurent en l'eſtat qu'ils eſtoient auparauant ladite Bulle.

Clementis V. Pontificis Maximi Decretalis, qua reuocat Decretalem Bonifacij VIII. quæ incipit, Vnam ſanctam. *De maiorit. & obed.*

C. 2. Extr. commun. lib. 5. de Priuileg.

1306.
1. Feurier.

MERVIT cariſſimi filij noſtri Philippi Regis Francorum illuſtris ſinceræ affectionis ad nos, & Eccleſiam Romanam integritas; & progenitorum ſuorum præclara merita meruerunt: meruit inſuper regnicolarum puritas, ac deuotionis ſinceritas, vt tam Regem, quàm regnum fauore beneuolo proſequamur. Hinc eſt quòd nos Regi, & regno, per definitionem, & declarationem bonæ memoriæ Bonifacij Papæ VIII. prædeceſſoris noſtri, quæ incipit, *Vnam ſanctam*, nullum volumus, vel intendimus præiudicium generari : nec quòd per illam Rex, regnum, & regnicolæ prælibati, ampliùs Eccleſiæ ſint ſubiecti Romanæ, quàm antea exiſtebant: ſed omnia intelligantur in eodem eſſe ſtatu, quo erant ante definitionem præfatam, tam quantum ad Eccleſiam, quàm etiam ad Regem, regnum, & regnicolas ſuperiùs nominatos. Dat. Lugdun. Kal. Febr. Pontificatus noſtri anno 1.

Acte par lequel Renaud de Suppino Cheualier, ſur ce qu'il a eu auis que le Pape Clement auoit declaré, que ceux qui ſçauoient quelque choſe contre Boniface euſſent à venir en Auignon pour dire ce qu'ils ſçauoient, il declare qu'ayant voulu aller audit lieu auec quelques autres pour cette affaire, ils auroient eſté aſſaillis à trois lieuës d'Auignon par gens armez qui les guettoient ; ce qui les auroit empeſché de paſſer outre : proteſtant que cette violence ne luy pourra nuire pour pouuoir declarer ce qu'il ſçait de cette affaire en temps & lieu.

Coffre Boniface num. 774.

1309.
25. Auril.

IN nomine Domini, Amen. Nouerint vniuerſi præſentes pariter & futuri, quòd anno ab Incarnat. Dom. 1309. & 25. die menſis Aprilis
domino

DE BONIF. VIII. ET PHILIP. LE BEL.

domino Philippo Rege Francor. regnante, nobilis Baro dom. Raynaldus de Suppino miles sereniffimi Principis dom. noftri Regis Francor. illuftris, in præsentia Galuanni boni & belli valleti dicti dom. Regis Francor. Vicar. Nemausi, & mei Notarij, & testium subscriptorum, & plurium personarum ad hoc specialiter vocatorum, dixit & proposuit, & etiam legi fecit publicè quæ sequuntur: videlicet, Quòd audito quòd sanctissimus Pater, & dom. noster dom. Clemens diuina prouidentia Papa V. Pictauis in consistorio publico dixerat, quòd statim quòd ipse dominus Papa in Auinione existeret audire inciperet causam quondam Bonifacij, & inquisitionem contra ipsum super accusatione seu denuntiatione, aut infamia criminis hæreseos, & super ipso crimine inciperet, faceret, & continuaret contra Bonifacium suprà dictum, excusans se quòd ex diuersis causis tunc dicto negotio supersedit, sed ampliùs supersedere minimè intendebat, cùm nec sine periculo, & salua conscientia vlteriùs supersedere valeret propter enormitatem criminis, quod nullam tarditatem vel dilationem, seu dissimulationem admittit. & quicunque volebat aliquid dicere vel proponere, accusare seu denuntiare, seu aliter causam ipsam prosequi vel agere contra Bonifacium memoratum, vel super ipso crimine hæreseos, aut certa quomodolibet contingentia aliquid ex prædictis quæcunque deponere, audiretur. Et quòd intenderet in Auinione ad ista, & ad hoc ipse dom. Raynaldus veniebat, & multi alij testes legitimi omni suspicione carentes, omnique exceptione maiores cum ipso, qui veritatem sciebant negotij & plenissimè sciunt, & per quos probationes legitimæ plenæ, & clarè habitæ & obtentæ fuissent, ex quibus clarè, lucidè & apertè conuictus fuisset de criminibus suprà dictis, & ipse Bonifacius & eius memoria iustitia exigente damnati, & ad hæc perhibendum super iis testimonium veritati, tam ipse quàm alij testes prædicti personaliter ad Romanam Curiam accessissent, prope ciuitatem Auinionens. ad tres leucas & minùs, factæ sunt illis notoriæ per inimicos insidiæ, quibus proculdubio fuissent immaniter interempti, nisi Deus misericorditer subuenisset eisdem, dictæque insidiæ per amicos eorum eis nunciatæ fuissent. sicut hæc ita notorium, publicum & manifestum est in Auinione, Romana Curia, & locis circumuicinis eisdem, quòd nulla potest tergiuersatione celari. Recesserunt propterea prædicti qui cum dicto dom. Raynaldo venerant, ad propria redeuntes mortis meritò periculum formidantes: nec eos dictus dom. Raynaldus quantumcunque ad hoc nisus fuerit toto posse potuit retinere. Propter quæ & nonnulla alia quæ tacentur ex causa, & exprimi ad præsens non possunt nec debent, protestatur dictus dominus R. quòd sibi & ipsis, & aliis adhærentibus ipsis, & prosequentibus & intendentibus prosequi causam ipsam, & informare, & instruere, & deponere super criminibus & contingentibus ipsa, & omnibus aliis quorum interest, vel interesse potest, seu poterit in futurum, nullum iuris vel facti præiudicium quomodolibet generetur; offerens se paratum suprà dicta agere, & omnia ad quæ propter prædicta tenerentur facere, & prosequi iudicio loco, & tempore debitis competentibus atque tutis. De quibus omnibus petit, & rogat Notarium, & testes prædictos, ex præmissis confici debere ei, & adhærentibus sibi, nomine suo, & ipsorum, & omnium aliorum, quorum interest vel interesse posset, in præsenti vel futuro quomodolibet, publica instrumenta, ad ipsorum omnium, & negotij cautelam & euidentiam pleniorem. Acta sunt hæc Nemausi in hospitio Thesaurarij, præsentibus testibus nobili viro domino

Oo

290 PREVVES D EL'HIST. DV DIFFEREND

Guillelmo Betini milite, domino Albertino Brachifortis legum doctore Officiali Nemausi, dominis Petro Malbosci, Hermengario de Codolis, Bertrando Heliæ Iurisperitis de Nemauso, domino Moncello Principis de Luca milite, Reuerendo Amalrici domicello, Petro de Auriaco Subuicario Nemausi, Bernardo Gauterij Notario de Nemauso, Chongo Beti Thesaurario, Clarino Algr. Chomeo Algr. Quello Rossilhoni, Ioanne Arregoni, de Pistorio, Nicolao Brancasicca, Nicolai Guyoti Flore Esbarre, Balduchio Baudi, Coluchio Frangelasta, Perroto de Comite, Philippo Scorcia lupi, Lucanis, toto Bosij Florentino habitatorum Nemausi, Magistro Guillelmo Berengarij Notario Curiæ Nemausi, & me Poncio de Canna Notario dictæ Curiæ regiæ Nemausi, qui præsens interfui, & vnà cum dicto M. Guillelmo Berengar. Not. fui requisitus per dictum dom. Raynaldum de Suppino, quòd de prædictis facerem publicum, seu publica instrumenta, quoties opus esset, qui ad requisitionem dicti dom. Raynaldi hoc instrumentum scripsi, & signo meo consueto signaui.

Bulle du Pape Clement V. à Charles Comte d'Aniou, luy remonstrant la peine qu'il a prise pour conduire à bonne fin l'affaire de Boniface, & nomme ceux qui luy en peuuent rendre témoignage. Que la suite pourra produire beaucoup de maux, & plusieurs difficultez. Prie ledit Comte de faire en sorte que le Roy son frere luy laisse acheuer cêt affaire, & s'en remette à la definition du Saint Siege, & permette que ceux qui en font la poursuite en fussent de mesme.

Coffre Boniface num. 789.

1309.
23. May.

CLEMENS Episcopus seruus seruorum Dei, dilecto filio nobili viro Carolo Comiti Andegauensi, salutem & Apostolicam benedictionem. In Apostolicæ mentis visceribus caritatis, carissimum in Christo filium nostrum Philippum Regem Francorum illustrem fratrem tuum præmulta dilectione portantes, desideramus ab intimis cordis nostri, & piæ mentis affectibus concupimus, vt eum Regis æterni glorificanda maiestas gratiæ cælestis perfundat irriguo, solium regni sui præcelsum stabiliat, suique statum nominis & honoris extollat magnificis incrementis. Sanè ad Apostolicam Sedem dicti Regis Celsitudinis nuntiis venientibus, & eis iuxta postulationem ipsorum in negocio Bonifacij prædecessoris nostri audientia benignè concessa, ipsos pluries & spatiosè, prout de ipsorum voluntate processit, libenter audiuimus & intelleximus seriosè. Verùm post nuntiorum ipsorum aduentum quot diligentiæ studia, sub indefessis sollicitudinibus desideranter impendimus, quot laborum subiuimus grauitatem, quot anxietates mentis, & animi, diurnis non parcendo laboribus, nec vigiliis indulgendo nocturnis, fuimus sine intermissione perpessi, quot in nobis dira sunt multiplicata suspiria, quot cumulatæ præcordiis nostris angustiæ, & quot modos & vias profundis cogitationibus exquisiuimus diligenter, & quot tractatus etiam frequenter assumpsimus, & quid sæpius & postremò vt negotium ipsum ad diuini nominis laudem, & Romanæ Ecclesiæ suæ matris honorem, ac regiæ magnitudinis, suique regni statum pacificum, & tranquillum posset laudabiliter terminari, nuntiis præfatis obtulimus, ille qui est cognitor secretorum, & cui nuda & manifesta sunt omnia, plenè nouit; eàque dilecti filij Magister Gaufridus de Playsi Notarius noster, dicti Regis clericus, qui certam habet tractatuum prædictorum notitiam, & qui omnia digito palpauit & tetigit, & Frater Guill. de Godino Ordinis Prædicatorum, Magister in Theologia, Capellanus noster, quem propter hoc ad ipsius Regis præsentiam destinamus, sibi referre poterunt oraculo viuæ vocis, quibus super eisdem relatibus adhibeat plenam fidem, & nihilominus mentis Apostolicæ iusto proposito, quæ in suæ salutis, quietis & pacis commodis delectatur, oculo reuerentiæ filialis inspecto quæ relationes huiusmodi continent, cum efficacia salutaris effectus liberaliter studeat adimplere. Præterea sicut ab ipsius Regis memoria non credimus excidisse, magnitudinem regiam pluries & instanter rogasse meminimus, vt prosecutionem præfati negotij liberè nostræ, & ipsius Ecclesiæ ordinationi dimitteret, per quam illud poterat salubriùs diffiniri. Verùm attendentes sollicitè multa pericula, imò quodammodo infinita quæ propter disputationes & meditationes profundas quas in eodem negotio frequenter habuimus & habemus, considerationibus nostris occurrunt, & recensentes infra præcordia mentis nostræ quòd negotium ipsum, quibuslibet opponentibus in hac parte cessantibus, celeriùs vtilius & honorabiliùs quàm si per viam iam inceptam in eodem negotio procedatur, poterit terminari; Celsitudinem Regiam, cuius incrementa magnifica desideriis intentis appetimus, beniuolentia paterna rogauimus, & hortati fuimus attentiùs in Domino Iesu Christo, sibíque nihilominus consilio sano suasimus, quatenus huiusmodi precibus nostris quæ cum multa fiducia de præcordiis Apostolicis prodeunt, deuotum auditum & promptum exhibens intellectum, & attentè considerans, quòd sicut aliàs inter nos dudum & magnitudinem suam, & quasdam ex nostris & suis personas condictum extitit, prout sua nouit pleniùs Celsitudo, negotium ipsum feliciùs poterat diffiniri, si procederetur per viam nostri officij in eodem; quamuis si dimittere prosecutionem eundem Regem contingeret negotij memorati, onera multa nobis accresceret, sicut regij ac sui Consilij perspicax magnitudo potest faciliter intueri, prosecutionem dicti negotij pro diuina & dictæ Sedis, ac nostra reuerentia, ipsiúsque Regis salutis & honoris augmento, ac Regalis famæ decore, nostræ, & Ecclesiæ præfatæ ordinationi dimittat, & quòd prosequentes dimittant interponat efficaciter partes suas. Nam per hoc si idem Rex diligenter aduertit, non minuuntur nostri labores, sed potiùs augmentantur, cùm vbi essent in præfato negotio prosequentes, à multorum releuaremur mole laborum, nec tantùm ab eis nostræ debilitatis humeri grauarentur; sed hoc ita ardenter appetimus, vt pacificè in negotio procedatur, & suo ac regni sui honori & securitati consulatur, quia etiam vbi cessarent huiusmodi prosequentes, quantumcunque nobis laboriosum existeret, & quantumcunque multiplicatis laborum oneribus grauaremur, non omitteremus aliquoties quouis modo, quin in præfato negotio, quantum cum Deo iustitia & honore Ecclesiæ memoratæ possemus, exequeremur debitum officij Apostolicæ seruitutis. Ex præmissis etenim sicut constanter credimus & pro certo speramus, summi Regis cuius regnat imperio sibi gratiam vendicabit, decentior ipsi negotio prosequutio subsequetur, & ei tam pro se quàm etiam dicto regno finis adueniet tutior & salubrior, quem speramus, honoris regij sublimabit augmentum, magnificabit dicti regni felicem, ac pacificum statum prosperum & tranquillum, & reddet excelsioribus laudum præconiis celebre nomen suum in gentium populis gloriosum. Quare Nobilitatem tuam affectione paterna rogamus & hortamur attentiùs in filio Dei Patris, quatenus huiusmodi precum & exhor-

O o ij

tationum inſtantiam filiali deuotione ſuſcipiens, & infra tui clauſtra pectoris prouida meditatione conſiderans, quòd ex hoc Rex præfatus creatori noſtro ſe acceptum & gratum multipliciter exhibebit, eiuſdem matris Eccleſiæ puris affectibus augmentum lætitiæ copiosè proueniet, dictique accreſcet honoribus, & eius ac ſui regni ſtatus proſperitate votiuæ pacis, quietis & tranquillitatis, augebitur apud Regem ipſum, quòd præfatum negotium noſtræ & Eccleſiæ prædictæ vt præmittitur ordinationi dimittat, & per proſequentes dimitti faciat, pro diuina & dictæ Sedis, ac noſtra reuerentia, ſuique honoris augmento ſic interponas efficaciter partes tuas, ſic intercedas ſuper hoc ſollicitè apud eum, & ſic tuæ diligentiæ ſtudia interponas, quòd in hac parte noſtræ piæ intentionis conſequamur effectum, & præter retributionis æternæ præmium tibi exinde prouenturum à Domino, nos nobilitatem tuam valeamus condignis gratiarum actionibus commendare. Datum Auinioni 10. Kal. Iunij, Pontific. noſtri anno quinto. *Sub plumbo.*

Bulle de Clement Cinquiéme au Roy, ſur ce que le Roy s'eſtoit plaint de ce que l'on n'auançoit rien au fait de Boniface, que cependant les témoins mouroient, & que la preuue periſſoit: Que l'on trouua vn témoin qu'il nomme, mort dans ſon lict quand l'on fut pour l'interroger: ſe inſtifie auſſi touchant d'autres témoins qu'on n'a pû faire oüir. Le Pape dit qu'il a rendu quelques iugemens contre ceux qui ne vouloient pas rendre témoignage de ce qu'ils ſçauoient.
En ſuite il parle d'vne clauſe qui eſt dans vn traité fait par le Roy auec les Flamens, qui porte, Que ſi les Flamens contreuiennent au traité, ils ſeront excommuniez, & ne pourront eſtre abſous qu'à la requeſte du Roy & de ſes ſucceſſeurs. Le Roy s'eſtant plaint que cette clauſe auoit eſté oſtée, le Pape s'en iuſtifiant, dit qu'elle eſt inutile, & que c'euſt eſté ſimplicité à luy de la laiſſer, l'Egliſe eſtant obligée d'abſoudre vn excommunié qui ſatisfait, quoy que ſon ennemy y contredſe, & que l'Egliſe ne ſe doit pas oſter la faculté de donner l'abſolution. Qu'il eſt neantmoins preſt de la mettre dans ledit traité, au cas qu'on luy en monſtre vne pareille en vn autre traité, comme les Ambaſſadeurs du Roy l'ont dit. Au reſte que l'on trauaille à l'audition des témoins pour le fait de Boniface, & qu'il y fait ce qu'il doit.

Coffre Boniface num. 777.

1309.
13. Aouſt.

CLEMENS Epiſcopus ſeruus ſeruorum Dei, cariſſimo in Chriſto filio Philippo Regi Francor. illuſtri, ſalutem & Apoſtolicam benedictionem. Excellentiæ tuæ litteras ſub data apud Villam nouam S. Dionyſij die 3. Iulij gratanter recepimus iis diebus, inter cætera continentes te ad ingentis cauſam admirationis adduci, quòd in facto Bonifaciano teſtium ſenum valetudinariorum, & longo tempore affuturorum in Curia præſentium receptio, & pro quibuſdam in longinquis & diuerſis partibus conſtitutis commiſſio fuerant hactenus retardatæ. Sanè, Fili cariſſime, ſi ea quæ poſt aduentum gentium tuarum ad Curiam circa principium Quadrageſimæ venientium, pro eodem negotio acta & ordinata diebus quaſi continuatis fuerunt, ſi labores noſtros, & aliquorum fratrum & conſiliariorum noſtrorum diurnos pariter & nocturnos nouiſſes; ſi attenderes etiam quòd omnia quaſi negotia Regum, Prælatorum, & Principum Eccleſiarum, & ferè quarumlibet perſonarum ad noſtram Curiam de diuerſis mundi partibus confluentia illo pendente negotio dormitabant, præter pauca quæ pendentibus dilationibus necessariis in caussa Bonifaciana concessis tractata fuerunt; & si causæ magnitudinem, & personarum, quas negotium tangit, tua circunspectio attendisset, admirationis caussam proculdubio non haberet: nec credimus vnquam in tanto & tam graui & grandi negotio in tam modico tempore tantum extitisse processum. Et quia scripsit tua Serenitas, te credere quòd nos sciamus quòd aliqui testes magnæ auctoritatis & omni exceptione maiores, qui debebant in hac causa produci, tam in Curia quàm alibi sint defuncti; tuam Celsitudinem scire volumus, nos de hoc penitus nihil scire. Verum est tamen quòd cùm gentibus tuis pro dicto negotio in Curia existentibus quadam nocte post defectum diei ad nostram audientiam peruenisset, quòd Frater Raymundus Gaufridi de Ordine fratrum Minorum quondam magister in Theologia, qui de dicto negotio scire aliquid per eos dicebatur, licèt nobis nulla causa probabilis diceretur, nec ipsius infirmitas nobis nota fuerat, nihilominus tamen incontinenti.... Vicecancellarium nostrum ad nos vocauimus, & prædicta sibi exponentes iniunximus quòd vnà cum.... Abbate S. Papuli ad eum cum duobus vel tribus tabellionibus ad audiendum testimonium suum super isto negotio accederent, qui hoc summo diluculo fecerunt. Et cùm vt præmittitur, ad ipsum Fratrem accessissent, inuenerunt eum mortuum, prout nobis postmodum retulerunt. De alio non meminimus nos audisse, quòd sit mortuus in Curia vel alibi, qui de dicto facto scire aliquid diceretur. Super eo verò quod ex feruore dilectionis intimæ, qua tuam beneuolentiam ad nos & status nostri honorem affici nouimus ab experto, nobis significare curasti, quòd illi qui partem dicti Bonifacij sustinere nituntur non solùm aliquos de dictis testibus minis grauibus terruerunt, quin imò in præiudicium dictæ causæ, ac nostri contemptum honoris, ad actum captionis & tormentationis quorumdam, & necis etiam aliorum temerariè processerunt: tuæ Serenitatis volumus scire notitiam, nos non inuenisse, licèt de hoc diligenter inquiri fecerimus veritatem, etiam cum vno de duobus monachis vltramontanis, qui pro negotiis Monasterij sui S. Ioannis in Venere Theatin. dioc. ad Curiam venerant, vt dixerunt, & à familia vnius de Cardinalibus Bonifacianis, cui monasterium ipsum ab ipso Bonifacio fuerat commendatum, capti seu detenti fuerunt, quòd vnquam aliqui pro isto negotio tormentati fuerint vel occisi: alius verò monachus non fuit examinatus, quia nunquam potuit ipsum habere.... Camerarius noster; & dictum fuit pluries eidem Camerario per quendam familiarem dilecti filij nostri Petri de Columna sanctæ Romanæ Ecclesiæ diaconi Cardinalis, quòd ipse erat in regno tuo cum Guillelmo de Nogareto, & propter hoc nos noluimus quòd dictus Camerarius ad habendum ipsum vlteriùs laboraret: & nos etiam de consilio quorundam Cardinalium, qui feruidè honorem tuum zelant, omisimus vlteriùs procedere contra illos qui ipsos Monachos ceperant, ne negotium diffamaretur, quod erat in promptu. Quæ nolumus præsentibus inserere propter periculum literarum, & aliquorum de promotoribus vt dicitur, negotium memoratum contra dictum Bonifacium honorem; & quia vnus familiaris dilecti filij nostri Francisci S. Mariæ in Cosmedin diaconi Cardinalis minas intulit cuidam testi, quem nos super ipso negotio examinauimus, ad quæ processimus, & quæ dictus Cardinalis respondit humiliter & deuotè super ipsis, non decet tuæ Serenitati litteris intimare, sed tu poteris super iis interrogare dilectum filium nostrum Stephanum tit. S. Ciriaci in Thermis presbyterum Cardinalem, qui omnino plenè nouit; & nihilominus nos præmissa dilectis filiis nobilibus viris Ingerranno domino de Marigniaco Cambellano, ac Petro de Galardo militibus tuis nuper expofuimus oraculo viuæ vocis, & nos contra impedientes quoquo modo, nolentes ferre testimonium in dicta causa, vel ad ferendum venire, etiam si Cardinalatus vel dignitatis alterius cuiuscunque, impedientes ipsi præfulgeant dignitate, sententias tulimus valde magnas. Et quia tuæ litteræ etiam continebant quòd de quibusdam falsis litteris nuper per nos iusto Dei iudicio adinuentis homines obloquuntur, & quòd ipsi falsarij linguis mendacibus asserere non verentur, contenta in ipsis litteris de nostra conscientia emanasse, ac se posse probare, quod se facturos referuant, vt asserunt, tempore competenti; murmurantes etiam Apostolicas litteras super maioribus se habere: tuæ Serenitati respondemus, quòd cum magna solennitate nosmetipsi, præsentibus fratribus nostris & multis aliis bonis viris, inquisiuimus veritatem, licèt nos benè sciremus eas penitus veritate carere, & per iuramenta & confessiones Cardinalium, tam Bonifacianorum quàm plurium aliorum, quorum nomina in ipsis litteris erant scripta, nec non & per falsas latinitates & orthographias, & stilum Iuris ac Curiæ non seruatum, & plura alia, inuentum est ipsas litteras & contenta in eis esse falsa, propter quod ipsis præsentibus in publico Consistorio condemnatæ & combustæ fuerunt, sicut ad tuam notitiam pleniùs credimus peruenisse, nec dubitamus quòd de illis vel aliis aliquid dicere veraciter valeant, quod nostram possit lędere honestatem: & si aliqui murmurent de vltione pro prædictis non facta, considerent tutum non esse negotia negotiis inculcare, & processus subiti præsertim contra magnas personas, tristes & periculosos exitus consueuerunt habere, sicut experientia, non est diu, probauit. Et quòd principes præsertim Ecclesiastici frequenter etiam illis qui pars corporis ipsorum non censentur, multa remittunt, indulgent, & vindictas suspendunt propter eorum excellentias & labores, quæ possent certissimè vindicari, rigore iustitiæ exigente. Sanè de clausula, quam in litteris Pacis Flandriæ vltimò concessis ponere noluimus, videlicet, Quòd si Flandrenses contra formam Pacis huiusmodi veniendo nostras incurrerint sententias, non possint nisi ad tuam vel tuorum successorum requisitionem absolui; licèt Pictauis non ex certa scientia, sed per occupationem vel negligentiam eam posuerimus in litteris confectis contra . . . . . Comitem Flandriæ, Fratres suos & Nobiles dictæ terræ; quas nobis remitti te rogari mandauimus per dilectum filium magistrum Gaufridum de Plexeio Notarium nostrum & clericum tuum, vt amota dicta clausula litteras eiusdem tenoris tibi remitteremus bullatas, maximè cùm, vt nosti, dicta clausula nihil vtilitatis tibi afferat, & nobis posset, si sciretur, ad non modicam simplicitatem ascribi, prout per dictum Notarium tibi voluimus præmissa seriosiùs explicari. Non debet tua circunspectio admirari, nam iure diuino vel humano illa clausula non fulcitur; quilibet enim excommunicatus sufficienti satisfactione præmissa debet absolui, etiam si aduersarius contradicat, nec nos potestatem absoluendi à nobis abdicare possumus, nec successoribus nostris legem imponere super illa. Sed licèt non sit dubium ita esse, nos tamen tibi volentes quantum possumus complacere, quamuis teneamur errores prædecessorum nostrorum potissimè circa ita ardua, si quos forsitan tanquam homines commisissent, pro viribus extirpare, parati sumus etiam illam vel aliam clausulam ponere, si nobis prædecessorum ipsorum litteræ ostendantur eandem clau-

DE BONIF. VIII. ET PHILIP. LE BEL.

fulam continentes, quod nuntij tui se dixerunt facturos. Et præmissa debuit dictus Notarius, & debet dictus Ingerrannus ex parte nostra tuæ magnificentiæ intimare. Scire quidem te volumus, quòd Flandrenses nesciunt nostram super illa clausula voluntatem, nósque laborauimus multum & diu, quòd sine Flandrensium protestatione, qua in præiudicium dictæ Pacis vti volebant, nos ad ipsius Pacis sufficientem & perpetuam firmitatem excommunicationes & interdicti sententias sicut fecimus proferremus absque scandalo eorumdem; & ista nuntij tui, qui pro præmissis ad nos venerant, nouerunt ad plenum. Porro nuntios ipsos expediueramus, & multos testes in dicto negotio receperamus, antequam præfatæ tuæ litteræ ad nos peruenirent, & ante recessum prædictorum nuntiorum examinatores testium in Italiæ & Franciæ partibus in dicto Bonifaciano negotio per nos fuerunt deputati, de quibus ipsi fuerunt plenè contenti, & litteræ commissionum nostrarum eisdem assignatæ. Quare si ipsorum iter retardetur, non debet nobis aliqualiter imputari, sed gentes tuæ deberent cum eis procurare, quòd illa quæ iniuncta sunt eis super istis celeriter exequantur. Nunc etiam testes apud Prioratum de Graufello, in quo moram trahimus, in dicto negotio continuè examinantur. Tanto tempore tibi scribere omisimus super istis, quia quando tuas litteras prædictas recepimus, eramus discrasiati & postmodum multis diebus fuimus, & nisi ante heri alias tuas litteras, quæ quasi eundem tenorem continent recepissemus, super istis tibi rescribere minimè intendebamus, quia per prædictum Ingerrannum, cui omnia ista & plura alia diximus, reputabamus tibi fore responsum. Quid verò de negotio, pro quo Petrus de Blanosco ad nos venit, ordinauimus, tibi plenè scripsimus, iam est diu, & nihilominus dictis Stephano Cardinali, & Cambellano plenè explicauimus super hoc mentem nostram, tibi per eos referendam. Datum in Prioratu de Graufello prope Malausanam Vasionen. diocesis, 10. Kal. Septembr. Pontificatus nostri anno quinto.

Au dessus : Carissimo in Christo filio Philippo Regi Francorum illustri.

Lettre du Roy au Pape Clement V. Le Roy dit que les mauuaises actions de Boniface l'ont obligé de faire ce qu'il a fait, à quoy tout son Royaume s'est ioint, & les Estats voisins. Que sa qualité l'auoit vn peu empesché de se declarer plûtost: Qu'en vne assemblée de son Parlement conuoqué pour la reformation de son Estat, on y proposa ses enormes crimes ; que l'on estoit resolu de l'accuser en vn Concile ou ailleurs, ainsi qu'il seroit aisé. Sa Maiesté trouua cela iuste ayant pris l'auis des Prelats & des Vniuersitez, & l'entreprit non comme partie ny Iuge, mais comme vn bras de l'Eglise, pour faire en sorte que le Concile soit conuoqué pour donner son iugement sur cette affaire, ad cuius cognitionem tunc hoc pertinere solum videbamus. *En suite dequoy il auroit enuoyé Nogaret & autres vers Boniface, pour luy faire sçauoir sa resolution, & qu'il fist conuoquer le Concile. Le Pape aduerty de cela fit guetter par les chemins ledit Nogaret, en sorte qu'ils n'oserent passer iusques à luy ; mais estans à Rome ils firent leurs protestations, où ils firent voir ce qu'ils deuoient dire au Pape. Boniface fit lors plusieurs violentes actions. Nogaret se voyant en peril, fut obligé continuant sa poursuite d'assembler des gens de guerre pour sa conseruation. Ceux du païs qui haïssoient Boniface prirent cette occasion pour se venger, & firent plusieurs violences contre les ordres de Nogaret, en sorte que Boniface mourut. Benedict éleu Pape fut prié de continuer cette affaire contre la memoire de*

Boniface, ce qu'il promit, mais il mourut peu aprés : & aprés luy Clement fut éleu, qui fut prié par le Roy mefme en perfonne à Lyon, & deux fois à Poictiers, de vouloir trouuer bon la continuation de cette pourfuite. Ce qu'il promit : Il n'y pût pas fi-toft vacquer pour les grandes affaires qui l'occupoient : Le paffage de la Terre Sainte, le traité de la paix auec le Roy d'Angleterre, l'affaire des Templiers. Qu'il efperoit, qu'au Concile qui fe tiendroit dans peu, fa Sainteté acheueroit l'affaire des Templiers & de Boniface. Que depuis par l'auis des Cardinaux, & à leur priere il auoit remis cette affaire à ce que le Pape en ordonneroit, & le S. Siege : fur quoy il fupplie le Pape d'en difpofer en plein Concile du confeil des Cardinaux ou autrement, promettant d'y acquiefcer. Abfit, *dit-il*, à regiæ perennitatis fecularis in quæftione fidei quicquam, quod veftra Sanctitas maximè facro approbante Concilio deciderit, in dubium reuocare. *Et promet que les accufateurs de Boniface abandonneront cette pourfuite, & la remettront du tout à la difpofition de fa Sainteté.*

Coffre Boniface num. 779.

1310.
Feurier.

SANCTISSIMO patri in Domino Clementi, diuina prouidentia facrofanctæ Romanæ ac vniuerfalis Ecclefiæ fummo Pontifici, Philippus eadem gratia Francorum Rex, pedum ofcula beatorum. Quoniam gefta Bonifacij octaui, qui Romanæ præfuit Ecclefiæ noftris Deo permittente temporibus, diuinæ voluntati contraria, vitáque miferabilis eius, inexpers modeftiæ, difcordiarum nutrix, pacis æmula, pietatis ignara, filiis fanctæ matris Ecclefiæ fidelibus ftuporis, admirationis nimiæ materiam miniftrarunt. Hinceque dum tantæ miferiæ caufas perquirerent veritatis, vt credimus, Dei fpiritu reuelante, vox quædam perfonarum magnæ fidei regni noftri, nec non aliarum plurium regionum auribus noftris pluries & frequenter infonuit, ex germine prauitatis hæreticæ illam infructuofam arborem fructus huiufmodi, aliófque multos peftiferos conuenientes fuo germini produxiffe : quæ vox, vt credimus, in deferto clamantis, fui multiplicatione per vulgus in famam publicam & clamorem producta, quamplurimis diuerfarum regionum perfonis fide dignis, Prælatis in Ecclefia Dei, Doctoribus, & aliis viris prudentibus, clericis & laicis innumeris pulfantibus, fenfum nobis aperiens pertigit vfque ad intima cordis noftri. Ipfam tamen non fine cordis amaritudine aures noftræ vix capere potuerunt. Licèt enim à pluribus auctoritatis magnæ viris diceretur nobis, Bonifacium præfatum nedum hæreticum, fed etiam ad ouilis Domini regimen per oftium non intraffe, fed habuiffe potius vitiofum ingreffum, eius operibus manifeftis iuxta doctrinam Domini perhibentibus teftimonium veritati ; propter honorem Dei, cuius Ecclefiæ de facto faltim præfidebat in terris, cum venerabamur vt patrem, & eius pudenda, quem appellabamus propter Ecclefiæ reuerentiam Patrem fanctiffimum, cernere verebamur. Verùm fuper adhibendo in præmiffis iufto remedio, cum magna perfonarum non paruæ auctoritatis inftantia, fæpius fuimus requifiti ; demum etiam in Parlamento publico quod feceramus Parifius conuocari, de Prælatis, Baronibus, Collegiis & Vniuerfitatibus regni noftri propter negotia ftatum ipfius regni tangentia, apparuerunt affertores & obiectores legitimi zelo Dei feruentes fidei, ac caritate fanctæ matris Ecclefiæ, quam per ipfius Bonifacij regimen intolerabile opprimi manifeftè dicebant, fuccenfi, vt credimus : Proponentes eius hærefim, & alios eius actus nefandos & fcelera, tendentes ad ruinam Ecclefiæ, nifi iufto prouideretur remedio, vt hoc in

fanctum

DE BONIF. VIII. ET PHILIP. LE BEL.

sanctum produceretur Concilium: iurantes assertotes huiusmodi, se credere vera fore, necnon posse probari præmissa per eos exposita; ac ex eis aliqui præmissa proponentes in scriptis, se paratos obtulerunt negotium huiusmodi legitimè prosequi contra præfatum Bonifacium in generali Concilio, vel alibi, vbi, quando, & coram quibus foret faciendum de iure: Nósque requisiuerunt instanter tanquam fidei Catholicæ pugilem & Ecclesiæ defensorem, vt pro declaratione huiusmodi veritatis, prout ad nos pertinere poterat, opem daremus, & operam efficacem conuocationi dicti Concilij, requireremúsque Prælatos Ecclesiæ, tanquam Ecclesiæ fideique columnas, ad sollicitudinísque partem vocatos, vt præstarent opem & operam efficaces modis legitimis ad conuocationem Concilij memorati: requirentes Prælatos eosdem iidem obiectores super huiusmodi super quò nos duxerant requirendos. Nos igitur tot vocibus, tot famosis insinuationibus excitati, ac obiectorum publicis clamoribus sic pulsati verisimilibus argumentis, & Bonifacij prædicti damnatis operibus periculosis exemplis, fidei necessitate vrgente commoti, sequentes progenitorum nostrorum exempla, domúsque nostræ regiæ, quæ veritatis directrix, ac Ecclesiæ auxiliatrix esse semper consueuit, cupientes occurrere schismaticis & aliis periculis instantibus Ecclesiæ sanctæ Dei, sicut pugil fidei, de Baronum ac Vniuersitatum regni nostri consilio & assensu fidei negotium prædictum assumpsimus; non vt partis officium vel iudicis aliquatenus gereremus, sed vt brachium & columna sanctæ matris Ecclesiæ modis procuraremus honestis Concilium congregari prædictum, in cuius iudicium deducto præfato negotio, perquisita super obiectis contra præfatum Bonifacium pleniùs veritate, fieret quod iustum, & Ecclesiæ Dei salubre, dictum Concilium iudicaret, ad cuius cognitionem tunc hoc pertinere solummodò videbamus. Et cùm interesset præfati Bonifacij, per eum qui locum obtinebat summi Pontificis pro præmissis dictum Concilium congregari, prouida deliberatione solemnes nuntios ad eum destinare curauimus, qui sibi significarent contra eum obiecta, necnon petitum congregari Concilium, ac eum cum instantia requirerent, vt pro iis conuocaret Concilium suprà dictum. Inter quos misimus nuntium specialem, dilectum & fidelem Guillelmum de Nogareto militem nostrum, quem experto noueramus fidei Catholicæ ac vnitatis sanctæ matris Ecclesiæ zelatorem. Quem Bonifacius ipse præsentiens, cùm si fuisset innocens super obiectis Concilium petitum conuocare debuisset, se legitimè purgaturus, sicut malæ fidei conscius iudicium subterfugiens, ac se ponens in contumacia manifesta, nuntiis ipsis qui pro præmissis missi fuerant ad eundem, diuersis locis parauit insidias potiùs interitús, si eos comprehendere potuisset, vt creditur, quàm simplicis captionis; propter quod eius, nec mirum, veriti fuerunt adire præsentiam. Nichilominus Romæ, & in aliis locis opportunis super præmissis protestationes fecerunt sub attestatione publica, & scripturas & cartas requisitionis tenorem, qua ipsum requisiuissent, si facultas adesset, cum insertis protestationibus continentes in plerisque ciuitatibus publicarunt. Idémque Bonifacius ex iis & aliis iustis processibus, qui fidei zelo Catholicæ fiebant, ad suum purgandum errorem, & scandalum ab Ecclesia Dei tollendum exasperatus non modicum, laxato quin potiùs rupto freno modestiæ, disciplinam Ecclesiæ prorsus abiiciens, in nostrûm, &

P p

multorum aliorum Potentum blasphemiam linguam exacuens, manus ad iniurias non qualofcunque, fed importabiles relaxauit, minas graues inferens; vt fic à iusta profecutione tam pia, tam necessaria, mendacibus & dolofis processibus cohiberet huiufmodi negotij promotores; fed fruftra, nam ille fpiritus veritatis paraclitus, cui refifti non potest, impellebat ad negotium profequendum, quod conatus humanus non poterat impedire; dúmque ad legitimè fignificandum eidem proceffus prædictos, & eum super conuocatione Concilij memorati requirendum, dictus Guillelmus nuntius destinatus quæreret aditum ad perfonam, fe propter mortis periculum quod fibi viderat imminere, gentis armorum communiuit præfidio, eis quos ad fui vocabat fubfidium prædicendo, ne ad quicquam illicitum manus extenderent. Sed cùm ille Bonifacius effet tam in fua patria quàm alibi plurimis odiofus, quamplures etiam non vocati fe conferentes ad turbam, inuito dicto Guillelmo, in aditu perfonali nuntij fuprà dicti, ad ipfum occurri non potuit, quin nonnulli de turba agerent, facerent & dicerent fuo motu, quæ eis agenda vel dicenda non fuere mandata, peioráque feciffent, nifi præfatus Guillelmus verbo factóque prout poterat, cùm deeffet ei facti fufficiens potentia, cohibuiffet eofdem. Sic gens ftulta non fecundùm fcientiam, fed illum contra voluntatem ipfius nuntij, Deo permittente, fecundùm fuam ftultitiam irritauit, qui irritare Deum & homines minimè verebatur. Ceterùm eodem Bonifacio ab humanis exempto, Benedictum fanctæ memoriæ fummum Pontificem requiri fecimus per folemnes nuntios, ad eum destinatos, vt ad cognitionem obiectorum Bonifacio viuenti procederet, vt ad fuum fpectabat officium: qui benignè refpondit, quòd infra breue tempus, nobis congruùm fuper iis quod deberet fufficere refponfum præberet; quod interim fublatus de medio non potuit adimplere. Vófque, Pater fanctiffime, poftquam fuiftis apicem fummi Apoftolatus adepti, Lugduni viuæ vocis oraculo fuper eodem requifiuimus, & etiam bis Pictauis, cum magnis temporum interuallis, voce tenus in fratrum veftrorum præfentia, cuius negotij profecutionem femper & vbique in animi præparatione * vos promptos & voluntarios inuenimus. Sed ex caufis arduis ob impedimenta prouenientia, nunc tractatu de Terræ Sanctæ fubfidio, & paffagio generali, nunc tractatu Pacis inter nos, & cariffimum filium noftrum Regem Angliæ, nunc lamentabili Templariorum negotio, dehinc negotio paffagij particularis ad fubfidium Terræ Sanctæ, quod fauente Deo præfentialiter faciendum imminebat, fuccedentibus, quin potiùs concurrentibus, quibus, fequeftratis omnibus aliis negotiis, nobis inftanter requirentibus, vos intendere decuit & oportuit, occupati, quin potiùs neceffariò impediti, non potuiftis ab initio prout optabatis intendere cognitioni negotij fuprà dicti, fed quamcitiùs potuiftis in huiufmodi negotio cœpiftis procedere, necnon teftes plurimos recepiftis. Propter difceptationem tamen, allegationes & altercationes diuerfas ore tenus & in fcriptis propofitas, tam per obiectores præfatos, quàm per aliquos offerentes fe defenfioni memoriæ Bonifacij memorati, negotium dilationem recepiffe dicitur, quod citiorem & feliciorem finem fi folicitè per veftrum officium agerctur, ad quod principaliter pertinet, poffe confequi plerifque videtur. Licèt autem Dei & veftri gratia quædam ex dictis impedimentis nunc ceffent, adhuc tamen vrget benè cœptum, fed non perfectum arduum Templariorum negotium, quod meritò cùm iniuriæ Iesu Christi vindictam, fidei stabilimentum, ac Ecclesiæ sanctæ Dei status securitatem attingat, omnibus negotiis mundanis præponimus, cui vos, Pater sancte, totis conatibus intendere cognoscimus, & experimento didicimus. De quibus Templariorum, & Bonifacij negotiis poterit, vt speramus in Domino, vestra Sanctitas, interim examinata pleniùs veritate in Concilio, quod circa proximum tempus imminet congregandum, ad honorem Dei, & eius Ecclesiæ, feliciter ordinare. Cùm igitur vestra Sanctitas volens accusationum, assertionum, seu denuntiationum, vel obiectorum amfractus tanquam odiosos plerisque vitare super negotio Bonifacij memorati, ac cupiens ex Apostolicæ potestatis plenitudine, dimissis talibus prosecutionis cœptæ dispendiis, procedere ex vestro officio, finémque felicem imponere negotio supra dicto: Nos instantibus & iteratis precibus & exhortationibus, monitísque paternis, de vestrorum fratrum consilio & assensu, & ad eorum instantem instantiam, prout nobis constitit euidenter, duxit affectuosiùs & attentiùs requirendos, vt dictæ prosecutionis instantiam prorsus dimitteremus ordinationi, salubríque dispositioni vestræ Sanctitatis, & Apostolicæ sanctæ Sedis. Nos autem attendentes solertiùs vestræ Sanctitatis animum promptum & voluntarium ad extirpandum omnem hæreticæ prauitatis radicem, quod exempla præterita & præsentia, præsertim in Templariorum negotio, manifestè demonstrant; quòd insuper totius huius prosecutionis onus & sarcinam in officium & potestatem vestræ Sanctitatis transferre, & eidem relinquere, non est ab inceptis desistere, sed initium prolixæ litis ad finem seu exitum deducere breuiorem: delectabiliter etiam intuentes nobis quodammodo fas non esse tam affectuosis monitis paternis, & exhortationibus non obtemperare; sed iocundum nobis esse potiùs consentire eisdem: scientes Sanctitatis vestræ circumspectionem perfectiorem esse, quàm nostram, pro firmo tenentes quòd honori regio, animæ nostræ saluti, necnon Ecclesiæ Dei securitati scietis disponere salubriùs in præmissis, cum venerabilium fratrum vestrorum consilio, quàm nos requirere vel cogitare possemus, qui temporalibus occupationibus plerumque tenemur: Ideóque negotium ipsum nostro, & incolarum regni nostri, cuiuscunque status, aut dignitatis existant, nomine, & pro ipsis officio Sanctitatis vestræ plenariè, & ex toto dimittimus, & relinquimus secundùm vestræ Sanctitatis arbitrium, & fratrum vestrorum consilium in futuro Concilio vel aliàs dirimendum; ordinationíque aut iudicio, quam vel quod Sanctitas vestra de fratrum vestrorum consilio fecerit aut decreuerit, in quantum ad sopiendam querelam institutam, vel imposterum instituendam, de hæresi contra dictum Bonifacium pertinebit, acquiescere, nos & ipsos acquieturos perpetuò, nostro & ipsorum nomine consentimus, & contentari volumus, vt tenemur: Nósque & ipsos eisdem vinculo perpetuæ firmitatis inniti. Absit enim à regiæ perennitatis secularis in quæstione fidei quicquam, quod vestra Sanctitas, maximè sacro approbante Concilio deciderit, in aliquod vnquam dubium reuocare. Procurabimúsque bona fide prout honestè poterimus & licitè, quòd accusatores, denuntiatores vel assertores, seu obiectores præfati totum prædictum negotium dimittent & relinquent, quantum ad eos pertinet, officio vestræ Sanctitatis, plenariè similiter & ex toto, ac dispositioni & ordinationi vestræ Apostolicæ sanctæ Sedis.

Quod vt firmum & stabile perpetuò perseueret, præsentibus nostrum fecimus apponi sigillum. Datum apud Fontembliaudi, anno Domini millesimo trecentesimo decimo, mense Februarij.

Bulle de Clement V. qui declare au Roy, qu'en la citation qu'il a faite de Loüis Comte d'Eureux son frere, Guy Comte de saint Paul, Iean Comte de Dreux, & de Guillaume du Plessis, & autres qui auoient accusé d'heresie le P. Boniface, il n'a entendu y comprendre sa Maiesté, qui ne s'est iamais rendu partie en cette affaire.

Coffre Boniface num. 776.

1310.
2. Feurier.

CLEMENS Episcopus seruus seruorum Dei, carissimo in Christo filio Philippo Regi Francor. illustri, salutem & Apostolicam benedictionem. *Quia solus Deus*, cui nuda sunt omnia & aperta, in sui dispositione non fallitur, non est mirum si interdum Romanus Pontifex, licèt ipse non puri hominis, sed veri Dei vices gerat in terris, cùm eius mentem cotidianus humanæ naturæ defectus deprimat, distrahat quoque cura profusior, & occupatio sine vacatione peturgeat, aliquid inter innumera quæ sibi vndique indesinenter emergunt expedienda negotia puræ intentionis ministerio ordinet, quod aliquando ad intellectum contrarium aliquorum iudicio postmodum deriuatum, in aliorum mentes nubilum extraneæ cogitationis inducit. Profectò, Fili carissime, licèt verba requisitionis & postulationis tuæ, quam te nobis fecisse descripsimus in litteris nostris editis super citatione, quam dudum de dilectis filiis nobilibus viris Ludouico nato claræ memoriæ Philippi Regis Francorum genitoris tui Ebroicensi, Guidone S. Pauli, & Ioanne Drocensi Comitibus, ac Guillelmo Plasiano milite, qui contra quondam Bonifacium P. VIII. prædecessorem nostrum crimen hæreseos se velle opponere asseruerant, ac de aliis qui opponendo vel defendendo sua crederent interesse, nos fecisse recolimus, considerata sano & rationabili intellectu quoad personam tuam non ad aliud se extendant, quàm ad petitam audientiam super præmissis per nos eisdem nobilibus concedendam : aliqui tamen nimium curiosi non eorundem verborum medullam, in qua veritas rei colligitur, sed superficiem tantùm verbali librantes examine, illáque trahentes ad extraneum intellectum sensibus tuis, prout per dilectum filium religiosum virum fratrem Guillelmum Petri de Godino Ordinis Prædicatorum Doctorem in Theologia Capellanum nostrum, accepimus, nituntur innuere, te qui in prætacto negotio, sicut pluries de ore tuo audiuimus, partem facere non intendis, citatum per prædictæ citationis edictum cum prædictis nobilibus extitisse, ac per te fuisse petitum, vt ad recipiendas probationes contra dictum Bonifacium memoriámque damnandam ipsius procedere curaremus. Sicque tuæ lucidæ conscientiæ puritas per interpretationem contrariam exinde tibi factam, aliqualis admirationis materiam dicitur suscepisse. Quamuis igitur, carissime Principum, ex prædictarum litterarum serie, quas per aliquos ex fratribus nostris qui tuum inter alios zelantur honorem, mandauimus ordinari, tuis non debeat alicuius admirationis materia, vel sinistræ cogitationis occasio inhærere præcordiis : ad omne tamen de tuæ mentis inclitæ claritate cuiusuis circa præmissa oppositæ nubis obstaculum elidendum, nostræ intentionis non esse, nec etiam extitisse te prætextu præfati edicti, quod necesse fuit generaliter fieri & iuxta morem Ecclesiæ Romanæ anti-

quum, propter multos quos negotium ipsum tangit, ad quos citationem
specialem mittere facile, vel forté possibile non fuisset, portis Ecclesiarum per membranas affigi, fuisse citatum ; dictámque requisitionem seu
postulationem tuam ad memoratam petitam audientiam fore solummodo referendam, tenore præsentium declaramus. Quædam insuper alia,
sicut audiuimus, curiosi prædicti dicere satagunt circa formam prædictarum litterarum, ad submouendum forsitan tui animi puritatem : super
quibus cùm sint friuola, manifestè aliud ad præsens non duximus tuæ Serenitati scribendum : nisi quòd tuam volumus circunspectionem tenere, quòd nec fauor cuiusquam, nec odium, nec aliquid aliud, nostrum
peruertet Domino concedente iudicium siue motum, quin in prætaxato
negotio officij nostri debitum faciamus. Datum Auinion. 4. Non. Februar. Pontif. nostri anno 5. sub plumbo.

Lettre de Loüis Comte d'Eureux, & Guy Comte de Saint Paul, au Pape Clement
V. qui se rapportent à luy du consentement du Roy, de iuger l'accusation & denonciation du crime d'heresie contre Boniface & sa memoire, s'en remettant à
ce qu'il en ordonnera, de Fratrum suorum consilio, in futuro Concilio
vel aliàs, sans reserue aucune. Absit, disent-ils, à nobis tam exsecranda
præsumptio, in quæstione fidei quicquam quod Reuer. Sanctitatis vestræ Sedes, & maximè sacro approbante Concilio, deciderit, in aliquod
vnquam dubium reuocare.

Au Tresor Coffre Boniface num. 775.

SANCTISSIMO Patri Domino C. Dei sacrosanctæ Romanæ ac vniuersalis Ecclesiæ summo Pontifici, Ludouicus inclitæ recordationis
Regis Francorum filius, Ebroicen. Comes, & Guido sancti Pauli Comes & Buticularius Franc. salutem & pedum oscula beatorum. Super
denuntiatis in crimine hæreseos à nobis, seu in assertionem, denuntiationem, vel accusationem deductis contra Bonifacium VIII. placuit
Sanctitati vestræ, & serenissimo Principi domino Philippo Regi Franc.
illustri, viam per quam querela sopiri valeat & citius ad debitum finem
perduci, eligere pleniorem, videlicet vt Rex ipse, & nos, cæteríque in
præmissis nobis adhærentes in plena positi securitate persecutionem huius negotij totaliter in vestræ Sanctitatis potestatem & officium transferamus. Nos igitur attendentes quòd sanctissimo Patri & sponso Ecclesiæ
sollicitudo non impar aut minor est consilium capere pro liberis, quàm
sponsæ, illatam in tanto crimine iniuriam vindicare securi lætamur, dum
sibi tanti patris & sponsi consilio & prouisione Rex, & nos subditi eius
nullum pertimescimus lubricum captionis, nec super sponsæ illata iniuria si comperta fuerit, diffidimus de opportuno remedio prouideri: dum
etenim vestræ Sanctitatis animum cum omni promptitudine ad extirpandam omnem radicem hæreticæ prauitatis paratum cernimus, præsertim
in facto Templariorum, exempla nobis inducunt ad credendum, quòd
etiam totius huius assertionis, accusationis, vel denuntiationis pondus
& sarcinam in officium & potestatem vestræ Sanctitatis transferre, & eidem secundùm fratrum vestrorum consilium hoc negotium dirimendum
relinquere, non est ab inceptis desistere, sed initium prolixæ litis in plenitudinem officij deducere, per quod querela plenius perduci poterit ad
finem debitum seu exitum breuiorem. Hæc & plura alia ante mentis
nostræ oculos reuoluentes, acceptamus viam Sanctitati, & carissimo filio

1310.
14. Feurier.

veſtro Regi placitam & electam, ideóque in plenitudinem officij & poté-staris Apoſtolicæ tranſportamus, transferimus, ſeu transfundimus aſſertionem, denuntiationem, ſeu accuſationem ſuper crimen hæreſeos à nobis dictatas ſeu editas, propoſitáſve, ſeu lectas quocunque loco contra dictum Bonifacium, hócque negotium penés veſtræ Sanctitatis officium deponimus, & ab eo nos abdicantes ex toto relinquimus ipſum ſecundùm Sanctitatis veſtræ arbitrium, & de fratrum veſtrorum conſilio in futuro Concilio vel aliàs dirimendum, nulla ſpe nobis iam inſtitutæ reſumendæ contra Bonifacium denuntiationis ſeu accuſationis retenta; ſed ordinationi & iudicio, quod Sanctitas veſtra de fratrum veſtrorum conſilio fecerit ſeu decreuerit, in quantum ad ſopiendam querelam inſtitutam pertinet, ſtare perpetuò conſentimus & contentari volumus, vt tenemur, eiſdémque in vinculo perpetuæ firmitatis inniti: abſit enim à nobis tam exſecranda præſumptio in quæſtione fidei quicquam quod reuerendiſſimæ Sanctitatis veſtræ Sedes, & maximè ſacro approbante Concilio deciderit, in aliquod vnquam dubium reuocare. In cuius rei teſtimonium ſigilla noſtra præſentibus duximus apponenda. Datum apud Fontembliaudi die 14. Februarij, anno Domini. *Seellé de deux ſceaux.*

Bulle de Clement V. dit que le Roy auoit demandé que Nogaret & du Pleſſis euſſent audience pour dire ce qu'ils auoient contre Boniface ; & qu'il ne ſe rendoit point partie; mais ſeulement qu'on ſceuſt la verité de cette affaire, & qu'elle fuſt iugée. Ces deux ayant ſouſtenu que leurs accuſations eſtoient vrayes, aſſiſtez des Princes Loüis Comte d'Eureux, du Comte de ſaint Paul, & du Comte de Dreux lors viuant. Au contraire pluſieurs y dénommez defenſeurs de la memoire de Boniface propoſerent de remettre l'affaire au ingement du Pape. Le Pape ordonne que toute perſonne Catholique ſera bien receu à dire & propoſer ce qu'il ſçaura, tant pour la defenſe de Boniface que contre luy. Ce que le Pape notifie aux Ambaſſadeurs du Roy prés de luy.

Coffre Boniface num. 773.

1311.
17. Auril.

VNIVERSIS præſentes litteras inſpecturis, Officialis Curiæ Pariſienſis, ſalutem in Domino. Notum facimus nos quaſdam litteras Apoſtolicas ſanas & integras, non vitiatas, non cancellatas, nec in aliqua ſui parte corruptas, ſed omni ſuſpicione carentes, vera bulla cum filo ſerico bullatas vidiſſe: quarum tenor ſequitur in hæc verba: CLEMENS Epiſcopus ſeruus ſeruorum Dei, ad certitudinem præſentium & memoriam futurorum. Licèt cariſſimus in Chriſto filius noſter Philippus Rex Franciæ illuſtris, qui Guillelmo de Nogareto, & Guillelmo de Plaſiano militibus, Bonifacium Papam octauum prædeceſſorem noſtrum, memoriam & ſtatum eiuſdem ſuper crimine prauitatis hæreticæ impetentibus, ſeu impetere aut denuntiare volentibus, audientiam præberi petebat, partem nullatenus faciens, ſed ſolùm negotium huiuſmodi promouendo requirens, vt ſuper denuntiatis & obiectis per denuntiatores, & obiectores eoſdem ſciretur veritas, ac ſtatueretur & fieret pro dicto Bonifacio, vel contra eum, quod iuſtitia ſuaderet. Ac iidem denuntiatores, & obiectores, qui propoſita & obiecta per ipſos aſſeruerant, præſtitis ad ſancta Dei Euangelia ab eis tacta corporaliter iuramentis, ſe credere eſſe vera, & ea legitimè poſſe probare: necnon dilecti filij nobiles viri Ludouicus Ebroicenſ. & Guido ſancti Pauli Comites, qui vnà cum quondam

DE BONIF. VIII. ET PHILIP. LE BEL.

Ioanne Drocenfi Comite tunc in humanis agente, denuntiata, & obiecta huiufmodi per iuramenta fua ad fancta Dei Euangelia fimiliter præftita, afferuerunt fe credere effe vera, & ea legitimè poffe probari. Ac Francifcus quondam Petri Gaytani, Blafius de Piperno, Iacobus de Mutina, Conradus de Spoleto, Iacobus de Sermineto, Thomas de Muro, Gozius de Arimino, Baldredus Bifeth. Nicolaus de Verulis, & Fernandus Capellanus bonæ memoriæ Petri Epifcopi Sabinenfis, qui fe defenfioni memoriæ & ftatus ipfius Bonifacij offerebant, negotium promotionis, denuntiationis, obiectionis, impetitionis, affertionis, & defenfionis huiufmodi fponte ac liberè, auctoritate noftra interueniente, dimiferint, ac pofuerint, ac dimittant & ponant hinc inde in noftri officij poteftate, prout in litteris noftris, & Regis, ac denuntiatorum, obiectorum, affertorum, & defenforum prædictorum, inde confectis pleniùs continetur. Quia tamen nobis qui fucceffores fumus illius, licèt, immeriti, in quo Chriftus fidei pofuit fundamentum, incumbit neceffitas, quam libenter amplectimur, quòd de iis quæ contra fidem effent, nichil prout poffumus relinquamus penitus indifcuffum: declaramus, & noftræ intentionis extitit & exiftit, quòd prædictas dimiffionem & pofitionem in officio noftro factas, vt præmittitur, ita recipimus, quòd quicunque fideles & Catholici qui admittendi fuerint poffint nos inftruere & informare, ac teftes nominare in negotio fuprà dicto, tam pro iis quæ propofita funt, vel proponentur ad defenfionem & excufationem ipfius Bonifacij, & memoriæ eiufdem, quàm contra eum & memoriam ipfius, & ita in ipfa dimiffione & antè diximus & expreffimus venerabili fratri noftro Guillelmo Epifcopo Baiocenfi, ac dilectis filiis Gaufrido de Plexeio, Notario noftro, Cancellario Ecclefiæ Turonenfis, Petro Abbati Monafterij fancti Medardi Sueffionenfis, ac Ioanni de Forgetis Archidiacono Briuacen. Claromonten. & Alano de Lambalia Thefaurario Cathalaunen. Ecclefiarum, ac Inguerranno Marigniaci, Guillelmo de Nogareto Caluinconis, & Guillelmo de Plafiano Vicenobij dominis, ac Petro de Galardo Magiftro Baliftariorum regni Franciæ militibus, nuntiis pro præmiffis à dicto Rege ad noftram præfentiam fpecialiter deftinatis. Et hæc omnibus Chrifti fidelibus tenore præfentium intimamus. Datum Auinioni quinto Kalendas Maij, Pontificatus noftri anno fexto. In cuius vifionis teftimonium figillum Curiæ Parifienf. præfentibus fecimus iis apponi. Datum anno Domini milleſimo trecentefimo vndecimo, vltima die Iunij.

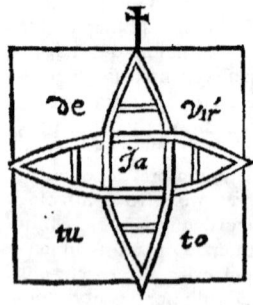

Et ego Iacobus de Virtuto Clericus Cathalaunenf. diocefis, publicus Apoftolica auctoritate Notarius, prædictas litteras Apoftolicas cum vera bulla & filo ferico bullatas, vt prima facie apparebat, vidi & tenui, & in huius vifionis teftimonium huic tranfcripto me fubfcripfi, & figno meo confueto fignaui rogatus.

Supplication de Nogaret au Pape Clement. Il se plaint que son predecesseur Benedict par erreur de fait & crasse ignorance de la iustice de sa cause a creu qu'il estoit entré en armes, & attaqué Boniface à Anagnia, l'auoit iniurié, & pillé le tresor de l'Eglise, luy imposant auoir commis plusieurs grands crimes en cette occasion. Que ledit Benedict l'auoit cité à certain iour pour oüir sa sentence ; ce qui se voit par le procés qui a esté fait à Perouse. Lesquels crimes se trouueront faux & supposez. Prie le Pape de declarer cette procedure nulle ; soustient qu'il y est obligé par de grandes raisons qu'il déduira, & en suite les mains iointes, & de genoux il demande le benefice d'absolution à cautele, se soumettant s'il se trouue coupable de faire telle penitence qui sera ordonnée.

Il dit donc pour sa defense, que Boniface auant qu'il fust Pape estoit heretique, trompa Celestin pour paruenir au Pontificat : qu'il auoit esté pressé d'assembler le Concile par le Cardinal Colonne & par luy, qu'il l'auoit tousiours refusé. Que se voyant pressé par le Roy de France, & par la resolution qu'il auoit prise, fit vne infinité de méchancetez pour troubler le Royaume & l'Eglise ; & tascha de susciter les Princes voisins contre la France ; qu'il auoit dispensé les suiets du serment de fidelité qu'ils doiuent au Roy ; trauaillé les Prelats. Qu'il auoit eu ordre du Roy de faire sçauoir à Boniface son dessein de l'appeller au Concile general ; que voulant executer cet ordre, ne voyant personne qui peust mettre Boniface à la droite voye, il se trouua obligé quoy que particulier, non simple particulier, estant Cheualier qui est obligé de defendre la Republique & resister aux Tyrans. Regnum Franciæ est pars venerabilis atque magna corporis indiuidui Ecclesiæ sanctæ Dei. Qu'il est obligé de defendre sa patrie menacée par Boniface. Negotium fidei deuoluitur ad Concilium, & Concilio Papa subest. Ce n'est point desobeissance que d'appeller d'vn Iuge.

Dit que voyant les scandales qu'il commettoit contre la Foy, & contre le Royaume de France, executant les ordres de son Roy estoit entré à Anagnia auec quelques gens armez, ne le pouuant autrement auec seureté : là il trouua Boniface vn Samedy veille de la Natiuité de la Vierge, auquel iour il deuoit fulminer contre le Roy & son Royaume au preiudice de son appel. Il fit sçauoir à ceux d'Anagnia le suiet de sa venuë, leur demanda assistance. Il fut quelque temps sans pouuoir voir Boniface, en ayant esté empesché par la force. Enfin ayant mis ordre à son affaire il parla à luy, & luy exposa sa charge, luy fit sçauoir l'appel du Roy, & luy defendit de parole de ne rien faire au preiudice de la cause de Dieu, du Roy & du Royaume, & de l'Eglise, & qu'il eust à conuoquer le Concile, ce qu'il refusa ; & voyant le danger où estoit Boniface estant fort hay, il le garentit de la mort, sauua en ce qu'il put le tresor de l'Eglise, ayant esté en danger de sa vie pour sauuer celle de Boniface, & le tresor. Dit que Boniface luy dist que l'on auoit volé plusieurs vases d'argent, & le vin qui estoit dans ses celliers, & d'autres biens.

Dit qu'il empescha qu'on ne fist violence à son neueu nommé François, qui se sauua dans vn chasteau voisin : que les Cardinaux demeurerent dans leurs maisons en seureté. Dit qu'il demeura le Samedy, Dimanche, & Lundy en la maison de Boniface pour le defendre, & son tresor. & les siens confidens luy bailloient à boire & à manger à son ordinaire. Que Pierre Gaietan & ses autres parens qui auoient voulu resister furent arrestez, mais il les deliura peu aprés. Que le Lundy ceux d'Anagnia dirent qu'ils garderoient bien Boniface, le tresor, & son Palais, & qu'on les laissast faire ; ce que Nogaret accorda le voyant garenty. Ce Lundy Boniface dist en public presens plusieurs personnes, que ce que Nogaret auoit fait, à domino facta erant, & pour ce, qu'il remettoit toute la faute que

luy

DE BONIF. VIII. ET PHILIP. LE BEL.

luy & les siens pouuoient auoir commise, & les declara absous de toutes sortes d'excommunications s'ils en auoient encouru.

Enfin il dit que le Pape voit qu'il n'a rien fait que de iuste, & qu'il merite recompensé; estant fait ministre de Dieu pour executer vne chose necessaire, d'où s'en est ensuiuy le salut du Roy, de son Estat & de l'Eglise. Dit que Benedict qui a succedé à Boniface a ignoré ses bonnes intentions, & l'a lapidé pour vn bon œuure, estant certain qu'il pouuoit arrester Boniface qui estoit contumax, pour le representer à son Iuge, & l'on ne luy a fait autre iniure que de l'intimer au Concile general. On luy a obiecté le vol du tresor; le contraire a esté iustifié: & de plus ledit Benedict a creu les ennemis de Nogaret & les fauteurs de Boniface; a failly faute de sçauoir la verité: les formalitez non obseruées à la citation. Que Dieu a iugé son innocence; car au iour que Benedict auoit donné pour publier son iugement contre luy, & toutes choses preparées pour cela, le peuple assemblé dans la place de Perouse, Benedict tomba malade & mourut peu après.

Benedict mort, & Nogaret ayant sceu la procedure qu'il faisoit contre luy, fut trouuer le Roy, & luy proposa ses defenses: à quoy le Roy ne voulut pas toucher estant question de la Foy. Et conclud que ce qu'il a fait à Anagnia a esté bien fait; que Benedict l'a ignoré; que le procés qu'il en a fait est iniuste; que le Pape le doit iuger tel; & auant tout demande le benefice d'absolution à cautele, offrant de prouuer tout ce que dessus.

Au tresor coffre Boniface num. 793.

Supplicatio Guillielmi de Nogareto, facta Clementi V. PP. super excusationibus & ostensione innocentiæ de prosecutione contra se facta Perusij, coram Benedicto XI. PP.

IN nomine Domini nostri Iesu Christi, Amen. Supplicatio Guillielmi de Nogareto militis. Pater sanctissime, scriptum est bonarum esse mentium ibi timere culpam, vbi culpa non est: & iterum Iob ille iustus & timoratus apud Deum, vt Scriptura diuina testatur, de se ait, *Nescio an gratia, vel odio dignus sim*: Apostolus insuper, tantus Doctor Ecclesiæ sanctæ Dei, licet expresserit carnes licitè se potuisse comedere, omnémque cibum humanæ naturæ paratum mundum esse qui gratiarum actione suscipitur, dixit tamen, & scripsit ad vniuersorum doctrinam, se non comesturum carnes in æternum, si frater suus, vel proximus scandalizaretur in eo, propter esum ciusmodi. *Cur enim*, ait, *eius occidam animam?* Euidenter ostendens fratris occidi animam, qui per ignorantiam iniustè, vel per falsam opinionem scandalisatur in eo, seque reum mortis animæ fratris, si super huiusmodi scandalum fratris animam patiatur occidi, cùm id possit vitare. Licet enim conscientia nostra nobis sufficiat, quoad Deum, non tamen proximo sufficit, qui per opinionem falsam, seu infamiam in nos scandalisatur, vt ait Doctor egregius Augustinus, adiungens, Crudelem esse, qui negligit famam suam. Hæc igitur ego G. de Nogareto, domini Regis Franciæ miles, diligenter aduertens de viris tam sanctis, tam iustis, scripta fuisse, nimium angor, in immensum adhærent faucibus meis lachrymæ, gemitus meus non cessat, nec clamor ad Deum, & ad vos, Pater piissime, qui Vicarius eius estis. Per fœlicis namque recordationis dominum prædecessorem vestrum, Benedictum, errore facti, ac crassissima ignorantia iustitiæ causæ meæ deceptum, mihi fuit impositum, me cum complicibus nominatis per eum, turba coadunata, violenter, cum armis, aggreſſos apud Anagniam fuiſſe Bonifacium, quem Papam, ſuum prædeceſſorem, & Eccleſiæ ſponſum appellat, & Bonifacium ipſum cepiſſe, & multis iniuriis, & blaſphemiis affeciſſe : necnon Eccleſiæ diripuiſſe theſaurum : nobis imponendo, ex facto prædicto nobis impoſito, quamplurima crimina grauiſſima, coram oculis ipſius domini Benedicti, vt aſſerunt, notorie perpetrata: nóſque citauit idem dominus Benedictus ad certum terminum, quo coram eo comparere deberemus ad audiendum ſententiam, pro meritis recepturi, per proceſſum ſuper eis per eum habitum, & per modum edicti Peruſij publicatum, præmiſſa plenius continentem : cùm tamen ſuper præmiſſis prorſus mundus & innocens (benedictus ſit Deus) exiſtam, dictáque crimina, nedum notoria non ſint, ſed nec vera, ſalua Sedis Apoſtolicæ reuerentia, dictúſque proceſſus attentatus fuerit in præiudicium manifeſtum, & impedimentum negotij Fidei, contra Bo. viuentem inciuiliter, perperam, & iniuſtè, & omnium iurium ordine prætermiſſo, & me inſcio, non audito, & penitus non vocato, cùm propter termini breuitatem, qui tunc ad me, qui morabar in Francia, non potuiſſet aliquatenus peruenſſe, nedum quòd poſt peruentionem, ad mei defenſionem potuiſſem meam exhibuiſſe præſentiam, qui eram, & ſum paratus meam innocentiam purgare, & me legitimè defendere de præmiſſis. Quare veſtræ Beatitudini reuerendæ, Pater beatiſſime, humiliter & deuotè, quanta poſſum inſtantia, in precibus iteratis, ſupplico, poſtulo, & requiro, vt cùm vos malefacta deceſſorum veſtrorum corrigere teneamini, dictum proceſſum dicti domini Benedicti nullum prorſus de iure, & ſi quod id perperam & iniuſtè factum eſt, nullum & irritum nuntietis, & quatenus de facto proceſſit, ad irritum reuocetis; & ſi forſan, quod abſit, dictus proceſſus teneret, vt iniuſtum, perperam, & iniquè factum, ipſum legitimè reuocetis : quod facere debetis, atque tenemini, Pater beatiſſime, cauſis & rationibus infra ſcriptis, & aliis loco & tempore proponendis, de quibus me paratum offero docere legitimè, & facere plenam fidem, quatenus intentioni meæ ſufficiat, & in quantum ad obtinendum, quod ſupra ſupplico, poſtulo, & requiro, iuris neceſſitas exigit, & requirit. Et ne qui veritatis ignari, non ſcientes cauſam & iuſtitiam, ſcandaliſentur in me iniuſtè, & per conſequens peccando ſuas occidant animas ; ne inſuper meam famam, atque prædictum proximi ſcandalum ne etiam negligere videar, ego peccator, licèt innocens de prædictis, quòd viri ſancti & iuſti, vt ſupra tactum eſt, conſueuerunt timere, ſupplico, peto, poſtulo, & requiro eo iure, quo melius poſſum, cum lachrymis & gemitu, iunctis manibus, flexis genibus, & precibus iteratis, interim, & ante omnia, mihi per veſtram Sanctitatem, ad cautelam, abſolutionis beneficium impendi ; me paratum offerens, ſi defenſionibus meis & rationibus auditis, ac probationibus iuris & facti receptis, culpabilis, quòd abſit, & quod nullatenus credo, forſan reperiar in prædictis, pœnitentiam ſuſcipere reuerenter, & pro poſſe complere, mihi per Sanctitatem veſtram iniungendam, & humiliter Eccleſiæ parere mandatis. Cauſæ vero rationes & defenſiones meæ ſuper præmiſſis ſunt, quæ ſequuntur.

1. Propono ſiquidem, quòd dictus Bo. fuit & erat antequam teneret Papatus locum, & pòſt, perfidus hæreticus, vſque ad tempus mortis ſuæ.

11. Item propono, quòd dictus Bon. tum propter defectum perſonæ ſuæ, quia hæreticus erat, tum quia viuente domino Celeſtino, vero ſpon-

DE BONIF. VIII. ET PHILIP. LE BEL.

so Ecclesiæ, summo Pontifice, per dolum, machinationem & fraudem, ad renuntiandum per eum inducto, cùm non posset de iure, maximè dolo, & fraude interuenientibus, locum Papæ suscepit minùs legitimè, aliundéque, quàm per ostium ingressus est.

III. Item propono, quòd dictus Bon. erat peruersis operibus abominabilis, & in profundo malorum operum positus: & licèt de suis peruersitatibus monitus fuisset, incorrigibilis existebat.

IV. Item propono, quia præfatus Bon. super eo quod ad regimen Ecclesiæ non esset ingressus legitimè, nec intrasset per ostium, super hæresi insuper, cæterisque grauibus criminibus, & enormibus, ac peruersis operibus, hæresim ipsam detegentibus, & ad comprobandum hæresim ipsam propositis, fuit ad generalis Concilij iudicium legitimè prouocatus, primo in sui temporis primordio, quodammodo postquam Papatum tenuit, per reuerendos patres, excellentes viros, dominum Iacobum, & dominum Petrum de Columna, sacrosanctæ Romanæ Ecclesiæ Cardinales, & subsequenter, tam per me G. de Nogaret. prædictum, quàm per nobilem virum Guillielmum de Plasiano militem domini Regis prædicti.

V. Item propono, quòd dictus Bon. certus de præmissis, tanquam sibi malè conscius, iudicium subterfugiens, denegauit & recusauit conuocationem dicti Concilij, & se posuit in contumacia manifesta: ex quibus, nedum de hæresi suspectus, sed vt conuictus, iuris interpretatione, & Patrum sanctorum sanctione, & generalis Concilij constitutione, iuxta Doctorum magnorum sententiam, haberi debuit pro hæretico, & ex nunc, & in futurum habendus.

VI. Item propono, quòd prædictus Bon. antequam fuisset super præmissis ad iudicium prouocatus, fuerat, & erat eo tempore apud bonos & graues vehementer, & grauiter diffamatus, incorrigibilis, & positus in profundo malorum.

VII. Item propono, quòd dictus Bon. in præmissis sceleribus postmodum perseuerans decessit.

VIII. Item propono, quòd antequam dictus Bon. decederet, post prouocationes prædictas, ac etiam earum tempore, princeps excellens, dominus Rex Francorum, vt pugil & columna Fidei, fuit legitimè requisitus, vt daret opem & operam ad procurandum modis legitimis conuocationem Concilij generalis, vt per ipsum Concilium, ad quod pertinebat iudicium de prædictis, sciretur veritas, disponeretur, & fieret iustitiæ complementum.

IX. Item propono, quia dictus dominus Rex requisitionis huiusmodi deliberatione habita pleniore, cum Magistris in Theologia, Doctoribus Iuris canonici, & ciuilis, & aliis viris eminentibus, & sapientibus quamplurimis, vnà cum Prælatis & honorabilibus regni sui, vt tenebantur, requisitioni prædictæ, super opem dando & operam efficaces, ad conuocationem generalis Concilij faciendam, ac præmissa peragenda, consensit, licèt tam ipse prædictus Rex, quàm Prælati prædicti desiderarent potiùs innocentem super præmissis, cum veritate & iustitia, Bonifacium inueniri, quàm esse culpabilem de eisdem.

X. Item propono, quia tam dictus dominus Rex, quàm dicti Prælati, ad quos, per præmissa, de omnibus, contingentibus etiam ipsum negotium, iudicium pertinebat, ad Sedem etiam Apostolicam, & tunc futurum legitimum summum Pontificem, legitimè appellarunt, ne quid attentaretur per dictum Bon. contra dictum Regem, Prælatos, vel adhærentes eifdem, propter præmiſſa, ad impedimentum quodlibet, ſeu præiudicium negotij ſupradicti.

XI. Item propono, quia dictus Bo. famæ ſuæ prodigus, & propriæ ſalutis immemor, in contumacia ſua pertinax, & in ſe, totámque Dei Eccleſiam ſæuire properans, vt deſperatus, quia videbat per Regem, & regnum, & Prælatos Franciæ conſuli ſaluti Eccleſiæ contra ipſum, Regem & regnum ipſos falſis adinuentionibus, fucatis & peruerſis coloribus, manifeſtè deſtruere properabat, dicens, & comminans frequenter, quòd antè ſeipſum, & totam Dei Eccleſiam proſtraret, quin ipſe deſtrueret Regem & regnum Franciæ prædictos. Et quia de Romanis ſperabat pluribus, quòd in defenſione Fidei Catholicæ dicto Regi, contra hæreſim, fideliter adhærerent, quòd Romanorum capita contereret frequenter minabatur.

XII. Item propono, quòd ad finem deſtructionis prædictæ, contra dictos Regem & regnum, idem Bo. proponens poſt dictas prouocationes, & appellationes, certus de eis, plures conſtitutiones de facto, cùm de iure non poſſet, edidit litteras falſitates quampluriinas continentes, & magnas verſutias fecit, & etiam aliquas publicauit, ad prouocandum regni prædicti vicinos contra ipſos Regem & regnum, ac ſubditos eius regni ad inobedientiam contra Regem, & ſæuitiam, atque diſcordiam inter eos.

XIII. Item propono, quia dictus Bonifac. inuitauit palàm & publicò Regem Romanorum, qui tunc erat, per nuntios eius, qui tunc erant in Curia, vt guerram moueret, & faceret contra dictos Regem & regnum Franciæ, ad deſtruendum eoſdem, & ex hoc obtulit ſuas pecunias, & theſaurum Eccleſiæ, Regi Romanorum eidem, magis, vt dicebat, quàm ſi feciſſet propriam guerram Eccleſiæ.

XIV. Item propono, quia dictus B. in prædictis peruerſis conatibus deſtructionis dicti regni perſeuerans, & eos continuans, ſciens & certus de prædictis prouocationibus contra ipſum factis, & appellationibus interpoſitis, in eorum contemptum & præiudicium, & ad prorſus impediendum Fidei negotium, quod aſſumptum fuerat contra cum, vt, prout aliter minatus fuerat, concuteret, & proſtraret Dei Eccleſiam, & vt veriſimile, hæreſim ſuam promptiùs propagaret, & cateruas populorum traderet ſecum primo gehennæ mancipio, conceperat, non vt iudex, ſed vt hoſtis publicus, & formauerat quoſdam peruerſos proceſſus & falſos, quos in die feſti Natiuitatis glorioſæ Virginis in Septemb. eius anni, quo dictæ prouocationes & appellationes factæ fuerant, publicare volebat, per quos ſubditos regni Franciæ volebat & properabat ab obedientia Regis eximere, & regnum ipſum, Barones, & Prælatos eiuſdem regni turbare, atque concutere, ac cædi, & ſanguini tradere regnum ipſum. Ex quibus ſi peracta fuiſſent, nedum Regis & regni prædictorum, ſed Eccleſiæ Romanæ, & Italiæ, ac generalis Eccleſiæ, concuſſio ſequebatur, & ſchiſma.

XV. Item propono, quia ego in illis partibus exiſtens, poſt prouocationes & appellationes prædictas, mandatum recepi domini Regis prædicti, vt dicto Bo. prædictas prouocationes & appellationes, in eum factas & interpoſitas, nuntiarem & ſignificarem, & cum requirerem, vt conuocaret, pro præmiſſis, dictum Concilium generale.

XVI. Item propono, quòd ego dicto mandato ſuſcepto, volens, vt tenebar, mandatum ipſum exequi, ipſum Bon. libenter adiuiſſem, & man-

DE BONIF. VIII. ET PHILIP. LE BEL.

datum prædictum executus fuissem, sine societate hominum armatorum; sed non potui sine mortis periculo, propter minas, terrorem, & seueritatem ipsius Bo. qui mihi parabat insidias: & si me pro voluntate tenere potuisset, me morti, vel duro carceri tradidisset; quod quotidie minabatur.

XVII. Item propono, quia dum dictus Bon. erat in actu huiusmodi, perpetrandi præmissa scelera, & instaret dies festi Natiuitatis prædictæ, nec adesset Princeps Ecclesiasticus, vel secularis, vel persona similis, quæ vellet, & posset, remedium apponere, essétque mora modici temporis præmissorum irreparabile periculum allatura, in defectum vtriusque Ecclesiasticæ, & secularis potestatis, oportebat corpus defendi Ecclesiæ per Catholicos quoslibet, qui scirent, & possent; tenebatúrque quisque Catholicus, in tanto necessitatis articulo, corpus sanctum huiusmodi contra dictum Bonifacium curandum defendere, & animam suam exponere pro eodem, cùm Ecclesia sit firmamentum veritatis, secundùm Apostolum, Iesus Christus, Dominus noster, sit via, veritas, & vita: quam veritatem, nedum quilibet Clericus, sed quisque Catholicus Laicus tenetur vsque ad mortem & sanguinem defendere, & mori, si sit necesse, pro ea.

XVIII. Item propono, quia ex causis præmissis, nedum mihi Guillielmo priuato prædicto, & non simpliciter priuato, sed militi, qui ex officio militiæ teneor Remp. defendere, licuit, immo necessitas incubuit, pro veritate Domini dicto tyranno resistere, ne tam periculosos conatus suos ad effectum perduceret, ex quibus Ecclesiæ concussio sequebatur.

XIX. Item propono, quia cùm regnum Franciæ prædictum, à Domino benedictum, cui dictus Bon. maledicere festinabat, sit pars venerabilis atque magna corporis indiuidui Ecclesiæ sanctæ Dei, non poterat in prædictis concuti, quin totum corpus Ecclesiæ pateretur: sicut aliter scriptum est, quòd qui tangit aurem hominis, totum hominem tetigisse videtur.

XX. Item, cùm quisque teneatur patriam suam defendere, pro qua defensione si patrem occidat, meritum habet, nec pœnam meretur, nedum mihi licebat, sed necessitas incumbebat, vt patriam meam, regnum Franciæ, quod destructioni, gladio, & cædi, depopulationi, & exterminio in instanti tradi videbam, nec aliud adesse remedium, defendere, & pro ipsa defensione exponere vitam meam.

XXI. Item in præmissis cernebam dominum meum Regem Franciæ prædictum, cuius sum originalis subditus & vassallus, fidelitate sibi adstrictus, tradi mortis periculo, & eius honoris exterminio per dictum tyrannum, non vt per iudicem, sed vt per hostem publicum Ecclesiasticæ Fidei, & persecutorem dictorum Regis & regni. Debebam igitur, & tenebar occurrere, & animam meam exponere, nedum pro amico, sed pro meo domino, Præposito, atque Rege, qui Fidei occasione patiebatur: nec Deo fidelis esse poteram, si carnali domino infidelis fuissem.

XXII. Item cùm insuper in præiudicium prouocationis, qua fueram ad generalis Concilij iudicium prouocatus, in præiudicium etiam appellationis, & appellationum prædictarum, ne quidem in dicti negotij Fidei, eiúsque persecutionis legitimè interpositarum, idem Bo. attentauit prædicta, quorum omnimoda iurisdictio, tanquam negotium ipsius Fidei tangentium, deuoluta fuisset ad dictum Concilium, Bo. ipso viuente, non postea, cui dictus Bo. Concilio suberat, quoad contingentia negotium memoratum, non fuit spoliare Bo. ipsum obedientia, prouocando ipsum, ab eo appellando, appellationi adhærendo, vt dictum est, seu pro veritate Domini, ac defensione corporis Ecclesiæ, dictorum Regis & regni, occasione Fidei, in tanto necessitatis articulo resistendo : sicut nec Paulus Apostolus beatum Petrum principem suum obedientia spoliauit, cùm pro veritate in facie legitimè restitisset.

XXIII. Item hæreticus seipsum segregat, vt habetur in Canonica Iudæ, à Fidelium communione: non est igitur quòd imponi possit spoliatio obedientiæ in hoc casu.

XXIV. Item supposito, qoud absit, quòd dictus Bon. ingressus fuisset per ostium, nec de hæresi fuisset notatus, nec ad iudicium prouocatus, postquam, vt suprà tactum est, in se, & corpus Ecclesiæ sæuiebat, more furiosi, dementis, seu mente capti, ligare sibi manus & pedes, ne se & alios destrueret, si factum fuisset, cùm tamen non fuerit, euigilare ipsum insuper & excitare, denuntiando sibi, qualiter erat ad iudicium prouocatus, & à præmissis temperare debebat, non fuisset opus inimicum, vel iniuriosum, sed misericordia plenum, & caritatis affectu.

XXV. Item propono, quia ego videns & intuens præiudicia, pericula, & scandala, quæ contra Deum, contra Fidem Catholicam, & eius Fidei negotium, assumptum ita, contra fœdus naturale, contra disciplinam Ecclesiasticam, contra dictum Regem & regnum, occasione Fidei, Bon. perpetrabat, videns nullum aliud esse remedium paratum, propter potentiam & seueritatem ipsius Bo. requisitus ex parte ipsius Ecclesiæ legitimè, vt occurrerem periculis supradictis: ad exequendum insuper mandatum domini Regis prædictum, in alterius Ecclesiasticæ ac secularis potestatis defectum, Fidelium & deuotorum Ecclesiæ Roman. qui propter eius honorem, quem dictus Bon. taliter dissipabat, me secuti fuerunt, comitiua munitus, cum armis, quia aliter securè fieri non poterat, zelo Dei, & Fidei Catholicæ ardens, mandatúmque domini mei prædicti exequens: pro defensione insuper sacrosanctæ Roman. ac totius Ecclesiæ sanctæ Dei: pro defensione quoque salutis dicti domini mei, patriæque meæ, regni Franciæ, laborans, ingressus fui Anagniam, vbi dictus Bon. tunc residebat, quadam die Sabbati, scilicet pridie dicti festi Natiuitatis Virginis gloriosæ: in cuius festi die, scilicet Dominica, dictus Bon. processus prodigiosos suos, in dictorum Regis & regni perniciem, & totius Ecclesiæ concussionem, in præiudicium dictorum prouocationum & appellationum, & negotij Fidei, disposuerat publicare.

XXVI. Item propono, quia me, vt dictum est, ingresso Anagniam, statim Capitaneum, potestatem, & populum ipsius ciuitatis Anagniæ adiui, & eis exposui causam aduentus mei prædictam, & intentionis meæ propositum, & eosdem diligentiùs requisiui, vt tanquam gerentes administrationem legitimam, assisterent mihi, & darent opem & operam efficaces, ad prædictum Dei negotium complendum, & zelo Dei, & Fidei, ac suæ matris Ecclesiæ Romanæ requisitionem huiusmodi acceptarunt, & me ad præmissa exequenda iuuarunt.

XXVII. Item propono, quia cum magnis periculis, laboribus, & angustiis, insistens præmissis exequendis, de mane vsque ad horam vesperarum, vel circa, seu inter nonam & vesperas, cùm antè non potuissem, propter impedimentum suorum, qui mihi hostiliter resistebant, adiui Bonif. memoratum, cum comitiua crescente, & omni cautela, quam adhibere potui, inculpatæ tutelæ : & specialiter omnem diligentiam, quam

potui, adhibere curaui; ne idem Bon. offenderetur in persona, vel rebus:
sibique causam mei aduentus exposui; prouocationes & appellationes praedictas intimaui, ac sibi verbotenus inhibui, ne in earum, quin potiùs Dei,
Fidei, eiúsque negotij praedicti, dictorum insuper Regis & regni, & Ecclesiae Dei praeiudicium, quidquam attentaret, sed potiùs temperaret à
scandalis suprà dictis; ipsúmque legitimè requisiui; vt pro negotio Fidei,
contra eum assumpto, conuocaret Concilium generale : qui conuocationem huiusmodi facere noluit, sed potiùs recusauit.

XXVIII. Item propono, quòd dictus Bon. propter mala; & scandala,
quae pluribus fecerat, atque quamplurimis properabat, qui propter huiusmodi, sanguinem suum sitiebant, periclitaretur, ego ipsum à morte defendi, saluúmque feci, quantum potui, suum, & Ecclesiae Romanae thesaurum, & res, omnémque diligentiam adhibui, quam potui adhibere,
cùm aliter dictus Bonif. interfectus fuisset, pluriésque mortis subij periculum, pro defensione personae dicti Bon. & thesauri praedicti.

XXIX. Item propono, quòd dicta die Sabbati à mane vsque ad horam
vespertinam, post ingressum meum Anagniae praedictum, vsque post intimationem, requisitionem, inhibitionem praedictas, per me factas dicto
Bon. quòd vacare coepi defensioni, & custodiae dicti thesauri, personae
& domus dicti Bonifacij, vasa argentea, vina etiam cellarij, eiúsque caetera bona plurima, etiam alij introducti, oculis eius rapuerunt, & asportarunt, vt idem Bonifacius postea mihi dixit, & plures alij fide digni testantur.

XXX. Item propono, quòd dicta die Sabbati, cùm caeteri reuerendi
patres domini Cardinales tunc praesentes, suis domibus securi mansissent,
dominus Franciscus eius nepos, pinguis iuuenis, & robustus, qui similiter securus potuisset mansisse, qui etiam ad capiendum & lucrandum pecunias, dictum Bon. consueuerat associare, aufugit ad certum locum satis
propinquum Anagniae, quem cùm alij eius aemuli vellent propter opportunitatem, quam habebant ad offendendum insequi, ego illud inhibui
& compescui, & eum ab offensione defendi.

XXXI. Item propono, quòd si qua mala, quamdiu illis diebus fui Anagniae, per quosdam perpetrata fuerint Anagniae, vel alibi, ea facta fuerunt me inuito, & quantùm potui, prohibente, diligentiam quam potui
adhibendo, cùm tandem de regno Franciae mecum paucos adhiberem,
nec omnes alios sub disciplina, in tali turba, & motu publico, tenere
poteram, vt voluissem tenere, licèt ego, & alij, qui mecum venerant,
damna quamplurima sustinuerimus, & aliqui ex eis nequiter vulnerati,
& aliqui interfecti fuerint.

XXXII. Item propono, quòd post intimationem, requisitionem, &
inhibitionem praedictas, per me factas dicta die Sabbati Bon. supradicto,
ego illo vespere sequenti, ac die Dominica crastina, vsque ad mane diei
Lunae sequentis, propter pericula personae dicti Bonifacij, & dispersionis
dicti thesauri, quae parata videbam, remansi, causa defensionis eorum, &
custodiae, in domo dicti Bon. nec eum permisi à quoquam offendi, nec
cibum, vel potum, praeterquam à suis, seu de quibus confidebat ab antiquo, ministrari.

XXXIII. Item propono, quòd dicta die Sabbati, dominus P. Gaitan.
& dominus Conticellus, eius filius, nepotes Bon. suprà dicti, propter multas violentias & iniurias, quas mihi, & illis qui mecum venerant, fecerunt, per eos capti fuerunt, & sub manu & potestate mea positi, quos ne

morerentur defendi, & custodiui eos fideliter, & eos suæ feci restitui libertati.

XXXIV. Item propono, quòd dicta die Lunæ, crastina dicti festi, tertia videlicet mei ingressus, Anagniani & ei, & mihi dixerunt, quòd ipsi bene custodirent ab omni periculo dictum Bon. & eius thesaurum, & domum, & quòd eis hoc onus dimitterem: quod & feci protinus, & recessi, cùm aliter non fecissem, si vidissem personam, domum, & res Bon. in periculo remanere: quoniam me priùs omni periculo subiecissem.

XXXV. Item propono, quòd dicta die Lunæ dictus Bon. in sua libertate plena existens apud Anagniam, palàm & publicè, præsente plurium personarum multitudine copiosa, prædicauit, quòd prædicta, quæ per me, comitiuámque meam, erga eum facta fuerant, à domino facta erant. Et quòd ideo omnibus, qui in præmissis fueramus præsentes, vel qui ad ea nobis dederant opem, consilium, vel fauorem, vel eis affuerant quoquomodo, omnem culpam, & poenam, si qua teneri poteramus ab homine, vel à iure, pro se, & Ecclesia, relaxabat, & penitus remittebat, ac omni excommunicationis vinculo, si quo teneri poteramus penitus absoluebat.

XXXVI. Item propono, quòd dictus Bon. propter prædicta per me facta, cessauit, vt publicè tenetur & creditur, & est verisimile, à prædictis, vt illicitis, & à scandalis prædictis, quod parauerat, publicandis, & ad effectum perducendis, quod aliter non fecisset.

XXXVII. Item propono, quòd, vt ex præmissis, & aliis rationibus, per Sanctitatem vestram supplendis, apparet, opus meum prædictum, nedum fuit ex bono zelo, sed & iustum, & licitum, & non poena, sed præmio dignum, & sic esse, verum opinor & credo, & ab omnibus sanctis viris & sapientibus, qui me in his adiuuerunt, dicitur, & tenetur. Vnde cùm rei licitæ, immò & necessariæ, ex qua, nedum dicti domini mei Regis, patriæque meæ, regni sui, Franciæ, sed Ecclesiæ salus secuta est, reique necessitas, cùm per aliquem secularem Principem adhiberi remedium paratum non esset, me in præmissis fecit Dei ministrum. Cùm ergo auctoritate Dei & legis, propter necessitatem, fretus processerim legitimè in præmissis, non sum culpandus, si absque negligentia atque sine culpa mea res aliquæ sint perditæ, vel alia damna sequuta, salus enim Ecclesiæ vt scriptum est perditorum moestitiam consolatur; aliàs nullum bellum esset iustum vel licitum, quod pro pace oportet plerunque fieri, cùm ex eo personarum & rerum perditio verisimiliter sequi possit.

XXXVIII. Item propono, quòd dictus dominus Benedictus post mortem dicti B. ad summum Pontificatum assumptus, licèt antè diebus prædictis, quibus antè fui apud Anagniá pro præmissis, præsens tunc fuerit apud Anagniam, & Ecclesiasticis suis exteriora aliqua operis mei indicarem, zelum tamen meum & operis mei causam atque iustitiam, & aliorum qui me ad id sequuti sunt non nouit, sed ignorauit; & idcirco nos de bono opere dilapidauit, & lacerauit per ignorantiam, iniuriosam captionem appellans iustam custodiam & necessariam, cùm tamen, licèt factum non fuerit, sicut debitor furtiuus, vt pote de causa graui, & grauissimo crimine vt hæresis impetitus, iudicij subterfugus atque contumax manifestus capi licitè poterat & debebat, & sub fida & moderata teneri custodia suo iudici exhibendus, & iudicio introducendus, maximè vt occurreret periculis & scandalis, quæ sibi & Ecclesiæ Dei parabat; capiuntur enim rei criminum & iudici exhibentur de iure ante litis contestationem,

&

DE BONIF. VIII. ET PHILIP. LE BEL. 313

& libelli oblationem, maximè cùm sunt iudicij subterfugi, vel de scandalis & maleficiis per eos perpetrandis timetur, vt in proposito de dicto B. non solùm timebatur, sed oculis cernebatur; quare si dictus B. captus fuisset per nos, iustè captus fuisset, ad finem vt suo iudici exhiberetur & præsentaretur. Et si forsan contra nos eius captio probaretur, quod absit, nobis nocere non potest de iure, cùm ad finem iustum prædictum factum fuisset.

xxxix. Item dictus dominus Benedictus blasphemias & iniurias nos intulisse dicto B. nobis imposuit, cùm nos non ad iniuriam, sed iuris publici executionem intimauerimus eidem, quòd super hæresi & ingressu minùs legitimo, cæterisque criminibus ad detegendam eius hæresim contra B. ipsum obiectis, esset ad generalis Concilij iudicium prouocatus, quódque de eis esset diffamatus grauiter & suspectus, eidem intimaui, aliis præsentibus qui mecum erant.

xl. Item dictus dominus Benedictus nobis imposuit rapinam & direptionem dicti thesauri, cùm per alios sine culpa nostra, si quid factum fuit, factum fuerit, vt est dictum; nobísque imposuit cætera crimina plura, ex facto quo, vt præmissum est, fuimus iustitiam exequuti.

xli. Item nobis imposuit crimina coram oculis suis, vt asseruit, notoriè perpetrata, cùm tamen notorium quantum fuit in facto, licèt causa facti ipsius non omnibus nota fuerit, vel sibi forsan non patuerit, opus nostrum, & quicquid in præmissis egimus, fuerit iustè factum, sicut frequenter accidit in factis aliis, quòd notorium reputatur crimen alicuius per ignorantiam facti: vt est videre, si hominem occiderem in populi conspectu iustè pro mei defensione, vel aliàs iustitiam exequendo, populúsque videret facile opus sanguinis quod facerem, qui forsitan ignoraret, nec vidisset quòd ad mei defensionem, vel aliàs exequendo iustitiam fecissem. Propter quod in iudicando crimen commissum, non solùm factum, sed causa facti, atque eius cui crimen imponitur, voluntas & propositum sciri debent, vt crimen notorium dici possit: quæ in proposito non quæsiuit vel sciuit dictus dom. Benedictus, nec ideò veritatem factorum quæ nobis imposuit. quare fuit per ignorantiam manifestè deceptus & circumuentus Bonifacianorum & aliorum eis adhærentium, qui nos omnes manifestissimè persequuntur, ad impediendum persequutionem præfati fidei negotij, & præfati B. hæresim occultandam, falsis suggestionibus, contra nos peccauit, salua Sedis Apostolicæ reuerentia, dictum processum contra nos faciendo, quem nihilominus nobis non vocatis & penitus inauditis, qui parati eramus nos legitimè defendere, omni iuris ordine prætermisso fecit; & cùm de negotio sibi legitimè non liqueret, nobis ad sententiam sic breuem, sic arctum terminum assignauit, quòd nos ad terminum vel postmodum eo viuente nullatenus potuimus comparere. Apparet insuper processus ipsius nullitas, & iniuria manifesta, quia nos solùm per edictum seu formam edicti citauit, cùm nos omnes in processu nominati certa habebamus domicilia, in quibus debebamus citari, nec per edictum habet locum citatio tali casu, licèt dictus B. in odium Regis, & regni, contra quos ordinabat falsos processus & scandala, post prouocationes & appellationes prædictas pro defensione fidei in eum factas, & in eorum præiudicium perperam & dolosè ad laqueum, vt contra absentes & ignorantes procederet; contrarium statuisset de facto, cùm de iure non posset, nec deberet hoc facere, sicut in pluribus contra Regem prædictum, absentem & ignorantem, falsò processit, vt

R r

ex tenoribus litterarum fuarum, quæ, vt dicitur, in Regiftris veftris habentur, per eos qui fe offerunt defenfioni dicti B. coram Sanctitate veftra productis, quorum nulla habebatur in regno Franciæ notitia, liquidum eft videre.

XLII. Propter præmiffam igitur tam grauem iniuftitiam contra nos commiffam, Deus & Dominus quòd ex ea offenfus fuerit, per miraculum euidenter oftendit: cùm enim dictus dominus Benedictus lapfo termino, ad quem nos citauerat per edictum, difpofuiffet proferre contra nos quodam mane fententiam fuper præmiffis per eum impofitis, feróque præcedenti locum ad prædicandum fupra plateam Perufij ante hofpitium fuum parari & pannis aureis muniri feciffet, & populus dicto mane fummo diluculo in platea prædicta conueniffet ad audiendum eius fermonem, vel paulo ante horam matutinam huius, Dominus qui potens eft fupra Principes Ecclefiafticos, & temporales, & punit fortiùs eos qui per alium puniri non poffunt, percuffit dictum dominum Benedictum fuo iudicio, fic quòd eum à dicta ferenda fententia contra nos temperare oportuit, ac infra paucos dies poftmodum expirauit, ficut &. pro cafu fimili legitur Anaftafium Papam fuo percuffiffe iudicio.

XLIII. Item propono, quòd fi, quod abfit, dictus dom. Benedictus dictum proceffum certus de præmiffis, & non deceptus errore, vel falfa fuggeftione contra nos attentaffet facere, & in præiudicium ac graue impedimentum negotij fidei fuprà dicti contra dictum B. dum viuebat affumpti, incidiffet in hærefis notoriam fautoriam.

XLIV. Item propono, quòd fi dictus dom. Benedictus plus vixiffet, ego pro iuribus coram eo correctionem & emendationem dictarum iniuriarum contra nos, falua fui reuerentia, per eum illatarum ex dicto proceffu, perfequutus fuiffem modis legitimis, & coram Sanctitate veftra femper paratus fui, & antequam audientiam habuiffem, tam per dictum dom. Regem, quàm per alios plures & inftanter veftræ reuerentiæ fupplicaui, vt me fuper iis deberetis audire, poftmodúmque coram Sanctitate veftra contra dominum B. feu eius memoriam, negotium fidei profequens, præmiffa nihilominus profequutus fum diligenter.

XLV. Item propono, quòd ftatim feu infra modicum tempus mortuo dicto B. ad fummum Pontificatum affumpto, ad inftantiam ipfius dicti Benedicti in partibus Romanis exiftens veni celeriter ad dominum Regem prædictum pro conferuatione pacis & vnitatis Ecclefiæ Romanæ, ac dictorum domini Regis & regni, ad procurandum etiam, vt dictus dom. Rex legatos feu nuntios fuos mitteret ad dictum dominum Benedictum pro conferuatione pacis & vnitatis prædictæ, quod me procurante fecit dominus Rex prædictus.

XLVI. Item propono, quòd quia aliqui æmuli, vel veritatis ignari, me apud eum de præmiffis factis Anagniæ grauiter diffamarunt, quàm citò de præmiffis veni ad dominum Regem prædictum, coram eo diligenter expofui, vt coram meo domino ac iudice temporali, meam innocentiam & defenfionis meæ cauffas præmiffas, feu earum fubftantiam atque fummam, & cum requifiui diligenter, vt fuper dictis defenfionibus me audiret, & ad probandum admitteret, & mihi faceret iuftitiæ complementum; vel contra me, fi forfan, quod abfit, me culpabilem repeliret: qui dominus Rex aliàs proceffurus, fuper iis commodè cum effectu procedere non potuit propter caufam fidei fuprà dictam, quæ incidenter negotium hoc meum tangit, cùm etiam ad mei defenfionem dictumB. hæreticum fuiffe, tempore quo præmissa apud Anagniam facta fuerunt & antè, & ingressum non habuisse legitimum ad regimen Ecclesiæ pastorale, cuius rei cognitio, licèt causæ meæ coram dicto domino Rege motæ incidens, non potest ad dominum Regem pertinere prædictum, sed potiùs ad Ecclesiam. Quare necessariò dominum Regem in iuris subsidium Sanctitatem vestram propter hanc caussam inter cæteras requirere oportuit, tam dictum dom. Benedictum, quàm vos subsequenter, vt audientiam daretis mihi, & aliis obiectoribus in negotio fidei suprà dicto, & super obiectis contra dictum B. veritatem sciretis: sine cuius regiæ cognitionis præiudicio, ego defensiones meas propono coram Sanctitate vestra, & aliàs coram ea proposui, vt in gestis in causa Bonifaciana coram vobis habitis pleniùs est videre, à quibus non recedo, sed in eis potiùs perseuero.

XLVII. Item propono, quòd mortuo dicto domino Benedicto, statim cùm priùs audiui processum per eum apud Perusium factum fuisse, licèt eius copiam vel certitudinem non haberem, dictum dom. Regem adiui, & coram eo & eius Curia defensiones meas, vt aliàs feceram, proposui solemniter, vt in gestis seu registris suæ Curiæ pleniùs continetur: qui dom. Rex procedere commodè cum effectu in iis non potuit, nec probationes meas recipere, propter caussam, vt dictum est, fidei suprà dictæ, meum negotium contingentem.

Ex præmissis igitur manifestè concluditur, nos bono zelo & iustè in præmissis me & alios qui me sequuti sunt apud Anagniam processisse, & de præmissis nobis per dictum dominum Benedictum impositis nos penitus innocentes existere, dictúmque processum contra nos habitum seu factum per dictum dominum Benedictum nullum fore de iure; & si quid, quod absit, est iniustum, iniquum & perperam contra Deum & iustitiam attentatum, & ideò per vestram Sanctitatem processum ipsum debere nuntiari nullum & irritum, & quatenus de facto processit ad irritum reuocandum, & si quid est, quod absit, de iure tanquam iniquum & iniustum cum omnibus quæ ex eo vel ob eum sequuta sunt, legitimè reuocari: quæ peto per Sanctitatem vestram fieri & supplico, postulo & requiro, & mihi interim & ante omnia beneficium absolutionis ad cautelam impendi; offerens me ad probationem præmissorum, quatenus intentioni meæ sufficiant, & quatenus ad obtinendum intentionem meam iuris necessitas exigit & requirit.

Escrit que Guillaume de Nogaret, & Guillaume du Plessis poursuiuans la condamnation de la memoire de Boniface, ont fait donner au Pape Clement V.

Le Roy & ses predecesseurs n'ont iamais reconnu personne que Dieu pour le temporel. N'ont iamais esté iugez pour le temporel & ses dependances que par eux & leur Cour. Ont esté tousiours fort religieux & obeyssans à l'Eglise Romaine. Ont defendu les droits & libertez de l'Eglise selon les coustumes du Royaume, par lesquelles quelques droits qui appartiennent de droit écrit aux Eglises, appartiennent de coustume ancienne au Roy, & aux Seigneurs temporels, & plusieurs droits temporels qui deuroient appartenir au Roy de droit, appartiennent de coustume aux Eglises.
Que les Roys de France ont fondé les Eglises de leur Royaume, ont pris soin de la conseruation de leurs biens; ils y sont obligez iure principatus, & iure

patronatus. *Voila pourquoy les Papes auant Boniface n'ont iamais rien imposé sur les Ecclesiastiques de France sans le consentement du Roy.*
Les Eglises du Royaume sont en la garde du Roy, principalement les Cathedrales, & le Roy fait reparer, si l'on entreprend sur ladite garde.
La Cour Royale doit connoistre des successions des droits immobiliaires, soit au petitoire ou possessoire, soit qu'ils appartiennent aux Ecclesiastiques, & Eglises ou autres en demandant & defendant.
Le Roy non litigat nisi in Curia sua, modò non agatur de Fide.
Les Roys de France ont tousiours iouy des Regales de plusieurs Eglises de leur Royaume : le Siege vacant le Roy iouit des immeubles iusques à ce que l'Euesque ait receu son temporel du Roy, & fait hommage. Le Roy & ses predecesseurs ont conferé les Benefices de plusieurs Eglises de leur fondation, & lors que le Roy tient la Regale il donne les dignitez, prebendes, & benefices de la collation des Euesques, quoy que lesdits Benefices vaquent in Curia *, & ce droit luy appartient* iure Regio, vel notoria regni consuetudine. *Qu'il y a quelques Barons tant Ecclesiastiques que seculiers, qui iouïssent de ces droits de Regale, qu'ils ont en fief des Roys, & en iouïssent* iure feudali & Regio.
Que les Roys de France ont conquis la ville de Lyon, ont fait eriger l'Archeuesché cum iure Primatiæ.
Aprés il y a quelques articles de l'Archeuesque de Lyon, & de l'Euesque d'Autun, & de leurs droits. Du Comté de Lyon tenu en fief du Roy. Capitulum Lugdunen. tenet Comitatum. *Que l'Archeuesque de Lyon, & l'Euesque d'Autun ont tous fait le serment de fidelité aux Roys de France, fors l'Archeuesque d'auiourd'huy qui l'a refusé, & obligé le Roy d'ennoyer son armée en Lyonnois.*
Que les Roys de France ont eu la garde de Lyon, le ressort & la souueraineté, fors en ce dernier temps par rebellion. Exemple de S. Loüis de l'acte de souueraineté qu'il fit dans Lyon, & son fils aussi ; & ainsi ils concluent que c'est erreur manifeste de dire que l'Archeuesque de Lyon, son Eglise & leur temporel ne soient du Royaume de France.
Les Ecclesiastiques troublans la Iustice Royale, d'ancienne coustume le Roy, quia spiritualitatem Prælatorum coërcere non debet, *fait saisir leur temporel iusques à ce qu'ils cessent le trouble.*
Les Ecclesiastiques pour chose immeuble temporelle doiuent respondre in Curia Regis.
Le Roy & ses predecesseurs ont tousiours fait garder les passages, quæ custodia passuum appellatur, *pour empescher la sortie des choses dont le transport est defendu, & le Pape n'a droit de s'en plaindre,* Rex qui iure suo vtitur, non potest inde culpari.
Il est inoüy que le Roy sans estre oüy ny conuaincu soit declaré in sententiam canonis incidisse ; *ce que le Pape a fait.*
Le droit de Patronage est de la connoissance du Roy & de sa Cour ex antiqua consuetudine *, & iamais aucun Pape n'a meu cette question au Roy.*
Boniface en haine que ces crimes & heresies auoient esté publiquement découuerts en France, n'a trauaillé qu'à ruiner le Roy & son Estat.
Les procedures de Boniface contre le Roy ont esté reuoquées par son successeur Benedict. Nogaret demande copie de cette reuocation au Pape, asseurant qu'elle est dans les Registres. Prient le Pape de considerer la malignité de Boniface, d'auoir dit que le Roy disoit ne reconnoistre nul superieur. Car y a-t-il personne qui reuere & reconnoisse la Foy Catholique, les Sacremens, le Souuerain Pontife, & l'Eglise Romaine plus humblement que le Roy de France, qui a tousiours à l'exemple de ses peres reconnu cette superiorité?

DE BONIF. VIII. ET PHILIP. LE BEL. 317

De plus par ses lettres commençans Ausculta Fili, *il dit que le Roy est excommunié, sans en apporter aucune cause ny preuue.*

Ex scripto valde prolixo, quod Guillelmus de Nogareto, & Guillelmus de Plasiano domini Regis Franciæ milites, prosequentes negotium fidei inceptum contra Bonifacium dictum Papam defunctum, & eius memoriam, tradiderunt coram domino domino Clemente PP. V. Dei gratia summo Pontifice, per nobilem virum dominum Bertrandum de Rupenegada, militem, procuratorem suum ad hæc.

I. CONSTAT & est notorium toti mundo, quòd Reges Franciæ, iste qui nunc est, & progenitores ipsius, superiorem, nisi Deum solum, in temporalibus non nouerunt. Sic est perpetuò à tempore generationis eorum obtentum: sic sancti Patres, Summi Pontifices: sic Imperatores, qui præfuerunt ante Bonifacium, seruauerunt, *Extra. qui filij sunt legit. c. per venerabilem.* Nec Reges Franciæ super rebus, vel iuribus quibuscunque temporalibus, vel eis adhærentibus, vel annexis, ad honorem, vel statum regni sui spectantibus, vel eis annexis, iudicium receperunt per alium quemcunque in mundo, nisi per se, & curiam suam. Et hoc est notorium toti mundo, & Ecclesiæ Romanæ semper fuit, & Bonifacio supradicto.

11. Item notorium est toti mundo, quòd Rex, qui nunc est, & eius progenitores, inter mundi Principes, in religione Fidei coruscarunt, & pro Fide, ac omnibus, quæ ad Fidem pertinent, Ecclesiæ Rom. Prælatisque suis semper obedientes fuerunt, & erunt, Domino concedente, honorem, & reuerentiam matri Ecclesiæ seruauerunt, iura & libertates Ecclesiæ custodierunt, & defenderunt, secundùm consuetudines regni: per quas forsan iura quædam, quæ de iure scripto pertinent ad Ecclesias, pertinent de antiqua consuetudine ad Regem, seu ad alios dominos temporales, pluráque iura temporalia, quæ pertinere deberent de iure scripto ad Regem, seu ad alios dominos temporales, pertinent de consuetudine ad Ecclesias dicti regni, & hoc diuersimodè, secundùm diuersas consuetudines diuersarum partium regni ipsius.

111. Item certum, notorium & indubitatum existit, quòd Rex & reges, qui fuerunt, sine medio, vel mediatè, fundauerunt Ecclesias regni sui, & eas dotauerunt, & hæreditatibus pinguibus, & bonis immobilibus, ditauerunt, ad expendendum ipsorum bonorum fructus, & reditus, in cultu diuino, & aliis bonis operibus, in regno prædicto; & consueuerunt defendere Reges prædicti, ne bona Ecclesiarum prædicta dissipentur, vel expendantur ad alios vsus, quàm ad quæ collata sunt, sine consensu & voluntate eorum. Et si aliud fiat, æstimat fieri per rapinam ipse, suique regnicolæ, & sui progenitores præteritis temporibus æstimarunt, & iure sui Principatus, quo tenentur ipsas Ecclesias custodire, & ex iure patronatus ipsarum Ecclesiarum. Et ideo summi Pontifices, qui dictum Bonifacium præcesserunt, nunquam decimas, vel impositas similes fecerunt Ecclesiis dicti regni, sine Regum consensu, qui fuerunt pro tempore.

1v. Item certum est, notorium, & indubitatum, quòd plurimæ Ecclesiæ dicti regni sunt de speciali gardia domini Regis prædicti; & specialiter Cathedrales Ecclesiæ dicti regni: & cùm gardia ipsa, vel dictæ Ec-

R r iij

clefiæ offenduntur per violentiam, vel iniuriam aliquorum, in præiudicium dictæ gardiæ, Reges ipfi, ex fuo officio, denunciante quocunque, inquirere de his confueuerunt, & facere emendari offenfam factam Ecclefiis, & fibi iniuriam gardiæ fuæ; quod eft in fauorem Ecclefiarum regni ex confuetudine introductum, de cuius contrario memoria non exiftit, nec Ecclefiæ dicti regni pro omni thefauro mundi permitterent iftud tolli.

v. Item certum eft, notorium, & indubitatum, quòd de hereditatibus, & rebus, & iuribus immobilibus, ad ius temporale fpectantibus quibufcunque, fiue petitorio agatur, vel poffefforio, fiue pertineant ad Ecclefias, & perfonas Ecclefiafticas, vel dominos temporales, agendo, & defendendo, cognitio pertinet ad Curiam temporalem ; fpecialiter autem domini Regis ipfius.

vi. Item certum eft, notorium, & indubitatum, quòd in caufis quibuflibet, ad Fidem Catholicam, vel quæ merè fpirituales nofcuntur, non fpectantibus, quæ Regem Franciæ tangant, agendo vel defendendo, Rex non litigat, nec litigare debet, vel tenetur, de confuetudine notoria, nifi in Curia fua, femper à tanto tempore, de quo in contrarium memoria non exiftit.

vii. Item certum, notorium, & indubitatum exiftit, quòd Rex Franciæ habeat, & fui progenitores habuerunt femper, iura Regalia in bonis immobilibus Ecclefiarum plurimarum venerabilium regni fui : nominatim cùm vacant Ecclefiæ, quæ habent temporalitates, quæ ab eo mouent: & Sede vacante, confueuerunt Reges Franciæ fructus & reditus recipere bonorum immobilium eorumdem ad Prælatum Ecclefiæ fpectantium, quoufque nouus Prælatus venerit, & temporalitatem receperit per manum Regis ipfius.

viii. Item certum, notorium, & indubitatum exiftit, quòd vbicunque principalis obligatus, modo quocunque, cuiufcunque ftatus vel conditionis exiftat, tenetur Regi Franciæ, folus Rex, vel Curia fua de debito cognofcit huiufmodi, & ipfum debitorem per captionem bonorum diftringit: & tam ipfe, quàm eius anteceffores, hoc facere ab antiquo confueuerunt, & à tanto tempore, de cuius contrario memoria non exiftit.

ix. Item certum, notorium, & indubitatum exiftit, quòd dominus Rex prædictus vfus eft, & tam ipfe, quàm eius prædeceffores vfi fuerunt, & funt, & confueuerunt conferre dignitates, beneficia & præbendas plurium Ecclefiarum, quæ de fundatione Regum ipforum exiftunt : nec dictus dominus Rex, qui nunc eft, aliter vfus eft, quàm fui progenitores hactenus vfi fuerunt; & eo modo vtitur, & vfus eft fuo tempore, quo fui progenitores & anteceffores vfi fuerunt, tanto tempore, de cuius contrario memoria non exiftit.

x. Item certum, notorium, & indubitatum exiftit, quòd dictus dominus Rex habet iura regalia vniuerfa in regno fuo : fed inter cætera iura regalia, habet ius percipiendi fructus omnes, reditus, & prouentus Ecclefiarum cathedralium vacantium, & fuos faciendi, qui de fua Regalia exiftunt, quandiu vacant : Et quum præficitur nouus Prælatus illis Ecclefiis, Prælati huiufmodi ab ipfo Rege temporalitatem recipiunt, poft fidelitatem fibi præftitam, vel homagium : quo iure Regalium dictus dominus Rex vfus eft, tam ipfe, quàm eius prædeceffores Reges Franciæ vfi funt, tantis temporibus, de quorum contrario memoria non exiftit.

XI. Item certum, notorium, & indubitatum existit, quòd dictæ Ecclesiæ, in quibus dominus Rex prædictus habet Regalia prædicta, de fundatione Regum Franciæ, suorum prædecessorum, existunt.

XII. Item certum, notorium, & indubitatum existit, quòd quandiu vacant dictæ Ecclesiæ, in quibus dictus dominus Rex habet Regalia, idem dominus Rex donat, & donare consueuit, dignitates, & præbendas, & Beneficia, quorum collatio modo quocunque pertinere potest ad Prælatum illius Ecclesiæ, eo tempore quo existant ibidem, siue ibidem vacent prædicta Beneficia, præbendæ, vel dignitates, vel in Curia Romana, vel alibi vbicunque.

XIII. Item, quòd prædicta iura pertinent, & pertinere debent ad dictum dominum Regem, & ad suos prædecessores, iure suo regio, vel consuetudine regni Franciæ notoria: & tam ipse, quàm eius prædecessores, in saisina & possessione, vel quasi, iurium omnium prædictorum, & singulorum existunt, tanto tempore, de cuius contrario memoria non existit.

XIV. Item certum, notorium, & indubitatum existit, quòd iura Regalia aliquarum Ecclesiarum, quæ habet in Ecclesiis prædictis dominus Rex prædictus, progenitores ipsius domini Regis, & prædecessores eius in regno, dederunt in feudum aliquibus Baronibus suis tam Ecclesiasticis, quàm sæcularibus: qui Barones Regalibus illis vtuntur & fruuntur, sedibus Ecclesiarum ipsarum vacantibus, iure suo feudali, & iure regio, à quo suum ius mouet: & ideo ius Regale vocatur, quo iure dicti Barones vtuntur, nominibus suis & nomine regio, & vsi sunt tanto tempore, de cuius contrario memoria non existit.

XV. Item certum, notorium, & indubitatum existit, quòd cùm ciuitas Lugdunensis tempore primitiuæ Ecclesiæ fuisset ad Fidem Catholicam prima conuersa, & postea in manus Infidelium deuenisset, Rex Franciæ qui tunc erat, vi armorum, & sanguine rutilante suorum, conquisiuit dictam ciuitatem Lugdunensem, cum omnibus iuribus suis & pertinentiis, ad Fidem Catholicam, & cultum diuinum ciuitatem ipsam redegit, iurisdictione sua regia; & ibidem fundauit Lugdunensem Ecclesiam cathedralem: & quia ciuitas ipsa tempore Infidelium præcedenti Archiflamines habuerat, & pristinis temporibus prima sedes fuerat Galliarum, vt moneta Lugdunensis testatur, dictus Rex sedem ipsam Archiepiscopalem erexit, & erigi fecit, cum iure Primatiæ super Ecclesias Galliarum: quo iure Primatiæ Archiepiscopi Lugdunenses longis temporibus vsi fuerunt.

XVI. Item certum & indubitatum existit, quòd Rex prædictus fundator Ecclesiæ Lugdunesis, castris, villis, terris, & possessionibus, quas nostris temporibus obtinuit dicta Ecclesia Lugdunensis, eam dotauit, & iura Regalia (quæ Regalia in singulari appellantur) in feudum dedit & concessit Episcopo, & Ecclesiæ Eduensi: & è conuerso Regalia dictæ Eduensis Ecclesiæ dedit, & concessit in feudum Archiepiscopo, & Ecclesiæ Lugdunensi; quam similiter Eduensem Ecclesiam fundauit & dotauit Rex prædictus, fidelitate ab vtroque, eorúmque successoribus, sibi, suisque successoribus præstanda, pro temporalitatibus prædictis retenta.

XVII. Item certum, notorium & indubitatum existit, quòd Archiepiscopi Lugdunenses, qui fuerunt pro tempore, quotiens vacauit Ecclesia Eduensis, & vicissim Eduenses Episcopi, quotiens vacauit Ecclesia

Lugdunensis, vsi sunt ad inuicem & viciffim dictis Regalibus temporalitatum ipsarum.

XVIII. Item certum, notorium, & indubitatum exiftit, quòd antiquitus Comes Lugdunensis Comitatum suum in feudum tenebat à Rege Franciæ, quem Ecclefia Lugdunensis acquisiuit ex permutationis causa, cum omnibus castris, leudis, seu pedagiis, feudis, & reditibus, iuribus, & pertinentiis Comitatus ipsius à Lugdunensi Comite, qui tunc erat, de consensu, auctoritate, & confirmatione Regis Franciæ, qui tunc erat, à quo dictus Comitatus in feudum mouebat.

XIX. Item ipsa Ecclesia Lugdunensis de concessu, auctoritate, & confirmatione Regis prædicti, ex causa permutationis prædictæ, dedit Comiti memorato magnas terras, hæreditates, & castra; quas Forefij Comes impræsentiarum possidet, qui de progenie dicti Comitis Lugdunensis, qui erat etiam Forensis Comes, noscitur descendisse; de quibus omnibus exiftunt litteræ, priuilegia, & publica monumenta. Hinc est, quòd Capitulum Ecclesiæ Lugdunensis, quod pro maiori parte dictum Comitatum possidet, & de temporalitate fundationis prædictæ Ecclesiæ suæ obtinet magnam partem, signo floris Lilij, in suo sigillo impresso, vsum semper fuerit.

XX. Item certum, notorium, & indubitatum exiftit, quòd pro temporalibus Ecclefiarum suarum Archiepiscopi Lugdunenses, & Episcopi Eduenses, qui fuerunt pro tempore, præstiterunt, & præstare consueuerunt fidelitatem Regibus Franciæ, qui similiter fuerunt pro tempore, cùm ad administrationem suorum Episcopatuum veniebant; vsque ad tempus Archiepiscopi Lugdunensis, qui nunc est, qui malo ductus consilio, in suis temporalibus rebellis fuit domino Regi prædicto, propter quod oportuit dominum Regem ad coërcendum rebellionem huiusmodi, & ad iuris sui conseruationem, exercitum suum ad partes mittere Lugdunenses.

XXI. Item certum, notorium, & indubitatum exiftit, quòd nullis temporibus præteritis, ab eo, quo ciuitas Lugdunensis fuit ad manus Christianorum redacta per Regem Franciæ memoratum, nullus vnquam Princeps terrenus, præter Reges Franciæ, ius regium, vel superioritatis quodcunque super Archiepiscopos, & Ecclesiam Lugdunensem in Ecclesiæ temporalibus habuit; licèt aliqui Archiepiscopi proditiosè aliquibus aliis Principibus aduocasse suum temporale dicantur, ignorantibus tamen Regibus Franciæ, qui fuerunt pro tempore, quibus per hoc non potuit generari quodquam præiudicium, nec contra eos, vel in eorum præiudicium, causa possessionis mutari de iure; maximè cùm semper in possessione fuerint & saisina iuris regij superioritatis prædictæ in temporalibus eiusdem Ecclesiæ Lugdunensis, tam recipiendo fidelitatem à singulis Archiepiscopis suprà dictis, quàm sede Lugdunensi vacante, capiendi & exercendi prædicta Regalia per fideles suos Episcopos Eduenses: cùm is possidet, cuius nomine possidetur, dominúsque fidei possidet per vassallum.

XXII. Item certum, notorium, & indubitatum exiftit, quòd dictus dominus Rex, progenitorésque sui Reges Franciæ, qui fuerunt pro tempore, ius superioritatis & gardiæ in temporalibus Ecclesiæ Lugdunensis exercuerunt, quotiens ad eos recursus est habitus, & quotiens opus fuit, tanto tempore, de cuius contrario memoria non exiftit.

XXIII. Item certum, notorium, & indubitatum exiftit, quòd dictus

domi-

DE BONIF. VIII. ET PHILIP. LE BEL. 321

dominus Rex, progenitorésque sui, ius ressorti, ad ius regium', & superioritatem, pertinens; atque gardiam exercuerunt inconcussè, in ciuitate Lugdunensi, quadraginta anni sunt elapsi, & ab eo tempore citra, continuè; licèt Archiepiscopus prædictus, qui nunc est, interuertere voluerit possessionem iuris huiusmodi domino Regi prædicto : & distrinxerunt dictis temporibus temporalitatem dictæ Ecclesiæ Lugdunensis, & iustitiauerunt, quoties opus fuit, propter impedimenta, & inobedientias Archiepiscoporum, qui fuerunt pro tempore, vel Capituli, vel gentium eorundem, quas faciebant in præiudicium superioritatis, vel gardiæ domini Regis prædicti. Quòd si interdum, & pluries, damnificata fuerit, hoc non contigit ex culpa dicti domini Regis, vel suorum, quem oportebat coërcere dictos Archiepiscopos, & Capitulum, propter impedimenta, & inobedientias eorumdem. Et locum habebat iuris regula, scilicet, *Quòd quis ex culpa sua damnum fecerit, sentire non videtur.* Et alibi scriptum est, quòd *Damnum, quod inferunt magistratus propter inobedientias coërcendas, iure licito videtur illatum. D. ad leg. Aquil. quemadmodum. §. magistratus.* Et, vt exemplis vtamur, tempore B. Ludouici, cùm iuit Tunitium, requisitus Rex ipse, dum fecit transitum per Lugdunum, ab Archiepiscopo, qui tunc erat, & Capitulo Lugdunensi, ciues Lugdunenses coërcuit, & fortalitia, quibus se munierant contra Ecclesiam Lugdunensem, dirui fecit, tanquam superior, & gardiator Ecclesiæ ipsius, quæ coërcere non poterat ciues ipsos. Et cùm Rex prædictus postmodum decessisset apud Tunitium, filius eius Rex Philippus, de Tunitio reueniens, & transiens per Lugdunum, requisitus ab Archiepiscopo & Capitulo memoratis, diruit iterum fortalitia, quibus dicti ciues se iterum munierant contra eos. Est igitur erroneum dubitare, an Lugdunensis Archiepiscopus, Ecclesiáque Lugdunensis, & eius temporalitas sint in regno, cùm prædicta sint clara sic, & notoria, quòd nulla possunt tergiuersatione celari.

XXIV. Item certum, notorium, & indubitatum existit, quòd cùm Prælati, vel eorum Officiales, per iurisdictionem suam spiritualem impediunt & perturbant iurisdictionem temporalem, notoriè sic, quòd negari non potest, dominus Rex prædictus, de antiqua consuetudine dicti regni, quia spiritualitatem Prælatorum coërcere non debet, distringere potest temporalitatem talium Prælatorum, quousque cessent ab impedimento prædicto. Quod non est à iure longè remotum, cùm super actionibus realibus, vel in rem scriptis, pro rebus immobilibus, & temporalibus, spectantibus ad quemcunque, vt super iuribus quibuscunque, rerum immobilium temporalium, siue possessorio, siue petitorio agatur, pertineat cognitio, per totum regnum, ad Curiam temporalem, siue illa iurisdictio temporalis ad Regem, vel Prælatos pertineat, vel Barones. Cùm igitur actio mihi pro vindicanda iurisdictione mea, & negandi, in rem mihi competat contra eum, qui me in ea impediat, vel se in ea ius habere contendat, vel me in ea quocunque modo perturbet, sequitur quòd si Prælatus, vel Clericus, me in mea iurisdictione impediat temporali, in rem actione negatoria mihi tenetur, & ipsum per eam propter hoc possum coërcere. Si ergo est notorium, non oportet quòd in rem agatur, sed per facti executionem meam possessionem defendam, etiam vi, si sit necesse, vel iudex superior talis impedientis violentiam cohibebit, & in possessione mea vim mihi fieri prohibebit. *D. Si vsusfructus petatur.l.vtifrui.§. quanquam. & §.vtrn...& Si seruit.vindic.l.ij. De vi & vi armat. l.1. §. vim vi. & l. ij. §. cùm igitur. & C. vti possid. l. vnica.* Cùm igitur Prælati

S f

& Clerici pro rebus temporalibus immobilibus & iuribus litigent, & respondere teneantur in Curia regia, de consuetudine regni notoria,& de iure, vt 8. dist. quo iure. cum similibus: quid mirum si Rex in dicto casu Clericum, vel Prælatum coërceat captis pignoribus temporalitatis suæ, quem Rex in casu licito iustitiare potest, & debet ? Prælati namque & Officiales eorum, per censuram coërcent Ecclesiasticam eos, qui iurisdictionem eorum impediunt spiritualem iniustè. Et dicto iure coërcitionis, de quo suprà diximus, dominus Rex vtitur, & tam ipse, quàm eius prædecessores vsi sunt, tanto tempore, de cuius contrario memoria non existit.

xxv. Item certum, notorium, & indubitatum existit, quòd dominus Rex prædictus custodiri fecit, & tam ipse, quàm eius prædecessores, custodiri fecerunt, tantis temporibus, de quorum contrario memoria non existit, introitus & exitus regni, quæ custodia passuum dicitur, propter res abstrahi veritas de regno prædicto, vt est videre de lana, billone, auro, argento, equis armorum, & etiam tempore necessitatis, cibariis: maximè autem, & strictiùs, dicti passus custodiuntur tempore guerræ, quàm pacis. Et quia tempore Bonifacij, & eo, vt fertur communiter, procurante in parte, guerræ erant in regno prædicto, partibúsque diuersis, cùm Rex ipse neminem inuadebat, sed regnum suum solummodo defendebat, etsi forsan ex tali custodia retardentur aliqui, regnum exire volentes, siue de regno, vel transeuntes, vel impediantur in rebus vetitis extrahendis, & ob hoc damnum aliquod sustineant itinerantes ad Romanam Curiam, vel alibi, Rex, qui iure suo vtitur, inde culpari non potest. Et si per iniuriam custodes passuum lædant aliquem, vel fraudem in officio suo committant, Regi culpa non debet imputari, dum tamen certioratus iustitiam exhibeat de iisdem. Mala enim Regis electio custodum talium, non potest ascribi Regi, cùm ipse ponat illos, quos bonos reputat, & qui boni sibi dicuntur præsidentes in officiis suprà dictis, qui ministros alios adhibent sibi necessarios, cùm per se complere non possent. Nec est, nec vnquam fuit, nec erit in perpetuum, quominus etiam sine dominorum culpa mali tales reperiantur ministri. Nec potest ignorans dominus reprehendi, dum tamen, cùm sciuerit, iustitiam adhibeat, in cuius exhibitione iustitiæ Rex in defectu non fuit. Crudele foret igitur, proditiosum, & dolosum, quòd dictus Rex, qui nullam fecit in præmissis iniuriam, inauditus, non confessus, non conuictus, declaretur in sententiam Canonis incidisse, sicut dictus Bonifacius, ex suo doloso proposito, non per sententiam, sed per suas epistolas, faciebat. Cùm etiam alij Reges terrarum, quinimo plures ciuitates & castra, in plerisque partibus simili iure vtantur, quo vtitur Rex Francorum prædictus : Quibus iuribus, ex necessaria consuetudine dicti regni (quæ potest, & debet, dici vetustas) tam ipse, quàm eius antecessores, vsi sunt continuè, tantis inconcussè temporibus, de quorum contrario memoria non existit: nec cuiquam alteri sancti Patres, summi Pontifices, qui dictum Bonifacium præcesserunt, vnquam Regi Franciæ, vel aliis Principibus, quæstionem mouerunt de præmissis; de quibus, maximè temporalibus, seu ad ius temporalitatis, seu regiæ maiestatis, spectantibus, solùm ad dictum Regem, & eius Curiam, cognitio pertineat, si quis forsan vellet super eis quæstionem referre : Cùm etiam super iure patronatus Ecclesiarum, in plerisque partibus dicti regni, ad ipsum dominum Regem, & eius Curiam, cognitio pertinere noscatur, ex antiqua consuerudine prædicta: Cùmque dictus Bonifacius nulli alij Principi super iuribus præmissis, vel similibus, vnquam mouerit quæstionem, cùmque insuper, inter cætera regna mundi Fidei religio, honor, & obedientia ad Sedem Apostolicam, & Ro. Ecclesiam, Ecclesiarum libertas, atque defensio, & iurium Ecclesiarum ipsarum exhibitio, in regno Franciæ obseruentur, & custodiantur præcipuè: Cùmque in regno ipso, tam per Regem, quàm per alios, antequam dictum Papatum teneret, & pòst, honores, & obsequia, dictus Bonifacius semper receperit, inter cætera regna mundi: Cùm sciret insuper, tempore, quo fuit impetitus super hæresi, & schismate, per dictos dominos Columnenses, & postea, apud Regem, & magnas alias personas, in dicto regno, de eisdem hæresi, & schismate, quæsitum, vt superiùs est narratum, clarum, certum, & indubitatum existit, quòd in odium Fidei Catholicæ, pro defensione hæresis eius, & schismatis, odium conceperat contra dictos Regem, & regnum, & totis suis studiis ad eorum exterminium vigilabat, ac etiam properabat, & procedebat, tam ad dictos actus nefandos, quàm alios, per me Guillielmum de Plasiano, in viam prouocationis, propositos, & adhuc alios præter ipsos & ad omnes in litteris, seu earum tenoribus, per dictos excipientes, in suis scriptis productis, contentos, excedens Patrum sanctorum terminos, falsas adinuentiones, & fucatos colores inueniens, ad suos defendendos errores. Et sic non obstant, sed clarè de calumnia & hæresi fautoria conuincunt dictos excipientes, per eos proposita, & producta, contra dominum Regem prædictum: maximè cùm tenores litterarum dicti Bo. & processuum habitorum contra dominum Regem prædictum, producunt; qui processus, & litteræ, tanquam perperam, & temerè attentati per Bonifacium, fuerunt per dictum dominum Benedictum, prædecessorem vestrum, annullati, & quatenus de facto processerunt, reuocari. Quæ omnia dicti excipientes nouerunt, & in Curiæ, Pater sancte, debent contineri registris, quæ petimus super iis per nos inspici, & videri. Et cùm contra dominum Regem ex præmissis dicti excipientes non possint intentionem suam, ad inimicitias ostendendas, fundare, multo minus aduersus dictos Comites dom. Ludouicum filium Philippi Regis, Comit. Ebroic. Guidonem Com. S. Pauli, Ioannem Drocens. Com. vel aduersus nos, Guill. de Nogareto, & Guill. de Plasiano, milites, vel alios de regno prædicto. Et attendite, Pater sancte, si dictus Bonifacius ex doloso proposito mouebatur, cùm Regi Franciæ in prædictis suis litteris imponebat, quòd idem dominus Rex contenderet se superiorem non habere. Quis enim, quoad ea, quæ ad claues regni cœlorum pertinent, & Fidem Catholicam, & Ecclesiastica Sacramenta, summum Pontificem, & Ecclesiam Romanam, sic humiliter, sic reuerenter, sic deuotè recognoscat, sicut Rex Franciæ prædictus, & sui progenitores, semper superioritatem huiusmodi recognouerunt? Quis alius Christianus inuenitur in mundo Princeps, vel alius, qui in his talem, tantámque reuerentiam, & deuotionem, exhibeat Ecclesiæ Rom. sicut Rex Franciæ prædictus? Certè nullus.

Præterea qualiter poterat, nisi ex suo doloso officio processisset, per prædictas litteras clausas (*Ausculta fili*) dicto domino Regi directas, & per clausas litteras, dicto domino Ioanni Monacho missas definitiuè, pronunciare, sine omni causæ cognitione, & de re, quorum interest non auditis, proferre sententiam? Certè nusquam.

Item aduertite, qualiter in litteris (*Ausculta fili*) prædictis, ac si esset li-

524   PREVVES DE L'HIST. DV DIFFEREND

quidum, & clarum, per legitimum proceſſum habitum, dicebat dictum dominum Regem excommunicatum, & excommunicationem ſe extendere ſuper omnibus præmiſſis articulis, in quibus ius, quo dictus dominus Rex vtitur, clarum, notorium & indubitatum exiſtat, vt ſuperiùs eſt præmiſſum, & ad eius regiam dignitatem, & cognitionem, pertinere noſcatur. Inſpicite etiam, Pater ſancte, quòd, ſicut ſi voluiſſet ordinare de vno modico Prioratu, in capite, & in membris, ſic ſe velle dicebat diſponere etiam temporaliter, quod ad eum pertinere non poterat, eſto quòd Catholicus Papa fuiſſet, ſuper omnibus dictis iuribus, claris, & lucidis, dicti domini Regis, & regni, & de ſtatu regni in vna vice diſponere, & ad hoc conuocationem Prælatorum & doctorum dicti regni, ſe facere prætendebat? Legimus in Iſaia, Fatuus fatua loquitur : & certè ſuum prauum propoſitum fatuè oſtendebat.

Le commencement de ce grand écrit, eſt vne loüange des Roys de France, qui ont, dit-il, eſté de tout temps zelateurs de la Religion, ayant mis tout leur ſoin, leurs vies & celles de leurs ſuiets pour la defenſe de l'Egliſe, & n'ont iamais ſouffert l'oppreſſion de l'Egliſe par les tyrans & ſchiſmatiques. En ſuite il loüe l'Egliſe Gallicane.

Exagere le miſerable eſtat de l'Egliſe ſous Boniface, & declare en general contre ſes vices. Puis vient au particulier.

I. *Art. Qu'il ne croyoit l'immortalité de l'ame, & le prouue par pluſieurs actions de Boniface.*

II. *Article. Il ne croyoit pas la vie eternelle. Diſoit qu'il aimeroit mieux eſtre chien que François, diſoit de grandes iniures du Roy de France : en riant il diſoit contre le Roy*, non habemus ſuperiorem in terris. Ecce ſuperbia, per Deum iſta ſuperbia ſuppeditabitur.

III. & IV. *Qu'il ne croyoit pas la realité du Corps de* IESVS-CHRIST *en l'Euchariſtie, par ſes façons de faire à l'Egliſe, & autres actions.*

V. Fornicatio non eſt peccatum, nec fricatio manuum. *Il y auoit plus de trente ans qu'il ne s'eſtoit confeſſé.*

VI. *Qu'il renuerſera l'Egliſe pour ruiner la France, & en remarque pluſieurs hiſtoires, & par là tendoit à l'auancement de ſa famille. Medita auſſi la ruine des Colonnes, & de ceux de Terrano. Et comme il auança la mort du Pape Celeſtin.*

VII. *Il approuua vn liure d'Arnaud de Villeneuue condamné d'hereſie.*

VIII. *Se fit eriger des ſtatuës d'argent & de marbre, pour ſe faire adorer. Et diſoit,* Papa eſt dominus omnium temporalium & ſpiritualium, eſt dominus mundi.

IX. *Il auoit vn demon familier. Il le prouue par pluſieurs hiſtoires & exemples, & nomme les Magiciens dont il ſe ſeruoit. Il auoit vn anneau de magie, & lors qu'il fut éleu Pape il l'auoit à la main; le Roy de Sicile le veit & pluſieurs Cardinaux auſſi : Et ledit Roy ayant les yeux fichez ſur cet anneau, Boniface luy demanda pourquoy il le regardoit ſi fixement, & luy offrit. Ce Roy luy répondit en François,* Ie n'en veux pas, gardez voſtre Diable. *Parle des ſuffumigations aux demons.*

Le X. *idem que le* I X.

XI. *Diſoit que le Pape ne commettoit ſimonie, qui eſt vne hereſie. Vendoit les Beneſices.*

XII. *Mettoit la guerre entre les Princes. Il allegue nombre d'exemples des violences commiſes contre les Colonnes pour les ruiner. Diſoit que le Pape n'eſt point Pape, si la guerre n'est entre les Princes, & la discorde entre les Cardinaux.*

XIII. *Disoit*, Galli sunt hæretici, & impingebant in articulum, Vnam sanctam Catholicam, & ideò voluit edere constitutionem quam in consistorio legi fecit, quæ incipit, Vnam sanctam Catholicam. *Et disoit que tous ceux qui tenoient que tout le monde n'estoit pas suiet au Pape au temporel, estoient heretiques. Que les François n'estoient pas Chrestiens, parce qu'ils ne croyoient pas estre suiets du Pape au temporel.*

XIV. *Sodomite.* XV. *Homicide, ayant fait tuer plusieurs personnes en sa presence tant clercs que lais: En rapporte les exemples.*

XVI. *Ne croit point au Sacrement de Penitence. En rapporte des exemples.*

XVII. *Se faisoit reueler les confessions, & en suite de cela faisoit de grands maux, & il y en a beaucoup d'exemples notables.*

XVIII. *Il mangeoit de la chair en tout temps, & y en a beaucoup d'exemples.*

XIX. *Il auoit beaucoup méprisé l'Ordre des Cardinaux & des moines noirs.* De Cardinalibus plura, *& de leur charge en l'Eglise. Et disoit que le monde iroit mieux s'il n'y auoit point de Cardinaux, & qu'vn seul Pape. Il extorquoit l'auis des Cardinaux.* Ioannes Monachi Card. *se formalisant de cela, il s'écria & luy dit,* Picarde Picarde, tu habes caput Picardicum, sed per Deum ego piccabo te, & faciam in omnibus velle meum. *Il y a dans cet article plusieurs histoires notables des actions de Boniface contre les Cardinaux.*

XX. *Neant.* XXI. *Parle du dessein qu'il auoit de ruiner la France, & ne faisoit rien pour les autres Roys, & ne leur accordoit aucune grace, qu'à condition de faire la guerre contre la France. Histoires notables pour cela des Roys d'Angleterre, d'Allemagne, d'Espagne, & des Flamens.*

XXII. *Qu'il auoit abandonné la Terre Sainte, & tourné à son profit l'argent contribué pour cela. Histoires sur ce fait. Qu'il a enrichy ses parens des biens de l'Eglise* per fas & nefas.

XXIII. *Simoniaque public vendant les Benefices, & dispenses; a mis vne taille sur toutes les Eglises.*
A pris les biens des Colonnes, & les a donnez à ses parens.

XXIV. *A rompu plusieurs mariages. Histoires notables sur ce.*

XXV. *A cruellement traité le Pape Celestin. Il y a quelque chose de particulier de la mort dudit Celestin.*
Soustient que le Pape ne peut ceder le Pontificat.

XXVI. *Neant.* XXVII. *Disoit,* in breui faciam omnes Gallicos martyres auo apostatas.

XXVIII. *Ne croyoit ny Paradis ny Enfer.*

Au tresor coffre Boniface num. 795.

Notabilia quædam, & rationes iuris. & articuli in facto Bonifacij.

ARTICVLI propositi per assumptionem in regno Francorum factam & in ipsa, & assistentiam serenissimi & Christianissimi domini Regis Francorum ad dictæ assumptionis prosecutionem, facta ad hoc ad honorem sanctæ Dei Ecclesiæ, & omne periculum eliminandum de ipsa, Domino concedente, deliberatione Concilij per Ecclesiam Gallicanam, quæ totius sanctæ Ecclesiæ est præcipuum & nobilissimum membrum, & vt ex gestis Ecclesiæ liquidò patet intuentibus ipsa, semper per Christianos Francorum Reges ac regnum, clerum, & populum fidelem & Deo deuotum, in fide semper constantissimum Gallicanum, fuit contra hæreticos inlegitimos & schismaticos & tyrannos, & ipsas etiam hæreses & schismata succursum feliciter, ac planè prouisum Ecclesiæ sanctæ Dei, & Christo, fidelibus ipsius Ecclesiæ membris innocentibus inlicitè & iniustè oppressis per inlegitimos hæreticos, schismaticos & tyrannos * * * in ipsa. Semper enim Christianissimi Francorum Reges, à tempore cui non existit memoria, vt ex Registris, Chronicis, & gestis Ecclesiæ patet, fuerunt sanctæ fidei defensores, cunctarum interemptores hæresum, & schismatum fugatores, protectores sanctæ Dei Ecclesiæ, currus Israël, & auriga eius, id est, vniuersorum Christi fidelium: ideo Deus omnipotens prouidens Ecclesiæ sanctæ suæ, quam proprio sanguine dedicauit, stabiliuit, & formauit thronum & regnum illud prærogatiuæ priuilegio singularis, vt ibidem in litteratis luceat & vigeat sapientiæ & scientiæ fons ad faciendum iudicij veritatem, discernendum inter lepram & lepram, sanguinem & sanguinem, lucem & tenebras, æquum ab inæquo, iustum ab iniusto, verum à falso, fidem ab erroribus, errores à vera fide; & in throno Reges, ac regno quod Deus in æternum stabiliat, ad honorem suum & Ecclesiæ suæ statum vigeat, consistat strenua armorum potentia, gloria & omnis fortitudo decoris; hæc sunt duo luminaria magna, quæ Dominus in regno ipso constituit, vbi est fidei stabilitas & solidum firmamentum : nec immeritò tantis dotibus thronum illum & regnantem in ipso ditauit Altissimus, cùm ab æterno & æuo illius sancti regni Reges, non personarum suarum, non subditorum suorum, non expensarum parcendo periculis & immensitatibus, publica anteponentes priuatis, eligentes labores spontaneos, vt pacem & quietem Dei Ecclesiæ præpararent; vt verus ille Barac filius Abinoem ob liberationem oppressi populi Domini, pro salute fidelium, defensione veræ fidei & Ecclesiæ, & pro pulsatione schismatum & errorum contra hæreticos & schismaticos ac tyrannos in Dei Ecclesiam debacchantes se quasi in præceps & baratrum dederunt, discrimini, laboribus & sumptibus se exposuerunt innumeris, & periculis tradiderunt, vulpeculis habentes caudas colligatas ad inuicem contrahentes, Domini Dei Sabahot vineam quæ extendit palmites suos vsque ad mare, & vsque ad flumen propagines suas, vastantibus & destruentibus, materiam eius vindemiantibus, & exterminantibus eam, apris de silua & singularibus feris eradicantibus eam in omnino centia veritatis diuinæ, cuius dextera plantauit eam, resistentes viriliter, & in fauillam æstiuæ areæ, quæ à vento rapitur redigentes easdem : sicque per ministerium ipsorum Deus omnipotens omnibus ab ipsa purgatis erroribus & aduersitatibus, diutiùs concessit Ecclesiæ magnam potestatem & pacem : propositi inquam contra Benedictum Gayetanum hæreticum & tyrannum, & inlegitimum Ecclesiæ detentorem, petita ad hoc congregatione generalis Concilij & concessa, Christianissimo & serenissimo principe domino Rege Francorum offerente in fauorem fidei & veritatis & iustitiæ in dicto generali & ad hoc congregando Concilio magnitudinis Excellentiæ Regiæ personalem præsentiam, assistentiam, & fauorem, zelo fidei & domus Dei accenso, quæ sub ipso B. facta erat bonorum omnium solitudo, & spelunca latronum facta erat, quia columba seducta non habens cor, & præsidentes in ipsa rectum abominabantur iudicium, iusta & recta omnia peruertentes, ædificantes vrbem beatam Ierusalem in sanguinibus & in iniquitate, facta erat iam extera semini suo

DE BONIF. VIII. ET PHILIP. LE BEL. 327

vero, & germina adulterina & spuriamina plantata in ipsa, facta erat propter immundiciam corruptam putredine pessima; nulla in ea lex, nullus Dei metus, nulla fides, nullum iusiurandum, nulla religio, perfidia & crudelitas plusquam Punica: stupor & mirabilia inaudita fiebant in ipsa, omnibus in ea ambulantibus in cordis sui pessimi prauitate, inuenti sunt in ea impij insidiantes, vt aucupes laqueos ponentes & pedicas, ad capiendos viros, sicut decipula plena auibus, sic domus eorum plena dolo: & ex iis impinguatus, dilatatus, recalcitratus idem B. dereliquit Dominum, ambulans post blasphemias, idololatrias, ariolationes, diuinationes, nigromantias, & matheses, ac veneficia vana, iam proh dolor! adimplens quod in abominatione scribitur in Propheta. Alter Rex Babylonis schismaticus, hæreticus, inlegitimus, irregularis, & nichil nichil prorsus summo Sacerdotio dignum habens. Idem B. sedebat in biuio, in capite duarum viarum diuinatione ** eorum mittens sagittas in effusionem sanguinis innocentis, interrogans idola, *** dæmonum consulens ad dexteram suam, faciens diuinationes super Ierusalem: iam proh dolor! alter Alchimus impius, sequens secundùm nomen suum consilij vanitatem, summam putans gloriam, fide rupta, iureiurando violato, transgresso foedere, liberè debacchatus est in innocentes ciues, cæde innocentum & ciuium suum extruens triumphum: iam proh dolor! idem B. Alchimus impius factus præcepit ac destrui voluit muros domus sanctæ interioris, id est, Apostolicæ veræ fidei vnitatem, & destrui opera Prophetarum, & coepit destruere, sed à Domino præcedente diuinæ veritatis omnipotentiam, & Regis sublimitatis fauore percussus est paralysi, immani rabie dissolutus, & impedita sunt opera eius, & occlusum est os ipsius, & mortuus est cum dolore & tormento magno. Porro & si vastator defecerit, desierit debacchator, finem vulnerator habuerit, vulnerata tamen Christi sponsa Sion, quasi pertimens doloris angustias vt puerpera, vulnera sua multa, propriam plagam suam, & vulnus liuidum suam ipsius animam pertransiens, circumligari quærit, sanari medicamine & foueri oleo miserationis diuinæ, sermone Dei omnipotentis sanantis omnia, à Regalibus sedibus venientis, vt suprà dicto Rege & regno in hoc cantante Domino veritatis sollemnia Domino sponsæ suæ miserator Dominus miserias miseratus det voci suæ vocem virtutis, & ipsius ministerio, sicut & prædecessorum suorum semper hactenus actum est, Ecclesia reparata de inuio reducta ad viam, destructis aduersitatibus & erroribus vniuersis, secura Domino seruiat legitima libertate, & exuta sacro obsecrationis induatur stola pacis, erepta de manu principum iniquorum: ipse autem Rex Dei summi gratus & officiosus minister exhortatus ad hoc, ab eo quod eum pro defensione fidei, iustitiæ & veritatis Ecclesiæ, sicut & progenitores suos, vocauit ex nomine, imponat capiti suo ex iis diadema & gloriam honoris æterni, & ostendit Deus splendorem suum in eo, vt inter homines indeficientes laudis præconiorum & in futuro condignatur, retributionis præmium à Domino retributore bonorum omnium consequatur in sempiternum. Amen amen amen.

Primus articulus contra dictum B. propositus est. Primò quòd non credit immortalitatem seu incorruptibilitatem animarum rationalium, sed credit quòd anima rationalis simul cum corpore corrumpatur. Circa hunc articulum hoc probari posset, quia inter secretos suos frequenter dicebat, Stulti stultè creditis fatuitates: Quis vnquam rediuit ad nos, qui diceret nobis de alio mundo ? Beati qui cognoscunt mundum istum, & sciunt gaudere & lætari in ipso: & tristes sunt qui sub spe futuri mundi perdunt istud tempus: Isti faciunt sicut canis qui stans super aquas fluminis in ponte tenebat carnes in ore suo, & vidit vmbram carnium in aqua, & videns vmbram dimisit carnes quas in veritate in ore habebat pro vmbra, & sic non habuit neque vmbram neque veritatem. Sic faciunt illi qui dimittunt mundum istum, in quo lætari & gaudere possunt dum viuunt, pro vmbra futuri seculi, quod nichil est. Item hoc probari posset, quòd suum continuum & vulgare prouerbium erat, Habeam ego votum meum in hoc mundo, & faciam voluntates meas, de alio non curent aliqui, & subridebat. Item dum aliquis opprimeretur iniustè ab ipso, & suis, dum supplicarent sibi quòd pro salute animæ suæ dignaretur circa hoc prouidere, ipse subsannans repetebat, Pro salute animæ meæ prouidentiùs dixisset, si dixisset pro salute corporis & personæ meæ; & plus exaudissem, sed neque pro salute corporis, neque pro fatua petitione sua pro salute animæ meæ aliquid sibi intendo facere. Item suum erat continuum vulgare prouerbium, Fatui, fatui, satisfaciam voluntatibus meis, dum viuo, postea vadat sicut potest ire, quia non sine causa dicitur in prouerbio antiquo, me mortuo nec terra *. Item huiusmodi verbis & consimilibus pluribus multipliciter multifariam, multisque modis multotiens vtebatur, per quæ probaretur à parte veritas articuli propositi suprà dicti. Nam frequenter dum diceretur sibi de aliquo mundano, Ipse habet bonum tempus, de nullo alio solicitatur nisi quo modo gaudeat & lætetur in mundo isto: nichil cogitat de futuro: tota sua cogitatio est, quòd hic in mundo isto gaudeat, & quòd iste sibi non citò deficiat: respondebat in vulgari suo dicens, quæ sic Latinè sonant, Per fidem meam per fidem meam ipse non est stultus, ipse est sapientior illis qui reputant se sapientiores ipso. Frequentissimè etiam dicebat, Dicunt istæ asinæ de vrbe, loquens de deuotis dominabus vrbis : *Dio ti dia vita æterna*, id est, Deus det tibi vitam æternam. Longè plus placet mihi audire, Deus det tibi longam vitam : sed adhuc plus placet audire, Deus det tibi longam & bonam vitam. Et probabitur hoc mandasse familiæ suæ, quòd cùm ipse mitteret alicui xenium, responderent: Deus det vobis longam & bonam vitam. & probabitur, & notorium est quòd tota sua familia his verbis in gratiarum actionibus vtebatur. Multa etiam iis similia probarentur, per quæ probaretur veritas articuli suprà dicti.

Secundus articulus est : Item quòd non credit fore vitam æternam, nec finaliter refrigerium posse consequi homines, sed totam sortem ac partem consolationis & lætitiæ fore in hoc mundo. Et per hoc asserit quòd deliciare corpus suum quibuscunque deliciis non esse peccatum, & ex abundantia feruenti huiusmodi ore publicè dicere & prędicare non erubuit, se magis velle esse canem vel asinum, vel quodcunque aliud animal brutum quàm Gallicum : quod non dixisset, si Gallicum habere animam quæ posset æternam beatitudinem promereri crederet. & hoc quamplurimos docuit, qui hoc in mortis articulo recognouerunt. Huius articuli veritas probatur suprà in articulo proximo præcedenti. Hoc autem apertissimè probaretur, quòd ex abundantia cordis eloquens contra dominum Regem Francorum, contra cuius personæ excellentiam multa fatua fatuis loquebatur frequentissimè, quod absit, quòd à sacrilego sacrilegè prolata repetantur, cùm minaretur etiam ore nefario loquente ingentia & blasphemias

phemias in Dominum & homines, & quòd intendebat omnino suppeditare & conculcare superbiam Gallicanam: sic ei loquebatur, subiungebat: Domine, non habemus superiorem in terris, ecce superbia, per Dominum per Dominum ista superbia suppeditabitur: Quicquid debeat contingere, oportet quòd recognoscant me dominum & superiorem suum in terris. & subiungebat: Gallici, Gallici, imò vt fatuus loquebatur, asini asini, vnde eis tanta superbia? Quid sunt in quo excellunt alios: non dico vna nobilis bestia, sed canis vellem esse prius quàm Gallicus: certè & canis plus habet fidei, & plus proprij status cognitionis quàm Gallici. & iis & horum similibus vtebatur frequentissimè ; quod horrendum esset repetere.

Tertius articulus est. Item quòd publica super iis fama laborat contra ipsum, planè verum est, quòd super iis publica fama contra ipsum laborat, & de iis per quæ probatur veritas primi articuli & secundi, probabitur publicè & notoriè diffamatus.

Quartus articulus est. Item quòd fideliter non credit quòd verbis à Christo institutis à fideli & ritè ordinato sacerdote dictis in forma Ecclesiæ super hostiam, sit ibi Corpus Christi. Hinc est quòd nullam reuerentiam vel modicam ei facit cùm eleuatur à sacerdote, nec ei assurgit, immò aduerso tergo ei assistit, & magis ornans locum vbi sedet, & honorari facit, quàm altare vbi hostia consecratur. Hoc probaretur, quòd communiter cùm sedet in camera non exiens ad missam, & in pariete suæ cameræ fecisset vnam fenestram, per quam posset videri capella vbi missa celebratur, sicut hodie patet in Domo Sanctorum quatuor, sicut in hospitio suo tam in Perusio quàm in vrbe, vel quàm Reate, & breuiter in omni loco vbi erat ita faciebat, cùm non distaret locus sessionis suæ per duos passus à dicta fenestra, ipse nunquam ibat videre Corpus Domini, sed nec de loco sessionis suæ assurgebat dum etiam pulsaretur campanella ad eleuationem ipsius Corporis Domini, nec in momento loquelã dimittebat, si loquebatur, neque aliquod opus quod operaretur intermittebatur, nec aliquod reuerentiæ verbum etiam sedens dicebat; & hoc faciebat continuè. Item si videbat aliquos vel aliquem, pulsata campanella ad eleuationem Corporis Domini, currere causa videndi, vt moris est fidelium, frequentissimè arguebat dicens, Asini quomodo currunt, credunt inuenire manna. Item frequenter dum aliquis ex assistentibus sibi in camera, specialiter aliquid agens vel operans, omisso opere, audita pulsatione campanellæ ad eleuationem Corporis Domini vellet ire, furiosa & turbida facie cum conuiciis quemuis arguens dicebat: Quò vadis bestia, facias facta tua? & subiungebat: Pulcra bestia dimittit facere facta sua, & vadit nescio quò. Item notorium est, quod proponitur de pretioso ornamento loci sui, & de vili ornamento altaris, quoad statum summi Pontificis, & consuetudinem antiquorum Pontificum, vbi consecratur hostia Domini. Item notorium est, quòd etiam in publico non eam reuerentiam exhibebat, quam fidelis exhibere tenetur & debet.

Quintus articulus est. Item fertur dicere, fornicationem non esse peccatum, sicut nec fricationem manuum, & de hoc est publica vox & fama. Hoc probabitur, quòd ipse sacerdos, de quo fama erat, quòd suus erat Confessor, dixit pluribus, & hodie diceret, quòd iam sunt plusquam triginta anni quòd non fuit confessus. & adiungebat, quòd mirabatur, quòd terra in qua erat non deglutiebat eum, immò quòd tota ciuitas in qua erat non submergebatur. & adiungebat: dicit Diabolus quòd facere scelera maxima non est peccatum, dicit quòd laborare crimine sodomitico non est peccatum, verè non credit nec in Deum, nec in Sanctos. Et dum per quemdam militem ostiarium ipsius astantem, dum hoc diceret, ille qui putabatur confessor vt dictum est replicaretur: Pro Deo non dicatis, in iuuentute sua faciebat, & dicebat ista diabolica, iam nunc senex est. Ille respondit: Domine taliter non dicatis, nunquam in sua iuuentute fuit ita malus sicut est hodie; & actiuè & passiuè, & quod peius est, dicit & credit non esse peccatum. Item multa huiusmodi probarentur, quæ omninò sufficerent ad probationem articuli suprà dicti.

Sextus articulus est. Item dixit sæpius quòd ad deprimendum Regem & Gallicos, si aliter non posset fieri, præcipitaret se & totam Ecclesiam Dei. Et cùm hoc sibi per astantes aliquos dicebatur quòd Deus auerteret, respondebat: Imò non auertat Deus. & cùm sibi replicaretur per bonos qui audiebant prædicta, quòd non diceret quia magnum scandalum pateretur Ecclesia Dei, & omnes Christicolæ : respondebat, Non curo quæcunque veniant scandala, dum tamen Gallici, & eorum superbia destruantur, quia necesse est vt veniant scandala. Hoc probaretur apertissimè quòd dixit frequenter, Veniat inde quicquid vult venire, si totum deberet submergi, oportet quòd conculcem superbiam Gallicanam, & dummodò superbia Gallicana plenè conculcetur, dicebat in vulgari: *Pera Sansone con tutti li soi*, id est compareat Samson cum omnibus inimicis suis. Item probabitur frequenter dixisse etiam infra octo dies suæ promotionis, quòd ad nihil aliud desiderauerat Papatum, nisi ad suppeditandum & conculcandum superbiam pessimam Gallicanam, & oportet vt eam omnino suppeditem, vadat mundus sicut ire potest. Item probabitur frequenter dixisse, quòd si ipse etiam deberet submergi, oportebat omnino quòd submergeret superbiam Gallicanam. Item probabitur quòd domino Rofredo fratre suo petente quasdam gratias tangentes quosdam sublimes Principes Vltramontanos, respondit: Rofrede Rofrede, petis gratias, & nescis vbi pendeat status meus, tuus, & domus tuæ. & dum replicaret ille : Vbi Pater sancte, dicatis mihi : respondit, An modò primùm scis, sine meo dicto debuisses scire diu est. Tandem dum ille multum instaret quòd sibi diceret: respondit, Quomodo tu nescis quòd quamdiu viuit Petrus de Murrone, status meus non esset solidus, neque tuus & domus tuæ , & oportet me timere non solùm Reges & magnos Principes, sed & paruos Barones & ciuitates; & hoc est primum. Secundum autem est, quòd nisi superbia Gallicana conculcetur & exterminetur, non possum facere quæ volo, immò nec audeo incipere quæ intendo. Sed primum dimitto tibi, secundum dimitte mihi, quia bene faciam & leuius erit mihi quàm multi credant : si deberem me facere seruum alienum, oportet quòd conculcem superbiam Gallicanam. Ego ponam tot grauationum mastinos ad caudam suam, quòd habebo votum meum de conculcatione omnimoda Gallicorum. Tertium expediemur in vno sufflo, & extendens palmam exsufflauit in ipsam, se exterminare in personis & bonis, Clericis & laicis, duas domus, scilicet domum de Columna, & domum de Terrano, quibus exterminatis totam constratam habebis sub pedibus tuis. Dictis autem istis, in crastinum dictus dominus Rofredus recessit vadens in Campaniam, vbi dictus frater Petrus, scilicet dominus Celestinus in carcere tenebatur , & euestigio infra mensem de morte domini Celestini rumor aduenit.

Septimus articulus est. Item quondam librum compositum per Magistrum Arnaldum de Villanoua Medicum, continentem * * sapientem hæresim, per Episcopum Parisiensem, & per Magistros Theologiæ Vniuersitatis Parisiens. reprobatum, damnatum & combustum, per ipsum etiam B. in pleno consistorio Cardinalium similiter reprobatum, condemnatum & combustum; postmodum per rescriptum idem vitium continuò reprobauit, & approbauit. Huius articuli veritas & probatio à tenore priuilegij reuocationis & approbationis dependet; consistit enim eius probatio ex tenore rescripti approbantis istum librum, & reuocantis quæ circa illum antea acta erant, & reprobationem & damnationem ipsius.

Octauus articulus est. Item vt suam damnatissimam memoriam * * * * fecit imagines suas argenteas erigi in Ecclesiis, per hoc homines ad idololatrandum inducens. Huius articuli veritas ex ipsa oculorum inspectione probabitur. Item probabitur manifestè, quòd non solùm in Ecclesiis, sed etiam extra Ecclesias, quod magis ad inducendum idololatriam eum habuisse animum, suspicionem inducit, in portis ciuitatum, & super eas, vbi antiquitus consueuerunt idola esse, suas imagines marmoreas erigi fecit, sicut patet in ciuitate Vrbeuetana, & aliis locis pluribus: & ad remunerandum dictos Vrbeuetanos de erectione statuarum suarum super portas, vt dictum est, dedit eisdem Vrbeuetanis totam terram Vallis lacus, quæ erat Cameræ Ecclesiæ, in præiudicium Ecclesiæ, & cunctorum fidelium Ecclesiæ de ipsis partibus scandalum & grauamen, contradicentibus omnino Syndicis Communitatum & Castrorum dictæ terræ. Item probabitur, quòd idem B. frequenter dixit, Papatus est vnum pomum quod non cognoscit omnis, sed ego bene cognosco: quicumque est Papa, ipse est dominus omnium spiritualium & temporalium, & est dominus mundi: In veritate quicunque Papa creatur de nouo, statim deberet erigi statua nomine illius quòd creatus est, quam omnes magni & parui reuererentur, & cui omnes mundi Principes cum omni humilitate & reuerentia inclinarent. Constat autem quòd supradicti actus vitij abominabilis idololatriæ suspicione notarent, & factum est damnatum. Apoc. 13. Matth. 24. Marci 14. Machab. 1. c. 1. Zakariæ 9. Abacuc 11. in fine. Amos 7. Osee 12. in prin. Daniel. 14. & c. 3. Ezechiel. 8. Baruch. c. vlt. Ierem. 45. Isa. 44. Paralip. 2. 34. Regum 4. c. 23. Deuter. 4. Non enim debet videri idolum in Iacob, nec simulacrum in Israël Ecclesia Dei, Num. 23.

Nonus articulus est. Item habet dæmonem priuatum, cuius consilio vtitur in omnibus & per omnia: vnde dixit semel, quòd si omnes homines de mundo essent ab vna parte, & ipse esset ab altera, non possent eum decipere, nec in viis, nec in facto, quod non posset fieri, nisi arte dæmonica vteretur. Et super hoc est publicè diffamatus. Hoc probabitur multipliciter: habuit enim ab antiquo vnum spiritum & dæmonem familiarem datum sibi à quadam muliere de Fulgico. quæ erat maxima nigromantica & mathematica. Item probabitur quòd habuit alium spiritum & dæmonem familiarem potentiorem, primò datum sibi per magistrum Georgium de Simbilico Monachum Nigrum peritissimum, vt dicebatur, in arte Nigromantiæ, & vocabatur in Curia magister Georgius Vngarius, cuius seruitij remunerationem dedit sibi & pecuniam, & vnam magnam Abbatiam in partibus Sclauoniæ, & vnam grangiam magni valoris in regno Seruiæ, contiguo eidem Sclauoniæ. Item probabitur, quòd habuit à magistro Bonifacio Lumbardo de ciuitate Vicenciæ peri-

Tt ij

tiffimo, vt dicebatur, in illis artibus, vnum fpiritum familiarem & dæmonem de potentioribus, quem vocauit Bonifacium. Quo recepto ab eodem Magiftro Bonifacio, dum dictus Magifter Bonifacius rediret ad eum, dictus B. multum alacriter recepit eum dicens hæc verba, Bene nominatur Bonifacius qui portauit Bonifacium Bonifacio. & frequenter repetebat hæc verba. Et dum ipfe Magifter Bonifacius quæreret ab eo fi bene contentaretur de dicto dæmone quem fibi dedit, alacriter refpondit: Bonifacius refpondet de hoc Bonifacio, quòd Bonifacius datus Bonifacio à Bonifacio folemniter bene incipit facere, & multum incipio contentare. In cuius feruitij remunerationem dedit eidem Magiftro Bonifacio magnam pecuniam, & beneficiauit filium eiufdem Bonifacij magnis & pinguibus beneficiis. Item probabitur, quòd idem Bonifacius habebat fpiritum inclufum in anulo quem dedit fibi Comes Guido Nouellus, & fuit dictus anulus Regis Manfredi. Et hoc notorium eft, quòd in dicto anulo manifeftè apparet quædam vmbra modò lucens, modò tenebrofa, modò ad modum hominis, modò ad imaginem beftiæ, & fic in fe variatur vmbra illa, & multi Cardinales, Prælati, Clerici & laici, frequenter viderunt anulum ipfum in manu fua. Immò & hoc probabitur, quòd dum in principio huius fuæ promotionis, qua promotus fuit in Laterano, tenebat dictum anulum in manu in præfentia domini Regis Siciliæ, & multorúm Cardinalium, & dominus Rex videbat vmbram, vt dictum eft, in anulo variari, & propè ftans obferuaret & refpiceret diligenter in ipfum anulum: idem B. in præfentia omnium aftantium dixit ad Regem: Quare fic intentè refpicis? Vis quod dem tibi? & refpondit Rex in Gallico, *Ieo nel voil pax, tene vos veftro Dyables.* Quo dicto idem B. totus mutatur. Circa articulum etiam nonum fuprà proximum probaretur, quòd frequentiffimè auditus eft loqui cum dæmonibus: Et cùm nullus nifi ipfe effet in camera fua, audiebatur vox fua quæftionantis, & deinde audiebatur vox alia refpondentis fuæ quæftioni; & vox refpondens, vt referunt qui audiuerunt, frequenter variabatur, nunc videbatur vox fubtilis quafi vnius pueri, nunc audiebatur vox groffa, quafi fenis & rauca; & quandoque loquebantur literaliter, quandoque vulgariter, quandoque audiebantur de fubtiliffimis quafi difputantes: frequenter etiam vox illa, quæ variabatur, loquebatur quafi effet vnus Magifter docens: frequenter etiam audiebatur dicere, Facias hoc, & habebis intentum. Item probabitur per familiares fuos fibi in camera feruientes, quòd Perufij facta electione de domino Celeftino, quafi furiofus intrauit domum, & dato thuribulo vni familiari fuo qui feruiebat in camera fua, vt portaret ignem ad faciendum fuam fubfumigationem: femper enim quando conuocabat dæmones, & volebat ab eis refponfum habere, fubfumigationem faciebat. Claufit fe in camera, dictis tribus familiaribus remanentibus ante cameram, & refpicientes cautè per foramina parua quæ erant in oftio, viderunt ipfum facere fubfumigationem multum magnam, etiam folito maiorem, ftantem flexis genibus, & tota camera erat plena fumo fubfumigationis. Et tunc idem B. incepit clamare: Quare decepiftis me, quare decepiftis me? ego me dedi vobis totum, & vos facere me Papam eligi promififtis, & modò factus eft alter. & circa hanc materiam loquebatur multa contra dæmones. Tunc audiuerunt quandam vocem tenuem vt pueri refpondentem: Quare turbaris, rebus ftantibus ficut nunc ftant non poteras effe Papa. Oportet enim quòd Papatus tuus fit per nos, & quòd fiat per talem modum quòd non fis verus Papa, neque legitimus,

& ita fieri procurabimus in breui : sta bono corde, non dubites. & huiusmodi verba prima & secunda probabuntur per ipsos familiares suos audientes. Item probabitur, quòd frequenter mandabat claudi omnia ostia; vsque ad aulam maiorem, & milites & clericos qui seruiebant sibi in camera mandabat stare in antecamera, & quòd nullus pro quacunque re tangeret ostium cameræ, nisi ipse aperiret, & post aliquam horam ipsi qui erant in antecamera sentiebant quasi terræ motum, & audiebant quosdam sibilos, & mugitus quasi serpentum & bestiarum in camera: & tantus horror & timor inuadebat eos, quòd frequentissimè dicebant : Intra se habeat sibi iste homo omnia bona quæ facit nobis, & insuper omnia bona nostra, dummodò non essemus cum eo, & moreremur tali morte., verè in vna dierum isti dæmones quos vocat, quibus facit incensi fumigationes, suffocabunt eum & omnes nos. Et istud idem B. frequentissimè frequentabat, maximè quando Ecclesiæ maxima negotia imminebant. Item probabitur, quòd frequentissimè conuocans dæmones suos, quærebat vbi sunt Columnienses, quos promisistis michi dare, & ad hoc dedi vobis corpus & animam : dicite mihi. Ipsi autem respondebant: ipsi sunt propè, sunt sub forcia & dominio tuo infra centum miliaria ab Vrbe : quæras eos, ipsi latent sub fiducia Dei, sed in timore magno plus non possumus tibi dicere. & ille in furore suo clamabat: dicite mihi locum. & ipsi respondebant: Non possumus, prohibitum est nobis: tibi permissa est potestas in destructione bonorum, sed in personam nullius ex eis aliquid agere poteris, quia tibi non est datum. Et simili modo quærebat semper ab eis ea quæ volebat scire; vnde frequenter publicè dicebat : Nullus credat aliquid dicere vel facere in sero, quin ego sciam in mane, vel in mane quin ego sciam in sero. Inde est quòd ipse præsciuit tractatum de captione sua, & prædixit ipsum per aliquos dies etiam quibusdam Cardinalibus, sed nimis sua potentia & superbia, diuina voluntate, excæcatus paruipendit, non credens aliquod sibi posse nocere. Et probabitur, quòd post relaxationem de ipso factam cum aliquibus suis secretis familiaribus, dixit quòd de liberatione illa nec Deo, neque hominibus regratiabatur, sed ipse sciebat quibus debebat regratiari, intelligens & innuens quòd per dæmonum ministerium fuerat liberatus : & multa huiusmodi, quæ longum esset particulariter inserere, probabuntur.

Decimus articulus est. Item sacrilegus est, consulens diuinatores & diuinatrices, & de hoc est publicè diffamatus. Huius articuli veritas probata est suprà proximo capitulo. Item apertè probabitur quòd vbicunque sentiebat aliquem nigromanticum, vel aliquam mulierem mathematicam, statim quærebat eos, mandabat adduci ad se, & consulebat ipsos. Etiam quosdam porcarios incantatores dæmonum ad se vocari fecit frequenter, & consuluit eos.

Vndecimus articulus est. Item publicè prædicauit Papam Romanum non posse committere simoniam, quod est hæreticum dicere, & hoc crimen est tam in veteri Testamento quàm in nouo, & in sacris Conciliis generalibus reprobatum. Vnde publicè per quendam vsurarium nomine Simonis de prælaturis maioribus, personatibus, & dignitatibus, & beneficiis Ecclesiasticis, quibus specialiter ordo sacer necessariò est annexus, & de absolutionibus & dispensationibus tenetur mercatum, sicut in foro rerum venalium de rebus præfatis consueuit mercari, & super hoc laboratur fama publica contra ipsum. Hoc probabitur quòd publicè dogmatisabat hoc, & dicebat : Cessat lex Iulia ambitus in Vrbe Romana.

Tt iij

Item dicebant: quidam fatui dicunt quòd Papa poteſt facere ſimoniam, & hoc eſt hæreticum dicere, impingunt enim in poteſtate Papæ, & conantur auferre priuilegium Petro & fautoribus eius conceſſum. Quod conſtat eſſe hæreticum. Nónne licet cuilibet tollere de re ſua ſicut vult quando vult & qualiter? Nónne Papa Romanus dominus eſt omnium, ſpecialiter bonorum Eccleſiarum. & huiuſmodi verbis circa hoc vtebatur, non attendens quòd ipſe non eſt dominus, ſed miniſter, neque attendens quòd ipſe non eſt ſupra legem Diuinam & Angelicam, ſed ſub ipſa, per quam expreſsè damnatum eſt crimen ſimoniacæ hærefis & *** peſtis & lepræ. Actuum c. 8. Regum 4. c. 5. Veritas autem ſuprà dicti articuli, & quòd hærefim dogmatiſabat, patet per Leonem C. *Gratia*. per Gregorium C. *Quicunque*. C. *quiſquis*. per Gelaſium C. *Quos conſtituerit*. per Ambroſium C. *reperiuntur*. per Concilium Calcedonenſe C. *Si quis Epiſcopus*. per Gregorium Nazianzenum C. *Qui ſtudeat*. per Gregorium C. *qui ſacros*. per Ambroſium C. *cùm ordinaretur*. C. *petens*. per epiſtolam Charaſi Conſtantinopolitani C. *eos qui*. per Ieremiam ſuper Malachiam C. *Dominus*. & apertè per Gregorium ad Theodoricum & Theodebertum Reges Francorum C. *fertur ſimoniaca hæreſis*. 1. q. 1. Item apertè probabitur, quòd ſuprà dictas ſpiritualium venditiones faciebat, mediante Simone de Spinis de Florencia, & per alios multos.

Duodecimus articulus eſt. Item contra ſpeciale legatum Chriſti factum ſuis propriis filiis, dicens: Pacem relinquo vobis ; veniens toto poſſe pacem impedire inter Chriſtianos, & diſcordias & guerras nititur ſeminare. Vnde ſemel cùm diceretur coram eo quòd partes quædam deberent inter ſe amicabiliter concordare: inhibuit ipſe pacem, prohibens alteri parti, ne concordaret ad pacem: cùm altera pars humiliter ſupplicaret quòd daret illi parti licentiam concordandi : dixit quòd non faceret, etiam ſi Filius Dei, vel Petrus Apoſtolus in terram deſcenderet, & hoc ſibi præciperet: Ipſe diceret ei, Non credam tibi. Huius articuli veritas apertiſſimè probabitur, quòd non ſolùm impediebat pacem, immò ipſe ſeminabat diſcordias etiam inter conſanguineos, etiam inter fratres. Immò ſuum commune verbum erat, quando volebat aliquod caſtrum aliquorum nobilium, & ipſi nolebant vendere, dicebat: ſi volumus habere intentum, ponamus diſcordiam inter eos: ſic fecit in dominis de Sermiento, & in dominis de Auſtura, in dominis de Trebe, in dominis de Sculcula; & breuiter totum ſuum ſtudium erat ad iſta. Vnde facta eſt cautio contra eum, *Voli lugu ſtella props inter luy fri. lu ocultelix* ; id eſt, quando vis habere caſtrum, ponas gladium inter fratres. Item probabitur, quòd publicè dicebat quòd diſcordia Regum & Principum mundi erat vita ſua, & Eccleſiæ; & pax Regum & Principum mundi erat mors ſua, & Eccleſiæ. Item probabitur, quòd mediante fratre M. de Aqua ſparſa Portuenſi Epiſcopo tractata concordia inter dominum Matthæum Ruben. & Vrſinos ex parte vna, & dominum Iacobum de Colunna, & Columnienſes ex altera, & omnia hinc inde acceptata forent, cùm non reſtaret niſi publicatio pacis, ex qua quanta tranquillitas Dei Eccleſiæ & Vrbi & toti Italiæ proueniſſet manifeſtum eſt : idem B. qui furore ſucceuſus audita pace vocauit dictum fratrem M. Portuenſem Epiſcopum, & mandauit ſibi quòd vlteriùs de hoc negotio non loqueretur, ſicut nollet eum habere hoſtilem inimicum: item vocauit dominum Matthæum, & inhibuit ſibi quòd ſicut nollet eum habere perpetuum inimicum, ita nullatenus paci cum Columnienſibus conſentiret. Vnde cùm dictus M. Portuenſis,

& ipse idem dominus Matthæus Ruben; excusauerunt se domino Iacobo & Columniensibus, quòd ipsi non poterant procedere ad tractatum Pacis complementum, inhibiti ab illo sub interminatione graui. Item probabitur, quòd ad suscitandam guerram iam sopitam, quæ ferè per centum annos durauerat inter Columnienses, & dominos de Senaz. & facta erat de ipsa plena pax & concordia, & parentelæ contentæ: idem B. mandauit Petro de Columna de Genaz. cuius filius Stephanus receperat Franciscam filiam domini Florentij Cappocij, neptem Columniensium in vxorem, quòd dimissa dicta Francisca, idem Stephanus aliam reciperet in vxorem, & ipse in hoc dispensabat, quod dictus Stephanus omnino inuitus & coactus fecit, & dimissa dicta Francisca aliam superduxit vxorem. Eadem ratione ad guerram suscitandam mandauit dissolui matrimonium contractum inter filium domini Nicolai de Comite, & filiam domini Florentij Cappocij quondam neptem Columniensium. Eadem ratione ad discordiam & guerram suscitandam mandauit dissolui matrimonium inter Iordanum filium Agapiti quondam de Columna, & filiam ipsius domini Nicolai de Comite. & sic fecit inter multos Nobiles de vrbe & de statu. Item probabitur, quòd ipse Bonifacius dicebat: Si inter Reges & Principes mundi non est discordia, Papa Romanus non potest esse Papa: sed si est inter eos discordia, tunc est Papa, & quilibet timet ipsum vnus præ timore alterius, & ipse dominatur eis, & facit quidquid vult. Item si in Collegio inter Cardinales non est discordia, Papa Romanus non potest esse Papa; sed si est discordia, omnes timent eum vnus præ timore alterius, & ipse liberè facit quod vult. Item, si inter magnates vrbis non est discordia, Papa Romanus non potest esse Papa, nec dominari vrbi neque * * neque terris Ecclesiæ; sed si est inter eos discordia, plenè dominatur & facit quidquid vult. Item dicebat, tunc Papa Romanus est verus Papa, quando inter Reges & Principes mundi est discordia, quando inter Cardinales est discordia, quando inter magnates vrbis est discordia, tunc liberè dominatur, & est Papa.

Tredecimus articulus est. Item morem gerens præfatorum hæreticorum, qui apud se solos dicunt fore fidem veram & Ecclesiam, etiam eos qui sunt veri cultores fidei orthodoxæ, existunt in Confessione Theodozij fidei, quia ab eorum discedunt operibus, asserunt Patarenos; quia natio Gallicana natio notoriè Christianissima suos in fide errores non sequitur, omnes & singulos reputat & publicat, vt dicitur, Patarenos. Huius articuli veritas probatur ex illis quæ ad probationem sexti articuli suprà dicta sunt. Item probatur quòd frequenter dixit; Quòd Rex & regnum Franciæ, & Gallici omnes erant hæretici, & impingebant in articulum *Vnam sanctam Catholicam*, &c. & super hoc voluit edere constitutionem, quam in consistorio legi fecit, quæ incipiebat *Vnam sanctam Catholicam*, &c. & concludebat quòd omnes qui dicerent se Romano Pontifici non esse temporaliter etiam & in temporalibus subiectos, iudicabat hæreticos, & in dictum articulum fidei impingere, & pœnis crimini hæreseos debitis subiacere. Item probabitur, quòd frequenter publicissimè dicebat: Aut oportet quòd superbia Gallicana, & Gallici confiteantur se non esse Christianos; aut si confiteantur se esse Christianos, confiteantur Romano Pontifici non solùm spiritualiter, sed temporaliter & in temporalibus esse subiectos; Aut si hoc superbientes nolunt confiteri, necesse est quòd confiteantur se hæreticos esse. Sed si debeam me ipsum & totam Ecclesiam cum ipsis submergere, ego conculcabo superbiam eorum ; oportet quòd illa superbia confringatur & cadat subtus pedes nostros; contingat inde quicquid contingere potest. Item verbum illud suspicionem manifestissimam hæresis in se habet, quòd non audebat nec poterat facere quod volebat, immò nec audebat incipere nisi conculcaretur superbia Gallicana omnino. Constat enim quòd omnem bonum statum fidei & Ecclesiæ poterat incipere & promouere sub fauore illius sanctæ Domus, quæ semper fuit fidei & Ecclesiæ firmamentum ; sed destruere fidem quantum in se, & inducere hæreses, hoc non poterat agere, nec audebat incipere, quoniam illa sancta Domus eius malignis & iniquis conatibus obstitisset. Semper enim sunt & Christianissimi Reges Francorum, & deuotus Clerus, & in fide constantissimus populus Gallicanus, contra hæreses & hæreticos, schismaticos & tyrannos, murum se opposuerunt pro domo Israel, vt suprà in principio dictum est.

Quatuordecimus articulus est. Item sodomitico crimine laborat tenens concubinas secum, & de hoc est publicè & vulgarissimè diffamatus. Huius articuli veritas probabitur manifestissimè, & quòd à prauo dicto vitio laborauit, & ante Notariatum suum & post, ante Cardinalatum suum & post, ante promotionem suam ad hunc vltimum suum statum & post. Item probatur per ea quæ suprà dicta sunt ad probationem articuli quinti. Item notorium omnino est, & notoriæ personæ cum quibus peccauit tam in camera, quàm in vrbe, & in Campania & circumadiacentibus partibus.

Quindecimus articulus est. Item plura homicidia etiam Clericorum in præsentia sua fecit fieri, & mandauit gaudens de morte ipsorum, & si in principio non percutiebantur per ministros suos letaliter & mortaliter, toties iubebat eos percuti dicēdo, Percute, percute, *Dally dally*: exinde mortui sunt quamplures. Huius articuli veritas notoria est tam Cardinalibus quàm Prælatis, & aliis Clericis, & laicis Curialibus. Item probabitur, quòd tempore illius suæ indulgentiæ quam fecit ad solidandum statum suum omnino de iure vacillantem, & ad vana lucra sectanda, in vno egressu quem fecit de Laterano vadens ad sanctum Petrum, ad mandatum ipsius clamantis alta voce *darly darly*, percutite percutite, plusquam quinquaginta peregrini interempti fuerunt per armatos præcedentes eum. Item probabitur, quòd aliqui de militibus suis, quibus erat mens sanior & pietatis viscera, inuenerunt aliquos pauperes quos de mandato illius grauiter percusserunt, adhibendo eis medicos, & dando medicinas, & finaliter ex ipsis vulneribus morientibus funeris exequias & sumptus faciendo. Constat autem quòd ex solo actu huiusmodi esset ab altari Domini deponendus & euellendus, Exod. 21. c.

Sexdecimus articulus est. Item, cùm quemdam Nobilem condemnasset ad carcerem, inhibuit vt sibi petenti in mortis articulo Sacramentum Pœnitentiæ ministraretur; propter quod videtur credere Sacramentum Pœnitentiæ peccantibus non esse necessarium ad salutem. Huius articuli veritas probabitur ex excessibus veriùs quàm processibus factis contra Columnienses, in quibus expresse cauetur quòd Sacramentum Pœnitentiæ etiam moriertibus denegetur : item, quod abominabilius est, pueris natis ex eis denegetur Sacramentum Baptismi, vt patet ex inaudita serie excessuum antedictorum. Ex quo præsumitur quòd etiam Sacramentum Baptismi annullare nitebatur. Item probabitur, quòd quia de mandato domini G. quondam Sabinensis Episcopi Legati in partibus illis, Agapito de Columna quondam morienti Sacramentum Pœnitentiæ, prius

iurata

DE BONIF. VIII. ET PHILIP. LE BEL.

iurata etiam per ipsum mandata Ecclesiæ, ministratum fuit: idem B. minatus fuit dicto dom. G. Sabinensi Episcopo, se ex hoc processurum contra ipsum ad Cardinalatus priuatione. Quandocunque enim aliquis Cardinalis, quantumcunque iustè & secundùm Deum aliquid dicebat vel faciebat sibi non gratum, minabatur ad priuationem se procedere contra eum Cardinalatus.

Decimus septimus articulus est. Item compulit sacerdotes aliquos, vt sibi reuelarent confessiones hominum, & eas postea absque confitentium vtilitate ad eorum confusionem & verecundiam, vt eos redimere faceret, publicauit: in tantum quòd semel quemdam Episcopum de Hispania, qui cuidam Cardinali quoddam occultum & enorme crimen confessus fuerat in foro pœnitentiæ, publicata confessione sua, quam sibi ab eodem Cardinali dici fecit, inuito & coacto, publicè deposuit propter illud crimen: Et postea accepta pecunia eum restituit, propter quod in Sacramento Pœnitentiæ hæreticare videtur. Huius articuli veritas notoria est. Nam cùm Archidiaconus Fussalensis de Hispania fuisset electus in Archiepiscopum Hispalensem, & per ipsum B. confirmatus & consecratus, & facta esset sibi concessio pallij; dum vellet in Hispaniam redire, confessus fuit quoddam crimen domino fratri M. quondam Portuensi Episcopo summo Pœnitentiario in foro pœnitentiæ, & dum dictus Portuensis in graue diceret factum ipsi, B. compulit eum vt specificaret peccatum, qui specificauit Hispalensem Archiepiscopum; tunc in craftino fecit eum vocari in consistorio Cardinalium secretò; & dixit sibi: Quod fuit illud quod dixisti Portuensi. ipse respondit: nihil dixi. Tunc replicauit: Immò dixisti sibi hoc & hoc. Qui respondit: Ego confessus fui sibi in foro confessionis, nichil omnino sibi dixi nisi vt Deo in confessione. Tunc idem B. furore accensus dixit: Vade vias tuas. & sine consilio Cardinalium egrediens in consistorium publicum publicauit illud crimen, & proposuit auctoritatem, *Fili quid fecisti nobis sic*. & deposuit eum & denunciauit eum inhabilem & irregularem ad omnem dignitatem in Ecclesia Dei obtinendam. Post hæc infra octo dies, accepta maxima pecuniæ quantitate restituit eum ad eundem Archiepiscopatum, & fecit sibi gratias speciales, & priuilegia multa concessit. De primo igitur, scilicet publicatione confessionis, maximum fuit scandalum, multis palam dicentibus quòd toto tempore ipsius B. non intendebant confiteri sicut nollent mori. Sed de secundo fuit non minus scandalum, quòd tam nequiter diffamatum pecunia recepta restituit. Item probabitur, quòd cùm sanctæ memoriæ dominus Nicolaus Decanus Perisecn. sancti Laurentij in Damaso Presbyter Cardinalis, & reuerendus in Christo pater dominus Iacobus de Columna sanctæ Mariæ in Via lata Diaconus Cardinalis, tunc responderent curialiter ipsum factum: idem B. dogmatizabat hoc sibi licere, & quòd ipse erat super Sacramenta dispensanda, & quòd fecerat, & idem facere intendebat: displiceret omnibus quibus vellet, & multas iniurias suprà dictis dominis Cardinalibus dixit propter hoc. Item probabitur, quòd mandauit Pœnitentiariis, quòd quicunque iret ad eos, vel eorum aliquem qui teneret dominum Celestinum renunciare non potuisse, statim personam hoc confitentis denuntiarent eidem B. Item probabitur, quòd illos qui per prædictos Pœnitentiarios denuntiabantur, sibi de hoc statim capi faciebat, & spoliatos bonis omnibus duro carceri mancipari, quosdam ex eis faciendo miserabiliter in carcere mori. Item probabitur, quòd idem Bonifacius mandauit frequentissimè Pœnitentiariis suis, quòd si qui venirent ad confitendum de aliquo fauore Columnien-

V u

sibus impenso, quòd statim denuntiarent ei & personam, & specificationem fauoris impensi. Item probabitur, quòd dum Columniensium sanguinem innocentem effundere quærerent idem Bonifacius, & fautores sui, mandauit Pœnitentiariis, quòd à confitentibus quærerent si scirent aliquid vel certitudinaliter vel ex credulitate, vbi aliquis Columniensium esset; etiam promitterent magnam pecuniam pandentibus eos, & statim nuntiarent sibi quicquid haberent. Item hoc specialiter mandauit tempore concursus Indulgentiæ anni centesimi.

Decimus octauus articulus est. Item in vigiliis ieiunabilibus & quadragesimalibus non ieiunat, sed absque causa comedit, & patitur sine causa suos domesticos & familiares comedere, dicens non esse peccatum in hoc contra generalem statum Ecclesiæ faciendo, & eundem latenter subuertere satagendo. Huius articuli veritas notoria est, quoniam vt alia tempora ieiunabilia taceantur, etiam in Quadragesimis notoriè palam carnes comedebat absque aliqua infirmitatis causa; imò in illis diebus quasi accuratiùs solito varios cibos carnium comedere consueuit; Adeo quòd dum semel supercocus suus magister Petrus de Veruli non nisi sex genera ciborum carnium quodam die Quadragesimæ fecisset: idem B. mandauit, portetis alia. Tunc ipse portauit piscium fercula quatuor successiuè, & ille in furorem versus ait: Quomodo non portas cibos carnium? & dum idem supercocus responderet: Domine habuisti sex genera carnium ciborum. & idem replicauit: fili mereretis maledictionem, vis tu parcimonizare bona Ecclesiæ Romanæ. & dum dictus magister Petrus replicaret: Non sanctè Pater facio causa parcendi expensis, sed causa vitandi scandalum, dum in Quadragesima tot & tantos emerem ferculorum carnium cibos; nam ex eo solùm quòd emo, multi grauiter scandalizantur. Idem autem B. hoc audito quasi furiosus effectus mandauit eum expoliari omnibus bonis, priuauit eum omnibus beneficiis suis, & mandauit sub pœna carceris, quòd toto tempore vitæ ipsius B. Romanam Curiam non intraret. Et breuiter hoc notorium est, quòd in Quadragesima, & omnibus diebus ieiunabilibus carnes comedebat, immò solito accuratiùs cibos carnium faciebat præparari. Item probabitur, quòd in aduentu Comitissæ Rubeæ vxoris nepotis sui Rofredi Anagniam, qui fuit in die Mercurij Quatuor temporum Septembris, idem B. mandauit quòd omnes indifferenter comederent carnes non solùm in conuiuio nuptiali, sed per totam ciuitatem; quod multitudo fœnum hominum fecit, & irridentes dicebant reprehendentibus * * * hæc verba; Non esset nobis tutum pro corpore, neque salutare pro anima præterriri mandatum sancti Papæ. de quo bonis & grauibus viris grauiùs dolor scandali euenit.

Decimus nonus articulus est. Item statum & Ordinem Cardinalium deprimit & despexit, & Ordinem Monachorum Alborum & Nigrorum, fratrum Minorum, & Prædicatorum, de quibus dixit multoties quòd mundus perdebatur per ipsos, & quòd falsi hypocritæ erant, & quòd nunquam alicui bonum eueniret qui confiteretur eis, vel esset familiaris ipsorum, nec ipsos in domo sua teneret: nec vnquam bonum verbum dixit de aliquo Prælato, Religioso, vel Clerico; sed semper conuicia & opprobria mendosa, vt famæ eorum detraheret, & ipsos se redimere faceret, gaudebat in accusationibus eorumdem. & de hoc est publica vox & fama. Huius articuli veritas notoria est: Ipse enim statum Cardinalium non solùm despexit, sed ad nichilum redegit; immò nisi virtute diuina reformetur & misericordia, quasi penitus eneruauit, secutus Cæsarem,

DE BONIF. VIII. ET PHILIP. LE BEL.

qui omnia erat, cui fuit pro ratione voluntas, immò voluptas, immò quicquid libuit licuit, debacchantem in Senatores, & vt liberè poffet tranfgredi, fuifque inordinatis voluntatibus deferuire, fubuertentem priuilegia Senatorum, confuetudines immutantem, & ftatum ipforum, quorum ftatus foliditas & honor, Reipublicæ foliditas & honor putatur, vt patet Machab. 8. c. Ipfe inquam primò temerarius præfumptor effecit in eneruationem ftatus Cardinalatus, vt iam dici poffit, hoc effectum eft, fatagendo in fubuerfionem ftatus ipfius Cardinalatus: ftatus inquam perpetui, ftatus ad affidendum & coniudicandum fummis Pontificibus, vt iuftitiam & veritatem fequantur tam fidei quàm virtutum, & vt iuftitiam & veritatem nunquam deferant, & fraternæ caritatis dilectionem verámque gregis Dominici folicitam curam, odio vel timore fuperati, & vt vtantur, non abutantur & glorientur poteftate, quam Dominus eis tribuit pro veritate, non contra veritatem, in ædificationem, non in deftructionem. Cardinales enim neceffarij, non voluntarij, confiliarij funt Romano Pontifici, coniudices fibi coaffidentes & confiftentes continuè, propter ftilum veritatis per Romanos Pontifices feruandum verbo & facto, & vt affiftentes vigiles & coadiutores continui inftantiæ folicitudinis fuæ, quæ eft & effe debet Romanis Pontificibus inftantia, cotidiana folicitudo omnium Ecclefiarum *. Item probabitur, quòd frequenter dixit etiam coram Cardinalibus ipfis, quòd tunc bene iret mundus quando in Ecclefia non effent alij Cardinales nifi Papa, & in mundo non effent Reges, fed effet diuifus per Baronias. Item probabitur, quòd ipfe à Cardinalibus non petebat fequenda confilia, fed exigebat confenfus ad id quod volebat, & eos qui non dicebant in Concilio illud quod ipfe volebat, vituperabat & confundebat, diuerfa eis opprobria, iniurias, contumelias, & conuicia dicendo & irrogando. Et quoniam dominus Ioannes Monachi Cardinalis zelo Dei motus dixit fibi in confiftorio Anagniæ, Hoc quod facit non eft petere confilia, vt Romani debent Pontifices, fed exigere confenfus ab inuitis. ex quo verbo idem B. in furorem verfus clamare cœpit contra eum: Picharde Picharde tu habes caput Pichardicum, fed per Deum ego piccabo te, & faciam in omnibus velle meum, & non dimittam pro te neque pro omnibus qui eftis hîc, ficut pro afinis. & in pleno confiftorio Cardinalium dixit prædicta & multa alia contra dictum dominum Ioannem, minando fibi terribilia, & inter alia nifi taceret priuationem Cardinalatus, vtens hoc verbo: Nifi mitiges caput Pichardicum, ego picabo te, & faciam quòd extra Curiam & extra ftatum in quo es, & extra omnem honoris ftatum loquaris talia: nec credas quòd velim te fuftinere vt ftimulum: alibi loquaris Pichardica, quàm coram me, & in alio ftatu quàm in ifto. Multa tunc fatua dixit contra ftatum Cardinalatus. Item vituperabat non confulentes quicquid volebat, ficut fecit contra non confulentes regnum Sardiniæ dari domino Iacobo de Aragonia, & in multis fimilibus. Item, quod omnino abominabile eft, nec caret fufpicione legitima & iuftiffima hærefis, fanctæ Romanæ Ecclefiæ Cardinales prædicantes in Ecclefiis, vbi ipfe cum tota Curia erat, & in celebratione miffarum in diebus folemnibus, ftatim quòd incipiebant aliqua dicere quæ fibi non placerent, & quæ fibi male confcius de fe dici putabat, interrumpebat, & furgebat fubitò, non permittens eos finire, & poftea etiam in pleno confiftorio vituperabat eos, opprobria multa, & conuicia, & iniurias, & contumelias irrogans, & dicens eifdem, comminando eis terribilia: ficut fecit bonæ memoriæ domino fratri M. Portuenfi

V u ij

Epifcopo prædicanti in Ecclefia Lateranenfi in die Beati Ioannis, & proponenti auctoritatem, *in medio Ecclefiæ aperuit os eius*, quia inter alia dixit quòd Prælato iniufto in ** non ftanti in medio, fed declinanti ad extrema, dici poterat verbum Ifaiæ ; *Tu quid hic, aut quafi quis hic*, &c. ex quo in publico confiftorio, vt omittamus alias iniurias & opprobria, etiam priuationem Cardinalatus comminatus eft. Simile fecit fanctæ memoriæ domino Nicolao Decano Parifienf. Cardinali prædicanti in fancto Petro in Cathedræ fancti Petri fefto, & proponenti auctoritatem, *in cathedra peftilentiæ non fedit*, cui multum propter hoc minatus fuit in confiftorio, dicens quòd cognofcebat verba quæ erant verba fuperbiæ Gallicanæ, quæ conabatur detrahere Sedi Petri, ne recognofcerent fe etiam temporaliter ei fubditos, dicendo fibi multas iniurias. Simile fecit domino Iacobo de Columna Cardinali, cùm ipfe B. formaffet vnam litteram omnino indecentem, quam volebat mittere ad dominum Regem Francorum, per fratrem Guillelmum de Folchet Viuar. Epifcopum, & inter alia inferuiffet, quòd idem Rex attenderet quòd facile fibi erat Allemannos & alia regna mundi contra ipfum incitare, & Principes Franciæ facere infurgere contra ipfum, & multa alia inconcinna: quia verò idem dominus Iacobus dixit quòd littera illa nullatenus mittenda erat ei, qui, & progenitores eius fuerunt defenfores Ecclefiæ, etiam contra illos quos concitare minabatur, & quòd littera ifta plus Ecclefiam, quàm ipfius Regis & Principum animos amaricaret, qui femper Curiæ Franciæ fideliffimi fuerunt : ipfe in furorem verfus in pleno confiftorio multas iniurias ei dixit, comminando terribilia fe velle agere contra ipfum, & domum fuam, ficut poftea contra Deum & iuftitiam de facto fecit. Quòd autem depreffor fuerit Ordinum, patet ex reuocatione priuilegiorum, & ex conftitutionibus quas edidit contra eos, quòd infamarent Prælatos, & infamantes & accufantes libenter audiret, & eos redimere fe faceret, patet quia & dicebat quia in aqua turbida erat bonum pifcari, & quòd Deus tunc erat ftringendus homini quando dolebat, & aliud vulgare dicebat contra accufatos & *** Prælatos, quòd præ timore vellent nollent feruirent fibi ** dicebat. Itaque ** timor cuftodit vineam, non ille qui vindemiat eam, *pagura guarda Vinga non chy la vindemia*.

Vigefimus articulus eft. Item fidem nitens deftruere, ab antiquo concepit odium contra regnum Franciæ in Dei deteftationem, & quod ibi fuit & eft fplendor fidei, & magnum Chriftianitatis fuftentamentum & exemplar, & antequam fedem iftam teneret, reperietur dixiffe quòd fi effet Papa, potiùs vellet totam Chriftianitatem deftruere vel fubuertere quin nationem deftrueret, quam appellat fuperbiam Gallicorum. Huius articuli veritas manifeftè probatur ex iis, quæ fuprà dicta funt in probatione fexti articuli, & ex multis aliis fuprà dictis etiam in probationibus aliorum articulorum.

Vigefimus primus articulus eft. Item diffamatus eft, quòd cùm nuntij Regis Angliæ nomine eiufdem Regis peterent fibi dari decimam eiufdem regni Angliæ : quòd ipfe refpondit eifdem quòd non daret eis decimam nifi eo pacto, quòd de ipfa guerram facerent contra Regem Franciæ: & vltra hoc magnas quantitates pecuniæ dediffe certis perfonis dicitur, vt impedirent ne pax inter dictos duos Reges fieret ; ipfe tamen pro fuis viribus impediuit nuntiis & litteris, & aliis modis quibus potuit, etiam datis muneribus. Item mandaffe dicitur Frederico, qui tenet infulam Siciliæ, quòd fi vellet prodere Regem Carolum, & fracta fibi pace, & non seruata quam fecerat & se tenere iurauerat, cum eodem vellet se mouere contra dominum Regem, & occidere omnes Gallicos; quòd ipse ad hoc faciendum daret sibi opem, consilium & fauorem & iuuamen; & quòd pro hoc faciendo daret sibi & concederet dicta regna. Confirmauit etiam Regem Allemaniæ in futurum Imperatorem, & publicè prædicauit quòd hoc faciebat vt destrueret nationem, quam vocabat superbiam Gallicorum, qui dicebant se non subesse alicui temporaliter: dicens quòd de hoc mentirentur per gulam, declarando quòd quicunque, etiam Angelus de cœlo descendens, dixerit, quòd omnes Reges mundi non subsint eidem Regi Allemaniæ, anathemasit. Et tamen antea sæpius & publicè dixerat: Licèt ego proponens dicam ipsum verum dixisse quòd ille erat proditor domini sui, & quòd ipsum proditionaliter interfecerat, & non erat dignus dici, nec nominari Rex, nec debitè electus. Et inter eundem Regem Allemaniæ, & Regem Franciæ accordata pro bono pacis, in quibus ius vniuscuiusque saluaretur, & occupationes quæcunque hinc & inde ad statum debitum reducerentur, dissoluit; & sub debito iuramentorum præstitorum etiam à Procuratoribus eiusdem Regis Allemaniæ, eisdem dicitur iniunxisse ne seruarent, in hoc bonum pacis subuertendo, & bono pacis inimicando, & zizaniam inter Christianos seminare nitendo. Horum articulorum veritas manifestè probatur ex iis quæ dicta sunt suprà circa probationem articuli sexti, & articuli duodecimi. Item probabitur, quòd per dominum Dunelmen. Episcopum, multa misit tam litteris quàm verbis, tam domino Regi Angliæ, quàm Baronibus & Prælatis Angliæ, & quin idem Episcopus Dunelmen. omnino voluntarius erat ad illa, & dominum suum Regem Angliæ voluntarium omnino esse sciebat ad displicendum domino Regi Franciæ, ipsas litteras & ambasciatas portare recusauit: Tunc idem B. mandauit sibi sub pœna priuationis Episcopatus, quam ipso facto incurreret, quòd portaret & sollicitè exequeretur sibi commissa: Tunc Dunelmen. Episcopus ficta infirmitate differebat, præmisso nuntio velociter ad dominum suum præsignificans sibi hæc omnia, & captata occasione infirmitatis suum in Curia expectare responsum. Tunc ipse B. qui totus exardebat ad discordiam inter Regem Franciæ, & alios Reges & Principes seminandam, pro nimio desiderio omnem celeritatem moram reputans, mandauit eidem Dunelmen. sub pœna priuationis Episcopatus, quam ipso facto incurreret, quòd ante octo dies recederet de Anglia ad exequendum quæ sibi fuerant præparata. & sic coactus est facere. Item probabitur, quòd litteras & nuntios, promissiones & munera misit in Hispaniam, ad concitandum Regem Hispaniæ contra dominum Regem Franciæ. Item probabitur, quòd ipse procurauit fieri rebellionem Flandr. & quòd habito nuntio de dicta rebellione dixit, Benè vadit negotium, melius est quòd ego faciam scalpere Regem Franciæ tineam suam, quàm Rex Franciæ faceret scalpere tineam meam. Item probabitur, quòd occultè continuè fauit Flandrensibus, verbis, & factis, auxiliis, consiliis, & fauoribus. Item probabitur, quòd de damno dato Gallicis per Flandrenses, non ex potentia, sed ex fallacia fraudis, & dolo malo, idem B. publicè lætitiam magnam fecit, congaudens de morte Gallicorum Principum, & aliorum qui perierunt ibidem, & improperans Gallicis conuicia, contumelias, opprobria, & iniurias multas dicens. Item probabitur quòd publicè in pleno consistorio cùm dedit domino Friderico de Arragonia nomen regni, vt Rex Tinageri vocaretur, dixit quòd hoc facie-

V u iij

bat, & multa alia facere intendebat eidem Friderico, vt confunderet superbiam Gallicorum. Item probabitur, quòd idem B. misit eidem Frederico virgam auream cum gemmis, multa sibi promittens, dicens inter cætera, quòd ideo mittebat sibi virgam auream, vt ipse esset virga & baculus suus ad conculcandum & exterminandum superbiam Gallicorum. Item firmiter creditur, quòd idem B. nouam & secretam concessionem insulæ Siciliæ in præiudicium Regis Caroli fecerit eidem domino Frederico. Quod autem continet articulus, in confirmatione Regis Alleman. factum & dictum fuisse, notorium omnino est. quoniam in publico consistorio omnibus qui volebant astantibus dicta & facta fuerunt. Item probabitur, quòd in secreto ad multa specialia cum ipsis nuntiis tractanda processit, vt mouerentur Allemanni contra dominum Regem Franciæ, & quòd multa ad hoc Regi Allemanniæ promisit, si assisterent plurium Regum & regnorum missionem Legati Cardinalis, immò Legatorum Cardinalium ad regna diuersa contra suprà dictum dominum Regem Franciæ, & cogitabat multa tot talia & tanta agere contra ipsum, quòd benedictus sit Deus omnipotens, qui non permisit manus suas iniquas implere quod cœperant. Quod autem continet articulus, quòd priùs idem Bonifacius dixerat ipsum Regem Allemanniæ proditorem, &c. notorium est, quoniam in Reate in pleno consistorio Cardinalium, plurimis astantibus, nuntiis ipsius Regis Allemanniæ respondit, quòd idem Rex erat excommunicatus multis excommunicationibus, destructor Ecclesiarum, & tyrannus, qui destruxerat nobilissimam Ecclesiam Archiepiscopalem Salseburgen. & alias multas, erat periurus & proditor domini sui Regis Adolphi, quem proditionaliter interfecerat, & multa alia turpia dixit contra ipsum in præsentia nuntiorum suorum : Et in finem verborum suorum iactauit se quòd Papaliter fuerat locutus. Dixit etiam inter alia quòd electio sua non tenebat, & quòd ipse non potuerat eligi ex suprà dictis & aliis causis multis.

Vigesimusecundus articulus est. Item diffamatus est publicè quòd Terra Sancta prodita est propter culpam suam, & peruenit ad inimicos Dei & fidei, & quòd ipse opera data hoc sustinuit, & denegauit subsidium dare Christicolis, qui eam defendebant, & subsidium à summis Pontificibus constitutum & assignatum amouit, vt thesauros & pecuniam Ecclesiæ, quæ in illos vsus debebat conuerti, velut patrimonium Iesu Christi, consumeret in persecutione Christianorum, fidelium, & amicorum Ecclesiæ, & inde suos ditaret parentes. Huius articuli veritas notoria est, quoniam non solùm subuertebat vltramarinis Christianis, sed nec audire eos volebat petentes subsidium, immò totis viribus laborabat emungere, & Templariis & Hospitalariis quicquid poterat, & in omnibus depauperare eos. Quod patet, quòd non solùm in pecunias quas ab eis extorquebat faciebat; sed etiam immobilia bona eis auferebat, sicut fecit Templariis de omnibus bonis quæ in regno Aragoniæ habebant : sicut fecit in bonis quæ Templum habebat in Campania iuxta * * * Ecclesiam sancti Hippolyti, & alia quæ abstulit Templo, & infeudauit in vassallos suos, dominum Mantellatium de Anagnia, & alios Nobiles de bonis Templi prædictis. Item bona decimarum & alia consumpsit, persequendo Columnienses, & publicè prædicabat & prædicari faciebat, quòd magis merebatur expendendo pecuniam vltramarinam contra Columnenses, quàm contra Sarracenos. Item modò circa finem suum ad tantam deuenit temeritatis insaniam, quòd non erubescebat publicè prædicare, &

prædicari facere, quòd magis merebantur fideles persequendo dominum
Regem Franciæ, quàm Soldanum Babyloniæ, & longè magis merebantur
persequendo Gallicos quàm Sarracenos. Et cum prædicatione crucis
tanquam contra hæreticos, & subministratione pecuniarij subsidij fauebat
in partibus suis, rebellibus dicti Regis & regni ; quod apud bonos
& graues non caret hæreticæ suspicionis nota. Quia hæreticus semper
conatur persequi totis viribus veros fideles, & hoc credit ad suæ fidei,
immò suæ perfidiæ hæreseos dilatationem pertinere. Quod autem continet
articulus de ditatione parentum, notorium omnino est, quòd ipsos
per fas & nefas de pecuniis Ecclesiæ, & aliis pecuniis ab Ecclesiis, Prælatis,
& personis Ecclesiasticis extortis sublimare & ditare omnimodo est
conatus, & vltrà quàm credi possit in immobilibus & mobilibus ditauit.

Vigesimus tertius articulus est. Item simoniacus esse publicè dicitur,
immò fons & fundamentum simoniæ, nedum in beneficiis conferendis,
sed etiam in ordinibus tribuendis, & dispensationibus faciendis, omnia
beneficia Ecclesiastica venalia exposuit, vt in plurimis plus offerenti dentur,
& plus offerenti contulit Ecclesias, & Prælatos Ecclesiæ seruos constituit,
& talliabiles fecit, non propter bonum fidei, nec ad deprimendum
infideles, sed vt fideles deprimeret, & vt de bonis Ecclesiæ & patrimonio
Crucifixi suos parentes ditaret, eósque Marchiones, Comites,
& Barones præsumpsit facere, & fortalitias magnas eisdem construere
non expauit, eradicatis & depressis multis Nobilibus Romanis, & aliis.
Huius articuli veritas omnino notoria est, & probatur per ea quæ dicta
sunt suprà in probatione vndecimi articuli, quoniam non solùm simoniacus
erat, sed dogmatizabat hæreticè simoniam non cadere in Papam.
Quòd Prælatos Ecclesiæ talliabiles fecit, &c. probatur quia publicè dixit
in Reate, quòd solùm à Prælatis & Ecclesiis regni Franciæ de certa
tallia imposita, puta tali Prælato viginti milites, tali triginta, tali decem,
habebat, vsque ad finem guerræ contra Columnenses, stipendia continua
pro tribus millibus militum, & viginti millibus peditum, sine eo quod
habebat de alio mundo : Et quòd de dicta guerra contra Columnenses
vltra id quod expenderat, vltra sexcenta millia florenorum habebat &
plus credo decem * mille millia. Quòd suos consanguineos ditauerit, Marchiones,
& Comites fecerit, fortalitiis multis in diuersis locis in vrbe
& extrà factis, notorium omnino est, & liquidè quilibet videre potest.
Quòd Nobiles Romanos & alios exterminauerit, patet in Columniensibus,
quorum bona omnia per dictum B. exterminata fuerunt, ciuitatibus,
Castellorum domibus, fortalitiis funditus dissipatis, castrum tamen
Nymphæ, quod ditissimum castrum est, & vberrimum in redditibus,
quod ad ius domini P. de Columna pertinet, expulso inde violenter suo
Procuratore, & Vicario, ad manus suas detinuit, & vsque hodie contra
Deum & iustitiam detinetur per nepotes ipsius, Rotis, fortalitiis,
turribus & palatiis maximis factis ibidem.

Vigesimus quartus articulus est. Item publicè dicitur quòd plura matrimonia
legitimè copulata dissoluit contra præceptum Dominicum, in
damnum & scandalum plurimorum, & nepotem suum coniugatum, ignarum
penitus & indignum, qui vitam ducebat & ducit in omnibus dissolutam
notoriè, ad Cardinalatus prouexit honorem, & apicem sublimauit,
viuente vxore, quam compulit votum emittere castitatis, & postea dicitur
duos pueros ex ea generasse, & de hoc est publicè diffamatus. Hu-

ius articuli veritas, quæ & qualis fit, in quantum tangitur perſona nepotis ſcilicet domini Franciſci, quem fecit Cardinalem, poteſt ſciri à domino Rainaldo de Supino, cuius ſoror eidem domino Fr. fuit deſponſata, & in domo eius per annos multos ſtetit, quæ poſtea ingreſſa eſt monaſterium. Quoad alia autem certum eſt, quòd diſſoluit plura matrimonia legitimè copulata, ſicut patet quòd diſſoluit matrimonium nepotis ſui domini Rofredi copulatum omnino cum domina Margareta Comitiſſa Rubea, cum qua carnali copula conſummato matrimonio cohabitauit per plures annos: poſtea ipſe diſſoluit, & dictus Rofredus ſuperinduxit aliam, ſcilicet Comitiſſam Fundanam, ex qua habuit Comitatum Fundanum in dotem: & dicta Margareta de mandato ſuo, mediante domino Theoderico de Vrbe-veteri, quem fecit Cardinalem Allij, nupſit ſcilicet domino Nello de Senis, capta priùs perſonaliter ipſa domina Margareta per eundem dominum Theodericum, de mandato ipſius B. & non dimiſſa quouſque ſibi & nepotibus ſuis dedit ac ceſſit totum Comitatum ſuum Aldobrandeſchum. & hæc notoria ſunt. Et hoc in multis aliis fecit, ſicut probatur per ea quæ ſuprà dicta ſunt circa probationes articuli duodecimi.

Vigeſimus quintus articulus eſt. Item diffamatus eſt publicè, quòd anteceſſorem ſuum dominum Celeſtinum, virum ſanctæ memoriæ, ſanctam vitam ducentem, ſibi fortè conſcius quòd renunciare non potuiſſet, & Papa hoc, legitimum idem Bonifacius ad ſedem non habuiſſet ingreſſum, inhumaniter tractauit & incluſit in carcerem, & ibi eundem celeriter & occultè mori fecit: & de hoc eſt per totum mundum publica vox & fama. Plures etiam magnos litteratos & regulare vitam ducentes, qui de hoc an ille renunciare potuiſſet intra ſe diſputauerant, intrudi & mori fecit in carcere. Huius articuli veritas quantum ad carcerem diſtrictiſſimum, quantum ad immanem & crudelem tractationem ipſius domini Celeſtini, notoria eſt tam in Curia, in vrbe, quàm Campania, & maritima, & circumadiacentibus regionibus: ſed ſuſpicio eſt & præſumptio validiſſima, quòd fecerit eum occidi: manifeſtè probatur ex iis quæ dicta ſunt ſuprà circa articuli ſexti probationem. Item probabitur manifeſtè, quòd tres Nobiles, quorum duo milites, qui in nece viri ſancti operati ſunt, de dicti B. & fratris ſui domini R. mandato, mortui ſunt rabioſi, & blaſphemabant circa mortem quòd hoc eueniebat eis, quia ad mandatum Gayetanorum occiderant virum ſanctum dominum Celeſtinum. Item probatur, quòd nulli omnino permiſſus fuit videri poſt mortem, cùm multi ad hoc inſtarent. Item probabitur, quòd eo mortuo dominus Theodericus de Vrbe-veteri Camerarius eius, tunc in vna caſſa optimè clauata & impacta vndique, fecit eum deferri Florentinum, & mandauit Communi Florentini ſub pœna decem millium marcarum argenti, quòd cuſtodirent ipſum. Tunc dominus Ambroſius de Florentino reſpondit: Quid datis nobis ad cuſtodiendum non niſi vnam caſſam? quomodo ergo ponitis nobis pœnas, quòd cuſtodiamus? Nos volumus videre quid eſt intus, & illud quod erit intus cuſtodiemus. Quo audito ſtupuit Theodericus prædictus, & minatus eſt ad mortem dicto domino Ambroſio, dicens quòd ipſe voluerat vituperare Papam in perpetuum, & deſtruere Domum Gayetanorum ex eo quod dixerat; & ſtatim dubitans ne Commune Florentini videret, dixit: Ego reuoco omnes pœnas, nolo quòd tangatis caſſam, & ſtatim ſepeliri fecit, mandans ſub magnis pœnis caſſam non tangi. Ex quo quilibet ſapiens & intelligens aduertit quòd occiſus fuerat.

rat. A scientibus enim asseritur idem dominus Celestinus occisus fuisse
claua fullonis percusso capite. & de hoc publica vox & fama in Campania, & partibus illis. Item probabitur, quòd fratrem illum de Ordine suo,
qui in ipso carcere secum erat, statim post mortem domini Celestini capi
fecit, & ipsum in duro retrudi carcere, & intra dies paucos in ipso duro
carcere mori, timens ne mortem illius & modum mortis aliis reuelaret,
quod & fecerat post mortem domini Celestini & ante captionem. Veritas autem articuli propositi quoad id quod dicitur quòd dominus Celestinus renuntiare non potuit, & sic suus ad sedem non fuit legitimus ingressus: vt disputationum subtilitates reuerendis & lumine Diuino illu-
minatis in scientiarum doctrina magistris Parisiensibus relinquantur, apertissimè sine aliqua dubitatione, sine refragatione, & contradictione quacunque habetur ex libris antiquis gestorum Ecclesiæ, & sanctorum Conciliorum definitionibus, & ex antiquis Chronicis antiquos Ecclesiæ &
Romanorum Pontificum actus continentibus, vbi hæc veritas indubitata
omnino continetur; Quòd Romanus Pontifex post susceptionem summi
Pontificij, maximè post susceptam consecrationem in ipso, per quam vitam suam ministerij Pontificij executioni deducat, nec ab ea dum viuit
potest aliquatenus separari, suscepto honori & ministerio Pontificij, curæ & sollicitudini Dominici gregis commissi, atque susceptæ obligationi professionis saltem tacitè votóque saltim tacito emissis ad hæc & per
ipsa obligatus, nullatenus dum viuit renuntiare potest, seu cedere, vel
repudiare, vel per quemcunque actum ipsius Pontificij curam & ministerium deserere, vel se ab ipso, vel ipsum à se transferre potest. & si faciat nichil omnino agit, sed remansit Papa vt priùs, & exequetur vt priùs
Pontificiale ministerium, curam gregis Dominici, à qua suscepta ceruí-
cem subducere sas non est, sollicitè geret, vt priùs, cùm vniuersali Ecclesiæ & gregi Dominico vinculo est omnino dum viuit indissolubili obligatus. Huius autem veritatis probationes per Concilia, per libros antiquos, per registra Ecclesiæ, per Chronicas antiquas gestus Romanæ Ecclesiæ, & summorum Pontificum continentes, omnino in promptu sunt,
& quandocunque placuerit, & locus fuerit, habebuntur. Quòd multos
autem magnos litteratos mori fecerit in carcere, omnino notorium est,
tam Vltramontanos quàm Cittamontanos, tam Prædicatores quàm Minores, tam Religiosos quàm seculares: quorum quia omnino magna est
multitudo, & notoria, nomina non exprimuntur, sed suo loco & tempore, si placuerit, singulariter exprimentur.

Vigesimus sextus articulus est. Item quòd personas Religiosas regularem vitam ducentes sine causa rationabili ad seculum reuocauit. Huius
articuli veritas notoria est: Nam & sic fecit circa ipsam Sedem Romā trans-
ferens Lateranens. Ecclesiam, vbi erant Regulares, in Clericos seculares, & in Tholosa, & in aliis multis locis.

Vigesimus septimus articulus est. Item diffamatus est, quia dixit quòd
in breui faceret omnes Gallicos martyres vel apostatas. Huius articuli
veritas probatur ex iis quæ dicta sunt suprà circa probationem articuli
sexti, & circa probationem articuli vigesimi primi. Item quantum in eo
fuit hoc conatus est facere, & temerariè præsumens & publicè dominum
Regem Franciæ, & Gallicos hæreticos prædicare. & gratias Deo quòd
non sic potuit facto facere, sicut lingua, quia verè omnes Gallicos Martyres effecisset; & omnis suus conatus, & desiderium, & malignus cogitatus versabatur in istis.

X x

Vigesimus octauus articulus est. Item publicè diffamatus est, quia non quærit salutem animarum, sed perditionem earum. Huius articuli veritas ex superioribus probatur apertissimè, ex quibus constat eum tam in exemplo vitæ suæ periculo, quàm suæ falsitatis doctrinæ vulnerare corda infirmorum, vt ex ipsius prauitate grex Domini faciliùs in perniciem deducatur. Item hoc probabitur frequenter dixisse: Sunt quidam fatui qui dicunt, Dominus Papa Bonifacius facit talia facta, quòd ibit in infernum: stulti stultè loquuntur qui nesciunt: dicant mihi, vbi est Paradisus & vbi Infernus, & quomodo est factus Paradisus, & quomodo Infernus, & quis venit de Paradiso, & quis de Inferno. Sed dimittamus hoc: esto quòd esset fatuitas quam dicunt, ego non irem solus, quia antequam moriar tot faciam illuc ire si illud esset, quòd non essem solus. & taliter relinquam mundum post me, quòd si illud esset multi me sequerentur.

Ex suprà dictis datur via manifesta ad probandum omnium & singulorum articulorum suprà præmissorum veritatem, & supradicta omnia sicut scripta sunt, & omnium ipsorum veritas apertissimè suis locis & temporibus legitimè probarentur.

Item notabiliter omnino attendendum, quòd præter omnia superiora manifestissimis probationibus & inconuincibilibus probabitur, hæreticum fuisse & in pluribus articulis fidei hæreticasse. Probabitur, inquam, hæreticum fuisse ex antiquo etiam ante omnem suam promotionem. & probationes ad hoc legitimæ & inconuincibiles & manifestæ præstò sunt, & si expediret, suis locis & temporibus haberentur.

Conclusio ad omnia omnino supradicta hæc est, quòd diligentissimè aduertatur consequens quod circa statum Ecclesiæ datur, præmisso antecedenti probato, attendatur prudenter quòd Præsidentes & Dominantes in Ecclesia, quorum status intimè tangeretur, omnes omnino probationem supradictorum impedirent, non minùs rem suam agentes, quàm memoriæ defuncti hæretici. Vt igitur negotium suo legitimo ordine & more procedat, & probationum legitimarum non adimatur per aliquorum dolos & potentiam copia, sed supradictorum veritas veritatis libertate iuuetur: omnino necesse est, vt ea potentia & fauore assumantur negotia, quòd exurgat Deus veritatis, & non præualeat homo, & honor & gloria ex iis Deo, Ecclesiæ status debitus, & legitima rectitudo reddatur, & domino Regi & regno in laudis præconium sempiternum redundet, & post Deum in ipso domino Rege sperantes & habentes fiduciam, sub reintegratæ & sanatæ matris brachiis protegantur, & vberibus nutriantur: ex quo regio culmini decus accedat, & honor, laus & gloria omnipotenti Deo, qui fluctuantem Petri nauiculam imperans ventis, ex mari de marinis procellosis fluctibus suæ veritatis omnipotentia per regiæ deuotionis ministerium, ac potentiam Celsitudinis reducere dignabitur ad legitimos status, & plenæ pacis tranquillum. Cui soli honor & imperium in sæcula seculorum. Amen, amen, amen.

Propositions contre Boniface, où il est parlé de tous les crimes contenus aux autres écrits. Et il y a, qu'il se moquoit de ceux qui se confessoient, les appellant Fatui. Qualis fatuitas, *disoit-il*, quòd quis euomat in vna hora quicquid fecit per totum annum. *Disoit que le monde estoit eternel, ne croyoit pas la resurrection. & disoit*, Beati qui viuunt & gaudent in isto mundo, spes vana mundi futuri. isti sunt stultiores, quàm illi qui expectant Regem Arturum quem nunquam videbunt: *ils sont semblables au chien qui prend l'om-*

DE BONIF. VIII. ET PHILIP. LE BEL.   347

bre pour le corps. Se moquoit de la priere pour les morts, qu'il n'y auoit profit que pour les prestres & les moines. Dicebat Iesum Christum non esse verum Deum sed fantasticum. *Que la paillardise n'est peché. Il a abusé de plusieurs personnes. Il sacrifioit aux demons.* Ne croyoit le Purgatoire ny l'Enfer: & disoit, a-t-on veu quelqu'vn qui en soit reuenu? *Que le vray Paradis est ce monde. Il a fauorisé les heretiques, & receu des presens d'eux. Il a empesché l'Inquisition de proceder contre eux, a persecuté les Inquisiteurs, & en a fait mourir en prison.*

Coffre Boniface num. 807.

PROPONITVR, quòd Bonifacius nec vt verus & legitimus Pastor verè legitimè debitè & canonicè ingressus est, & obtinuit Pontificatum, & Pontificij curam, gubernationem, & regimen, nec vt verus & legitimus Pastor verè legitimè ac debitè Pontificium, & ipsius curam rexit, gubernauit, & administrauit, nec vt verus & legitimus Pastor verè legitimè ac debitè in Pontificio & ipsius administratione, regimine, cura, & gubernatione decessit.

Item proponitur, quòd idem Bonifacius ante Pontificij curam, administrationem, & regimen, vt suprà prædicitur, susceptam, & detentam, infidelis fuit & errauit in multis contra veram fidem, & tam in seipso fuit in multis à vera & sancta fide exorbitans, in plerosque articulos, & facti damnati errores, & sententias prolabens & incidens, quàm etiam multos verbo & facto, exemplo & doctrina à sancta & vera fide deiiciens. Similiter & post susccpti, vt suprà dicitur, Pontificij curam, gubernationem, & regimen, vt infidelis & errans contra sanctam & veram fidem, & non solùm in seipso in pluribus à sancta & vera fide exorbitans, & in facti damnati errores & sententias prolabens & incidens, & iam prolapsus periculosè permanens, & persistens, multos verbo & facto, exemplo, & doctrina à sancta & vera fide deiiciens, vixit, gubernauit & rexit. Sed & sic infidelis & errans in multis contra sanctam & veram fidem, & tam in seipso in pluribus à sancta & vera fide exorbitans, & in facti damnati erroribus & sententiis, in quibus prolapsus fuerat & inciderat, & in quibus, vt iam dictum est, pro se & Ecclesia & multorum casu & spirituali ruina periculosè perseuerauerat, atque perstiterat, perstitit & perseuerauit vsque ad mortem, & huiusmodi decessit, non vt fidelis & verus Christianus, & verè de sancta fide sentiens, Sacramenta petens atque recipiens, & priorum infidelitatum & errorum inuia & errores abiurans, denegans & derelinquens, & viam & exemplum & doctrinam sanctorum custodiens, sed non agendo debita, & ad illicita verba, & alia prorumpendo, & debita, ad quæ secundùm veram fidem vt verus fidelis moriens tenebatur, obmittendo, non petendo, recusando vt infidelis & errans, & tam in seipso à vera fide exorbitans, quàm alios verbo & exemplo à vera fide deiiciens.

In specie autem infrà scripti articuli contra ipsum probabuntur apertè, qui dati sunt & dantur ab illis, qui secum fuerunt familiarissimè vsque ad ipsius obitum, vt sui intimi & domestici conuersati.

In primis quòd idem Bonifacius non bene credebat nec sentiebat de Corpore Christi, & Sacramento altaris. & ex hoc tanquam non bene sentiens non reuerebatur vt debebat, & reuerentes arguebat & increpabat, & quandoque etiam publicè non sine magno scandalo audientium.

Item de Sacramento Pœnitentiæ omnino malè credebat, arguens con-

X x ij

fitentes peccata sua de fatuitate & stultitia, dicens, Quanta & qualis fatuitas, quòd homo euomat in vna hora quicquid dixit fecit & cogitauit per totum annum? & quid credunt fatui facere cum istis stultitiis? Et per hoc & iis similia confitentes peccata sua vituperabat & damnabat, & increpabat, & quandoque etiam publicè, non sine magno scandalo audientium.

Item credebat mundum esse æternum, & frequentissimè vtebatur verbo Salomonis, Quid fuit? id ipsum quod erit. Item frequenter consueuerat dicere: Vnus moritur, alter nascitur, sicut fuit semper & sic semper erit, generatio præterit, generatio aduenit: terra autem in æternum stat. & hoc quasi communiter & frequentissimè dicebat, & quandoque etiam publicè, non sine scandalo magno audientium.

Item de generali resurrectione mortuorum nichil omnino credebat. Vnde consueuerat communiter dicere: Beati qui sciunt viuere & gaudere in mundo isto, & tristes qui habent mala in mundo isto, sub spe vana mundi futuri: Isti sunt stultiores, quàm illi qui expectant Regem Artusium, quem nunquam videbunt. Et sunt huiusmodi fatui homines, similes canibus qui stant in ponte supra aquam, & portant carnes in ore, & respiciunt in aquam, & vident vmbram carnium, & dimittunt veras carnes quas tenent in ore, & respiciunt carnium vmbram quæ nihil omnino est. Sic faciunt qui dimittunt mundum istum quem habent præsentialiter, & sperant in illo qui non est, & consueuit dicere: Beatus ille qui scit gaudere & facere voluntates suas in mundo isto, & non attendit ad istas fatuitates. & hoc quasi communiter habebat in ore & frequentissimè dicebat, etiam publicè quandoque, non sine magno scandalo audientium, quorum nonnullos per huiusmodi verba exorbitari faciebat à vera fide.

Item de suffragiis & orationibus quæ fiunt per Ecclesiam pro defunctis & animabus defunctorum, dicebat quòd illa facere decens erat pro consolatione consanguineorum defuncti seu defunctorum, non autem fiebant pro aliqua vtilitate defunctorum, sed pro vtilitate Religioforum & Clericorum. & hoc quasi communiter dicebat, & quandoque etiam publicè, non sine magno scandalo audientium, qui ex huiusmodi dictis scandalizabantur, & debiliores reddebantur in fide.

Item de Deo & saluatore nostro Domino Iesu Christo malè sentiebat, nec verum Deum eum credens, nec verum hominem, sed fantasticum & putatiuum.

Item dicebat & asserebat, quòd fornicari, adulterari, & mœchari, non erat peccatum, quia ad hoc Deus fecerat homines & mulieres. & istud frequentissimè coram familia sua dicebat. Et, quod deterius est, nonnullis quibus ipse miserabiliter abutebatur, asseruit & asserebat, quòd hoc ipsum nullum erat peccatum: sicut per illos eosdem quamplures, quibus ipse abusus est, & abutebatur, & qui vsque in diem mortis suæ familiariter & domesticè sibi seruierunt, probabitur manifestè.

Item erat & fuit idololatra, sacrificans & immolans dæmoniis, & consultans eosdem, & vt ab ipsis responsa, & quæ volebat posset habere, frequentissimè ipsis dæmoniis sacrificabat, & immolabat & thurificabat, nunc de incenso, nunc de myrra, nunc de sanguine humano etiam proprio, nunc de ligno aloë, & aliis multis.

Item quòd de infernalibus suppliciis, & de Purgatorio nihil credebat omnino, sed frequenter dicebat: Vos qui dicitis quòd est Paradisus, & Infernus, & Purgatorium, quando vidistis aliquem redeuntem inde? Quando rediit inde auia vestra? stulti, stulti hic in hoc mundo est Paradisus: Beati qui sciunt & possunt & volunt cum habere. & hic est infernus: Væ illis miseris qui habent ipsum. & hic est Purgatorium: Beatus ille qui bene euadit, & cum consolatione & gaudio, & sine tristitia & dolore. & hoc communiter dicebat & frequenter publicè, non sine magno scandalo audientium.

Item quòd cum nonnullis, quorum aliqui adhuc viuunt, aliqui mortui sunt, & quorum damnati sunt aliqui & combusti, & aliqui damnati ad certam pœnam, & non combusti, iam à multis retro annis cohæreticauit, & in factum damnatum hæreseos incidit manifestè, in secta damnata & hæretica communicans & participans cum eisdem.

Item quòd in articulis & Sacramentis fidei, & de ipsis aliter sensit, & tenuit quàm vera fides expostulet, & quòd in ipsis & de ipsis non se habuit sicut verus & Catholicus, sed in multis errauit & lapsus est à vera & Catholica fide exorbitans, & quantum in ipso fuit alios exorbitari faciens.

Item quòd in supradictorum nonnullis & aliis ante susceptum Pontificium, & post, errauit & lapsus est, & à vera & Catholica fide exorbitauit, & alios exorbitare fecit, nec vt verus fidelis Catholicus, & legitimus Pastor, verè & legitimè ac debitè & fideliter Pontificium & ipsius curam, gubernationem, & regimen ingressus est, & obtinuit, nec vt verus & legitimus verè & legitimè ipsius curam & administrationem, vt fidelis rexit, gubernauit & administrauit, nec vt verus & legitimus Pastor verè & legitimè ac debitè in Pontificio & ipsius administratione, regimine, cura, & gubernatione decessit.

Item quòd ante ingressum Pontificij & post, vt infidelis & errans, hæreticos, & fautores, adiutores, & credentes, & receptatores eorum iuuit, fouit, & receptauit, consilium & auxilium & fauorem eis præstans contra Deum & canonicas sanctiones, & munera & xenia scienter ab ipsis hæreticis & eorum capitibus recepit: pro quibus muneribus, & xeniis præsentandis eidem inter ipsos hæreticos & credentes eorum per maiores ipsorum & præsidentes ipsorum sectæ damnatæ collectæ & daciæ fuerunt impositæ inter eosdem hæreticos pro suprà dictis complendis.

Item quòd Inquisitores nonnullos hæreticæ prauitatis, pro eo quòd contra hæreticos suum officium viriliter exercebant, & nonnullos ceperant sectæ suæ, iam ex antiquo, qui etiam contra ipsum multa & varia deponebant, tanquam contra participantem & communicantem eis in crimine supradicto, grauiter excandescens multa eis comminatus est mala. Et tandem ipsos hæreticos qui detinebantur, iam hæresim confessos relaxari fecit, & pristinæ restitui libertati. Et tandem ipsos Inquisitores ignominiosè capi fecit, & in carcerem detrudi, quorum vnus in carcere miserabiliter post quasi triennium expirauit, alter autem adhuc viuit & superest. Ex quibus manifestissimè conuincitur & infidelis & errans, & à fide exorbitans, & alios exorbitari faciens, & fautor, adiutor, & receptor hæreticorum, & communicans manifestè in damnato crimine criminosis.

Ce gros cahier qui contient 93. articles, remarque par le menu les diuers crimes du P. Boniface tant auant qu'après son élection au Pontificat. Ses impietez, atheismes, heresies touchant les Sacremens.
Consultoit les demons & deuins. Sacrifioit au diable. 8 b
Soustenoit que le Pape ne pouuoit commettre simonie. Que le Pape estoit Dominus spiritualium & temporalium. Il *disoit,* Papa non est Papa, nisi sit discordia inter Principes & inter Cardinales. *Auoit mis la diuision entre les nobles familles de Rome; par diuers mariages & dispenses extrauagantes, & disoit que sans ces discordes il n'estoit pas pleinement Pape.*
Luy heretique disoit que tout le reste des hommes estoit heretique, & principalement le Roy de France & tout son Royaume, quia impingebant in articulum, Vnam sanctam Catholicam, & ex illa causa vnam constitutionem edidit, Vnam sanctam. *qu'il a fait ce qu'il a pû pour la subuersion du Royaume de France.* Non possum*, disoit-il,* facere quod volo, nisi confundam potentiam Gallicanam.
Il dit que tousiours les Tres-Chrestiens Roys de France, le Clergé & le Peuple ont constamment combatu les heretiques, & schismatiques, & les tyrans.
Il estoit grand Sodomite, & disoit que ce n'estoit peché.
Il estoit homicide, & l'année du Iubilé fit tuer plusieurs pelerins en sa presence.
A contraint plusieurs Prestres de luy reueler les confessions : marque le fait d'vn Euesque d'Espagne.
Qu'il auoit commandé à tous les Penitenciers, que si l'on leur eust confessé où estoit le P. Celestin qu'ils eussent à le luy reueler. Qu'il se seruoit de ces reuelations de confessions, & principalement contre les Colonnes, ayant mis prix sur leurs testes.
Vouloit ruiner les Moines, disant sunt mali & falsi hypocritæ*, qui subuertissent l'estat de l'Eglise.*
Il appelle superbia Gallicana.
Il ne vouloit accorder aucunes graces aux Roys & Princes comme decimes, & autres, qu'ils ne luy promissent de faire la guerre au Roy de France.
Il ne traita point auec le Roy d'Allemagne, qu'à cette condition.
Il appliquoit à son vsage ce qui se donnoit pour le secours de la Terre Sainte.
Il rompoit & dissoluoit les mariages sans cause : & son neueu François qui estoit marié, & qui auoit espousé encore vne autre femme Madame Marie sœur du Seigneur Renaud de Supino, il le fit Cardinal sa femme viuante.
Qu'il auoit fait mourir Celestin en prison, & auoit fait mourir plusieurs Docteurs qui auoient écrit, An Celestinus renuntiare potuisset.
Que plusieurs qui auoient participé à la mort du Pape Celestin par ordre de Boniface & de son frere Roffredus, estoient deuenus enragez. Et il auoit aussi fait mourir plusieurs personnes pour sçauoir quelque chose de la mort dudit Celestin.
En mourant Boniface ne demanda point les Sacremens, & mourut blasphemant contre Dieu & la Vierge Marie.

Articuli probationum contra Papam Bonifacium, ad ipsius damnandam memoriam.

1. PRoponitvr quòd Bonifacius ante Cardinalatum & post, ante Papatum & post, falsam opinionem de fide & in fide habuit, aliter de ipsa & in ipsa sentiendo, quàm sacrosancta Catholica & Apostolica Ecclesia tenet & prædicat.

DE BONIF. VIII. ET PHILIP. LE BEL.

11. Item quòd ipse dubius erat de fide & in fide, & infidelis ante Papatum & post.

111. Item quòd neglector & subuersor erat sanctorum Canonum & Conciliorum per sanctos Patres editorum, super fide & de fide, & circa directionem status vniuersalis & generalis Ecclesiæ, ante Papatum & post.

1 v. Item quòd sancta Concilia super fide & de ipsa & in ipsa edita & disponentia statum generalem Ecclesiæ, quæ sicut dicta Euangelia Sedes Apostolica docet & prædicat, tenenda fore, ante Papatum & post non tenebat, non seruabat, non reuerebatur vt debebat & tenebatur, sed credulitate, verbo, exemplo & opere ante Papatum & post sentiebat non seruanda, & quatenus in se erat non seruabat: subuersor fuit & eneruator ipsorum & eorum quæ continebantur in ipsis, præcipuè in Nicæno, Ephesino, Calcedonense, & Constantinopolitano, sanctis Conciliis, quæ Sedes sancta Apostolica quoad omnia singula in ipsis contenta, sicut sancta quatuor Euangelia decreuit veneranda, recipienda, & obseruanda.

v. Item quòd nouas opiniones & non veras neque Catholica habebat ante Papatum & post, de fide & in ipsa, de Sacramentis & in ipsis, de sacris scripturis & circa ipsas, de articulis fidei, & circa ipsos, & de contingentibus supradicta, & dependentibus ab eisdem, & circa ipsa.

v 1. Item quòd de sancta Eucharistia, Pœnitentia, Matrimonio contra veritatem sentiebat, & aliter quàm deberet, necnon & de aliis Sacramentis, & ipse eadem credulitate, facto, verbo, doctrina & exemplo, subuertere & annihilare conatus est, ante Papatum & post.

v 1 1. Item quòd non leuibus argumentis, sed probabilibus, & magnis ac suspicione dignissimis à fide Catholica, & ipsam contingentibus deuiauit, & deuiabat, & alios quatenus in se est deuiauit & deuiare fecit & docuit, & nonnullos minis & terroribus deuiare coëgit ante Papatum & post.

v 1 1 1. Item quòd nonnullis hæreticis, & à fide Catholica deuiantibus, & de hæresi infamatis & notatis, & omnino suspectis, nonnullis per Inquisitores hæreticæ prauitatis de hæresi condemnatis communicauit & fauit, consilium & fauorem præbuit etiam in ipso crimine criminosis eisdem, ante Papatum & post.

1 x. Item quòd nonnullos hæreticos, & credentes hæreticorum, & fautores & receptatores eorum, à fide Catholica & ipsam contingentibus deuiantes, & de hæresi infamatos, notatos atque omnino suspectos, & nonnullos etiam per Inquisitores de hæresi condemnatos, conuictos atque confessos, defensauit & receptauit in fauorem hæreseos, communicans in crimine criminosis, ante Papatum & post.

x. Item quòd idem Bonifacius in secretis suis colloquiis & frequenter in publicis dicebat & docebat hæretica & à fide Catholica deuiantia omnino, ante Papatum & post.

x 1. Item quòd idem Bonifacius & ante Papatum & post non credebat nec credidit immortalitatem, seu incorruptibilitatem animarum rationabilium, sed credidit & credebat quòd anima rationalis simul cum corpore moriebatur & corrumpebatur, & credebat & credidit quòd idem finis esset hominum & iumentorum.

x 1 1. Item quòd idem Bonifacius, & ante Papatum & post, hoc ipsum hæreticum dogma docebat & docuit, dogmatisabat & dogmatisauit.

XIII. Item inter secretos suos ante Papatum & post, hæresim docuit & dogmatisauit, dicens: Stulti, stulti credentes fatuitates istas quas dicunt simplices quòd sit alius mundus; quis vnquam rediuit ad nos de illo mundo, vt diceret nobis noua: expectatis alium mundum: ita est maior fatuitas quàm illorum qui expectant Regem Arthusium. Beati sunt illi qui cognoscunt mundum istum, & sciunt gaudere & lætari in ipso, & ducere bonum tempus, & bonos dies; & tristes sunt, qui sub spe futuri iudicij quod nihil est, vel futuri mundi, quod fatuissimum est, perdunt istum mundum, & istud tempus.

XIV. Item quòd ante Papatum & post dixit: Qui dimittunt gaudere in mundo isto propter alium sunt stultissimi, & faciunt sicut canis qui stans super aquas fluminis in ponte, tenebat carnes in ore suo, & vidit vmbram carnium in aqua, & videns vmbram dimisit carnes quas in veritate habebat in ore, pro vmbra, & sic non habuit neque vmbram neque veritatem. Sic faciunt illi qui dimittunt mundum istum, in quo lætari & gaudere possunt & debent dum viuunt, pro vmbra futuri sæculi quod est nihil.

XV. Item quòd ante Papatum & post frequentissimè dicebat: Habeam ego quod volo in mundo isto, & faciam voluntates meas, de alio mundo non curent aliqui. hoc dicebat deridendo & subsannando.

XVI. Item quòd ante Papatum & post, dum ipse opprimeret aliquem vel aliquos iniustè, & oppressi supplicarent sibi, quòd pro salute animæ suæ dignaretur & vellet abstinere: ipse deridens & subsannans repetebat: pro salute animæ meæ: meliùs dixisset, si dixisset pro salute corporis mei & personæ meæ, & citiùs exaudissem. Sed de cætero ego nichil faciam, neque pro salute corporis, neque pro salute animæ, iuxta fatuam petitionem suam.

XVII. Item quòd ante Papatum & post frequenter dixit inter suos: Fatui fatui, habeam ego voluntatem meam dum viuo, postea vadat sicut ire potest, quia non sine causa dicitur in prouerbio, Me mortuo nec herba prato.

XVIII. Item quòd ante Papatum & post, dum diceretur sibi de aliquo mundano: Ipse habet bonum tempus, de nullo alio solicitatur nisi quomodo gaudeat in hoc mundo, & ducat dies bonos, nichil omnino cogitat de futuro mundo, tota cogitatio est quòd viuat & gaudeat, & mundus iste non sibi deficiat. Respondebat in vulgari: Per meam fidem, per meam fidem, ipse non est stultus, sed est sapientior illis qui se reputant sapientiores ipso.

XIX. Item quòd ante Papatum & post frequenter dixit; Dicunt istæ asinæ de Roma, (dicendo de deuotis dominabus vrbis) Deus det tibi vitam æternam: longè meliùs dicerent, & ego libentiùs audirem: Deus det tibi vitam longam, bonam & lætam.

XX. Item quòd ex simili consideratione mandauit familiaribus, quòd quando ipse mittebat alicui vel aliquibus xenium in reditu, responderent, Deus det vobis longam & bonam vitam: & ad ipsius mandatum ex causa prædicta omnes sui familiares verbis huiusmodi communiter vtebantur.

XXI. Item quòd ante Papatum & post non credebat, nec credidit idem Bonifacius vitam æternam; nec finaliter refrigerium posse consequi homines: sed totam sortem ac partem consolationis & lætitiæ fore in hoc mundo. Per hoc asserebat, & asseruit quòd deliciari & delectari corpus suum quibuscunque deliciis non erat peccatum.

XXI.

DE BONIF. VIII. ET PHILIP. LE BEL.

XXII. Item quòd ante Papatum & post frequenter turpia & illicita stupra & alia crimina committendo, docebat & asserebat personis illis cum quibus committebat huiusmodi delicta & facinora, nullum esse peccatum.

XXIII. Item quòd ante Papatum & post vitio illo pessimo & abominabili laborauit & laborabat, propter quod descendit ira Dei in filios diffidentiæ.

XXIV. Item quòd ipse ante Papatum & post diuersis & variis etiam adultis & magnis, quibus actiuè & passiuè abutebatur, asserebat & dicebat, illud vitium nullum esse peccatum, & quòd ideo Deus fecerat membra hominibus & mulieribus vt delectarentur in ipsis.

XXV. Item quòd ante Papatum & post huiusmodi damnatis sceleribus, & approbationibus scelerum vtebatur, & de suprà dictis ante Papatum & post fuit grauissimè infamatus apud bonos & graues.

XXVI. Item quòd abominabilem linguam suam relaxans in verba abominationis & blasphemiæ, frequenter dicebat & dixit: expedit quòd omnino suppeditem istum Regem, & conculcem istud regnum, & istam superbiam Gallicanam. Per Deum, per Deum, ista superbia conculcabitur, etiam si deberem totam Ecclesiam, simul cum ipsa submergere: superbi, superbi, Gallici Gallici, vnde venit ista superbia ? potiùs vellem esse canis, vt non dicam vnum aliud nobile animal, quàm homo Gallicus. quod non dixisset, ni credidisset eundem finem hominum & iumentorum.

XXVII. Item quòd ante Papatum & post infidelis fuit, & non credebat nec credidit Sacramentum Eucharistiæ & Corporis Domini.

XXVIII. Item quòd ante Papatum & post fideliter non credidit nec credebat, quòd verbis à Christo institutis, à fideli & ritè ordinato sacerdote dictis in forma Ecclesiæ super hostiam, sit ibi Corpus Christi.

XXIX. Item quòd ante Papatum & post nec reuerentiam debitam faciebat vel fecit cùm eleuabatur Corpus Christi à sacerdote, & frequenter indurata ceruice, non curans de tam periculoso scandalo totius Ecclesiæ Dei, ex hoc ex indeuotione & infidelitate non assurgebat cùm eleuabatur corpus Christi ; & magis ornari faciebat loca vbi sedebat, quàm altare vbi hostia consecrabatur.

XXX. Item quòd ante Papatum & post dum esset in camera non exiens ad missam; cùm non distaret quandoque locus vbi sedebat tribus vel quatuor passibus à loco vnde potuisset videri Corpus Domini, non ibat videre Corpus Domini, nec surgebat de loco vbi sedebat dum pulsabatur campanella pro eleuatione Corporis Christi, nec ad momentum propter hoc dimittebat verba quæ loquebatur, etiam turpia abominabilia, quæ in taberna turpia fuissent, propter infidelitatem, irreuerentiam, quam de dicto Sacramento, & ad ipsum habuit & habebat.

XXXI. Item quòd ante Papatum & post tanquam infidelis & irreuerens ad Sacramentum prædictum, & in ipso si videbat aliquem vel aliquos currentes pulsata campanella ad eleuationem Corporis Christi, durissimè frequenter arguit, & reprehendebat ipsos, dicens: Asini fatui, ad quid curritis quòd confundamini omnes, ad quid curritis creditis vos inuenire manna?

XXXII. Item quòd ante Papatum & post dum aliqui vel aliquis ex assistentibus sibi in camera vel guardarobba, specialiter aliquid agens vel operans, omisso opere, audita pulsatione campanellæ pro eleuatione Corporis Domini, vellet ire; tanquam infidelis & irreuerens circa Sacramentum prædictum Euchariſtiæ, furioſa & turbida facie cum conuiciis, & iniuriis arguens dicebat & dixit : Quò vadis beſtia, facias facta tua. & ſubiungebat & ſubiunxit: Pulchra beſtia dimittit facere facta ſua, & vadit neſcio ad quas truffas.

XXXIII. Item quòd ante Papatum & poſt, dicebat & dixit fornicationem & huiuſmodi actus, & etiam vitium ſodomiticum, quo fuit & erat infectus, non eſſe peccatum; & quòd aliquis ſeu aliqui qui dicebantur eſſe ſui confeſſores, aſſeruerunt, aſſerebant & aſſerunt, per longiſſima tempora eis nunquam eſſe confeſſum, cùm continuè enormibus & abominabilibus criminibus infectus eſſet & laboraret, præcipuè vitio ſodomitico: quòd dicebant & dixerunt, & dicunt, quòd nimium mirabantur & mirantur, quòd terra in qua erat per voraginem viuum non deglutiebat eum, immò cùm tota ciuitas vbi morabatur, non ſubmergebatur. & adiungebant, adiunxerunt & adiungunt : Dixit & dicebat diabolus hæreticus & Patarenus peſſimus, quòd facere ſcelera maxima non eſt peccatum; quòd committere vitia ſodomitica, nec erat nec eſt peccatum : verè non credidit nec credebat aliquid de Deo, nec de Sanctis, nec de futuro iudicio, nec de ſalute bonorum, nec de damnatione malorum, nec de aliqua remuneratione futura.

XXXIV. Item quòd dum ad dicta huiuſmodi replicaretur; Non dicatis, in iuuentute ſua dixit & credidit, & fecit iſta diabolica. reſponderunt & reſpondebant : Non dicatis, nunquam in iuuentute ſua fuit ita malus ſicut eſt hodie, & actiuè & paſſiuè; &, quod abominabilius eſt, dixit & dicebat huiuſmodi abominabilia ſcelera non eſſe peccatum, ſicut omnino infidelis, hæreticus & Patarenus.

XXXV. Item quòd homines inducebat ad imaginem ſuam tam ex marmoribus, quàm ex metallis erigendam, etiam in locis ſacris & publicis, per hoc populum Dei ad idololatrandum inducens, tanquam infidelis & malè de fide ſentiens, vt patet in Vrbe-veteri, & in multis aliis locis : quos Vrbeuetanos in ſingulis portis ponentes ſtatuam ſuam, ex hoc remunerauit donans eis totam terram Valliflacus, quo Romanam Eccleſiam iidem Vrbeuetani ſpoliauerant.

XXXVI. Item quòd idem Bonifacius frequenter dicebat: Papatus eſt vnum pomum, quod non cognoſcunt omnes : ipſe eſt dominus omnium ſpiritualium & temporalium. In veritate quandocunque creatur Papa, deberet erigi vna ſtatua, quam omnes Chriſtiani magni & parui adorarent, & cui omnes mundi Principes cum omni humilitate & reuerentia genua flecterent, adorantes & inclinantes. quod nunquam Catholicus & non hæreticus ſentire potuiſſet, aſcribere nitens homini quæ ſunt ſolius Dei.

XXXVII. Item ante Papatum & poſt habuit dæmonem vel dæmones incluſos, quorum conſilio vtebatur in omnibus. Vnde dixit & dicebat, quòd ſi omnes homines de mundo eſſent ex vna parte, & ipſe ſolus ex alia, ipſe potiùs deciperet omnes, & de iure & de facto, quàm deciperetur ab ipſis.

XXXVIII. Item quòd ante Papatum & poſt vtebatur & vſus eſt arte dæmonica; coniurando dæmones, exorcizando, thurificando eiſdem, & ſubfumigationes faciendo de diuerſis, nunc de ligno aloë, nunc de thure, nunc de maſtice, nunc de ſanguine humano deſiccato & puluerifato, & de ſuo etiam de proprio, nunc de ſanguine hircino, & immolando etiam dæmonibus nunc gallum album, nunc columbam albam, nunc graculum, vt responsum haberet à dæmonibus, & vt dæmones perficerent illa quæ ab ipsis petebat.

XXXIX. Item quòd propter frequentes subfumigationes, & thurificationes, coniurationes & immolationes quas faciebat, responsum à dæmonibus habebat.

XL. Item quòd frequenter per familiares suos auditi fuerunt, nunc sibili, nunc rugitus, nunc sonitus dæmonum, qui per thurificationes & immolationes prædictas inuocati veniebant ad ipsum.

XLI. Item quòd dictorum dæmonum, vt suprà, cum thurificatione & immolatione per ipsum factis, inuocatorum, & ad ipsum venientium, per familiares suos clericos & laicos frequenter voces auditæ sunt, quandoque in voce grossa & rauca, quandoque in voce subtilissima, quasi pueri.

XLII. Item quòd ante Papatum & post, dicebat & dixit, quòd licèt illa vox grossa & rauca non frequenter sed raro, & cum difficultate loquatur, tamen illud quod promittit tibi reputes pro facto, quia scit & potest facere quicquid vult; sic dicens vt infidelis hæreticus, & idololatra, attribuens dæmoni, Dei solius omniscientiam & omnipotentiam.

XLIII. Item quòd ante Papatum & post, statim cùm factis suprà dictis thurificationibus & immolationibus audiuit vocem illam grossam & raucam, statim pronus in terram, incuruatus extensis manibus adorauit & odorauit eundem pluries, quando primò vocem audiebat, & pluries quando ab ipso recedebat.

XLIV. Item quòd ab antiquo habuit vnum dæmonem & spiritum, quem datum sibi prætendebat à quadam muliere de Fulgineo, quæ erat maxima nigromantica & incantatrix.

XLV. Item quòd ante Papatum & post habuit alium spiritum datum sibi prætendens per magistrum Georgium de Simbilico monachum, magnum magistrum, vt dicebatur, in nigromantia, & vocabatur magister Georgius Vngarius, qui post thurificationes quas sibi faciebat responsum dabat sibi. in cuius seruitij remunerationem post Papatum dedit sibi & pecuniam magnam, & vnum magnum Prioratum in partibus Sclauoniæ, & vnam bonam grangiam in regno Seruiæ dictæ Sclauoniæ contiguo.

XLVI. Item quòd ante Papatum & post habuit vnum spiritum, quem dedit sibi, vt asserebat, magister Bonifacius de Vicentia Lombardus, peritissimus vt dicebatur in illis artibus, qui similibus præcedentibus thurificationibus & inuocationibus responsum dabat: quem idem Bonifacius vocauit & vocabat Bonifacium. & dum ille magister Bonifacius qui sibi illum spiritum dederat, rediret ad eum, dictus Bonifacius multùm alacriter recepit ipsum, & dixit hæc verba: Bene veniat Bonifacius, qui portauit Bonifacium Bonifacio. & dum idem magister diceret sibi: Domine, vos estis experti ipsum, quomodo factum? quomodo contentamini? respondit: Bonifacius datus Bonifacio à Bonifacio, bene facit, bene facere incipit. in cuius seruitij remunerationem eidem Bonifacio dedit magnam pecuniam, & filium ipsius clericum, nonobstante quòd erat illegitimus, nam ille magister Bonifacius subdiaconus fuit, beneficiauit pinguiter.

XLVII. Item quòd ante Papatum & post frequentissimè visæ sunt subfumigationes maximæ, quæ per ipsum fiebant in camera, & cùm nullus nisi ipse in sua camera remansisset audiebatur etiam extra cameram vox sua frequentissimè quærentis & petentis multa & de multis, & deinde audiebatur vox alia respondentis ad suam interrogationem, & vox respondens audiebatur variari, nunc audiebatur vox subtilis,quasi vnius pueri, nunc vox grossa quasi senis, & rauca. & quandoque illæ voces audiebantur litteraliter, quandoque vulgariter, quandoque audiebantur quasi disputantes: frequenter etiam vox illa grossa & rauca audiebatur respondens, quasi esset vnus magister docens : frequenter audiebatur dicere; Facias hoc, & habebis intentum.

XLVIII. Item quòd Perusij facta electione de vno Celestino, quasi furiosus rediens domum intrauit cameram, & dato thuribulo Constantio de Fulgineo familiari suo, quod portaret ignem, ad faciendum solitas subfumigationes, sicut semper facere consueuerat, quando responsum volebat à dæmonibus, clausit se in camera, familiaribus suis aliquibus secretis qui sibi seruiebant remanentibus ante cameram ; & respicientes cautè per foramina ostiorum , viderunt eum omnes facientem subfumigationem solito maiorem, stantem flexis genibus : & tota camera erat plena subfumigationibus illis , & tunc ipse Bonifacius tunc Benedictus incepit turbatus dicere: Quomodo decepistis me ? ego dedi vobis animam & corpus, & vos promisistis me facere eligi in Papam , & modò factus est alter? & multa circa illam materiam loquebatur contra dæmones, & tunc audierunt vocem respondentem : Quare turbaris rebus stantibus, sicut nunc stant, non poteras esse; oportet enim quòd Papatus tuus sit per nos , & quòd fiat per modum qui sit error in Ecclesia Dei , & hoc fieri procurabimus in breui, ne dubites.

XLIX. Item quòd dicti familiares qui erant ante cameram, sentiebant intus sonitus , & quasi terræmotus, & sibilos ad modum serpentum.

L. Item quòd ante Papatum & post frequenter mandabat claudi omnia ostia , etiam aulæ, & quòd aliqui secretarij sui remanerent ante cameram, & quòd pro nulla re irent ad ostium, nec alia ostia aperirent sine suo mandato; & quòd post aliquam horam illi qui erant clausi expectantes ipsum, audiebant intus in camera, vbi ipse erat, sonitus maximos,& quasi terræmotum, & sibilos quasi serpentum, & mugitus sicut bestiarum, & subfumigationes videbant ita magnas exire per fenestras cameræ , ac si esset vnus maximus ignis.

LI. Item quòd conuocans dæmones suos quærebat frequenter de diuersis, & dicebat quòd eis dederat corpus & animam , quare non facerent ei illa quæ promiserant. ex quo euidens erat hæresis & idololatria ipsius.

LII. Item quòd ante Papatum suum & post sacrilegus fuit & erat, consulens diuinatores & diuinatrices. & de hoc est publicè diffamatus.

LIII. Item quòd ante Papatum & post, vbicunque sentiebat aliquem nigromanticum, vel aliquam mulierem mathematicam , etiam custodes porcorum , qui in talibus consueuerunt maleficiis esse experti , statim quærebat eos, & procurabat adduci ad se ; & consulebat etiam quosdam porcarios dæmonum incantatores, & de vrbe Roma & de castro Passarani, & de castro Ardiæ, & de castro Cisternæ, & de castro Nymphæ; nunc hunc, nunc illum frequenter ad se vocari fecit, & consuluit eos.

LIV. Item quòd ante Papatum & post sensit & prædicauit errores, & frequenter inter alia prædicauit & docuit Papam Romanum non posse committere simoniam ; quod fuit & est hæreticum dicere , & est tam in veteri testamento quàm in nouo , & in sacris generalibus Conciliis reprobatum omnino. ex quo eius hæresis & infidelitas apertissimè denotatur.

LV. Item quòd ante Papatum & post, prælaturas maiores, personatus & dignitates, & beneficia Ecclesiastica, & illa quibus ordo sacer necessariò annexus est, publicè vendebat, & vendidit. & de hoc fuit & erat publicè diffamatus.

LVI. Item quòd de prædictis frequenter correctus & caritatiuè, & correctione fraterna, iuxta Euangelij legem corrigi recusabat, & omninò incorrigibilis pertinaciter fuit & erat.

LVII. Item quòd ante Papatum & post publicè dogmatisabat errorem, dicens Papam Romanum simoniam committere non posse: & inter cætera dicebat ad hoc probandum: Cessat lex Iulia, habitus in vrbe Roma.

LVIII. Item dicebat: Quidam fatui dicunt quòd Papa potest facere simoniam, & hoc est hæreticum dicere. Impingunt enim in plenitudinem potestatis Papæ, & conantur auferre priuilegium Petro & successoribus suis concessum; quod constat esse hæreticum. Nónne licet cuilibet tollere de re sua sicut vult quando vult; & qualiter? Nónne Papa Romanus dominus est omnium temporalium & spiritualium, & specialiter bonorum Ecclesiasticorum. & huiusmodi verbis erroneis, & hæreticis, & consimilibus circa hæc vtebatur, non sentiens neque recognoscens quòd ipse etiamsi fuisset verus & Catholicus Pontifex, & canonicè & legitimè ingressus, non fuit nec erat dominus, sed minister: non fuit nec erat supra legem diuinam & Euangelicam, sed sub ipsa: non fuit nec erat supra veritatem, sed sub ipsa, per quam in quolibet & semper expressè damnatum est crimen simoniacæ hæresis, & gresiticæ pestis & lepræ, Actuum octauo capite, Regum quarto, capite quinto. Et quòd hæresim in hoc dogmatizabat, patet per beatum Leonem in canone *Gratia*. per beatum Gregorium in C. *quicunque*. & cap. *quisquis*. per beatum Gelasium C. *quos constiterint*. per beatum Ambrosium. C. *reperiuntur*. per Concilium Calcedonen. C. *si quis Episcopus*. per beatum Gregorium Nazianzenum C. *qui studet*. & C. *qui sacros*. & per Epistolam Tarasij Constantinopolitani C. *quos qui*. per Hieronymum super Malachiam C. *Dominus*. & apertè per Gregorium ad Theodoricum, & Theobertum Reges Francorum, C. *fertur simoniaca hæresis*. Hæc omnia prima q. prima.

LIX. Item quòd contra diuinum præceptum, & contra legatum Christi suis propriis filiis factum, cùm dixit, Pacem relinquo vobis, veniebat & venit toto posse, pacem impediens inter Christianos, & discordias & guerram seminans.

LX. Item quòd ipse Bonifacius dicebat tanquam à fide & veritate deuius, nunquam est Papa Romanus Papa, nisi quando discordia est in mundo. Si inter Reges & Principes mundi non est discordia, Papa Romanus non potest esse Papa; sed si est inter eos discordia, tunc est Papa, & quilibet timet ipsum, vnus præ timore alterius, & ipse facit quod vult. & addebat: Ego sciam quid faciam tempore meo.

LXI. Item quòd dicebat: si in Collegio inter Cardinales non est discordia, Papa Romanus non potest esse Papa: sed si est discordia, omnia bene vadunt, & omnes timent eum, vnus præ timore alterius, & ipse liberè facit quod vult.

LXII. Item quòd dicebat & dixit, quòd si inter magnates vrbis non est discordia, Papa Romanus non potest esse Papa, nec dominari vrbi: sed si est discordia, plenè dominatur, & facit omnino quod vult Papa.

LXIII. Item quòd ad seminandum discordiam inter nobiles vrbis, &

ad guerras suscitandas, diuersas parentelas inter ipsos initas, & sponsalia inter eos contracta, & etiam matrimonia inter ipsos per verba de præsenti firmata, sicut inimicus veritatis, & pacis ad suscitandas discordias & guerras, impediuit omnino & rupit & rumpi fecit, nonnullos compellendo, nonnullos blanditiis attrahendo, cum nonnullis de plenitudine potestatis dispensando, quæ non potestas, sed tempestas potiùs dici posset.

LXIV. Item quòd dixit & dicebat quòd Papa Romanus nunquam est Papa, nec poterit dominari terris Ecclesiæ, nec Baronibus ipsarum, nisi quando inter ipsas & ipsos est magna discordia, tunc Papa plenè est Papa, & plenè dominatur. & propter hoc inter diuersas ciuitates, communitates & Barones, & partes, guerras grauissimas & discordias seminauit, de quibus infinita pericula prouenerunt.

LXV. Item quòd morem gerens perfectorum hæreticorum, qui apud se solos dicunt fore fidem veram & Ecclesiasticam, & eos qui veri sunt cultores fidei Christianæ existentes in confessione fidei orthodoxæ, quia ab eorum recedunt operibus, asserunt Patarenos veros & nominatos, Christianos, & Catholicos prædicabat hæreticos, & potissimè Regem & regnum Franciæ, & Gallicos omnes prædicabat hæreticos falsò, & sine causa asserens quòd impingebant in articulum, *Vnam sanctam Catholicam*. & ex illa causa constitutionem edidit *Vnam sanctam*.

LXVI. Item quòd ad subuersionem Regis & regni Franciæ, quantum in se fuit & erat, commouit omnes Reges & regna mundi, quod suspicionem manifestissimam hæresis in se habuit & habet. Dicebat enim: non possum facere quod volo, nisi confundam potentiam Gallicanam : constabat eum sibi quod omnem bonum statum fidei & Ecclesiæ poterat incipere sub fauore Regis & regni Franciæ, vbi semper fuit fidei & Ecclesiæ defensio, protectio, & munimen : sed destruere fidem, quatenus in se erat, & inducere hæreses, hoc non poterat agere, quoniam Rex & regnum Franciæ eius malignis & iniquis conatibus restitisset. Semper enim Christianissimi Reges Francorum, & deuotus Clerus, & in fide constantissimus populus Gallicanus contra hæreses & hæreticos, schismaticos & tyrannos se opposuerunt murum pro domo Israël.

LXVII. Item quòd ante Papatum & post, sodomitico vitio laborauit & laborabat, tenens concubinarios suos secum & varios & diuersos. & de hoc fuit & erat publicè & vulgarissimè diffamatus.

LXVIII. Item quòd huiusmodi abominabilissimum vitium prædicabat & dogmatizabat non esse peccatum.

LXIX. Item quòd Sacramenta, quatenus in se erat, annihilabat, conculcabat, & annihilare & conculcare nitebatur ; præcipuè Sacramentum Pœnitentiæ quod conculcabat multipliciter, faciendo plura homicidia fieri de pauperibus clericis in præsentia sua: & si in primo non percutiebantur per ministros suos letaliter & mortaliter, toties iubebat eos percuti, dicendo Percute, percute, *Dalli, dalli*, quòd exinde mortui sunt quamplures sine pœna : & tempore illius indulgentiæ quam fecit ad solidandum vacillantem statum suum, & ad vana lucra sectanda, in vno egressu quem fecit de Laterano vsque ad sanctum Petrum vadens & rediens, ad mandatum ipsius clamantis alta voce, *dacili, dacili*, percutite, percutite, plusquam quinquaginta peregrini interempti fuerunt per armatos præcedentes ipsum ; propter quod nonnulli de gentibus suis, quibus erat mens sanior, & viscera pietatis, inuenerunt aliquos pauperes, quos de mandato illius grauiter percusserant, adhibendo eis medicos, & dando medicinas, & finaliter ex ipsis vulneribus morientibus funeris exequias faciendo.

LXX. Item nonnullos Nobiles condemnando ad carcerem inhibuit ne eis pœnitentibus, etiam in mortis articulo, Sacramentum Pœnitentiæ ministraretur, quod fecit contra omne ius diuinum, omnésque sanctiones Canonicas, & sanctorum Patrum decreta & canones, vt suspectus de fide, & malè sentiens quòd Sacramentum Pœnitentiæ peccantibus non sit necessarium ad salutem.

LXXI. Item quòd malè sensit de Sacramento Baptismi, cùm inaudita serie excessuum quia percussus * dici non possunt, inhibuit ne pueris natis & nascituris ex certo genere ministraretur Sacramentum Baptismi. ex quo euidenter præsumitur, quòd Sacramentum Baptismi annullari, & annichilari, quatenus in se fuit & erat, nitebatur.

LXXII. Item quòd ante Papatum & post non verè neque fideliter sensit de Sacramento Pœnitentiæ, & compulit sacerdotes aliquos vt sibi reuelarent confessiones hominum, & eorum peccata absque confitentium vtilitate, ad eorum confusionem & verecundiam, vt se redimerent, publicauit: intantum quòd semel quendam Archiepiscopum de Hispania, qui cuidam Cardinali quoddam occultum confessus fuerat in foro pœnitentiæ, publicata confessione sua, quam sibi ab eodem Cardinali dici fecit, inuito & coacto, publicè deposuit propter illud crimen, & præterea accepta pecunia eum restituit. ex quo euidenter præsumitur quòd in Sacramento Pœnitentiæ hæreticè sentiebat.

LXXIII. Item quòd de dicta publicatione confessionis maximum fuit scandalum, multis palam dicentibus, quòd toto tempore ipsius Bonifacij nolebant confiteri, sicut nollent mori. Item aliud fuit graue scandalum, quòd sic nequiter diffamatum, huius pecunia recepta, restituat.

LXXIV. Item quòd idem Bonifacius dicens sibi licere hoc, & quòd ipse erat super Sacramenta, & quòd fecerat hoc, & publicauerat confessionem, & idem facere intendebat quando sibi placeret; displiceret omnibus quibus vellet. & multas iniurias nonnullis ex Cardinalibus propter hoc dixit etiam in consistorio.

LXXV. Item quòd mandauit Pœnitentiariis omnibus, quòd quicunque irent ad eos, vel eorum aliquem, qui scirent vbi esset Papa Celestinus, statim personam hoc confitentis denuntiarent eidem.

LXXVI. Item quòd mandauit Primariis, quòd quicunque irent ad eos, vel eorum aliquem, qui tenent dominum Celestinum renuntiare non potuisse: statim personam hoc confitentis denuntiarent eidem.

LXXVII. Item quòd illos, qui per dictos Pœnitentiarios denuntiabantur, si de hoc statim capi faciebat, & spoliatos bonis omnibus duro carceri mancipari, vt plurimum faciendo eos in carcere miserabiliter mori.

LXXVIII. Item quòd dum Columnensium sanguinem effundere quærerent idem Bonifacius & fautores sui: idem Bonifacius mandauit Pœnitentiariis, quòd à confitentibus quærerent si scirent aliquid vel certitudinaliter vel ex credulitate, vbi aliquis Columnensium esset; etiam pecuniam magnam promitterent pandentibus eos, & statim nuntiarent sibi quicquid haberent.

LXXIX. Item tanquam in fide sentiens malè, contra statum sacerdotij & Pontificij, in diuersis partibus præconizari fecit, quòd quicunque occiderent aliquem ex Columnensibus, haberent etiam pecuniæ quantitatem, & qui viuos caperent haberent duplum.

LXXX. Item quòd ante Papatum suum & post, in vigiliis ieiunabilibus & quadragesimalibus non ieiunabat, & absque causa comedebat carnes. & non solùm patiebatur, sed & compellebat sine aliqua causa suos domesticos & familiares, sanos & fortes, carnes comedere. & minando tam clericis quàm laicis, si non comederent vt mandabat, asserens non esse peccatum : & contra generalem statum Ecclesiæ faciendo, & in contemptum Dei & detrimentum fidei, latenter ipsam subuertere satagendo.

LXXXI. Item quòd statum & dignitatem Cardinalium depressit, ad concutiendum fidem Catholicam, vt concussis columnis corrueret ædificium, & depressit omnem ordinem, & subuertit omnem statum Ecclesiæ, præcipuè Religiosorum omnium, monachorum alborum, & nigrorum & fratrum Prædicatorum & Minorum, de quibus dixit multotiens quòd mundus perdebatur per ipsos, & quòd mali & falsi hypocritæ erant, & quòd nunquam alicui bene verteret, qui confiteretur eis, vel esset familiaris ipsorum, nec ipsos in domo sua retineret. Nec vnquam bonum dicebat de Prælatis, Religiosis & Clericis, quin etiam conuicia & opprobria mendosa, vt famæ eorum detraheret, & ipsi se redimerent : propter quod gaudebat in accusationibus eorundem. & subuertit omnem statum Ecclesiæ, sine causa priuando Officiales Ecclesiæ, Notarios & alios. & de hoc est publica vox & fama.

LXXXII. Item quòd fidem nitens destituere, concepto odio contra regnum Franciæ, vbi est splendor fidei, & magnum Christianitatis sustentamentum, & tanquam in fide malè sentiens, frequenter dixit, quòd potiùs vellet totam Christianitatem subuertere, & fidem destituere quàm desisteret; quin destitueret nationem Gallicam, quam appellabat superbiam Gallicanam.

LXXXIII. Item quòd tanquam filius discordiæ, & Belial, plerisque Principibus mundi, ab ipso petentibus decimam, respondit quòd nunquam daret eis, nisi eo pacto quòd de ipsa fieret guerra Regi & regno Franciæ, & magnas pecunias expendit, & multas guerras fecit diuersis, vt * dominos suos Reges & Principes ad guerram prædictam ; & nuntiis, & litteris, & muneribus, & modis quibus potuit pacem & concordiam impediuit.

LXXXIV. Item dum Regem Alemanniæ, quem priùs persecutorem pessimum Ecclesiarum appellauerat, in futurum Imperatorem confirmauit, publicè in consistoriis publicis prædicauit quòd hoc faciebat, vt destrueret nationem quam vocabat superbiam Gallicorum. & fœdera pacis vnica inter ipsum Regem Alamanniæ, & Regem Franciæ dissoluit, & sub debito iuramentorum præstitorum iniunxit Procuratoribus eiusdem Regis Alamanniæ, & eidem Regi in ipsis ne seruarent, subuertendo in hoc bonum pacis, & caritatis, & inter Reges Christianos pericula & zizaniam seminando.

LXXXV. Item quòd de Terra sancta nichil omnino curauit, & omne subsidium denegauit Christicolis illarum partium, & thesaurum qui in illos vsus conuerti debebat, omnino consumpsit in persecutionem Christianorum fidelium & deuotorum Ecclesiæ, & ad suos consanguineos ditandum & exaltandum.

LXXXVI. Item quòd malè de fide sentiens simoniacus publicus erat; immo fons & fundamentum simoniæ in beneficiis conferendis, & ordinibus conferendis, & dispensationibus faciendis, & tanquam simoniaca hæresi omnino pollutus omnia beneficia Ecclesiæ venalia exposuit, &

plus

plus offerenti dedit, & Prælatos & Ecclesias seruos constituit, & taliabiles fecit, non in bonum fidei, seu infidelium depressionem, sed vt suos consanguineos superexaltaret, & quos non diligebat deprimeret.

LXXXVII. Item quòd malè de fide sentiens plura matrimonia legitimè copulata dissoluit, contra præceptum Dominicum, in damnum & scandalum plurimorum: & nepotem suum Franciscum coniugatum, qui vxorem transduxerat, & cum ipsa matrimonium consummauerat, scilicet dominam Mariam sororem domini Raynaldi de Supino, ad Cardinalatus prouexit honorem, adhuc supradicta viuente, Sacramenti Matrimonij conculcatione, & quatenus in se fuit annihilatione, est publicè diffamatus.

LXXXVIII. Item sanctæ memoriæ dominum Celestinum virum sanctum, Deo deuotum, sanctam & innocentem vitam ducentem, sibi conscius quòd renuntiare non potuisset, & propter hoc idem Bonifacius legitimum ad Sedem non habuisset ingressum, crudeliter persecutus est, inhumaniter carcerauit, cepit & nclusit in carcerem, & ibi eundem crudeliter occultè perimi & mori fecit. Plures etiam magnos viros & litteratos, regularem vitam ducentes, qui de hoc, an ille renuntiare potuisset, inter se disputauerant, intrudi & mori fecit in carcere. & de hoc est publica vox & fama.

LXXXIX. Item quòd nonnulli Nobiles, quorum aliqui in necem illius viri sancti domini Celestini operati sunt, de dicti Bonifacij, & fratris sui domini Roffredi mandato, rabiosi effecti sunt, & clamabant circa mortem, quia hoc eueniebat eis, quia ad mandatum Gayetanorum occiderant virum sanctum dominum Celestinum.

XC. Item quòd nonnullos fratres qui dictam mortem ipsius sancti nouerant, dubitans ne fortè publicaretur, capi fecit, & in duro carcere intrudi & crudeliter mori.

XCI. Item quòd tanquam malè de fide sentiens subuertere nitebatur Religiosos, & religiones; & personas Religiosas, & regularem vitam ducentes, sine causa rationabili ad seculum reuocabat & reuocauit, tanquam qui non quærebat salutem animarum, sed perditionem ipsarum. & de hoc est publica vox & fama.

XCII. Item quòd ante Papatum & pòst, idem Bonifacius in secta hæretica & damnata conuenit, & conhæreticauit cum multis hæreticis, dicens & agens vnà cum eisdem, omnia quæ in dicta perditionis secta agi & fieri conuenerant, communicans in hæresis eiusdem crimine criminosis. & quòd nonnulli ex contractantibus secum deprehensi, per Inquisitores prauitatis hæreticæ, & damnati sunt, nonnulli combusti, nonnulli hæresim prædictam abiurauerunt. ex quibus nonnulli viuunt, nonnulli mortui sunt.

XCIII. Item quòd ante Papatum & post tam supradictis cohæreticis & aliquibus eorumdem, quàm nonnullis aliis ex aliis prouinciis, nonnullis tanquam eiusdem secum & cum cohæreticis suis sectæ, nonnullis diuersæ communicauit, & fauit, & diuersimodè diuersis locis & temporibus in subuersionem fidei, & fauorem hæreseos præbuit receptaculum, consilium, auxilium, & fauorem.

XCIV. Item quòd tanquam malè sentiens & infidelis hæreticus mortuus est, Sacramenta Ecclesiæ non solùm vt debebat non postulans, sed oblata recusans, & blasphemando Dominum Deum, & gloriosissimam Virginem matrem eius, verbis omnino hæreticis, & non Catholicè, sed peruersè, & perperam sentientis in fide. & de hoc fuit & est publica vox & fama.

> Vne partie de ces articles principalement ceux concernans la Religion Chrestienne, sont prouuez par 23. témoins dont les depositions sont au Roulleau cotté 806.

Extraict du Registre des actes produits au procés fait à la memoire du Pape Boniface VIII. cotté A.

1310.
16. Mars.

DIT *que le Pape Clement V. en Consistoire, presens plusieurs Cardinaux & grand nombre de personnes, comme aussi de Guillaume de Nogaret & Guill. de Plasiano, Pierre de Galahard, & Pierre de Blanasco Cheualiers Ambassadeurs de Philippes Roy de France, fut leu vne bulle du Pape, par laquelle il dit qu'estant à Lyon & à Poitiers le Roy de France, les Comtes d'Eureux, & de Dreux, & de S. Paul, & Guillaume de Plasiano declarerent qu'ils auoient resolu de poursuiure la memoire de Boniface VIII. mort heretique, & qu'ils estoient prests d'en fournir les preuues. Que bien qu'il sceut les grands emplois qu'auoit eu ledit Boniface qu'il déduit, & les belles constitutions par luy faites pour le bien de l'Eglise, & comme il auoit tousiours vescu Catholique en apparence, neantmoins le crime dont sa memoire estoit accusée estoit si horrible, qu'il n'auoit pû dénier ce qui estoit requis. Il ordonne donc que ces accusateurs comparoistroient en Auignon au premier iour plaidoiable aprés le Dimanche de Caresme que l'on chante Reminiscere.*

Cette lecture finie, ceux qui s'offrirent de defendre le Pape Boniface qui sont François fils de Pierre Caetan Comte de Caserte, Blaise de Piperno, Baldredus Biseth, Iacques de Mutina, Nicolas de Verulis, Corrad de Spoleto, Gocius de Arimino, dirent au Pape qu'ils comparoissoient pour defendre la memoire de Boniface, & dirent que ces accusateurs estoient non receuables.

20. Mars.

Deux Cardinaux commis par le Pape pour receuoir les actes ordonnerent aux quatre Notaires commis par le Pape pour rediger ce procés, de receuoir des parties tout ce qu'ils voudroient produire. Les defendeurs de Boniface declarerent qu'ils n'entendoient point de se rendre parties contre qui que ce soit, & qu'ils estoient prests de defendre la memoire de Boniface Orthodoxe & Catholique.

Le mesme iour les accusateurs de Boniface presenterent vn écrit du 12. Mars 1302. qui est imprimé en la page 56. de ce volume. En suite fut leu en consistoire vne citation aux Princes cy-dessus, & generalement à tous ceux qui auoient promeu cette affaire.

Nogaret & Plasiano demandent que les témoins vieux, & les valetudinaires soient ouïs : & Nogaret dit qu'il y auoit beaucoup de Cardinaux qui ne doiuent pas connoistre de cette affaire, qu'il les recusoit ; & quelques-vns de leur famille trauersoient cette poursuite ; qu'aucuns de ses gens auoient esté volez.

Nogaret & Plas. déduisent comme cette affaire auoit commencé en France, & ce qui y auoit esté arresté, se plaignent fort de la citation faite par le Pape, & en disent les raisons.

Aprés ils produisent vn écrit contre Boniface, qu'il estoit intrus au Papat, heretique, & tout ce que contiennent les écrits. Se plaignent du procés fait par Benedict, de ce qui se passa à Anagnia, & Nogaret déduit ce qui se passa à Anagnia. Que la resolution qu'auoit Boniface de publier le iour de la Natiuité Nostre-Dame ce qu'il auoit proietté contre le Roy & le Royaume, l'auoit pressé de faire ce qu'il auoit fait. Ce qu'il exagere beaucoup.

Dit qu'il entra dans Anagnia cum vexillo Romanæ Ecclesiæ, *auec armes* la veille de la Noſtre-Dame. Qu'ayant parlé à Boniface luy obiecta ſes fautes, luy repreſenta ce qu'il auoit charge de luy dire, luy demanda la conuocation du Concile, ce qu'il refuſa; & le fit garder à ce qu'il ne fuſt violenté. Que Boniface libre declara ſon innocence, & luy donna ſon abſolution. Demande que le Pape reuoque le procés fait par Benedict pour le fait du vol du treſor de l'Egliſe.

Le 27. May Nogaret demanda l'audition des témoins, mais qu'il ne falloit pas diuulguer leurs noms à cauſe du peril & pour la preuue. Et nomme les noms des Cardinaux qu'il auoit pour ſuſpects, & qui ne denotent eſtre iuges de cette affaire. Vn Notaire en leut les noms par ordre du Pape.

Les defendeurs firent vn acte par lequel ils declaroient qu'ils n'eſtoient parties contre perſonne, & que ce qu'ils diront ne ſera que par la neceſſité de la defenſe.

Le 1. Auril les Notaires eurent ordre des Cardinaux Commiſſaires de receuoir les noms des témoins, & les tenir ſecrets.

Nogaret & les ſiens baillerent vn écrit, ſoûtenant que les defendeurs n'eſtoient à receuoir. Les defendeurs en firent autant contre les accuſateurs.

Nogaret ſe preſenta, tenant en ſa main vn papier, l'on dit qu'il contenoit les noms des témoins. Les Cardinaux Commiſſaires dirent qu'il euſt à le leur bailler, & qu'il ſeroit ſecret. Nogaret dit qu'il bailleroit les noms & les perſonnes des témoins en meſme temps, & non autrement. Les Cardinaux dirent qu'il n'eſtoit queſtion que des noms, & qu'il auoit eſté ainſi ordonné.

Nogaret & Plaſ. baillerent vn écrit, ſoûtiennent qu'eux & qui que ce ſoit denotent eſtre receus à faire cette pourſuite. ce qu'ils déduiſent par pluſieurs raiſons, principalement in cauſa hæreſis.

Prouuent que perſonne ne doit eſtre admis à defendre la memoire d'vn accuſé d'hereſie.

Aprés ſuit vn écrit des defendeurs, qui diſent que l'on ne peut proceder en ce fait abſque generali Concilio.

Que Boniface eſtoit vray Pape. Que le Siege eſtoit vacant ceſſione Cæleſtini, que toute la Chreſtienté l'auoit reconnu.

Que toutes perſonnes capables de le defendre. Que Nogaret & Plaſ. ſes ennemis declarez, non ideo admittendi, quia zelo malo ducuntur, ce que Nogaret fit à Anagnia le témoigne, & le procés de Benedict qui en fut témoin oculaire.

Que de Plaſ. eſtoit grand ennemy de Boniface, les actes en font foy de ce qu'il fit en preſence du Roy.

Que Boniface a veſcu Catholiquement, les Cardinaux ne s'en ſont iamais plains. Que Nogaret & de Plaſ. eſtrangers non receuables, & ſe ſont vnis auec les Colonnes excommuniez, ennemis capitaux de Boniface. Que cette pourſuite eſt de mauuais exemple pour tous Eueſques qui peuuent eſtre accuſez, s'ils font choſe qui ne ſoit agreable à ceux qui ſont ſous eux.

Que le Pape doit bien s'informer de la qualité des accuſateurs, & puis diſent les raiſons pour ne point les receuoir, principalement en ce qu'ils demandent que les témoins ſoient oüis, ſans dire leurs noms, & en diſent les inconueniens. Faut que le Concile general connoiſſe de cette affaire. Exaltent fort la condition du Pape.

Qu'il eſtoit inutil d'informer contre Boniface aprés ſa mort.

Qu'il mourut bon Catholique en preſence de huit Cardinaux, & fit la profeſſion de foy à l'ordinaire.

Le 10. Auril le Pape ſur ces conteſtations, ſans autrement receuoir ces conteſtans parties, dit qu'il eſtoit preſt de faire iuſtice & receuoir les noms de témoins, & qu'il les tiendroit ſecrets. Nogaret & Plaſ. dirent qu'il eſtoit neceſſaire d'aſſeurer les témoins qui auoient vne iuſte crainte pour le grand pouuoir de leurs ennemis.

13. May le Pape dit qu'il auoit ſceu que quelques Docteurs eſtoient de cette

opinion, qu'vn excommunié per folam falutationem Papæ, vel collocutionem fcienter factam pro abfoluto haberetur; *ce qu'il ne croit deuoir eftre tenu pour vray, & declare qu'il n'a iamais eu intention en cette affaire de tenir pour abfous d'excommunication ceux qui auoient traité auec luy, au cas qu'ils fuffent excommuniez* à Canone vel ab homine.

Le Pape aprés tant de delais dit que craignant que les grandes altercations des parties ne fuffent tirer l'affaire vn trop long traict, & voulant pouruoir à ce que les preuues ne deperiffent, qu'il eftoit bon de receuoir les noms & les perfonnes des témoins de toutes fortes. Defend à tous Notaires de receuoir aucuns actes concernans cette affaire, autres que ceux nommez au commencement de ce procés.

Nogaret fupplia le Pape de l'abfondre à cautele, ou autrement, ainfi qu'il luy plaira. Le Pape luy dit que fa demande eftoit difficile, & qu'il fera inftice.

Procuration de Nogaret & de Plaf. à Alain de Lambale, Bertrand Agate, & Bertrand de Roccanegada Cheualiers, pour pourfuiure cette affaire en leur nom en toutes fes parties.

Vn grand écrit produit par lefdits Nogaret & Plaf. pour feruir de refponfe à celuy fourny par les defendeurs. Ils difent qu'il n'eft pas de befoin d'affembler le Concile. *Que le Pape* eft Dei Vicarius totum corpus Ecclefiæ repræfentans. *Que le confentement des Roys ne fait les Papes.* Intrauit Bonif. vt vulpes, præfuit vt leo violenter.

Souftient que le trefor n'a point efté volé par luy.

Remarque les vices de Boniface, tant auant qu'aprés fa promotion, & fa haine contre la France.

Suit aprés vn autre écrit des mefmes fur mefme fuiet, fur l'herefie, & autres crimes. Difent que les defendeurs de Boniface auoient fabriqué de fauffes bulles pour feruir à leur defenfe, qu'elles auoient efté brûlées. *Que ce font fauteurs d'herefie, & calomniateurs.*

Nogaret demande à la fin l'abfolution à cautele.

Aprés fuiuent les art. donnez par eux au Pape, qui contiennent les faits qu'ils pretendent prouuer. Que B. eftoit heretique, & mort tel, qu'il eftoit intrus; & font les mefmes faits qui font dans plufieurs écrits de ce procés : demandent que les témoins foient examinez fur lefdits faits.

Aprés il y a vn autre écrit dudit Nogaret, qui contient les crimes de Boniface, fes impietez, cruautez, fes fimonies, fon auarice, & toutes fortes de crimes execrables. Parle fort du deffein qu'il auoit de ruiner la France; qu'il auoit pris de l'argent des deux Roys de France, & d'Angleterre.

Que le Cardinal le Moine auoit meu des queftions en France, pour troubler l'Eftat.

Article des vertus du Roy Philippes le Bel.

Dit que Boniface auoit publié vne conftitution, que les publications faites à Rome auroient pareil effet que s'ils eftoient fignifiées aux perfonnes intereffées.

Parle du couronnement du Roy des Romains pour ruiner la France, & qu'il le ftipula dudit Roy.

Parle du procés que Boniface vouloit publier le iour de la Noftre-Dame contre le Roy, & difpenfer les François du ferment de fidelité.

Que Nogaret auoit fommé les Romains, & ceux de la Campagne pour l'affifter; qu'ils n'auoient ofé.

Nogaret dit qu'il a efté obligé à cette action, quia Bon. conabatur dom. fuum Regem tanquam defenforem fidei & perfecutorem hærefcon impugnare. *& qu'il a efté obligé,* vt fubditus ratione regni, homo ligius & fidelis pro feodo, fidelis quia miles eius & de eius hofpitio & confilio exiftebat, &

DE BONIF. VIII. ET PHILIP. LE BEL.

officialis publicus regni, & iustitiarius, personáque publica.

Qu'il auoit vexillum Regis & Ecclesiæ, *& ne voulut rien entreprendre à Anagnia,* nisi vexillum Ecclesiæ præcederet vexillum Regis sui. *Tout ce qui se passa à Anagnia est plus particularisé en cet écrit, qu'aux precedens.*

Il conclud cet écrit, que Boniface n'estoit pas Pape, qu'il est mort sans se repentir. Soustient que ce qu'il a fait à Anagnia a esté iustement fait, & zelo Dei & fidei.

Ecclesia Gallicana nobilissima pars Concilij generalis.

Vn écrit pour prouuer que Boniface ne pouuoit estre Pape viuente Cælestino, *par passages de Canons & des Peres.*

Papa dum viuit est semper Papa. Episcopus dum viuit est Episcopus. *Fait beaucoup de difference entre le Pape & les Euesques pour la deposition. Le Pape ne le peut estre. L'Euesque le peut par le Pape.*

Traite au long la comparaison du mariage spirituel, & charnel: le spirituel entre le Pape & l'Eglise vniuerselle: l'autre entre l'homme & la femme, l'un & l'autre indissoluble.

Soustient que le Pape ne peut cesser d'estre Pape que par mort. Standum constitutionibus Rom. Pontificis, si in illis nihil contrarium Euangelicis, Propheticis, Diuinisque præceptis. Constitutio Papæ nihil potest contra ius naturale & diuinum. Constitutiones Clementis ex Itinerario, & Epist. ad Iacobum apocryphæ.

Du Papat de Clement post S. Petrum. *Si ledit Clement renonça.* Linus & Cletus non fuerunt Pontifices.

Si le Pape peut renoncer; il ne le peut que in Concilio generali.

Procurations des defendeurs à Iacques de Mutina, pour poursuiure l'affaire prés du Pape.

Escrit des defendeurs de Boniface. Disent que le Pape ne peut estre iuge de Boniface, par in parem, &c. *Dieu seul est le Iuge. Que le Pape mort personne n'est receu à agir contre luy. Que Nog. & Plas. sont ses ennemis, témoins la violence faite à Anagnia, le tresor pillé, les reliques dissipées, & les titres de l'Eglise déchirez; l'Euesque de Strigonia tué; la porte de l'Eglise d'Anagnia brûlée; les Cardinaux chassez.*

Non mittenda manus in Christum Domini.

Prouuent que Boniface n'a esté tenu heretique. Disent que Nogaret n'auoit pas de besoin de se ioindre à Sciarra Colonna pour parler à Boniface.

Que ces accusateurs ont reconnu Boniface Pape en plusieurs actions. Deduisent les bonnes actions de Boniface.

Disent que Celestin a pû ceder, & parlent comme cela fut fait. Exemples d'Euesques qui ont cedé.

Le Pape ne doit estre accusé d'heresie, nisi manifestè hæreticus.

Que l'on ne doit point receuoir des témoins super crimine hæresis.

La haine du Roy contre Boniface paroist aux responses qu'il fit au Cardinal le Moine, & à Iacques de Normannis, & sur la dispute de la superiorité.

Que le Roy a recompensé Negaret, luy a donné des terres & des chasteaux, & beaucoup de biens, l'a admis à sa prinauté, & l'a fait son Chancelier, qu'il est en exercice.

Remarquent l'empeschement fait de sortir du Royaume, le mauuais traitement fait à de Normannis, & l'Arrest de l'Abbé de Cisteaux & de plusieurs qui alloient à Rome. Auoit fait emprisonner Nic. de Benefracta Chapelain dudit Cardinal le Moine. A receu les Colonnes en France.

Bulles du Pape Boniface, rayées dans le registre par ordre & bulle de Clement V. parce qu'elles estoient contre le Roy, & le Royaume.

Bulle de la procedure de Benedict XI. contre ceux qui auoient pris Boniface & pillé le tresor de l'Eglise. Il nomme Nogaret le premier, de Supino & autres. Il exagere fort cette violente action, qu'il deteste. Dit qu'il l'a veuë. Declare ceux qui ont participé à cette action, incurrisse à canone sententiam excommunicationis, & les cite à certain iour. Fait à Perouse 7. id. Iunij Pont. anno 1.

Les defendeurs soûtiennent cette procedure, respondent à ce qui a esté dit contre par Nogaret.

Nogaret se plaint de ce que les defendeurs auoient dit quelque chose contre l'honneur du Roy. Le Pape dist que si cela se trouuoit il le falloit reformer.

Le 20. Nouembre le Pape en consistoire. Nogaret & Plas. dirent que ce qu'ils auoient dit en cette affaire estoit pour defendre l'honneur du Roy & son innocence, non point comme Ambassadeurs n'y ayans ordre de luy, sa Maiesté n'ayant point eu dessein de se rendre partie.

L'aduocat des defendeurs demanda acte de ce que Nogaret auoit dit, qu'il n'auoit eu intention d'accuser Boniface d'auoir dogmatisé en consistoire en presence des Cardinaux & publié ses heresies, mais en secret. Le Pape refusa de donner acte, disant que luy & les Cardinaux & les Notaires se souuenoient qu'il auoit dit cela. Nogaret répondit qu'il pouuoit corriger ce qu'il auoit dit, & que Boniface auoit dit en sa chambre, & ailleurs en presence de 4. 10. 15. 30. & quelquefois 50. personnes, plusieurs mauuaises doctrines & dogmatisé; que de verité il n'asseuroit pas que ce fust en consistoire, car il cachoit son heresie.

Protesta que pour cela il ne se départoit pas de ce fait, s'il luy venoit de nouuelles preuues.

24. Nouembre Nogaret en consistoire dit que les defendeurs auoient dit des choses contre la Iurisdiction & droits du Roy au temporel sur les Eglises de son Royaume, & auoient dit que le Roy ne pouuoit pas tirer secours des Eglises & des Prelats contre leur gré iure suo, pro necessitate regni: quoy que le Roy n'ait rien fait en ce cas nisi de consensu Prælatorum.

Le Pape prit la parole, & dit que ce qui auoit esté dit ne pouuoit preiudicier à qui que ce soit, nec aliqui contra Ecclesiæ Gallicanæ & aliarum Ecclesiarum libertatem & potestatem Apostolicæ Sedis præsumere possent, qu'il n'auoit autre dessein que de conseruer le droit du Roy & des Eglises.

Nogaret demanda que les témoins fussent oüis. Et aussi que le Pape luy donnast l'absolution à cantele pour le fait de Benedict XI. Le Pape dit que les grandes écritures des vns & des autres embroüilloient l'affaire, & retardoient le iugement. Qu'il fera iustice, & qu'il pensera à cette absolution, & que Nogaret donne sa demande par écrit.

29. Nouembre Nogaret pressa pour ces témoins, & demanda iustice sur la procedure & informations faites en presence du Pape sur les fausses lettres fabriquées pour la defense de Boniface, & qu'il luy en fust baillé copie. Le Pape dit qu'il s'en conseilleroit.

Aprés cela les parties verbalisent deuant les Cardinaux Commis, & produisent de grandes écritures.

Acte par lequel le Pape dit que craignant que la preuue deperisse, qu'il est prest de faire oüir les témoins.

Grand écrit des defendeurs qui contient 7. parties. 1. Que Boniface n'auoit autre Iuge que Dieu. 2. S'il en auoit il n'auoit que le Concile. 3. Nogaret & Plas. non receuables. 4. Que cet affaire ne doit estre poursuiuy par le Roy de France ny autres. 5. Que l'on ne doit point oüir les témoins. 6. Qu'ils doiuent estre receus à defendre Boniface. 7. Du procés fait de la prise de Boniface & du tresor.

Nogaret & Plas. presenterent vn grand écrit pour réponse, répondent par ordre

DE BONIF. VIII. ET PHILIP. LE BEL.

aux 7. points cy-dessus. Disent que le Roy a droit de conuoquer les Prelats de son Royaume. Expliquent ce que c'est que Miles Regis.

Parlent du fait d'Anagnia, & de l'iniustice de Boniface contre les Colonnes. Dit que Boniface auoit condamné P. Flotte aprés sa mort.

Décrit les vertus de Philippes le Bel, aperta miracula Deus infirmis per manus eius ministrat. Nog. custos sigilli Regis. *Reconnoist que le Roy luy a donné du bien pour les seruices qu'il luy a faits.*

Il conclud que le Pape peut iuger cet affaire sine Concilio generali. *Que le Roy auoit agy iustement, &* vt pugilem & fidei columnam, nullam partem facientem.

Dit que les defendeurs & les Cardinaux amis de Boniface auoient fabriqué de fausses lettres pour soustenir les crimes de Boniface; qu'elles ont esté declarées fausses par le Pape & brûlées publiquement ; que ces Cardinaux les auoient gardées trois ans sans les faire voir. Dit que le Pape les doit chastier, parce qu'ils se vantent qu'elles viennent de sa Sainteté mesme qui les leur auoit baillées.

Registre des actes, écritures & memoires faits & produits en l'instruction du procés contre le Pape Boniface VIII. & sa memoire : compilé par le commandement du Pape Clement V.

A

IN nomine Domini Amen. Anno eiusdem millesimo trecentesimo decimo, indictione octaua, die 16. mensis Martij, Pontificatus sanctissimi patris & domini nostri domini Clementis diuina prouidentia Papæ quinti anno quarto. Idem sanctissimus pater & dominus noster Auinion. in Palatio loci fratrum Ordinis Prædicatorum, vbi idem dominus Papa morabatur, in Consistorio publico sibi reuerendorum patrum dominorum sacrosanctæ Romanæ Ecclesiæ Cardinalium collegio assistente, ac clericorum & laicorum multitudine copiosa, pro tribunali sedens, magistros Ioannem de Verulis, Ioannem de Regio Cameræ suæ Clericos & Notarios, ac Garinum de Tilleriis Ebroicensis diocesis Clericum, Notarios publicos, & me Imbertum Verzelaui de Bitterr. Clericum & Notarium publicum, vnà cum eis ad scribendum, registrandum & redigendum in scriptis, ac in publica documenta, acta omnia & singula, & alia quæcunque scribenda occurrerent in causa seu negotio, quam vel quod mouetur contra dominum Bonifacium Papam VIII. seu eius memoriam, & ipsam causam seu negotium contingentia, in Notarios assumpsit , & specialiter deputauit, eisque ac michi mandauit expressè quòd illa fideliter scriberemus , & in actis & documentis redigeremus prædictis, sicut est fieri consuetum, recepto ab ipsis & ipsorum quolibet, ac me, & per ipsos ac me, de ipsius domini Papæ mandato super sancta Dei Euangelia corporaliter tacta iuramento, quòd præmissa omnia fideliter faceremus. Actum in Palatio suprà dicto, præsentibus venerabilibus patribus dominis Bertrando Episcopo Albien. domini Papæ Camerario, ac Bernardo Archiepiscopo Rothomagens. Arnaldo Fontisfrigidi Ordinis Cistercienf. sanctæ Romanæ Ecclesiæ Vicecancellario, ac Bernardo sancti Pauli Narbonens. & Tholosan. diocesum monasteriorum Abbatibus, ac magistro Hugone Geraldi, Cantore Ecclesiæ Petragoricens. & pluribus aliis testibus ad præmissa vocatis & rogatis.

Postquam autem eadem die & in eodem instanti constitutis coram eo-

1310.
16. Mars.

dem domino nostro, pro tribunali sedente in consistorio publico, in Palatio suprà dicto, sibi sacro reuerendorum patrum dominorum sanctæ Romanæ Ecclesiæ Cardinalium collegio assistente, & præsentibus multis Prælatis, & aliarum personarum tam Ecclesiasticarum quàm sæcularium multitudine copiosa, magistro Alano de Lambala Clerico, ac dominis Guillielmo de Nogareto, & Guillelmo de Plasiano, Petro de Galahard, & Petro de Blanasco militibus & nuntiis, vt dicebant, magnifici principis domini Philippi Regis Francorum illustris : idem dominus noster quasdam litteras Apostolicas vera bulla plumbea, & filo serico bullatas, super citatione facta in negotio domini Bonifacij confectas, publicè & alta voce legi fecit per discretum virum magistrum Ioannem de Verulis Cameræ suæ Clericum & Notarium supradictum : quarum tenor talis est.

CLEMENS Episcopus seruus seruorum Dei, ad certitudinem præsentium & memoriam futurorum. Redemptor noster Dominus IESVS-CHRISTVS sic dilexit sacrosanctam Ecclesiam sponsam suam, vt seipsum tradens pro ea oblationem & hostiam, in suauitatis odorem sanctificaret illam, mundans eam lauacro aquæ in verbo vitæ, vt exhiberet sibi ipsi gloriosam, non habentem maculam neque rugam, essétque Catholicæ Religionis candore, & vero nitore fidei, immaculata, munda, nitida, atque sancta, huius incorruptæ & solidæ fidei firmitatem in beatissimo Petro Apostolorum Principe patenter insinuans, dum ipsum à se angulari lapide petra Christus Petrum voluit nominari dicendo : *Tu es Petrus, & super hanc Petram ædificabo Ecclesiam meam*, vt eiusdem Ecclesiæ structura mirabilis in eiusdem Principis & successorum ipsius solidissima petra veræ fidei stabilita nullis deuiis fluctuaret erroribus, nullis surgentium tempestatum procellis orthodoxæ fidei obuiis quateretur : sed in Christi Vicario eiusdem fidei sacrosanctæ vero cultore, columnæ militantis Ecclesiæ velut soliditate super rectitudinis bases nutare non valeant, ne sagena summi Piscatoris dexteræ etiam hærens, procellis intumescentibus, cogatur in naufragij profunda submergi, ne si, quod absit, super specula vniuersalis Ecclesiæ & Apostolicæ dignitatis summus speculator pro salute omnium constitutus, à rectitudine fidei & cultu eiusdem Catholicæ Religionis exorbitans gereret pro fide per fidem, non absque vniuersali periculo vniuersorum capite languescente, statui generali fidelium irremediabilia pericula imminerent. Sane dudum postquam diuina operante clementia fuimus ad apicem summi Apostolatus assumpti, primò Lugduni, & demum Pictauis cum nostra Curia residentes, carissimus in Christo filius noster Philippus Rex Francorum illustris, zelo, vt credimus & ipse promebat, fidei orthodoxæ, & deuotionis accensus, credénsque vniuersalis Ecclesiæ statui plurimum expedire, nos cum instantia requisiuit, & id ipsum dilecti filij nobiles viri Ludouicus natus claræ memoriæ Philippi Regis Franc. Ebroicens. Guido Sancti Pauli, & Ioannes Drocens. Comites, ac Guillelmus de Plasiano miles, qui contra Bonifacium Papam octauum prædecessorem nostrum, quem dicebant in labe prauitatis hæreticæ decessisse crimine hæresceos, se velle opponere, & ad illud probandum sufficientes probationes habere, illásque coram nobis velle proponere asserebant : postularunt instanter quòd ipsis videlicet nobilibus benignè audientiam exhibentes ad recipiendas probationes huiusmodi, memoriámque damnandam eiusdem defuncti, iustitia præuia, procedere curaremus. Nos verò quamuis de ipso qui de orthodoxis parentibus & Catholica patria traxit originem, ac in Romana Curia pro maiori parte

tem-

DE BONIF. VIII. ET PHILIP. LE BEL. 369

temporis vitæ suæ nutritus extitit, & cum Martino dum in Franciæ, ac Adriano in Angliæ regnis, prædecessoribus nostris Romanis Pontificibus, legationis officio fungerentur, successiuis temporibus, quasi continuè conuersatus Cancellariæ officium exercuit cum eisdem ; & subsequenter in dicta Romana Curia, in qua priùs exercuerat Aduocationis officium, ad officium Notariatus primò, & demum ad honorem Cardinalatus sanctæ Romanæ Ecclesiæ, & demum in summum Pontificem assumptus extitit, quique ad honorem Dei, roborationem fidei, ac hæreticorum exterminium multas edidit sanctiones, & tam in celebrando missarum solemnia, & reliqua diuina officia exercendo, quàm in prædicationibus aliisque bonis operibus faciendis signa Catholicæ religionis sic publicè noscitur ostendisse, ac tam ante quàm post assumptionem huius in præfata Curia, & etiam extra eam, tam in dictis regnis Franciæ & Angliæ, quàm aliis diuersis mundi partibus, antequam summus Pontifex fieret, cum viris auctoritatis eximiæ Catholicis & Ecclesiasticis conuersatus, aliàs etiam Catholicè prout apparebat communiter semper dixit, prædicta veritate subniti nullatenus crederemus: quia tamen crimen hæreseos, quod est inter cætera crimina plus execrabile ac horrendum, magisque detestabile ac damnosum contra dictum prædecessorem oppositum, dissimulanter indiscussum negligi non debebat, ad præfati Regis, aliorúmque nobilium prædictorum instantiam, & ne in sacrosancta Romana Ecclesia, quæ mater est cunctorum Christi fidelium & magistra, quæque cunctis tribuit Catholicæ religionis normam, verámque doctrinam fidei orthodoxæ, videamur negligere, quod in aliis debet diræ censuræ acerbitate damnari. Dum adhuc cum prædicta Curia Pictauis essemus, præfatis oppositoribus de fratrum nostrorum consilio audientiam duximus concedendam, eis primam diem iuridicam post festum Purificationis Beatæ Mariæ Virginis, proximo iam transacto, ad comparendum coram nobis Auinion. & si ac quantum & prout esset de iure in ipso negotio procedendum pro peremptorio termino assignantes. Quia verò propter laborem itinerum, & alia incumbentia negotia, quæ postmodum ingruerunt, & præsertim propter magnam distemperantiam aëris, & impedimenta niuium & aquarum, nos tunc dictis loco & termino nequiuimus interesse, propter quod dictum terminum iustè contigit circumduci; nichil volentes iuris exigentiæ in hac parte subtrahere, sed iter potiùs aperire, infrà scriptum modum citandi præmissos & omnes alios qui opponendo vel defendendo sua putauerint interesse, de dictorum fratrum nostrorum consilio eligentes, tenore præsentium præsente multitudine copiosa fidelium, citamus eosdem, vt ipsi & eorum quilibet, qui, vt præmittitur, opponendo vel defendendo sua putauerint interesse, prima die iuridica post Dominicam in Quadragesima proximùm futura, qua cantatur *Reminiscere*, quam eis pro peremptorio termino assignamus, coram nobis Auinion. debeant legitimè comparere, ad procedendum in dicto negotio, & pertinentibus ad idem negotium, si quantum, & prout de iure fieri poterit & debebit. Et vt contra huius citationis processum omnis calumniæ tollatur occasio, ipsum in audientia nostra publica prouidimus ex certa scientia denuntiari publicè, ac solenniter publicari: & vt dicta citatio ad communem omnium notitiam deducatur, cartas siue membranas processum citationis huiusmodi continentes, bulláque nostra bullatas, maior. ac Fratrum Ordinis Prædicatorum, in quorum domibus habitamus ad præsens, Ecclesiarum Auinion. appendi vel affigi ostiis faciemus; quæ citationem

A aa

huiufmodi fuo quafi fonoro præconio & patulo iudicio publicabunt, ita quòd prædicti quos huiufmodi citatio poteft de iure contingere, nullam poffint excufationem prætendere, quòd ad eos talis citatio non peruenerit, vel quòd ignorarint eandem, cùm non fit verifimile remanere quoad ipfos incognitum vel occultum, quod tam patenter omnibus publicatur. Actum Auinion. in prædictis domibus Fratrum Prædicatorum, videlicet in aula inferiori, in qua confiftoria publica tenemus, Idus Septemb. Pontificatus noftri anno quinto.

Quibus quidem litteris fic lectis, idem dominus Guillelmus de Nogareto multa verba propofuit tam pro fe quàm pro nonnullis aliis, quæ in fcriptis obtulit fe daturum.

Poft hæc autem magiftri Iacobus de Mutina ftatim pro fe, Francifcus filius quondam domini Petri Gaytani, Theobaldus dominus Vernozonis de Anagnia, Crefcentius de Paliano, Blafius de Piperno, Conradus de Spoleto, Iacobus de Sermineto, Thomas de Muro, Gotius de Arimino, Baldredus Bifeth Canonicus Glafcuen. Nicolaus de Verulis, & Fernandus Capellanus domini Petri Sabinenf. Epifcopi, ibidem præfentes, & quilibet eorum in folidum, pro fe & aliis eis adhærentibus & adhærere volentibus in hac parte, dixerunt, feu idem magifter Iacobus pro fe & in præfentia ipforum dixit & proteftatus fuit coram ipfo domino noftro, quòd comparebant & comparere volebant coram eo ad defendendum, & ad plenam dicti domini Bonifacij, & eius memoriæ defenfionem faciendam, iuxta formam citationis fuprà dictæ. Proteftans tamen idem magifter Iacobus, nomine quo fuprà, quòd non procederetur contra ipfum Bonifacium ad poftulationem dictorum opponentium, nifi fi & in quantum & prout de iure fieri deberet ; & quòd ipfi non intendebant litem cum dictis oppofitoribus conteftari, nifi fi & in quantum, vt prædicitur, deberent de iure: & quòd omnes exceptiones tam dilatoriæ & declinatoriæ, quàm aliæ fibi & prædictis aliis fe ad defenfionem offerentibus fupradictam referuarentur: offerens fe paratum idem magifter Iacobus, nomine quo fuprà, oftendere quòd prædicti opponentes ad opponendum contra dictum dominum Bonifacium admitti non debebant.

Demum verò eadem proteftatio per dictum magiftrum Baldredum repetita, præfatus dominus nofter prædicto domino Guillelmo de Nogareto pro fe & aliis fuprà dictis pro quibus verbo propofuit, ad dandum & exhibendum in fcriptis ea quæ circa prædicta dare & dicere vellent, & præfatis magiftris Iacobo & Baldredo, & aliis fuprà dictis ad dandum in fcriptis eafdem proteftationes, & modum huius fuæ comparitionis fi vellent, diem Veneris proximam, faluo in omnibus iure vtriufque partis, & vlteriùs alium diem Veneris tunc proximam fecuturum, ad comparendum coram ipfo domino noftro in dicto Palatio, & ad procedendum in eodem negotio, prout & fi & in quantum de iure fieri debebit, parte dictorum opponentium, & prædictis fuperiùs nominatis, qui fe obtulerunt, vt præmittitur, ad defenfionem dicti domini Bonifacij affignauit.

Die Veneris vigefima dicti menfis Martij, reuerendi patres dominus Berengarius Epifcopus Tufculanus, & Stephanus tituli Cyriaci in Termis, Prefbyter Cardinalis, mandauerunt nobis Ioanni de Regio, & Ioanni de Verulis, Cameræ domini Papæ Clericis, ac Imberto Verzolani Bitterren. & Guarino de Tilleriis Ebroicen. diocef. Clericis, publicis Notariis, quòd fcriberemus, & in acta redigeremus quod fanctif-

DE BONIF. VIII. ET PHILIP. LE BEL.

simus pater dominus noster dominus Clemens diuina prouidentia Papa V. prædictus commiserat eis hesterna die Iouis in Camera sua oraculo viuæ vocis, quòd omnes scripturas dandas & exhibendas hodie in præfato negotio dicti domini Bonifacij per magistrum Alanum de Lambala Clericum, dominos Guillelmum de Nogareto, Guillelmum de Plasiano, Petrum de Gualard, & Petrum de Blanosco milites & nuntios supradictos, necnon & per magistrum Iacobum de Mutina, Franciscum filium quondam domini Petri Gayetani, Theobaldum dominum Vernazonis de Anagnia, Crescentium de Paliano, Blasium de Piperno, Conradum de Spoleto, Iacobum de Sermineto, Thomam Morro, Lucium de Arimino, Baldredum Bizeth Canonicum Glacuens. Nicolaum de Verulis, & Fernandum Capellanum dicti domini Sabinen. Episcopi, defensores in negotio suprà dicto, iuxta formam termini seu assignationis eis datæ die Lunæ prædicto, auctoritate sua reciperent. Actum Auinion. in domibus maioribus, vbi idem dominus Tusculanus morabatur, in Camera ipsius domini Tusculani, præsentibus discretis viris magistris Hugone Geraldi Cantore Petragoricen. Petro Andrea Archipresbytero Bitterens. Camerario dicti domini Tusculani, Raimundo de Mostoiolis Priore de Londris Magalonens. diocesis, & domino Grimerio de Pergamo in Romana Curia Aduocato, & pluribus aliis testibus. Item eodem die Veneris in sero comparentibus coram dictis dominis Cardinalibus, magistris Iacobo de Mutina, & aliis defensoribus suprà dictis in negotio memorato, exhibuerunt & produxerunt coram eisdem dominis Cardinalibus quandam cedulam de pargameno scriptam, quam dicti domini Cardinales dictæ commissionis auctoritate receperunt : cuius tenor talis est :

In Sanctitatis vestræ præsentia, Pater sanctissime domine Clemens diuina prouidentia Papa quinte, constituti die Lunæ, videlicet die 16. mensis Martij proxim. post Dominicam in Quadragesima, qua cantatur *Reminiscere*, in Palatio Papali in domibus Fratrum Prædicatorum Auinion, in consistorio publico, venerabiles & discreti viri domini Franciscus, natus bonæ memoriæ domini Petri Gaytani Comitis Casertanensis, Theobaldus filius domini Vernazonis militis de Anagnia, nepotes felicis recordationis domini Bonifacij Papæ VIII. Gotius de Arimino vtriusque Iuris, Baldredus Bizeth Decretorum Doctores, Thomas de Morro, Iacobus de Mutina, Blasius de Piperno, Crescentius de Paliano, Nicolaus de Verulis, Iacobus de Sermineto, & Conradus de Spoleto Iurisperiti, offerentes se defensioni negotij infrà scripti sub protectoribus infrà scriptis.

Primò & ante omnia protestantur & dicunt quòd per ea quæ dicunt faciunt vel petunt, dicent facient vel petent, per se vel per alios, non intendunt, nec petunt, nec consentiunt quòd in præfato infrà scripto negotio tam in ingressu, quàm etiam in progressu & egressu prædicti negotij modo aliquo procedatur, nisi & si in quantum, quando & prout debebit, & poterit procedi de iure, saluisque eis & eorum cuilibet omnibus exceptionibus dilatoriis & declinatoriis, & aliis quibuscunque suo loco & tempore proponendis, etiam contra citationis edictum : dicunt & protestantur quòd non intendunt per ea quæ dicta sunt vel dicentur in posterum, aliquos opponentes admittere, nec facere partem cum aliquibus, nisi si in quantum, prout & quando de iuris necessitate deberent. Quibus protestationibus præmissis dicunt quòd occasione cuiusdam citationis, quæ in negotio præfati sanctæ memoriæ domini Bonifacij Papæ VIII. sub certa forma à Sanctitate vestra emanauit ad diem prædictam, vt si aliqui vellent se opponere vel defendere, qui sua crederent interesse, coram vobis legitimè comparere deberent, ad procedendum in ipso negotio & pertinentibus ad ipsum negotium, si quantum & prout de iure fieri posset & deberet, ipsi omnes, & eorum quilibet in solidum, suo nomine & omnium adhærentium, & adhærere seu assistere volentium ad defensionem debitam faciendam in præfato negotio pro statu & memoria dicti domini Bonifacij, tanquam patris orthodoxi catholici & fidelis, si in quantum & prout fieri debebit de iure, comparent & se offerunt coram vobis.

Postmodum autem ipso die Veneris eodem sero in eisdem domibus comparuerunt coram eisdem dominis Cardinalibus, magister Alanus Clericus, & domini Guillelmus de Nogareto, & Guillelmus de Plasiano, ac Petrus de Galard, & Petrus de Blanosco milites & nuntij supra dicti, & exhibuerunt coram eisdem dominis Cardinalibus duos rotulos scripturarum, quos publica instrumenta esse dicebant, & quendam alium rotulum in vndecim peciis de pargameno simul sutis, & nomina quorumdam ex dominis Cardinalibus, quos suspectos in eodem negotio reputabant: quæ ipsi dominus Tusculanus, & Stephanus Cardinales auctoritate commissionis modo simili receperunt. quorum rotulorum & scripturarum tenores, & nomina prædictorum dominorum Cardinalium inferiùs describentur, & tales sunt.

La piece qui doit suiure est imprimée cy-dessus fol. 56. sous ce titre, *Requesta facta Regi, &c.*

IN nomine Domini nostri Iesu Christi amen. Anno eiusdem, &c. die Lunæ post Dominicam qua cantatur *Reminiscere*, apud Auinionem in Prouincia, cùm in præsentia sanctissimi patris domini nostri domini Clementis Dei gratia sacrosanctæ ac vniuersalis Ecclesiæ summi Pontificis, ac fratrum suorum, & nostri Guillelmi de Nogareto, & Guillelmi de Plasiano domini Philippi eadem gratia Regis Franc. militum ac nuntiorum, præsentibus etiam aliis nuntiis dicti domini Regis, videlicet magistro Alano de Lambala Archidiacono in Ecclesia Briocen. domini Regis prædicti Clerico, domino Petro de Blanosco milite domini Regis ipsius, ac domino Petro de Galardo eiusdem domini Regis milite, ac in regno prædicto Arbalistariorum Magistro, in consistorio publico, lecta fuerit quædam littera Papalis, continens quoddam citatorium edictum iam dudum publicatum, & in valuis Ecclesiarum dicti loci affixum, vt dicta littera exprimebat: quo edicto nominatim citati fuerant ad hos diem & locum egregij viri domini L. claræ memoriæ Regis Francorum filius Ebroicen. G. sancti Pauli, I. Drocen. Comites, & ego Guillelmus de Plasiano prædictus, & generaliter omnes alij, quorum poterat interesse opponendo vel defendendo contra memoriam defuncti Bonifacij Papæ VIII. qui prout continebatur in ipso edicto, à prædictis, & me Guillelmo de Plasiano nominatim citatis, dicebatur hæreticus decessisse. Qui nominati Comites, & ego Guillelmus de Plasiano miles, prout in dicto edicto asseritur, postulauerimus simul aliàs coram vobis domino nostro summo Pontifice audientiam nobis dari, & probationes nostras super iis recipi, ac memoriam dicti defuncti damnari. Dictis litteris lectis ego Guillelmus de Nogareto, licèt non nominatim citatus, ego etiam Guillelmus de Plasiano, dicentes nostra interesse ex causis sequentibus per nos proponendis, diximus & proponimus dictum edictum, & in eo contenta grauiter fore nobis præiudicialia, ac etiam fidei negotio olim per nos assumpro eo viuente contra Bonifacium memoratum ex caufis & rationibus infrà fcriptis : propter quod dicimus & proteftamur folemniter quòd non acceptamus ipfum edictum, nec ex eius vi vel virtute comparemus coram vobis domino fummo Pontifice, nifi fi & quatenus ipfum edictum rationabiliter nos artare poteft vel debet: fed nos præfentamus, & coram vobis domino fummo Pontifice comparemus vltro, introducentes, & repetentes coram Sanctitate veftra omnia alia propofita, & obiecta per nos vt infrà fubiicitur, contra Bonifacium fuprà dictum, & etiam ex vi edicti prædicti, fi forfan & in quantum rationabiliter nos artat : dicimus etiam vt nuntij dicti domini Regis pro nobis & aliis connuntiis nobifcum præfentibus, & vt domini Regis ipfius organum, falua reuerentia Sedis Apoftolicæ, ipfum edictum ex caufis infrà fcriptis multipliciter præiudiciale dicto domino noftro Regi & eius regno, dictis Comitibus, & aliis omnibus quos tangit quomodolibet negotium memoratum, defectuofum & multipliciter vitiofum errore facti certiffimo, qui fallere poteft Apoftolicam Sanctitatem, feu ex dictantium feu fcribentium ignorantia vel errore, & negotium fidei contra dictum Bonifacium eo viuente affumptum. Quare tam vt priuatæ perfonæ pro noftro intereffe, quàm vt nuntij domini Regis ipfius, in quantum eum tangit, folùm fupplicamus inftanter, dictum edictum tanquam præiudiciale & defectiuum & multipliciter vitiofum reuocari palam & publicè prout fuerat promulgatum; ita quòd inde non nafcantur iniuriæ, & inde iura nafcantur, quo reuocato & quicquid ibidem continetur emendato & ad ftatum debitum reformato, offerimus nos ex nunc vt ex tunc dicti milites Guillelmus de Nogareto, & G. de Plafiano paratos fine dilatione profequi fidei negotium per vos vt infrà fequitur affumptum, fuper eo quòd non intraffet per oftium ad Ecclefiæ regimen, hærefi multiplici aliifque fceleribus grauibus eo viuente contra Bonifacium memoratum. Supplicantes inftanter vt priuatæ perfonæ vobis domino fummo Pontifici, fublato dicto edicto, & contentis in eo in melius emendatis, probationes fuper præmiffis recipi, in caufa ipfa procedi, & fieri iuftitiæ complementum; Addentes vt priuatæ perfonæ multos teftes fenes & valitudinarios & longo tempore abfuturos fupereffe veritatem fcientes obiectorum contra Bonifacium antedictum, qui futuro tempore poffent deceffiffe & in caufa fidei prædicta poffet eorum probatio deperire. Quare fupplicamus inftanter indilatè teftes ipfos recipi : ita tamen quòd nomina teftium non publicentur palam, fed in fecreto Curiæ teneantur propter periculum perfonarum, & conftitutiones Apoftolicæ perinde vt eo cafu. Præterea proponimus nos Guillelmus de Nogareto, & Guillelmus de Plafiano milites prædicti, quòd in tanta caufa fidei debeat fine omni fufpicione procedi, plurefque de Collegio reuerendorum patrum dominorum Cardinalium fint, quos non modicum tangit negotium memoratum, propter quod in iudicando vel aliis huiufmodi caufæ deliberationibus, vel quibuflibet tractatibus adeffe non debent, nec eorum communicari confilium. Et infuper cùm ego Guillelmus de Nogareto afferam, quòd eorum gentes & familiæ, & amici eorum contemplatione & nomine, & eis ratum habentibus, feu aliquorum ex eis, infidiati fuerunt ante mei Guillelmi tanquam negotij fidei promotoris, in graue negotij Dei & caufæ fidei detrimentum, & magnam pecuniam quam amicis meis mitti faciebam, nuntiis meis ipfam pecuniam portantibus, publicè & palam prope Perufium abftulerunt, & fecum portarunt, & ex eo etiam ego Guillelmus de Nogareto vehementer in caufa fidei prædicta,

A aa iij

quam ego promoueo, & aliis negotium tangentibus, habeam & habere debeam eofdem fufpectos, maximè cùm nos dicti milites intellexeramus à fide dignis, quòd iidem Cardinales apud prædeceſſorem veſtrum dominum Benedictum, & apud vos dominum ſummum Pontificem pluries & frequenter inſtiterint & infiſtunt, & niſi fuerint impedire, & pro viribus impediuerunt, ne procederetur in negotio memorato. Supplicamus nos dicti milites inſtanter vobis domino ſummo Pontifici, ne ad aliquos tractatus, deliberationes, conſilia vel actus ad dictum negotium pertinentes Cardinales huiuſmodi admittantur : ſed penitus repellantur ; quos ſalua Sedis Apoſtolicæ reuerentia, ac præfati venerandi Collegij, nos dicti milites vt vehementer nobis in dicto negotio ex cauſis præmiſſis & aliis ſi opus fuerit exprimendis ſuſpectos recuſamus, offerentes nos paratos iurare quòd bona fide ac credentes ſuſpicionis cauſas veras & iuſtas eos recuſamus; quos propter reuerentiam Sanctitatis veſtræ, Collegiíque veſtri, & perſonarum ipſorum, in publico nominare nolumus, niſi Sanctitati veſtræ neceſſarium videretur, ſed eorum nomina trademus veſtræ Sanctitati in ſcriptis. Volentes etiam nos præfati milites G. de Nogareto, & G. de Platiano, vt priuatæ perſonæ, informare veſtri ſanctiſſimi patris noſtri ſummi Pontificis religionem ſuper veritate proceſſuum habitorum in negotio memorato, contra dominum Bonifacium tunc viuentem, ac continuatorum poſt eius mortem tam coram dicto domino Benedicto Papa proximè defuncto, quàm coram vobis poſt dicti domini Benedicti deceſſum, ac ipſum fidei negotium vltro introducere, & proſequi coram vobis domino ſummo Pontifice, dicto edicto ſublato, in eo contentis, vt ſuprà tactum eſt, emendatis, ac etiam vos dominum ſummum Pontificem informare ſuper defectibus & vitiis dicti edicti, tam vt priuatæ perſonæ, quàm vt dicti domini Regis nuntij exponimus vobis vt ſequitur. Pater ſanctiſſime, cùm olim Bonifacius octauus fuit ad apicem ſummi Pontificatus de facto ſolùm aſſumptus, Celeſtino ſuo prædeceſſore viuente, nonnulli viri prudentes magni ſtatus & magnæ ſcientiæ ſuggeſſerunt domino noſtro Regi prædicto, dictum Bonifacium non intraſſe per oſtium, nec legitimè : multi inſuper magni viri ſuper hoc dubitarunt. Sed Rex ipſe videns, quòd licèt ſub dubitatione tolerabatur vbique propter pacem Eccleſiæ Catholicæ, & propter honorem ſacroſanctæ Romanæ Eccleſiæ, cui Bonifacium ipſum præſidere de facto videbat, vt Patrem eum in omnibus honorauit ; ſupponens quòd eius fructus & opera ſequentis temporis oſtenderent vtrum intraſſet per oſtium ſecundùm Euangelicam veritatem. Subſequenter quamplures viri eminentes aſſeruerunt & ſignificauerunt Regi prædicto pluries & frequenter, Bonifacium ipſum peſſimæ conuerſationis virum enormibus & abominabilibus criminibus irretitum, quinimò hæreticum perfectum, multiplici ſpecie hæreſi prorſus à fide Catholica deuium. Sed nihilominus idem Rex ex cauſis præmiſſis dictum Bonifacium, vt Patrem ſanctiſſimum honorabat. Poſtmodum verò ego Guillelmus de Nogareto prædictus à fide dignis viris ſuper iis informatus, præſentibus pluribus Prælatis, Baronibus, & aliis Clericis, ac militibus, coram ipſo Rege conſtitutus propoſui, ſicut fidei Catholicæ zelator, Bonifacium memoratum aliunde quàm per oſtium, ac illegitimè ingreſſum ad regimen Eccleſiæ ſanctæ Dei, necnon perfectum hæreticum diuerſis ſpeciebus hæreſis per me legitimè declarandis, ac prorſus à fide deuium, & in profundo malorum ac diuerſorum abominabilium ſcelerum poſitum, incorrigibilem, ſimoniacum manifeſtum, monitum & in-

DE BONIF. VIII. ET PHILIP. LE BEL.

corrigibilem fcandalizantem grauiter & periculosè Ecclefiam fanctam Dei, nec ampliùs tolerandum. quæ me paratum obtuli profequi legitimè coram Concilio generali: & afferens me propter dicti Bonifacij fæuitiam non audere ad eius adire præfentiam ad prædicta, fupplicaui Regi præfato, & eum requifiui inftanter, vt daret opem & operam efficaces, vt conuocaretur modo legitimo dictum Concilium, coram quo ego poffem profequi pro defenfione fidei fupradicta: nec adhuc moueri noluit ex caufis præmiffis Rex ipfe, licèt ego præfatum Bonifacium fuper præmiffis & eorum occafione ad generale Concilium prouocarem, & præmiffa tunc propofita nunc coram Sanctitate veftra vltro propono, fublato dicto edicto, & in eo contentis legitimè emendatis, profequi paratus. Poftremò ego Guillelmus de Plafiano prædictus, in Parlamento publico propter ardua regni negotia per ipfum Regem Parif. congregato folemniter, palam & publicè præmiffa per dictum Guillelmum de Nogareto priùs propofita, & alia grauia quamplura fcelera nefanda, & fpecialiter quòd dictus Bonifacius dogmatizaffet hærefim propofui, & me ea legitimè profequi paratum obtuli coram Concilio generali, & nunc etiam coram Sanctitate veftra vltro propono, & me paratum profequi offero, dicto edicto fublato, & in melius emendatis in eo contentis, me declaraturum legitimè præmiffa propofita offerens vt tenebor. Præterea dicti Comites in dicto Parlamento tunc præfentes afferuerunt præmiffa omnia effe vera, & iurarunt fe credere ea vera, & legitimè poffe probari ; & tam ego Guillelmus de Plafiano, quàm dicti Comites in præfentia Prælatorum, Baronum, Doctorum fanctæ Ecclefiæ, & Magiftrorum, Religioforum, Collegiorum, Vniuerfitatum, in ipfo Parlamento aftantium, requifiuimus folemniter Regem ipfum, ac Prælatos etiam fuprà dictos, vt darent, prout pro defenfione fidei tenebantur, opem & operam efficaces ad conuocationem Concilij memorati, adhærentes prouocationi prædictæ per me Guillelmum de Nogareto factæ, quatenus legitimè facta erat. Qui Rex & Prælati habita deliberatione diligenti, attendentes quòd defenfioni fidei Catholicæ tenebantur affiftere, & pro ea fe murum opponere, licèt magno defiderarent affectu Bonifacium prædictum poffe cum veritate inueniri mundum & innocentem fuper prædictis contra ipfum obiectis, non valentes requifitionem repellere fuprà dictam, eidem adhæferunt, offerentes fe ad opem præftandum & operam, vt conuocaretur legitimè Concilium memoratum, vt per ipfum fieret in præmiffis quod iuftitia fuaderet, appellaruntque folemniter ad dictum Concilium congregandum, feu ad dicti Bonifacij fuccefforem legitimum, ne quid in præiudicium cognitionis huiufmodi caufæ fidei dictus Bonifacius attentaret. Nec Rex ipfe partem obiectoris, accufatoris, denuntiatoris, vel promotoris fecit vnquam contra Bonifacium memoratum, ficut nec dicti Prælati, fed folùm conceffcrunt vt conuocaretur dictum Concilium, per quod cognofceretur & fieret iuftitia de prædictis. Cui prouocationi factæ fuper præmiffis ad generale Concilium, vt fieret iuftitia fuper eis, adhæferunt Prælati, Barones, Vniuerfitas Parifienf. Conuentus & Collegia, ciuitates & Vniuerfitates regni Franciæ, Reges & Principes multi, ciuitates & Communitates plurimæ aliarum ** quàm regni Franciæ. Bonifacius verò prædictus, intellectis pleniùs fuprà dictis, cùm fi fuiffet innocens, debuiffet fe offerre defenfioni & legitimæ purgationi de prædictis obiectis, & ad hæc vltro contra fe conuocare Concilium fuprà dictum, conuocationem ipfam fe facturum renuit, & fubterfugiens iudicium fe pofuit in contumacia manifesta. Propter quod intendimus Bonifacium ipsum damnatum haberi debere vt hæreticum per constitutionem generalis Concilij. Mortuo verò postmodum ipso Bonifacio, Rex præfatus zelo fidei Catholicæ ductus, vt pugil fidei, desiderans tantum tolli scandalum ab Ecclesia sancta Dei, per suos nuntios dominum Benedictum Papam dicti Bonifacij successorem, repetito coram eo dicto processu contra Bonifacium habito memorato, requisiuit solemniter vt per Concilium generale, vel per se audientiam daret dictis obiectoribus, & veritatem de præmissis inquireret & faceret iustitiæ complementum, semper, vt suprà, desiderans magis quàm contrarium cum veritate reperiri innocentiam Bonifacij memorati. Qui dominus Benedictus Papa super iis deliberare noluit, & se responsurum promisit Regi præfato: sed non potuit morte præuentus. Tandem ipso Papa Benedicto viam vniuersæ carnis ingresso, & vobis, Pater sanctissime, ad apicem summi Apostolatus assumptus, Rex ipse coram vobis personaliter constitutus, eandem requisitionem, quam fecerat de præmissis per suos nuntios domino Papæ Benedicto prædecessori vestro, repetita dicti processus substantia, ac ipsum continuando, nullúmque nouum processum super iis faciendo, nec nouum aliquid proponendo, vobis fecit primò Lugduni, ac secundò Pictauis, innocentiam Bonifacij prædicti reperiri posse cum veritate si fieri posset desiderans potiùs quàm contrarium; nec partem aliquam faciens contra eum.

Sané edictum citatorium prædictum præter vestram conscientiam, vt credimus, Pater sancte, peccat tam in sui forma quàm materia multis modis, salua vestræ reuerentia Sanctitatis.

Primò peccat in forma, quia per edictum talis citatio contra nominatim vocandos, vt dicti Comites, nos obiectores, & plures alij sumus, fieri non debuit. Talia namque edicta non possunt innotescere absentibus, maximè in partibus remotis & longinquo distantibus constitutis; propter quod edicta talia de iure communi absentes & ignorantes non ligant: nec Sanctitas vestra, salua vestri reuerentia, eligere debuit tam iniuriosum támque periculosum modum citandi in tanta causa fidei contra nominatim vocandos, qui non impediebant, nec impedire volebant, quominus ad eos seu eorum domicilia posset citatio peruenire. Cæterùm cùm dictus Bonifacius sciuisset suprà tacta crimina contra se publicè Parisius proposita in Parlamento prædicto, ad impediendum executionem iustitiæ, ne posset fieri in ipso negotio contra eum, aliquas constitutiones, seu potiùs destitutiones loco constitutionum, edidit & publicauit apud Anagniam in odium dicti domini Regis, regníque sui, ac eis adhærentium in prædictis, per quos modo supra relato videbat promoueri seu procurari conuocationem generalis Concilij contra eum pro causa fidei supra dicta. Inter quas constitutiones statuit contra iura, contra Deum, & iustitiam manifestè tales citationes processuúmque constitutionem contra absentes & remotos posse fieri per edictum, intendens contra Regem ipsum, Prælatos, & alios regni sui, & in præmissis eis quoslibet adhærentes, propter hoc quia conuocationi dicti Concilij consenserant & appellabant ad dictum Concilium, ne quid fieret in ipsius causæ præiudicium, procedere: quæ pluries & publicè & specialiter in alia sua constitutione seu lamentatione eadem die per eum publicata, fuerat comminatus dominus Benedictus Papa prædictus eius successor, constitutionem ipsam, & alias, omnésque processus in dicti Regis præiudicium & odium per dictum Bonifacium factas seu editas reuocauit; & vos, Pater sanctissime, Lugduni

postea

postea declarastis tales citationes per edictum solum posse fieri contra impedientes, ne posset ad eos alterius formae iusta citatio peruenire prout in constitutione vestra super hoc edita clarius continetur. Quòd autem tales citationes fieri possent per edictum, cederet in graue dispendium, periculum, ac præiudicium dicti domini Regis, regnique sui, nedum in casu præsenti, sed in casibus qui futuris temporibus possent accidere, pluribus & diuersis, quin etiam infinitis.

Secundò & posito quòd dictum citatorium edictum factum esset aliàs sub forma debita, peccat in sui materia tribus modis. Primò, quia multa tacentur in eo quæ exprimi debuissent, super quibus citatorium debuisset fundari. Secundò, quia multa ponuntur in eo quæ nullatenus fuerant inserenda, cùm salua vestri reuerentia nunquam fuerint, nec processerint, vt fuerunt inserta. Tertiò, quia multa superflua nobis obiectoribus & nobis adhærentibus præiudicialia & causæ fidei prædictæ, sunt in eodem inserta: sunt enim in eo tacita ac prorsus omissa omnia suprà relata dictum negotium tangentia, quæ tempus promotionis vestræ cùm fuistis ad summum Pontificatum assumptus præcesserant, & specialiter dicti processus d.ctum Bonifacium *** dum viuebat & post eius mortem, coram prædecessore vestro Papa Benedicto prædicto continuati; ex quibus processibus pendet fundamentum, atque ius, virtus, & tota substantia negotij fidei memorati. Fuit enim inter cætera in eis contra dictum Bonifacium propositum, & vt suprà tactum est, quòd illegitimum habuisset ingressum, quod tacetur in edicto prædicto, licèt id habeat magnos effectus. Item fuit propositum in dictis processibus, dictum Bonifacium hæreticum perfectum multis speciebus hæresis, quod secundùm intentionem proponentium ad tempus sui ingressus vel *** & ad tempus propositionis, & etiam tempus sequens, & etiam mortis, nisi probaretur emendatum ab hæresi, potest referri, refertúrque; quod tacetur in edicto prædicto quoad tempus mortis præcedens. Item tacetur in prædicto edicto, quòd fuit contra eum propositum, ipsum Bonifacium esse simoniacum incorrigibilem, manifestum. Item tacetur quòd fuerit contra eum propositum, Bonifacium ipsum hæresim dogmatizare se, & specialiter quòd Papa non poterat committere simoniam, quorum magnus est effectus, si vera sint. Item tacetur in ipso edicto fuisse propositum contra dictum Bonifacium, cum quamplurimis sceleribus grauissimis & enormibus, abominabilibus irretitum, ac in eis prorsus incorrigibilem, & positum in profundo malorum, quod est, si verum est, species hæresis manifesta, de qua potest etiam Apostolicus accusari. Cuius articuli potest esse magnus effectus, nedum quia ex hoc valeret accusari, sed quoad declarationem & manifestam probationem, quòd per ostium non intrasset, & quòd esset hæreticus, si sint vera ipsa crimina, & mala eius opera proposita contra eum, iuxta doctrinam Euangelicam, quòd ab eius fructibus & operibus vnusquisque cognoscitur, & manifestè probatur, an Pastor sit censendus mercenarius siue latro. Præterea nemo dubitat, quòd si dictus Bonifacius fuerit hæreticus vel illegitimus, de cæteris omnibus criminibus potuit accusari. Item in edicto prædicto nedum tacentur præmissa, quæ fuerunt inserenda, sed in dictorum propositorum & causæ fidei præiudicium inseruntur eius opera laudabilia, atque conuersatio laudabilis, vt ibi dicitur, ex quibus asseritur verisimiliter præsumendum dictum Bonifacium Catholicum non hæreticum iam fuisse. Verbáque Sanctitatis vestræ taliter prolata, licèt vim *** de iure non habeant, multum tamen ponderant, partem dicti Bonifacij releuant, ac appositis pei dictos obiectores, qui se probaturos ipsa scelera obtulerunt, grauiter detrahunt, atque præiudicant negotio fidei supradicto ; nec salua vestri reuerentia, Pater sancte, præiudiciale quid causæ fidei debuit inseri in edicto prædicto, cùm licèt aliqua bona opera ex se dictus Bonifacius fecerit, ea fine caritate ad hypocrisim fecerit, vt ex aliis nefandis operibus probabitur manifestè, sicut & alij multi falsi Prophetæ fecerunt. Item inferuntur in edicto prædicto, quæ nullatenus fuerunt inferenda in hoc, quòd ibidem inseritur dictos Comites, & me Guillelmum de Plasiano, coram vobis proposuisse dixisse seu asseruisse, dictum Bonifacium hæreticum decessisse, quod, salua vestri reuerentia, Pater sanctissime, non est ita. Licèt enim sequatur quòd si priùs dictus Bonifacius tempore quo fuit contra eum obiecta hæresis hæreticus fuerit, quòd hæreticus postea decesserit, nisi probaretur contrarium quòd fuerit emendatus : tamen obiectores non proposuerunt principaliter ipsum hæreticum decessisse, cùm adhuc viueret, & aliud sit longe, & quoad probationum facultatem, & quoad effectus plures qui inde sequi possunt, proponi hæreticum tunc tempore obiectionis fuisse, & aliud proponi solum ipsum hæreticum decessisse: & licèt, Pater sanctissime, ego Guillelmus de Plasiano cùm priùs Lugduni, secundò Pictauis cum dicto domino Rege vestram adiui præsentiam pro præmissis, vt Regis ipsius organum, & eius nomine vobis retulerim obiectionem dictorum criminum factam contra dominum Bonifacium, eo viuente, recipiendo processus prædictos habitos contra eum, & specialiter qualiter ipse dominus Rex nullam partem aliàs faciendo, sed sicut pugil, & columna fidei, requiri fecerat dictum Bonifacium super conuocatione dicti Concilij, vt per id fieret iustitia de prædictis, quod per eum fuerat denegatum, & quòd ad Concilium requiri fecerit per nuncios suos, mortuo dicto Bonifacio, coram domino Benedicto Papa prædecessore vestro ; vel quòd ipse Papa per se daret audientiam obiectoribus, & faceret iustitiam de prædictis, & eo modo succesiue processus continuando prædictos, & nichil nouum substantialiter inferendo. Postmodum id ipsum coram Sanctitate vestra requisiuit per me, vt eius organum, & specialiter quòd nobis obiectoribus super præmissis audientia præberetur, semper repetendo Regem ipsum nullatenus partem facere in præmissis, quin potiùs desiderasset, si cum veritate possot fieri, dictum Bonifacium reperiri innocentem, quàm culpabilem de prædictis. Nunquam ego Guillelmus de Plasiano meo nomine coram vobis proposui, dictum Bonifacium hæreticum decessisse, nec per consequens requisiui probationes super eo articulo recipi, nec requisiui memoriam ipsius Bonifacij damnari, nec vnquam etiam audientia fuit mihi concessa super dicto negotio per vos vsque nunc. Dictique Comites in principali obiectione facta in prædicto Parlamento Parisius contra dictum Bonifacium, dum viuebat, asseruerunt prædicta crimina contra dictum Bonifacium proposita, vera esse, iurantes se credere ea esse vera, posse probari. Ego verò Guillelmus de Plasiano procedens vltrà me obtuli paratum prosequi, & probare prædicta coram Concilio generali. Sic quòd dicti Comites plus functi fuere assertoris officio, quàm obiectoris, licèt vnà mecum G. de Plasiano requisiuerunt tam dictum dominum Regem, quàm dictos Prælatos, vt opem darent & operam ad conuocationem Concilij memorati, prout hæc omnia clarè liquent ex insertis publicis in factis, præsente multitudine copiosa. In edicto vestro prædicto prorsus michi parificantur tam in obie-

DE BONIF. VIII. ET PHILIP. LE BEL. 379

ctione quàm in requisitione seu postulatione, quæ facta dicitur coram vobis per me Guillelmum de Plasiano prædictum, cùm tamen dicti Comites & ego nomine nostro, coram Sanctitate vestra nusquam audientiam habuerimus, nec quicquam proposuimus de prædictis. Item in ipso edicto, vbi inseritur dictos Comites & me Guillelmum de Plasiano postulasse præbeti nobis audientiam, & probationes recipi super eo quòd idem Bonifacius hæreticus decesserit, & eiusdem damnari memoriam; inseritur dominum Regem ipsum requisisse id ipsum quod per nos postulabatur, cùm tamen nunquam id factum fuerit; quod cedit in grauem domini Regis iniuriam, & præiudicium, vt ex præmissis apparet. Et licèt, Pater sancte, vos per vestras litteras nuper duxeritis declarandum Regis ipsius requisitionem solùm ad audientiam nobis obiectoribus præstandam, non ad alia postulata per nos extendi, verba tamen edicti & eorum propria * * propter verbum id ipsum positum, & propter verba ibi inserta requisiuit & postulauit ibi posita, & propter ea addita, quæ tam requiri quàm postulari videntur cuilibet audienti. Et ideo dicta postulatio per nos facta litteris ipsi Regi directis, maximè quia non vbique publicata, vbique terrarum sufficere nullatenus potest eidem, cùm edicti verba prædicta tanquam admiratiua per illos diuersarum nationum qui erant in Curia, fuerint ad diuersas partes terrarum diffusa. Præterea declaratio vestra huiusmodi, Pater Sancte, supponit dictum Regem prædictum requisiuisse obiectoribus audientiam præberi super eo quòd ipsi obiectores solùm asserebant dictum Bonifacium hæreticum decessisse, & postulabant eis dari audientiam, probationes recipi, ac ipsius Bonifacij memoriam damnari. Cùm tamen, Pater sanctissime, supra id vel tale fundamentum solùm Rex suam requisitionem non fecerit, sed potiùs requisierit iuxta modum ante tempus vestræ promotionis habitum dari audientiam obiectoribus, prosequi volentibus quæ contra Bonifacium ipsum eo viuente proposuerant, pro iustitiáque vestra procedi: quare huiusmodi declarationem vllo modo de iure potest sufficere domino Regi prædicto. Item miratur dominus Rex ipse quòd in edicto præfato dicitur vos, Pater sanctissime, citasse Pictauis dictos Comites, & me Guillelmum de Plasiano prædictum super præmissis, ad festum Purificationis, iam anno præterito elapsum, seu ad primam diem iuridicam festum ipsum *, ad comparendum coram vobis apud Auinionem, & procedendum super præmissis, vt iustitia suaderet: licèt quia vos ad dictos diem, & locum venire propter certa impedimenta non potuistis, dicta citatio fuerit circunducta: cùm tamen Rex ipse, præfatique Comites, & ego Guillelmus de Plasiano citationem illam nunquam sciuerimus, nec aliàs audiuerimus, nisi prout recitatur in edicto prædicto, nec dicta citatio ad dictos Comites, vel me Guillelmum de Plasiano, vel ad domicilia nostra modo quocunque peruenit. Patet igitur luce clarius ex præmissis, totum edictum prædictum sub iniusta forma editum & fundatum super aliud fundamentum quàm debuerit, ac in eo commissum processum contra dictum Bonifacium hæreticum, & post eius mortem continuatum, & in eo inserta, quæ nullatenus processerunt, & alia superflua super dicti Bonifacij commendatione, tam in eius conuersatione, quàm in operibus, causæ fidei prædictæ, & nobis obiectoribus valde præiudicialia fuisse in ipso edicto inserta. Quare de iure, stilo etiam & consuetudine Romanæ Curiæ, per vestram Beatitudinem est, Pater sanctissime, competens super iis omnibus remedium sufficiens & publicum adhibendum, vt alij, qui ex tenore dicti edicti tam in Curia

Bbb ij

malè funt informati, quàm in aliis diuerfis partibus, per veftrum iuftum remedium in melius reformaretur, & vt iuxta veri proceſſus cœpti fundamentum in dicto fidei negotio procedatur, quæ requirit etiam, & fupplicat dominus Rex præfatus, vt fublato, vt dictum eft, edicto prædicto, & in eo contentis legitimè emendatis, celeriter procedatur in caufa fidei prædicta. Præmiffa autem omnia nos dicti Guill. de Plaſianó pro nobis, & vt nuntij domini Regis prædicti, vnà cum aliis nuntiis prædictis hîc præfentibus, quatenus ipſius domini Regis ex cauſis præmiſſis intereft feu intereffe poteft, proponimus & fupplicamus pro nobis, & nobis & dicto domino Regi adhærentibus in præmiſſis, cùm aliqui fe defenfioni memoriæ dicti Bonifacij coram Sanctitate veftra obtulerint, quorum ignoramus perſonas & nomina, fupplicamus vobis tradi nomina perſonarum eorum qui fe ad ipfam defenfionem offerunt, vt habere poſſimus notitiam de perſonis. Proteftantes nos eos ad prædictam defenfionem nullatenus admittere, nec partem facere cum eifdem, nifi forfan nobis auditis in contrarium, & quatenus per veftram Sanctitatem cognofceretur ipfos admitti debere. Ad oftendendum autem veritatem proceſſuum prædictorum in dicto negotio fidei habitorum eo viuente contra Bonifacium memoratum exhibemus, atque producimus, prout ad nos pertinet, & nuntij dicti domini Regis, quatenus ex cauſis præmiſſis eius intereft, vnà cum prædictis aliis nuntiis fociis noftris, duo publica inftrumenta, quorum vnum confectum eft fuper prius obiectis per me Guill. de Nogareto contra ipſum Bonifacium; aliud verò confectum fuit fuper obiectis per me Guill. de Plaſiano, & affertis per prædictos Comites, & per nos & eos requifitis, & per dictum dominum Regem & Prælatos ibidem conceſſis in Parlamento prædicto, & vltrà, pater fanct̀e, fi prædicta inftrumenta vobis forfan non fufficerent parati fumus Sanctitatem veftram pleniùs informare de proceſſibus ipfis in inftrumentis contentis, per teftes idoneos, quorum aliqui in Curia funt præfentes. Nos autem Guillelmus de Nogareto, & Guillelmus de Plaſiano prædicti, ac noftrûm quilibet, coram vobis patre fanctiſſimo domino Clemente Dei gratia fummo Pontifice, Ieſu Chriſti vicario, qui cum fua Eccleſia tam grauiter per dictum Bonifacium eft offenfus, viuente, ac per eius reliquias, exemplum eius deteftabilium operum, & eius falſam doctrinam adhuc eo mortuo Dei viuentis Eccleſia conturbatur, periculosè concutitur, ac etiam flagellatur, in fcandalum plurimorum. Proponimus quilibet noſtrûm in ſolidum, præfatum Bonifacium per oftium, quod eſt Chriſtus, ad Eccleſiæ regimen non intraſſe, fed aliunde: tum quia fuit ingreſſus Celeſtino vero Papa viuente, qui renuntiare non potuit ex fe, nec fpirituale coniugium Eccleſiæ difiungere, quod Deus coniunxit, nec fibi legem imponere, vt fibi renuntiare liceret, quod lege & Euangelio prohibetur: tum etiam quia efto fine præiudicio quòd renuntiare potuiſſet, renuntiatio eiufdem non tenuit, quia dolo & fraude ab ipfo Bonifacio fuit ad renuntiandum inductus, quinimò feductus: tum quia in fuo ingreſſu, antè & pôſt, erat à fide Catholica deuius, quòd videlicet quòd per oftium non intrauit, propter quod non eſſet Paſtor cenſendus, fed fur & latro, iuxta doctrinam Euangelicam, eius fructus & opera fecuta erant, & manifeſtè declarant. & licèt aliqua aliàs ex fe bona opera fecerit, non ea fecit ex caritate, fed ex hypocrifi, ad fuam vanam gloriam oftendendam vt prædictum eft. Quod aliàs etiam pluries accidit, quòd falfi Paſtores, Prælati, & Prophetæ fimilia fecerunt, vt eſt videre de falfis Prophetis Saul & Balaam, aliis quibus vt dicit Dominus in Ioanne, di-

DE BONIF. VIII. ET PHILIP. LE BEL. 381

cetur, *Amen amen dico vobis, non noui vos*. Proponimus siquidem dictum Bonifacium hæreticum perfectum fuisse, non credentem vitam æternam, resurrectionem mortuorum, ac prorsus à fide Catholica deuium. Item proponimus dictum Bonifacium simoniacum manifestum, in tantum quòd dogmatizauit & prædicauit, seu se præsente prædicari publicè fecit, Papam non posse committere simoniam, quod est hæresis manifesta; quod insuper Petrus Apostolus in sua persona damnauit expresse, & est in vtroque Testamento manifestè damnatum. Item proponimus quòd dictus Bonifacius fuit idololatra & dæmonibus sacrificans & inuocator eorum, quod est maximè in tali persona in tanto dignitatis fastigio constituta de facto species hæresis manifesta. Item proponimus quòd dictus Bonifacius fuit sodomita detestabilis, homicidiis, cæterisque nefandis quamplurimis criminibus irretitus, os maledictione plenum & amaritudinibus habens, & pedes veloces ad sanguinem effundendum, guerras fouens atque discordias, pacem prosequens, sine fœdere, sine caritate, superbus, inflatus, cupidus, insatiabilis, immodestus, inuerecundus, ac in omnibus vitiosus, incorrigibilis, & positus in profundo malorum; quod est species hæresis manifestæ, cui cùm Deus & Dominus tantam dedisset scientiam ac notitiam scripturarum, omnia dona Dei repulit, se sibi contrarium constituens manifestè, ex quibus eius hæresis & diffidentia committitur manifestè. Item proponimus quòd dictus Bonifacius dogmatizauit hæresim, dicendo vitam æternam & resurrectionem mortuorum nihil esse, cuilibétque licere facere in hoc mundo quod ei placebat. quæ species hæresis ex eius semine & exemplo grauiter & periculosè hodie pullulasse dicitur in plerisque personis & locis. Item proponimus quòd de præmissis & eorum singulis fuit & est grauiter infamatus apud bonos & graues, vbique terrarum, ex quibus omnibus & singulis est grauissimum scandalum generatum in Ecclesia sancta Dei. Item proponimus quòd super præmissis per nostrum quemlibet fuit prouocatus dictus Bonifacius ad Concilium generale dum viuebat, sciens & certioratus denegauit, & conuocare renuit Concilium generale, subterfugiit iudicium, se ponens in contumacia manifesta, ex quibus in casu hæresis pro damnato debet haberi; in cæteris verò criminibus pro conuicto de iure. Quare cùm Sanctitatem vestram pertineat, Beatissime Pater, tantam abominationem, tantum scandalum tollere ab Ecclesia sancta Dei: Nos dicti milites, & quilibet nostrûm à fide dignis super iis informati, zelo Dei & fidei ducti pro fidei ipsius defensione, præmissa coram vestra Sanctitate in publico vestro consistorio vltro & nunc introducimus, repetimus, & proponimus, parati ea prosequi, dicto edicto sublato, de præmississque docere quatenus vestræ intentioni sufficiant amplius, nos nullatenus astringentes, sed nobis reseruantes expressè quòd præmissa declarabimus, & per articulos declarata trademus, ad probandum prout expediens seu necessarium viderimus causæ Dei huiusmodi, loco & tempore opportunis; petentes, postulantes, requirentes, supplicantes per vestram Beatitudinem tantum tolli scandalum ab Ecclesia sancta Dei, prout iura Diuina pariter exigunt & humana, ac super præmissis fieri iustitiæ complementum, edicto prædicto, quod in huiusmodi causæ cedit præiudicium, primò sublato; Requirentes & supplicantes testes senes & valitudinarios ac longo tempore affuturos in diuersis locis remotis inter se distantibus constitutos, sine dilatione recipi, nominibus eorum in secreto manentibus, periculum propter personarum, vt iura prouident tali casu, cùm aliqui ex dictis testibus, qui

Bbb iij

sunt plenè inſtructi, sint in remotis & longinquis partibus agentes, qui tutè & commodè venire non poſſunt; multi etiam ex dictis teſtibus sint perſonæ egregiæ, ad quas secundùm iuris mandata & exigentiam necessariò est mittendum: Præmiſſáque omnia, vt suprà, requirimus, supplicamus, & offerimus pro nobis & nobis adhærentibus, saluo nobisque retento addendi, minuendi, corrigendi, mutandi, omnique iuris beneficio nobis saluo; nichilominus offerentes ad omnia quæ in proſecutione talis negotij requiruntur : Proteſtantes etiam quòd licèt in prædictis nominemus, per hoc eum approbare verum Papam fuiſſe, nec renuntiare propoſitis per nos super impugnatione ſtatus sui; petentes & requirentes de præmiſſis omnibus nobis nominibus quibus suprà, fieri publica inſtrumenta per Tabelliones ad hoc negotium per veſtram adhibitos Sanctitatem. Præterea, Pater sanctiſſime, veſtræ reuerendæ Clementiæ exponimus nos G. de Nogareto, & G. de Plaſiano prædicti, quòd dictus dominus Benedictus Papa prædeceſſor veſter in grande præiudicium negotij fidei supra dicti, & læſionem enormem mei Guillelmi de Nogareto, omnium & singulorum qui ad mei requiſitionem ad infrà scriptum negotium apud Anagniam mecum fuerunt, omnium etiam adiutorum noſtrorum, & nobis adhærentium, in graue inſuper præiudicium domini Regis prædicti, quatenus vergit in præiudicium cauſæ Dei, & quia eius intereſt sui vel subiectorum ſuorum citationes non debere fieri per eundem, apud Peruſium citauit me Guill. de Nogareto, ac nonnullos in ipso citatorio edicto nominatos, ac omnes alios & singulos noſtros fautores & adiutores, ad certam diem artam & breuem, ad quem citari non potueramus aliquatenus propter breuitatem temporis, & citationis ignorantiam, & locorum diſtantiam, in quibus eramus, comparere sententiam audituros, & pro meritis recepturos, ſuper iis quæ idem dominus Benedictus errore deceptus certiſſimo, ac falſis suggeſtionibus inimicorum noſtrorum, vt credimus, & aduerſantium cauſæ fidei prædictæ, michi Guillelmo de Nogareto, domino B. de Supino, & aliis pluribus nobilibus Romanæ & de Campania, in ipso edicto nominatis impoſuit, quòd nos apud Anagniam turba coadunata cum armis violenter ac per iniuriam aufu sacrilego cepimus Papam Bonifacium octauum prædeceſſorem suum, & quòd in eum manus violentas iniecimus, & plures blaſphemias & iniurias ei intulimus, & quòd diſperſimus Eccleſiæ Romanæ theſaurum; inferens ipso edicto nos & iis læſæ maieſtatis, sacrilegij, parricidij, homicidij, seu legis Corneliæ de Sicariis, viis publicæ proditionis, scelera & alia quamplura crimina commiſiſſe, ac nos in excommunicationis sententiam incidiſſe, aſſerens prædicta nobis impoſita fore notoria. Qui proceſſus citationis & omnium præmiſſorum contentorum in ipso edicto, Pater sanctiſſime, salua reuerentia Sedis Apoſtolicæ, & veſtræ reuerendiſſimæ Sanctitatis, fuit de facto habitus, editus, publicatus, & affixus in valuis maioris Eccleſiæ Peruſij, contra Deum, contra omnem veritatem, contra omnem iuſtitiam, contra iura Diuina & humana, ac contra omnem sacroſanctæ Romanæ Eccleſiæ atque Sedis Apoſtolicæ honeſtatem : Ego namque Guillelmus de Nogareto, Nobiles & alij, qui mecum fuerunt apud Anagniam eo tempore quo dicimur Bonifacium cepiſſe prædictum, nec ipsum Bonifacium cepimus, nec violentas manus in eum iniecimus, nec ei blaſphemias vel iniurias intulimus, verbo vel facto, nec theſaurum Eccleſiæ rapuimus, nec diripuimus: Sed ego Guillelmus de Nogareto prædictus Bonifacium ipsum, eiúſque nepotes clericos & laicos, à morte &

iniuria defendi, & thesaurum Ecclesiæ pro posse meo saluum Ecclesiæ feci, diligentiam quam potui super iis adhibendo; & si quis ex eis qui mecum venerunt vel fuerunt, vel alij aliquid de thesauro diripuerunt, hoc fecerunt me inuito ac prohibente quantum potui, nec vllatenus ratum habente, rei licitæ, ac executioni iustitiæ me operam & curam præstante, propter quæ exequenda veneram ad locum cum iis qui mecum ad prædicta fuerunt. Ad hoc vestræ Beatitudini notifico, Pater sancte, atque propono, quòd cùm Bonifacius prædictus, vt suprà tactum est, fuisset super hæresi, cæterísque criminibus ad generale Concilium prouocatus, dominus Rex Franciæ prædictus michi tunc in partibus illis certis ex causis agenti, mandauit quòd Bonifacium ipsum adirem & contra eum obiecta sibi intimarem, & ipsum requirerem, vt conuocaret Concilium generale, ad quod pertinebat iudicium de præmissis. Item propono quòd dictus Bonifacius considerans fidei Catholicæ lumen in regno vigere Franciæ inter cætera regna mundi præcipuè, satagens ipsum lumen extinguere, destruere cogitauerat iamdudum Regem & regnum Franciæ, quod pluries se iactauit facturum, intendens in cæteris regionibus lumen ipsum extinguere fidei, regno ipso destructo, & priusquam ad actum procederet pecunias regni prædicti diuersis modis exhausit ea intentione, vt ex thesauro huiusmodi posset destruere regnum ipsum, & expressè claruit ex pòst facto. Item propono quòd dictus Bonifacius inter Pascha & Pentecosten Romæ, die qua palam approbauit & publicè Regis Romanorum electionem proximè defuncti, iam per me ad generale Concilium prouocatus, vt dictum est, in consistorio publico prædicauit se velle destruere regnum prædictum, & quòd si aliter hoc complere non posset, antè se ipsum cum Ecclesia tota Dei prostraret, habens quòd adhuc promouebat Regem ipsum Romanorum, sibi per nuntios offerens ad conterendum & destruendum regnum Franciæ, thesaurum Ecclesiæ meliùs quàm si fecisset propriam guerram Ecclesiæ. Item notifico & propono, quòd circa festum Beati Ioannis Baptistæ sequens, dictus Bonifacius fuit iterum per Guillelmum de Plasiano prædictum ad Concilium generale prouocatus, vt suprà tactum est. Item propono quòd in festo sequenti Assumptionis beatæ Virginis eius anni dictus Bonifacius ad flagellum & grauamen Regis & regni Franciæ, plures constitutiones edidit, in quibus diffamare nisus fuit Regem Franciæ per falsas adinuentiones & dolosas, & specialiter in earum vna, in qua sciens contra se obiecta, hæresim & alia crimina, conuocationem renuit Concilij generalis, se ponens in contumacia manifesta, grauésque minas intulit Regi Prælatísque regni sui, quia conuocationi prædictæ faciendæ contra eum consenserant, & pluries etiam extra constitutiones huiusmodi conuocationem renuit facere Concilij memorati. Item propono quòd cùm dictus Bonifacius sciret me in partibus illis agentem, & sibi denuntiare volentem contra eum obiecta, & contra eum requirere super conuocatione prædicta, mortis parari fecit insidias michi: quare propter eius potentiam & sæuitiem sine societate armatorum & magna diligentia, non potui ipsum adire: quod libenter si potuissem fecissem, ad dictum mandatum exequendum domini Regis prædicti. Item propono quòd illis diebus Bonifacius suprà dictus volens iam diu concepta contra Regem & regnum executioni mandare, ac impedire negotium fidei contra eum assumptum, in præiudicium etiam appellationum interpositarum, vt dictum est, ad dictum Concilium generale, non more Pastoris, Patris vel Iudicis, sed hostis perfidi contra Deum, contra omnem veritatem, contra iuftitiam, contra iura, inciuiliter, linéque caufæ cognitione, finéque omni iuftitiæ caufa, dolofis machinationibus plenos proceffus ordinauerat, ad fubuerfionem Regis & regni Franciæ, quod adhuc guerris vndique tenebatur oppreffum, & cùm colore proceffuum, & pecuniarum fuarum fubfidio poffet facilius guerris & gladio cedi facere regnum prædictum. Item propono quòd idem Bonifacius illis diebus dictos dolofos proceffus publicare intendebat in die fefti Natiuitatis Virginis gloriofæ, ex quibus fi perfecta fuiffent, fchifma grauiffimum fequebatur in Ecclefia fanta Dei, dicebátque hoc ille infelix, cùm à fratribus ei dicebatur quòd caueret à fcandalis Ecclefiæ, quòd non curabat de fcandalis, neceffe enim erat vt venirent, & quòd fi per hoc fciret fe proftrare fe cum tota Dei Ecclefia, non propter hoc dimitteret facere fupradicta, quæ attentabat ille homo, non obftante quòd dictus Rex Franciæ effet fancta & munda perfona ab omni labe, vir iuftus & timoratus apud Deum, licèt etiam illud regnum à Domino benedictum fit, vbi fides, religio, iuftitia, Ecclefiaftica libertas, atque virtutes cæteræ vigent inter cætera regna mundi gratia Dei, qui tanquam fibi peculiare regnum illud elegit. Sic ille Bonifacius Cardinales Columnenfes fplendentes in Ecclefia fancta Dei proftrauerat, eo quod * * fidei zelo Dei & Ecclefiæ matris fuæ promouerant contra eum; ficut plerofque Religiofos & alias eminentes perfonas in Ecclefia fancta Dei, quia contra eum, immò potiùs pro eo, fi mifer fciuiffet cognofcere, veritatem Domini loquebantur, occidi fecit, alias perpetuo carceri mancipari: fic Celeftinum virum fanctum fummum Pontificem, poft proditionem, & dolo ipfius Bonifacij factam renuntiationem erroneam carceri mancipauit, & in eo mori fecit eundem. Item propono quòd tunc diebus prædictis ante feftum prædictum Natiuitatis Beatæ Mariæ per quinque vel per fex dies, intelligens laqueum illius Aman, quem parauerat Mardocheo Regi prædicto, cuius ego fum homo ligius & fidelis, videns fcandalum patriæ meæ regni Franciæ, quod ille Aman, & peior Aman deftruere properabat, videns fcandalum fchifmatis inde paratum toti Ecclefiæ fanctæ Dei, quod nifi fuiffet occurfum ftatim neceffariò fequebatur, videns propter eius auctoritatem atque potentiam nullum Principem fæcularem vel Ecclefiafticum paratum ad occurrendum toto Ecclefiæ Dei periculo, quæ tam grauiter torquebatur, volens præcipuè exequi dicti domini Regis mandatum, denuntiando fibi contra eum obiecta & fibi denuntiando, maximè quia ficut & Gallicos, fic & Romanos conterere cotidie minabatur, & producebat ad actum, quinimò etiam Cardinales, qui fuis non confentiebant peruerfis actibus, conterere fimul properabat: Requifitus legitimè ex parte Ecclefiæ vt occurrerem fcandalis fic paratis, videns tanta parata fcandala, quibus occurrendum fuerat, moram quin etiam modici temporis nedum periculofam, quinimò mortalem & irrecuperabilem, cogitans exempla factorum Patrum, & Diuinæ paginæ, quòd pluries populum fuum à facie tyrannorum talium liberauerat Deus per pauperes homines & exiles, fibi tamen deuotos & obedientes, fupplicationem viduæ Iudith, quæ ciuitatem fanctam faluauit, Domino cum reuerentia & feruore faciens, vocatis & requifitis fidelibus Ecclefiæ Romanæ Campanis nominatis in edicto prædicto Perufij publicato, & aliis attentatis, expofui prædicta omnia, & cum eis qui propter deuotionem Ecclefiæ, próque eius defenfione me fecuti fuere, vexillo Romanæ Ecclefiæ nos præcedente, ciuitatem Anagniam cum armis & hominum cœtu intrauimus, cùm aliàs non poteramus,

mus, vt possem exequi mandatum domini Regis prædictum, & dictis periculis occurrere iustis modis, in vigilia seu pridie dicti festi, quo publicare dictos dolosos processus dictus Bonifacius intendebat, & adhibuimus nobis potestatem & Capitaneum eius loci, ad omnia quæ ibidem egimus, causa eis exposita propter quam veneramus. Sed per maiorem partem diei propter ipsius Bonifacij, nepotúmque suorum resistentiam non potuimus eius domum intrare, conflictúque durante huiusmodi familiares dicti Bonifacij, & aliqui Anagnini multa de bonis & pecuniis eius diripuerunt, quin etiam vinis suis eius cellarium vacuarunt sine culpa nostra & noxa. Item propono quòd illa die circa vesperas domum ipsius Bonifacij intrauimus, & ego sibi denunciaui iuxta mandatum michi factum, illegitimationem, hæresim, cæteráque crimina contra eum obiecta, & eundem requisiui vt conuocaret Concilium memoratum, quod facere renuit se ponens in contumacia manifesta; propter quod pro hæretico vero habetur, ac in cæteris criminibus pro conuicto. Nos igitur, ego videlicet & ij qui mecum venerant ad præmissa, personam suam non attigimus, nec iniuriis eum affecimus, sed ad eius vitæ salutem, & eius, & Ecclesiæ thesauri conseruationem, custodiam adhibuimus, & ne scandala contempta prædicta contra Dei Ecclesiam, Regem & regnum Franciæ exequeretur, maximè in præiudicium dicti negotij fidei contra eum assumpti, & honorem Ecclesiæ in præmissis defendimus toto posse nostro, quousque fuimus totaliter impediti. Item propono quòd dictus Bonifacius reuersus in sui libertate & potestate plena existens, ex post facto palam & publicè prædicauit, & verùm sicut Caïphas, prædicta per nos facta à domino facta esse, & ideo publicè nos omnes qui præsentes fueramus ad præmissa, nostrósque consiliarios & adiutores ab omni excommunicationis sententia, & ab omni pœna temporali, & spirituali, quibus ab homine, vel à iure teneri quemlibet poteramus, absoluit, licèt nos credamus aliqua sententia vel pœna nos non debuisse pro prædictis teneri. Quicquid ergo ego G. de Nogareto cum aliis in ipso edicto nominatis, & aliis qui me ad præmissa secuti fuerunt, circa Papam Bonifacium fecimus vel egimus seu diximus, id fecimus piè iustè iuréque licito pro defensione fidei Catholicæ, & vt fidei ipsius fidelissimi zelatores, pro defensione etiam & conseruatione vnitatis benedicti Corporis Christi, Ecclesiæ sanctæ Dei, cuius ipse Dominus est caput, pro vitando insuper intolerabili scandalo ipsius sanctæ Matris Ecclesiæ, quod aliàs erat paratum, nec aliàs poterat euitari; ac fecimus quicquid ibi fecimus in necessitatis ineuitabilis articulo, vbi non erat locus remedio, moráque etiam modici temporis erat & Ecclesiæ Romanæ sui quodammodo exterminium, ac Ecclesiæ Dei grauissimum & intolerabile periculum allatura, necnon nisi celeriter fuisset occursum, Bonifacius prædictus properabat seipsum ac totam Dei Ecclesiam prostrare, & more vesani seu furiosi, seu Dei Ecclesiæ inimici hostisque publici, non Patris, vel Apostoli, vel Iudicis, verbo vel facto contra Deum & iustitiam & omnem veritatem, omnis iuris ordine prætermisso, totis viribus Regem & regnum Franciæ prædictos cædi & gladio exponebat, Romanam Ecclesiam conterebat, & in via schismatis ponebat totam Ecclesiam sanctam Dei, omnem etiam Ecclesiæ disciplinam à Deo, sanctísque Patribus institutam abiiciebat, ac statum generalem Ecclesiæ subuertebat, se sciens super eo quòd non esset Papa legitimus, ac super hæresi ad generale Concilium legitimè prouocatum, necnon super aliis nefandis criminibus, vt incorrigibilis, & positus in profundo malorum, subterfugiens iudicium, seque ponens in contumacia manifesta, nec se volens purgare de hæresi cæterisque sibi impositis conuocationem generalis Concilij denegabat, & prosecutionem iustitiæ perquisitionis præmissorum totis viribus impedire conabatur, lumen veritatis & iustitiæ Dei in sancta Dei Ecclesia pro viribus extinguendo. Occurrendum fuit igitur, Pater sancte, ac fidei iustitia resisti poterat per quemcunque Catholicum, maximè in defectum secularis & Ecclesiasticæ alterius potestatis, cùm nulla earum propter eius auctoritatem atque potentiam esset tunc contra eum parata: non fuit igitur odium sed caritas, non fuit iniuria sed pietas, non proditio sed fidelitas, non sacrilegium sed sacri defensio, non parricidium sed filialis deuotio vt fraterna : cùm qui furiosum ligat, vel litargicùm excitat, erga vtrumque caritatem exercere noscatur, & cùm hæc propter eius austeritatem atque sæuitiam aliàs fieri non possent, non fuit crimen sed iusta prouisio, cum armis turbáque seu adiutorum multitudine adunata ad tam sacrum opus procedi. Præterea, Pater sanctissime, hominem iustè vel iustitiam exequendo occidere notoriè licitum est & pium, nec ideò sequitur exequentem iustitiam notoriè homicidij reum esse. Cùm igitur, Pater sancte, nos exequendo iustitiam iure licito processimus ad prædicta notoriè, non ideo crimina notoria nobis possunt imponi, nec sumus culpandi ex præmissis, sed potiùs honorandi. Fuit ergo dictus processus dicti domini Benedicti contra veritatem, Deum, & iustitiam, inciuiliter, & sine omni causæ cognitione habitus atque factus, & in præiudicium vergens negotij fidei contra Bonifacium memoratum assumpti, atque prosecutionis ipsius negotij; cùm si, vt ego propono, dictus Bonifacius erat apostaticus, illegitimus, hæreticus, maximè contra veritatem fidei dogmatizans, simoniacus, monitus, incorrigibilis, vel contra disciplinam Euangelicam agens, & corpus Ecclesiæ scandalizans, nedum ei resisti poterat, sed poterat conteri viribus exteræ potestatis ; & si potestas publica deerat, per quemlibet Catholicum in necessitatis articulo fieri poterat & debebat, cùm membra corporis Ecclesiæ Catholicæ secundùm præcepta Diuina & humana, iuréque naturali mutuum sibi debeant auxilium, & ad defensionem vniuersi corporis teneantur, quod fuit in proposito per nos factum. Præterea, Pater sancte, ego Guillelmus de Nogareto etiam contra patrem patriam impugnantem poteram & debebam procedere, & si patrem patriam meam impugnantem occidissem, ne sine scelere esse omnes statuére maiores; nec cùm sim homo ligius dicti domini Regis atque fidelis & subditus, vitare potui, nec potui defensionem eius, quam cum patria mea, regno suo, per dominum Bonifacium sceleratissimè exterminari videbam. Cùm igitur, Pater sancte, mala gesta seu facta per prædecessorem vestrum in præmissis Beatitudo vestra corrigere teneatur, maximè vbi causa erronea tam iustè tam iniuriosè processum est, in tam graue præiudicium, nedum vestrum contra quos processum fuit, sed in negotio fidei læsionem enormem contra Bonifacium ipsum assumpto, in præiudicium etiam dicti domini Regis, regni sui & omnium aliorum sibi adhærentium, qui perquisitionem veritatis pro defensione fidei in negotio præfato assumpserant, non partem aliàs faciendo, cui domino Regi, regno, nec nobis & aliis Catholicis est periculum grauissimum tales citationes fieri per edictum contra eos qui sui præbent copiam, nec impediunt quominus citationes ad eos valeant peruenire : Nos G. de Nogareto, & G. de Plasiano prædicti, quorum interest propter dictum fidei

DE BONIF. VIII. ET PHILIP. LE BEL.

negotium per nos assumptum, in cuius præiudicium manifestè vergit processus prædictus, & nuntij etiam dicti domini Regis, in quantum eius interest, regnive sui, & specialiter ego Guillelmus de Nogareto prædictus, cuius ratione personæ meæ interest, ac etiam pro defensione dicti domini R. de Supino, & aliorum Nobilium, & omnium qui me ad prædicta per me requisiti apud Anagniam me secuti fuerunt, quos mea interest defendere, exceptis eis solùm siqui fuerint culpabiles de præda seu dispersione thesauri Ecclesiæ; cùm ego vitam dicti Bonifacij & suorum, & thesaurum Ecclesiæ prædictæ custodiuerim, saluauerim, & defenderim posse meo, sicut Ecclesiæ fidelis zelator, nec aliquos alios defendere velim super prædicta, vel dispersione thesauri prædicti. Supplicamus vestræ reuerendissimæ Sanctitati, vt dictum processum dicti domini Benedicti nullum & irritum nuntietis, & quatenus de facto processit palam & publicè ad irritum reuocetis, præsertim cùm ego Guillelmus de Nogareto prædictus Romæ pluries ac subsequenter apud Viterbium & Perusium obtulerim dicto domino Benedicto Papæ, per eminentes personas tam de gremio Ecclesiæ, quàm per dicti domini Regis nuntios me paratum defensiones meas legitimè proponere, & probare super præmissis, & ea tangentibus, ac innocentiam meam, & aliorum qui me ad prædicta secuti fuerunt plenè ostendere, & si culpabiles reperiret in aliquo, me paratum Ecclesiæ obedire præceptis humiliter & deuotè. Quæ similiter cum omni reuerentia coram vestra offero Sanctitate, postulans mihi iustitiam atque misericordiam, si forsan indigeamus michi & prædictis qui me secuti sunt per vestram fieri Sanctitatem : offerens me paratum super præmissis defensiones meas prædictas plenius declarare, ac ipsarum defensionum declaratorias, & articulos tradere, & probationes legitimas præstare, quatenus intentioni meæ sufficienter ad præmissa, ad quæ peto supplico postulo & requiro me per vestram Sanctitatem admitti. Quæ omnia propono peto & supplico pro me, fautoribus & adiutoribus meis quibuslibet, & michi adhærentibus seu adhærere volentibus in præmissis, & specialiter pro eis, qui ad mei requisitionem apud Anagniam me secuti sunt ad præmissa : requirentes nos G. de Nogareto, & G. de Plasiano prædicti, prout ex causis præmissis nostra & nostri cuiuslibet interesse potest, vt nuntij etiam domini Regis, vnà cum connuntiis nostris domini Regis eiusdem, quatenus domini Regis prædicti interest ex causis præmissis seu interesse potest super præmissis omnibus, per tabelliones publicos hodie pro dicto negotio fidei per Sanctitatem vestram adhibitos fieri publica instrumenta.

Die Veneris 27. prædicti mensis Martij comparuerunt in iudicio coram dicto domino nostro summo Pontifice in consistorio publico in palatio supradicto, assistente sibi dictorum dominorum Cardinalium collegio, & præsente clericorum & laicorum multitudine copiosa, dominus Guillelmus de Nogareto pro se, & domino Guill. de Plasiano absente, vt principales prosecutores negotij memorati, & nichilominus ipse dominus Guillelmus de Nogareto, suo & nomine quo suprà, vt magister Alanus de Lambala Clericus suprà dictus, & domini Petrus de Gualard, ac Petrus de Blanosco, milites, vt nuntij supradicti domini Regis, in quantum idem dominus Rex in eodem negotio supplicauerat, & magister Baldredus, & alij qui se defensioni prædicti domini Bonifacij obtulerunt modo quo suprà, & idem dominus Guillelmus de Nogareto pro se & dicto domino Guillelmo de Plasiano, sicut principales ** petiit, &

27. Mars. 1310.

inter alia dixit, propoſuit, & extitit proteſtatus quòd appellationibus & prouocationibus per ipſum & dictum dominum Guillelmum de Plaſiano contra præfatum dominum Bonifacium interpoſitis inſiſtebat, & tam contenta in eis quàm data & exhibita in huiuſmodi negotio per eos in ſcriptis pro ſe ac ſibi adhærentibus ſe paratum proſequi offerebat, & de die in diem procedere in negotio ſupradicto, ſicut Sanctitati ipſius domini noſtri videbitur, edicto tamen citationis præfatæ per dictum dominum noſtrum in huiuſmodi negotio factæ primò ſublato, vel emendato, prout fuit petitum aliàs per eoſdem; petens nichilominus inſtanter dictus dominus Guillelmus de Nogareto, quòd magiſter Baldredus, & alij ſe offerentes defenſioni prædictæ, qui ſibi erant ignoti, ad defenſionem dicti domini Bonifacij non admitterentur, quia nec allegabant, nec etiam proponebant aliquid rationabile, vel iuſtum, propter quod ad huiuſmodi defenſionem admitti deberent, vel quod aliàs intereſſet ipſorum; poſtulans eorum nomina ſibi dari, vt ſcire poſſet & deliberare quid circa repulſionem vel admiſſionem eorum ſi admittendi eſſent, agere haberet, & nichilominus teſtes ſenes & valitudinarios ac longè abfuturos, quos hic præſentes habebat interim recipi, & ad recipiendos alios in remotis agentes, præſertim egregias perſonas, aliquos viros idoneos tranſmitti, eorúmque teſtium nomina propter periculum ipſorum ratione potentiæ multorum in ſecreto teneri, maximè cùm ſi receptio teſtium eorundem differretur, ſibi in præiudicium huiuſmodi cauſæ fidei poſſet deperire facultas. Proponens etiam & aſſerens idem dominus Guillelmus de Nogareto, quòd tam ipſe quàm dominus Guillelmus de Plaſiano aliquos ex dominis Cardinalibus in huiuſmodi negotio ſuſpectos habebant, quos ipſi licèt pro reuerentia Sedis Apoſtolicæ, & ipſius domini noſtri, ac eorundem dominorum Cardinalium Collegij omiſiſſent in publico nominare, quamuis in ſecreto nominaſſent eoſdem, & dediſſent in ſcriptis; tamen timentes quòd niſi in publico & expreſsè nominarent eoſdem, ſibi & dicto domino Guillelmo de Plaſiano in huiuſmodi negotio poſſet præiudicium generari, ipſos quorum nomina tunc magiſter Ioannes de Regio Cameræ domini Papæ Clericus, & in cauſa huiuſmodi ad ſcribendum per ipſum dominum noſtrum Notarius deputatus, expreſsè, & alta voce ad ipſius domini Guillelmi requiſitionem de mandato dicti domini noſtri, licèt in publico, nominauit, idem dominus Guillelmus de Nogareto, pro ſe & quo ſuprà nomine exhibuit & pro exhibitis habere voluit. quæ talia ſunt: Videlicet reuerendi patres dominus Leonardus de Guartino Epiſcopus Albanenſ. dominus Petrus Iſpanus Epiſcopus Sabinen. dominus Frater Ioannes de Murro Epiſcopus Portuenſ. dominus Guillelmus tituli ſancti Martini in montibus Presbyter Cardinalis, dominus Iacobus Gayctanus ſancti Georgij ad Vexillum aureum Diacon. Cardinalis, dominus Franciſcus Gayctanus ſanctæ Mariæ in Coſmedin. Diacon. Cardinalis, dominus Rezardus de Senis ſancti Euſtachij Diaconus Cardinalis, & dominus Lucas de Fliſco ſanctæ Mariæ in via lata Diacon. Cardinalis: Proteſtans inſuper dictus dominus Guillelmus ſuo & nomine quo ſuprà, quòd nec ſibi, nec cauſæ prædictæ ex eo aliquod præiudicium generetur, quòd ipſos nominabat Cardinales, qui per prædictum dominum Bonifacium promoti fuerunt ad Cardinalatus honorem; cum inſtantia poſtulans quòd non cum eis, nec cum familiaribus aut domeſticis ipſorum, ſeu adhærentibus eiſdem, ſiue aliis ſuſpectis in dicto negotio aliqua deliberatio vel conſilium haberetur. Ex aduerſo autem dictus magiſter Baldredus exhibita per eum quadam cedula protestationum, cuius tenor inferius apparebit, pro se & aliis se defensioni offerentibus memoriæ dicti domini Bonifacij, ibidem præsentibus respondit & contradixit omnibus & singulis supradictis, dicens & petens instanter ipsos dominum Guillelmum, & alios qui se prosecutioni prædictæ obtulerunt, ad prosecutionem eorum quæ proposita & exhibita fuerunt per eosdem non debere admitti, neque recipi nomina testium eorundem, nec ad ipsorum receptionem procedi, & alia multa ad fundandum super hoc suum & dictorum & condefendentium interesse, & pro defensione memoriæ domini Bonifacij suprà dicti, petens ad illam cum instantia se admitti, & dictos opponentes ab eadem oppositione repelli. Et demum post multas allegationes & altercationes super prædictis habitas hinc & inde, præfatus dominus noster protestatione præmissa per ipsum, quòd per aliqua quæ dixerat vel diceret in negotio memorato dictos dominos Guillelmum de Nogareto, & Guillelmum de Plasiano opponentes præfatos ad prosequendum oppositionem eandem, dictósque magistrum Baldredum, & alios condefensores ad defensionem eandem non intendebat admittere, nisi & in quantum & prout erant admittendi de iure, & quòd per alia quæ faceret aut diceret in eodem negotio nullum eisdem opponentibus vel defendentibus præiudicium fieret, nec quicquam cresceret vel decresceret alicui eorundem. Ac repetita protestatione prædicta de verbo ad verbum, vt suprà, idem dominus noster dixit & adiecit prædictis, quòd per receptionem, si fieret, nominum testium prædictorum, non intendebat dictos Guillelmum de Nogareto, & G. de Plasiano recipere, nisi si quantum & prout de iure fuerit faciendum, nec intendebat negotio prælibato, & illis qui se ad defensionem dicti domini Bonifacij obtulerunt, per eandem receptionem nominum testium aliquod præiudicium generare; immò dictis oppositoribus & defensoribus vult tam in opponendo & defendendo, quàm in omnibus aliis suprà dictis & ea tangentibus, quomodo totum suum ius integrum conseruare, offerens se paratum repetitis prædictis protestationibus recipere nomina dictorum testium, quæ sibi per dictos oppositores nominabuntur & tradentur in scriptis, vt ipse idem dominus noster possit plenè deliberare quid de iure super iis sit agendum. Præfato domino Guillelmo ad exhibendum nomina testium eorundem, & ad illorum quos, vt præmittitur, suspectos habeat, & alias dandum in scriptis quicquid vellet dare & exhibere contra se defensioni offerentes prædictæ, ad repellendum ipsos à dicta defensione; & eisdem magistro Baldredo & condefensoribus ad dandum similiter & exhibendum in scriptis quicquid dare & exhibere vellent. Quare iidem domini G. de Nogareto, & G. de Plasiano opponentes prædicti ad prosecutionem oppositionis eiusdem admitti non debebant, & quare ipsi defensores admitti debebant ad defensionem eandem die Mercurij proximo venturo terminum assignauit. Decernens idem dominus noster repetitis protestationibus prædictis de communi assensu opponentium & defendentium prædictorum, fieri copiam actorum hinc inde, quæ in prædicto sunt actitata negotio, & eorum quæ per ipsos dicto die Mercurij dari contigerit, & vtrísque hinc inde ad recipiendum dictam copiam sub manu seu forma publica, si eam habere voluerint infra proximum diem Veneris, & vlterius alium diem Veneris tunc proximum secuturum, videlicet hodie ad quindecim dies, si iuridica fuerit, alioquin sequentem diem iuridicam, eisdem opponentibus & defensoribus ad comparendum hora consistorij in dicto Palatio coram ipso domino

Ccc iij

noſtro, & procedendum in eodem negotio, prout iuſtum fuerit, terminum aſſignauit. Tenor verò dictæ cedulæ per magiſtrum Baldredum ſuperiùs productæ, talis eſt.

In Sanctitatis veſtræ præſentia, Pater ſanctiſſime domine Clemens Diuina prouidentia Papa quinte, conſtituti hac die Veneris 27. præſentis menſis Martij in Palatio Papali in domibus Fratrum Prædicatorum Auinion. venerabiles & diſcreti viri domini Franciſcus natus bonæ memoriæ domini Petri Gaytani Comitis Caſertani, Theobaldus filius domini Barnazonis militis de Anagnia, nepotes felicis recordationis domini Bonifacij Papæ VIII. Gozius de Arimino vtriuſque Iuris, Baldredus Bizeth Decretorum Doctores, Thomas de Morro, Iacobus de Mutina, Blaſius de Piperno, Creſcentius de Paliano, Nicolaus de Verulis, Iacobus de Sermineto, & Corradus de Spoleto, Iuriſperiti, qui aliàs ſe obtulerunt defenſioni felicis recordationis domini Bonifacij Papæ VIII. ſub proteſtationibus certis, quas aliàs in ſcriptis dederunt.

Primò & ante omnia proteſtantur & dicunt, quòd per ea quæ dicunt faciunt vel proponunt, dicent facient vel petent, per ſe vel alios, non intendunt, nec volunt, nec conſentiunt, quòd in præfato negotio ipſius ſanctæ memoriæ domini Bonifacij Papæ octaui, tam in ingreſſu quàm etiam in progreſſu & egreſſu prædicti negotij modo aliquo procedatur, niſi ſi & quantum quando & prout debebit & poterit procedi de iure, ſaluiſque eis & eorum cuilibet omnibus exceptionibus dilatoriis & declinatoriis, & aliis quibuſcunque ſuo loco & tempore proponendis. Dicunt & proteſtantur quòd non intendunt per ea quæ dicta ſunt, vel dicent impoſterum, aliquos opponentes admittere, nec facere partem cum aliquibus, niſi ſi & in quantum prout & quando de iuris neceſſitate deberent. Quibus proteſtationibus præmiſſis, ipſi omnes & quilibet eorum coram Sanctitate veſtra compareant, parati defendere memoriam & ſtatum dicti domini Bonifacij, tanquam Patris orthodoxi Catholici ac fidelis, ſi in quantum & quando & prout de iuris neceſſitate debebit.

Die Mercurij prima Aprilis anni prædicti, reuerendi patres domini Berengarius Epiſcopus Tuſculanus, & Stephanus tituli ſancti Cyriaci in Termis Presbyter Cardinalis, mandauerunt nobis Ioanni de Regio, & Ioanni de Verulis Cameræ domini Papæ Clericis, ac Imberto Verzelani Biterren. & Guerino de Tilleriis Ebroicen. diocesis Clericis publicis Notariis, ad ſcribendum in cauſa huiuſmodi per dictum dominum noſtrum ſpecialiter deputatis, quòd ſcriberemus & in actis redigeremus, quòd dictus dominus noſter commiſerat eis externa die Martis in camera ſua oraculo viuæ vocis quòd omnes ſcripturas dandas & exhibendas hodie in præfato negotio dicti domini Bonifacij per opponentes & defendentes prædictos, & nomina teſtium per dictos dominos Guillelmum de Nogareto, & Guillelmum de Plaſiano exhibenda in ſcriptis, & in ſecreto tenenda, ſi de iuris neceſſitate, & in quantum quando & prout fuerint tenenda, iuxta terminum ad hoc aſſignatum eiſdem, ſua auctoritate reciperent. Actum Auinion. in hoſpitio dicti domini Stephani in camera ſua, præſentibus domino Arnaldo Abbate monaſterij Fontisfrigidi Narbonen. diocef. ſanctæ Romanæ Eccleſiæ vice-Cancellario, domino Hugone Geraldi Cantore Petragoricen. & domino Grimerio de Pergamo in Romana Curia Aduocato, & pluribus aliis.

Item eodem die in hoſpitio & camera ſuprà dictis comparentibus dominis Guillelmo de Nogareto, & Guillelmo de Plaſiano prædictis mo-

DE BONIF. VIII. ET PHILIP. LE BEL.

do quo suprà, & magistris Baldredo, & Iacobo de Mutina, & aliis qui se
defensores asserunt in negotio memorato, iidem domini Guillelmus de
Nogareto, & Guillelmus de Plasiano quasdam rationes seu exceptiones &
protestationes ad repellendum prædictos defensores à defensione prædicta,
scriptas in duabus cedulis de pargameno simul sutis exhibuerint coram
dominis Cardinalibus supradictis.

Post hæc autem dictus magister Iacobus de Mutina quasdam rationes
in tribus peciis de pargameno simul sutis, & magister Nicolaus de Verulis alias rationes in totidem peciis de pargameno simul sutis; ad ostendendum quòd ad defensionem prædictam admitti debebant, & quòd dicti
domini Guillelmus de Nogareto, & Guillelmus de Plasiano, & alij qui
se dicunt opponentes in præfato negotio, admitti non debebant ad oppositionem eandem, coram eisdem dominis Cardinalibus obtulerunt.
quarum necnon & aliarum rationum seu scripturarum per dictos dominos Guillelmum de Nogareto & Guillelmum de Plasiano, vt præmittitur, exhibitarum tenores inferius continentur.

Subsequenter verò prædicti domini Guillelmus de Nogareto, & Guillelmus de Plasiano ostenderunt quandam cedulam tantùm sine alia lectione, traditione, & edictione vel exhibitione, in qua apparebant quædam scripta, quæ dicebant esse nomina testium, quos producere intendebant: & tunc dicti domini Cardinales ex parte dicti domini nostri requisiuerunt dictos dominos Guillelmum de Nogareto, & Guillelmum
de Plasiano, quòd dicta nomina testium eis in scriptis traderent, prout
ad hoc eis præsens dies fuerat assignata, offerentes se paratos ex parte dicti domini nostri ea recipere & secretè tenere; & secretè dicto domino
nostro tradere. Ad quod dicti domini Guillelmus de Nogareto, & Guillelmus de Plasiano responderunt, quòd nomina & personas dictorum testium insimul, & non aliter, dicto domino nostro dare & exhibere volebant, quando eos recipere & examinare vellet. Ad quæ prædicti domini Cardinales responderunt; quòd de nominibus tantùm personarum
ipsorum testium recipiendis in scriptis, & non de personis in dicto termino fuerat ordinatum, prout euidenter in assignatione huius diei in actis
apparet, & erant parati recipere dicta nomina vt supra.

Protestato ex parte dicti domini nostri per Cardinales prædictos, quòd
per aliqua quæ dixerint receperint vel fecerint, vel dicant recipiant seu
faciant in præsenti, dictus dominus noster non intendit præfatos dominos Guillelmum de Nogareto, & Guillelmum de Plasiano, vt oppositio-
res recipere, nec prædictos Baldredum & alios qui se offerunt defensioni
prædicti domini Bonifacij vt defensores admittere, nisi si prout in quantum & quando de iure fuerit faciendum.

Tenores verò dictarum cedularum & peciarum de pargameno exhibitarum prædicta die coram prædictis dominis Cardinalibus per opponentes & defendentes prædictos, tales sunt.

Ad ea quæ illi qui se opponunt pro defensione Bonifacij quondam præsidentis Ecclesiæ Romanæ de facto proponunt repellenda, vtpote ipso
iure nulla & inualida, respondendo: Proponunt G. de Nogareto, &
Guillelmus de Plasiano milites domini Regis Francorum, se & eorum
quemlibet admitti debere ad prosecutionem obiectorum per eos, & eorum quemlibet; ac præmissos qui se prædictæ defensioni offerunt repelli
debere pluribus iuris rationibus, & eo quòd causam legitimam præter
quam admitti debeant non ostendunt, nec etiam prætendunt, licet truf-

fatorias allegationes in contrarium opponant. Proteſtantes iidem milites quòd à ſe propoſitis ſupplicatis ſeu requiſitis quomodolibet recedere non intendunt, nec nouum proceſſum introducere, nec priùs cœpto recedere quoquomodò. Proponunt ſiquidem clarum eſſe & de iure notorium, vos Patrem ſanctiſſimum ad eorum ſeu eorum alterius promotionem, ſeu proſecutionem, celeriter de plano omni iuris ſolemnitate explosâ, ſinéque ſtrepitu iudicij ordinarij debere procedere in præmiſſis; nec mirum cùm mulieres infames, humiles & abiectas perſonas propter fauorem fidei ad hoc nedum ad promouendum, ſed etiam teſtificandum admittere debeatis, prout ciuilia necnon ſanctorum Patrum reſponſa declarant; nec mirum cùm etſi milites ipſi tacerent, negotium huiuſmodi non poſſit per Sanctitatem veſtram obmitti, cuiuſque namque Catholici palam intereſt proſequi quemlibet qui fidem dicatur offendiſſe Catholicam, nedum quia crimen ſit publicum, ſed eo quòd vbi fides tangitur, ſeu de ea agitur, vita cuiuſlibet tangitur, ex qua quilibet viuit in Chriſto, nec poteſt fides offendi quin offendatur totum corpus Eccleſiæ, cuius Chriſtus eſt caput. Ex qua fide Eccleſia ipſa vnum corpus in Chriſto conſiſtit : nec dum igitur quilibet debet admitti propter diſciplinam & vtilitatem publicam, ſed quia propriam iniuriam, non ſolùm Dei, proſequitur quiſque, debent admitti, licèt in aliis criminibus non deberent; turpéque dicti milites reputarent iura ſuper iis allegare, quæ ſunt ſcripta in Apoſtolicæ Sedis ſcrinio, & omnibus nota habentur. Fauent igitur iura Diuina pariter & humana promotioni, perquiſitioni, ac etiam punitioni criminis ſuprà dicti, ne quoquomodo valeat occultari, ne à promotione quiſquam debeat retrahi, ſed opportunis fauoribus, iniuriam, quinimmò iudex cauſæ talis conſortare per ſe confouéreque debet cauſam huiuſmodi, ſi velit Dei cultor haberi. Sed ex eius parte qui reus defertur ex tali crimine, ceſſant omnes fauores prædicti, nullus enim ad eius defenſionem pro cauſa principali admittitur. Si enim in publicis iudiciis minoribus quiſque repellitur, quanto magis in huiuſmodi cauſis exceptis, & ſi pro viuente quis in tali caſu ad defenſionem nullatenus admittitur, ſed ipſe idem cauſam ſuam defendet; quomodo vel quare pro mortui defenſione recipientur qui per nullum poteſt defendi? Cùm enim hæredes illius qui in hæreſi vel perduellionis crimine deceſſiſſe dicuntur, ad cauſæ defenſionem admittentur, non admittuntur pro defuncti defenſione, ſed pro eius intereſſe ſingulari pro ſola quæſtione bonorum. Præterea nuſquam legitur quemquam in caſu hæreſis vel alio pro defuncti defenſione admitti, niſi pro ſuo proprio intereſſe. Quare concluditur iuris omni ratione, præmiſſos, qui ſe defenſioni prædictæ offerunt, nullatenus admittendos; nec obſtant rationes in contrarium allegatæ.

Primò namque non obſtat quòd dicunt patrem ſpiritualem ſuum, & Eccleſiæ Dei fuiſſe Bonifacium; & ideò cùm, vt dicunt, ſint eius filij, & cuiuſque ſibi interſit ſtatum ſui patris defendere, eorum intereſt ad inſtar eſſe liberalis tali communi ratione defendere ſtatum eius, dicentes dictum Bonifacium in ſtatu & poſſeſſione Papatus extitiſſe, & per Eccleſiam eſſe receptum tempore vitæ ſuæ : Addentes quòd & ſi ſtatut deſuncti ipſius quæſtio referatur humanitatis cauſa, ad inſtar addicti ſeu condemnati ſupplicio, * quibus de populo debere ad eius defenſionem admitti.

Certum eſt etenim Pater ſancte, quòd ſi Bonifacius viueret, vllus poſſet præter ſe ipſum in dictæ cauſæ defenſionem admitti : quomodo ergo

quisquam mortuum ipsum defendet, pro cuius persona per defensorem
iudicium fundari non potest, nisi propter ius suum singulare interesse
prætendat, quo casu ius suum, non alienum defendet.

Præterea cùm defensor nullus siue iudicatum solui cautione sit idoneus,
quam cautionem in casu tali defensor præstaret certè nullam.

Item cùm quis de hæresi defertur, non negatur alicui quominus pro
eius defensione possit dare ei salubre consilium, & eum dirigere iuxta veritatem negotij in agendis * * defensionis, nimirum iactando ipsum inculpabilem, cùm hæc ignorat, & verbis fauendo similibus, fautoris animum incurrit crimen eius, qui defertur, fuscatis coloribus excusando; fauetur enim hæreticus nondum facto, sed verbo, vt sanctorum Patrum
decreta, ac etiam per doctores scripta patenter ostendunt. quæ manifestè
faciunt prædicti qui se dictæ defensioni offerunt coram vestris oculis, Pater sancte.

Item Pater sanctissime, propter fauorem publicæ disciplinæ, præcipuè
in causa fidei fauor & prærogatiua præstatur à Iure, vt quilibet Catholicus ad promotionem fidei negotij admittatur contra eum qui reus esse
dicitur: sed vbi legitur quòd pro eius defensione alius admittatur? certè
nusquam. aliàs sequeretur quòd quilibet pro vinculo fidei qua sumus omnes astricti, accusare & defendere teneretur, & sic nullus idoneus reperiri posset, sed omnes sibi ad inuicem repugnarent, cùm vices actoris
& defensoris quisque subire deberet.

Præterea, Pater sancte, non sic est in Prælatis Ecclesiæ, patribúsque spiritualibus quoad filios, sicut in naturalibus. Patres enim naturales per semen
naturale in filiis naturam suam & generationem conseruant, vt est videre
in Domino Iesu Christo filio Dauid, & filio Abraham; sed secus in Prælatis
Ecclesiæ, qui non sunt patres, nisi ratione Ecclesiæ cui præsunt subditorum: sed eis mortuis Prælatus successor est pater immediatus, omnésque
subditi, sicut ipsa Ecclesia, sunt soluti à lege & paternitate defuncti, nec
quisquam defuncti filius ex causa huiusmodi dici potest. nec vnquam legitur hoc exemplum, quòd quisquam Prælatus Ecclesiæ iure sui semi-
nis possit habere filios, vel etiam successorem: & est turpe, Pater sanctissime, coram vestra Sanctitate tales absurditates proponi. Quod autem in
causa liberali pro eo qui causam suam defendere non vult propter despe-
ctum sui, gentis filij vel alij de genere admittuntur: nichil facit ad propositum, Pater sancte, cùm talis causa non adsit; nec illud, quòd vbi condemnatus ad supplicium appellare non vult, vbi appellationi locus est,
possunt alij appellare, præmissis obstat, cùm non suo sed eius appellent
nomine condemnati: quam appellationem ille prosequi poterit meliori
ductus consilio', & non ipse; quod tamen secus est in defensione causæ
principalis, vt in L. *non tamen. ff. de appellationibus*. manifestè probatur.
Nos verò sumus in casu defensionis causæ principalis: obmissis igitur frustratoriis allegationibus ex præmissis colligitur, Pater sancte, nos Guillelmum de Nogareto, & Guillel. de Plasiano ad promotionem, prosecutionem dictæ causæ fidei admittendos, ac præmissos qui se dictæ defensioni offerunt, penitus repellendos. Item cùm pro fidei defensione petie-
rimus aliàs testes senes, valitudinarios, & longo tempore abfuturos ad probandum per nos proposita, admitti debere, petimus & supplicamus eos
sine dilatione recipi, non obstantibus per prædictos in contrarium propositis, qui se dictæ defensioni offerunt, vt pote friuolis, nec nos vrgeri ad
nominum testium exhibitionem, nisi cùm recipientur, propter persona-

D dd

rum periculum, vt Iura tali casu concedunt: Offerentes nos paratos quod eis incumbit in præmissis facere, & quod potest ad nos quomodolibet pertinere; non astringentes nos ad aliqua, nisi ad quæ iuris necessitas nos astringit: petentes securitatem dari plenissimam per Sedem Apostolicam omnibus qui deponent in dicta causa fidei, necnon eos ad perhibendum testimonium veritati compelli: petentes de omnibus per præfatos qui se dictæ defensioni offerunt propositis, vt iidem milites pleniùs ea possint repellere, de omnibusque præmissis & singulis per tabelliones per Sanctitatem vestram adhibitos fieri publica instrumenta.

In Sanctitatis vestræ præsentia, Pater sanctissime domine Clemens Diuina prouidentia Papa quinte, constituti venerabiles & discreti viri domini Franciscus natus bonæ memoriæ domini Petri Gaytani Comitis Casertani, Theobaldus filius domini Bernazonis militis de Anagnia, nepotes sanctæ memoriæ domini Bonifacij Papæ octaui, Gotius de Arimino vtriusque Iuris, Baldredus Bizeth Decretorum Doctores, Thomas de Murro, Iacobus de Mutina, Blasius de Piperno, Crescentius de Paliano, Nicolaus de Verulis, Iacobus de Sermineto, & Conradus de Spoleto Iurispetiti, qui aliàs se obtulerunt defensioni præfati domini Bonifacij Papæ octaui sub certis protestationibus, videlicet quòd per ea quæ dicunt faciunt vel petunt, dicent, facient per se vel alios, non intendunt, nec volunt, nec consentiunt quòd in præsenti negotio tam in ingressu quàm etiam in progressu & egressu prædicti negotij modo aliquo procedatur, nisi si in quantum quando & prout procedi debebit de iure, saluisque eis, & eorum cuilibet, seu parti suæ, omnibus exceptionibus declinatoriis & dilatoriis, & aliis quibuscunque, suo loco & tempore proponendis, non intendunt nec consentiunt aliquos opponentes admittere, vel cum aliquibus partem facere, nisi si in quantum quando & prout de iuris necessitate deberent, repetitis protestationibus infrà scriptis dicunt & proponunt excipiendo replicando proponendo & protestando, ac omni iure modo & forma quibus meliùs possunt, tam ad affectum quòd ipsi defensores & eorum quilibet admittendi sint ad debitam defensionem super quæ obiiciuntur & proponuntur per Guillelmum de Nogareto & Guillelmum de Plasiano contra statum & memoriam sanctæ memoriæ domini Bonifacij Papæ octaui, quamuis de hoc discuti non deberet, cùm eorum personæ fundatæ & firmatæ sint à iure communi. Et primò quærendum esset de personis opponentium, iuxta illud: Non frangetur accusatus, nisi legitimus appareat accusator. Quam ad exclusionem seu repulsionem prædictorum Guillelmi de Nogareto, & Guillelmi de Plasiano, & quorumcunque eis adhærentium, videlicet quòd ad prædicta proponenda seu obiicienda vel petenda non sint admittendi seu aliquatenus audiendi, & ad omnem effectum, qui eis & eorum cuilibet seu parti eorum meliùs valere potest, ac etiam in scriptis dant & exhibent infrà scripta omni iure modo causa & forma, & ad omnem effectum, vt dictum est.

In primis ipsi ac eorum quilibet dicunt & proponunt iure causa modo & forma, & ad omnem effectum quibus supra, quòd iuxta Canonum & sanctorum Patrum decreta, in præfato negotio & causa seu super obiectis nullo modo, iure, vel forma est aliquatenus procedendum, obstantibus exceptionibus, iuribus, & rationibus debito modo & tempore proponendis, probandis, & allegandis verbo & scripto, si & quando opus fuerit: & si & quando procedendum foret in præfato negotio, dicunt atque proponunt per vos, sanctissime Pater, absque generali Concilio procedi

DE BONIF. VIII. ET PHILIP. LE BEL. 395

non debere vel decere, iuxta canonum & sanctorum Patrum statuta & exempla. Et si & quando in præfato negotio procedi deberet de iure, dicunt & proponunt defensores prædicti,& eorum quilibet in solidum omni iure modo & forma & causa, & ad omnem effectum quibus suprà: In primis præfatum dominum Bonifacium Papam octauum ritè & canonicè electum in summum Pontificem per sacrum Collegium Cardinalium, Ecclesia Romana tunc vacante, per resignationem canonicam felicis recordationis domini Celestini Papæ quinti, qui ad omnem dubitationem tollendam ante suam resignationem, constitutionem edidit quòd Papa posset Papatui resignare ; intrasse per huiusmodi ostium canonicæ electionis, & fuisse verum & Catholicum Papam, & sic cecinisse, egisse, sicque contraxisse, & muneribus functum esse, auctoréque Prætore, scilicet electione de se facta canonica, quæ vim confirmationis noscitur obtinere, possedisse Papatum : quem etiam dominum Bonifacium dicunt & constat notoriè per solemnes nuntios omnium Regum & Principum, ac per omnes Prælatos mundi, Clerum & populum, salutatum esse tanquam verum & Catholicum Papam, & talem habitum & reputatum concorditer & inconcussè ab eisdem, & ab vniuersali Ecclesia Catholica. & quòd idem dominus Bonifacius in possessione Papatus, ac in Catholicæ fidei confessione decessit, & quòd talis fuerit, adhuc hodie ab vniuersali Ecclesia habetur & reputatur ; & quòd in huiusmodi possessione Papatus, ac in Catholicæ fidei confessione decesserit. Ex quibus constat, ipsum tanquam Patrem spiritualem posse & debere tractari & defendi etiam lite pendente, in huiusmodi possessione status & opinionis, ab vniuersis Orthodoxis & Christianis, de quibus sunt defensores prædicti.

Item dicunt & notoriè constat, quòd dominus Bonifacius decessit, & se defendere non potest, & quòd debet pro absente reputari ex iusta & necessaria causa & tanquam vocatus ad maius tribunal. & postquam status & memoria ipsius sic absens impetitur, & petitur quòd contra eum sic absentem procedatur, æquum est quemuis pro eo verba facientem, & suam innocentiam excusantem audiri, etiam ad plenam defensionem eiusdem, & vbi agitur de statu hominis quilibet etiam extraneus admitti debet ad defensionem ipsius etiam ipso inuito, cùm etiam & pro damnato eo inuito possit quilibet appellare, & eius defensionem subire, & talis dicitur defensor propriæ causæ, quia interest hominis hominem beneficio affici, cùm natura quamdam cognationem inter omnes homines constituit ; & ideo ratione huiusmodi sui generalis interesse prædicti defensores admitti deberent; & multo fortiùs prædicti domini Franciscus, & Theobaldus cùm sint de cognatione præfati domini Bonifacij, quorum specialiter interest, ipsum non dehonestari, nec diffamari, quoniam talis diffamatio ad dolorem & iniuriam ipsorum porrigitur; interest etiam specialiter ipsorum & omnium prædictorum, eo quia beneficiati sunt & fuerunt à prædicto domino Bonifacio Papa octauo, & sunt Clerici, & de terra Ecclesiæ oriundi. Alexander etiam Papa IV. declarauit, quòd ad defendendum cum post mortem qui de hæresi impetitur, filij vel hæredes admittendi sunt; & ideo nedum illi qui sunt de parentela, sed & alij defensores prædicti, qui sunt filij spirituales, & eorum interest, admitti debent.

Item quòd notoriè constat, ipsum dominum Bonifacium fuisse caput Ecclesiæ & fidei nostræ, vt est dictum, & excludere manus vel membra à defensione capitis, cùm ipsum impetitur, esset omni iuri & rationi alienum.

396 PREVVES DE L'HIST. DV DIFFEREND

Item dicunt, & notoriè conſtat, cauſam iſtam, de qua agitur, contingere vniuerſalem Eccleſiam, & per hoc eſſe cauſam liberalem, & per conſequens popularem eſſe defenſionem eiuſdem.

Item quòd prædicti Guillelmus de Nogareto, & Guillelmus de Plaſiano, vel alter eorum ſuper iis quæ obiiciunt vel opponunt contra ſtatum & memoriam felicis recordationis domini Bonifacij Papæ octaui, non ſunt aliquatenus audiendi, quia ſunt & fuerunt notoriè & manifeſtè inimici, conſpiratores, diffamatores, & maledicti præfati domini Bonifacij, & quia malo zelo, & vt noceant mouentur ad obiiciendum ſeu proponendum prædicta.

Item dicunt, & notoriè conſtat quòd dictus Guillelmus de Nogareto de nocte cum inimicis dicti domini Bonifacij, & Romanæ Eccleſiæ cum multitudine armatorum, præſumpſit hoſtiliter & violenter intrare ciuitatem Anagniæ, & inſultum facere contra dictum dominum Bonifacium, & eundem temerariè & iniurioſè capere, & capi facere in domo propria, & perſeuerando in ſcelere eundem captum tenuit & tenere fecit per tres dies, & peiora attentaſſet, & præſumpſiſſet, niſi manus Domini obſtitiſſet eidem. & prædicta fuerunt in ciuitate Anagniæ vltimo anno Pontificatus eiuſdem domini Bonifacij de menſe Septembri. Cuius patrati facinoris euidentia ipſum factum oſtendit, & prædeceſſor veſter dominus Benedictus Papa vndecimus, cuius aſſertio fidem facit, ſub oculis ſuis, & etiam notoriè perpetrata fuiſſe prædicta ſcelera aſſerit & teſtatur.

Item dicunt & notorium eſt, quòd dictus Guillelmus de Nogareto rapuit ſeu rapi fecit, ſeu eo auctore & * * * * rapta & diſperſa ſunt bona, & theſaurus dicti domini Bonifacij, & Romanæ Eccleſiæ ; per quod etiam oſtenditur inimicus.

Item dicunt & notorium eſt, per declarationem dicti domini Benedicti Papæ XI. per Guillelmum de Nogareto commiſiſſe crimen læſæ maieſtatis, perduellionis, ſacrilegij, legis Iuliæ de vi publica, Cornelij de Sicariis, priuati carceris, rapinæ, furti & felloniæ, per quod patet eum repellendum eſſe prædictum : etiam ſcelus in præſentia Sanctitatis veſtræ idem Guillelmus de Nogareto, publicè eſt confeſſus ; quamquam mendaciter aſſerat quòd hoc fecit, cùm hæreticus diceretur, & vt ab eo peteret vt Concilium congregaret: ſed etſi fuiſſet hæreticus, vt ipſe Guillelmus calumnioſè aſſerit, cùm non eſſet, non tamen erat ei attributa tam furioſa poteſtas, vt tali modo, ſicut dictum eſt, procederet contra eum. Si enim Concilium ab eodem poſtulare volebat, vel ei aliquid aliud intimare, non oportebat eundem cum multitudine armatorum extenſo vexillo accedere, & eum capere & tenere, cùm ſatis ſit notorium, quòd prædictus dominus Bonifacius quoſcunque ambaſciatores, ſeu nuntios qualiacunque volentes proponere coram eo, ſatis curialiter & honorificè admittebat; & ideo cùm aliter quàm debuerit proceſſerit in præmiſſis, ſecundùm iura conuincitur, quòd ex malo animo ſeu dolo proceſſerit contra eum.

Item dicunt & conſtat quòd dictus Guillelmus de Nogareto ex prædictis commiſſis per eum non poſſet aliquem excuſari, cùm eodem tempore ſibi conſtaret quòd dictus dominus Bonifacius per conſtitutionem nuper quam edidit, erat verè Catholicus & fidelis. Quam conſtitutionem ignorare non poterat dictus Guillelmus, cùm fuiſſet publicè promulgata.

Item alia ratione idem Guillelmus de Plaſiano repelli debet, quia iurauit ea quæ proponebat contra prædictum dominum Bonifacium se prosecuturum in Concilio generali, ad quæ prosequenda tantùm proposuit se venisse; & ideo alibi contra suum iuramentum audiri non debet.

Item quòd Guillelmus de Plasiano in quodam suo libello appellatorio, seu iuris diffamatorio, publicè dixit, legit, exposuit, in publico diffamando præfatum dominum Bonifacium, Parisius coram Rege & aliis multis Baronibus, & Prælatis, & multis aliis tam Clericis quàm laïcis de mense Iunij, anno nono Pontificatus eiusdem domini Bonifacij, quòd idem dominus Bonifacius dixerat se magis velle esse canem vel asinum, vel aliud animal, quàm Gallicum, & quòd ad deprimendum Gallicos præcipitaret se & totum mundum, & quòd idem dominus Bonifacius de iis reprehensus dicebat: Non curo de scandalo, dummodo Gallici & eorum superbia destruantur.

Item dixit idem Guillelmus, ipsum dominum Bonifacium contra regnum Franciæ ab antiquo odium concepisse, & destruere velle nationem quam appellabat superbiam Gallicorum. Dixit etiam idem Guillelmus, eundem dominum Bonifacium in odium Gallicorum inter Reges multos pacem impediuisse, & aliquos ad interficiendum omnes Gallicos mouisse, & ad destructionem Gallicorum Regem Alamanniæ in futurum Imperatorem, & publicè publicauit quòd hoc faciebat, vt destrueret nationem, quam vocabat superbiam Gallicorum, & in breui faceret omnes Gallicos martyres vel apostatas.

Item idem Guillelmus dominum Bonifacium dedignabatur Papam nominare, cùm tamen verus Papa esset, & in possessione Papatus.

Item idem Guillelmus in dicto libello de multis criminibus mendaciter diffamauit eundem dominum Bonifacium, quæ certum est aliquem contra Papam non posse obiicere vel debere. Ex quibus & aliis manifestè constat, quòd dictus Guillelmus fuit & est diffamator maledictus, conspirator & inimicus eiusdem domini Bonifacij, & quòd tanquam prouocatus se voluit vlcisci, cùm dictus Guillelmus sit, & erat de regno Franciæ, & fidelis, & familiaris Regis Franciæ.

Item quòd dictus Guillelmus de Plasiano in præfato suo libello diffamatorio quædam crimina notoriè falsa contra eundem dominum Bonifacium Papam octauum obiecit, asseruit & iurauit, & maximè in eo quod in eodem libello publicè diffamando eundem dominum Bonifacium, dixit, legit & asseruit quòd Terra sancta vltramarina perdita fuerat, & peruenerat ad manus fidei Christianæ inimicos, per culpam ipsius domini Bonifacij; cùm non suo tempore, sed tempore Nicolai Papæ quarti perdita fuerat.

Item obiecit quòd idem dominus Bonifacius non credebat aliam vitam, & postea idem Guillelmus dixit dominum Bonifacium dixisse quòd si Filius Dei & beatus Petrus descenderet de cœlis, non traheret eum ab eo quod intendebat; per quod etiam & sibi ipsi contrarius.

Item dixit quòd idem dominus Bonifacius nunquam dixit bonum de aliquo Prælato; quod est notoriè falsum.

Item dictus Guillelmus multa alia notoriè falsa obiecit in dicto libello publicè, eundem dominum Bonifacium diffamando, ad prouocandum contra eum nationem Gallicanam, & Regem Franciæ; per quod etiam idem Guillelmus conuincitur inimicus eiusdem domini Bonifacij.

Item dicunt, & notoriè constat, eundem dominum Bonifacium fuisse nutritum & conuersatum in sinu Romanæ Ecclesiæ, & ab omnibus tam curialibus, quàm aliis cum quibus conuersatus fuit, habitum & reputatum pro vero orthodoxo & Catholico & fideli, & ipsius opinionem in nullo vacillasse; & quòd hodie tenetur & reputatur ab omnibus qui eius conuersationem habuerunt, quòd verus Catholicus fuerit, in Catholicæ fidei confessione decessit. & constat notoriè prædictos Guillelmum de Nogareto, & Guillelmum de Plasiano laicos fore, & aduenas, & ignotos, conuersationem & vitam suam ignorantes, ac de longinquo venisse ad denuntiandum, proponendum quòd præfatus Papa Bonifacius fuit hæreticus. Verùm eis dici potest: *Ingressus es vt aduena, nunquid vt indices?* Quomodo isti de longinquo potuerunt cognoscere quod de propinquo latuit dominos Cardinales, & alios mundi Prælatos, & curiales, & alios vniuersos?

Item quòd prædictus Guillelmus de Nogareto, & Guillelmus de Plasiano cohabitauerunt & participauerunt Stephano & Sciarræ de Columna, & aliis inimicis dicti domini Bonifacij, & Romanæ Ecclesiæ excommunicatis, & hostibus eiusdem domini Bonifacij, & Romanæ Ecclesiæ; per quod etiam inimici censentur.

Item dicunt defensores prædicti, quòd notoria est bona fama domini Bonifacij quòd fuit verus Catholicus & fidelis, & quòd proposita contra eum non sunt verisimilia. Verùm non debet audiri, maximè cùm nulla præcedat præsumptio, seu suspicio, aut infamia quæ admittendum cum mouere debeant vindicantem, & maximè contra tantum qui propter executionem sui officij multis habuit displicere, & multorum odium incurrere.

Item quòd repellendi sunt etiam prædicti propter materiam imminentis & manifesti scandali exempli perniciem, quoniam Principes, Barones & Comites, cùm eis displicebit suus Prælatus, hinc sument exemplum eis hæresim imponendi, & persequendi eosdem dicentes, sicut & aliàs quidam dixerunt, sic de Papa Bonifacio factum fuit, nec fuit * * sumpta vindicta: immò præsumpserunt iniuriatores prædicti petere audientiam concedi criminandi eundem, cùm tamen absurdum sit eos ab Ecclesia audiri, quos sic constat notoriè in ipsam, & eius sponsum, tanta flagitiosa crimina commisisse; ex quo schisma & graue scandalum in Ecclesia sequeretur.

Item quòd alia ratione dicuntur inimici, qui nedum ante finem, sed etiam ante principium ipsius causæ recedendo ab obedientia eiusdem domini Bonifacij spoliauerunt eum, quantum in eis fuit, possessione obedientiæ, in qua erat; & ille qui alium spoliat rebus suis, secundùm iura dicitur inimicus.

Ex quibus omnibus & singulis manifestè concluditur prædictos Guillelmum de Nogareto, & Guillelmum de Plasiano à prosequutione eorum quæ obiiciunt, & proponunt contra statum & memoriam præfati domini Bonifacij Papæ octaui, esse omnimodo repellendos, cùm & si nullus exciperet contra eos, seu defensor aliquis pro dicto domino Bonifacio minimè appareret. Verumtamen Sanctitas vestra iuxta sanctorum Patrum & Canonum decreta diligenter deberet inquirere de suspicione & opinione prædictorum, & qua intentione mouentur, qua fide, qua vita, qua conscientia, quo merito, si pro Deo, an pro Euangelio, pro inimicitia, odio aut cupiditate talia præsumunt: quia si in aliis Episcopis secundùm iura hæc seruantur; multo fortiùs in Episcoporum Episcopo seruari debebunt, cùm ex officio correctionis, vt prædictum est, frequenter odium multorum incurrat, insidias patiatur, & certo certius esse creditur, quòd non venistis soluere leges, aut Prophetas, sed adimplere.

Et praedictas exceptiones & rationes diuisim & successiuè proponunt, modo, iure, & forma, & ad effectum quibus supra, offerentes se paratos per euidentiam iuris & facti, & per alios legitimos modos probare & ostendere ea & singula solùm, in quibus eis & parti eorum sufficerent seu sufficere deberent de iure, ad excludendum personas dictorum opponentium; & ne in praefato negotio modo aliquo procedatur, nec ad receptionem qualiumcunque testium contra statum & memoriam praefati domini Bonifacij Papae octaui; ac etiam vt ipsi defensores, & eorum quilibet ad huiusmodi defensionem admitti possint & debeant, & ad defensionem debitam faciendam in eodem negotio, si & quando procedi & defendi deberet: nec per haec quae exhibuerunt dixerunt & proposuerunt, seu exhibent dicunt & proponunt, intendunt se astringere ad praedicta omnia probanda, sed solùm ad ea quae sibi sufficiant, vt dictum est. & si & quando & prout de iure deberetur, saluisque eis & eorum cuilibet seu parti eorum omnibus exceptionibus suis declinatoriis, & quibuscunque aliis defensionibus suo loco & tempore proponendis, & saluo etiam eis iure addendi & diminuendi, interpretandi & corrigendi & declarandi praedicta omnia & singula, per eos proposita & exhibita, si quando & totiens opus esset. Ante omnia protestantur Franciscus natus bonae memoriae domini Petri Gaytani Comitis Casertani, Theobaldus filius domini Bernazonis militis Anagnini, nepotes sanctae memoriae domini Bonifacij Papae octaui, Gotius de Arimino vtriusque Iuris, Baldredus Bizeth Decretorum Doctores, Thomas de Morro, Iacobus de Mutina, Blasius de Piperno, Crescentius de Paliano, Nicolaus de Verulis, Iacobus de Sermineto, & Conradus de Spoleto Iurisperiti, quòd per ea quae infrà dicent, proponent, & excipient, non intendunt consentire, nec volunt quòd in negotio sanctae memoriae domini Bonifacij procedatur in aliquo, nec ad aliquem actum, nisi si & quantum & vbi & quando & prout oportebit & debebit de iure, & quòd per ea non intendunt admittere Guillelmum de Nogareto, & Guillelmum de Plasiano, seu quoscunque alios adhaerentes eisdem vel alteri ipsorum, nec cum eis vel eorum aliquo facere partem in praefato negotio.

Infrà scriptae sunt rationes, quarum Guillelmus de Nogareto, & Guillelmus de Plasiano praedicti, vel aliquis praedictorum, non sunt admittendi, nec audiendi, maximè super eo quod petunt in praefato negotio testes senes & valetudinarios & absfuturos recipi, & eorum nomina supprimi.

Primò, quia cùm praedictum negotium sanctae memoriae domini Bonifacij sit arduissimum, & maius quod fuerit in Ecclesia Dei à tempore passionis Christi, tangátque statum vniuersalis Ecclesiae, & Regum, & Principum, & Baronum & Praelatorum, & in eo versetur quaestio fidei, quae omnibus Christianis est communis, debet meritò tantum & tale negotium generali Concilio reseruari, nec in praedicto negotio in aliquo debet aliquid noui fieri ante Concilium praedictum, dato quòd de eo post mortem ipsius posset & deberet agi, sicut non debet nec decet procedi in tanto negotio sine Concilio generali, illa potissima ratione, quòd non inuenitur in canone scriptum, nec alibi, quòd de haeresi contra Papam fuerit cognitum vel discussum sine Concilio generali: nec ratio potest in contrarium assignari, quòd tunc agebatur de haeresi, Papa viuens, quia futurus * est necessarium Concilium post mortem, vt in

Concilio, fic qui pro defuncto loquantur, cùm defuncto magis fit fauendum quàm viuo, & etiam quia ipfi Guillelmus de Nogareto, & Guillelmus de Plafiano ad Concilium generale contra dominum Bonifacium appellaffe fe afferunt, & iurauerunt ad fancta Dei Euangelia fe profecuturos prædictum negotium domini Bonifacij in Concilio generali.

Item pofito fed non conceffo quòd fuprà dicta ceffarent ficut non ceffant, tamen cùm iam conftet notoriè prædictum Guillelmum de Nogareto fuiffe & effe notorium inimicum & confpiratorem fanctæ memoriæ domini Bonifacij Papæ octaui, ex eo quòd ipfe manu armata cum inimicis capitalibus prædicti domini Bonifacij aufu facrilego, feditiosè, & infidiis facrilegis in ciuitate Anagniæ vltimo anno fui Pontificatus de menfe Septembri prædicti anni, (in qua ciuitate idem dominus Bonifacius tunc cum Curia Rom. refidebat) & hoftiliter ad Palatium Papale, in quo ipfe dominus Bonifacius tunc morabatur, infultum dedit & fecit, oftia & portas prædicti Palatij fregit & fregi fecit, & ipfum dominum Bonifacium, & eius perfonam notoriè aggreffus fuit, & ipfum dominum Bonifacium cepit & captum tenuit: & quòd propter prædicta bonæ memoriæ dominus Benedictus Papa vndecimus pronuntiauit & declarauit prædictum Guillelmum de Nogareto fententiam excommunicationis à canone latam incurriffe, afferens idem dominus Benedictus in fuis oculis prædicta patrata fuiffe, & ipfum citauit, vt coram fe certo termino compareret coram eo tanquam fuper notoria delicta auditurus fententiam. Sed notorium eft iuris, quòd inimicus accufando vel denuntiando vel denuntiationem profequendo non debet in aliquo, ne iratus nocere cupiat, & ne læfus fe vlcifci velit: in huiufmodi ratione prædicta, etiam etfi notoria fint crimina alicuius, non tamen accufatione vel denuntiatione inimici eft quis puniendus, vel condemnandus, eo quòd inoffenfus accufatorum affectus quærendus eft, & non fufpectus, vt iura dicunt meritò. Ergo ad inftantiam ipfius Guillelmi teftes modo fuprà dicto non funt recipiendi.

Item quia iam conftat notoriè ipfos G. de Nogareto, & G. de Plafiano, & eorum quemlibet fuiffe & effe manifeftè inimicos, confpiratores & calumniatores dicti dom. Bonifacij, & quòd ex odio & ex rancore, & non ex fide procedunt contra eum & eius memoriam, prout clarè liquet & conftat ex propofitis appellationibus eorum & expofitis per eos in confiftorio publico: dixerunt & propofuerunt enim, quòd fanctæ memoriæ dominus Bonifacius dixit quòd potiùs vellet effe canis vel afinus, vel quodcunque aliud animal, quàm Gallicus, & quòd ad reprimendum Regem Franciæ & Gallicos, fi aliter facere non poffet, vellet potiùs quòd totus mundus periclitaretur, & etiam tota Ecclefia, & antequam fuperbia Gallicorum non reprimeretur, & quòd ipfe dominus Bonifacius vocabat Gallicos Patarenos, & quòd ab antiquo concepit odium contra Gallicos, & quòd Regem Alamaniæ, videlicet dominum Albertum, confirmauit, vt deftrueret nationem & fuperbiam Gallicorum.

Item in principio appellationum prædictarum dixerunt prædicti Guillelmus de Nogareto, & Guillelmus de Plafiano, quòd ipfe dominus Bonifacius non credebat aliam vitam, & quòd anima peribat cum corpore: & poftea in eifdem appellationibus dixerunt ipfum dominum Bonifacium dixiffe, quòd fi Filius Dei, vel beatus Petrus Apoftolus de cœlo defcenderet, non detraheret eum ab hoc quod intendebat, ac quòd fuper iis aliis contentis in prædictis appellationibus follicitauerunt Prælatos regni Franciæ

ciæ Comites & Barones regni prædicti, quòd contra prædictum dominum Bonifacium se opponerent, & etiam appellarent, & se partem facere. Ex quibus & aliis in eisdem appellationibus contentis, & ex propositis per eos in consistorio publico manifestè & notoriè colliguntur inimicitiæ, conspirationes & calumniæ, & sic ad instantiam inimicorum conspirantium, ac etiam calumniantium non debent huiusmodi testes recipi, senes vel valitudinarij seu abfuturi, vel alij, cùm in nullo debeat fatigari accusatus, nisi fuerit legitimus accusator: & iam constat notoriè propter prædicta, prædictos Guillelmum de Nogareto, & Guillelmum de Plasiano non esse legitimos accusatores vel denuntiatores vel obiectores.

Item constat iam notoriè & manifestè prædictos Guillelmum de Nogareto, & Guillelmum de Plasiano fuisse, & esse notoriè inimicos ipsius domini Bonifacij pro eo, & ex eo quòd libellum diffamatorium & blasphemias multas quæ hæresim non sapiunt contra dictum dominum Bonifacium Papam octauum, tam in eorum prohibitiones canonum quæ prohibent quòd nullus mortalium culpas Papæ quæ hæresim non sapiunt, redarguere præsumat. Et ergo prædicti Guillelmus de Nogareto, & Guillelmus de Plasiano redarguerunt & redarguunt, & libellum ipsum & blasphemias proposuerunt, & proponunt in casu in quo non possunt, ex hoc sunt, & fuerunt & reputantur à iure inimici, cùm simili pœna debeant puniri tales qua puniretur diffamatus: & præterea cùm ille repellatur ab accusando vel denuntiando aliquem, qui aliàs tulit testimonium contra eum; multo fortiùs & longiùs tales infamatores sunt repellendi, & in nullo audiendi, maximè contra Papam.

Item posito sine præiudicio, sed non concesso, quòd suprà dicta cessarent, sicut non cessant, tamen adhuc & alia mentione non sunt recipiendi testes, vt abfuturi, vel vt senes, vel vt valitudinarij, pro eo quòd in causa criminali huiusmodi testes non sunt recipiendi, vel de iure. Et est ratio euidens, & manifesta, & maximè in casu præsenti, ne denuntiatus vel accusatus saltem de facto infametur penes iudicem, & illos qui reciperent testes huiusmodi, & apud alias graues personas, & maximè ad instantiam illorum, qui postea apparerent, non fuisse nec esse admittendos ad illa dicenda & proponenda, super quibus testes huiusmodi essent producti & recepti. Et quia valdè interest ne Ecclesia Romana in persona sponsi & mariti sui diffametur, & dehonestetur per illos qui postea apparerent non fuisse nec recipiendos, vel audiendos, vt dictum est; & quia Papa potiùs debet delectari in ordine bonæ famæ subditorum quàm malæ sibi subditorum, multo fortiùs sui prædecessoris.

Item dato sed non concesso quòd supradicta cessarent, sicut non cessant, tamen adhuc huiusmodi testes non sunt recipiendi, & alia valida ratione pro eo quòd nec in canonibus, nec in Chronicis vel Historiis reperitur quòd de hæresi alicuius summi Pontificis fuerit quæsitum, vel cognitum post mortem; & hoc propter excellentiam status Papalis, & quia post mortem non potest timeri quòd inficiat oues suas.

Item posito sed non concesso quòd supradicta cessarent, sicut non cessant, tamen adhuc & vt alia ratione testes huiusmodi non sunt recipiendi per aliquam iuris viam, pro eo quod iam constat notoriè sanctæ memoriæ dominum Bonifacium post appellationes prædictorum Guillelmi de Nogareto, & Guillelmi de Plasiano integritate fidei fuisse confensum *, & omnia sibi imposita per prædictos Guillelmum de Nogareto, & Guillelmum de Plasiano negasse, & falsa & non vera fore asseruisse: quod quidem sufficit in Papa, ficut fufficit in Papa Leone: & de prædictis conftat per conftitutionem ipfius domini Bonifacij, quæ incipit *Nuper*. Conftat etiam notorié, ipfum dominum Bonifacium veré Catholicum fuiffe, etiam poft appellationes fuprà dictas, & earum tempus, ex eo quòd tempore fuprà dicto quo fuit captus per dictum Guillelmum de Nogareto, ipfe dominus Bonifacius erat indutus Papalibus, & crucem in manibus ftrictam tenebat, & ipfam amplexabatur & ofculabatur: & hoc eft publicum & notorium ita quòd probatione non indiget. & quòd poftea in morte omnes articulos fidei more aliorum fummorum Pontificum recognouit & confeffus fuit coram octo Cardinalibus, & etiam de hoc extant litteræ fratris Gentilis Cardinalis fuper hoc teftimonium perhibentis. Fruftra ergo huiufmodi effent recipiendi cum probatis propofitis in appellationibus prædictis, & etiam confiftorio publico per eos Guillelmum de Nogareto, & Guillelmum de Plafiano, & maximé de tempore præterito, non tamen propter hoc effet damnandus prædictus dominus Bonifacius, nec eius memoria, & etiam maximé cùm ipfi dixerint in publico confiftorio quòd ipfi non curabant, nec intendunt, nec ad hoc fe obligabant quòd dictus Bonifacius deceffetit hæreticus, fed quia erat hæreticus tempore appellationum prædictarum & captionis, & de iure non licet iudicare alicui de conftituto in Diuino iudicio, in quo fupremus dies cum inuenit; fic enim dicit Gelafius Papa: Cæterùm de eo qui in Diuino eft conftitutus iudicio, nobis fas non eft aliud dicere, præter id in quo fupremus dies inuenit; meritò ergo teftes huiufmodi non funt modo aliquo recipiendi.

Item pofito fed non conceffo, quòd fuprà dicta ceffarent, ficut non ceffant, tamen adhuc teftes huiufmodi fuprà dicti fuper veritate obiectorum, quæ faperent hærefim, non effent recipiendi, cùm de iis prædictus dominus Bonifacius nunquam fuerit, nec fic publicé diffamatus in vita, nec poft mortem.

Item pofito fed non conceffo quòd fuprà dicta ceffarent, ficut non ceffant, tamen adhuc teftes huiufmodi non effent recipiendi ad inftantiam prædictorum Guillelmi de Nogareto, & Guillelmi de Plafiano, nec aliorum nifi priùs obligarent fe ad pœnam tallionis; nam fiue accufantes fiue denuntiantes aliquem de crimine hærefis poft mortem, debent fe ad pœnam tallionis obligare, prout Iura volunt & Doctores notant.

Item in eo cafu, vbi teftes huiufmodi fuprà dicti effent recipiendi, ficut non funt, rationibus & caufis, effent & funt priùs addenda capitula fuper hærefi quæ imponeretur, vt plené poffet fieri deliberatio, & videri an faperent hærefim, cùm certum fit de iure quòd fuper aliis quæ hærefim non faperent non effet procedendum.

Item in eo cafu fuprà dicta nomina huiufmodi teftium omnia funt parti defendentium exhibenda, vt poffit videre an fint huiufmodi teftes fenes, & valetudinarij, vel abfuturi, vel fi non exhiberentur nomina, tolleretur huiufmodi defenfio parti defendentium; quod fieri de iure non debet, nec C. *de ſtatuta.* in cafu præfenti poteft habere locum: Primò, quia ibi loquitur quando fimpliciter producuntur teftes non abfuturi, vel fenes, vel valitudinarij, quo cafu plené referuatur illi, contra quem producuntur defenfio; ac in cafu præfenti non referuatur defenfio fi producerentur non fenes, non valetudinarij, & non abfuturi. Secundò, quia Capitulum prædictum loquitur, quando effet timor propter potentiam illius contra quem inquireretur, qui in cafu præfenti omnino ceffat.

Item fi nomina non exhiberentur, fequeretur maxima abfurditas & ad-

mirabilis toti mundo, videlicet quòd contra sanctæ memoriæ dominum
Bonifacium, qui vt verus Catholicus Ecclesiæ Romanæ publicè & notoriè Papa præfuit, & fidem Catholicam prædicauit, & docuit, & multa
notoriè fecit & composuit ad exterminium hæreticæ prauitatis, posset
procedi & condemnari iniustè per secretos testes, falsos, conductitios, &
procuratos per æmulos & inimicos ipsius domini Bonifacij; & ex hoc posset de facili in vniuersali Ecclesia Dei scandalum generari maximum, &
etiam per vniuersum mundum. Quis fidelis non clamaret & vociferaret,
si contra dominum Bonifacium Patrem Patrum secretè reciperentur testes? non enim in tanto negotio noto toti mundo est procedendum in
abscondito.

 Prædicta verò omnia & singula suprà dicta quàm in facto consistunt &
probatione indigerent, prædicti defendentes, & eorum quilibet, si quantum & vbi & quando & prout tenerentur de iure, se offerunt probare
paratos, saluis aliis quibuscunque exceptionibus prædictis defendentibus
competentibus & competituris, suo loco & tempore dicendis & proponendis, verbo & in scriptis, si opus erit, saluo iure addendi, minuendi,
corrigendi, declarandi, interpretandi, & alia de nouo dandi.

 Die Veneris decimo dicti mensis Aprilis, comparentibus in iudicio coram dicto domino nostro pro tribunali sedente in consistorio publico, sibi
dictorum dominorum Cardinalium collegio assistente, ac præsente clericorum & laicorum multitudine copiosa, in Palatio suprà dicto, dictis
dominis Guillelmo de Nogareto, & Guillelmo de Plasiano, modo & nomine quibus suprà, & præfato magistro Baldredo, & aliis se defensioni offerentibus suprà dictæ, modo & nomine qui superiùs exprimuntur. Iidem
domini Guillelmus de Nogareto, & Guillelmus de Plasiano, tam vt nuntij præfati domini Regis pro se & aliis suprà dictis connuntiis eorundem,
quàm etiam nomine suo, quatenus ipsos & eorum quemlibet edictum
præfatum contingebat, petiuerunt sicut aliàs petierant edictum prædictum
tolli, & in eo contenta in melius emendari, & postea in negotio memorato procedi, vt super culpa vel innocentia dicti domini Bonifacij possit
veritas reperiri. Asserentes, vt dicti domini Regis nuntij, quòd licèt ipse
dominus Rex daret operam, vt procederetur & iustitia fieret in negotio
suprà dicto, magis tamen gauderet eundem dominum Bonifacium super
præmissis non culpabilem, quàm culpabilem inueniri. Postularunt etiam
iidem dominus Guillelmus de Nogareto, & dominus Guillelmus de Plasiano, nomine proprio & pro seipsis ad prosecutionem dicti negotij se admitti virtute, nisi quatenus artarentur de iure: sed vltro se in eodem negotio procedere offerentes, testes maximè senes & valetudinarios & abfuturos, vt aliàs petierant, recipi supplicarunt, & ad recipiendum absentes, & in longinquis partibus constitutos, præsertim personas egregias,
aliquos fideles & idoneos viros transmitti, multa pro parte ipsorum aliàs
proposita & in scriptis data, & alia plura ad fundandum se esse personas
legitimas ad prosequendum ea quæ contra præfatum dominum Bonifacium, & eius memoriam opponebant, & quare dictus magister Baldredus & alij qui defensioni prædictæ se offerunt, ad eandem defensionem
admittendi non erant, verbo tenus reputando, & etiam proponendo,
præsertim cùm ipse magister Baldredus & alij nonnullas super iis rationabiles causas, aut sufficiens interesse proponerent, & quòd ipsis exclusis à defensione prædicta, erat in eodem negotio procedendum, nonnullas alias allegationes, causas & rationes contra magistrum Baldredum, &

10. April 1310.

Eee ij

alios suprà dictos, non tanquam contra partem, super iis verbotenus proponendo, & protestando expressè quòd ipsos vt partem nullo modo recipere intendebant, sed solùm ad religionem dicti domini nostri super prædictis informandam, & quòd idem dominus noster per data & proposita per magistrum Baldredum, & alios suprà dictos moueri in aliquo non deberet. Quæ quidem proposita & allegata iidem dominus Guillelmus de Nogareto, & dominus Guillelmus de Plasiano, in scriptis se daturos obtulerunt. Cúmque post hæc magister Baldredus & alij suprà dicti cum instantia ab eodem domino nostro in eodem negotio audiri postularent, eisque audientiam concedi: idem dominus noster considerans quòd iam meridies & erat quasi hora nona, & propter hoc eis plenam audientiam dare non poterat, ac protestato priùs per ipsum dominum nostrum, sicut aliàs pluries fuerat protestatus, quòd per aliqua quæ faceret aut diceret in negotio suprà dicto prædictos dominos Guillelmum de Nogareto, & Guillelmum de Plasiano ad prosequendum prædictas oppositiones contra dominum Bonifacium suprà dictum, eiúsque memoriam, ac magistrum Baldredum, & alios ad defensionem se offerentes prædictam, recipere vel admittere non intendebat, nisi si & prout & in quantum esset faciendum de iure, se paratum procedere obtulit, prout canonicum foret, in negotio memorato, ac iustitiam exhibere, & nomina testium quos iidem domini Guillelmus de Nogareto, & Guillelmus de Plasiano recipi supplicabant secretò recipere, secretè tenere, si & prout canonicum esset & iustum. Et cùm præfati dominus Guillelmus de Nogareto, & Guillelmus de Plasiano respondentes dicerent quòd propter aduersariorum & eius adhærentium potentiam præfatis testibus pericula imminebant, & propter hoc peterent ab ipso domino nostro dictis testibus tam circa personas, quàm circa statum & beneficia, eorum videlicet qui beneficiati erant, de securitate necessaria prouideri, & compelli aliquos testium eorundem ad perhibendum testimonium super propositis in huiusmodi negotio per eosdem: Præfatus dominus noster suprà dicta protestatione priùs iterum repetita per ipsum, videlicet quòd nec ipsos, nec dictos magistrum Baldredum, & alios se defensioni offerentes eidem, nisi si & inquantum, & prout debebat de iure, admittere in huiusmodi negotio intendebat, respondit quòd traditis sibi nominibus testium prædictorum, & ipsis modo prædicto receptis, vt per hoc super securitate & compulsione prædictis an præstanda & facienda sint, & quæ & qualia, & quibus testibus possit meliùs & pleniùs informari super securitate & compulsione habitum, quod esset iustum & canonicum deliberatione præhabita faceret, & aliàs procederet in negotio memorato, prout iustitia suaderet. Continuans nichilominus præsentem diem ad diem crastinum, ad audiendum dictum magistrum Baldredum, & alios se defensioni offerentes prædictæ, & aliàs vtrísque ipsorum ad procedendum in negotio, vt ius erit.

11. Auril 1310. Die Sabbati vndecimo prædicti mensis Aprilis comparentibus in iudicio coram præfato domino nostro in Palatio suprà dicto pro tribunali sedente, & assistente sibi reuerendorum patrum dominorum sacrosanctæ Romanæ Ecclesiæ Cardinalium collegio, ac Clericorum & laicorum multitudine copiosa, dominis Guillelmo de Nogareto, & Guillelmo de Plasiano prædictis nomine & modo præmissis, & magistro Baldredo, & aliis se defensioni offerentibus suprà dictis modo & nomine qui superiùs sunt expressi; & exhibita per ipsum magistrum Baldredum quadam cedula protestationum, cuius tenor inferiùs continetur, petiit & cum instantia

DE BONIF. VIII. ET PHILIP. LE BEL.

postulauit à dicto domino nostro, se & alios suprà dictos qui se defensioni offerebant eidem, ad illam admitti, & dictos dominos Guillelmum de Nogareto, & Guillelmum de Plasiano; vt pote quia de calumnia, periurio, & contrarietate ipsorum Guillelmi de Nogareto, & Guillelmi de Plasiano, per data & exhibita in scriptis per eos in præsenti negotio manifestè apparere dicebant, & vt ipsius domini Bonifacij inimicos & conspiratores, à dicta oppositione repelli: Repetens nihilominus & proponens verbo tenus, aliàs data & proposita in huiusmodi negotio per eum, & alios suprà dictos, & nonnulla alia quare ipse & alij se ad defensionem ipsam offerentes, ad illam admitti debebant, & dicti opponentes ab eadem oppositione repelli, & quòd nomina testium & ipsos testes quos dicti domini Guillelmus de Nogareto, & Guillelmus de Plasiano, in eodem negotio per ipsum dominum nostrum recipi postulabant, recipi non debebant, super hoc multas rationes allegans & proponens. Asseruit etiam idem magister Baldredus, quòd copia productorum per dictos dominos Guillelmum de Nogareto, & Guillelmum de Plasiano, adeo tardè eis data fuerat, quòd plenè deliberasse non poterant super illis. Idem verò dominus noster repetitis priùs dictis oblationibus & protestationibus per eum tam circa partes opponentium & defendentium prædictorum, quàm supra receptione nominum testium eorundem & personarum ipsarum quantum circa alia in huiusmodi negotio proposita, vtrisque ad exhibendum in scriptis prædicta quæ verbo proposuerant, & adhuc proponere vellent hinc inde, infra festum Resurrectionis Domini proximè venturum, terminum præfixit, & vlteriùs ad comparendum coram eo in dicto Palatio hora consistorij; & respondendum productis & exhibitis per vtrosque, & aliàs ad procedendum in eodem negotio; vt ius erit, primam diem iuridicam post proximam Dominicam qua cantatur *Quasi modo* terminum assignauit. Decernens extunc eis hinc inde fieri copiam omnium productorum, & aliorum quæ per eos in dicto negotio infra festum produci & exhiberi contigerit supradictum.

Tenor verò cedulæ dictarum protestationum per dictum magistrum Baldredum superiùs, vt prædicitur, exhibitæ, talis est:

In Sanctitatis vestræ præsentia, sanctissime Pater domine Clemens Diuina prouidentia Papa quinte, constituti venerabiles viri domini Franciscus natus bonæ memoriæ domini Petri Gaytani Comitis Casertani, Theobaldus filius domini Bernazonis militis de Anagnia, nepotes felicis recordationis domini Bonifacij Papæ octaui, Gozius de Arimino vtriusque Iuris, Baldredus Bizeth Decretorum Doctores, Thomas de Murro, Iacobus de Mutina, Blasius de Piperno, Crescentius de Paliano, Nicolaus de Verulis, Iacobus de Sermineto, & Conradus de Spoleto Iurisperiti, qui aliàs se obtulerunt defensioni felicis recordationis dicti domini Bonifacij Papæ octaui, sub certis protestationibus, videlicet quòd per ea quæ dicunt faciunt vel petunt, non intendunt nec volunt nec consentiunt quòd in præsenti negotio tam in ingressu quàm etiam in progressu & egressu prædicti negotij modo aliquo procedatur, nisi si in quantum, quando & prout procedi debebit de iure, saluisque eis & eorum cuilibet seu parti suæ omnibus exceptionibus declinatoriis & dilatoriis, & aliis quibuscunque, suo loco & tempore proponendis, non intendunt, nec consentiunt aliquos opponentes admittere, vel cum aliquibus partem facere, nisi si in quantum quando & prout de iuris necessitate deberent. Nunc quidem protestationibus repetitis eisdem eidem comparent coram

Eee iij

nobis, ac die Sabbati vndecima præsentis mensis Aprilis continuata per Sanctitatem vestram ad hesternam diem Veneris, assignatam eisdem ad procedendum in præfato negotio, si in quantum & prout de iure procedi debebit.

25. Auril 1310.   Die Sabbati vigesima quinta dicti mensis Aprilis constitutus coram eodem domino nostro summo Pontifice in Palatio suprà dicto in camera sua, hora prima, assistentibus ei reuerendis patribus dominis Berengario Tusculan. Episcopo, & Arnaldo sancti Marcelli, Stephano sancti Cyriaci in Termis, & Guillelmo sanctæ Potentianæ tituli Presbyteris, ac Raymundo sanctæ Mariæ nouæ Diac. Cardinali, magistro Alano de Lambala Clerico, & dominis Petro de Gualard, & Petro de Blanosco militibus supradictis. Idem dominus noster sub modo & protestationibus aliàs in præfato negotio dicti domini Bonifacij pluries factis per eum, ipsi magistro Alano, ac dominis Petro de Gualard, & Petro de Blanosco militibus supradictis pro seipsis, ac dominis Guillelmo de Nogareto, & Guillelmo de Plasiano, quatenus quemlibet contingebat, de ipsorum consensu, necnon & magistro Baldredo, & aliis defensioni dicti domini Bonifacij se offerentibus, quamuis absentibus, ab hodie ad quindecim dies ad ea ad quæ prima dies iuridica post instantes octabas Paschæ, dictis dominis Guillelmo de Nogareto, & Guillelmo de Plasiano, ac magistro Baldredo, & aliis se defensioni offerentibus memorato in dicto negotio per ipsum dominum nostrum extiterat assignata, ex certis causis terminum prorogauit, prout discreti viri magistri Ioannes de Regio, & Ioannes de Verulis, qui prædictæ prorogationi factæ per dominum nostrum Papam, die & loco prædictis se personaliter interfuisse asserunt, michi Imberto Verzellan. Notario suprà dicto verbo tenus retulerunt. Item eodem die Sabbati constitutis coram discreto viro magistro Ioanne de Verulis Clerico & Notario suprà dicto dictis magistris Baldredo, & Iacobo de Mutina, qui se defensioni offerunt suprà dictæ, eis, & eorum cuilibet de mandato dicti domini nostri notificauit, & diligenter exposuit prorogationem termini suprà dicti, prout idem magister Ioannes de Verulis michi Imberto Notario prædicto retulit oraculo viuæ vocis.

Item die Dominico vigesimo sexto eiusdem mensis Aprilis, videlicet in octabas Paschæ Ioannes de Spoleto dicti domini Papæ cursor, retulit discreto viro magistro Ioanni de Verulis Clerico & Notario supradicto, vnà cum Hugotone de Cugubio ipsius domini Papæ cursore, præsentialiter præsentasse ex parte dictorum reuerendorum patrum dominorum Berengarij Tusculani Episcopi, & Stephani tit. sancti Cyriaci in Termis Presbyteri Cardinalium cedulam seu notificationem infrà scripti tenoris ipsorum dominorum Berengarij & Stephani Cardinalium dicto domino Guillelmo de Nogareto, sigillis à tergo sigillatam, in castro de sancto Laurentio, in camera sua, quam ipse deuotè recepit, prout michi Imberto Notario prædicto postmodum viua voce retulit michi magister Ioannes de Verulis, & in registro ipsius super huiusmodi negotio facto dicitur contineri.

Miseratione diuina nos Berengarius Tusculanus Episcopus, & Stephanus sancti Cyriaci in Termis Presbyter Cardinales, vobis dominis Guillelmo de Nogareto, & Guillelmo de Plasiano, militibus, significamus quòd heri die Sabbati hora prima constitutis coram domino nostro, assistentibus ei reuerendis patribus dominis Petro Penestrin. Episcopo, Arnaldo sancti Marcelli, & Guillelmo sanctæ Potentianæ tituli Presbyteris, ac

Raymundo sanctæ Mariæ nouæ Diacono Cardinalibus, ac nobis magistro Alano de Lambala Clerico, & dominis Petro Gualard, & Petro de Blanosco militibus: Idem dominus noster sub modo & protestationibus aliàs in huiusmodi negotio pluries factis per eum, magistro Alano, ac dominis Petro Gualard, & Petro de Blanosco prædictis pro se ipsis, ac vobis quatenus quemlibet ipsorum tangebat, de ipsorum consensu, nec non & magistro Baldredo, & aliis defensioni domini Bonifacij se offerentibus, quamuis absentibus, ab ipsa die Sabbati ad quindecim dies ad ea ad quæ prima dies iuridica est post instantes octauas Paschæ, in negotio prædicto vobis dominis Guillelmo & Guillelmo prædictis, ac magistro Baldredo, & aliis se defensioni offerentibus memorato fuerat per ipsum dominum nostrum assignata, ex certis causis terminum prorogauit. Quam quidem prorogationem ipse dominus noster per dictos milites vobis referri vel intimari mandauit, & vt de huiusmodi prorogatione vobis pleniùs constet, ipsam per præsentem cedulam, cui nostra sunt impressa sigilla duximus intimandam vobis per cursores eiusdem domini nostri ipsius cedulæ portitores. Datum Auinion. hodie die Dominico, videlicet vigesima sexta die mensis Aprilis.

Die Veneris 8. mensis Maij anni prædicti, cùm sanctissimus pater & dominus noster summus Pontifex memoratus circa expeditionem negotij quarundam litterarum Apostolicarum, quas sub nomine sui Pontificatus falsas inuenerat occupatus, propter quod huiusmodi causæ dicti domini Bonifacij die statuta vacare non posset, sub protestationibus aliàs pluries factis per eum in negotio seu causa dicti domini Bonifacij, opponentibus & defendentibus supradictis, quamuis absentibus, ad ea ad quæ crastina dies Sabbati, videlicet nona dicti mensis Maij, ipsis in huiusmodi causa fuerat assignata, ad diem Lunæ proximè venturam prorogauit. Mandans idem dominus noster nobis Ioanni de Regio, Ioanni de Verulis, Imberto Verzellani, & Guerino de Tilleriis Notariis supradictis, & cuilibet nostrûm, quòd prorogationem huiusmodi significare deberemus opponentibus & defendentibus supradictis. Actum in Palatio supradicto in camera ipsius domini nostri, præsentibus reuerendo patre domino Raymundo sanctæ Mariæ nouæ Diacono Cardinali, ac discretis viris domino Begon. de Cauamonte Archidiacono Londonien. Oddone de Manasis Canonico Narbonen. & Petro Fabri, Rectore de Bancio Tholosan. diocese. Ecclesiarum.

8. May
1310.

Eodem die Ioannes de Spoleto cursor eiusdem domini nostri retulit michi Ioanni de Regio Clerico & Notario supradicto se præsentasse & tradidisse dicto domino Guillelmo de Nogareto cedulam, notificationem prorogationis termini continentem, meo & magistri Ioannis de Verulis Clerici & Notarij supradicti sigillo sigillatam, cuius tenor inferiùs continetur, quam dictus dominus Guillelmus de Nogareto pro se, & dicto domino Guillelmo de Plasiano deuotè recepit.

Vobis dominis Guillelmo de Nogareto, & Guillelmo de Plasiano, nos Ioannes de Regio, & Ioannes de Verulis cameræ domini Papæ Clerici Notarij assumpti per dominum nostrum summum Pontificem in causa seu negotio domini Bonifacij, significamus de mandato ipsius domini Papæ, quòd idem dominus noster nobis & aliis Notariis per ipsum dominum nostrum ad scribendum in huiusmodi negotio assumptis præsentibus, crastinam diem Sabbati per eum vobis & defensoribus in huiusmodi negotio prorogatam ad ea ad quæ dies ipsa per eum prorogata extiterat, sub proteftationibus aliàs in eodem negotio factis per eum, ad diem Lunæ proximè venturam terminum prorogauit. Datum Auinion. die Veneris octaua Maij.

Item eodem die idem curfor retulit michi Notario fupradicto, fe præfentaffe & tradidiffe magiftro Iacobo de Mutina defenfori prædicto aliam cedulam, notificationem fimilem continentem, magiftro Baldredo, & ipfi magiftro Iacobo, & aliis defenforibus in negotio ipfius domini Bonifacij directam, modo fimili figillatam, quam idem magifter Iacobus pro fe & dictis magiftro Baldredo, & defenforibus deuotè recepit.

11. May. Die Lunæ vndecima dicti menfis Maij cùm fanctiffimus pater & dominus nofter fummus Pontifex memoratus nocte proxima præterita, per nares paffus fluxum fanguinis extitiffet, & propter hoc prædicto negotio præfati domini Bonifacij, prout hæc dies Lunæ requirebat quomodo vacare non poffet, fub proteftationibus aliàs pluries factis per eum in negotio feu caufa præfata, opponentibus & defendentibus fupradictis quamuis abfentibus, præfentem diem Lunæ ad ea ad quæ ipfa dies Lunæ per eum in huiufmodi caufa prorogata fuerat, ad diem Mercurij proximè venturam hora confueta prorogauit: mandans idem dominus nofter nobis Ioanni de Regio, & Ioanni de Verulis, Imberto Verzellan. & Guerino de Tilleriis Notariis fupradictis, & cuilibet noftrûm coram ipfo præfentibus vt prorogationem huiufmodi fignificare deberemus opponentibus & defendentibus fuprà dictis. Actum in Palatio fuprà dicto in camera ipfius domini noftri, præfentibus venerabilibus viris dominis Arnaldo Fontisfrigidi fanctæ Romanæ Ecclefiæ Vice-Cancellarij, &   de fancto Seuero Narbonen. & Aduren. diocefis monaft. Abbatibus, & magiftro Bernardo de Artigia Canonico Pictauen. teftibus.

Item eadem die Lunæ Pictauinus curfor eiufdem domini noftri retulit nobis Ioanni de Verulis, Ioanni de Regio, Imberto Verzellan. & Guerino de Tilleriis Notariis fuprà dictis fe præfentaffe, & tradidiffe dicto domino Guillelmo de Nogareto Auinion. in hofpitio fuo ex parte noftrûm Ioannis de Regio, & Ioannis de Verulis Clericorum & Notariorum prædictorum, quandam cedulam, notificationem prorogationis præfati termini continentem, figillis noftris figillatam, ipfi domino Guillelmo de Nogareto, & domino G. de Plafiano prædicto directam, cuius tenor inferius continetur, quam dictus dominus G. de Nogareto pro fe & dicto domino Guillelmo de Plafiano recepit.

Tenor verò dictæ cedulæ talis eft: Vobis dominis Guillelmo de Nogareto, & Guillelmo de Plafiano, nos Ioannes de Regio, & Ioannes de Verulis Cameræ domini Papæ Clerici Notarij affumpti per dominum noftrum fummum Pontificem in caufa feu negotio domini Bonifacij, fignificamus de mandato ipfius domini noftri, quòd idem dominus nofter nobis & aliis Notariis per ipfum dominum noftrum ad fcribendum in huiufmodi negotio affumptis præfentibus hanc diem Lunæ, quæ per eum vobis & defenforibus ipfis prorogata extiterat, fub proteftationibus aliàs in eodem negotio factis per eum, ad diem Mercurij proximè venturum hora confueta prorogauit. Dat. Auinion. eodem die Lunæ, videlicet 11. Maij.

Item eodem die Ioannes de Spoleto curfor eiufdem domini noftri retulit nobis omnibus Notariis fupradictis, fe præfentaffe & tradidiffe ex parte noftrûm Ioannis de Regio, & Ioannis de Verulis, Clericorum & Notariorum prædictorum in hofpitio reuerendi patris domini Francifci fanctæ Mariæ in Cofmedin Diaconi Cardinalis, Magiftro Iacobo de Mutina

DE BONIF. VIII. ET PHILIP. LE BEL.

tina defensori praedicto aliam similem cedulam, notificationem continentem eandem, magistro Baldredo & ipsi magistro Iacobo & aliis defensoribus in eodem negotio ipsius domini Bonifacij directam, modo simili sigillatam, quam idem magister Iacobus pro se & dicto magistro Baldredo, & aliis defensoribus recepit.

Die Mercurij 13. dicti mensis Maij comparentibus in iudicio coram praefato domino nostro in Palatio supradicto pro tribunali sedente, & assistente sibi reuerendorum patrum dominorum sacrosanctae Romanae Ecclesiae Cardinalium collegio, ac praesente Clericorum & laïcorum multitudine copiosa, dominis Guillelmo de Nogareto, & Guillelmo de Plasiano praedictis, nomine & modo praemissis, ac magistro Baldredo, & aliis se defensioni offerentibus supradictae, modo & nomine qui superius sunt expressi. Idem dominus Guillelmus de Nogareto cùm multa dixisset & allegasset, ac etiam protestatus fuisset, tam super admissione sua & praedictorum obiicientium contra eundem dominum Bonifacium, quàm super repulsione illorum qui se defensioni offerunt ipsius domini Bonifacij, & aliis pluribus circa praedicta: Et dicti qui pro defendentibus se gerebant, volentes proponere contra dicta & allegata per dictum dominum Guillelmum, vt dicebant, peterent se audiri. Considerans dictus dominus noster quòd iam transierat meridies & erat hora nimis tarda, dixit in primis quòd licet audiuerit olim opinionem aliquorum Doctorum fuisse, quòd excommunicatus per solam salutationem Papae, vel aliam collocutionem scienter factam, pro absoluto vlteriùs haberetur, nunquam tamen eam credidit esse veram, nisi constaret aliter intentionem vel voluntatem summi Pontificis esse vel fuisse, vt per hoc talem vellet esse absolutum. Quare dixit & asseruit, decreuit & declarauit, & principaliter quòd nunquam intentionis suae fuit quòd per aliqua verba quae in hoc negotio vel aliis, seu tractatibus in auditione, locutione, salutatione, oratione, vel alia quacunque participatione, si quam forsitan fecerit cum aliquo excommunicato à canone vel ab homine scienter vel ignoranter, à dicta sententia absoluere eundem, vel pro absoluto habere ipsum, vel quemcunque alium, qui pro suis excessibus poenam aliquam à iure vel ab homine incurrisset, aut ex praedictis participationibus, vel qualibet earundem poenas praedictas sibi remittere seu indulgere eidem, vel eas pro remissis & indultis habere. Et si contingeret deinceps ipsum dominum nostrum cum talibus excommunicatis, vel poenis praedictis obnoxiis praedictis modis participationum praedictarum, vel aliquo eorundem forsitan communicare seu participare scienter vel ignoranter, dixit quòd decernebat & volebat extunc eum per hoc absolutum non esse, nec aliquid sibi remissum seu indultum, nisi aliter de absolutionis & remissionis beneficio per ipsum dominum nostrum prouideretur eisdem, & sic seruari voluit & vult toto tempore Papatus sui; non quòd ex hoc Decretalem seu constitutionem aliquam perpetuam in praesenti facere intendat, nisi aliter sibi videretur imposterum ordinandum. Dixit etiam subsequenter quòd semper fuit & est voluntarius & promptus in negotio eodem procedere, secundùm qualitatem eiusdem, quantum de iure & cum Deo procedere potuit & poterit, & accelerare ipsum, & nisi propter proposita & allegata hinc inde super admissione & repulsione praedictis, & aliis pluribus negotium irritantibus & differentibus supradictum allegatis per ipsos opponentes & defendentes, ad maiorem & celeriorem expeditionem negotij iam per ipsum fuisset processum; nam etiamsi nullus causam prosequeretur eandem,

13. May.

ipse nichilominus vt reperiretur tanti criminis, de quo hic agitur, plena veritas, impenderet sui officij debitum Pastorale. Dixit etiam quòd cùm negotium sit arduum, & deliberatione debitáque maturitate indigeat, & calores etiam appropinquent, ipséque & fratres sui aliquibus præseruatiuis sanitas corporis vti habeant in præsenti ; & quia dilatoriarum negotij exceptionum, seu rationum, præsertim in tanto negotio, materiam expedit amputari, vt faciliùs & celeriùs ad veritatem sciendam principalis negotij valeat perueniri. Et quia sibi videtur certis ex causis decentius & vtilius negotio fore, quòd per scripturam quæ verbo proposita fuerunt & proponenda fuerint hinc inde, exponantur & exhibeantur : Idcirco protestato per ipsum dominum nostrum vt suprà, quòd per ea quæ dixit vel dicet non intendit prædictos nominatos, qui se gerunt vel offerunt pro oppositoribus vel defensoribus, admittere in præsenti negotio, nisi si prout & quantum de iure fuerunt admittendi, prædictis qui se gerunt pro oppositoribus contra dominum Bonifacium, & eius memoriam, ad dandum & tradendum in scriptis quicquid rationabile & legitimum ac canonicum allegare dicere & proponere de iure vel de facto voluerint, quare admitti ad prædicta debeant, & alij repelli qui se defensioni eiusdem domini Bonifacij vel eius memoriæ offerunt; ac etiam illis prænominatis, qui se defensioni offerunt eiusdem domini Bonifacij, seu eius memoriæ, ad tradendum in scriptis quicquid rationabile & legitimum ac canonicum se habere putauerint, quare ad prædictam defensionem se admitti, & prædicti oppositores repelli debeant ; & si qua alia legitima dilatoria hinc inde habuerint, terminum peremptorium scilicet primam diem iuridicam post Kal. Augusti proximè venturas, prædictis oppositoribus & defendentibus assignauit, & extunc decreuit productorum hinc inde dari copiam obiectoribus & defendentibus suprà dictis habere volentibus. Ad quæ recipienda venerabiles patres dominos Episcopum Tusculan. licèt absentem, & Stephanum tituli sancti Cyriaci in Termis Presbyterum Cardinalem præsentem deputauit, quibus tunc tradantur hinc inde prædicta, & audiend. interlocutoriam super propositis iam & tunc proponendis tam à dictis qui se gerunt pro obiectoribus, quàm illis qui se gerunt pro defensoribus super admissione & repulsione hinc inde, & aliis de quibus & secundùm quod fieri poterit & debebit de iure, & an proposita iam, & quæ in prædicto termino proponentur, admittenda fuerint, & aliàs ad procedendum in dicto negotio prout sibi videbitur & iustum fuerit, primam diem iuridicam post octabas festi omnium Sanctorum proximè venturi ipsis opponentibus & defendentibus terminum assignauit. Verùm quia considerata magnitudine & qualitate negotij, & allegatis hinc inde, negotium posset plurimùm protelari, & interim per mortem vel diuturnam absentiam testium producendorum hinc inde super veritate ipsius negotij principalis, videlicet crimine hæreseos quod impingitur dicto domino Bonifacio per opponentes prædictos, & innocentia eiusdem de dicto crimine per defensores proponitur supradictos, probationis copia subtrahi seu forsitan deperire posset : Idcirco præfatus dominus noster, ne propter altercationes & moras huiusmodi probationes prædictæ ex prædictis causis possent aliquatenus deperire, volens prouidere ipsis probationibus & negotio seu causæ, obtulit ex debito sui officij se paratum & promptum & cum effectu incontinenti recipere super prædictis crimine & innocentia nomina testium, & eorum personas, scilicet senes, valitudinarios, & diu abfuturos, & alios dumtaxat, de quibus ex aliqua rationabili causa timetur, in scriptis sibi tradendos & producendos à quocunque Catholico. Quos tamen testes, & eo modo & ad illum finem seu effectum quod iura iubent in talibus causis ante litem contestatam recipi & examinari, & eorum attestationes seu dicta seruari, & suo tempore publicari, & super eis & circa ea facere quod canonicum fuerit & iuris & rationis æquitas suadebit. Non intendens idem dominus noster protestatione præmissa per eum, vt suprà, nomina testium eorundem, nec testes ipsos, vel aliquem ipsorum ab opponentibus vel defendentibus supradictis, vel aliquo eorundem, vt ab oppositoribus vel defensoribus ad præsens recipere, cùm quæstio adhuc pendeat an sint admittendi, vel non; sed tanquam ab vnoquoque priuato de populo & extraneo tamen Catholico. Postquam incontinenti præfatus dominus noster monuit primò secundò & tertiò omnes & singulos Notarios, & Tabelliones, quacunque auctoritate creatos, eis præcipiens sub excommunicationis pœna, quam extunc in contrafacientes protulit, quòd de iis quæ hodierna die vel aliàs dicta, seu acta sunt, aut in futurum dicentur seu agentur super negotio prædicto, & ipsum negotium tangentibus, instrumentum vel scripturam aliquam publicam non conficiant, exceptis prædictis quatuor Notariis, videlicet me Ioanne de Verulis, & magistro Ioanne de Regio Clericis Cameræ domini nostri, ac magistris Imberto Verzelani, & Guerino de Tilleriis Clericis Bitterren. & Ebroicen. diocess. publicis Notariis, ad scribendum in huiusmodi causa & negotio specialiter deputatis, & per ipsum dominum nostrum assumptis, quibus concessit & præcepit vt acta & agenda huiusmodi conscribant, & in publica redigant munimenta, & de eis faciant copiam prædictis qui ad oppositionem & defensionem venerunt & veniunt, & omnibus aliis quorum interest & interesset habere. Quibus sic actis, dictus dominus Guillelmus de Nogareto asserens non credere se fore alicuius excommunicationis vinculo alligatum, petiit humiliter & deuotè à dicto domino nostro, quòd licèt non crederet excommunicatione aliqua se ligatum occasione captionis dicti domini Bonifacij, tamen ne idem dominus noster, vel alia quæuis persona cuitaret participare cum eo, & ne anima eius in perditionem abiret, si forte cum ob hoc excommunicatum fuisse vel esse contingeret, quòd ei dignaretur munus absolutionis ad cautelam, vel aliter prout magis expediens sibi & animæ suæ foret, misericorditer impartiri; offerens se paratum auditis defensionibus suis, mandatis dicti domini nostri summi Pontificis & sanctæ Matris Ecclesiæ stare, parere, & effectualiter obedire. Cui præfatus dominus noster respondit, quòd negotium erat arduum & deliberatione non modica indigebat, & ea habita, & secundùm quod in eo inueniet super iis faciet quod debebit & iustitia suadebit.

Die Lunæ tertia mensis Augusti anni prædicti reuerendus pater dominus Berengarius Dei gratia Tusculanus Episcopus mandauit nobis Ioanni de Verulis Clerico Cameræ domini Papæ, & Imberto Verzelani, ac Guarino de Tilleriis Notariis supradictis, ad scribendum in huiusmodi causa per ipsum dominum Papam assumptis, & specialiter deputatis, quòd scriberemus & in actis redigeremus, quod ipse dominus Papa ei commiserat, & mandauerat oraculo viuæ vocis, quòd omnes scripturas producendas in huiusmodi negotio per opponentes & defendentes prædictos, quorum receptionem idem dominus Papa præfato domino Tusculano, & reuerendo patri domino Stephano tituli sancti Cyriaci in Termis Presbytero Cardinali aliàs commiserat, vt superiùs continetur, idem dominus Tusculanus solus reciperet, sicut ipse & præfatus dominus Stephanus recipere

3. Aoust 1310.

Fff ij

poterant ex commiſsione prædicta. Actum in domo Turris prope Malau-fan. Vaſionen. diocef. vbi dictus dominus Tuſculanus morabatur: præ-ſentibus diſcreto viro domino Petro Andrée Canonico & Archipreſby-tero Biterren. nobili viro domino Raymundo Gaucelini, domino Vcetiæ pro parte, & Franciſco de Fichino Florentinen. dioc. teſtibus, & pluri-bus aliis.

Poſt hæc autem incontinenti comparentibus coram eodem domino Tuſ-culano, domino Bertrando de Roccanegata milite, Procuratore magi-ſtri Alani de Lambala dicti domini Regis Clerici, ac dominorum Guil-lelmi de Nogareto, & Guillelmi de Plaſiano militum prædictorum pro-curatorio nomine, pro eis, & dicto magiſtro Iacobo de Mutina princi-paliter pro ſeipſo, & procuratorio nomine pro eis, qui ſe aſſerunt defen-ſores in cauſa ſeu negotio ſupradicto, prout de procuratione dicti domini Bertrandi de Roccanegata conſtat, per quaſdam litteras patentes duobus ſigillis pendentibus ſigillatas, necnon & de mandato ſeu procuratione dicti magiſtri Iacobi quatuor publica inſtrumenta, vt prima facie appare-bat, tunc coram dicto domino Tuſculano, per ipſos exhibita, ad ſatis-faciendum termino eis ad hanc diem aſsignato. Idem dominus Bertran-dus exhibuit primò duos rotulos articulorum & quarundam reſponſionum, & ſubſequenter ſex alios rotulos ſcriptos in papyro. Dictus verò magiſter Iacobus exhibuit quendam rotulum ſcripturarum in pargameno: Quo-rum omnium tenores inferiùs continentur. Quæ omnia præfatus domi-nus Tuſculanus admiſit & recepit, prout erant admittenda & recipien-da de iure.

Tenor autem litterarum procurationis per dictum dominum Bertran-dum de Roccanegata ſuperiùs exhibitæ, talis eſt:

Vniuerſis præſentes litteras inſpecturis, Nos Guillelmus de Nogareto, & Guillelmus de Plaſiano domini Regis Francorum milites, & quilibet noſtrûm in ſolidum rogauimus honorabilem virum magiſtrum Alanum de Lambala domini Regis præfati Clericum Archidiaconum in Eccleſia Briocen. ac nobiles viros dominum Bertrandum Agate, & dominum Ber-trandum de Roccanegata milites domini Regis ipſius, & ipſorum quem-libet in ſolidum, ita quòd non ſit melior conditio occupantis, ſed quod vnus eorum inceperit, alter proſequi valeat & finire, ad dandum & offe-rendum patri noſtro ſanctiſsimo domino Dei gratiâ ſummo Pontiſici ar-ticulos, ad probandum intentionem noſtram in cauſa fidei, quam nos contra Bonifacium dictum Papam octauum defunctum, & eius memo-riam, proſequimur, ſuper defenſionibus inſuper mei Guillelmi de Noga-reto præfati, & eorum qui me ſecuti fuerunt apud Anagniam, ac fauto-rum & adiutorum noſtrorum, contra nobis impoſita per dominum Be-nedictum Papam proximè defunctum, in proceſſu ſuo contra nos apud Pe-ruſium publicato, & vt dictus proceſſus quatenus de facto proceſſit, ad irritum reuocetur, & caſſus & irritus nuntietur; ad producendum inſu-per teſtes, ad probandum ſuper ipſis articulis intentionem noſtram, ad petendum etiam compulſionem ipſorum teſtium, & prouiſionem ſecuri-tatis eorum à domino noſtro ſummo Pontiſice ſuprà dicto, ſeu deputandis ab eo, & omnia alia facienda, quæ nos in perſonis noſtris poſſemus fa-cere vel complere in præmiſſis, vel ea tangentibus quoquomodo. In quo-rum omnium teſtimonium & munimen ſigilla noſtra præſentibus litteris duximus apponenda. Datum apud Sanctum Andream prope Auinion. die vigeſima prima Maij anno Domini milleſimo trecenteſimo decimo.

21. May 1310.

DE BONIF. VIII. ET PHILIP. LE BEL. 413

Pater Sanctissime, ad finem quòd Guillelmus de Nogareto, & Guillelmus de Plasiano milites domini Regis Franciæ, & eorum quilibet, cum effectu admittantur & exaudiantur ad petita, requisita, postulata, supplicata & protestata per eos seu eorum alterum contra Bonifacium, & contra processum domini Benedicti Papæ vndecimi prædecessoris vestri, & quòd ea omnia & singula, negotium seu negotia ipsa quoquomodo tangentia iuxta militum ipsorum intentionem per Sanctitatem vestram fieri debeant, ac compleri; Et quòd illi qui se obtulerunt ad defensionem Bonifacij prædicti seu eius memoriæ, vel ad alia oblata per eos proposita seu protestata, non sint aliquatenus admittendi, sed penitus repellendi, & nonobstantibus eorum verbis nugatoriis, quæ ad diffugium & impedimentum Christi negotij proponuntur. Vos, Pater sanctissime, de plano celeriter & sine more, diffugio, strepitu & figura iudiciariis prorsus omissis, in dicto fidei negotio procedatis, ad inquirendum veritatem, & ante omnia per vos & per Commissarios sufficientes ad receptionem testium omnium, maximè senum, valitudinariorum, seu qui sunt longo tempore abfuturi, ne in tam caro fidei negotio, tam arduo, tam periculoso, ex defectu vestro, quod absit, valeat probatio deperire: Protestantes quòd per ea quæ dixerunt iidem milites seu alter eorum, vel quomodolibet proposuerunt vel responderunt, vel in futurum proponent, respondebunt, vel dicent, non intendunt aliquid confiteri de intentione præmissorum, qui se offerunt defensioni prædictæ, nec eorum intentioni quomodolibet assentire, nec eos ad dictam defensionem admittere quoquomodo propter reuerentiam vestræ Beatitudinis, cùm aliàs per eos dicta seu proposita, vtpote quia admittendi non sunt ad aliqua negotium istud tangentia, & si essent, quod absit, dicta per eos non sint aliqua responsione digna, vt pote falsa, nugatoria, nullam veritatem vel rationem iuris vel facti continentia, ad informandum religionem Sanctitatis vestræ ad finem per eos superiùs expressum: Et ne vestra Religio per proposita per eos, qui se dictæ defensioni offerunt, in aliquo moueatur, præfati milites, & eorum quilibet super propositis, protestatis, & in scriptis redditis per præmissos qui se offerunt defensioni prædictæ, in duobus rotulis plures articulos continentibus. Quorum rotulorum primus incipit: * *In sanctitatis vestræ præsentia*, &c. Secundus verò incipit * *Ante omnia protestantur*, &c. esto sine præiudicio, quod absit, quòd fuissent ad defensionem admittendi dicti Bonifacij, contenta in dictis articulis & rotulis non nocerent intentioni ipsorum militum causis, & rationibus quæ sequuntur.

Ad contenta in primo rotulo dicunt dicti milites, quòd cùm ille qui locum tenet summi Pontificis, accusatur de hæresi, vel impetitur, necessariò per generale Concilium cognoscitur, quia per alium cognosci non potest: vbi verò mortuus est, iam est soluta Ecclesia cum omnibus Catholicis à lege ipsius, nec post mortem est Papa de iure vel de facto, & cùm post mortem de eius hæresi queritur, non queritur de hæresi Papæ quondam vt Papa, sed vt priuatæ personæ, nec vt Papa potuit esse hæreticus, sed vt priuata persona, nec vnquam aliquis Papa inquantum Papa fuit hæreticus, sed à Papatu deuians vt Diaboli filius apostatans sicut Iudas: Et ideo cùm de eius mortui hæresi queritur, non habet congregari Concilium generale. Estis enim vos, Pater sanctissime, Iesu Christi Vicarius, totum corpus Ecclesiæ repræsentans, qui claues regni cœlorum habetis, nec congregatum totum generale Concilium sine vobis, & nisi per vos posset cognoscere de negotio suprà dicto, iuxta Patrum sancita

Fff iij

sententiámque Doctorum Iuris & Ecclesiæ sanctæ Dei, maximè cùm obiiciatur quòd dictus Bonifacius nunquam intrauit per oſtium ad Ecclesiæ
regimen, sed fuit potiùs fur & latro, & de hoc quærendum eſt in hoc
negotio.

Ad secundum articulum, dicunt ipsi milites quòd pro contentis in
ipso articulo mens veſtra, Pater sancte, moueri non debet, quia non
eſt verum dictum Bonifacium intraſſe per oſtium ex causis, aliàs per
ipsos milites coram vobis propositis, nec Papatus poſſeſſio, vel Regum,
Principum & aliorum receptio, eum Papam verum conſtituere potuit,
qui non erat, licèt error publicus quoad geſta per eum aliqua poſſeſſione
forsan aliquid operari : super quo tamen non aſſertiuè vel præiudicialiter
dicere intendunt, sed relinquere iuri & veritati, maximè cùm illa receptio
fuerit erronea. Nec deceſſit vt Catholicus dictus Bonifacius, sed impœ-
nitens & Deum blasphemans, & eo decedente Papatus poſſeſſio fuit in
eo extincta, quare non poſt eius mortem in eo poteſt durare ; mortuus enim
poſſeſſionem non retinet vllo iure, quare non poteſt in ea defendi.

Præterea dolosè per machinationésque intrauit vt vulpes dictus Bonifacius, & vt leo præfuit per violentiam, contra eum zelo Dei & fidei volentes eius hæresim, & quòd non eſſet Papa legitimus, detegere, occidi,
necari faciebat, vel incarcerari, & in carcere mori, sicut ex ea occasione
Columnenses in Ecclesia Dei fulgentes, fuit dictus Bonifacius crudeliter
perſecutus, sic eſt notorium toti mundo. Quare talis eſt poſſeſſio vitiosa,
& violenta & tyrannica non tolerata, non eſt defendenda, sed damnanda & reprobanda.

Ad tertium articulum dicunt dicti milites, Non vos moueant, Pater
sancte, contenta in ipso articulo, quòd quilibet verba faciens sicut pro
absente, pro dicto Bonifacio admittatur : concedi namque forte poteſt,
quilibet poſſit excusare quòd mortuus ad iudicium veſtrum non venit,
sicut absens vocatur, excusandus fuiſſet, & quòd ad iudicium sicut Diuinum vocatur ; sed secus in casu noſtro, vbi tales allegationes locum non
habent. Quod autem dicitur quòd ratione generalis intereſſe, quia hominem beneficio hominis affici cuiuſque intereſt, quilibet ad defenſionem
Bonifacij admittatur, falsum eſt : aliàs sequeretur quòd in omni crimine
publico defensor admitteretur pro reo, quod falsum eſt. Et cùm per veſtram Sanctitatem fuerit Bonifacius hæreticus & apoſtaticus declaratus,
tunc erit deliberandum, an alius poſſit eius nomine appellare ad inſtar
addicti simplicis. Item in pluribus casibus quis appellat pro alio, qui ad defenſionem causæ principalis non admittitur, à sententia verò Sedis Apoſtolicæ non poteſt appellari. Præterea cùm quis appellat pro eo qui eſt ad
mortem damnatus qui appellare non vult, sed mori, séque præcipitat,
quasi deſperatus omnino, fauor eſt insuper reipublicæ, ne per iniquitatem
Iudicis pereat frater noſter, sicut accidit in Suſanam ; sic enim iniquus iudex cuilibet alij poſſet fauere. Sed in proposito ceſſat hic timor, nec debet caueri de iniquitate sententiæ Sedis Apoſtolicæ, vbi cum maturitate
debita examinatione procedet. Quod autem Alexander Papa ſtatuit filios
& hæredes eius qui dicitur hæreticus deceſſiſſe, ad memoriæ eius defenſionem admitti : eſt ratio, quia homines pro hæreditatis defenſione, filius
autem pro sui ſtatu quem perderet sola vita sibi de misericordia reſeruata,
& sic eorum quilibet pro suo proprio intereſſe admittitur. Hic autem tales non sunt filij vel hæredes qui hæreditatem perdant, vel ſtatum per sententiam, quare per eandem Alexandri conſtitutionem debent repelli ; si

DE BONIF. VIII. ET PHILIP. LE BEL. 415

enim folis filiis ne incidant in infamiam, & pœnas quamplurimas ex patris damnatione fubeant, & hæredibus ne hæreditatem perdant propter proprium intereffe, defenfio permittitur; fequitur quòd aliis qui hæredes non funt, nec filij, fed ex latere cognati, qui ex defuncti damnatione vllam pœnam vel infamiam fubeunt, talis defuncti defenfio denegatur.

Ad quartum articulum dicunt ipfi milites: Nunquam fuit caput verum Ecclefiæ, & fi fuiffet, nunc non eft.

Ad quintum articulum dicunt dicti milites, quòd totum falfum eft quicquid in articulo continetur, quantum eft ex parte Bonifacij, cùm dicti Bonifacij defenfio non tangat vniuerfalem Ecclefiam, nec caufa liberalis tangit totam Ecclefiam, nec caufa hæc tangit totam Ecclefiam, fic per confequens liberalis, nec in caufa liberali verum eft quòd fic defenfio vel actio popularis, licèt interdum cùm ille contra quem mouetur quæftio feruitutis in defpectu generis & ignominiam, fi fe cùm poffit non vult defendere, permittitur cognatis cum inuitum defendere. quod iuftum eft duplici ratione: primò quia caufa ftatus ciuilis eft, & in ciuilibus poteft quilibet inuitum defendere, iudicatum folui cautione præftita: Secundò, quia cognatorum plerumque intereft, qui ex eodem vtero procefferunt, ex quo proceffit contra quem feruitutis caufa mouetur, contra quem lata fententia. & fi non præiudicaret aliis fimpliciter, vt res inter alios acta, præiudicaret tamen aliquati iudicio & præfumptione, propter quod eorum intereft, & prorfus intereffet caufam defendunt. quod non eft in propofito, vbi defenfio eft impoffibilis, quia cautio iudicatum folui fufficiens poffet præftari, nec executio poffet fieri in bonis defenforis, vel contra eum fi fuccumberet: quare eft impoffibile alium defenforem admitti, maximè quia eft caufa criminalis, nedum capitalis & publici criminis, fed etiam excepti ac grauiffimi fupra alia crimina mundi. Præterea non obftat quòd quilibet extraneus ad defendendum pupillum, contra quem quæftio ftatus mouetur, poteft ad eius defenfionem admitti, quia ibi eft quæftio ciuilis, non criminalis, vt dictum eft fuperiùs. Item cùm pupillus non defenditur, iudex habet ei prouidere de tutore, vel curatore, vel legitimo defenfore in omni cafu ciuili, fi tutorem non habet legitimum; & idem in furiofo, quod hic locum non habet: effetque contra ftilum inquifitionis hærefis, cùm inquiritur contra defunctum, & contra confuetudinem Ecclefiæ hactenus obferuatam tanto tempore, de cuius contrario non exiftat memoria.

Ad fextum articulum dicunt dicti milites, quòd falfum eft quicquid in ipfo articulo continetur, immò zelo Dei pro fideique defenfione mouentur, quod etiam præfumitur de iure, nifi, quod abfit, contrarium probaretur.

Ad feptimum articulum dicunt ipfi milites, quòd quicquid in ipfo articulo continetur falfum eft, quinimmò quicquid Guillelmus de Nogareto fecit erga perfonam Bonifacij de die, zelo Dei & fidei, ritè & iuftè fecit, & thefaurum Ecclefiæ & dicti Bonifacij fuo poffe defendit, operámque dedit rei licitæ, & fi quid de dicto thefauro Ecclefiæ difperfum eft, hoc fuit fine culpa fua: quare nichil poteft ei imputari, dictúfque proceffus Papæ Benedicti fuit nullus & inciuiliter acceptatus, contra Deum, veritatem, & iuftitiam, vt aliàs coram Sanctitate veftra propofitum eft per milites fupradictos. Præterea hæc quæftio eft minor, quàm quæftio hærefis principalis, quæ priùs mota fuit Bonifacio viuente per dictum Guillelmum. Et fi fubfequenter mota fuit, priùs agenda eft, nec per minorem quæstionem maiori præiudicium fieri oportet, nec debet; quod tamen dictus dominus Benedictus Papa facere perperam attentauit per suggestionem falsam fautorum Bonifacij prædicti deceptus: & ideo processus huiusmodi est quatenus de facto processit manifestè ad irritum reuocandus, nec est ad consequentiam quamquam trahendus. Tertia ratione insuper dictus Guillelmus de Nogareto est admittendus, nonobstantibus quæ sibi imposita fuerunt per dictum dominum Benedictum, quia in causa fidei suam iniuriam prosequitur, nedum Dei, nedum quia causa grauior est & præiudicialis, nedum insuper quia propter fidem Catholicam quemlibet tangit de populo, sed & quia eius specialiter interest causam istam prosequi ad finem, quòd dictus Bonifacius declaretur hæreticus, & per ostium non intrasse, propter ea quæ ipsi Guillelmo imponuntur in personam dicti Bonifacij apud Anagniam attentasse: quod etiam eius opera peruersa declarant. Dictus insuper Bonifacius super præmissis ad iudicium legitimè prouocatus fuit subterfugus iudicij, se ponens in contumacia manifesta, peruertens disciplinam Ecclesiasticam, & agens in omnibus contra eam, & prostrare contrereréque, nedum regnum Francorum conabatur, sed totam Ecclesiam sanctam Dei, perfecissétque suum dolosum propositum, nisi celeriter fuisset occursum per dictum Guillelmum, adiutorésque suos. Quare id quod egit idem Guillelmus in personam dicti Bonifacij, egit zelo Dei & fidei, ac legitimè prospiciendo etiam dicto Bonifacio, vt amicus, ostendendo sibi suam stultitiam: nec ex eis potest dici idem Guillelmus eius inimicus, licèt scelerum & iniquitatis dicti Bonifacij inimicus esse debeat quisque Catholicus, nec dictus Guillelmus dictum cepit Bonifacium, sed vt cum & suos à morte defenderet, & aliàs legitimè custodiuit.

Ad octauum articulum dicunt dicti milites: iam super eis est suprà proximè satisfactum. & dicunt vt suprà proximè dixerunt.

Ad nonum articulum dicunt dicti milites, quòd super contentis in præcedentibus articulis plenè suprà satisfactum est. Addentes quòd propter seueritatem, austeritatem, potentiam, & crudelitatem dicti Bonifacij ad euitandum mortis periculum suum, & eorum qui eum secuti fuerunt, oportuit dictum Guillelmum cum comitiua armatorum intrare Anagniam, adiréque dictum Bonifacium, & facere Dei obsequium pro defensione fidei & publica sicut fecit.

Ad decimum articulum dicunt milites prædicti: Nunquam Bonifacius ille constitutiones pro fide edidit, nisi fictè & falso animo ad suam hypocrisim & hæresim celandam, vt alij Præsidentes hæretici aliàs fecisse noscuntur, & eius cor longè erat à Deo & fide, vt eius opera peruersa testantur, & tunc temporis testabantur. quare sibi credendum non erat.

Ad vndecimum articulum dicunt dicti milites: Falsum est quod in articulo continetur. Sed tunc obtulit dominus Guillelmus se paratum obiecta contra Bonifacium prosequi coram Concilio, ad quod tunc iudicium pertinebat; nunc autem ad vos pertinet, Pater sancte: quare prosequitur coram vobis.

Ad duodecimum, tredecimum, quatuordecimum, & quindecimum articulos dicunt dicti milites, prædicta in ipsis articulis contenta ad finem quòd dictus Guillelmus de Plasiano prouocatus & ex odio proposuerit contra dictum Bonifacium, vos non moueant in aliquo, Pater sancte, quia quæ dictus Guillelmus in sua principali obiectione & prouocatione quam in Parlamento fecit Parisius, proposuit ad ostendendum malam intentionem

nem quam habebat dictus Bonifacius contra regnum Franciæ, non proposuit vt prouocatus contra Bonifacium, sed ad finem hunc quòd dictus Bonifacius vtpote hæreticus volens & nitens lumen Catholicæ fidei quod in regno lucet Franciæ, extinguere, vt per consequens destructis columnis fidei in regno Franciæ existentibus posset ædificium Ecclesiæ Dei, quod ex fide consistit in Christo & viuit verbo, destruere, per ipsum Guillelmum de Plasiano in dicta sui propositione narrata dixerat, vt ex hoc quilibet possit cognoscere, dictum Bonifacium semper intendisse ad fidei destructionem Catholicæ, & non ex alio odio volebat regnum prædictum destruere, nisi propter fidem quam ibi singulariter vigere videbat. Zelo autem Dei & fidei iuxta illud, *zelus domus tuæ comedit me*, quilibet Catholicus ex iis contra Bonifacium debebat spiritualiter prouocari, nec alias dictus Guillelmus de Plasiano, nisi zelo Dei & fidei fuit contra dictum Bonifacium prouocatus. Quòd autem dictus Guillelmus in sui propositione, qua dictum Bonifacium ad generale Concilium prouocauit, alia crimina quàm hæresis proposuit, de quibus vt obiicitur non potest Apostolicus principaliter accusari. Idem Guillelmus fecit rite ac legitimè dicta crimina proponendo, rationibus quæ sequuntur. Primò, quia dictus Bonifacius non erat verus Papa, neque legitimus, vt dictus Guillelmus proposuit: item erat hæreticus : quibus suppositis, vel altero eorundem poterat de quolibet alio crimine accusari & puniri. Secundò, quia dicta crimina proposita fuerunt, ad declarandum per eius verba perniciosa & opera detestabilia, hæresim & apostasiam ipsius, iuxta illud Dominicum verbum, *à fructibus eorum cognoscetis eos*. Tertiò, quia dictus Bonifacius erat in dictis criminibus & aliis enormibus contumax, incorrigibilis & positus in profundo malorum, & ita in dicta propositione dictus Guillelmus proposuit contra eum, de quo potest etiam verè ampliùs accusari. Quare sequitur quòd non ad iniuriam vel infamiam, sed ius publicum exequendo dictus Guillelmus proposuit dicta crimina contra eum.

Ad sexdecimum articulum dicunt dicti milites, quòd tempore dicti Papæ Nicolai dictus Bonifacius fuerat iam ad Cardinalatum assumptus, iam erat abominatio in templo Domini constituta per eius personam, propter quod Dominus Ecclesiam in terra vltramarina prædicta flagellauit, & eam flagellare timendum est, quousque huiusmodi abominatio de templo Domini sit amota, in quo abominationis cadauera iacet, & quousque tantum scandalum de Dei Ecclesia sit amotum; nec dictus Guillelmus iurando prædicta asseruit, sed iurauit se credere verum esse quod proponebatur per eum. Item licèt ciuitas Acon. fuerit perdita tempore Nicolai quarti, tamen constat quòd tempore Bonifacij maxima terra Christianorum in partibus Armeniæ deuenit ad manus Saracenorum in contumeliam nominis Iesu Christi.

Ad decimum septimum articulum dicunt dicti milites, quòd Bonifacius prædictus corde non credebat vitam æternam, sed ore coram gentibus ad celandam suam hæresim, quandoque simulando contrarium, fatebatur; & si credidisset vitam æternam, non voluisset, nec conatus fuisset tam venerabilem partem Ecclesiæ Dei destruere, sicut est regnum Franciæ, quod apud Deum non meruerat destrui, nec vnquam ipsum Bonifacium offenderat, sed idem Bonifacius fuerat impinguatus ac multipliciter dilatatus. Nec beatum Petrum dictus Bonifacius nominabat, vt crederet eum sanctum vel viuentem in coelis in anima, sed fictè & falso animo publicè profitebatur eundem quandoque ad dissimulandam & cooperiendam hæresim suam.

Ggg

Ad decimum octauum articulum dicunt dicti milites, quòd nunquam dixit idem Bonifacius de aliquo Prælato bonum ore & corde, sicut iuxta verbum Apostoli, *nec quisquam potest dicere, Domine Iesu, nisi ex Spiritu sancto*. Et si quandoque dicebat bonum de aliquo, dicebat ad alliciendum eum, & ad pecuniam extorquendam ab ipso, sicut satis notum est mundo.

Ad decimum nonum articulum dicunt dicti milites quæcunque dictus Guillelmus dixit, adhuc dicit, credens ea vera, & probare ea paratus, quatenus suæ intentioni sufficiant, nec aliqua tunc dixit vel nunc dicit, nisi zelo Dei veritatis & fidei.

Ad vigesimum articulum dicunt dicti milites, Pater sancte, primam partem dicti articuli prorsus veritate carentem, præter hoc quod in sinu Ecclesiæ nutritus magno tempore, & inter bonos conuersatus dictus Bonifacius, sicut Lucifer in cælis, & tantò eius culpa grauior est contra eum. Ad id verò quòd longinqui & ignoti dicuntur, & qui conuersationem Bonifacij non nouerant, dicunt vestræ reuerentiæ dicti milites, quòd si ipsi à longinquo veniunt, est illud quod Dominus prædixit per Prophetam, *filij tui de longè venient, & filiæ tuæ de latere surgent ad defensionem Ecclesiæ, nec amplius videretur deserta*. Nec sunt ignoti dicti milites, sed noti in regno Franciæ, & in aliis pluribus terrarum, nec ignorant conuersationem dicti Bonifacij ; eius enim opera detestabilia manifesta, de quibus dicti milites sunt legitimè informati, demonstrant eum per ostium non intrasse, ipsum fuisse & esse de hæresi apud plurimos & graues diffamatum. & iidem milites per quamplures personas graues fuerunt & sunt informati & certificati, quòd fuerit hæreticus Bonifacius memoratus, & vt nuntij Regis prædicti antedictum Bonifacium nouerant & perceperant, & à fide dignis acceperant iniquitatem eiusdem.

Ad vigesimum primum articulum dicunt dicti milites se non credere dictos Stephanum & Sciarram de Columna fuisse Romanæ Ecclesiæ inimicos, sed dictum Bonifacium contra Deum, & contra iustitiam, sinéque debita causæ cognitione in odium Dei, & fidei Catholicæ præiudicium persecutum fuisse dictos fratres, eorum domum & generationem per suos iniquos processus, ex eo quòd reuerendi patres domini Iacobus & Petrus de Columna Cardinales Christi & fidei negotium promouerunt super illegitimo & adulterino ingressu dicti Bonifacij ad Romanam Ecclesiam, sicut omnes alios zelo Dei & fidei attingentes illud negotium dissipauit & destruxit pro posse. Nec vnquam iidem milites dictis fratribus communicauerunt vel fauerunt, nisi consolando in Christo eosdem, & eis suggerendo quòd ad obedientiam Romanæ Ecclesiæ & reuerentiam semper se tenerent paratos. Et dictus Guillelmus de Nogareto dictum Sciarram induxit, & subsequenter dictum Stephanum ad veniendum ad dominum Benedictum Papam prædecessorem vestrum, ita quòd ipsi ad eius mandata venerunt. qui actus fuit sanctus & pius, sicque fieri docet sancta mater Ecclesia etiam erga infideles, vt ad vnitatem Ecclesiæ reuertantur. Licèt dicti fratres & alij de domo eorum dicerent dictum Bonifacium apostaticum & hæreticum fuisse, & ex ea causa eos prosecutum fuisse. De hoc est fama publica, & vbique terrarum creditur verum esse. Et quòd ipsi Catholici & fideles & deuoti Ecclesiæ semper fuerint, licèt iniquitates maximas & iniustitias toti mundo notorias, Deo odiosas & iustitiæ inimicas per tyrannidem eiusdem Bonifacij delati de hæresi & illegitimo ingressu, passi fuerint : Et quòd ipse idem Bonifacius recognouerit tam secretè quàm in consistorio, quòd iniquè & iniustè processerit

DE BONIF. VIII. ET PHILIP. LE BEL. 419

contra ipsos, & arguendo illos, qui tantam iniustitiam eum contra Columnenses Clericos & laicos prorumpere suaserunt & permiserunt, tam dicti Nobiles qui tanguntur, quàm dicti milites in quantum eos tangit, se offerunt probaturos. Ex quo manifestè aduersarios adnichilatur obiectus, & quòd non inimici, sed deuoti & fideles Ecclesiæ semper fuerunt & sunt, patet apertè.

Ad contenta in vigesimo secundo articulo, dicunt dicti milites dictum Bonifacium esse & fuisse dum viuebat ante tempus obiectionis contra eum factæ, & pòst malæ famæ apud quamplurimos bonos & graues, ac notoriè infamatum de superbia, elatione, vitæ turpitudine, hæresi, simonia, os habens plenum maledictione & amaritudine, sine fœdere, sine caritate, turpis lucri cupidus, incompositus, inordinatus, in tantum quòd ex eius malis operibus manifestè apparet eum non intrasse per ostium, & de hæresi grauiter suspectum, cum aliis multis indiciis & præsumptionibus quæ faciunt contra eum, maximè cùm prouocatus ad generale Concilium super hæresi & illegitimo suo ingressu, primò per Cardinales de Columna solemniter & publicè, sicut notorium est toti mundo, & postea per nos in Francia, vt aliàs coram Sanctitate vestra per nos est exhibitum, & plenè datum in scriptis, aliísque præmissis, fuit subterfugus iudicij & contumax manifestus, non curans se purgare de hæresi, sciens se super ea & super illegitimo ingressu prouocatum: ex quibus nedum suspectus sed conuictus habetur de iure, & debet haberi., potissimè post tantam suam contumaciam per annos sex vel septem, à tempore primæ denuntiationis super hæresi & illegitimo ingressu sibi factæ tam solemniter & publicè & notoriè per Cardinales de Columna, sicut notorium est & manifestum toti mundo. Estque hodie de eius malæ vitæ, hæresis & illegitimi ingressus, aliorúmque præmissorum scelerum infamia graue scandalum generatum, essétque maius scandalum in Ecclesia sancta Dei, fideique graue periculum, & vestræ Sanctitatis, nisi vos, Pater sanctissime, procederetis modo debito contra dictum Bonifacium defunctum. Quare contenta in dicto articulo vos, Pater Sancte, mouere non deberent.

Ad vigesimum tertium articulum dicunt dicti milites, quæ suprà proximè dixerunt, addentes quòd si super præmissis de dicto Bonifacio fiat iustitia, non erit nec sequetur inde schisma, vel scandalum in Ecclesia sancta Dei, sed pax & iustitia, gaudium omnium Catholicorum, & terror malorum, Deo gloria, & eius iræ placatio, quæ propter abominationem dicti Bonifacij processit, & meritò formidari potest, ne durior ira Dei procederet si obmitteretur vindicta tantæ Dei offensæ, tanquam abominatio in Dei Ecclesia remaneret, quæ tota pulcra & sine macula debet per vos, Pater sanctissime, custodiri; nec est verum exemplum quod allegatur de Regibus & Principibus, quòd cùm bonus Apostolicus contra eos iustè procederet, exemplum sumerent obiiciendi hæresim Apostolico, sicut contra Bonifacium fuit obiecta; nulla enim communio, seu comparatio Christi ad Belial, iusti ad perfidum, Pastoris ad latronem, legitimè ingressi ad eum qui non intrauit per ostium; quod eius etiam opera manifestè declarant: Nec est verisimile nec dubitandum de prædictis, cùm exempla sanctorum Patrum manifestè declarant iustos Apostolicos præcedentibus temporibus contra plures Principes processisse, nec propter hoc fuit hæresis contra eos obiecta, nec Christus Dominus, qui semper custodit suam Ecclesiam, nec eius Catholici tali casu defenderent

Ggg ij

suam Ecclesiam indefensam, dictusque timor illorum talia allegantium vanus est, quem, Pater sanctissime, vobis nituntur incutere, ad cooperiendam, & per consequens fouendam fuscatis coloribus hæresim, atque pestem Bonifacij memorati. Præterea, Pater sanctissime, dictus Bonifacius quamplurimos docuit hæresim, & nisi Bonifacij prædicti hæresis detegatur, & iam damnata damnetur, omnes illi qui ab eius ore in pluribus articulis eius hæresim audiuerunt malè ædificati remanerent, & arderent eius errores, quas forsan hactenus non crediderunt veras esse, & in alios seminarent, & eius hæresis pullularet, & Catholicos inficeret infinitos. Absit igitur à Sanctitate vestra tantus defectus, Pater sanctissime, qui nedum in personæ vestræ periculum, sed in subuersionem fidei Catholicorum, Ecclesiæque totius scandalum redundaret. Incantatores ergo sunt qui talia suggerunt, non ergo audiatis eosdem, Pater sancte, cùm etsi dictus Bonifacius decesserit, eius hæresis & peruersa doctrina, ac eius peruersorum operum exempla perdurent. Est ergo necesse, vt per vestram Beatitudinem radicitus extirpentur : sic quòd fauor, dissimulatio, vel negligentia vestræ Sanctitati non possint ascribi, nec dici possitis consentiens alienis peccatis. Præterea hoc incepit à primo Vicario Iesu Christi Beato Petro, cui Iudaïzanti Paulus in faciem restitit, quia reprehensibilis erat, & ipse Princeps Apostolorum per rationem excusauit se, non per vanas excusationes & menticulosas perniciosi exemplo, sicut in proposito per aduersarios fit. Similiter & sancti Patres Spiritu sancto inspirante locuti hoc ipsum statuerunt, quòd Papa à fide deuius accusaretur; nec mirum, quia si hoc non fieret, per vnum hæresiarcham, sicut idem Bonifacius erat, tota Dei Ecclesia posset vastari & confundi, nec aliquod posset remedium adhiberi secundùm vanam & præsumptuosam, quam ipsi dicunt exempli perniciem, & allegant; nec est timenda consequentia, quia ab annis, quorum non est memoria, non reperiretur quòd in vno homine hæresis, illegitimus ingressus, tyrannides, & crudelitas manifesta, abominatio omnium criminum, & operatio omnium malorum, & perditionum concurrerent, sicut in eodem Bonifacio notorie concurrerunt. Et si, quod absit, omnia supradicta concurrerent in quemcunque, constat quòd tantæ iniquitati esset celeri & salubri remedio occurrendum.

Ad vigesimum quartum articulum dicunt dicti milites, se dictum Bonifacium obedientia aliqua debita nullatenus spoliasse, licèt per eos dictus Bonifacius ad generale Concilium super hæresi, ceterisque prædictis sceleribus, per eorum quemlibet legitimè fuerit prouocatus, & ab eo legitimè appellatum, ne in præiudicium negotij huiusmodi & eius cognitionis ad generale Concilium pertinentis, ad quod eo casu iudicium pertinebat, quicquam idem Bonifacius attentaret, & sic quantum ad contingentia causam ipsam ex vi prouocationis & appellationis huiusmodi iurisdictio ipsius Bonifacij esset extincta, vel saltim suspensa. Dictus verò Bonifacius in præiudicium causæ huiusmodi & eius cognitionis impedire nitens prosecutionem legitimam ipsius negotij, nedum contra Reges, Prælatos, & regnum Franciæ, qui vt sciretur veritas & fieret iustitia per generale Concilium de præmissis obiectis contra Bonifacium, ad conuocationem ipsius Concilij fidei necessitate cogente consenserant, & ad ipsum Concilium ad quod eo casu iudicium pertinebat, prouocauerant & legitimè appellauerant, processus illegitimos, iniquos atque de iure nullos facere attentauit, ac eos cædi, & destructioni exponere nitebatur statum Ecclesiæ Dei, contra disciplinam Ecclesiasticam subuertendo se, &

DE BONIF. VIII. ET PHILIP. LE BEL.

Ecclesiam Dei, nisi fuisset obuiatum, prostrando: sic etiam quòd schisma graueque periculum in tota Dei Ecclesia protinus secutum fuisset. Si igitur dictus Guillelmus de Nogareto, dicto Guillelmo de Plasiano absente, & ignorante, tantis, sicut verum est, occurrere voluit periculis, & occurrere conatus fuit apud Anagniam, fidei Catholicæ atque Ecclesiæ Dei, & specialiter Romanæ, domini sui Regis prædicti, patriæ suæ, regni præfati defensionis necessitate cogente, vbi non erat locus alij remedio, moráque etiam modici temporis erat irreparabile periculum allatura, non fuit hoc opus ab obedientia debita recedere, nec exspoliare quicquam de ea; sed fuit legis auctoritate Diuinæ pariter & humanæ iusta prouisio, atque fidei & Ecclesiæ Dei defensio, ad quam quisque Catholicus tenebatur, maximè cùm dictus Bonifacius apostaticus & hæreticus ex suis operibus manifestus declaratus, informatus de iis, & ad iudicium legitimè prouocatus, iudicium subterfugiens, & se ponens in contumacia manifesta, impediénsque per sui potentiam & austeritatem, ne fieri posset super iis legitima prosecutio contra eum, capi etiam, & ad iudicium seruari & duci iuris auctoritate, præsertim præmissis concurrentibus, potuisset & debuisset per exteram potestatem, quinimò conteri, vt ille qui contra disciplinam agebat Ecclesiasticam, prout Patrum sanctorum decreta manifestè declarant. Præterea cùm hæreticus, cuiusmodi ipse Bonifacius erat, in factum damnatum inciderit, & seipsum pro damnatione inuoluerit, ei obediendum non est, sed ab eius obedientia recedendum, & punirentur tanquam fautores hæretico obedientes. Item cùm ipse illegitimè ingressus fuerit, & non fuerit Pastor, sed fur & latro: constat, quòd ei in nullo debuit obediri, & sic non potuit priuari obedientia, quæ ei non debebatur; immò peccabant grauiter qui fauebant communicantes & participantes eidem.

Dicunt igitur dicti milites, quòd contenta in dictis articulis per eos qui se offerunt defensioni dicti domini Bonifacij proposita, conclusionem etiam quam faciunt ex eisdem, vestram Sanctitatem in nullo mouere debere, quominus ipsos milites ad prosecutionem dicti negotij admittere debeatis, & ad omnia negotium ipsum tangentia petita requisita seu postulata per eos. Item repetitis protestationibus superiùs per se factis, iidem milites ad finem quòd contenta in secundo rotulo per dictos qui se defensioni Bonifacij offerunt oblato, qui incipit * *Ante omnia protestantur*, &c. religionem Sanctitatis vestræ non moueant; non quòd iidem milites eos qui se dicunt defensores in aliquo admittant, nec propositis per eos respondeant, sed ad finem repellendi eosdem, ne ad hoc negotium admittantur, sed sine eis celeriter procedatur, dicunt dicti milites quæ sequuntur:

*Suprà pag. 399.

Ad primum articulum dicti secundi rotuli dicunt dicti milites, quòd generale Concilium non est super iis expectandum, vt superiùs fuit pleniùs dictum, & quod continetur in dicto articulo, quòd post mortem eius Bonifacij de eius hæresi quæri non debet, falsum esse omni iure probatur, cùm etiam post mortem eius qui locum Papæ in Ecclesia Dei tenuit, de eius hæresi seu hæresis fauore quæri posset; nec hoc iure aliquo prohibetur, immo faciliùs quàm si vixisset permittitur, cùm de crimine non Papæ sed priuatæ personæ agatur. Patétque pluribus exemplis, quòd post mortem illorum qui locum Papæ tenuerant, de eorum hæresi vel eius fauore pluries est quæsitum, vt in Anastasio qui Papa fuerat, & aliis pluribus est videre.

Ggg iiij

Ad secundum articulum dicit dictus Guillelmus de Nogareto, quem solum tangit dictus articulus, quòd contenta in eo falsa sunt prorsus omni veritate carentia, cùm scelera in eo contenta nunquam idem Guillelmus commiserit, sed ius & iustitia executus necessitati fidei Catholicæ, Dei, Ecclesiæ, Regis & regni Franciæ, legis auctoritate fretus, zelo Dei eiúsque domus ac fidei ardens consuluit, atque prouidit ex eius prouisione, consilio & labore salus & pax Ecclesiæ est secuta. Processúsque dicti domini Benedicti Papæ prædecessoris vestri fuit, salua eius & Apostolicæ Sedis reuerentia, contra Deum, omnem veritatem, & iustitiam, sine omni causæ cognitione & inciuiliter, dicto Guillelmo non vocato, nec audito, attentatus de facto, cùm de iure non posset, & ideo quatenus de facto processit, est penitus ad irritum reuocandus, sicut iam idem Guillelmus coram vestra Sanctitate proposuit, petiit, ac etiam postulauit. Ad id autem quod dicitur ipsum Guillelmum dicti Bonifacij inimicum, dicit idem G. quòd ipse nunquam fuit, nec est dicti Bonifacij inimicus, sed eius scelerum solùm. Et cùm dictus Bonifacius anno vltimo quo decessit sicut antè conceperat, properaret se prostrare, ac Dei Ecclesiam, atque præcipitare, non fuit opus inimici, sed amici contra tantum eius furorem occurrere. Esto sine præiudicio, quòd verus & Catholicus Papa fuisset, cùm qui letargicum excitat, vel furiosum ligat, licèt ambobus infestus sit, erga tamen vtrumque caritatem exercet, vt sit in proposito, prout decreta sanctorum Patrum ostendunt. Præterea esto quod dictus Guillelmus inimicus Bonifacij fuerit prædicti, fuisset, quod absit, propriam causam & iniuriam prosequutus in hoc negotio multiplici ratione.

Primò, quia prosequitur iniuriam Dei, ac quod in eum committitur, sicut verè Bonifacius prædictus commisit, in omnium fertur iniuriam.

Secundò, quia dictus Bonifacius commisit & offendit in fidem Catholicam, quæ nedum communis est omnibus Catholicis, seu cuiúsque propria, proprium pabulum, & sustentatio, ex qua Catholicus quisque viuit in Christo, sine qua nemo viuit, per quam quilibet filius Dei efficitur, atque hæres, atque Iesu Christi cohæres, & cùm sit vna fides huiusmodi, à quolibet Catholico in solidum possidetur. Nemo igitur negare potest, quin quisque Catholicus propriam causam defendat, ac propriam iniuriam prosequatur, cùm hæreticum violatorem ipsius fidei prosequitur, vt in proposito est videre. Tertiò adhuc specialiùs idem Guillelmus propriam causam & iniuriam prosequitur, ex eo quòd cùm sibi obiiciatur, & obiectum fuerit eum Bonifacium ipsum cepisse, & multis iniuriis affecisse ; idémque Guillelmus ad sui innocentiam ostendendam prætendat inter cætera, quòd dictus Bonifacius apostaticus, illegitimus, non ingressus per ostium, atque hæreticus fuerit, & prorsus à fide Catholica deuius ; quæ si vera sint, ipsum Guillelmum liberant seu releuant ab impositis contra eum : nemo negare potest, ipsum propriam causam prosequi, cùm etiam ex causa illa speciali eius intersit ipsum Bonifacium hæreticum per sententiam declarari. Quartò, idem Guillelmus petit processum dicti Benedicti Papæ reuocari, quatenus de facto processit. Petit etiam idem Guillelmus, & adhuc denuo petit per Sanctitatem vestram ipsum Guillelmum penitus innocentem super præmissis declarari, & de iis absolui, paratus suam innocentiam ostendere, & probare : & inter cæteros defensionum suarum articulos ij duo articuli sunt, sibi perquàm vtiles, & forsan quoad aliqua necessarij, videlicet quòd dictus Bonifacius per ostium ingressus non fuerit, & quòd hæreticus fuerit. Licèt igitur idem Guillelmus aliàs vellet promouere, vel prosequi huiusmodi negotium ad finem damnationis Bonifacij seu eius memoriæ, tamen ad defensionem eius & suam innocentiam declarandam interest eius hæresim & ingressum Bonifacij memorati probare, & ad probandum testes, nedum senes, valitudinarios, & longo tempore abfuturos, sed & alios testes indistinctè producere, & vos, Pater sanctissime, debetis eos recipere. Quare supplicat idem Guillelmus, nedum ad finem quòd super obiectis contra dictum Bonifacium fiat iustitia, etiam ad finem defensionis ipsius Guillelmi super sibi impositis. Testes, quos idem Guillelmus producere intendit non solùm testes senes, valitudinarios, & abfuturos, sed omnes indifferenter, qui de iure & consuetudine officij Inquisitionis vniuersalium statuum debent recipi, & ipse idem eos vniuersaliter & statim recipi debetur; cum instantia petit & protestatur quòd huic suæ intentioni per nullum actum contrarium præiudicium fiat super præmissis, & aliis articulis ad præmissa tangentibus; per vestram recipi Sanctitatem, ad finem ad quem recipi possunt & debent, & hæc instantia qua potest, petit idem Guillelmus de Nogareto, postulat, protestatur, & requirit. Præterea, Pater sanctissime, non procedit argumentum dictorum qui se defensioni offerunt, quòd inimicus ab accusando in causa hæresis repellatur, nec enim de iure repellitur, quia propriam iniuriam, vt dictum est, prosequitur, sed etiam non voluntatis, sed necessitatis gerit officium: Iura enim quæ ab accusatione inimicum repellunt, in publicis criminibus locum habent, in accusatione voluntaria; sed in causa hæresis est necessaria, cùm quilibet hæresim alterius etiam inimici sui, vel etiam patris vel fratris sciens indistinctè teneatur eam manifestare iudici competenti; quod nisi faciat, sceleris se reum constituit: quomodo igitur ab accusatione vel denuntiatione repelletur, cùm ad hoc ex debito teneatur. Præterea, Pater sancte, si dicti G. & G. essent tanquam inimici repellendi, quod absit, vos tamen ex officio vestro causam Dei dimittere non potestis, & instructionem quorumcunque, & maximè testes qui vobis offeruntur, tenemini saltem ex officio vestro recipere; quod nisi feceritis, cederet in vestri Catholicæque fidei præiudicium manifestè. Quare supplicant iidem milites, & eorum quilibet in solidum, petunt, requirunt, protestantur & postulant, testes prædictos vniuersaliter quoscunque recipi, maximè senes, valitudinarios, & longo tempore abfuturos per vestram Sanctitatem, ad ipsorum militum, vel alterius ipsorum, productionem; vel si, quod absit, ad eorum productionem nolletis hoc facere, saltem ex vestro officio assistente eorum instructione prout tenemini, faciatis. Item iura, quæ repellunt inimicos vel conspiratores à testimonio, loquuntur in crimine simoniæ, quod non est ita graue, sicut hæresis perfecta contra articulos fidei, vt fuit dicti Bonifacij, qui non credebat vitam æternam, resurrectionem mortuorum, nec Ecclesiastica Sacramenta. Licèt ad hæresim eius celandam, vt toleraretur, in publico, simulando & dissimulando, quandoque ad suam cooperiendam iniquitatem & hæresim celandam, hominibus contrarium fatebatur, hæresimque suam dogmatizabat in occulto; pluribus tamen plerumque simul præsentibus frequenter; quæ magis periculosa sunt, quàm si hæresim in publico coram populo faceretur. Dictáque iura loquuntur in testibus inimicis vel conspiratoribus, qui propter periculum grauissimum debent repelli: sed in accusatoribus vel denuntiatoribus, seu promotoribus cessat illud periculum, propter quod cùm in causa fidei ex necessitatis officio teneantur, vt suprà tactum est, repelli non deberent, licèt in publicis communibus criminibus, in quibus est accusatio voluntaria, fortè debent repelli. Item dicunt, quòd esto quòd deberent inimici repelli, quod negat, non sunt inimicitiæ quæ de iure repellant.

Ad tertium articulum sequentem dicunt dicti milites, se non ex odio, nec typo malitiæ super præmissis, sed zelo Dei fidei processisse, nec se inimicos conspiratores fuisse, & verba in articulo prædicto contenta, licèt falsa sint, prout proponuntur, si vera essent, non ostendunt inimicitias nec odium.

Ad quartum articulum dicunt dicti milites falsa esse contenta in eo, nec ex propositis per ipsos milites zelo Dei & fidei inimicitias comprehendi posse contra eos, vt superiùs contra similes articulos in alio rotulo traditos pleniùs dictum fuit.

Ad quintum articulum dicunt dicti milites se nullum libellum diffamatorium tradidisse contra Bonifacium memoratum, sed zelo Dei & fidei ius publicum executos fuisse, vt superiùs contra similem articulum pleniùs dictum fuit, crimina verò plura licèt forsan ex se sola hæresim non sapiant, per ipsos milites proposita contra præfatum Bonifacium detegunt, iuxta doctrinam Domini, ipsum per ostium non intrasse, ac eius hæresim partim probant, quinimmò cùm in eis constitutus dictus Bonifacius fuerit incorrigibilis & positus in profundo malorum, eo quòd erat incorrigibilis super eis pertinentia, concludit hæresim manifestam, de qua potest Apostolicus accusari, ac supposito & probato quòd sit hæreticus, vel apostaticus, potest de crimine quocunque puniri & accusari. Item valent, quia faciliùs conuincitur de quocunque crimine, & *** minoribus probationibus aliàs criminosus, quàm non criminosus: Et multi admittuntur & multæ probationes, & faciliùs contra criminosum quàm contra non criminosum ad ipsum damnandum, & secundùm hæc etiam alia crimina quæ proponuntur contra eundem Bonifacium recipienda sunt, & probationes super ipsis, quia saltem propter prædicta contingunt principalem articulum hæresis propositæ, & illegitimi ingressus.

Ad sextum articulum dicunt dicti milites contenta in eo de iure non procedere.

Ad septimum articulum dicunt dicti milites, quòd falsa sunt contenta in eo, nec de iure procedunt, vt suprà tactum est.

Ad octauum articulum dicunt dicti milites, quòd contenta in ipso articulo veritatem non continent, & dato, quod absit, quòd dictus Bonifacius post obiectam hæresim contra se fuerit fidem in publico confessus Catholicam, non sufficit, cùm esset hæreticus, & diu antè fuisset, & ideo ad celandum suam hæresim, & vt ab Ecclesia toleraretur, se verbo Catholicum in publico prætendebat. Quare sicut antè ea hoc fecerat fraudulenter, sicut est iuris præsumptio efficax, quòd fraudulenter postmodum fecerit illud idem, nec est ei credendum, cùm hoc sit in pluribus occultis hæreticis consuetum, quòd fictè fraudulentérque fidem profitentur in publico; nec insuper aliqua pœnitentia potest in eo notari, cùm hæresim contra eum obiectam, quæ plenè contra eum probabitur, confessus non fuerit, nec recognouerit: propter quod nulla fidei confessio secuta postea potest sibi prodesse, cùm fraudulenter fecerit, vt est dictum. Quæcunque enim signa Christianitatis ostenderit, fictio semper fuit, & non est veritas. Præterea certo certiùs & per totum mundum seruatur per Inquisitores hæreticæ prauitatis, quòd quantumcunque lapsos in hæresim fidem Catholicam

licam etiam per instrumenta publica & coram idoneis & fide dignis personis recognouerit ante mortem, nisi coram iudice suo, puta Inquisitore vel Ordinario, hæresim in quam lapsus fuerat solemniter abiurauerit secundùm canonem, & post abiurationem suam per iudicem suum solemniter & canonicè reconciliatus fuefuerit Ecclesiæ Dei, etiam post mortem tanquam hæreticus condemnatur, & sic necessariò fiendum est in hoc casu in quo nulla abiuratio coram iudice suo, nulláque reconciliatio per iudicem suum noscitur esse facta, nec releuaretur in aliquo per quamcunque recognitionem sine istis. Esto quòd fecisset eam, quod omnino negatur. Quod autem dicitur dictum Bonif. articulos fidei in morte recognouisse, non est verum, & si recognouit, fraudulenter hoc fecit, nec ei si non abiurauit hæresim coram suo iudice solemniter, nec per suum iudicem solemniter fuerit Ecclesiæ reconciliatus, prodesse potuit, vt est dictum. Quare hoc nonobstante de eius hæresi quæri potest & debet & damnari. Esto quòd recognitio interuenisset, quod omnino negatur, post mortem. Ad id verò quod dicitur, ipsos milites proposuisse coram Sanctitate vestra se non curare de damnatione memoriæ Bonif. suprà dicti: Dicunt dicti milites, quòd cùm in primo obiecerunt hæresim & alia crimina contra Bonif. memoratum eo viuente, tunc de damnatione eius memoriæ non agebant, sed vt declararetur hæreticus, & scandalum ab Ecclesia S. Dei tolleretur, sed nunc eo mortuo licèt expresè iidem milites non potuerint eius damnare memoriam, nec expressè & specialiter hoc petere curauerunt: petierunt tamen iustitiam fieri, & scandalum tolli ab Ecclesia S. Dei, per quod intelligunt eius damnari memoriam, prout probatis eius erroribus Ecclesia viderit faciendum, intendúntque iidem milites dictum Bonif. in supremo die vitæ suæ hæreticum decessisse, Deum, Sanctos, & B. Virginem blasphematum. Quare præmissis nonobstantibus, testes sunt contra eum recipiendi, vt per ipsos milites est petitum.

Ad nonum articulum dicunt dicti milites, dictum Bonifacium tam in vita quàm post mortem super hæresi, cæterísque contra eum obiectis, fuisse & esse grauiter diffamatum, & licèt diffamatus non fuisset, cùm sit nihilominus, testes sint recipiendi, maximè super hæresi, in qua iura mandant iuuari etiam contra non informatos, de qua celeriter potest per testes constare, & propter scandalum.

Ad decimum articulum dicunt dicti milites, quòd ad pœnam talionis inscriptio, vel alia similis solemnitas in hæresis crimine locum non habet.

Ad xi. articulum dicunt dicti milites se paratos, cùm V. S^{tas} recipiet testes prædictos, tradere capitula super quibus S^{tas} V. recipiet ipsos testes, & nedum super hæresi, sed etiam super eius Bonif. sceleribus, iniquitatibus & peruersis actibus & operibus ipsius, testes intendunt producere iidem milites, ad detegendū per eius fructus iuxta doctrinam Domini, quòd per ostiū non intrauerit, & in adminiculū probationis hæresis, & ad probandum pertinaciam & incorrigibilitatē eiusdem.

Ad duodecimum articulum dicunt dicti milites quòd contenta in eo de iure non procedunt, cùm vbi periculum imminet testibus, si eorum nomina ederentur, licèt producantur contra eum qui viuit & se potest defendere in casu hæresis, nomina testium sibi edenda non sunt ; multò minùs ergo essent edenda ei qui mortuus defenderet in casu hæresis, vbi idem periculum imminet. Esto quòd se offerret defēsor legitimus, cùm etiam nullus appareat in proposito, vt est dictū, éstque manifestum in casu nostro periculum testibus si eorū nomina ederentur.

Ad tredecimum articulum apparet ex præmissis suprà in simili casu responsis, quòd Sanctitatem vestram mouere non debeant in eo contenta.

Ad ea verò quæ concludunt prædicti qui se dictæ defensioni offerunt, & se probaturos prætendunt, dicunt dicti milites quòd vestra Sanctitas non debet eos vllatenus admittere, sed prorsus repellere, cùm nullam causam legitimam ostendant, propter quam debeant ad dictam defensionem admitti.

Item proponunt dicti milites, præmissos qui se defensioni dicti Bonifacij, seu eius memoriæ offerunt ad defensionem huiusmodi, seu ad aliqua contingentia

H h h

vel tangentia causam huiusmodi, nullatenus admittendos: Sed prorsus quoad omnia repellendos rationibus quæ sequuntur, immò potiùs tanquam fautores hæresis damnandos, vnà cum Bonifacio suprà dicto, seu eius memoria.

Primò, quia si defensores huiusmodi admitterentur, sententia haberet in eorum personis ferri, & executio sententiæ; quod est impossibile, nec qualitas causæ huiusmodi hoc patitur.

Item si ad defensionem prædictam admitterentur, haberent præstare cautionem de tuto, & iudicatum solui, quæ cautio est impossibilis iuxta conditionem negotij supradicti.

Item prædicti qui se ad dictam defensionem offerunt, sunt & fuerunt hæresis dicti Bonifacij manifestè fautores tribus modis. Primò, quia scienter impediunt contra Deū & iustitiam manifestè, tam ipsi quàm illi, qui eos ad hæc agenda submittunt, & supponunt, & impediunt totis viribus & conatibus suis inquisitione veritatis hæresis Bonifacij suprà dicti. Secundò, quia fucatis coloribus & verbosis laudibus, & falsis commendationibus dicti Bonifacij manifestè fauent hæresi dicti Bonifacij, & eam fouent, nedum enim facto sed verbo tali modo fauetur. Tertiò, quia literas Apostolicas falsas, & sicut falsas nuper per Apostolicam Sedem publicè damnatas, & combustas, quæ fauendo dicto Bonifacio & eius hæresi machinatæ fuerant & fabricatæ, manifestè contra fidem Catholicam, ac contra personam Beatitudinis vestræ, ac in præiudicium veritatis & causæ fidei supradictæ iam contra Bonifaciū dum viuebat assumptæ, ij qui submittunt prædictos qui se dictæ defensioni offerunt, fabricarunt, machinarunt, seu fabricari & machinari fecerunt; Et tam ipsi quàm prædicti qui se dictæ defensioni offerunt, dictas falsas literas penes se habuerunt, tenuerunt, & fraudulenter celauerunt, & eis ad impediendum negotium fidei supradictum vti voluerunt, conati fuerunt, tentauerunt, nec per eos stetit quominus consummauerint vsum ipsum, & impediuerint fidei negotium supradictum. Ex quibus causis nedum excommunicationis sententiam incurrerunt, quinimo fautoriæ hæresis, læsæ maiestatis, ac falsi grauia crimina commiserunt, & in Inquisitione per Sanctitatem vestram facta in Concilio solemniter coram Notariis publicis dictas fautoriam & falsitates apertè confessi fuerint coram vobis, vt patet per publica instrumenta, propter quæ nedū à dicta defensione vtpote falsi præuaricatores veritatis, calumniosi, suspecti, ac hæresis manifesti fautores sunt repellendi, sed vnà cum dicto Bonifacio, & eius memoria damnandi & puniendi, & ab omni statu deponendi & deiiciendi, imino à iure depositi & denuntiandi: quæ fieri per vestram Sanctitatem petunt, postulant, vel in scriptis protestantur præsentibus, & requirunt milites supradicti, & eorum quilibet, quorum interest hoc fieri, cùm præmissa scelera commissa sint in eorum præiudicium manifestum, & contra eos qui negotium fidei supradictum contra Bonif. viuente assumpserunt, & eo viuente & post mortem eius pro posse suo prosequuti fuerunt, & prosequi sunt parati. Et dignetur attendere Sᵗᵃ V. quòd non sine periculo vestri status obmitteretis punire in ipsis fautoriam prædictam, cùm certa fuit pœna obmittētis punire hæresim vel fautoriam precipuè in iudicio confessatam: ad quam punitionem petunt cum instātia & iudicialiter quòd Sanctitas vestra procedat, ne tam causæ Dei quàm vestræ Sanctitatis statui, & aliorum in prædictis interesse preiudicium fiat & periculum generetur. Super quo de iure suo & interesse petitionis huiusmodi in iis scriptis solemniter protestantur.

Ex præmissis igitur & aliis rationibus atque causis, quas vestra Sāctitas debet supplere, concludunt dicti milites se ad præmissorum prosecutionem legitimam admitti debere, & testes prædictos omnes, maximè senes, valitudinarios, & longo tempore abfuturos debere recipi, præsertim ad probandum defensiones Guill. de Nogareto prædicti; dictos etiam qui se dictæ defensioni dicti Bonifacij offerunt, penitus repellendos: & hæc & alia proposita, petita, requisita, postulata, & supplicata per eos petunt protestantur requirūt postulant & supplicant iidem milites, & quilibet eorum in solidum saluo sibi iure addendi, minuendi, mutandi, & emendandi, seu corrigendi, & alio quolibet iuris beneficio in omnibus & per omnia sibi saluo, non astringentes se ad probandum omnia præmissa & singula, sed solùm quæ suæ intentioni sufficiant de præmissis; addentes nihilominus in istis præparatoriis & præambulis nichil fieri vel quæri debere, per quod possit præiudicium fieri quæstioni principali & eius cognitioni, cùm per ea quæ agentur in principali causa hæresis Bonifacij, apparebit an præfati G. & G. bono zelo & iustè, an per iniuriam & calumniosè mouerint huiusmodi quæstionem; & per quæstionem principalem quam mouet dictus G. de Nogar. contra processum dom. Benedicti P. defuncti Perusij facti contra dictum Guillelmum, & plures alios in processu ipso expressos, in qua quæstione petit se ad cautelam & ex abundanti absolui, & alios qui eum secuti fuere, super sibi impositis in dicto processu dicti dom. Benedicti, apparebit, an dictus Guillel. bono zelo, & iustè, an vt inimicus ex odio processerit contra dictū Bonif. apud Anagniam. vnde modò in præiudicium huiusmodi quæstionis principalis nihil quærendum est, maximè cùm & si esset inimicus, non repelleretur à prosecutione caūsæ fidei, vt est superiùs plenè tactum.

IN NOMINE Domini, Amen. Infrà scripti sunt articuli, quos G. de Nogar. & G. de Plasiano, illustris Regis Franciæ milites, & eorum quilibet exhibent vobis Patri sanctissimo dom. Clementi Dei gratiâ summo Pontifici, ad probandum quondā Bonif. dictum Papam octauum fuisse hæreticum, antequā tenuerit Papatum & post, ipsumq; existentē hæretico, Papatū contra iura, & sanctiones canonicas occupasse, & eum hæreticū decessisse, ad coadiuuādum insuper probationem eandem per adminicula facti, verborum & iuris.

Inprimis intendunt probare, dictum Bonifacium fuisse hæreticum antequam teneret Papatum.

Item quòd dictus Bonifacius fuit hæreticus, postquam tenuit dictum Papatum. Item quòd dictus Bonifacius decessit hæreticus.

Item quòd ipse Bonif. pluries, & pluribus & diuersis tēporibus plures hæreses dogmatizauit contra fidem Catholicā, & ad subuersionē fidei supradictæ.

Item quòd ipse Bonif. asserebat trinitatem personarum in Deo non esse.

Item intendunt probare, quòd ipse Bonifacius asserebat hunc mundum quoad sui creationem non habuisse principium, nec etiam finem habiturum.

Item intendunt probare quòd ipse Bonifacius asserebat animas hominum Christianorū decedentium, vitam æternam non posse consequi, & quòd anima hominis cū corpore moriebatur, sicut est in canibus & aliis animalibus.

Item quòd ipse Bonifacius dicebat & asserebat resurrectionem mortuorum esse non posse.

Item intendunt probare quòd ipse Bonifacius dicebat & asserebat expresè Incarnationem Domini nostri Iesu Christi non fuisse.

Item intendunt probare quòd ipse Bonifacius expresè dicebat & asserebat, Virginem Iesum Christum nullatenus peperisse, nec parere potuisse.

Item intendunt probare quòd ipse Bonifacius expresè dicebat & asserebat, peccatorum remissionem non fieri in quantumcunque Catholicis per Pœnitentiæ Sacramentum.

Item quòd ipse Bonifacius dicebat & asserebat expresè carnalis matrimonij Sacramentum non esse inter coniuges. Item quòd plura matrimonia contracta legitimè de facto dissoluit sine causa iusta, per quod est verisimile quòd ipse Bonifacius non crederet Matrimonij Sacramentum.

Item intendunt probare quòd dictus Bonifacius constanter dicebat & asserebat, homines mulieres coīugatas vel non coniugatas, vel masculos carnaliter cognoscere, peccatum non esse, sed quicquid homini placebat licere.

Hhh ij

Item intendunt probare, quòd dictus Bonifacius dæmones inuocabat, & eis loquebatur, thurificabat, & immolabat eisdem.

Item intendunt probare quòd dictus Bonifacius dæmonem inclusum in anulo habebat & secum tenebat.

Item intendunt probare quòd dictus Bonifacius idolum secum, scilicet in domo, habebat, & tenebat, & illud adorabat.

Item intendunt probare quòd dictus Bonifacius affirmabat simoniam in Papa maximè peccatum non esse, nec Papam posse committere simoniam.

Item intendunt probare quòd dictus Bonifacius dicebat & asserebat expressè nouum & vetus Testamentum, Leges à Deo datas non fuisse, sed quòd erant hominum adinuentiones, nec ipsas Leges, sicut & lex Mahometi, continere veritatem ad animarum salutem, sed hoc solummodo vtilitatis habere, vt per eas informarentur homines ad viuendum pacificè in hoc mundo.

Item probare intendunt quòd dictus Bonifacius dicebat & dogmatizabat, quòd eleemosynæ, oblationes, orationes, ieiunia, & alia bona, quæ fiunt in Ecclesia, non profunt viuis, quia Deus, vt ipse dicebat, aliquorum precibus non mutatur; nec mortuis, cùm nulla alia sit vita, nisi ista præsens: sed dicebat Clericos talia valere & prodesse asserere, vt sagaci ingenio extorquerent pecuniam, & alias oblationes à laicis.

Item probare intendunt quòd dictus Bonifacius in mortis periculo constitutus contempsit recipere Ecclesiastica sacramenta, sed potiùs blasphemabat Iesum Christum, & beatam Mariam matrem eius.

Item probare intendunt quòd dictus Bonifacius, propter eius austeritatem pro iis obiectores cùm adire timerent, super hæresi & ingressu illegitimo per solennes personas obiectores Parisius coram Rege Francorum, Prælatis, Baronibus, & aliis personis eminentibus quamplurimis, ad generalis iudicij Concilium prouocatus, petitum per obiectores ad hoc conuocari generale Concilium, certus de iis conuocare renuit & recusauit: per quod intendunt dicti milites dictum Bonifacium contumacem & subterfugum fuisse iudicij, & in defectu purgationis debitæ & haberi debere pro hæretico.

Item quòd dictus Bonifacius fuit de præmissis omnibus & singulis, antequam teneret Papatum & post, apud bonos & graues orthodoxos, fideles & Christianos grauiter diffamatus.

Item intendunt probare quòd quondam sanctæ memoriæ dominus Celestinus Papa quintus fuit summus Pontifex, & verus Papa Romanus, & hoc est notorium.

Item quòd ipse dominus Celestinus fuit in possessione summi Pontificatus & Papatus Romani, & sanctam Romanam Ecclesiam gubernauit & rexit, vt summus Pontifex, verus & legitimus Papa Romanus.

Item quòd dictus Bonifacius dicto domino Celestino viuente publicè & notoriè Papatum Roman. Ecclesiæ, & summum Pontificium de facto assumpsit.

Item quòd tam ipse Bonifacius, quàm dominus Girardus tunc Episcopus Sabinen. dolo & fraude induxerunt, & seduxerunt dictum dominum Celestinum ad statuendum quòd Papæ liceat renuntiare Papatui, & ad renuntiandum de facto Papatui, vt ipse Bonifacius Papatum sibi assumeret, sicut & postmodum assumpsit.

Item probare intendunt quòd dictus Bonifacius priùs super eo quod

non habuisset, nec habere potuisset ingressum legitimum, dicto Celestino
viuente, vtroque Papa existente, constitutione praedicta vt Papae renuntiare liceat, & renuntiatione praedicta per errorem iuris & facti dicti domini Celestini factis nonobstantibus, ac subsequenter quòd dictus Bonifacius esset haereticus, schismaticus fuit per reuerendos Patres Cardinales de Columna delatus, & ad iudicium generalis Concilij prouocatus,
ipsúmque Concilium petitum certus de iis conuocare renuit, & prouocatus contra eos processit, & eos & eorum domum & progeniem damnauit. Ex quibus dicti milites intendunt, eum pro apostatico manifesto
habendum, & de iure habitum extunc, ac etiam pro haeretico & schis-
matico habitum & habendum.

Item quòd dictus Bonifacius tenebat & asserebat, quòd virtute aliquorum verborum substantia panis & vini non poterat conuerti in corpus
Christi & sanguinem: Et quòd dicere vel asserere, quòd dicta conuersio
posset fieri in corpus & sanguinem Christi, erat falsum.

Item ad iuuandum probationem haeresis, & probandum fautoriam ipsius, proponunt & probare intendunt milites suprà dicti, quòd dictus Bonifacius fouebat haereticos, & credentes & fautores eorum.

Item quòd impediebat interdum Inquisitores haereticae prauitatis, ne
procederent contra haereticos, vel fautores eorum, vel de haeresi suspectos, vt ex suo officio tenebantur, fauendo dictis haereticis credentibus vel
fautoribus eorundem.

Item quòd idem Bonifacius scienter recepit munera ab haereticis credentibus, & fautoribus eorum, eis fauendo.

Item quòd de praedictis omnibus & singulis fuit ipse Bonifacius apud
bonos, & graues, fideles & Catholicos grauiter diffamatus, antequam teneret dictum Papatum quoad ea quae illud tempus praecesserant, & post
de omnibus dum vixit, & adhuc est. Quare petunt dicti milites testes interrogari de fama singulatim super singulis articulis.

Hos articulos dant & exhibent milites suprà dicti & eorum quilibet in
solidum, protestantes quòd eis liceat dictos articulos declarare, corrigere
& emendare, diuidere & coniungere, negatiuos iuris in affirmatiuos &
facti resoluere, vel econtrà, & alios addere, alios insuper de nouo dare;
non astringentes se ad omnia & singula praedicta probanda, sed ad ea tantùm quae ad declarandum dictum Bonifacium ad Ecclesiae regimen per
ostium, vel legitimè non intrasse, ad dicti Bonifacij insuper & eius memoriae damnationem eis sufficiant de praedictis.

Item hos articulos dant & exhibent dicti milites & eorum quilibet,
nedum ad probandum intentionem suam in causa fidei contra Bonifacium
memoratum, sed ad probandum & iuuandum intentionem suam, vt processus per dominum Benedictum Papam proximè defunctum contra dictum Guillelmum de Nogareto, & alios in ipso processu expressos apud
Perusium factos, in praeiudicium dictae causae fidei. Et specialiter idem
Guillelmus de Nogareto hos articulos dat & exhibet, & quatenus idem
processus in praeiudicium ipsius Guillelmi de Nogareto & aliorum, de quibus fit mentio in processu praedicto, vergit, cassus & irritus nuntietur, &
quatenus de facto processit ad irritum reuocetur: & quòd idem Guillelmus de Nogareto cum aliis qui eum secuti sunt apud Anagniam, super
sibi impositis per dictum dominum Benedictum innocentes & inculpabiles sententialiter declarentur.

Petunt igitur, postulant & requirunt dicti milites, testes praesentes in

Curia recipi, & examinari super præmissis articulis per Sanctitatem vestram, & committi personis idoneis receptionem testium absentium, qui commodè venire non possunt.

Item petunt, postulant & requirunt per Sanctitatem vestram testes deposituros super præmissis articulis, & aliis quos ad fundandum & iuuandum intentionem suam super præmissis iidem milites, & specialiter dictus Guillelmus de Nogareto pro se, & aliis qui eum secuti fuerunt apud Anagniam, dare intendunt, cogi & compelli dicere veritatem, & de sufficienti securitate prouideri, propter potentiam eorum qui fauent statui dicti Bonifacij, ne damnetur testibus omnibus, qui super præmissis vel ea tangentibus deposituri sunt.

Articuli præcedentes fuerunt traditi domino Papæ, cùm cœpit testes recipere, sed volunt dicti milites quòd ponantur per ordinem in actis.

In nomine Domini nostri Iesu Christi, Amen. Cùm iuxta doctrinam Euangelicam, per fructus scilicet, effectus, actus, verba & opera eius qui regimen suscepit Ecclesiæ, clarè probetur, & cognoscatur an sit Pastor, vel sit fur vel latro, an insuper quid sit hæreticus, vel Catholicus, ad probandum, detegendum ac lucidandum, iuxta doctrinam huiusmodi, quòd Bonifacius nominatus Papa octauus, per ostium ad regimen Ecclesiæ non intrauerit, sed aliunde: ad probandum insuper eius hæresim, & ad iuuandum etiam probationem ingressus illegitimi & hæresis eiusdem, per indicia perspicua eius actuum, verborum & operum, Guillelmus de Nogareto, & Guillelmus de Plasiano milites excellentissimi Principis domini Regis Franciæ; ad ostendendum insuper, lucidandum & iuuandum intentionem suam super omnibus & singulis per se coram Sanctitate vestra propositis in hac causa: proponunt, & probare intendunt, dant & exhibent vobis Patri sanctissimo domino Clementi Dei gratiâ summo Pontifici, iuris & facti articulos infrà scriptos.

Item dictus Guillelmus de Nogareto eosdem articulos infrà scriptos nedum ad dictum finem proponit, probare intendit, dat & exhibet, sed insuper ad defensionem suam, & illorum qui secuti fuere ipsum apud Anagniam, & ostendunt innocentiam suam, & illorum qui eum secuti fuere, super sibi impositis per dominum Benedictum Papam prædecessorem vestrum in processu contra eum Perusij publicato. Quem processum idem Guillelmus petit, postulat & requirit cassum & irritum nuntiari, & quatenus de facto processit, ad irritum reuocari, tanquam contra veritatem, contra omnem iustitiam, ac inciuiliter attentatum, saluâ Sedis Apostolicæ reuerentiâ; & se, præfatósque qui ad infrà scripta ipsum Guillelmum secuti fuere, super sibi per dictum dominum Benedictum impositis, per vestram Beatitudinem diffinitiuè innocentes & inculpabiles declarari, & ex abundanti & ad cautelam liberari & absolui; & ad hunc eundem finem dictus Guillelmus de Nogareto proponit, & probare intendit, dat & exhibet articulos per eum & dominum Guillelmum de Plasiano aliàs propositos, datos & exhibitos Sanctitati vestræ, ad ostendendum & probandum quòd dictus Bonifacius per ostium non intrauerit, & eum fuisse hæreticum, & hæreticum decessisse. Proponens idem Guillelmus de Nogareto, probare intendens omnia & singula in dictis articulis contenta ad finem suprà contentum.

Inprimis, quòd dictus Bonifacius in sui corporis sanitate existens antequam teneret dictum Papatum, & pòst, in Quadragesima & vigiliis festorum Beatæ Virginis & Apostolorum, in ieiuniis quatuor temporum, &

aliis ieiuniis, quæ per Ecclesiam indicuntur, comedebat carnes, seruitores suos, ac interdum alios sanos & fortes & sanorum hominum actus exercentes comedere inducebat, & aliquando compellebat per minas & terrores, comminando grauiter nolentibus comedere vt ipse comedebat.

Item quòd cùm propter deuotionem Beatæ Virginis per anni circulum singulis septimanis die qua vel simili fuit festum eius anni Annuntiationis Beatæ Virginis, ac die Martis, vel die aliqua septimanæ, quamplures homines ieiunent, taléque ieiunium valde inter quamplures homines frequentetur, dictus Bonifacius reprehendebat homines id ieiunium facientes, maximè seruitores suos, & familiam, & eos excommunicatos esse dicebat, & eis minabatur grauiter si amplius fecissent ieiunium suprà dictum.

Item quòd in Camera sua vel aliàs in domo cum familia & seruitoribus suis existens, cùm audiebat Beatam Virginem nominari, subsannabat & maledicebat, & eam asinam appellabat, & eam nunquam matrem fuisse Filij Dei dicebat.

Item quòd idem Bonifacius cùm audiebat fieri mentionem de vita æterna, cùm erat familiariter in domo sua cum familia & seruitoribus suis, dicebat quòd dum tamen ipse Bonifacius haberet & faceret quod volebat in hoc mundo, faceret sibi Deus vt peius posset in altero: quia non esset nec esse potuisset mundus alius, nisi iste. & stultos dicebat illos qui mundum istum qui est aliquid, dimitterent propter mundum alium qui nichil erat, vt dicebat.

Item quòd contenta in tribus præcedentibus articulis idem Bonifacius asserebat, & dicebat quamplures de sibi seruientibus & plures extraneos.

Item intendunt probare dicti milites, quòd dictus Bonifacius dum celebrabantur diuina officia, corpori Domini nostri Iesu Christi etiam cùm eleuabatur in missa, parum aut nihil reuerentiæ faciebat, per quod videbatur quòd non credebat huiusmodi Sacramentum.

Item quòd dictus Bonifacius dum in sua persona missam celebrabat, cùm erat in secreto missæ, magna deuotionis signa quandoque simulabat, interdum lugendo, aspirando, & cùm verba alia quæ antè proximè dicuntur, diceret & pronuntiaret clarè, quòd intelligebantur & intelligi poterant à ministris circumstantibus, verba tamen canonis, quibus mediantibus conficitur corpus Christi, obmittebat pronuntiare, quòd possent audiri vel intelligi ab eis qui sibi in eo ministerio assistebant. quin potius eo tempore quo debuisset verba illa proferre, os & labia prorsus clausa tenebat, & immediatè hostiam eleuabat. per quod præsumitur quòd verba illa per quæ corpus Christi conficitur, penitus obmittebat, & quòd non credebat huiusmodi Sacramentum.

Item quòd dictus Bonifacius post cibum & potum sumptum eadem die missam celebrabat.

Item quòd dictus Bonifacius antequam esset Notarius Romanæ Curiæ, & pòst factus Notarius, & pòst factus Cardinalis, & postea, cùm Papatum tenuit, fuit & erat superbus & elatus, & pro superbo & elato, & quòd esset sine caritate, quòd scilicet neminem diligeret, nisi pro vtilitate sua, vel illos de carne sua, communiter habebatur.

Item quòd dictus Bonifacius erat seuerus, crudelis, sine mansuetudine, sine misericordia communiter in omnibus factis suis, & pro tali communiter habebatur.

Item quòd dictus Bonifacius erat vanæ gloriæ cupidus dando sibi mundanam gloriam, vltra omnes qui in officiis vel dignitatibus, quas ipfe tenuit, temporibus veftris fuerunt.

Item quòd dictus Bonifacius in vtroque feu quolibet temporum prædictorum turpiloquia, ludos taxillorum, & maledictos frequentabat, contra Deum & Ecclefiafticam honeftatem.

Item quòd dictis temporibus dictus Bonifacius fcurrilitates & vaniloquia frequentabat.

Item quòd dictus Bonifacius communiter reputabatur baractator, fraudator, & deceptor.

Item quòd dictus Bonifacius meretricia exercebat, atque fe luxuriis, & quod eft nefandius, pefti fodomiticæ conferebat, & ea fcelera damnata inuerecundè ac nequiter frequentabat antequam teneret dictum Papatum, & pòft.

Item quòd dictus Bonifacius antequam teneret dictum Papatum, & pòft, plures homines nequiter & fine iufta caufa fecit interfici, & homicidia plura committi.

Item quòd dictus Bonifacius fanctum virum Chriftum Domini, fcilicet dominum Celeftinum Papam crudeliter cepit feu capi fecit, & diu in caftro Fumonis captum tenuit in ftrictiffimo carcere, in quo nifi miraculosè diu viuere non potuiffet, & finaliter mala morte ibidem crudeliter perimi fecit eundem.

Item quòd in dicto carcere mori fecit, immò etiam interfici dictum dominum Celeftinum.

Item quòd dictus Bonifacius erat litigiofus & contentiofus.

Item quòd dictus Bonifacius erat Ecclefiarum & Ecclefiafticarum perfonarum oppreffor.

Item quòd fœdera, pactiones, & conuentiones quas promifit fe complere & feruare, facilè & fine iufta caufa rumpebat.

Item quòd dictus Bonifacius Romanis, Campanis, & aliis pluribus Nobilibus terras & caftra fua per fui potentiam abftulit & extorfit, aliquibus nichilo dato, aliquibus aliquo dato, vt fibi placebat, qui dolentes & inuiti id recipiebant timore peius habendi, & ad peius vitandum.

Item quòd omnes illas terras & caftra, quas ficut per fuam aufteritatem & potentiam extorquebat, totum dabat fœtidæ carni fuæ, videlicet nepotibus fuis.

Item quòd ipfe, nepotéfque fui ex pauperibus & infimis parentibus & paupere genere nati fuerunt, nec fecundùm fui naturam digni tantis & talibus caftris & bonis; per quod apparet eum oblitum Dei creatoris fui.

Item quòd dictis fuis nepotibus & Prælatos qui promouebantur vel negotiabantur in Curia, magnis donis & magnis feruitiis & pretiofis miniftrari faciebat, non aliàs eos expediendo quoufque dictis nepotibus fecerant feruitia prædicta.

Item quòd per potentiam ftatus fui, ac pro pecuniis quas mutuauit Regi Siciliæ, qui indigebat pro guerra Siciliæ, magnas terras & caftra & iocalia innumera turpiter ab ipfo Rege pro nepotibus fuis habuit, & eis per dictum Regem fecit donari, contra morem & Ecclefiæ honeftatem, ac etiam afpirabat ad plura turpiter ab ipfo Rege fuis nepotibus accipienda.

Item quòd cùm nobilis mulier ... Comitiffa nupfiffet cum nepote dicti Bonifacij, per aufteritatem & potentiam ipfius Bonifacij inducta, ac fimul aliquo tempore iidem coniuges habitaffent, dictus Bonifacius fine iufta caufa dictum matrimonium feparauit, ac dictam nobilem incarcerauit,

rauit, & captam tenuit, quousque per sui violentiam & potentiam, dictam terram eius & Comitatum habuit pro domo nequam dictorum nepotum suorum.

Item quòd dictus Bonifacius plura legitima matrimonia legitimè contracta, plura insuper matrimonia huiusmodi carnali copula consummata de facto separauit, & aliquotiens licentiam dedit talibus coniugibus separatis aliis personis nubendi.

Item quòd dictus Bonifacius pro ditandis suis nepotibus & aliis personis, quas carnaliter diligebat, destituit prorsus aliquas Abbatias, quibus obseruabatur obseruantia regularis; aliquas verò Abbatias, & alias Ecclesias suis hereditatibus & possessionibus spoliauit.

Item quòd dictus Bonifacius quandam Abbatiam Canonicorum Regularium sitam in dioces. Lingonien. in qua regularis obseruantia & hospitalitas tenebatur, & cultus diuinus religiosè fiebat, tradidit cum omnibus hereditatibus, possessionibus, redditibus, & iuribus ipsius Ecclesiæ, Templariis, & magnam per hoc pecuniam habuit ab eisdem, ex quo pij actus prædicti penitus perierunt & perditi sunt.

Item quòd dictus Bonifacius fuit homo antequam teneret Papatum, & postquam tenuit ipsum Papatum, maximè ad maledictionem positus, sine iusta causa personis cuiuscunque status, & in maledicendo quibuslibet conabatur & gloriabatur.

Item quòd dictus Bonifacius fuit homo turpis lucri cupidus, antequam teneret dictum Papatum, & pòst.

Item quòd dictus Bonifacius extorquebat pecunias, vasa aurea, argentea, & alias res diuersas, modis pluribus & diuersis illicitis, à laicis & clericis, ac personis Ecclesiasticis, nunc minis, nunc terroribus, nunc aliis modis diuersis, & sic congregabat magnos thesauros, ac diuitias temporales.

Item quòd dictus Bonifacius vocabat ad se, seu vocari faciebat nunc Prælatos, nunc personas Ecclesiasticas alias, & imponendo eis crimina cùm venerant, blasphemabat & vituperabat, & eis tanquam ei certos defectus, scelera & crimina imponebat, & postmodum acceptis ab eis pecuniis, aut rebus aliis pretiosis, eos in immensum laudibus commendabat, & commendatos abire sinebat.

Item quòd cùm Prælatos regni Franciæ semel ad suam præsentiam vocasset, & plures ex eis venissent propter obedientiam & reuerentiam Ecclesiæ Romanæ, antequam eos qui venerant abire permitteret de Curia, magnas & graues pecunias exegit ab eis, & subsequenter in consistorio constitutus eis exposuit qualiter à dictis Prælatis magnas pecunias exegerat, & quòd eorum aduentus sibi valuerat tantum ac tantum, ac docebat reuerendos patres Cardinales ibi præsentes, quòd cùm eo mortuo iidem Cardinales successiuè ad statum suum venissent & indigerent pecuniam, quòd vocarent Prælatos Regis Franciæ, qui sunt diuites, & per modum per quem ipse habuerat, haberent copiosas pecunias ab eisdem.

Item quòd dictus Bonifacius erat simoniacus detestabilis, & de hoc grauissimè diffamatus.

Item quòd dictus Bonifacius electis ad Ecclesias in concordia, vel manifestum ius, vel dubium in sua electione habentibus, cùm pro confirmatione vel expeditione sua veniebant ad eum, defectus vel crimina, vel alia impedimenta imponebat, ac diuersis blasphemiis & iniuriis eos malè tractabat, ac terrebat eosdem modis diuersis, & postmodum acceptis ab

Iii

eis pecuniis, vel aliis magnis donis confirmabat, eos laudando & multipliciter commendando.

Item quòd dictus Bonifacius electos in discordia in eadem Ecclesia, & interdum electos in concordia, nunc minis, nunc terroribus, nunc eis defectus vel crimina imponendo, ad renuntiandum iuri suo quod in electione habebant, inducebat : & postmodum acceptis magnis pecuniis, siue donis aliis, eis vel personis aliis prouidebat.

Item quòd idem Bonifacius Archiepiscopatus, Episcopatus, Abbatias, dignitates, vel præbendas pro pecuniis concedebat.

Item quòd idem Bonifacius cùm Ecclesiis Cathedralibus prouidebat de Prælatis, licèt non essent Ecclesiæ Romanæ immediatè subiectæ : iidem Prælati de quibus prouidebat, erant præsentes in Curia, & faciebat eos iurare quòd annis singulis quandiu viuerent, limina visitarent beatorum Apostolorum Petri & Pauli; & postmodum, acceptis ab eis magnis pecuniis siue rebus aliis pretiosis, relaxabat huiusmodi iuramentum.

Item quòd dispensationibus personis Ecclesiasticis concedendis cùm indigebant, ac laicis gratia matrimoniorum, vel ex causis aliis, pecunias exigebat, aliàs videlicet eas nullatenus concessurus, licèt interdum ex iusta causa, interdum ex iniusta, dispensationes huiusmodi peterentur.

Item quòd super præmissis fuit monitus, & incorrigibilis, & pertinax, tanquam positus in profundo malorum, perseuerans in eis quandiu potuit.

Item quòd ex eo quòd erat infamatus de hæresi, ac ingressu illegitimo, ex mala insuper fama sua, malis actibus, gestis, & exemplis scandalizauit, & adhuc scandalizat defunctus & eius memoria quamplurimos fideles & Catholicos, & graues personas quamplurimas.

Item quòd dictus Bonifacius ex sua mala fama, & malis eius gestis seu actibus, & malis exemplis scandalizauit, nedum Romanam Ecclesiam, sed partes vicinas, & alias remotas, ac etiam communiter Dei Ecclesiam.

Item probare intendunt milites supradicti & eorum quilibet ad finem ad quem intendunt, quòd dictus Bonifacius scandalizauit & scandalizabat Romanam Ecclesiam, ac etiam generalem seu vniuersalem in suis partibus pluribus & diuersis, vt per scandala, turbationes & concussiones regnorum, Ecclesiarum diuersarum, patriarum, & gentium, cum austeritate dominando subuerteret pro sua voluntate iidem Catholicam, & lumen fidei Catholicæ captiuaret; quod suum dolosum propositum ex præcedentibus tactis superius & ex sequentibus potest colligi, ac luce clariùs apparere.

Item quòd dictus Bonifacius pluries, cùm sibi à venerabilibus Cardinalibus vel personis aliis dicebatur quòd sibi caueret à scandalo, idem constanter dicebat non esse ei curæ de scandalis, necesse enim erat vt venirent scandala, & pluries asserebat non curare de scandalis, licèt grauibus & periculosis, dum tamen ipse vellet suum compleret.

Item quòd dictus Bonifacius pacem odiebat & persequebatur, & discordias seminabat frequenter.

Item quòd dictus Bonifacius dicebat & asserebat quòd Papa non bene poterat dominari, nisi per diuisiones & discordias, tam in sacro Collegio Romanæ Ecclesiæ, quàm alibi inter Reges, regna, patrias atque gentes.

Item quòd dictus Bonifacius quamplures Romanos, Campanos, & alios sibi vicinos, multipliciter conterebat per discordias, & aliis multis modis.

Item quòd dictus Bonifacius quasi in primordio sui temporis postquam tenuit Papatum, incepit à scandalis, & Columnenses Cardinales in Ecclesia Dei, sicut duo candelabra, præfulgentes, cum domo eorum & progenie damnauit, ex eo quòd dicti Cardinales zelo fidei ac defensionis vnitatis Ecclesiæ cum solemniter & publicè, & ex causis veris & legitimis detulerant non intrasse legitimè ad Ecclesiæ regimen, Celestino vero Papa viuente, & cum super hoc solemniter & publicè canonicè & legitimè prouocauerant ad iudicium Concilij, generalis, quod ipse contumaciter contempsit & recusauit.

Item quòd dictus Bonifacius quasi in primordio sui temporis postquam tenuit Papatum, cogitans atque videns Regem & regnum Franciæ magnum fidei Catholicæ firmamentum inter cætera regna mundi, fidei lumen ibidem valde vigere, dolosè concepit, vt ex perspicuis indiciis euidenter apparet, concutere ac destruere regnum ipsum, congregatis tamen prius magnis pecuniis ex ipso regno & aliis regnis & patriis, quibus mediantibus posset dolosum suum propositum complere: vt concussis tantis columnis Ecclesiæ Dei, vt sunt Rex & regnum Franciæ, posset lumen fidei faciliùs extinguere, fidémque Catholicam subuertere in patriis aliis, atque regnis, & in fortificationem suæ hæresis, & vt refugeret iudicium de hæresi & illegitimo ingressu suis, quod timebat propter potentiam Regis prædicti.

Item intendunt probare quòd dictus Bonifacius ad subuertendum seu ad debilitandum fidem Catholicam, similiter concepit suo doloso proposito subuertere, atque destruere Prædicatorum & Minorum ordines, per quos fides Catholica terrarum vbique prædicatur & fouetur: vt concussis columnis ipsis posset ad ruinam ducere vel subuersionem faciliùs fidem ipsam.

Item probare intendunt quòd quasi in primordiis temporis sui postquam tenuit dictum Papatum frequenter dixit & asseruit se nihil tantùm desiderare, sicut destruere dictos ordines ac regnum Franciæ, suum dolosum propositum euomendo: cùm tamen à Rege vel à regno Franciæ nunquam offensus fuisset, sed beneficia plurima antequam teneret Papatum, & post receperat ab eisdem: dictique ordines sunt notoriè perquàm vtiles in Ecclesia sancta Dei. Hoc faciebat in fortificationem suæ hæresis, & vt refugeret iudicium de hæresi & illegitimo ingressu suis, quod timebat propter potentiam Regis prædicti.

Item probare intendunt quòd præfatus Bonifacius sine iusta causa procurauit ad concussionem dictorum Regis & regni guerras eis fieri per Anglicos & Flandrenses, & alios regno prædicto vicinos, in fortificationem suæ hæresis, & vt refugeret iudicium de hæresi, & illegitimo ingressu suis, quod timebat propter potentiam Regis prædicti.

Item quòd cùm guerra grauiter inualuisset inter Regem Franciæ ex vna parte, & Regem Angliæ proximè defunctum ex altera: dictus Bonifacius compromissum partium vt persona priuata in se recepit, ad tractandum & pacificandum inter ipsos Reges, vt se falsò velle dicebat.

Item quòd pendente compromisso huiusmodi contra Deum & contra Ecclesiæ honestatem per sui dolosas inductiones, pecuniarum auri & rerum pretiosarum magnas quantitates occasione negotij huiusmodi ab vtraque parte habuit & recepit.

Item quòd dictus Bonifacius cùm in potestate sua esset pacem dare partibus, & inter vtrosque Reges & regna Franciæ & Angliæ pacem firmare, receptis dictis muneribus, seu exactis, maiora sperans ab eisdem recipere, quendam colorem pacis disposuit, non tamen in negotio tam graui tam periculoso, ex quo Dei Ecclesia turbabatur, finem efficacem dedit, cùm posset; & hoc ex malitia ad suam hæresim celandam & cooperiendam, & vt iudicium refugeret, quod timebat super hæresi & illegitimo ingressu suis.

Item rebus sic manentibus in suspenso, demum Reges ipsi sine eo inter se conuenerunt & concordauerunt per se, seu gentes suas, super hoc plenam potestatem habentes, finem ac pacem super guerras querelis & discordiis quæ vertebantur inter eos penitus statuentes.

Item quòd dictus Bonifacius audito & intellecto pacem huiusmodi concordatam inter Reges prædictos, cùm si fuisset verus Pastor Catholicus gratias Deo reddere debuisset, vt vesanus insanuit, fremuit, fuit turbatus, & doluit in immensum.

Item quòd ad turbandum pacem regni prædicti sel disciplinæ falsæ ipse lupus rapax agno Regis prædicto sub colore correctionis & acrimoniæ ministrauit, & Prælatos regni prædicti plures mouere nisus fuit per suos nuntium seu nuntios ad discordiam inter ipsos & Regem.

Item quòd Rege Franciæ & regno in guerris ingruentibus constitutis, ac pro defensione regni ipsius ex salubri regimine Prælatorum, Magistrorum & Doctorum regni præsentia, consilio & auxilio notorie indigerent: dictus Bonifacius cum Rege & regno prædictis, si verus & bonus Pater fuisset, compati debuisset, nec afflictionem afflictis addere debuisset, conuocationem insolitam, non necessariam, non vtilem, neque iustam Prælatorum, Magistrorum & Doctorum omnium generaliter dicti regni fecit ad certum terminum per eum assignatum, in graue scandalum dicti regni, & ex malitia præconcepta, vt refugere posset iudicium de sua hæresi & illegitimo ingressu, quod timebat per potentiam Regis ipsius.

Item quòd cùm propter scandalum huiusmodi conuenisset Parisius Prælatorum, Baronum, Collegiorum ac Vniuersitatum Ecclesia dicti regni, Rex cum eis humiliter & cum reuerentia Ecclesiæ Romanæ deliberationem habuit, vt exponerentur pericula dicti regni præfato Bonifacio, & requireret vt cessaret à scandalo supradicto, & reuocaret conuocationem prædictam.

Item quòd iuxta deliberationem huiusmodi Prælati, Barones, Vniuersitates, & Collegia super iis requisierunt eundem per litteras & nuntios quos miserunt, qui Bonifacius crudeliter eorum requisitionem renuit atque spreuit.

Item quòd dictus Bonifacius cum magnis iactationibus atque minis contra regnum prædictum, vt fortificaret se in sua hæresi, & iudicium refugeret, quod per Regis Franciæ potentiam timebat, recepit Prælatos, & alios qui venerunt ad eum ex causa conuocationis prædictæ, remunerationes magnas promittens eisdem. Sed Prælatos de Curia recedere non permisit, nisi magnis pecuniis ab eis exactis.

Item licèt in regno Franciæ liberiùs ac pleniùs Ecclesia Romana à personis Ecclesiasticis & Clero honore ac reuerentia habeatur inter cætera regna mundi, licèt in eo insuper Ecclesiæ iuribus fruantur Ecclesiastici, ac maiori gaudeant libertate per opem & operam Regis Franciæ, qui nunc est, & progenitorum suorum: dictus tamen Bonifacius terminos excedens Patrum sanctorum, qui vsque ad eius tempus præfuerant Ecclesiæ sanctæ Dei, quæstiones nouas insolitas, quæ cogitatæ nusquam aliàs fuerant, graues & importabiles suscitauit Regi & regno prædictis, vt ex istis effugere posset iudicium de hæresi sua & illegitimo ingressu, quod potissimè per fidem, zelum & potentiam dicti Regis fieri timebat.

Item quòd dictus Bonifacius misit reuerendum patrem dominum Ioannem Monachi sanctæ Romanæ Ecclesiæ Cardinalem, pro dictis quæstionum articulis Regi & regno mouendis, nouis, iniustis & insolitis, quas nulli alij patriæ vel regno mouebat, vt ex quæstionum ipsarum tenore colligitur: qui tenor post præsentes articulos inferius est insertus.

Item quòd expositis per dictum Cardinalem Regi Franciæ & suo Consilio prædictis quæstionum articulis, Rex deliberatione habita respondit super eis Cardinali prædicto cum mansuetudine & honore Romanæ Ecclesiæ, vt ex tenore responsionum, qui post dictos quæstionum articulos inferius est insertus, liquidum est videre.

Item quòd dictus Rex prædictis scandalis nonobstantibus, omni mansuetudine & humilitate, in obedientia, reuerentia, & honore suæ matris Romanæ Ecclesiæ persistit, & remansit, nec contra dictum Bonifacium motum alicuius turbationis ostendit, licèt de tam effrenatis motibus Bonifacij ipse Rex & sui regnicolæ mirarentur: & propter denuntiationes frequentes, & pulsationes Regi factas, & eius regni magnis personis, & pluries frequentatas iamdudum præteritis tunc temporibus, quòd dictus Bonifacius esset hæreticus, & quòd per ostium non intrasset ad regimen Ecclesiæ, multi sapientes cernentes prædicta scandala, & alios malos actus Bonifacij suprà dicti, grauiter eum habent suspectum, maximè quia de hæresi & dicto ingressu illegitimo erat dictus Bonifacius grauiter infamatus.

Item quòd præmissis nonobstantibus dicti Rex & sui regnicolæ cum humilitate ac mansuetudine tolerarunt Bonifacium suprà dictum, licèt frequenter prædictis temporibus idem Bonifacius constanter assereret suæ voluntatis esse quòd destrueret regnum ipsum, quod cogitabat in fidei detrimentum, & in fortificationem hæresis suæ, quousque per obiectores in Parlamento publico Parisius ad generalis Concilij iudicium prouocato super hæresi & illegitimo ingressu prædicto, Rex & Prælati regni ipsius requisiti legitimè vt conuocationi Concilij darent opem & operam, ex fidei necessitate compulsi consenserunt conuocationi dicti Concilij, vt sciretur veritas, & pro dicto Bonifacio si esset innocens, vel contra eum si foret culpabilis, fieret iustitia de prædictis.

Item quòd quicquid Rex & Prælati prædicti inibi fecerunt, hoc egerunt de Magistrorum & Theologorum vtriusque Iuris professorum, & aliorum virorum eminentium sanctæ conuersationis & vitæ, deliberato consilio, absque strepitu, absque commotione, non vt prouocati per scandala dicti Bonifacij, quæ regno mouebat, sed feruore Catholicæ fidei solùm accensi.

Item quòd dicti Rex & Prælati, dubitantes ne forte præfatus Bonifacius ad impediendum fidei negotium contra eum assumptum, ad processus temerarios vel alia illicita prorumperet contra regnum & Regem prædictos, & eis adhærentes, appellarunt solemniter & legitimè pro se & suis adhærentibus ad dictum generale Concilium conuocandum, & futurum Papam legitimum, & ad eorum quoslibet, ad quos poterant appellare: ne dictus Bonifacius quicquam attentaret contra eos, vel eorum adhærentes, occasione prædictorum, vel quod posset cedere in præiudicium vel impedimentum negotij fidei supradicti.

Item quòd appellationi prædictæ & aliis præmissis gestis per Regem & Prælatos præfatos zelo fidei, deliberatóque consilio, adhæserunt Vniuersitas Magistrorum Bacalariorum & Scolarium Parisien. in Theolog. &

aliis facultatibus studentium Parisi. Barones, Abbates, Capitula, Conuentus, Collegia, Vniuerstates, & Communitates dicti regni.

Item quòd quamplurimi alij Catholici Principes, Barones, Vniuersitates, & Communitates terrarum extra regnum Franciæ existentium, nec in aliquo ditioni Regis Franciæ subiecti, præfatæ appellationi, & aliis gestis per Regem & Prælatos prædictos, zelo fidei similiter adhæserunt.

Item quòd dictus Bonifacius certus de præmissis prouocatione & requisitione Concilij generalis super hæresi & certis propositis contra eum, in graue scandalum & infamiam dictorum Regis & regni falsò imposuit Regi prædicto, quòd per calumniam, seu malitiosè ipse Rex obiecerat eidem Bonifacio supradicto, & renuit conuocare Concilium generale, minásque graues intulit Regi & Prælatis prædictis ad terrendum eosdem, & impediendum negotium Christi præfatum, in contemptum ac præiudicium appellationis prædictæ, ac super iis parando foueam & laqueum contra eos in quos ipse incidit, constitutionem edidit & publicauit, quæ incipit: *Nuper vulgariter rumor attulit apud Anagniam contra eos.* subterfugiens iudicium generalis Concilij, atque impediens posse suo: per quam constitutionem inter alia intendunt dicti milites quòd liquidè constat de subterfugio & contumacia manifestis Bonifacij supradicti in negotio fidei memorato.

Item quòd dictus Bonifacius fuerat iamdudum ante prædicta tempora, per plures annos, pluries & frequenter delatus per eminentes personas apud Regem Franciæ quòd esset hæreticus, & quòd per ostium ad Ecclesiæ regimen non intrasset, ipséque fuerat pluries & frequenter per eminentes personas pulsatus, vt sicut columna fidei, fideique pugil, Catholicè occurreret, ad instar progenitorum suorum, tanto periculo Ecclesiæ sanctæ Dei. Sed idem Rex vt filius sanctæ matris Ecclesiæ pudoratus, moueri sicut constans persona noluit, quoúsque palam & publicè dictus Bonifacius fuit, vt dictum est, ad generalis Concilij iudicium prouocatus.

Item quòd dictus Bonifacius per inuocationes dæmonum, vel aliàs secreta Regis prædicti modis quibus poterat ruinabatur, & per sui astutiam quasi omnia Regis ipsius secreta sciebat, nec aliquid poterat ei celari: vt etiam ipse idem Bonifacius constanter asseruit, & nuntiis Regis quando mittebantur ad eum, pluries est confessus.

Item quòd dictus Bonifacius sentiens firmamentum Regis & regni prædictorum pro fide Catholica, se etiam apud Regem prædictum pluries fuisse delatum, ad subuersionem fidei Christianæ cogitauit, & conatus fuit, vt experientia factorum eius docet magistra, confundere, ac ad turbationem & destructionem dictorum Regis & regni procedere, nedum vt dicti Rex & regnum non valerent pro fidei defensione contra cum assistere, sed vt dicto regno concusso, faciliùs regna, aliásque patrias posset concutere, ad finem subuersionis fidei Christianæ; quod ex eius motibus atque gestis, claris indiciis, coniecturis atque præsumptionibus cuilibet intelligenti liquidum est videre.

Item quòd dictus Rex Franciæ est persona humilis & benigna, misericors & mansueta, colens & seruans pro posse suo iustitiam, & etiam seruare summè desiderans, persona timorata, apud Deum, & apud homines semper timens peccare in agendis, nisi cum deliberato consilio sapienter procederet in eisdem, vir honestus & continens; nec vnquam contrarium fuit visum vel dictum de eo; vir magnæ religionis, & fidei ardore succensus, & vigens inter cæteras personas nobiles huius mundi, vir vacans diebus singulis orationi & diuinis officiis , vir magnæ & summæ patientiæ atque modestiæ, nec vnquam ad vindictam inimicorum suorum guerras mouit vel fouit, sed solùm pro iustitiæ executione vel defensione necessaria regni sui.

Item quòd dictum regnum Franciæ viget in Prælatis, & abundat personis Ecclesiasticis, Doctoribus & Magistris Theolog. Iur. Canon. & Ciuil. & aliarum facultatum, Baronibus, nobilibus personis, clericis & laicis honestate morum & fidei ardore succensis; ibique viget fides, religio, sapientia, iustitia, morum honestas inter cætera regna mundi.

Item quòd ex conditione personæ dicti Regis, ex conditione insuper dicti regni, & eius prædictorum incolarum, dicti regni Prælatorum, Baronum, clericorum & laicorum, ex conditione etiam dictæ Vniuersitatis Parisien. & totius Ecclesiæ Gallicanæ, populorum & Vniuersitatum Cleri & populi dicti regni, quorum fides, religio, iustitia, mores, & scientia illuminant orbem terrarum, manifestè patet clarissima coniectura, eos omnes zelo Dei & fidei dictum negotium assumpsisse, ad finem vt sciretur veritas super obiectis contra dictum Bonifacium, & pro eo & contra cum fieret iustitia super eis, maximè tantis adhærentibus cum eis concurrentibus extra regnum prædictum, tot etiam denuntiationibus & pulsationibus factis Regi prædicto contra Bonifacium memoratum, prædictis temporibus, vt superiùs est præmissum; nec quisquam nisi sit fautor hæresis dicti Bonifacij, potest aliud coniecturari, vel in contrarium suspicari.

Item ex conditione dicti Bonifacij, eius vitæ turpitudine, atque malis operibus, ac contra eum super præmissis graui infamia, liquidum est videre cuique Catholico, dictum Bonifacium doloso proposito ad subuersionem fidei, & subterfugium, & impedimentum negotij fidei, ne posset contra eum procedi, præmissa scandala fucatis falsis coloribus contra Regem & regnum Franciæ nequissimè attentasse, maximè contra Regem & regnum prædictis concurrentibus contemptis, vt inferiùs continetur. & hoc in fidei detrimentum, & vt fortificaretur in hæresi sua.

Item quòd dictus Bonifacius in graue scandalum & infamiam dictorum Regis & regni, ac in præiudicium ac contemptum appellationis præfatæ, postquam fuit ad generale Concilium, vt suprà tactum est, prouocatus, & legitimè appellatum ab eo, fingens discordiam esse inter Ecclesiam Romanam, & Regem, cùm nulla esset, nec sit, nec erit in futurum, Domino concedente, per modum constitutionis publicando suspendit potestatem creandi Magistros tam Theolog. ac Doctores tam Iuris Canonici quàm Ciuilis in toto regno prædicto, durante discordia prædicta, quam falsò ipse Bonifacius supponebat. & hoc in fidei detrimentum, & vt fortificaretur in hæresi sua.

Item quòd dictus Bonifacius in graue scandalum & infamiam dictorum Regis & regni ad impediendum negotium fidei contra eum assumptum, per formam constitutionis similiter publicando, sibi retinuit prouisionem omnium Ecclesiarum cathedralium vacantium dicti regni. & hoc in fidei detrimentum, & ad fortificandum se in hæresi sua.

Item quòd dictus Bonifacius intendens grauiores processus facere ad concussionem dictorum Regis & regni, in fidei detrimentum, & hæresis suæ fauorem, contra Deum, contra iustitiam, contra iura, in præiudicium & impedimentum dicti negotij fidei contra eum assumpti, prouocationis, & appellationis prædictarum, constitutionem edidit, per quam statuit quòd ad instar edicti, citationes & processus alij in Romana Curia publicati perinde valerent, & haberent efficaciam, ac si essent personis quibuscunque, contra quas tales processus fuerant, intimati, licèt in quantumcunque remotis partibus constitutæ.

Item quòd dictus Bonifacius eo anno quo fuit ad dictum generale Concilium prouocatus, inter Pascha & Pentecosten Romæ in consistorio publico approbauit electionem Regis Romanorum proximè defuncti, quem pluries reprobauerat, & promisit se coronam Imperij daturum eidem.

Item quòd tunc in dicto consistorio publico promisit & dixit publicè, quòd ideo promouebat dictum Romanorum Regem, & coronare volebat, vt destrueret Regem Franciæ. & hoc in fidei detrimentum, & hæresis suæ fauorem.

Item in eodem consistorio idem Bonifacius dixit palam & publicè dicto Regi Romanorum absenti, & pro eo nuntiis Regis ipsius præsentibus, quòd non dubitaret ipse Rex aggredi negotium, & guerram facere Regi & regno Franciæ : ipse enim offerebat eidem Regi Romanorum ad faciendum guerram huiusmodi, & destruendum regnum Franciæ thesaurum suum & Ecclesiæ, & obtulit se paratum thesaurum huiusmodi ei ad hoc tradere meliùs, quàm si faceret guerram propriam Ecclesiæ. & hoc faciebat in fidei detrimentum, & vt fortificaret se in hæresi sua.

Item quòd dictus Bonifacius in dicto consistorio palam prædicando dixit & exposuit, quòd multi dicebant sibi quòd scandalum graue posset sequi, si ipse Bonifacius procederet ad destructionem dicti regni : Addens idem Bonifacius palam & publicè se non curare de scandalis, & quòd erat necesse vt venirent scandala, & quòd si ipse sciret se prostrare, & totam Dei Ecclesiam, non ob hoc dimitteret quin ipse Regem & regnum Franciæ prædictos destrueret, quod ipse frequenter appellabat superbiam Gallicanam. & hoc faciebat in fidei detrimentum, & vt fortificaret se in hæresi sua.

Item quòd dictam comminationem & iacturam de destructione regni Franciæ prædicti dictus Bonifacius aliàs fecerat, & fecit postea pluries & frequenter.

Item quòd dictus Bonifacius ad subuersionem fidei Catholicæ, & ad finem scandali dictorum Regis & regni, prout fuerat antea comminatus, & ad impediendum fidei negotium, vt suprà dictum est, contra eum assumptum, ac in præiudicium dictarum prouocationis & appellationis, quæ fuerant interpositæ contra eum, ordinauit quosdam processus contra Regem & dictum regnum, quos publicare volebat, & disposuerat in festo Natiuitatis Virginis gloriosæ eius anni, quo fuerat, vt dictum est, ad generale Concilium prouocatus. Per quos processus inter cætera dura & amara in eis contenta, dictus Bonifacius omnes regni Franciæ subditos dicto Regi liberabat & absoluebat ab omni fidelitate, aliis vinculis & obligationibus, quibus Regi tenebantur astricti.

Item quòd illo tempore quo dictus Bonifacius dictos processus & scandala faciebat, & publicare volebat, Rex & regnum Franciæ recenter graues guerras passi fuerant, & adhuc erant pro regni defensione in guerris grauibus constituti : propter quod dicti processus si publicati fuissent, peperissent guerras grauiores, & regni ipsius scissuras, plurimorum inobedientias subiectorum, & regnum turbare audaciam volentibus tribuissent.

Item

DE BONIF. VIII. ET PHILIP. LE BEL.

Item quòd si dicti processus edicti & publicati fuissent, necessariò sequebatur fidei conculcatio, & hæresum exaltatio, & fauor, & fortificatio eiusdem Bonifacij in hæresi sua, dicti regni Franciæ concussio, atque grauis enormitas, intolerabilis turbatio, mors hominum atque strages, ac etiam scandalum, diuisiones schismatis in Ecclesia sancta Dei.

Item quòd propter austeritatem atque potentiam Bonifacij prædicti non erat qui auderet ei resistere, vel etiam eum arguere cum effectu in collegio Romanæ Ecclesiæ, Romæ, partibúsve vicinis.

Item quòd propter eius austeritatem atque potentiam Cardinales dubitabant eum arguere & reprehendere, & ei resistere cum effectu.

Item quòd cùm aliqui Cardinales tentabant sibi resistere verbo, cùm facto non auderent, idem Bonifacius minas grauissimas inferebat eisdem, quæ propter austeritatem cadere poterant in viros constantes.

Item quòd Romani & alij vicini erant omnes similiter eius crudelitatem & austeritatem timentes.

Item quòd idem Guillelmus fuit pro Romana Ecclesia requisitus, vt occurreret scandalis & periculis fidei suprà dictis, & quòd Ecclesia, dictúmque regnum Franciæ, & fides destruebantur, nisi per eum concurreretur, cùm non esset alius qui vellet & posset paratus.

Item quòd dictus Guillelmus requisiuerat illustrem Principem Regem Siciliæ proximè defunctum, vt occurreret scandalis & periculis supradictis, vt tenebatur Ecclesiam Romanam defendere contra scandala dicti tyranni.

Item quòd dictus Guillelmus requisiuerat Romanos nobiles, vt per defensionem Ecclesiæ & fidei occurrerent scandalis suprà dictis: qui timentes austeritatem dicti Bonifacij non ausi fuerunt occurrere scandalis suprà dictis.

Item quòd idem Guillelmus requisiuerat nobiles & fideles de Campania, quòd dominam suam Romanam ipsam Ecclesiam defenderent occurrendo scandalis tyranni; quod facere nullatenus ausi fuerunt: sed se obtulerunt paratos sequi Guillelmum ipsum, vt militem Regis Franciæ & nuntium, dum tamen eos præcederet, arma & vexillum eius ferendo.

Item quòd propter necessitatem huiusmodi oportuit ipsum Guillelmum dictis scandalis occurrere modo prædicto, cùm non præualeret humilitas Ecclesiæ, in vtriusque tam Ecclesiasticæ quàm sæcularis potestatis defectum.

Item quòd cùm dominus suus Rex eidem Guillelmo mandasset, vt prouocationes & appellationes prædictas dicto Bonifacio intimaret, & cum requireret super conuocatione Concilij supradicti, postquam aliàs securum non habebat aditum ad dictum Bonifacium, necesse erat pro exequendo dicti domini sui mandatum, cum comitiua armatorum eum accedere ad Bonifacium supradictum, postquam alio modo compleri non poterat mandatum prædictum.

Item licèt Rex dominus suus prædictus ignoraret propter locorum distantiam scandala prædicta, quæ sibi, regno suo, ac toti Ecclesiæ Dei Bonifacius prædictus parabat: ipse tamen Guillelmus, qui ex causis aliis tunc in partibus illis agebat, cùm sit Catholicus & membrum Ecclesiæ, ad cuius defensionem nedum Principes tenentur, sed necessitatis tempore quisque Catholicus, vt in proposito fuit, iuris naturalis, iuris Diuini, iurísque Canonici & Ciuilis præceptis, ad huiusmodi defensionem tenentur, deserere non debuit matrem suam Ecclesiam indefensam, quam dictus

Bonifacius deſtruere properabat, neque negligere fidei Catholicæ caſum, quæ conculcabatur per eum, nec patriam ſuam regni Franciæ, quam vaſtare cùm in hæreſi ſua eſſet fortior, idem Bonifacius periculosè conabatur, nec dominum ſuum Regem prædictum, quem tanquam defenſorem fidei, & perſecutorem hærefum periculoſiſſimè impugnabat, cùm ſubditus ratione regni homo ligius & fidelis pro feodo; fidelis inſuper, quia miles eius & de eius hoſpitio & conſilio exiſtebat, & officialis publicus regni & iuſtitiarius, perſonáque publica : propter quod nedum ad dicti regni defenſionem, ſed etiam ratione officij ad defenſionem Eccleſiæ, contra illum qui contra diſciplinam Eccleſiaſticam agebat, vt decreta ſanctorum Patrum oſtendunt, occurrere tenebatur.

Item quòd ex cauſis præmiſſis potuit & debuit idem Guillelmus ad dictam defenſionem procedere cum vexillo, armis & ſigno domini ſui Regis prædicti, cuius gerebat negotium, nedum pro executione dicti mandati ſibi facti per Regem eundem, ſed etiam defenſionis fidei & Eccleſiæ, ad quam Rex ipſe tenetur, ratione inſuper defenſionis regni prædicti ; & cùm idem Guillelmus requiſitus fuiſſet pro defenſione Romanæ Eccleſiæ, nichil tamen agere in iis apud Anagniam voluit, niſi vexillum Eccleſiæ præcederet vexillum Regis prædicti, ſicut & poſtea verè præceſſit.

Item quòd mora modici temporis etiam duorum vel trium dierum erat dicta pericula ſcandalorum & ſchiſmatis allatura, niſi celeriter de facto fuiſſet occurſum.

Item quòd dictus Guillelmus de Nogareto in mandatis receperat à domino Franciæ Rege prædicto, quòd prouocationes & appellationes prædictas contra dictum Bonifacium factas & interpoſitas intimaret Bonifacio antedicto, & eum requireret vt conuocaret generale Concilium, ad quod idem Bonifacius fuerat prouocatus, & etiam appellatus.

Item quòd dictus Bonifacius parauerat inſidias dicto Guillelmo per itinera, & maximè ſi veniſſet Anagniam, in periculum mortis vel cruciatus corporis Guillelmi ipſius.

Item quòd dictus Guillelmus, cùm alias aditum non haberet ſecurum ad dictum Bonifacium, causâ exequendi mandatum domini ſui prædicti, requiſiuit fideles & deuotos Eccleſiæ Romanæ, videlicet nobiles plures Romanos, & Campanos, vt cum comitiua decenti equitum & peditum ſequerentur ipſum Guillelmum, & eidem aſſiſterent conſiliis & auxiliis opportunis, vt pro defenſione fidei Catholicæ idem Guillelmus poſſet exequi mandatum prædictum, adeundo dictum Bonifacium, pro intimando ſibi prouocationibus & appellationibus ſupradictis, & vt occurreret periculis & ſcandalis ſupradictis paratis eiſdem Nobilibus ; oſtendendo quòd pro defenſione fidei Catholicæ, ac pro defenſione Eccleſiæ contra ſcandala & pericula ſuprà dicta idem Guillelmus & quilibet Catholicus, & maximè quia miles familiaris & iuſtitiarius dicti Regis Franciæ erat, & perſona publica, quòd inſuper iidem nobiles fideles & Eccleſiæ Romanæ deuoti ad hoc efficaciter tenebantur aſtricti.

Item quòd dicti Nobiles videntes ſcandala & pericula Eccleſiæ ſupradicta parata, pro defenſione fidei Catholicæ & Eccleſiæ Dei, ac ſpecialiter Romanæ, ſe conſiderantes teneri, ſecuti fuerunt eundem Guillelmum cum familiis ſuis & gentibus & manu armata, cùm alias non patuiſſet ſecurus acceſſus, & intrauerunt Anagniam vigilia ſeu pridie dicti feſti Natiuitatis Virginis proximi ante mortem Bonifacij ſupradicti.

DE BONIF. VIII. ET PHILIP. LE BEL. 443

Item cùm intraſſent Anagniam Bonifacius ſæpedictus, nepoteſque ſui, & familiæ, obſtruxerunt vias publicas dictæ villæ cum aſſidibus & aliis impedimentis, ne dictus Guillelmus cum comitiua ſua poſſet adire Bonifacium ſuprà dictum, licèt idem Guillelmus vellet ipſum adire pacificè, & exequi negotia fidei & iuſtitiæ ſuprà dicta. Et dicti nepotes & familiares dicti Bonifacij cum comitiua ſua atque potentia muniuerunt turres & domos ſuper vias publicas, per quas idem Guillelmus cum comitiua ſua venire debebat, & ex eiſdem domibus & turribus * pergerunt quarrellos, & ſagittas, lapides atque ſaxa contra ipſum Guillelmum, & comitiuam ſuam prædictam, & plures vulnerauerunt & plures occiderunt ex eis, ſicut filij ſcelerati ad impediendum negotium Dei prædictum: licèt idem Guillelmus ac illi qui cum eo venerant, neminem vulneraſſent, nec alicui damnum dediſſent, nec dare propoſuerunt, nec etiam voluerunt.

Item quòd dictis nepotibus & familiaribus dicti Bonifacij cum ſua comitiua ſic reſiſtentibus & conflictum facientibus contra dictum Guillelmum, comitiuámque ſuam, impedimentum continuè fecerunt huiuſmodi dicto Guillelmo à mane vſque poſt horam nonam vel circa diei prædictæ.

Item poſt dictam horam Ieſu Chriſto miraculoſè ſuum negotium fauente, dictus Guillelmus comitiuáque ſua, licèt pauci, præualuere contra tantam & iniurioſam potentiam nepotum, familiarium dicti Bonifacij, ac comitiuæ eorum, & adiuerunt Bonifacium memoratum.

Item quòd cùm dictus Guillelmus intraſſet Anagniam die prædicta, dictus Guillelmus antequam intraſſet domum Bonifacij memorati, adiuit Potentiam, Capitaneum, & populum dictæ villæ, & eis expoſuit Dei negotium ſupradictum, & cauſam ſui aduentus prædictam, propter quam venerat, & adire volebat Bonifacium memoratum.

Item quòd dicti Poteſtas, Capitaneus, & populus gratum habuerunt ipſius Guillelmi aduentum, & quia occurrebatur periculis & ſcandalis Eccleſiæ, ad quæ dictus Bonifacius properabat, Deo gratias reddiderunt, & opus huiuſmodi tanquam ſanctum & pium laudauerunt.

Item quòd cùm dictus Guillelmus dicta die dictum Bonifacium adiuiſſet, eidem expoſuit qualiter ſuper hæreſi, illegitimo ingreſſu, cæteriſque nefandis criminibus, fuerat ad generale Concilium prouocatus, & ex parte dicti Regis Franciæ, regnique ſui, qui ad finem purgationis eius, ſi eſſet innocens, vel exequendæ iuſtitiæ ſi reperiretur culpabilis, volebant & requirebant ſcire veritatem, & fieri iuſtitiam per Concilium generale, requiſiuit eundem Bonifacium vt conuocaret Concilium antedictum: intimauit etiam eidem Bonifacio qualiter ab eo fuerat ad conuocandum generale Concilium appellatum legitimè; & ne in præiudicium vel impedimentum negotij fidei ſupradicti, nec occaſione aſſumptionis eiuſdem, contra dictos Regem Franciæ, Prælatos, vel alios regni ſui quicquam attentaret vel faceret quoquomodo. Qui Bonifacius contemnens præmiſſa ſibi expoſita & requiſita, Concilium prædictum conuocare renuit & contempſit.

Item quòd cùm præfatus Bonifacius renuiſſet conuocare generale Concilium, & prouocatus ad iudicium ſuper hæreſi, ſe purgare legitimè contempſiſſet, ſubterfugus fuit iudicij, ac contumax manifeſtus, & ideo iuris præſumptione pro vero hæretico fuit per conſtitutionem generalem habendus.

Item quòd cùm dictus Bonifacius tam periculoſè quàm notoriè contra diſciplinam ageret Eccleſiæ, & diſciplinam Eccleſiaſticam peruerteret,

Kkk ij

eo quòd humilitas Ecclesiæ non præualebat aduersus eum, erat per potestatem exteram conterendus, & in principalis potestatis defectum erat per quemlibet Catholicum occurrendum.

Item quòd cùm Bonifacius prædictus tam grauiter scandalizaret Ecclesiam notoriè, per Dei præceptum erat eiiciendus per quemlibet Catholicum, cùm iudicium subterfugeret, vt est dictum.

Item quòd propter ipsius Bonifacij subterfugium prædictum & contumaciam manifestam licuit cuilibet Catholico Bonifacium ipsum capere, saltim generalis Concilij iudicio præsentandum.

Item quòd dictus Bonifacius erat simoniacus detestabilis, ac notoriè monitus ac incorrigibilis, propter quod erat per potestatem exteram exprimendus iuxta scita sanctorum Patrum.

Item quòd cùm suprà tactum est, ad impediendum dicti negotij appellationísque præiudicium, & dictorum Regis & regni graue scandalum, idem Bonifacius dictas constitutiones edidisset, & in die festi Assumptionis beatæ gloriosæ Virginis tunc proximè præteriti publicasset, ac prædictos processus alios sceleratos in die crastino ingressus dicti Guillelmi in Anagniam, scilicet festo Natiuitatis beatæ Virginis prædicto, facere & publicare disposuisset, in præiudicium prouocationis & appellationis prædictarum, ex ipsis processibus dictorum Regis & regni concussio, grauis turbatio, deuastatio, & hominum regni ipsius cædes, mortes, Romanæ insuper ac vniuersalis Ecclesiæ schisma & scandalum grauissimum sequebantur; cùm aliis processus huiusmodi dicti Bonifacij seruare volentibus, & ipsum Bonifacium tolerare; aliis tenere volentibus quòd dictus Bonifacius de hæresi ac ingressu illegitimo diffamatus, & ad iudicium generalis Concilij prouocatus; & ne quid in præiudicium negotij fidei attentaret, legitimè appellatus ad suum iudicem, scilicet Concilium memoratum; quod insuper certus de iis & petitum conuocari dictum Concilium, id conuocare renuerat, nec se purgare curabat, sed plura in contrarium attentauerat, ac subterfugus iudicij se posuerat in contumacia manifesta, & ideò non tolerandus erat, sed pro confesso, & conuicto etiam hæretico vero habendus. Et si dicti processus scelerati publicati fuissent, maximè in præiudicium prouocationis & appellationis dictorum Cardinalium Italicorum, Regum, Principum, Prælatorum, Religiosorum, clericorum & laicorum, schisma & diuisio, & per consequens guerræ & discordiæ, cædes, & homicidia, & alia grauia scandala, necessariò sequebantur, nichilominus horum occasione graues hæreses pullulassent.

Item quòd dictus Guillelmus perpendit prædicto tempore, & accepit quòd plures dicti Bonifacij inimici volebant in eum manus violentas iniicere, ac eum interficere, ac prædari eius thesaurum.

Item quòd dictus Guillelmus volens prædictis sceleratis scandalis occurrere, ad quæ dictus Bonifacius properabat, nec non Bonifacium ipsum à morte, manuum violenta iniectione, & aliis violentiis & iniuriis defendere, & eius thesaurum custodire pro posse suo, ne dispergeretur & nequiter consummaretur: volens & intendens insuper prouidere, vt dictus Bonifacius subterfugus iudicij in causa fidei contra eum assumpta, atque contumax præsentaretur iudicio generalis Concilij, cum comitiua decenti fidelium & deuotorum Ecclesiæ, post intimationem & requisitionem per eundem Guillelmum factam dicto Bonifacio, remansit in domo Bonifacij ipsius, vsque ad diem tertiam, & ipsum Bonifacium nepotésque

DE BONIF. VIII. ET PHILIP. LE BEL. 445

suos à morte saluauit, & dictum thesaurum ne dispergeretur, quantum potuit fideliter custodiuit.

Item quòd idem Guillelmus per nobiles de Campania, quos misit ad eos, significauit reuerendis patribus Cardinalibus, qui tunc erant præsentes apud Anagniam, causam quare venerat, & suum fidele propositum in prædictis.

Item quòd dicta die tertia post dictum ingressum dicti Guillelmi, populus & homines Anagniæ venerunt ad domum dicti Bonifacij, & ipsi Guillelmo qui erat ibidem dixerunt, quòd ipsi volebant custodire domum & personam dicti Bonifacij, & eius thesaurum, ipsámque sibi custodiam assumpserunt: propter quod idem Guillelmus de domo prædicta exiens custodiam ipsam populo & hominibus prædictis dimisit, & de Anagnia prorsus recessit: qui faciliùs & magis quàm idem Guillelmus, erant ad eum parati.

Item quòd idem Bonifacius dicta die tertia post recessum dicti Guillelmi in sua plena libertate existens, palam & publicè prædicauit, & confessus fuit quòd opus prædictum quod dictus Guillelmus cum dicta sua comitiua fecerat, opus & iudicium iustitiæ erat & fuerat; & ideo omnes illos & singulos qui ad ea præsentes fuerant, vel eis dederant consilium, auxilium, vel fauorem, ab omni excommunicationis sententia, si in eam inciderent, absoluit, & eos etiam ab omnibus pœnis, quibus teneri poterant, prorsus absoluit.

Item quòd de prædictis apparet, quòd quicquid dictus Guillelmus in prædictis egit, zelo Dei & fidei, ac pro executione iustitiæ illud fecit, & quòd in præmissis vitandorum scandalorum necessitas eum Dei fecit ministrum.

Item quòd quicquid fecerunt dicti nobiles cum eorum gentibus, qui ipsum Guillelmum secuti fuerunt, sicut fideles & deuoti Ecclesiæ iure licito illud fecerunt, hoc saluo quòd si forsan, quod absit, quisquam eorum de thesauro Ecclesiæ quicquam habuerit siue disperserit, id idem Guillelmus non approbat, sed reprobat, absit enim ab eo.

Item quòd dictus Bonifacius in sua libertate existens recognouit & confessus fuit, quòd dictus Guillelmus quoad ipsius Bonifacij personæ custodiam curialis fuerat sibi, quòd insuper pro defensione & obseruatione thesauri prædicti fecerat posse suum.

Item quòd cùm dictus Guillelmus, vt suprà tactum est, intrasset Anagniam, & inter eum comitiuámque suam, ac prædictos nepotes & familiares dicti Bonifacij, & comitiuam eorum, propter resistentiam familiarium, & nepotum ipsorum, conflictus durasset à summo mane vsque ad nonam illius diei, conflictu illo durante, nepotes, familiares dicti Bonifacij cum aliis hominibus villæ prædictæ sæpiùs intendebant prædæ rerum, & thesauri etiam dicti Bonifacij, quam dicto conflictu, &, si licuisset eisdem, totum thesaurum nequiter apportassent. Sed cùm, Deo operante, contra eos idem Guillelmus præualuit, de domo dicti Bonifacij fecit expelli prædantes eosdem, & thesauri prædicti maximum residuum custodiuit.

Item quòd quicquid inde fuit dispersum, siue subtractum, hoc fuit sine culpa ipsius Guillelmi comitiuæque suæ, rei licitæ opem & operam præstantium, vt est dictum.

Item quòd ex causis præmissis interest ipsius Guillelmi de sibi impositis per processum dicti domini Benedicti defendere nobiles prædictos, comitiuámque suam, qui zelo Dei & fidei, ac pro defensione Ecclesiæ ipsum

K k k iij

Guillelmum secuti fuerunt, ac omnes eos & singulos qui ad hoc dicto Guillelmo, & eis qui eum secuti sunt, opem dederunt ad præmissa, consilium, auxilium & fauorem.

Item quòd dictus Bonifacius in præmissis tam nefandis operibus, tam sceleratis actibus constitutus perseuerauit in eis pertinax, & incorrigibilis quandiu vixit.

Item quòd tempore quo dictus Bonifacius prouocatus ad iudicium generalis Concilij, tempore quo etiam dictus Guillelmus de Nogareto cum comitiua sua fuit apud Anagniam, pro præmissis per se suprà propositis exequendis, præmissi actus nefandi, operáque scelerata dicti Bonifacij erant sic notoria, sic euidentia, quòd nulla poterant tergiuersatione celari, & ex eis & aliis erat clarum & notorium eum apostaticum, non pastorem, & eum hæreticum, & non Catholicum fuisse & esse.

Item quòd de eis omnibus & singulis dictus Bonifacius fuit & erat grauiter diffamatus.

Item quòd præmissa per dictum Guillelmum de Nogareto proposita facta apud Anagniam, dictus Bonifacius venit Romam, & vixit per vnum mensem, vel circa, quo se potuit confiteri, proprios errores corrigere, & emendare, & abiurare hæresim suam coram suo iudice solemniter & publicè, & secundùm formam Ecclesiæ reconciliari Ecclesiæ per iudicem suum solemniter & canonicè, vt iura requirunt, si spem æternæ salutis habuisset, ac Ecclesiastica Sacramenta recipere ; quod facere nedum contempsit, sed etiam recusauit.

Item quòd dicta vexatio per dictum Guillelmum facta dicto Bonifacio apud Anagniam, facta fuit in fauorem fidei, & ad eius hæresim detegendam, & vt iudicio repræsentaretur, quod refugiebat, & exequendo iustitiam; ac fuit vtilis Ecclesiæ Dei, quod euidenter apparet, cùm per ipsum factum dictum Bonifacium compescuerit à dictis processibus, quos præparauerat in scandalum fidei & ruinam Ecclesiæ Dei, & specialiter Regis & regni Franciæ, vt propter hoc debilitato regno Franciæ, in quo est fides, se fortificaret in hæresi sua ; & propter eam cessauit dictus Bonifacius à publicatione eorum : & sic euidenter apparet quòd salus & pax Ecclesiæ ex dicto facto dicti Guillelmi de Nogareto, quod fecit apud Anagniam, est secuta. quæ pax Ecclesiæ perditorum mœstitiam consolatur, vt ostendunt Patrum sanctorum decreta.

Cùm ergo dictus Bonifacius subtilitate ingenio naturali, scripturarum diuinarum & humanarum notitia, longa causarum & negotiorum Ecclesiasticorum & mundanorum experientia, industria mundanáque sapientia plenus esset, conuersatus insuper fuisset circa viros magni status & conuersationis, propter quod ignorantiam iuris vel facti prætendere non poterat vllo modo, res est clara, & eius peruersis actibus, verbis, factis, & operibus res euidens, eum latronem, non pastorem fuisse; cùm sit impossibile, si verus pastor fuisset ingressus per ostium, eum tales fructus fecisse: ac eundem non Catholicum fuisse, sed hæreticum, cùm impossibile sit hominem Catholicum qui spem haberet æternæ vitæ, tanta nefanda, tam horribilia, tam abominabilia perpetrasse, & in eis quandiu potuit perseuerasse. Est etiam euidens atque clarum, quòd si dictus Bonifacius aliqua opera fecerit, quæ opera in se bona possint censeri, ea fecit ad vanam gloriam, vel ad suam hæresim & hypocrisim celandum, vel alliciendos sibi potentes, vel pro pecuniis & muneribus & donis turpibus sibi dandis, non ex caritate: propter quod, vt dicit Dominus in Ioanne,

DE BONIF. VIII. ET PHILIP. LE BEL. 447

sibi cum suis similibus latronibus, qui per ostium non intrarunt ad ouile Domini, cùm allegabunt in die iudicij: *Domine, in nomine tuo prophetauimus, virtutes fecimus*, &c. respondebitur eis à Domino, *Amen amen dico vobis, non noui vos*.

Duobus namque modis hæresis & apostasia probatur: primò clarè per verba, secundò clariùs per actus & opera. Nulla namque probatio tam certa, tam solemnis, tam indubitata, sicut per facta & opera, vt clarè tradunt Dominus, & Diuinæ scripturæ, naturalis ratio, sanctorum Patrum decreta.

Concludunt igitur milites supradicti, Guillelmus de Nogareto, & Guillelmus de Plasiano, & eorum quilibet, dictum Bonifacium non intrasse per ostium, sed aliunde ad ouile Dominicum, ipsúmque furem & latronem, non Apostolicum vt Pastorem fuisse, ipsúmque hæreticum fuisse, & hæreticum decessisse.

Concludunt insuper, quòd & si dictus Bonifacius palam vel in mortis articulo fidem Catholicam exteriùs agnouerit, quod non credunt, immo negant expresse, hoc fecit dolosè & fictè, nec ei esse credendum quòd ex vero corde processerit, cùm hæresim & errores suos penitus non recognouerit, nec abiurauerit coram iudice suo, nec per iudicem suum fuerit Ecclesiæ solemniter reconciliatus. Quibus non factis nulla recognitio prodesset eidem; esto quòd fecisset eam, quod immo negatur quin post mortem eius memoria sit damnanda, nec confessus fuerit: propter quod præsumitur iuris præsumptione, & de iure, postquam de hæresi verè conuincitur, eis nonobstantibus, eum hæreticum decessisse, & fore damnandum.

Concludit etiam dictus Guillelmus de Nogareto ex præmissis, se vt fidei pugilem Ecclesiæ, patriæ suæ, dominíque sui defensorem, ea quæ fecit apud Anagniam erga personam dicti Bonifacij, & thesaurum Bonifacij ipsius vel Ecclesiæ, cum comitiua sua, ritè & legitimè fecisse zelo Dei & fidei, ac iustitiam exequendo; dictúmque processum contra ipsum Guillelmum, ac alios nominatos in ipso processu facto Perusij per dictum dominum Benedictum Papam, ipso Guillelmo, & aliis qui cum ipso Guillelmo ad præmissa fuerunt, inauditis, absentibus, ignorantibus, & penitus non vocatis, cassum, irritum, atque nullum declarari, & quatenus de facto processit ad irritum reuocari debere; ipsúmque Guillelmum, & præmissos qui eum ad præmissa per ipsum Guillelmum suprà proposita secuti fuere, super sibi impositis in dicto processu per dictum dominum Benedictum, innocentes prorsus & inculpabiles cognosci & declarari debere, & eos vt innocentes de eis absolui. quæ petit, supplicat, & requirit idem Guillelmus de Nogareto.

Petunt etiam, postulant & requirunt dicti milites, Guillelmus de Nogareto, & Guillelmus de Plasiano, prout cuiusque interest, per Sanctitatem vestram fieri & compleri prædicta: Protestantes quòd se non astringunt ad præmissa omnia & singula probanda, sed solùm ea quæ sibi sufficiunt ex præmissis, quòd etiam possint præmissos articulos corrigere, & emendare, mutare, & eis addere, & nouos articulos dare, ac quoad iuuandum causam fidei & probationem præmissorum maximè, & quòd sint omnia iuris beneficia eis, & eorum cuilibet semper salua.

APRES fuit vn écrit intitulé : Responsio per allegationes iuris ad omnia data in scriptis, & verbo allegata per illos qui se offerunt defensioni Bonifacij contra obiectores.

Monstrent que toutes personnes sont capables d'accuser vn heretique, mesmes vn ennemy est receuable.

Que Boniface a pû estre arresté & pris, pour n'auoir pas voulu conuoquer le Concile general.

L'on dit que Boniface estoit toleré par l'Eglise.

L'on répond que c'est par tyrannie, ayant fait cruellement mourir plusieurs personnes qui parloient de ses actions.

Qu'ayant esté admonesté de se representer deuant son Iuge legitime qui est le Concile, il l'a refusé; de là a deu estre estimé preuaricateur en la religion.

Accusatus fuit solemniter & denuntiatus coram Ecclesia Gallicana, quæ nobilissima pars est Concilij generalis; & Concilium Iudex suus erat illo casu: Ecclesia Gallicana decreuit Concilij congregationem, vbi Bonifacius de hæresi imperitus iudicaretur, vel se purgaret: ex quo necessariò tenebatur conuocare Concilium generale, & in eo se purgare.

Il auoit esté sommé de conuoquer le Concile par le Cardinal Colonne, & par tous les Roys, Princes, & Prelats du monde, & par toutes les Communautez, à quoy il n'auoit aucunement satisfait. Au contraire assembla des armées, & ruina toute l'Italie.

Parlent fort de l'interest qu'il y a pour la Religion, que les heretiques soient punis.

Rationes, ex quibus probatur quòd Bonifacius legitimè ingredi non potuit Celestino viuente.

AD id quod dicitur & proponitur quòd Bonifacius fuit electus in Papa, & receptus: ergo pro Papa habendus est, per capitulum *licet de vitanda. extra. de elect.* breuiter respondetur quòd cap. illud *licet de vitanda.* reseruat omnes canones antiquos, præterquam in illo quòd electus à duabus partibus habeatur pro Papa, ita quòd non sit collatio zeli ad zelum, nec meriti ad meritum, sed tantùm numeri ad numerum per modum supradictum. Hoc autem certum est, canones esse notorios, viuente Papa non esse ad alterius Papæ electionem procedendum quouis modo, vt patet ex Concilio generali, Papa Symmacho præsidente habito, cuius pars habetur LXXIX. di. §. *Si quis Papa superstite.* Hoc ipsum determinatur expressè ex Concilio, & gestis beati Leonis Papæ, cuius pars habetur c. di. in §. *Si quis de sacerdotibus.* Hoc ipsum expressè etiam determinatur ex gestis & Concilio beati Bonifacij III. cuius pars habetur c. in §. *Nullius Romano Pontifice viuente.* Hoc idem etiam expressè determinatur ex decretis & gestis Nicolai Papæ, cuius pars habetur eadem di. §. *Si quis pecunia.* Hoc idem etiam expressè diffinitur ex Concilio generali, & decretis Symmachi Papæ, cuius pars habetur eadem di. §. *Si transitus Papæ.* Hoc etiam determinatur per decretum Gelasij Papæ extra. *de concess. præ.* in § *Qui in minorum Sacerdotum.* & determinatur etiam ex Concilio Lateranen. *de concess. præ.* §. 11.

Præterea nónne istud planum est & determinatum ex Epistola beati Cypriani martyris, vbi sic dicitur: *Factus est Cornelius Episcopus de Dei & Christi eius iudicio, de Clericorum omnium testimonio, de plebis quæ tunc affuit*

fuit suffragio, de Sacerdotum antiquorum & bonorum virorum consensu: cùm nemo ante se factus esset, cùm Fabiani locus, id est, cùm Petri locus & gradus cathedræ sacerdotalis vacaret, quo occupato & de Dei voluntate, atque omnium nostrorum consensione firmato, quisquis iam Episcopus fieri voluerit foris fiat necesse est, nec hanc Ecclesiasticam ordinationem qui Ecclesiæ non tenet vnitatem, quisquis ille fuerit, licèt de se multum iactans & plurimùm sibi vendicans, prophanus est, alienus est, foris est, & cùm post primum esse non possit, quisquis post vnum, qui solus debet esse, factus est, iam non secundus ille, sed nullus est. Etiam habetur 7. q. 1. §. *factus est.* Constat enim quòd fur & latro est, non Pastor vel Prælatus, qui viuentis sedem & locum, quod non licet, vsurpat, vt habetur 7. q 1. *Non furem.* Item hoc determinatum est & expeditum, quòd sicut vir non debet adulterare vxorem suam, ita nec Episcopus Ecclesiam suam, id est, vt illam dimittat ad quam consecratus est: & sicut vxori non licet dimittere virum suum, ita vt alteri se viuente eo, matrimonio societ, aut cum adulteret, licèt fornicator sit vir eius; sed iuxta Apostolum, aut viro suo debet reconciliari, aut manere innupta: ita Ecclesiæ non licet dimittere Episcopum suum, aut se ab eo segregare, vt alterum viuente eo accipiat, sed aut ipsum habeat, aut innupta permaneat, id est, alterum Episcopum viuente suo Episcopo non accipiat, vt habetur ex decreto & gestis * Euaristi Papæ ad omnes Episcopos, cuius pars habetur 7. q. 1. *sicut vir.* Et sic patet ex omnibus supradictis nullitas allegationis, quæ sit in contrarium, scilicet quòd pro Papa debuit & debet haberi, quia electus est. Requiritur enim ad electionem canonicam, quòd vacet Ecclesia, ad quam electio fit. Absit enim quòd Romano Pontifice viuente alter possit eligi: Iam enim Ecclesia non esset vna vnius, sed vna plurium; non esset vnius sponsi, sed plurium; non esset formosa & electa, sed deformis & monstruosa, dum in vno corpore Ecclesiæ duo capita forent, quod esset omnino monstruosum, ridiculosum & absurdum. Hunc autem errorem futurum in Ecclesia deplorat Isaias Propheta, dicens; *Vox populi de ciuitate, vox de templo, vox Domini reddentis retributionem inimicis suis. Antequam parturiret peperit, & antequam veniret tempus partus eius, peperit masculum.* Vtique in casu nostro Ecclesia antequam parturiret peperit, & antequã veniret tempus partus eius, peperit masculum: quod est tempus parturitionis & partus Ecclesiæ? vtique tempus vacationis. Tunc Ecclesia parturiens parit sibi filium, & nouum sponsum; antè non est tempus partus eius, nam Ecclesia non vacante partus non est legitimus, non naturalis, sed abortiuus & monstruosus, iuxta Apostolum: *An ignoratis fratres: scientibus enim legem loquor, quia lex in homine dominatur quanto tempore viuit; Nam quæ sub viro est mulier, viuente viro, alligata est legi viri: si autem mortuus fuerit vir eius, soluta est à lege viri. Ergo viuente viro vocabitur adultera, si fuerit cum alio viro.* Ergo ante mortem mariti & sponsi, non est tempus pariendi neque gignendi masculum: quia non vacat Ecclesia, nondum venit tempus partus eius, quod erit cùm soluta fuerit à viro per mortem. Quòd autem talis partus contra naturam sit & abortiuus, alias veriùs monstruosus, idem Propheta subiungit statim: *Quis vnquam audiuit tale, quis vidit huic simile?* Et post admirationem, huiusmodi erroris inconuenientiam denotat & absurdum, quæ sequerentur si hoc liceret fieri, scilicet quòd non vacante Romana Ecclesia ab vno per mortem eius, eo viuente alter de facto subintroduci valeret, vt viuente Celestino noscitur esse factum. Vnde statim subiungit idem Propheta: *Nunquid parturiet terra in die vna,* quasi dicat non, immo morietur semen quod iactatur in ipsa, & postea suo tempore reddet fru-

Lll

ctum suum; sic Ecclesia terra quæ in æternum stat, legitimum partum edere non poterit ante tempus; necesse est priùs moriatur sponsus eius, quo mortuo Ecclesia soluta nouum filium & sponsum pariet, & tunc legitimus partus erit. Propter hoc Spiritus sanctus per eundem Prophetam statim subdit : *Nunquid parietur gens simul ?* ac si diceret : si Ecclesia per mortem non sponsi non vacante de facto, possit alius subinduci, eodem errore & tertius & quartus & deinceps, vt tot quodammodo subinducerentur, vt facerent gentem : tamen gens simul non paritur, sed vnus moritur, & nascitur alter quodammodo successiuè. Hunc quoque errorem inconuenientiæ futurum in Ecclesia in nouissimis, idem Propheta Spiritu sancto illuminatus deplorat, dicens post verba præmissa : *quia parturiuit & peperit Sion filios suos.* Sion Ecclesia ciuitas Regis magni. Sion quodammodo facta deserta, & Ierusalem desolata, à qua ex errore huiusmodi egredi debebat omnis decor eius, & arietes, id est Prælati eius, fieri quasi non inuenientes pascua, nam magna erit velut mare contritio eius. Hæc Sion simul pariet filios vero sponso viuente, alterum subintroducet de facto. Hunc etiam errorem deplorabat fortissimè Ieremias dicens : *Misi super ciuitates repente terrorem, infirmata est quæ peperit septem : defecit anima eius : occidit ei sol, cùm adhuc dies esset, confusa est & erubuit.* Certo certius est quòd quæ peperit septem Ecclesia est. Sic Augustinus exposuit Canticum Annæ : Exultauit cor meum in Domino ibi, donec sterilis peperit septem, id est Ecclesia gentium, & quæ multos habebat filios infirmata est, id est Synagoga. Quod de necessitate exponi sic habet, quóniam Anna, cuius est Canticum, non peperit septem sed quinque, filios tres, & filias duas, præter Samuelem, & etiam cùm prorupit inspirata in Canticum antedictum, tantummodò solùm genuerat Samuelem : Septem autem parit Ecclesia, id est vniuersitatis perfectionem, quæ per septenarium designatur. Clamat ergo & deplorat Ieremias, quòd infirmata est, quæ peperit septem, id est infirmanda erat Ecclesia. Et vnde hæc infirmitas? quia defecit anima eius. & quare? quia occidit ei sol, dum adhuc dies esset. Quomodo occubuit ei sol, id est, debebit occumbere ? futurum enim vt præteritum ponit Spiritus sanctus, cùm adhuc dies esset, nisi quòd viuens sponsus suus indissolubiliter sibi coniunctus, contra fas & licitum de facto separari debebat ab ipsa, & sic occidit ei sol, id est defecit ei sponsus suus, cuius erat lumine illustranda, dum adhuc dies esset, id est, dum adhuc viueret, ante tempus scilicet, & antequam videret mortis tenebras, & occasum, propter quod confusa est & erubuit: Vtique confusa alteri viro indebitè copulata : vtique erubuit, nam summa est erubescentia mulieri repudiari à viro: propter quod lex diuina mandat quòd summi Sacerdotes & Pontifices repudiatam non recipiant in vxorem. Quod etiam plurimum euidenter facit ad nostræ propositum quæstionis. Quod ergo Prophetæ tanto errore tantáque compassione deplorauerunt, in quos fines sæculorum deuenerunt. Scriptum est enim, atque mandatum: Erubesce à matre de fornicatione.

Sed dicitur & datur quòd Bonifacius Papa fuit, & pro Papa haberi debuit, & debet, quia electus Celestino Papa cedente, etiam facta constitutione quòd cedere sibi liceret, cui allegabatur esse standum. Sed certo certius est, Romanum Pontificem cedere non posse dum viuit, nec separari à summo Pontificio, cui indissolubiliter est, & extitit alligatus, & in quo immolauit seipsum Domino, in sui consecratione, ad exequendum Pontificij ministerium, donec viuit.

DE BONIF. VIII. ET PHILIP. LE BEL. 451

Primò, quia constat quòd missio Romani Pontificis & institutio & auctoritas non est ex hominibus, sed à Deo, non in certum hominem, sed in vniuersalem Dominicum gregem sibi à solo Deo commissum confirmari & gubernari mandatum.

Secundò, quia omnes inferiores Praelati, licèt non sint ita veri sponsi Ecclesiae, sicut summus Pontifex, cùm vnus tantùm sit Episcopatus summus in Dei Ecclesia, quae vna est, cuius vnius vnus est sponsus verus Rom. Pontifex: quae tamen vniuersalis Ecclesia emanat à Petri sede, quae vnitatis Ecclesiae est origo. Licèt etiam assumpti sint alij Praelati in partes solicitudinis veri Pastoris & sponsi Ecclesiae Hierarchae Romani, cui commissa est solicitudo omnium Ecclesiarum, qui vocatus est à Deo solus in plenitudine potestatis ad aedificationem Ecclesiae: & tamen illi Praelati inferiores licèt mittantur ab hominibus & confirmentur, tamen ita ligati, ita stricti sunt, quòd illud vinculum quo Ecclesiis, quibus Praelati sunt, tenentur obnoxij, per hominem nullatenus solui potest, sed per Romanum Pontificem tantùm, & per illum, non vt per hominem, sed vt per Deum cuius vicem gerit in terris, cuius vicarius extat, cùm tamen ipse Romanus Pontifex sit Pastor gregis Dominici, & quòd hic hunc gregem commissum habeat, ille illum, & limitatio diocesum ex institutione Ecclesiae est: quia ergo illud vinculum aliorum Praelatorum tale quale, cum quibus ita proprium matrimonium non est, & quorum missio est ab hominibus ad homines certos, per hominem solui non potest, etiam per Papam, nisi per Deum, id est, Dei vicarium: cùm tamen iurisdictio illorum à Petro & successoribus descendat, Romanum Pontificem Dei vicarium, verum vtique sponsum Ecclesiae, cui est spirituali vinculo matrimonialiter & indissolubiliter obligatus, cuius institutio & auctoritas non est ex hominibus, sed ex Deo; quis mortalium soluet? vtique nullus, sed Deus solus. quod luce clarius est cuilibet intuenti.

Tertiò, quia sicut ex solo Deo est Romani Pontificis vicarij sui institutio, ita & destitutio. Nam electionem summorum Sacerdotum sibi Dominus reseruauit, licèt electionem ipsorum fideli clero, & deuotis populis commisisset.

Quartò, quia in omnibus attibus & potentiis ordinatis vel habitis ita est naturaliter quòd vltima perfectio reseruatur, inducendo per supremum artis in genere illo. Sicut artes quae operantur circa naturam nauis reseruant inductionem arti superiori, qua nauem compaginat, & illa reseruat vlteriùs finem, scilicet vsum & exercitium nauis arti superiori, scilicet exercitoriae & gubernatoriae. Sic in Ecclesiastica Hierarchia habent superiorem locum Praelati, sed summus Hierarcha obtinet summum locum. Conuenientissimè ergo secundùm naturam sui institutio & destitutio arti superiori, scilicet diuinae potentiae reseruatur, qui gubernat Ecclesiam. Ex natura enim in qualibet republica Principi conuenit nobilissimus actus, & debetur, vt probatur 11. Ethicorum. Sic summus actus Ecclesiasticae Hierarchiae summo Hierarchae, & adhuc perfectissimè summus, cuiusmodi est summi Hierarchae institutio & destitutio, soli Deo debetur: itaque vero & principali ac summo Hierarchiarum Ecclesiasticarum Hierarchae. Sic patet ex supradictis manifestissimè veritas propositae quaestionis.

Quintò, quia summus Sacerdos & Pontifex, licèt non habeat ordinem supra sacerdotem, sed quòd ordines distinguuntur per actus relatos ad corpus Christi verum: verumtamen habet aliquem ordinem supra sacerdotes, sed quòd ordines distinguuntur per actus relatos ad corpus Christi

Lll ij

mysticum, quod est Ecclesia. Et secundùm hoc notoriè constat quòd summus Hierarcha habet alium ordinem supra alios Episcopos, & super quos omnes & ordine & auctoritate summi Pontificij peculiaria multa & specialia competunt. Vnde Dionysius in Ecclesiastica Hierarchia ponit Episcopatum esse ordinem manifestè, quoniam & cum consecratione dignitas, & ordo Episcopalis confertur. Et ideo in dispositione membrorum corporis Christi mystici, quod est Ecclesia, multa competunt Episcopo, quæ non competunt sacerdoti simplici. & multa & maxima competunt summo Hierarchæ, quæ non competunt inferioribus Episcopis. & secundùm hoc nec Episcopus est eiusdem ordinis cum sacerdote simplici, nec summus Hierarcha est eiusdem ordinis cum aliis Episcopis inferioribus, sed quandam habet à Deo excellentiam super omnes, quam impossibile est per hominem tolli posse.

Sextò, quia per efficaciam consecrationis ordo debet esse perpetuus tam in inferioribus ministris, quàm in superioribus, scilicet Episcopis. Et iterum magis ac magis in summis Hierarchis propter ordinem distinctum, quem simplices Episcopi habent ab inferioribus, & iterum propter ordinem magis ac magis distinctum, quem summi Hierarchæ Romani Pontifices habent ab inferioribus Episcopis. Qui quidem ordo distinctus, in quantum charactere signum distinctum dicitur, character dici potest, & dicitur tam in simplicibus Episcopis quàm in summis Hierarchis dilatato nomine characteris ad omne illud distinctiuum, quod indelebiliter inest, cuiusmodi est consecratio Episcopalis, quæ nunquam deletur, nec iteratur, & sic omnino est indelebilis in vtrisque: multò autem magis ac magis indelebilis in summis Hierarchis assumptis in plenitudine potestatis. Et hoc indubitanter obtinet, siue dicas inesse characterem, in quantum est signum distinctiuum ad corpus Christi mysticum, siue dicas non inesse characterem, sed characteris ampliationem, quod aliqui sentiunt, quoniam secundùm omnes veritas indubitata est, quoniam ipsa ampliatio characteris ita in eisdem est indelebilis, sicut ipse character, vt sic necessariò habeatur donec viuit qui est Episcopus, Episcopus; qui est summus Hierarcha, Romanus Pontifex, semper dum viuit, summus Hierarcha necessariò remaneat. Ex quibus clarissimè & manifestissimè liquet solutio propositæ quæstionis: Licèt enim ordo Episcopalis, & iurisdictio distinguantur, & non semper sint simul: tamen postquam sunt vnitæ in summo Hierarcha, sicut impossibile est sibi tolli ordinem, sic & iurisdictionem.

Septimò, quia Episcopi degradati, præcisi, hæretici, sponte cedentes, & liberè renuntiantes semper remanent Episcopi, & in omnibus huiusmodi manet clauium potestas, quantum ad essentiam. Sed vsus impeditur ex defectu materiæ: cùm enim vsus clauium prælationes mutantem requirat, respectu eius in quem vtitur, & propria materia in qua exercetur vsus clauium est homo subditus, quia per ordinationem & institutionem Ecclesiæ subditur vnus alij, per summos Hierarchas, Romanos Pontifices, & eorum auctoritate, ideo per eosdem summos Hierarchas, qui veri sunt Pastores vniuersalis gregis ouilis Dominici ex institutione Diuina, & eorum auctoritate potest subtrahi alicui populus qui ei erat subiectus. Cùm Romanus Hierarcha subtrahit taliter, & huiusmodi subditorum subtractionem facit, quantum ad hoc illi qui priuati sunt non possunt vsum clauium habere. Vnde sicut subtraheretur panis triticeus & vinum sacerdoti, non posset conficere propter subtractionem materiæ: Ita si subtrahatur prælatio per suum superiorem Romanum Pontificem, qui potestatem hanc faciendi habet, iurisdictionem ligandi, & soluendi, & huiusmodi non poterit exercere. Summus autem Hierarcha Romanus Pontifex, superior est omnibus; ipse verus Prælatus & Pastor est Dominici gregis, non solùm omnium, sed Pastorum Pastor ex institutione Diuina. Et ideo sicut committit, vel eius auctoritate committitur: omnis enim cura gregis ab ipso est, vel eius auctoritate deriuata in inferiores supremos per se, sicut in Patriarchas, Primates, Metropolitas, & per illos auctoritate ab ipso sumpta in Episcopos, & per illos similiter ex auctoritate illius per suos superiores deriuata, in ipsos translata, & concessa in Curatos inferiores, & ministros curam habentes: tamen omnis cura diffunditur in omnes ex auctoritate summi Hierarchæ, cui in persona Petri Dominici gregis cura mandatur, & imperatur eidem, *Pasce, pasce, pasce*: ipse ergo summus Hierarcha, qui commisit, potest adimere quibus commisit, degradando, deponendo, renuntiationem recipiendo, si casus degradationis & depositionis fiendæ, & concessionis recipiendæ existat. Tamen per hæc omnia ipsis volentibus & cum instantia petentibus, nulla omnino in charactere, seu characteris ampliatione quæ indelebilis est, sicut ipse character, fit vel fieri potest mutatio; immò semper Episcopi remanent vt priùs: neque enim possibile est propter indelebilitatem characteris & ampliationis characteris, quoniam sacerdos quandiu viuit remaneat sacerdos; quin Episcopus quandiu viuit remaneat Episcopus: multóque fortiùs & patentiùs summus Hierarcha quamdiu viuit, sit summus & Romanus Pontifex & Hierarcha: omnis enim consecratio necessariò morte finitur. Sed inferioribus Episcopis, vt dictum est, summus Hierarcha potest adimere subditos, & materiam in qua agant, remanente tamen omnino charactere quantum ad sui essentiam immutato. Huiusmodi autem subditorum subtractio nullo modo cadit in summum Hierarcham, nec possibile est per hominem sibi subtrahi subditos, quoniam non habet superiorem in terris, sed omnis anima sibi subdita est, eiúsque curæ commissa, neque à quoquam iudicari potest, sed cunctos iudicaturus à nemine iudicandus est, nisi deprehendatur à fide deuius: & hæc superioritas non est humano priuilegio, sed Diuino, à quo sua est institutio, & qui sibi pascendi gregis curam commisit: omni enim clero & populo in vnum congregato manet obsequendi sibi necessitas, & non auctoritas imperandi.

Octauò, perpetuitas Romanorum Pontificum summorum donec viuunt, ex eo patet, quia certum est inter summum Hierarcham & Ecclesiam vniuersalem inesse matrimonium spirituale: & si carnale indissolubile est, maximè consummatum, ex eo quòd vnionem Christi & Ecclesiæ omnino indissolubilem signat; certo certius est spirituale matrimonium, quod propriissimè inter Romanum Pontificem est & Ecclesiam, esse excellentius & dignius quàm carnale; & tanto minus dissolubilem quàm carnale, quanto vicinius, vnionem Christi, cuius est in terris Vicarius, signat, & vniuersalis Ecclesiæ, quæ sibi datur in sponsam: quod apertissimè patet ex orationibus consecrationis & benedictionis ipsius Romani Pontificis, in quibus exprimitur *vniuersalis Ecclesiæ sponsæ tuæ*. Et cut per carnalem copulam viri corpus transit in potestatem vxoris, & è conuerso, & quandiu viuunt legi subiecti sunt; sicut summi Hierarchæ corpus indissolubiliter transit in potestatem Ecclesiæ, & Ecclesia in potestatem ipsius, & sibi inuicem, donec Romanus viuit Pontifex, indissolubiliter obligantur.

Nonò, quia matrimonium spirituale, quod propriissimè est inter Romanum Pontificem & vniuersalem Ecclesiam, est omnino indiuisibile &

LII iij

indissolubile : & indiuisibilitas & indissolubilitas eius pertinet ad Sacramentum Ordinis, sicut indissolubilitas carnalis matrimonij pertinet ad Matrimonij Sacramentum. Matrimonium autem spirituale pertinet propriè ad Sacramentum Ordinis propter sanctificationem susceptam, sed & Sacramentum Matrimonij in quantum signat vnionem Christi & Ecclesiæ; quod enim dicitur Mathæi 19. *Quos Deus coniunxit homo non separet*, non minùs sed plus de spirituali matrimonio intelligitur quàm carnali: coniunctio enim spiritualis matrimonij diuinitus est facta : ergo certo certius est separari non posse humana voluntate. Ex quibus manifestissimè liquet nostræ solutio quæstionis.

Decimò, lex Diuina considerat matrimonium tam spirituale quàm carnale, non tantùm secundùm quod est in officium, secundùm quod est in Sacramentum quoad matrimonium ; sed & secundùm quod reducitur ad Sacramentum Ordinis spirituale matrimonium, ex quo Sacramento habet omnimodam indiuisibilitatem ; & qui diuisibilitatem assereret, impingeret in Sacramentum. ex quo liquidissimè patet nostræ solutio quæstionis.

Vndecimò, in matrimonio spirituali est quidam promissionis contractus inter Deum & hominem : vnde cùm contractus bonæ fidei inter homines factus obliget ad obseruationem necessariam, multo fortiùs illud obligat quo homo Deo aliquid promittit, & qui contrahit matrimonium spirituale, quod multo fortius & excellentius est carnali, multóque dignius ; reddere enim promissum debitum est de lege naturæ, quia qui non reddit sed mentitur in reddendo, facit contra legem naturæ : quamdiu ergo manet vinculum ad vnum, quod indissolubile est, illo viuente, alteri nubere in Domino legitimè non potest Ecclesia : aliàs duos viros pariter haberet, & sic adultera esset, quod nefas est de hac dicere, quæ non habet maculam neque rugam, ad quam Dei filius per occultæ defensionis foramen misit quasi * damula manum suam.

Duodecimò, quia sicut matrimonium carnale ordinatur ex intentione naturæ ad procreationem & educationem prolis, non solùm per aliquod tempus, sed per totam vitam suam, siue prolis : vnde de lege & ordine naturæ est, quòd parentes filiis thesaurisent, & filij parentum sint hæredes. Et ideo cùm proles sit commune bonum viri & vxoris, oportet eorum societatem indissolubiliter perpetuò remanere *** secundùm legis naturæ dictamen. Et sic inseparabilitas matrimonij est de lege naturæ, contra quam homo non potest. Ita & matrimonium spirituale Romanæ Hierarchæ, & Ecclesiæ ordinatur ex intentione Diuina, ad procreationem, multiplicationem & educationem fidelium, non solùm per aliquod tempus, sed per totam vitam suam & prolis : proles enim, id est fideles in Christi Ecclesia non deficiunt : vnde de lege Diuina est quòd summi Hierarchæ pascant gregem Domini, & confirment, Domino eis mandante in Petro : *Pasce, pasce, pasce, & confirma fratres tuos.* Et quòd fideles per eorum curam & solicitudinem, qui ad hoc ministerialiter deseruiunt, hæreditatem capiant salutis. Et sic inseparabilitas, & indiuisibilitas huius spiritualis matrimonij certo certius est quòd est ex lege Diuina & lege naturæ naturantis *, contra quam nullus potest. Et sic ex præmissis manifestissimè liquet nostræ solutio quæstionis.

Tertiodecimò, quia illud est ex lege naturæ, quod natura bene instituta accipit in sui principio : sed inseparabilitas matrimonij est huiusmodi, vt patet Mathæi 19. *Quos Deus coniunxit homo non separet.* quod multò for-

DE BONIF. VIII. ET PHILIP. LE BEL.

eius in spirituali quàm carnali locum habet: ergo patet quòd de lege naturæ est etiam hac ratione indissolubilitas vtriusque matrimonij tam spiritualis quàm carnalis.

Quartodecimò, de lege naturæ est religio erga Deum, & de lege diuina, quòd quis Deo obediat, & quòd Deo homo non contrarietur: sed homo quodammodo Deo contrarius esset, si separaret siue spirituale, siue carnale matrimonium, quod Deus coniunxit: ex hoc enim habetur inseparabilitas vtriusque matrimonij Matthæi 19. inseparabilitas enim matrimonij tam carnalis quàm spiritualis vno modo competit, secundùm quod est signum perpetuæ coniunctionis & indissolubilis Christi & Ecclesiæ, & secundum quod est in officio naturæ, quantum ad carnale, ad bonum prolis procreandum; & secundùm quod est in obedientiam & obseruantiam diuini mandati: quantum autem ad spiritualem obseruantiam diuini mandati, ad multiplicationem & salutem fidelium ordinati. Quicquid autem est in carnali matrimonio contra bonum prolis, est contra legis naturæ præcepta. Et quicquid est in spirituali matrimonio contra multiplicationem fidelium & salutem, est contra legem diuinæ voluntatis. Et ideo in vtroque tam spirituali quàm carnali matrimonio inest indissolubilitas, tam ex lege naturæ, quàm ex lege diuina. & contra hanc indissolubilitatem in vtroque matrimonio non potest aliqua ratione vel forma per purum hominem dispensari, vel contrà veniri, nec per dispensationem, nec per constitutionem, nec per aliquod huiusmodi. & sic apertissimè liquet nostræ solutio quæstionis.

Quindecimò, quia vbicunque sunt multa ordinantia in vno, oportet esse aliquod vniuersale regimen super particularia regimina, quia in omnibus virtutibus & actibus, vt dicitur 1. Ethicorum, est ordo secundùm ordinem suum. Bonum autem commune est diuinius, quàm speciale, & ideo super potestatem *cogitiuam, quæ * coniectat bonum spirituale, oportet esse potestatem regitiuam vniuersalem respectu boni communis; aliàs non posset esse colligatio ad vnum: Et ideo cùm tota Ecclesia sit vnum corpus, vt dictum est, oportet quòd ad hoc quòd ista vnitas debet conseruari, necessariò sit aliqua potestas regitiua respectu totius Ecclesiæ, quam Cyprianus nominat originem vnitatis super Episcopalem potestatem, quia vnaquæque Ecclesia spiritualis distinguitur & regitur: & huiusmodi est potestas summi Hierarchæ Romani Pontificis, quæ indissolubiliter ei inest, & à solo Deo est, nec per vllum hominem tolli potest.

Sextodecimò, quia vniuersale regimen summi Hierarchæ est de ipso ordine, vt vnitas conseruetur, ad quam conseruandam necessarium est vnum præponi omnibus, quem Cyprianus nominat originem vnitatis: sicut autem vnitas Ecclesiæ omnino indiuisibilis est, sic multo fortius origo vnitatis diuisionem non capit. Vnde certissimum est quòd plenitudo potestatis non solùm consistit in iurisdictione, sed in ordine principaliter, faciendo maximè relationem ordinis ad corpus Christi mysticum. Et sic Dionysius dicit ordinem Episcoporum quadripertitum, & in singulis ordinibus distinctionem potestatis, & summum & persanctissimum omnium ordinem summi Hierarchæ; & sic certum est quòd plenitudo potestatis, quæ penes summum Hierarcham est, & in ordine, & in iurisdictione consistit. Quis enim dubitet traditionem Paracliti à summo Sacerdote per manus impositionem, quod principaliter Principi Apostolorum Petro, consequenter ab ipso participatiuè, aliis Apostolis competebat. & Dionysius expressè dicit, quòd summo Hierarchæ principaliter competit de iurifdictione non esse, sed ministerialiter ad ordinis characterem indelebiliter pertinere, certè nullus: sic enim determinat Cyprianus, sic Rabanus, sic Eusebius, sic Melciades, sic ipse sanctus Papa Vrbanus; & sic ex præmissis patet manifestissimè nostræ solutio quæstionis.

Decimoseptimò, quia quis erit ille tam vesano spiritu ductus, qui dicat Papam Romanum quantumcunque volenti & consentienti etiam & committenti expresse posse non tantùm per solum collegium Cardinalium, sed nec per omnes homines, neque per vniuersale Concilium, imò & per omnem clerum insimul congregatum adimi posse subditos, quos Deus commisit pascendos & confirmandos? Quis erit tanto fauore circundatus, qui dicat summo Hierarchæ Romano Pontifici volenti & consentienti & cum instantia postulanti & committenti expresse posse interdici per omnem clerum sui summi characteris, aut persanctissimi ipsius characteris ampliationis, & potestatis spiritualis ex ea executione, quam ipse Deus in Petro omnibus suis successoribus exequendam commisit, dicens, *Quotienscunque ligaueris*, &c. Nónne iste ipsi Apostolorum Principi Petro contumeliosus existet? Nónne contra ipsam Dei institutionem veniret? nónne Dei Ecclesiam, Dei quodammodo thalamum, macularet? nónne originem vnitatis confunderet, & ipsam Ecclesiæ diuideret vnitatem? nónne tale priuilegium Apostolorum Principi Petro concessum, suísque successoribus auferre conatur? nónne primam Sedem iudicaret, & ab inferioribus suis iudicari posse falsò assereret? contra Gelasium, contra Nicolaum, contra determinationem Concilij generalis Lateranensis, contra determinationem Calchedonen. Concilij. Nónne hanc præsumptionem constat omnino damnatam, quòd per inferiores aliqua huiusmodi fiant, etiam in nolentem, & hoc etiam expressè committentem Apostolicæ Sedis Antistitem: damnatam, inquam, in Concilio generali, vbi expressè habetur, quòd nil omnino iurisdictio in casibus huiusmodi & consimilibus ad iurisdictionem pertinentibus in se committere possit Romanus Pontifex inferioribus suis. Nónne expresse hoc declaratur per Calchedonense Concilium? Nónne determinatur expressè per sanctam VI. Constantinopolitanam Synodum? & apertissimè per Constantinopolitanam Synodum VIII. sicut apertissimè probari potest, & probabitur, & probaturos nos offerimus in præsenti, & loco & tempore opportunis?

Decimo-octauò, quia quis renuntiationem & cessionem Romani Pontificis, cùm cessio & renuntiatio coram suo superiore habeat fieri, si ad ipsam fiendam procederetur, vt superior acceptabit? Item cùm cessio etiam inferiorum Episcoporum causâ cognitâ habeat fieri, & causâ cognitâ admitti, vel repudiari: quis de hac causa cognoscet contra Romanum Pontificem? Quis auctoritate & iurisdictione acceptandæ, vel non acceptandæ renuntiationis super summum Hierarcham vtetur? Quis eum absoluet ab onere quo tenetur, & vinculo Deo & vniuersali Ecclesiæ indissolubiliter obligatus? Quis absoluentis auctoritate & iurisdictione etiam super Papam quantumcunque volentem & committentem vtetur? Quis sibi volenti, petenti etiam, & committenti executionem sui Pontificalis ministerij sibi commissi à Domino interdicet? Quis super eum in huiusmodi iurisdictione vtetur? Quis eximet sibi & subtrahet obedientiam subditorum, & populorum sibi commissorum à Domino, vt obedire vlteriùs non teneantur eidem? Eximéntne & subtrahent inferiores sibi subditi ab eius obedientia semetipsos, quod omnino impossibile est, si inferiorum Episcoporum renuntiatio coram nullo hominum potest fieri, nisi coram Papa, & coram

illo

DE BONIF. VIII. ET PHILIP. LE BEL.   457

illo, non vt coram homine, fed vt coram Deo, id eft Dei vicario. Quis sit hic Dei vicarius, qui Romani Pontificis renuntiantis renuntiationem & cellionem admittat vt Deus ? vnus Deus, vnus Dei vicarius principalis. Si diuifionem non capit, quod veriffimum eft, vnitas, multo minùs diuifionem non capit, nec dualitatem in se recipiet vnitatis origo: nam quisquis post primum, qui solus esse debet, factus est, non secundus ille, sed nullus est, sicut apertiffimè determinat Cyprianus.

Decimononò, quia data disputationis causa impossibili, quia impossibile omnino est, nec ipse Deus facere posset, propter omnipotentiam suam ordinatam, qua nil omnino potest quod non deceat; quia etiam esset contradictio in obiecto. Quòd secundùm omnes etiam Deus facere non posset quòd sint & esse possint pariter duo Romani Pontifices, & sint duo Dei vicarij principales in terris: quomodo vnus alium corrumpere poterit, tollere vel annullare. De natura corrumpentis est, vt plus possit corrumpens quàm corruptum, alias corruptio fieri non posset, quia tanta vis esset & potentia & virtus vnius in conseruando, quanta virtus alterius in corrumpendo. Quomodo ergo vnus Dei vicarius alium corrumpit eiusdem omnino potestatis, eiusdem auctoritatis, eiusdem etiam iurisdictionis? nam par in parem secundùm omnia iura non habet imperium, in quo consonat ratio naturalis. Quis ergo erit iste, qui Papam volentem, petentem, & expressè hoc committentem absoluet ab onere & vinculo quo ligatus est Deo, & Ecclesiæ sanctæ suæ? Deus imperat: *Pasce, pasce, pasce, curam gere, confirma fratres tuos*. Quis erit qui dicat: Non pascas, non curam geras, non confirmes? Dei vicarius data disputationis causa impossibili, scilicet quòd plures simul esse possent Dei vicarij, hoc non posset, quoniam non est vicarius super eum, cuius vicem gerit, nec discipulus super magistrum, nec seruus super dominum suum: nunc seruus domino suo stat & cadit. Restet ergo, de necessitate oportere quòd sustinentes hunc errorem supponant quòd alter sit Deus. Constat autem quòd Deus vnus est, sicut scriptum est. *Audi Israël, Dominus Deus tuus Deus vnus est*. Quis ergo erit iste, qui causas renuntiationis summi Hierarchæ renuntiare volentis auctoritatiuè, & tanquam iurisdictionem habens, quod necessariò requiritur, & vt maior & superior iudex eximet, & causas renuntiationis legitimas vel illegitimas, admittendas vel non admittendas, quæ examinatio in huiusmodi renuntiationibus requiritur, vt iudex in iudiciali foro pronuntiet, & sic cedentem admittat vel non admittat, & ipsum absoluat ab onere, & executionem sui ministerij & Pontificij interdicat, cui indissolubilitas inest. De necessitate est, & de ordine iudicij, quòd iudex sit superior, & alius à iudicato; quòd superior sit & alius examinans, ab eo cuius causa examinatur: quòd superior sit recipiens renuntiationem, & alius à renuntiante: quòd superior sit & alius absoluens ab absoluto: quòd superior sit & alius interdicens ab eo cui interdictum sit. & sic ex præmissis manifestissimè patet nostræ solutio quæstionis.

Vigesimò, quia de necessitate omnimoda est, quòd exercens iurisdictionem, superioritatem iurisdictionis habeat in illum, in quem agit, & in quem iurisdictionis actum exercet. Hoc autem omnino impossibile est super Romanum Hierarcham inueniri in terris, quia nemo iudicabit primam Sedem; & sic ex ipso impossibili patet nostræ solutio quæstionis.

Vigesimoprimò, quia si dicat quòd inferior hoc non aget propria auctoritate, quia non licet, vt dictum est, sed auctoritate ipsius committen-

Mmm

tis: iam responsum est, quia eadem & similis auctoritas, cuiusmodi ista est, non sufficit ad eandem & consimilem auctoritatem tollendam, nec ex commissione hoc potest fieri, vt probatum est supra : nec plus auctoritatis haberet delegatus quàm delegans, quæ etiam nullo modo se posset extendere ad tollendum delegatum; maximè quia certum est & omnino indubitatum quòd Papa Romanus nihil potest agere in seipsum, nec alij committere in præiudicium suæ Pontificalis dignitatis, multo minùs in destructionem ipsius. ex quibus patet manifestissimè nostræ solutio quæstionis.

Vigesimosecundò, quia in omni actu qui requirit idoneitatem ex parte recipientis, duo sunt necessaria eius qui debet illum actum exercere, & ideo in actu iustitiæ quo redditur alicui hoc quo dignius est, oportet necessariò ista concurrere, scilicet iudicium quo discernatur an ille dignus sit recipere de quo recipiendo agitur, & ipsa redditio; & ad vtrumque horum auctoritas siue potestas, siue iurisdictio superior exigitur : non enim dare possumus vel auferre, quod dandi vel auferendi potestatem non habemus : nec iudicium dici potest, nisi superioritatem auctoritatis & iurisdictionis habeat, & nisi vim habeat coactiuam, eo quòd iudicium iam ad vnum determinatur: quæ determinatio, vt dictum est, in speculatiuis sit per virtutem priorum principiorum, quibus resisti non potest, & in rebus practicis per vim imperatiuam in iudicante existentem, quæ habet se de necessitate ad alterum: Ideo in grammaticalibus imperatiuus modus primam personam non habet, sed secundam & tertiam; quia nemo potest imperare iudicialiter vel præcipere sibi ipsi, nemo potest iudicialiter aliquid agere in seipso, nemo potest iurisdictionem vel auctoritatem in seipsum quomodolibet exercere : quia de necessitate differentia est inter iudicantem & iudicatum, inter absoluentem & absolutum, inter imperantem & illum cui imperatur, inter iurisdictionem exercentem & eum in quem exercetur: & ideo notoriè constat quòd actus clauis, per quem fit absolutio, de necessitate requirit idoneitatem in eum in quem exercetur, vt attendatur dignitas vel indignitas eius, ideo indiget iudicio discretionis; & ipso recipiente actus: & ad vtrumque istorum necessaria est auctoritas, potestas, & iurisdictio omnino superior. ex quibus præmissis liquidissimè patet quòd nullus in seipsum, nec etiam in sibi æqualem, multò minùs in suum superiorem iurisdictione quomodolibet vti posse: cùm enim actum iurisdictionis nullus habet in seipsum, quia nemo in seipsum habet iurisdictionem, quia in eadem causa nemo potest esse iudex & reus, & quia actus iustitiæ habet se de necessitate ad alium: nec etiam in superiorem iurisdictionem quis habere possit, quia secundùm Apostolum sine contradictione quod minus est à maiori benedicitur: nec etiam in sibi æqualem quis iurisdictionem potest habere, quia par in parem non habet imperium; cùm etiam per iurisdictionem aliquis constituatur in gradu superioritatis, respectu eius in quem habet iurisdictionem, quia est iudex eius : ideo cum omni certitudine sine aliqua dubitatione tenendum & diffiniendum est, absolutionem Romani Pontificis à Papatu & onere suscepto per renuntiationem & per quemcunque alium actum omnino impossibilem fore, nisi per mortem, cùm placuerit Deo : quoniam nec ipse seipsum, nec suus par, dato quod inueniretur, quod non est dare possibile, & multò minùs suus inferior ipsum aliquatenus absoluere potest. Ex quibus præmissis quibuscunque quantumcunque cæcutientibus & ignorantibus manifestissimè patet nostræ solutio quæstionis.

Vigesimotertiò, iuri publico renuntiari non potest : hoc autem est ius

DE BONIF. VIII. ET PHILIP. LE BEL.

publicum, quod in sacris & in sacerdotibus consistit, immò plusquam publicum auctoritate & vtilitate, cui renuntiari non potest, quia secundùm Philosophum, principatus bonum commune est. Item hoc non est ius suum, sed Dei, & gregis, hoc non est in fauorem suum, sed in onus suum & fauorem Dominici gregis, & secundùm omnes iuri in fauorem aliorum introducto renuntiari non potest. Item obligatur Papa Deo & gregi ex cura suscepta, & secundùm omnes iis per quæ quis Deo vel homini obligatus est, renuntiare non potest. & sic patet manifestissimè nostræ solutio quæstionis.

Vigesimoquartò, quia annexa est statui Papatus professio & votum, sicut apparet ex tenore professionis Romani Pontificis, quæ habetur in libro Diuino, cuius etiam professionis pars habetur in Canone, & in illa professione habetur expresè quòd profitetur & promittit Deo & Principi Apostolorum Petro, quòd quamdiu viuet curam geret gregis Dominici sibi commissi, & gubernabit Ecclesiam secundùm decreta & canones sanctorum Conciliorum, & Patrum, & de consilio Cardinalium sanctæ Romanæ Ecclesiæ : Ergo obligatus est ad curam gerendam quandiu viuit ex voto & professione astrictus. Istud autem notoriè constat, quòd votis & professionibus, & iis ad quæ quis voto & professione obligatur, secundùm omnes nemine contradicente renuntiari non potest, & sic nec Papa renuntiare potest, obligatus quandiu viuit ex voto & professione astrictus. Et si dicatur quòd ita profitebantur antiquitus Romani Pontifices, sed hodie non profitentur de facto verbaliter: responsio manifestissimè patet, quia recipientes nunc Papatum tacitè vouent & profitentur hæc omnia: nam statui professio est annexa, & secundùm omnes votum interpretatiuum ita obligat, sicut expresè emissum ; quod est videre in sacris ordinibus, Subdiaconatu, Diaconatu, & Sacerdotio, ex quorum susceptione perinde interpretatiuè in Occidentali Ecclesia obligantur, sicut si profiterentur expresè castitatem : sic dicendum est hic in voto & professione summi Pontificatus. & sic patet manifestissimè quòd renuntiare non possit.

Vigesimoquintò, quia iis per quæ quis Deo vel homini, voto, professione, vel promissione, contractu vel quasi, obligatur secundùm veritatem notoriam, quæ per nullum negatur, renuntiari non potest. & hoc ex eo est, quia dicere contrarium esset oppositio in obiecto, quòd esset quis obligatus & non obligatus eodem tempore ; quia contra omnia iura, & rationes præesset obligationi suæ, etiam liceret sibi, quod iam suprà probatum est impossibile, absoluere semetipsum à sua obligatione per viam renuntiationis; quæ essent secundùm omnes ipse Deus facere non posset. & sic manifestissimè liquet nostræ solutio quæstionis.

Vigesimosextò, quia certissimum est, & notoriè constat quòd non est reperire in Ecclesia Dei statum, cui insit votum, vel cui professio annexa sit, quin profitens verè vel interpretatiuè illi statui inseparabiliter iunctus sit & astrictus vsque ad mortem. Hoc in omni voto & professione obtinet: cùm ergo Papatui annexa sit professio, & votum, vt dictum est, certo certius est, quòd statui Papatus astrictus est indissolubiliter, donec viuit. Nec obstat quòd profitens statum vnum transire potest ad arctiorem vel perfectiorem : sic enim agens non venit contra professionem quam fecit, sed magis ac magis se artat & perficitur : sed gradu summi sacerdotij non est perfectiorem reperire sub Deo, secundùm Augustinum, & omnimodam veritatem, quæ per nullum negatur. & sic patet quòd Pa-

460 PREVVES DE L'HIST. DV DIFFEREND

pa donec viuit nullatenus renuntiare poteſt.

Vigeſimoſeptimò, quia tranſlato ſacerdotio, neceſſe eſt vt legis tranſlatio fiat iuxta Apoſtolum, & ſic ad tranſlationem ſacerdotij leuitici in ſacerdotium Chriſti, ſequitur tranſlatio legis veteris in nouam. Aut ergo dices ſacerdotium Romani Pontificis eſſe ſacerdotium Chriſti, aut non: ſi dicis non eſſe ſacerdotium Chriſti, tollis legem nouam, & ſubuertis fidem totam, & eius fundamenta. Si autem dicis quòd ſacerdotium Chriſti ſit, ſicut verum eſt, quia Vicarius Chriſti eſt, oportet quòd ſit ſacerdos in æternum ſecundùm ordinem Melchiſedec, ſicut ipſe Chriſtus. Melchiſedec autem conſtat quòd fuit ſacerdos in æternum idem quamdiu vixit : nam & ipſe mortuus eſt : ergo neceſſarium eſt quòd confitearis quòd Romanus Pontifex ſacerdotium Chriſti gerens, cuius eſt vicarius, ſit Dei vicarius donec viuit. & hoc expreſsè determinatur per Apoſtolum dicentem : *Aſimilatus filio Dei ſacerdos manet in æternum*. Ergo maniſeſtiſſimè patet, quòd dicere quòd Romanus Pontifex ſummúſque Sacerdos non ſit ſemper Romanus Pontifex, & ſummus Sacerdos dum viuit, eſt loqui contra fidem, & ſubuertere omnia Eccleſiaſtica Sacramenta.

Præterea veritas noſtræ quæſtionis manifeſtiſſima eſt & declarata per figuras multiplices veteris Teſtamenti. Item per diuerſas auctoritates ad literam noui & veteris Teſtamenti. Item per nonnulla opuſcula, & ſermones ſanctorum Patrum, Hieronymi, qui hoc expreſsè determinat in ſermone de ſeruitio Iacobi pro Lia & Rachel. Item per beatum Hieronymum in opuſculo ſuo de Sacerdotio Leuitico & figuris eius. Item per Ioannem Damaſcenum ſuper Ezechiel, vbi agitur de ſacrificio Principis, qui offerre debet holocauſtum mane Cathamane, id eſt holocauſtum ſempiternum. Item per Euſebium ſuper 8. caput Leuitici. Item per Adamantium ſuper eodem libro Leuitici. Item per Rabanum ſuper verba Eccleſiaſtici, *Beatus cui datum eſt habere timorem Dei, tenere eum cui aſſimilatur*. Item per alium Doctorem ſuper verba Exodi : *Ego ſtabo in vertice montis habens virgam Dei in manu mea*. Item per alium ſuper verbo Ezechielis : *Factus eſt tanquam electum in medio ignis*. Item per alium ſuper verbo Moyſi: *Dicit Moyſes, comedite illud hodie, in agro ſex diebus colligetis, in die ſeptimo Sabbatum Domini eſt, & idcirco non inuenietur vllus quòd egredietur de loco ſuo*. Item per alium ſuper illud verbum Exodi: *Facies laminam, ſiue poculum de auro puriſſimo, in quo ſculpes opere celaturæ ſanctum Domino, & ligabis eum in vitta hyacintina, & eris ſuper tiaram immineus fronti Pontificis*. Item per alium ſuper illud verbum Regum : *Tibi dicit Dominus Deus tuus: tu paſces populum meum Ieruſalem, & tu eris Princeps ſuper eum*. Item per alium ſuper verbo illo : *Fiat in capite Ioſeph, & in vertice Nazarei inter fratres ſuos: diſſoluta ſunt vincula brachiorum & manuum eius per manum potentis Iacob*. Item per alium ſuper illo verbo : *Aron frater tuus erit propheta tuus, ipſe loquetur pro te ad populum, & non deſinet huiuſmodi progenies vſque in ænum ſanctum*. Item per alium ſuper illud Leuitici: *Omne quod Domino conſecratum fuerit, ſiue fuerit homo, ſiue animal, non redimetur, nec aliter commutabitur, ſed morte morietur*. Item per alium ſuper illud Leuitici: *Animal quod immolari poteſt Domino, & immolatum fuerit, ſanctum erit* : ſi quis vouerit, & mutari non poteſt, id eſt, non melius malo, nec peius bono, quod ſi mutauerit ſemper conſecratum erit Domino. Habetur etiam hoc ex aliis multis locis, & e' multis aliis Sanctorum dictis, & magnorum magiſtrorum tam mortuorum quàm viuentium determinationibus, & potiſſimè hoc habetur in ſpeciali & expreſſa determinatione in Concilio generali ſuper hoc

articulo habita, etiam canone expresso super hoc edicto & promulgato,
& ex multis aliis præter præmissa suo loco & tempore producendis.

Quid plura, si diligenter intelligatur verbum Principis Apostolorum
Petri in Canonica sua secunda, manifestè diffinit quòd Romanus Pontifex quandiu viuit ex debito iustitiæ tenetur ad curam gregis sibi commissi:
dicit enim sic: *Iustum autem arbitror quandiu sum in hoc tabernaculo suscitare vos
in commonitione: certus sum enim quòd velox est depositio tabernaculi mei, secundùm quod Dominus noster Iesus Christus significauit mihi per reuelationem. Dabo
autem operam & frequenter habere vos post obitum meum, vt horum memoriam
faciatis.* Notanda sunt igitur verba prædicta, *iustum esse arbitror*: iustitia
etenim debitum redditionis & necessitatem importat. Item notandum
est, quòd non dicit quandiu tenebo officium, vel quandiu non renuntiauero, sed dicit, *quandiu sum in isto Tabernaculo*, id est, quandiu vixero.
& sic Princeps Apostolorum Petrus determinat causam suam.

Ad id autem quod dicitur, quòd fecit constitutionem quòd renuntiare
liceat, cui constitutioni standum est, breuiter respondetur: Quòd standum est constitutionibus Romanorum Pontificum, sed illis in quibus
nec Euangelicis, nec Propheticis, Diuinisque præceptis aliquid contrarium inuenitur. Item certo certius est quòd contra ius diuinum, & contra
ius naturale, ex quibus inesse probata est indiuisibilitas & indissolubilitas articuli nostri, constitutio Romani Pontificis nihil potest. & suprà probatum
est indissolubilitatem & indiuisibilitatem spiritualis matrimonij & carnalis
referri ad Ordinis & Matrimonij Sacramétum. Item quod non licet, ex quo
non licet, nullo modo licet: ne refert quid ex æquipolentibus fiet. Item aut
Papa statueret, vt descendamus ad practicam, quòd sibi liceret hoc agere:
& hoc esset omnino erroneum, & stare non posset, quoniam contineret
impossibilitatem suæ positionis; contineret etiam contradictionem in obiecto, quòd esset obligatus & obligationi suæ præesset: poneretur etiam,
quod erroneum est, prioritas dignitatis in eadem substantia, super quo
fundatur totus error Arianorum: poneretur etiam quòd vis imperatiua
contra omnem naturam & possibilitatem ageret in seipsam. Iterum actus
iustitiæ exerceretur, quod non est possibile, in seipsum, nec extenditur
in alium, quod tamen de necessitate est. Iterum poneretur creatura extra
terminos creaturæ, quod nullo modo fieri potest. Aut constitueret Papa,
quod inferioribus suis liceret hoc agere, & in ipsum Romanum Pontificem actum iudicialem exercere, & omnino esse impossibile suprà plenè
probatum est. Nec credendum est quòd per illa verba, *Quodcunque ligaueris*, liceat Papæ ligare quod Deus soluit, & soluere quod Deus ligat
secundùm *** Pharisæorum: sed cum innocentiæ dote, non cum nocendi libertate plenitudinem potestatis Petrus transmisit ad posteros, secundùm Symmachum, & Hieronymum, & Augustinum, & Gregorium,
& Ioannem Damascenum, & alios plures.

Item constitutioni contra veritatem non est obediendum, quia obediretur & contra ipsum Christum qui veritas est, & contra Spiritum sanctum
qui est spiritus veritatis, & contra ipsum Patrem à quo etiam & Filio Spiritus veritatis procedit, & quia est etiam benedictus Deus veritatis. Et
quòd in huiusmodi non sit obediendum patet per Augustinum, & Hieronymum, Isidorum, Fabianum Papam, & Nicolaum Papam, & * Gutianum
Papam, & alios Doctores multos. Et hæc veritas declaratur per Vrbanum Papam dicentem: Sunt quidam dicentes Romano Pontifici semper
licuisse, licere condere nouas leges. Quod & nos non solùm non nega-

mus, sed validè affirmamus. Sciendum verò summopere est, quia inde nouas leges potest condere, vnde Euangelistæ aliquid nequaquam dixerint: vbi verò Dominus, vel eius Apostoli, vel eos sequentes sancti Patres sententiabiliter aliquid diffinierunt, ibi non nouam legem Romanus Pontifex dare, sed potiùs quod prædicatum est, vsque ad animam & sanguinem confirmare debet. Si enim quod docuerint Apostoli & Prophetæ, eósque sequentes sancti Patres destruere, quod absit, nitantur, non sententiam dare, sed magis errare committentur. Sed hoc procul sit ab eis qui semper Domini Ecclesiam contra luporum insidias optimè custodient. & Zozimus Papa dicit : Contra statuta Patrum aliquid condere vel mutare, nec huiusmodi Sedis potest auctoritas : Apud vos enim inconuulsis radicibus viuit antiquitas, cui decreta Patrum senserunt reuerentiam. & Ormisda Papa dicit : Prima salus est rectæ fidei regulam custodire, & à constitutione Patrum antiquorum nullatenus declinare. Ex quibus manifestissimè tollitur obiectus constitutionis editæ in contrarium.

Quia autem aliquibus veritatem gestorum ignorantibus dari posset occasio ex Clemente, de quo nonnulli ignorantes veritatem dicunt quòd renuntiauerit, illum obiectum manifestissimis rationibus confutemus. Nam istud certum est, quòd ordinatio Clementis ex nulla autentica scriptura habetur, sed ex scriptura apocrypha, quæ ea auctoritate contemnitur quàm probatur. Habetur enim ordinatio Clementis ex Itinerario suo, & ex Epistola Clementis ad Iacobum in ipso contenta, quam tamen beatus Hieronymus dicit reprobari per Eusebium Cæsariensem Episcopum, & quam etiam Canon Isidori ponit inter apocrypha, manifestè dicens : disputatio Petri & Appionis apocrypha, quam disputationem Itinerarium vocat. & sic nullus est obiectus, qui procedit ex apocryphis. Sed demus disputationis causa apocrypha pro veris. Probant ergo ordinationem Clementis per id quod in Itinerario dicitur, quòd tradidit sibi Pontificij dignitatem, id est, Petrus Clementi, sicut ei à Domino Iesu Christo tradita fuerat & concessa. & sic patet ordinatio. Renuntiationem probant per Hieronymum in libro virorum illustrium, vbi sic dicit : Clemens quartus post Petrum Romanæ Ecclesiæ Episcopus : siquidem secundus Linus fuit, tertius Anacletus: quamuis plerique Latinorum primum post Petrum putent esse Clementem, sicut dicunt aliqui, apparet quòd renuntiauit, quia institutus post Petrum in primo loco, non primo, sed quarto loco successit. Respondetur ad hoc multipliciter: primò, quia non quid fiat, sed quid fieri debeat inspiciendum est, & non exemplis, sed legibus iudicandum est: nec sufficit dicere : sic factum est, ergo sic fiet, maximè in iis quæ non licent. & multiplicare inconuenientiam non est solvere; & consuetudinis vsúsque longævi non est vilis auctoritas; non tamen vsque adeò fuit valitura monitio, vt rationem vincat & legem. Item esto quòd vnus fecerit, casus vnus est, & contemnendus, nam ad ea quæ frequenter accidunt iura aptantur; quod enim semel, vel bis accidit legisᷓlatores contemnunt.

Secundò respondetur : Omnes qui dicunt Clementem renuntiasse, dicunt quòd Spiritu sancto mandante Clemens renuntiauit, ad vitandum exempli perniciem. Sed attendendum est quòd quæ facta sunt per Petrum in Clemente, non habuerunt nisi quandam similitudinem & efficaciam electionis: non tamen ex omnibus per Petrum factis Clemens fuit Papa, nec ex eis habuit auctoritatem Pontificij quandiu Petrus vixit, sed post mortem Petri futurus erat : aliàs vel Petrus desiisset esse Papa

DE BONIF. VIII. ET PHILIP. LE BEL. 463

ante mortem, & fuisset mortuus, non Papa; quod falsissimum est. Vel duo simul fuissent Papae, Petrus & Clemens, quod impossibile est: nam Ecclesia iam non esset pulcra, sed monstrum habens duo capita. Et quòd Petrus Clementem elegerit, non vt praesentem Papam, sed vt futurum post eum Papam, apparet ex ipsis Petri verbis: in tempore enim suae mortis eum elegit. Petrus tunc fecit quod dicitur de ordinatione sua, quando sensit dissolutionem sui corporis imminere. Vnde dicit in Itinerario: Quae circa te acta sunt, significabis fratri nostro Iacobo Hierosolymorum Episcopo: nec dubites ipsum nimiam de nostro obitu habere tristitiam; sed magna consolatio eius animae erit, cùm audiet post mortem meam loco nostri successurum te, quem noui meum fuisse discipulum, & meae peregrinationis comitem, & Ecclesiasticis disciplinis instructum. Et sic apparet manifestissimè quòd Clemens non fuit Papa in vita Petri, sed quasi electus vt succederet ipsi Petro post mortem. Sed mortuo Petro, ad vitandum exempli perniciem, Spiritu sancto ei reuelante & mandante, non suscepit Pontificium, vt dicunt qui de hoc arguunt; sed coëgit Linum & Cletum ante se pontificari. & sic patet quòd ante Linum & Cletum non fuit Pontifex, nec Pontificatum post mortem Petri suscepit, ex huiusmodi ordinatione de se per Petrum facta, propter exempli perniciem, quae surgebat si suscepisset ex illa ordinatione, & si vnusquisque summus Pontifex viuens sibi posset eligere successorem: futurum enim erat vt in Petri sede plures sederent humana sapientes, & quaerentes quae sua sunt, non quae Dei, nec sequentes Petri vestigia, & in electione successoris reuelationem carnis & sanguinis, non sancti inspirationem Spiritus subsequentes. Haec exempli pernicies sublata est, ex eo quòd ex hac ordinatione Papa non fuit, nec Pontificium suscepit, nam si suscepisset, quantumcunque renuntiasset, non fuisset sublata exempli pernicies, sed inducta. Et sic ex superioribus patet incongruitas allegationis, quòd Papa renuntiare posset, quia Clemens renuntiauit. Certissimè enim etiam secundùm hoc allegantes, falsum est Clementem renuntiasse, sed non recepisse ad exempli perniciem euitandam; & aliud omnino est Pontificij ministerij non suscipere curam, aliud est post susceptum Pontificium renuntiare. Primum enim fortè licet, nisi in casu summae necessitatis Ecclesiae: secundum verò, scilicet post susceptum Pontificium renuntiare, nullo modo licet. & ille primus casus fuit in Clemente, qui secundùm hoc allegantes, ad vitandam exempli perniciem Pontificium non recepit.

Tertiò respondetur sic, & dicuntur & tolluntur principalia falsò supposita, falsúmque apertè dicitur quòd Clemens renuntiauerit siue per viam renuntiationis Pontificij iam suscepti, quod nullus intelligens diceret, quia ex hoc non vitaretur, immo induceretur exempli pernicies, siue per non acceptationem factae electionis, & non susceptionis Pontificij, vt alij dicunt. Et dicitur quòd electus Clemens per Petrum & ordinatus in successorem suum, statim post Petrum suscepit Pontificatum, & vsque ad mortem, quam pro nomine Domini Iesu Christi, vt insignis martyr sustinuit, in ipsius Pontificij executione permansit. Linus autem & Cletus non successerunt vt Pontifices, sed vt summi Pontificis coadiutores, auctoritatem & potestatem Pontificij non habentes; quod per expressas auctoritates & scripturas autenticas patenter ostenditur, per chronicas rationes & demonstrationes multiplices comprobatur: & primò per textum Canonis in contrarium allegati *Si Petrus*. 8. q. 1. cuius haec sunt verba: *Si Petrus Princeps Apostolorum adiutores sibi asciuit Linum & Cletum, non tamen potestatem Pontificij, aut soluendi & ligandi normam eis tradidit, sed successori suo Clementi, qui Sedem Apostolicam post eum & potestatem Pontificalem, tradente sibi beato Petro, habere promeruit. Linus verò & Cletus ministrabant exteriora. Princeps autem Apostolorum Petrus verbo & orationi vacabat.* Hoc totum est in Canone prædicto *Si Petrus*. In Pontificali autem ponitur id quod in Canone prædicto decisum est, & sequitur post verbum *vacabat* : *Quod ad manus impositionem pertinet: Linum verò & Cletum nunquam legimus aliquid egisse de Pontificali ministerio potestatiuè, sed quod Petrus eis mandabat, hoc tantummodo faciebant.*

Ex prædictis apertissimè plura habentur. Primò, quòd Linus & Cletus non fuerunt Romani Pontifices, sed Rom. Pontificis coadiutores, in hoc quod dicit, *adiutores sibi asciuit Linum & Cletum*, & sic patet falsitas eius quod arguebatur quòd Linus & Cletus fuerunt Pontifices, quia non fuerunt Pontifices, sed summi Pontificis coadiutores. Secundum habetur apertè, quòd Petrus misit auctoritatem successori suo Clementi, & sic ordinauit eum in futurum Pontificem post mortem suam, quod patet ex eo quod dicit, *successori suo Clementi qui Sedem Apostolicam post cum*, &c.

Item patet quòd Clemens primus post eum suscepit cathedram & auctoritatem Pontificij: quod liquet ex eo quod dicit, *Et potestatem Pontificalem tradente sibi beato Petro habere promeruit.* & sic patet falsitas eius quod dicitur quòd renuntiauit, siue non suscepit, & quod coëgit Linum & Cletum ante se pontificari. De huiusmodi enim renuntiatione Clementis, siue non susceptione, nulla prorsus habetur scriptura: sed arguunt non intelligentes ex dicto Hieronymi in libro illustrium virorum : *Siquidem secundus Linus fuit, tertius Anacletus,* &c. Dicunt igitur hoc esse non potuisse, quòd Linus fuerit primus post Petrum, nisi per renuntiationem Clementis. & hoc veritatem non habet, quia potuit esse per non susceptionem, vt dictum est. Sed nec illud veritatem habet quòd fuerit Linus post Petrum secundus, & Anacletus tertius. Quod patet, quia dicitur ex Canone *Si Petrus*, quòd Linus & Cletus administrabant exteriora sicut coadiutores. Ex quo etiam habetur quòd sufficientia summi Sacerdotis non est attendenda ex huiusmodi exterioribus, quoniam illa exteriora non sunt de substantia sacerdotij : ideo subditur in Canone *Si Petrus*, quòd Princeps Apostolorum Petrus verbo & orationi vacabat. quod pertinet ad substantiam sacerdotij. & hoc manifestè declaratur in parte decisa, quæ est in Pontificali, dum subditur, *Quod ad manus impositionem pertinet.* Ex quo etiam clarè habetur illud etiam, quod soluit quæstionem in toto, scilicet, quòd hoc competit summo Hierarchæ ratione ordinis, non iurisdictionis : nam, vt patet in Actibus, Spiritus sanctus per manus impositionem dabatur credentibus. Et quòd Linus & Cletus nunquam Pontifices fuerunt, expresè terminatur in parte decisa, cùm dicitur : *Nunquam enim legimus Linum & Cletum aliquid egisse ex Pontificali ministerio potestatiuè,* id est, vt potestatem habentes, sed vt ministri & coadiutores agebant quod Petrus eis præcipiebat. & hoc manifestè patet ex Pontificali, vbi sic dicitur, *Linus natione Italus,* &c. & infrà, *hic ex præceptis Beati Petri constituit vt mulier in Ecclesia velato capite introiret,* &c. Et sic patet quòd Linus nil auctoritate Pontificij faciebat, sed ex Petri præcepto. De Cleto etiam in eodem Pontificali dicitur sic: *Cletus natione Romanus,* &c. & infrà, *hic ex præcepto Beati Petri viginti quinque Presbyteros ordinauit.* Et sic patet quòd non faciebat potestatiuè, sed vt coadiutor ex beati Petri præcepto. De Clemente etiam in eodem Pontificali dicitur sic: *Clemens natione Romanus,*

&c.

DE BONIF. VIII. ET PHILIP. LE BEL.   465

&c. & infrà, *hic ex præcepto beati Petri suscepit Ecclesiam & auctoritatem Pontificatum gubernandi.* Ex prædictis igitur irrefragabiliter patet falsitas dicentium Clementem renuntiasse, vel non suscepisse Pontificium, & coëgisse Linum & Cletum ante se pontificari: nam constat omnino contrarium per præmissa. Et quòd Linus & Cletus sedisse dicuntur adscripti catalogo Pontificum Romanorum, est propter sanctitatem Petri eligentis eos in coadiutores, & approbantis vt ministros, & propter sanctitatem ipsorum sanctorum Electorum ex præcepto Petri administrantium Pontificium. Hæc autem veritas apertissimè patet ex gestis Pontificum Romanorum, vbi habentur gestus omnium suo ordine sibi succedentium, & vsque ad Siluestrum ponuntur commonitoriæ epistolæ ipsorum, quibus vtebantur: non enim generales Canones ante Siluestrum promulgabant. In dicto autem libro Pontificalium actuum à Petro vsque ad Siluestrum tot fuerunt Romani Pontifices. & subditur ibidem ** & statim subiungit sanctis Lino & Cleto, quoniam ipsi nunquam fuerunt Romani Pontifices, sed summi Pontificis coadiutores, & quod eis per Petrum præcipiebatur hoc tantummodo faciebant. Ponit autem liber Pontificalium actuum: primò Petrum, cuius epistolæ habentur in Canone Bibliæ. Secundum à Petro ponit Clementem, ac epistolas suas continentes etiam substantiam quarundam epistolarum Petri, quæ non habentur in Canone. Quarto loco à Petro ponit Anacletum & epistolas suas, dicens, *Anacletus quartus à Petro,* &c. Et sic patet manifestissimè solutio ad obiectum de Clemente.

 Sed adhuc arguunt ignorantes quòd & Marcellinus Papa renuntiauit. Sed istud omnino est falsum, quod patet ex textu 21. dist. *Nunc autem.* Ex cuius Concilij generalis Canone, & ex ipsius lectione multa patent: Primum, quòd non renuntiauit, nil enim omnino de renuntiatione sua dicitur, non solùm ex illo textu, sed nec ex totius lectione Concilij, vnde ille textus decisus sumitur. & sic patet quòd nunquam renuntiauit, si errorem suum purgans & confitens ad tyrannum Diocletianum accessit, & capitalem sententiam passus est, insignis martyr pro Christi fide effectus: sic nunquam renuntiauit nisi renuntiationem voces Pontificij, quòd pro Christi fide iuit ad mortem. Hoc modo multi renuntiauerunt martyrium subeundo, & hanc renuntiationem licitè posse fieri nullus dubitat; immò hanc renuntiationem facere non solùm possunt, immo tenentur omnes Dominici gregis Pastores. mori vtique, si necesse sit, debet pro illius fide, cuius auctoritate vtitur sibi in Petro in eiusdem fidei confessione concessa. Quòd etiam non renuntiauerit Marcellinus, manifestè patet, quia post mortem eius Sedes Romana vacasse legitur per plures annos, post quos Marcellus electus est, & Marcellino successit.

 Cùm autem arduissima causa sit Pontificij cessio, & rem arduissimam, id est summam potestatem & auctoritatem contingat, & omnes vniuersaliter tangat, atque contingat; certo certius est quòd dato impossibili pro possibili, & illicito pro licito, scilicet quòd renuntiatio fieri possit, coram vniuersali Concilio fieri debuit, & non alibi, sicut suo loco & tempore dabitur manifestè.

 Item dato impossibili pro possibili, & illicito pro licito, scilicet quòd renuntiatio fieri posset, quæ tamen non posset, & quòd in casu liciti coram Collegio fieri posset, sicut in veritate non potest, sed coram Concilio generali, si casus huiusmodi licitè esset, qui tamen nusquam est: tamen certo certius est, quòd interuenientibus dolo & fraude, quæ manifestissimè interuenerunt, & interuenisse proposita & allegata sunt, & probari

Nnn

oblata, vitiarentur necessario renuntiatio & cessio, dolo & fraude elicitæ, obtentæ, & omnia consequentia ad easdem.

Tenores autem instrumentorum Procurationum, per dominum Magistrum Iacobum de Mutina Procuratorem superius productorum, tales sunt.

IN NOMINE Domini Amen. Anno Domini millesimo trecentesimo decimo, indictione octaua, Pontificatus domini Clementis Papæ quinti anno quinto, mensis Iulij die penultimo. In præsentia mei Notarij & testium subscriptorum ad hoc specialiter vocatorum & rogatorum, prouidi & discreti viri domini Thomas de Morro, & Corradus de Spoleto, qui se obtulerunt defensioni felicis recordationis domini Bonifacij Papæ octaui, & eius memoriæ, in negotio super crimine hæreseos, cæterisque contra eundem oppositis, & quilibet eorum in solidum fecerunt, constituerunt, atque ordinauerunt eorum verum & legitimum Procuratorem, actorem & nuntium specialem, discretum virum dominum Iacobum de Mutina, præsentem, & mandatum in se sponte suscipientem, ad dandum, producendum & exhibendum nomine eorum & cuiuslibet ipsorum in solidum coram sanctissimo patre domino Clemente diuina prouidentia Papa quinto, vel coram quocunque alio, cui idem dominus Papa id commiserit in negotio prædicto, quasdam exceptiones, & rationes scriptas in membranis in vno rotulo continente viginti quinque petias, quæ incipiunt : *In nomine Domini Amen. In negotio super crimine hæreseos, &c.* & finiunt : *Coram Sanctitate vestra verbo & scriptis proponere, Pater sancte.* & generaliter ad dandum nomine ipsorum & cuiuslibet eorum in solidum omnes exceptiones dilatorias & declinatorias in negotio memorato, quæ eidem suo Procuratori & nuntio videbuntur, & ad comparendum nomine ipsorum coram eodem domino Papa, & protestandum, excipiendum, ac faciendum omnia quæ in dicto negotio fuerint opportuna : promittentes mihi Notario infra scripto, stipulanti & recipienti vice omnium, quorum interest vel interesse posset, prædictam productionem, exhibitionem, & omnia & singula quæ per dictum Procuratorem seu nuntium ipsorum acta fuerint, siue gesta, perpetuò rata & firma habere, & tenere, & in nullo contrauenire, de iure vel de facto, sub hypotheca & obligatione omnium bonorum suorum. Actum Auinion. in hospitio reuerendi patris domini Francisci Dei gratia sanctæ Mariæ in Cosmed. Diaconi Cardinalis, præsentibus discretis viris Ioanne Petri, Petro Ioannis, Ioanne Rogerij de Verulis Notariis, & Petro Nicolai de Tuderto, testibus ad prædicta vocatis specialiter & rogatis.

Et ego Nicolaus Ioannis de Vico publicus Imperiali auctoritate Notarius, prædictis omnibus interfui rogatus, scripsi & publicaui, meóque signo consueto signaui.

IN NOMINE DOMINI Amen. Anno eiusdem millesimo trecentesimo decimo, indictione octaua, die vltima Iulij, Pontificatus domini Clementis Papæ quinti anno quinto. In præsentia mei Notarij, & testium subscriptorum ad infra scripta specialiter vocatorum, venerabilis vir dominus Franciscus natus quondam domini Petri Gaytani, qui se obtulit defensioni felicis recordationis domini Bonifacij Papæ octaui, & eius memoriæ, in negotio super crimine hæreseos, cæterisque contra eundem oppositis, fecit, constituit, & ordinauit suum verum & legitimum Procuratorem, actorem, & nuntium specialem, discretum virum dominum Iacobum de Mutina, præsentem &

mandatum in se sponte suscipientem, ad dandum, producendum, & exhibendum nomine suo coram sanctissimo patre domino Clemente diuina prouidentia Papa quinto, vel coram quocunque alio, cui idem dominus Papa id commiserit in negotio prædicto, quasdam exceptiones, & rationes scriptas in membranis, in vno rotulo continente viginti quinque petias, quæ incipiunt: *In nomine Domini amen. In negotio super crimine hæreseos*, &c. & finiunt: *Coram Sanctitate vestra verbo & scriptis proponere, Pater sancte*. & generaliter ad dandum nomine ipsius omnes exceptiones declinatorias & dilatorias in negotio memorato, quæ eidem suo Procuratori & nuntio videbuntur, & ad comparendum nomine ipsius coram eodem domino Papa, & protestandum, excipiendum ac faciendum omnia, quæ in dicto negotio fuerunt opportuna: Promittens mihi Notario infrà scripto stipulanti & recipienti vice omnium, quorum interest vel interesse posset, prædictam productionem, exhibitionem, & omnia & singula quæ per dictum Procuratorem seu nuntium ipsius acta fuerint siue gesta, perpetuò rata & firma habere, & tenere, & in nullo contrauenire de iure vel de facto, sub hypotheca & obligatione omnium bonorum suorum. Actum Caualion. in domibus Episcopatus, in quibus morabatur tunc reuerendus pater dominus Franciscus Dei gratia sanctæ Mariæ in Cosmed. Diaconus Cardinalis, præsentibus venerabili viro domino Francisco de Moliano Canonico Laudunen. Magistro Iacobo Adenulfi de Anagnia, Capellanis, & Faiola de Caghiano domicello, & familiaribus dicti domini Cardinalis, testibus ad prædicta vocatis & rogatis.

Et ego Boninus de Nuptiis de Cremona, publicus Apostolica & Imperiali auctoritate Notarius, prædictis interfui, & rogatus ea scripsi & publicaui, & signum meum apposui consuetum.

IN NOMINE Domini Amen. Anno Domini millesimo trecentesimo decimo, indictione octaua, Pontificatus domini Clementis Papæ quinti anno quinto, mensis Iulij die penultimo. In præsentia mei Notarij & testium subscriptorum ad hoc specialiter vocatorum & rogatorum, prouidi & discreti viri domini Baldredus de Bisech, & Gozius de Arimino, qui se obtulerunt defensioni felicis recordationis domini Bonifacij Papæ octaui, & eius memoriæ, in negotio super crimine hæreseos, cæterisque contra eundem oppositis, & quilibet eorum in solidum fecerunt, constituerunt, atque ordinauerunt eorum verum & legitimum Procuratorem, actorem & nuntium specialem, discretum virum dominum Iacobum de Mutina præsentem, & mandatum in se suscipientem, ad dandum, producendum & exhibendum nomine eorum & cuiuslibet ipsorum in solidum, coram sanctissimo patre domino Clemente diuina prouidentia Papa quinto, vel coram quocunque alio, cui idem dominus Papa id commiserit in negotio prædicto, quascunque exceptiones & rationes scriptas in membranis, in vno rotulo continente viginti quinque petias, quæ incipiunt: *In nomine Domini amen. In negotio super crimine hæreseos*, &c. & finiunt: *Coram Sanctitate vestra verbo & scriptis proponere, Pater sancte*. & generaliter ad dandum nomine ipsorum, & cuiuslibet eorum in solidum omnes exceptiones dilatorias & declinatorias in negotio memorato, quæ eidem suo procuratori & nuntio videbuntur, & ad comparendum nomine ipsorum coram eodem domino Papa, & protestandum, excipiendum ac faciendum omnia, quæ in dicto negotio fuerunt opportuna: Promittentes mihi Notario infrà scripto stipulanti & recipienti vice omnium quorum interest vel interesse posset, prædictam productionem, exhibitionem, & omnia & singula, quæ per dictum Procuratorem seu nuntium ipsorum acta fuerint siue gesta, perpetuò rata & firma habere,& tenere, & in nullo contrauenire de iure vel de facto, sub hypotheca & obligatione omnium bonorum suorum. Actum Auinion. in hospitio reuerendi patris domini Francisci sanctæ Mariæ in Cosmedin. Diaconi Cardinalis, præsentibus Puzarello quondam Iacobi de Monte Speltuli de Comitatu Florentiæ, Patricio de Cramont, clerico diocef. sancti Andreæ in Scotia, & Ioanne de Castro puellarum eiusdem diocef. testibus ad prædicta vocatis & rogatis.

Et ego Nicolaus Ioannis de Vico publicus Imperiali auctoritate Notarius prædictis omnibus interfui, & rogatus scripsi, & publicaui, meóque signo consueto signaui.

IN NOMINE Domini Amen. Anno Domini millesimo trecentesimo decimo, indictione octaua, Pontificatus domini Clementis Papæ quinti anno quinto, mensis Iulij die vltimo, in præsentia mei Notarij & testium subscriptorum ad hoc specialiter vocatorum & rogatorum, prouidus & discretus vir dominus Nicolaus de Verulis, qui se obtulit defensioni felicis recordationis domini Bonifacij Papæ octaui super crimine hærefeos, cæterisque contra eum oppositis, fecit, constituit, & ordinauit suum verum & legitimum Procuratorem, actorem, & nuntium specialem dominum Iacobum de Mutina præsentem, & mandatum in sponte suscipientem, ad dandum, producendum & exhibendum eius nomine, coram sanctissimo patre domino Clemente diuina prouidentia Papa quinto, vel coram quocunque alio, cui idem dominus Papa id commiserit in negotio prædicto, quasdam exceptiones & rationes scriptas in membranis, in vno rotulo continente viginti quinque petias, quæ incipiunt : *In nomine Domini Amen. In negotio super crimine hærefeos*, &c. & finiunt : *Coram Sanctitate vestra verbo & scriptis proponere, Pater sancte.* & generaliter ad dandum nomine suo omnes exceptiones declinatorias & dilatorias in negotio memorato, quæ ipsi Procuratori suo videbuntur, & ad comparendum eius nomine coram eodem domino Papa, & protestandum, excipiendum ac faciendum omnia quæ in dicto negotio fuerint opportuna : Promittens mihi Notario infrà scripto stipulanti & recipienti, vice & nomine omnium quorum interest vel interesse posset, prædictam productionem, & exhibitionem, ac comparitionem, & omnia & singula quæ per dictum Procuratorem suum acta fuerint siue gesta, perpetuò rata & firma habere, & tenere, & in nullo contrà facere vel venire, de iure vel de facto, sub obligatione bonorum suorum. Actum Auinion. in hospitio reuerendi patris domini Francisci, Dei gratia sanctæ Mariæ in Cosmedin. Diaconi Cardinalis, præsentibus Magistris Ioanne Petri, & Ioanne de Porta de Verulis testibus ad prædicta vocatis specialiter & rogatis.

Et ego Nicolaus Ioannis de Vico publicus Imperiali auctoritate Notarius, prædictis omnibus interfui, & ea rogatus scripsi & publicaui, meóque signo consueto signaui.

IN NOMINE Domini amen. In negotio super crimine hærefeos & non canonico ingressu, cæterisque contra felicis recordationis dominum Bonifacium Papam octauum oppositis, coram Sanctitate vestra, Pater sanctissime domine Clemens diuina prouidentia Papa quinte, Franciscus quondam domini Petri Gaytani, Iacobus de Mutina, Baldredus Decretorum, Gotius de Arimino, vtriusque Iuris Doctores, Nicolaus de Verulis, Thomas de Morro, & Conradus de Spoleto, condefensores eiusdem domini Bonifacij Papæ octaui, & eius memoriæ, ipsi

DE BONIF. VIII. ET PHILIP. LE BEL.

omnes & quilibet eorum in solidum pro seipsis & quolibet eorum, & aliis defensoribus, suis, & sibi adhærentibus, repetitis protestationibus factis aliàs per eosdem, videlicet quòd per ea quæ dicunt, faciunt, vel petunt, seu dicent, facient, vel petent per se vel alios, non intendunt, nec volunt, nec consentiunt quòd in præsenti negotio tam in ingressu, quàm etiam in progressu & egressu modo aliquo procedatur, nisi si in quantum & prout procedi debet de iure, saluisque eis omnibus exceptionibus declinatoriis & dilatoriis, & aliis quibuscunque defensionibus suo loco & tempore proponendis, non intendunt nec consentiunt aliquos opponentes admittere, vel cum aliquibus partem facere, nisi in quantum, quando & prout de iuris necessitate deberent, exceptiones & rationes dant & exhibent infrà scriptas ad hunc effectum quòd in præfato negotio, neque ex officio Sanctitatis vestræ, nec ad petitionem, supplicationem, vel accusationem, seu denuntiationem, seu promotionem Guillelmi de Nogareto & Guillelmi de Plasiano, vel alterius cuiuscunque personæ, nec etiam ad supplicationem illustris domini Regis Francorum, nec alio quouis modo procedi possit vel debeat, & quòd testes senes valitudinarij, seu longo tempore abfuturi, vel alij, nullatenus recipiantur, nec in ipso negotio quomodolibet procedatur, & ad omnem alium effectum qui eis vel parti suæ meliùs valere potest, ad declinandum iudicium in negotio memorato. Ante omnia tamen dicunt & protestantur, quòd infrascriptas exceptiones dant & exhibent, & pro datis & exhibitis volunt haberi, secundùm hunc ordinem, videlicet illas exceptiones & rationes, quæ & quatenus tendunt ad declinandum iurisdictionem Sanctitatis vestræ. Primo loco proponunt, dant & exhibent, & proprius datis & exhibitis volunt haberi. Et posito, sed non concesso, quòd dictæ declinatoriæ exceptiones non procederent de iure, in eo casu ex nunc protestantur, dant & exhibent eas exceptiones, quæ & quatenus tendunt ad repulsionem personarum dictorum oppositorum. Et posito, sed non concesso, quòd prædicta de iure non procedant seu cessent; quod tamen verum non est: vel etiam si repulsis oppositoribus vel non repulsis velletis ex officio vestro procedere in dicto negotio, protestantur, & ex nunc proponunt & exhibent illas exceptiones & rationes, quæ tendunt, & quatenus tendunt ad impediendum quemuis processum faciendum in negotio supradicto.

In-primis excipiendo proponunt dicti defensores, & quilibet eorum, quòd vos, Pater sanctissime, in præfato negotio dicti domini Bonifacij Papæ octaui, ex officio vestro vel ad petitionem aliquorum procedere non potestis, nec debetis de iure, quia dominus Bonifacius Papa octauus fuit par vobis in dignitate & potestate, & ideo iurisdictionem aliquam iudicandi ipsum non habetis, quia par in parem non habet imperium, extra. *de Elect. Innotuit*: sic enim dicitur Prætorem in Prætorem, vel Consulem in Consulem nullum habere imperium, ff. *ad Trebell. ille à quo.* §. *tempestinum.*

Item excipiendo proponunt dicti defensores, & quilibet eorum, quòd vos, Pater sanctissime, in præfato negotio domini Bonifacij Papæ VIII. ex officio vestro, vel ad petitionem aliquorum, procedere non potestis, nec debetis de iure, quia causas ipsius domini Bonifacij Papæ VIII. Deus suo tantùm sine quæstione iudicio reseruauit, 9. q. 3. *nemo*, & c. *aliorum*. Et licèt, Pater sanctissime, habeatis plenitudinem potestatis: illos autem, quos Deus suo tantùm iudicio reseruauit iudicandos, iudicare non potestis, vt 2. q. 5. *consuluisti*. & 33. di. *habuisse* in fi. & 31. q. 1. *Si duo.*

Item excipiendo proponunt dicti defensores, & quilibet eorum, quòd vos, Pater sanctissime, in præfato negotio dicti domini Bonifacij Papæ procedere non potestis, nec debetis de iure, quia ex sola audientia data oppositoribus supradictis, scandalum magnum in tota Ecclesia Dei suscitatur, & maius suscitaretur, si ipse dominus Bonifacius Papa octauus, vt hæreticus damnaretur, quia per ipsum infiniti Prælati & alij Rectores Ecclesiarum fuerunt promoti, & infinitæ dispensationes super matrimoniis & aliis casibus per ipsum factæ fuerunt, & vbicunque magnum scandalum timetur, iudicium & vindicta Dei iudicio relinquendum & relinquenda est, vt 4. di. *Denique.* & 1. q. 7. *quotiens.* & 23. q. *non potest.* & c. *ipsa.* Hoc natur per Hug. in Pal. c. *denique*.

Præterea potestato quòd istud negotium nullo modo etiam in Concilio, nedum sine eo agendum est, nec in eo quomodolibet procedendum, dicunt, & excipiendo proponunt defensores prædicti, & quilibet eorum, quòd si agendum esset aliquo modo, vel in eo procedendum, quod verum non est, non deberet agi absque Concilio, sed in ipso Concilio agi deberet etiam hoc ipsum, vtrum negotium huiusmodi assumi debeat, & in eo procedi, vel non, pluribus rationibus.

Prima ratio est, quia posito sine præiudicio, quòd negotium istud aliquo modo agendum sit, quod tamen verum non est, id quod in viuo obseruaretur & in defuncto obseruandum est: memoria namque præteriti dominij honorem & reuerentiam exigit, & exhiberi quondam domino, quos & ipsum actu dominium obtineret; & ideo seruus qui in caput domini non interrogatur de iure distractus, in memoriam prioris dominij contra olim dominum interrogari non potest, ff. *quæstio vnius.* §. *seruus.*

Præterea posito similiter sine præiudicio, quòd agendum sit negotium, si viuente domino Bonifacio esset congregandum Concilium. 17. di. §. *Hinc etiam,* & 21. di. *Nunc autem.* multo magis eo defuncto, quia grauius delinquitur in defunctum, quàm in viuentem. *Ar. C. de sepul. Mo. qui sepulcra.* & magis deferendum est defuncto qui se defendere non potest, vt pleniùs, quod in Concilio euenit, defendatur, ne defensus ignominia afficiatur, quàm viuenti. *Ar. ff. de interrog. act. l. & quia & iust. quinam nunc non pos.* §. 1. Nec negatio aduersariorum; quòd dominus Bonifacius non intrauit per ostium, aut non fuerit Papa, aliquid immutare debet, quia de hoc ipso ageretur, & interim præsertim cùm fuerit in possessione Papatus, pro tali, scilicet quòd fuerit Papa, habendus esset, quousque aliud appareret. c. *si ser. expor. venia moueor,* & cum suis similibus. & quia aliàs expediret negare quod esse non debet, ff. *de iudic. solem. & de tribut. illud.* §. *sed & si negauerit.* Et ideo si neget, qui maritus fuisse dicitur, matrimonium esse contractum, nihilominus alimenta liberis interim præstare compellendus est. ff. *de libe. agnosc. si neget.*

Secunda ratio est, quia cùm actum est de hæresibus iam defunctorum, & etiam iam damnatis, actum est in Concilio, vt patet de hæresi Nestorij primò in Ephesina synodo damnata, & nihilominus postea in Calchedonen. Concilio, 15. di. *Sanctam Romanam.*

Item Alexander tertius contra schismaticos apostaticos iam defunctos Lateranense Concilium congregauit, in quo de eis egit. *extra. de schisma.* c. 1. *vos autem.* Si negotium aliquo modo agendum sit, quod tamen verum non est, deberetis inhærere vestigiis prædecessorum vestrorum 25. q. 11. *decessorum.* extra. *de iuram. calumn. inhærentes.* & digna vox maiestate regnantis, se Principem alligatum legibus profiteri. §. *de legibus di-*

gna. & maxime in praesenti negotio vbi Ecclesiae status concutitur, inhaerere deberetur vestigiis supradictis, & plenitudinem potestatis infra iuris, limites continere.

Tertia ratio est, quia posito similiter sine praeiudicio, quòd negotium hoc agendum sit, quod tamen verum non est, videtur quòd iste casus non sit in potestate solius Romani Pontificis, quia sic immutatur seu immutari potest, vertitur & concutitur status vniuersalis Ecclesiae, & eius libertas: vertitur quidem, quia multos tangit clericos & laicos aliquo interesse: concutitur autem seu immutatur, vel immutari potest, & excessus subditorum corrigendi libertas, quia quisque potentior si ab aliquo voluerit aliquid vel ab eo recipiat, quod sibi displiceat, siue talis fuerit Praelatus cuiuscunque status & praeeminentiae, siue laicus, dicet eum haereticum exemplo hoc, & capiet ipsum, & nihil aliud esset id per vos assumi, nisi Ecclesiam destructioni parare: propter quod talis casus non est solius Romani Pontificis, 24. q. 1. *memor. & no.* extra. *de concef. praeben. proposuit.* Cùm ergo negotium hoc, si aliquo modo agi debeat, quod tamen non est verum, in Concilio esset agendum, etiam id vtrum in negotio procedatur, vel non, Concilio seruari debet, 5. q. 2. *si primates.* 3. q. 5. *quia suspecti.* extra. *de Iudic.* c. 1. Nec vos antè debetis cognoscere, & sententiam in Concilio reseruare, praesertim quia non debet vnus cognoscere, & alius de re ab alio cognita iudicare. C. *de Iudic. Ant. ad hac.* nam de qua re cognouit iudex, de ea iudicare debet, ff. *de iudic. de qua re.*

Praeterea protestato quòd istud negotium nullo modo etiam in Concilio, nedum sine eo, agendum est, nec in eo quomodolibet procedendum; posito tamen sine praeiudicio, quòd agendum esset aliquo modo, vel in eo procedendum, quod verum non est. & posito sine praeiudicio quòd ad vestram solius absque vllo Concilio iurisdictionem pertineret cognoscere de hoc negotio, quod verum non est:

Excipiendo proponunt defensores praedicti, & quilibet eorum, contra personas Guillelmi de Nogareto, & Guillelmi de Plasiano, & cuiuslibet eorum, quòd nec ipsi nec aliquis eorum admitti debent ad accusandum, vel denuntiandum seu proponendum, vel prosequendum ea quae proponunt seu obiiciunt contra statum & memoriam felicis recordationis domini Bonifacij Papae octaui, pro eo quòd ipsi, & quilibet eorum fuerunt & sunt inimici eiusdem domini Bonifacij, eiúsque famae & memoriae. quod patet ex eo, quia dictus Guillelmus de Nogareto requisiuit dominum Philippum illustrem Regem Francorum, quòd poneret personam dicti domini Bonifacij in custodia, & quòd per ipsum & dominos Cardinales prouideretur Ecclesiae Romanae de Vicario. & hoc apparet ex productis per dictos Guillelmos.

Item patet de dictis inimicitiis, ex eo quia dictus Guillelmus de Nogareto turba ** cum multitudine hominum armatorum de nocte hostiliter intrauit Anagniam, & cum magno conflictu expugnauit domum seu Palatium in quo habitabat idem dominus Bonifacius, eúmque cepit & captiuauit, atque captum detinuit per tres dies, quousque manus Domini obstitit eidem Guillelmo. Ex quo facto manifestè coniuncitur, quòd idem Guillelmus de Nogareto fuit & est capitalis inimicus eiusdem domini Bonifacij, vt probatur extra. *Vt lite non contest.* c. *accedens.* Et quamuis praedicta sint notoria toti mundo, constat tamen etiam de iis ex productis coram Sanctitate vestra per eosdem Guillelmos: Constat etiam per processus felicis recordationis domini Benedicti Papae XI. factos contra dictum Guillelmum de Nogareto, & quosdam alios, qui fuerunt cum dicto Guillelmo ad capiendum prædictum dominum Bonifacium. qui processus continentur in Regiftro Romanæ Curiæ, & in quibus idem dominus Benedictus teftificatur & afferit dictum Guillelmum prædictum fcelus in fui præfentia, feu fub oculis fuis, ac etiam notoriè perpetraffe; & teftimonio & affertioni Papæ credi & ftari debet. extra. *de teftibus. cùm à nobis* in fi. & eius fententia vim legis obtinet, vtiura dicunt, c. *de legibus* l. 1. & l. vlt. *cùm fi.*

Patet etiam de prædictis inimicitiis ex eo quòd dictus Guillelmus fuit auctor prædictæ violentiæ, & eo actore, & caufam & occafionem præftante, bona & thefaurus Romanæ Ecclefiæ, & Sanctorum reliquiæ rapta & difperfa fuerunt per eundem Guillelmum & alios, & plurima priuilegia, & literæ fcriptæ minutis & cartis antiquis, donationes, immunitates, libertates, emptiones, acquifitiones, & iura alia Romanæ Ecclefiæ continentes, conceffa ab Imperatoribus, Regibus, Principibus, & aliis Catholicis Chriftianis lacerata fuerunt : & interfectus fuit Strigonien. Electus, & confirmatus, & portæ maioris Ecclefiæ Anagniæ igne fuccenfæ fuerunt, ac etiam Cardinales Romanæ Ecclefiæ fugati, & quamplurimæ aliæ iniuriæ & violentiæ perpetratæ fuerunt. quæ omnia afcribuntur feu imputari debent dicto Guillelmo de Nogareto, cùm ipfe fuerit caufa & occafio, & actor omnium prædictorum malorum. ad hoc C. ad l. Iul. *de vi. pu. vel pri. l. quoniam multa facinora.* & ille qui alium fpoliat rebus fuis, eius cenfetur inimicus. extra. *de refti. fpo.* c. *Item cùm quis.* propter quam inimicitiam etiam in exceptis criminibus ab accufando repellitur, vt ibi *no. Innoc.* & notatur etiam per B. extra. *de accufat.* c. *cum P. Manconella.*

Item patet de dictis inimicitiis ex inftrumento producto per eofdem Guillelmos, continente quandam appellationem feu veriùs diffamationem contra perfonam dicti domini Bonifacij. Ex quo quidem inftrumento conftat quòd dictus Guillelmus de Plafiano coram illuftre Rege Francorum & aliis Baronibus & Prælatis, & Parlamento toto congregato Parifius, dixit, afferuit & publicauit omnia infrà fcripta, videlicet quòd dictus dominus Bonifacius omnes & fingulos de natione Gallicorum reputabat & publicabat Patarenos. & quòd ab antiquo concepit odium contra Regem Franciæ, & quòd ad deprimendum Regem & Gallicos præcipitaret fe & totum mundum, & Ecclefiam, & quòd non curabat fcandalum, dum tamen Gallici & eorum fuperbia deftrueretur; & quòd antequam idem dominus Bonifacius teneret Sedem iftam, dixit quòd fi effet Papa, potiùs vellet totam Chriftianitatem fubuertere, quin nationem Gallicam deftrueret : Et quòd dum quidam nuntij Regis Angliæ nomine eiufdem Regis peterent fibi dari decimam regni Angliæ, quòd ipfe dominus Bonifacius refpondit eifdem, quòd non daret eis decimam, nifi eo pacto quòd fieret guerra contra Regem Franciæ : Et quòd magnas quantitates pecuniæ dedit certis perfonis, vt impediret, ne pax inter ipfos duos Reges fieret: Et quòd mandauit Frederico, qui tenet infulam Siciliæ, quòd fi vellet prodere Regem Karolum, & fracta fibi pace & non feruata, & vellet fe mouere contra dictum Regem, & occidere omnes Gallicos, quòd ipfe ad hoc faciendum daret fibi opem, auxilium, confilium & iuuamen : Et quòd confirmauerat Regem Alamaniæ in futurum Imperatorem, & publicè prædicauit quòd hoc faciebat vt deftrueret nationem Gallicanam : & quòd dixit quòd in breui faceret omnes Gallicos martyres & apoftatas.

Vnde

DE BONIF. VIII. ET PHILIP. LE BEL.

Vnde cùm prædicti Guillelmus de Nogareto, & Guillelmus de Plasiano sint de regno Franciæ, ac etiam sint & fuerint milites fideles, & vassalli & Officiales illustris Regis Francorum, & nunc superioris maximè tanti, inducant inimicitias, vt probatur extra. *quod vis. ca. c. Abbas.* & facit ad hoc quod *no. C. quod me. ca. l. metum.* Et credi & stari debeat iis, quæ quis in iudicio producit & asserit contra se. c. *de li. ca. l. cum precum vi, no. per Innoc.* extra. *de except. c. venerabilis. & de consi. cùm olim.* Sequitur ex præmissis quòd isti duo Guillelmi, qui producunt instrumentum prædictum, & eo vtuntur, in quo ipsi confitentur factum : ex quo oriuntur inimicitiæ graues inter ipsum dominum Bonifacium & eosdem, fuerunt & sunt inimici capitales prædicti domini Bonifacij. Ad hoc extra. *de accusat. c. Inquisitionis* in §. *ad hoc*, in versu : Vel aduersùs eos, contra quos sit inquisitio, fides non est adhibenda dictis eorum, qui post iuramentum ante, tacitè vel expressè inimicos se asserunt eorundem : Nam & si ipse Guillelmus diceret quòd dominus Bonifacius tulisset testimonium contra eum in aliqua causa, certum esset quòd ex tunc ipse Guillelmus, nec accusando, nec denuntiando esset audiendus, ff. *de accu.* l. *alij* & extra. c. *cum P.* & c. *meminimus cùm si.* multo minùs est audiendus idem Guillelmus propter supradicta, cùm longè maiores inimicitiæ colligantur ex prædictis, quàm ex prolatione testimonij.

Item patet de prædictis inimicitiis ex eo quòd prædicti Guillelmi de Nogareto & de Plasiano coram dicto domino Rege, & aliis multis nobilibus, & etiam in Parlamento Parisius, sicut ex productis eorum apparet, diffamauerunt eundem dominum Bonifacium de multis criminibus, de quibus accusari non poterat : cùm tamen prohibeatur à iure, quòd nullus mortalium culpas Papæ redarguere præsumat, quia cunctos iudicaturus est, à nemine iudicandus ; & tales infamatores & detractores sunt inimici, qui spoliant eum bonâ famâ, quæ est pretiosa res, 9. q. 3. *facta.* & qui spoliat alium re sua inimicus est, extra. *de restitu. spoliator. c. Item cùm quis.* ** non sunt admittendi accusando, denuntiando, vel aliàs obiciendo contra dictum dominum Bonifacium Papam octauum, vt dicit Pal. c. *Item cùm quis.* & no. extra. *de accusat. cum P.* & 40. di. *si Papa.* 9. q. *vlt. facta.* & non solùm prædicti Guillelmi diffamauerunt, & conspirauerunt, & requisiuerunt, & incitauerunt Regem, Prælatos, & alios, vt eis fauerent in propositis per eos contra dictum dominum Bonifacium, & eos adiuuarent, vt ex eorum productis apparet.

Item patet de dictis inimicitiis ex eo quòd dicti Guillelmi ab obedientia eiusdem domini Bonifacij se subtraxerunt quibusdam appellationibus, & diffamationibus interiectis, & confederationibus factis ; & sic eundem dominum Bonifacium, quantum in eis fuit iuris obedientiæ spoliarunt, quod eis non licuit, cùm etiam Prælato accusato de crimine, lite pendente, obediendum est, & intendendum etiam à subditis qui eum accusarunt. extra. *de accu. c. olim.* & 17. di. §. *hinc.* & 8. q. 4. Nónne, & qui alium spoliat iure suo, censetur inimicus, vt extra. *de resti. spoliator. c. Item cùm quis.* & ideo non admittendi, vt no. *Innoc. in. c. c.*

Patet etiam de conspirationibus dictorum Guillelmi de Nogareto, & Guillelmi de Plasiano contra dictum dominum Bonifacium, ex eo quòd ambo appellauerunt ab eo, & ambo sibi ad inuicem adhæserunt, & etiam proponunt coram vobis iidem Guillelmi, quòd plures Reges Roman. & alij Nobiles, & Vniuersitas Parisien. & aliæ quamplures Vniuersitates dicti regni Franciæ sibi adhæserunt, & se confederauerunt contra eundem

Ooo

dominum Bonifacium Papam octauum, ficut etiam ipfi in productis eorum dicunt & proponunt. Patet etiam de prædictis confpirationibus, ex eo quòd ipfum negotium fimul & coniúnctim profequuntur coram Sanctitate veftra contra memoriam dicti domini Bonifacij.

Et probantur hæc, fcilicet quòd inimici & confpiratores non funt admittendi ad accufandum, denuntiandum, vel teftificandum. extra. de *Simo. per tuos.* & *de accufat. cùm oporteat.* & no. in c. *cum.* P. & 3. q. 5. c. 3. & 4. & c. *quia fufpecti.* vbi dicitur quòd etiamfi notoria fint crimina alicuius, tamen ad denuntiationem inimici non funt punienda : & eft ratio, quia irati nocere cupiunt, & læfi fe vlcifci volunt : inoffenfus enim debet effe accufatoris affectus, & non fufpectus. Non obftat quod dicitur, quòd in exceptis criminibus quilibet admittuntur ad accufandum, qui aliàs prohibentur, quia in exceptis criminibus inimici & confpiratores non admittuntur propter malum zelum præfumptum, vt no. extr. *de accufat. cum P.* & quòd inimici in caufa etiam de hærefi non admittantur, no. *per hofti. in fumma.* extra. *de accufat.* §. *quis poffit.* Nec obftat quod dicitur quòd prædicti profequuntur fuam iniuriam & Dei, quia quod in diuinam religionem committitur, in omnium fertur iniuriam. Verum eft fecundariò. Iura autem quæ loquuntur admitti aliàs prohibitos ad profecutionem fuæ iniuriæ, de iniuria principaliter eis illata loquuntur. Sic dicitur : & aliàs quia intereft rei publicæ, ne quis re fua malè vtatur. Verum eft fecundariò, quia paupertas fingulorum principaliter eft ipforum, fed fecundariò in Rempublicam redundat. *Inft. de iis qui funt fui vel ali. iur.* §. *Sed & maior.* & tali modo fcilicet fecundariò quodlibet crimen publicum in iniuriam fingulorum infertur, & ideo admittuntur ad accufationes publicorum criminum, non tamen aliàs prohibiti, qui quidem prohibiti admittuntur fi fuam iniuriam profequantur. Hoc etiam patet, quia hoc crimen hærefeos non fuit ab initio publicum : fed poftea contra certos hæreticos ftatutum fuit effe publicum crimen; & ratio redditur, quare ftatuatur effe publicum, quia quod in religionem diuinam, &c.

Patet etiam, quia fi diceres in omnium iniuriam principaliter verti quod in diuinam religionem committitur, fequeretur abfurdum, quòd crimen hærefeos non effet publicum, fed priuatum, & vnufquifque pro fua propria iniuria ageret, ficut & in priuatis delictis, & non pro publica. Hoc autem non eft verum : ergo quòd nec in iniuriam omnium principaliter huiufmodi vertatur offenfa, verum exiftet, & ideo inimici & confpiratores qui in criminibus publicis repelluntur except. hic nullatenus admittentur. Patet etiam hoc, quia raptus virginum, vel viduarum aut Diaconiffarum Deo dedicatarum, in ipfius omnipotentis Dei irreuerentiam committitur, C. *de Epifcopis & Clericis. Raptores.* & tamen de exceptis criminibus raptus huiufmodi non inuenitur, fcilicet quòd etiam aliàs prohibiti nedum inimici admittantur in illo, licèt qui hoc faciunt, peffima criminum peccent, & in Deum committant, nec per confequens in iniuriam omnium. C. *de raptu vir. l. vna.*

Item quod obiicitur per eofdem, quòd infames, &c. admittuntur in hoc crimen hærefeos, non obftat, quia per defenfores excipitur de inimicitiis & confpirationibus, non de aliis propter quæ in criminibus non exceptis accufare volentes ab accufationibus repelluntur inimici : namque facilè mentiuntur. ff. *de quæft.* l. 1. §. *quæftioni.* & ideo tanquam de calumnia fufpecti, ne falfa crimina proponant, repellendi. ff. *de accn. aly. & no. extra. de acc. cum P.*

DE BONIF. VIII. ET PHILIP. LE BEL. 475

Item patet de eorum inimicitiis, ipsi enim in suis productis confitentur se esse familiares domini Regis Franciæ, vt subiicitur, inimici dicti domini Bonifacij Papæ octaui, & de ipsius regno. & non solùm inimici, sed cohabitantes inimicis repelluntur ab accusando. extra. *de accusat.* c. *repellantur.* quia ex hoc inimici præsumuntur. 4. q. 3. §. *testes.* extra. *de acc. cùm oporteat.* & c. *de in off. te. liberi.* & 93. di. *si inimicus.* Item quia de regno ipsius Regis, præsumuntur inimici. extra. *vt lit. non contest.* c. *accedens.* 2.

Quòd autem dictis Guillelmo & aliis qui dominum Bonifacium Papam octauum ceperunt, non licuerit eum capere, probatur veteri Testamento, Deuteronomij decimo-tertio capite, in quo dicitur quòd si audieris *aliquos dicentes: egressi sunt filij Belial de medio tui, & auerterunt habitatores vrbis tuæ, atque dixerunt: Eamus & seruiamus Diis alienis, quære sollicitè & diligenter, rei veritate perspecta, si inueneris certum esse quod dicitur, & abominationem hanc opere perpetratam, statim percuties habitatores vrbis illius,* &c. non auditis verbis idololatriæ per aliquos, qui dicunt aliquos etiam idololatras, statim currendum est, & statim vindicta sumenda: vt in eodem 17. cap. dicitur. sed demum veritate comperta, & per iudicem, vt no. 23. q. 4. in summa. & quod per Hug. c. *causa.* q. 7. in summa. vbi dicitur quòd in capiendo hæreticum, vel eius bona, ordo iuris seruandus est.

Et patet 21. di. *Nunc autem.* Sed dominus Bonifacius Papa, imposito crimine hæreseos, per subditos fuit captus, contra id quod sanctus Dauid fecit, qui in Saulem antè vnctum in Regem Israël, inimicum & persecutorem suum, reprobatum à Deo, & ipse Dauid per Samuelem vnctus in Regem de diuino mandato, noluit manus extendere dicens: *Non mittam manum in Christum Domini.* licèt bis posset mittere manum, 1. Regum 24. c. & 27. c. sed in Amalecitam, qui dixit se misisse manus in Saul, irrui gladio iustè fecit, Regum 2. & quia solùm præcidit oram chlamydis Saulis, postea grauiter doluit, & vehementer pœnituit, cùm tamen à Saule sola administratione superaretur. Per quod datur intelligi, quòd subditi quamuis Religiosi sint, Prælatos suos etiam criminosos & reprobos inuadere non possunt, quandiu in administratione ab Ecclesia tolerantur. Quanto magis isti subditi in summum Pontificem dominum Bonifacium Papam octauum non reprobatum non debuerunt manus mittere, sed sustinere debuerunt? certè multò magis sine comparatione.

Probatur etiam nouo Testamento in Euangelio Matthæi, & Lucæ prope finem, dicente Iesu Filio Dei veri, & vero homine: *Vnus ex vobis me traditurus est.* Ex vobis enim est, vt ait Augustinus, à quibus per iudiciariam potestatem confessus aut conuictus exclusus non est. Vnde ipse Christus licèt sciret Iudam eum traditurum esse, eum tolerauit, vt ait idem Augustinus, & euchariftiam ei dedit. & tale est, ac si diceret Iesus, vt dicit ipse Augustinus: Etsi ego eum per occulti iudicij sententiam damnatum habeo, vos tamen adhuc per patientiam sustinete. 2. q. 1. *Vnus ex vobis.* 24. q. 4. *tu bonus.* ad quod etiam facit extra. *de off. ordi. si Sacerdos.* Quod autem delictum grauius delicto Iudæ? certè etiam nescio æquale: & tamen de eo ita scriptum est. Paulus etiam Apostolus in Epistola ad Corinthios: *Si is qui frater nominatur est fornicator, aut auarus, aut idolis seruiens, cum huiusmodi nec cibum sumere debetis.* Vnde notandum quod dicit, frater ergo Christianus. & dicit, aut idolis seruiens, ergo apostata à fide. Ex quibus verbis, vt ait Gratianus, datur intelligi quòd nisi primùm fuerit aliquis nominatus de crimine, id est vel coram iudice accusatus & conuictus, vel in iure de se fuerit confessus, quòd nec sententia est fe-

O o o ij

riendus, nec ab eius communione abftinendum. 24. q. 1. §. 1. in fi. Hoc idem videtur fentire Auguftinus 2. q. 1. *multi corriguntur.* & Hieronymus ait : Ante probationem accufationis illatæ neminem à tua communione fufpendas, quia non ftatim qui accufatur reus eft, fed qui conuincitur criminofus. 15. q. 9. c. vlt. Ergo quomodo licuit iftis eum capere, à cuius communione per præmiffa difcedi non licuit?

Item idem Paulus ad Titum : *Hæreticum hominem poft primam & fecundam correctionem deuita.* quæ verba Pauli pofita funt 24. q. 3. *dixit Apoftolus.* Vbi autem dominus Bonifacius correctus eft ? vbi confeffus ? vbi conuictus ? vbi damnatus ? & tamen captus eft. Vbi vitandus non erat, vt ex prædictis apparet.

Probatur etiam hoc euidenter ex Decretali Epiftola, quæ dicit: Abfolutos fe nouerint à debito fidelitatis, homagij & totius obfequij, quicunque lapfis manifeftè in hærefim aliquo pacto quacunque firmitate vallato tenebantur adftricti. extra. *de Hæretic.* c. vlt. * * Abfoluti à lapfo manifeftè in hærefim, non ergo ab occultè lapfo à contrario fenfu, quod eft fortiffimum. *Ar.ff. de off. eius cui ma. vir.* l. 1. Quis autem dicitur manifeftè lapfus in hærefim, Decretalis docet, quæ illum dicit manifeftè hæreticum, qui contra fidem Catholicam publicè prædicat, aut profitetur, feu defendit errorem, vel qui coram fuo Prælato conuictus eft, vel confeffus, aut fententialiter condemnatus eft fuper hæretica prauitate. extra. *de ver. figni. fuper quibufdam.* Horum autem aliquid in domino Bonifacio non fuit; neque enim prædicauit, nec defendit, aut confeffus eft errorem, nec conuictus, aut fententialiter condemnatus, imò nec vnquam tale auditum eft de eo ante prædicta. Non ergo licuit ab eo difcedi, à fubditis multo magis nec capi; & difcedentes, quia de capientibus nullum dubium eft, hoc ipfo quod difcefferunt, inimici eius facti funt, quia ipfum obedientia qua fibi tenebantur fpoliarunt, & qui alium fpoliat re fua inimicus eft. extra. *de refiit.fpo.c. Item cùm quis.* Hoc etiam liquet ex aliis canonibus fanctorum Patrum, ficut eft videre de illis, qui à Symmacho Papa de hærefi accufato vltimò, quia priùs ex alia caufa fuerat contra eum, vt legitur in Chronicis, difcefferunt, quibus prouidentia Synodi fubuentum eft. 17. di. §. *hinc etiam.* non enim licuerat eis fic difcedere. 8. q. 4. *nonne quod.* c. de eodem negotio Symmachi loquitur, ficut patet ex §. *illud.* c. *nonne.* præcedenti.

Idem etiam oftenditur legibus ; fi quis enim eft in poffeffione ingenuitatis beneficio poffeffionis vtitur vfquequo contrarium iudicetur. ff. *de probat. circa.* ad hoc facit C. *de tefta.* l. 1. & *de feruis expor. moueor.* extra. *de fen. ex. con. fi index Bonifacij Papæ octaui.* &3. q. 7. §. *tria.* in poffeffione qua erat dominus Bonifacius Papa octauus Papatus & prælationis in fubditos, eos habens fubiectos, teneri debuit vfque ad fententiæ tempus, vt ex fuperioribus patet.

Infuper ipfum Guillelmum de Nogareto non excufat, immò potiùs accufare videtur, quòd fe afferit Anagniam pro notificando eidem domino Bonifacio crimina fibi obiecta per dictos Guillelmum de Nogareto & Guillelmum de Plafianò, & quòd congregaret Concilium generale : fic de nocte turba vnita & multitudine hominum armatorum acceffiffe ad eundem dominum Bonifacium, cùm hoc vt afferit res exegerit, & aliter propter potentiam ipfius domini Bonifacij fieri non potuiffet fibi cautè denunciatio fupradicti Concilij congregandi : quia hanc fuam excufationem inanem euacuat & eneruat, præfertim mora per ipfum Guillelmum

DE BONIF. VIII. ET PHILIP. LE BEL. 477

de Nogareto intra Anagniam per tres dies, cùm potuerit prima die sui ingressus ipsi domino Bonifacio denuntiasse prædicta, & postea recessisse: quod quia non fecit, sed potiùs captum eum detinuit, exitus manifestè declarat, eum potiùs tantæ præsumptæ temeritatis ipsius commissæ captionis, & non alia de causa accessisse ad locum prædictum, & temerè commisisse prædicta. Ad hanc præsumptionem faciendam faciunt Iura. 1. q. 1. *constat*. 54. di. *fraternitatem*. in fine. 33. q. 1. *quod interrogasti*. 34. q. 1. *cùm per bellicam*. ff. *de mili*. l. *non omnes*. c. ad l. Iul. de *Adult*. l. *si qui*. & *in ant. vt cum de app. cogno*. Vnde cùm ex iis & aliis suo tempore proponendis notorio iuris constet, ipsum Guillelmum de Nogareto, vnà cum Guillelmo de Plasiano, qui licèt facies videantur habere diuersas, quoad initium tamen istius negotij, ac oppositiones, & appellationes interpositas per eosdem, prosecutionémque ipsius negotij coram vobis factam coniunctim per eos, patet ipsos in vanitate sensus caudas habere * * * in idipsum ad inuicem colligatas, fuisséque & esse inimicos conspiratores simul contra ipsum dominum Bonifacium, & calumniatores atque suspectos eidem, ac per hoc à prosecutione eiusdem negotij totaliter repellendos, maximè cùm ex prædictis notoriè veris, & ex aliis pateat manifestè per ipsos appellantes suis propriis appellationibus non fuisse delatum, ipso domino Bonifacio postea capto per ipsum Guillelmum de Nogareto, & vtriusque Guillelmi consilio, ope & factione, ac ipso domino Bonifacio multis suis bonis & Romanæ Ecclesiæ spoliato. & frustra legis auxilium inuocat qui committit in legem. extra. *de appellat. an sit & * * * auxilium*.

Item hanc excusationem dicti Guillelmi non solùm inanem reddit, immo etiam eiusdem Guillelmi delictum aggrauat, quòd ipse sibi associauit Sciarram de Columna, & alios tunc excommunicatos & hostes ipsius domini Bonifacij & Romanæ Ecclesiæ. ad hoc 93. di. *Si inimicus*. & c. *de inoff. te. quoniam liberi*.

Item excusationem hanc falsam esse arguit testimonium felicis recordationis domini Benedicti Papæ XI. vt patet in processu prædicto, quem fecit contra captores dicti domini Bonifacij.

Item excipiunt defensores prædicti, dictos Guillelmos non esse audiendos pro eo quod expoliarunt dictum dominum Bonifacium obedientia, recedendo ab eodem domino Bonifacio ante sententiæ tempus, quod non licuit, vt 17. di. §. *hinc etiam*. & 8. q. 4. *nonne*. Probatur hæc exceptio 2. q. 7. *Item Symmachus al. verb. sub*. §. *iis ita respondetur*. & extra. *de resti. spo. frequens*. l. 6. Præterea excipiendo proponunt, quòd & alia ratione non sunt admittendi prædicti G. & G. quia contrarij sunt in suis dictis & productis, & ideo tanquam contraria asserentes sunt à posita criminatione in totum repellendi.

Dixit enim dictus Guillelmus de Plasiano in dicto instrumento appellationis nunc per eum coram Sanctitate vestra producto, quòd dictus dominus Bonifacius non credebat immortalitatem animarum rationabilium, sed credebat, quòd anima rationalis simul cum corpore corrumpebatur; & postea subsequenter in eodem instrumento dixit & asseruit, quòd dum quidam assisterent coram eodem domino Bonifacio, & certum quid ab eo peterent; idem dominus Bonifacius respondit quòd non faceret, etiam si filius Dei, vel beatus Petrus in terram descenderet, & hoc sibi præciperet, ipse diceret ei, non credam tibi. per quod apparet quòd dictus dominus Bonifacius credebat animam beati Petri non esse corru-

Ooo iij

ptam, fed permanere in cœlis. quod idem Guillelmus priùs negauerat dominum Bonifacium credere.

Item dixit idem Guillelmus in eodem inftrumento, quòd dominus Bonifacius non quærebat falutem animarum, fed quærebat perditionem earum. ex quo manifeftè colligitur quòd idem dominus Bonifacius non credebat animam corrumpi cùm corpore, ficut fuprà pofuerat dictus Guillelmus. Quare cùm ifta funt contraria, & fe ad inuicem non compatientia, quæ idem Guillelmus iurauit fe credere effe vera, & ambo prædicti Guillelmus de Nogareto, & Guillelmus de Plafiano produxerunt & vtuntur prædicto inftrumento, tanquam contraria ponentes, repellendi funt, vt dictum eft.

Item contrarij & varij funt in dictis & productis eorum : primò enim dicunt quòd dominus Rex Franciæ in prædicto negotio domini Bonifacij nullam facit partem, nec accufatoris, nec denuntiatoris, nec promotoris ; & tamen, vt ipfi etiam dicunt, dominus Rex Franciæ fupplicauit & fupplicat, vt daretur eis audientia, ac ipfi G. & G. vt nuntij & organum dicti Regis petunt citatorium edictum tolli, & contenta in melius reformari, cùm fit præiudiciale eidem Regi, & quòd prædictus Rex fupplicat, edicto prædicto & contentis in eo legitimè emendatis, quòd celeriter procedatur in caufa prædicta. & producunt etiam duo inftrumenta, vt nuntij dicti domini Regis, propter quæ fecundùm affertionem eorum Rex prædictus apparet manifeftè promotor, & quòd aliquam partem facit in prædicto negotio ; & fic in nullo funt audiendi tanquam fibi contrarij.

Item funt etiam contrarij prædicti Guillelmus de Nogareto, & Guillelmus de Plafiano, in eo quòd dicunt vt nuntij & organum Regis, & etiam ipfi fuo nomine, quòd dictus Rex affectat magis inueniri dominum Bonifacium innocentem, quàm nocentem : ergo affectat eum defendi & per confequens admitti defenfores. & tamen ipfi G. & G. dicunt non effe admittendos defenfores.

Item prædicti Guillelmus de Nogareto, & Guillelmus de Plafiano funt contrarij fibi ipfis manifeftè ; quod ex eo apparet quòd primò dicunt in eorum productis quòd dominus Bonifacius non habuit ingreffum legitimum, & quòd fuit perfectus hæreticus. & in eifdem productis dicunt & petunt teftes affuturos, & fenes & valitudinarios recipi, & eorum nomina teneri fecreta, prout conftitutiones Apoftolicæ dicunt. Sed certum eft, quòd nulla eft conftitutio, quæ dicat quòd nomina teftium teneantur fecreta, nifi conftitutio domini Bonifacij. Si igitur dictam conftitutionem allegant, & ea vtuntur, hoc ipfo confitentur dictum dominum Bonifacium fuiffe Papam, & non hæreticum ; aliàs enim fua conftitutio nunc non effet Apoftolica, ficut ipfi allegant.

Item Guillelmus de Nogareto rogauit Notarium, vt faceret fibi inftrumentum de propofitis per eum contra dominum Bonifacium, & in ipfo inftrumento iam producto nominatur dictus dominus Bonifacius, fanctiffimus pater dominus Bonifacius Papa octauus, & dicitur quòd actum fuit anno nono fui Pontificatus : fimili modo nominatur in alio inftrumento continente appellationem Guillelmi de Plafiano. quæ inftrumenta dicti Guillelmus de Nogareto, & Guillelmus de Plafiano produxerunt, & eis vtuntur, & fic per hoc confitentur ipfum dominum Bonifacium Papam: nam producentes inftrumentum vel qualemcunque fcripturam, omnia confitentur & approbant quæ in inftrumento vel fcriptura continentur, vt iura

DE BONIF. VIII. ET PHILIP. LE BEL.

dicunt, & Doctores notant. *C. de li. ca.* l. *cum precum.* & extra. *de censi. cùm olim.* & *no. per Innoc.* extra. *de except. venerabil.* Vnde contra eorum confessionem venire non possunt testes, vel aliud producendo, per quod vellent probare dominum Bonifacium non fuisse Papam. Probantur autem prædicta. *C. de furt.* l. 1. *& de codicillis.* l. *si. cum si. & de ap. C. sollicitudinem.*

Præterea excipiendo proponunt quòd dicti oppositores G. & G. etiam alia ratione sunt repellendi, quia videlicet per producta eorum euidenter apparet de ipsorum calumnia manifesta, ex eo quòd dictus Guillelmus de Plasiano in præfato instrumento appellationis suæ plura crimina notoriè falsa obiecit contra præfatum dominum Bonifacium. Dixit enim in dicto instrumento appellationis, quòd dominus Bonifacius diffamatus erat, quòd terra sancta perdita fuit propter culpam domini Bonifacij, & peruenit ad inimicos Dei, & quòd ipse dominus Bonifacius opera data sustinuit, & denegauit subsidium dare Christicolis, qui eam defendebant. & in hoc apparet manifesta calumnia dicti obiectoris, cùm notorium sit, & tunc fuerit toti mundo, quòd dicta terra perdita fuit tempore Nicolai I V. qui fuit prædecessor Celestini. & qui calumniatur in vno, in aliis præsumitur calumniari. extra. *de elect. si forte.* & 3. q. 10. *placuit.*

Item obiecit quòd dictus dominus Bonifacius nunquam dixit bonum verbum de aliquo Prælato, Religioso, vel Clerico, sed conuitia, & opprobria mendosa, vt famæ eorum detraheret. Et in hoc similiter apparet manifesta calumnia obiectoris, cùm notorium sit, quòd idem dominus Bonifacius innumerabiles Prælatos promouerit suo tempore, quos tam in publicis consistoriis, quàm etiam in literis super eorum promotionibus confectis notoriè commendauerit, vt patet notoriè per literas gratiarum de beneficiis quæ contulit idem dominus Bonifacius, infinitis clericis & personis, & etiam patet ex literis super canonizatione sancti Ludouici olim Regis Franciæ confectis. Et dum in Vrbe-veteri idem dominus Bonifacius cum sua Curia resideret, in publico consistorio dixit de bonæ memoriæ domino P. olim Patriarcha Constantinopolitano, quòd non erat status in Ecclesia Dei, de quo ipse Patriarcha non esset dignus. Idem dixit Lateranen. de. Abbate olim Montis maioris, & tunc Episcopo Tripolitan. Præterea idem dominus Bonifacius in proœmio sexti libri commendauit reuerendos patres dominos Berengarium tunc Biterren. & nunc Episcopum Tusculan. & Bredunens. & dominum R. Sancti Eustachij Diaconum Card. compilatores sexti libri. Nunquid etiam similiter omnes Prælati promoti per dominum Bonifacium, qui in regno Franciæ portabant & præsentabant literas suæ promotionis Regi Franciæ propter temporalitatem, & in literis ipsis erant commendationes, quas ipsi G. & G. vt officiales Regis videbant? Qua igitur fronte dicere possunt, quòd dominus Bonifacius nunquam aliquod bonum dixit de aliquo Prælato? certè nulla.

Præterea cùm dictus Guillelmus de Plasiano iurauerit prædicta se credere esse vera & posse probare, ex duobus capitulis deuincitur periurus: primo in eo quod iurauit prædicta se credere esse vera, cùm ipse sciuerit esse falsa, nec circa hoc potuit nec potest prætendere ignorantiam, vt dictum est. Secundò, quia iurauit se posse probare negatiuam, qualiter enim posset probare idem Guillelmus quòd dominus Bonifacius nunquam dixerit aliquod bonum verbum de aliquo Prælato? certè nullo modo, cùm esset impossibile quòd talis negatiua posset probari. & eisdem rationibus Guillelmus de Nogareto non est audiendus, ac admittendus contra dictum dominum Bonifacium, & eius memoriam, eo quòd inftrumentum prædictæ appellationis Guillelmi de Plafiano approbat, produxit & vtitur. Igitur ex præmiſſis apparet manifeſtè, quòd prædicti Guillelmi funt calumniatores & diffamatores eiufdem domini Bonifacij, & dictus Guillelmus de Plafiano periurus ; & fic nullo modo audiendi funt contra prædictum dominum Bonifacium.

Patet etiam de ipforum oppofitorum calumnia ratione loci, eo quòd idem dominus Bonifacius priùs Parifius per eofdem Guillelmos quibufdam appellationibus falfifque criminationibus interiectis, cœpit dici de nouo factus perfectus hæreticus, quàm in Italia vel Romæ, vbi continuè præfidebat, & in remotis fciri non præfumitur quod ignoratur in vicino. extra. *de præfumpt. quanto cum fi.*

Item patet de ipforum calumnia ratione temporis, ex eo quòd vltimo anno fui Pontificatus per eofdem Guillelmos fuerunt obiecta crimina contra eum, quæ fi fuiſſent in ipfo, non præfumuntur potuiſſe tanto tempore latitaſſe. & mirum eſt qualiter in ipfo iam fene extincta vitia iſti criminatores reincendere nifi ex malitia & ex odio potuerunt, vel debuerunt aliquatenus concitari ad hæc 1. q. 1. *emendari.* 57. di. c. 1. extra. *de præfumpt. cùm in inuentute.*

Probatur autem prædicta exceptio, fcilicet quòd ratione calumniæ repelli quis debeat ab accufando. ff. *de accufat. fi cui.* §. 1. & 4. q. 10. c. 1. extra. *de elect. fi fortè cum fi.*

Præterea excipiendo proponunt, quòd prædicti criminatores Guillelmus, & Guillelmus, funt à criminatione propofita repellendi, pro eo quòd funt alienigenæ, aduenæ, & ignoti, quod ad Romanum Pontificem, & maximè quoad dictum dominum Bonifacium. Nec verifimile eſt quòd eis de longinquo venientibus patuerit quod latuit dominos Cardinales, cum quibus conuerfabatur continuè Vnde eis dici poteſt ingreſſus vt aduena, nunquid vt iudices nos vel *** probatur autem hoc 3. q. 5. c. *accufationes* 2.

Præterea excipiendo proponunt, quòd prædicti criminatores Guillelmus & Guillelmus non funt audiendi, pro eo quòd funt laici & fufpectæ vitæ, quin etiam fufpecti de hærefi, vt etiam ex productis eorum apparet, & Papam Romanum videlicet dominum Bonifacium Papam octauum accufare conantur, qui fuit pater bonæ famæ, fpeculum vitæ, & confufio & exterminium hæreticorum, dilucidatio ambiguitatum, & iuris ænigmatum, & nituntur oſtendere fe folos videre, & totam Dei Eccleſiam cæcam eſſe, quæ ipfum habuit, & hodie habet, & tenet, quod verus & Catholicus Papa fuerit, & qui beatos Apoſtolos columnas fidei noſtræ, ac quatuor Doctores Eccleſiæ fanctæ Dei, fub duplici officio honorari conſtituit, probatur per ea quæ no. 2. q. 7. in fumma. vt extra. *de accu. cum* P. *Manconella.* Item propter exempli perniciem excludendi funt criminatores prædicti, quia daretur materia aliis fimiliter impunè fcelus fimile committendi contra Prælatos Eccleſiæ, qui funt expofiti periculis, veluti fignum ad fagittam ; frangeretur etiam in hoc vigor Eccleſiaſticæ difciplinæ, tolleretúque virga correctionis Eccleſiaſticæ, & euacuaretur vinum medicinale fauciatorum, & vulnerum fanatiuum. 23. q. 4. *forte.* 45. di. *difciplina.* & cùm iſta caufa fit Eccleſiæ ex iniuria facta eidem domino Bonifacio, quam remittere vel diſſimulare Prælatus non poteſt, fi vellet. 63. di. *Salonitanæ* 23. q. 4. *inter querelas.* c. *fi is.* & c. *Guilifarius.* & tantum fcelus diſſimulare vel admittere huiufmodi confpiratores inimicos & fufpectos contra mortuum, non eſſet præbere regimen, fed potiùs augere difcrimen, quod,

Patet

DE BONIF. VIII. ET PHILIP. LE BEL. 481

Pater sancte, vos facere nullatenus credi debet.

Praeterea posito sine praeiudicio, sed non concesso, quòd praedicta cessarent, sicut non cessant, protestantur, & de excipiendo proponunt defensores praedicti omnes & singuli eorum in solidum, quòd in praefato negotio super eo quod obiicitur, dominum scilicet Bonifacium praedecessorem vestrum non intrasse per ostium, nec ingressum canonicè certis causis expressis, videlicet quia dominus Celestinus Papa quintus renuntiare non potuit, &c. vt in ipso articulo coram Sanctitate vestra exposito continetur, non est quouis modo agendum, nec quomodolibet procedendum in eo, nec super hoc cuiquam audientia concedenda. quoniam praefatae causae quas exprimunt oppositores praedicti, & ex quibus asserunt eundem dominum Bonifacium non intrasse per ostium, sunt ineptae, & contra ius scriptum, expressum iuris continentes errorem : potuit enim de iure piae memoriae dominus Celestinus Papa quintus Papatui cedere, ac super cessione huiusmodi constitutionem vel canonem edere, sicut infrà scriptis iuribus & rationibus, ac aliis suo tempore allegandis manifestè probatur.

Praeterea, si verum est quòd idem Celestinus super cessione Papatus constitutione per ipsum edita de fratrum suorum consilio & assensu, in manibus venerabilis coetus dominorum Cardinalium Papatui cesserit, ac cedere potuerit, dictam cessionem eodem coetu Cardinalium acceptante, quódque idem dominus Bonifacius eorundem Cardinalium electione canonica fuerit ad Papatum assumptus, ac tam eiusdem Celestini cessione, quàm ipsius Bonifacij electione praefata, vniuersalis Ecclesiae approbatione & toleratione subnixa, ipsáque electione de se facta quae vim confirmationis habet. extra. *de elect.* licet quasi auctore Praetore idem dominus Bonifacius iustè possederit Papatum, ipséque habitus salutatus & honoratus fuerit à Regibus, Principibus, & Praelatis, atque ab vniuersali Ecclesia, veluti verus Papa. 63. di. *cùm Adrianus.* 20. q. 1. *quem progenitores.* sicque gesserit, contraxerit, ac muneribus functus fuerit, fructúsque Papatus ciusdem suos fecerit, tanquam bonae fidei possessor. ff. *de offi. pie. Barbarius ad Mac.* 53. Constat manifestè quòd idem dominus Bonifacius veluti verus Papa reputari debeat, & haberi, seu quòd verus Papa fuerit, non obstante exceptionis cuiuslibet vel obiectus obstaculo, & praesertim post mortem eiusdem cessare debet omnis obiectus. Ar. ad. huius. extra. *de elec. licet.* & ar. pall. l. *Barbarius. cùm si.* & super iis libellus expositus tanquam super iuris ac facti notorio debet iudicantis officio lacerari. Probatur haec exceptio ex iis quae notat Innoc. *de officio vicary.* c. 1. & ar. c. *vt nemo pri.* l. 11. Quòd verò idem Celestinus praedecessor vester potuerit renuntiare Papatui, clarè patet : Ipse namque de consilio & assensu fratrum suorum constitutionem super hoc edidit. Dicere autem quòd super iis vel aliis quibuscunque Ecclesiasticis negotiis non potuerit constitutionem vel canonem edere, euidenter falsum est; & caueant sibi qui hoc dicunt, ne ex hoc aliquid durius eis possit impingi, scilicet haeresis. 19. *nulli fas est.* & 22. di. c. 1. & 25. q. 1. *violatores.*

Probatur autem id etiamsi nulla constitutio facta fuisset : Beatus enim Cyprianus Ecclesiae doctor & martyr sancto Papae Cornelio propter tribulationes quas à Nouatiano Apostatico sustinebat, Apostolatui renuntiare volenti, resignationem huiusmodi dehortatur, periculosum hoc asserens, cùm quis non possit postmodum repetere id cui cessit. 7. q. 1. *quàm periculosum.* quod c. determinat quaestionem; loquitur enim de renuntiatione Papae

P p p

Papatui, vt patet ex contextu capitulorum illud præcedentium, quæ de Papa Cornelio loquuntur. & Barth. hoc dicit in suis casibus decretorum: & Esaü etiam patre adhuc viuente, ius primogenituræ repudians illud perdidit, & ad repudiata ingressum postmodum non inuenit, vt in e. c. *quàm periculosum*. Item Marcellinus vrbis Episcopus seipsum damnauit, 21. di. *Nunc autem*. licèt nemo seipsum damnare possit, quia nec quisquam sibi imperare potest, nec se prohibere. ff. *de arbit*. l. p enult. & in arbitrio Sixti Papæ causa contra eum mota reposita est, vt e. c. *nunc autem*. quamuis 'in sua causa nemo sit iudex. Hoc autem ideo fieri potuerunt, quia Papa superiorem non habet à quo valeat iudicari, & sic ex eadem causa posset renuntiare Papatui, & ius locum non habet, quo quis in manibus superioris sui renuntiare debet, quia Papa superiorem non habet; & ideo in hoc suo arbitrio relinquatur, vt dicti Sixtus & Marcellinus Papæ. Idem probatur, quia Cyriacus Papa, vt in Chronicis legitur, renuntiauit Papatui, & sortita est effectum renuntiatio sua. Hoc etiam probatur, quia summi magistratus Romani Populi nullum habebant superiorem, & tamen renuntiabant, seu abdicabant se. ff. *de orig. Iur*. l. 2. §. & *cùm placuisset*. & §. *post populo*. Vnde & hic dominus Celestinus potuit renuntiare. quam renuntiationem fratres sui, ad quos eligendi ius pertinet, & à quibus electus fuerat acceptarunt. Idem Euangelij textus declarat quodammodo, per quem probatur, quòd summus Pontifex erat annalis. & sic legitur de Caypha, quòd erat Pontifex anni illius: si ergo non erat illicitum summum Sacerdotem esse annalem, multo magis non erit illicitum esse perpetuum, sed per renuntiationem posse finiri: aliquid enim quod non potest esse temporale, tamen finiri potest aliter quàm per mortem. Vnde quis non potest ad tempus adoptari in filium. ff. *de adopt. cùm in adoptiuis*. §. *sed hæc*. & ff. *de adopt. in omni*. & l. sequenti. ad hoc etiam ratio naturalis compellit. Quid enim si vnus sit Romanus Pontifex prorsus inutilis vel damnosus, numquid non renuntiabit? certè: vel Ecclesia confundetur, vel renuntiabit. absurdum esset quòd iste casus esset sine remedio vel salute, vt illa quæ minus periculum habent, vt in inferioribus Prælatis, remedium habent renuntiationis, & illa quæ maius periculum secum trahere possunt, vt in summis Pontificibus, sine tali remedio sint, quia vbi maius periculum, ibi maius debet esse remedium. extra. *de elect. vbi periculum*. Vnde illi, qui paruulis baptizatis decedentibus non dum sufficientem ætatem habentibus ad credendum, dicebant non prodesse baptisinum, damnantur, quia denegabant non eis paratum esse remedium ad salutem. extra. *de bapt. maiores*. §. *caut tamen*. Erit ergo in Romano Pontifice de iure & naturali ratione remedium abdicatio sui, maximè insufficienti, inutili, & damnoso. quæ abdicatio in inferioribus nomen renuntiationis siue cessionis assumit.

Præterea post mortem Celestini Cardinales ad quos spectat electio Papæ, scientes mortem eius, habuerunt dominum Bonifacium pro Papa, & exhibuerunt ei reuerentiam Papalem, & alia fecerunt quæ soli Papæ fiunt, ac permanserunt in suo primo consensu quo elegerunt in Papam; & ideo etiamsi renuntiatio Celestini, eodem Celestino viuente, fuisset defectus in electione dicti domini Bonifacij, quod verum non est, tamen post mortem eiusdem Celestini esset ex huiusmodi Cardinalium actu sublatus. Capitulum enim Cremonen. Ecclesiæ Episcopo adhuc suo in extremis agente, cùm de conualescentia desperarent ipsius, quendam suum Canonicum absentem ad certum terminum vocauerunt pro futuri ele-

DE BONIF. VIII. ET PHILIP. LE BEL. 483

ctione pastoris: tandem mortuo Episcopo Cremonen. & dicto Canonico non veniente, ad electionem Capitulum processerunt, & dictus Canonicus postea tanquam contemptus, electionem de alio celebrauit. Innoc. Papa III. electionem vtramque cassauit; electionem quidem Capituli quia nondum corpore dicti Episcopi tradito sepulturæ, immò dico adhuc eo viuente, habuerunt de ipsa electione tractatum ; & electionem dicti Canonici, quia antequam procederet ad secundam, de priori debuit Papæ iudicium expectare. & ideo inhibet & dictus dominus Innoc. contradictionis vocem in primo consensu Capitulo permanente ; sufficit enim permanere in primo consensu causa sublata, propter quam priùs inutiliter consensus præfatus præstitus fuerat. Si enim exegisset dominus Innocentius Papa nouum consensum, mentionem non fecisset de permansione in primo. argumentum bonum ad hoc ff. *de præ. sed si manente*. permanet autem in primo qui facit ea per quæ ostendit non recedere à primo, sed in eo stare: & ideo si filius familias vel seruus fidei commissum relinquat, non valet; si verò manumissi decedant, constanter dicitur fidei commissum relictum videri, quasi nunc datum cùm moriuntur, si aliquo actu vel iudicio eorum durauerit voluntas post manumissionem. ff. *de leg.* in l. 1. §. 1. *& de secundis Tabulis. qui liberis*. §. *Testamento.* extra. *de iis quæ fiunt à maiori parte capituli. ex ore.* & ar. *de decur. Imperatores in si*. Ad quod etiam facit quòd matrimonium carnale conualescit, cessante impedimento quod impediebat matrimonium, si coniuges in eodem consensu permaneant. ff. *de ritu nupt. minorem.* & extra. *de spon. impub. de illa.* Sic ergo & proposito si quis defectus ex eo quòd dicitur Celestinus renuntiare non potuisse, fuisset eo viuente, quod verum non est, per prædictos Cardinalium ad quos spectat electio, & qui elegerunt eundem dominum Bonifacium actus, & quibus post mortem eius permanserunt in primo consensu quo elegerunt eum, penitus sit sublatus. Nec valet quod de matrimonio carnali dicitur, quia & matrimonium carnale consensu perfectum quandoque dissoluitur, & quia secundùm hoc nec spirituale dissolueretur auctoritate summi Pontificis, quod falsum est. & si dicatur quòd auctoritate Dei id fit, eodem modo dicetur quòd auctoritate Dei dissolueretur carnale, quia Romanus Pontifex simpliciter & absolutè Dei vicarius: ergo vtrobique; quod tamen verum non est quòd carnale dissoluatur; est ergo fortius vinculum carnalis matrimonij, propter quod non potest in argumentum trahi ad spirituale.

Item excipiendo proponunt & alia ratione non esse agendum de canonico, vel non canonico ingressu domini Bonifacij, quoniam cessat effectus huiusmodi actionis per mortem ipsius; ad quid enim de hoc ageretur contra eius memoriam, cùm sit mortuus, & huiusmodi cognitio morte extinguatur, sicut morte tutoris de suspecto accusati extinguatur cognitio suspecti criminis, vt *inst. de suspectis tu.* §. *sed si suspecti*.

Item excipiendo proponunt dicti defensores, & quilibet eorum in dicto negotio, super crimine hæreseos, cæterisque contra eundem dominum Bonifacium Papam octauum oppositis non debere procedi de iure, quoniam certo certius est & luce clarius Papam, maximè propter excellentiam status sui, accusari, deferri, vel condemnari non posse de hæresi etiam notoria, nisi monitus contempserit se corrigere, quia tunc demum videtur Papa à fide deuius, quando monitus contumaciter & pertinaciter resistit, conando suum errorem defendere & approbare. vt 24. q. 3. *qui in Ecclesia*. & c. *dixit Apostolus,* & c. *hoc est fides.* & 23. q. 1. *ait Cælesti-*

nus. & c. *apertè in quid.* & c. *quæ dignior domus.* vbi de hoc per Io. & hoc est quod no. *Hug.* 40. di. *si Papa.* & 21. di. *nunc autem.* propter quæ ante omnem processum faciendum contra dictum dominum Bonifacium Papam defunctum quocunque modo, accusando, denuntiando, deferendo, opponendo, vel appellando via ordinaria, vel alias ex officio aliquo existente promotore, vel ministro ipsius officij, aut etiam mero officio cessante ministro, vel promotore eiusdem, primo loco constare debet, quòd idem dominus Bonifacius dum adhuc viueret, legitimè monitus fuerit quòd se corrigeret super illis articulis sibi oppositis, vt asseritur, & sapientibus hæreticam prauitatem, & quòd sic monitus contempserit se corrigere, persistendo contumaciter in errore, & defendendo hæreticam prauitatem, quia delationem vel accusationem istius etiam criminis hærefis, vt procedatur super ipso, maximè contra Papam, debet præcedere correctionis monitio, & quòd ipse monitus contempserit resipiscere, vt 1. q. 7. patet: sed maximè quando denuntiatiuè agitur, vt in proposito, sicut & alias, semper vindictam debet præcedere monitio. vt 2. q. 7. *accusatio.* 11. q. 1. *petimus.* 17. di. *nec licuit.* & 12. q. 11. *indignè.* Vnde cùm non constet ex datis vel productis, quòd idem dominus Bonifacius dato quòd fuisset hæreticus perfectus & notorius, vt sui criminatores asserunt, quod tamen verum non est, aliquo modo monitus legitimè fuerit quòd se corrigeret, nec quòd monitus contempserit se corrigere, contumaciter persistendo in errore: de quibus ante initium cuiuscunque processus faciendi contra ipsum verum Papam, de quo constat, vt dictum est, constare debet, patet cessandum esse per Sanctitatem vestram ab omni processu faciendo contra ipsum mortuum super impositis sibi articulis sapientibus hæresim, & aliis de quibus Papa, maximè post mortem, accusari non potest, vel damnari non monitus in vita quòd se corrigeret; & cùm etiam constet secundùm petitionem propriam ipsorum criminantium ipsum dominum Bonifacium & statum suum vel memoriam, debere eis imponi silentium, faciendis de iure monitionibus quòd idem dominus Bonifacius se corrigeret non præmissis, nec probatis, sicut præmissæ non apparent, vt deberent, nec probare nec procedi debere patet, quòd facere iustitiæ complementum, quod pars petit aduersa fieri, nihil aliud est quàm ipsi parti imponi silentium in petitis, & in ipso negotio vlterius non procedi, petitionémque exinde exhibitam omnino debere reiici; cùm nihil aliud concludatur in ipsa petitione ex præmissis, in ea necessariis monitionibus non exhibitis nec probatis, nisi silentium imponi ipsis criminatoribus, si secundùm formam petitionis debeat formari sententia, sicut debet, extra. *de causa pos. & propriè cùm dilectus. & de Simo. licet ely.* Et sic contra mortuum ipsum dominum Bonifacium non monitum dum viueret, procedi non potest vlla via; sed nec testes recipi contra ipsum super crimine hærefis: quod etiam probatum non prodesset ad ipsius domini Bonifacij damnationem, monitione debita quòd se corrigeret primitus non probata, & nullo articulo certo super hoc dato cum circunstantiis debitis & opportunis: quòd si testes affuturi vel valitudinarij recipi deberent, sicut non debent, non deberent recipi nisi tantùm super monitione facta ipsi domino Bonifacio quòd se corrigeret, si qua sibi exinde facta fuisset, & de hoc datus articulus aliquis appareret, qui non apparet, tanquam super articulo præparatorio præiudiciali & præambulo criminis hærefeos, & principalis quæstionis, de qua agitur contra cum mortuum qui vlterius moneri non potest.

Item excipiendo proponunt defensores praedicti, & quilibet corum, in praefato negotio non esse quomodolibet procedendum de iure ad supplicationem, seu quamuis petitionem, vel promotionem serenissimi Principis domini Philippi illustris Regis Francorum, nec ad petitionem, supplicationem, accusationem, denuntiationem, siue obiectionem vel appellationem, seu quamlibet promotionem Guillelmi de Nogareto, & Guillelmi de Plasiano, nec ad assertionem, petitionem, oppositionem, seu quamuis postulationem, vel denuntiationem nobilium & magnificorum virorum dominorum Ludouici nati clarae memoriae domini Philippi Regis Franciae Ebroicen. Guidonis sancti Pauli, & Ioannis Drocen. Comitum, nec ad clamorem vel diffamationem praedictorum, seu quorumlibet aliorum, nec etiam ex vestro officio, Pater sancte. Quoniam antequam crimen haereseos, & alia suprà dicta contra praefatum dominum Bonifacium fuissent opposita, idem dominus Rex fuit & est inimicus odiosus & maliuolus eiusdem domini Bonifacij, eiúsque memoriae; dictíque Guillelmus de Nogareto, & Guillelmus de Plasiano fuerunt dicto tempore antè & pòst, & nunc sunt vassalli fideles & familiares eiusdem domini Regis, ac inimici odiosi & maliuoli dicti domini Bonifacij, & eius memoriae; & dicti Comites similiter dicto tempore fuerunt & sunt vassalli fideles & familiares de domo & sanguine dicti Regis, eiúsque domini Bonifacij inimici odiosi & maliuoli manifesti: ipsique omnes & singuli eorum crimen haereseos, & alia in eorum assertionibus, denuntiationibus, & appellationibus coram Sanctitate vestra productis contenta oppoiuerunt contra dictum dominum Bonifacium typo malitiae, & non zelo iustitiae ducti, sed & causa correctionis vitandae processerunt & procedunt ad praedicta. & quia obiectio criminis haereseos caeterorúmque praedictorum contra eundem dominum Bonifacium, siue super iis quiuis clamor, seu si qua esset diffamatio vel infamia, ac denuntiationes, & supplicationes praedictae ex odij fomite processerunt, & procedunt, ortúmque habuerunt, & habent ab eisdem Rege, aliísque praenominatis, eiusdem domini Bonifacij, ac eius famae & memoriae, vt praedicitur, inimicis, aemulis maliuolis & odiosis, infrà scriptis ex causis.

Patétque de inimicitiis eiusdem domini Regis ex capitulis per reuerendum patrem dominum Ioannem Monachi, tituli Sanctorum Marcellini & Petri Presbyterum Cardinalem, portatis ad Regem. Scripsit enim idem dominus Bonifacius per dominum Iacobum de Normannis Notarium suum, secundò per Cardinalem eundem certa capitula ipsi Regi super honore, bonis & statu eiusdem, Ecclesiam etiam & Ecclesiasticam libertatem tangentia, quorum tenores continentur in Registro Romanae Ecclesiae. Quibus respondit Rex ipse: sed non fuit inde contentus idem dominus Bonifacius, prout litterae ad eundem Cardinalem in Registro contentae dicuntur habere.

Patet etiam de dictis inimicitiis ex quaestione de superioritate inter eosdem dominum Bonifacium & Regem suborta. Coepit enim Rex ipse conqueri de dicto domino Bonifacio, ac dicere ipse dominus Rex, quòd superiorem non habet, & cum eodem domino Bonifacio de superioritate contendere, & palam contradicere.

Patet etiam de praedictis inimicitiis ex capitulis in appellationibus ipsius domini Regis, praedictorúmque oppositorum expressis, continentibus ipsius domini Bonifacij facta enormia, & odium graue inter ipsum, & dominum Regem ac Gallicos generantia: dicunt enim in appellationibus, aliifque productis eorum, quòd idem dominus Bonifacius ab antiquo concepit odium contra dominum Regem, & Gallicos, & quòd pluries comminatus fuit idem dominus Bonifacius durè procedere contra dominum Regem, & regnum; & quòd ad deprimendum ipfum dominum Regem, & Gallicos præcipitaret fe & totum mundum, nec curabat fcandalum, dummodo Gallici & eorum fuperbia deftruerentur; & quòd antequam idem dominus Bonifacius teneret Sedem iftam, dixit quòd fi effet Papa, potiùs vellet totam Chriftianitatem fubuertere, quin nationem Gallicorum deftrueret ; & dum quidam nuntij domini Regis Angliæ nomine eiufdem domini Regis peterent fibi dari decimam regni Angliæ, quòd ipfe dominus Bonifacius refpondit, quòd non daret eis decimam, nifi eo pacto quòd fieret guerra contra dominum Regem Franciæ; & quòd magnas quantitates pecuniæ dedit certis perfonis, vt impedirent ne pax inter ipfos dominos Reges fieret ; & quòd mandauit Frederico, qui tenet infulam Siciliæ, quòd fi vellet prodere Regem Carolum, & fracta fibi pace & non feruata, & vellet fe mouere contra dictum dominum Regem, & occidere omnes Gallicos, quòd ipfe ad hoc faciendum daret fibi opem, auxilium, confilium, & iuuamen; & quòd confirmauerat Regem Alamaniæ in futurum Imperatorem, & publicè prædicauit, quòd faciebat hoc vt deftrueret nationem Gallicanam ; & quòd dixit quòd in breui faceret omnes Gallicos martyres vel apoftatas. Quæ omnia afferunt dicti appellatores interueniffe, antequam dicta crimen hærefis, & alia fuprà dicta contra dominum Bonifacium fuiffent oppofita per prædictos. Præterea & quædam notoriè falfa exprimunt in eifdem appellationibus, quæ ex eorum infpectione manifeftè apparent.

Item patet de inimicitiis fupradictis ex commodo & honore Guillelmo de Nogareto collato per dominum Regem; nam demum inter ipfum dominum Bonifacium, & eundem dominum Regem de prædictis quæftionis & indignationis cuiufdam materia fufcitata, idem dominus Bonifacius, qui in Italia vel Romæ, vbi continuè præfidebat, verus Catholicus habebatur, dici cœpit tantùm Parifius de nouo factus perfectus hæreticus, quibufdam appellationibus, falfifque criminationibus contra eum confictis per dictos Guillelmum de Nogareto, & Guillelmum de Plafiano, aliófque nobiles de domo & familia domini Regis prædicti, in eiufdem domini Regis conniuentis publicatis præfentia, confcientes ad criminandum taliter & infamandum fummum Pontificem dominum Bonifacium; eiufdémque domini Regis confœderatione & colligatione inita cum multis Prælatis, aliífque nobilibus, contra eundem dominum Bonifacium, appellationibúfque per eundem dominum Regem & alios fupradictos interpofitis, ad euacuandum proceffus, quos idem dominus Bonifacius, prout idem dominus Rex, & Guillelmi prædicti in fuis appellationibus afferunt, comminatus fuerat contra eundem dominum Regem, ciúfque regnum. Póftque idem dominus Bonifacius infra breue tempus à tempore huiufmodi factionis, & confpirationis contra ipfum Parifius in domo domini Regis prædicti initæ, captus fuit Anagniæ poftea fatis citò, & tractatus hoftiliter in Palatio Papali per dictum Guillelmum de Nogareto; Ecclefiæ Romanæ thefauris, & quibufdam pretiofis eiufdem prædonibus datis in prædam, Romanæque Ecclefiæ Cardinalibus fugatis aliquibus, & aliis fpoliatis bonis fuis, Ecclefiæ Anagnin. foribus igne fuccenfis, & ablatis omnibus quæ in eadem reperta fuerunt, Strigonien. Electo tam nefariè trucidato. quorum omnium actor fuit

DE BONIF. VIII. ET PHILIP. LE BEL.

idem Guillelmus de Nogareto. quem Guillelmum mox reuertentem de huiusmodi facinorosis sceleribus sic notoriè per eum Guillelmum commissis, idem dominus Rex receptauit in domo sua, & remunerauit ipsum, sibi castra, plurimáque bona donando, & in intimiorem familiaritatem admisit eundem, & eum Cancellarium suum fecit, qui ipsum Cancellariae officium exercuit & exercet.

Item patet de inimicitiis & malo zelo ipsius domini Regis, ex eo quòd contempsit & spreuit nuntium & legatum domini Bonifacij praedicti, & ex quibusdam causis aliis quae sequuntur. Olim siquidem dum idem dominus Rex peccaret grauiter in diuersis articulis in Clerum & Ecclesiam Gallicanos, idem dominus Bonifacius per nuntios dicti domini Regis ad eum missos ipsum dominum Regem super iis monuit salubribus monitis, deinde misit ad eum dominum Iacobum de Normannis Notarium suum, cum litteris suis, continentibus capitula, in quibus idem dominus Rex excedebat; quem quàm impudenter, quámque infrunito animo & irreuerenti tractauerit, non aduertens quòd qui spernit missum spernit mittentem, qui in vicino erant manifestè nouerunt, cùm eidem domino Bonifacio patuerit de longinquo. Item non considerans idem dominus Rex quod antiquis est sancitum à sanctis Patribus promulgatis canonibus, quòd si quis Romam petentes rebus quas ferunt spoliare praesumpserit, communione careat Christiana, quódque ij qui accedunt ad praesentiam Romani Pontificis cum rebus suis debeant esse sub Apostolica protectione securi; & paruipendens excommunicationis sententiam, quam dictus dominus Bonifacius inhaerens vestigiis Romanorum Pontificum, & praecipuè Nicolai Papae IV. praedecessorum suorum, qui dictorum canonum auctoritate suffulti contra talia facientes, ad excommunicationem hactenus processerunt, addito per Nicolaum eundem processibus ipsis, etiamsi huiusmodi committentes Imperiali aut Regali dignitate radient, ipse dominus Bonifacius, omni excluso priuilegio, in omnes etiamsi praedicta fulgeant dignitate, qui ad Sedem Apostolicam venientes vel recedentes ab ea, capiunt, spoliant, vel detinere praesumunt, aut impedimentum aliquod exhibent, quominus ad eandem Sedem liberè cum personis, bonis & rebus suis veniant & recedant ab ea, tulit: declarans etiam illos qui pro se, vel suos officiales, seu ministros, aut alios incolis imperij, regnorum seu terrarum suorum, vel transeuntibus per ea, vndecumque oriundis, ad Sedem venientibus memoratam, vel recedentibus ab eadem equitaturas limitant, vel subtrahunt quae deferunt seu reportant pro suis opportunitatibus, vel expensis, aut quaeuis alia res & bona, * * aperiunt litteras vel auferunt, seu taxant numerum personarum, seu quantitatem expensarum, aut euectionum, vel aliàs directè vel indirectè, talibus venientibus vel recedentibus impedimentum vel obstaculum praestare praesumunt, impeditores fore ad dictam Sedem venientium & redeuntium, & excommunicationis sententiam incurrere supradictam adeo ipsius domini Bonifacij temporibus, sicut aliàs fecerat idem dominus Rex notoriè sui regni fines in transgressores grauissimis interminatis poenis, & in eundem dominum Bonifacium iactatis blasphemiis, artae custodiae deputauit, ablatis post dictam sententiam dicti domini Bonifacij non solùm indigenis, sed etiam ad eandem Sedem per regnum ipsius aliunde venientibus rebus suis, vel iniuriosè taxatis, posteà verò omnino subtractis, ac litteris quas deferebant apertis per custodes passuum, aut retentis, quòd nullus liberè ad saepedictam Sedem accedere poterat; nec Praelati Franciae per ipsum dominum Bonifacium, vt super dictis articulis deliberaret cum eis, ad suam præsentiam euocati potuerunt, sicut eorum habuit per litteras suas, quas in Archiuo Romanæ Ecclesiæ idem dominus Bonifacius conseruari fecit, ac Nouiomen. Constantien. & Biterren. Episcopos ipsorum nuntios, excusatio, eodem impediente domino Rege venire. Sed volens idem dominus Bonifacius secundùm sanctorum doctrinam Canonum pacis seruare vinculum, cogitans quòd qui Notarium spreuerat, saltem suum revereretur filium, ad reducendum eum præfatum dominum Ioannem Monachi Cardinalem de regno oriundum ipsius, qui tanquam amicus suus eius zelabatur salutem, destinare curauit. quæ sicut ipse Cardinalis eidem domino Bonifacio rescripsit, & deputatis custodiis ne liberè posset ire quò vellet, nec recipere qui venirent ad eum, de regno suo non reuersurum sine sua licentia repulit, & etiam ipsum dominum Bonifacium non dimisit intactum, sed iterum lacerauit blasphemiis & iniuriis lacessiuit.

Præterea confederationibus & colligationibus factis cum nonnullis Prælatis, Baronibus & personis aliis regni sui, pacis vinculum, quod saluum esse totis affectibus idem dominus Bonifacius nitebatur, rupit, perturbauit vnitatem Ecclesiasticam, & scindere non expauit, ac suæ appellationi friuolæ contra ipsum dominum Bonifacium interpositæ adhærere perperam coëgit inuitos, & in ruinam secum perniciosè deduxit. Ad hæc religiosum virum I. Abbatem Cistercien. detinuit, & alios multos Religiosos maximè Italicos, qui de eius, quia iussio Regis vrgebat, recedentes regno capti fuerunt de ipsius conniuentia, & aliquo tempore in Casteleto seruati, eo quòd adhærere nollent appellationi prædictæ. Insuper Nicolaum de Benefracta, Capellanum Cardinalis iam dicti, ciusdem domini Bonifacij ad eum portantem litteras, quibus dictum dominum Regem excommunicatum per Cardinalem eundem mandabat publicè nuntiari, capi fecit, & repetitum à Cardinale eodem, à carcere noluit relaxare, prout idem Cardinalis id per proprias litteras eidem domino Bonifacio notum fecit. Stephanum insuper de Columna ipsius domini Bonifacij, & Ecclesiæ hostem, in suo regno receptauit patenter, non veritus excommunicationis sententiam, quam post Columnensium fugam de Tibure idem dominus Bonifacius promulgauit publicè, quibuscunque priuilegiis nonobstantibus, in omnes, etiamsi Imperiali vel Regali præfulgeant dignitate, qui dictum Stephanum & alios filios quondam Ioannis de Columna, & Iacobum fratrem dicti Ioannis, Riccardum & Petrum de Monte-nigro, dicti Iacobi nepotes reciperent, conducerent, receptarent, receptari vel recipi facerent, seu conduci, aut eis vel ipsorum alicui publicè vel occultè auxilium, fauorem, vel consilium exhiberent: quódque contra coadiutores, fautores & receptatores prædictorum Iacobi & filiorum dicti Ioannis ab olim per suas litteras idem dominus Bonifacius procedi mandauerat, vt contra hæreticos, receptatores, fautores & adiutores eorum.

Omnia autem hæc patent vel ex Registris Romanæ Ecclesiæ, vel rei euidentia, vel ex appellationibus per nuntios domini Regis coram Sanctitate vestra productis, & etiam præcesserunt citationem de mense Septemb. proximè præterito factam in negotio memorato. Ex quibus omnibus & singulis insurrexerunt & insurgunt inter eundem dominum Bonifacium, & dominum Regem prædictum inimicitiæ graues ex causis diuersis, quia ex iis colliguntur quæstio de honore & statu, de bonis, & superioritate;

rioritate: Item domini Regis spoliatio obedientiæ & subiectionis, & recessus à domino Bonifacio: Item eius amicitia cum inimico domini Bonifacij, scilicet Guillelmo de Nogareto: eiusdem domini Regis munificentia in eundem Guillelmum: Item dicti domini Regis confederatio seu colligatio aduersus dictum dominum Bonifacium: Item minæ graues & facta enormia dicti domini Bonifacij contra ipsum dominum Regem, & de eis domini Regis scientia secundùm sui appellantis assertionem: Item manifestè falsorum obiectus in eisdem appellationibus comprehensorum, si bene inspiciantur appellationes & denuntiationes, & præfata capitula. Item ostenditur scrupulus societatis occultæ contra eundem Regem, qui non solùm manifestè facinori obuiare, sed etiam dictum Guillelmum de Nogareto malefactorem remunerauit, & in intimiorem familiaritatem admisit. Item machinatio circa hæresis obiectum, vt ad captionem dicti domini Bonifacij secundùm eos peruenirentur impunè, * * * tempus trium mensium breuitate, & quasi continuata captione appellationibus & denuntiationibus supradictis.

Quòd ex prædicta quæstione honoris, bonorum, &c. inimicitiæ siue odia comprobantur, probatur extra. *de accu. cum P. & c. cùm oporteat.* & ibidem no. & in aut. *de resti.* §. *si verò quis dicatur.* C. *de testi. aut si test.* Instit. *de excusat. tutorum.* §. *inimicitiæ.* & §. *item is.* & §. *Item propter litem.* & c. *de reuo. donat.* l. fi. & ff. *de accusat. tutorum propter litem.* 3. q. vlt. §. vlt.

Quòd autem spoliatio & recessus ab obedientia domini Bonifacij inimicitiam pariat, probatur; quia spoliator etiam possessionis alicuius, nedum tam summi iuris, subiectionis scilicet & obedientiæ, præsumitur inimicus. extra. *de rest. spol. c. item cùm quis.* & ideo dicit Canon de spoliat. contra spoliatores: Nec nudi contendere, nec inimicis inermes opponere nos debemus. 3. q. 1. *oportet.* extra. *de restit. spoliat. frequens* Innoc. IV. Copulatio autem inimicitiarum cum inimicis copulantem inimicum facit. C. *de inoffi. testa. liberi.* 93. di. *si inimicus.*

Quòd verò minæ, de quibus dicitur in appellationibus prædictis, scilicet superioris, inimicitias pariant huiusmodi, patet per id, quod no. C. *quod me. ca.* l. *metum.* & extra. *quod me. ca.* c. 2. pares namque parit effectus controuersia mota, vel comminata ab eo qui eam mouere potest. vt ff. *si cui plusquam per* l. *fal. nisi.* §. *si legatarius.* itaque comminatio causæ mouendæ de prædictis in appellationibus eorum contentis, parit graues inimicitias, sicut pareret motio ipsa causæ.

Quòd autem inimici à criminationibus eorum, quorum inimici sunt conspiratores etiam & colligati, repellantur etiam in exceptis criminibus, quale hoc est, probatur & no. in dicto c. *cum P. & c. ti. de accu. meminimus.* & c. *cùm oporteat.& de simo. licet Ely. prope finem.* & c. *per tu.ts.* inimici enim facilè mentiuntur. ff. *de quæst.* l. 1. §. *quæstioni.* & ideo tanquam de calumnia suspecti, ne falsa crimina proponant, repellendi, quinimmo etiam suspecti de inimicitia repelluntur. 5. q. verb. *illi qui.* & 3. q. verb. *quia suspecti.* & c. *accusatoribus.* Cum ergo dominus Rex Franciæ non solùm inimicus eiusdem domini Bonifacij, eiúsque memoriæ ex præmissis censendus sit, sed etiam, vt præmittitur, non carere scrupulo societatis occultæ, quoniam manifesto facinori desiit obuiare. 83. di. *error.* & 23. q. 8. c. *præterea.* Et etiam omnes de regno suo propter eum inimici censendi sunt, maximè ex colligationibus memoratis. C. *si qua præditus potestate.* l. *vna.* extra. *vt lit. non contest. accedens.* & ar. extra. *de offi. del.*

cum r. Dictus autem Guillelmus de Nogareto ex se etiam inimicus est, propter captionem prædictam, vt 3. q. 5. c. *accusatoribus.* verb. *secretasar.* & Guillelmus etiam de Plasiano propter spoliationem ab obedientia. Quòd autem Papa sit superior domino Rege Franciæ, probatur extra. *de maio. & obe. solit.* & 9. q. 3. *cuncta per mundum.* & c. *per principalem.* & extra. *de Iudic. nouit.* & quòd omnes sibi obedire debeant, probatur 10. q. 3. c. *qui resistit.* Quòd autem omnia quæ interuenerunt vsque quo nomen delati recipiatur inter reos, possint proponi ad repellendam accusationem, facit ff. *de pu. iudi. is qui reus.* Nomen autem receptum inter reos non possumus dicere saltem ante citationem, licèt no. *de lit. non contest.* ff. *de adult. si maritus.* §. *præscriptiones.* Meritò igitur in prædicto negotio nec ad petitionem seu promotionem dictorum Guillelmi de Nogareto, & Guillelmi de Plasiano, nec ad supplicationem eiusdem domini Regis, ac suorum, nec ad diffamationem vel clamorem eorundem tanquam inimicorum eiusdem domini Bonifacij, & eius memoriæ, quouis modo est procedendum vel inquirendum, vt dictum.

Item excipiendo proponunt dicti defensores, & quilibet eorum, quòd in præfato negotio ex officio, nec alio quouis modo est quomodolibet procedendum, quia ex præcedentibus dictas denuntiationem & appellationes, & ex comprehensis in eis, & ex subsecuta captione domini Bonifacij, quasi continua denuntiationi & appellationibus ipsis, considerata locorum distantia, breuitate temporis, & negotij qualitate, censeri debet negotium machinatum. Quæ autem præcesserunt dictas denuntiationem & appellationes, & quæ comprehensa sunt in eis, continentur in prædicta narratione facti ; quæ cùm odium proculdubio indicent, & graues inimicitias manifestent, obiectio hæresis seu denuntiatio super ea ex pòst facto, scilicet post omnia præmissa, odium generantia, non ante ea ab initio facta machinata est, vt ad captionem dicti domini Bonifacij tutiùs secundùm opinionem eorum posset procedi. Hoc probatur in aut. *de æquali dot.* §. *si autem mulier.* & extra. *de elec. off.* 50. di. *si qua mulier.* extra. *de homic. Presbyterum.* 31. q. 1. *si quis viuente.* & extra. *de renunt. si te præbendam.* 3. q. 5. c. 2.

Item excipiendo proponunt dicti defensores, & quilibet eorum, quòd vos, Pater sanctissime, in præfato negotio dicti domini Bonifacij Papæ octaui ex officio vestro per viam inquisitionis procedere non potestis, nec debetis de iure, pro eo quòd de crimine hæreseos contra eundem dominum Bonifacium opposito nulla laborat infamia, quia licèt clamor sit quòd denuntiatus sit dictus dominus Bonifacius Papa octauus de hæresi, tamen infamia de ea orta non est, quia in opinione hominum non creditur, & est cum non fuisse hæreticum, sed & à prædictis domino Rege, & Guillelmo de Nogareto, & Guillelmo de Plasiano, & aliis contentis in dictis appellationibus hæresis crimen oppositum ; & si aliqua esset infamia, habuisset ortum à prædictis æmulis & inimicis prædictis ex causis, & ideo non sufficeret ad inquisitionis viam. extra. *de accusat. qualiter, & quando.* 2. *& de purgatione canonum inter sollicitudines prope* * * à contrario sensu.

Item excipiendo proponunt, in præfato negotio nullo modo procedi de iure, pro eo quòd si quouis modo procederetur, aperiretur via ad confundendum Ecclesiam Dei ; nam exemplo hoc quilibet potentior publicè diceret aliquem hæreticum quem odiret, vt impunè postmodum caperet eum : tolleretur præterea correctionis libertas, vt ex facti

DE BONIF. VIII. ET PHILIP. LE BEL. 491

narratione praedicta, & ex rei euidentia manifestè apparet. Via autem malitiis aperienda non est, nec eis indulgendum. vt ff. *de rei ven.* l. *in fundo cum suis ibi similibus.*

Item excipiendo proponunt, non esse in praefato negotio modo aliquo procedendum, pro eo quòd idem dominus Bonifacius post obiecta sibi Parisius crimen haereseos & alia supradicta, dum adhuc viuebat, palam & publicè negauit se haeresis labe aspersum, asserens huiusmodi crimina falsò ac mendaciter sibi fore imposita, ac euidenti ratione monstrauit calumniam obiectorum, vt patet in Constitutione, *Nuper vulgatus*, &c. quae habetur in Registro Romanae Ecclesiae. & probatur haec exceptio, quia quando crimen haereseos obiicitur contra Papam, si ipse negat se illud commisisse, vel etiam si confiteatur, & paratus est resipiscere, non potest idem dominus Papa de hoc amplius accusari, vel damnari, quia tunc demum Papa dicitur deuius à fide, quando pertinaci animo defendit errorem. 24. q. 1. *haec est fides.* & q. 3. *dixit Apostolus.* & c. *qui in Ecclesia.* & no. Hug. 40. di. *si Papa.* & quòd sola negatio Papae excludat accusationem contra eum, probatur etiam 2. q. 5. *auditum in.* & §. *dictum est.*

Item excipiendo proponunt, quòd quaestio haeresis & non canonici ingressus domino Bonifacio obiectorum, silere debet omnino quasi sopita, quia dominus Benedictus Papa XI. prout etiam ipsi Guillelmus, & Guillelmus asserunt in productis eorum, sciuit eidem domino Bonifacio obiectum haeresim, & non canonicum ingressum, ex eo quòd dicebatur quondam Celestinum non potuisse renuntiare Papatui; & nihilominus postea fecit idem dominus Benedictus contra captores ipsius domini Bonifacij suum processum, dicens in eodem processu eos incurrisse sententiam excommunicationis à canone. Dicit etiam ibidem eos sceleratissimos & ausos summum nefas, & quòd Praelatum subditi, parentem liberi, & dominum vassalli ceperunt. Dicit etiam maiestatem laesam in hoc, & crimina alia multa commissa. Dicit etiam dehonestatum summum Pontificium violatum. Dicit insuper in Christum Dominum manum missam per captores infelicissimos, non imitatos quem ipse Benedictus imitari vult, Dauid sanctum, qui in Christum Domini etiam inimicum suum noluit manum extendere, & in extendentem irrui gladio iustè fecit. Dicit etiam inauditum facinus, & quòd lamentum sumat Ecclesia, & in adiutorium debitae vltionis filij & filiae eius de latere surgant. Dum ergo dixit praedicta dominus Benedictus, & asseruit ea sub oculis suis perpetrata fuisse, hoc ipso spreuit & posthabuit obiectus huiusmodi, & suam in hoc ostendisse voluntatem videtur: nam & assertioni summi Pontificis huiusmodi fides plenissima adhibetur. extra. *de testi. cum à nobis.*

Probatur hoc: dicunt enim dicti Guillelmi, quòd si haereticus, ergo non Papa, & quòd asserto vno negatur aliud. Igitur cùm dominus Benedictus in dicto processu suo sciuit praedictos obiectus, & dixerit dictum dominum Bonifacium summum & Romanum Pontificem, ac sponsum Ecclesiae, & in eum laesae maiestatis crimen fuisse commissum; Praelatum insuper, parentem & dominum extitisse: hoc ipso asseruit, & pronuntiauit eum non fuisse haereticum, & ex causa praemissa legitimum habuisse ingressum : ostendit enim quis voluntatem suam ipso facto. ff. *de leg. de quibus.* extra. *de appell. vt nostrum.* & quod Principi placet legis habet vigorem. ff. *de const. Princi.* l. 1. & si iudicatur rem meam esse, per consequens tuam non esse. ff. *de procur.* Pomponius. §. *Sedis.* Et si pronuntiatur pro actore, hoc ipso sunt perempt. except. posthabitæ. extra. *de re iudi. inter mon.* & cùm renuntiatur improbitati, statim adsciscitur virtus. 32. q. 1. *cùm renuntiatur.* & ad præmissa etiam facit ff. *de tricti.* l. 2. Omnino ergo respuendi sunt dicti Guillelmi, &. in negotio nullatenus procedendum etiam rei finitæ obstante exceptione.

Item excipiendo proponunt defensores prædicti, & quilibet eorum, non esse procedendum in dicto negotio seu causa ; pro eo quòd contra dictum Guillelmum de Nogareto, & quosdam alios suos sequaces processum est per felicis recordationis dominum Benedictum Papam vndecimum, super eo quòd dicti Guillelmus, & sequaces, turba vnita hostiliter ceperunt Papam Bonifacium Anagniæ in domo propria, eúmque captum detinuerunt, & thesaurum Ecclesiæ Romanæ rapuerunt, & multa alia scelera notoriè perpetrata fuerunt per eosdem: cui causæ cùm contingat rempublicam Romanæ Ecclesiæ, & in ea adeo per eundem prædecessorem vestrum esset processum, quòd non restaret, nec restat nisi sententia diffinitiua ferenda, non debet parari præiudicium quodlibet per aliam causam mouendam, quod fieret si in præsenti causa procederetur, nisi priùs illa finita. & probantur hæc ff. *de pu. iudi. is qui reus.* & ff. *de iur. fisci.* l. *apud Iul. & de except. fundum.* & l. *fundi.* Sed obiicitur per eosdem Guillelmos, quòd accusationes iam antè factas possunt prosequi, & de maiori crimine accusare. Ad hæc autem respondetur quòd quæstio hæresis non fuit cœpta per prouocationes ipsorum, quæ præcesserunt processum domini Benedicti Papæ vndecimi contra captores, vt ex eis patet, & quia tales appellationes citationum vim non habent, nec potuerunt habere, nec nomen delati inter reos receptum, quod requiritur vt causa inchoata dicatur. ff. *de pu. iudi. is qui reus.* Nec etiam libelli super denuntiatione aliqua oblati sunt, sed Regi Franciæ seu in eius præsentia, aliqua dicta & lecta contra dictum dominum Bonifacium, & petitum ab eo, vt daret operam omnium Prælatorum in tuto loco Concilio congregando : & super hoc pluries dominus Clemens Papa quintus, & dominus Benedictus prædecessor suus requisiti dicuntur. Id autem egisse, denuntiasse non est, seu denuntiationem de crimine fecisse. Sed libellus offerri debuit competenti iudici, & per ipsum reo, vt & in accusationibus. ff. *de accu. libellorum, & de adult. miles.* §. *Soccr.* & ar. *de furt. Sempronia :* Sicut enim accusatio instituitur in scriptis, ita & denuntiatio, licèt in aliquo differant. extra. *de accu. super iis.* Id autem coram dicto domino Clemente, vel prædecessore eius factum non est, nec vsque de mense Septembr. proximè præterito aliqua citatio facta, nec adhuc negotium huiusmodi inchoatum: non ergo veritatem habet accusationem seu denuntiationem fuisse factam, vel inchoatam antè super hæresi obiecta, quàm super negotio captionis citatio facta fuisset ad sententiam audiendam per dictum dominum Benedictum. Quæcunque autem ante inchoatam accusationem interuenerunt, profunt ad repellendum accusationem, vt dicta l. *is qui reus.* & ff. *de iure fisci deferre.* §. *Item constitutionibus.* verb. *sed eas.* Inchoata autem accusatio tunc dicitur, cùm nomen delati inter reos receptum est, quando autem inter reos receptum nomen dicatur, saltem libelli oblatio & citatio requiritur, vt suprà dictum est, sicut in re litigiosa. vt in aut. *de litig. in princi.* vbi de iis quæ requiruntur ad faciendam rem litigiosam. no. *vel etiam lit. contest.* requiritur. vt no. ff. *de adult. si maritus.* §. *præscriptiones.* Et licèt de maiori crimine dicatur denuntiationem præcedere, tamen non obstat, quia prior causa captionis domini Bonifacij, & asportationis thesauri erat in sententiæ prolatione, & ideo priùs expedienda: non enim licet accusare, postquam nomen eius receptum est inter reos, de aliquo crimine accusatorem, vt no. in dicta l. *is qui reus.* ad quod etiam facit C. *de Sent. interlocut. omnium iudicum.* aut. *& consequenter.* cùm enim in dicta causa captionis non restaret, nec restet nisi sententia, dubium non erit eam antè expediri debere, cùm etiam in ciuibus non sit reconuentioni locus in tali casu. vt no. extra. *de mutu. petit.* c. 1. Præterea causa maioris criminis non præiudicat, nisi ratione maioritatis. hîc autem causa hæresis alia præiudicat ratione, & ideo debet silere. *ar. ff. de except. fundum.* & *l. fundi.* Item prima causa captionis & asportationis thesauri iam mota est publica, non solùm quia accusatio publica sit, sed etiam quia ad publicum pertinet, scilicet rempublicam Romanæ Ecclesiæ; & ideo ei per aliam causam præiudicari non debet, vt ff. *de iure fisci. apud Iul.* Illud autem certo certius est, quòd non licuit capere eum, & quod de hæresi obiectum est, machinatum fuit & confictum ad capiendum eum, sed non licuit vt dictum est: patet etiam per processum dicti domini Benedicti Papæ vndecimi factum contra captores.

Item excipiendo proponunt, in præfato negotio non debere procedi de iure, pro eo quòd idem dominus Bonifacius iusto electionis, quæ vim confirmationis habet, titulo, quasi Prætore auctore, inconcussè Papatum tenuit, & possedit, & in ipsa possessione Papatus & Catholicæ fidei decessit, & à tempore obitus ipsius elapsum fuit quinquennium & vltrà, antequam lis seu controuersia sibi mota foret, seu aliqua citatio emanaret super hæresi, seu aliis sibi obiectis per dictos Guillelmos. Et probatur hoc c. *de aposta. si quis defunctum.* & no. c. *de hæret.* l. 4. & c. *ne de statu defunctorum.* l. 1. *& quasi.* per totum.

Item excipiendo proponunt, in dicto negotio procedi non debere, pro eo quòd dicti oppositores dicunt & asserunt se velle prosequi solùm appellationes & obiectus, quos contra eundem dominum Bonifacium fecerunt dum viuebat, & post obiectus huiusmodi idem dominus Bonifacius in extremis constitutus explicitè professus fuit fidem Catholicam in præsentia multorum Cardinalium, & aliarum honorabilium personarum, ac asseruit & professus fuit firmiter se tenuisse Catholicam fidem, quam tenet & docet & prædicat Romana Ecclesia, & in eadem fide se vixisse, & mori velle professus est. Probatur autem hæc exceptio extra. *de sum. tri. damnamus.* prope finem. & no. in e. c. c. *firmiter.* Ier. idem facit culpatus ab æmulis. 24. q. 1. *hæc est fides.* ad quod etiam facit c. c. q. 2. *Sem.* 1. *ibi, sed in Domini sui fide,* &c. vt quod dicit in Domini sui, &c. de Deo intelligatur. & c. *ne quisquam ibi.* dum dicit: De eo qui constitutus est in diuino iudicio non est fas nobis aliud decernere præter id in quo eum dies supremus inuenit. id etiam expressè no. 40. di. *si Papa.* & 21. di. *nunc autem.*

Item excipiendo proponunt, in dicto negotio non debere nec posse procedi de iure, quia mors eiusdem domini Bonifacij, concurrentibus prædictis & infrà dicendis, scilicet quòd fuit summus Pontifex, quòd talia de eo audita non sunt, & quòd, vt prædicitur, professus est fidem Catholicam, inimicitiis etiam & machinationibus, & bonis eius operibus, impedit omnem processum contra eum faciendum, ipsúmque exemit ab omni humano iudicio. Probantur hæc 9. q. 3. *nemo.* & c. *aliorum.* 21. di. *nunc autem.* C. *si reus vel. ac. mor. sit.* l. 2. & per totum 23. di. *quo-*

rundam de accu. qualiter & quando. §. *licet.* 40. di. *non nos.* & quæ ibi notantur.

Præterea posito similiter sine præiudicio quòd negotium hoc esset agendum, quod verum non est, excipiendo proponunt defensores prædicti, quòd ad petitionem, promotionem, seu supplicationem prædictorum Guillelmi de Nogareto, & Guillelmi de Plasiano, seu etiam ex vestro officio, Pater sancte, recipi non debent testes senes valitudinarij, vel longo tempore affuturi, nec nomina eorum recipi, & secretò teneri, sicut ipsi G. & G. petunt & supplicant; neque etiam modo aliquo, vel ad aliquid procedi in negotio supradicto, pro eo quòd, vt dictum est, prædicti G. & G. fuerunt & sunt inimici, conspiratores & calumniatores eiusdem domini Bonifacij, eiúsque famæ, ac etiam falsa & contraria proposuerunt in productis eorum; & aliàs sunt inhabiles ad accusandum seu denuntiandum eundem dominum Bonifacium, ad proponendum, petendum, obiiciendum, & supplicandum, seu promouendum prædicta : Et quia notoriè constat nullum officium locum habere in casu præsenti, nulla infamia vel suspicione contra ipsum laborante, prout ex præmissis, & ex citatorio vestro edicto clarè patet. Et probatur etiam hoc, quia is qui prohibetur alium accusare vel denuntiare, statim ante exhibitionem testium, ante examinationem iudicij in ipsa criminum expositione repelli debet. §. *qui ac no. pos.* l. penult. & *quia si legitimus non fuerit accusator*, &c. extra. *de acc.* c. 1. & quia quos prohibet Prætor, in totum prohibet. ff. *de postu.* l. *quos prohibet.* Nam etiam ad vestrum officium pertinet, etiam non petentibus defensoribus, in totum repellere illegitimos delatores. 2. q. 7. *quærendum.*

Item excipiendo proponunt non esse procedendum ad receptionem testium huiusmodi, vel ad aliquid aliud seu aliquo modo super libello & articulis datis & exhibitis per dictos Guillelmos contra dictum dominum Bonifacium & eius memoriam super hæresi, & multò minùs super aliis, quæ hæresim non sapiunt, pro eo quòd dictus libellus seu articuli, neque tempus, neque locum, neque speciem vel magnitudinem criminis continent, quando, & vbi fuerint commissa prædicta per eundem dominum Bonifacium; & pro eo quòd dictus libellus, seu articuli sunt aliàs obscuri, incerti, & ineptè concepti, & aliàs de iure non admittendi, & nihil certum concludunt, prout ex inspectione eorum apparet. Et probatur, quia siue ciuiliter siue criminaliter agatur de crimine alicuius, debet libellus & locum & tempus commissi criminis continere ; & non vagari cum discrimine alienæ existimationis, vt ff. *de accu.* l. *libellorum.* ff. *de iniur.* l. *Prætor.* in principio. extra. *de procu.* c. *tue.*

Item excipiendo proponunt, in præfato negotio non debere procedi ad huiusmodi testium receptionem seu aliquo modo, pro eo quòd ipse idem dominus Bonifacius ex debito sui officij multos habuit corrigere & increpare, aliquos etiam suspendere, & punire, iustitia exigente. Vnde ratione reddendæ iustitiæ multos sibi fecit aduersarios, & maximè ratione processuum factorum contra hæreticos & apostatas cuiuscunque conditionis, & processuum factorum contra illos de Columna, ac etiam dominum Regem Franciæ, vt prædicitur, contraque plures alios magnos & paruos, qui omnes modò insidiantur eiusdem memoriæ. Et quia iam in Romana Curia, & extra eam multi testes sunt subornati per huiusmodi inimicos, & æmulos, vt contra eundem dominum Bonifacium ferant falsum testimonium in negotio memorato. Vnde nec ex officio, nec præsertim ad petitionem talium, quales sunt criminatores prædicti, vllo modo est procedendum contra tantum patrem. Probatur hoc extra. *de accu. c. qualiter & quando. §. licet.*

Item excipiendo proponunt, quòd morte dicti domini Bonifacij etiam per se solùm considerata, sine præmissis concurrentibus, procedi non debet in dicto negotio, quia contra certam personam post mortem de hæresi non proceditur, nisi per denuntiationem vel accusationem, quod videtur verius, vt no. 24. q. 2. *sanè profertur.* hic autem nec per accusationem vel denuntiationem procedi potest propter prædicta.

Item excipiendo proponunt iidem defensores, & quilibet eorum, quòd testes senes valitudinarij vel affuturi, vel alij qualescunque, recipi non debent de iure, ad petitionem Guillelmi de Nogareto, & Guillelmi de Plasiano, nec ex vestro officio, Pater sancte, pro eo quòd ex scripturis per eos productis coram Sanctitate vestra, & ex rei euidentia clarè patet dictos oppositores esse repellendos omnino à criminatione proposita per cosdem. Et quia constat notoriè nullum officium locum habere in casu præsenti, sicut ex præmissis apparet notoriè, & etiam ex rationibus & exceptionibus aliàs coram Sanctitate vestra propositis per defensores cosdem.

Item excipiendo proponunt defensores prædicti & quilibet eorum, quòd huiusmodi testes recipi non debent, pro eo quòd pendente dilatione dictis oppositoribus & defensoribus data in negotio memorato, Iudicis officium conquiescit. *c. de dilat. sine pars.*

Item excipiendo proponunt defensores prædicti, & quilibet eorum, quòd ex officio procedere non debetis, nec potestis de iure ad huiusmodi testium receptionem, pro eo quòd pendente quæstione de dictis dilationibus, seu oppositoribus admittendis, vel etiam repellendis, quæ est via ordinaria, cessare debet officium, quod est extraordinaria via. ff. *de nun. in ca. cum suis si.*

Item excipiendo proponunt dicti defensores, & quilibet eorum, quòd testes huiusmodi recipiendi non sunt vllo modo, quæstione de dictis oppositoribus admittendis, vel etiam repellendis pendente, pro eo quòd dicta quæstio non habet dubium iuris vel facti; cùm notoriè constet dictos oppositores repellendos omnino, vt dictum est, & dictos defensores fore admittendos, cùm quouis defensor Catholicus debeat de iure admitti, vt ex infrà scriptis manifestè apparet, & etiam ex rationibus aliàs datis per defensores eosdem: vel saltem pro eo quòd huiusmodi quæstio de prædictis oppositoribus repellendis, & defensoribus admittendis, ad cuius celerem expeditionem se obtulerunt & offerunt defensores prædicti, potest & potuit facilius & citius terminari, quàm quæstio an testes huiusmodi sint recipiendi, vel non. probatur hoc ar. ff. *vt in pos. lega. si is à quo.*

Item excipiendo proponunt defensores prædicti, & quilibet eorum, quòd testes huiusmodi recipere non potestis, nec debetis de iure: quoniam cùm agatur criminaliter de memoria domini Bonifacij damnanda, ac etiam causa hæc contingat vniuersalem statum Ecclesiæ, vt ex suprà dictis apparet, probationes debent esse luce clariores, vt c. d. *probat. sciant.* ar. 2. q. 5. *Præsul.* & quia in causa criminali non recipiuntur testes ante litem contestatam vel quasi cont. extra. *lit. non contest. quoniam frequenter.* in princ.

Quòd autem defensores prædicti admitti debeant ad debitam defensionem status & memoriæ felicis recordationis domini Bonifacij Papæ octaui faciendam in dicto negotio, prout se obtulerunt & offerunt, si quando & prout procedi in eodem negotio de iure deberet, euidenter ostenditur iuribus & rationibus infrà scriptis.

In-primis, quia vbi agitur de statu hominis qui se defendere non potest, vtpote infans vel furiosus quilibet, etiam extraneus potest ad defensionem eius venire. vt ff. *de libe. ca.* l. *benignius.* al. l. 4. §. fi. Cùm igitur agatur de statu domini Bonifacij iam mortui, quia petitur pronuntiari fuisse hæreticus, & sic extra Catholicam fidem seu libertatem Ecclesiæ, & multò ignominiosius & periculosius est agi de diminutione capitis seu status spiritualis quàm temporalis, sequitur quòd ad defensionem huiusmodi causæ quilibet Catholicus est admittendus.

Secunda ratione patet, quia vbi condemnatur quis ad supplicium, potest quilibet pro eo etiam inuito appellare, & huiusmodi causæ defensionem subire, nec quæritur cuius intersit, si pecunialiter, vel ratione veræ consanguinitatis. ff. *de appel.* l. *non tantùm.*

Nec obstat quòd in causis criminum regulariter non auditur procurator in causa principali vel appellationis, quia non vt procurator, sed pro suo quodammodo interesse hic venit, eo quòd interest hominis hominem hic affici; vt no. c. l. *non tantùm.* Nec obstat responsio partis aduersæ, quæ dicit l. prædictam locum habere tantùm in causa appellationis, quia eadem ratio est in causa principali, vbi promptum est periculum, sicut in casu nostro, vt no. 24. q. 2. c. *san. profertur.* vbi clarè & expressè notatur, quòd quando crimen hæresis obiicitur alicui iam defuncto, quilibet etiam extraneus potest eum defendere, nec tenetur etiam de rato cauere, vt ibidem, quia grauiùs delinquitur in mortuum quàm in viuum, vt no. in codem c. & q. c. *sanè profertur.* ar. c. *de sepulcro violato.* l. *qui sepulcra.*

Tertia ratione patet, quia vbicunque absens damnari potest de crimine, ibi quemuis pro eo verba facientem, & suam innocentiam excusantem audiri æquum est. vt ff. *de procur.* l. *seruum quoque.* §. *publicè vtile est.* Cùm hic petatur procedi contra dominum Bonifacium iam mortuum, & eius damnari memoriam, qui ex necessaria causa abest, debebit quilibet defensor admitti, & satis æquius est pro eo quemlibet defensorem admittere, etiam aliàs minùs idoneum, quàm mortuum graui condemnatione afficere. ar. ff. *de procur.* l. *non solùm.* §. vlt. & c. *de procur.* l. *exigendi.* Nec obstat quod dicitur: in publicis iudiciis non potest procur. interuenire, quia illud habet locum in illis criminibus, vbi quis absens damnari non potest, in quibus & accusatorem & accusatum præsentes esse oportet. Præterea in casu nostro defensores non veniunt vt procuratores, sed vt defensores propriæ causæ, ea ratione quia interest hominis hominem, &c. vt dictum est.

Item alia ratione prædicti defensores sunt admittendi ad huiusmodi causæ defensionem: nam cùm quis post mortem impetitur de crimine læsæ maiestatis, potest huiusmodi vitium à suis successoribus purgari, & filiis. ff. *de crimine læsæ maiestatis.* l. vlt. & quamuis ibi recommemoretur de bonis paternis: nihilominus tamen idem & vbi non est quæstio de bonis defuncti, quia vtrobique ad dolorem & iniuriam seu ignominiam filiorum occurrit paterna damnatio. vt l. *quisquis.* C. ad l. Iul. *maiest.* adeo quòd etiam filius tenetur ex debito necessitatis vlcisci mortem paternam, nedum defendere. vt C. *de iis qui vt indig.* l. 5. Cùm igitur præfatus dominus Bonifacius spiritualis pater fuerit omnium fidelium, patet quòd
quili-

quilibet Catholicus & fidelis potest, tenetur, & debet eiusdem domini Bonifacij memoriam defendere, tanquam filius patrem suum. quæ paternitas quoad memoriam & delationem honoris, reuerentiæ & defensionis eis à spiritualibus filiis debitæ, etiam durat post mortem, vt dicitur Ecclesiastic. 44. *Laudemus viros gloriosos & patres nostros in generatione sua,* &c. & no. *Innoc. de reliq. & veneratione Sanctorum.* c. 1. aliàs sequeretur absurdum quòd videlicet nec memoriam beati Petri defendere & saluare possemus; & quia reus est capitis qui ducem vel præpositum cùm potest protegere, non protexit. ff. *de re mi.* l. *omne delictum.* §. vlt.

Item patet etiam de interesse defendentium dominum Bonifacium, & eius memoriam; certum est enim quòd Ecclesia Romana est mater omnium fidelium. 12. di. *non decet.* Est ergo interesse eorum matrem ipsorum, Ecclesiam videlicet Romanam, ostendere & docere habuisse legitimum & canonicum sponsum, ne diceretur adulterata. 7. q. 1. *sicut vir.* sicut enim filiis & cognatis ignominia est patrem vel cognatum seruum fuisse, propter quam ignominiam liberi & cognati admittendi sunt ad defensionem in causa liberali. vt ff. *de li. ca.* l. 1. ita est ignominia & longè maior in casu præsenti filiis spiritualibus.

Præterea si quis profiteatur fidem beati Petri seu Romanæ Ecclesiæ, quicunque eum inculpare voluerit, se imperitum aut maliuolum, ac etiam non Catholicum, sed hæreticum comprobauit. 24. q. 1. *Hæc est fides.* Sed certum est quòd dominus Bonifacius libellum suæ professionis exhibuit vniuersali Ecclesiæ, in quo non solùm professus est fidem beati Petri & Ecclesiam Catholicam, sed etiam hanc fidem ab vniuersis subditis seruari mandauit, vt patet in constitutione, *Vnam sanctam,* vbi idem dominus Bonifacius profitetur vnam Catholicam Ecclesiam, extra quam non est salus, nec remissio peccatorum, & vbi dicitur, *quodcunque ligaueris,* &c. Idem professus est in alia sua constitutione, quæ incipit, *Nuper vulgatus rumor,* &c. quæ facta fuit post obiectiones & blasphemias sibi impositas per dictos Guillelmum de Nogareto, & Guillelmum de Plasiano. Item in extremis vitæ suæ explicatè professus est fidem Catholicam, quam tenet, docet & prædicat Romana Ecclesia, vt suprà dicitur.

Potest ergo dicere idem dominus Bonifacius, vel defensores in persona eius, sicut dixit Iero. de se, *qui me culpato,* &c. vt dicto c. *hæc est fides.* Ex præmissis itaque clarè patet, quòd dicti defensores prosequuntur negotium fidei defendendo Patrem Catholicum & fidelem, & qualem fuisse tenuit, & adhuc hodie tenet tota Ecclesia sancta Dei: & quòd impugnatores prosequuntur negotium Diaboli, & perfidiæ, tantum Patrem calumniosè impetendo, & etiam ex prædictis euidenter apparet. Non ergo habet dubium, quòd defensores sunt admittendi ad defensionem prædictam.

Nec obstat quod obiicitur per aduersarios supradictos, quòd non est sic in Prælatis Ecclesiæ, patribúsque spiritualibus quoad filios, sicut in naturalibus. Patres enim naturales per semen naturale in filiis naturam suam & generationem conferunt, vt est videre in Domino Iesu Christo filio Dauid, & filio Abraham; sed secus in Prælatis Ecclesiæ, &c. prout continetur in replicationibus seu scripturis, quas dederunt coram Sanctitate vestra: quia respondetur hoc falsum esse, vt apparet per rationes super hoc datas per defensores eosdem.

Præterea, Pater sancte, in hoc dicto multa falsa reperiuntur, & quæ non sapiunt sanam doctrinam, sed magis erroneam.

Rrr

498 PREVVES DE L'HIST. DV DIFFEREND

Primò quia ibi dicitur quòd Chriſtus fuit filius per ſemen naturale, dum enim ibi ageret de femine naturali, poſuit exemplum de Chriſto, hoc enim eſt contra doctrinam Euangelij, vnde Angelus ad Ioſeph: *Noli timere accipere Mariam coniugem tuam, quod enim in ea natum eſt, de Spiritu ſancto eſt.* Item contra illud Luc. 2. *Spiritus ſanctus ſuperueniet in te, & virtus Altiſſimi obumbrabit tibi.*

Item ſi Chriſtus fuiſſet natus ſecundùm ſemen naturale, habuiſſet peccatum originale, & non fuiſſet mediator, ſed indiguiſſet mediatore.

Item eſt contra dictum Auguſt. 10. ſup. Geneſi. vbi dicit quòd Chriſtus fuit in lumbis Patrum, ſecundùm corpulentam ſubſtantiam, & non ſecundùm rationem ſeminis.

Item ſic dicere eſt incidere in hæreſim Fortunatiani, qui poſuit quòd Chriſtus more aliorum hominum generatus eſt.

Secundum falſum in dicto eius eſt, qui ponit quòd non eſt ſucceſſio in filiis ſpiritualibus, ſicut in carnalibus, & quòd non maneat paternitas poſt mortem patris ſpiritualis, ſicut manet poſt mortem carnalis.

Etenim primò hoc falſum, quia ſicut ſe habet pater carnalis ad propagandum filios, & conſeruandum naturam perſemen naturale; ita ſe habet pater ſpiritualis ad propagandum filios ſpirituales per ſemen fidei, de quo ſemine beatus Petrus prima canonica ſua, primo cap. *Renati non ex ſemine corruptibili, ſed incorruptibili per verbum Dei viui permanentis in æternum.*

Item dicere quòd mortuo patre ſpirituali ſic moritur paternitas, quia filius remanens abſoluitur à paternitate, ita quòd non tenetur eum defendere & ſaluare memoriam ſuam, erroneum eſt, & non ſapiens ſanam doctrinam; aliàs non teneremur ſaluare memoriam Chriſti & Petri: de quo Chriſto dicitur prima canonica Petri, quòd *generauit nos in ſpem viuam.* de quo etiam dicitur primo Ioannis, quòd dando nobis ſemen fidei dedit nobis poteſtatem filios Dei fieri iis qui credunt in nomine eius.

Item dicere quòd non reperitur exemplum de tali ſucceſſione ſpirituali, eſt contra dictum Ambroſij. Nam Beatus Ambroſius loquens de patre ſpirituali, in ſermone de Confeſſoribus & Pontificibus dicit, quòd gloria patris eſt filius ſapiens, & quòd huius patris multæ ſunt gloriæ, qui tantorum filiorum ſapientia & deuotione lætatur: in Chriſto enim Ieſu per Euangelium nos genuit. Et quòd loquatur de patre ſpirituali mortuo, patet per id quod ſubdit ſtatim: quòd plures ex diſcipulis ſuis reliquit ſui ſacerdotij ſucceſſores. ſucceſſio enim hic arguit paternitatem & filiationem ſpiritualem.

Ad declarationem autem præmiſſorum proponunt defenſores prædicti, & quilibet eorum, quarundam literarum & proceſſuum ciuſdem domini Bonifacij Papæ octaui, & domini Benedicti Papæ vndecimi infrà ſcriptos tenores, contentos in Regiſtro Romanæ Eccleſiæ, & ad fidem faciendam de prædictis per eos propoſitis producunt ipſum Regiſtrum, ipſúmque pro producto in hac cauſa volunt haberi, in quantum facit pro eis; offerentes ſe paratos oſtendere & deſignare loca in eodem Regiſtro, vbi ſunt tenores prædictarum literarum atque proceſſuum, aliorúmque facientium ad cauſam prædictam, eis facultate conceſſa videndi & perlegendi ipſum Regiſtrum, quam ſibi inſtanter poſtulant faciendam. Petunt etiam videri & examinari per Sanctitatem veſtram literas Prælatorum regni Franciæ, de quibus ſuprà fit mentio, aliáſque literas & proceſſus facientes ad cauſam prædictam, quas idem dominus Bonifacius conſeruari fecit in Archiuis Romanæ Ecclefiæ, quas fimiliter volunt habere pro productis in quantum faciunt pro eis, & ad propofita per eofdem.

Tenor autem literarum dicti domini Bonifacij directarum ad dictum dominum Regem Franciæ, talis est.

Suiuent les Bulles du P. Boniface commencans Aufculta Fili, &c. *imprimée cy-denant page 48.* Saluator Mundi, &c. *&* Nuper ad audientiam, &c. *page 166. & les trois Brefs ou Bulles dudit Boniface addreffez au Cardinal Iean du titre de S. Marcellin.* 1. Per proceffus noftros, &c. *imprimé page 98.* 2. Literas tuas nuper accepimus, &c. *page 95.* 3. Venerabiles fratres, &c. *page 88.*

Le Pape Clement V. ordonna que ces Bulles feroient rayées des Regiftres de l'Eglife: & dans ce Regiftre elles le font en forte qu'vne grande partie ne fe peut lire.

TENOR proceffus domini Benedicti Papæ XI. contra captores domini Bonifacij Papæ VIII. BENEDICTVS Epifcopus feruus feruorum Dei, ad perpetuam rei memoriam. Flagitiofum fcelus & fcelefte flagitium, quod quidam fceleratiffimi viri fummum audentes nefas in perfonam bonæ memoriæ Bonifacij Papæ octaui prædeceffioris noftri, non fine graui perfidia commiferunt, puniendum profequi ex iuftis caufis huc vfque diftulimus: fed vlterius fuftinere non poffumus, quin exurgamus, immo Deus in nobis exurgat, vt diffipentur inimici eius, & ab ipfius facie fugiant qui oderunt eum: diffipentur dicimus, fi verè pœniteant, ficut ad prædicationem Ionæ Niniue fubuerfa eft; alias vt Iericho fubuertantur. Olim fiquidem dum idem Bonifacius Anagniæ propriæ originis loco cum fua Curia refideret, ipfum nonnulli perditionis filij primogeniti Sathanæ & iniquitatis alumni omni pudore poftpofito, & reuerentia retroiecta, Prælatum fubditi, parentem liberi, & vaffalli dominum, Guillelmus fcilicet de Nogareto, Raynaldus de Supino, Thomas de Morolo, Robertus filius dicti Raynaldi, Petrus de Genazanus, Stephanus filius eius, Adenulfus & Nicolaus quondam Mathiæ, Giffredus Ruffa, & Petrus de Luparia, ciues Anagnin. milites: Sciarra de Columna, Ioannes filius Landulfi, Gottifredus filius Ioannis de Ceccano, Maximus de Trebis, & alij factionis miniftri, armati, hoftiliter & iniuriosè ceperunt, manus in eum iniecerunt impias, proteruas erexerunt ceruices, & blafphemiarum voces ignominiosè iactarunt. Eorum etiam facto & opera per eiufdem factionis complices & alios thefaurus Romanæ Ecclefiæ ablatus violenter extitit, & nequiter afportatus. Hæc palam, hæc publicè, hæc notoriè, & in noftris etiam oculis patrata fuerunt, in iis læfæ maieftatis, perduellionis, facrilegi, legis Iuliæ de vi publica, Corneliæ de ficcariis, priuati carceris, rapinæ, furti, & tot alia quot ex huiufmodi facto facinora funt fecuta, crimina, & feloniæ etiam delictum commiffa, notamus, in iis ftupidi facti fumus. Quis crudelis hic à lacrimis temperet? quis odiofus compaffionem non habeat? quis defes aut remiffus iudex ad puniendum non furgat? quis pius, fiue mifericors non efficiatur feuerus? Hìc violata fecuritas, hìc immunitas temerata, propria patria tutela non fuit, nec domus refugium, fummum Pontificium dehoneftatum eft, & fuo capto fponfo Ecclefia quodammodo captiuata. Quis locus reperietur amodò tutus? quæ fancta Romano violato Pontifice poterunt inueniri? O piaculare flagitium! O inauditum facinus! O Anagnia mifera! quæ talia in te fieri paffa es: Ros & pluuia fuper te non cadant, & in alios defcendant montes, te autem tranfeant, quia te vidente & prohibere valente, fortis cecidit & accinctus robore fuperatus eft. O infeliciffimi patratores non imitati

Rrr ij

quem nos imitari volumus Dauid sanctum, qui in Christum Domini etiam inimicum, persecutorem & æmulum suum, quia dictum erat: *Nolite tangere Christos meos*, manum extendere noluit, & in extendentem irrui gladio iustè fecit. Infandus dolor, lamentabile factum, perniciosum exemplum, inexpiabile malum, & confusio manifesta ! Sume lamentum Ecclesia, ora tua fletibus rigent elegi, & in adiutorium debitæ vltionis filij tui de longè veniant, & filiæ tuæ de latere surgant. Verùm quia scriptum est: *Feci iudicium & iustitiam, & honor Regis iudicium diligit*: Nos in prædictis sic iudicium quod ad honorem nostrum pertinet, facere cupimus, quòd à iustitia minimè diuertamus: ideóque forma iuris, quæ sicut hæc sunt seruatur in notoriis obseruata, præfatos superiùs nominatim expressos, cæterósque participes qui hoc in sæpedictum Bonifacium in personis propriis exercuerunt Anagniæ, omnésque qui in iis dederunt auxilium, consilium, vel fauorem, denuntiamus de fratrum nostrorum consilio, præsenti hac multitudine copiosa, promulgatam à canone excommunicationis sententiam incurrisse, ipsósque citamus peremptorie, quatenus infra festum sanctorum Apostolorum Petri & Pauli proximò venturum personaliter compareant coram nobis, iustam, dante Domino, nostram super præmissis, quæ vt præmittitur notoria sunt, audituri sententiam, nostrísque mandatis & iussionibus humiliter parituri: alioquin eorum non-obstante absentia contra eos via incedentes regia procedemus. Hanc autem citationem nostram, quam non sine causa ex certa scientia fecimus, ipsos artare volumus, sicut si eorum quemlibet apprehendisset. Vt autem huiusmodi nostri processus ad communem omnium notitiam deducatur, &c. Dat. Perusij 7. Idus Iunij, Pontificatus nostri anno primo.

 Processus autem prædictus bonæ memoriæ domini Benedicti Papæ vndecimi contra captores domini Bonifacij Papæ octaui, secundùm Deum, veritatem & iustitiam, & omnem honestatem ac expedientiam status Ecclesiæ factus est, in re notoria, publica, & manifesta, & etiam sub eiusdem domini Benedicti oculis facta, & in eo iuris ordo seruatus, si quis de iure fuerat obseruandus, nec aliquid expressum quod ipsum irritum faciat, vel iniustum : in notoriis etenim partes iudicis sunt in sententiando etiam contra absentem & in requisitum. extra. *de ap. cum sit Roman.* in fi. Nec in eis quis auditur appellans, vt ibidem & In. & t. c. *peruenit.* & c. 5. Si ergo aliquis iam condemnatus in notorio crimine non auditur appellans, de necessitate sequitur, quòd ei ante sententiam venienti fuisset defensionis copia denegata, aliàs esset iniquum quòd ante sententiam audiendus non audiretur, postea per appellationis remedium infra prouocationis tempora interiectæ per eum, qui præsens fuisset condemnatus, quia per appellationis remedium emendantur grauamina, quæ appellanti illata sunt. C. *de rebus.* c. 1. *generaliter.* §. *sui aut.* Non est igitur requisitio necessaria absentis, quia etiam reclamans audiret sententiam, vt dictum est, ff. *de reg. Iur. qui potest.* Vnde contra absentem irrequisitum rogatum restituere hereditatem, interponitur decretum, quia præsens reclamare non posset. ff. *ad. tre. recusare.* in prin. & l. *Ille à quo.* §. *si de test.* Ista itaque videtur ratio per dictum C. *cùm sit Romana.* vt non audiatur quis appellans in notoriis, quia nec requirendus : non autem requirendus, quia non sunt partes iudicis nisi in condemnando, non autem in cognoscendo, sicut aliàs dicitur in notorio iuris per confessionem, vt ff. *ad l. Aquil. proinde.* 2. §. fi. Præterea hic & monitio sufficiens facta est, vt patet in eodem processu, nec artitudo temporis fuit in ea, considera-

DE BONIF. VIII. ET PHILIP. LE BEL. 501

eis delicti patrati loco, & ipso delicto notorio, & quia paulò ante monitionem Guillelmus de Nogareto in prouincia loci delicti, & Tusciæ fuerat, ex quo præsumitur ibi esse, & tunc etiam creditur & asseritur extitisse, vel saltem vbi agebat vel latitabat ignorari, & ideo sicut scriptum est, potuit per edictum citari.

Ad hoc dato sine præiudicio quòd tunc idem Guillelmus de Nogareto esset absens tanta distantia, & id etiam sciretur, quòd non posset infra tempus citationis ad eum peruenire citatio, & comparere; tamen etiam quantùm ad eum non esset citatio nulla, vel processus, cùm expressum huiusmodi non contineret errorem. C. *quando prouo. non est.* nec l. 2. cum suis similibus. & extra. *de sententia exco. c. per tuas.* & c. *solet.* & c. *venerabilibus.* l. 6. Sed potuisset se fortè à contumacia, si necessaria fuisset citatio, excusare.

Item quid ad processum domini Benedicti de absentia dicti Guillelmi de Nogareto, si qua erat etiam quantùm ad ipsum Guillelmum, cùm ipse dominus Benedictus in processu suo definiat & determinet ante aliquam citationem contra nominatas in eo personas, fautores & complices eorum, sceleratissimam captionem Romani Pontificis, & asportati thesauri, & multa alia quæ in ipso processu inserta sunt, quæ ipse dominus Benedictus asserit patrata per eosdem in ipso processu: Certè nil: quia nihil restabat fiendum eis ad citationem comparentibus, nisi poenarum contentorum in processu commissorum criminum expressio, inflictio, & impositio; sicut si aliquis pronuncietur crimen Legis Cor. de sic. commisisse, vel dolo occidisse hominem, & postea exprimeretur poena legis Corneliæ de sic. non esse ad hanc expressionem aliqua citatio necessaria, quia ad crimen sequitur poena. Et ideo si iudex pronuntiauerit aliquem calumniatum, condemnauit eum, quamuis nihil de poena subiecerit, tamen aduersùs eum legis patrias * exercebitur, nam facti quidem quæstio in arbitrio est iudicantis, poenæ autem impositio legis auctoritati reseruatur. ff. *ad Turpill.* l. 1. §. *sui autem.* prope prin. Est enim poenæ expressio siue impositio quædam executio prioris pronuntiationis super commisso crimine: & ideo non est necessaria citatio. extra. *de appellat. pastoralis.* quasi nihil noui fiat; sed quod in priori pronuntiatione continebatur, detegat. ff. *de acquir. re* ** l. *adeo.* §. *cùm quis.* Hìc siquidem facti quæstio, si per eos commissum crimen in dominum Bonifacium Romanum Pontificem, arbitrio supremi iudicis, scilicet domini Benedicti præfati terminata est. Vnde ad exprimendam poenam commissi criminis citatio necessaria non fuit, vt patet ex prædictis.

Et insuper quia non potuerunt adhuc defensores prædicti copiam habere termini dati ad hanc diem, quamuis pluries super hoc protestati sint, & interpellauerint & requisiuerint magistrum Ioannem de Regio, & magistrum Ioannem de Verulis Notarios præsentis causæ; quam copiam & nunc instanter petunt sibi fieri: protestantur dicti defensores, quòd sibi præiudicium non fiat per lapsum huius termini, quin possint alia de nouo dare, & plenè satisfacere termino supradicto: Vnde protestantur omne ius suum sibi saluum fore.

Receptis autem protestationibus præmissis, videlicet quòd per ea quæ dicunt, faciunt, &c. vt suprà, & aliis singulis suprà scriptis omnes & singulas exceptiones & rationes prædictas diuisim & successiuè, prout meliùs de iure possunt & debent, proponunt defensores prædicti, & quilibet eorum in solidum, omni iure, modo & forma, quibus meliùs possunt, & ad

R r r iij

effectus qui suprà in principio earundem exceptionum & rationum sunt expressi: offerentes se de prædictis fidem facere, in quibus eis onus probationis incumberet, & quatenus eis ad prædictam eorum intentionem obtinendam sufficiat, nec se vlteriùs astringentes, saluóque eis & eorum cuilibet iure addendi, minuendi, corrigendi, interpretandi, & declarandi prædicta, si & quando opus fuerit, seu eis visum fuerit expedire. Protestantur quòd intendunt & alias iuris & facti allegationes facientes ad præmissa, & negotium supradictum coram Sanctitate vestra verbo & scriptis proponere, Pater Sancte.

10. Nou. Die Martis 10. mensis Nouembris anni prædicti comparentibus in iudicio coram præfato dom. nostro Auinione in Palatio Papali supradicto pro tribunali sedente, & assistente sibi reuerendorum patrum dominorum sacrosanctæ Rom. Ecclef. Cardinalium Collegio, ac præsente clericorum & laicorum multitudine copiosa; dominis Guillelmo de Nogareto, & Guillelmo de Plasiano militibus suprà dictis nomine & modo præmissis, ac Francisco nato quondam D. Petri Gaytani Comitis Casertani, Blasio de Piperno, Baldredo Biseth, Iac. de Mutina, Nic. de Verulis, & Corrado de Spoleto supradictis se defensioni offerentibus supradictæ modo & nomine qui superiùs sunt expressi: Idem dom. noster repetitis protestationibus suprà per eum factis, videlicet quòd per ea quæ dixit vel dicet non intendit prædictos nominatos qui se gerunt vel offerunt pro oppositoribus & defensoribus, admittere præsenti negotio, nisi si prout & quantum de iure fuerint admittendi, & omnibus aliis & singulis protestationibus factis suprà per eum, quas pro repetitis haberi voluit, dixit quòd pro eo quòd ipse dominus noster aliqua corporis sui valitudine præpeditus, & quia quidam ex fratribus suis dominis Cardinalibus, & aliis cum quibus super agendis in isto termino idem dominus noster deliberare proposuerat, infirmi fuerant, & quidam eorum absentes, & etiam propter aliquam iuris dubitationem, quæ nouiter in causa huiusmodi emerserat, idem dominus noster iuxta votum suum plenè deliberare non potuit, eisdem comparentibus diem Veneris proximum instantem ad comparendum coram eo, si sua putauerint interesse, & ad faciendum ea quæ iuxta assignationem diei præsentis agenda erant, terminum assignauit.

13. Nou. Die Veneris tertia-decima prædicti mensis Nouembris comparentibus in iudicio coram præfato domino nostro in Palatio supradicto pro tribunali sedente, sibíque reuerendorum patrum dominorum sacrosanctæ Romanæ Ecclesiæ Cardinalium assistente Collegio, & clericorum ac laicorum multitudine copiosa, dominis Guillelmo de Nogareto, & Guillelmo de Plasiano militibus supradictis, modo & nomine superiùs denotatis, ac Francisco nato quondam domini Petri Gaytani Comitis Casertani, Blasio de Piperno, Baldredo Bizeth, Iacobo de Mutina, Nicolao de Verulis, Corrado de Spoleto, & Gozio de Arimino supradictis se defensioni offerentibus antè dictæ modo & nomine suprà expressis: idem dominus Guillelmus de Nogareto post multa per eum allegata & proposita verbo, ac etiam ipse, necnon & ij qui, vt prædicitur, defensioni prædictæ se offerunt, volentes habere pro repetitis protestationibus aliàs factis in huiusmodi negotio per eosdem; & nihilominus protestato per milites ipsos quòd si aliqua dixissent, aut proposuissent scripto seu verbo, aut eos dicere vel proponere imperitè, seu quæ saperent malam doctrinam, vel deuiarent à fide Catholica & disciplina Ecclesiæ Romanæ, contingeret in futurum, quòd illa fuerant & essent contra mentem & intentionem co-

DE BONIF. VIII. ET PHILIP. LE BEL.

rum; & quòd super iis emendationi & correctioni ac dispositioni eiusdem domini nostri & Apostolicæ Sedis se penitus submittebant : & insuper exposito per ipsum dominum Guillelmum, quòd iidem qui pro defensoribus se, vt prædicitur, gerunt, multa dixerant & proposuerant, quæ videbantur cedere in derogationem honoris & famæ serenissimi Principis domini Philippi Regis Franciæ illustris, domini sui : Idem dominus noster respondit quòd graue gereret, si contra Regem præfatum per defensores eosdem aliqua, per quæ honori & famæ dicti domini Regis posset quomodolibet derogari, dicta vel proposita extitissent, offerens se paratum extunc dictum dominum Guillelmum super excusatione Regis ipsius, & ad tollendum quicquid in derogationem honoris eiusdem per defensores eosdem dictum quomodolibet extitisset, quantumcunque ipse dominus noster grauaretur in persona, & tarda hora esset, si idem dominus Guillelmus paratus extaret & proponere vellet excusationem ipsam, libenter audire. Et cùm ipse dominus Guillelmus nondum super eadem excusatione, sed etiam super iure suo & dicti domini Guillelmi de Plasiano, tanquam super simul connexis, & quæ non poterant commodè separati, ad plenum ad aliam diem peteret se audiri : idem dominus noster repetitis expressè & specialiter ac nominatim omnibus & singulis protestationibus aliàs factis superiùs per eundem, & eis saluis & reseruatis, ipsasque volens pro repetitis haberi, extunc præfatis militibus obtulit se paratum ipsos audire super omnibus quæ proponere vellent verbo vel scripto, ad excusationem dicti domini Regis, si per defensores eosdem in derogationem sui honoris, vel famæ, aliqua dicta vel proposita, vt præmittitur, extitissent; saluo tamen quòd per hoc vel aliqua alia dicta vel facta, vel quæ dicerentur aut fierent in futurum termino peremptorio superiùs in huiusmodi causa præfixo, aut iuri quod esset prædictis qui se gerunt pro defendentibus, per lapsum huius termini vel aliàs acquisitum, non intendebat in aliquo derogare. Et demum cùm præfati milites super dictis excusationibus, & aliàs super iure ipsorum, & quodammodo super simul connexis & causam ipsorum contingentibus, ad diem aliam, ex eo quòd tunc milites ipsi propter tarditatem horæ ea quæ intendebant, præfato domino nostro super dicto negotio plenè non poterant explicare, peterent se audiri, & ad proponendum de iure ipsorum verbo & facto, ac tradendum in scriptis quæ ipsis super hoc proponenda & tradenda viderentur, cum instantia se admitti. Præfatus dominus noster iterato repetitis omnibus & singulis protestationibus factis, vt prædicitur, superiùs per eundem, & pro repetitis haberi volens easdem, præfatis comparentibus ad diem Martis proximò venturum, sine præiudicio tamen termini peremptorij sæpe dicti, cui, aut etiam iuri alicui eorum hinc inde per ipsius lapsum termini, vel aliàs acquisito non intendebant in aliquo derogare, ad comparendum & procedendum in eo statu, in quo tunc erat ipsum negotium, terminum assignauit.

Die Martis 17. prædicti mensis Nouembris, Pontificatus eiusdem domini nostri anno sexto, comparuerunt in iudicio coram eodem domino nostro pro tribunali sedente in Palatio supradicto, sibi reuerendorum patrum dominorum sacrosanctæ Romanæ Ecclesiæ Cardinalium Collegio assistente, & clericorum ac laicorum præsente multitudine copiosa, domini Guillelmus de Nogareto, & Guillelmus de Plasiano milites supradicti, nomine & modo suprà expressis, ac Franciscus natus quondam domini Petri Gaytani Comitis Casertani, Blasius de Piperno, Baldredus Bifeth, Iacobus de Mutina, Nicolaus de Verulis, & Corradus de Spoleto se defensioni offerentes prædictæ, modo & nomine superiùs denotatis; & præmissa protestatione per milites ipsos, quòd si aliqua dixissent, vel proposuissent scripto seu verbo, aut eos dicere vel proponere imperitè, vel quæ saperent malam doctrinam, vel deuiarent à fide Catholica, & disciplina Romanæ Ecclesiæ, contingeret in futurum, quòd illa'fuerant & essent contra mentem & intentionem ipsorum; & quòd super iis emendationi & correctioni ac dispositioni eiusdem domini nostri, & Apostolicæ Sedis se penitus submittebant. Et nihilominus prædictos milites, & eosdem, qui se defensioni, vt prædicitur, offerunt antedictæ, omnibus aliis & singulis protestationibus hinc inde aliàs factis per ipsos in memorato negotio repetitis, & eas ipsi pro repetitis habere volentes. Præfatus dominus Guillelmus post multa verbo proposita & dicta coram ipso domino nostro in negotio supradicto, quia ea quæ proponere & dicere habebat in præfato negotio coram ipso domino nostro, tunc propter tarditatem horæ plenè non poterat explicare, neque perficere, vt dicebat, petiit ad aliam diem in eodem negotio latiùs se audiri. Idem verò dominus noster repetitis primò expressè per ipsum omnibus & singulis protestationibus aliàs factis in huiusmodi negotio per eundem, ipsásque volens pro repetitis specialiter haberi, & eis per omnia saluis & reseruatis, prædictis militibus & aliis superiùs nominatis, ad comparendum coram eo, & ad procedendum in eo statu in quo tunc erat præfatum negotium, & ad audiendum latiùs præfatum dominum Guillelmum, ad diem Veneris proximò venturam, si iuridica fuerit, hora consistorij; alioquin ad sequentem diem iuridicam eadem hora : saluo tamen quòd per hoc vel aliqua alia dicta, vel facta, vel quæ dicerentur vel fierent in futurum, termino peremptorio superiùs in huiusmodi causa præfixo, aut iuri si quod esset alicui eorum hinc inde per lapsum huius peremptorij termini, vel aliàs in eodem negotio acquisitum, non intendebat in aliquo derogare, terminum assignauit.

20. Nou. Die Veneris 20. prædicti mensis Nouembris, Pontificatus quo suprà, comparentibus in iudicio coram dicto domino nostro in Palatio memorato pro tribunali sedente, sibíque sacro reuerendorum patrum dominorum sanctæ Romanæ Ecclesiæ Cardinalium Collegio assistente, & clericorum ac laicorum præsente multitudine copiosa, dominis Guillelmo de Nogareto, & Guillelmo de Plasiano militibus antè dictis, modo & nomine superiùs denotatis, ac Francisco nato quondam domini Petri Gaytani Comitis Casertani, Blasio de Piperno, Baldredo Biseth, Iacobo de Mutina, Nicolao de Verulis, Conrado de Spoleto, & Gotio de Arimino supradictis, se offerentibus defensioni præfatæ, & repetitis per eosdem milites, & prædictos qui defensioni, vt prædicitur, se offerunt antè dictæ, omnibus & singulis protestationibus aliàs factis hinc inde in huiusmodi negotio per eosdem, & eas pro repetitis habere volentes: idem dominus Guillelmus post multa verbo proposita per eundem fuit protestatus de nouo, quòd ipse, & præfatus dominus Guillelmus de Plasiano illa quæ proposuerant & proponere intendebant in huiusmodi negotio, ad dicti domini Regis super iis quæ per dictos, qui, vt prædicitur, defensioni se offerunt antè dictæ, in eodem negotio proposita fuerant in scriptis, exhibitáque, in derogationem honoris & famæ dicti domini Regis cedere videbantur, innocentiam excusandam, non vt nuntij dicti domini Regis, nec vt habentes super hoc ab eodem domino Rege mandatum proponebant,

DE BONIF. VIII. ET PHILIP. LE BEL. 505

bant, vel proponere intendebant, cùm idem dominus Rex nunquam fecerit, nec intendat facere partem in negotio supradicto, nec aliquibus excusationibus super propositis & in scriptis exhibitis per eosdem qui se defensioni, vt praemittitur, offerunt saepedictae, quae in praefati domini Regis derogationem cedere videbantur, honoris & famae, indigere quomodolibet videbatur, cùm manifestum esset praefatum dominum Regem super praedictis innocentem existere, nec super illis excusatione aliqua indigere, quia per se patebat eius innocentiae titulus euidenter. Sed iidem milites excusationes proponebant quasdam, quia contingebant negotium eorundem, per quas etiam excusationes propositas dicebant praefatum dominum Regem apparere super praemissis propositis, vt praedicitur, contra eum, penitus innocentem, ipsumque debere super illis excusatum haberi. Postmodum autem cùm per Aduocatum ipsorum, qui defensioni, vt praemittitur, se offerunt memoratae, petitum fuisset, ab eodem domino nostro concedi fieri publicum instrumentum super eo quod dictus dominus Guillelmus de Nogareto inter caetera quae proposuerat dixerat, vt idem Aduocatus asserebat, quòd non erat intentionis suae dixisse, vel dicere quòd dictus dominus Bonifacius publicè in Ecclesiis, vel aliis locis publicis, vel in Consistorio praesente sacro Collegio dominorum Cardinalium dogmatizasset, vel praedicasset haereses, sed secretè in camera sua interdum duobus, interdum tribus, interdum quatuor vel quinque praesentibus; & dictus dominus noster respondens dixisset se nolle concedere de hoc, nec de aliis propositis facere fieri instrumentum, cùm ipse dominus noster, & alij domini Cardinales sibi astantes, & Notarij per eum ad scribendum in causa huiusmodi deputati de iis & de aliis bene recordarentur; ipseque faceret in iis & aliis quae causam huiusmodi contingebant, quod esset rationis & iuris: dictus dominus Guillelmus de Nogareto incontinenti dixit, quòd verba dicta per ipsum interpretari, corrigere & emendare poterat, quódque in scriptis dare volebat omnia verbo proposita per eundem, & quòd dictus Bonifacius in camera sua, & aliis locis ad hoc sibi aptis, nunc duobus, nunc tribus, nunc quatuor, nunc quinque, nunc decem, nunc quindecim, nunc triginta, & interdum etiam quinquaginta praesentibus praedicabat & dogmatizabat haereses, non tamen sciebat, nec asserebat ad hoc quòd populo publicè in Ecclesiis, vel aliis locis publicis, aut in Consistorio praesentibus dicto Collegio haereses huiusmodi praedicasset, non ob hoc quin esset haereticus perfectus, & quin libenter alias eis praedicasset & dogmatizasset haereses, sicut secretè in camera praedicabat; sed hoc faciebat per hypocrisim ad celandum haeresim suam, & vt ab omnibus verus Catholicus haberetur, & ne insurgerent populi & Cardinales contra eum, & ipsum de sede eiicerent. Protestatus fuit tamen dictus dominus Guillelmus de Nogareto, quòd non obstante dicto peremptorio termino, si aliud de nouo ad eius notitiam perueniret, & testes super hoc, vel alias probationes legitimas haberet super praedicta dogmatizatione publicè facta per eum, quin illud proponeret & probaret, cùm hoc sit de natura negotij fidei, in quo etiam * * in rem iudicatam non transit, & idem protestatus fuit de quolibet alio legitimo & sufficienti articulo seu facto ad haeresim dicti Bonifacij detegendam, qui vel quod de nouo vt praedicitur ad eius notitiam perueniret. Dixit etiam praefatus dominus Guillelmus de Nogareto tam pro se quàm pro dicto domino Guillelmo de Plasiano, quòd cùm dictus dominus noster fuisset aliquotiens protestatus, quòd per aliqua in eodem negotio dicta vel pro-

S ff

posita, seu facta, vel quæ dicerent seu proponerent, aut fieri contingeret in futurum, termino peremptorio per eum superiùs in huiusmodi causa præfixo, aut iuri quod esset ipsis militibus, aut aliis supradictis in eodem negotio per lapsum huius termini vel aliàs acquisitum ; non intendebat in aliquo derogare: quòd intentionis erat militum eorundem quòd licitum esset eis, si aliquid in huius * de nouo ad ipsorum notitiam perueniret, quòd illa proponere & in scriptis dare possent, & ad propositionem & exhibitionem, ac probationem ipsorum in præsenti negotio quod fidei esse dicebant, admitti, lapsu memorati termini peremptorij non obstante. Ad quod dictus dominus noster respondit, quòd eos hinc inde in præfato negotio, verbo vel scripto prout magis expediens dicto negotio videretur, erat audire paratus, & quòd per eiusdem peremptorij termini lapsum non intendebat milites ipsos vel alios superiùs nominatos, quominus super iis verbo vel scripto in dicto termino, vt prædicitur, audirentur artare, nisi si & quatenus essent attandi de iure, & secundùm quod ante actitata ac narrata, & conditio dicti negotij requirebant. Et insuper cùm præfatus dominus Guillelmus modo prædicto, videlicet in eo quòd excusationes præfatæ causæ contingebant ipsorum, multa proposuisset verbo, & etiam allegasset, & excusationibus ipsis propositis super aliis quæ videbantur ab eisdem excusationibus separata, incepisset proponere: dixit idem dominus noster, quòd placebat excusationes audiuisse prædictas, & vlteriùs erat audire paratus : sed quia, vt idem miles dicebat, aliæ proponendæ excusationes plures erant, quàm propositæ per eundem, & causam ipsorum militum principaliter, & alios plures, ac maiores articulos contingebant, quos idem dominus Guillelmus non poterat breuiter explicare, & quia tarda hora etiam erat; præfatus dominus repetitis expressè & specialiter omnibus & singulis protestationibus aliàs factis in ipso negotio per eundem, ipsásque volens pro repetitis specialiter & nominatim haberi, & eis per omnia saluis & reseruatis prædictis militibus, de ipsorum voluntate, & aliis comparentibus antè dictis, ad comparendum coram eo, & ad procedendum in eo statu, in quo tunc erat præfatum negotium, & ad audiendum latiùs in dicto negotio præfatum dominum Guillelmum, quod idem dominus Guillelmus cum instantia postulabat, & aliàs ad procedendum in eodem, prout iuris fuerit procedendum, ad primam diem Consistorij post diem Lunæ proximè venturam terminum assignauit.

24. Nou. Die Martis vigesima-quarta prædicti mensis Nouembris, Pontificatus eiusdem domini nostri anno sexto, comparuit in iudicio coram dicto domino nostro in Palatio memorato pro tribunali sedente, sibique sacro reuerendorum patrum dominorum sacrosanctæ Romanæ Ecclesiæ Cardinalium assistente Collegio, & clericorum ac laicorum præsente multitudine copiosa: domini Guillelmus de Nogareto, & Guillelmus de Plasiano milites antedicti, modo & nomine superiùs denotatis, ac Franciscus natus quondam domini Petri Gaytani Comitis Casertani, Blasius de Piperno, Baldredus Bizeth, Iacobus de Mutina, Nicolaus de Verulis, Corradus de Spoleto, & Gozius de Arimino supradicti, se offerentes defensioni præfatæ, nomine & modo præmissis, & repetitis per eosdem milites & prædictos, qui defensioni, vt prædicitur, se offerunt antè dictæ, omnibus & singulis protestationibus aliàs factis hinc inde in huiusmodi negotio per eosdem, & eas pro repetitis habere volentes : Idémque dominus Guillelmus persistens in propositis, & continuans propositionem vt

dicebat superius cœptam per eum, in actis ipsius causæ contentam, cùm post responsiones suas ad quasdam rationes seu allegationes iamdudum per eos, qui, vt præmittitur, defensioni se offerunt memoratæ, factas & in scriptis productas in negotio suprà dicto, materiam ipsius negotij in eo transgredi videretur, quòd aliqua de iurisdictione, ac iuribus aliis, quæ dictum dominum Regem in temporalitate omnium Ecclesiarum regni sui & quibusdam aliis Ecclesiam contingentibus habere dicebat, tangere videbantur, sicut alias in comparitione proximè præcedenti proposuerat & dixerat, præfatum dominum Regem ab Ecclesiis & earum Prælatis, etiam inuitis eisdem, de bonis eorundem posse prout sibi videretur pro necessitate guerrarum suarum & regni exigere suo iure, & se iuuare de bonis eisdem, quamuis hoc idem dominus Rex non fecerit sine voluntate spontanea Prælatorum, qui quidem principale huius causæ negotium quasi nihil videbatur contingere. Præfatus dominus noster tunc respondit & dixit, quòd licet ea quæ idem dominus Guillelmus super iurisdictione ac iuribus & temporalitate, & exactionibus bonorum prædictorum, & aliis prædictis tangentibus Ecclesiasticam libertatem in eadem præcedenti comparitione proposuerat coram eo, idem dominus noster aduerterit, & ad illa proposuerit respondere; tamen in fine propositionis dicti domini Guillelmi propter multiplicationem & inculcationem verborum ipsius, respondere vt conceperat non extitit recordatus. Verùm idem dominus noster, ne propter propositionem dicti domini Guillelmi, aut taciturnitatem suam, seu alia quæ præmissa tangerent, audientibus & intelligentibus, immò sanè & astutè interpretantibus, aliqui contra Ecclesiæ Gallicanæ & aliarum Ecclesiarum libertatem, & potestatem Apostolicæ Sedis præsumere possent : declarauit auctoritate Apostolica oraculo viuæ vocis, quòd suæ intentionis non fuerat, nec etiam existebat, nec volebat quòd per prædicta verba ipsius domini Guillelmi, seu propter taciturnitatem eiusdem domini nostri aliquod præiudicium generetur Ecclesiis, vel Ecclesiasticis libertatibus, quódque intentio erat ipsius domini nostri in nullo ius regium velle imminuere, sed tam ius suum, quàm Ecclesiarum integrum conseruare, cùm iura super his edita sint satis clara & etiam manifesta. Et tunc statim ibidem dictus dominus Guillelmus de Nogareto respondit, quòd ipse in his eiusdem intentionis cum dicto domino nostro, & ea in prædicta præcedenti comparitione, & tunc eadem intentione proposuerat & dixerat coram eo. Demum autem præfatus dominus Guillelmus suam propositionem resumens, post multa per eum coram ipso domino nostro verbo proposita, consulendo in huiusmodi sua propositione petiit, non obstantibus defensionibus friuolis, vt dicebat, per eos qui antè dictæ defensioni se offerunt, propositis & exhibitis in negotio memorato, in negotio ipso cum acceleratione procedi, ac testes senes, valitudinarios & longo tempore abfuturos, & alios quoscunque in Curia existentes, & extrà recipi, & ad recipiendum illos, videlicet qui essent extra Curiam ipsam, aliquos discretos & idoneos commissarios transmitti; & insuper supplicauit dicto domino nostro idem dominus Guillelmus super sententiam excommunicationis, quam ex iis quæ per eum Anagniæ tempore captionis dicti domini Bonifacij acta fuerant, & etiam per processum felicis recordationis domini Benedicti Papæ vndecimi habitum contra eum, vel sententiam seu declarationem eiusdem, si qua forte fuerit lata vel facta, incurrisset, quod non credebat, munus absolutionis ad cautelam per dictum dominum nostrum impendi ; offerens se paratum, defensionibus tamen suis legitimis, quas se habere dicebat, & quas tunc se obtulit probaturum, per dictum dominum nostrum auditis, Ecclesiæ & ipsius domini nostri stare mandatis, & humiliter obedire, cùm per eas ostenderet & probaret se dictis sententiis non ligatum. Ad quæ præfatus dominus noster respondit, quòd non steterat nec stabat per eum, quominus in eodem negotio processum celeriter fuerit, & etiam procedatur: sed potiùs propositiones prolixæ ac diuersæ, plures & longæ scripturæ ipsum intricantes, & prorogantes negotium, tam per ipsos dominos Guillelmum de Nogareto, & Guillelmum de Plasiano, quàm per eos qui eidem defensioni se vt prædicitur offerunt propositæ & exhibitæ in eodem negotio, prout in actis eiusdem causæ euidenter apparet, super quibus magna deliberatione opus fuit, sicut adhuc extitit, dictum negotium protraxerunt, & adhuc protrahere dinoscuntur. Dixit etiam præfatus dominus noster, quòd si nullus prosequeretur negotium ante dictum, ipse iuxta sui officij debitum in illo procederet & faceret quod iustitia suaderet. Super receptione autem illorum testium, præterquam senum valitudinariorum, & longo tempore affuturorum, respondit idem dominus noster quòd cùm super eo, scilicet an ipse & alij qui pro opponentibus, & defendentibus se, vt præmittitur, gerunt, sint admittendi vel repellendi in negotio ante dicto, multa sint proposita & allegata ac tradita in scriptis hinc inde, super quibus ipse dominus noster plene nondum deliberare potuerat; & inter ipsos opponentes & defendentes iudicium in præfato negotio fundatum, an omnes, immo super hoc contendatur per ipsos ad receptionem dictorum testium præterquam senum valitudinariorum, & longo tempore affuturorum, prout dictus dominus Guillelmus de Nogareto petebat: tunc non videbatur ipsi domino nostro aliquatenus procedendum, sed super receptione ipsa suo loco & tempore paratus erat facere quod iuris esset & iustitia suaderet. Super petitione verò absolutionis prædictæ, respondit idem dominus noster, quòd cùm negotium dictæ absolutionis valde sit arduum, & indigeat magna deliberatione, ac magno consilio, idem dominus Guillelmus tradat si voluerit super absolutione huiusmodi suam petitionem, aut supplicationem suam in scriptis dicto domino nostro, & deliberatione super illa habita pleniori idem dominus noster faciet super ea quod iustum & rationabile fuerit, loco & tempore opportunis. Post hæc autem præfatus dominus noster repetitis expressè & specialiter omnibus & singulis protestationibus aliàs factis in ipso negotio per eundem, ipsasque volens pro repetitis specialiter & nominatim haberi, & eis per omnia saluis & reseruatis, militibus & aliis comparentibus ante dictis, ad procedendum in præfato negotio in eo statu in quo tunc erat negotium ipsum, diem Veneris proximè venturum hora Consistorij assignauit.

27. Nou. 1310.

Die Veneris vigesima septima prædicti mensis Nouembris, Pontificatus eiusdem domini nostri anno sexto, comparuerunt in iudicio coram dicto domino nostro in Palatio memorato pro tribunali sedente, sibique sacro reuerendorum patrum dominorum sacrosanctæ Romanæ Ecclesiæ Cardinalium assistente Collegio, & clericorum & laicorum præsente multitudine copiosa, domini Guillelmus de Nogareto, & Guillelmus de Plasiano, milites ante dicti, modo & nomine superiùs denotatis, ac Franciscus natus quondam domini Petri Gaytani Comitis Casertani, Blasius de Piperno, Baldredus Biseth, Iacobus de Mutina, Nicolaus de Verulis, Corradus de Spoleto, & Gocius de Arimino supradicti, se offerentes defenfioni præfatæ, nomine & modo præmiſſis, & repetitis per eoſdem milites, & prædictos qui ſe defenſioni, vt præmittitur, ſe offerunt antè dictæ, omnibus & ſingulis proteſtationibus aliàs factis hinc inde in huiuſmodi negotio per eoſdem, & eas pro repetitis habere volentes, & illis præſertim per defenſores eoſdem ſpecialiter repetitis; videlicet quòd cùm idem dominus noſter, vt ipſi dicebant, tam in edicto citationis factæ in huiuſmodi negotio per eundem, quàm aliàs ſemper, quaſi expreſſiſſet ſuæ intentionis exiſtere nolle procedere in negotio ſæpè dicto, niſi ſi & prout & in quantum eſſet procedendum de iure; quódque prædicti, qui, vt præmittitur, eidem defenſioni ſe offerunt, hoc ſemper fuerunt proteſtati, ipſi adhuc huiuſmodi proteſtationi & exceptionibus ſuis inſiſtebant, nec intentio erat ipſorum ab eis recedere, donec per ipſum dominum noſtrum ſuper iis pronuntiatum fuiſſet : dictus verò dominus noſter poſt multa per dictos magiſtros Baldredum, & Iacobum de Mutina pro ſe & aliis prædictis qui huiuſmodi defenſioni ſe offerunt, verbo propoſita, eiſdem comparentibus hinc inde, ad comparendum coram eo, & ad audiendum vlteriùs eoſdem, qui, vt prædicitur, defenſioni ſe offerunt memoratæ, & ad procedendum aliàs vt iuris erit in eodem negotio, in eo ſtatu in quo tunc negotium ipſum erat, ad diem craſtinam terminum aſſignauit.

Die Sabbati vigeſima nona dicti menſis Nouembris, Pontificatu quo ſuprà, comparuerunt in iudicio coram præfato domino noſtro pro tribunali ſedente in Palatio ſupradicto, ſibi reuerendorum patrum dominorum ſacroſanctæ Romanæ Eccleſiæ Cardinalium Collegio aſſiſtente, & clericorum ac laicorum præſente multitudine copioſa, domini Guillelmus de Nogareto, & Guillelmus de Plaſiano, milites ſupradicti pro ſe ipſis, ac Franciſcus natus quondam domini Petri Gaytani Comitis Caſertani, Blaſius de Piperno, Baldredus Biſeth, Iacobus de Mutina, Nicolaus de Verulis, Conradus de Spoleto, & Gocius de Arimino, ſe defenſioni offerentes prædictæ, modo & nomine ſuperiùs denotatis, & repetitis per eoſdem milites, & prædictos qui defenſioni, vt prædicitur, ſe offerunt antè dictæ, omnibus & ſingulis proteſtationibus aliàs factis hinc inde in huiuſmodi negotio per eoſdem, & eas pro repetitis habere volentes, cùm per Aduocatum defenſorum prædictorum multa propoſita verbo tenus extitiſſent: idem dominus noſter repetitis omnibus & ſingulis proteſtationibus aliàs factis in huiuſmodi negotio per eundem, ipſaſque volens pro repetitis ſpecialiter haberi, & eis per omnia ſaluis & reſeruatis, & ſaluo termino peremptorio, & iure acquiſito per ipſius lapſum cuiuſlibet prædictorum, quantum eſſet de iure, prædictis militibus & aliis ſuperius nominatis ad dandum & tradendum in ſcriptis quicquid dare & proponere voluerint in præfato negotio, à die Mercurij ad octo dies, reuerendis patribus dominis Berengario Epiſcopo Tuſculano, & Stephano tituli ſancti Cyriaci in Termis Presbytero Cardin. eius vice & mandato recepturis, terminum aſſignauit. Et ſi fortè ipſa die dare ſeu tradere non poſſent, infra diem Dominicam proximum tunc ſequentem darent, & traderent Cardinalibus ſupradictis. Volens & mandans idem dominus noſter de dandis & producendis fieri copiam hinc inde, & nihilominus à die Lunæ proximo ad tres ſeptimanas, ſi dies Conſiſtorij fuerit, alioquin ad tunc ſequentem diem, ad comparendum coram eo in Palatio ſupradicto, & procedendum in negotio huiuſmodi, vt ius erit, præfatis comparentibus terminum aſſignauit. Póſtque cùm per di-

29. Nou. 1310.

ctos milites petitum fuisset, quòd testes omnes quos volebant producere in negotio præsenti, reciperentur, & ad abfentes recipiendos mitteretur, sicut aliàs petitum extitit per eosdem; petitum etiam fuisset per eos, quòd de omnibus processibus habitis & confessionibus factis coram eodem domino nostro in iure super literis falsis in derogationem & præiudicium negotij fidei præsentis, & ad defensionem hæresis Bonifacij, vt dicebat, falsò fabricatis, inde fieret iustitiæ complementum, & de ipsis processibus & confessionibus fieret eis copia, cùm multùm interesset eorum, & in prosecutionem causæ suæ vtiles essent & esse possent, vt dicebant, se paratos ostendere multis rationibus. Præfatus dominus noster, quòd super prima petitione aliàs responderat, & deliberatione habita pleniori faceret quod iustitia suaderet. Ad secundum verò respondit quòd placebat sibi quòd super hoc darent in scriptis quod vellent, si sua crederent interesse, & id dictis Cardinalibus reddant in termino supradicto, & quòd ipse visis super hoc, datis in scriptis deliberaret plenè, & deliberatione habita faceret & responderet illud quod crederet esse acceptum & honorabile Ecclesiæ, & quod expediret pro bono statu tranquillo & pacifico ipsius sanctæ Romanæ Ecclesiæ, & canonicum esset & iustum : & nihilominus dictus dominus noster voluit quòd dictorum terminorum assignationes in suo robore permanerent.

17. Decemb. Die Iouis decima-septima mensis Decembris, anno, inditione, & Pontificatu prædictis, reuerendi patres domini Berengarius Dei gratia Episcopus Tusculanus, & Stephanus tituli sancti Cyriaci in Termis Presbyter Card. mandauerunt nobis Ioanni de Verulis, & Ioanni de Regio Clericis Cameræ dicti domini Papæ, & Imberto Verzellan. ac Guerino de Tilleriis Clericis Biterren. & Ebroicen. diocef. Notariis supradictis, quòd scriberemus, & in actis redigeremus quod ipse dominus Papa commiserat & mandauerat eisdem dominis Cardinalibus oraculo viuæ vocis, quòd diem Mercurij nonum prædicti mensis Decembris proximum præteritam, quæ dominis Guillelmo de Nogareto, & Guillelmo de Plasiano, qui pro oppositoribus, & aliis supradictis qui pro defensoribus se, vt prædicitur, offerunt in negotio supradicto, ad dandum & exhibendum eisdem dominis Cardinalibus ipsius domini nostri vice & nomine recepturis, omnes scripturas per eos in huiusmodi negotio producendas, per ipsum dominum Papam extiterat assignata. Et si forsan ipsa die scripturas easdem dare non possent, quòd infra diem Dominicam tunc proximum secuturam illas dictis dominis Cardinalibus exhiberent, iidem domini Cardinales, quia propter negotiorum occupationes multiplices imminentes eisdem huiusmodi negotio vacare non poterant, à prædicta die Dominica vsque ad diem Martis tunc immediatè sequentem, & demum ab ipso die Martis vsque ad præsentem diem Iouis, licèt de continuatione huiusmodi dierum plenè per scripturam aliter non constaret, auctoritate & mandato prædictis ad dandum scripturas huiusmodi continuauerant, vt dixerant. Acta fuerunt hæc in domo, in qua dictus dominus Tusculanus morabatur, præsentibus nobilibus viris dominis Senescalli Bellicadri, domino Pontio de Alayraco, Priore de Beneuento Lemouicen. diocef. domini Papæ Capellano, Petro Fredoli de ** & Bertrando Ademerij de ** domicellis & familiar. dicti domini Tusculani, & pluribus aliis Clericis & laicis testibus.

Post hæc autem ibidem incontinenti comparuerunt coram præfatis dominis Cardinalibus domini Guillelmus de Nogareto, & Guillelmus de

Plaſiano milites antè dicti, nomine & modo præmiſſis, & magiſter Iacobus de Mutina pro ſe & nomine prædictorum qui ſe defenſioni offerunt antè dictæ, prout de procuratione fidem fecit per quoddam publicum inſtrumentum, quod coram ipſis dominis Cardinalibus exhibuit pro vero & publico, vt prima facie apparebat, & præmiſſis ac ſaluis proteſtationibus ſuperiùs factis per eos hinc inde, ad ſatisfaciendum termino eis ad hanc diem continuato. Dictus magiſter Iacobus de Mutina exhibuit quendam rotulum ſcripturarum in pargameno ſcriptum: dicti verò milites exhibuerunt quendam alium ſcripturarum rotulum in pargameno ſimiliter ſcriptum pro ſeipſis communiter; & nihilominus dictus dominus Guillelmus pro ſeipſo ſpecialiter produxit quendam alium ſcripturarum rotulum eodem modo in pargameno ſcriptum. Quorum quidem inſtrumenti, & rotulorum tenores tales ſunt.

IN NOMINE Domini Amen. Anno Domini milleſimo trecenteſimo decimo, indictione octaua, Pontificatus domini Clementis Papæ quinti anno ſexto, menſe Decembri, die 12. in præſentia mei Ioannis Notarij, & teſtium ſubſcriptorum ad hoc ſpecialiter vocatorum & rogatorum, diſcreti viri domini Franciſcus natus bonæ memoriæ domini Petri Gaytani, Baldredus Biſeth Decretorum, Gotius de Arimino vtriuſque Iuris Doctores, Blaſius de Piperno, & Corradus de Spoleto defenſores felicis recordationis domini Bonifacij Papæ octaui, & eius memoriæ, ipſi omnes, & quilibet eorum in ſolidum fecerunt, conſtituerunt, atque ordinauerunt diſcretum virum dominum Iacobum de Mutina ſuum verum & legitimum procuratorem & nuntium ſpecialem, ad exhibendum reuerendis patribus dominis B. diuina prouidentia Tuſculano Epiſcopo, & St. tituli ſancti Cyriaci in Termis presbytero Cardinali vnum rotulum rationum, allegationum, & iurium facientium pro parte eiuſdem domini Bonifacij, & certas proteſtationes continens, vt dicebant. Qui quidem rotulus incipit: *In nomine Domini amen. Ad informandum Sanctitatem veſtram*, &c. & finit: *& eius in hoc iure fungentur, vt & dictum eſt ſuprà*. Et ad exhibendum alias allegationes & rationes quaſcunque, quæ ipſi procuratori ſeu nuntio videbuntur dicto negotio domini Bonifacij expedire, & ad faciendum proteſtationes & obligationes, quæ circa hoc ipſi procuratori vel nuntio expedire videbuntur, ac etiam omnia alia & ſingula quæ in dicto negotio, ſeu cauſa domini Bonifacij, ſeu eius memoriæ vtilia fuerint vel opportuna. Actum Auinion. in hoſpitio reuerendi patris domini F. ſanctæ Mariæ in Coſmedin Diaconi Cardin. præſentibus diſcretis viris Ioanne dicto Gallotio Notario de Guarten. Ioanne Alberici de Mutina, & Carſia de Pampaluna teſtibus ad præmiſſa vocatis & rogatis. Et ego Ioannes Petri de Verulis publicus Imperiali auctoritate Notarius prædictis omnibus interfui rogatus, ſcripſi, publicaui, & meo ſigno ſignaui.

IN NOMINE Domini Amen. Ad informandum Sanctitatem veſtram, Pater ſanctiſſime domine Clemens diuina prouidentia Papa quinte, in negotio ſuper crimine hæreſeos, cæteriſque contra felicis recordationis Bonifacium Papam octauum prædeceſſorem veſtrum oppoſitis, & vt nullo procedendi modo in eodem negotio procedatur, vtque vobis clareat manifeſtè, quòd teſtes ſenes, valitudinarij, & longo tempore abſuturi, ſeu alij qualeſcunque, ſicut petitur ex aduerſo, aut alio quouis modo recipi non debent de iure, nec ad eorum examinationem procedi, receptorúmque in eodem negotio teſtium receptio nulla eſt, nec valet de iure:

& quòd exceptiones in negotio ipso propositæ & exhibitæ pro parte defendentium dominum Bonifacium sunt legitimæ & admittendæ de iure, iidémque defendentes ad omnem ipsius domini Bonifacij & eius memoriæ defensionem in eodem negotio faciendam, omnésque sibi competentes exceptiones & defensiones quaslibet proponendas, & quatenus eis onus incumbat probandas, siue in iure, siue in facto consistant, siue vt non procedatur, siue si de iure fuerit procedendum, ad ipsius domini Bonifacij memoriam plenè probandam, ac ipsum eiusdémque memoriam legitimè defendendam debent de iure admitti, non obstantibus aliquibus allegatis vel oppositis ex aduerso : Franciscus natus bonæ memoriæ domini Petri Gaytani, Baldredus Biseth Decretorum, Gotius de Arimino vtriusque Iuris Doctores, Iacobus de Mutina, Blasius de Piperno, Nicolaus de Verulis, & Corradus de Spoleto, defensores prædicti domini Bonifacij & eius memoriæ, pro seipsis & quolibet eorum in solidum, ac etiam nomine aliorum condefensorum suorum, & quolibet ipsorum, ante omnia protestantur & dicunt quòd per ea quæ nunc dant & exhibent, seu dicunt vel faciunt, aut dicent vel facient, seu dabunt vel exhibebunt imposterum in negotio memorato, non intendunt, nec volunt, nec consentiunt quòd in præfato negotio tam in ingressu, quàm in progressu etiam & egressu eiusdem negotij modo aliquo procedatur, nisi in quantum & prout de iure procedi deberet, & etiam intendunt recedere ab aliquibus protestationibus & exceptionibus & defensionibus aliàs factis, datis, aut exhibitis per eosdem in prædicto negotio : sed ipsis omnibus & singulis prout datæ & exhibitæ sunt instare intendunt, & ipsis omnibus & singulis protestationibus & exceptionibus & defensionibus prout aliàs datæ & exhibitæ sunt in scriptis repetitis, & pro repetitis nunc habitis dant & exhibent infrascripta. Et quia breuitas termini ipsos defensores attauit, si forsitan non respondissent ad singula, dicti defensores offerunt se paratos & verbo & scripto, prout vestræ Sanctitati placuerit plenè & plenissimè & clarè ostendere, quòd de iure nullo modo est procedendum in negotio supradicto, ad quod instanter petunt & supplicant se admitti, & præsertim quia in allegationibus iuris vel facti notorij, vel quod ex actis colligitur, non potest aliquis terminus quantumcunque peremptorius eis in aliquo præiudicare.

Aprés suit vn grand écrit produit par ceux qui defendoient la memoire de Boniface. Cet écrit remply d'allegations inutiles ne merite d'estre extrait, moins d'estre copié. Il commence ainsi : In nomine Domini Amen. Pro parte opponentium seu denuntiantium dom. Bonifacium, &c.

In nomine Domini Amen. Olim sanctissimus pater dominus Clemens summus Pontifex, dicens in literis suis, quòd carissimus filius suus Rex Franciæ illustris primò Lugdun. postea Pictauis cum cum instantia requisiuit, quòd ipse nobilibus viris dominis Ludouico nato claræ memoriæ domini Philippi Regis Francorum Ebroicen. Guidoni sancti Pauli, & Ioanni Drocen. Comitibus, ac Guillelmo de Plasiano militi, qui contra Bonifacium Papam octauum prædecessorem suum, quem dicebant in labe prauitatis hæreticæ decessisse, crimen hæreseos se velle opponere, & ad illud probandum sufficientes probationes habere, illásque coram eo velle producere asserebant, benignam audientiam exhibens ad recipiendas probationes huiusmodi, memoriámque damnandam ipsius defuncti

functi iustitia præuia curaret procedere: Quódque id ipsum dicti nobiles postulabant instanter, eis ad comparendum coram eo Auinion, & procedendum in ipso negotio, si quantum & prout esset de iure, certum peremptorium terminum assignauit. Et quia idem dominus summus Pontifex in ipso assignato termino Auinion. non fuit, nihil volens iuris exigentiæ in hac parte subtrahere, sed iter potius aperire per infrascriptum modum citandi, iteratò præmissos nobiles, & alios omnes, qui opponendo vel defendendo sua interesse putarent, præsente multitudine copiosa citauit, vt ipsi & eorum quilibet, qui prout præmittitur, opponendo vel defendendo sua putauerunt interesse, certa die, quam eis pro peremptorio termino assignabat, coram eo legitimè comparere deberent, ad procedendum in dicto negotio, & pertinentibus ad idem negotium, si quantum & prout de iure fieri poterit & debebit. Et vt contra huiusmodi citationis processum omnis calumniæ tolleretur occasio, ipsum in audientia sua publica prouidit ex certa scientia denuntiari publicè ac solemniter publicari. Quo termino adueniente, duo oppositores comparuerunt, quorum vnus extitit dictus miles; comparuerunt etiam defensores pro parte dicti domini Bonifacij, & in eodem negotio in pluribus Consistoriis publicis, & multis & variis hinc inde propositis; & dicentibus dictis oppositoribus seu denuntiatoribus defensores ipsos non debere admitti, & petentibus in negotio obiectæ hæresis eidem domino Bonifacio procedi, & testes quosdam senes & valitudinarios, ac longo tempore abfuturos recipi; memoratis defensoribus contendentibus nullo procedendi modo procedi, aut testes prædictos recipi, aut oppositores ipsos seu denuntiatores admitti debere: Idem dominus Clemens huiusmodi quæstione suborta materia vtrique parti dilationem vsque ad primam diem iuridicam post Kalendas Augusti proximum præteriti peremptoriè assignauit, ad interloquendum octauam diem omnium Sanctorum transactorum peremptorium statuit, & post dilationem prædictam sic datam immediatè sequitur & legitur in hunc modum. Verùm quia considerata magnitudine & qualitate negotij, & allegatis hinc inde negotium posset plurimùm protelari, & ideo interim per mortem vel diuturnam absentiam testium & producendorum hinc inde super veritate ipsius negotij principalis, videlicet crimen hæreseos, quod impingitur dicto domino Bonifacio per opponentes prædictos, & innocentia eiusdem de dicto crimine, quæ per defensores proponitur supradictos, probationis copia subtrahi, seu forsan deperire posset; ideo præfatus dominus noster, ne propter altercationes & moras huiusmodi probationes prædictæ ex prædictis possent aliquatenus deperire, volens prouidere ipsis probationibus, & negotio seu causæ, obtulit ex debito sui officij se paratum, & cum effectu incontinenti super prædictis crimine & innocentia nomina testium & eorum personas, scilicet senes & valitudinarios, & diu abfuturos, & dumtaxat de quibus ex aliqua rationabili causa timetur, in scriptis sibi tradendos & producendos à quocunque Catholico recipere. Quos tamen testes, & eo modo, & ad illum finem seu effectum quo iura iubent in talibus causis ante litis contest. recipi & examinari, & eorum attestationes seu dicta seruari, & suo tempore publicari, & super eis & circa ea facere quod canonicum fuerit, & iuris & rationis æquitas suadebit. Non intendens idem dominus noster protestatione præmissa per eum, vt suprà, nomina testium eorundem, nec testes ipsos, vel aliquem ipsorum ab opponentibus vel defendentibus suprà dictis, vel aliquo eorundem, vt ab oppositoribus vel defensoribus ad præsens recipere, cùm quæstio adhuc pendeat, an sint admittendi vel non, sed tanquam ab vnoquoque priuato de populo & ex. nec tamen Catholico. Deinde verò huiusmodi dilatione pendente lectæ sunt in audientia publica quædam literæ, in quibus idem dominus Clemens narrat multa esse proposita verbo & in scriptis in eodem negotio ex parte opponentium & defendentium: & licèt super iis nec opponentibus, nec defendentibus, eosdem adhuc duxerit admittendos; quia tamen boni iudicis est procurare vt salua sit rerum probatio, & ne pereat probationum copia; dicit testes senes, & valitudinarios, ac longo tempore absuturos, quos commodè habere poterit, quæstione de dictis oppositoribus, & defensioni dicti domini Bonifacij se offerentibus admittendis vel etiam repellendis coram eo pendente, super eodem negotio se ex suo decreuisse officio admittendos; districtiùs inhibens ne quis illis vel eorum alicui in personis vel bonis eorum, quominus ipsi & eorum quilibet ad eum, seu deputatos aut deputandos ab eo venire, morari, indéque recedere, ac in ipso negotio testificari liberè valeant, impedimentum aliquod vel molestiam præstet per se vel per alium seu alios, publicè vel occultè: volens omnes & singulos, etiamsi Cardinalatus vel Pontificatus præfulgeant dignitate, qui contra huiusmodi suam inhibitionem venire præsumpserint, aut qui vt huiusmodi impedimentum vel molestia inferatur, * * aut ipsi consilium dederint, vel fauorem per se vel alium, seu alios directè aut etiam indirectè, nonobstante indulto quolibet Apostolico, eo ipso excommunicationis sententiæ subiacere; cassans & irritans, & vacuans, & relaxans omnem promissionem & obligationem, &c. de non perhibendo testimonio veritati in negotio supradicto. Verùm vt contra huiusmodi suæ inhibitionis, voluntatis, cassationis, irritationis, vacuationis, reuocationis, relaxationis, & constitutionis eidem omnis calumniæ tollatur occasio, ipsum in audientia sua publica ex certa scientia publicè denuntiari mandauit, & cartas seu membranas edictum huiusmodi continentes, bulláque sua bullatas, maioris ac fratrum Prædicatorum, in quorum domibus, &c. Quos testes idem dominus Clemens, dictis defensoribus, vel aliis qui vellent defendere non vocatis, eadem delatione pendente recepit, vel eius sunt mandato recepti & examinati. Quæritur an valeat receptio huiusmodi, & processus, & manifestè videtur quod non, quódque sex contra ipsum processum faciant & eum impugnent.

Ce qui suit dans le Registre ne merite pas d'estre copié ny extrait, n'estant que des citations de Droit Canon, & de passages induits mal & inutilement par les defendeurs de Boniface. & il n'y est traité que du point des témoins. Et cet écrit conclud ainsi: Liquet igitur ex præmissis omnibus receptionem prædictorum testium nullam & inualidam esse, nonobstantibus supradictis, quæ possent obiici per partem aduersam parti domini Bonifacij memorati. nec obstante de cætero prædicto, quo idem dom. Papa dicit se ex officio suo decreuisse admittendos testes. nam decretum ipsum valere non debet, & quia pendente delatione prædicta, & quia causæ cognitionem requirebat.

Ce grand discours est comme diuisé en sept parties. Par la premiere il est soûtenu que Boniface ne doit estre iugé que par Dieu seul, & partant ils declinent la iurisdiction du Pape.
2. *Qu'au moins le Concile doit estre assemblé.*
3. *Que Nogaret & de Plasiano ne sont receuables.*

DE BONIF. VIII. ET PHILIP. LE BEL.

4. *Que l'on ne doit pourfuiure cette affaire à l'inftance du Roy de France, ny d'autres.*
5. *Que l'on ne doit point oüir les témoins, bien que le Pape l'euft ordonné.*
6. *Qu'ils doiuent eftre receus à defendre Boniface.*
7. *Parlent de la capture de Boniface & du procés fait pour ce regard par Benedict XI.*

IN NOMINE Domini noftri Iefu Chrifti Amen. Hæc funt fcripta, quæ coram Sanctitate veftra, fanctiffime Pater & domine domine C. Dei gratia fumme Pontifex, nos Guillelmus de Nogareto, & Guillelmus de Plafiano domini Regis Franciæ milites tradimus, repetitis omnibus & fingulis proteftationibus aliàs per nos factis verbo & in fcriptis, in caufa feu negotio huiufmodi, contenta contra in fcriptis per offerentes fe defenfioni Bonifacij, nuper redditis, non vt refpondeamus eis vt parti, cùm admiffi non fuerint, nec admitti debeant, fed vt ea Religionem veftram in aliquo mouere non poffint. Cùm enim die prima iuridica * * menfis Augufti proxim. præteriti offerentes fe defenfioni Bonifacij tradiderint, feu tradi fecerint multa fcripta Curiæ veftræ in actis redacta, & nos Guillelmus de Nogareto, & Guillelmus de Plafiano milites domini Regis Franciæ, profequentes negotium fidei iamdudum inceptum & inchoatum contra præfatum Bonifacium dictum feu appellatum PP. defunctum, & eius memoriam multa fcripta tradi fecerimus Curiæ veftræ fimiliter in actis redacta, per nobilem virum dominum Bertrandum de Rupenegada militem, procuratorem noftrum ad hæc: Nos iidem milites ex tenore actorum Curiæ quæ nuper habuimus, perpendimus & attendimus prædictos offerentes fe defenfioni prædictæ multas propofuiffe in fcriptis ex parte fua traditis falfas adinuentiones, machinationes, & plurimos fufcatis aliis figmentis colores, quos rationes appellant, contra Deum, contra fidem Catholicam, contra ius & honorem, & auctoritatem, & poteftatem Sedis Apoftolicæ, ac in enormem & grauem detractionem, iniuriam, atque iniquam blafphemiam domini Regis prædicti, Prælatorum & Baronum, & totius etiam regni fui, licèt dictus Rex partem non fecerit, nec facit, nec prædicti Prælati & Barones in negotio fidei prædictæ contra dictum Bonifacium vel eius memoriam, fed folùm vt pugil & columna fidei velit per Ecclefiam fuper obiectis & propofitis iamdudum contra dictum Bonifacium viuentem, & eius memoriam poft eius mortem, veritatem fciri, & fieri iuftitiæ complementum, defiderans potiùs quòd reperiretur dictus Bonifacius innocens fi foret, quod nunquam reperiretur, quàm culpabilis de eifdem. Per quas adinuentiones falfas, machinationes, & fufcatos colores dicti offerentes fe dictæ defenfioni nifi funt hactenus, & præfentialiter nituntur contra Deum & iuftitiam dictum fidei negotium totaliter impedire, defendereque dictum Bonifacium, & eius errores hæreticos ne ad lucem valeant peruenire, nec fuper eis poffit fieri pro ftabilitate fidei iuftitiæ complementum. Coram ergo veftra Sanctitate proponimus, quòd ex eis offerentes præfati fe defenfioni prædictæ, ac eis in iis dantes opem, auxilium, vel fauorem, & cenfendi funt calumniatores, & hærefis manifefti fautores, & per confequens etiam fi quidem, abfit, aliàs admitti debuiffent, quod omnino negatur, à defenfione funt repellendi prædicta, & cum fuis fautoribus opem, fauorem, auxilium, vel confilium præftantibus de crimine fautoriæ ex veftris officiis legitimè puniendi; cùm de prædictis conftet vobis vt iudici per acta notoriè. Ad oftendendum igitur clariùs falsitatem, machinationes, adinuentiones & fuscatos colores huiusmodi, circuitus varios & diuersos eorum, & dissoluendum iniquitatis eorum fasciculos: Nos dicti milites coram Sanctitate vestra verbo plurima ad dictum finem intentionis nostræ tendentia proposuimus diebus tribus vel quatuor, quibus per vos nobis audientia concessa fuit; sed propter multitudinem & prolixitatem articulorum traditorum per ipsos, ne vestram Reuerentiam afficeremus tædio, omnia proponere non potuimus ore tenus, quæ fuerant proponenda; & ideo nos in scriptis ea cum iam propositis tradituri fuimus protestati, quæ proposita & proponenda veftræ Sanctitati exponimus in iis scriptis, nec super his primæ diei iuridicæ post Kalendas mensis Augusti præteriti per vos assignatum ad scripta tradenda via nobis ad hoc præcluditur, cùm super denuo propositis per offerentes se defensioni præfatæ maximè contra dominum Regem prædictum in præiudicium causæ nostræ, qui partem in negotio non fecerat, nec facit, nec contra eum aliàs propositum fuerat, nos dicti milites non potuimus deuiare. Et præterea si quæ ex vltimo tradita per dictos offerentes prima die iuridica prædicta, vel per eos proposita fuerint, nos iidem milites non respondendo dictorum offerentium se ad dictam defensionem dictis vel propositis per eos, vt partis aduersæ, cùm non admiserimus eos, nec debeant per vestram Sanctitatem admitti, sed vt eorum dicta vel proposita religionem mentis vestræ in aliquo non mouerent, tanquam erronea & minùs iusta, atque falsa euidenter in præsentia eorum ostendimus, & scripto tradidimus. Quare super his certiorati in præiudicium veritatis & ipsius fidei negotij esse non debuerant pertinaces, in qua pertinacia nequiter esse & adhuc animis induratis perseuerare noscuntur. Ex quo luce clariùs fautores hæresis censendi sunt potiùs, quàm an fuissent: propter quæ super his, quæ de nouo per ipsos fuerunt proposita & ad nostram notitiam venerint, peruenerint, viam maximè in causa fidei præcludi non potest per terminum supradictum. Ne igitur prædicta proposita & tradita per eundem Religionem vestram in quoquam moueant, sed à defensione se offerentes huiusmodi penitus repellantur, & vt fautores hæresis sint censendi, & etiam, vt dictum est, legitimè ex vestro officio puniendi. Et quòd nos dicti milites ad prosecutionem huiusmodi admittamur, vt per vestram Beatitudinem in præfato negotio legitimè procedatur; proponimus nos præfati milites & in scriptis tradimus, quæ sequuntur: Ad quæ & ad intentionem & finem in eis content. referri volumus omnia horum ** tangentia, per nos vel nostrum alterum verbo proposita coram Sanctitate vestra diebus prædictis, quibus nuper audientiam concessistis.

In scriptis siquidem prædictis calumniosis per dictos offerentes redditis sex partes principaliter continentur. In prima parte dicti offerentes vestram iurisdictionem simpliciter in præsenti negotio declinare nituntur. In secunda verò iurisdictionem vestram declinare nituntur, ne sine generali Concilio procedere valeatis. In tertia verò, quòd ad prosecutionem seu promotionem nostri G. de Nogareto & G. de Plasiano nullatenus possitis procedere, multos falsos fuscatósque colores proponunt. In quarta parte siquidem multos falsos colores prætendunt, quos nec ad nostri prosecutionem, nec ad requisitionem serenissimi principis dom. Regis Franciæ, nec aliàs ex vestro officio, vel ad cuiuscunque alterius prosecutionem quomodolibet in dicto negotio procedere valeatis. Verùm in quinta parte contra nostram etiam interlocutoriam multis falsis argumentis probare nituntur, vos non posse nec debere ad receptionem testium in hac causa procedere, pendente quæstione an ipsi sint ad defensionem admittendi prædictam, & an nos ad prosecutionem huiusmodi causæ debeamus admitti, vel aliàs quouismodo, siue sint senes, valitudinarij, vel abfuturi, vel alij testes quicunque. In sexta verò multis adinuentionibus dolosis probare nituntur, se admittendos fore de iure ad defensionem memoriæ Bonifacij memorati. Septimò autem literas plures & constitutiones, si taliter possent vocari, dicti Bonifacij, seu earum tenores, ac tenorem cuiusdam processus facti Perusij per dominum Benedictum Papam prædecessorem vestrum contra Guillelmum de Nogareto. quos tenores in Apostolicæ Sedis regiftris contineri dicuntur, & ea cum dictis literis, seu earum tenoribus se producere proponunt, ad probandum dolosum suarum falsitatum intentum. Sed Pater sanctissime, cùm omnia præmissa faciant se dicti offerentes, & quidam Bonifacij Cardinales, qui coram Ecclesiis vestris, & coram reuerendis patribus Cardinalibus huiusmodi Sedis palam nequiter & pertinaciter errores seminarunt, & diffuderunt prædictos, ad defendendum Iesu Christi fideique negotium memoratum, vt adimpleatur sententia Patris Augustini: parantes nobis, ac fidei negotio, dictóque domino Regi, ac nobis offendiculum & laqueum tortuosum. 24. q. 3. *transferunt.* in fi. ipsius c. ibi. *Isti ergo vertuntur in laqueum tortuosum*, &c. Quare suspecti de hæresi grauiter sunt censendi, vt in eodem c. circa medium ibi. *& ante dialectica*, &c. Vt adimpleatur etiam verbum Domini loquentis ad Iob, de turbine videlicet de Behemot qui caudam suam eleuatam sicut cedrum, scilicet dictos Bonifacianos, constringit per eorum superbiam, cuius siquidem nerui testiculorum perplexi videntur argumenta prædicta sophistica Bonifacianorum prædictorum, vt in Iob. 40. 12. & in Decret. 14. di. *Nerui testiculorum Leuiatan perplexi sunt.* Est igitur necesse, Pater sancte, vt neruos huiusmodi perplexos, & iniquitatis eorum fasciculos cum veritate Domini dissoluamus, quos vestræ Beatitudini perquàm debet esse iocundum, &c.

Ce memoire n'est qu'une redite de tout ce que Nogaret & de Plasiano ont dit, & n'y a que citations de Canons & autres textes. Ils observent le mesme ordre que l'écrit auquel ils respondent.

Il y a quelque chose de ce grand écrit qui a esté imprimé aux Actes d'entre Philippe & Boniface p. 135. vers. Il y a : Certum & notorium est quòd dictus Bonifacius tempore Paschali eius anni post prouocationem mei G. de Nogareto, paulo ante prouocationem mei G. de Plasiano, publicè Romæ in Consistorio publico coram populi multitudine copiosa, die qua approbauit electionem Regis Roman. qui tunc erat prædecessor istius qui nunc est, se iactauit se velle destruere regnum Franciæ, & Regem, & quòd antè se prostraret, & totam Ecclesiam sanctam Dei, quin destrueret regnum, & Regem eosdem.

Pro defensione fidei progenitores Regis Franciæ ante tempus Bonifacij consueuerunt Prælatos sui regni vocare; dictúsque Rex qui nunc est Franciæ, pro negotio fidei Templarios tangente Prælatos regni sui conuocauit.

Item nunquam in productis per nos, nos diximus esse domesticos & familiares dicti dom. Regis, sed milites, qui milites Regis ex eo quòd per Regem sunt in suos milites recepti, habent inde nomen honoris & dignitatis, & se milites Regis appellant, nec sunt propter hoc domestici dicti domini

Regis & familiares ; & funt quafi infiniti tam in regno Franciæ, quàm in Italia, & locis aliis, qui fumunt honorem & nomen huiufmodi dignitatis, nec funt domeftici; quod eft vbique notorium.

Ego Guil. de Nogareto intraui Anagniam ad notificandum Bonifacio obiecta crimina, & pro requirendo conuocationem Concilij generalis; & dicunt quòd ibi moram traxi vfque ad tertiam diem. ad quæ refpondeo: Intraui Anagniam pridie fefti Natiuit. B. Virginis, & circa vefperas Bonifacio notificaui prædicta. fed cùm propter motum & refiftentiam Bon. & fuorum immineret periculum mortis dicti Bon. & difperfionis bonorum eius & thefauri, fi protinus receffiffem, oportuit me diligentiam adhibere ne Bonifacius occideretur, nec difpergeretur thefaurus; quæ feci.

Item opponunt mihi falsò me affociaffe Sciarram de Columna, & alios excommunicatos & hoftes Bonifacij. Sciarram mihi non affociaui in facto prædicto, fed ipfe ex fe venit ad videndum quid fieret in dicto negotio: affociaui folùm fubditos & fideles Ecclefiæ Romanæ, qui me fecuti funt; dictúmque Sciarram inimicum fuiffe Ecclefiæ vel Bonifacij, nunquam fciui. Sed bene audiueram quòd Bonifacius contra Deum, iuftitiam & fidem, quia domini Card. de Columna certauerant pro defenfione fidei contra eum, eos & eorum progeniem perfecutus fuerat ad mortem.

Et ne in nos fæuiret, vt in dictos Columnenfes, & in dominum Petrum Flote fæuierat, cuius memoriam poft mortem damnauerat ex fimili caufa, ad appellationis remedium confugimus.

Dom. Rex eft natus de progenie Regum Francorum, qui omnes à tempore Regis Pipini, de cuius progenie dictus Rex nofcitur defcendiffe, fuerunt religiofi, feruentes, pugiles fidei, fanctæque matris Ecclefiæ validi defenfores, plures fchifmaticos eiecerunt, qui Romanam Ecclefiam occuparant, nec aliquis eorum iuftiorem caufam habere potuit, quàm Rex ifte. Idem Rex femper fuit in coniugio fuo, & antè, & pòft, caftus, humilis, modeftus ore & lingua, nunquam in eo ira, neminem odit, nemini inuidet, omnes diligit, plenus gratia, caritatiuus, pius, mifericors, veritatem & iuftitiam femper fecutus, nunquam in eius ore detractio, feruens in fide, religiofus in vita, bafilicas ædificans, & opera pietatis exercens, pulcer vifu & decorus afpectu, gratias omnibus etiam inimicis fuis cùm funt in eius confpectu, apertáque miracula Deus infirmis, Deus per manus eius miniftrat.

Il y a quelque chofe de cet écrit imprimé, in Actis inter Philippum Pulcrum, & Bonifacium VIII. à pag. 135. verf. ad pag. 148.

Nec obftat quod de receptione mei G. de Nogareto proponitur, cùm enim poft mortem Bonifacij de Romanis partibus iuffu & voluntate dom. Benedicti X I. ad dom. Regem ipfum veniffem caufa procurandi legatos per ipfum dom. Regem intendens ad ipfum dom. Benedictum pro renouandis amicitiis & focietate, quæ femper fuerunt & erunt inter Rom. Ecclefiam, & Reges Franc. iuxta formam canonis 63. *Ego Ludouicus.* in fine.

Nec ego fum Cancellarius, fed figillum Regis cuftodio prout ei placet, licèt infufficiens & indignus, tamen fidelis; propter quod mihi commifit illam cuftodiam quam exerceo, cùm fum ibi cum magnis anguftiis & laboribus propter domini mei honorem: non ergo eft dignitatis, fed honoris officium fuprà dictum. Et fuper eo quòd mihi alios honores feciffe dicitur, verum eft quòd propter longa obfequia quæ cum magnis laboribus & expenfis ei præftiteram, & me præftaturum fperabat, ante præ-

DE BONIF. VIII. ET PHILIP. LE BEL. 519

dicta omnia mihi ad hereditatem perpetuam certos redditus concesserat, & se redditus ipsos mihi assidere promiserat per suas literas patentes, quos mihi post praedicta prout obligatus erat noscitur assedisse.

CONCLVDIMVS igitur nos dicti milites ex praemissis, vos Patrem sanctum posse & debere cognoscere & procedere in negotio fidei supradicto per vos, sine Concilio generali, nec esse necesse generale Concilium super hoc vos habere vobiscum, quinimò propter pericula quae superuenire possent, ac etiam propter negotij morosam protractionem, & propter prolationes quae nunc sunt, quae possent deesse, vos nullatenus expectare debere Concilium memoratum: nos insuper praefatos milites admittendos, & praemissos qui se defensioni dicti negotij offerunt penitus repellendos: dictum insuper dominum Regem iustè, sanctè, piè, nullam partem facientem, sed vt pugilem & columnam fidei processisse, ad requirendum vos & Ecclesiam, vt sciatur veritas obiectorum contra dictum Bonifacium, fiatque iustitiae complementum: testes insuper per Sanctitatem vestram, seu eius mandato, nedum senes, valitudinarios, & absuturos, sed etiam omnes indifferenter sine morae dispendio recipiendos, cùm periculum sit in mora. Ex literis insuper & registris per dictos se offerentes defensioni dicti Bonifacij productis, Religionem Sanctitatis vestrae plenè informari debere & posse de praefatis, dolosa proditione, ex eius haeresi prodeunte, ex qua intendebat concutere, dissipare, & exterminare Regem & regnum praedictos, ne per eorum auxilium fides Catholica defendi posset contra haeresim & schisma eiusdem, sed concussis columnis talibus rueret aedificium Ecclesiae sanctae Dei. Concludimus insuper praemissos defensioni dicti Bonifacij se offerentes de falsitate literarum Apostolicarum per Sanctitatem vestram nuper damnatarum & combustarum, quae fautoriam haeresis continebant, quae apud eos repertae fuerunt, quas celarunt, & eis vsi fuerunt, vsúmque compleuerunt quantum in eis fuit. De falsitate insuper, haeresi, & haeresis fautoria, blasphemiis & iniuriis commissis in Deum contra fidem Catholicam, in Sanctitatis vestrae, ac Ecclesiae Romanae detractionem, domini Regis praedicti, regnique sui, falsis adinuentionibus, ac fuscatis coloribus ad defendendum haeresim & errores Bonifacij memorati, ne ad lucem petuenire valeant, per eos propositis & traditis in scriptis praedictis: contra quae omnia ne vestram Religionem possent in aliquo mouere, quod abiit, nos plurima ex praemissis ius & factum continentibus proposuimus & diximus, & in his scriptis, vt in superioribus continetur, non quòd intendamus nec velimus respondere propositis per eos & traditis, vt apertè *, cùm admittendi non sint in dicto negotio pro defensione praedicta: & si aliàs, quod absit, admittendi fuissent, propter falsitates, calumnias, errores, fautoriam haeresis in praemissis per eos propositis & traditis commissos sunt repellendi, ac legitimè ex vestro officio puniendi. Protestamur insuper quòd alios articulos iuris & facti trademus super praemissis omnibus & singulis, loco & tempore opportunis, prout negotio fidei viderimus expedire. Protestamur insuper, quòd non est intentionis nostrae aliquid confiteri, proponere, vel dicere de intentione praemissorum, qui se offerunt defensioni praedictae, quod intentioni nostrae posset esse contrarium: & si quid forsan dixerimus, proposuerimus, vel responderimus, quod posset esse intentioni nostrae contrarium, id pro non dicto, non proposito, nec responso volumus prorsus haberi. & si quid, quod absit, proposuerimus, dixerimus, vel iam responderimus & expofuimus quoquomodo', vel faceremus forfitan in futurum, quod effet contra finem vel fanum intellectum fcripturarum diuinarum, vel fanctorum Patrum, vel contra ius & honorem Sedis Apoftolicæ, vel reuerentiæ Sanctitatis veftræ, id non effet, nec eft, nec erit ex noftro propofito; fed fi quid imperitè vel minùs bene quomodolibet expofuerimus in prædictis, vel exponere nos contingeret in futurum, id correctioni & emendationi Ecclefiæ & veftræ fupponimus & fuppofition.* Pater Sancte. Item ad probandum legitimè præmiffa & fingula, quatenus intentioni noftræ fufficient, nos offerimus, tradituri prout oportuerit, declaratiuos articulos intentioni noftræ neceffarios ad probandum. Supplicamus igitur veftræ Beatitudini, Pater fancte, quòd in dicto negotio fidei debitum fauorem præftetis, & ea quæ incumbunt negotio, præfertim ad receptionem teftium per vos & competentes Commiffarios celeriter procedatis, cùm mora fit periculofa quamplurimùm, & damnofa. Et cùm nos, Pater fancte, laici nec diuinas fcripturas & canonicas plenè notas habere poffimus, vt neceffarium nobis foret, & expediens negotio fupradicto, veftra reuerenda perfectio fuper præmiffis allegatis, & quæ per nos in futurum allegari continget, & cùm negotium fit veftrum, & Ecclefiæ magis quàm noftrum, licèt noftrum fit, & caufam noftram, & propriam iniuriam profequamur, fi per linguæ lubricum, vel imperitia vel ignorantia, obmittamus aliquid in facto, vel obmiferimus, quod obmittendum non effet, vel duxerimus, propofuerimus, vel refponderimus, quod dicendum, proponendum, vel refpondendum non effet, quod effet vel cedere poffet contra noftram intentionem, prout **ad quam tendimus in negotio memorato, veftra Sanctitas, quæ veritatem videt profundiùs, & difcernit, nos dignetur dirigere, & defectum noftrum vel errorem corrigere. Nos enim ante præmiffa omnia volumus hoc intelligi, quod hic fpecialiter proteftamur, quòd nos intendimus fupplere defectus noftros, & obmiffa per nos in iure vel facto confiften. introducere, & errata corrigere, fuperflua refecare, quibufcunque quotienfcunque videre poterimus opportunum vel vtile pro negotio fupradicto, cùm etiam error facti nec non ante fententiam debeat de iure vetare, quominus liceat cuique corrigere de iure communi, tantóque fortiùs nobis licere debet, qui profequimur caufam Dei. Præterea, Pater fancte, cùm literæ falfæ, quæ per veftram Sanctitatem nuper damnatæ, combuftæque publicè fuiffe nofcuntur, machinatæ fuerunt, vt eft communis opinio, per Cardinales Bonifacianos, qui eas nedum fecerunt feu fieri fecerunt contra Deum, & fidem Catholicam, ad defendendum hærefim Bonifacij prædicti, ne ad lucem peruenire valeret, in præiudicium etiam manifeftum negotij fidei memorati, quod nos Bonifacio viuente iam affumpferamus, & profequebamur etiam poft mortem eius, & nunc profequimur, & fic noftra interfit profequi punitionem eorum, quæ contra Deum, contra fidem Catholicam, in præiudiciúmque dicti negotij, quod profequimur, ac contra Sanctitatis veftræ perfonam ex tenore dictarum literarum commiffa nofcuntur, & quæ fautoriam continent manifeftam; cùm etiam, vt habetur communis opinio, dicti Cardinales literas illas falfas, poftquam diu confectæ fuerunt, per triennium & vltrà celauerunt, ac eis vfi fuerunt, & ampliùs vti conati fuerunt, eas tradendo eis qui fe offerunt defenfioni Bonifacij, quos ipfi pro huiufmodi fubmiferunt & fubmittunt ad calumniofam defenfionem prædictam, ad producendum literas eafdem in iudicio coram vobis: qui fe offerentes defenfioni prædictæ litteras eafdem

dem receperunt, & deliberauerunt super eis, fouendo falsitates in eis contentas, & ipsas literas in iudicio produxissent, nisi per Sanctitatem vestram præuenti fuissent; & sic pariter cum dictis Cardinalibus sunt legitimè ex vestro officio puniendi: vósque, Pater sancte, pro reperiendis sceleribus & falsitatibus supradictis processeritis, & sententiam tuleritis damnationum literarum prædictarum. non autem fecistis in scientiam de personis culpabilibus in prædictis,, quam, salua vestræ Sanctitatis Apostolicæque Sedis reuerentia, negligere non debetis, nec potestis, nec potestis obmittere; quominus in præmissis iniquitatibus feceritis eosdem, quominus insuper communis opinio teneret vos fuisse consocios machinationis literarum ipsarum, cùm tenor earum falsus, vt credimus, personam vestram exprimit principalem actorem, cùm etiam, vt audiuimus à pluribus fide dignis, dicti Bonifaciani se iactent, quòd literas ipsas vos eis dedistis & de manu vestra habuerunt easdem. & sic vos nisi faceretis iustitiam, Pater sancte, quod absit, vel nedum de præmissis suspectos redderetis, sed causam ipsam vestram propriam faceretis. Vestræ Sanctitati supplicamus instanter nos milites præfati & nostrûm quilibet, vt processus prædicti super falsitate dictarum literarum habiti sub forma publica, dictæque sententiæ sub bulla vestra nobis copiam concedatis, vt possimus deliberatione habita commodiùs instare apud vestrum officium, vt fiat plenè iustitia de prædictis. Item, Pater sanctissime, licèt nos præfati milites coram Sanctitate vestra prosequamur simul & vno contextu negotium memoratum contra Bonifacium supradictum, & negotium ipsum contingentia, cùm sit causa vtriusque eadem, idémque zelus iustus ad eam moueat nostrum; verùmque protestamur quòd semper fuit intentionis nostræ, est, & erit, quòd quilibet nostrûm in solidum prosequitur omnia supradicta, & quilibet nomine proprio nostro solùm, nec intendimus nos ita iungere ad prædicta, quominus quisque nostrûm sine altero possit prosequi memoratum negotium, prout nobis vel nostrûm alteri expediens videretur, sed causa breuiùs expeditionis, & vitandæ vestræ vexationis, noscimur, & pariter procedamus in prædictis. Prædicta autem proposita petimus & supplicamus per vos, Pater sancte, ad debitum effectum perduci, & super his per vos fieri celeris iustitiæ complementum: non astringentes nos ad probandum omnia & singula supradicta, sed ea solùm ad quæ tenemur, & quæ sufficient de prædictis, ad quæ probanda solùm prout nobis incumbunt, nos offerimus & petimus admitti. Item ego Guillelmus de Nogareto prædictus processum domini Benedicti prædecessoris vestri Perusij contra me habitum, & alios meos consortes, cùm hic articulus negotium fidei prædictum contingat, & cum prosecutione ipsius principalis negotij & fine * * * intersit mea reuocari ad initium processum prædictum * * de ** processit, supplicationem meam & defensiones & excusationes vestræ Sanctitati offero, & continuè cum præsenti processu, protestans quòd supplicationem ipsam & contenta in ea, & defensiones & excusationes supradictas prosequar ** præsenti processu, vbi & quando mihi videbitur opportunum. Supplicans instanter, humiliter & deuotè, vt si qua morosa * * * * proximo fieret in præfato Bonifaciano negotio, in supplicatione mea & content. in ea procedatis de præsenti, non expectatis moris, ne negotij supradicti propter meam & aliorum salutem, cùm vestra Sanctitas prouidere teneatur animarum saluti.

Aprés suit la supplication de Nogaret, imprimée cy-denant page 305. Et ce registre finit à cet acte, qui est demeuré imparfait.

Vuu

Dans le Rouleau cotté 805. il y a cecy de plus qu'au registre. Ce Rouleau est signé par les Notaires commis pour rediger ce procés, & recueillir les actes.

22. Decemb. 1310.

DIE Martis 22. mensis Decemb. sanctissimus Pater & dom. noster Clemens diuina prouidentia Papa V. prædictus, mandauit nobis Ioanni de Regio, & Ioanni de Verulis, clericis Cameræ ipsius domini Papæ, & Imberto Verzellani, & Guerino de Tilleriis clericis Biterren. & Ebroicen. diocef. Notariis supradictis, quòd scriberemus, & in actis causæ huiusmodi redigeremus, quòd ipse dom. noster aliqualiter discrasiatus in stomacho, vt dicebat, ex quo dolor sibi proueniebat ad caput, & propter hoc præsentem diem in præfato negotio his qui pro oppositoribus, & defensoribus se gerunt assignatam personaliter tenere non poterat, nec in ea causa tunc ipsos audire. Quare repetitis priùs per eundem dom. nostrum, omnibus & singulis protestationibus aliàs factis in huiusmodi negotio, ipsásque singulariter & expresse volens pro repetitis haberi, & eis per omnia, & etiam termino peremptorio supradicto, & iure acquisito, si quod fuerit per ipsius lapsum, cuilibet opponentium, & defendentium prædictorum, quantum esset de iure per omnia saluis, ad primam diem iuridicam post Dominicam, qua cantatur *Lætare Hierusalem*, proximè venturam opponentibus & defendentibus supradictis, quamuis in eiusdem domini præsentia non constitutis, ad comparendum coram ipso in palatio supradicto, & procedendum in eodem negotio, in id ad quod præsens dies eis fuerat assignata, & in eo statu in quo tunc erat ipsum negotium terminum assignauit. Mandans reuerendis patribus dominis Berengario Episcopo Tusculan. & Stephano tit. S. Cyriaci in Termis, ac Arnaldo sanctæ R. E. presbyteris Cardinalibus in ipsius domini nostri tunc præsentia constitutis, quòd huiusmodi termini assignationem prædictis oppositoribus, & defensoribus in Consistorio publicarent. Actum Auinion. in palatio supradicto in camera dicti domini nostri, præsentibus domino Bernardo de Aragia, Canonico Pictauen. Capellano & familiari, & domino Raynaldo de Sena milite, & magistro Hostiaio dicti domini Papæ.

Post hoc autem incontinenti præfatis dominis Cardinalibus de prædicta camera ad inferiorem aulam, vbi dictus dominus noster tenere consueuerat Consistorium publicum, descendentibus, statim nonnullis ex aliis dominis Cardinalibus ibidem astantibus, & præsente clericorum & laicorum multitudine copiosa, prædicti milites pro seipsis, & alij qui se defensioni offerunt memoratæ, modo & nomine superiùs denotatis, excepto dicto domino Gotio, qui tunc absens erat, comparuerunt coram eis, & repetiuerunt hinc inde omnes protestationes aliàs factas per eos in negotio sæpedicto. Quibus domini Tusculanus, Stephanus, & Arnaldus Cardinales præfati, repetitis ac præmissis nomine & vice ipsius domini nostri omnibus & singulis protestationibus superiùs per ipsum dominum nostrum factis, singulariter & expresse, prout idem dominus noster, sicut præmittitur, duxerat repetendas, & eis saluis & reseruatis, prædicti termini assignationem eisdem partibus, auctoritate dictæ commissionis præsentialiter notificarunt, & etiam publicarunt, ipsísque ad comparendum in præfato palatio coram ipso domino nostro, & ad procedendum ad id ad quod dies huiusmodi fuerat assignata, & in eo statu in quo tunc negotium ipsum erat, ad eandem secundam diem post dictam Dominicam terminum assignarunt.

Et ego Lambertutius, dictus Bologninus domini Roberti de Roccacontrata Senegalien. diocef. publicus Imperiali auctoritate Notarius, prædicta acta prout inueni in Registro Mag. Ioannis de Regio per ipsum mihi tradito, ad instantiam præfati M. Ioannis fideliter transcripsi, & in hanc publicam formam redegi.

Et ego Ioannes de Regio Cameræ domini Papæ Clericus, publicus Apostolica & Imperiali auctoritate, ac per dictum dom. Papam ad scribendum in præsenti causa Notarius vnà cum aliis infrascriptis Notariis specialiter deputatus, prædictis omnibus præsens interfui, & suprascriptis actis per Lambertutium dictum Bologninum Notarium suprascriptum, de dicto regestro meo ad instantiam meam priùs de ipsis cum præfatis Notariis collatione facta & habita diligenti, de mandato eiusdem domini me subscripsi, & signum meum apposui consuetum.

Et ego Ioannes Magistri Petri de Verul. Cameræ domini Papæ Clericus, Apostolica & Imperiali auctoritate, ac per dictum dom. Papam ad scribendum in præsenti causa Notarius, vnà cum prædicto M. Io. de Regio, & Magistris Imberto & Guerino infrascriptis Notariis specialiter deputatus, prædictis omnibus præsens interfui, & suprascriptis actis per Lambertutium dictum Bologninum Notarium suprascriptum, de prædicto regiftro ipsius Mag. Io. de Regio, & ad ipsius instantiam de ipsis cum præfatis Notariis collatione habita diligenti, de mandato eiusdem domini nostri me subscripsi sub solito signo meo.

Et ego Imbertus Verzelani clericus Biterren. publicus Apostolica auctoritate, ac per dictum dom. Papam ad scribendum in præsenti causa Notarius vnà cum prædictis Mag. Ioanne de Regio, & Io. Magistri Petri de Verulis, ac Guerino infrascripto Notariis specialiter deputatus, prædictis omnibus præsens interfui, & suprà scriptis actis per Lambertutium dictum Bologninum Notarium suprascriptum de prædicto regiftro ipsius M. Ioannis de Regio, & ad ipsius instantiam priùs de ipsis cum præfatis Notariis collatione habita diligenti, de mandato eiusdem domini nostri subscripsi sub solito signo meo.

Et ego Guerinus de Tilleriis clericus Ebroicen. diocef. publicus Apostolica & Imperiali auctoritate, ac per dictum dom. Papam ad scribendum in præsenti causa Notarius vnà cum Magistris Ioanne de Regio, Io. Magistri Petri de Verulis, & Imberto Notariis supradictis specialiter deputatus, prædictis omnibus præsens interfui, & suprascriptis actis per Lambertutium dictum Bologninum Notarium suprascriptum, de prædicto regiftro ipsius M. Ioan. de Regio, & ad ipsius instantiam priùs de ipsis cum præfatis Notariis collatione habita diligenti, de mandato eiusdem domini nostri me subscripsi sub solito meo signo.

Information de vingt-trois témoins oüis par le Pape, & par ses Commissaires.

1. TEMOIN *dit auoir esté present, lors que Boniface se mocquoit de ceux qui croyent la resurrection des morts, & les Sacremens de l'Eglise.* Carnalia peccata non esse peccata. *Les autres crimes* de auditu tantùm. *Qu'il adoroit le diable.* Sodomite *&* simoniaque.

2. *Témoin* idem que le 1. *Dit qu'il a veu Boniface allant par les champs auoir*

entre ses iambes le fils du Seigneur Iacques de Pisis de quo abutebatur, & qu'il auoit aussi abusé du pere de cet enfant.

3. Témoin, qu'il a connu Boniface il y a quarante ans aux Escholes, qu'il conuersoit auec des enfans, & disoit-on qu'il en abusoit. Grand blasphemateur. L'a connu Cardinal & conuersé auec luy : il estoit vn iour auec luy que l'on luy rapporta qu'il y auoit à Paris entre les Docteurs vne question, sçauoir si l'homme mort l'ame mouroit, si l'ame resuscitroit & le corps aussi. Boniface dit que l'ame mouroit auec le corps, & qu'il n'y auoit point de resurrection; il dit cela en presence de plusieurs personnes. Il a ouy dire qu'il auoit fait mourir Celestin. Sodomite, heretique conuersant auec eux. A fauorisé les Templiers qui estoient heretiques, & a pris de l'argent d'eux.

4. Témoin estoit present lors que l'on luy parla de la dispute de Paris de la mort de l'ame. De la sodomie, cela estoit public.

5. Témoin a connu Boniface auant qu'il fust Pape : se mocquoit de la saincteté de Celestin. Et le pere du témoin disant à Boniface si quelqu'vn deuoit estre canonizé, c'estoit Celestin : Boniface dit qu'il soit saint tant qu'il voudra, Deus mihi faciat bonum in hoc mundo, de alio minùs curo quàm de vna faba, talem animam habent bruta sicut homines. Et sur ce qui luy fut repliqué, il dit : Quot vidisti tu resurgere ? Et dit cela presens plusieurs de qualité. Ce témoin fut present lors qu'il se mocquoit de ceux qui luy rapportoient en quelle mauuaise reputation il estoit. Disoit, ce n'est point peché qu'adultere, & committere ea quæ natura requirit. Qu'il estoit present quand il reprit aigrement le Marquis Pierre son neueu, parce qu'il n'auoit pas tué Celestin, & luy defendit de se presenter deuant luy qu'il ne l'eust tué.

6. Témoin, presens à ce qu'il dit de la mort de l'ame auec le corps. Nomme quelques enfans dont il abusoit, & des autres vices par oüy dire.

7. Témoin dit qu'il estoit present lors que Boniface lors Cardinal disoit, que nulla est lex diuina, omnes leges inuentæ sunt per homines, nulla pœna æterna. omnes leges continent aliqua falsa, præcipuè lex Christiana. Vt articulus Trinitatis, fatuum est crédere quòd sit vnus Deus & trinus. Ponit Virginem peperisse, impossibile & falsum: filium Dei humanam naturam sumpsisse, quod est ridiculum. Falsum de Corpore Christi in Sacramento virtute verborum. Falsa lex Christiana, quæ ponit aliam vitam. & disoit, faciat mihi Deus peius quod potest in alia vita, de qua nullus rediit nisi apud phantasticos. Nos sicut vulgus debemus dicere, sed sentire & tenere vt pauci. Qu'il a oüy dire qu'il auoit vn anneau enchanté. Qu'il estoit simoniaque. Il nomme plusieurs personnes presens lors que Boniface disoit ce que dessus.

8. Témoin, idem que le 7. & oüit ce que Boniface dit, se mocquant de ceux qui alloient voir passer le S. Sacrement : Ils feroient mieux, dit-il, d'aller à leurs affaires, quàm ire ad videndum truffas. Lors qu'il fut éleu Pape, le peuple disoit, Quare Cardinales elegerunt ipsum, est hæreticus, & totus malus, & de lege Christiana neque diuina nihil credit.

9. Témoin present, idem que les 7. & 8.

10. Idem que le 7. & pour les vices de auditu.

11. Idem que le 7. A oüy qu'il disoit, Phantastici dicunt se audiuisse Angelos cantantes, & alia mirabilia quæ sunt truffæ. Idem les precedens.

12. Idem que le 7. Estoit present.

13. Idem que le 7. Estoit present.

14. Idem que le 7. Estoit present. Il a oüy Boniface dire que la fornicatio cum mulieribus & viris non erat peccatum maius quàm fricatio

manuum, *& ce en presence de plusieurs*. Loquebatur cum dæmonibus. *Qu'il emprisonner Celestin & estrangler en prison, & qu'il auoit dit à son frere : Tant que Celestin vit, ie ne suis point Pape.*

15. *Témoin fut auec d'autres Religieux, pour aduertir Boniface que leur Abbé ne croyoit pas la resurrection des morts, & disoit que l'ame & le corps mouroient ensemble, & que l'Inquisiteur l'auoit iugé heretique. Boniface se mocqua d'eux, & leur dit*, Vos estis idiotæ, nihil scitis, Abbas vester est magnus literatus, ite & credatis sicut ipse, & leur commande de viure sous son obedience, & maledixit eis. *Qu'il a sçeu les autres crimes de Boniface. Qu'il a ouy dire que Boniface mourant, comme vn Euesque luy apportoit le viatique, dit :* discede & porta tecum ipsum diabolum, quia non potuit iuuare se, nec posset iuuare me. *Et Iacques de Pisis le conseillant à la mort d'inuoquer la Vierge Marie, il respondit*, Non credo in ea plusquam in asina, nec in filio plusquam in pullo asinæ.

16. *Témoin parle du temps que Boniface estoit Notaire du Pape, qu'il luy vit faire sacrifice au demon ; ce qu'il décrit particulierement. Et puis dit qu'estant Pape il l'a veu adorer vn idole en sa chambre en presence de plusieurs, & de ce il y a beaucoup de particularitez. Il l'a veu manger auant que de dire la Messe. Estant retiré à Rieti à cause d'vn tremblement de terre, & estant dans sa tante son Camerier luy dit : Pere saint, il semble que le monde va finir. Boniface luy dit :* Stulte, mundus finitur homini morienti, & non aliter finitur mundus, semper fuit mundus & semper erit, & resurrectio mortuorum nulla est, nunquam resurget aliquis, & moritur anima sine corpore. *Il dit aussi que huit iours auant sa mort, Iacques de Pisis son Maistre de chambre l'aduertissant que l'on alloit monstrer Dieu à la Messe, il se colera & luy dit le frapant :* id quod dicis quod respiciam non est alter corpus Christi quàm ego. Imo pasta est. *Il dit qu'il ouit Boniface parler de la Vierge, comme le témoin precedent, & il estoit malade dont il mourut.*

17. *Témoin dit qu'il oui dire à Boniface auant qu'il fust Pape, comme l'on luy parloit du corps de Iesus-Christ en l'Eucharistie,* Creditis, ô stulti, quòd id quod ostenditur sit filius Dei, non bene creditis, quia nec filius Dei, nec filius B. Mariæ Virginis, nec Virgo Maria fuit plus virgo quàm mater mea. *Parle de la sodomie estant Cardinal, & estant Pape.*

18. *Témoin dit que Boniface Pape couchoit auec sa femme, qui se nommoit Donna Cola, qu'il l'a veu souuent coucher auec cette femme, & luy témoin ne s'en formalisoit pas. Couchoit aussi auec la fille de son Camerier. Qu'il abusoit de la fille de luy témoin,* non tanquam muliere, sed tanquam puero inter crura. De Christo, *comme les autres témoins,* fuit homo purus. *Qu'il a oui Boniface disant,* stulti, stulti creditis truffas quæ dicuntur, quòd sit alius mundus quàm iste, non bene creditis quia nulla alia vita est nisi iste mundus, nunquam post mortem resurget aliquis. *De la Vierge Marie comme les precedens témoins, & disoit* non credo in Mariola, Mariola, Mariola: *Et cela peu de iours auant sa mort. Qu'à la mort il ne voulut communier,* & dixit: Nolo Nolo. *Mourut sans confession & sans communion.*

19. *Témoin parle de cette Donna Cola, qu'il l'a veu coucher auec Boniface, & veu iouer cette Dame auec Boniface au ieu de hazard : & elle luy disant que cela n'estoit pas beau que le Pape iouast à ce ieu, il respondit :* O bestialis habeat quilibet homo bonum in isto mundo, quia non est alius mundus nisi iste, nec est alia vita nisi ista, & delectare carnaliter cum mulieribus & pueris, non est maius peccatum quàm fricare manus suas insimul. *Et la Donna Cola luy disant*, tu morieris & reddes rationem Christo & B. Virgini.

Boniface respondit teste audience & præsente, Christus non est filius Dei, immò fuit quidam sagax homo & hypocrita. *Qu'il a veu vn ieune garçon couché auec Boniface. Qu'il a esté present lors que deux officiers domestiques de Boniface se reprochoient l'vn à l'autre*, tu es meretrix Papæ, immò tu es meretrix Papæ ? *l'autre disant*, tu es meretrix sua antequam ego, quia tempore Cardinalatus sui inueni te in camera cum eo illa negotia committentes. *L'autre confissant dit*: si ego fui meretrix sua in præterito, tu es modò, & totum dominium quod habes dedit tibi ex eo quòd es sua meretrix. *Dit qu'vne garce luy a dit que Boniface abusoit d'elle*, vt puero inter crura. Idem que le temoin precedent pour la fin de sa vie.

20. *Temoin, de la bougrerie* plura notanda. *Et de la Vierge Marie* idem que les precedens. *Dit qu'elle a eu autant d'enfans que sa mere.*

21. *Temoin*, de resurrectione mortuorum quædam.

22. *Temoin, qu'il ne croyoit point la realité du corps de Iesus-Christ en l'Eucharistie*, erat tantùm pasta.

23. *Temoin dit qu'il estoit present quand l'on vint faire rapport au Pape Boniface, que plusieurs Gibellins s'estoient retirez dans vne Eglise en sauueté : il rudoya fort ceux qui luy vindrent donner cet auis, disant pourquoy ils n'auoient pas ruiné cette Eglise.* L'vn répondit, Sancte Pater, ista est Ecclesia antiqua & deuota, in qua sepulta multa corpora sanctorum hominum & mulierum, & timemus, quòd ipsa corpora in extremo iudicio conquerentur de nobis. Papa respondit : Viles homines vultis facere pœnitentiam antequam peccatum, eatis, eatis, & destruite Ecclesiam illam, & non timete de illis corporibus, quia non resurgent ipsi nec alij, sicut resurget Palafredus meus qui anteheri decessit. *Et en suite de cet ordre l'Eglise fut ruinée.*

Au tresor coffre Boniface num. 806.

Domine, isti sunt testes examinati per Papam, seu eius Commissarios.

1. FRATER Berardus de Monte nigro, monachus Monasterij sancti Gregorij de vrbe, posita manu ad pectus in præsentia libri iuratus dixit, quòd dum iuisset vnà cum fratre Petro de Celleria ocario, & fratre Thoma de Roate commonachis suis in dicto monasterio, ad denuntiandum Abbatem eorum Papæ Bonifacio, habito recursu priùs ad magistrum Ioannem de Penestre tunc Camerarium ipsius Papæ, qui ipsos introduxit coram ipso Papa in vrbe apud Lateranum in camera eius : dedit eidem Papæ in scriptis vnà cum prædictis commonachis suis quamplures articulos contra Abbatem eorum prædictum, & maximè tres articulos de crimine hæreseos, scilicet quomodo dictus Abbas non credebat resurrectionem mortuorum, & quòd non credebat Sacramenta Ecclesiastica, scilicet Corpus & sanguinem Domini nostri Iesu Christi, & quòd non credebat quòd peccata carnalia quæ requirebantur à natura, ad peccatum imputari deberent. Et his lectis per ipsum Bonifacium, idem Bonifacius quæsiuit ab altero prædictorum commonachorum suorum, si patrem haberet, qui respondens dixit quòd non, quia mortuus erat. & tunc dictus Bonifacius dixit ei : Quando reuersurus est pater tuus, vel aliquis mortuorum de illo mundo : cui monachus hoc audiens non respondit, sed tacuit. Cùm dictus Papa iterato animo hoc dixisset, & tunc idem Bonifacius statim subiungens dixit : Ite & credatis ista, quæ credit Abbas vester, quia ipse melius dicit quàm vos dicatis, & melius credit quàm vos credatis, & ista sunt

vera, & ista credatis, quæ credit Abbas vester: Eatis quòd sitis maledicti. Et ipso teste & sociis discedentibus, dixit Bonifacius illis qui remanserant coram eo: Videte gens proteruia quòd nolunt credere illud quod Abbas eorum credit. Quid vlterius dixerit nescit de dicto facto, & credit prædicta fuisse anno & vice vltimis quibus iuit Anagniam. Interrogatus si plus sciret, dixit quòd non nisi de fama & auditu, & dixit quòd fama erat publica, ipsum Bonifacium fuisse hæreticum Patarenum, sodomitam & simoniacum, & dixit se audiuisse hoc, & tot & totiens quot vix homo posset recolere vel numerare, & in pluribus locis. Item dixit quòd audiuit dici à magistro Dominico de Penestre in castro Gonazarij, quòd dictus Bonifacius adorabat & habebat dæmonem priuatum, & cum adorabat. Item quòd audiuit dici Auinion. ab Episcopo Frequentino, quòd dictus Episcopus audiuerat dictum Bonifacium dicentem, quando idem Bonifacius erat Cardinalis, quòd stultum erat credere quòd esset alia vita quàm præsens, & quòd non erat alia vita.

FRATER Petrus de Celle-vaccario monachus monasterij sancti Gregorij de vrbe, posita manu ad pectus in præsentia libri, iuratus dixit, quòd cum vnà cum fratre Berardo de Monte nigro, & fratre Thoma de Roate commonachis suis, fuisset ad Papam Bonifacium, tunc apud Lateranum in vrbe residentem, introducti ad ipsum Bonifacium per magistrum Ioannem de Penestre Camerarium suum, ad quem prius recursum habuerat, ad denuntiandum ipsi Bonifacio Abbatem eorum, quamplures articulos super crimine hæreseos contra ipsum Abbatem, ipse testis & alij commonachi sui eidem Bonifacio dederunt in scriptis, & maximè quòd dictus Abbas non credebat resurrectionem mortuorum; quòd non credebat Sacramenta Ecclesiastica, scilicet corpus & sanguis Domini nostri Iesu Christi; & quòd non credebat peccata carnalia, quæ requirebantur à natura, imputari debere ad peccatum. Et his per Bonifacium prædictum lectis, quæsiuit ab altero prædictorum si patrem haberet. Quorum alter respondit & dixit quòd non, quia mortuus erat. & tunc idem Bonifacius dixit ei: Quando reuersus est pater tuus, vel aliquis mortuorum de illo mundo? qui monachus quia hoc idem Bonifacius irato animo dixerat, non respondit, sed tacuit. Et statim idem Bonifacius dixit eis: Ite & credatis ista quæ credit Abbas vester, quia ipse melius dicit quàm vos dicatis, & melius credit quàm vos credatis. & ista sunt vera, & ista credatis quæ credit Abbas vester, & eatis quòd sitis maledicti. Et eis discedentibus dixit idem testis se audiuisse, quòd idem Bonifacius dixit illis qui remanserant coram eo: Videte gens proteruia, quia nolunt credere illud quod Abbas eorum credit. Et credit idem testis prædicta fuisse anno & vice vltimis quibus rediuit Anagniam Bonifacius prædictus. Item dixit, quòd ipse vidit ipsum Bonifacium tenentem inter femora sua filium domini Iacobi de Pisis dum iret per iter, de quo erat fama publica quòd abutebatur eo, & abusus fuerat patre eiusdem pueri prius eo. Interrogatus si plus sciret, dixit quòd non, nisi de fama & auditu; & dixit quòd fama erat publica, ipsum Bonifacium fuisse hæreticum, simoniacum, & sodomitam manifestum, & dixit se hoc audiuisse à pluribus, immo ab infinitis, & diuersis temporibus atque locis.

DOMNVS Vitalis Prior sancti Ægidij de sancto Gemino Narnien. diocesis, iuratus dixit inter alia quæ scit de vita & moribus Bonifacij,

II.

III.

quòd ipſe nouit, vidit & conuerſatus fuit ſecum in ciuitate Tudertin. dictus Bonifacius tunc Benedictus nomine legebat, & erat in ſcholis domini Roucheti Doctoris legum de dicta ciuitate. & hoc fuit quando ipſe Benedictus erat ætatis viginti annorum, fortè & ipſe teſtis tunc temporis legebat in Grammaticalibus cum quodam nomine dominus Philippus fratre conſobrino dicti domini Bartholi, & ipſe Benedictus morabatur cum quodam patruo ſuo, nomine Petrus, tunc Epiſcopus Tudertinus, & quandoque cum domino Raynutio Amatoris de dicta ciuitate, ex eo quia habebat in vxorem dominam Iacobam conſanguineam dicti Benedicti, & ſic vt ſecularis vtendo cum ipſo, vidit multa enormia vitia & deteſtabilia, quæ diſſolutus in omnibus committebat. & ſpecialiter quòd videbat eum ſemper cum pueris conuerſari. & dicebatur quòd abutebatur eiſdem, & quaſi in aliis carnalibus vitiis, in comeſſationibus implicitus erat, totus in luſionibus azardorum, Deum & beatam Virginem blaſphemando, & ſibi aliqualiter ab huiuſmodi diſſolutionibus non cauendo. Item dixit, quòd poſtquam idem Bonifacius promotus fuit ad Cardinalatum, ipſe teſtis cum eo conuerſationem habuit, maximè quando accedebat ad Comitatum Tuderti, & ad ſanctum Geminum occaſione cuiuſdam monaſterij, quod nuncupatur ſanctus Nicolaus de ſancto Gemino, cuius idem dominus Benedictus Cardinalis erat protector. & ſic ipſo teſte conuerſante cum eo dum ſemel iret ad quoddam caſtrum Comitatus Tuderti, quod vocatur Seſuianum, vbi ſtetit bene per menſem & vltrà, tunc temporis ipſe teſtis qui vicinus eſt dicto caſtro, iuit ad videndum & viſitandum dictum dominum Benedictum Cardinalem, & dum ipſe dominus Benedictus Cardinalis in camera palatij dicti caſtri loqui & rationari inciperet cum quodam qui aſſerebat ſe medicum, & dicebat ſe veniſſe de Pariſius, & quòd inter aliquos Magiſtros Pariſien. erat quæſtio, quia aliqui eorum aſſerebant & dicebant, quòd quando moriebatur homo ita moriebatur anima ſicut corpus, nec refuſcitabatur anima, neque corpus: ipſe teſtis dixit ſe audiuiſſe, quòd tunc dictus dominus Benedictus reſpondit ipſi medico per ſe affirmando, quòd ſtultum erat amittere viram præſentem pro futura, dicendo quòd moriente corpore moritur & anima, nec reſurgit aliquis poſt mortem ſuam, nec refuſcitabitur aliquis, quia cùm homo moritur ita moritur anima, ſicut corpus. & fuerunt præſentes ad hæc Magiſter Petrus Oddorelli de Aquaſparte, de Comitatu Tuderti, Notarius, dominus Rotgerius Prior Monaſterij de Arnata, & plures alij erant ibi, quorum nominibus non recordatur, & credit quòd prædicta fuerunt, iam ſunt 43. anni elapſi & vltrà, quo anno non recordatur aliter, niſi vt dixit. Item dixit quòd audiuit dici, & fama publica erat vbique locorum, & maximè in partibus Italiæ, vbi conuerſatus fuit, quòd ipſe thuriſabat & ſacrificabat dæmonibus, & ſpiritus diabolicos vtendo arte nigromantica conſtringebat, & quicquid agebat per actus diabolicos exercebat. Item quòd ipſe Bonifacius fecit interfici dominum Petrum de Murrone, dictum Cæleſtinum Papam, ex eo quòd ipſo viuente ipſe Bonifacius non poterat eſſe Papa. & hoc ipſe teſtis ſe à fide dignis tam Religioſis quàm à clericis aſſeruit, & dixit audiuiſſe. Item quòd ipſe fuit ſimoniacus, ſodomita & hæreticus manifeſtus, & conuerſatus eſt & communicauit hæreticis, & maximè cum Abbate ſancti Gregorij de vrbe hæretico, quem ei denuntiatum non ſolùm punire renuit, ſed fauit eidem. Item dixit ipſe teſtis, quòd audiuit pluries & à pluribus dici etiam in vita dicti Bonifacij, quòd denuntiatum fuit ei & declaratum per magnos

gnos & honestissimos ac fide dignos viros, quòd Templarij erant hæretici, & ipse non solùm eos punire renuit, sed occultauit, & in hæresi eorum fauit eidem, & ex hoc habuit maximam quantitatem pecuniæ, & eam recepit ab ipsis. & de istis dixit idem testis esse publicam vocem & famam, & non solùm in Italia, sed quasi in vniuerso orbe. Item dixit quòd audiuit dici à multis quòd ipse Bonifacius cùm audiebat aliquem interfici in exercitu suo supra Columniens. dicebat: Non curo, si occiduntur homines, quia pro vno centum habeo hominem. & quòd pluries dixit domino Theodorico tunc camerario suo, quòd non curaret de morte hominum, cùm non constaret sibi homo nisi vno turon. & hæc & multa alia quæ ipsius rei euidentia manifestat, dictus testis se asseruit audiuisse & sciuisse, vt suprà in diuersis temporibus atque locis.

IV. MAGISTER Petrus Oddarelli de Aquasparte Notarius, iuratus dixit quòd ipso præsente, vidente, ac audiente, in castro Sosmani Comitatus Tuderci, & in Palatio dicti castri, vbi tunc dominus Benedictus Gayetanus Cardinalis erat, dum ipse Cardinalis rationaretur cum quodam, qui se dicebat Physicum, venientem illis diebus, vt asserebat, de Parisius, qui ipsi domino Benedicto Cardinali retulerat, quòd quæstio erat inter Magistros Parisien. an homine moriente moriretur in corpore & anima sine resurrectione & alia vita. Tandem post multa verba hinc inde prolata, respondit dictus dominus Benedictus Cardinalis, postmodum nominatus Papa Bonifacius, quòd fatuum erat credere aliam vitam esse quàm præsentem, asserens tunc, & dicens animam hominis simul cum corpore perire, & sicut vita canis finitur per mortem, sic vita hominis finitur sine aliqua resurrectione post mortem. & ad hoc dixit fuisse præsentes dominum Rotgerium Priorem Monasterij de Arnata, & dominum Vitalem Priorem sancti Ægidij de sancto Gemino, & multos alios de ciuitate Tuderci, & dixit quòd iam sunt 17. anni elapsi & vltrà, quòd hæc fuerunt. Item dixit quòd dictus Bonifacius ante Papatum & post in vitio sodomitico laborabat cum multis pueris atque viris, & de his fuit, & erat, & est fama publica contra eum.

V. DOMNVS Nicolaus Paganus de Sermona Primicerius sancti Ioannis maioris de Neapol. iuratus dixit quòd dum dominus Celestinus primo anno sui Pontificatus ante renuntiationem suam moraretur Sermonæ, & vellet ire Neapoli, Berardus pater dicti testis de mandato dicti domini Celestini fuit ad dominum Benedictum Gayetanum Cardinalem * * * tunc Sermonæ, & cùm diceret ei ex parte domini Celestini prædicti, sicque rogaret quòd associaret & iret cum eo Neapoli: ipso teste præsente & audiente, respondit dictus dominus Benedictus, & dixit: Eatis vos cum sancto vestro, quia ego nolo venire, nec spiritus decipiet me vlteriùs de ipso. & tunc respondit dictus Berardus, & dixit: Si aliquis sanctificandus est post mortem suam, & fieri debet Sanctus, erit dominus Celestinus. & statim dictus dominus Benedictus respondens dixit: Sit vita ipsa sancta, Deus faciat mihi bonum in isto mundo, quia de alio minùs curo quàm de vna faba, quia talem animam habent bruta sicut homines, nec plus viuit anima hominis quàm anima bruti. & dictus Berardus respondens ad hoc dixit: Domine, impossibile est hoc quod dicitis. & ipse dominus Benedictus tunc respondens quasi irato animo dixit dicto Berardo: Quot vidisti tu resurgere? & tunc dictus Berardus respondit & dixit: Pa-

Xxx

ter meus non refurrexit quia non est mortuus, & fuerunt etiam ad hoc præfentes ipfe teftis Iacobus Mathei Cellepetri de Aquila Notarius, Angelus Affanetus de Amalfi, & Thomacinus domini Iacobi de Pacentero, & plures alij, de quibus non recordatur. Item dixit quòd eodem tempore poft aliquos paucos dies, cùm ipfe Berardus vifitaret prædictum dominum Benedictum Cardinalem ad hofpitium fuum in dicta ciuitate Sermonæ, vnà cum ipfo tefte, & aliis fupradictis, eifdem præfentibus & audientibus, dixit Cardinalis prædictus: Berarde dicas quid dicunt gentes de me. & ipfe Berardus refpondit & dixit : Domine, quare hoc. & tunc dominus Benedictus Cardinalis Dixit : dicas audacter, & non dubites. & tunc dictus Berrardus dixit : Domine Cardinalis, poftque fcire vultis famam & infamiam veftram, dicam generaliter. dicitur quòd quicquid mali fit in Curia, vos fieri facitis, gentes decipitis, & ab omnibus accipitis fimoniam. & ad hoc refpondens ipfe dominus Benedictus Cardinalis dixit: Quare, quod peccatum eft Cardinalem recipere fimoniam, & quod peccatum eft adulterari, & committere ea quæ natura requirit? Certè talia committere, non eft peccatum, nec fuit maiora peccata ifta quàm afellare & bruiare. Item dixit quòd audiuit dici, & quòd fama publica erat in Aprucio & Neapoli, quòd dictus dominus Benedictus erat, & fuit fodomita, fornicator, inceftuofus, & diffolutor legitimorum matrimoniorum, & quòd non credebat Ecclefiaftica Sacramenta. Item dixit quòd dictus Berardus pater fuus, & ipfe teftis vnà cum Augelo de Amalfi, Iacobo de Aquila, & Petro de Ifernia, iuiffent ad vrbem primo anno Pontificatus eiufdem Bonifacij, & dictus Berardus proponeret & fupplicaret eidem tunc apud Lateranum commoranti, quòd beneficium quoddam cuidam filio dicti Berardi collatum per dominum Celeftinum, de quo per ipfum Bonifacium iam fuerat priuatus, eidem redderet. ad quod idem Bonifacius refpondens dixit : Quomodo es tu tam audax, & qua fronte venis coram me ? fi deinceps veneris, dabo & faciam tibi dari mortem, quemadmodum eidem Celeftino daturus fum. & ipfo tefte, & aliis fupradictis præfentibus & audientibus increpauit Petrum nepotem fuum Marchionem, dicens: Quare non interfecifti Celeftinum, de cetero non venias coram me, nifi priùs interficis ipfum Celeftinum. Aliud dixit fe nefcire.

Die Septima menfis Aprilis.

v 1. Pcecvzolvs magiftri Matthæi de Tuderco Spatharius, iuratus dixit fuo facramento, quòd circa 16. annos & vltra, dum ipfe teftis iuiffet ad caftrum Sofmani ad vifitandum quofdam amicos fuos, audiens ibi quòd quidam medicus venerat denuò, & loquebatur cum domino Benedicto Gayetano Cardinali, qui erat in dicto caftro, ipfe teftis dictum medicum cognofcere & videre defiderans iuit ad videndum ipfum, & inuenit eum in palatio dicti caftri cum dicto domino Benedicto Gayetano Cardinali, & cum pluribus aliis, & audiuit quòd quæftio erat inter dominum Benedictum Cardinalem, & medicum fuprà dictos de animabus hominum, & fine mundi; & multis hinc inde dictis audiuit quòd inter alia dictus dominus Benedictus dixit, quòd anima hominis ita finitur per mortem ficut vita, nec plus anima hominis refurgit quàm anima canis, & quòd ftultum erat quòd homo relinqueret iftam vitam pro alia, quia alia nihil eft, nec de alia vita fcitur, nec fcitus eft vnquam rumor. Item dixit quòd audiuit dici, & publica fama erat, quòd ipfe dominus Benedictus Cardinalis abutebatur domino Andriollo domini Raynucij, & Iaconcello

DE BONIF. VIII. ET PHILIP. LE BEL. 531

domini Petri de Cudageo, tunc pueris, & familiaribus. Item dixit, quòd audiuit dici pluries, & in pluribus & diuersis locis, quòd ipse Cardinalis in Cardinalatu suo & antè, in Papatu suo & antè fuit & erat sodomita, hæreticus, & simoniacus manifestus. Ad prædicta quæ dixit idem dominus Benedictus Cardinalis in castro Sosmani, fuerunt præsentes Prior monasterij de Arnata in Comitatu Tuderti, dominus Vitalis Prior sancti Ægidij de sancto Gemino, & magister Petrus Notarius de Aquasparte.

Eadem die.

ABBAS Rotgerius de Simone de Gisualdo Consanus Canonicus, iuratus dixit suo sacramento, quòd primo anno Pontificatus domini Celestini, de mense Nouembri, in ciuitate Neapoli in hospitio vbi moratur dominus Benedictus Gayetanus Cardinalis, ad quem iuerat cum domino Roberto de Gisualdo, & cum domino G. Episcopo Frequentino, & cum domino Oddone de Pisis, audiuit quòd dum quæreretur de lege Mahometi, ipse dom. Benedictus Cardinalis dixit & asseruit quasi per modum doctrinæ, quòd nulla lex est diuina, sed omnes leges adinuentæ sunt per homines, & positæ sunt ibi multæ pœnæ æternales solùm, vt homines metu pœnæ retrahantur à malis, cùm tamen nulla pœna sit æterna, & ideo leges nullius veritatis sunt, nisi vt homines metu pœnarum spiritualium viuant ciuiliter & quietè. & concludendo dicebat quòd omnes leges continent aliqua falsa & aliqua vera, & inter cæteras leges lex Christianorum, vt lex Euangelica, plura vera continet, & plura falsa: Falsa, quia ponit Trinitatem asserendo, quòd sit vnus Deus & trinus, quod fatuum est credere: Item continet falsum, quia ponit Virginem peperisse, quod est impossibile: Item continet falsum, quia ponit filium Dei humanam naturam suscepisse, quod est ridiculum: Item continet falsum, quia ponit, virtute quorumdam verborum substantiam panis conuerti in corpus Christi, & dicit illud esse verum corpus Christi, quod est falsum: Item dicebat quòd lex Christianorum est falsa, quia ponit aliam vitam, scilicet futuram, dicendo post hæc, præsentibus in scriptis & aliis infrà scriptis: Deus faciat mihi peius quod potest in alia vita, de qua nullus rediit, nisi apud phantasticos, qui dicunt multa videre & audire. dicens postmodum: Ego sic credo & sic teneo, & sic sentio, & quilibet literatus debet hoc tenere, licèt vulgus aliud dicat. Nos sicut vulgus debemus dicere, & vt multi, sed sentire & tenere vt pauci. Item dixit, quòd audiuit dici, & fama publica erat quòd dictus dominus Benedictus in Cardinalatu & Papatu suis habuit quendam annulum, in quo tenebat quemdam spiritum inclusum, & fuit simoniacus manifestus, & quòd communiter dicebatur, & dicitur quòd fuit & erat malus homo. Ad supradicta fuerunt præsentes domnus Ioannes Archipresbyter Frequentinus, Simon Archidiaconus Frequentinus, Rotgerius Primicerius Chaurasiæ, domnus Raynaldus Canonicus Frequentinus, domnus Ioannes de Gisualdo Canonicus Frequentinus, domnus Nicolaus de Chaurasia Abbas, Ioannes Notarij de Aquapuerda, domnus Nicolaus de Opido Canon. Frequentinus, & plures alij, quorum non recordatur.

VII.

Eadem die.

DOMNVS Nicolaus de Opido Canonicus sancti Angeli de Lombardis, & Canonicus Frequentinus, iuratus dixit quòd primo anno Pontificatus domini Celestini dum moraretur Neapoli, & esset quadam die in hospitio domini Benedicti Gayetani Cardinalis vnà cum domino Roberto de Gisualdo, domino Gere Episcopo Frequentino, Archipresbyte-

VIII.

Xxx ij

ro Frequentino, Abbate Rotgerio de Symone Canonico Confono, & Frequentino, Abbate Rotgerio Primiciario Chaurafiæ, Abbate Sonone, Archidiacono Frequentino, fratre Gualterio Heremita Abbate monafterij fancti Saluatoris de Guilleto, & pluribus aliis, quorum non recordatur: dictus dominus Benedictus Cardinalis incepit cum quodam clerico rationari de lege Mahometi. & ipso teste, & aliis fupradictis præfentibus, & audientibus, idem dominus Benedictus dixit: Omnes leges inuentæ funt ad doctrinam hominum, & continent varias & multas pœnas ad terrorem hominum, vt abstineant se à malè faciendo metu pœnæ. afferens legem diuinam nihil esse, & alias leges nullius veritatis existere, dicendo eas * * * * ad hoc folùm, vt homines viuant pacificè & quietè, & dicens: Lex Christianorum potissimè nulla est, quia ponit trinum & vnum Deum, quod est falfum; ponit quòd Deus fumpfit humanam naturam, quod est ridiculum; ponit etiam quòd fubstantia panis ex prolatione quorundam verborum fiat verum corpus Christi, quod non est credendum. Item dixit idem testis, quòd tunc statim pòst audiuit dictum dominum Benedictum dicentem legem Christianorum falfam, quia ponit aliam vitam, scilicet futuram, quod non est verum. dicentem: Faciat mihi Deus peius quod poterit in alia vita, de qua nullus rediit nisi fecundùm aliquos phantasticos, qui dicuntfe multa mirabilia vidisse, & Angelos cantantes audiuisse. Item dixit quòd eadem hora dum irent homines ad videndum corpus Christi, pro quo campana pulsauerat, ipse dominus Benedictus interrogauit: quò vadunt illi? Responsum fuit ei; Domine, vadunt ad videndum corpus Christi. & ipse fubridens dixit: Melius esset si irent ad faciendum facta eorum, quàm ire ad videndum truffas. Item dixit, quòd audiuit quòd dictus dominus Benedictus in fine verborum fuorum dixit: Sic credo & sic fentio, sicut dixi, & quilibet literatus hoc credere & tenere debet, licèt vulgus aliter dicat: debemus autem dicere in publico sicut vulgus, sed fentire & credere vt credo & fentio. Item dixit, quòd audiuit dici in diuersis partibus & locis à multis, quòd ipse dominus Benedictus in Cardinalatu & Papatu fuo, fuit hæreticus, simoniacus, & fodomita manifestus. Item dixit, quòd audiuit dici à multis illo die quo fuit factus Papa Gayetanus: Quare Cardinales elegerunt ipfum in Papam, ipse est hæreticus, & totus malus, & nihil de lege Christianorum, neque diuina habet in se.

Die octaua Aprilis.

IX. MATTHÆVS Petri de Cofreda de Aduerfa, iuratus dixit quòd tempore quo dominus Celestinus Papa morabatur Neapoli, idem Matthæus ad instantiam cuiufdam filij fui clerici desiderantis videre Papam & Cardinales iuit Neapoli, & dum per terram cum filio fuo & quampluribus aliis difcurreret videndo Curiam Romanam deuenit ad palatium, vbi morabatur dominus Benedictus Gayetanus Cardinalis, scilicet in domo domini Matini Signulfi, & viso palatio, quia delectabile erat ex ornamentis quæ erant in eo, stetit ibidem per horas, & completa missa, ipso teste præfente & audiente & aliis infrà fcriptis, ipse dominus Benedictus Cardinalis incepit loqui cum quodam clerico de lege Mahometi, & lege Christianorum: & audiuit ipse testis quòd ipse dominus Benedictus Cardinalis dicebat, & dixit quòd melior erat lex Mahometi quàm lex Christianorum, dicens: Christiani credunt Virginem peperisse, quod non est verum: credunt Deum humanam fumpfisse naturam, quod est impossibile: Item credunt de hostia fieri corpus Christi, & illa est pasta. & quod

DE BONIF. VIII. ET PHILIP. LE BEL.

peius est, credunt mortuos resurgere, & nunquam visum fuit quòd aliquis de alia vita rediret ad istam : Certè fatui sunt qui credunt talia. & tandem dixit: Deus faciat mihi bonum in hac vita, quia de alia non curo tanquam de faba. Fuerunt præsentes ad hæc Abbas Nicolaus Raynoni Subcantor sancti Pauli de Aduersa, domnus Leonardus Decanus monachus Presbyter & Canonicus eiusdem Ecclesiæ sancti Pauli, domnus Angelus de Guisa Capellanus sancti......

Die vndecima Aprilis.

FRATER Ioannes de Monopulo monachus monasterij S. Stephani de Monopulo, diocesis Monopulen. iuratus dixit quòd cùm Abbas suus misisset eum Neapoli tempore & primo anno Papatus dom. Celestini Papæ, occasione cuiusdam quæstionis motæ contra dictum monasterium per Episcopum Monopulen. ipse testis audiens quòd dominus Benedictus Gayetanus Cardinalis expediebat recurrentes ad eum, iuit ad ipsum pro recommendando ei negotio monasterij supradicti, & dum iuisset, ibi inuenit dictum dominum Cardinalem loquentem & rationantem cum quodam clerico de lege Mahometi & lege Christianorum, atque diuina : & audiuit idem testis, quòd dictus dominus Benedictus Cardinalis inter multa hinc inde dicta dixit : Leges inuentæ sunt per homines, & positæ sunt ibi maximæ pœnæ temporales & æternales, ad hoc solùm, vt homines retrahant se à malis metu pœnarum, & quòd viuant inter se quietè. Subiungens ipse Cardinalis : Lex diuina nulla est, & inter cæteras leges lex Christianorum est peior: ponit enim Virginem peperisse, quod est impossibile: Deum humanam naturam sumpsisse, quod est ridiculum : & de hostia ex prolatione quorumdam verborum fiat corpus Christi, quod est falsum: ponit Deum esse trinum & vnum, quod non est credendum: ponit etiam resurrectionem mortuorum, quod non est verum, sed falsum, quia mortui non resurgunt, nec resurgent, nec vnquam resurrexerunt, dicens: Ego non credo quòd alia vita sit quàm ista, & Deus faciat mihi peius quod poterit in alia vita, quia non curo : dicendo hoc : Ego sic credo & sentio, & sic quilibet literatus debet credere & sentire, & non sicut vulgus & phantastici aliqui, qui dicunt se Angelos audiuisse canentes. Ad hoc fuerunt præsentes dominus Gentilis Episcopus Frequentinus, dominus Robertus de Guisualdo, Abbas Rotgerius Symonis Canonicus Frequentinus & Consanus, Abbas Nicolaus de Opido sancti Angeli de Lombardia & Frequentinus Canonicus, frater Nicolaus Abbas sanctæ Mariæ de Marguaritis, dominus Oddo de Pisis, & plures alij, quorum non recordatur ad præsens. Item dixit quòd audiuit dici, & fama publica erat, fuit, & est, quòd ipse dominus Benedictus Cardinalis in Cardinalatu suo & pòst fuit totus malus, hæreticus, sodomita & simoniacus.

Eadem die.

ABBAS Nicolaus monasterij sanctæ Mariæ de Marguaritis diocesis Capudaquen. iuratus dixit, quòd primo anno Pontificatus domini Celestini dum moraretur Neapoli, occasione quorumdam agendorum suorum iuit ibi, & audiens quòd dominus Benedictus Gayetanus Cardinalis iuuabat qui ad eum recurrebant, iuit ad ipsum, & cùm inter ipsum Cardinalem & quendam clericum esset quæstio de legibus Mahometi & Christianorum, dixit idem testis quòd audiuit dictum dominum Benedictum dicentem : Lex diuina & Christianorum non est sicut creditis, quia per homines facta est, & non à Deo, & continet multa falsa. Primò

Xxx iij

534 PREVVES DE L'HIST. DV DIFFEREND

ponit Virginem peperisse, quòd est impossibile: ponit Deum humanam naturam sumpsisse, quod est ridiculum : ponit Deum vnum esse & trinum, quod est falsum : ponit de hostia ex quibusdam verbis prolatis fieri corpus Christi, quod non est credendum : ponit etiam mortuos resurgere, quod est fatuum credere. Subiungens & dicens ipse Cardinalis : Quis vnquam venit de mundo illo? certè nullus & nec venit nec veniet, quia ita moritur anima in homine sicut corpus, dicens postmodum : Deus faciat mihi bonum in hac vita, quia de alia quæ nihil est non curo, & ibi faciat mihi peius quod poterit : ego enim sic credo, & sentio, & quilibet literatus sic credere, & sentire debet, & non sicut vulgus, & phantastici, qui dicunt se audiuisse Angelos cantantes , & alia mirabilia quæ sunt trufæ. Ad hoc fuerunt præsentes dominus Robertus de Gisualdo, dominus Gentilis Episcopus Frequentinus, dominus Oddo de Pisis, Abbas Rotgerius Simonis Frequentinus, & Consanus Canonicus, domnus Nicolaus sancti Angeli de Lombardis, & Frequentinus Canonicus, frater Ioannes de Monopolo monachus sancti Stephani de Monopolo, Notarius Iacobus Thomasij de Aquila, & Notarius Gentilis de Sermona, & plures alij, quorum non recordatur ad præsens. Item dixit , quòd audiuit dici, & fama publica erat , quòd ipse dominus Benedictus Cardinalis constringebat spiritus diabolicos, & secundùm doctrinam eorum gerebat se in factis suis, & quòd fuit hæreticus, simoniacus, sodomita, & totus malus, & tam in Cardinalatu quàm in Papatu suis.

Eadem die.

XII. IOANNES de Gisualdo Canonicus Frequentinus , iuratus dixit quòd primo anno Pontificatus domini Celestini Papæ , dum ipse Celestinus moraretur Neapoli , ipse testis vnà cum Abbate Rotgerio Frequentino & Consano Canonico, Abbate Nicolao sancti Angeli de Lombardis, & Frequentino Canonico, Abbate Tholomio de Gisualdo Canonico Frequentino, & pluribus aliis, iuisset Neapoli, causa impetrandi, & alia facta sua exequendi & procurandi : Audiens ipse testis, & alij supradicti, quòd dominus Benedictus Gayetanus Cardinalis poterat multum cum Papa Celestino, iuerunt ad eum ad hospitium suum; cùmque inuenirent eum loquentem & disputantem cum quodam clerico super legibus Mahometi & Christianorum, ad quæ audienda magna conuenerat multitudo hominum : Dixit idem testis, quòd audiuit quòd dictus dominus Benedictus Cardinalis dixit in fine verborum suorum : Nulla lex diuina est, sed leges inuentæ fuerunt per homines, & positæ sunt ibi multæ pœnæ temporales & æternales ad hoc solùm, vt homines metu pœnarum retrahant se de malis , & viuant quietè. dicens : Lex Christianorum inter cæteras leges peior & falsior est : ponit enim Deum esse vnum & trinum , quod est falsum: ponit Virginem peperisse, quod est impossibile : ponit ipsum Deum sumpsisse naturam humanam, quod est ridiculum : ponit de hostia fieri verum corpus Christi ex quibusdam verbis prolatis, & est pasta : & ponit mortuos resurgere, quod est fatuum credere. dicens: Quis vnquam rediuit de illa vita? certè nullus & nec rediuit nec redibit, quia ita moritur anima hominis sicut corpus , nec vnquam resurrexit. dicens : Deus mihi faciat bonum in hac vita , & in alia quæ nihil est : faciat mihi peius quod potest. Ad hoc fuerunt præsentes supradicti omnes , & dominus Robertus de Guisualdo , dominus G. Episcopus Frequentinus , & alij plures , de quorum nominibus non recordatur ad præsens. Item dixit quòd audiuit dici , & fama publica est , quòd ipse dominus Benedictus

DE BONIF. VIII. ET PHILIP. LE BEL.

in Cardinalatu & Papatu suo, & antea fuit totus malus, hæreticus, sodomita, & simoniacus.

Eadem die.

NOTARIVS Iacobus Thomasij de Aquila, iuratus dixit quòd primo anno Pontificatus domini Celestini Papæ, dum ipse Papa Celestinus moraretur Neapoli, ipse testis morabatur ibidem cum quodam nomine Berardo de Sermona domicello ipsi Papæ Celestino, & ipse testis iuisset cum dicto Berardo quadam die ad visitandum dominum Benedictum Gayetanum Cardinalem, qui morabatur tunc in domibus domini Marini Signulsi de Neapoli; audiuit dictum dominum Benedictum Cardinalem dicentem, & quasi per modum doctrinæ asserentem habita disputatione cum quodam clerico, cuius nomine non recordatur, super legibus Mahometi & Christianorum; ad quam disputationem hominum multitudo conuenerat: quòd nulla lex diuina est, sed leges omnes per homines inuentæ sunt, & impositæ ibi multæ poenæ temporales & æternales, ad hoc solùm vt homines retrahant se à malis metu poenarum, & viuant inter se quietè. dicens idem dominus Benedictus Cardinalis; Inter cæteras leges lex Christianorum peior & falsior est: ponit enim Deum esse vnum & trinum, quod est falsum: ponit Virginem peperisse, quod est impossibile: ponit Deum humanam naturam sumpsisse, quod est ridiculum: ponit de hostia ex quibusdam verbis prolatis fieri corpus Christi verum, quod non est credendum, quia est pasta: ponit etiam mortuos resurgere, quod non est credendum. Dicens idem Cardinalis: Et quando aliquis resurrexit? certè nunquam nec resurget, quia ita moritur anima sicut corpus. dicens etiam: Deus faciat mihi bonum in hac vita, & in alia quæ nulla est faciat peius quod potest. Ad hoc fuerunt præsentes dominus Robertus de Gisualdo, dominus G. Episcopus Frequentinus, dominus Oddo de Pissis, dominus Fredericus Episcopus Tabaien. frater Nicolaus de Campo Lasti, frater Nicolaus de Monopolo, & plures alij, quibus non recordatur ad præsens. Item dixit, quòd audiuit dici, & fama publica erat, quòd dictus dominus Benedictus Cardinalis in Cardinalatu & Papatu suis, & ante & post fuit & erat hæreticus, sodomita & simoniacus, & quòd dicebat simoniam & peccata carnalia committere, quæ natura requirit, nullum esse peccatum.

XIII.

Die vigesima sexta Aprilis.

FRATER Iacobus Præpositus sancti Petri de Torneto testis, iuratus dixit suo sacramento, quòd dum dominus Benedictus Gayetanus Cardinalis tempore domini N. Papæ IV. ibat Reate in æstate, & reuertebat exinde ad vrbem in hieme: ipse testis qui tunc erat vicinus partibus Reatinis, ibat ad videndum ipsum Cardinalem apud sanctam Balbinam, vbi dictus dominus Benedictus Cardinalis hospitabatur; audiuit pluries ipsum dominum Benedictum Cardinalem dicentem ibi, quando familiares suos qui loquebantur cum eo super diuinis & aliis, dicentes aliqui ex dictis familiaribus suis quòd vellent esse in Paradiso. Ipse dominus Benedictus Cardinalis dicebat: Stulti, stulti, quem Paradisum vultis? creditis quòd sit alius Paradisus, nisi vita ista, & creditis quòd resurgat homo postquam moritur; non bene creditis, quia nullus alius Paradisus est nisi mundus iste, & nunquam resurget aliquis, quia cùm homo moritur, ita moritur anima sicut corpus. Subiungens & dicens ipso teste præsente & audiente: Stulti aliqui dicunt quòd ossa redibunt in carnem, eatis ad coemeterium, & videbitis qualiter posset hoc fieri. Ipso domino

XIV.

Benedicto dicente: Certè fatuum est illud credere, & bestiales sunt, & nihil sentiunt qui hoc credunt. Item dixit, quòd audiuit eundem Cardinalem dicentem post prædicta statim: Sunt etiam aliqui stulti qui credunt quòd hostia ex prolatione quorundam verborum conficiant verum corpus Christi, quod non est verum, quia pasta est. & quisque potest eam comedere quia pasta est. Item dixit quòd audiuit ipsum Cardinalem dicentem, quòd committere desideria carnis iacendo carnaliter cum mulieribus vel viris, & simil. commiscendo, non erat maius peccatum quàm fricatio manuum. Ad hoc erant præsentes frater Bernardus de Monticellis monachus Farfon. Constantinus domicel. dicti Cardinalis, filius Comitis Guidonis de Monteferreto, cuius nomine non recordatur, qui erat domicellus eiusdem Cardinalis, & aliqui alij, quorum nominibus non recordatur ad præsens. Item dixit quòd audiuit dici, & fama publica erat, quòd dictus Cardinalis loquebatur cum dæmonibus de nocte, & fuit auditus à filio Francisci de Luce, qui timore perterritus, vt ipse idem dicebat, post paucos dies expirauit. Item quòd fecit intrudi & carcerari Celestinum, & quòd ipsum in ipso carcere jugulari fecit, & mori, & quòd dixit fratri suo ipse Dominus B. tunc Papa: Hoc videas tu, quòd dum Celestinus viuit, ego non sum Papa. Item & quòd erat simoniacus & sodomita. Prædicta omnia quæ dixit, de auditu & fama dixit quòd à pluribus & in pluribus & diuersis locis audiuit dici.

Eadem die.

XV. FRATER Nicolaus de Vrbe monachus monasterij sancti Pauli de vrbe testis, iuratus dixit suo sacrosancto, quòd dum ipse & frater Iacobus de Palambeia, frater Angelus Grassus, frater Nicolaus de Coffra, cum pluribus aliis monachis monasterij supradicti iuissent Anagniam ad ipsum Bonifacium ad denuntiandum ei crimina & defectus fratris Gauberti Abbatis tunc eiusdem monasterij, videlicet super crimine hæreseos, & specialiter quòd ipse Abbas non credebat resurrectionem mortuorum, immò asserebat mortuos nullo modo resurrecturos, & quòd asserebat quòd moriente homine ita moriebatur in eo anima sicut corpus. Dicto teste & socijs suis præfatis in præsentia dicti Papæ Bonifacij constitutis Anagniæ in palatio suo, prædictis criminibus propositis coram ipso Papa, & proposito per eos quòd contra dictum Abbatem frater Simon de Tarquino Inquisitor tunc hæreticæ prauitatis inquisiuerat, & inuenerat cum hæreticum. Ipse Papa Bonifacius respondit eis dicens: Vos estis idiotæ, & nescitis aliquid, & ipse Abbas magnus literatus est & melius sentit quàm vos. Ite & credatis sicut credit ipse. & cùm recusarent redire ad obedientiam dicti Abbatis ex causa prædicta, dictus Bonifacius maledixit eis, & præcepit quòd redirent ad monasterium suum, repetens: Si Abbas credit ea quæ proposuistis de eo, melius credit quàm vos; eatis & obediatis ei. Item dixit quòd audiuit dici, & erat publica vox & fama, quòd dictus Bonifacius erat & fuit simoniacus, sodomita, & hæreticus. & quòd dicebat quòd committere carnales coitus cum mulieribus & pueris, non erat maius peccatum quàm fricare manus. Item audiuit dici quòd ipse Bonifacius vtebatur consilio dæmonum, & habebat dæmonem inclusum in anulo. Item dixit quòd audiuit dici, quòd dictus Bonifacius in hora mortis suæ, cùm Episcopus Chianq. offerret sibi corpus Christi, respondit dicens: Discede & porta tecum ipsum Diabolum, quia non potuit iuuare se, nec posset iuuare me. Item dixit quòd audiuit dici à pluribus, quòd dum dominus Iacobus de Pisis diceret dicto B. quasi morienti, quòd inuocaret

caret auxilium beatæ Mariæ Virginis; ipse Bonifacius respondit: Non credo in ea plusquam in asina, nec in filio plusquam in pullo asinæ. & quòd publicè & generaliter habebatur hæreticus & malus homo. Item dixit quòd publicè audiuit dici, & quòd publicè dicitur & asseritur quòd abutebatur pueris.

Die penultima mensis Aprilis.

FRATER Berardus de Soriano Ordinis Commien. testis, iuratus dixit suo sacrosancto, quòd olim tempore domini nostri Papæ Nicolai III. dum exercitus ipsius Papæ esset supra Purianum, dominus Benedictus Gayetanus tunc Notarius Papæ iuit ad dictum castrum Puriani, ad recipiendum dictum castrum nomine Romanæ Ecclesiæ: & quia ipse dominus Benedictus Notarius promisit ipsi fratri Berardo, & aliis dominis ipsius castri satisfacere, etiamsi Papa non satisfaceret eis, ipse frater Berardus quasi vt familiaris secutus est eum, & domesticè, & quasi continuè morabatur tunc Viterbij cum eodem. & dum ipse testis, & quidam alius nomine Constantius de Fulgineo Camerarius dicti domini Benedicti morarentur ad quandam fenestram palatij de sero vbi hospitabatur, vidit eundem dominum Benedictum exeuntem in quendam hortum iniunctum eidem palatio, & facientem in dicto horto quemdam circulum cum ense, & collocantem se in medio eius, & sic sedentem & extrahentem quendam gallum, & ignem in quadam olla terrea, vidit quòd dictus dominus Benedictus occidit ipsum gallum, & sanguinem eius super dicto igne proiecit, & ex commistura sanguinis & ignis apparebat fumus, dicto domino Benedicto legente in quodam libro & dæmones coniurante: post quam coniurationem audiuit rumorem magnum, de quo ipse testis territus fuit multùm. & tandem audiuit vocem quandam petentem & dicentem: Da nobis partem. & ipse dominus Benedictus, ipso teste & Constantio supradicto videntibus, accepit gallum, & proiecit eum extra hortulum, & dixit: Ecce pars vestra. & his peractis recessit de horto, & obuians ipse testi & socio non fuit eis loquutus, sed cameram in qua nullus erat intrauit, nemini de familiaribus suis loquens; & ipse testis qui iacebat cum dicto Constantio iuxta cameram dicti domini Benedicti, audiuit tota illa nocte ipsum dominum Benedictum loquentem, & aliam vocem ei respondentem, & nullus erat in camera nisi ipse. Item dixit quòd olim tempore Papatus eiusdem domini Bonifacij, dum ipse testis visitaret eum commorantem apud Lateranum, ipse Papa quæsiuit ab eo quales fructus produceret territorium castri Gie. quod castrum ipse Papa ex promissione sua prædicta & compensatione dicti castri, * * * dedit ipsi testi & patri eius. Ipse testis respondit & dixit: Fructus boni sunt ibi omnes, & specialiter mala granata acetosa, & tunc Papa prædictus mandauit ei quod deferret sibi vnum de malis granatis. qui testis statim misit pro eo quod habitum ipse testis ipsi Papæ personaliter præsentauit in camera sua apud Lateranum in vrbe tunc commorante, in qua camera inuenit dominum P. Hispanum comedentem ibi cum Papa, non tamen ad vnam & eandem mensam, & plures alios cum eodem. Post comestionem huiusmodi fuit quilibet expulsus de camera, exceptis ipso teste, Constantio supradicto, Raynono domino Hortens. de Occano, Francisco Gratiani de Sublato, & domino Rotgerio Graualli, domicell. tunc temporis dicti Papæ, & vidit quòd ipse Bonifacius surgens mandauit remanere quendam pannum de serico aureatum affixum muro cameræ prædictæ, in quo muro erat quadam fenestra. Ipso panno remoto, dictus Papa Bonifacius ftetit & adorauit illam feneftram per magnam horam, & oratione completa prædicti Raynonus, Francifcus, dominus Rotgerius portauerunt ipfum Bonifacium ad fellam, & ipfe teftis remanens in camera cum Conftantio prædicto quæfiuit ab ipfo Conftantio quid effet in illa feneftra, & quare Papa adorauit eam, petens fi ibi effet aliqua pictura. Conftantius prædictus refpondens dixit: Nulla eft ibi pictura, fed mala maieftas. & ipfe teftis iuit fubitò & aperuit feneftram, & vidit in ea quoddam idolum. & dictus Conftantius dixit eidem tefti quafi iratus: Noli facere. & ipfe Conftantius dixit eidem tefti quærenti quid effet ibi: In illa feneftra eft quoddam idolum, in quo eft inclufus quidam fpiritus diabolicus, quem dedit ei magifter Thadæus de Bononia, & illud idolum adorat Papa, & tenet eam pro fuo Deo, & fecundùm doctrinam dicti fpiritus profequitur facta fua, & credit. Item dixit quòd eodem tempore dum ipfe teftis iuiffet ad medendum dominum Iacobum de Pifis habentem tunc cancrum in tibia, iacentem in camera dicti Bonifacij apud Lateranum in vrbe, vidit dominum Martellucium fupracoquum eiufdem Papæ B. fummo mane in die Dominica Palmarum deferentem ipfi Bonifacio cyphum vnum de argento coperelatum plenum auellanis, & vidit ipfum Bonifacium comedentem eas, & poft comeftionem bibentem, & poft cibum & potum huiufmodi fumptis fine aliqua dormitione præmiffa, vidit ipfum Bonifacium exeuntem de camera & euntem in Ecclefiam, & celebrantem ibi miffas eodem die, non obftante quòd biberat & comederat, vt eft dictum. & ad hoc fuerunt præfentes Pucius Dopne * fiue futor, & Ciccus de fancto Matthæo de Viterbio Clericus, & alij quamplures familiares dicti Bonifacij. & hæc fuerunt antequam dictus Bonifacius caperetur. Item dixit quòd cùm ipfe Bonifacius morabatur Reate, & fpecialiter tempore quo fuerunt terræmotus ibidem, & ipfe Bonifacius pro terræmotibus dubitans iuerat ad locum Prædicatorum, moraturus ibidem cum familia fua, ipfe teftis iuit illuc, quafi eo tempore quo Papa prædictus iuit ibidem, & eodem tefte ftante iuxta tentorium, in quo dictus Bonifacius morabatur, & audiente, Conftantius prædictus dixit Papæ: Pater fancte videtur quòd mundus debeat finiri. & audiuit quòd dictus Bonifacius refpondens ei dixit: Stulte, mundus finitur homini morienti, & non aliter finitur mundus, & femper fuit mundus, & femper erit. & dictus Conftantius replicans dixit: Quando ergo refurgent mortui, nifi finiatur mundus, iuxta prædicationes Religioforum. Ad quæ ipfo tefte audiente dictus Bonifacius Papa refpondit: Mortuorum refurrectio nulla eft, quia nunquam refurget aliquis poft mortem fuam: ita enim moritur anima ficut corpus homine moriente. Item dixit quòd quadam alia vice, & anno quo dictus Papa captus fuit, cùm ipfe teftis iuiffet ad dictum dominum Iacobum de Pifis, quòd infirmitate tibiæ ipfius prædicta apud fanctum Petrum in vrbe, vbi dictus Bonifacius poft captionem fuam redierat fecuriùs moraturus ibidem, & dum ftaret in palatio, vbi ipfe B. iacebat, in quo palatio nullum erat medium, nifi quædam cortina; audiuit dominum Iacobum de Pifis prædictum dicentem ei: Sancte Pater refpice corpus Chrifti, quia modò debet oftendi, tunc prefbytero inibi celebrante miffam. & dictus Bonifacius iratus, & furore commotus dedit ipfi domino Iacobo in facie maximam arcoratam, & dixit: Id quod dicis quod refpiciam, non eft aliter corpus Chrifti, quàm ego: immò pafta eft. & dixit quòd poft hæc non vixit octo dies vel circa. Item dixit quòd eadem die & loco poft dictam

DE BONIF. VIII. ET PHILIP. LE BEL.

missam celebratam, vidit dictum dominum Iacobum redeuntem ad dictum Bonifacium, & audiuit eum dicentem ipsi Bonifacio: Sancte Pater, recommenda te Virgini Mariæ, quia de multis tribulationibus potest liberare te, & iam liberauit. & tunc Bonifacius respondit & dixit dicto domino Iacobo, ipso teste audiente: Nunquam fuit illa asina bona, nec filius eius, & dixit ipse testis quòd dictus Bonifacius tunc iacebat infirmus, de qua infirmitate fuit mortuus post octo dies vel circa. Ad hoc fuerunt præsentes dominus Arlletus de Pamance de Tuderco, Pucius Dopne * siue sutor, & Ciccus de sancto Matthæo de Viterbio clerico. Item dixit quòd audiuit dici, & fama publica erat, quòd dictus Bonifacius ante Cardinalatum suum, & post, & in Papatu suo & antè, fuit sodomita pueris abutendo, fuit simoniacus, hæreticus, & totus malus.

Eadem die.

FLORIANVS Vbertini de Bononia habitator ciuitatis vrbis veteris XVII.
testis, iuratus dixit quòd olim iam à quadraginta annis elapsis ipse testis morabatur Tuderci, & erat ibi macellarius, & dum quadam die iret ad Ecclesiam maiorem dictæ ciuitatis ad videndum quendam amicum suum, dum iret per Ecclesiam quærendo eum, quidam nomine Vitalis filius Angeli de Rosagro de Comitatu Tuderci tunc scholaris commorans in quadam camera dictæ Ecclesiæ, vocauit eum & dixit: Quid vadis faciendo. cui dictus testis respondens dixit: Vado pro quodam amico meo. & stantibus dictis Vitali & teste, & pluribus aliis clericis dictæ Ecclesiæ, quibus dixit se non recordari, in camera supradicta, dominus Benedictus Gayetanus tunc Canonicus eiusdem Ecclesiæ, cuius dicta camera erat, intrauit ibidem, & cùm pulsaretur campana pro corpore Christi qui debebat ostendi, dixit idem dominus Benedictus, ipso teste præsente & audiente, & aliis pluribus qui volebant ire ad videndum corpus Christi: Ad quid vultis ire, creditis ô stulti quòd id quod ostenditur sit filius Dei, non benè creditis, quia nec filius Dei est, nec filius Beatæ Mariæ Virginis. nec Virgo Maria fuit plus virgo quàm mater mea. Et ad hoc fuit præsens dictus Vitalis, & plures alij, quorum nominibus non recordatur. Item dixit quòd audiuit dici, & publica vox & fama erat, quòd dictus dominus Benedictus tempore Cardinalatus & Papatus suorum abutebatur pueris, & erat sodomita publicus: & hoc audiuit dici in ciuitate Romana publicè, in qua ciuitate stetisse & vixisse se dixit iam sunt triginta anni & vltrà.

Die tertia mensis Maij.

NOTTVS quondam Bonicursi de Pisis testis, iuratus dixit suo sacra- XVIII.
mento quòd dum olim à decem annis elapsis ipse morabatur cum domino Iacobo de Pisis, & haberet secum vxorem suam, Bonifacius Papa tunc in vrbe apud sanctum Petrum commorans, cum quo ipse dominus Iacobus in vna & eadem camera morabatur, abstulit sibi prædictam vxorem suam, nomine dominam Colam, & cum ea iacebat, & dixit quòd vidit ipse testis ipsum Bonifacium in vno & eodem lecto iacentem cum vxore sua prædicta, quoniam semper ei dictus dominus Iacobus conducebat, ipso teste viro suo sciente. Item dixit quòd dictus B. iacebat in vno & eodem lecto cum Gartamicia filia dicti domini Iacobi, in causa scię. * dixit quòd vidit. Item dixit quòd abutebatur ea, in causa scię. * dixit quòd audiuit dici ab ipsa Gartamicia. Item dixit quòd eodem tempore post mortem dictæ vxoris suæ dictus B. fecit ad se duci Cettam filiam eiusdem testis, in casu scię. * dixit quòd vidit. Item dixit quòd abu-

Yyy ij

tebatur ea non tanquam muliere, sed tanquam puero inter crura in casu sciē. *⟩* dixit quòd hoc à dicta Cetta filia sua audiuit. Item quòd vidit eodem tempore ante mortem vxoris suæ prædictæ dictum B. ludentem pluries ad azardos cum dicta vxore sua in camera ipsius Bonifacij in vrbe apud sanctum Petrum, & quòd dicti azardi erant punctati de auro. Item dixit quòd audiuit ipsum Bonifacium dicentem, & publicè dicebatur se habere quendam anulum, per quem semper quando volebat faciebat venire ad se diabolicos spiritus, & quòd loquebatur cum eis. Item dixit quòd eodem tempore & loco dictus B. dixit pluries & pluries quando aliquis loquebatur de corpore Christi: Stulti sunt qui credunt hostiam esse vel posse fieri corpus Christi, quod non est verum, quia pasta est. & Christus fuit homo purus sicut vnus ex hominibus mundi : sed fuit sapiens homo & quidam hypocrita, in casu sciē. * dixit quòd audiuit. Item dixit quòd audiuit dictum B. dicentem : Stulti stulti creditis truffas quæ dicuntur, videlicet quòd sit alius mundus quàm iste, non bene creditis, quia nulla alia vita est nisi mundus iste, & nunquam post mortem resurgit aliquis, quia moriente homine ita moritur eius anima sicut corpus. Item dixit quòd audiuit dictum dominum Iacobum de Pisis dicentem ipsi B. quasi morienti : Recommenda te Virgini Mariæ. & ipse Bo. prædictus percussit eum in facie, & quendam alium nomine Otton. de Interampne familiarem suum, blasphemando ipsam Virginem, & dicendo: Non credo in Mariola, & blasphemabat eam dicendo, Mariola, Mariola, Mariola. Item dixit quòd audiuit eundem Bonifacium dicentem, quando fuit ei oblatum corpus Christi ex eo quòd erat in morte : Nolo nolo. & vertebat effigiem, & inconfessus & sine receptione corporis Christi mortuus fuit, in casu sciē. * dixit quòd vidit & præsens fuit. Ad prædicta fuerunt præsentes dominus Iacobus de Pisis, Corcercœlo de Pisis portarius eiusdem Bo. Ciccus de Interempne, & plures alij, de quibus non recordatur ad præsens.

Die nona mensis Maij.

XIX. Gvillelmvs filius quondam nobilis viri domini Petri de Calatagerone de Pañano testis, iuratus dixit suo sacramento quòd dudum dum moraretur cum Notto Bonicursi de Pisis familiaris domini Iacobi de Pisis in vrbe apud sanctum Petrum, B. eo anno quo domini Rex Siciliæ, & Rex Arragonum erant in vrbe , qui venerant ad Papam Bonifacium pro ordinatione passagij dicti Regis Arragonum in Sicilia, vt dicebatur, dominus Iacobus de Pisis præfatus dicti Bonifacij familiaris & miles, ipso teste præsente & associante ipsum dominum Iacobum, duxit dominam Colam vxorem dicti Notti familiaris sui , ad dictum Bonifacium, & vidit ipse testis ipsum Bonifacium , & ipsam dominam Colam iacentes in vno. & eodem lecto in camera eiusdem Bonifacij apud sanctum Petrum in vrbe , & vidit quòd dictus Bonifacius dedit eidem dominæ Colæ in discessu suo ab eo vnum mantum descarleto foliatum de arminis. Item dixit quòd proximo die sequenti dum ipse testis iuisset cum eadem domina Cola ad dictum B. in cameram suam prædictam , vidit & præsens fuit quòd dictus Bonifacius dedit eidem dominæ Colæ vnam coppam de argento cum pede de corallo deauratam, quæ coppa vendita fuit centum quinquaginta florenis. Item dixit quòd eodem anno & loco vidit dictum Bonifacium ludentem ad azardos cum domina Cola prædicta, & vidit quòd dicti azardi erant punctati de auro : & dum sic luderent, ipso teste præsente & audiente, dicta domina Cola dixit eidem

DE BONIF. VIII. ET PHILIP. LE BEL. 541

Bonifacio: Non decet Papam ludere. & ipse Bonifacius respondit, & dixit eo præsente & audiente: O bestialis, habeat quilibet homo bonum in isto mundo, quia non est alius mundus nisi iste, nec est alia vita nisi ista; & delectare & iacere carnaliter cum mulieribus vel cum pueris non est maius peccatum quàm fricare manus suas insimul. & tunc dicta domina Cola respondente & dicente ei: Tu morieris ***, & reddes rationem Christo & Beatæ Mariæ Virgini. & ipse B. respondit, ipso teste præsente, & audiente: Christus non est filius, immo fuit quidam sagax homo, & quidam hypocrita. Item quòd eodem tempore & loco vidit Iaicanellum filium domini Iacobi de Pisis, iacentem in vno & eodem lecto cum dicto B. & quòd audiuit dici publicè à pluribus, etiam à dicto puero, quòd cum eo dictus Bonifacius vitium sodomiticum committebat. Item dixit quòd post modicum temporis dicto Bonif. redeunte Anagnia, & morante ibidem, ipse testis audiuit dominum Iacobum de Pisis, & Comitem Guillelm. de sancta Floria familiares & milites ipsius Bonifacij deuenientes ad verba, & improperantes alter alteri, & dicentes: Tu es meretrix Papæ Bonifacij. & alterum alteri respondentem & dicentem: Imò tu es meretrix sua. & quòd audiuit dictum dominum Iacobum dicentem dicto Comiti Guillelmo: Tu fuisti meretrix sua antequam ego, quia tempore Cardinalatus sui inueni te in camera cum eo illa negotia committentes. & dictus Comes Guillelmus dixit & respondit eidem domino Iacobo: Si ego in præterito fui meretrix sua, tu es modò, & totum dominium quod habes, dedit tibi ex eo quòd es sua meretrix. Item dixit quòd vidit dictum Bonifacium plur. Quadrages. & diebus ieiunalibus **** comedentem carnes in plena conualescentia existentem: & ipso teste præsente & audiente, præcipientem domino Iacobo prædicto, Cicco de Interempne familiaribus suis, & dictæ dominæ Colæ, & Cetthæ filiæ dicti Notti, quòd comederent carnes in Quadrages. de sua licentia. & dixit quòd vidit ipsos occasione dicti mandati plur. Quadrages. comedentes carnes. Item dixit quòd dictus dominus Iacobus post mortem dictæ dominæ Colæ, ipse testis præsente & vidente pluribus vicibus duxit dictam Cettam ad dictum Bonifacium, & dixit quòd vidit ipsam Cettam & ipsum B. in vno & eodem lecto iacentes, & quòd audiuit dici ab ipsa Cetta pluries quòd non vtebatur ea sicut muliere, sed abutebatur ea vt puero inter crura. & dixit quòd dicta Cetta viuit, & dicit illud idem. Item dixit quòd dum idem testis moraretur cum dicto Notto in camera dicti Bonifacij apud sanctum Petrum in vrbe, vbi tunc dictus Bonifacius post captionem suam rediuerat moraturus, dictus dominus Iacobus, ipso teste præsente & audiente, dixit ipsi Bonifacio ægrotanti: Sancte Pater recommenda te Deo, & Virgini Mariæ, & accipe corpus Christi. & dictus Bonifacius irato animo dedit ipsi domino Iacobo in facie, dicens, ipso teste præsente & audiente: *Allonta de Dio & de sancta Maria, nolo nolo.* & post modicum horæ ipso teste præsente & vidente, expulsis Clericis, inter quos erant duo fratres Minores qui deferebant eidem Bonifacio corpus Christi, sine communione & confessione decessit. Ad hoc fuerunt præsentes Ciccus de Interampne, dominus Iacobus de Pisis, & Nottus Bonicursi de Pisis familiares ipsius Bonifacij.

Die duodecima mensis May.

LELLVS Thomassonis de Agranio Spoleten. diocef. testis, iuratus & XX.
interrogatus dixit quòd tempore vacationis Ecclesiæ per mortem Nico-

lai Papæ IV. Cardinalibus morantibus Perusij, ipse testis morabatur Perusij ad vendendum calciamenta, & vocatus à quodam familiare domini Benedicti Gayetani Cardinalis, de cuius nomine non recordatur, quòd portaret eidem Cardinali aliqua paria calzarettorum, iuit cum dictis calzarettis ad ipsum Cardinalem morantem tunc in domibus domini Ioannis Serbelgionis de Perusio, & calciato ipso domino Cardinali per eum, ipse dominus Cardinalis mandauit ipsi familiari suo, qui iuerat pro ipso teste, quòd exiret de camera. quo dicente ipse dominus Benedictus Cardinalis introduxit ipsum Lellum in quandam aliam cameram interiorem, & incepit eum osculari, dicendo ei : Fili, volo quòd tu facias id quod volo, semper osculando & blandiendo ei, & insistendo, sic dicendo, ego volo iactare tecum, & faciam tibi multum bonum. & ipse testis dixit & respondit eidem : Domine non faciatis hoc, quia est magnum peccatum, & hodie die sabbati ieiuno pro Virgine Maria. & dixit quòd dictus dominus Benedictus Cardinalis respondens dixit, hoc committere non est maius peccatum quàm fricare manus simul : & Virgo Maria pro qua tu ieiunas, non est plus virgo quàm mater mea, quæ fecit tot filios. & dixit, quòd quia ipse testis inceperat iam clamare, quidam socius suus, nomine magister Petrus de Aquasparte, stans extra cameram, & audiens ipsum testem quasi plorantem, vocauit eum, & tunc ipse Cardinalis dimisit eum, & ipse statim aufugit de camera sine aliqua solutione calzarettorum. & dixit quòd tunc temporis habebat ipse testis 14. vel 17. annos vel circa, vt credit. Item dixit quòd postquam dictus dominus Benedictus fuit Papa, ipse testis audiuit dici in vrbe, in Perusio, & in valle Poletana, à pluribus & pluries, quòd ipse Papa fuit malus homo, & non tenebat, nec confidebat in lege Christianorum.

XXI. IACOBVS de Assisio eiusdem loci mercator boum & porcorum, dixit quòd cùm ipse vendidisset camerario domini Benedicti Cardinalis animalia bouina, porcina, & arietina de mense Decembris fuerunt 18. anni apud Perusium, ad valorem 25. librarum sex solid. & iuisset ad domum ipsius Cardinalis pro recuperanda pecunia sua, dominus Eluardinus auditor suus accessit in camera Cardinalis, & dixit : Domine, hic sunt mercatores, quibus debetur pecunia de porcis & bobus, & petunt pecuniam sibi debitam. & tunc idem Cardinalis exiens de camera venit ad ipsos foras in alia camera, vbi ipsi expectabant, & tunc idem Cardinalis dixit : Quid petitis. & ipsi dixerunt : Domine tantam pecuniam nobis debitam pro porcis & bobus. & tunc ipse dixit : Habetisne vnum bouem bene pinguem, quia cras volo facere vnum conuiuium, & quæratis nisi habeatis, & tunc faciam vobis satisfieri de toto. & tunc testis dixit : Domine non possumus ire quæsitum, quia videtur quòd mundus finire velit, quia faciebat tonitrua, coruscationes, & pluuiebat ita fortiter quòd videbatur quòd totus mundus vellet perire. & tunc idem Cardinalis dixit : Tempus finitur cùm homo moritur, & alias mundus non finiet, & semper fuit mundus, & semper erit. & tunc dictus testis : Domine, dicitur quòd anima cum tempore resurget. & tunc ipse Cardinalis : Nunquam aliquis resurrexit, nec aliquis resurget. & dum loquebantur super istis, venit Camerarius suus, & præcepit ei quòd solueret & satisfieret sibi, & nihil aliud. Ad hoc erant præsentes dominus Eluardinus, & plures alij, & testis.

DE BONIF. VIII. ET PHILIP. LE BEL. 543

PETRVCHII Ioannis de Viterbio dixit quòd tempore Martini Papæ XXII.
Benedictus Gayetani Cardinalis tunc cùm audiſſet miſſam in Eccleſia
ſancti Sixti de Viterbio, & iret ad hoſpitium ſuum poſt miſſam, & Capellanus ipſius Eccleſiæ deferret corpus Chriſti ad infirmum, familia ipſius
Cardinalis genibus flexis adorauerunt Chriſtum, & Capellano deferenti
corpus Chriſti faciebant * & pronunciebant * pertranſire eundem. & dum
pertranſiſſet idem Capellanus, idem Cardinalis, qui nullam fecerat reuerentiam dixit ſuis ſcutiferis : Maledicti vos adoratis paſtam, & eſſet
melius vobis quòd ſeruiretis illi cui ſeruire debetis, quàm quod adora-
retis illud, quod non eſt niſi paſta. & vidit quòd ipſos ſuper hoc increpabat & maledicebat eis. & hoc audiens teſtis iratus fuit, & ſecutus eſt
Capellanum qui referebat corpus Chriſti ad domum Magiſtri Toze qui
erat de parentela ſua, de circunſtantiis ſuis dixit dictus Reynaldus domini Ioannis de Valle Spoletana & Valuo, & Arnulphus Prior ſancti Chri-
ſtophori de Comitatu Tuderci, & pluribus aliis.

IAVENETVS Iacobi de Vrbe-veteri dixit iuratus, quòd bene ſunt 15. XXIII.
anni quòd Bonifacius tunc Papa cùm equitaſſet de ſancto Ioanne ad ſanctum Petrum, ipſe teſtis qui morabatur cum domino Reginaldo medico, Meneſtallus Papæ tunc vidit quòd dominus Octauianus de Bran-
forti, & dominus Paulus Ioannes Embayſchatores pro parte Gibelino-
rum de ciuitate Tudertina ad Papam, & recommendauerunt ſe Papæ :
& demum poſt aliqua verba idem Papa petiit, vbi congregauerunt ſe ad
bellum Guelfi & Gibelini, qui tunc fecerant bellum. & ipſi reſponderunt quòd ipſi congregauerunt in Eccleſia ſancti Ioannis de Platea in ciuitate Tudertina. Et tunc idem Papa dixit increpando eos : Quare vos
funditus non deſtruxiſtis illam Eccleſiam. & reſpondit vnus pro aliis:
Sancte Pater, illa Eccleſia eſt antiqua & deuota, in qua ſepulta ſunt plura
corpora ſanctorum hominum & mulierum, & timemus quòd ipſa corpora
in extremo iudicio ipſi conquererentur de nobis, ſi extraxiſſemus de ſuis
ſepulturis. & tunc Papa reſpondit : Viles homines vultis vos facere pœnitentiam antequam peccatum : eatis eatis & deſtruatis illam Eccleſiam,
& non timeatis de illis corporibus, quia ita parum de cetero reſurgent
ipſi, nec alij, ſicut reſurget Palafredus meus, qui antehcri deceſſit. &
incontinenti ipſi receſſerunt ab eo, & poſtea audiuit dici quòd ipſi de-
ſtruxerunt Eccleſiam prædictam, & nihil aliud. Ad hoc fuerunt præſentes dicti Embayſchatores, & dictus Meneſtallus, & Marcus Andreæ domicell. domini Venone Epiſcopi de Vbio, & Vamius Andreæ.

*Partie d'vne information qui contient la depoſition de treize témoins ſeu-
lement. qui depoſent tous du fait de l'hereſie, & des impietez contre Boniface. & ſont les meſmes faits qu'à la precedente information.*

DIE Lunæ decima ſeptima menſis Auguſti anni prædicti. Abbas   1310.
   Nicolaus Preſbyter de Opido Canonicus cathedralis Eccleſiæ ſan-   I.
cti Angeli de Lombardis, teſtis abfuturus à loco Curiæ, vt depoſuit, per   Témoin.
iuratus iuratus coram reuerendis patribus dominis P. Peneſtrino
Berengario Tuſculano Epiſcopo, Nicolao tituli ſancti Euſebij Preſbytero
Card. more recipiendorum teſtium, in Prioratu de Granſello prope Ma-
lauſenam Vaſconen. dioc. in palatio vbi moratur dominus Papa, & in-

terrogatus ab eis, præsentibus fratre Bernardo Guidonis Ordinis Prædicatorum Inquisitore Tholosano, & magistro Gimerio de Placentia in Romana Curia Aduocato, super primo articulo qui talis est. Respondit quòd credit vera esse contenta in eo. Interrogatus quare credit ? Respondit quia audiuit ab eo verba hæresis. Interrogatus quæ verba ? Respondit quia audiuit ab ore suo proprio quòd non erat alia vita præter istam vitam præsentem. Interrogatus vbi audiuit? Respondit quòd Neapoli, tempore Papatus domini Celestini Papæ quinti. Interrogatus in quo loco? Respondit quòd in domo domini Marini Sichinulphi, in qua tunc idem dictus dominus Benedictus tunc existens Cardinalis morabatur. Interrogatus qui erant præsentes ? Respondit quòd dominus Gentilis quondam Episcopus Frequentinus, agnatus ipsius testis, & Capellanus tunc ipsius domini Benedicti tunc Cardinalis, & Abbas Rotgerius de Symone Canonicus Frequentinus familiaris dicti Episcopi, & dominus Robertus tunc Archipresbyter Rippæ candidæ, nunc Episcopus sancti Angeli de Lombardis, & dominus Oddo de Pisis, & multi alij de quorum nominibus non recordatur. Interrogatus de anno & mense, respondit quòd tempore domini Celestini in mense Nouembri. Interrogatus de die : Respondit quòd tertia die dicti mensis ante missam Dominicam circa tertiam. Interrogatus si erat serenum tempus vel nebulosum ? dixit quòd non recordatur. Interrogatus in qua parte dictæ domi dixit hoc ? Respondit quòd in camera dicti Cardinalis sedentis tunc supra lectum suum. Interrogatus quibus vestibus erat tunc dictus Cardinalis indutus ? Respondit quòd habebat mantellum de blanceto forratum de vario, ante pectus connexum. Interrogatus quid tenebat tunc dictus Cardinalis in capite ? Respondit quòd vnum birretum. Interrogatus quid faciebat ipse testis, & ad quid venerat ad cameram dicti Cardinalis? Respondit quòd ipse venerat cum dicto Episcopo Frequentino, cuius ipse testis familiaris erat, & illo intrante ipse testis intrauit. Interrogatus ex qua causa & qualiter fuit motus dictus Cardinalis ad dicendum dicta verba ? Respondit quòd quando ipse testis intrauit cum dicto Episcopo in camera dicti Cardinalis, inuenerunt quendam clericum, cuius nomen ignorat, loquentem cum dicto Cardinali, & disputantem quæ lex esset melior, an Christianorum, Iudæorum, vel Saracenorum, & qui melius legem suam seruarent. & tunc dictus dominus Cardinalis dixit : Quæ sunt istæ leges omnes, leges inuentæ sunt ab hominibus, nec est curandum nisi de isto mundo, quia non est alia vita nisi ista præsens. Interrogatus vnde erat ille clericus, & quis erat? dixit se nescire. Interrogatus si sedebat, vel stabat dictus clericus ? Respondit quòd sedebant idem clericus, & dictus Cardinalis, & Episcopus æqualiter ante lectum dicti Cardinalis. Interrogatus quas vestes portabat dictus clericus ? Respondit se non recordare. Interrogatus si erat iuuenis vel senex dictus clericus ? Respondit quòd erat 35. vel 40. annorum. Interrogatus si aliquis resistebat vel respondebat tunc dicto domino Cardinali ? Respondit quòd non nisi dictus clericus. Interrogatus si dictus Cardinalis hoc dicebat assertiuè, vel causa disputationis ? Respondit quòd audiuit eum sic dicentem & disputantem, & credit quòd assertiuè. Item super secundo articulo qui talis, & super tertio articulo qui talis est, interrogatus. Respondit se nihil aliud scire nec credere, nisi quatenus suprà deposuit. Interrogatus de auditu : Respondit quòd audiuit dici quòd dictus dominus Bonifacius in extremis suis noluit accipere corpus Christi, sed potius commendabat se Diabolo.

Inter

Interrogatus à quibus hoc audiuit & vbi. Respondit quòd audiuit Neapuli à quodam qui fuerat, sicut asserebat, eius domicellus, qui vocabatur Oddo de Alario, & à multis aliis, de quorum nominibus non recordatur.

Interrogatus super quarto articulo qui talis est. Respondit quòd audiuit eum dicentem illa quæ dixit suprà in primo articulo, & vltrà plura alia prædictis loco, die, & hora, & prædictis præsentibus; videlicet, quia dicebat & dixit quòd lex diuina fuit inuenta ab hominibus, & quòd lex Christiana erat falsa in multis, in eo videlicet quòd dicebant Patrem & Filium & Spiritum sanctum esse vnum in substantia, & trinum in personis, quia dicebat hoc esse impossibile. Item in eo quòd dicebant beatam Mariam Virginem peperisse, & quòd hoc dicere erat ridiculum, & multa alia dixit ibidem dogmatizando. Interrogatus quid vult dicere dogmatizare. Respondit quòd dogmatizare est nouam doctrinam inducere contra veritatem, scripto vel verbo. Interrogatus quis docuit eum hoc. Respondit quòd audiuit à scholaribus Neapuli, iam sunt quatuor anni.

Item interrogatus super quinto articulo qui talis est. Respondit se nihil aliud inde scire, nec credere, nisi quatenus suprà dixit.

Item interrogatus super sexto articulo qui talis est. Respondit se dictis die, loco, & hora, & præsentibus, audiuisse dictum dominum Cardinalem dicentem istum mundum non habuisse principium, nec habiturum finem.

Item interrogatus super septimo articulo qui talis est, respondit se dictis die, loco, & hora, & præsentibus, audiuisse dictum dominum Cardinalem dicentem & asserentem ea quæ in ipso articulo continentur.

Item interrogatus super octauo articulo, qui talis est. Respondit se audiuisse ab eo dictis die, loco & hora, & præsentibus, quæ in ipso articulo continentur.

Item interrogatus super nono articulo, qui talis est. Respondit se nihil audiuisse de his quæ in articulo continentur.

Item interrogatus super decimo articulo qui talis est. Respondit se nihil audiuisse de his quæ in ipso articulo continentur, nisi quatenus suprà deposuit in quarto articulo, videlicet quòd audiuit dictum dominum Cardinalem dicentem quòd lex Christianorum erat falsa in eo quòd dicebat beatam Mariam Virginem peperisse, & quòd hoc dicere erat ridiculum.

Item interrogatus super vndecimo articulo, qui talis est. Respondit se nihil audiuisse de his quæ continentur in eo.

Item interrogatus super duodecimo articulo qui talis est, & super tredecimo articulo, qui talis est. Respondit se nihil scire, nec audiuisse de contentis in ipsis articulis.

Item interrogatus super quarto-decimo articulo qui talis est. Respondit se audiuisse contenta in articulo à pluribus. Interrogatus à quibus. Respondit quòd non recordatur. Interrogatus de loco. Respondit quòd Neapuli. Interrogatus quotiens. Respondit magis quàm decem vicibus tam Neapuli quàm in aliis locis.

Item interrogatus super quindecimo articulo qui talis est. Respondit quòd hoc audiuit à pluribus. Interrogatus à quibus. Respondit quòd non recordatur. Interrogatus si illi à quibus audiuit, fuerunt vnquam de familia seu societate, aut in seruitio dicti domini Bonifacij. Dixit se nescire, sed credit quòd non.

Zzz

Item interrogatus super sexdecimo articulo qui talis est. Respondit quòd ab ipso non audiuit, sed audiuit à domino Rogerio Episcopo Esculano, & à pluribus aliis Prælatis & hominibus de regno, qui dicebant hoc audiuisse ab eo, de quorum nominibus dixit se non recordare. Interrogatus vbi erat tunc dictus Episcopus Esculanus, quando audiuit prædicta ab eo. Respondit quòd in palatio suo, præsentibus multis Canonicis suis, & aliis de quorum nominibus non recordatur. Interrogatus si prædicta audiuit ante mortem dicti domini Bonifacij, vel post. Respondit quòd ante mortem ipsius domini Bonifacij.

Item interrogatus super decimo-septimo articulo qui talis est. Respondit vera esse quæ in ipso articulo continentur. Interrogatus quomodo scit. Respondit quia dictis die, hora, loco, & præsentibus, de quibus dixit suprà in primo articulo, audiuit eum dicentem & asserentem prædicta quæ in hoc articulo continentur.

Item interrogatus super decimo-octauo articulo qui talis est. Respondit vera esse quæ in ipso articulo continentur. Interrogatus quomodo scit. Respondit quia dictis die, hora, loco, & præsentibus quibus suprà dixit in primo articulo, audiuit dictum dominum Cardinalem dicentem & asserentem ea quæ in hoc articulo continentur.

Item interrogatus super decimo-nono articulo, qui talis est. Respondit se audiuisse dici à dicto Odone, qui dicebat se fuisse domicellum suum, quòd contempserat recipere Euchariftiam. De aliis contentis in eodem articulo dixit se nihil audiuisse.

Item super vigesimo articulo, qui talis est, interrogatus: Respondit se nihil scire.

Item interrogatus super vigesimo-primo articulo qui talis est. Respondit se nihil scire.

Item interrogatus super vigesimo-secundo articulo qui talis est. Respondit vera esse quæ in articulo continentur. Interrogatus quomodo scit. Respondit quia audiuit dictum dominum Cardinalem dictis die, loco, & hora, ac præsentibus, de quibus dixit suprà in primo articulo, dicentem & asserentem de ore suo ea quæ in hoc articulo continentur.

Item interrogatus super vigesimo-tertio articulo qui talis est. Respondit se nihil scire.

Item interrogatus super vigesimo-quarto articulo qui talis est. Respondit se nihil scire, nisi quia audiuit à fratre Bisantio de Aquila, qui fuerat Inquisitor hæreticæ prauitatis in partibus illis, quòd ipse dicebat: Credo quòd Papa Bonifacius foueat hæreticos, quia non permittit nos exequi officium nostrum. Interrogatus in quo loco audiuit: dixit quòd Beneuenti in domo Prædicatorum, præsentibus pluribus fratribus, de quibus non recordatur.

Item interrogatus super vigesimo-quinto articulo, qui talis est. Respondit quòd de iis de quibus ipse testis suprà deposuit contra ipsum dominum Bonifacium, audiuit. eum fuisse diffamatum ante Papatum, & post mortem apud bonos & graues fideles & Catholicos. Interrogatus apud quos erat diffamatus. Respondit quòd apud Episcopos, Abbates, Priores, & alios Prælatos, regulares & seculares, de quorum nominibus non recordatur, præterquam de fratre Ricardo, Abbate monasterij Vultuen. Ordinis sancti Benedicti, Rapollan. diocesis, & fratre Petro Abbate monasterij sanctæ Mariæ de Fondilian. dicti Ordinis sancti Benedicti Ruiscan. diocesis. Interrogatus quantum tempus est, quòd primò au-

DE BONIF. VIII. ET PHILIP. LE BEL. 547

diuit eum esse diffamatum de prædictis. Respondit quòd vltra sexdecim annos sunt, quòd primò audiuit eum diffamatum, & vltimò audiuit à medio anno citra. & etiam dixit quòd ante medium annum à morte ipsius domini Bonifacij citra. Interrogatus quibus præsentibus audiuit eum diffamatum apud dictos Abbates nominatos, & etiam alios Prælatos non nominatos. Respondit quòd præsentibus fratre Nicolao de sancto Felice, & fratre Ianzelino de Monticulo monachis dicti monasterij Vultuen. audiuit eum diffamatum apud dictum Abbatem Vultuen. in quodam casali dicti monasterij, quod vocatur sanctus Andreas, & à pluribus aliis de quorum nominibus dixit se non recordare, & apud dictum Petrum Abbatem monasterij sanctæ Mariæ de Fondilian. præsentibus fratre Stephano de Nusco, fratre Ioanne de Balneolo, monachis ipsius monasterij, & præsentibus aliis, de quibus non recordatur. Interrogatus quomodo audiuit eum esse diffamatum apud dictos Abbates. Respondit quòd dictus Ricardus Abbas ante Papatum dicti domini Bonifacij, dixit ipso teste audiente in dicto casali, præsentibus dictis monachis sui monasterij, quòd audiuerat à pluribus Religiosis, quòd dominus Benedictus Gayetani tunc Cardinalis erat malæ conuersationis & vitæ, referens illa mala, de quibus ipse testis suprà deposuit contra eum; & etiam post mortem audiuit eundem Abbatem dicentem quòd prædicta fuerant ei relata Neapuli. & similia etiam audiuit à dicto fratre Petro Abbate. Interrogatus si prædicti duo Abbates, & alij apud quos dixit dictum dominum Bonifacium esse diffamatum, erant amici vel inimici dicti domini Bonifacij, vel consanguineorum suorum. Respondit quòd credit quòd dicti duo Abbates erant amici; de aliis nescit. Interrogatus à quibus certis personis habuit originem dicta fama. Respondit quòd nescit. Interrogatus quot homines faciunt famam. Respondit quòd decem, & à decem suprà. Interrogatus quomodo venit ad perhibendum istud testimonium. Respondit quia fuit requisitus per dominum Bertrandum de Rocanegada militem. Interrogatus quomodo requisiuit ita eum. Respondit quia quidam socius ipsius dixit eidem domino Bertrando, quòd idem testis sciebat aliqua de prædictis. & ita dictus dominus Bertrandus requisiuit eum, & ipse testis ad eius requisitionem venit. Interrogatus si fuit ductus per aliquam personam, vt deponeret sicut deposuit. Respondit quòd non. Interrogatus cuius ætatis ipse testis. Respondit quòd 37. vel 38. annorum. Interrogatus quot annorum erat ipse testis, quando audiuit dictum dominum Benedictum tunc Cardinalem, dicentem prædicta quæ ipse testis deposuit. Respondit quòd erat ætatis 22. annorum.

Item interrogatus super vigesimo sexto & vltimo articulo qui talis est. Respondit se nihil scire.

Interrogatus si est amicus vel inimicus consanguineorum dicti domini Bonifacij. Respondit quòd est amicus omnium, & neminem odit. Interrogatus si prece, pretio, gratia, fauore, timore aut odio alicuius deposuit prædicta; dixit quòd non.

DIE Martis decima octaua mensis Augusti, frater Nicolaus Abbas monasterij sanctæ Mariæ de Margaritis Capudaquen. diocesis, Ordinis sancti Benedicti, testis abfuturus à loco Curiæ, vt deposuit per iuramentum, iuratus coram reuerendis patribus dominis Petro Penestrino, & Berengario Tusculano Episcopis, & Nicolao tituli sancti Eusebij Presbytero Cardinalibus, modo recipiendorum testium, in Prioratu de Gran-

11.
Témoin.

fello prædicto, in palatio vbi dictus dominus Papa morabatur, & interrogatus ab eis, præsentibus prædictis fratre Bernardo Inquisitore, & domino Gumerio super primo articulo qui talis est. Respondit esse vera quæ in articulo continentur. Interrogatus quomodo scit : Respondit quòd ipse vnà cum domino Philippo quondam Archiepiscopo Salernitan. qui erat familiaris dicti domini Benedicti tunc Cardinalis, & fuerat factus Archiepiscopus, eo procurante, tempore domini Celestini Papæ V. venit Neapuli ad domum dicti domini Cardinalis, & ibi audiuerunt Missam cum ipso domino Cardinali : dicta verò. Missa intrauerunt cameram ipsius, & ibi inceperunt dicere & disputare quæ lex esset melior, an videlicet lex Christianorum, vel Saracenorum. & tunc dixit idem Cardinalis : Quid ad nos de istis legibus, nulla istarum legum facta est diuinitus; sed omnes istæ leges sunt ab hominibus adinuentæ, vt possent viuere ita quòd vnus alterum non offenderet, quia post mortem vt dixit non est pœna vel gloria. Item dixit tunc idem Cardinalis, quòd lex Christianitatis continet falsitates, & inter cætera continet falsitatem in hoc quod dicit lex eadem, Beatam Mariam fuisse virginem ante partum & post partum, quia, vt dixit idem Cardinalis, hoc impossibile erat. Item dixit quòd lex Euangelij dicit falsum in eo quod dicit Deum esse trinum & vnum, quia, vt dixit, vnus est vnus, & tres sunt tres. Item dixit tunc quòd per verba sacerdotis in Sacramento altaris non mutatur panis in corpus Christi, & quòd falsum erat quòd illud quod nos dicimus esse corpus Christi, esset corpus Christi. Item dixit quòd scriptura quæ ponit resurrectionem mortuorum falsum dicit, & quòd non erat alia vita nisi præsens vita, & quòd mortuo corpore moritur anima, & quòd prædicta tenebant ipse & litterati homines; sed homines simplices & illiterati tenebant aliud, & illi erant phantastici. Interrogatus quo anno, quo mense, & quo die dixit dictus Cardinalis prædicta, & qua hora, & quo loco, & quibus præsentibus. Respondit quòd tempore domini Celestini Papæ V. tertia die mensis Nouembris post missam ipsius Cardinalis, apud Neapulim in camera ipsius Cardinalis, præsentibus ipso qui loquitur, & dicto Archiepiscopo Salernitano, & domino Roberto Episcopo sancti Angeli de Lombardis, tunc Archipresbytero de Rippa candida dioces. Acherontin. & domino Alduino Archipresbytero de Opido dioces. sancti Angeli, & Symone Archidiacono Frequentino, & Rotgerio Primicerio de Torace dictæ dioces. sancti Angeli, & Abbate Rotgerio de Symone Canonico Frequentino, & fratre Ioanne nunc Monacho sancti Stephani Monopolitan. & domino Gentili tunc Episcopo Frequentino, & domino Roberto de Gesualdo milite, & domino Odone de Pisis milite, patre domini Iacobi de Pisis, & multis aliis de quorum nominibus non recordatur. Requisitus si prædictus Cardinalis quando prædicta dicebat, stabat vel sedebat. Respondit quòd sedebat ante lectum suum. Interrogatus si alij sedebant similiter. Respondit quòd omnes alij sedebant, quidam in terra, & quidam altè. Interrogatus quibus vestibus erat tunc indutus dictus Cardinalis. Respondit quòd habebat camisiam Romanam indutam, & desuper mantellum, sed cuius coloris esset idem mantellus non recordatur. Interrogatus quid tunc tenebat dictus Cardinalis in capite. dixit quòd birretum. Interrogatus si dies illa erat serena vel nebulosa: dixit quòd se non recordatur. Interrogatus si prædictus Cardin. dicebat prædicta truffando vel asserendo, seu dogmatizando. Respondit quòd studiosè dicebat, & de bono animo & ex corde. Interro-

DE BONIF. VIII. ET PHILIP. LE BEL. 549

gatus quid mouit dictum Cardinalem ad dicendum prædicta. Respondit quòd finita missa, quidam quem non cognouit incepit quæstionem prædictam, scilicet quæ lex esset melior, an Christianorum vel Saracenorum? & extunc dictus Cardinalis dixit prædicta. Interrogatus cui dirigebat sermonem dictus dominus Cardinalis: dixit quòd ad omnes ibi astantes, & interdum loquebatur verbis Latinis, & interdum verbis maternis. Interrogatus si aliquis de præsentibus contradicebat sibi. Respondit quòd non.

Item interrogatus super secundo articulo, qui talis est. Respondit se nescire pro certo: sed dixit quòd audiuit quòd postquam tenuit Papatum, erat hæreticus seu Patarenus. Interrogatus à quibus audiuit. Respondit quòd à multis de quibus non recordatur. Interrogatus quid credit. Respondit se nec credere nec decredere.

Interrogatus super tertio articulo, qui talis est. Respondit se nihil scire: sed audiuit dici quòd ipse decessit hæreticus. Interrogatus à quibus audiuit. Respondit quòd à multis, de quibus non recordatur.

Item interrogatus super quarto articulo, qui talis est. Item super quinto articulo, qui talis est. Respondit se nihil aliud scire, nisi quod quatenus suprà deposuit in primo articulo.

Item interrogatus super sexto articulo, qui talis est. Respondit se non audiuisse ab eo.

Item interrogatus super septimo articulo qui talis est. Respondit se nihil aliud inde scire, nisi quod suprà dixit in primo articulo.

Item interrogatus super omnibus articulis aliis vsque ad vigesimum quintum articulum, eis primò diligenter & distinctè lectis eidem: Dixit se nihil aliud inde scire, quàm quod suprà deposuit in primo articulo.

Item interrogatus super vigesimo quinto articulo, qui talis est. Respondit quòd publica fama fuit, & est de omnibus quæ ipse suprà dixit & deposuit. Interrogatus quomodo scit. Respondit quia audiuit à multis, tam à prædictis quos nominauit, quàm aliis, quòd ipse dixerat prædicta, quæ ipse testis deposuit dictum dominum Cardinalem dixisse, & quòd de hoc ipsi inter se reprehendebant eum. Interrogatus à quibus aliis audiuit. Respondit quòd à multis aliis Prælatis & Religiosis quos audiuit loquentes de hoc, de quorum nominibus non recordatur. Interrogatus si prædicti quos audiuit super prædictis loqui, erant amici vel inimici dicti domini Bonifacij, vel consanguineorum suorum. Respondit quòd erant amici. Interrogatus à quibus audiuit. Respondit quòd à pluribus quàm duodecim. Interrogatus quot homines faciunt famam. Respondit quòd duodecim vel ad duodecim suprà. Interrogatus quid est fama. Respondit quòd quando dicitur de aliquo quòd fecerit seu commiserit aliquod peccatum. Interrogatus cuius ætatis est ipse testis. Respondit quòd excessit ætatem quadraginta annorum. Interrogatus vbi fuit, & est dicta fama, de qua testificatus est. Respondit quòd Neapuli & Salernæ. Interrogatus si est doctus vel instructus ad dicendum prædicta. Respondit quòd non. Interrogatus qualiter venit ad perhibendum istud testimonium. Respondit quòd dominus Bertrandus de Rocanegada audiens quòd sciebat aliqua de prædictis, requisiuit eum vt veniret ad testificandum, & ad eius requisitionem venit. Interrogatus si prece, pretio, gratia, timore, fauore, aut odio alicuius deposuit prædicta: dixit quòd non.

Item interrogatus super vigesimo sexto & vltimo articulo, qui talis est. Respondit se nihil aliud inde scire, quàm suprà deposuit.

III. Témoin.

DIE Mercurij decima nona mensis Augusti, Matfredus quondam Bonacursi de Dardanlimo ciuis Lucanus laicus, testis senex & valitudinarius, & in ætate 65. annorum constitutus, & post depositionem sui testimonij abfuturus à loco Curiæ, vt per iuramentum deposuit, iuratus coram reuerendis patribus dominis P. Peneſtrino, & Ber. Tusculano Episcopis, & Nicolao tituli sancti Eusebij, Thoma tituli sanctæ Sabinæ Presbyteris Cardinalibus more recipiendorum testium, in Prioratu de Gransello prædicto in præfato palatio Papali, ac interrogatus ab eis, præsentibus prædictis fratre Bernardo Inquisitore, & domino Guimerio, super sexto articulo qui talis est. Respondit vera esse quæ in ipso articulo continentur. Interrogatus quomodo scit. Respondit quia audiuit eum dicentem & asserentem prædicta contenta. Interrogatus vbi audiuit eum dicentem prædicta. Respondit quòd in camera ipsius domini Bonifacij in palatio Lateranensi, in qua camera erat magnus lectus, præsentibus Ambaxatoribus Communis Florentiæ, Bononiæ, & Luchæ, & aliis pluribus personis, de quorum nominibus dixit se non recordari. Interrogatus de nominibus dictorum Ambaxatorum, respondit quòd de Lucha erant ibi dominus Quellus Conradi de Podio, & dominus Rollandus Salamansellj milites, & dominus Vbaldus Patria de Interminellis, & dominus Nicolaus Mantoni iudices, & Nicolaus Moricam Mercator: & de Florentia aderant dominus Bertus de Friscobald. miles, Basqueria de la Tusa: & de Bononia aderat dominus Antoniolus de Galuciis miles: De nominibus aliorum Ambaxatorum dixit se non recordare. Interrogatus si recordatur de nominibus aliorum qui non erant Ambassiatores, ibi præsentium: Respondit quòd sic, videlicet Floris Sbarra de Lucha, Chicco de Interminellis, Stephanus de Porgis, dominus de Raymeriis, & Ballarrus Paria de Lucha tunc domicellus domini Matthæi Rubei Cardinalis. & de nominibus aliquorum aliorum dixit se non recordari. Interrogatus cui dictus dominus Bonifacius dixit tunc dicta verba. Respondit quòd quidam qui videbatur Capellanus Papæ, quem non cognoscit, dicebat ipsi domino Bonifacio mortem cuiusdam militis de Campania, qui mortuus nouiter dicebatur, & dicebat quòd fuerat malus homo ; vnde rogandum esset pro eo quòd Christus misereatur animæ suæ. & tunc dictus dominus Bonifacius dixit dicto Capellano : Stulte stulte, quid potest facere sibi Christus, fuit homo sicut nos, & non Deus, sed fuit sapiens homo, magnus hypocrita, quomodo iuuabit alios qui non potuit iuuare seipsum ? dictus miles iam recepit totum bonum & totum malum quod recipere debet, quia mortuo corpore mortua est anima ; nec est alia vita nisi præsens. dicens etiam ipsi Capellano & aliis qui præsentes erant, quòd mundus non habuerat principium nec haberet finem. Interrogatus per quem modum dictus dominus Bonifacius dixit dicta verba de mundo : Respondit quòd cùm dictus Capellanus loqueretur de morte dicti militis, dictus dominus Bonifacius dixit : Nunquid propter mortem dicti militis mortuus est mundus ? mundus non est factus ; nec defecit, nec deficiet, nisi illis qui moriuntur. Interrogatus quomodo intrauit ipse testis cameram dicti domini Bonifacij. Respondit quòd ipse qui est de Luca intrauit ibi cum Ambaxatoribus Lucanis, quia ipse testis erat cum dicto domino Vbaldo Paria. Interrogatus si dictus dominus Bonifacius sedebat vel stabat tunc quando dicebat prædicta. Respondit quòd sedebat super cathedram suam, & dicti Capellanus, & alij omnes qui ibi erant stabant. Interrogatus quibus vestibus erat indutus dictus dominus Bonifacius: Respondit quod erat indutus de Scarleto desuper, & habebat in capite vnam almussiam rubeam. Interrogatus si in dicta camera erant plures lecti quàm vnus. Respondit quòd non quod ipse videret. Interrogatus si aliquis respondit ei ad dicta verba, quæ ibi dixit. Respondit quòd dictus dominus Papa inter alia tunc diceret quòd non erat Paradisus, neque Infernus nisi in hoc mundo, & quòd diuites & sani, & qui habebant voluntates suas in hoc mundo erant in Paradiso: infirmi vero & pauperes erant in Inferno. Tunc dictus dominus Anthoniolus de Galuciis dixit Papæ: Ergo Pater sancte, voluntatem suam facere cum mulieribus in isto mundo non est peccatum. Ipse Papa respondit: Facere voluntatem suam cum mulieribus & pueris masculis, non est peccatum, nisi sicut fricare vnam manum cum alia. Interrogatus quo anno fuerunt prædicta. Respondit quòd anno indulgentiæ, videlicet millesimo trecentesimo: de mense & die & hora dixit se non recordari. Sed dixit quòd fuit ante Natiuitatem Domini de mense Nouembri, vel mense Decembri. Interrogatus si erat tempus serenum vel nebulosum. Respondit se non recordari.

Item interrogatus super septimo articulo, qui talis est, & super octauo articulo, qui talis est. Respondit & deposuit prout in proximo superiori articulo, scilicet sexto, scriptum est.

Interrogatus super nono articulo, qui talis est. Respondit quòd dixit & deposuit in sexto articulo, tam super articulo sexto, quàm super interrogationibus sibi factis, & nihil plus scit.

Item interrogatus super decimo articulo qui talis est. Respondit quòd dixit & deposuit in sexto articulo, tam super ipso articulo sexto, quàm super interrogationibus sibi factis, & nihil plus scit.

Item interrogatus super vndecimo articulo, qui talis est. Respondit quòd dixit & deposuit in sexto articulo, tam super ipso sexto articulo, quàm super interrogationibus sibi factis, & nihil plus scit.

Item interrogatus super omnibus & singulis aliis articulis vsque ad vigesimum quintum articulum, super quibus specialiter non deposuit, sibi diligenter expositis in vulgari. Respondit se nihil aliud scire, quàm suprà deposuit.

Item interrogatus super vigesimo-quinto articulo qui talis est. Respondit quòd fama fuit & est, quòd idem dominus Bonifacius postquam tenuit Papatum, fuit hæreticus toto tempore quo vixit. Interrogatus quomodo scit. Respondit quia hoc dicebatur, & dicitur inter bonas gentes, & inter magnos & paruos. Interrogatus quæ sunt illæ bonæ gentes. Respondit quòd vulgariter & generaliter homines. Interrogatus in quo loco fuit & est dicta fama. Respondit quòd in omnibus partibus vbi ipse cognoscebatur. Interrogatus quid est fama. Respondit famam esse quod vulgariter dicunt homines inter se.

Interrogatus si fuit amicus vel inimicus dicti dom. Bonifacij vel suorum. Respondit, quòd non fuit amicus nec inimicus. Interrogatus si est doctus vel subornatus ad ferendum istud testimonium. Respondit quòd non. Interrogatus quomodo venit ad perhibendum huiusmodi testimonium. Respondit quòd ipse venerat ad terram istam causa videndi dominum Hodonem de Grandissono, & quia dictus dominus Hoddo erat absens, expectauit eum per plures dies, & quidam quem eius nomine ignorat, requisiuit eum quòd veniret ad ferendum istud testimonium, & ad eius requisitionem venit.

PREVVES DE L'HIST. DV DIFFEREND

Interrogatus si prece, pretio, gratia, fauore, timore aut odio alicuius deposuit prædicta. Respondit quòd non.
Item interrogatus super vigesimo-sexto articulo & vltimo qui talis est. Respondit se nihil scire.

IV.
Témoin.

[DIE Sabbati vigesima secunda mensis Augusti frater Iacobus de Palumbaria, Præpositus sancti Petri de Corneto Ordinis sancti Benedicti Viterbien. & Tuscanen. dioc. testis abfuturus à loco Curiæ, vt deposuit per iuramentum, iuratus coram reuerendis patribus dominis Berengar. Tusculan. Episcopo, & Nicolao tituli sancti Eusebij Presbytero Cardin. modo recipiendorum testium, in Prioratu de Gransello prædicto, in palatio Papali, vbi dictus dominus Papa morabatur, & interrogatus ab eis, præsentibus dictis fratre Bernardo Inquisitore, & domino Guimerio super primo articulo, qui talis est. Respondit quòd ipse audiuit quadam die ab ore domini Bonifacij tunc Cardinalis, quòd cùm ab aliquibus de familiaribus suis de Paradiso fieret mentio coram eo, ipse dicebat: Fatui, fatui, non est Paradisus nisi in hoc mundo; creditis vos quòd ossa mortuorum quæ sunt ita disperla, possint congregari & resurgere, hoc est impossibile. Sciatis quòd non est alia vita, nisi in hoc mundo, & mortuo corpore moritur anima cum eodem. & prædicta audiuit ipsum eadem die sæpius repetentem. Interrogatus de anno, mense & die, quibus audiuit prædicta. Respondit quòd de mense Maij de quodam die in mane dicta missa, de qua die dixit se non recordari, nec de certo anno. Sed fuit tempore domini Nicolai quarti quando ibat de Roma ad æstiuandum Reate. Interrogatus in quo loco erat tunc dictus dominus Cardinalis. Respondit quòd in villa, quæ vocatur sancta Balbina, quæ est in itinere Reatino. Interrogatus qui erant tunc præsentes. Respondit quòd Constantius de Fulginio domicellus eius, & quidam alij de quorum nominibus dixit se non recordari, quia longum tempus est. Interrogatus quo anno Papatus dicti domini Nicolai fuit hoc. Respondit se non recordari. Interrogatus in quo hospitio erat, & in qua certa parte ipsius hospitij. Respondit quòd non recordatur. Interrogatus ad quid ipse testis iuerat illuc. Respondit quòd dictus dominus Cardinalis diligebat eum multum. & ipse tunc existens Abbas Farfoen. iuerat ad videndum eum; quia Abbatia Farfoen. est prope dictam villam, ad vnum milliare vel circa. Interrogatus si aliquis fuit ibi præsens, qui contradiceret vel responderet dictis verbis. Respondit quòd non. sed ipse & alij qui ibi erant, multum mirabantur de verbis prædictis, dicentes: Ergo Domine non erit resurrectio. & ipse dicebat: O bestiales. Interrogatus quibus vestibus erat indutus dictus dominus Cardinalis tunc. Respondit quòd habebat tunicam coloris albi de Gannachia, non recordatur vtrum esset indutus ea. Interrogatus si dictus dominus Cardinalis tunc stabat vel sedebat. Respondit quòd sedebat super lectum suum, & habebat multos annulos in digitis manuum, quos sæpe extrahebat & reponebat. Interrogatus si aliquid dictus Cardinalis tunc tenebat in capite. Respondit quòd non recordatur. Interrogatus si erat tempus nebulosum tunc vel serenum. Respondit quòd erat serenum.

Item interrogatus super secundo articulo, qui talis est. Respondit se nescire nisi quòd hoc audiuit à multis & infinitis. Interrogatus à quibus. Respondit quòd à secretis suis, videlicet à domino Stephano Scarario magistro Hostiar. suo, & à Picalotis qui erant sui Secretarij & familiares, videlicet

licet dominis Stephano & Girardo de Picalotis, & à pluribus aliis, de quorum nominibus dixit se non recordari. Interrogatus in quo loco audiuit prædicta à prædictis quos nominauit, & aliis, quos non nominauit. Respondit quòd in vrbe & in quodam castro domini Petri de Genezano, quod vocatur Olibanum. Interrogatus quotiens audiuit prædicta. Respondit quòd pluries & pluries. Interrogatus quibus præsentibus audiuit prædictos prædicta dicentes. Respondit quòd pluribus & pluribus plusquam quinquaginta numero, & publicè. Interrogatus quo tempore prædicta dicebant. Respondit quòd tempore Papatus dicti domini Bonifacij, post captionem tamen eius.

Item interrogatus super tertio articulo, qui talis est. Respondit se nescire verum si decesserit hæreticus.

Item interrogatus super quarto articulo, qui talis est. Respondit se nescire nisi quatenus suprà deposuit in primo articulo.

Item interrogatus super quinto articulo qui talis est, & super sexto articulo qui talis est. Respondit se nescire, neque audiuisse ipsum dicentem verba contenta in dictis articulis.

Item interrogatus super septimo articulo qui talis est, & super octauo articulo qui talis est. Respondit se audiuisse prædicta contenta in articulis ab ore dicti domini Bonifacij, loco, anno, mense, die, hora & tempore, & Pontificatu, & præsentibus, de quibus suprà deposuit in primo articulo.

Item interrogatus super nono articulo qui talis est, & super decimo articulo qui talis est, & super vndecimo articulo qui talis est, & super duodecimo articulo qui talis est. Respondit se nescire, nec audiuisse eum dicentem contenta in ipsis articulis.

Item interrogatus super tredecimo articulo qui talis est. Respondit se audiuisse prædicta contenta in dicto articulo ab ore dicti domini Bonifacij, loco, anno, mense, die, hora & tempore, & Pontificatu, & præsentibus de quibus suprà deposuit in primo articulo. Interrogatus per quem modum prædictus dominus Bonifacius tunc Cardinalis dixit prædicta. Respondit quòd postquam dixerat illa quæ suprà deposuit in primo articulo, descendit ad dicendum prædicta contenta in isto tredecimo articulo, redarguendo illos qui dicebant talia facere esse peccatum.

Interrogatus super quarto-decimo articulo qui talis est, & super quindecimo articulo qui talis est, & super sexdecimo articulo qui talis est, & super decimo-septimo articulo qui talis est, & super decimo-octauo articulo qui talis est, & super decimo-nono articulo qui talis est, & super vigesimo articulo qui talis est. Respondit se nescire vtrum contenta in dictis articulis fuerint & sint vera, an non.

Item interrogatus super vigesimo articulo qui talis est. Respondit contenta in eodem articulo vera esse. Interrogatus quomodo scit prædicta. Respondit quòd sciuit, & quia audiuit prædicta ab Agapito Barral. domino Odone de Columna, & à pluribus aliis fide dignis, de quorum nominibus dixit se non recordari. Et quia audit protestationem factam per dominos Iacobum & Petrum de Columna Cardinales, in qua continebatur quòd ipsi petebant ab eo quòd faceret Concilium generale super eo quòd non poterat esse Papa, pro eo quòd non habuerat legitimum ingressum, & quòd erat hæreticus, & quòd hoc offerebant se probaturos legitimè in Concilio generali. Interrogatus si dicta protestatio fuit lecta coram dicto domino Bonifacio, seu ad eius notitiam deducta. Respondit se nescire. Interrogatus in quo loco vidit dictam protestationem scriptam. Respondit quòd vidit eam scriptam in quodam pargameno, & fixam in porta Ecclesiæ sanctæ Mariæ Rotundæ in vrbe, & legit eam ibi. Interrogatus si hoc fuit antequam dictus dominus Bonifacius procederet contra dictos dominos Columnens. vel post. Respondit se nescire pro certo : sed credit quòd fuerit antè. Interrogatus in quo loco audiuit prædictos dominos de Columna dicentes prædicta. Respondit quòd in vrbe in domo dicti domini Petri de Columna Cardinalis, quæ vocabatur Acon.

Interrogatus si tempore quo ipse testis legit prædictam protestationem, dicti Cardinales de Columna erant in vrbe vel extra vrbem. Respondit quòd iam recesserant de ipsa vrbe.

Interrogatus si postea dicti Cardinales redierunt ad ipsam vrbem tempore dicti domini Bonifacij. Respondit quòd non bene recordatur : sed credit quòd non fuerint postea reuersi.

Interrogatus super vigesimo-secundo articulo qui talis est. Respondit se audiuisse prædicta contenta in ipso articulo ab ore ipsius domini Bonifacij, loco, anno, mense, die, hora, tempore, & Pontificatu, & præsentibus, de quibus suprà deposuit in prædicto primo articulo.

Item interrogatus super vigesimo-tertio articulo qui talis est, & super vigesimo-quarto articulo qui talis est. Respondit se nescire vtrum contenta in dictis articulis fuerint & sint vera, an non.

Item interrogatus super vigesimo-quinto articulo qui talis est. Respondit vera esse contenta in ipso articulo. Interrogatus quomodo scit. Respondit quia audiuit quasi indifferenter ab omnibus tam fide dignis quàm aliis. Interrogatus à quibus certis fide dignis audiuit. Respondit quòd à domino Petro de Genezario, & Stephano eius filio militibus, & à fratre Petro de Corbario Ordinis fratrum Minorum, & Rogerio de Rogero, & Stephano fratre suo, & Ioanne Nigro filio domini Percebalde de Sublata, Theobaldo de sancto Vico Prenestrin. diocesis, & à pluribus & infinitis, de quorum nominibus dixit se non recordari ad præsens. Interrogatus vbi audiuit prædicta. Respondit quòd non bene recordatur. Interrogatus quo anno & quo tempore audiuit prædicta. Respondit quòd post mortem dicti domini Bonifacij. Interrogatus quid est fama. Respondit quòd id quod multi dicunt, vel maior pars villæ. Interrogatus vbi fuit & est huiusmodi fama de qua testificatus est. Respondit quòd in vrbe, in Campania, Tibure, & aliis partibus prope Romam. Interrogatus si prædicti à quibus audiuit prædictam famam, fuerunt & sunt amici vel inimici dicti Bonifacij, vel suorum. Respondit se credere quòd sint amici, quia sunt homines bonæ vitæ. Interrogatus cuius ætatis est idem testis. Respondit quòd est ætatis quinquaginta annorum vel plurium. Interrogatus quantum tempus est quòd dimisit dictam Abbatiam Farfen. Respondit quòd dimisit eam ad mandatum dicti domini Bonifacij primo anno sui Pontificatus. Interrogatus si propter hoc vel ex alia aliqua causa odiuit vel odit dictum dominum Bonifacium, vel eius memoriam, aut consanguineos. Respondit quòd non, sed causa veritatis dicendæ dixit prædicta. Interrogatus si est doctus vel instructus ad perhibendum huiusmodi testimonium per aliquem. Respondit quòd non. Interrogatus quomodo venit ad perhibendum istud testimonium. Respondit quòd ipse testis existens in Curia Romana pro negotiis suis, requisitus fuit à domino Bertrando de Rocanegada milite domini Regis

Franciæ, quòd ipse veniret ad perhibendum testimonium. Interrogatus quomodo requisitus fuit per eum. Respondit quòd ipse dominus Bertrandus venit ad eundem testem dicens: Ego intellexi quòd vos estis de partibus Romanis: ego vellem quòd placeret vobis, quòd si sciretis aliquid de facto hæresis domini Bonifacij quondam Papæ, quòd veniretis ad perhibendum testimonium. & sic ipse testis ad eius requisitionem venit. Interrogatus si prece, pretio, gratia, aliàs amore alicuius motus est ad dicendum huiusmodi testimonium. Respondit quòd non.

Interrogatus super vigesimo-sexto & vltimo articulo qui talis est. Respondit vera esse quæ in articulo continentur. Interrogatus quomodo scit. Respondit quia audiuit, & vidit, & audit quòd quotidie fuit guerræ & prælia, & alia multa mala, propter mala ipsius opera.

Interrogatus quid est scandalum. Respondit quòd quando aliquis aliquid operatur, propter quod prouenit discordia, & quod displicet hominibus.

Interrogatus quod erat illud graue periculum, sine quo non poterant prædicta tolerari. Respondit quòd fides minuebatur propter mala opera quæ homines videbant in eo.

ITEM eodem die Sabbati frater Ioannes Grimoaldi monachus monasterij sancti Stephani Monopolitan. Ordinis sancti Benedicti, testis absuturus à loco Curiæ, vt deposuit per iuramentum, iuratus coram reuerendis patribus dominis Berengario Episcopo Tusculano, & Nicolao tituli sancti Eusebij Presbytero Cardinalibus, more recipiendorum testium, in Prioratu de Gransello prædicto, in palatio vbi dominus Papa morabatur, & interrogatus ab eisdem dominis Cardinalibus, præsentibus dictis fratre Bernardo Inquisitore, & domino Grimerio:

Super primo articulo qui talis est. Respondit contenta in eodem articulo vera esse. Interrogatus quomodo scit. Respondit quòd tempore domini Celestini Papæ quinti tertia die mens. Nouembris idem testis vnà cum domino Philippo tunc Archiepiscopo Salernitano, Capellano familiari domini Bonifacij tunc Benedicti Cardinalis, & cum multis aliis intrauit cameram dicti Cardinalis Neapoli, vbi tunc erat Curia, & dicto Cardinali sedente ante lectum suum, & dicto Archiepiscopo immediatè iuxta eum & post, domino Gentili tunc Episcopo Frequentino sedentibus in eadem camera cum eodem domino Cardinali, ipso etiam teste, ac pluribus aliis ibidem in terra sedentibus ante eum, quidam clericus quem aliàs idem testis non nouit, mouit ibidem quæstionem ipsi domino Cardinali, quæ lex esset melior, an scilicet lex Christianorum, vel lex Mahometi. Et tunc idem Cardinalis respondit & dixit, quòd illæ leges non erant datæ à Deo, sed inuentæ ab hominibus, ad hoc scilicet vt homines quietè viuerent, ac securè, & vt vnus alterum non læderet: post vitam enim istam, vt dixit, non erat gloria neque pœna. Dixit etiam tunc idem Cardinalis, quòd lex Christianorum partim erat vera, & partim falsa: erat enim vera in hoc quod dicebat quòd vnus est Deus: falsa in hoc quòd dicebat quòd erant tres personæ. Dixit etiam tunc idem Cardinalis, quòd impossibile erat Mariam Virginem peperisse. Dixit etiam tunc idem Cardinalis, quòd impossibile erat quòd Deus assumpsisset humanam naturam. Item dixit tunc dictus Cardinalis, quòd virtute verborum à Sacerdote prolatorum in Sacramento altaris non fit de pane corpus Christi, & quòd in Sacramento altaris non erat verum corpus Chri-

V. Témoin.

sti. Item dixit tunc idem Cardinalis se non credere resurrectionem mortuorum, & quòd non erat alia vita nisi præsens, & quòd mortuo corpore moritur anima. Item dixit tunc idem Cardinalis quòd ita credebat, ipse de prædictis, & ita credebant literati qui habebant bonum intellectum. Interrogatus si prædicta dixit continuè vel interpolatè dictus Cardinalis. Respondit quòd continuò quantum ad hoc, quia omnia dixit prædicta, antequam recederet de loco illo, interponendo tamen aliqua verba, immo loquendo cum dicto Archiepiscopo, immo loquendo cum aliis. Interrogatus quæ verba interposuit, dixit se non recordari. Interrogatus si aliquis vel aliqui de prædictis restiterint eidem Cardinali dicenti prædicta. Respondit quòd non. Interrogatus de præsentibus. Respondit quòd erant præsentes illi, quos suprà nominauit, & dominus Odo de Pilis, dominus Robertus tunc Episcopus sancti Angeli de Lombardis, qui tunc erat Archipresbyter Rippæ candidæ, frater Nicolaus Abbas sanctæ Mariæ de Margaritis Capudaquen. diocef. Abbas Rotgerius de Symone Canonicus Frequentinus, & plures alij familiares dicti Cardinalis, & dictorum Archiepiscopi & Episcopi, de quorum nominibus dixit se non recordari. Interrogatus an dictus clericus qui fecit dictam quæstionem de legibus, an sederet vel staret : dixit quòd quando mouit dictam quæstionem stabat, sed postea sedit ibi in terra cum aliis. Interrogatus quibus vestibus erat indutus tunc dictus Cardinalis. Respondit quòd sub mantello portabat camisiam, & supra camisiam mantellum de blaueto.

Item interrogatus super secundo articulo qui talis est, & super omnibus aliis & singulis articulis vsque ad vigesimum-quintum articulum ei diligenter lectis. Respondit se scire, & audiuisse à dicto domino Cardinali illa quæ suprà in primo articulo deposuit, & nihil aliud.

Item interrogatus super vigesimo-quinto articulo qui talis est. Respondit quòd diffamatus fuit, & est apud bonos & graues de iis quæ suprà deposuit. Interrogatus quomodo scit. Respondit quia audiuit ita à Prælatis & clericis, & aliis multis bonis hominibus, de quorum nominibus non recordatur. Interrogatus in quo loco fuit & est huiusmodi fama, de qua ipse testificatur. Respondit quòd Neapoli. Interrogatus quid est fama. Respondit quòd illud quod dicunt multi homines. Interrogatus si est doctus vel instructus per aliquem ad ferendum hoc testimonium. Respondit quòd non. Interrogatus si prece, pretio, gratia, fauore, timore vel odio alicuius deposuit prædicta : Respondit quòd non. Interrogatus quomodo venit ad perhibendum istud testimonium. Respondit quia dominus Bertrandus de Rupenegada veniens ad eum requisiuit ab eo, si aliquid sciebat de facto hæresis domini Bonifacij : & ipse respondit quòd aliqua sciebat. & ita ad eius requisitionem venit ad testificandum. Interrogatus cuius ætatis est ipse testis. Respondit quòd est quinquaginta annorum, & plurium, & sunt bene triginta anni vel circa, quòd ipse fuit Presbyter. Interrogatus qua de causa fuit & est in Romana Curia. Respondit quòd habet causam contra Abbatem suum.

Item interrogatus super vigesimo-sexto & vltimo articulo qui talis est. Respondit se nihil aliud scire quàm id quod suprà dixit.

VI.
Témoin.

DIE Martis vigesima-quinta dicti mensis Augusti Abbas Rotgerius de Symone de Gisualdo Canonicus Frequentinus & Conssanus Presbyter, Rector Ecclesiæ sanctæ Luciæ diocef. Frequentin. testis absuturus à loco Curiæ, vt deposuit per iuramentum, iuratus coram reuerendo patre do-

mino Berengario Episcopo Tusculano in Prioratu de Gransello in palatio
supradicto, modo recipiendorum testium, in Prioratu de Gransello praedicto in palatio Papali, vbi dictus dominus Papa morabatur, & praesentibus dictis fratre Bernardo, & domino Grimerio. Interrogatus ab eo super primo articulo qui talis est. Respondit quòd credit quòd fuisset haereticus antequam teneret Papatum. Interrogatus quare credit. Respondit quia tempore domini Celestini Papae quinti, cùm esset Neapoli cum
Curia sua, ipse testis cum domino Gentili tunc Episcopo Frequentino,
& dicti domini Bonifacij tunc Benedicti Cardinalis Capellano; cuius
domini Episcopi idem testis erat nunc Vicarius: quodam mane hora
Missae iuit ad domum dicti domini Cardinalis, & finita Missa, cùm quidam clericus qui ibi erat, quem non cognouit ipse testis, mouisset eidem domino Cardinali quaestionem de lege Mahometi, Iudaeorum, &
Christianorum, quae esset melior: ipse dominus Cardinalis intrans cameram suam cum dicto Episcopo coepit sedere ante lectum suum, & ipse testis, & multi alij qui erant ibi, fuerunt secuti eos in dictam cameram. & tunc dictus dominus Cardinalis dixit quòd nulla dictarum legum erat diuina, sed erant leges istae ab hominibus adinuentae, vt homines metu poenae retraherentur à malis. & quòd dictae leges, & specialiter lex Christianorum continet multa vera & multa falsa. Continet enim
verum in hoc quod dixit Deum vnum esse. & continet falsum in hoc
quod dixit eum trinum, quia hoc dicere fatuum est: Item continet falsum in hoc quod dicit Deum humanam naturam assumpsisse, quia hoc
dicere est ridiculum: Item continet falsum in hoc quod dicit beatam
Mariam Virginem peperisse, quia hoc est impossibile: Item dixit ipsam
esse falsam in hoc quod dicebat in Sacramento altaris ad verba sacerdotis panem & vinum mutari in corpus & sanguinem Christi: Item in eo
quod dicebat resurrectionem mortuorum futuram esse, & quòd non erat
alia vita nisi ista, de qua vita nullus rediit ad istam. Interrogatus de loco.
Respondit quòd Neapoli in hospitio domini Marini Signinulphi, vbi
ipse dominus Cardinalis morabatur. Interrogatus quo anno fuerunt praedicta. Respondit quòd primo anno dicti domini Celestini die tertia mensis Nouembris. Interrogatus si tempus erat tunc clarum vel nebulosum.
Dixit se non recordari. Interrogatus quibus praesentibus dixit praedicta
dictus Cardinalis. Respondit quòd domino Gentili Episcopo supradicto, domino Roberto de Gisualdo Canonico Frequentino & Beneuen-
tano, & dicti domini Cardinalis Capellano, & domino Odone de Pisis, domino Nicolao de Opido Canonico sancti Angeli de Lombardis,
& fratre Nicolao Abbate monasterij sanctae Mariae de Margaritis dioecesis Capudaquensis, & fratre Ioanne monacho monasterij sancti Stephani Monopolitani, & pluribus aliis, de quorum nominibus non recordatur. Interrogatus vtrum sederent vel starent ipse testis & praedicti,
quos suprà nominauit. Respondit quòd dictus Episcopus, & dictus dominus Robertus sedebant iuxta dictum dominum Cardinalem in eadem
banca. & ipse testis, & praedicti alij quos nominauit, sedebant in terra
ante eos. Interrogatus si dictus clericus, qui mouit dictam quaestionem,
sedebat vel stabat. Respondit quòd sedebat in terra postquam dictus dominus Cardinalis incepit loqui. Interrogatus si aliquis tunc respondit
vel restitit verbis praedictis, quae ipse testis dixit dictum dominum Cardinalem dixisse. Respondit quòd non: sed quilibet eorum qui ibi erant
mirabantur contra eum. Interrogatus quibus vestibus erat indutus tunc

dictus dominus Cardinalis. Respondit quòd habebat camisum album, & supra camisum habebat mantellum de blaueto forratum de variis. Interrogatus quid tenebat in capite: dixit quòd quoddam birretum. Interrogatus si dictus dominus Bonifacius prædicta verba dicebat truffatoriè, iocosè, vel assertiuè. Respondit quòd non dicebat iocosè, sed assertiuè.

Item interrogatus super secundo articulo qui talis est. Respondit quòd audiuit dici ab Episcopo Auellino quondam, qui erat frater Minor, & erat de Campania oriundus, & frequenter veniebat ad domum dicti domini Papæ, & à domino Roberto Episcopo sancti Angeli de Lombardo, quòd idem dominus Bonifacius in Papatu non ducebat Catholicam vitam. Interrogatus vbi hoc audiuit ab eis. Respondit quòd Neapoli in quodam hospitio, vbi tunc ipsi & idem testis erant hospitati. Interrogatus de præsentibus. Respondit se non recordari. Interrogatus si hoc audiuit viuente dicto domino Bonifacio, vel post mortem eius. Respondit quòd eo viuente. Interrogatus si audiuit ab illis duobus Episcopis, in quo vel in quibus dictus dominus Bonifacius non ducebat Catholicam vitam. Respondit quòd sic, in eo videlicet quòd comedebat carnes in sextis feriis, & non erat infirmus: Item quia multotiens dicebat non esse Trinitatem in Deo: & in quibusdam aliis, de quibus non recordatur modò.

Item interrogatus super tertio articulo qui talis est. Respondit quòd audiuit dici ab Odone de Alacro dicti domini Bonifacij domicello, quòd idem dominus Bonifacius decesserat hæreticus. Interrogatus vbi & quibus præsentibus audiuit prædicta verba à dicto domicello. Respondit quòd Neapoli, & præsentibus Abbate Nicolao de Opido Canonico sancti Angeli de Lombardis, & pluribus aliis de quorum nominibus dixit se non recordari. Interrogatus si dictus domicellus dicebat aliquam causam, quare diceret dictum dominum Bonifacium hæreticum decessisse. Respondit quòd sic: dixit enim quòd cùm quidam Pœnitentiarius Papæ diceret eidem domino Bonifacio in extremis agenti, quòd reciperet Eucharistiam, & alia Ecclesiastica Sacramenta; idem dominus Bonifacius respondit eidem Pœnitentiario: Vade, vade, dimittas me mori in iniquitatibus meis. Interrogatus si audiuit à dicto domicello quis fuit dictus Pœnitentiarius, dixit se non recordari. Interrogatus si dictus domicellus dixit se fuisse præsentem in dictis verbis, quæ dixit dictum dominum Bonifacium dixisse dicto Pœnitentiario. Respondit se non recordari.

Interrogatus super quarto articulo qui talis est, & super quinto articulo qui talis est, & super sexto articulo qui talis est, & super omnibus & singulis articulis vsque ad vigesimum-quintum articulum sibi diligenter lectis. Respondit se scire de contentis in eis quod suprà dixit, & non aliud.

Item interrogatus super vigesimo-quinto articulo qui talis est. Respondit vera esse quæ in articulo continentur, quantum ad ea de quibus suprà deposuit. Interrogatus apud quos fuit diffamatus dictus dominus Bonifacius de prædictis. Respondit quòd apud Episcopum Arrianen. & Episcopum sancti Angeli de Lombardis prædictum, & apud Minores & Prædicatores, & alios clericos & laicos, de quorum nominibus dixit se non recordari. Interrogatus vbi fuit dicta fama. Respondit quòd Romæ tempore indulgentiæ anni Iubilei, & in Prouincia Beneuentana, & Neapoli etiam. Interrogatus quid est fama. Respondit fama esse quòd quando aliquis est malæ vitæ & malæ conuersationis, & diuulgatur per prouinciam. Interrogatus quot homines faciunt publicam famam. Respondit quòd decem vel duodecim. Interrogatus si fuit doctus vel instructus ad perhibendum hoc testimonium, & si odio, timore, prete, pretio, vel amore aut gratia deposuit quod suprà dixit. Respondit quòd non. Interrogatus quomodo venit ita ad testificandum super hoc negotio. Respondit quòd facta proclamatione, quòd quilibet posset testificari super isto negotio, venit ad eum dominus Bertrandus de Rocanegada, requirens ipsum testem, vt si quid sciret de factis hæresis domini Bonifacij, quòd testificaretur, & sic venit ad testificandum.

Item interrogatus super vigesimo-sexto articulo qui talis est. Respondit se nihil scire nisi vt suprà deposuit.

VII. Témoin.

Die Mercurij vigesima-sexta die mensis Augusti, Florianus Verbertini ciuis Tudertinus laicus, testis senex, & in ætate 65. annorum constitutus, vt asseruit per iuramentum suum, iuratus coram reuerendis patribus dominis P. Penestrino, Berengario Tusculano Episcopis, Nicolao tituli sancti Eusebij, & Thoma tituli sanctæ Sabinæ presbyteris Cardinalibus, in Prioratu de Gransello prædicto, modo recipiendorum testium, & præsentibus dictis fratre Bernardo Inquisitore, & domino Grimerio de Pergamo: interrogatus ab eis super primo articulo, qui talis est. Dixit esse vera, quæ in ipso articulo continentur. Interrogatus quomodo scit. Respondit quòd cùm dominus Benedictus qui postea fuit Bonifacius Papa octauus, esset Canonicus Tudertinus, & ibi moraretur ipse testis, quærebat quendam qui vocabatur Vitalis de Rosario diœces. Tudertinæ, & veniens ad cameram dicti domini Benedicti, inuenit eum ibi cum dicto domino Benedicto, & quibusdam aliis, & dum starent sic in camera ipsius domini Benedicti, ecce quòd pulsata est quædam campanula in Ecclesia cathedrali dictæ cameræ vicina, pro eleuatione Eucharistiæ facienda, & tunc omnes qui astabant, exceptis dictis domino Benedicto, Vitale, & ipso teste, cucurrerunt ad Ecclesiam pro videnda eleuatione Eucharistiæ: Idem etiam testis dixit dicto Vitali: Eamus & nos ad videndum corpus Christi. & tunc dictus dominus Benedictus dixit eis: Fatui fatui, vos vultis ire ad videndum modicum de pasta in manibus sacerdotis: ibi enim est corpus Christi ita parum, sicut ego sum corpus Christi, sed est pasta. & ita parum beata Maria mater Christi fuit virgo post partum, sicut mater mea quæ habuit plures liberos. Interrogatus cuius ætatis erat tunc dictus dominus Benedictus: dixit se non recordari, erat tamen iuuenis ætatis, fortè viginti annorum vel circà. Interrogatus si dictus dominus Benedictus tunc stabat vel sedebat quando dixit verba prædicta. Respondit quòd stabat & ipse & alij qui erant præsentes. Interrogatus quantum tempus est quòd fuerunt prædicta. Respondit quòd sunt quadraginta anni & vltrà, & fuit in ætate quadam die Martis de mense Aprilis vel Maij. Interrogatus qui erant præsentes tunc quando prædicta verba dicta fuerunt. Respondit quòd ipse testis, & dictus Vitalis. Dixit etiam idem testis quòd postmodum elapsis quindecim diebus vel circà, dictus dominus Benedictus misit pro ipso teste quodam die Sabbati, & rogauit eum quòd emeret sibi quatuor bonos capones, quos volebat idem dominus Benedictus præsentare Episcopo Tudertino, cuius dictus dominus Benedictus dicebatur nepos. Idem autem testis emit dictos capones, & detulit sibi. quo facto dictus dominus Benedictus retinuit ipsum testem ad comedendum secum. Et cùm essent in mensa idem dominus Benedictus, & ipse testis, & dictus Vitalis, fuit apportatus coram eis vnus capo vel vna gallina coctus. & tunc ipse testis dixit: Quid faciet iste cibus, hodie non debemus comedere carnes. Tunc ait dictus dominus Benedictus: Quare non ? Respondit idem testis quòd propter saluationem animarum non debebant comedere carnes, nec die Veneris, nec die Sabbati. Et tunc dixit ei dominus Benedictus: Ita parum habes tu animam, sicut iste capo. & ostendit ei dictum caponem coctum. & idem testis dixit: Iam praedicant fratres Minores & Praedicatores, quòd Deus facit resurgere homines in corpore & anima. & dictus dominus Benedictus dixit: Ita parum resurgent corpora hominum, sicut bestiarum. Interrogatus de praesentibus. Respondit quòd ipse testis, & dictus Vitalis, & quidam famulus, qui seruiebat eis, de cuius nomine dixit se non recordari. Interrogatus si dictus dominus Benedictus dicebat tunc praedicta verba truffatoriè, seu iocosè, vel solaciando. Respondit quòd dicebat eadem verba ad determinandum eos in malo. Interrogatus quomodo scit ipse testis, quòd causâ determinandi in malo dictus dominus Benedictus diceret dicta verba. Respondit quia habebatur pro malo homine ab omnibus.

Super secundo articulo, & omnibus aliis & singulis articulis vsque ad vigesimum-quintum articulum sibi diligenter lectis & expositis in vulgari, interrogatus. Respondit se nihil aliud inde scire quàm quod suprà dixit in primo articulo.

Item interrogatus super vigesimo-quinto articulo qui talis est. Respondit quòd diffamatus fuit de iis quae suprà deposuit. Interrogatus apud quos fuit diffamatus. Respondit quòd apud clericos & laicos, iudices, & alios bonos & meliores, & apud maiorem partem hominum de Tuderto, & Curiae Romanae. Interrogatus quo tempore. Respondit quòd ante Papatum & in Papatu, & post mortem ipsius domini Bonifacij. Interrogatus si ipse testis est doctus vel instructus per aliquem ad perhibendum hoc testimonium. Respondit quòd non. Interrogatus si vnquam familiaris fuit seu in seruitio dicti domini Bonifacij. Respondit quod tempore quo ipse dominus Bonifacius erat Canonicus Tudertinus, seruiebat ei interdum de carnibus, quia est macellarius & erat tunc. Interrogatus si prece, pretio, gratia, fauore, timore, vel odio alicuius deposuit praedicta: dixit quòd non. Interrogatus qua causa mouit eum ad ferendum huiusmodi testimonium. Respondit quòd dominus Bertrandus qui dicitur Regis Franciae miles, mandauit pro eo tunc existente in Auinion. & ipse testis ad suam vocationem venit. qui dictus dominus Bertrandus dixit eidem, quòd datum erat sibi intelligi quòd ipse steterat cum dicto domino Bonifacio: vnde si sciebat aliquid de haeresi ipsius quod ferret testimonium. & sic ipse testificatus est.

VIII.
Témoin.
DIE Iouis vigesima-septima dicti mensis Augusti Nicolaus filius domini Berardi de Sulmon. militis, presbyter Primicerius Ecclesiae sancti Ioannis maioris de Neapoli, testis infirmus, & valitudinarius, vt ipse asseruit per iuramentum suum, & ad vultum suum apparebat, iuratus coram reuerendis patribus dominis Berengario Episcopo Tusculano, & Nicolao sancti Eusebij, & Thoma tit. sanctae Sabinae presbyteris Cardinalibus, modo recipiendorum testium, in palatio Papali praedicto in Prioratu
de

de Gransello, praesentibus dictis fratre Bernardo Inquisitore, ac domino Grimerio. Interrogatus ab eis super primo articulo qui talis est. Respondit vera esse contenta in eo. Interrogatus quomodo scit. Respondit quòd viuente domino Celestino in Papatu, quadam die dominus Fredericus quondam Valuen. Episcopus, cum quo idem testis erat, venit ad domum domini Marini Signulphi de Neapoli militis, quam inhabitabat tunc dominus Benedictus Cardinalis, postea Bonifacius Papa octauus, & intrauerunt tam idem Episcopus quàm idem testis capellam, in qua idem Cardinalis tunc missam audiebat, & in eleuatione Eucharistiae aduertit, & vidit idem testis quòd dictus dominus Cardinalis auertit faciem, non respiciens ad Eucharistiam, & magister Ioannes de Thoco Physicus, nunc Archidiaconus Cenomanensis, qui erat ibi, sollicitauit ipsum testem vt aduerteret quòd dictus Cardinalis non respiciebat ad Eucharistiam, quod & fecit. Item dixit idem testis quòd dum dicta missa diceretur, aliqui disputabant extra capellam illam, qui seruarent meliùs legem suam, an Christiani suam, vel Sarraceni, & ista disputatione durante dictus Cardinalis finita missa, exiuit dictam capellam, & audiens quaestionem dixit astantibus: Veniatis, ascendamus ad aulam. Et tunc idem Cardinalis, dictus Episcopus, & dictus magister Ioannes de Thoco, & ipse testis, & plures alij ascenderunt aulam, quibus ibidem existentibus, idem Cardinalis fecit repeti quaestionem à duobus Magistris, quos idem testis non cognoscebat, qui dictam quaestionem mouerant: Scilicet an Christiani meliùs seruarent legem suam, quàm Sarraceni, vel econtrà. Et tunc dictus Cardinalis respondit: Stultum est disputare de hoc, quia homines non habent aliam animam, quàm alia animalia; nec est differentia inter Christianos & Sarracenos. Dixit etiam, faciat mihi Deus bonum in hoc mundo, quia de alio ego non curo: non enim erit resurrectio mortuorum, nec vnquam resurrexit aliquis. Dixit etiam idem Cardinalis tunc, quòd non erat trinitas personarum in Deo, & quòd Deus non venerat in virginem. Et scimus quòd si non esset propter timorem Curiae temporalis, multi tenerent & crederent quod nos dicimus. Interrogatus qui erant praesentes, quando praedicta verba dicta fuerunt à dicto domino Cardinali. Respondit quòd illi quos suprà nominauit, & Guillelmus de Polerino magister Portuslanus de Salerno, & dictus pater ipsius testis, & dominus Philippus Archiepiscopus Neapol. & plures alij, de quorum nominibus non recordatur. Interrogatus si in dicta aula erat lectus, dixit quòd non bene recordatur. Interrogatus si dictus Cardinalis tunc sedebat vel stabat, quando praedicta verba dicta fuerunt. Respondit quòd sedebat. Interrogatus in qua parte salae sedebat. Respondit quòd in capite salae. Interrogatus si sedebat super cathedram, vel super bancam, vel super quo: dixit se non recordari. Interrogatus si idem testis & alij qui aderant, sedebant vel stabant. Respondit quòd aliqui stabant, & aliqui sedebant, & ipse testis, & quidam alij stabant. Interrogatus qui erant ibi Praelati, & qui milites. Respondit quòd dominus Philippus Archiepiscopus Neapolitanus, & dictus Episcopus Valuen. de aliis Praelatis & militibus non recordatur, nisi de patre suo praedicto. Interrogatus de tempore: Respondit quòd tempore dicti domini Celestini, de mense Septembri, vt sibi videtur, sed non recordatur bene de mense, nec de die. Interrogatus si erat tempus serenum tunc vel nebulosum. Respondit quòd nebulosum, vt sibi videtur: non tamen bene recordatur. Interrogatus si dictus Cardinalis dicebat prædicta truffando vel folaciando, aut affertorie, vel ex qua caufa. Refpondit quòd dicebat ex firmo corde. Interrogatus qualiter fcit hoc. Refpondit quia tunc dictus Cardinalis non ridebat, nec truffabat, fed apparebat ad eius effigiem, quòd hoc dicebat ex corde, & affertiuè. Interrogatus quibus veftibus erat indutus tunc dictus Cardinalis. Refpondit quòd non recordatur.

Item interrogatus fuper fecundo articulo qui talis eft, & fuper omnibus aliis, & fingulis articulis vfque ad vigefimum-quintum articulum fibi diligenter lectis. Refpondit fe fcire quod fuprà in primo articulo depofuit.

Item interrogatus fuper vigefimo-quinto articulo qui talis eft. Refpondit vera effe quæ in articulo continentur. Interrogatus quomodo fcit. Refpondit quia audiuit publicè prædicta dici Romæ, Neapoli, Sulmon. & in pluribus aliis locis. Interrogatus à quibus audiuit. Refpondit quòd Romæ audiuit à Francifco Cancellario vrbis, & à domino Ricardo de Campo Florum, nepote domini Francifci Neapol. Cardinalis, & à multis aliis quos non cognofcebat. Interrogatus fi fuit doctus vel inftructus ad perhibendum hoc teftimonium. Refpondit quòd non. Interrogatus qua caufa mouit eum ad ferendum in caufa ifta teftimonium. Refpondit quòd dominus Camerarius domini Papæ mandauit fibi vt veniret. Interrogatus cuius ætatis eft idem teftis. Refpondit quòd eft ætatis triginta annorum vel circa. Interrogatus fi prece, pretio, gratia, timore, fauore, aut odio alicuius depofuit prædicta. Refpondit quòd non.

IX. Témoin.

DIE Veneris vigefima-octaua dicti menfis Augufti, magifter Petrus Odorelli de Aquafparta Notarius Tudertinæ diocef. teftis abfuturus à loco Curiæ, vt per iuramentum fuum afferuit, abfentia diuturna, iuratus in palatio Papali in Prioratu Granfello prædicto, coram reuerendis patribus dominis Petro Peneftrin. & Berengario Tufculano Epifcopis, ac Nicolao fancti Eufebij, & Thoma fanctæ Sabinæ titulorum prefbyteris Cardinalibus fupradictis, more recipiendorum teftium, & præfente domino Grimerio de Pergamo. Interrogatus ab eis fuper primo articulo qui talis eft, & fuper fecundo articulo qui talis eft, & fuper tertio articulo qui talis eft. Refpondit quòd tempore vacationis Ecclefiæ Romanæ poft mortem domini Nicolai quarti, aliqui boni viri de caftro de Aquafparta, de quo idem teftis eft oriundus, iuerunt vifum dominum Benedictum tunc Cardinalem, qui erat ibi propè in quodam caftro fuo ibi vicino, quod vocatur Sifinanum, vbi tunc dictus Cardinalis erat, & cum illis iuit idem teftis. & cùm effent in camera ipfius Cardinalis, & ibi effet quidam medicus, cuius nomine ignorat, qui dicebatur de nouo de Parifius veniffe; idem medicus dixit dicto Cardinali quòd Parifius erant quidam magiftri, afferentes hominum animas cum corporibus fimul mori. & tunc idem Cardinalis, ipfo tefte, & aliis qui aderant audientibus refpondit quòd verum dicebant, & quòd ita parum refurgerent animæ hominum, ficut animæ brutorum, cùm non effet alia vita nifi ifta. Item dixit tunc idem medicus quòd Parifius dicebatur à quibufdam magiftris, quòd quando homines carnaliter fe cognofcunt, quod communiter dicitur vitium fodomiæ, non erat peccatum. Et tunc idem Cardinalis dixit illos dicere verum, quia ita modicum peccatum eft, vt dixit, quando vnus homo alteri carnaliter commifcetur, ficut quando vna manus fricatur cum alia. Interrogatus de loco. Refpondit vt fuprà.

DE BONIF. VIII. ET PHILIP. LE BEL. 563

Interrogatus si dictus medicus, vel aliquialij respondebant sibi, vel contradicebant aliquid. Respondit quòd non. Interrogatus de anno, mense & die, quibus praedicta verba dicta fuerunt à dicto domino Cardinali: dixit se non recordari; dixit tamen quòd fuit tempore aestatis. Interrogatus qui erant illi qui de Aquasparta venerunt ad videndum dictum Cardinalem, vt suprà dixit. Respondit quòd Vitalis Prior sancti Ægidij de sancto Gemino, qui fuerat magister ipsius testis in Grammaticalibus, & dominus Rotgerius Prior monasterij Arnate, diocef. Tudert. & Iuchius Guicarelli de Aquasparta, & Petrus magistri *** de Tuderto. Interrogatus qui erant praesentes, quando dictus medicus, & dictus Cardinalis dixerunt praedicta verba. Respondit quòd praenominati & plures alij, de quorum nominibus dixit se non recordari. Interrogatus quomodo ipse scit, quòd ille qui praedicta verba dixit dicto Cardinali, esset medicus. Respondit quia ita ibi tunc dicebatur. Interrogatus si dum praedicta verba dicebantur, praefatus Cardinalis & alij qui aderant, stabant vel sedebant. Respondit quòd dictus Cardinalis sedebat ante lectum suum, & alij stabant. Interrogatus si dictus Cardinalis sedebat super cathedram, vel super quo. Respondit quòd sedebat super quandam bancam ante lectum suum. Interrogatus quibus vestibus tunc dictus Cardinalis erat indutus. Respondit quòd portabat camisiam super-tunicam, & super camisiam nihil portabat. Interrogatus si aliquid portabat supra caput, dixit quòd birretum. Interrogatus si dictus Cardinalis dicebat praedicta verba truffando, vel solaciando, aut ex certa scientia. Respondit quòd ipse Cardinalis dicebat praedicta verba ad meliorem sensum quem haberet. Interrogatus quomodo scit hoc Respondit quòd ita videbatur sibi, quia idem Cardinalis erat bene dispositus, & in bono sensu.

Item interrogatus super quarto articulo qui talis est, & super omnibus aliis & singulis articulis vsque ad vigesimum-quintum articulum sibi diligenter lectis. Respondit se scire de praedictis articulis, quod suprà in primis tribus articulis deposuit, & non aliud.

Item interrogatus super vigesimo-quinto articulo qui talis est, Respondit vera esse quae in ipso articulo continentur. Interrogatus quomodo scit. Respondit quòd propter dictum gentium, & quia in partibus ipsius testis ita dicitur communiter per gentes: Et dixit quòd dicta fama & vox publica erat in dictis partibus, dum erat Cardinalis, & postea dum fuit Papa, & postmodum etiam post mortem suam, & adhuc est. Interrogatus quae fuerunt illae gentes à quibus audiuit dici praedicta. Respondit se non recordari: sed communiter ita dicebant homines & mulieres in illis partibus. Interrogatus quid est fama: dixit quòd dictum gentium est fama. Interrogatus cuius aetatis est ipse. Respondit quòd ipse testis est 35. annorum vel circà, prout pater suus dixit sibi nuper. Interrogatus quomodo ipse testis venit ad istud testimonium proferendum. Respondit quòd ipse venit ad Curiam pro negotiis suis, & dum esset ibi, dominus Bertrandus de Rupenegata rogauit eundem testem, quòd veniret ad ferendum testimonium de iis quae sciebat de facto haeresis domini Bonifacij. Interrogatus si fuit doctus vel instructus ad perhibendum istud testimonium. Respondit quòd non. Interrogatus si prece, pretio, gratia, fauore, timore, amore, aut odio alicuius deposuit praedicta. Respondit quòd non, sed pro veritate dicenda.

Item eodem die incontinenti post depositionem dicti testis in dicto

BBbb ij

Palatio Abbas Rogerius de Symone, qui die Martis 25. dicti mensis coram reuerendo patre domino Berengario Episcopo Tusculano cum præsentibus dictis fratre Bernardo Inquisitore, & domino Grimerio de Pergamo in Curia aduocato, iurauit, more recipiendorum testium, & post iuramentum suum deposuit, vt superiùs in dicto suo continetur, iterum coram reuerendis patribus dominis Petro Penestrino, & Berengario Tusculano Episcopis, ac Nicolao sancti Eusebij, & Thoma sanctæ Sabinæ titulorum presbyteris Cardinalibus, iurauit, & lecta ac repetita sibi diligenter tota depositione sua prædicta, dixit præsente domino Grimerio prædicto, omnia contenta in ea esse vera sicut deposuit.

X.
Témoin.

DIE Lunæ 31. & vltima dicti mensis Augusti, Guillelmus filius quondam nobilis viri domini Petri de Calatagerono militis Panormitan. diocef. testis abfuturus à loco Curiæ, vt per iuramentum suum asseruit, iuratus coram reuerendis patribus dominis Berengario Episcopo Tusculano, & Nicolao sancti Eusebij, & Thoma sanctæ Sabinæ titulorum presbyteris Cardinalibus, in Papali palatio, in Prioratu de Gransello prædicto, more recipiendorum testium, & præsentibus dictis fratre Bernardo Inquisitore, & domino Grimerio de Pergamo, interrogatus ab eis super primo articulo qui talis est, & super secundo articulo qui talis est, & super tertio articulo qui talis est. Respondit quòd dominus Rotgerius de Loria quondam, qui multis annis fuerat contra Ecclesiam pro Rege Aragonum & filiis suis, tandem rediens ad cor, & volens Ecclesiæ reconciliari, venit de partibus Siciliæ ad dominum Bonifacium Papam octauum, qui tunc erat Romæ in palatio sancti Petri. & nolens ire idem Rotgerius ad præsentiam dicti domini Papæ, præcepit eidem testi qui erat Potertinus seu Capitaneus galeæ, in qua venerat dictus dominus Rotgerius, quòd portaret dicto domino Papæ ex parte dicti domini Rotgerij de fructibus quos portauerant de Sicilia, & duos barriles plenos de melle apum Siciliæ, & præcepit sibi quòd præsentaret dictum encennium ipsi domino Papæ, ipso domino Rotgerio ibidem præsente, quod & fecit ipse testis. Cùm autem ipse dominus Papa respiceret dictos fructus, poma scilicet & quædam alia, & admiraretur pulcritudinem fructuum illorum; idem dominus Rotgerius dixit: Videte, Sanctissime Pater, si debetis mihi regratiari, qui pro vobis dimitto terram ita puleris & bonis fructibus abundantem, & me exposui tantis periculis, vt ad vos venirem. Sed certè, dixit idem Rotgerius : ego credo fuisse saluatus si in isto itinere mortuus fuissem. Cui idem dominus Papa ait : Fortè fuisses, & fortè non. & Rotgerius dixit: Certè, Pater, credulitas mea est quòd Christus filius Dei misertus fuisset mei, si ego in tali puncto mortuus fuissem. & tunc Papa dixit quòd Christus non fuerat filius Dei, sed fuerat homo carnalis comedens & bibens sicut & nos, & fuerat valdè sapiens & disertus, qui per suam prædicationem attraxerat multos homines ad se, & fuerat mortuus, sed non resurrexit, nec vnquam homines mortui resurgent. Dixit etiam tunc idem dominus Papa, quòd ipse erat multo potentior quàm Christus, qui ipse humiles & pauperes poterat ditare, & subleuare, poterat etiam dare regna, & Reges diuites & potentes poterat humiliare & depauperare, & de diuitibus facere pauperes. Interrogatus in quo loco dicti palatij sancti Petri fuerunt ista, dixit quòd in quadam camera, quæ est supra viridarium illius palatij. Interrogatus si erat aliquis lectus in dicta camera, dixit quòd sic, vnus magnus lectus. Inter-

rogatus de quo erat coopertus, dixit se non recordari. Interrogatus de
praesentibus. Respondit quòd dictus dominus Rotgerius, & ipse testis,
& duo milites ipsius domini Rotgerij, scilicet dominus Guillelmus Paloti, & dominus Ioannes de Loria ipsius domini Rogerij nepos. Fuerunt
etiam praesentes Franciscus de Messina, & Ioannes de Cathania, qui
ambo domicelli dicti domini Rotgerij cum ipso teste detulerant dictum
encennium domino Papae. Dixit etiam quòd erant ibi praesentes cum
dicto domino Papa duo milites, quorum vnus erat de Ordine Templi, & alter de Ordine Hospitalis. Interrogatus quis recepit dictum encennium. dixit quòd idem dominus Papa vocauit quendam iuuenem,
qui vocabatur Gaytanuchius, & dixit sibi quòd faceret res illas inde
amoueri, & alibi asportari. & tunc dictus Gaytanuchius vocauit duos
grossos homines de familia Papae, qui dictum encennium inde asportauerunt. dictos autem asportantes encennium idem testis non nouit, vt
dixit. Interrogatus si dictus dominus Papa, & alij qui astabant quando
dictum encennium praesentatum fuit, sedebant vel stabant. Respondit
quòd Papa sedebat, & alij stabant. Interrogatus super quo sedebat dictus
dominus Papa. Respondit quòd super quodam pulcro sedili. Interrogatus quibus vestibus dictus dominus Papa erat tunc indutus. Dixit quòd
portabat quandam camisiam albam sub mantello. Interrogatus cuius coloris erat dictus mantellus. Respondit se non recordari. Interrogatus quid
tenebat in capite. Respondit se non recordari. Interrogatus de anno, mense, die, & hora, quibus praedicta fuerunt. Respondit quòd hoc fuit bene
per vnum annum, antequam ad vocationem ipsius domini Papae Rex
Aragonum qui nunc est, veniret in Siciliam contra dominum Fredericum fratrem suum: alias non recordatur de anno. Dixit etiam quòd fuit
de mense Iunij, de die dixit se non recordari: de hora dixit quòd fuit
post comestionem antequam Papa poneret se ad dormiendum. Interrogatus si dictus dominus Rotgerius, vel aliquis alius de praesentibus domino Papae, quando praedicta verba dicebat, respondit, vel aliquid dixit. Respondit quòd non, sed quilibet stringebat se quando talia audiebat. Interrogatus si dictus dominus Papa dum illa verba dicebat ridebat, vel ea truffando dicebat. Respondit quòd non ridebat, nec videbatur truffare, sed ea dicere puro corde. Item dixit interrogatus quòd
quamdiu dictus dominus Rogerius fuit ibi cum Papa, ipse testis & alij
qui ibi erant de suis steterunt ibidem, & eo recedente recesserunt cum
eo. Item super quarto articulo qui talis est, & super omnibus aliis & singulis articulis sibi diligenter lectis & expositis in vulgari vsque ad finem,
dixit se scire quae praedixit, & nihil aliud. Interrogatus si fuit doctus vel
instructus per aliquem ad ferendum hoc testimonium. Respondit quòd
non. Interrogatus cuius aetatis est idem testis. Respondit quòd quadraginta annorum vel circa. Interrogatus quae causa mouit eum, & quomodo venit ad ferendum testimonium in hac causa. Respondit quòd ipse
tempore quadragesimali, quando tractabatur causa domini Bonifacij,
erat idem testis Auinioni in Curia Regis Siciliae, causa impetrandi ab eo
quasdam literas super confirmatione cuiusdam officij sui, scilicet quia est
Portulanus, seu custos Portus de Salerno. & tunc audiuit dici quòd ossa
domini Bonifacij debebant comburi, quia haereticus erat. & tunc ipse
cogitauit super haeresi ipsius domini Bonifacij dicere quod sciebat. Vnde
requisitus à domino Bertrando de Rupenegata venit ad perhibendum testimonium in huiusmodi negotio. Interrogatus si prece, pretio, gra-

tia, fauore, timore, aut odio alicuius depofuit prædicta. Dixit quòd non.

XI.
Témoin.

DIE Martis prima menfis Septembris anni & Pontificatus prædictorum Francifcus Armanei de Meſſana, laïcus, ætatis 35. annorum vel circiter, teſtis abfuturus à loco Curiæ, vt per iuramentum ſuum aſſeruit, abſentia diuturna, iuratus coram reuerendis patribus dominis Petro Epiſcopo Peneſtrino, & Nicolao ſancti Euſebij, Arnaudo ſancti Marcelli, & Thoma ſanctæ Sabinæ titulorum presbyteris Cardinalibus, in Papali palatio, in Prioratu de Granſello prædicto, more recipiendorum teſtium, & præſente domino Grimerio, & fratre Bernardo Inquiſitore prædictis: Interrogatus ab eis ſuper primo articulo qui talis eſt, & ſuper ſecundo articulo qui talis eſt, & ſuper tertio articulo qui talis eſt. Reſpondit ſe hoc inde ſcire, videlicet quòd tempore Papatus dicti domini Bonifacij ipſe teſtis qui erat domeſticus & familiaris domini Rotgerij de Loria Admirati, cum ipſo domino Rotgerio qui de partibus Siciliæ in quadam galea venerat, venit & applicuit cum ipſo domino Rogerio & aliis qui erant in dicta galea ad Portum Romanum; & cùm fuerunt ad ipſum Portum, ipſe dominus Rotgerius iuſſit ipſi teſti, & Guillelmo de Palermo, qui erat Potertinus ſeu Capitaneus dictæ galeæ, & Ioannuchio de Palermo, qui ſimiliter erat familiaris dicti domini Rogerij, quòd portarent ſeu portari facerent quædam poma de monte Gibello, & quædam vaſa melle plena, & quoſdam alios fructus ad dictum dominum Bonifacium, & ea eidem domino Bonifacio Papæ ex parte ipſius domini Rotgerij, & in eius præſentia præſentarent; quod fecerunt. Et cùm dictum encennium fuiſſet ſic præſentatum ipſi domino Bonifacio, dictus dominus Rotgerius dixit ei: Pater ſancte, ego dimiſi illam dulcem terram quæ producit iſtos bonos fructus, vt venirem ad Sanctitatem veſtram. Ego fui in magno periculo veniendo per mare, & credidi periclitare: veruntamen ſi mortuus fuiſſem, Chriſtus ſaluaſſet animam meam, & iuiſſem in Paradiſum. & tunc dictus dominus Bonifacius dixit: Forſitan ſic, & forſitan non. & tunc dictus dominus Rotgerius dixit: Ego omnino credo quòd Chriſtus fuiſſet miſertus animæ meæ. & dominus Bonifacius tunc reſpondit: Vade vade, ego plus poſſum quàm Chriſtus nunquam potuerit, quia ego poſſum humiliare & depauperare Reges, Imperatores, & Principes, & poſſum de vno paruo milite facere vnum magnum Regem, & poſſum donare ciuitates & regna, & facere de vno paupere diuitem, & de vno diuite pauperem. & tunc dictus dominus Rotgerius dixit: Nos credimus quòd Chriſtus filius Dei deſcendit in hunc mundum, & paſſus fuit, & ſepultus pro ſalute humana, & quòd ſaluabit animas, & reſurrexit à mortuis. Ad quod idem dominus Bonifacius reſpondit quòd Chriſtus non fuit Deus, neque reſurrexit, nec reſurget, neque homo vnquam reſurget, ſed cùm moritur homo, moritur & in corpore & in anima. Chriſtus enim fuit vnus magnus Protonotarius, & Prædicator: & quia ſciuit bene loqui per mundum, multi ſequuti ſunt eum, ex quo habet iſtum honorem. Interrogatus in quo loco erat tunc dictus dominus Bonifacius. Reſpondit quòd erat in palatio ſancti Petri in quadam camera interiori iuxta pratum, in qua camera erat vnus magnus lectus. Interrogatus cuius coloris erat copertura dicti lecti. Reſpondit ſe non recordari; ſed dixit quòd circa lectum erant panni aurei. Interrogatus ſi ſtabat tunc vel ſedebat dictus dominus Bo-

DE BONIF. VIII. ET PHILIP. LE BEL.

nifacius. Respondit quòd sedebat super quodam pulcro sedili, cooperto quodam panno aureo: dictus verò dominus Rotgerius, & alij qui ibi aderant stabant. Interrogatus qui erant ibi præsentes. Respondit quòd dictus dominus Rotgerius, dominus Guillelmus Paloti miles ipsius, & dominus Ioannes de Loria similiter miles dicti domini Rotgerij, & duo fratres, vnus Hospitalarius, & alter Templarius, quorum vnus astabat ab vno latere ipsi domino Papæ, & alter ab alio: sed de nominibus dictorum fratrum dixit se non recordari. & quidam filius domini Iacobi, nomine Gaytanellus, cui dictus dominus Bonifacius præcepit quòd faceret asportari & recipi dictum encennium; & quidam alius qui stabat iuxta ostium dictæ cameræ, quem non cognouit: nec etiam recordatur de nominibus aliorum, si qui ibi astabant. Interrogatus si dictus dominus Rotgerius, vel aliquis alius tunc restitit, vel respondit verbis dicti domini Bonifacij aliter quàm suprà dixit. Respondit quòd non, sed omnes qui ibi erant, mirabantur de dictis verbis & stupebant & restringebant se respiciendo vnus alium. Interrogatus quibus vestibus erat tunc indutus dictus dominus Bonifacius. Respondit quòd vnam camisiam albam habebat indutam sub mantello, & mantellum supra camisiam coloris rubei, vt sibi videbatur. Interrogatus si dictus dominus Bonifacius dicebat prædicta truffatoriè, iocosè, vel assertiuè, vel qualiter. Respondit quòd immo prædicta dicebat assertiuè ad meliorem sensum quem haberet, vt videbatur. Interrogatus quomodo scit quòd prædicta verba dixerit dictus dominus Bonifacius bono corde, & assertiuè. Respondit quia ipse nec aliquis ibi tunc ridebat, sed prædicta dicebat secundùm quod prædixit. Interrogatus si dictus dominus Bonifacius dictis verbis prolatis per eum, antequam ipse & alij circumstantes recederent, correxit se, vel contrarium dogmatizauit eis: dixit quòd non, sed stetit in finibus eorum quæ dixerat: & tunc dictus Admiratus, & ipse testis, & alij qui cum eo erant recesserunt. Interrogatus quo anno, quo mense, quo die, & qua hora prædicta fuerunt. Respondit quòd de anno non recordatur, sed fuit antequam dominus Iacobus Rex Aragonum iret in seruitium Ecclesiæ in Siciliam cum annata per annum vel circa, & fuit de mense Iunij. de die non recordatur. de hora dixit quòd fuit ante horam meridiei post comestionem dicti domini Bonifacij. Interrogatus si erat tempus serenum vel nebulosum. Respondit, quòd erat serenum & vigebat magnus calor.

Item interrogatus super quarto articulo qui talis est, & super omnibus aliis & singulis articulis sibi diligenter lectis & expositis in vulgari. Respondit se scire illud, quod suprà dixit, & nihil aliud, nisi quia in partibus suis dicebatur communiter quòd ipse erat malus homo, & Patarenus, & quòd ossa sua debebant comburi sicut paleæ. Interrogatus per quos, & vbi dicebantur prædicta. Respondit quòd per homines & mulieres de partibus suis, videlicet de Sicilia & Calabria, quorum nomina graue esset enuntiare, quia omnes homines & mulieres de dictis partibus communiter hoc dicebant. Interrogatus quo tempore prædicta dicebantur. Respondit quòd tempore Papatus sui dum erat Romæ, & pòst. Interrogatus quomodo venit ad Curiam, & qua causa mouit eum ad ferendum testimonium in huiusmodi negotio. Respondit quòd ipse testis venit cum domino Roberto Rege Siciliæ Auinion. isto anno; & cùm esset ibi tempore quo fuit rumor inter Carrossiuum & dominum Guillelmum de Nogareto super factis domini Bonifacij, requisitus fuit à quodam, cuius nomine ignorat, si aliquid sciebat de dicto negotio, & ipse respondit quòd sic. & postmodum dominus Bertrandus de Rocanegata venit ad eum ; requirens quòd non recederet de Curia, donec reddidisset suum testimonium in prædicto negotio. Interrogatus si fuit doctus vel instructus per aliquem ad deponendum prædicta. Respondit quòd non. Interrogatus si prece, pretio, gratia, fauore, timore, aut odio alicuius deposuit prædicta : dixit quòd non nisi pro veritate dicenda.

XII.
Témoin.

Die Mercurij secunda dicti mensis Septembris Stephanus filius quondam domini Quelli de Podio, de Luca, laïcus, testis abfuturus in proximo absentia diuturna, vt per iuramentum suum asseruit, à loco Curiæ, & in ætate quinquaginta annorum vel plurium constitutus, iuratus in Prioratu de Granfello prædicto coram reuerendis patribus dominis Petro Episcopo Penestrino, & Nicolao tituli sancti Eusebij, ac Arnaldo tituli sancti Marcelli presbyteris Cardinalibus, more recipiendorum testium, & præsentibus dictis fratre Bernardo Inquisitore ; ac domino Grimerio: Interrogatus ab eis super primo articulo qui talis est, & super secundo qui talis est, & super tertio qui talis est. Respondit quòd tempore Papatus dicti domini Bonifacij quædam magna ambaxiata de Tuscia, & de Bononia iu t Romam ad ipsum dominum Bonifacium. & ipse testis iuit cum dicto patre suo, qui erat vnus de Ambaxiatoribus Lucanis. Et quadam die cùm Ambaxiatores ipsi, & idem testis cum eis essent in præsentia dicti domini Papæ, quidam Capellanus, quem non cognouit, accessit ad ipsum dominum Bonifacium dicens: Pater sancte, mortuus est talis miles de Campania, & expressit dictus Capellanus nomen eius. ipse tamen testis non recordatur de nomine. Addens ipse Capellanus quòd idem miles fuerat malus homo. & tunc dictus dominus Papa dixit: Isti defecit mundus. & tunc dominus Antoniolus de Galuciis de Romana miles, qui erat ibi Ambaxiator pro Communi Bononiæ, dixit: Pater sancte, quomodo defecit isti mundus. & dominus Bonifacius dixit ei, quòd cuicunque moritur, deficit mundus ; aliter autem mundus in se nunquam deficit, nec vnquam deficiet. & tunc dictus Capellanus dixit: Pater sancte, ipse fuit quidam magnus malus homo, Iesus Christus habeat animam eius. & tunc dictus dominus Bonifacius respondit : O fatue, cui commendas animam eius, quia ille Christus non potuit iuuare se, quomodo poterit iuuare alium, quia ipse non fuit Deus, sed fuit vnus sapiens homo & magnus hypocrita? Adiiciens dictus dominus Bonifacius, quòd dictus miles mortuus habuerat in ista vita omne illud bonum, & malum quod vnquam habebit, quia non erat alia vita nisi ista præsens : & quòd Paradisus & Infernus erant in isto mundo, sic videlicet quia qui est bene sanus & deliciosus, & bene fortunatus in isto mundo habet Paradisum, & qui contrarium habet, habet Infernum. & dictus dominus Antoniolus tunc dixit: Pater sancte, ergo non habemus aliud facere amodò, nisi recipere de delectationibus istius mundi. Estne peccatum iacere cum mulieribus ? & dominus Bonifacius tunc dixit : Ita peccatum est carnaliter commisceri cum mulieribus & masculis, sicut est peccatum abluere manus suas. Et tunc dictus dominus Antoniolus dixit : Amodò non habemus nisi gaudere. Dixit etiam ipse testis quòd ita altè dictus dominus Bonifacius proferebat verba quæ dicta sunt, quòd quotquot erant ibi, poterant ea audire, & intelligere. Interrogatus si aliquis eorum qui erant ibi præsentes, restitit vel respondit

DE BONIF. VIII. ET PHILIP. LE BEL.

dit aliquid aliud ad prædicta quæ dicebat dictus dominus Bonifacius. Respondit quòd non: sed omnes qui ibi erant cœperunt stupere & mirari de dictis verbis, & se se constringere. Interrogatus si dictus dominus Bonifacius dicebat prædicta verba iocosè vel solaciando, vel qualiter. Respondit quòd credit quòd pro vero prædicta dicebat. Interrogatus quare credit. Respondit quia ita altè & coram tot bonis viris sicut ibi erant dicebat. Interrogatus si dictus dominus Bonifacius prædicta verba præsentibus dictis Ambaxiatoribus antequam recederent de loco, reuocauit. Respondit quod non, quòd ipse sciuerit vel audiuerit. Interrogatus de præsentibus. Respondit quòd de Bononia ibi erant dictus dominus Antoniolus, & duo alij, videlicet quidam miles, & quidam Notarius, de quorum nominibus non recordatur. De Florentia verò aderant dominus Barius de Friscobaldis miles, & Basqueria de Tosengis, & alij de quorum nominibus dixit se non recordari. De Luca verò aderant dominus Orlandus de Salamancellis, & dictus dominus Quellus pater ipsius testis, & dominus Vbaldus Paria milites, & Seruancellus de Apriano Notarius, tunc Prior populi Lucani, Ambaxiatores, & ipse testis, & dominus Raynerij, & Ciccus de Interminellis, & Totus Iocci de Luca, qui quatuor erant cum dictis Ambaxiatoribus Lucanis. Dixit etiam quòd erant ibi Ambaxiatores de Senis, sed de ipsorum nominibus non recordatur. Item dixit quòd ibi aderant de familiar. dicti domini Bonifacij tam clerici quàm laici, de quorum nominibus non recordatur. Interrogatus de loco. Respondit quòd prædicta fuerunt in palatio Lateranen. in prima camera post locum in quo consueuerat tenere consistorium cum Cardinalibus. Interrogatus si dictus dominus Bonifacius tunc stabat vel sedebat. Respondit quòd sedebat super quadam sede, de qua non recordatur qualiter esset facta, quæ sedes erat ante lectum, qui erat in dicta camera, nec recolit de quo esset coopertus dictus lectus; sed dixit quòd erat vnus magnus lectus. Interrogatus si dictus Capellanus qui dixit dicta verba dicto domino Bonifacio, tunc stabat vel sedebat. Respondit quòd non sedebat: sed non recordatur vtrum staret vel esset flexis genibus. Recordatur tamen quòd omnes dicti Ambaxiatores, & illi qui cum eis erant, stabant tunc flexis genibus. Interrogatus quibus vestibus erat tunc indutus dictus dominus Bonifacius. Respondit quòd videtur sibi quòd haberet vnum mantellum de scarleto, & habebat ad latus quandam toalliam paruam, cum qua interdum tergebat sibi os, & videtur sibi quòd in capite haberet vnam almussiam rubeam. Interrogatus si tunc quando dictus dominus Bonifacius dixit dicta verba, prædicti Ambaxiatores primò intrauerant ad ipsum dominum Bonifacium, an iam aliàs se præsentauerant ei pro illa ambaxiata. Respondit quòd antè in publico consistorio proposuerant ambaxiatam suam. Interrogatus de anno, mense, die, & hora. Respondit quòd fuit anno magnæ Indulgentiæ. sed aliter non recordatur de anno. De mense etiam non recordatur, sed dixit quòd fuit circa festum sancti Martini hyemalis, & credit quòd fuit de mense Nouembri vel Decembri. de die non recordatur; sed de hora dixit quòd fuit post prandium circa horam nonam. de tempore vtrum esset serenum vel nebulosum, vel pluuiosum, non recordatur. Interrogatus si prædicta verba, quæ dixit dictum dominum Bonifacium dixisse, protulit ipse dominus Bonifacius in Latino, vel in vulgari. Respondit quòd ipse dominus Bonifacius protulit omnia dicta verba in vulgari, ipso teste audiente: Sed tamen cum dicto Capellano

CCcc

interdum loquebatur in vulgari, & interdum in Latinis verbis.

Interrogatus super octauo articulo qui talis est. Respondit quòd audiuit dominum Bonifacium tunc dicentem quòd quando homo moritur, quòd anima nunquam redibit, quia morietur simul cum corpore, nec est alia vita nisi ista præsens. & dixit se nihil aliud scire de contentis in ipso articulo.

Item interrogatus super nono articulo qui talis est, dixit se nihil aliud scire quàm quod suprà dixit.

Item interrogatus super decimo articulo qui talis est. Respondit se scire illa, quæ suprà dixit in dictis primo, secundo, & tertio articulis, & nihil aliud dixit se scire de contentis in eo.

Item interrogatus super tredecimo articulo qui talis est. Respondit se scire illa quæ suprà dixit in dictis articulis, de quibus suprà deposuit, & nihil aliud dixit se scire de contentis in eodem articulo.

Super omnibus verò aliis & singulis articulis vsque ad vigesimum-quintum articulum ei diligenter expositis & vulgarisatis. Respondit se scire illa quæ suprà dixit, & nihil aliud.

Item interrogatus super vigesimo-quinto articulo qui talis est. Respondit se audiuisse dici quòd dictus dominus Bonifacius fuit hæreticus, & etiam audiuit dici quòd fratres Minores Inquisitores hæreticæ prauitatis de Spoleto inquisiuerunt contra ipsum dominum Bonifacium, tunc Benedictum, de hæresi, antequam teneret aliquod beneficium Ecclesiasticum, & imposuerunt ei crucem, quam fecerunt ei portare per vnum mensem, & plus, pro iis quæ inuenerunt contra eum de hæresi. Interrogatus à quibus audiuit prædicta. Respondit quòd à domino Matthæo de Podio de Luca milite, & Nerio Zaphayno de Luca, & Tocco de Iucco, & à multis aliis, de quorum nominibus non recordatur. Interrogatus in quo loco prædicta audiuit. Respondit quòd Lucæ, Mantuæ, Veronæ, Parmæ, Brieciæ, & in multis locis vltra montes & citra montes. Interrogatus quantum tempus est quòd audiuit prædicta. Respondit quòd iam sunt decem anni, vt credit. Interrogatus si est doctus vel instructus per aliquem, aut si prece, pretio, gratia, fauore, timore vel odio alicuius deposuit prædicta. Respondit quòd non. Interrogatus quomodo venit ad ferendum testimonium in huiusmodi negotio. Respondit quòd ipse conuersabat tempore quo dominus Papa erat Auinion. cum domino Bertrando Agasso milite, & conuersando cum eo incidit sermo de domino Bonifacio, & ipse testis dixit se scire aliquid de eo super facto hæresis; & verba ista peruenerunt ad dominum Guillelmum de Nogareto, & sic ad eius requisitionem venit ad perhibendum testimonium in huiusmodi negotio.

XIII.
Témoin.

DIE Veneris quarta dicti mensis Septembris, Dinus filius quondam domini Roquesani de Rayneriis de Luca militis, laicus, ætatis quadraginta quatuor annorum vel circà, vt dixit, testis abfuturus absentia diuturna à loco Curiæ, vt per iuramentum suum asseruit, iuratus in Prioratu de Gransello prædicto, more recipiendorum testium, coram reuerendis patribus dominis Petro Penestrino Episcopo, Nicolao tituli sancti Eusebij, & Arnaldo tituli sancti Marcelli, & Thoma tituli sanctæ Sabinæ presbyteris Cardinalibus, & præsentibus dictis fratre Bernardo Inquisitore, & Grimerio de Pergamo : Interrogatus ab eis super septimo articulo qui talis est. Respondit quòd tempore magnæ Indulgentiæ, cùm quædam magna ambafciata de Bononia & de Tufcia veniffet Romam ad dictum dominum Bonifacium, & Ambaxiatores dictæ ambaxiatæ intrarent ad dictum dominum Papam, ipfe teftis cum quibufdam aliis, licèt non effet de dictis Ambafciatoribus, nec de eorum familia, afferens fe de familiaribus eorum intrauit cum eis ad dictum dominum Bonifacium, & dixit quòd iuerat Romam propter Indulgentiam. Dixit etiam quòd quafi fingulis diebus cum Ambaxiatoribus Lucanis comedebat. Dixit etiam quòd ideo ingeffit fe ad intrandum cum eis, vt videret Papam, & quòd ipfe inerat Romæ antequam dicti Ambaxiatores, fed quanto antè non recolit: & moratus fuit tunc temporis per octo vel decem dies, priùfque receffit de Roma, quàm ipfi Ambaxiatores receffiffent. Poftque dimifit Rom. & dixit quòd cùm fuiffet flexis genibus cum dictis Ambaxiatoribus coram dicto domino Bonifacio, quidam Capellanus, quem non cognouit, dixit eidem domino Bonifacio quòd quidam miles de Campania mortuus erat. & tunc dictus dominus Bonifacius refpondit eidem Capellano quòd illi militi mortuo defectus fuerat mundus. Et tunc dominus Antoniolus de Chaluciis de Bononia miles, qui erat ibi præfens pro Ambaxiatore Communis Bononiæ, dixit: Pater fancte, quomodo illi militi eft defectus mundus. Et dictus dominus Bonifacius dixit: Mundus nunquam defectus, nec vnquam debet deficere nifi illis qui moriuntur. Dictus verò Capellanus dixit tunc : Pater fancte, miles ille fuit malus homo, Chriftus habeat animam fuam. & dominus Bonifacius tunc dixit: Fatue, cui recommendas tu animam dicti defuncti, quia ipfe Chriftus non potuit iuuare fe, quomodo iuuabit alios? Chriftus non fuit Deus, immo fuit homo ficut nos, & fuit fapiens homo & magnus hypocrita: & dictus miles defunctus habuit in hoc mundo illud bonum & illud malum, quod poterit vnquam habere, quia quando mortuum eft corpus mortua eft & anima. & tunc dictus dominus Antoniolus refpondit: Pater fancte, Paradifus & Infernus quid eft ? & dominus Bonifacius refpondit: Paradifus & Infernus funt in hoc mundo, & illi qui habent Paradifum in hoc mundo funt diuites, & fani, & bene fortunati, & qui habent Infernum habent contrarium prædictarum : & ideo non eft alia vita nifi ifta. & dictus dominus Antoniolus dixit: Ergo Pater fancte, ex eo quòd non eft alia vita nifi ifta, non eft peccatum homini facere quod placet fibi, & præfertim iacere cum mulieribus. & dictus dominus Bonifacius dixit tunc : Tantum peccatum eft, carnaliter commifci cum mulieribus & paruis mafculis, ficut fricare vnam manum cum alia. & dictus dominus Antoniolus tunc ftrinxit fpatulas fuas, & dixit: Ergo quilibet laboret gaudere. Interrogatus de loco. Refpondit quòd in palatio Lateranen. in fecunda vel tertia camera : fed non bene recordatur. & dixit quòd in dicta camera erat vnus magnus lectus coopertus de quadam coopertura rubea. & dixit quòd fedebat in quadam cathedra. & dixit quòd erat indutus dictus dominus Bonifacius quadam camifia alba, habens mantellum rubeum de fcarletto : & circumftantes Ambaxiatores qui erant ibi flexis genibus * poterunt audire quæ fuprà dicta funt. Interrogatus quomodo fcit quòd audiebant. Refpondit quia ita credit, & quòd erant ita prope quòd poterant ipfum audire, ficut & ipfe teftis. Interrogatus de circumftantibus. Refpondit quòd de Luca aderant dominus Vbaldus de Paria de Interminellis, & dominus Orlandus de Salarnoncellis milites, & Seruanellus de Morian. Notarius, qui erat tunc Prior populi Lucani, & dominus Quellus de Podio miles , & alij plures

*audierāt liberè

Ambafciatores de Lucà, de quorum nominibus dixit fe non recordari, & cum ipfis Ambaxiatoribus de Luca aderant ibi fimiliter Florifbarra, filius domini Iacobi Ofbarre, & Francifcus quondam filius domini Beti de Interminellis, & Ballarus quondam filius domini Iacobi Parria de Interminellis, & Manfredus Dardanthini de Luca, & Stephanus filius dicti domini Quelli, & Totto de Iatro, & alij de quorum nominibus dixit fe non recordari. De Florentia verò dixit quòd aderant dominus Bertus de Frifcobaldis miles, & Bafqueria de Tofengis Ambaxiatores : de aliis dixit fe non recordari. De Bononia verò aderant dominus Antoniolus de Galuciis, & alij de quibus non recordatur. Interrogatus fi dicti Ambaxiatores dixerunt tunc aliquid de ambaxiata eorum: dixit quòd non recordatur. Item dixit quòd ibi erant præfentes duo fratres, vnus de Hofpitali, & alius de Templo, vt fibi videtur, quorum vnus ftabat dicto domino Bonifacio ab vno latere, & alius ab alio : alij verò familiares dicti domini Bonifacij erant ibi; de quorum nominibus dixit fe non recordari. Interrogatus fi ipfe teftis ftetit ibi quoufque dicti Ambaxiatores recefferunt de dicta camera. Refpondit quòd fic, & dixit quòd ipfe recefit cum eis de dicta camera. Interrogatus fi quando dictus dominus Bonifacius dicebat verba prædicta, aliquis illorum reftitit feu contradixit eidem domino Bonifacio. Refpondit quòd non, & quòd nullus ei refpondit, nifi dictus dominus Antoniolus qui refpondit vt fuprà. Interrogatus fi dictus dominus Bonifacius dicebat dicta verba iocosè vel truffatoriè, vel qualiter. Refpondit quòd fibi videbatur quòd pro firmo diceret & non iocosè, quia non vidit quòd faceret aliquam excufationem, feu reuocationem, vel rifum. Interrogatus de anno, menfe, die, &,hora, quibus prædicta fuerunt. Refpondit quòd de anno aliter non recordatur, nifi quòd fuit anno magnæ Indulgentiæ, & credit quòd fuit de menfe Nouembr. vel Decembr. de die non recordatur; de hora dixit quòd fuit circa nonam. Interrogatus vtrum tempus effet tunc ferenum vel nebulofum. Refpondit fe non recordari. Interrogatus fi dictus dominus Bonifacius quando prædicta verba dixerat, loquebatur in vulgari, vel verbis Latinis. Refpondit quòd in vulgari tantùm. Interrogatus fi . . . . . . qui ibi effent, talia verba dicta fuerunt . . . . quod dixit ipfe teftis fuiffe dicta. Refpondit quòd non recordatur. Item interrogatus fuper omnibus aliis & fingulis articulis à principio vfque ad finem ei diligenter lectis, & expofitis in vulgari. Refpondit fe fcire ea quæ fuprà dixit, & nihil aliud de contentis in eis, excepto quia audiuit dici quòd quando dictus dominus Bonifacius erat Benedictus iuuenis, quidam qui dicebatur Inquifitor hæreticæ prauitatis, pro facto hærefis vt dicebatur, condemnauit dictum Benedictum: ipfe verò Benedictus poftmodum creatus Papa, vt audiuit dici, mandauit fibi afportari librum feu libros Inquifitoris, vbi nomen fuum & factum, & proceffus fupra ipfum dicebantur fcripti, & nedum librum vel libros fecit comburi, fed quofdam alios libros inquifitionis factæ per dictum Inquifitorem. Interrogatus de nomine Inquifitoris, & cuius Ordinis effet. Refpondit fe nefcire nec audiuiffe dici, nec etiam recolit fe audiuiffe dici fi effet frater Minor vel Prædicator. Interrogatus vbi dicebatur factam fuiffe dictam inquifitionem. Refpondit fe audiuiffe dici quòd Spoleti fuerat facta. Interrogatus à quibus audiuit. Refpondit quòd forte à tribus vel quatuor, videlicet à Priore de Laraco de Interminellis de Luca, & Vilanuchio filio Bertrandi de Luca, & à . . . . . . Podio de Luca, & de plu-

DE BONIF. VIII. ET PHILIP. LE BEL.

ribus non recordatur. Interrogatus quo tempore ipse prædicta audiuit. Respondit quòd sunt septem anni vel circa. Interrogatus vbi audiuit ista. Respondit quòd Lucæ, sed in quo certo loco non recordatur. Interrogatus si fortè vel pluries audiuit dici prædicta. Respondit quòd semel tantùm. Interrogatus . . . . tunc erant amici vel inimici aut maleuoli. Respondit . . . . tunc prædicti peruenerant ad . . . . . . dicebatur ibi quòd ipse damnauerat Columnienses . . . . . . sponsam fuit quòd ipse dominus Bonifacius erat inimicus . . . . Columnienses, & sic peruenerunt ad ipsa verba. Interrogatus si ipse esset legitimus vel naturalis. Respondit quòd est legitimus, & habet in bonis valorem mille florenorum, non corruptus prece vel pretio, amore vel odio, non subornatus ab aliquo, vel instructus: Sed dixit quòd quidam frater Franciscus de Luca de Ordine Heremitarum fecit per aliquam interpositam personam, cuius nomen ignorat, petere ab ipso teste, si sciret aliquid de facto hæresis dicti domini Bonifacij; & ipse testis dixit se cogitaturum. dixit tamen quòd cùm ipse esset Auinioni venit ad Malausenam pro perhibendo testimonio ad expensas proprias, nec nouit personam vel . . . . eum pro perhibendo testimonio. Dixit tamen quòd quidam Vasco, quem nescit nominare, personam tamen eius cognosceret si videret, duxit eum huc ad hoc ipsum. Requisitus quis est qui tradidit ei illam cedulam, quam apportauit dictis dominis Cardinalibus, continentem certos articulos super quibus debebat interrogari: dixit quòd quidam Notarius ipse ostendit dictis dominis Peneftrino, Arnaldo, ac Nicolao Cardinalibus per aspectum, præsentibus dictis fratre Bernardo Inquisitore, & magistro Grimerio, ac nobis Notariis, qui requisiuit ipsum testem si aliquid sciret de facto hæresis dicti domini Bonifacij; & ipse testis respondit eidem Notario se scire aliquid de facto, quod in dicta cedula continetur: & dictus Notarius posuit in dicta cedula factum illud per articulos, vt sibi visum fuit, & eo facto cedulam ipsam tradidit ipsi testi deferendam dictis dominis Cardinalibus. qui Notarius vocatus ad præsentiam dictorum trium Cardinalium recognouit se dictam cedulam scripsisse.

DIE Mercurij nona dicti mensis Septemb. Franciscus quondam domini Beti de Interminellis de Luca militis, laicus, ætatis 45. annorum vel plurium, testis abfuturus à loco Curiæ absentia diuturna, vt per iuramentum suum asseruit, iuratus in Prioratu de Granfello prædicto coram reuerendis patribus dominis Petro Episcopo Peneftrino, Nicolao tituli sancti Eusebij, & Thoma tituli sanctæ Sabinæ presbyteris Cardinalibus more recipiendorum testium, & præsentibus dictis fratre Bernardo Inquisitore, & domino Grimerio: Interrogatus ab eis super quarto articulo qui talis est. Respondit quòd nescit vtrum illa quæ audiuit eum dicentem, sint hæreticalia, vel non: tamen audiuit eum dicentem hæc, & ea credit hæreticalia. Videlicet quia cùm quidam Clericus vel Capellanus venisset ad dictum dominum Bonifacium, & nuntiasset ei quòd quidam miles de Campania, quem ibi nominauit idem Capellanus, erat mortuus, idem dominus Bonifacius dixit: Illi militi est defectus mundus, & illis qui moriuntur deficit mundus, & aliter nunquam deficiet in se. & tunc dictus Capellanus dixit: Ille miles erat malus homo, Christus habeat animam suam. & tunc respondit ei dominus Bonifacius: Fatue, cui commendas animam eius, quia Christus non potuit se iuuare, quomodo iuuabit alios? Adiiciens quòd Chriſtus non fuit Deus, ſed fuit homo ſicut nos, tamen ſapiens homo & magnus hypocrita. & dixit etiam dictus dominus Bonifacius, quòd malum & bonum quod debet habere, iſte miles habuit in iſto mundo, quia non eſt alia vita niſi iſta præſens. & dixit quòd Infernus & Paradiſus ſunt in iſto mundo. & ille eſt bene in Paradiſo, qui in iſto mundo eſt ſanus, diues & bene fortunatus. . Interrogatus quòd credit ipſe dominum Bonifacium dicere voluiſſe per hoc quod dixit, quod qui bene erat fortunatus in iſto mundo habet Paradiſum. Dixit ſe credere quòd volebat dicere quòd ille qui complet deſiderium ſuum & velle in hoc mundo eſt bene fortunatus, & hoc eſt Paradiſus. & dicebat etiam idem Bonifacius quòd ille qui habet contrarium in hoc mundo, ille habet ſuum Infernum. Et tunc dominus Antoniolus de Galuciis miles de Bononia, qui erat ibi Ambaxiator pro Communi Bononiæ, dixit: Secundùm hoc ergo, Pater ſancte, quæ vos dicitis quòd non eſt peccatum homini facere in iſto mundo quodlibet, & ſpecialiter iacere cum mulieribus ? & tunc reſpondit idem dominus Bonifacius, quòd commiſceri cum mulieribus, & etiam cum garcionibus, non erat peccatum plus quàm fricare vnam manum cum alia. & tunc dixit idem dominus Antoniolus: Secundùm hoc ergo, Pater, nil aliud reſtat nobis niſi quòd demus operam vt gaudeamus in iſto mundo. Interrogatus de loco vbi audiuit dictum dóminum Bonifacium prædicta dicentem. Reſpondit quòd in palatio Lateranen. jn quadam camera quæ eſt ſecunda poſt locum, vbi conſueuit fieri conſiſtorium publicum; in qua camera erat vnus pulcher lectus : ſed de quo eſſet coopertus dictus lectus dixit ſe non recordari. & dixit quòd ſedebat tunc ipſe dominus Bonifacius ſuper quadam ſua ſede ante lectum ſuum ; quæ ſedes qualiter eſſet facta dixit ſe non recordari. Interrogatus de præſentibus. Reſpondit quòd ibi erant tunc Ambaſciatores de Bononia, videlicet, & dictus dominus Antoniolus, & alij de quorum nominibus dixit ſe non recordari : & de Florentia dominus Bertus de Friſcobaldis miles, & Baſcheria de Thoſengis, de aliis de Florentia dixit ſe non recordari : de Luca verò aderant domini Orlandus de Salamoncellis miles, Quellus de Podiis, Vbaldus Paria de Interminellis milites, & Seruanellus de Morian. tunc Prior populi Lucani, & non alij Ambaxiatores de Luca quòd recordetur : & ipſe teſtis, & Tottus de Iotto, & Grieta Perfectuchius, & Floriſbarra, & dominus Raynerij, & Ballarus Paria nepos dicti domini Vbaldi erant ibi cum dictis Ambaxiatoribus Lucanis & plures alij, de quorum nominibus dixit ſe non recordari. Interrogatus ſi prædicti quos nominauit ſtabant vel ſedebant tunc. Reſpondit quòd omnes ſtabant flexis genibus. Interrogatus ſi dictus dominus Bonifacius dixit prædicta verba in Latino, vel in vulgari : dixit quòd in vulgari. Interrogatus ſi dictus Capellanus loquebatur tunc dicto domino Bonifacio in Latino vel in vulgari. Reſpondit quòd in vulgari. Interrogatus ſi dictus dominus Bonifacius loquebatur prædicta verba altè vel baſsè. Reſpondit quòd ita altè quòd ibi aſtantes poterant audire. Interrogatus ſi dictus dominus Bonifacius dicebat prædicta verba iocosè vel truffatoriè, vel qualiter. Reſpondit quòd verè dicere videbatur, ex eo quia non ridebat, & omnes qui ibi aſtabant multùm de verbis huiuſmodi mirabantur, quia poſtea dictus dominus Bonifacius prædicta verba non reuocauit. Interrogatus quo tempore fuerunt prædicta. Reſpondit quòd tempore Pontificatus dicti domini Bonifacij anno magnæ Indulgentiæ : ſed dixit quòd aliter neſcit exprimere annum,

DE BONIF. VIII. ET PHILIP. LE BEL.

& dixit quòd fuit de mense Nouembr. vel Decembr. de die dixit se non recordari, de hora dixit quòd fuit circa horam nonæ. Interrogatus ad quid iuerat illuc ipse testis. Respondit quia ipse erat cum dicto domino Vbaldo Ambaxiatore. Interrogatus si tunc quando dominus Bonifacius dixit dicta verba, prædicti Ambaxiatores proposuerunt aliquid coram dicto domino Bonifacio de ambaxiata pro qua venerant ad eum. Respondit quòd videtur sibi, sed non est bene certus quòd tunc iuerint ad eum ad petendum, & petierunt responsionem quam aliàs fecerant coram eo in publico Consistorio, prout videtur ipsi testi. Interrogatus si ipse testis recessit de camera dicti Bonifacij cum dictis Ambasciatoribus, an sine eis. Respondit quòd statim dictis verbis per dictum dominum Bonifacium, & dominum Antoniolum, Ambaxiatores prædicti, & ipse testis, & alij qui cum eis erant, recesserunt à conspectu dicti domini Bonifacij. Interrogatus quibus vestibus erat tunc indutus dictus dominus Bonifacius. Respondit quòd quadam camisia alba, & desuper portabat mantellum rubeum, in caput verò portabat vnam almussiam: sed cuius coloris esset dixit se non recordari: dixit etiam se non recordari si erat tunc tempus clarum vel serenum. Interrogatus si est diues vel pauper. Respondit quòd ipse est expulsus de Luca, & de bonis suis. . . . . . partis & si haberet bona sua, ipse & frater suus valerent duo millia librarum monetæ Lucanæ, sed extra ciuitatem Lucanam habet in bonis valorem centum librarum Turon. & plus, & vltra hoc Comune Pisan. dat ei quolibet annariam centum librarum Pisanorum. Interrogatus si ipse testis vtitur aliqua arte. Respondit quòd non, sed scit bene ludere cum vna *** & interdum vtitur.

Item interrogatus super omnibus alijs & singulis articulis à principio vsque ad vigesimum-quintum articulum sibi diligenter lectis & expositis in vulgari. Respondit se scire ea quæ suprà deposuit, & nihil aliud de contentis in eis.

Interrogatus super vigesimo-quinto articulo qui talis est. Respondit se audiuisse dici quòd antequam dictus dominus Bonifacius haberet beneficium Ecclesiasticum, & esset tunc Benedictus iuuenis, fratres Minores Inquisitores hæreticæ prauitatis imposuerunt ei crucem in Spoleto pro hæresi. Interrogatus qui fuerunt illi fratres Minores. Respondit se nescire. Interrogatus quantum tempus est quòd prædicta audiuit dici. Respondit quòd decem anni sunt & plus. Interrogatus à quibus audiuit dici, & in quo loco. Respondit quòd à pluribus, de quorum nominibus dixit se non recordari, & audiuit Lucæ, & Bononiæ; nec scit verum illi qui dicebant prædicta erant amici vel inimici dicti domini Bonifacij. Interrogatus quare ipse est in Curia Romana & in partibus istis. Respondit quòd ipse venit causa impetrandi vnum beneficium pro quodam nepote suo. Interrogatus qualiter venit ad testificandum in huiusmodi negotio. Respondit quòd insinuatum fuit domino Guillelmo de Nogareto, quòd ipse testis sciebat aliquid de facto hæresis quæ imponitur dicto domino Bonifacio; & ipse dominus Guillelmus de Nogareto, & dominus Raynaldus de Supino, cùm ipse testis esset Nemausi, requisiuerunt eum, vt ipse veniret ad testificandum & dicendum veritatem de his quæ sciebat super dicto facto, & sic ipse testis venit. Interrogatus si ipse testis fuit doctus vel instructus per aliquem, qualiter deberet istud testimonium perhibere, aut si prece, pretio, gratia, fauore, timore, aut odio alicuius deposuit prædicta. Dixit quòd non.

* * * * * * * * * * * * *

Cætera desiderantur.

BVlle de Clement V. qui repete ce que le Roy de France luy auoit fait dire des crimes de Boniface, ce qui auoit esté resolu en France pour ce regard, & d'en faire la pourfuite au Concile General, & qu'il euft à rendre iuftice fur ce.

Dit que les Cardinaux auoient reprefenté au contraire, que le Roy ne deuoit eftre oüy n'eftant pas meu de bon zele, mais de haine, à caufe des excommunications que Boniface auoit fulminées contre luy.

Que Nogaret auoit mis la main fur la perfonne de Boniface, & fait piller le trefor de l'Eglife.

Que le Roy & ceux qui auoient commis cette action eftoient excommuniez à canone, & que le Pape eftoit obligé d'obferuer ce que Benedict fon predeceffeur auoit fait en ce regard.

Que le Roy repliquoit l'obligation qu'il auoit de faire cette pourfuite, qu'il feroit tres-aife que Boniface fuft iuftifié, mais que le fcandale auoit efté fi grand dans l'Eglife Gallicane & parmy la Nobleffe, qu'il falloit que le Concile en conneuft. Purge Nogaret de la capture de Boniface; qu'il n'a pû parler à luy que par la force. Que le Roy ne luy auoit donné autre pouuoir que de luy faire fçauoir ce, qu'il auoit arrefté. Que Nogaret n'a point mis la main fur la perfonne de Boniface. Que Boniface auoit iuré la ruine du Roy & du Royaume, qu'il mettoit par ce deffein l'Eglife en hazard. Qu'il auoit promeu le Roy d'Allemagne à condition de faire la guerre au Roy. Qu'il auoit offert aux Ambaffadeurs de ce Roy fon trefor & celuy de l'Eglife pour cela, & de ces menaces il vouloit venir aux effets, ayant dreffé des procez contre le Roy & le Royaume, vne partie defquels il auoit publiez; pour les autres, il en attendoit l'occafion.

Nogaret dit qu'ayant fçeu tous ces deffeins qu'il creut qu'il ne falloit plus differer & ne plus confulter, qu'il entra dans le Palais de Boniface, demanda qu'il euft à connoquer le Concile, qu'il n'auoit autre ordre du Roy. Mais qu'il fe trouua obligé par le zele de la Religion de fecourir l'Eglife en cette occafion, affifté qu'il fut des Romains & de ceux d'Anagnia, ayant l'eftendart de l'Eglife: empefcha Boniface de publier ce qu'il vouloit faire contre le Roy & le Royaume; ce qu'il auoit fait non comme iuge, mais comme ennemy freneticque. Pour fa perfonne & fon trefor, qu'il y auoit mis l'ordre tel qu'il l'auoit pû, & le defordre qui arriua fut contre fon intention; ce que Boniface reconnut lors, & depuis, leur ayant remis toute la faute s'il y en auoit.

Que ce que Benedict a fait a efté pour auoir efté mal informé, & par ignorance, & à la fuggeftion des amis de Boniface. Nogaret en demande la caffation.

A cela l'on repliquoit à Nogaret qu'il ne deuoit faire autre chofe, que ce que fon Roy luy auoit ordonné, que Boniface n'eftoit pas condamné, que les Canons le condamnoient d'auoir mis la main fur fon Prelat.

Que Benedict a bien procedé, tanquam fuper notoriis & eius oculis videntibus perpetratis.

Il répond que phreneticum ligauit, qui eft tenu pour heretique par tout, qu'il fuit le iugement du Concile.

Que par vn ftatut d'vn Concile, De Hærefi accufatus pro iam damnato vel fufpenfo habetur, faltem de iure haberi debebat, cùm fuperiorem iudicem non haberet nifi Concilium.

Que Boniface auoit fulminé contre le Roy & tout le corps du Royaume, pour auoir demandé la conuocation du Concile general. Enfin Nogaret tafche de prouuer auoir bien fait d'auoir fait cette action contre Boniface.

Vnum eft corpus Ecclefiæ, cuius caput eft Chriftus. Rex & Regnum Franciæ pars funt Ecclefiæ, & non funt vnus homo, fed plures in vnum viuentes

viuentes ex fide, propter quod Ecclesiam faciunt, & dicitur Ecclesia Gallicana, sicut Ecclesiam Orientalem & Occidentalem SS. Patres appellant.

Qu'il auoit esté obligé en cette necessité d'agir ainsi; qu'en ces cas de necessité l'on fait beaucoup de choses extraordinaires, & en donne des exemples.

Laicus licitè Baptismi Sacramentum ministrat, & etiam Pœnitentiæ. *Nogaret en ce cas* fuit Dei minister.

Quilibet Catholicus propter necessitatem tenetur defendere Ecclesiam Dei, talis necessitas facit eum Dei ministrum.

Benedict auoit veu ce qui s'estoit passé à la prise de Boniface.

Le Pape declare que les accusateurs de Boniface auoient eu iuste cause zelo fidei. Regem, Prælatos, Barones, & omnes eis adhærentes, qui conuocationi Concilij consenserunt fidei necessitate vrgente moti, iustè fecisse nec posse malè notari.

Que Nogaret & ceux qui l'ont assisté fecerunt iustè. *Qu'il auoit fait ce qu'il auoit pû pour empescher le vol du tresor. Casse tout ce qu'auoit fait Boniface contre le Roy & le Royaume, tant ce qu'il auoit publié, que non, & que ce qu'il en auoit fait estoit par haine :* que ses procedures & constitutions sur ce suiet seroient tirées des registres de l'Eglise. *Annulle la procedure de Benedict contre Nogaret, & ceux qui l'auoient assisté, comme ayant esté trompé & mal informé, & par ignorance de faict,* quæ Sedem Apostolicam fallere potest. *& qu'elle sera tirée des Registres.*

Enfin le Pape considerant les grandes affaires qu'il y auoit en l'Eglise : Le fait de la Terre Sainte, des Templiers, &c. Dit que le crime d'heresie dont Boniface est accusé, n'est pas bien proué, qu'il ne voit point qu'il ait en secte. Que ce seroit vn grand scandale s'il venoit à estre ingé heretique. Sur cette perplexité par l'aduis des Cardinaux il fut arresté de prier le Roy de se desister de cette demande de la conuocation du Concile, & que tous ceux qui auoient adheré auec luy en feroient autant, & s'en remettroient à l'Eglise d'en ordonner. Ce que le Roy consentit & ses adherens. Surquoy il ordonne qu'il ne sera plus parlé desdites accusations, ny de la conuocation du Concile. Remet aux accusateurs l'obligation qu'ils auoient de faire la poursuite contre la memoire de Boniface.

> Cette copie de Bulle n'a point de datte, elle est tirée d'vn M S. de S. Victor, & fort incorrecte. Ie croy qu'elle n'a pas esté expediée ainsi, & que c'est vn proiect qui auoit esté fait en France pour faire voir au Pape Clement, & en tirer vne expedition. Les Bulles que l'on a de luy en bonne forme, ne sont pas pareilles à cette copie.

Bulle de Clement V. aprés auoir oüy la demande du Roy Philippes le Bel d'assembler le Concile, afin d'examiner la verité des accusations contre Boniface : surquoy ayant oüy ce qui se disoit au contraire, prie le Roy de se desister de cette demande du Concile, excuse les accusateurs. Le Roy accorde la demande du Pape, & remet cette affaire à la decision de l'Eglise.

CLEMENS Episcopus, &c. Iesus Christus Dominus noster, qui peccatum non fecit, nec verè potest redargui de peccato, disciplinam instituens & humilitatis exemplum, omnibus autem, specialiter Pastoribus, eius Vicariis in Ecclesia Dei futuris, prædicans populo Iudæorum dixit, *Quis ex vobis me arguet de peccato?* Cuius sequens doctrinam Princeps Apostolorum cùm transisset ad gentes, querimonia contra eum à fidelibus facta, cur ad gentes intrasset, non ex officij potestate, qua regnum acceperat, sed auctoritate diuinæ virtutis: quia Gentiles Spiritum sanctum acceperant in humilitate, respondit: Nam si præsidentes gregi Dominico, qui debent aliorum peccata corrigere, disciplinam à se repellant Ecclesiæ diuinitus institutam, dici non possunt veritatis discipuli, sed erroris magistri: gregem nempe sibi commissum debent vt forma gregis facti pascere, non in populo dominando, iuxta Dominicam Apostolicámque doctrinam. ac sicut eos pudere non debet proprios errores corrigere qui præpositi sunt, vt per eos aliorum corrigantur errores: sic nec prædecessorum suorum debent malè gesta negligere, nam alias essent alieni consentientes erroris. Sanè Princeps magnificus Philippus Rex Francorum, carissimus noster in Christo filius, nostram adiens præsentiam reuerenter proposuit : Quòd cùm Bonifacius Octauus prædecessor *nofter, ipso Rege, Prælatis suis, & Baronibus, ac aliis magnis viris delatus extitit primò per Guillelmum de Nogareto militem Regis ipsius, super eo quòd non esset Papa legitimus, nec intrasset per ostium ad regimen Ecclesiæ, sed potiùs aliunde. quare fur esset censendus & latro. Quòd insuper esset hæreticus diuersis speciebus hæresis deprauatus, ac aliis criminibus & enormitatibus hæreticus, propter quòd ampliùs tolerandus non esset in Ecclesia sancta Dei, super iis etiam ad generale Concilium prouocatus: Idémque Rex instanter fuerat requisitus, vt sicut protector fidei conuocationi generalis, incorrigibilis, ac positus in profundo malorum notoriè, Concilij faciendæ modo legitimo daret opem & operam efficaces: dictúsque G. se præmissa legitimè prosecuturum obtulerat & probaturum coram Concilio supra dicto. Secundò verò Bonifacius prædictus super eisdem per eminentes alias personas palam fuit in Parlamento Regis ipsius publico ac generali totius regni sui pro negotiis statum ipsius regni tangentibus, denunciatus, seu accusatus de eisdem criminibus, & ad dictum generale Concilium prouocatus; requisitúsque fuerit, vt suprà, Rex ipse per accusatores eosdem, vt conuocationi dicti Concilij daret opem & operam efficaces, adhærendo prouocationi priùs factæ per dictum G. quatenus legitimè facta esset. Propter quæ idem Rex fidei necessitate cogente deliberatione cum Prælatis, Baronibus, Theologiæ, necnon vtriusque Iuris magistris, aliisque viris eminentibus scientia & sapientia, requisitionem sibi factam vt conuocationi prædictæ daret opem & operam, vt sciretur veritas de prædictis, vt tenebatur, admisit. Mortuóque Bonifacio supradicto, cùm hæresis crimen sit tale de quo fit quærendum post mortem, maximè cùm de errore eius sequacium timeatur: idem Rex bonæ memoriæ Papam Benedictum prædecessorem nostrum, dictíque Bonifacij successorem requisiuit instanter, vt ob præmissa conuocaret Concilium antè dictum, seu per hoc iustitiam faceret in præmissis. Quod idem Papa Benedictus complere non potuit, morte præuentus. Requirebat igitur nos Rex ipse, vt cùm instarent præfati accusatores seu denuntiatores, vt antè dictum ad præmissa conuocaremus Concilium, aut per nos in prædictis vellemus procedere, faceréque iustitiæ complementum.

Proponebatur autem per fratres nostros aliquot ex aduerso, dictum Regem in præmissis audiendum non esse, dicentes Regem ipsum ex odio dictam requisitionem fecisse, núncque facere, dictásque accusationes &

*non immediatus

DE BONIF. VIII. ET PHILIP. LE BEL. 579

prouocationes contra dictum Bonifacium ex odio fieri procurasse; contra quem prouocatus Rex ipse fuerat propter quæstiones motas per dictum Bonifacium per inter ipsam Ecclesiæ contra eum, & etiam ex eo quòd paulo antè Bonifacius præfatus pòst propter eius excessus Regem ipsum excommunicatum mandauerat publicè nunciari, quod Bonifacius ipse per constitutionem suam per eum editam post dictum Parlamentum publicè declarauerat, addendo Regem ipsum receptaßse Stephanum de Columna tunc Romanæ Ecclesiæ inimicum, & mandauisse ne in regno suo literis vel mandatis obediretur Bonifacij supradicti, quod ante sententiæ tempus fieri non debebat. Quódque Guillelmus de Nogareto prædictus cum vexillo Regis ipsius manu armata, & multitudine congregata, violenter & per iniuriam apud Anagniam ceperat Bonifacium prædictum, & in eum manus miserat violentas, & per eos seu eorum facto thesaurus Ecclesiæ captus fuerat, & nequiter aspetatus *. De quibus captoribus, Rege etiam, & omnibus qui ad hoc dederant opem, consilium vel fauorem, iustitiam fieri dicebant, addentes præfatum Papam Benedictum apud Perusium in suo processu per eum publicè promulgato declarasse dictum Guillelmum, & alios qui secum fuerant in præmissis agendum ab ea diuersorum criminum reos, nec non tam ipsos in processu prædicto plenius nominatos, quàm eorum complices, & eos qui opem, consilium, vel fauorem ad præmissa eis præstiterant à canone promulgatam excommunicationis sententiam incurrisse; quas declarationes prædecessorum nostrorum nos custodire debere dicebant, cùm sit à sanctis Patribus institutum, ordóque iustitiæ ac rationis exigit, vt qui à successoribus sua mandata seruari desiderat, decessorum suorum proculdubio voluntatem custodiat & mandata.

Ex aduerso verò proponebatur ex parte Regis prædicti, præfatum Bonifacium à principio sui regiminis per eminentes & grandis auctoritatis viros, Prælatos, doctores, & alios super hæresi, cæterísque præmissis criminibus apud Regem ipsum, sæpius fuisse delatum: idémque Rex fuerat sollicitatus per nonnullos sanctæ conuersationis viros iam dudum antè per plures annos pluties & frequenter, vt sicut fidei pugil, Ecclesiæque defensor tanto periculo curaret occurrere; quòd etiam ad hoc ex officij debito tenebatur. Sed ipse Rex, vt filius pudoratus verens cernere verenda illius quod pro patre bona fide venerabatur, ne scandalum sequeretur Ecclesiæ, propter ipsius Ecclesiæ honorem & pacem eum tolerabat, & vt patrem sanctissimum honorabat, quousque ex huiusmodi tolerantia propter scandala, quæ dictus Bonifacius in Dei Ecclesia faciebat, oportuit Regem ipsum, maximè dictis accusatoribus apparentibus, & sic instantibus ad fidei defensionem intendere, procuraréque conuocationem dicti Concilij, per quod disponeretur debitum Ecclesiasticæ disciplinæ; præfatique accusatores non ab ipso Rege inducti, sed zelo fidei Catholicæ ardentes, vt Rex ipse credebat, maximè quia de hæresi seu de prædictis criminibus dictus Bonifacius erat notoriè ac grauiter diffamatus, de quo erat in Ecclesia Gallicana cæterísque partibus scandalum generatum; fuerántque accusatores ipsi, prout constanter asserebant, per personas fide dignas super his informati, iustè moti procedebant, & antè processerant ad præmissa. Præfatúsque Rex semper affectauerat magis & adhuc affectabat, si cum veritate fieri posset, purgationem dicti Bonifacij, & eius memoriæ de præmissis, quàm si reperiatur ipsum fuisse culpabilem de eisdem; nec esse verisimiliter Prælatos, Vniuersitatem Pa-

DDdd ij

rifien. Studij generalis, ac totam Ecclesiam Gallicanam, cæteráfque personas graues, Principes, Barones, & populos, quorum plures ditioni Regis ipfius subditi non sunt, in his adhæsisse Regi prædicto, nisi iustè & piè zelo fidei viderent eum moueri.

Proponebat insuper Rex prædictus se dictum Bonifacium vehementer habere suspectum de hæresi, cæterisque criminibus propositis contra ipsum specialiter ex contentis in dicta constitutione, quæ fuisse per ipsum Bonifacium edita dicebatur: cùm enim iam antè dudum, vt dictum est, Bonifacius ipse pluries apud Regem ipsum delatus super præmissis fuisset; idemque Rex vt fidelis amicus per suos nuntios solemnes Bonifacium ipsum caritatiuè monuisset, & moneri fecisset, vt cessaret à scandalis Ecclesiæ, ac in aliis operibus, ex quibus super præmissis esset culpabilis. Sciens idem Bonifacius se delatum talem, ac etiam accusatum, finxit in constitutione prædicta, quæsitis coloribus ad subterfugium, Regem præfatum contra eum prouocatum ex eo quòd dictus Bonifacius, vt fingebat, voluerat peccata Regis ipsius à * * * vino lauare, ipsumque mandauerat, vt asseruit, excommunicatum ex certis causis publicè nuntiari. Cùm tamen Rex ipse temporibus illis nesciuerit, nec adhuc sciat mandatum huiusmodi contra ipsum Regem Bonifacij memorati, cùm Rex ipse nunquam ad hoc fuisset vocatus; & cùm antè longè Bonifacius fuerit de præmissis apud ipsum Regem delatus, ipseque Bonifacius illud nouisset, ex eius aperto mendacio manifestè cognoscatur Bonifacium ipsum falsis exquisitis coloribus constitutionem prædictam ad subterfugium edidisse, quæ præsumptio clariùs apparet ex aliis mendaciis per Bonifacium ipsum adductis. Quòd Rex prædictus præfatum Stephanum de Columna receptasset, Ecclesiæ Romanæ, vt asseruit, inimicum; cùm tamen Rex ipse non receptauerit Stephanum eundem; sed ipsi Regi de ipso Bonifacio conquestus fuerat Stephanus memoratus, quòd ipsum Stephanum, cæterósque de domo sua dictus Bonifacius determinasset ausu sacrilego, vt inimicos fidei & Ecclesiæ; cùm tamen idem Stephanus proponeret hoc factum esse contra Deum & iustitiam, omnique iuris ordine prætermisso: requirens vt columnam fidei Regem ipsum, vt iustitiam sibi domuique sui fieri procuraret, cùm licèt ipse & alij de domo sua essent, vt dicebant, Catholici, vellentque in sanctæ Matris Ecclesiæ vnitate manere, non inueniebant apud Bonifacium prædictum iustitiam de præmissis, nec timore mortis audebantur eiusque conspectui præsentari. Idem verò Rex, vt Princeps Catholicus, Stephanum ipsum recipere noluit, licèt idem Stephanus eius seruitio se multùm instanter offerret. Sed ei & per eum domui suæ respondit Rex præfatus, se præstiturum opportunis loco & tempore opem & operam, prout ad Regem ipsum pertinere poterat, vt dictus Stephanus, cæteriquede domo sua remanerent in vnitate sanctæ Matris Ecclesiæ, & si in aliquo contra eam offenderant, mandatis Ecclesiæ & reuerenter & humiliter obedirent; quod opus non fuit inimicum Ecclesiæ, sed Catholicum & amicabile cum Dei Ecclesia, pro schismaticis etiam & hæreticis, vt ad eius vnitatem reuertantur assiduè orare noscatur. In præmissa insuper constitutione Bonifacius prædictus confinxit alia mendacia, quòd Rex ipse mandauerit, ne deinceps literæ vel mandata reciperentur Bonifacij memorati; quódque * terræ conspirationes per ipsum Regem, Prælatos, & Barones regni sui factæ fuerunt contra Bonifacium supradictum, quorum vtrumque falsum est, licèt ad instar Patrum sanctorum Regem, Prælatos, & Barones supradictos, qui fidei religione in Ecclesia Dei fulgere noscuntur, necesse fuit pro fidei defensione conuenire, praestareque operam, vt modo legitimo sciretur veritas praemissorum, & à Dei Ecclesia tantum periculum tolleretur. Insuper dictus Bonifacius de haeresi se accusatum sciens, & ad dicti Concilij iudicium prouocatum, ipsum conuocare Concilium debuerat, & super haeresi de qua fuerat accusatus purgare, seque iudicio Concilij generalis offerre, super quibus eius destitutio praedicta clare defectum ipsum ostendit, & manifeste suspectum, constitutionémque ipsam nisi tolleretur, in subuersionem manifestam cedere Ecclesiasticae disciplinae, maxime cùm Rex ipse à talibus parentibus traxerit originem, qui semper fidei Catholicae zelatores fuerint, Ecclesiaeque Dei fidelissimi defensores, à quibus ex eius conuersatione deuiare non decet, nec est verisimile Regem ipsum, nec eum delectat memoriam praedicti Bonifacij damnari, sicut eum delectaret, si cum veritate fieri posset, cum sanctis in Ecclesia Dei pollere. Nec propter quaestiones motas per Bonifacium memoratum contra dictos Regem & regnum, Rex ipse procuratus in quoquam, quinimò cum omni reuerentia Sedis, ac in Concilio Praelatorum & Baronum sic responderet Legato Romanae Ecclesiae super iis quae verisimiliter credebat & credere debebat: Roman. Eccles. contractari debere ius suum, regníque sui rationabiliter & licide declaranda.

Ad ea verò quae de praefato Guillelmo de Nogareto proponuntur eum vexillo Regis ipsius apud Anagniam fuisse commissa in personam Bonifacij memorati, & thesaurum Ecclesiae: Rex praedictus respondit, Regem ipsum mandasse dicto Guillelmo qui tunc erat in illis partibus certis ex causis, vt accusationes, denuntiationes, & prouocationes ad generale Concilium super haeresi, certísque criminibus contra Bonifacium praefatum factas denuntiaret eidem, ipsúmque requireret instanter, vt generale Concilium conuocaret praedictum, vt iuxta disciplinam Ecclesiae fieri possit super eis quod ad honorem, stabilitatem fidei cederet, & animarum salutem. Qui Guillelmus aditum pacificum ad dictum Bonifacium habere non potuit pro praemissis, propter insidias mortis, quas dictus Bonifacius parauerat Guillelmo praedicto. Quare oportuit Guillelmum praedictum armatorum habere subsidium ad faciendum praemissa. Si quae verò Guillelmus ipse vltra fecerat minùs iustè contra Bonifacium praefatum, ea Rex ipse non mandauerat, nec rata habuerat ex pòst facto. Caeterùm dictus Guillelmus praemissa sibi imposita constanter negabat, dicens, se nunquam cepisse Bonifacium memoratum, seu manus violentas in eum iniecisse, vel ei iniuriam aliquam irrogasse, sed ad sui defensionem & aliorum qui secum ad hoc fuerant. Proponebat quòd dictus Bonifacius sciens se de haeresi caetéris que criminibus accusatum, & ad generalis Concilij iudicium legitimè prouocatum, dictum Concilium conuocare renuerat, re, verbo, & facto impediebat, quod quominus posset pro praemissis ipsum Concilium conuenire, erátque super praemissis subterfugus iudicij & contumax manifestus, nec super haeresi se purgare volebat; ex quibus vehementer praesumi debere dicebat, Bonifacium ipsum in casu haeresis pro damnato censeri, in caeteris verò criminibus pro conuicto: Offerens idem Guillelmus de veritate criminum haeresis, & aliorum, quae proposita fuerant contra Bonifacium memoratum, se bene docere paratum: supplicans instanter super iis & aliis suis defensionibus suas per nos suum dominum temporalem probationes admitti, procuratíque, vt per Ecclesiam ad ostendendum eius innocentiam admittantur.

Proponebat etiam dictus Guillelmus dictum Bonifacium per oftium non intraffe, fed aliunde ad Ecclefiæ regimen, & de hoc grauiter infamatum, quod licèt ab initio forfan non liqueret, ex pòft facto tamen per euidentiam eius operum pleniffimè iam liquebat. quæ probatio interdum eft probabile, fed materia qua maior fit probatio voluntatis, & infuper quòd caufas per effectus cognofcimus, ratio naturalis accedit. Item addebat dictus Guillelmus dictum Bonifacium fimoniacum manifeftum monitum ac incorrigibilem. Tradit autem Patrum fanctorum auctoritas, Papam apoftatam, qui non eft ingreffus per oftium, fed Sede per laïcos expelli debere fimoniacum, etiam monitum, incorrigibilem, comprimendum extera poteftate.

Ponebat infuper quòd dictus Bonifacius prorfus incorrigibilis, & agens contra difciplinam Ecclefiæ, multipliciter pacem eius turbabat, in tantum quòd publicè frequenter dicebat, quòd ipfe deftrueret penitus Regem & regnum Francorum, adiiciens fibi non effe curæ de fchifmate, fi forfan inde contingeret, quinimò dicebat quòd antè fe totamque Dei Ecclefiam fecum proftraret, quin deftrueret Regem & regnum prædictos, ac in publico fermone, cùm illuftris Regis Alamannorum electionem admififfet, ac approbaffet palam, verbis expreffis dixit quòd ideò promouebat Regem ipfum, vt guerram faceret dicto Regi, & contereret & deftrueret regnum ipfum, fibique thefaurum fuum & Ecclefiæ dicto Regi fuifve nuntiis ad hoc opus obtulit palam, & publicè, magisvt dixit quàm fi guerram Ecclefiæ propriam exerceret, ficut etiam Francos fic Romanos fe conterere velle iactabat, & alios plures fideles Reges & Principes inuitans ad hæc fcandala facienda. Volens infuper de minis prædictis ad actum venire dictus Bonifacius proceffus conceperat, vt dum ad dictorum Regis exterminium, atque regni, fed ad flagellum & fcandalum Ecclefiæ fanctæ Dei, quorum proceffuum aliquos iam inceperat publicare, cæteros autem celeriter publicare intendebat, nifi celeri remedio fuiffet occurfum. Dicebat igitur dictus Guillelmus, quòd cùm humilitas Ecclefiæ non præualeret aduerfus Bonifacium fæpedictum, propter quod fecundùm Patrum fanctorum regulas occurrendum erat per exteram poteftatem, nec effet parata principalis poteftas periculis occurrere, moraque modici temporis effet irreparabile periculum allatura; propter quod tempus non erat deliberandi confilium, nec Regem præfatum fuum dominum confulendum, nec etiam fibi fignificandum præmiffa. Cùm idem Guillelmus fuiffet ingreffus domum Bonifacij præfati, nedum fibi denuntiauit accufationum & prouocationum prædictarum proceffus habitos contra eum; cúmque folemniter requifiuit, vt conuocaret dictum Concilium prout fuerat fibi præceptum. Sed licèt mandatum domini fui vlteriùs non haberet, vt tali cafu quilibet catholicus tenebatur zelo Dei & fidei pro defenfione fanctæ Matris Ecclefiæ ** tempore, cùm non fupereffet locus alij remedio, cum adiutorio fidelium & deuotorum Romanæ Ecclefiæ adhibitis poteftate & Capitaneo ciuitatis Anagniæ, cum vexillo Ecclefiæ, reftitit Bonifacio fuprà dicto, ne proceffus ipfos in domini fui Regis exterminium & regni fui, Ecclefiæque Dei graue fcandalum & irreparabile, omni iuris ordine prætermiffo, proferret, quos non vt Iudex fed potiùs inimicus feu phreneticus in fe Ecclefiámque Dei fæuiens in inftanti publicare parabat: Et ne Bonifacius ipfe perfonæ periculum vel iniuriam pateretur à fanguine eius fitientibus propter eius demerita: ne infuper thefaurus Ecclefiæ difpergeretur à familiaribus præfati Boni-

DE BONIF. VIII. ET PHILIP. LE BEL.

facij, & aliis Anagninis qui iam plura de rebus, vafis, & thefauro ipfius abftulerant, adhibuit idem Guillelmus cuftodiam domui & perfonæ Bonifacij memorati, non ad eius iniuriam, fed defenfionem potiùs, & falutem, nec in eum manus iniecit, nec initci à quoquam permifit, nifi ad fuftentationem * venuftatis ipfius, nec ei miniftrari cibum & potum permifit, nifi per eos in quibus idem Bonifacius confidebat. Rei licitæ igitur & neceffariæ operam intendit dediffe, & fi quid in turba incidenter de thefauro vel rebus Bonifacij captum eft, hoc factum eft fine culpa Guillelmi ipfius, ne fieret diligentiam quam potuit adhibentis, falúfque dicti Bonifacij, & pax Ecclefiæ quæ ex dicto facto fequutæ funt per dictorum mœfticiam confolantur: quod ex poft facto Bonifacius ipfe ad fe reuerfus recognofcens à Domino factum effe ppus iftud Guillelmi prædicti, fociorúmque fuorum publicè prædicauit, omnémque culpam & excommunicationis notam fi quam fortè contraxerant ex præmiffis, necnon omnem pœnam inflictam & infligendam remifit eifdem, & omnibus qui opem, confilium, vel fauorem præftiterant ad præmiffa. Dicebat igitur præfatus Guillelmus, cùm zelo Dei & fidei neceffitatis tempore, vbi non erat alij locus remedio, pro Dei Ecclefiæ & eius vnitatis defenfione certaffet, & per eius factum adiutorúmque fuorum Deus Ecclefiam fuam à tantis fcandalis & periculis liberaffet, non eis pœna debebat imponi pro merito, quinimò dictus proceffus contra eos editus * * * omnique iuris ordine prætermiffo per Papam Benedictum, eis abfentibus non vocatis, vt dicebat, & penitus non auditis, per fuggeftionem fautorum Bonifacij præfati, & ignorantiam iuftitiæ caufæ eorum deceptam, edictum contra eos nullum & irritum effe dicebat; & fi quis fuiffet, iniuftum & properum attemptatum: quare petebat dictus Guillelmus proceffum ipfum, & quicquid inde vel ob id fequutum fuerat per nos, nullum & irritum nuntiari, & quatenus proceffferat, reuocari, nec non eum & omnes qui fecum fuerant ad præmiffa fuper omnibus criminibus ex dicto facto fibi impofitis in proceffu prædicto, penitus innocens, & in eis iuftè iuftóque zelo proceffiffe, diffinitiuè cognofci dicens fua intereffe prædictos qui fecum fuerant ad præmiffa defendere, cùm vt pugil fidei defenfórque Dei Ecclefiæ, domini fui, ciúfque regni falutis zelator requififfe nofcatur, & induxiffe præfatos qui eum fequuti fuerant ad facienda præmiffa propofita per eundem.

Sed obiiciebatur dicto Guillelmo directa verba canonum manifeftam in cum manere cenfuram, qui ante fententiæ tempus pro dubia fufpicione difcefferit à fuo Prælato: quare dicto Guillelmo non licuit, vt fuprà confeffus eft, refiftere Bonifacio memorato, nec adhibere cuftodiam domui vel perfonæ dicti Bonifacij contra voluntatem ipfius, maximè cùm mandatum Regis ad hoc nullum haberet, fed ad denuntiationem & requifitionem dicto Bonifacio faciendam fibi mandatus per Regem mandati finibus debuiffet effe contentus, nec eum & alios qui fecum fuerunt excufat, quòd propter fcandala quæ fequi poterant, dicit fe prædicta feciffe pro pacis Ecclefiæ defenfione, cùm Ecclefiæ defenfionem fi locum talem habuiffet non priuatis, fed Principibus & adminiftrationem habentibus fanctorum Patrum decreta committant. Nec iuuat dictum Guillelmum & eius focios, quòd fuper hærefi, cæteris criminibus etiam effet præfatus Bonifacius ad generale Concilium prouocatus; non enim erat damnatus, nec conftat de hærefi fibi obiecta, nec eft notoria: debebant aduertere, nec contra voluntatem eius ad Christum Deum, vel custodiam eius personæ vel rerum manus apponerent. Saül enim Rex à Domino damnatus fuit, & tamen Israëlita qui Saüli eo iubente manus in eum iniecit, per sanctum Dauid iusto iudicio punitus est. Nemini venit in dubium post Domini resurrectionem, & penitus traditionem per Dominum factam Apostolis translatum in eos sacerdotium, & tamen cùm Apostolus incitatus à quodam legis falso Pontifice Iudæorum, qui percuti eum mandabat, appellasset ipsum Pontificem parietem dealbatum, reprehensus ex eo quòd ei maledixisset, reuerenter respondit se ignorasse illum esse Pontificem, allegans quod scriptum est: Principi populi cui non maledices. Principem igitur populi Paulus Apostolus nominatus, de quo certus erat falsum esse Pontificem. Quid ergo Guillelmi prædicti sociorúmque suorum fuerit ausus sacrilegus, in præmissis euidenter apparet; dictúsque Papa Benedictus apud Perusium dictum processum publicauerat, contra eos procedens tanquam super notoriis & eius oculis videntibus perpetratis.

Ad quæ præfatus Guillelmus respondit quòd iuxta sanctorum Patrum regulas, qui furiosum in se & alios sæuientem seu phreneticum ligat sibi resistendo, vel lethargicum excitat, ex caritate sibi sua secreta nunciando, vel eum incorrigibilem accusando licèt eis infestus sit: erga tamen vtrumque caritatem exercet. quam caritatem exercere quis tanto magis tenetur erga furiosum vel phreneticum patientem, quanto maiori necessitate patienti tenetur, vt erga suum dominum vel parentem, quanto magis insuper videt infirmitatem patientis ad periculum vergere plurimorum. Cæterùm dictus Bonifacius erat hæreticus de iure præsumptus, licèt antè forsan non esset verus hæreticus, vel fuisset occultus, quàm fuerit ad generale Concilium prouocatus, ex tunc enim pro iam manifesto debebat haberi, postquam sciens denegauerat conuocare Concilium, subterfugiens iudicium, & se ponens in contumelia manifesta, nec de hæresi se purgare volebat; & sic ex statuto Concilij generalis in casu hæresis accusatus, pro iam damnato vel pro suspenso saltim haberi de iure debebat, cùm superiorem iudicem non haberet, nisi Concilium, ad quod erat legitimè prouocatus, ac per eum fiebat quominus Concilium vocaretur prædictum, cùm nisi conuocatum conuenire non posset, ipséque in potestatis summæ fastigio constitutus incutiebat timorem & minas terribiles in eos qui conuocationi faciendæ consenserant. Cùm non solùm Regi, & Ecclesiæ Gallicanæ paulò antè palam & publicè per modum veritatis existit in Domino, cæteráque Colleg. Ven. studiorum & Ecclesiarum dicti regni dictæ conuocationi procurandum legitimè pro fidei causa consenserant: iam Bonifacius ipse contra eos omnes processerat, reseruando sibi prouisiones Cathedralium Ecclesiarum, quas in regno vacare contingeret, & creationes Doctorum Theologiæ, necnon vtriusque Iuris durante discordia, quam ipse fingebat, cùm aliàs nulla esset inter Romanam Ecclesiam & regnum prædictum, appellans discordiam, fidei defensionem prædictam: & ne dictus Rex regnúmque suum vacare possent prosecutioni prædictæ, procedebat pro viribus ad exterminium eorundem: reguláque iuris testatur, quòd cùm per eum in cuius præiudicium est complenda conditio, fit quominus possit compleri, perinde habeatur ac si completa fuisset: quare cùm per Bonifacium prædictum fieret, quominus dicta fieret conuocatio Concilij, per quod damnandus erat, si probaretur hæreticus, vel si non probaretur hæresis, erat sibi propter suspicionem vel infamiam, vel propter accusationem purgatio iudicanda ex statuto

tuto Concilij generalis, quod in causa fidei Papam ligat, per quod etiam Concilium contra ipsum Bonifacium accusatum de hæresi debebat eius suspendi officium, quominus processus tales faceret, per quod posset prosecutio negotij principalis quomodolibet impediri. Non erat ei tolerandum ergo vt procederet ad tales processus, per quos prosecutio causæ fidei impediri valeret, & sicut pro fide sibi resisti potuisset, sic pro causa fidei defendenda; quinimò postquam per contumaciam & purgationis defectum in Canonis sententiam incidebat, licitè poterat ab eo recedi; cùm enim notorium quid tribus modis habeatur de iure, per rei euidentiam, ac iuris interpretatione per eius confessionem, quia se ponebat in contumacia manifesta; per sententiam etiam Canonis, quia accusatus de hæresi se legitimè purgare volebat.

Si verò ponatur dictum Bonifacium fuisse Catholicum & verum Pastorem, & sic diligendum, vt furiosus vel phreneticus in se, & Dei Ecclesiam sæuiebat, filios suos vt patricida perimere properabat in animæ suæ periculum: fuit ergo Catholicum felicis eius licèt inuitum eum ligare, hoc est per iustam violentiam impedire, ne perficeret scelus ipsum; & si aliàs non potuisset hoc fieri, melius & salubrius fuisset eum catenis ligari, grauíque carcere custodiri, virgísque cædi, quàm sine misericordia sustineri, vt se cæteros periculosè prostraret in perniciem, nedum corporum, sed etiam animarum. Iterum non est exhortatio, sed præceptum, vt diligamus vnionem, sicut ipse Dominus nos dilexit; éstque caritas ipsius præceptum, vt animam quis ponere debebat pro amico. Non est ergo dictus Guillelmus si hoc fecerit culpandus, cùm vicinum quæ dicuntur ad mortem eripere qui debeat, & ad eius defensionem, vt sancti Patres asserunt, arma arripere, sicut Israëlitam Moyses liberauit occidens Ægyptium, quod est ei ad iustitiam reputatum: dictus Bonifacius destruere Catholicos, & Ecclesiæ pacem turbare, non per disciplinam Ecclesiæ, sed inimicus per processus inordinatos, & se de hæresi non purgando: quare fuerat occurrendum à proximo Catholico, nedum eo volente, sed inuito propter eius & eorum salutem: *ciuitatem ergo præfatum Guillelmum negari non potest exercuisse erga Bonifacium memoratum. Præterea dictus Guillelmus de debito fidelitatis erat astrictus dominum suum Regem prædictum defendere, licèt absque mandato, nec non & patriam suam regni Franciæ, quam dictus Bonifacius conabatur delere publicè prædicauerat; idque Guillelmus videbat parari sagittas contra eos letales: si patienter ergo sustinuisset, proditor fuisset domini sui & patriæ; nempe si seruus dominum, filius patrem interficiat, patriam eius delentem, sine scelere eum esse sanxerunt eum omnes maiores, vt lex secularis ostendit. Dictus verò Guillelmus non interfecit, sed ipsum Bonifacium liberauit à morte. Cæterùm vnum est corpus Ecclesiæ, cuius caput est Christus, cætera verò membra, sicut autem in corpore humano videmus membra huius sacri corporis sibi debere ad inuicem compati, & mutuum auxilium præstare; sic in huius corpore Ecclesiæ secundùm Apostolum est videndum. Rex & regnum Franciæ pars sunt venerabilis Ecclesiæ, & non sunt vnus homo, sed plures in vnum viuentes ex fide, propter quod Ecclesiam faciunt & dicuntur Ecclesia Gallicana, sicut Ecclesiam Orientalem & Occidentalem sancti Patres appellant, licèt sint partes Ecclesiæ vniuersalis indiuisibilis. Qui igitur Regem & regnum properabat iniustè destruere, deprauare corpus Ecclesiæ negari non potest, & per consequens veritatem, cùm secundùm Apostolum sit veritatis Ecclesia firmamentum, & nedum per hæreticos veritas deprauatur, sed per schismaticos & Ecclesiæ pacem turbantes, licèt fidem Christi & eius Sacramenta profiteantur, sicut omni Ecclesia quæ in partibus suis & membris vnum corpus existens per fidem deprauatur per hæreticos negantes fidem, ex qua Ecclesia viuit, sic per schismaticos & eius pacem turbantes, & homines qui sunt subiectum fidei destruentes veritatem deprauare dicuntur, nec solùm deprauator qui Christum caput, & totam Ecclesiam corpus eius sic tangit, sed qui eius membrum tam grande seu partem, sicut est vnum regnum destruere satagebat, sicut lex secularis ostendit qui tangit eius aurem totum hominem tetigisse videri, sicut ait veritas, qui vos recipit me recipit, qui vos spernit me spernit, quod operatur vnitatis prædictæ compago: sicut ergo Catholicus tenetur contra deprauitatem interiorem fidei Ecclesiam Dei defendere, & etiam summo Pontifici pro veritate resistere, sicut Paulus se refert Apostolorum Principi restitisse, qui non deprauabat veritatem, sed simulationes exemplo veritatis præiudicium faciebat. Sic contra deprauantem subiectum fidei, scilicet Ecclesiam, vel eius partes, in quibus Ecclesia ipsa consistit, quomodo namque fidei veritas potest sine subiecto consistere nullo modo qui non sit, ergo sentit non viuit in corpore nec manet in eo, nec est data Papæ potestas ad destructionem sed ædificationem. Nempe si fortè spectabant Rex & regnum Francorum non à fide exorbitantes, ne ab vnitate Ecclesiæ recedentes corrigendi erant, non destruendi per Papam. Cùm ergo Bonifacius publicè prædixerat se velle præcisè destruere Regem & regnum Francorum ad eorum exterminum properabat, non esse ei curæ de schismate publico respondendo, ad id faciendum suas pecunias effundendo, deprauaret veritatem Domini verbo & facto, dici non potest etiam quin quisque Catholicus ad defensionem sui, cùm sit de corpore, necnon & Christi eadem est corpus ipsum inseparabiliter sibi vnitum assurgere debuisset. Scripta namque sunt verba Canonum, quòd sicut contra hæreticos, sic contra eos qui turbant pacem Ecclesiæ contra eius disciplinam agentes, vt dictus Bonifacius faciebat Ecclesiam debere defendi per exteram potestatem. Quod legitur de Abiatar summo Pontifice temporibus illis per Regem Salomonem eiectum perpetuò, quia pacem temporalem regni turbauerat, assentiendo vt alius quàm Salomon tunc regnaret, quod nedum Bonifacius priùs facere temptauerat de regno Francorum, sed postmodum procurabat gladio destrui regnum ipsum.

Nec obstat quod opponitur dicto Guillelmo, priuatis non licere, vt est ipse, quod principibus defendere est permissum; nam vt regula iuris testatur, quod non est aliàs licitum, necessitas facit licitum, propter talem necessitatem & viator latronem occidit, Diaconus explet officium Sacerdotis, Dauid panes propositionis comedit, alienas spicas Apostoli comedebant, & propter necessitatem laicus licitè baptismi, pœnitentiæque Sacramenta ministrat, quorum quodlibet aliàs non liceret propter necessitatem, Petrus strinxit gladium, Leo Papa beatus arma suscepit contra illos qui Dei populum deuastare volebant, Machabæi defensionem populi susceperunt, ac Sabbato populus Dei propter necessitatem pugnabat, Abraham Reges expugnauit per bellum, & Samuel Regem pinguem incidit per frusta. Sicut ergo sæcularis potestas propter necessitatem in defectum Ecclesiasticæ potestatis, vbi humilitas Ecclesiæ non præualet, intra Ecclesiam suam potestatem exercet, contra personas Ecclesiasticas pacem

DE BONIF. VIII. ET PHILIP. LE BEL. 587

turbantes Ecclesiæ, defendens Ecclesiam, ac propter necessitatem sacerdotes arma defensionis temporalis arripuerunt, quod aliàs non liceret; sic in vtriusque potestatis defectum quilibet Catholicus tenetur propter necessitatem defendere Dei Ecclesiam, talis namque necessitas, & legis diuinæ & humanæ auctoritas facit eum Dei ministrum. Propter quod dictus Guillelmus fuit in præmissis Dei minister, cùm enim propter necessitatem, vt tactum est, ea quæ sunt spiritualia priuatus attingat, vt Dei minister, non est mirum si defensionem huiusmodi temporalem propter necessitatem attingat : Non etiam eum dicendum est ex superbia præsumere , qui propter necessitatem exercet iustitiam; sed Deo dicitur obedire : scriptum est enim in Exodo, cùm quis taliter occidit proximum : Tradidit eum Deus in manus suas : sed Ifraëlita qui Saülem occidit non ex caritate, sed contra caritatem processit, nec ampliùs falso Pontifici Iudæorum per iniurias maledicere debuit, vt aliàs ipse idem testatur; sed verbo Dei resistere debuisset, falsúsque Pontifex principatum adhuc gerebat, super falsum populum Iudæorum, licèt quoad Dei nouam Ecclesiam Christum credentium Princeps non esset.

Nec obstat dicto Guillelmo , suísque sociis , quòd præfatus Papa Benedictus excessus eorum in dicto processu asseruit notorios , & oculis eius videntibus perpetratos : Verum est enim quòd in præmissis opera dicti Guillelmi sociorúmque suorum sunt notoriè , palam , & publicè facta, nam qui bene agit lucem diligit. Sed non sequitur quòd sit notorium siue verum ob hoc eos scelera commisisse , cùm iusto zelo * * Dei processerat in eisdem , vt ex præmissis apparet, licèt enim quis occidat hominem in populi totius conspectu , non sequitur quòd sit notorium eum homicidij reum esse , cùm possit hoc iustè fecisse , se vel proximum defendendo, vel aliàs iustitiam exequendo; petat ergo Iudex qui talem hominem mandatum condemnat. Propter quod euidenter dictum Papam Benedictum apparet deceptum ignorantia facti , necnon licèt zeli caritatis Dei in causa quæ iusta, quibus præfati Guillelmus, & qui cum eo venerant, mouebantur ad ea quæ fecerunt, contra eos , taliter quòd processisset, dicens eos cepisse Bonifacium per iniuriam, cùm tamen eum non cepetint , sed ad eius salutem & Ecclesiæ Dei, ne insuper diriperetur Ecclesiæ thesaurus, vt autem cœptum fuerat, custodiam tam personæ Bonifacij prædicti quàm eius domui adhibuisse noscantur. De quibus Papa Benedictus si certioratus fuisset, non taliter processisset, quin etiam in iis quæ notoria reputantur semper vocandi sunt, quos tangit negotium , antequam contra eos aliquis ordinetur processus.

Nos igitur attendentes quòd honor Regis iudicium diligit, & secundùm quod beatus scribit Apostolus, Tempus est vt iudicium à domo Dei incipiat; considerantes qualiter ex processibus ex quibus innocentes culpantur , irritetur Dominus, in scripturis dicens quod per Isaiam Prophetam : *Væ qui dicitis bonum malum , & malum bonum, ponentis tenebras lucem, & lucem tenebras* , &c. & iterum per Ezechielem , mortificabant animas quæ non moriebantur , & viuificabant animas quæ moriebantur ; directáque sunt verba canonum , quòd sicut prædecessorum statuta legitima & iusta successorem custodire conuenit , ita debet etiam corrigere malefacta , per testes informati plurimos fide dignos omni exceptione maiores , instrumentis & aliis manifestis argumentis, ac veritate pleniùs inquisita super zelo , causis & rationibus iustis, ex quibus accusatores prædicti ad accusandum & præmissa obiiciendum contra Bonifacium memoratum. Rex insuper, Prælati, Barones, Collegia,

Decisio per quam Papa Clemens excusat accusatores Bonifacij.

EEee ij

Vniuersitates, Doctores Ecclesiæ Gallicanæ, Principes insuper & populi alij in iis eis adhærentes ad consentiendum conuocationi dicti Concilij, ad agnoscendum super criminibus Bonifacio prædicto obiectis mouebantur de zelo, etiam causis, factis, & rationibus, ex quibus dictus Guillelmus de Nogareto & cæteri qui secum fuerunt apud Anagniam ad præmissa per ipsum Guillelmum proposita processerant, licèt super veritate hæresis, aliorúmque obiectorum per accusatores prædictos, nec liqueat, nec fuerit inquisitum, cum hac sancta Synodo decernimus accusatores prædictos ad proponendum contra Bonifacium prædictum hæresim & alia crimina proposita contra eum, quæ vera credebant, & cum ad generalis iudicij Concilium prouocandum iustè, zelóque fidei Catholicæ motos fuisse ad prædicta: Præfatos Regem insuper, Prælatos, Barones, & omnes alios eis in hac parte adhærentes, qui conuocationi prædicti Concilij consenserant, vt de præmissis sciretur veritas, & opem & operam ad hoc dederunt, fidei necessitate vrgente, motos ad hoc fuisse & iustè, nec eos ex præmissis ad id aliqua calumnia, vel alio malo motu vel iniuria processerint posse notari. Dictos etiam Guillelmum & cæteros qui secum fuerunt in præmissis apud Anagniam ad ea quæ fecerunt in personam dicti Bonifacij, iustè zelóque fidei pro pacis Ecclesiæ defensione salubriter fideliter processisse: Dictúmque Guillelmum diligentiam quam potuit adhibuisse, ne dictus dispergeretur thesaurus, & vt Ecclesiæ saluus esset; & imò si occasione facti præmissi cùm idem Guillelmus, & qui cum eo rei licitæ darent operam, thesauri vel rerum aliarum perditio sit secuta, sine voluntate eorum incidenter hoc euenisse credendum est, nec eos esse culpandos: Pax enim Ecclesiæ quam ex eorum facto secutam terminus prædictorum mœstitiam consolatur. Igitur per dictum Bonifacium editam contra Regem præfatum, Prælatos & alios regni sui lamentando & eis imponendo quodammodo notam calumniæ ratione accusationis factæ de Bonifacio memorato, necnon omnes constitutiones per ipsum Bonifacium quolibet tempore editas contra Regem & regnum prædictos, seu in eorum præiudicium quoquomodo vergentes fuerint vel non fuerint publicatæ : processus insuper quoscumque per Bonifacium ipsum factos, conceptos vel ordinatos contra dictos Regem, regnum, Prælatos vel Barones, maximè præmissorum vel ea tangentium occasione vel causa tanquam inciuiliter & omni iuris ordine prætermisso ex odio editos, & iniustè nullius processus decernimus esse momenti; & de libris, regiftris, & memorialibus Ecclesiæ tam constitutiones quàm processus huiusmodi decernimus esse tollendos. Processum similiter dicti Papæ Benedicti prædecessoris nostri contra dictum Guillelmum, & alios, qui in præmissis secum fuerunt, & contra eos qui ei opem, consilium vel fauorem præstiterant, factum apud Perusium, eis non vocatis & penitus mandatis, ignorantia facti quæ Sedem Apostolicam potest fallere, nullum decernimus atque cassum, & eum, quicquid etiam inde sequutum est, carere viribus, & de libris & regiftris Ecclesiæ penitus esse delendos.

Porro licèt accusatores prædicti iusto zelo ad obiiciendum prædicta processerint, prosecutio tamen eorum est istis temporibus, maximè super hæresi, plena periculis, grauiáque scandala plurima spiritualia, necnon & temporalia, si procedatur in dicto negotio parata videmus. Instat insuper tertæ sanctæ disponendum negotium, ac Græcorum, vt ad vnitatem Ecclesiæ reuocentur, quos in schismate perire videmus. Clamant Orientales fratres nostri Christicolæ, pro mittendo eis celeriter subsidio ne percant; quæ tam pia tam sancta negotia nunc parata deseri oporteret, si ad prosecutionem intenderetur accusationis prædictæ, quæ processu temporis post finem prosecutionis huius forsan sic parata non parata erunt, occurrunt zizaniarum dimittendarum cum tritico vsque ad tempus. Doctrina Dominica inde tolerantia sanctorum Patrum Canones & exempla, quibus admonemur pro pace Ecclesiæ disciplinam deserere, quam ad præsens salua pace ipsa non possumus exercere. Locum tenuit Bonifacius in Ecclesia Dei sublimem, de hæresi eius plenè non liquit, nec videmus sectam damnatam per eum introductam, nec eius erroris sequaces, propter quos indigeat Ecclesia persecutionis prædictæ. Si quod contingeret hæresim contra eum probari & ad faciendum iudicium veniremus, vtilius nasci scandalum permittere deberemus, quàm veritatem deseri sineremus. Si verò per nos forsan fuisse iudicaretur hæreticus proh dolor! quomodo fidei Catholicæ contrarij super nos capita sua mouerent, veritatis ignari subsannantes nomen Ecclesiæ, videat vnusquisque. Cæterùm econtrà plures nos flagitant accusatores, namque prædicti Rex præfatus pro se, & Ecclesia Gallicana & suis adhærentibus, petiuit iustitiam, quam denegare salua pace Ecclesiæ, nec possumus nec debemus in fidei causa: præsertim tantóque periculosiùs iudicium deseritur, quòd fuit Ecclesiæ Dei Præsidens Bonifacius memoratus. Ait enim beatus Petrus, vt suprà memoratum est: *Iudicium à domo Dei debet incipere*. Præterea præfati accusatores cessanter *** adesse probationes eis, quæ in futurum si resumeretur negotium forsan non essent, sanctúmque nomen dare Bonifacio prædicto, ac inter Apostolicos numerari, si fuit, quod absit, hæreticus, periculosum exemplo atque detestabile negare non possumus, sicut insuper in Melchiam Prophetam scriptum est, Dominus per Leuitarum purgationem & iudicium dicitur exaltari, honor Ecclesiæ * * iudicium & eius stabilitas exaltatur. Igitur inter verba monentium vt facere debeamus iustitiam quicquid contingat, & suggerentium, vt pro pace Ecclesiæ disciplinam iustitiæ deseramus, inter pressuras huiusmodi premimur æstuantes. Quid ergo, viam mediam eligimus, strepitum accusationis prædictum in negotio prædicto vitantes, & viam rigoris, præfatúmque Regem cum fratribus nostris instanter & prece repetita affectuosè rogauimus, vt propter honorem Ecclesiæ supersedere valeret à via rigoris, petitionis Concilij generalis iam cœpta, ac indiceret monitis & exhortationibus vt eum conuenit, accusatores seu obiectores prædictos, necnon eos qui prosecutioni prædictæ consenserant, Prælatos, Barones, & alios regni sui, & in iis adhærentes eosdem, vt propter honorem Ecclesiæ prosecutionem dicti negotij dimitterent ordinationi Ecclesiæ, quæ super eo disponet prout Religioni fidei, paci Ecclesiæ, vtilitatíque publicæ viderit expedire. Rex autem ipse progenitorum suorum sequens vestigia, qui pacis & honoris Ecclesiæ semper zelatores fuerunt, sicut priùs ad honorem Dei, sanctæ Matris Ecclesiæ, fideíque stabilimentum solùm, non autem alia voluntate instabat per viam cœptam negotium mediari prædictum, ac finem debitum debere recipere: sic propter honorem Ecclesiæ & pacem, quam ei prætendimus, gratiosè condescendit precibus nostris voluntati nostræ prædictæ, & dictos accusatores Prælatos, Barones, & alios qui secum instabant per viam priùs inceptam rigoris induxit, vt negotij prædicti prosecutio in ordinatione nostra, & Ecclesiæ dimittatur, quæ ex suo officio super præmissis ordinabit, prout superiùs est expressum; & sic iustitiam accusationum ipsarum

PREVVES DE L'HIST. DV DIFFEREND

& profecutionis prædictæ, petitionémque Concilij generalis petiti huius auctoritate fanctæ Synodi, propter vtilitatem publicam & pacem Ecclefiæ duximus abolendam, remittentes aceufatoribus prædictis & obiectoribus omnem necessitatem profecutionis negotij fupradicti contra Bonifacij memoriam antè dicti.

Ex V. C. S. Victoris. Regiftro P. 13. fol. 34. verfo.

BVLLE de *Clement V*. où il dit que le Roy *Philippes le Bel*, tant pour les autres Roys & Potentats de la Chreftienté fes adherens , qu'en fon propre & priué nom, & comme vray champion de la Foy, & defenfeur de l'Eglife, a requis la conuocation d'vn Concile general, pour y faire vuider les appellations, & autres inftances formées contre le feu Pape *Boniface* VIII. de fon viuant preuenu des crimes d'intrufion, d'herefie de diuerfes efpeces, & d'autres actions deteftables, & de pernicieux exemple, dont l'eftat de la Foy & de l'Eglife auoit efté en danger de ruine, aux fins qu'il y fuft pourueu d'vn vray & legitime Pafteur. A luy s'eftoient ioints plufieurs Princes, entre lefquels font nommez *Loüis Comte d'Eureux*, defunt *Iean Comte de Dreux*, *Guy Comte de S. Pol*, & autres grands perfonnages, tant Ecclefiaftiques que laïcs, qui s'eftoient rendus denonciateurs defdits crimes, & inftigateurs.

Ceux qui s'eftoient offert à la defenfe de la memoire dudit *Boniface*; foutenans au contraire ledit Seigneur Roy (meu pluftoft de haine que de charité, ou zele de la Foy & de la Iuftice) auoir calomnieufement procuré telles denonciations, & le facrilege commis en la capture dudit *Boniface*, par aucuns defdits denonciateurs fes ennemis capitaux. Ceux-cy infiftans aux fins de non receuoir.

A cela il eftoit repliqué de la part du Roy, qu'il y auoit procedé auec tout refpect filial, comme enuers celuy qu'il tenoit en lieu de pere, & de qui il craignoit de voir, & volontiers auroit couuert les hontes de fon propre manteau. Iufques à ce qu'en eftant publiquement requis en fon Parlement de Paris en prefence de fes Prelats, Barons, Chapitres, Conuents, Colleges, Communautez & villes de fon Royaume, ne pouuant plus diffimuler fans fcandale & offenfe de Dieu, pour la décharge de fa confcience, il fut contraint (de leur auis & des Maiftres en Theologie, Profeffeurs és droits, & autres grands perfonnages de diuers Royaumes) d'entreprendre l'affaire, & d'enuoyer vers ledit *Boniface* Guillaume de Nogaret Cheualier, & autres fes Ambaffadeurs, pour luy notifier feulement lefdites denonciations, & requerir la conuocation d'vn Concile general. Que fi les Ambaffadeurs auoient excedé leur pouuoir, & commis aucune action illicite, en la capture d'iceluy *Boniface* & aggreffion de fa maifon, il luy en auoit grandement déplu, & l'auoit toufiours defauoüé. Que d'ailleurs lefdites denonciations eftoient de long-temps anterieures à toutes les offenfes, & caufes d'inimitié propofées contre lefdits denonciateurs.

Surquoy aprés des longues pourfuites & procedures faites, tant pardeuant ledit *Boniface* auant fon decés, que pardeuant le Pape *Benoift XI*. fon fucceffeur, & enfin pardeuant ledit Pape *Clement V*. tandis qu'il eftoit à Lyon & à Poictiers.

Et fous des proteftations de fa Sainteté, qu'elle n'entendoit admettre telles denonciations, fi ce n'eft, fi & entant qu'elles pouuoient eftre admiffibles contre des fouuerains Pontifes, viuans ou decedez.

Auant paffer outre faditte Sainteté ayant fait deuë inquifition d'office fur les motifs & bon zele defdits Seigneur Roy, & denonciateurs, les declara par prealable exempts de toute calomnie en leurs pourfuites, & y auoir procedé en fincerité, d'vn bon & iufte zele à la Foy Catholique.

Et depuis oüy ledit Guillaume de Nogaret (perfonnellement comparant en plein

DE BONIF. VIII. ET PHILIP. LE BEL.

Confiſtoire) *ſur la relation de ſon Ambaſſade, & reſtriction des mandemens du Roy à la ſeule notification deſdites denonciations, & requiſition* du Concile general (auquel ledit Boniface eſtoit ſouſmis en ce cas-là.) *Et ſur le déplaiſir qu'ils auoient eu de ce qui s'eſtoit paſſé au pillage du treſor de l'Egliſe, & en la capture dudit Boniface, à qui il auoit garanty la vie; tant s'en faut qu'il euſt rien attenté d'illicite contre luy, & qui ne fuſt dans les termes du droict, & d'vne neceſſaire defenſe.*

Que Boniface au lieu de conſiderer la demande du Roy qui eſtoit iuſte, auoit continué ſes entrepriſes iniurieuſes contre le Roy & ſon Royaume.

Sadite Sainteté ſuffiſamment inſtruite par ladite confeſſion & autres preuues, de l'innocence dudit Seigneur Roy le declara innocent, & inculpable deſdites capture, aggreſſion, & pillage.

Finalement ſur l'offre faite de la part de ceux qui defendoient la memoire dudit Boniface de remettre l'affaire à la connoiſſance & diſpoſition entiere de ſadite Sainteté & de l'Egliſe: Et ſur le conſentement pareillement preſté, tant de la part dudit ſieur Roy, pour luy & tous les regnicoles de la France (qui s'y laiſſa porter à l'inſtante priere de ſadite Sainteté, pour le bien de la paix, & acceleration du ſecours de la Terre Sainte, & pour plus facile entretien des anciens traitez & confederations des SS. Peres auec les Roys de France) que de la part deſdits denonciateurs, à ce induits par ledit Seigneur Roy.

Sadite Sainteté caſſe & reuoque toutes ſentences, conſtitutions & declarations non compriſes au ſixiéme liure des Decretales, entant qu'elles peuuent porter preiudice à l'honneur, eſtat, droits, & libertez dudit ſieur Roy de ſon Royaume, & des regnicoles, denonciateurs, & adherens, (excepté deux, commençantes, Vnam ſanctam. *& Rem non nouam, qui ne ſont dans ledit 6. liure, qui demeureront en leur force & vertu, ſuiuant neantmoins les modifications qui y ont eſté faites cy-deuant.) Enſemble toutes reuocations & ſuſpenſions de priuileges, toutes excommunications, interdits, priuations, depoſitions, & tous autres procez de faict & de droit, faits tant par ledit Boniface que par ledit Benoiſt ſon ſucceſſeur, depuis le iour de la Touſſaints de l'année 1300. tant contre ledit ſieur Roy, ſes enfans, ſes freres, & le Royaume de France, Eſtat, droits, & libertez d'iceluy; que contre leſdits denonciateurs, Prelats, Barons, & autres regnicoles, pour raiſon deſdites denonciations, appellations, requiſitions d'vne conuocation de Concile general, blaſphemes, iniures, capture de la perſonne, aggreſſion, & inuaſion de la maiſon dudit Boniface, & diſſipation dudit treſor de l'Egliſe, & autres dépendances du fait commis à Anagnia, ou du differend que ledit Boniface auoit eu contre ledit ſieur Roy, & ſes adherens, viuans ou morts.*

Abolit en outre toute la tache de calomnie, & note d'infamie, qui pour raiſon deſdits cas, pourroit eſtre imputée au Roy, à ſa poſterité, & auſdits denonciateurs, Prelats, Barons, & autres.

Les décharge de toutes amendes & condamnations. Encore meſme qu'on ſuppoſaſt ladite capture auoir eſté faite au nom & du mandement dudit ſieur Roy & ſes adherens, ou ſous ſa banniere & enſeigne de ſes armoiries. Dont pour cautele, il luy fait remiſſion & quitance, & audit Royaume, denonciateurs & autres. Les remettant & reſtituant entant que de beſoin en leur premier eſtat, à ce qu'ils n'en puiſſent à l'auenir eſtre notez. Ordonne que leſdites ſentences & ſuſpenſions ſeront oſtées des regiſtres de l'Egliſe de Rome: defend d'en garder les originaux, & enioint à toutes perſonnes de ſupprimer & oſter des regiſtres & lieux publiques ou priuez, toutes les pieces deſdits procez, auec inhibitions d'en retenir copie, à peine d'excommunication, ſi dans quatre mois de leur notice & faculté de ce faire ils ne l'accompliſſent.

Le tout sans preiudice de la verité de l'affaire principale, & de la poursuite qui s'en pourroit faire d'office, à laquelle il n'entend auoir touché par lesdites inquisition, declarations, & prononciations.

Et sauf de proceder à l'auenir (s'il y auoit lieu de le faire d'office) à l'audition & examen des témoins, & denonciateurs qui se pourroient presenter & y estre receuables, contre ledit Boniface & sa memoire. Ensemble des defences & exceptions legitimes, s'il y en auoit à proposer, pourueu qu'elles ne touchent ledit Seigneur Roy, ses enfans, ses freres, son Royaume, & les denonciateurs susdits.

Sans toutefois comprendre en la susdite abolition & remißion sous le nom d'adherens ou autrement, ledit Guillaume de Nogaret, ne Sciarra Colomna, ne les citoyens d'Anagnia, ne quelques autres particuliers y dénommez specialement, tant dudit lieu d'Anagnia que d'ailleurs, ausquels sadite Sainteté entend pouruoir de remede conuenable par autre voye. Fait en Auignon le 27. Auril 1311.

Au commencement de cette Bulle le Pape Clement V. fait de grandes loüanges du Royaume de France & de ses Roys, pour la pieté, & pour le soin qu'ils ont toujours pris pour la defense de l'Eglise Catholique.

Clement V. dit que Guillaume de Nogaret, qui est exclus de la grace contenuë aux precedentes, a declaré qu'il est prest de prouuer qu'il est innocent des violences faites à Boniface, & du vol du tresor de l'Eglise, & qu'il ne croyoit pas estre excommunié pour ce regard; a neantmoins demandé d'estre absous à cautele, estant prest d'executer les penitences qui luy seront ordonnées. Ce que le Pape luy accorde, à la charge qu'il ira au premier passage en Terre Sainte auec armes & cheuaux pour y demeurer à perpetuité, si le Pape ne luy permet de retourner; & cependant qu'il fera les pelerinages y designez, & ce faisant, ou son heritier s'il ne l'a pû accomplir, il iouïra des graces & absolutions contenuës en la Bulle precedente: mais il veut qu'il accepte ces penitences auec humilité, & qu'il les execute; autrement il sera censé coupable de tout ce dont il est accusé.

Au Tresor, coffre Boniface num. 785. 790.

CLEMENS Episcopus seruus seruorum Dei. Vniuersis Christi fidelibus præsentes literas inspecturis, salutem & Apostolicam benedictionem. Carissimo in Christo filio nostro Philippo Regi Francorum illustri nostras concedimus literas, quarum tenor sequitur in hunc modum.

CLEMENS Episcopus seruus seruorum Dei, Ad certitudinem præsentium, & memoriam futurorum, Rex gloriæ virtutum Dominus Iesus Christus, cui à patre data est omnis potestas in cælo & in terra, cælestia pariter & terrena salubri moderamine dirigens, ac perpetua ratione gubernans, vt in signum supernæ potentiæ, qua tanquam Dei virtus & sapientia suauiter vniuersa disponit, suæ ineffabilis ostenderet opera Maiestatis, in huius Orbis orbita diuersa regna constituit, diuersorum populorum regimina, secundùm diuisiones linguarum & gentium stabiliuit. Inter quos sicut Israëliticus populus in sortem hæreditatis Dominicæ ad diuina mysteria & beneplacita exequenda cælestis iudicio electionis assumptus fuisse dignoscitur: sic regnum Franciæ in peculiarem populum electum à Domino in executione mandatorum cælestium, specialis honoris & gratiæ titulis insignitur. Ipsius namque regni Reges à progenie in progenies zelo Catholicæ fidei inardentes, ac sacrosanctam Romanam Ecclesiam matrem fidelium præcipuis venerantes honoribus, nunquam ab ipsius rectitudine fidei deuiarunt, quin potiùs pro ipsius conseruatione fidei, & Ecclesiæ defensione prædictæ, Reges & incolæ dicti regni se & sua exponere, ac nonnunquam proprium fundere sanguinem minimè dubitarunt.

Loüanges du Royaume de France.

bitarunt, sicut & gestorum antiquitas, & sacrorum auctoritas Canonum manifestè declarant. Dignè igitur ad regnum ipsum, eiúsque Reges & homines aciem paternæ considerationis extendimus, multóque desiderio ducimur, & cura solicita procuramus, vt Reges & populi dicti regni per successus temporum erga Deum & Ecclesiam in plenitudine deuotionis & fidei magis ac magis efferueant, in laudabilium operum executione concrescant, & per semitas mandatorum Domini, de bono semper in melius incedentes præseruentur à noxiis; salutaria spiritualiter & temporaliter incrementa suscipiant, & pacis affluant vbertate. Sanè ex parte carissimi in Christo filij nostri Philippi Regis Francorum illustris fuit expositum coram nobis, quòd significantibus olim sibi frequenter & pluries nonnullis sublimibus & magnæ auctoritatis personis, Bonifacium Papam VIII. prædecessorem nostrum non per ostium sed aliunde intrasse ouile Dominicum, Ecclesiam videlicet sponsam Christi, ipsúmque fore crimine prauitatis hæreticæ irretitum, quibusdam ex personis ipsis, ipsum super hoc impetere seu denuntiare volentibus, ac requirentibus Regem ipsum tanquam fidei pugilem & Ecclesiæ defensorem, vt cùm ex vitioso & illegitimo ingressu, progressu damnabili, peruersis actibus, detestandis operibus, & perniciosis exemplis dicti Bonifacij status fidei & Ecclesiæ miserabilibus dispendiis & ærumnis grauísque ruinæ periculis subiaceret, ac vbi de hæresi agitur fidei & Ecclesiæ defensatrix semper extiterit inclita Domus sua, pro declaratione veritatis huiusmodi procuraret generale Concilium conuocari. Rex ipse qui pudenda patris proprio libenter pallio contexisset, denunciatorum & obiectorum ipsorum frequentibus pulsatus instantiis & assiduis clamoribus excitatus, eiúsque conscientia tam per nonnullas sublimes, graues, & fide dignas personas, videlicet dilectos filios nobiles viros, Ludouicum Ebroicensem, & Guidonem sancti Pauli, ac quondam Ioannem Drocensem Comites, asserentes præstitis ad sancta Dei Euangelia ab eis tacta corporaliter iuramentis, se præmissa credere esse vera, & ea legitimè posse probati; quàm per alias quamplures sublimes & fide dignas personas status tam Ecclesiastici quàm mundani eumdem Bonifacium diuersis hæresum speciebus infectum ac in profundo malorum positum & omninò incorrigibilem affirmantes, super iis vt decuit informata negotium conuocationis huiusmodi Concilij generalis pro declaratione veritatis, vt videlicet dicti Bonifacij innocentia in hac parte claresceret, sicut teste conscientia exoptabat, aut ipso Bonifacio, si denunciata & obiecta contra eum forent veritate subnixa, tanquam illegitimo prorsus amoto, & cunctis erroribus, iniquitatibus & spurcitiis à domo Domini procul pulsis, de vero & legitimo Pastore prouideretur Ecclesiæ sanctæ Dei, vnà cum Prælatis, Baronibus, Collegiis, Vniuersitatibus, Communitatibus ciuitatum & aliarum villarum, ac Clero & populo regni sui, necnon aliis Regibus & Principibus, Prælatis, & aliis præcellentibus, & magnæ auctoritatis personis status tam Ecclesiastici quàm mundani, ac Communitatibus & Vniuersitatibus ciuitatum, & aliarum villarum diuersorum regnorum & climatum orbis terræ, aliísque sibi adhærentibus ex feruore fidei & zelo iustitiæ, ac pro reformatione status Ecclesiæ, & generali bono totius Reipublicæ Christianæ assumpsit, deliberato consilio ad laudem diuini nominis, & exaltationem Catholicæ fidei promouendam, ipsiúsque promotioni conuocationis Concilij generalis, vt ipsius prouisione salubri memoratis obiectoribus audientia præberetur, ac super obiectis sciretur veritas, ac statueretur & fieret quod iu-

Demandes de la part du Roy Philippes le Bel côtre le Pape Boniface VIII.

FFff

stitia suaderet, apud eumdem Bonifacium dum viueret per solemnes nuncios regios, & post eius obitum apud bonæ memoriæ Benedictum Papam XI. prædecessorem nostrum, & eo sublato de medio apud nos ad Ecclesiæ præfatæ regimen licèt insufficientibus meritis diuina dispositione vocatos, dum paulo post nostræ promotionis auspicia Lugduni nobiscum pro huiusmodi & terræ sanctæ, & aliis negotiis arduis personaliter conuenisset, ac Pictauis postmodum iteratis instantiis, vt videlicet per eumdem Benedictum prædecessorem nostrum dum in humanis agebat, & post eius decessum per nos etiam de præfati deliberatione Concilij conuocandi, si expediens videretur, super denuntiatis & obiectis huiusmodi discuteretur veritas, ac decerneretur, & fieret quod censent & statuunt Canonicæ sanctiones, operosis studiis ac sollicitudinibus institit indefessis. Quare præfatus Rex nobis humiliter supplicauit, vt cùm sicut denuntiatorum & obiectorum prædictorum habebat assertio, ex certis causis exhibitionis iustitiæ in hac parte morosa protractio negotio fidei, ac eisdem denuntiatoribus & obiectoribus dispendiosa foret & periculosa quamplurimum, in negotio memorato procedere ac exhibere super eo iustitiæ plenitudinem dignaremur.

Defenses & excuses pour le Pape Boniface VIII.

Proponebatur autem in contrarium ex parte quorumdam se offerentium defensioni memoriæ & status Bonifacij memorati, dictum Regem ex malignitatis & odij fomite potiùs quàm caritatis aut fidei, vel iustitiæ zelo, procedere ad requisitiones huiusmodi faciendas, ipsúmque denuntiationes & obiectiones & assertiones prædictas calumniosè fieri procurasse, ac Regem eumdem, & quosdam ex denuntiatoribus & obiectoribus supradictis ausu sacrilego capi fecisse Bonifacium memoratum, ac denuntiatores & obiectores & assertores eosdem conspiratores fuisse & esse dicti Bonifacij inimicos etiam capitales. Quibus præmissis & aliis multis rationibus dicebatur dictum Regem super requisitione prædicta nullatenus audiendum, ac denuntiatores & obiectores prædictos ad denuntiationes & obiectiones huiusmodi non fore aliquatenus admittendos.

Repliques de la part de ceux qui accusoient le Pape.

Sed respondebatur econtrà pro parte Regis, denuntiatorum & obiectorum & assertorum ipsorum, quòd ab ipso primordio promotionis dicti Bonifacij ad summi Pontificatûs apicem, memorato Regi per nonnullas sublimes & præeminentis excellentiæ, aliásque fide dignas personas Ecclesiasticas & mundanas insinuatum multoties fuerat, & diuersis successiuè temporibus auribus Regiis pluries inculcatum, quòd præfatus Bonifacius per ostium non intrasset, quódque vitio labis hæreticæ & aliis nefandis criminibus irretitus ac positus in profundo malorum omninò incorrigibilis existebat, ipsúmque Regem vt tanquam fidei pugil, Ecclesiæque defensor imminentibus malis & scandalis remediis occurreret opportunis, fuisse cum instantia requisitum. Sed Rex ipse vt filius pudoratus, illius quem loco patris habebat pudenda cernere veritus, auertens à prædictis insinuationibus & denuntiationibus aures suas, ipsum diutiùs propter honorem Ecclesiæ tolerauit, & venerabatur vt patrem, donec personarum prædictarum frequentibus & continuatis instantiis, & demùm in publico Parlamento Parisius præsentibus Prælatis, Baronibus, Capitulis, Conuentibus, & Collegiis, & Communitatibus, & Vniuersitatibus villarum regni prædicti opportunè & importunè pulsatus, cùm vlteriùs vrgente conscientia de præmissis vt præmittitur informata, absque Dei offensa dissimulare non posset, nec sine grauibus scandalis & periculis tolerare: de Prælatorum & Baronum, ac Capitulorum, Conuentuum, Col-

DE BONIF. VIII. ET PHILIP. LE BEL.

legiorum, Communitatum, & Vniuersitatum villarum regni præfati, nec non Magistrorum in Theologia, ac Professorum vtriusque Iuris, & aliarum sapientum & grauium personarum diuersorum regnorum & partium deliberato consilio non ex odij fomite, non typo malitiæ, sed zelo fidei necessitate cogente promotionem vt prædicitur assumpsit negotij supradicti. Nec præfatum Bonifacium capi, nec aggressionem vel insultum in eum, vel eius domum fieri mandauit aut fecit. Sed denuntiationes & obiectiones prædictas sibi per Guillelmum de Nogareto militem & alios nuntios suos ad hoc ab eo cum patentibus & expressis literis regiis destinatos duntaxat insinuari præcepit, & peti ab eo super iis generale Concilium conuocari. Et si dictus Guillelmus circa personam vel domum dicti Bonifacij vel aliàs in præmissis aliqua commisit illicita, displicuerunt & displicent dicto Regi, nec ea rata vel grata vnquam habuit neque habet. Adiiciebatur etiam, denuntiatores & obiectores prædictos de hæresi, illegitimo ingressu, & aliis criminibus suprà dictis à longè retro lapsis temporibus per nonnullas graues & fide dignas personas instructos & informatos fuisse, ipsósque ad denuntiationes & obiectiones easdem apud præfatum Regem, cùm ad prælibatum Bonifacium tunc aditum commodè habere non possent in publicum deferendas, non ex odio præconcepto, cùm tunc ipsos in nullo dictus Bonifacius offendisset, non ex fermento malitiæ, sed potiùs ex feruore fidei & zelo iustitiæ processisse, & earum prosecutioni etiam nunc instare parati eas secundùm formam iuris legitimè prosequi & probare.

Le Roy demande la conuocation d'vn Concile vniuersel.

Nos autem cum fratribus nostris matura & frequenti super hoc deliberatione præhabita, considerantes attentiùs & infra claustra pectoris meditatione sollicita reuoluentes quòd prætacti negotij prosecutio rigorosa impeditiua nimis prædicti negotij terræ Sanctæ, & aliis grauibus onusta dispendiis, & diuersis vndique plena periculis existebat, sicut iam facti exordia indicabant: Ac volentes tot & tantis malis & periculis, ne in segetem periculosè succrescerent, sed præcisis radicibus suo præfocarentur in ortu, ex debito Pastoralis officij sollicitiùs prouidere, apud eundem Regem de fratrum nostrorum consilio, & ad eorum supplicationem instantem salutaribus monitis, exhortationibúsque paternis instituimus, vt reiectis amfractibus denuntiationum & obiectionum huiusmodi, cùm per alias congruas & legitimas vias prætactum negotium tractari commodiùs & faciliùs posset, & breuiùs terminari, ipsius negotij prosecutionem nostræ & Ecclesiæ ordinationi relinqueret, & vt denuntiatores & obiectores præfati ididem facerent interponerent partes suas: Ita quòd nos & eadem Ecclesia causarum vitatis amfractibus, & prædictis malis, & periculis obuiando ex officij nostri debito ad ipsius negotij cognitionem, examinationem & totalem decisionem procedere, statuere, & ordinare de ipso, ac finem congruum eidem imponere deberemus, prout Catholicæ fidei & vniuersalis Ecclesiæ statui & honori conueniens ac terræ Sanctæ negotio, & aliàs secundùm Deum expediens videretur. Sed licèt requisitionem huiusmodi apud eundem Regem pluries diuersis successiuè temporibus atque locis duxerimus repetendam, ipso tamen Rege ad denuntiatorum & obiectorum prædictorum instantiam requisitioni prædictæ vt priùs nihilominus insistente. Nos inter tot diuersa & aduersa in medio supra iustitiæ solium constituti in tanto negotio non præcipitanter, aut irruptiuè, sed cum debita cautela & maturitate procedere cupientes, diuersos & varios in negotio ipso per legitima interualla dierum & tempo-

596 PREVVES DE L'HIST. DV DIFFEREND

rum continuatis terminis fecimus iuſtitia mediante proceſſus. Et ne vel malignis aut falſis delationibus aditum nimis facilem pandere aut denuntiatoribus & obiectoribus ſuprà dictis, ſi ſpiritu Dei aguntur, in diſpendium fidei viam præcludere, vel negare iuſtitiæ videremur; non intendentes tamen denuntiatores & obiectores prædictos, vel alterum eorumdem, aut denuntiationes vel obiectiones, vel aliqua propoſita per eoſdem admittere, niſi ſi prout & in quantùm contra ſummos Pontifices viuos vel mortuos admittendi forent & etiam admittendi iuxta Sanctorum Patrum decreta & canonica inſtituta, de motu & zelo Regis præfati circa requiſitionem huiuſmodi, & aſſertorum ac denuntiatorum & obiectorum prædictorum circa aſſertiones, denuntiationes, & obiectiones præmiſſas duximus inquirendum; & demùm competenti ſuper iis inquiſitione præhabita comperimus, quòd etſi etiam aſſertores, denuntiatores & obiectores prædictos ad aſſertiones, denuntiationes &obiectiones huiuſmodi, ac dictum Regem ad requiſitionem prædictam, vt præmittitur, faciendas, obiectorum veritas, de quibus certi non ſumus, forſitan non mouiſſet: ipſos tamen ad hoc præconcepta malignitas aut mala cauſa non impulit, ſed bonus, ſincerus & iuſtus zelus induxit. Vnde aſſertores, denuntiatores & obiectores eoſdem ad aſſertiones, denuntiationes & obiectiones eaſdem, & dictum Regem qui ad eorum, necnon aliarum ſublimium & grauium perſonarum frequentem & ſæpius repetitam inſtantiam ad requiſitionem prædictam ab initio proceſſerat, & nunc etiam procedebat, extra omnem calumniam fuiſſe & eſſe, ac bono, ſincero, & iuſto zelo ex feruore Catholicæ fidei proceſſiſſe, de fratrum noſtrorum conſilio auctoritate Apoſtolica pronuntiamus, dicimus atque decernimus, & tenore præſentium declaramus.

Le Pape declare, que le Roy Philippe le Bel, & les delateurs n'ont eu intention d'accuſer fauſſement le Pape Boniface VIII.

Cæterùm Guillelmus de Nogareto præfati Regis miles in noſtra & fratrum noſtrorum præſentia in publico Conſiſtorio perſonaliter conſtitutus in iure confeſſus eſt & conſtanter aſſeruit, ſe nunquam ex parte dicti Regis ſuper captione, aggreſſione vel inſultu factis in dictum Bonifacium vel domum eiuſdem habuiſſe mandatum, nec ipſius Regis mandato vel conſcientia proceſſiſſe ad ea quæ circa factum captionis, aggreſſionis, & inſultus huiuſmodi imponuntur eidem. Sed cùm ad notificandum eidem Bonifacio denuntiationes & obiectiones præmiſſas, & petendum ab ipſo conuocationem Concilij generalis fuiſſet, vt dicebat, ex parte Regia ſolummodo deſtinatus, ac propter auſteritatem ipſius Bonifacij, ac illatas minas, & paratas inſidias eidem Guillelmo ex parte ipſius Bonifacij tutus ſibi ad eumdem Bonifacium aliter aditus non pateret: ipſe Guillelmus fidelium & deuotorum Eccleſiæ comitiua vallatus & fultus auxilio ad domum ipſius Bonifacij quam inhabitabat Anagniæ, armis pro ſui tutione munitus, accedens intrauit ad ipſum, ac aſſertiones, denuntiationes & obiectiones prædictas eidem inſinuans & exponens petiit ab ipſo ſuper iis generale Concilium conuocari, quod antè per ſuas literas publicè diuulgatas, & valuis Eccleſiarum affixas denegauerat, & tunc etiam concedere noluit legitimè requiſitus, ſic iudicij ſubterfugus ſe ipſum conſtituens in contumacia manifeſta: nec inicit aut inici permiſit à quoquam manus violentas in eum, quin potiùs ipſum à manibus illorum qui ſanguinem eius immaniter ſitiebant, eripiens, à morte defendit & conſeruauit illæſum. Adiecit inſuper dictus Guillelmus, præfatum Bonifacium poſt appellationes ſeu prouocationes tam ex parte Regis, Prælatorum, Baronum & aliorum prædictorum, quàm præfati Guillelmi ad di-

Extuſes de Guillaume de Nogaret.

DE BONIF. VIII. ET PHILIP. LE BEL. 597

ctum generale Concilium quod eidem Bonifacio præerat in hoc casu, legitimè interiectas, ne quid in præiudicium prætacti negotij contra eum per appellationes prædictas assumpti quomodolibet attentaret, nonnulla grauia eisdem spretis appellationibus seu prouocationibus attentasse, ad grauiora de die in diem attentanda, seu peruersitatis exponendo conatus, ex quibus non solùm Regis & regni prædictorum, qui fidei zelatores & Ecclesiæ defensores esse noscuntur, irreparabilis & periculosa turbatio, verùm etiam vniuersalis Ecclesiæ discriminosa mutatio , & alia infinita pericula & scandala in ianuis sequebantur, seque & Ecclesiam sanctam Dei quatenus erat in se prostrare præcipiti furia festinabat, nisi sibi diuinæ prouisionis auxilio fuisset occursum. Quibus & aliis multis rationibus asserebat dictus Guillelmus se sincero iustóque zelo Dei & fidei, nec non pro necessitate defensionis Ecclesiæ tunc instanti, & præcipuè domini patriæque suorum, videlicet dictorum Regis & regni, quicquid fecerunt apud Anagniam ipse sequacésque sui, piè, iustè, licitóque iure fecisse, nec aliquid in hac parte illicitum attentasse. Et si quid de thesauro Ecclesiæ dispersum, raptum vel deperditum fuerat, aut alia quæuis illicita in prædictis, vel circa ea quomodolibet perpetrata fuerant vel commissa, displicuerunt admodum & displicebant eisdem, eisque inuitis & renitentibus toto posse fuerant attentata. Propter quod dicto Guillelmo sequacibúsue prædictis, qui rei licitæ dederunt operam, & ad tuitionem personæ dicti Bonifacij ac conseruationem thesauri Ecclesiæ , & tollenda scandala, quamdiu moram traxerunt ibidem, quam potuerunt diligentiam adhibere curarunt, nihil ad malum vel culpam in præmissis, vt dicebat idem Guillelmus, imputari quomodolibet vel ascribi poterat vel debebat.

Vnde nos de sæpè fati Regis innocentia in hac parte tam per confessionem & assertionem præfati Guillelmi, quàm aliàs sufficienter instructi, pronunciamus, dicimus, atque decernimus & auctoritate prædicta de fratrum præfatorum consilio, tenore præsentium declaramus Regem ipsum super captione, aggressione & insultu prædictis, ac dispersione, & amissione thesauri & aliis, quæ in conflictu vel facto captionis dicti Bonifacij, aut aggressione vel insultu prædictis ipsi Guillelmo impositis quomodolibet contigerunt, innocentem penitus & inculpabilem fuisse ac esse.

Le Roy Philippes le Bel declaré innocent par le Pape.

Quibus pronuntiationibus, declarationibus, & decretis per nos vt præmittitur factis & habitis, cùm in negotio memorato vellemus vlteriùs iustitia mediante procedere, ne causa fidei indiscussa diutiùs remaneret, illi qui defensioni memoriæ & status dicti Bonifacij se, vt præmittitur, offerebant, negotium defensionis huiusmodi in officij nostri mera & libera potestate spontè ac liberè dimiserunt. Ac demum præfatus Rex præmissa pericula consideranter attendens, tanquam benedictionis & gratiæ filius, progenitorum suorum qui se semper ipsius Ecclesiæ beneplacitis coaptarunt vestigia clara sequens, pro se ac vniuersis regnicolis regni sui, cuiuscunque status ac conditionis existant, nostris in hac parte requisitionibus de abundantia regalis clementiæ per effectum operis acquieuit. Præfati quoque denuntiatores & obiectores ad inductionem dicti Regis factam eisdem ad preces nostras per nos, vt præmittitur, ipsi Regi porrectas, auctoritate nostra interueniente, nostris circa id beneplacitis finaliter assenserunt, negotium huiusmodi, & prosecutionem ipsius, nostræ & Ecclesiæ cognitioni, decisioni, ordinationi & dispositioni liberè relinquentes, prout per Patentes regias, ac denuntiatorum, obiectorum &

Le Roy & les delateurs, comme aussi ceux qui defendoient la memoire du Pape Boniface VIII. se soûmettent à ce qui en sera ordonné par le Pape Clement V.

FFff iij

assertorum prædictorum literas, quas ad cautelam & memoriam rei gestæ in ipsius Ecclesiæ archiuo repositas seruari facimus, plenè constat. Nos itaque mansuetudinem regiam, ac expertam in iis deuotionis & reuerentiæ filialis gratitudinem, quas pro tot & tantis malis & periculis euitandis dicto Regi diuinitus credimus inspiratas, plenis in Domino laudibus commendantes Regi cœlesti, in cuius manu corda sunt Principum, & à quo tantum bonum non ambigimus processisse, cùm ab ipso bona cuncta procedant, laudes & gratias profundæ humilitatis spiritu, totóque deuotionis animo exhibemus, ac motum & zelum dicti Regis in hac parte ex feruore fidei, quem Rex ipse à progenitoribus suis hæreditario quasi iure traxisse dignoscitur, prodeuntem non immeritò approbantes, & sonoris laudum efferentes præconiis : Ac volentes præfato Regi & suis, aduersus futura pericula sic plenè prospicere, & aliàs in hac parte ad honorem Dei & Ecclesiæ sic vtiliter & salubriter prouidere, quòd inclitæ domus & regni Franciæ fama celebris, suíque nominis claritas vbique diuulgata per orbem, nullis obloquentium morsibus vel vllorum caninis latratibus, qui vel ex ignorantia veritatis, aut propriæ malignitatis astutia, vel inuidiæ stimulis concitati malum in bono præsumunt, & prædicant, imposterum pateat, sed in sui splendore luminis semper illibata persistat, vitentur iam experta pericula, ac tot & tantis malis & scandalis iam præuisis, quæ ex præteritorum commemoratione, refricatione vel recidiua iteratione quacunque verisimiliter sequi possent, imposterum via præcludatur omninò, ac caritatis, vnitatis & pacis fœdera, quæ inter præfatam Ecclesiam, ac Reges & regnum Franciæ hactenus diuinâ fauente clementiâ viguerunt & vigent, in sui vigoris & roboris firmitate de bono semper in melius illibata perpetuis temporibus obseruentur : Omnes sententias latas ab homine vel à iure, constitutiones, declarationes non inclusas in sexto libro Decretalium, in quantum præiudicant vel possent præiudicare honori, statui, iuribus & libertatibus dictorum Regis & regni, regnicolis, assertoribus, denuntiatoribus, delatoribus, fautoribus, adhærentibus ac valitoribus antè dictis, (duabus constitutionibus, quæ non sunt in eodem libro inclusæ, quarum vna incipit: *Vnam San-*

Les consti- *ctam*, & alia: *Rem non nouam* ; quas secundùm moderationes aliàs per nos
tutions , factas & non aliter intelligi volumus, & secundùm moderationes easdem
Vnam San-
ctam : Rem ipsas volumus in suo robore remanere, exceptis) nec non priuilegiorum
non nouam, reuocationes, & suspensiones, ac quoslibet processus suspensionum, ex-
modifiées
par le Pape communicationum, interdictorum, priuationum, depositionum, & alios
Clemens V. quoscunque processus iuris vel facti, verbo vel literis, in scriptis vel
sine scriptis, directè vel indirectè, principaliter vel incidenter, implicitè vel explicitè, publicè vel occultè, contra dictum Rgem, liberos, & fratres ipsius, & regnum Franciæ, statum, iura & libertates eiusdem pro quibuscunque factis, causis vel occasionibus, aut exquisitis coloribus vel figmentis quibuscunque præteritis temporibus, nec non contra denuntiatores, obiectores & assertores prædictos, ac Prælatos, Barones, & alios incolas & habitatores regni eiusdem quibuscunque temporibus causa vel occasione prædictarum assertionum, denuntiationum, propositionum, obiectionum, prouocationum, appellationum, petitionum seu requisitionum, conuocationis Concilij generalis, blasphemiarum, iniuriarum dictarum vel factarum contra dictum Bonifacium quoquomodo, vel captionis, aggressionis, vel inuasionis domus personæ ve suæ, dispersionis & amissionis thesauri, & aliorum quæ in facto Anagniæ, vel alibi vbicunque oc-

casione præmissorum quomodolibet contigerunt, vel causa seu occasione dicti Regis, aut occasione discordiæ, quam habuit contra ipsum Regem Bonifacius prædictus, seu causa vel occasione aliquorum emergentium, vel contingentium, seu quæ contingere potuerunt ex eisdem, ac etiam contra adiutores, valitores in præmissis seu ea tangentibus ipsius Regis, vel sibi quomodolibet adhærentes, viuos vel mortuos, cuiuscunque nationis, præeminentiæ, honoris, ordinis, dignitatis aut status Ecclesiastici, vel mundani existant, etiamsi Cardinalatûs, Archiepiscopali, Episcopali, Imperiali vel Regali dignitate præfulgeant; tam per dictum Bonifacium, quàm quoscunque alios in vita, vel post mortem ipsius auctoritate sua, quàm per memoratum Benedictum immediatum successorem suum pro factis, causis vel occasionibus antè dictis factos & habitos à Festo Sanctorum omnium, quod fuit anno Natiuitatis Dominicæ millesimo trecentesimo citra, si qui sint vel fuerint, ad cautelam relaxamus, reuocamus, irritamus, annullamus, cassamus, & ex nunc nullos, cassos, & irritos nuntiamus ex certa scientia de fratrum nostrorum consilio, & de plenitudine Apostolicæ potestatis. Et si quæuis calumnia, macula, siue nota ex præmissis denuntiationibus, obiectionibus, assertionibus, aut quibuscunque contumeliis, blasphemiis, iniuriis, verbis vel factis in scripturis priuatis vel famosis libellis, occultè vel publicè eidem Bonifacio in vita eius vel post mortem illatis, aut earum publicatione, assumptione vel prosecutione, aut culpa, offensa aut iniuria qualibet seu infamia iuris vel facti præfato Regi, posteritati suæ, assertoribus & denuntiatoribus ac obiectoribus, Prælatis, Baronibus vel aliis indigenis, incolis, & habitatoribus dicti regni, nec non adiutoribus, valitoribus & adhærentibus prædictis, aut aliquibus ex eis aut aliis consentientibus, mandantibus vel ratum habentibus, opem, consilium, auxilium, vel fauorem præbentibus, quoquo modo viuis vel mortuis personis infrà nominatis exceptis, ex captione, insultu & aggressione prædictis, aut ex rapina seu perditione thesauri Ecclesiæ, aut ex aliis quibuscunque quæ in conflictu vel facto captionis, insultus, aggressionis prædictorum, vel alias ipsorum occasione, vt præmittitur, contigerunt, impingi, imponi vel imputari possent imposterum quoquo modo huiusmodi calumnias, notas, maculas, iniurias, infamiam, actiones, querelas & offensas, siquæ forsan sint vel esse possint imposterum, totaliter abolemus & tollimus, ac etiam ad cautelam penitus amouemus, & sententias, emendas, multas & poenas si quæ sint pro eis impositas vel inflictas ab homine vel à iure, & quæ imponi vel infligi possent imposterum, etiam si supponerentur vel dicerentur captio prædicta vel aliqua de præmissis facta nomine dicti Regis, valitorum, adiutorum vel adhærentium prædictorum, aut ipsis mandantibus, vel procurantibus, vel ratum habentibus, aut sub vexillo suo, aut insigniis armorum suorum, prorsus amouemus & tollimus, & etiam ad cautelam omninò remittimus & quitamus, ac Regem ipsum & regnum prædictum, assertores, denuntiatores & obiectores, Prælatos, Barones, ac Clerum & populum dicti regni, nec non valitores & adiutores & adhærentes & alios supradictos in eum statum in omnibus & per omnia, si forsan ipsi vel eorum aliqui quomodolibet egeant, (personis inferiùs nominandis duntaxat exceptis,) reponimus, restituimus & plenè reducimus, in quo Rex ipse & alij supradicti erant ante omnia supradicta, iuxta distinctiones personarum, factorum, causarum & temporum superiùs assignatas; ita quòd Rex ipse, posteritas sua & regnum prædictum,

1300.
La Toussaints.

Sont remis en leurpremiere fame & renommée.

assertores, denuntiatores, & obiectores, Barones, & alij suprà dicti, aut aliqui seu quiuis ex eis (exceptis duntaxat infrà nominatis personis) ex calumnia, notis, maculis, captione, aggressione, insultu, rapina seu deperditione thesauri, culpis, iniuriis, vel offensis, blasphemiis, sententiis vel processibus, vel quibuscunque aliis suprà dictis deinceps notari vel impeti nequeant, nec sententiæ aut processus huiusmodi contra ipsos vel quemuis ex eis aliquem possint habere vigorem, effectum aut roboris firmitatem. Et quia præteritorum consideratio circa futura vitanda pericula prouida circumspectione nos instruit, & reddit nec immeritò cautiores, nos eorum quæ tantis periculis atque malis causam vel occasionem dedisse noscuntur, sic volentes abolere memoriam, quòd nullum ex eorum commemoratione, refricatione, iteratione, vel repetitione quacunque recidiui mali periculum imposterum sequi possit, sententias, constitutiones, declarationes, priuilegiorum reuocationes, suspensiones, excommunicationes, interdicta, priuationes, depositiones & processus prædictos de libris Capitularibus & Regiftris Ecclesiæ Romanæ, de fratrum nostrorum consilio omnino tolli & penitus mandauimus amoueri: Districtiùs inhibentes ne quis cuiuscunque præeminentiæ, dignitatis, ordinis, conditionis aut status, Ecclesiastici vel mundani existat, etiamsi Cardinalatûs, Archiepiscopali vel Episcopali dignitate præfulgeat, sententias, constitutiones, declarationes, priuilegiorum reuocationes, suspensiones, excommunicationes, interdicta, priuationes, depositiones & processus prædictos in scripturis publicis vel priuatis, originalibus, transcriptis copiis vel exemplaribus retinere penes se, aut quomodolibet occultare, aut aliis communicare, vel tradere quoquo modo præsumat; sed instrumenta, munimenta, literas, cedulas, originalia, copias, exemplaria vel membranas, & alias quascunque scripturas publicas & priuatas, sententias & processus duntaxat continentes prædictos penitus destruant & consumant, ac de libris Capitulariis & Regiftris suis prædicta amoueant & tollant omninò: alioquin in omnes illos qui nostris infra quatuor menses postquam ad eorum notitiam peruenerint & tempus lapsum fuerit, infra quod prædicta fecisse potuerint, in hac parte non paruerint plenè mandatis, vel contra præmissa fecerint, vel aliquod præmissorum, excommunicationis sententiam promulgamus. A qua per neminem nisi per Sedem Apostolicam possint, nisi duntaxat in mortis articulo, absolutionis beneficium obtinere, non obstantibus quibuscunque priuilegiis vel indulgentiis, aut literis Apostolicis quibusuis dignitatibus, personis, Ordinibus, aut locis regularibus vel secularibus generaliter & singulariter, sub quacunque verborum forma vel expressione concessis, quæ nolumus aliquibus in præmissis quomodolibet suffragari. Eo saluo quòd per dictas inquisitiones quas super zelo & motu Regis, denuntiatorum & obiectorum prædictorum duntaxat fecimus, cognitionem principalis negotij non tangentes, nec tangere intendentes, aut per præfatas pronuntiationes, declarationésve exinde secutas, aut per aliqua de præmissis veritati negotij principalis & prosecutioni ex nostro officio vel aliàs faciendæ nullum præiudicium generetur. Hoc etiam saluo quòd si contingat aliquem vel aliquos qui admitti debeant, apparere ad accusandum, denuntiandum vel impetendum seu testificandum super præmissis, vel aliquo præmissorum etiam nobis ex officio procedentibus contra Bonifacium memoratum, vel memoriam eius, contra illum vel illos officio nostro defendentibus vel defendere volentibus qui admitti debeant con-

tra

Ordonne que lesdites sentences & suspensions seront ostées des Registres de l'Eglise de Rome: defend d'en garder les originaux & copies, ains veut que ceux qui les auront les déchirent & bruslent sous peine d'excommunication. Et si quelqu'vn va contre cette sienne renocation & cassation, qu'il encourt l'indignation de Dieu tout-puissant, & des bien-heureux Apostres saint Pierre & saint Paul. A Auignon les. des Calendes de May, l'an sixième de son Pontificat, qui retiennent à l'année de Nôtre Seigneur 1311.

DE BONIF. VIII. ET PHILIP. LE BEL. 601

tra dictum Bonifacium, vel memoriam ipsius, sint saluæ omnes defensiones, & exceptiones legitimæ tam inimicitiarum quàm aliæ, si quæ sint, Regem, filios, fratres, regnum, denuntiatores & obiectores prædictos non tangentes.

Porro dictum Guillelmum de Nogareto, Raynaldum de Supino milites, Thomam de Morolo, Robertum filium dicti Raynaldi, Petrum de Genezano, Stephanum filium eius, Adenulphum & Nicolaum natos quondam Mathiæ, Giffredum Bussa, Orlandum & Petrum de Luparia ciues Anagnienses milites, Sciarram de Columna, Ioannem filium Landulphi, Goinfredum natum Ioannis de Secano, & Maximum de Trebis, qui captioni dicti Bonifacij ac aggressioni vel insultui prædictis, rapinæ seu deperditioni thesauri prædicti interfuisse dicuntur, necnon ciues Anagnienses sub generalitate valitorum, adiutorum & adhærentium prædictorum, vel aliquarum clausularum, vel quorumcunque verborum superius expressorum quantùm ad ea quæ circa captionem dicti Bonifacij, aggressionem, & insultum domus suæ, ac rapinam & deperditionem thesauri dictis Guillelmo Raynaldo, & aliis suprà dictis impositas, & alia quæ in facto Anagniæ quomodolibet contigerunt, nec intelligimus nec volumus comprehendi, cùm circa prædictos nominatim expressos quoad hoc intendamus per viam aliam condignæ prouisionis remedium adhibere.

Exceptez de l'Abolition.

Nulli ergo omninò hominum liceat hanc paginam nostræ inquisitionis, pronuntiationis, declarationis, relaxationis, reuocationis, irritationis, annullationis, cassationis, abolitionis, amotionis, remissionis, quitationis, repositionis, restitutionis, reductionis, promulgationis, inhibitionis, voluntatis, & constitutionis infringere, vel ei ausu temerario contraire. Si quis autem hoc attentare præsumpserit, indignationem omnipotentis Dei, & Beatorum Petri & Pauli Apostolorum eius se nouerit incursurum. Datum Auinioni 5. Calendas Maij, Pontificatus nostri anno sexto.

Et licèt dictus G. de Nogareto ipsius Regis miles à pluribus contentis in prædictis literis, & eorum effectu specialiter vt præmittitur excludatur siue excipiatur: Nos considerantes quòd licèt ipse asserat ex iis quæ in persona vel erga personam dicti Bonifacij prædecessoris nostri, & ingressu domus suæ cum multitudine armatorum, & occupatione ac rapina thesauri Ecclesiæ Anagniæ facta fuerunt, se pluribus rationibus quas se probaturum offerebat, non teneri, nec propter præmissa, vel illa ad quæ idem Benedictus prædecessor noster ratione præmissorum contra eum processit excommunicationis seu excommunicationum sententiis se fore ligatum: quia tamen cum instanti instantia humiliter & deuotè à nobis impetriri sibi super huiusmodi petiit absolutionis beneficium ad cautelam, offerens ob diuinam, Ecclesiæ, & nostram reuerentiam, pœnitentiam quam ei duxerimus iniungendam super prædictis, se ad cautelam recepturum ac etiam completurum. Nos volentes saluti suæ animæ prouidere, necnon consideratione ipsius Regis pro ipso in hac parte cum instantia supplicantis, ipsum ab omnibus sententiis supradictis absoluimus ad cautelam, & iniungimus sibi pœnitentiam ad cautelam: Videlicet quòd in proximo passagio generali transfretet personaliter cum equis & armis in subsidium Terræ Sanctæ, ibidem in dictæ Terræ subsidium perpetuò moraturus, nisi à nobis vel successoribus nostris super abbreuiatione temporis gratiam meruerit obtinere. Volumus etiam quòd interim peregrinationes personaliter faciat infrà scriptas; videlicet quòd visitet Beatæ Mariæ de Valle viridi, de

Absolution de Guillaume de Nogaret.

Pœnitence enioincte à Guillaume de Nogaret.

GGgg

rupe amatoria, Anicien. de Bolonia fupra mare, Carnoten. fancti Ægidij, & de monte maiori Ecclefias, ac limina beati Iacobi Compoſtellan. ipſumque dummodo pœnitentiam huiuſmodi deuotè fuſceperit & peregerit cum, effectu dum vitam duxerit in humanis , vel eo mortuo heres eius, prædictarum relaxationum, reuocationum , irritationum, annullationum, caſſationum , denuntiationum , abolitionum, amotionum, fublationum , remiſſionum, quitationum , reſtitutionum , repoſitionum, reductionum, & aliorum omnium & fingulorum effectuum prouiſionum & ſecuritatum prædictarum fecundùm diſtinctiones perſonarum, factorum, cauſarum & temporum in prædictis noſtris literis comprehenſas: de fratrum noſtrorum conſilio & de plenitudine Apoſtolicæ poteſtatis participem efficimus & conſortem , omnes & fingulos effectus huiuſmodi in eum ſecundùm diſtinctiones eaſdem plenariè transfundendo; volentes & auctoritate prædicta, tenore præſentium concedentes, quòd ipſe omnibus & fingulis effectibus ſecuritatum & prouiſionum ipſarum, exceptione non obſtante prædicta, perpetuò & plenè gaudeat & vtatur, exceptionem eandem tollentes & amouentes omnino, ac haberi volentes pro non appoſita vel adiecta : dum tamen pœnitentias ſuprà dictas vt prædicitur acceptauerit & peregerit ipſe vel heres eius cum effectu. Alioquin ipſum ſi pœnitentias ipſas humiliter acceptare neglexerit & ipſe vel eius heres efficaciter adimplere, prædictarum relaxationum, reuocationum, irritationum, annullationum, caſſationum, denuntiationum , abolitionum, amotionum, ſublationum, remiſſionum, quitationum, reſtitutionum , repoſitionum, reductionum, & aliorum effectuum ſecuritatum & prouiſionum ipſarum eo ipſo ipſe & heres ſuus commodo careant & effectu, ac ipſos quoad captionem , aggreſſionem & inſultum prædictos, rapinam feu deperditionem theſauri Eccleſiæ, & alia omnia & fingula quæ in facto Anagniæ contigiſſe, aut ex eo ſecuta fuiſſe noſcuntur, perinde haberi volumus, auctoritate & de plenitudine Apoſtolicæ poteſtatis , ac ſi relaxationes , reuocationes, irritationes, annullationes, caſſationes, denuntiationes, abolitiones, amotiones, ſublationes , remiſſiones, quitationes , reſtitutiones, repoſitiones, reductiones, & alij prædicti effectus nullatenus proceſſiſſent. Nulli ergo omninò hominum liceat hanc paginam noſtræ abſolutionis, iniunctionis , voluntatis & conceſſionis infringere, vel ei auſu temerario contraire. Si quis autem hoc attemptare præſumpſerit, indignationem omnipotentis Dei, & Beatorum Petri & Pauli Apoſtolorum eius ſe nouerit incurſurum. Datum Auinioni 5. Calendas Maij, Pontificatus noſtri anno ſexto.

27. Auril 1311.

Bulle de Clement V. qui declare, que luy ny ſes ſucceſſeurs en la pourſuite qu'ils feront pour le fait de Boniface contre les François, qu'il ne ſera permis de toucher en aucune façon le Roy de France, qui a eſté iugé auoir eu vn bon zele en cette affaire.

Coffre Boniface num. 784.

CLEMENS Epiſcopus ſeruus ſeruorum Dei , ad certitudinem præſentium & memoriam futurorum. Cariſſimo in Chriſto filio noſtro Philippo Regi Francorum illuſtri noſtras concedimus literas, tenorem qui ſequitur continentes. CLEMENS Epiſcopus ſeruus ſeruorum Dei, ad certitudinem præſentium & memoriam futurorum. Rex

DE BONIF. VIII. ET PHILIP. LE BEL. 603

gloriæ virtutum Dominus Iesus Christus, cui à patre data est omnis potestas, &c. dat. Auinion. 5. Kal. Maij, Pontificatus nostri anno 6. Sanè licèt ex certis & legitimis caussis ad præmissa in literis eisdem contenta nostrum inclinantibus animum nobis reseruauerimus, prædictis sententiis, declarationibus, & omnibus aliis supradictis nequaquam obstantibus, per alias nostras sub certa forma literas potestatem repulsionis vel non admissionis accusantium, denuntiantium, deferentium, impetentium, & testium, incolarum & habitantium prædicti regni Franciæ per exceptiones quarumcunque inimicitiarum & alias vias legitimas, prout in prædictis literis nostris super huiusmodi reseruatione confectis, quas ad cautelam & memoriam rei gestæ seruamus, pleniùs & seriosiùs continetur. Quia tamen non decet nec expedit quòd de zelo Regis præfati super quo & super iis, quæ contra dictum Bonifacium apud Anagniam per Guillelmum de Nogareto eiusdem Regis militem & eius sequaces facta fuisse dicuntur, inquisitione diligenti præmissa, magnáque deliberatione adhibita sententialis pronuntiatio, declaratio, & ordinatio nostra processit, iustitia exigente, pro ipso quæstio seu dubitatio refricetur, cùm non liceat tam solemniter per Sedem Apostolicam iudicata & acta deducere in recidiuæ scrupulum quæstionis, volumus & concedimus ac decernimus, quòd per nos vel successores nostros contra quemquam incolam & habitatorem regni Franciæ ad accusationem, denuntiationem, seu testimonium in causa huiusmodi contra dictum Bonifacium prodeuntem exceptio exprimens siue tangens malum siue iniquum Regis eiusdem zelum, quem nos bonum pronuntiamus, vt præmittitur, atque iustum, aut inimicitias personæ Regis eiusdem, in iudicio minimè admittatur, nec in actis, cartulariis seu registris scribatur. Ne verò vel innocentiæ puritas confusa succumbat, si accusatores, assertores, denuntiatores, impetitores & testes indistinctè admittantur, vel tantum crimen si admittendi forsitan repellantur, remaneat impunitum : Nos præsertim de consensu expresso venerabilis fratris nostri Guillelmi Episcopi Baiocensis, ac dilectorum filiorum Gaufridi de Plexeio Notarij nostri, Petri Abbatis Monasterij S. Medardi Suessionen. ac Ioannis de Forgens Archidiaconi Briuaten. Claromonten. & Alani de Lambalia Thesaurarij Cathalaunen. Ecclesiarum, ac Ingerranni Marigniaci, Guillelmi de Nogareto Caluicionis, & Guillelmi de Plasiano Vicenobrij dominorum, & Petri de Galardo magistri Balistariorum regni prædicti, militum, nuntiorum prædicti Regis ob præmissa ad nostram præsentiam ab ipso Rege specialiter transmissorum, nobis & nostris successoribus de præmissa causa ex officio, vel ad aliorum instantiam, si qui forsan essent admittendi procedentibus reseruauimus & reseruamus, retinuimus & retinemus in concessione & decreto præsentibus, & antè, quòd de iis de quibus contra dictos regnicolas & habitatores excipi posset, si prædictæ concessiones, declarationes & decreta, vel aliqua alia supradicta non obstarent, nostram conscientiam ad dictos accusatores, assertores, denuntiatores, impetitores & testes repellendos, & eorum depositiones repellendas, diminuendas, seu debilitandas ante sententiam informare prout expedire viderimus, valeamus, & ipsos assertores, accusatores, denuntiatores, impetitores & testes repellere, & eorum testimonia & depositiones debilitare & diminuere, prout ante prædicta omnia poteramus de iure; sic tamen quòd in sententia vel pronuntiatione principalis negotij vel aliàs nullum factum exprimatur, seu in scriptis redigatur, zelum Regis prædicti lædens, vel ipsum zelum,

GGgg ij

seu inimicitias personæ ipsius Regis tangens, vt sic prouideatur & Bonifacio antedicto, ne per accusatores, assertores, denuntiatores, vel impetitores illegitimos, eius memoria aggrauetur, aut per testes suspectos ratione inimicitiarum propriarum vel alienarum, quarum possent de iure occasione repelli, vllatenus condemnetur; & Regi ne de malo zelo vel inimicitiis personæ ipsius & eius innocentia circa factum Anagniæ supradictum vnquam possit quæstio, seu quæstionis scrupulus aliter suscitari. Nulli ergo omnium hominum liceat hanc paginam nostræ voluntatis, concessionis, constitutionis, reseruationis, & retentionis infringere, vel ei ausu temerario contraire. Si quis autem hoc attentare præsumpserit, indignationem omnipotentis Dei & BB. Petri & Pauli Apostolorum eius se nouerit incursurum. Datum Auinioni 5. Kal. Maij, Pontificatus nostri anno 6. sub plumbo.

Les citoyens d'Anagnia estant exceptez des absolutions precedentes, il les comprend par cette Bulle dans l'absolution, à l'exclusion de ceux nommez aux Bulles d'absolution.

Au Tresor Boniface num. 787.

CLEMENS Episcopus seruus seruorum Dei, ad certitudinem præsentium & memoriam futurorum. Vniuersis Christi fidelibus præsentes literas inspecturis, salutem & Apostolicam benedictionem. Carissimo in Christo filio nostro Philippo Regi Francorum illustri pro se ac Prælatis, Baronibus, & aliis incolis regni sui, nec non adiutoribus, valitoribus, sequacibusque suis, nostras concedimus literas tenorem qui sequitur continentes: CLEMENS Episcopus seruus seruorum Dei, ad certitudinem præsentium & memoriam futurorum. Rex gloriæ virtutum Dom. Iesus Christus, cui à patre data est omnis potestas, &c. Dat. Auinioni 5. Kal. Maij, Pontificatus nostri anno 6. Licèt autem prædictos ciues Anagniæ à relaxationum, reuocationum, irritationum, annullationum, cassationum, denuntiationum, abolitionum, amotionum, sublationum, remissionum, quitationum, restitutionum, repositionum & reductionum, & aliorum omnium & singulorum effectuum prouisionum & securitatum prædictarum participio ex certis & legitimis causis nostrum ad id rationabiliter traducentibus animum, excipiendos duxerimus seu etiam excludendos. Nos tamen cum illis ex præfatis ciuibus qui memorato Regi nunquam adiutores, valitores & sequaces eiusdem perseueranter adhæserunt, prædictorum consideratione Regis & regni, quorum, nec non etiam Catholicæ fidei zelo præfati Guillelmus & sequaces sui quicquid per ipsos Anagniæ factum fuit, iusta vt præmittitur intentione se fecisse asserunt, volentes fauorabiliter agere in hac part, ipsos, de quorum huiusmodi adhæsione nobis constabit infra annum à data præsentium numerandum per iuramentum scientiæ vel firmæ credulitatis dicti Guillelmi de Nogareto, vel alterius boni viri notabilis videlicet & fide dignæ personæ, quam præfatus Rex ad huiusmodi in sua conscientia tanquam idoneum, si dictum Guillelmum medio tempore ab hac subtrahi luce contingeret, ad id loco sui de regno Franciæ oriundum duxerit nominandum ad sancta Dei Euangelia præstandum corporaliter coram nobis, vel illis quos ad hoc duxerimus deputandos, quorum assertioni iuratæ super prædictis stare volumus probatione alia minime exquisita,

17. April.

DE BONIF. VIII. ET PHILIP. LE BEL. 605

ciuibus Anagniæ qui in prædictis literis nominatim & specialiter exprimuntur, quibus per aliam viam prouidemus, duntaxat exceptis, relaxationum, reuocationum, irritationum, annullationum, cassationum, denuntiationum, abolitionum, amotionum, sublationum, remissionum, quitationum, restitutionum, repositionum, reductionum, & aliorum omnium & singulorum effectuum prouisionum, & securitatum prædictarum participes efficimus & consortes, omnes & singulos effectus huiusmodi in eos & eorum quemlibet plenariè transfundendo, volentes & auctoritate prædicta tenore præsentium concedentes, quòd ipsi, & eorum singuli omnibus & singulis effectibus securitatum & prouisionum ipsarum, exceptione non obstante prædicta perpetuò plenè gaudeant & vtantur, exceptionem eandem quoad ipsos tollentes & amouentes omnino, ac haberi volentes pro non apposita vel adiecta. Nulli ergo omnium hominum liceat hanc paginam nostræ voluntatis, effectionis, concessionis, sublationis, & amotionis infringere, vel ei ausu temerario contraire. Si quis autem hoc attentare, &c. Datum Auinion. 5. Kal. Maij, Pontificat. nostri anno sexto sub plumbo.

Bulle de Clement V. en suite de la grande cy-dessus, où il dit que du consentement de l'Euesque de Bayeux, de Geofroy du Plessis Chancelier de l'Eglise de Tours, de l'Abbé de S. Medard de Soissons, de Iean Forgens Archidiacre de Briue, & Alain de Lambale Tresorier de l'Eglise de Chalons, d'Enguerrand de Marigny, de Guillaume de Nogaret Seigneur de Caluisson, de Guillaume du Plessis Seigneur de Vezenobre, & de Pierre de Galard Maistre des Arbalestriers, Ambassadeurs du Roy vers luy, ceux qui auoient volé le tresor de l'Eglise à Anagnia n'estoient compris en la grace qu'il auoit faite au Roy, aux Francois, & à Guillaume de Nogaret, & qu'il les poursuiuroit ainsi qu'il aduiseroit. Lesdits Ambassadeurs ont promis d'apporter lettres du Roy portant son consentement en ce regard.

Au Tresor Boniface num. 786.

CLEMENS Episcopus seruus seruorum Dei, ad certitudinem præsentium & memoriam futurorum. Carissimo in Christo filio nostro Philippo Regi Francor. illustri nostras concedimus literas, tenorem qui sequitur continentes. CLEMENS Episcopus seruus seruorum Dei, ad certitudinem præsentium & memoriam futurorum. Rex gloriæ virtutum Dom. Iesus Christus, cui à patre data est omnis potestas, &c. Datum Auinione 5. Kal. Maij, Pontificat. nostri anno sexto. Licèt autem literas ipsas præfato Regi in forma prædicta ex certis & legitimis causis nostrum ad hoc rationabiliter inducentibus animum concedamus; in ipsarum tamen concessione & antè de voluntate & expresso consensu venerabilis fratris nostri Guillelmi Episcopi Baiocen. ac dilectorum filiorum Gaufridi de Plexeio Notarij nostri Cancellarij Ecclesiæ Turonen. Petri Abbatis Monasterij S. Medardi Suessionen. Ioannis de Forgens Archidiaconi Briuatensis. Claromon. & Alani de Lambalia Thesaurarij Cathalaunen. Ecclesiarum, ac Ingerrani Marigniaci, Guillelmi de Nogareto Caluicionis, & Guillelmi de Plasiano Vicenobrij dominorum, & Petri de Galardo magistri Balistariorum regni prædicti, eiusdem Regis nuntiorum ab ipso Rege ad nostram præsentiam specialiter transmissorum adhibitis retinuimus & retinemus, reseruauimus & reseruamus, decernimus & decreuimus, declarauimus & declaramus, quòd per contenta in literis antedictis, vel ali-

GGgg iij

qua ex eifdem conftitutionibus, fententiis & proceffibus prædeceſſorum noſtrorum factis & latis, necnon iuri nobis & S. Romanæ Ecclefiæ ad prædictum thefaurum repetendum competenti contra occupatores, detentores & occultatores ipſius thefauri, de quibus fuprà fit quantum ad detentionem & occultationem thefauri mentio, non derogamus nec intendimus aliquatenus derogare, fed ea in ea firmitate & ſtatu manere, quoad dictos occupatores, detentores & occultatores, in quibus erant ante conceſſionem & conceſſionem præmiſſarum literarum noſtrarum. Saluis tamen remiſſionibus, quitationibus, abſolutionibus & omnibus aliis effectibus fecuritatum & prouiſionum præfatis Regi & regnicolis circa rapinam feu deprædationem dicti thefauri, per nos factis, prout in fupraſcriptis noſtris, & aliis præfato Guillelmo de Nogareto inde conceſſis literis, pleniùs & ſeriofiùs exprimuntur. Quibus per referuationem conſtitutionum, fententiarum, & proceſſuum prædictorum præiudicari nolumus, aut quomodolibet derogari; quin potiùs eos referuatione conſtitutionum, fententiarum & proceſſuum eorumdem nequaquam obſtante in fuo femper robore volumus permanere. Prædicti verò nuntij nobis promiſerunt expreſſè, quòd fuper retentione, referuatione, declaratione, decreto, confenfu & voluntate huiuſmodi patentes literas regias infra feftum proximum Natiuitatis B. Ioannis Baptiſtæ, ratificationem & aſſenſum ipſius Regis fuper iis omnibus, ac tenorem præſentium de verbo ad verbum continentes ſeriofiùs obtinebunt, quas nobis fideliter aſſignabunt. Nulli ergo omnium hominum liceat hanc paginam noſtræ, &c. Datum Auin. 5. Kal. Maij, Pontif. noſtri anno ſexto, fub plumbo.

Memoire des Conſtitutions de Boniface, & du Pape Benedict, qui pouuoient offenſer le Roy de France & ſon Royaume, que le Pape Clement V. ordonna eſtre rayées & tirées des Regiſtres de l'Egliſe.

IN decretali *de ſepulturis. Deteſtandæ*, quæ loquitur de inciſione & decoctione corporum defunctorum ad partes fuas pro fepultura deferendorum. nihil eſt contra Regem, & tamen eſt ibi aliquid pro Bonifacio vbi dicit, *diuinæ maieſtatis conſpectui*.

In decretali *de præmiis & remiſſionibus. Antiquorum*, quæ loquitur de indulgentia anni centeſimi. nihil eſt contra Regem, & tamen ſunt ibi multa quæ demonſtrant fidem & deuotionem Bonifacij.

In decretali *de Priuilegiis. Super cathedra*. idem.

In decretali *de ſententia excommunicationis. Excommunicamus*, quæ loquitur de muneribus in Curia euitandis, idem.

In decretali eodem tit. *Prouide*. idem.

In decretali eodem tit. *Debent ſuperioribus*, quæ loquitur de viſitatione Prælatorum, &c. nihil eſt quod tangit Regem, nec memoriam Bonifacij.

In decretali *Iniunctæ*. idem.

Vnam ſanctam, remanet cum moderatione domini noſtri.

Rem non nouam, remanet cum moderatione domini noſtri.

In decretali *Pie*, de referuatione beneficiorum vacantium in Curia. nihil contra Regem, nec pro Bonifacio.

In decretali *S. Romana Eccleſia*, idem.

In decretali *Olim grauibus*, idem.

In decretali *Iuxta verbum Propheticum*, quæ loquitur de diſſoluendis iuramentis præſtitis diuerſis perſonis. omnino tollatur.

DE BONIF. VIII. ET PHILIP. LE BEL. 607

In originali alia manu scriptum.

Præmissæ duodecim constitutiones, quia nihil est in eis contra Regem, debent integraliter remanere.

Videatur diligenter decretalis, *Nuper ad audientiam nostram vulgaris rumor*.

In constitutione *Nuper ad audientiam*, ponuntur aliqua quæ videntur posse stare: scilicet, *sed vbi auditum à sæculo est quòd hæretica fuerimus labe resperst, quis nedum de cognatione nostra, imò de tota Campania vnde originem duximus, notatur hoc nomine!*

Item alibi. *Ecce sancti Israël*, id est, *Dei vicarius*, *Hic est Petri successor, cui dictum est, Pasce oues meas, & tu es Petrus & super hanc petr. æd. Ecc. m. & p. inf. non pr. ad. eam, & quodcunque ligau. s. ter. er. lig. & in cæl. & quod. sol. su. t. er. sol. & in cæl. propter quod qui in naui Petri non est peribit naufragio, & qui in ea est oportet quòd gubernatoris gubernationi subsistat.*

Item vbi dicit: *Nunquid ego si super prædictis*, &c. vsque ad verbum *vt nemo deinceps Rex*, &c. dicatur hoc modo: Nunquid si super hæresi nobis imposita contra nos petatur à nobis; sine quo congregari non potest Concilium generale, illud in exemplum tam detestabile, maximè vt omittamus ad præsens de excommunicatione multiplici, qua idem imponens tenetur astrictus calumniatori, malo, vt patet ex pluribus, præcedenti zelo ac etiam inimico, aut sibi confederatis, quibus colligatus est, etiam concedimus, talitérque fomentum dabimus huic pesti, nempe quos in aliorum Prælatorum persona ex prædictis causis secundùm scita canonum repellere deberemus, illos in nostri sine aliorum iniuria, si nobis & fratribus nostris videbitur, poterimus meritò refutare. *Vt nemo deinceps Rex.*

In decretali *Dudum celsitudini*, est pro iure Ecclesiæ, & non tangit infamiam Regis, nec Bonifacij memoriam.

In decretali *Traxit*, de qua dubitatur an sit decretalis, & an fuerit Bonifacij, quæ loquitur de residentia Prælatorum, &c. nihil est contra Regem. deleatur quia non inuenitur in registris.

In alia quæ incipit, *Etsi de statu*, quæ interpretatur pro Rege decretalem *Clericis laicos*, nihil est contra Regem, nec est curandum de ea, quia prouisum est per moderationem domini nostri.

Constitutio, *Cupientes*, est conseruatoria decretalis *Super Cathedram*, & nihil continet contra Regem.

Constitutio *Excommunicamus* continet processum factum contra illos qui impediunt venientes ad Curiam Rom. nihil habet specialiter contra Regem. consulatur dominus noster super ista.

Constitutiones *Olim*, & *Contra illos falsos*, continent processum quem fecit Bonifacius contra portantes merces in Alexandriam. nihil faciunt contra Regem.

Item litera quæ incipit *Ausculta*, quæ à defensoribus Bonifacij vnà cum aliis sequentibus est producta in actis, est totaliter contra Regem, & tangit multos excessus Regalium contra libertatem Ecclesiæ.

Deinde alia manu hæc sunt scripta.

De ista constitutione ponatur salutatio, & post salutationem incipiat ibi paucis mutatis. *Ad te igitur sermo noster*, vsque ad §. *sanè fili*, deinde intermittatur quidquid est vsque ad §. *Ad hæc ne terræ sanctæ*. & ille §. ponatur vsque ad finem verbis conuenientibus mutatis.

Item alia litera quæ incipit *Saluator mundi*, suspendit priuilegia Regis, & præcipit sibi præsentari Ananiæ. tollatur ex toto.

Item alia litera, quæ incipit, *Vener. Fratres*, est tota contra Regem, loquitur enim de citatione pœnali Prælatorum, qui citati non venerant ad Curiam. Tollatur omnino.

Item alia litera, quæ dirigitur domino Io. Monachi, quæ incipit *Literas tuas*. item omnino tollatur.

Item alia litera directa eodem Ioan. Monachi, quæ incipit, *Per processus nostros*. mandat Regem denuntiari excommunicatum, & citat confessorem suum. omnino tollatur.

Constitutiones Benedicti.

Constitutiones
nihil continent
contra Regem.
{
1. *Inter cunctas*. reuocat constitutionem *Super Cathedram*.
2. *Ex eo. de Hæreticis*. quæ interpretatur decretalem *Per hoc*.
3. *Si Religiosus. de electione*. quæ interpretatur decretal. *Quam sit*.
4. *Superni*, quæ reuocat gratias Beneficiales Bonifacij.
5. *Nuper*, contra detentores thesauri.
6. *Dudum generale*, contra portantes merces in Alexandriam.
}

In decretali *Quod olim*, quæ interpretatur decretalem *Clericis laicos*, nihil est contra Regem, nec est de ista curandum propter nouellam domini nostri.

In constitutione *Dudum*, quæ reuocat processum Bonifacij contra Columnenses., exceptis quibusdam, nihil est contra Regem.

Constitutio *Flagitiosum*, continet processum contra Guillelmum de Nogareto, & sequaces. deliberandum cum domino super illa.

Au Tresor num. 810. coffre Boniface.

Acte de Renaud de Suppino Cheualier du Roy de France, qui dit que le Roy ayant enuoyé Guillaume de Nogaret pour faire sçauoir à Boniface ses crimes, & ce qu'il auoit resolu de faire contre luy. Nogaret aduerty du danger où il estoit, pria luy Suppino d'assembler ses amis & les Communautez, principalement celle de Ferentino, pour l'aider, promettant de les indemniser de tout ce qu'il pouuoit suffire pour ce fait. Ce qu'il fit, & accompagna Nogaret à Anagnia, & au sortir de là il le conduisit à Ferentino, où il obligea le Roy & luy aussi de garentir ladite Communauté des perils spirituels & temporels, ausquels ils pouuoient estre tombez pour cette action: reconnoist auoir receu du Roy à Carcassonne dix mille florins petits de Florence pour leurs frais dont ils le quitent.

Coffre Boniface num. 780.

1312.
29. Octob.

VNIVERSIS præsentes literas inspecturis, Officialis Curiæ Parisiensis salutem in Domino. Noueritis quòd anno Domini millesimo trecentesimo duodecimo, die vicesima nona mensis Octobris, in nostra Notarij publici & testium infrà scriptorum præsentia personaliter constitutus nobilis vir dominus Raynaldus de Supino, miles illustrissimi Principis domini Regis Franciæ, omnia & singula in quibusdam suis literis, quas nobis præsentauit, eius sigillo proprio, vt dicebat, sigillatis, recognouit esse vera, eaque omnia & singula in eisdem literis contenta voluit, ratificauit, necnon & easdem literas, & eius sigillum in eisdem literis, vt dicebat, appensum, ex certa scientia tenore præsentium approbauit; nobísque & dicto Notario publico, vt easdem literas sub sigillo Curiæ

Curiæ Parisiensis, & signo eiusdem publici Notarij ac subscriptione eiusdem, necnon dictum suum sigillum in eisdem suis literis, vt dicebat, appensum, & omnia & singula in eisdem literis contenta approbare vellemus, cum magna instantia requisiuit. Quarum literarum tenor talis est: Vniuersis præsentes literas inspecturis, nos Raynaldus de Supino miles excellentis Principis domini Regis Franciæ, notum facimus quòd cùm Bonifacius octauus qui se gerebat pro summo Pontifice, delatus fuisset dum viuebat de hæresi, necnon super illegitimo ingressu, ceterísque criminibus nefandis quamplurimis, dictúsque dominus Rex Francorum misisset nobilem virum dominum Guillelmum de Nogareto militem suum ad denuntiandum & significandum Bonifacio prædicto qualiter super præmissis delatus fuerat, & petitum generale Concilium contra eum, & requirendum eum super conuocatione Concilij facienda per eum: ac propter terrorem, minas & insidias dicti Bonifacij, proptérque mortis imminens periculum dictus dominus Guillelmus non valens aliàs mandatum prædictum domini Regis ipsius complere, nec exequi fidei Catholicæ negotium supradictum; requisiuisséque ex parte domini Regis præfati nos, vt deuotos & filios Ecclesiæ Romanæ, cuius agebatur negotium in hac parte, quòd nos conuocaremus Nobiles, Communitates, & plebeios amicos nostros, & specialiter Ferentini ad auxilium eius in equis & armis, ad complendum prædicta, & legitimè exequendum: Promittens nomine domini Regis præfati nobis pro nobis & aliis amicis prædictis, & specialiter pro Communi Ferentino, quòd dictus dominus Rex nos omnes tam apud Ecclesiam, quàm aliàs criminibus periculis & damnis custodiret indemnes, quæ possent nobis contingere ex prædictis. Nos cum fratre nostro Thoma domino de Merolis, dominis de Secano, domino Gaufredo Busse, pluribúsque aliis de Campania, & specialiter illis de Ferentino dictum dominum Guillelmum sequuti fuimus apud Anagniam ad prædicta, & post eius exitum de Anagnia, ipsum apud Ferentinum cum Communi ciuitatis ipsius recepimus, & eum fouimus, ibíque nobis pro nobis & amicis prædictis, necnon vt Capitaneo dictæ ciuitatis dictus dominus Guillelmus nomine domini Regis præfati se, dominúmque Regem ipsum efficaciter obligauit nos & prædictos omnes apud Ecclesiam & aliàs liberare de periculis spiritualibus & temporalibus, quæ pro præmissis possemus incurrere, seu facere liberari, & de damnis & expensis, quas per guerram, vel aliàs propter prædicta nos pati contingeret, nos omnes indemnes setuare. Nos igitur videntes labores & anxietates, quos apud Ecclesiam Romanam dictus dominus Guillelmus pro præmissis tam ad se quàm nos liberandos sustinuit, & fidelem prosecutionem quam fecit cum auxilio præsidióque domini Regis prædicti, cum grauibus periculis & expensis, & apud Ecclesiam nos & præfatos amicos nostros fideliter expediuit, fidémque nobis in omnibus dictus dominus Rex & dictus eius miles quantum fuit possibile, seruauerunt, hæc pro satisfactione recipientes omnium præmissorum nobis promissorum, maximè quia etiam ex dicta causa decem millia florenorum paruorum de Florentia nos recognoscimus, quo suprà nomine recepisse per manum sociorum societatis Peruchiorum, Thesaurariorum domini Regis apud Carcassonam, quas nobis dictus Dominus Rex deliberari fecit pro nobis & aliis prædictis in aliqualem recompensationem sumptuum factorum eius contemplatione; non quòd aliàs ratum haberet ipse dominus Rex, si quid præter mandatum prædictum per ipsum domi-

HHhh

num Regem dicto domino Guillelmo factum, ipse dominus Guillelmus, vel nos, vel alij, cùm vel pro eo in præmissis vel circa præmissa quid illicitum feceramus; & ad se liberandum insuper si & quatenus teneri forsan nobis seu aliis prædictis amicis nostris poterat ex præmissis, dictum dominum Regem si & quatenus pro præmissis teneri poterat, necnon dictum dominum Guillelmum, tam suo quàm dicti domini Regis nomine. Nos inquam Raynaldus prædictus pro nobis, dicto Thoma fratre nostro, Communi Ferentinæ ciuitatis, pro omnibus Nobilibus, & aliis quibuscunque personis, quæ nos ad prædicta sequutæ fuerunt, vel dominum Guillelmum prædictum, Comitatus Campaniæ partiúmve aliarum, ab omnibus vinculis obligationis, quibus teneri nobis vel eis poterant quoquomodo dictus dominus Rex, vel dictus dominus Guillelmus, pro eo vel etiam pro se ex præmissis factis, vel gestis, vel eorum occasione, vel causa, vel etiam ex obligationibus, vel promissionibus per dictum dominum Guillelmum factis suo vel dicti domini Regis nomine, dictum dominum Regem, successorésque suos, necnon dictum dominum Guillelmum nomine domini Regis prædicti, suóque, successorésque suos liberamus perpetuò & quittamus, in signúmque quittationis & liberationis huiusmodi instrumentum publicum manúque publica factum, per quod dictus dominus Guillelmus se nomine domini Regis præfati, ipsúmque dominum Regem nobis pro nobis & amicis nostris prædictis, & specialiter pro Communi Ferentinæ ciuitatis, & vt eius Capitaneo se obligauerat in præmissis, reddidimus dicto domino Guillelmo pro dom. Rege, & pro seipso, & nos recognoscimus reddidisse. Faciemus insuper & curabimus, nósque facturos curaturósque solemniter dicto domino Guillelmo tam domini Regis quàm suo nomine stipulanti promisimus, atque promittimus, quòd dictum Commune Ferentini, dictíque frater noster, Nobiles, & alij partium illarum hæc omnia rata & grata habebunt, & de hoc literas suas dabunt patentes sigillis eorum signatas, dicto domino Regi, dictóve domino Guillelmo pro se & domino Rege prædicto. Pro quibus omnibus & singulis obligamus nos, omniáque bona nostra præsentia & futura. In quorum testimonium &'munimen literas præsentes sigillo nostro Raynaldi prædicti sigillatas concessimus domino Guillelmo prædicto pro se recipienti, & domino Rege prædicto. Datum & actum Parisius, die vicesima nona Octobris, anno Domini millesimo trecentesimo duodecimo, in præsentia nobilis viri domini Guillelmi de Plesiano militis, magistri Ioannis de Hospitali Clerici domini Regis Francorum prædicti, Saturnini Fredolin Prioris secularis Ecclesiæ sancti Martini de Serignano, Vticen. diocesis, Iacobi de Peruches, Philippi Vilani, & Rogerij Locherij testium ad præmissa vocatis specialiter & rogatis. Et nos Officialis Curiæ Parisiensis prædictus ad dicti militis instantiam sigillum Curiæ Parisiensis vnà cum signo & subscriptione dicti Notarij publici infrà scripti dictas literas, & confessionem ipsius militis contentam in eisdem, necnon sigillum in eisdem appensum tenore præsentium approbando duximus iis præsentibus literis apponendum. Datum & actum Parisius in Camera nostra, anno, die, & mense prædictis, præsentibus venerabilibus viris domino Petro Busse Canonico Lingonens. Saturnino Fredolin Priore seculari Ecclesiæ sancti Martini de Serignano, Vticensis diocesis, magistro Ioanne de Salinis, Guillelmo de sancto Prisco Clericis, & Nicolao dicto Passo, testibus ad præmissa vocatis & rogatis.

DE BONIF. VIII. ET PHILIP. LE BEL.

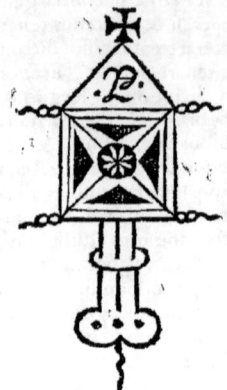

Et ego Petrus Diuitis Clericus Aurelianensis diocesis, publicus Apostolica auctoritate Notarius, præmissis omnibus suprà scriptis vnà cum dictis testibus præsens interfui, ea omnia propria manu scripsi, & in hanc publicam formam redegi, signúmque meum consuetum præsentibus literis vnà cum sigillo venerabilis viri domini Officialis Curiæ Parisiensis prædicti apposui rogatus, sub anno, die & mense prædictis.

Et sur le dos: Quitatio Reginaldi de Supino, de auxilio quod fecit pro executione captionis Bonifacij, receptionis decem millium florenorum.

Pierre de Columna Cardinal de S. Ange fait ses procureurs pour traiter auec le Roy de France, & Charles Comte de Valois & d'Aniou, de la donation & transport fait à luy Cardinal par ledit sieur Roy, & Comte de tous les droits & biens appartenans aux Gayetans, & à quelques Cheualiers d'Anagnia; & outre receuoir dudit sieur Roy, & Comte les donations des biens, droits & actions qu'ils ont sur les biens desdits Gayetans d'Anagnia.

VNIVERSIS præsentes literas inspecturis. Petrus de Columna miseratione diuina sancti Angeli Diaconus Cardinalis, salutem in Domino. Vniuersitati vestræ tenore præsentium innotescat quòd nos facimus, constituimus, & ordinamus nostros veros & legitimos Procuratores, & nuntios speciales, prudentes viros dominum Gentilem de Mattis, & Macium de Mattis de Florentia fratrem suum, & dominum Adam de Presciaco Capellanum nostrum, & Clericum prudentis viri Ioannis Billoardi, & magistrum Petrum Taxonis Clericum domini Regis Franciæ & Nauarræ, ac magistrum Ioannem Borotelli dictum de Pictauis, Capellanum nostrum & Clericum Cameræ Computorum, ac Clericum reuerendi viri domini Ioannis de Cercemont Cancellarij dicti domini Regis, & quemlibet eorum in solidum, ad tractandum nostri nomine cum serenissimo Principe domino Karolo Rege Franciæ & Nauarræ illustri, & cum magnifico Principe domino Carolo Comite Valesij & Andegauen. de cessione, donatione, gratia seu translatione, quam iidem domini nobis facerent seu fieri mandarent de quibuscunque bonis, seu iuribus, & actionibus, & incursibus, & pœnarum adiectionibus, quæ sibi competunt seu competere possunt ratione quacunque, & præcipuè ratione submissionis, & obligationis factæ de bonis & personis claræ memoriæ domino Philippo Regi Franciæ illustri de bonis Gaytanorum præ-

1325.

H H h h ij

dictis, & de bonis & personis domini Guarnazoni militis Anagnini, prout in instrumento submissionis & obligationis, & pœnarum incursionis, pleniùs continetur, & ad recipiendum nostro nomine, & pro nobis, ac heredibus & successoribus nostris vniuersalibus, vel in rem, ab eodem domino Rege, & à præfato domino de Valesio omnem gratiam, donationem, cessionem, seu translationem, quam iidem dominus Rex, & minus de Valef. vel alter ipsorum nobis facerent seu fieri mandarent, in quibuscunque bonis, iuribus, & actionibus, incursibus & pœnarum adiectionibus quæ eis competunt, vel alteri eorum, ratione quacunque & præcipuè ratione submissionis & obligationis aduersus quascunque personas, & bona, & specialiter aduersus personas & bona nobilium virorum domini Loffredi Fundorum, & Benedicti Palatini, Comitum, domini Francisci fratris eorum Gayetanorum de Anagnia, ac domini Guarnazoni prædicti, qui se principaliter, tam suo quàm dictorum Gayetanorum nomine obligauit, & aduersus detentores & possessores bonorum prædictorum, & omnia alia & singula faciendum, gerendum & exercendum, quæ in prædictis & circa prædicta fuerint vtilia & opportuna, etiam si mandatum exigant speciale. Et quia cum dominis & magnis Principibus est clarè ambulandum, & nihil sub dubio relinquendum, vel incertitudine quacunque, tractatum qui in supradicto negotio hactenus habitus est, & retentus, volumus in præsenti Procuratorio recenseri. Et primò quòd nos prosequeremur dictum negotium, sub fauore tamen & auxilio eorumdem dominorum qui scribent affectuosè domino Papæ pro iustitia fauorabiliter nobis fienda, & etiam domino Regi Siciliæ & filio suo, qui eosdem Gaytanos cùm omni fauore prosecuti sunt & prosequuntur, & etiam scribant quotiens opus fuerit Senatui & Populo Romano, necnon & Nobilibus, & ciuitatibus, ac Vniuersitatibus Campaniæ, & maritimæ, & aliarum partium Romanarum, quòd assistant eisdem dominis & nobis Procuratoribus eorum in prosecutione prædicta, quam nos faciemus nostris sumptibus & expensis, & etiam ipsis Gaytanis quòd illa bona & iura dimittant eisdem, vel nobis Procuratoribus ipsorum : prædictos autem sumptus & expensas nos recuperare debeamus integraliter, quàm citò aliquid ad nos perueniet de bonis prædictorum. Omnia autem alia præter expensas, & sumptus prædictos nos ponemus in manibus prædictorum dominorum, & ipsi sicut domini prouidebunt & facient nobis recompensando damna quæ recepimus, prout eis placuerit & viderint expedire. & hic est vnus tractatus, qui habitus est hactenus & retentus. Alius verò tractatus est vt sequitur : Videlicet quòd nos aliquid pecuniæ prædictis dominis vel ipsorum gentibus pro eis daremus, & ipsi domini cederent nobis liberaliter & donarent, ita quòd nil reseruarent sibi in bonis prædictis, vel incursibus & pœnis, iura & actiones, & incursus prædictos : semper tamen sub fauore ipsorum, quòd ipsi supradictis & aliis scribant pro assistentia & fauore dando nobis in prosecutione prædicta. Dicimus quòd si dantur nobis instrumenta submissionis, obligationis & incursionis pœnarum prædictarum, & dabitur nobis Procuratorium solemne dicti domini Benedicti Gaytani, qui se & patrem & fratres prædictis submissionibus & obligationibus obligatur, nos eisdem dabimus vel genti eorum pro eis in liquidis debitis, quorum executio possit per dominum Regem & officiales suos fieri, quando placeret, vel in pecunia numerata, decem millia floren. auri de Floren. Si autem non darent nobis Procuratorium supradictum, cùm sine

DE BONIF. VIII. ET PHILIP. LE BEL. 613

ipso nil legitime fieri possit, cùm totum negotium dependeat à Procuratorio prædicto; sed darent nobis prædictarum submissionis & obligationis, & pœnarum incursionis instrumenta, sigillo domini Regis Siciliæ, domini Karoli secundi sigillata, prout sigillata fuerunt, nos dabimus eisdem mille march. argenti, vel quatuor millia floren. auri de Floren. in liquidis debitis, quorum executio per gentes domini Regis Franciæ de facile fieri posset, vel in pecunia numerata. Et volumus & mandamus Procuratoribus nostris prædictis, & cuilibet eorum, quòd secundùm modum prædictum, & non aliter nos obligent dominis supradictis, ratum quoque & firmum habebimus quicquid per Procuratores nostros prædictos, seu alterum ipsorum factum fuerit in prædictis, & quolibet prædictorum; sub hypotheca rerum nostrarum. In quorum testimonium præsentes literas fecimus per infrascriptum Notarium publicari, & sigilli nostri appensione muniri. Datum & actum Auinion. apud hospitium habitationis nostræ, præsentibus Ionculo de Campo Regio Canonico Ronathen. Ioanne de Vagnolo de Fulgin. Beneficiato Lateranen. Guillelmo dicto Muttino de Bononia, & Gerardo Capocie Clericis & familiaribus nostris, testibus iis adhibitis. Anno Natiuitatis Domini millesimo trecentesimo vicesimo-quinto, indictione octaua, mense Iunij, die septimo, Pontificatus domini Ioannis Papæ XXII. anno nono.

Et ego Nicolaus Frederici de Macerata publicus Apostolica & Imperiali auctoritate Notarius, qui vnà cum dictis testibus omnibus prædictis interfui, præsentes literas scripsi, & publicaui, meóque signo consueto signaui. Anno, indictione, mense, die, & Pontificatu prædictis.

Appendix Annalium H. Steronis Altahensis.

Anno M. CCC. V.

CLEMENS V. reuocauit duas constitutiones Bonifacij Papæ, in quarum vna continebatur, Regem Franciæ Romanæ Ecclesiæ temporaliter, & spiritualiter esse subiectum: & insertam 6. libro, quæ incipit, *Clericis Laicos*, cum omnibus ipsas consequutis.

Ex Chronico illustriss. Principis Comitis Montisfortis.

CLEMENS V. natione Vasco, fuit electus in Papam, in Perusio, in vigilia Pentecostes, anno Domini 1305. In eodem anno, Kal. Februar. Clemens Papa reuocauit duas constitutiones Bonifacij: vnam, quam direxerat Regi Franciæ, in qua scribebat eidem, ipsum Regem esse subiectum Romanæ Ecclesiæ in temporalibus, & spiritualibus; aliam verò, quæ in 6. libro Decretalium est inserta, quæ incipit, *Clericis*, &c. Reuocauit autem omnia, quæ ex ipsis fuerant consequuta.

Ex Chronic. Pontific. Theoderici à Niem, in Clement. V.

Anno M. CCC. V.

EODEM anno 3. Kal. Februarij, reuocauit duas constitutiones Bonifacij, directas contra Regem Franciæ: vnam, qua voluit Regem Franciæ Ecclesiæ Romanæ esse subiectum in temporalibus: & aliam, quæ in 6. Decretalium continetur, quæ incipit, *Clericis Laicos*: etiam omnia ex eisdem consequuta.

Landulf. de Columna in Breuiar. Historiar. auctor est c. Clericis, *à Benedicto XI: sed & à Clemente V. esse reuocatum: itémque Bernard. Guidonis, ad ann.* M. CCC. IV.

Ex Continuatore M S. Martini Poloni.

ANno Domini 1311. quarto die exitus mensis Aprilis, scilicet 5. Kaiend. Maij, in Auinione, per Clementem Papam fuit in Consistorio publico excusatus Philippus Rex Franciæ, de his, quæ egerat contra memoriam Bonifacij quondam Papæ, & pronuntiatum ad excusationem Regis, quòd egerat ea in bona intentione, & bono animo, ac zelo, præsentibus ibidem Regis nuntiis; & hæc fuerunt consequenter, vt dictum est, Bullarum Papalium testimónio confirmata. Fuitque ibidem Papæ Clementi commissum totum negotium, totúsque processus habitus Bonifacij Papæ memorati, ab vtraque parte, scilicet accusante, & defendente; fuitque renuntiatum, & conclusum, per viam pacis tractatæ. Papa verò suscipit super se negotium examinandum, & finaliter terminandum. Item ibidem Papa Clemens absoluit Guillelmum de Nogareto præsentem, & petentem absolui à sententia excommunicationis, qua tenebatur propter Bonifacij Papæ captionem.

M. Nicole Gilles en ses Annales de France.

L'an M. CCC. V.

LEdit Pape Clement restitua les Cardinaux de la Coulomne, que ledit Pape Boniface auoit priuez.

M. Iean du Tillet Secretaire du Roy, & Greffier en son Parlement, au Recueil des Roys de France.

POvr rabiller la faute de Boniface VIII. le Pape Clement V. par Bulle expresse fit declaration, que celle dudit Boniface ne fit preiudice au Roy, ne son Royaume, & ne fussent plus suiets, que deuant, à l'Eglise Romaine, remettant les choses en l'estat qu'elles estoient auparauant.

GVILLAVME DE NOGARET.

PAR plusieurs actes qui nous restent du temps de Philippes le Bel, il paroist que Guillaume de Nogaret estoit de Languedoc & noble, & par tous les titres il est qualifié Cheualier, *Miles*.

Il estoit en grande consideration auprés du Roy, ce qui se iustifie par les emplois qu'il a eu.

En l'année 1294. il estoit Iuge Mage de Nismes, & Docteur és Loix.   *1294.*

Il fut employé en l'année 1296. par le Roy & par la Reine au grand affaire pour le Comte de Bigorre.   *Toulouse 4. sac. nu 39.*   *1296.*

Il fut deputé par le Roy pour faire la recherche de ses droits au Comté de Champagne, & par l'acte il est qualifié Cheualier, qui est de l'année 1300.   *Bigorre nu. 13*   *1300.*   *Partages. num. 20.*

Le Roy le nomma auec Simon de Marchez, qualifiez tous deux Chevaliers, pour nommer & choisir vn Gardien pour l'Abbaye de Luxeüil, l'an 1301.   *1301.*   *Luxeüil num. 7.*

En la mesme année le Roy nomma lesdits de Nogaret & de Marchez pour trauailler, & donner les ordres pour rendre nauigeable la riuiere de Seine iusques à Troyes, & d'en ordonner comme ils iugeront.   *Champagne VII. nu. 41.*

L'année suiuante 1302. le Roy le qualifie Cheualier par la Commission qu'il luy bailla pour establir des coustumes & loix pour la ville de Figeac. ce qu'il fit, & le cahier de ces Loix est au Tresor.   *1302.*   *Figeac nu. 4.*

Le Roy en l'année 1303. donna pouuoir à Berault de Mercorent, Guillaume de Nogaret, & Guillaume du Plessis, de traiter pour luy & pour son Royaume auec toutes personnes Ecclesiastiques & seculieres, Villes & Communautez.   *1303.*   *Pouuoirs & procuratios. num. 2.*

En cette année 1303. le Roy l'enuoya en Italie pour faire sçauoir au Pape Boniface ce qu'il auoit resolu en son Conseil. Et Nogaret fut à Anagnia où il parla au Pape: peu aprés le Pape mourut le 11. Octobre.

En la mesme année le Roy luy donna la garde de son Seel, comme il se voit par vne Ordonnance de l'an 1303. qui porte, *qu'il y aura 13. clercs & 13. lais, M. Guillaume de Nogaret qui porte le grand seel, &c.*

En l'année 1305. il prit la possession de la ville de Figeac au nom du Roy.   *1305.*   *Figeac. nu. 5.*

En vn registre du Tresor il y a ces mots.

Anno 1307. 7. die Veneris post festum B. Matthæi Apostoli Rege existente in Monasterio Regali Beatæ Mariæ iuxta Pontisaram, traditum fuit sigillum dom. Guillelmo de Nogareto Militi, vbi tunc tractatum fuit de captione Templariorum.   *1307.*

En l'acte du Pariage du Chapitre de S. Irier auec le Roy de l'an 1307. il stipule pour le Roy.   *Pariages, num. 28.*

En vn acte de l'an 1308. passé par l'Abbé de Charrous, Guillaume de Nogaret est qualifié Cheualier & Vice-Chancelier du Roy.   *1308.*   *Hommages II. num. 43*

En l'acte du Pariage entre le Roy & l'Euesque & Chapitre de Pamiers de l'an 1308. Guillaume de Nogaret Cheualier & Vice-Chancelier stipula pour le Roy.   *Pamiers, num. 17.*

616 PREVVES DE L'HIST. DV DIFFEREND

Comtes de la Marche num. 5.
1308.
La Marche num. 26.
Comtes de la Marche num. 4.
Templiers 11.

Au contract fait entre le Roy & Marie de la Marche Comtesse de Sancerre, qui pretendoit au Comté de la Marche de l'année 1308. Enguerrand de Marigny & Guillaume de Nogaret Cheualiers estoient presens.

En la mesme année il traita pour le Roy auec Aymar de Valence Comte de Pembroc, pour les pretentions qu'auoit ledit Aymar sur les Comtez de la Marche & d'Angoulesme: le traité est du mois de Septembre.

Aymar de Poictiers Comte de Valentinois nomma Guillaume de Nogaret qu'il qualifie Chancelier du Roy de France, pour se trouuer pour luy à l'assignation que le Roy luy auoit donnée pour auiser au fait des Templiers. Le pouuoir est de l'année 1308.

Templiers 11.

En la superscription d'vne lettre de Loüis Euesque de Viuiers à Nogaret de ladite année, sur le fait des Templiers il y a: *Venerabili & potenti amicoque suo carissimo dom. Guil. de Nogareto militi domini nostri Francorum Regis, domino Caluisionis & Tamarleti, Cancellarióque dicti domini nostri Regis.*

1309.

Au commencement d'vn registre du Tresor il y a: *Registrum dom. G. de Nogareto Militis & Cancellarij domini Regis factum anno 1309.*

Lyon num. 53.

En cette année le Roy le commit pour decider les difficultez qui se faisoient sur le traité qui auoit esté fait auec l'Archeuesque de Lyon.

1311.
Au Registre cotté A.

Ceux qui entreprirent la defense de la memoire du Pape Boniface, voulans monstrer que l'action qu'auoit fait Nogaret à Anagnia contre Boniface auoit esté agreable au Roy, disent que pour recompense le Roy luy auoit donné de grands biens en terres & chasteaux, & que mesmes il l'auoit fait son Chancelier. Nogaret en sa réponse demeure d'accord que le Roy luy auoit fait du bien, & qu'il luy auoit baillé la garde de son seel. Ces écritures fournies, & par les defendeurs de Boniface,

1311.

& par Guillaume de Nogaret, furent produites en l'année 1311. en Auignon, en l'instruction du procés.

Testamens num. 17.

Et pour vne marque de l'estime que le Roy Philippes le Bel faisoit de Guillaume de Nogaret, il ne faut que lire son testament du 17. May 1311. par lequel il le nomme pour vn des executeurs.

1312.
Picardie num. 27.

Au dessus d'vne lettre du Roy Philippes le Bel pour Iean de Garlande, est fait mention de Guillaume de Nogaret Cheualier & Vice-Chancelier du Roy, qui viuoit encore; & cette lettre de l'an 1312.

1314.
Testamens num. 18.

Mais au Codicile du Roy Philippes le Bel, qui est du mois de Nouembre 1314. le Roy nomme les mesmes executeurs que ceux de son testament, fors Guillaume de Nogaret, au lieu duquel il nomme P. Seigneur de Chambly. Ce qui fait iuger que Nogaret estoit lors decedé.

Outre ces emplois qui sont fort considerables, le principal, & auquel il passa plus de douze ans de sa vie, fut en l'affaire que le Roy eut contre le Pape Boniface, affaire importante & d'vne merueilleuse consequence; ce fut luy qui en eut la principale direction, qui fit vne partie des voyages, soit en Italie, en Auignon, & ailleurs, & de cela toutes les procedures en font foy. Et c'est pourquoy les actes cy-dessus cottez le qualifient quelquefois Chancelier ou Vice-Chancelier, & quelquefois Cheualier, estant à croire que lors qu'il estoit à la Cour il exerçoit la charge de Chancelier, mais lors qu'il estoit hors le Royaume il laissoit le seau du Roy, & ne luy donnoit-on plus que la qualité de Cheualier.

Certainement il y a suiet de s'étonner, qu'aprés tant d'actes & de témoignages si conuainquans qu'il a esté Chancelier & Garde du seau du Roy, le sieur de Sponde Euesque de Pamiers en la Continuation qu'il a faite des

Annales

DE BONIF. VIII. ET PHILIP. LE BEL.

Annales de l'Eglise du Cardinal Baronius a écrit que Nogaret ne fut iamais Chancelier. Voicy comme il en parle en l'année 1310. num. 4. aprés auoir déduit les conditions, sous lesquelles le Pape Clement V. luy donna l'absolution. *Ex quibus*, dit-il, *& aliis pluribus iam de illo superius dictis, refellas eos qui scripsere eum fuisse Regni Franciæ Cancellarium, quod nemo antiquorum dixisse reperitur, parúmque hæc & alia de illo relata, eiusmodi dignitati conuenire noscuntur.* Ce qui est contraire à la verité, & à la foy de tant d'actes, à quoy il faut adiouster pour confondre d'autant plus cette fausse coniecture, le Reglement que fit le Roy Philippes le Long à l'auenement à la Couronne, au Bois de Vincennes le 2. Decembre 1316. au reglement de son Hostel, où il reduisit les appointemens de ses Officiers, entre autres de son Chancelier quand il ne sera pas Prelat, *ad instar* de ceux qu'auoit Guillaume de Nogaret. Ce qu'il reïtera presque en mesmes termes en l'estat de son Hostel, qu'il fit le 18. Nouembre 1317.

Aprés auoir refuté cette fausse opinion, il sera aussi facile de refuter vne imposture écrite par Iacques Meyerus en son 11. liure de son Histoire de Flandre, sous l'année 1307. où aprés auoir parlé de la magnificence qui se fit à Boulogne aux nopces de Edoüard II. Roy d'Angleterre auec Isabelle fille du Roy Philippes le Bel il dit : *Guilielmus ille Longaretus* (*quidam Nogaretus scribunt*) *in aula Regis subitanea & miserabili morte vitam finiuit, linguam non absque spectantium horrore exerens, quo sanè signo, Rex omnésque qui consciy erant Pontificiæ mortis vehementer terrebantur.* Et neantmoins cet homme que Meyerus, grand ennemy de la France, fait mourir en l'année 1307. nous le voyons en l'an 1311. en Auignon trauailler en presence du Pape & de toute sa Cour en l'affaire de Boniface ; & de plus en la mesme année il est nommé par le Roy Philippes le Bel pour vn des executeurs de son testament, & par vn autre acte il appert qu'il viuoit encore en l'année 1312. De sçauoir precisément l'année de son decés, c'est ce qui ne s'est encore pû sçauoir : mais l'on coniecture, que puisque le Roy ne le nomme pas pour l'execution de son Codicile qu'il fit sur la fin de l'année 1314. qu'il estoit lors decedé.

p. 110. b.

Il semble à propos de remarquer, que du regne du Roy Philippes le Bel, il n'y auoit rien d'asseuré pour la garde du seau ; car il changea souuent, & quelquefois la Chancellerie estoit vacante, comme il se prouue par diuers titres & registres : & ces personnes que l'on changeoit ainsi, prenoient tantost la qualité de Garde du seel, tantost de Chancelier, ou de Vice-Chancelier. Et il est à croire qu'il n'y auoit pas tant d'auantages lors d'exercer cette charge, qu'il y a eu depuis. Car ou ils s'en faisoient décharger pour estre trop penible, comme fit Guillaume de Crespy, ou la remettoient pour d'autres emplois, comme Flotte, Mornay, Belleperche, & Nogaret. Et il y a preuue que Nogaret estoit Chancelier en l'an 1309. que Gilles Ascelin le fut aussi, & que la Chancellerie fut vacante. Et en l'année 1310. & 1311. que Nogaret estoit en Auignon à la poursuite de l'affaire de Boniface, la Chancellerie estoit vacante ; ce qui se prouue par plusieurs titres.

Il faut aussi remarquer, que comme lors il y auoit peu d'affaires, & que la chicanerie n'alloit pas iusques au Conseil des Roys, que les Roys choisissoient le plus souuent des Chanceliers entre les Euesques, & entre les Cheualiers de leur Conseil, comme fit le Roy Philippes le Bel en la personne de Pietre Flotte, qui fut fort peu de temps Chancelier

618 PREVVES DE L'HIST. DV DIFFEREND

11. Iuillet 1302. de France, ayant esté tué en la bataille de Courtray la mesme année qu'il fut promeu à la charge de Chancelier.

Au titre du Parlage de S. Iriet, diocese de Limoges, où Guillaume de Nogaret traita pour & au nom du Roy l'an 1307. il y a le seau dudit Nogaret, qui est vn arbre.

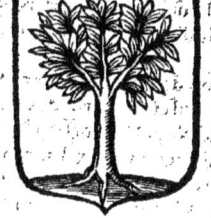

vn noyer

Le Feron qui a fait vn liure des Chanceliers de France s'est trompé, lors qu'il a voulu representer les armes dudit Nogaret, autres que celles cy-dessus.

Povr ce qui regarde les bienfaits que Nogaret receut du Roy, Chop-
" pin au liure 2. du domaine titre 14. §. 6. en parle ainsi. Il y a vn Ar-
" rest memorable de la Cour de Parlement confirmatif du don que le
" Roy Philippes le Bel fit à Guillaume de Nogaret en recompense de ses
" bons seruices, pour luy & ses successeurs, de la Baronnie & terres de Mar-
" sillargues, S. Iulien & des Portes, Senefchauffée de Beaucaire en Lan-
" guedoc, au lieu de 300. liures de rente parauant à luy données & assignées
" sur son Tresor. Le Procureur du Roy de nostre temps le voulut faire casser
" 200. ans aprés qu'il fut fait, par la Loy domaniale, il demanda qu'il fust
" reüny au domaine par droit de reuersion, & que suiuant l'Ordonnance
" qui reuoque les alienations du domaine il fust declaré estre suiet à re-
" tour, & deuoir estre reüny au domaine Royal. La Cour ordonna que la
" donation sortiroit son effet à perpetuité. Le Procureur General se pour-
" ueut contre l'Arrest de la Cour, & demanda que les Seigneurs de Coussi
" successeurs dudit Nogaret fussent décheus de l'effet d'iceluy. La cause
" plaidée. La Porte Aduocat des defendeurs & successeurs de Nogaret
" discourut de la iuste & legitime cause de l'alienation du Domaine, en
" consideration de la guerre; il extolla la valeur de Nogaret, que le Roy
" recompensa d'vn don de grand prix, pour exciter sa posterité à seruir le
" Roy & l'Estat. La Cour appointa la cause au Conseil enuiron l'an 1561.

Toulouse 2. sac. n. 52. RAIMOND de Nogaret nommé pour témoin en vne sentence arbitrale pour Sicard de Neuuille 1225.

Toulouse 9. sac. un. 6. 1272. Ponce de Pleric reconnoist tenir à foy & hommage de Ponce de Nogaret vne terre dite S. Maurici en Viuarez.

Mende un. 1. En la transaction entre le Roy & Odilo Euefque de Geuaudan, tant pour luy que pour son Eglise de Mende, ledit Euefque quite au Roy le Chasteau & Vicomté de Gredona, & les lieux qui en dépendent, entre autres le Chasteau de Nogareto, l'an 1265.

DE BONIF. VIII. ET PHILIP. LE BEL. 619

Don fait par noble homme Raimond de Nogaret Escuier Sire de Calluisson en la Seneschaussée de Beaucaire, sur ce qu'il desiroit faire recevoir l'Ordre de Cheualerie à son neueu Guillaume de Nogaret Escuier, il luy donne 50. liures de rente à prendre sur la Tresorerie de Toulouse l'an 1332. Guillaume de Nogaret vendit lesdites 50. liures de rente au Roy, 1335. *Languedoc coffre n. 80*

Guillaume de Nogaret fils de Bertrand de Nogaret. Outre ce Guillaume il y auoit vn autre Guillaume de Nogaret, fils de Guillaume de Nogaret Cheualier.

Au compromis entre Gaston de Foix, & Ieanne Comtesse d'Armagnac, pour terminer leurs grands differens, vn des Procureurs nommez par ladite Ieanne est Estienne de Nogaret Docteur és Loix, 1376. *Armagnac num. 27.*

Bertrand de Nogaret Docteur és Loix Iuge-Mage de Toulouse, fut commis par le Roy pour faire vne enqueste touchant certaines terres que Mathieu de Foix Comte de Comminge demandoit au Roy. L'an 1426. est fait mention de Remond de Nogaret habitant de Murel, de noble homme Iacques de Nogaret Vicaire du Roy à Alby, de Vital de Nogaret Iuge de Verdun. *Foix num. 56.*

Landulphus de Columna Carnotensis Canonicus, in Chronico M S. ex Bibl. Thuani num. 242.

ANNO 1302. in vigilia Natiuitatis Mariæ Virginis Papa cum Curia sua in solo suæ originis, vbi tutior merito crederetur, cum sociis quibusdam domesticis suis proditus fuit, captúsque, & thesaurus deprædatus, non sine dedecore grandi Ecclesiæ, fugientibus Cardinalibus, exceptis Sabinen. & Ostien. Cuius captionis caput fuit Guillelmus de Nogareto de sancto Felice diocesis Tholosanæ, Columnen. complicibus in hac parte. Itaque superbia Bonifacij qui Reges, Pontifices, ac Clerum cum populo timere faciebat & parere, timor ac tremor & confusio eum operuerunt, & Romam ductum 35. die captionis inter dolores & angustias spiritus cùm esset magnanimus obiit. Eius igitur exemplo discant superiores Prælati non superbè dominari, & appareant magis amari quàm timeri. Illa magna auri congeries, per dictum facta Bonifacium, suæ dedit causam captioni. Sanè non est in sacerdotibus nouum istud, in quibus ex antiquo auaritia omnium vitiorum materia, radices suas affixit, & ingluuiosa cupiditas suas medullas. Nullum tamen scelus potest esse tam graue, quin ad committendum illud sacerdotes in fulgore auri subitam non recipiant cæcitatem, sunt enim auaritiæ templum, & cupiditatis auxilium.

Histoire memorable de ce qui se passa en presence de Clement V. en la poursuite contre la memoire de Boniface.

IL Re di Francia prego Papa Clemente che douesse restituere Pietro & * Iacomo in Cardinalato, & che l'ossa di Papa Bonifacio VIII. fossino arse, leuosse vn Cardinale Spagnuolo & disse, se si ardono l'ossa di P. Bonifacio come heretico, & in consenti questo, tu non sei vero Papa, perche esso ti fece Arciuescouo di Bordeaux, noi hauemo eletto nel Papato l'Arciuescouo di Bordeaux, & pero se non fu Papa non te pote fare Arciuescouo. all'hora il Papa ruppe il consiglio & all'hora se leuò Monsf. Pietro & Stephano delli Tosselli messe mano alla spada & *Colonesi*

PREV. DV DIFF. DE BON. VIII. ET DE PHILIP. &c.

diſſe che qualunque perſona vuol dire che l'oſſa di Papa Bonifacio non s'ardeſſino, mentino come traditori, & volerlo prouocare con la ſpada in mano, ſaluo che non contradiceſſe noſtro ſignore lo Papa. All'hora lo Papa lo fece pigliare per fargli tagliare la teſta. Lo Re di Francia lo dimando per huomo morto & hebeto, & queſto fece lo Re, per lo piacere che fece alla moglie quando s'attaco fuoco alla camera, per che ſaria ſtata arſa, che nullo Franceſe ſe ſaria meſſo à quel pericolo che ſi meſſe Monſ. Stephano per campare la Regina, Monſeignor Stefano, & Monſ. Pietro ſi miſero d: andare per vn traue & pigliaronla in collo & camparonla, d'onde lo Re di Francia hebbe queſto in gran ſeruitio, & poi lo Re lo fece ſergente de arme.

Ex Hiſtoria Romana Stephani Infeſſuræ.

PREV. DV DIFF. DE BON. VIII. ET DE PHILIP. &c.

assì, che qualunque persona, qual dire che l'osse di Papa Bonifacio non s'indesterà, mentire come traditori, & volendo prouocare con la spada in mano, Iesu che non conualescesti nostro signor lo Papa. All'hora lo Papa lo fece pigliare, per sarebli ta gliare la testa. Lo Re di Francia la dimandò per hauerno morta & preferta, & questo fece lo Re, per lo piacere che face alla moglie, quando s'accorse suoco alla camera, per che sarìa stata uista, che nullo Francese se sarìa messo à quel pericolo che si mette, Monsì. Stephano per campare la Regina, & Monsignor Stefano, & Mess. Pietro si misero à andare per un trauo & pigliauano in collo compararono, & onde lo Re di Francia hebbe questa ingran senisio, & per lo Re lo sece sigurare de morte.

Ex Historia Romana Stephani Infesture

DIVERS ACTES
DV PROCE'S CRIMINEL

FAIT A

BERNARD

EVESQVE DE PAMIERS,

POVR LEQVEL LE PAPE BONIFACE
VIII. prit la defense, contre le Roy Philippes
le Bel. 1295. 1301.

BREF RECIT
DV PROCES CRIMINEL
FAIT A BERNARD
EVESQVE DE PAMIERS
fous le Roy Philippes le Bel. 1295. 1301.

Tiré des actes qui suiuent.

E Roy Philippes le Bel ayant eu diuers auis, que Bernard Euefque de Pamiers auoit tenu de mauuais difcours & fort iniurieux contre fon honneur & celuy de fes predeceffeurs, & qu'il auoit communiqué auec les Princes étrangers au preiudice du bien de fon Eftat; en fomme qu'il eftoit traiftre, luy qui eftoit obligé pour diuerfes confiderations de luy eftre fidele, premierement parce qu'il eftoit né François, qu'il eftoit éleué en grande dignité, que l'Eglife qu'il auoit eftoit dans le Royaume & en fa fauuegarde comme toutes les autres Eglifes Cathedrales.

Le Roy donc bien aduerty des deportemens de cet Euefque nomma pour informer plus particulierement des faits dont il eftoit accufé, M. Richard de Nepotis Archidiacre d'Auge en l'Eglife de Lizieux, & Iean Vidame d'Amiens Seigneur de Picquigny Cheualier, qui fe tranfporterent en Languedoc, lieu où cet Euefque faifoit ordinairement fa refidence.

Il eftoit principalement chargé d'auoir dit en plufieurs lieux, que le Royaume feroit transferé aux Eftrangers, que le Roy ny les fiens n'y rentreroient iamais; qu'il auoit de grandes intelligences auec le Roy d'Angleterre pour la Gafcogne, & auec le Comte de Foix pour le rendre maiftre de la ville de Toulouze; qu'il fouftenoit tout haut que la ville de Pamiers n'eftoit pas du Royaume de France, ny dans le Royaume; qu'il auoit dit que le Roy eftoit faux-monnoyeur, & qu'il eftoit iffu de baftards: bref fe vantoit que S. Louïs luy auoit dit beaucoup de chofes qui alloient contre l'honneur de fes fucceffeurs & l'eftat de fon Royaume.

Ces Commiffaires chargez de memoires qui contenoient les circonftances de ces accufations, ouïrent en vne information vingt-quatre té- 1301.

[I i i iiij]

DIVERS ACTES DV PROCE'S CRIMINEL

moins, partie Seigneurs qualifiez, partie gens d'Eglise, & autres de moindre qualité, qui depoferent à la charge dudit Euefque.

Le Roy ayant veu ces charges qui confirmoient les auis qu'il auoit, affembla fon Confeil à Senlis, où eftoient les Grands de fon Royaume, & plufieurs tant Ecclefiaftiques que Seculiers, & leur fit voir la preuue qu'il auoit contre cet Euefque. Son Confeil fut d'auis, qu'il ne pouuoit fans vn grand fcandale diffimuler de fi enormes crimes, & qu'il Euefque deuoit eftre arrefté prifonnier par fon Archeuefque, ou par ordre du Roy à fon defaut. Le Roy donc fuiuit ce confeil, fit affembler l'Archeuefque de Narbonne metropolitain de Pamiers, & plufieurs autres Prelats & Barons, & leur fit expofer, prefent mefme ledit Euefque accufé; le fait dont eftoit queftion; fomma l'Archeuefque de Narbonne de faire fon deuoir, en forte que l'accufé fuft degradé & liuré à la Iuftice, pour eftre chaftié fuiuant la qualité de fes crimes.

L'Archeuefque de Narbonne fut fort particulierement inftruit par les Officiers du Roy, de la preuue qui refultoit des informations, demanderent auffi par ordre exprés qu'ils en eurent du Roy, attendu les artifices dont cet Euefque vfoit pour corrompre tous ceux qui luy pouuoient nuire, que ledit Archeuefque ordonnaft que l'Euefque feroit arrefté prifonnier, & que perfonne ne parlaft à luy; declarans que s'il n'en auoit les moyens, le Roy y pouruoiroit.

L'Archeuefque répondit au Roy qu'il eftoit preft de faire fa charge, par le confeil de fes fuffragans, en ayant demandé l'auis au Pape, l'affaire eftant fort important.

L'Euefque accufé qui craignoit d'eftre arrefté dans les prifons Royales, fupplia l'Archeuefque de le faire prendre & le garder; ce qu'il fit, le territoire luy ayant efté accordé par l'Euefque de Senlis, & puis par l'Archeuefque de Rheims.

Le Roy iugeant que cet affaire pouuoit tirer à confequence, enuoya vn homme exprés vers le Pape Boniface VIII. pour l'informer de tout fon procedé, auec ordre de luy dire, que bien que par l'auis des Grands de fon Royaume il euft efté refolu que fa Maiefté pouuoit faire chaftier cet Euefque comme traiftre, conuaincu & accufé de fi enormes crimes qu'ils auoient l'effet d'abolir toutes fortes de priuileges qu'il pouuoit auoir à caufe de fa dignité. Adiouftant, qu'encore qu'il euft d'autres moyens pour proceder contre luy, par la priuation de fon temporel dont il iouïffoit à caufe de fon Eglife de Pamiers, que neanmoins il n'auoit pas voulu, fuiuant les pas de fes anceftres, qui ont touſiours eu foin de la confervation des priuileges de l'Eglife & des Ecclefiaftiques, & de rendre l'honneur à l'Eglife de Rome, en vfer autrement, que de faire fçauoir à fa Sainteté qu'il eftoit obligé de venger en cet Euefque non feulement l'iniure faite à Dieu par luy, mais à luy Roy qui eftoit fon fils, & à tout fon Royaume, & ce faifant le prioit qu'il euft à le priuer de fa charge, & le declarer décheu du priuilege de Clericature, en forte que le Roy en puft faire vn facrifice au public, en le puniffant comme traiftre & mefchant, & duquel il n'y auoit plus d'efperance d'amendement.

1301.
13. Feurier.

Le Pape bien loin de faire ce que le Roy defiroit, fit expedier vne Bulle en datte du 13. Feurier 1301. qu'il addreffa à l'Archeuefque de Narbonne, & aux Euefques de Beziers & de Montpellier, qui offenfoit fort le Roy & fon autorité; leur mandant qu'ayant fceu les charges dont

FAIT A BERNARD EVESQVE DE PAMIERS.

eſtoit accuſé l'Eueſque de Pamiers, & deſirant en eſtre plus particulierement informé, il leur commandoit premierement de le deliurer & de le tirer des mains des ſeculiers, & luy faire donner main-leuée de ſes biens, tant de ceux qui dépendoient de ſon Egliſe que autres, & mettre de ſon autorité de luy Pape l'Eueſque en priſon, & puis informer ſur les chefs dont il eſtoit accuſé, & deſquels il leur enuoyoit meſme les articles; cela fait, clorre & ſeeller le procés, l'enuoyer à Rome auec cette Bulle, & l'Eueſque auſſi ſous bonne & ſeure garde.

L'Archeueſque de Narbonne, & les autres Commiſſaires procederent lentement à l'inſtruction de ce procés; ce qui paroiſt par vn acte, par lequel Pierre Flotte Cheualier remonſtre audit Archeueſque en preſence de l'Eueſque de Pamiers, les crimes que ledit Eueſque auoit commis contre le Roy & ſon Royaume; Il dit que ledit Eueſque eſt coupable de tous ces crimes, que cela eſt certain, & qu'on ne doit point differer à proceder contre luy, eſtant l'intention du Roy, d'en faire la pourſuite. Inſiſtoit à ce que l'on s'aſſeuraſt de ſa perſonne, de crainte qu'il ne s'euadaſt, demandant audit Archeueſque qu'il ait à l'arreſter & le mettre en bonne & ſeure garde. Que le Roy offroit l'aide du bras ſeculier, & qu'il importe au Roy que la choſe ſoit promptement executée; qu'il y a danger dans vn plus long retardement, & que s'il ne fait ce dont il eſt requis, que le Roy fera ce qu'il trouuera à propos pour le bien de ſon Royaume.

Il ſe trouue outre cela vne autre Bulle du meſme Pape au Roy, du cinquiéme de Decembre 1301. dont les termes ſont fort inſolens; il expoſe là dedans que ſa Maieſté auoit fait arreſter l'Eueſque de Pamiers & baillé en garde à l'Archeueſque de Narbonne ſon Metropolitain : prie le Roy de le deliurer, luy permettre de venir à Rome, & luy donner la main-leuée de ſes biens; adiouſtant que s'il vſoit à l'aduenir de telles procedures, qu'il ſeroit obligé d'y apporter le remede conuenable, le voulant bien aduertir que s'il n'auoit de bonnes & fortes raiſons d'auoir fait ce qu'il auoit entrepris en cette occaſion, qu'il n'y auoit doute qu'il n'euſt encouru la peine portée par les Canons & ordonnée contre ceux qui temerairement vſent de violence contre les Eccleſiaſtiques, ſur leſquels les perſonnes laïques n'ont aucune puiſſance.

1301.
5. Decemb.

Depuis cette Bulle on n'a pû trouuer aucune piece qui appriſt l'iſſue de ce procés. Quelques hiſtoriens ont écrit que le Roy laſſé de la longueur de ce Commiſſaire rendit l'Eueſque au Nonce du Pape, & qu'il leur commanda à tous deux de vuider ſon Royaume. Ce qui fut ſuiuy de cette grande & notable querelle entre le Pape Boniface VIII. & le Roy Philippes le Bel, dont les actes ſont repreſentez cy-deſſus.

TABLE DES ACTES DV PROCE'S CRIMINEL FAIT A BERNARD EVESQVE DE PAMIERS,

Pour lequel le Pape Boniface VIII. prit la defense contre le Roy Philippes le Bel. 1295. 1301.

DOn fait par le Roy Philippes le Bel à Roger Bernard Comte de Foix, de ce qu'il auoit en la ville de Pamiers, fors le ressort & la souueraineté. pag. 624.

Bulle de Boniface VIII. au Roy Philippes le Bel, touchant la garde & protection de la ville de Pamiers, dont l'Abbé de S. Antonin de Pamiers erigé en Euéché sous le titre de Pamiers, est Seigneur pour le temporel, auec plusieurs clauses énoncées dans ladite Bulle. p. 625.

Plainte faite au Roy, que Bernard Enéque de Pamiers contre la fidelité qu'il luy deuoit auoit fait plusieurs trahisons contre sa Maiesté & son honneur: Que le Roy ayant long temps dissimulé ses fautes, a voulu enfin en estre asseuré, & auoit commis des gens, qui se transporterent à Toulouse pour informer de la verité &c. Est ensuitte le narré de la procedure faite contre cette Euesque. p. 627.

Information faite par M. R. Nepotis Archidiacre de Lizieux, & Iean Vidame d'Amiens Seigneur de Piquigny, Cheualier, Conseillers du Roy & Commissaires enuoyez par sa Maiesté à Toulouse, qui entendirent vingt-quatre témoins sur plusieurs chefs d'accusation proposez contre ledit Euesque. p. 631. 632. 633. &c.

Memoire des griefs faits à l'Euesque de Pamiers par les Commissaires du Roy, donné par ledit Euesque à son Procureur l'enuoyant à la Cour du Roy. p. 651.

Acte par lequel Pierre Flotte Cheualier remonstre à l'Archeuesque de Narbonne en presence de l'Euesque de Pamiers, les crimes que ledit Euesque a commis contre le Roy & son Royaume: dit que l'Euesque est coupable de tous ces crimes, & que cela est certain; que l'on ne doit point differer à proceder contre luy, estant l'intention du Roy d'en faire la poursuite, & qu'il importe au Roy que la chose soit promptement executée. p. 653. 654.

Bulle du P. Boniface à l'Archeuesque de Narbonne, & aux Euesques de Beziers & de Montpellier, sur ce qu'il auoit sceu ce dont estoit accusé l'Euesque de Pamiers; & desirant en sçauoir la verité, leur ordonne qu'ils eussent premierement à le deliurer ab omni potestate & custodia seculari, & faire oster la main du Roy de dessus ses biens, & le mettre sous l'autorité du Pape, en prison: cela fait, qu'ils informent sur les faits dont il estoit accusé; ouïr les témoins: & le tout fait, clorre & sceller ensemble cette Bulle, & luy enuoyer à Rome, comme aussi ledit Euesque, sous bonne garde. aprés suiuent les articles sur lesquels ils deuoient informer. p. 657. 658. &c. *1301. 13. Feurier.*

Autre Bulle de Boniface au Roy, où il dit qu'il a apris que sa Maiesté auoit fait arrester l'Euesque de Pamiers, & baillé en garde à l'Archeuesque de Narbonne son metropolitain: prie le Roy de le deliurer, luy permettre de le venir trouuer, & luy donner la main-leuée de ses biens. Il auertit le Roy de ne plus faire de pareilles choses, autrement, qu'il sera obligé d'y apporter remede. dit à la fin que, Laïcis nulla est attributa potestas in personas Ecclesiasticas. p. 661. *1301. 1. Decemb.*

Abrahamus Bzouius Annal. Ecclesiasticorum Tomo XIII. anno 1295. num. 15.

IN Galliis, istud fere initium grauissimi odij, quo post- ea Philippus Rex in Bonifacium exarsit. Est in Fran- cia, Apamea olim Abbati S. Antonini, eiusque cœno- bio iure pleno addicta, ea cùm propter reditus opulen- tos, raptorum sacrilegiis esset exposita, Clemens IV. Pontifex eam Ludouico Regi tuendam commisit, non- nullamque portionem redituum exinde attribuit, nomine tutelæ seu sti- pendij in tutelam. Nihil tamen iuris Abbati, aut cœnobio detractum, aut Regibus Galliæ datum esse voluit Clemens in Apameam, quam nonnisi ad certum tempus, & ad Sedis Apostolicæ beneplacitum in cu- stodiam committebat. Ludouico in cœlos migrante, Philippus Apa- meam tuendam suscepit, moriénsque Philippo Pulcro filio Regi reliquit. Hic porro Rogerium Fuxi Comitem à multo tempore Abbatis & mo- nasterij ex professo hostem, non modò ab iniuriis non reuocauit, sed ad eas Abbati & monasterio inferendas literis regiis animauit: quibus ille fretus Apameam ingressus, iuramentum fidelitatis à ministris & sub- iectis Abbatis & monasterij extorsit, adeóque Apameam iuris sui fecit, in graue præiudicium Abbatis & Ecclesiasticæ libertatis. Non potuit, ne- que debuit, nec voluit dissimulare Bonifacius, sed grauioribus literis ad Philippum datis eum officij admonuit, præcepitque vt Comitem compe- sceret, omniáque in integrum Abbati ac monasterio restitui iuberet; Co- mitem quoque acriter perstrinxit, anathematéque minatus est, si non ex- cederet Apameam, sique ablata non restitueret, neque iniuriarum no- mine satisfaceret.

Epist. 161. & 182. A- nagn. 15. Cal. Iul.

Odericus Raynaldus Tomo XIV. Annalium Ecclesiasticorum ad annum 1295. num. 52.

ASSERENDI pariter iuris Ecclesiastici studio Bonifacius instit- it apud Francorum Regem, vt Apamias quæ ad Abbatis S. Antonini ditionem spectabant, à Fuxensi Comite restitui iuberet. Cùm verò atro- cia dein dissidia Pontificem inter ac Regem emerserint ex hac occa- sione, adducendæ Bonifacij literæ visæ sunt.

Bonifacius Episcopus seruus seruorum Dei, Philippo Regi Franciæ illustri, salutem. Olim, prout notitiam, &c. Insigniuit Bonifacius Apa- mias Episcopalis Sedis dignitate, ad quam memoratum Abbatem euexit, quà de re hæc vitæ Bonifacij auctor: *Idem Bonifacius fecit & erexit villam Appamensem in nouam ciuitatem; constituítque ibidem in Abbatia S. Antony Ca- nonicorum regularium esse in perpetuo Ecclesiam Cathedralem, dominum Bernar- dum Saisseti Abbatem instituens primum Episcopum in eadem.* Cùm verò is iura Ecclesiastica in eam vrbem contra administrorum Regiorum licentiam asserere niteretur, Philippi odia contraxit, à quo atrociter illum exagi- tatum visuri sumus.

Et ad annum 1301. num. 26. Aucta sunt hoc anno grauissimæ inter

Pontificem & Francorum Regem discordiæ semina. Contigit vt Bernardus Appamiensis Episcopus, qui ingentem litem de Appamiarum imperio cum Rege & Rogerio Fuxi Comite exercuerat, in crimen vocatus sit, inter alia iactasse Appamias Gallicæ Coronæ non obnoxias esse, ac pluribus dicteriis famam regiam proscidisse, forma quidem Philippum cæteris antecellere, sed virtutibus vacuum esse. quibus lacessitus Rex violata Ecclesiastici ordinis immunitate, immisso satellitio Episcopum honestè ad se deduci iussit, deinde Archiepiscopo Narbonensi custodiendum tradidit veluti læsæ maiestatis reum, atque hæc accusationis capita in Appamiensem Episcopum ad Bonifacium transmisit.

Tenor prædictorum articulorum talis est. Inprimis asseritur quòd idem Episcopus Appamiarum in iniuriam &c. (*vt in Bulla Bonifacij infrà.*) Censuit Bonifacius hæc à calumniatoribus ad tegendum scelus conficta in Episcopum: Cæterum vt erat æquitatis acer vindex Pontifex superioris accusationis capita ad Narbonensem Archiepiscopum transmisit, vt in Appamiensem antistitem de iis iudiciariam actionem institueret. Tum asserendæ immunitatis Ecclesiasticæ cupidus Philippo denuntiauit ipsum censuras contraxisse, ni alias grauiores facti rationes afferret, præcepitque vt præsulem Appamiensem dimitti ex Narbonensis Archiepiscopali custodia, atque ad Sedem Apostolicam accedere permitteret, restitueret Ecclesiæ Appamiensi occupata bona, nec in posterum sacras opes diriperet.

Don fait par le Roy Philippes le Bel à Roger Bernard Comte de Foix, de ce qu'il auoit en la ville de Pamiez, fors le ressort & souueraincté.

Layette Pamiez num. 20.

PHILIPPES *par la grace de Dieu Rois de France. Nous faisons à sçauoir à tous presens à venir que à nostre amé & nostre fuel Rogier B. Comte de Fois donnons, octroyons, & delaissons tout le droit, & tout ce que nous auions & auoir denons en la ville de Pamiers, & és appartenances par reson de garde, & par quelqu'autre resons, excepté le ressort & la souuercyneté que nous retenons du defaut, & de l'apel dudit Comte & de sa Cort & ses hoirs ames tous iours empres la fin de sept ans, & dés ores en auant en ladite ville ne és apartenances, ne prendrons companie ne donation sans la volonté du deuant dit Comte & de ses hoirs, ne nous ne nos hoirs, sauf en toutes choses le droit d'autruy, & que ce soit ferme & stable nous auons fet seeller cettes lettres de nostre seel faict Herberges deuant Villenoue en Catheloigne l'an de grace 1280. en mois de Septembre.*

PHILIPPVS Dei gratia Franc. Rex dilectis suis Abbati & Conuentui, ac hominibus villæ Appam. salutem & dilectionem. Scire vos volumus quòd nos dilecto & fideli nostro Rogerio B. Comiti Fuxen. dedimus & concessimus omne ius & quicquid habebamus in villa Appam. & eius pertinentiis tam ratione guardiæ, quàm qualibet alia ratione, excepto ressorto, tenendum, habendum, & possidendum eidem Comiti & eius heredibus in perpetuum post finem septem annorum ; & quòd plurimum affectamus quòd inter nos & illum pax & concordia reformetur, rogamus vos quatinus ad componendum seu pacificandum cum eo vos exhibeatis tractabiles, fauorabiles & benignos; scientes quòd quotiescunque cum ipso pacificabitis, seu componeritis, ex tunc vos omnino absoluimus foluimus à facramento & pactionibus, quas habetis nobifcum, cætera hoc vos habentes taliter, quòd id quod inde feceritis gratum habere meritò debeamus. Actum in Caftris ad Villamnouam die Veneris in fefto B. Matthæi Euangeliftæ, anno Domini 1285.

Bulle de Boniface VIII. au Roy Philippes le Bel, qui dit que le Pape Clement IV. auoit prié le Roy Louis son ayeul de prendre en sa garde ad honorem Ecclefiæ Romanæ *la ville de Pamiers; ce que ledit Roy accepta, & en commit la garde royale à B. Abbé de S. Antonin dudit lieu, & auquel ladite ville appartient pour le temporel. Qu'il eſt porté par les lettres de ladite garde, que le temps porté par icelles expiré ladite ville rentreroit en la premiere liberté : que le Roy Philippes pere de sa Maieſté accepta cette garde aux meſmes conditions, & sa Maieſté aufſi, mais non auec telle liberté pour ladite ville, que ses ayeul & pere auoient permis. Au contraire ſous pretexte de certaines lettres de sa Maieſté à ſon Seneſchal de Carcaſſonne, Roger Comte de Foix feroit entré dans ladite ville, & fait mille violences & extorſions. Prie le Roy d'y vouloir donner ordre, & faire rendre, & à ladite ville, & à l'Abbé leurs biens & heritages vſurpez par ledit Comte.*

BONIFACIVS Epifcopus feruus feruorum Dei, Philippo Franciæ 1295. illuftri, falutem & Apoftol. benedict. Olim, prout notitiam regiam latere non credimus, felicis recordationis Clemens Papa IV. prædeceſſor noſter ad conſeruationem villæ Appamiarum benignè intendens, prout ad ſuum pertinebat officium, recolendæ memoriæ Ludouicum Regem Franciæ auum tuum per ſuas rogauit literas ſpeciales, vt villam ipſam ad honorem Romanæ Eccleſiæ ſub ſua cuſtodia & defenſione reciperet, nonnullis præterea eidem reditibus aſſignatis, qui, ſicut aſſeritur, in ipſius prædeceſſoris literis exprimuntur. Præfatus autem Ludouicus, precibus ipſius prædeceſſoris obtemperans, prædictam villam ſub tutela cuſtodiæ Regalis commiſit dilecto filio B. Abbati monaſterij S. Antonini eiuſdem loci, cui villa ipſa in temporalibus ſubiecta dignoſcitur, per literas regias promittendo, quòd elapſo eiuſdem cuſtodiæ tempore in ipſis literis comprehenſo, prædictam villam in ea libertate, & quaſi poſſeſſione dimitteret, in qua erat monaſterium ſupradictum eo tempore quo ſuper hoc ab eodem prædeceſſore recepit literas prælibatas, prout in iiſdem regiis literis pleniùs & ſerioſiùs continetur. Simili quoque modo claræ memoriæ Philippus Rex Franciæ pater tuus poſt eiuſdem Ludouici deceſſum recepit camdem, ſicut eius ſuper hoc confectæ literæ profitentur: túque poſt eiuſdem patris tui obitum cuſtodiam recepiſti prædictam, ſed non in ea libertate quam præfati auus & pater promiſerant, dimiſiſti : quin imò ad inſtantiam nobilis viri Rogerij Comitis Fuxi manifeſti & antiqui perſecutoris Abbatis & monaſterij prædictorum, quaſdam literas regias Seneſcallo tuo in Carcaſſonenſibus conſtituto partibus direxiſti, quarum occaſione ſeu auctoritate præfatus Comes villam ipſam ingrediens, & in ea inibi quæ ſunt hoſtilis detentionis exercens, ab eiuſdem Abbatis officialibus deputatis ibidem nomine vniuerſitatis ipſius villæ fidelitatis iuramenta recepit, alia in ea enormia & grauia committendo, non ſine diuinæ maieſtatis offenſa, Eccleſiæ Romanæ contemptu, circumpoſitæ regionis ſcandalo, & Abbatis ac monaſterij non modico præiudicio & grauamine prædictorum. Cùm itaque talia Deo diſpliceant, regiis titulis derogent, & redundent in præiudicium Eccleſiaſticæ libertatis, nóſque illa pati æquanimiter non poſſimus,

KKkk

Serenitatem regiam rogamus & hortamur attentè, ac obsecramus in Domino Iesu Christo, quatenus ob diuinam & Apostolicæ Sedis reuerentiam, tuæque salutis augmentum, Abbatem & monasterium supradictos fauorabiliter commendatos, prædictam villam cum omnibus bonis, iuribus, & possessionibus monasterij supradicti, ac etiam fructibus, reditibus & prouentionibus perceptis de eis à Comite prælibato, facias ei Abbati vel procuratori suo eius nomine cum integritate restitui, & etiam assignari, amotis ab eo prædicto Comite, ac aliis quibuscunque per eum positis in eadem, &c. Datum Anagniæ 15. Kal. Iulij, Pontificatus anno I.

Apud Oder. Raynald. Tom. XIV. Annal. Ecclesiast ad ann. 1295. num. 52.

Plainte faite au Roy que B. Euesque de Pamiers contre la fidelité qu'il luy deuoit auoit fait plusieurs trahisons contre sa Maiesté & son honneur, auoit dit plusieurs iniures contre sa personne, diffamoit sa Cour & son Conseil, & faisoit ce qu'il pouuoit pour faire reuolter les suiets contre le Roy.

Le Roy considerant la qualité dudit Euesque obligé à defendre son honneur, pource qu'il estoit François & Euesque, son Eglise située dans le Royaume, & sous la protection du Roy comme les autres Eglises Cathedrales.

Que le Roy a long-temps dissimulé ces fautes, en a voulu estre asseuré, & auoit commis l'Archidiacre d'Auge, & Iean Vidame d'Amiens sieur de Piquigny qui se transportent à Toulouse : ils sçeurent par bons témoins que ledit Euesque estoit simoniaque, heretique, principalement au fait de la Confession.

Qu'il a dit souuent que Boniface Pape erat diabolus incarnatus, *qu'il auoit contre Dieu, & verité canonizé saint Loüis qui estoit en Enfer.*

Que le Roy voulant estre encore plus asseuré de ce que dessus, auroit luy mesme oüy les témoins qu'il auoit fait venir en sa presence, où il apprit plusieurs autres choses criminelles.

Le Roy estant à Senlis assisté des Grands de son Royaume qu'il auoit connoquez à cet effet, l'affaire fort agitée, fut resolu que ledit Euesque seroit mis en prison par son Ordinaire, ou par le Roy à son defaut.

Estant donc question d'executer cet Arrest, le Roy appella l'Archeuesque de Narbonne, & plusieurs Prelats & Barons, & autres, l'Euesque de Pamiers present, & dit à l'Archeuesque de Narbonne ce qu'il auoit fait, & l'admonesta de faire son deuoir en cette occasion, en sorte que sa Maiesté & ses suiets en fussent contents; & que suiuant l'ordre de l'Eglise il fust dégradé, & qu'il peust estre puny par le Roy.

Que l'on luy feroit voir des informations telles qu'il en seroit content ; & quoy que ledit Archeuesque fust hors de sa Prouince, qu'il luy seroit donner territoire necessaire, & luy faire administrer de bons témoins.

Le Roy fit dire à l'Archeuesque qu'il falloit arrester l'Euesque, se pouuant euader, & ainsi le Pape & le Roy ne seroient pas obeïs. Le Roy offrit audit Archeuesque vn lieu seur pour la garde du prisonnier, & que s'il ne se trouuoit assez fort qu'il le feroit garder. L'Archeuesque respondit qu'il estoit prest de faire son deuoir par le conseil de ses Suffragans, & Papa consulto.

Le Roy pressant l'affaire, l'Euesque de Pamiers choisit la prison de l'Archeuesque, & ainsi il fut gardé par son ordre in territorio sibi commisso ab Episcopo Siluanectensi, *ce que l'Archeuesque de Rheims accorda aussi.*

Le Roy donc enuoya vn Ambassadeur au Pape pour ce fait, qui eut ordre de luy dire, que bien que par le conseil des Grands il eust esté resolu que le Roy pouuoit faire chastier cet Euesque comme traistre conuaincu, veu qu'vn tel crime omne

FAIT A B. EVESQVE DE PAMIERS.

priuilegium, & omnem dignitatem excludat, *& que d'ailleurs le Roy pouuoit proceder contre luy en le priuant de son temporel, tant de son Euesché que de son propre : le Roy neantmoins voulant faire voir qu'il veut honorer l'Eglise, il a creu en deuoir donner aduis au Pape, qui est obligé de venger l'iniure faite à Dieu, &, au Roy son fils, & à tout son Royaume, afin que le Pape le priue de son priuilege Clerical, & de son Ordre*, quod suum est tollat, *en sorte que le Roy en puisse faire vn sacrifice au public, n'en ayant point d'apparence qu'il puisse s'amender, ayant esté meschant dés sa ieunesse.*

Il faut prendre garde que le Pape respondra qu'il ne peut pas condamner vn homme non conuaincu; qu'il faut ou que l'Euesque luy soit enuoyé, ou que l'affaire soit examiné en France. Si en France, sçauoir si cela se fera deuant l'Archeuesque & ses suffragans, ou pardeuant vn Legat que le S. Siege enuoyera, ou d'autres personnes qui seront commises par le Pape.

Layette Pamiers num. 9.

MANE ad audientiam excellentis Principis domini Philippi Dei gratia Franc. Regis pluries à fide dignis personis, quòd Bernardus Appamiensis Episcopus proditor patriæ suæ, dom. Regis, & regni Franciæ, contra fidelitatem, ad quam domino Regi tenetur, proditiones, conspirationes ac factiones facinorosas contra ipsum dom. Regem & eius honorem, concepit, tractauit, & multis modis iniuit, quódque idem Episcopus ex proditionis huius conceptu, iurisdictioni & potestati Regiæ super temporalitate Ecclesiæ suæ erat inobediens & rebellis, honorique regio, verbis & factis existens, ad blasphemias, contumelias ipsius dom. Regis & iniurias prorumpebat, & Curiam suam coram diuersis personis quantum poterat grauissimè diffamabat, domino Regi auferendo corda & bonam voluntatem eorum, hominésque nobiles & plebeios terrarum ipsarum, quantum poterat, prouocabat ad rebellandum contra dom. Regem prædictum. Ita quòd dictus dominus Rex perderet Tholosanam, quódque prædicta attentauerat pluries & frequenter diuersis temporibus, & nedum ad opus eorum peruenerat, sed quantum in eo erat præmissa perduxerat ad effectum, maximè tempore præterito, guerra inter illustrem Regem Angliæ, & dictum dom. Regem durante. Verùm dictus dom. Rex perpendens dictum. Episcopum in tanto gradu sacerdotij constitutum multis de causis teneri, nedum ad non nocendum ipsi domino Regi, sed etiam eius honorem totis viribus defendendum.

Primò ex eo quòd de regno Franciæ natus est, & naturaliter deberet diligere ratione originis suum dominum naturalem.

Secundùm propter gradum dignitatis suæ, ex quo tenetur ad idem.

Tertiò ex eo quòd Ecclesia Appamiarum sit in regno Franciæ protectione gaudens regia, sicut cæteræ Ecclesiæ cathedrales regni Franciæ; propter quod incessanter pro Rege populi sibi subditi orare debent fideliter & deuotè, sicut faciunt cæteri Prælati religiosi & clerici regni prædicti.

Quartò propter multa & diuersa magna beneficia, quæ dictus B. tam in persona sua quàm in Ecclesia Appam. ab ipso domino Rege & progenitore eius suscepta; quod est notorium, nedum in toto regno Franciæ, sed etiam apud Sedem Romanam, & vbique terrarum, vbi notitia Ecclesiæ prædictæ habetur.

Quintò perpendens insuper dictus dominus Rex dictum Episcopum factum, esto quòd in iuuentute sua multas discordias consueuerit satisfa-

KKkk ij

628 DIVERS ACTES DV PROCE'S CRIMINEL

re, iam non debere peccata iuuentutis suæ continuare, sed ea potiùs per pœnitentiam purgare, & quærere vitam æternam.

Sextò insuper quòd dictus Episcopus ad fidelitatem dicto domino Regi tenetur, nolens etiam idem dominus Rex esse facilis ad credendum, nullo modo cor suum mouere poterat ad credendum quòd dictus Episcopus sit patriæ dignitatem & Ecclesiæ suæ, ac salutis propriæ & beneficiorum susceptorum immemor tanta ingratitudine teneretur, vt aliquatenus acceptasset etiam cogitare aliquid prædictorum: sed potiùs idem dominus Rex magno tempore dissimulauit prædicta, donec sibi crebro sermone ac clamosa insinuatione fidelium suorum rumor præmissorum aures dom. Regis ipsius intonuit, quod notabiliter ad eius culpam & honoris Regij grauem negligentiam notabiliter posset & deberet ascribi, si amplius præmissa dissimulasset.

Descendere voluit igitur & videre primò familiariter ad informandum suam conscientiam dominus Rex prædictus, propter honorem Ecclesiæ, & super iis secretè perquirere veritatem cum fide dignis personis, ne quousque dictorum facinorum veritas magis ipso domino Regi nota esset, & posset sequi aliqua diffamatio Episcopi memorati. Ad quod peragendum venerabiles & discretos viros consiliarios suos Magistrum R. Nepotis Archidiaconum Algiæ in Ecclesia Lexouien. Clericum, & dom. Ioannem Vicedominum Ambianen. dom. de Piquigniaco militem suos, idem dom. Rex misit ad partes Tolosanas, eis præcipiens vt sic curiosè sic cautè prædicta perquirerent, vt idem dom. Rex inde posset aliquatenus informari & adhibere super iis remedium opportunum, & vt à populo ante tempus hoc non posset percipi, eisdem probis viris idem dom. Rex plura alia inquirenda commisit, quæ ad bonum regimen patriæ pertinebant. Præfatis igitur Inquisitoribus propter hoc in Tholosanis partibus constitutis, fama referente, & nihilominus à fide dignis personis præmissa omnia & singula quæ ad dom. Regem clamosa insinuatione peruenerant, dictis Inquisitoribus significata fuerunt, & specialiter, quòd dictus Episcopus pluries & maximè dicta guerra durante, conceptus proditionis suæ ad verba & facta adducens, ad finem factiones huius facinorosas, ac proditionem patriæ suæ, domini nostri Regis, & regni Franciæ, ad effectum & perfectionem perducendi ad verba & facta sequentia prorumpere non expauit.

Inquisitores auditis prædictis in articulis contentis, super aliquibus articulis ex eis testibus ipsis expressis, ad recipiendum testes fide dignos processerunt, eorum iuramentis receptis prout moris est de veritate dicenda.

Testes autem deposuerunt vt sequitur.

Item à plerisque personis fide dignis & grauibus ad dictum dominum peruenit, dictum Episcopum simoniacum manifestum, pleraque verba erronea ac hæretica contra fidem Catholicam seminasse, & specialiter contra Pœnitentiæ Sacramentum, & fornicationem etiam in personis ad sacros ordines promotis non esse peccatum, & multa alia erronea asserendo.

Item quòd dictus Episcopus in blasphemiam Dei & hominum pluries dixit sanctissimum Patrem dom. Bonifacium summum Pontificem esse diabolum incarnatum.

Item quòd dictus dom. Papa contra Deum & veritatem, & iustitiam canonizauerat B. Ludouicum sanctæ memoriæ Regem Franciæ, qui erat in Inferno, vt dixit; quódque multa alia erronea dictus Episcopus semi-

FAIT A B. EVESQVE DE PAMIERS. 629

nauit, vt dixit, contra fidem, in blafphemiam Dei & fummi Pontificis, & totius Ecclefiæ, quæ grauius longè dictus dom. Rex recipit, quàm fuperiùs expreffata, quæ contra regiam maieftatem commifit dictus Epifcopus, nec mirum cùm grauius æternam quàm temporalem lædere maieftatem: quod infuper in Deum, vel fidem, vel Rom. Ecclefiam committitur contra fe commiffum recipit dom. Rex prædictus, qui & fui progenitores defenfores fpeciales fidei & honoris Romanæ Ecclefiæ femper fuerunt.

Relatione igitur audita dictorum Inquifitorum, & depofitionibus dictorum teftium, qui fuper præmiffis per viam informationis recepti fuerant, per ipfum Regem diligenter infpectis; idem dom. Rex magis certiorari, cupiénfque omnem fufpicionem volens vitare, teftes prædictos, Epifcopos, Abbates, clericos non parui ftatus, religiofos, Comites, & alios nobiles & burgenfes omni fufpicione carentes ad fe fecit venire, & fuper fidelitate quâ fibi tenentur, & iuramentis eorum fuper præmiffis & ea tangentibus, veritatem ab eis perquirens, maiora & grauiora contra dictum Epifcopum reperit quàm fibi primò fignificata fuiffent.

Dictus ergo dom. Rex cum maioribus regni fui apud Siluanectum ad hoc fpecialiter vocatis, deliberatione habita diligenti, petito confilio clericorum, & laïcorum, doctorum & aliorum proborum virorum, fuit ipfi dom. Regi refponfum, & conftanter confultum, cùm prædicta fint adeo manifefta, ac etiam per diuerfas partes regni Franciæ diuulgata, fine graui fcandalo & periculo non poterant fub diffimulatione pertranfiri, quódque ex caufis infrà fcriptis dictus Epifcopus in prifione cuftodiri debebat per fuum Ordinarium, aut per ipfum dom. Regem in eius defectum. Igitur dominus Rex prædictus præmiffa profequi intendens, prout fecundùm Deum & iuftitiam viderit faciendum, vocatis ad fui præfentiam reuer. patre domino Ægidio Narbon. Archiepifcopo, & aliis pluribus venerabilibus Prælatis & Baronibus, & perfonis aliis honorabilibus regni fui : Præfente etiam dicto Epifcopo Appam. dictum Archiepifcopum fecit inftanter requiri, vt cùm effet Metropolitanus dicti Epifcopi, qui erat de fua prouincia, fuper præmiffis primò eidem Archiepifcopo plenè expofitis, idem Archiepifcopus debitum fui officij mediante iuftitia taliter exfolueret, quòd dom. Rex ipfe & eius fubditi deberent effe contenti : ita quòd dicto Epifcopo, vt iuris pofcit ratio primitus per Ecclefiam degradato, ipfe dom. Rex poffit eum punire, prout demerita fua requirunt; eidémque Archiepifcopo fecit offerri fe paratum dictum Archiepifcopum præfente dicto Epifcopo de præmiffis in præfentia informari fufficienter, & cùm idem & cùm ipfe Archiepifcopus effet extra fuam Prouinciam, fibi tradi procurare territorium fibi neceffarium ad prædicta, & teftes idoneos miniftrare omni fufpicione carentes. Cúmque iuftè timeretur quòd dictus Epifcopus ad aliqua loca confugeret, in quibus non obediretur domino Papæ nec Regi, quódque dictus Epifcopus ex folita arte alios corrumpere conaretur iuxta fuæ malignitatis conceptum; idem dom. Rex dictum Archiepifcopum fecit requiri, vt cùm dictorum criminum enormitas hoc expofcat, dictum Epifcopum capi faceret, carcere fufficienti fic tutè & cautè faceret cuftodiri, quòd de eo per competentes iudices tam Ecclefiafticos quàm fæculares poffit opportunis loco & tempore fieri iuftitiæ complementum, ei aditus præcludatur iniquitatis fuæ conceptus perducere ad effectum; offerens dictus dom. Rex Archiepifcopo prædicto domos fortes optimas, & gentes neceffarias ad cuftodiam fupradictam, fuitque dicto Archiepiscopo ex parte dicti dom. Regis prædictum, quòd nisi dictus Archiepiscopus bene & sufficienter, vt dictum est, custodiret dictum Episcopum, idem dom. Rex eum faceret custodiri bene, decenter & tutè. Dictus autem Archiepiscopus super præmissis requisitis ab eo respondit quòd super eis paratus erat exsoluere sui debitum officij, de consilio suffraganeorum suorum, & domino Papa consulto, cùm negotij grauitas hoc exposcat. Cúmque pluries dicta requesta ex parte domini Regis iterata vice super captione & custodia personæ dicti Episcopi fieret Archiepiscopo memorato, dictus Episcopus volens magis custodiri in prisione dicti Archiepiscopi, quàm domini Regis, voluit & consensit, rogauit & requisiuit expresse dictum Archiepiscopum, vt ipsum Episcopum in prisione sua faceret custodiri & quod sibi multum placebat: & sic dictus Archiepiscopus dictum Episcopum Appam. ex causis præmissis in sua retinuit prisione, territorio sibi concesso per Siluanect. Episcopum, quod postmodum reuerendus pater Remens. Archiepisc. similiter sibi concessit, vt per eorum literas patentes apparet.

Nuntius ergo ex parte dom. Regis mittendus coram summo Pontifici in Consistorio constitutus præmissa seu eorum substantiam ex parte domini Regis significabit, adiiciens quòd licèt dom. Rex de Magnorum consilio conueniret quòd tantum & talem proditorem suum coram se conuictum posset & deberet statim supplicio ipsum tradendo de medio tollere regni sui, sicut membrum putridum, ne cæteras corporis partes corrumpat, cùm tantus reatus omne priuilegium, omnem dignitatem excludat. Licèt insuper contra dictum Episcopum dictus dominus Rex aliis viis potuisset procedere ad finem priuationis temporalitatis, quam idem Episcopus tam ex se quàm ratione Ecclesiæ Appam. noscitur possidere; ipse tamen dom. Rex progenitorum suorum sequens vestigia, qui priuilegia & libertates Ecclesiæ suæ voluerunt seruare, honorémque Romanæ Ecclesiæ matri, de cuius vberibus sunt lactati, vsquequaque seruare, præmissa significat ipsi summo Pontifici patri suo, qui nedum Dei iniuriam, cuius locum tenet in terris, sed etiam dicti dom. Regis filij sui, & totius regni sui vindicare tenetur, requirit quòd dictus dom. Rex ipsum summum Pontificem, vt super præmissis sic celere remedium adhibeat, sic debitum officij sui exerceat, vt dictus vir mortis, ex cuius vita locus etiam quem inhabitat per ipsius enormitatem horribilem corrumpitur, omni ordine suo priuet, omni priuilegio suo exuat clericali, quod suum est tollat, ita quòd dom. Rex de illo proditore Dei & hominum in profundo malorum posito, de quo aliqua correctio vel vitæ emendatio sperari non potest, cùm à iuuentute sua semper malè vixerit, & adinueteratam consuetudinem, turpitudinem & perditionem suam deduxisse noscatur, possit Deo facere per viam iustitiæ sacrificium optimum ; tantùm enim nequam est, quòd omnia debent sibi elementa deficere in morte qui Deum omnémque creaturam offendit.

Hîc autem aduertendum est quòd familiariter Papa respondebit, quòd hominem non conuictum non confessum condemnare non potest, & ideo oportet vnam de duabus viis assumere, aut quòd dictus Episcopus ad eum mittatur, aut quòd in regno Franciæ negotium examinetur : & si in regno Franciæ procedatur, erit videndum an coram Archiepiscopo & Coepiscopis suis causa agatur, an coram Legato per Apostolicam Sedem mittendo, aut personis aliis, quibus negotium Apostolica Sedes committat.

Item an Sedes Apostolica audientiam causæ solùm, an etiam senten-

FAIT A B. EVESQVE DE PAMIERS.

tiam communicet, ac etiam executionem. Super his igitur deliberetur, quid deceat, quid expediat, quid liceat.

Item coram quocunque procedatur oportebit videre an per viam inquisitionis an accusationis, quæ via etiam sit facilior, & quæ magis expediat.

INFORMATION *faite par M. B. Nepotis Archidiacre de Liẑieux, & Iean Vidame d'Amiens Seigneur de Piquigny Cheualier, Conseillers du Roy, & Commissaires ennoyez par sa Maiesté à Toulouse.*

Les points d'accusation contre Bernard Euesque de Pamiers estoient:

Qu'il auoit dit souuent que S. Loüis luy auoit dit, que du temps du Roy qui vit à present, le Royaume seroit détruit par ledit Roy & les siens, & que le Royaume seroit transferé aux Estrangers sans retour.

Qu'il auoit eu des intelligences auec le Roy d'Angleterre pour la Gascogne, & auec le Comte de Foix, auquel il promettoit de le rendre maistre terræ Tolofanæ.

Qu'il estoit conuenu auec ledit Comte, que l'ayant fait entrer dans Toulouse il en chasseroit tous les François.

Qu'il estoit conuenu auec ledit Comte, qu'il ne feroit point le mariage de son fils auec la fille de Philippes d'Artois, mais qu'il en feroit le mariage auec la fille du Roy d'Aragon, & qu'il l'aideroit à conquerir terram Tolofanam.

Qu'il auoit dit plusieurs fois que la ville de Pamiers n'estoit point du Royaume ny dans le Royaume de France.

Qu'il auoit dit que le Roy estoit faux monnoyeur.

Qu'il auoit dit que le Roy estoit de bastardis vel spuriis oriundus.

1. *Témoin.* Comes Fuxi requisitus super fidelitate qua domino Regi est alligatus, *depose sur tous les chefs cy-dessus affirmatiuement. & adiouste que ledit Euesque luy auoit dit que le Roy* non erat de recto genere Regum Franciæ.

Que le Pape auoit dit au sieur Pierre Flote, que le Roy estoit faux monnoyeur.

Qu'il luy auoit dit que la Cour de France estoit toute corrompuë, & qu'il ne s'y faisoit rien sans argent.

Qu'il a aduerty l'Euesque de Toulouse de ce que dessus, tanquam fideli dom. Regis Consiliario & iurato, *pour en aduertir le Roy.*

2. *Témoin.* L'Euesque de Beziers ne depose sur tous les articles, mais des desordres de l'Estat, & qu'il luy auoit dit, & à l'Euesque de Montpellier estans à Pamiers ce que S. Loüis luy auoit dit. Il sçait le reste par oüy dire. Qu'il a oüy dire à Aimery de Clermont, que ledit Euesque de Pamiers auoit dit que le Roy estoit bastard, & ex genere spuriorum ex parte matris, nam omnes illi de domo Regis Aragonum erant spurij, vt dicebat.

3. *Témoin. L'Abbé de S. Papoul dit peu de chose, parle du traité auec le Comte de Foix, & que le Roy n'auoit rien à Pamiers, qu'il appartenoit au Pape.*

4. *Témoin. L'Euesque de Montpellier ne dit rien que le fait de S. Loüis.*

5. *Témoin.* Guillaume Arch. de Ponte *parle peu de tous les points.*

6. *Témoin.* B. de Rupe, idem.

7. 8. 9. *Témoins,* idem.

10. *Témoin.* Fr. Io. de Tolosa de Ordine Prædicator. *dit que ledit Euesque luy a dit que S. Loüis estant prés de mourir appella son fils Philippes pere du Roy regnant, & luy dit:* Fili, nos sumus prope illam generationem, in qua debet regnum Franciæ terminari, quod terminabitur in te & filio tuo, & mutabitur ad aliam generationem, quia in decima generatione debet magnam mutationem recipere: ideo consulo quòd sis deuotus Ecclesiæ,

632 DIVERS ACTES DV PROCES CRIMINEL

quia fi fueris, non folùm regnum durabit vfque in decimam generationem, imò vfque ad vndecimam, duodecimam, & vltrà, fi fis fanctus & bonus. *Ce témoin le décharge fort du reste.*

11. *Témoin le décharge.*
12. *Témoin parle de tous les points contre l'Euefque, & du changement du Royaume, & dit qu'il difoit,* quòd ifti Gallici funt de pulcro introitu & de malo exitu, & quòd D. Petrus Flote nihil nifi muneribus faciebat.
13. *Témoin parle fort du traité auec le Comte de Foix.*
14. *& 15. Témoins idem que le 13. tous du dire S. Louis.*
16. *P. Epifc. Tolofæ ne dit rien qu'en general.*
17. *Témoin difcourt amplement du traité que l'Euefque vouloit faire auec le Comte de Comminge, & des trahifons qu'il machinoit contre le Roy, & l'Euefque de Tolofe. Ce témoin en fit les menées. Le Comte luy dit que l'Euefque eftoit vn diable, ayant fceu fon deffein, & en fit aduertir le Roy: il y a de grandes execrations contre l'Euefque dites par le Comte de Comminge.*
18. *Témoin parle fommairement fur les articles. & difoit l'Euefque de Pamiers que dom.* Rex nofter non erat de genere Caroli Magni.
19. *Témoin parle legerement defdits articles, & du traité auec le Comte de Foix. Que l'Euefque difoit de grandes iniures contre les François. & tenoit l'Euefque grand traiftre.*
20. *Témoin idem que le 19. parle fort de la fauffe monnoye.*
21. *Témoin dit qu'il ne fçait rien, finon le dire de S. Louis.*
22. *Témoin parle du dire de S. Louis, & que ledit Euefque luy auoit dit que le Roy* non erat homo, nec beftia, fed imago. *Que fa Cour eftoit corrompuë, que Pamiers n'eftoit au Roy.*
23. *Témoin idem que le precedent.* Rex non eft de genere Caroli Magni.
24. *Témoin. Le Comte de Comminge dit les mefmes chofes que le 17. témoin. Dit de plus, que ledit Euefque difoit que le Roy eftoit* decimus à Chapeto & de genere illius Chapeti, & quòd in eo finiret regnum, & dicebat quòd inueniebatur in fcripturis & chronicis Franciæ. *Que ledit Euefque n'eftoit pas vn homme, mais vn diable.*

Au Trefor Layette Pamiers num. 10.

PErvenit ad audientiam noftram quòd B. Epifcopus Appam. in iniuriam & blafphemiam domini noftri Regis Franciæ prorumpens dixit non femel, fed pluries diuerfis locis & temporibus coram multis perfonis Ecclefiafticis & fæcularibus, nobilibus & ignobilibus, quòd fanctus Ludouicus dum viueret dixerat eidem Epifcopo Appam. tunc Abbati, quòd temporibus iftius domini Regis qui nunc eft, regnum Franciæ debebat deftrui, & quòd ipfe dominus Rex & fui tempore iftius domini Regis debebat perdere dictum regnum, & quòd dictum regnum temporibus iftius domini Regis debebat deuenire ad alienos, ad ipfum dominum Regem & fuos vlteriùs non reuerfurum.

Item quòd dictus Epifcopus tractauit proditionem contra dominum Regem prædictum, tempore quo Rex Angliæ faciebat guerram contra ipfum dominum Regem in partibus Vafconiæ, feu in Ducatu Aquitaniæ, promittendo Comiti Fux. vel aliis, pro eo quòd fi idem Comes vellet facere pacem cum ipfo Epifcopo, & fe coniurare cum eo, quòd ipfe Epifcopus faceret ipfum Comitem dominum totius terræ Tolofanæ.

Item quòd promiferat eidem Comiti fiue aliis pro eo tempore dictæ guerræ Vafconiæ, quòd fi dictus Comes vellet cum ipfo Epifcopo facere

dictam

FAIT A B. EVESQVE DE PAMIERS.

dictam coniurationem seu colligationem, idem Episcopus faceret quòd omnes Tholosani dictum Comitem facerent dominum suum, & sibi iurarent fidelitatem; asserens idem Episcopus se hoc facere posse propter multos consanguineos & amicos quos habebat in ciuitate Tholosæ valde nobiles & potentes.

Item quòd dictus Episcopus tunc temporis dixit dicto Comiti vel aliis cum quibus tractabat prædicta, quòd ipse & Comes cum dictis ciuibus Tholosæ, postquam ipsum Comitem ipso Episcopo procurante in suum dominum recepissent, expellerent omnes Gallicos de terra ista, & acquirerent totam terram.

Item quòd tempore dictæ guerræ Vasconiæ dictus Episcopus tractauit cum dicto Comite, vel cum aliis, pro eo quod rescinderet vel non faceret matrimonium olim tractatum inter filium Comitis, & filiam domini Philippi de Arthesio, qui tunc temporis viuebat, sed quòd faceret dictus Comes matrimonium de dicto filio suo cum filia Regis Aragonum, & suos haberet adiutores in occupationem terræ prædictæ.

Item quòd in tractatu prædicto quod dictus Episcopus mouebat dicto Comiti Fux. vel alij pro eo, idem Episcopus dixit hæc verba vel similia: Nobis constat per prophetiam sancti Ludouici, quòd iste Rex debet perdere regnum Franciæ, & ex quo ita est, melius est quòd nos præueniamus alios in occupatione terræ, quàm si alij nos præuenirent.

Item quòd dictus Episcopus dixit multotiens, quòd ciuitas Appam. non est nec fuit de regno Franciæ vel in regno.

Item quòd dictus Episcopus dixit quòd dominus Rex fabricabat falsam monetam, & quòd erat falsarius.

Item quòd idem Episcopus dixit quòd dominus Rex erat de bastardis vel de spuriis oriundus.

Item quòd dictus Episcopus Appam. multa alia tractauit, machinatus fuit, dixit, & fecit in iniuriam, blasphemiam, & vituperium dicti domini Regis, & in subuersionem & diminutionem honoris regij & iuris atque regni.

Vnde nos B. Nepotis Archidiaconus Algiæ in Ecclesia Lexouien. Clericus, & Ioannes Vicedominus Ambianen. dominus Pinquin. miles dicti domini Regis, de ipsius domini Regis mandato, volentes super præmissis & infrascriptis & aliis dictum negotium tangentibus, inquirere veritatem super eis, testes recepimus & examinauimus infrascriptos: qui iurati super omnibus, & singulis supradictis meram & plenam dicere veritatem, & ad inquisita veraciter respondere deposuerunt, vt inferiùs continetur.

COMES Fuxi testis iuratus, & super fidelitate qua domino Regi est alligatus, requisitus, dixit per iuramentum suum, quòd Episcopus Appam. sibi dixit & promisit quòd si vellet facere pacem cum eo, quòd ipsemet Episcopus faceret dictum Comitem dominum totius patriæ Tholosæ. & hoc fuit factum tempore guerræ Vasconiæ inter dominum Regem Franciæ, & Regem Angliæ. Item promisit dictus Episcopus dicto Comiti, quòd si vellet facere pacem & colligationem cum eo, dictus Episcopus faceret & procuraret quòd omnes Tholosani iurarent sibi fidelitatem, & reciperent eum in dominum suum, & tunc dictus Comes & idem Episcopus possent expellere omnes Gallicos de patria, & acquirere totam terram. & hoc dicebat idem Episcopus se facere posse per amicos suos, quos

1. Témoin.

habet in ciuitate Tholofana, quia potentiores & nobiliores de ciuitate Tholofana funt de fuo genere, vt dicebat. Item traƙauit idem Epifcopus cum dicto Comite, & ipfum quantum potuit induxit ad hoc vt refcinderet vel non faceret matrimonium olim tractatum inter filium eiufdem Comitis, & filiam domini Philippi de Artefio : fed quòd matrimonium faceret idem Comes de dicto filio fuo cum filia Regis Aragonum, & fuos haberet adiutores in occupatione & captione dictæ terræ Tholofæ. Item audiuit dictus Comes eundem Epifcopum pluries dicentem, quòd dominus nofter Rex Franciæ in ciuitate Appam. nihil omnino habebat, & quòd ab eodem domino Rege non tenebatur. Nihil aliud nouit fuper omnibus præmiffis articulis, diligenter requifitus. Prædicta autem depofuit pro parte die Mercurij poft Trinitatem Dom. anno Domini millefimo trecentefimo primo. Plenariè autem depofuit omnia prædicta die Dominica poft æftiuale feftum fancti Martini, in camera hofpitij, in quo ego Vicedominus tunc morabar Tholofæ.

1301.

Die Dominica poft feftum beatorum Ægidij & Lupi addidit dictus Comes Fuxi depofitioni fuæ ifta quæ fequuntur. Videlicet, quòd Epifcopus Appam. dixit fibi Comiti quòd fanctus Ludouicus fibi dixerat quòd regnum Franciæ tempore iftius Regis qui nunc eft perderetur, nunquam ad ipfum dominum Regem, vel aliquem de fuo genere reuerfurum. Item quòd dominus Rex non erat de recto genere Regum Franciæ. Item quòd fabricabat falfam monetam, & erat falfarius monetæ, afferens idem Epifcopus quòd dominus Papa hoc dixerat domino Petro Flote. Item quòd dictus Epifcopus Appam. dixit eidem Comiti quòd ipfum faceret dominum Appam. & tunc effet Rex, quia in Appam. folebat effe regnum ita nobile, ficut regnum Franciæ: dicens idem Epifcopus quòd de facili poffent prædicta fieri : Videlicet quòd dictus Comes effet dominus totius Tholofæ, & quòd acquireret totam terram, quia gentes terræ non diligebant Regem nec Gallicos, quia Rex feu Gallici nunquam fecerant gentibus terræ bonum, fed femper malum, & fimiliter dicto Comiti nunquam fecerant dictus dominus Rex feu Gallici bonum, fed femper malum, & hoc bene fentiret & perciperet fi guerra Vafconiæ effet finita. Item quòd audiuit dictum Epifcopum dicentem fibi quòd tota Curia Franciæ intus & extra huc & illuc erat tota corrupta, & quòd nihil fiebat ibi fine muneribus. Item quòd dictus Epifcopus dixit eidem Comiti quòd cum Gallicis nunquam inueniret fidelitatem, & quòd paratus erat ipfe Epifcopus ire ad Regem Aragonum fuis propriis fumptibus & expenfis, pro matrimonio procurando inter filium dicti Comitis, & filiam dicti Regis Aragonum, quem Regem idem Epifcopus dicebat effe valde amicum fuum. Item dixit idem Epifcopus dicto Comiti quòd ipfe Comes faceret pacem cum Comitibus Arminiaci & Conucnarum, & tunc dicta pace facta, & dicto matrimonio celebrato, poffet ipfe Comes dominari toti terræ. Item pofuit dictus Epifcopus in fuis articulis prout videtur ipfi Comiti, quòd ipfe Epifcopus non faceret pacem cum dicto Comite, nifi ipfe Comes, faceret pacem cum Comitibus antè dictis. Item dixit idem Comes, quòd omnia per ipfum depofita ipfe Comes dixit & denuntiauit domino Epifcopo Tholofano, tanquam fideli domini Regis confiliario & iurato, illa intentione quòd prædicto domino Regi omnia reuelaret; & eidem Epifcopo dixit nudo verbo quòd omnia ifta domino Regi diceret, & etiam denudaret.

FAIT A B. EVESQVE DE PAMIERS. 635

EPISCOPVS Biterr. requisitus super prædictis articulis, dixit sub fi- | II.
delitate qua domino nostro Regi tenetur, se audiuisse pluries tam in Ro- | Témoin.
mana Curia quàm in partibus Tholosanis, Episcopum Appam. dicentem quòd sanctus Ludouicus dum viueret, dixit ipsi Episcopo tunc Abbati quòd temporibus domini Regis qui nunc est, debebat regnum Franciæ destrui, & quòd iste dominus Rex perderet dictum regnum, & regnum deueniret ad alienos. Item dictus Episcopus Biterr. requisitus, vbi, & quando, & quibus præsentibus, audiuit dictum Episcopum Appam. dicentem prædicta. Respondit quòd anno præterito, mense Madij, vel Iunij quodam vespere, dum Episcopus Magalonen. & idem Biterr. erant cum ipso Episcopo Appam. in Ecclesia cathedrali. Appam. sedentes ante quoddam altare, quòd, vt ipsi Biterr. Episcopo videtur, dicitur altare sancti Laurentij, & ibidem dictus Episcopus Appam. protulit dicta verba vel æquipollentia, præsentibus & audientibus ipso Biterr. Episcopo, & dicto domino Magalon. dicens idem Episcopus Appam. quòd dominus Rex malè regebat regnum suum, & quòd sanctus Ludouicus dixerat eidem, vt suprà dixerat. Licèt autem idem Episcopus Biterren. dicat se audiuisse dictum Episcopum Appam. dicentem præmissa vel similia diuersis temporibus atque locis; non tamen recordatur quòd hoc audiuerit cum dicentem præsentibus aliquibus aliis, quemadmodum suprà dixit. De aliis contentis in dictis articulis, dictus Episcopus Biterr. dixit se nihil scire pro certo : dixit tamen se audiuisse dici tam à domino * * de Rupe Canonico Narbon. Rectore Ecclesiæ de Anzex. diocef. Carcasson. quàm à magistro R. de Roergue Iurisperito, quàm à domino Abbate sancti Papuli pro parte omnia & singula in dictis articulis expressata circa tractatum quod dictus Episcopus Appam. offerebat vel faciebat tractari Comiti Fuxi : non tamen dixit idem dominus Episcopus Biterr. quamlibet prædictarum trium personarum dixisse sibi omnia & singula supradicta, sed aliqua de prædictis audiuit à quolibet prædictorum, & aliqua ab aliis. Sed bene recordatur dictus dominus Episcopus Biterren. vt dixit, quòd anno præterito in Capitulo Fratrum Prædicatorum Appam. dictus dominus B. de Rupe dixit sibi omnia prædicta, vel quasi, præsente dicto domino Abbate sancti Papuli, & isto anno apud Mirapiscem in domo quam dictus Episcopus Appam. inhabitabat. Item dixit idem Episcopus Biterren. se audiuisse dici à nobili viro Aymerico de Claromonte domicello, quòd ipse audiuerat aliquando à dicto Episcopo Appam. quòd dictus dominus Rex Franciæ non erat de recto genere Regum Franciæ, & quòd erat de genere spuriorum ex parte matris, nam omnes illi de domo Regis Aragonum erant spurij vt dicebat. Interrogatus, vbi, & quando, & quibus præsentibus dictus Episcopus Biterr. audiuit à dicto Aymerico : Respondit quòd à festo Pentecostis citra, in domo quam idem Episcopus inhabitabat apud Mirapiscem, præsente Pontio Fabri Vicario Appam. De aliis in dictis articulis contentis dictus Episcopus Biterr. dixit se nihil scire. Interrogatus si prece, vel pretio, vel fauore alicuius, vel odio dicti Episcopi Appam. idem Episcopus Biterr. deposuit prædicta, dixit quòd non.

RELIGIOSVS vir Abbas sancti Papuli, requisitus super omnibus | III.
prædictis articulis, dixit per iuramentum suum quòd audiuit semel Epi- | Témoin.
scopum Appam. dicentem in mensa sua : Nescit quid facit Comes Fuxi,

LLll ij

636 DIVERS ACTES DV PROCES CRIMINEL

quia non facit pacem mecum: Ego facerem eum dominum istius terræ, & facerem sibi iurare omnes amicos meos. Crastina verò die audiuit prout dixit, dominum Bernardum de Rupe Rectorem Ecclesiæ de Anzex. dicentem quòd Episcopus Appam. dixerat ei quòd ipse faceret Comitem Fuxi dominum terræ Tholosæ, & faceret sibi iurare amicos suos. Requisitus de tempore, dixit quòd in hebdomada Pentecostis fuit annus elapsus: requisitus de loco dixit apud Appam. in aula Episcopi Appam. requisitus de præsentibus, dixit se non recordari quòd alius audiuisset. Dixit etiam quòd pluries audiuit dictum Episcopum Appam. dicentem quòd in ciuitate Appam. nullus habebat aliquid nisi Papa.

IV. Témoin.
DOMINVS Magalonen. Episcopus super prædictis articulis requisitus dixit in fidelitate qua domino Regi tenetur, quòd audiuit dictum Appam. Episcopum pluries dicentem, quòd sanctus Ludouicus dixerat prædicto Appam. Episcopo, quòd dominus noster Rex qui nunc est, perderet regnum Franciæ, & quòd suo tempore destrueretur, & ad alios deueniret. De aliis articulis dixit se nihil scire.

V. Témoin.
MAGISTER Guillelmus Ar. Deponte Licentiatus in legibus, iuratus & requisitus super omnibus articulis, dixit per iuramentum suum quòd audiuit pluries dictum Appam. Episcopum dicentem quòd ciuitas Appam. non erat in regno Franciæ, nec de regno. Item audiuit pluries dictum Episcopum dicentem, quòd dominus noster Rex Franciæ non erat Rex, sed Regulus, & quòd non regebat sicut Rex. Item audiuit dictum Episcopum pluries dicentem quòd dominus noster Rex fabricabat falsam monetam, seu fabricari faciebat. Item audiuit pluries ipsum Episcopum dicentem, quòd beatus Ludouicus sibi dixerat quòd infra tertiam generationem regnum Franciæ perderetur.

VI. Témoin.
DOMINVS Bernardus de Rupe Canonicus Narbon. testis, interrogatus dixit per iuramentum suum, quòd pluries audiuit dictum Episcopum Appam. dicentem quòd sanctus Ludouicus dixerat quòd tempore domini nostri Regis qui nunc est perderetur regnum Franciæ, & quòd ad alios deueniret dictum regnum. Item dictus Appam. Episcopus dixit prædicto loquenti, præsente domino P. Alnaldi Bailliuo Comitis Fux. Nónne melius fecisset vel faceret Comes Fuxi, si faceret matrimonium cum filia Regis Aragonum de filio suo, vel fecisset: non recolens dictus testis vtrum dictus Episcopus loqueretur in præsenti vel in futurum. & tunc posset esse dictus Comes dominus villæ Tholosæ, & totius terræ, quia in ciuitate Tholosæ magnos habeo amicos, qui meam omnino facerent voluntatem, & ego facerem quòd ipsi facerent voluntatem dicti Comitis, & tunc posset esse dominus terræ.

VII. Témoin.
MAGISTER R. de Roergue testis iuratus & requisitus super prædictis, dixit contenta in primo, secundo, tertio, quarto, & quinto articulis audiuisse dici à domino Bernardo de Rupe Canonico Narbon. & domino P. Ar. Sen. Comitis Fuxi, incontinenti cùm ea acceperant & audiuerant à dicto Episcopo Appam. prædicta dicente vt dicebant. Audiuit etiam à dicto Comite Fux. omnia prædicta sibi substantialiter recitare. & dicebat dictus Comes quòd dictus Episcopus omnia prædicta sibi dixerat, ac etiam promiserat eidem. Item audiuit pluries dictum Episcopum

FAIT A B. EVESQVE DE PAMIERS. 637

dicentem quòd dominus noster Rex erat falfarius, & quòd falfam fabricabat monetam. Item audiuit dictum Episcopum dicentem quòd ciuitas Appam. non erat in regno Franciæ, nec de regno.

DOMINVS P. Ar. miles testis, iuratus super prædictis, dixit per iuramentum suum, quòd dum ipse tractaret pacem inter Comitem Fux. & Episcopum Appamien. idem Episcopus pluries dixit eidem deponenti quòd Comes non erat sapiens eo quòd non faciebat pacem cum eo. Quia si vellet facere pacem cum eo, ipse faceret ipsum Comitem dominum ciuitatis Tholosæ, & totius Tholosani , & faceret sibi iurare amicos suos de Tholosa, quos ibi magnos habebat, & hæc sibi promittebat adimplere cum effectu. & cùm audiebat prædicta dictus testis, vellet ipsum Episcopum esse suspensum vt dicebat. & hoc dixit præsentibus domino Bernardo de Rupe Canonico Narbon. & magistro R. de Roergua, vt sibi videtur. Item audiuit ipsum Episcopum pluries dicentem quòd regnum Franciæ tempore domini nostri Regis qui nunc est, finiretur, & ad alios deueniret. Item audiuit dictum Episcopum pluries dicentem, quòd dominus noster Rex Franciæ in ciuitate Appamien. nihil habebat. VIII. Témoin.

BRVNETVS de Monte Alto testis iuratus & requisitus super prædictis, dixit per suum sacramentum, quòd Episcopus Appamien. dixit eidem qui loquitur , quòd si Comes Fuxi vellet sibi credere , quòd esset dominus Tholosæ, & totius Tholosan. tantùm faceret idem Episcopus & procuraret. Item audiuit eum dicentem, quòd ciuitas Appamien. non erat in regno Franciæ, nec de regno. IX. Témoin.

FRATER Arn. Ioannis de Tholosa de Ordine Prædicatorum , testis iuratus & requisitus super primo articulo , dixit quòd non recolit quòd Episcopus Appam. dixerit quòd tempore istius Regis deberet perdi regnum Franciæ: sed videtur sibi, vt dixit, quòd audiuit à dicto Episcopo, quòd sanctus Ludouicus in infirmitate qua mortuus est vocauit dominum Philippum patrem istius Regis qui nunc est : & dixit sibi: Fili, nos sumus prope illam generationem in qua debet regnum Franciæ terminari , quia terminabitur in te vel in filio tuo, & mutabitur ad aliam generationem, quia in decimam generationem debet magnam mutationem recipere : ideo consulo quòd sis deuotus Ecclesiæ ; quia si fueris, non solùm regnum durabit vsque in decimam generationem, imò vsque ad vndecimam , duodecimam & vltra , si sis sanctus & bonus & iustus. Item requisitus super secundo, dixit quòd nunquam sciuit quòd dictus Episcopus tractauerit illam proditionem, imò tempore quo erat illa guerra, dictus Appam. misit ipsum qui loquitur ad dominum Regem qui erat Parisius, vt faceret Pariagium cum eo de villa Appamien. vel alienationem perpetuam. & super hoc ipse qui loquitur loquutus fuit domino Regi, præsentibus domino Archiepiscopo Narbon. & domino P. Flote. & sciuit hoc dominus Episcopus Ambianen. cui loquutus fuit ipse deponens super iis vt dixit. Et ipse Episcopus aliquando dicebat quòd Rex caueret sibi quòd Comes non haberet villam Appam. quia bene posset per hoc Rex perdere totam terram , quia citra Tholos. nullus auderet remanere. Item super tertio & quarto articulis dixit se super iis nihil scire. Item super quinto articulo requisitus , dixit quòd nunquam sciuit, nec audiuit illa. Sed bene dicebat idem Episcopus quòd illud ma- X. Témoin.

LLll iij

trimonium non fieret, quia Rex illam filiam tradiderat alij. Item super sexto requisitus, dixit quòd nunquam audiuit de hoc verbum. Item requisitus super septimo, dixit quòd bene audiuit Episcopum dicentem quòd ciuitas Appamien. non recognoscitur à Rege, sed semper de facto ciuitatis litigabat coram Rege, & coram Senesc. Carcasson. & dicebat quòd bene est in regno, sed nunquam fuit à Rege recognita per ipsum, nec per prædecessores suos. & quòd sic litigauerat coram istis, patet per multas literas, & etiam per sententiam latam de facto ciuitatis contra Comitem Fuxi, per Senesc. Carcass. & confirmatam per sanctum Ludouicum. Dicebat etiam dictus Episcopus quòd libenter faceret iuramentum Regi de fidelitate aliàs non recognoscendo. Item super octauo requisitus, dixit quòd audiuit dictum Episcopum dicentem quòd Rex faciebat paruam monetam, & falsam, & quòd idem dominus Rex non poterat super hoc de magna malitia excusare, sed nunquam audiuit quòd vocaret eum falsarium prout dixit. Item super nono articulo requisitus, dixit quòd de hoc non audiuit vnquam verbum. Item super decimo articulo requisitus dixit, quòd nescit quod dictus Episcopus dixerit vel machinatus fuerit alia, nisi quod suprà deposuit; credit tamen quòd post potum dixerit idem Episcopus multa inordinata, de quibus non recordatur.

XI.
Témoin.

FRATER Petrus Bernardi Prior Fratrum Prædicatorum Appam. testis iuratus & interrogatus super primo articulo, dixit per iuramentum suum, quòd audiuit dictum Episcopum Appam. dicentem quòd sanctus Ludouicus dixerat, quòd tempore domini Regis qui nunc est, debebat regnum Franciæ transferri ad alienos. & dixit idem deponens quòd sibi videtur quòd dictus Episcopus dicebat, quòd quando sanctus Ludouicus monendo filium suum dicebat prædicta, super iis addiderat, nisi essent sancti & deuoti. Dixit etiam quòd semel reprehendit ipse deponens dictum Episcopum pro eo quòd talia recitabat: & ipse respondit quòd ea etiam diceret coram Regalibus: & ipse deponens consuluit ei quòd non faceret. Item super secundo, tertio, quarto, quinto, & sexto articulis interrogatus, dixit se nihil scire, quia non erat in patria: sed dixit se esse certum quòd postquam ipse fuit Prior Appam. dictus Episcopus libenter expulisset Comitem Fuxen. de ciuitate Appam. si potuisset. Item super septimo articulo requisitus, dixit se audiuisse ipsum Episcopum dicentem, quòd ciuitas Appam. non tenetur nec recognoscitur à Rege, sed nunquam audiuit ab aliquo quòd non sit in regno. Item super octauo articulo requisitus, dixit quòd frequenter audiuit ipsum Episcopum dicentem quòd dominus Rex faciebat fieri paruam monetam & falsam, quia non est debiti valoris: sed non recordatur quòd audierit quòd ipse Episcopus vocauerit dominum Regem falsarium; sed nescit si aliquando ex lapsu linguæ loquendo de paruitate monetæ dixerit fortè illud verbum, non simpliciter pro domino Rege, sed quantum ad monetam. Item super nono articulo requisitus, dixit quòd non plenè recordatur, sed sibi videtur quasi in ænigmate, quòd narrando aliquas historias dixit idem Episcopus, quòd regnum semel fuit translatum de gente in gentem: non recordatur si diceret, quòd ille ad quem translatum fuisset, esset spurius, quia parum curat retinere verba Episcopi prædicti. Item super decimo articulo requisitus, dixit quòd frequenter audiuit ipsum Episcopum fatuè loquentem de Rege & Regalibus, dicendo quòd Rex

FAIT A B. EVESQVE DE PAMIERS.

venatur, & esset melius quòd federet in Confilio, & quòd non habet bonos Confiliarios, & quòd gentes suæ malè seruiant iustitiam, & multa similia, & quòd aliàs tractauerit, vel machinatus fuerit in subuersione, nescit ipse deponens, prout dixit.

FRATER Petrus de Bocenaco Camerarius Manserij testis iuratus & requisitus super prædictis, dixit per iuramentum suum quòd audiuit Episcopum Appamien. dicentem quòd in quarta generatione status regni Franciæ debebat mutari, & quòd à domino Ludouico, quem modò Sanctum faciunt, vt idem Episcopus dicebat, audiuit hæc pluries. Item dixit se audiuisse dici ab eis qui tractabant pacem inter ipsum Episcopum & Comitem Fuxi, maximè à magistro Guillelmo Degozench. quòd ipse Episcopus promittebat quòd si dictus Comes vellet facere pacem cum eo, ipsum Comitem faceret dominum totius terræ Tholos. Item dixit se audiuisse dictum Episcopum dicentem, quòd melius faceret Comes, si faceret matrimonium cum filia Regis Aragonum, quàm cum filia domini Philippi de Atrebato, & dicebat quòd isti Gallici sunt de pulcro introitu & de malo exitu. Item dixit se audiuisse ipsum Episcopum dicentem quòd ciuitas Appamien. non erat de regno Franciæ, imò fuerat regnum per se, sicut regnum Franciæ. & quòd Rex nihil ibi habebat nisi quantum ipse dederat sibi, & regales occupauerat per se, & quòd dominus Rex non multum curabat qualiter acquireret, dum tantùm posset accrescere regnum suum. Item dixit se audiuisse ipsum Episcopum dicentem quòd dominus Rex bonam monetam reduxerat ad monetam cupri vel ferri. Item dixit quòd ipsum Episcopum audiuit dicentem, quòd in Curia Regis solebat esse iustitia, & boni Consiliatores; sed modò tota Curia erat corrupta & * arlotaria, & pro nihil ibi fiebat cum iustitia, & quòd dominus Petrus Flote nihil nisi præcedentibus muneribus faciebat.

XII. Témoin.

BERNARDVS Tardiui testis iuratus & interrogatus super primo articulo, dixit quòd quando tractabatur pax inter dominum Comitem Fuxi, & Episcopum Appam. inter cetera verba quæ habebant, dixit dictus Episcopus dicto Comiti : Non curetis de pecunia, sed habeatis pacem mecum, & habeatis ciuitatem Appamien. ita quòd sitis dominus vnà mecum, & tunc eritis in statu, & Comitatus vester, quia aliter nihil valet, & timebitur posse vestrum à Burdegal. vsque ad Portus. & scitis habeo valens & bonus, quia ego faciam tantum, & procurabo quòd vos eritis dominus ciuitatis Tholosæ, & totius Comitatus, quia bene habeo posse, quia habeatis pro certo quia dominus Rex Ludouicus reuelauit mihi, & dixit pluries quòd regnum Franciæ debebat in isto Rege penitus cadere & nomen regni deleri. Interrogatus vbi fuerunt dicta ista verba, dixit quòd in Camera Episcopali apud sanctum Antonium iuxta Capellam. Interrogatus de præsentibus, dixit quòd idem qui loquitur, Poncius Fabri, & prædicti domini Comes & Episcopus. Interrogatus de tempore, dixit quòd inter festum Paschæ & Pentecostis fuit annus vel circa. Dixit tamen quòd pluries dixerat dicta Episcopus prædicta verba in præsentia fratris Ar. Ioann. B. Stephani, B. de Quimballo, Bertrandi de Glimhyaco, domini B. de Rupe, domini P. Ar. de Castro Verduno, & Petri Baldrici Thesaurarij. Interrogatus quid Comes tunc respondit, dixit quòd nihil nisi quòd modicum mouit caput. Item dixit se audiuisse pluries

XIII. Témoin.

640 DIVERS ACTES DV PROCES CRIMINEL

quòd dictus Epifcopus dicebat, quòd eo tempore quo dominus Philippus Rex Franciæ pater iftius domini Regis fuit Tholof. cum domino Petro Rege Aragonum, idem dominus Petrus rogabat dominum Philippum, vt haberet Abbatem Appamien. recommendatum, & fi cafus occurreret, idem dominus Philippus pro malo non haberet fi ipfe veniret in Comitatu Tholof. etiam cum armis ad defenfionem dicti Abbatis contra fuos inimicos. & tunc dictus dominus Philippus refpondit : Frater, velletis tantùm expendere pro dicto Abbate. & Rex Aragonum refpondit: Pro certo volo vos tenere quòd amore Abbatis ifta & maiora facerem, & fi fas effet mihi dicere, ponerem me in campo pro eodem. & tunc dominus Rex Franciæ refpondit : Non curetis de talibus, quia in negotiis Abbatis bonum remedium adhibemus. Item audiuit dici à dicto Epifcopo, quòd antiquitus erat Comes & Vicecomes Tholofæ, & quia ipfe erat de genere Vicecomitis, qui dictus Vicecomes dominabatur in certa parte ciuitatis Tholofæ. & quòd vidit quòd domina G. de Rechant mater matris fuæ in tanta reuerentia habebatur Tholofæ, quòd habebat fedem deputatam in Ecclefia fancti Stephani Tholofæ, quod alia domina non erat aufa parere fe in fede illa. & illa domina G. vt dixit, fuit filia Vicecomitis Tholofæ vltimò defuncti. Item interrogatus fuper omnibus aliis articulis, dixit fe nihil amplius fcire.

XIV.
Témoin.

PETRVS Baudrici teftis iuratus & diligenter interrogatus, dixit fe audiuiffe dici ab Epifcopo Appamien. quòd idem Epifcopus audiuerat, & fibi dixerat beatus Ludouicus olim Rex Franciæ quòd tempore iftius domini Philippi Regis Franciæ regnum Franciæ pateretur detrimentum, & penitus deftrueretur regnum ipfius, fiue perderetur : & pluries hoc audiuit, & pluribus præfentibus. Item dixit interrogatus quòd ipfe audiuit eo tempore quo pax fiue compofitio tractabatur inter ipfum Epifcopum, & dictum Comitem Fuxi, quòd idem Epifcopus dixit eidem domino Comiti ifta verba : Domine Comes, non curetis de pecunia, faciatis quod habeatis ciuitatem Appam. & fitis dominus vnà mecum eiufdem: & demum ego faciam quòd eritis dominus ciuitatis Tholofæ, & totius Comitatus Tholofæ. Interrogatus quid refpondit tunc dictus dominus Comes, dixit quòd nihil quod ipfe audiret, nifi quòd incepit ridere, & aliquantulum mouit caput fuum. Interrogatus de loco vbi fuerunt dicta ifta verba : dixit quòd apud fanctum Antoninum in Camera Epifcopali iuxta Capellam, vt fibi videtur. Interrogatus de circunftantibus, dixit quòd videtur fibi quòd præfens erat dominus P. Ar. de Caftro Verduno miles, & Bernardus Tardiui. Interrogatus de tempore, dixit quòd inter feftum Pentecoftis & Pafchæ, fuit annus, vt fibi videtur. Item interrogatus fi fciebat quòd dictus Epifcopus faceret cudi monetam, feu fieret, dixit quòd non. Item interrogatus fi audiuit dici à dicto Epifcopo quòd dominus Rex effet fpurius, vel quòd aliter de vili genere traxiffet originem, dixit quòd non. Tamen dixit ab eodem Epifcopo fe audiuiffe dici quòd dictus dominus Rex malè regebat regnum fuum, & quòd dignus non erat quòd effet Rex; dicens totam Curiam Regis effe corruptam, & quòd à fe munera recipiebant, & quòd in regione cæcorum monoculus erat Rex. Item interrogatus fi emerat argentum nomine ac vice dicti Epifcopi in maffa, dixit quòd non : tamen confeffus fuit fe emiffe centum quinquaginta marcas vel circa in vafis operatis. Item interrogatus fi audiuit quòd dictus Epifcopus diceret quòd ciuitas Appam. non effet

de

FAIT A B. EVESQVE DE PAMIERS. 641

de & in regno Franciæ, dixit quòd non : tamen bene audiuit ipſum Epiſcopum dicentem quòd dominus Rex Franciæ nihil habebat in ciuitate Appamien. imò erat ipſa ciuitas Eccleſiæ ſine omni medio, & quòd ſi eſſet dicti domini Regis, domino Comiti non feciſſet ita bonum forum ſicut fecit, & videbatur quòd pariter deconſtabat ſibi.

PONCIVS Fabri Vicarius Appamien. teſtis iuratus & diligenter interrogatus, dixit quòd ipſe audiuit dici ab Appam. Epiſcopo, quòd ipſe Epiſcopus audiuerat à Beato Ludouico olim Rege Franc. quòd tempore iſtius domini Philippi Regis Franciæ debebat regnum Franciæ finire & deſiſtere totaliter. Item dixit ſe audiuiſſe à dicto Epiſcopo quando tractabatur pax ſeu compoſitio inter ipſum & dominum Comitem Fuxi, quòd idem Epiſcopus dixit dicto domino Comiti verba iſta : Faciatis & habeatis pacem mecum & bonam concordiam, & ego tantum faciam quòd eritis adhuc dominus ciuitatis Tholoſæ. Interrogatus de loco vbi fuerunt dicta iſta verba, dixit quòd in Camera Epiſcopali Appam. iuxta Capellam. Interrogatus de tempore, dixit inter feſtum Paſchæ & Pentecoſt. fuit annus. Item interrogatus de circunſtantibus, dixit quòd Bernardus Tardiui & quidam alij, de quorum nominibus dixit ſe non recordari. Item interrogatus ſuper facto ciuitatis Appam. dixit ſe audiuiſſe dici à dicto Epiſcopo quòd præfata ciuitas erat Eccleſiæ ſuæ ſine omni medio, & quòd ſi fuiſſet domini Regis, non feciſſet adeo tale forum, quale fecit domino Comiti Fuxi.

XV.
Témoin.

REVERENDVS pater dominus P. Epiſcopus Tholoſ. teſtis iuratus & diligenter interrogatus tam ſuper proditione quàm ſuper falſa moneta, dixit ſe nihil aliud ſcire niſi quòd vt ſibi videtur, audiuit dici à dominis Magalon. & Biterr. Epiſcopis, quòd ipſi audiuerant B. Appamien. Epiſcopum dicentem quòd regnum Franciæ debebat amitti tempore iſtius domini Regis qui nunc eſt. & hoc, vt aſſerebat idem Appam. Epiſcopus, prædixerat ſibi ſanctus Ludouicus. Item dixit idem Epiſcopus Tholoſæ, quòd vt ſibi videtur, quia ad plenum non recolit, quòd Comes Fuxi reuelauit ſibi quòd B. Appamien. Epiſcopus ſollicitauerat eum de faciendo fœdus contra Regem, & de inſurgendo contra eum, & quòd ipſe haberet pro ſe multos fautores in partibus Tholoſ. Item credit firmiter quòd dictus Comes Fuxi reuelauit ſibi iſta in iardino Fratrum Prædicatorum Appam. reuolutus fuit annus in feſto beati Ioannis Baptiſtæ, vel circa proximo præterito : ſed de modo ſollicitationis, . de verbis quibus eidem Epiſcopo Tholoſ. dixit idem Comes, non recolit dictus Epiſcopus ; ſed credit quòd ita dixit & reuelauit ſibi in ſumma, prout prædixit. De ceteris interrogatus, dixit ſe nihil ſcire niſi quòd in ſolutione centum vel ducentarum librarum quam fecerunt gentes Epiſcopi Appam. ad opus iudicum in cauſa Epiſcopatuum Tholoſ. & Appam. erat admixta falſa moneta in ſaccis magna quantitate, vt dicebatur ; ſed quanta ſumma falſæ monetæ eſſet admixta, dixit ſe neſcire ; niſi quod dicebant de quadraginta libr. alij de triginta, alij de viginti, aliqui de decem. Requiſitus ſi hoc denuntiauit domino Regi Franciæ, dixit quòd ſic, non nominando perſonam Appam. Epiſcopi, ſed nomina teſtium, à quibus audiuerat expreſſit. Requiſitus quo tempore denuntiauit Regi, dixit quòd circa feſtum Reſurrectionis Domini nuper præteritum. Requiſitus quare tantum retardauit denuntiare domino Regi, dixit quòd habet cauſam ar-

XVI.
Témoin.

MMmm

duam contra Episcopum Appam. & videbatur sibi non esse conueniens aliquid denuntiare contra ipsum, sed ad vltimum, quia iam ab aliquibus extiterat denuntiatum, Archidiacon. Brugen. & Ioanne de Mornihiaco, sicut ipsi Archidiaconus & Ioannes dixerunt eidem qui loquitur, cogitauit quòd non erat bonum totaliter tacere, & denuntiauit domino Regi vt supra.

XVII.
Témoin.

BONETVS de Binis testis iuratus & interrogatus super primo articulo, videlicet si scit quòd Episcopus Appam. dixerit quòd sanctus Ludouicus dixit ei, quòd regnum Franciæ debet perire tempore istius Regis : dixit quòd annus fuit elapsus circa festum Pentecost. quòd dictus Episcopus misit pro ipso teste qui loquitur, & inter cetera ipse Episcopus dixit ipsi testi, quòd ipse Episcopus semper dilexerat Comitem Conuenarum, & totum genus suum, & specialiter quia erat ex parte vna de recta linea Comitis Tholos. & quòd gentes totius terræ diligebant dictum Comitem ex causa prædicta; & quòd si dictus Comes veller esse bene intimus amicus ipsius Episcopi, & se vellet iurare cum eo, ipse Episcopus faceret dominum Comitem Conuenarum maiorem hominem qui vnquam fuisset in genere suo. Et dixit idem Episcopus ipsi testi : Nos volumus & rogamus vos, vt cariùs possumus, quòd inducatis dictum Comitem quòd ipse iuret se nobiscum, & nos faciemus sibi tantùm quod non posset credere. & demum ipse testis respondit quòd libenter procuraret omnem vtilitatem ipsius Episcopi, & quòd libenter loqueretur cum dicto Comite domino suo. & idem Episcopus tunc dixit : Bene dicitis, audacter faciatis, quia bene remunerabimus vobis, & dicto domino Comiti, faciemus statim vnum de filiis suis Canonicum Ecclesiæ nostræ, & de hoc portabitis sibi vnam literam ex parte nostra, vel mittemus sibi certum nuntium. Et ipse testis dixit : Melius est quòd per alium nuntium mittatis. & ita ipse testis recessit vnà cum quodam nuntio ipsius Episcopi, qui portauit dictam literam dicto Comiti. Quam literam dictus dominus Comes recepit de manu illius nuntij. & tunc dictus Comes vocauit ipsum testem vt legeret sibi dictam literam, & in litera continebatur in generali ea quæ dictus Episcopus dixerat ipsi testi. & plus, quòd dictus testis promiserat dicto Episcopo prædicta quæ in rei veritate non fecerat. & tunc Comes dixit ipsi testi : Promisisti tu Episcopo Appam. ea quæ in sua litera continentur. & ipse respondit domino Comiti : Domine non, sed bene promisi quòd rogarem vos quòd essetis amicus suus, & procuraretis vtilitatem suam, & quòd essetis iuratus cum eo, & ipse vester & quòd essetis amici, & rogauit me quòd redirem ad eum cum responsione vestra. Redeas igitur, dixit Comes, ad eum, & dicat tibi expressè quid vult, & quid nobis intendit facere. & tunc dictus testis rediit ad dictum Appam. Episcopum apud sanctum Antoninum, & dixit dicto Episcopo quòd dictus dominus Comes salutabat eum, de qua salutatione ipse Episcopus ostendit se multùm lætum, & interrogauit ipsum testem quid dicebat dictus Comes de prædictis. & dictus testis dixit sibi ex parte dicti Comitis, quòd dictus Comes volebat esse amicus suus, & faceret pro eo quicquid boni posset, & iuuaret eum in negotiis suis : dixit tamen quòd dictus Comes volebat scire ab ipso Episcopo quid ipse Episcopus volebat dictum dominum Comitem facturum, & quid Episcopus faceret ipsi Comiti. Qui Episcopus tunc respondit ipsi testi : Tu es bonus procurator, & tu bene fecisti, nos faciemus tantum ipsi Comiti quòd ipse non esset ausus petere, & exponemus

FAIT A B. EVESQVE DE PAMIERS. 643

tibi voluntatem noſtram, & dixit ſibi: Volumus primò & principaliter quòd dictus Comes iuret ſe nobiſcum, & quòd expellamus Epiſcopum Tholoſanum de Epiſcopatu ſuo Tholoſano, & de facili poſſumus facere per iſtum modum. Ego, dixit Epiſcopus, faciam vnam literam qui dirigetur ſummo Pontifici, in qua Comes ſupplicabit ſummo Pontifici, & teſtificabitur qualiter ipſe Epiſcopus Tholoſ. eſt inutilis Eccleſiæ & terræ, quia eſt de lingua quæ inimicatur linguæ noſtræ ab antiquo, & quòd gentes patriæ habent ipſum odio propter linguam prædictam, & quia opprimit eos & grauat diuerſimodè. Item dixit dictus Epiſcopus: Volumus quòd dictus Comes habeat aliam literam teſtimonialem de præmiſſis à Communitatibus totius terræ ſuæ, quæ etiam ſuper iis dirigatur ſummo Pontifici, & quòd faciat fieri ſigilla in villis quæ non habent, quantumcunque ſint modicæ villæ, & ſecurè poterit hoc facere Comes, quia habeo aliam literam conſimilem à Conſulibus Tholoſæ, quia quaſi omnes meliores homines de Tholoſa ſunt amici mei, & Vicarius Tholoſ. qui eſt amicus meus intimus, & mihi confederatus, habet poteſtatem cum Conſulibus Tholoſ. & habebit dictam literam, vnà cum Americo de Caſtronouo, & domino de Roaxio, & Bo. de Fontanis, & cum aliis amicis noſtris; & dictus Vicarius qui totus eſt noſter, faciet cum aliis amicis noſtris quòd Conſules & populares de Tholoſa inſurgent contra Epiſcopum Tholoſæ; & dictus Vicarius habet amicos in Curia Regis, qui iuuabunt nos, & dabunt Epiſcopo Tholoſ. inimicos in Curia, proponendo diuerſa contra eum. Item dictus Vicarius habebit plures Capellanos contra dictum Epiſcopum, qui ſunt familiares ipſius Vicarij, qui ibunt ad Curiam Romanam contra ipſum Epiſcopum Tholoſæ, & ego faciam eis expenſas ſuas, & per iſtum modum Papa amouebit ipſum, & mutabit in alio loco. & ſic dictus Comes poterit habere Epiſcopatum pro amicis ſuis, videlicet pro Archiepiſcopo Aux. ſi velit recipere, vel pro Præpoſito Tholoſ. qui totus ſuus eſt. & faciam ſibi plus, quòd faciam vnum de filiis ſuis Canonicum Eccleſiæ Tholoſæ, & alium Eccleſiæ noſtræ, quem etiam in vita noſtra in eadem Eccleſia noſtra Epiſcopum faciemus, & ſtatim dabimus ſibi redditus de monte Eſquino, quos valere ſibi faciemus centum marcas argenti, & alia plura ſibi bona faciemus; & plus, quia ſi vult nobis credere dictus Comes, faciemus eum dominum & Comitem Tholoſæ, cùm nullus alius ſit de recto genere Comitis Tholoſani, niſi ipſe, & nos bene poſſumus facere, quia omnes meliores homines de Tholoſa ſunt de parentela noſtra, & facient quicquid nos voluerimus, & gentes libenter recipient ipſum in dominum, quia eſt de recta linea prædicti Comitis Tholoſani, & tunc poterit dominari toti terræ. Conſulimus tamen & volumus quòd fiat pax inter ipſum & Comitem Armaniaci ex vna parte, & Comitem Fuxi ex altera, & nos ipſam pacem faciemus in omnem euentum. & tunc omnes tres Comites erunt vnanimes, & ſic mutato Epiſcopo Tholoſ. & facta pace inter dictos Comites, poterunt facere de Comitatu Tholoſ. & tota terra quicquid voluerunt, & eſſe domini totius terræ. & ſecurè poterit facere Comes omnia iſta, quia Rex iſte nihil valet : & faciam tibi vnum computum. Dixit Appam. Epiſcopus ipſi teſti : Aues antiquitus fecerunt regem, vt narratur in fabulis, & fecerunt regem de quadam auc vocata *Duc*, quæ eſt magna & inter aues maior & pulcrior, & abſolutè nihil valet, imò eſt vilior auis quàm ſit, & dixit quod accidit ſemel pro picca, conqueſta fuit de accipitre Duci regi auium prædicto, & ipſe nul-

MMmm ij

lum responsum dedit nisi quòd flauit, & dixit dictus Episcopus quòd talis erat Rex noster Franciæ, quòd erat pulchrior homo mundi, & quòd nihil aliud scit facere nisi respicere homines. Item dixit dictus Appamiensis Episcopus ipsi testi, quòd plus erat, quia regnum Franciæ debebat perire temporibus istius Regis, quia sanctus Ludouicus pluries sibi dixerat, dum erat Abbas Appam. quòd in isto Rege debebat perire regnum, quia iste erat decimus Rex ab Hugone Capeti citra. & tunc dixit ipse testis dicto Episcopo quòd bene placeret sibi, quòd ipse Episcopus mandaret hoc dicto Comiti per alium. & dictus Episcopus dixit ipsi testi, quòd ipse volebat quòd ipse testis diceret ista dicto Comiti ex parte ipsius Episcopi. & quòd volebat quòd portaret dicto Comiti literam, de qua sibi loquutus fuerat contra Episcopum Tholosanum, continentem qualiter Comes significabat summo Pontifici, quòd gentes istius terræ erant malè contentæ de Episcopo Tholos. in qua etiam multa mala continebantur, & specialiter quòd omnes gentes istius terræ habebant odio dictum Episcopum Tholosanum propter linguam suam; & quòd faceret eam sigillari à dicto Comite, & quòd rogaret eum quòd haberet sibi similem ab vniuersitatibus totius terræ suæ, & Vicarij Tholos. qui statim debebat venire apud sanctum Antoninum ad dictum Episcopum Appamien. debebat sibi habere aliam confimilem à Consulibus Tholos. & ipse faceret eum loqui cum dicto Vicario qui statim debebat venire ad eum. Qui Vicarius venit eadem die apud sanctum Antoninum ad dictum Episcopum Appam. & loquutus fuit cum eo per magnam partem diei, ipso teste qui loquitur vidente. Postea dictus Episcopus vocauit dictum testem, & dixit Episcopus eidem testi : Vicarius est-ne amicus vester, vel inimicus? & ipse testis respondit: nec amicus nec inimicus. & tunc Episcopus Appamien. dixit ipsi testi : Propter hoc interrogaui vos, quia dictus Vicarius non vult se reuelare vobis de istis, quia tantùm non confidit de vobis quòd se vobis reuelaret de iis. sed non dubitetis quia Vicarius faciet quicquid nobis promisit contra Episcopum Tholos. quia inimicus suus est, & amicus noster ab antiquo, & omnes amici nostri sunt inimici ipsius Episcopi Tholosani, & ipse Vicarius faciet sigillari à Consulibus Tholos. dictam literam testimonialem contra dictum Episcopum Tholosanum, & faciet monere Consules & gentes Tholos. contra eum, & dabit sibi inimicos in Curia Franciæ, quia ipse Vicarius habet ibi bonos amicos. Dixit etiam dictus Episcopus ipsi qui loquitur, quòd Vicarius haberet Capellanos quos promiserat ad cundum ad Curiam Romanam contra eum. & volo quòd statim vadas ad dictum Comitem, & exponas ei omnia ista quæ tibi dixi, & omnia sibi adimplebo, & dicas ei quòd habeat bonum cor & nobilem, quia omnia venient sibi ad votum. & statim ipse testis recessit à dicto Episcopo, & iuit ad dictum Comitem dominum suum, & exposuit ei omnia quæ dictus Episcopus sibi dixerat. Quibus auditis dictus Comes signauit se, dicens : iste non est homo, sed diabolus. & lecta sibi litera quæ debebat dirigi summo Pontifici contra dictum Episcopum Tholosanum, quam Appam. Episcopus petebat ab ipso Comite sigillari, ipse Comes respondit: Non placeat Deo quòd ego scribam summo Pontifici tanta mendacia, nec alicui alij, quia Episcopus Tholosæ est probus homo, & legalis, & iustus, & vtilis Ecclesiæ suæ, & dilectus per gentes istius terræ, & ego diligo eum sicut dominum meum spiritualem, & amicum : & absit, nec placeat Deo quòd ego consentiam in tanta proditione contra do-

FAIT A B. EVESQVE DE PAMIERS.

minum Regem dominum meum naturalem, quia dominus noster Rex Franciæ est dominus naturalis istius terræ. & iste diabolus occidit fratrem meum, & modò vellet me destruere, & totum genus meum. Certè, dixit Comes, iste homo habet tantam malitiam in se, quòd si Angeli de cœlo conuersarentur cum eodem, iste peruerteret eos & faceret eos peccare. Quare inhibeo tibi ne amodò vadas ad eum, nec colloquium, nec tractatum habeas cum eodem, sed vadat in maledictione Dei. Iste proditor, dixit Comes, miserat ad me fratrem Ar. Gras de Ordine Prædicatorum, qui me ex parte ipsius Episcopi rogauit quòd secum haberem colloquium in aliquo certo loco. Diabolus videat eum, quia ego non ibo ad locum vbi videam eum, nec illum videre volo. Interrogatus dictus testis, si dictus Comes vidit ipsum Appam. Episcopum, dixit quòd non, quod ipse sciret, nec ipse testis extunc ex parte dicti Comitis, prout dixit. Item interrogatus si aliquis erat præsens quando dictus Episcopus dixit ipsi testi prædicta, dixit quòd nemo erat, nisi ipse testis & dictus Episcopus. Item dixit quòd nuper quando dictus Episcopus fuit citatus Parisius dum erat Tholosæ, misit pro ipso teste, & rogauit eum vt haberet sibi literam testimonialem à dicto Comite, qui dirigeretur domino Regi de bono testimonio. & ipse testis respondit quòd non esset ausus sibi dicere. & tunc dictus Episcopus dixit : Rogo igitur vos quòd redeatis ad dominum Comitem qui est apud Marcellum, & rogetis ipsum ex parte mea, quòd saltem veniat apud Portellum, & ego ibo illuc, quia volo loqui cum eo. & ipse testis respondit quòd non esset ausus dicere dicto Comiti, etiam quòd ipsum Episcopum vidisset.

BERNARDVS Pontanerij Iurisperitus de ciuitate Appam. testis iuratus & requisitus super contentis in prædictis articulis, dixit per suum sacramentum, quòd audiuit pluries & coram pluribus & diuersis locis, & diuersis temporibus, Episcopum Appamien. dicentem, quòd sanctus Ludouicus dum viueret sibi dixerat quòd tempore domini nostri Regis qui nunc est, regnum Franciæ debebat destrui, & quòd dominus Rex & sui debebant perdere dictum regnum, & quòd debebat deuenire ad alienos, nunquam ad dominum Regem, & suos vlteriùs reuersurum. Item dixit per suum sacramentum, quòd audiuit dictum Episcopum Appamien. Comiti Fuxi dicentem : Faciatis pacem mecum, & vos habebitis ciuitatem Appam. & eritis Rex, quia antiquitus solebat ibi esse regnum adeo nobile, sicut regnum Franciæ, & postea ego faciam quòd vos eritis Comes Tholosæ, quia in ciuitate Tholosæ & in terra habeo multos amicos valde nobiles, & valde potentes, cum quibus poteritis occupare terram. quia faciam quòd erunt vobiscum in occupatione dictæ terræ & ciuitatis Tholos. asserens idem Episcopus hoc posse fieri de facili, quia gentes terræ non diligebant Regem Franciæ, nec Gallicos, quia Rex seu Gallici nunquam fecerunt gentibus terræ bonum, sed semper malum. & similiter dicti Gallici semper fecerunt malum dicto Comiti. & hoc bene sentiret & videret idem Comes, si guerra Vasconiæ esset finita. Item dixit quòd audiuit dictum Episcopum multoties dicentem, quòd ciuitas Appam. non est nec fuit de regno Franciæ vel in regno, & quòd etiam dicta ciuitas à domino nostro Rege non tenebatur. Dixit etiam quòd audiuit ipsum Episcopum dicentem, cùm ipsi loquebantur de falsis monetis, quòd non poterat esse moneta falsior, quàm illa quam faciebat fabricari dominus noster Rex. Item audiuit ipsum Episcopum di-

XVIII.
Témoin.

646 DIVERS ACTES DV PROCE'S CRIMINEL

centem, quòd dominus noster Rex non erat de genere Caroli Magni. Item audiuit quòd dictus Episcopus dixit pluries quòd tota Curia Franciæ intus & extra, huc & illuc, neminem excipiendo, erat corrupta, & quòd nihil ibi fiebat sine muneribus.

XIX.
Témoin.

BRVNETVS de Monte Alto prope ciuitatem Appam. testis iuratus & rogatus super primo articulo, dixit per iuramentum suum se audiuisse pluries Episcopum Appamien. in pluribus locis & coram diuersis personis dicentem, quòd sanctus Ludouicus dum viueret dixerat ipsi Episcopo tunc Abbati, quòd regnum Franciæ debebat destrui tempore istius domini Regis, qui nunc est, & quòd iste dominus Rex & sui debebant amittere dictum regnum, sibi vel suis de cetero minimè reuersurum. Requisitus super secundo, tertio, & quarto articulis, dixit per iuramentum suum se audiuisse dictum Episcopum dicentem Comiti Fuxi : Faciatis pacem mecum, & sic poteritis habere ciuitatem Appam. & eritis Rex, quia ibi solebat esse regnum ita nobile sicut regnum Franciæ, & postmodum faciam, quòd vos eritis Comes Tholosæ : asserens idem Episcopus se hoc bene posse facere propter multos amicos valde nobiles & potentes quos dicebat se habere in ciuitate & terra Tholosæ, quos quidem ipse Episcopus faceret esse, vt dicebat, cum dicto Comite in occupatione ciuitatis & terræ Tholosæ. Dicens etiam idem Episcopus, hoc posse de facili fieri, quia gentes terræ non diligebant Regem Franciæ, nec Gallicos, quia Rex seu Gallici nunquam fecerant gentibus terræ bonum, sed semper malum, & similiter eidem Comiti fecerant semper malum dicti Gallici, quod idem Comes posset bene percipere & videre, si guerra Vasconiæ esset finita. Item dixit idem testis requisitus, quòd audiuit dictum Episcopum dicentem dicto Comiti Fuxi, quòd idem Comes non faceret matrimonium de filio suo cum filia domini Philippi Attrebaten. quia nunquam cum istis Gallicis inueniret fidelitatem, sed quòd melius & vtilius faceret, si faceret matrimonium de dicto filio suo cum filia Regis Aragonum, quàm cum filia domini Philippi ; & dicebat idem Episcopus dicto Comiti quòd hoc bene procuraret, & quòd paratus erat ire suis propriis sumptibus, & expensis ad Regem Aragonum, quòd dicebat esse suum magnum amicum, pro dicto matrimonio procurando. Dicebat etiam idem Episcopus prædicto Comiti, quòd ipse Comes faceret pacem cum Comitibus Arminiaci & Conuenarum, & tunc dicto matrimonio celebrato inter filium ipsius Comitis, & filiam Regis Aragonum, & pace inter ipsos Comites reformata, ipsi sic colligati & vniti ad inuicem possent terram Tholosan. de facili occupare, vnà cum voluntate amicorum dicti Episcopi, & subditorum terræ, quia Gallicos non diligebant. Item dixit dictus deponens, quòd dictus Episcopus posuit in suis articulis quòd ipse non faceret pacem cum dicto Comite Fuxi, nisi idem Comes faceret pacem cum Comitibus antedictis. Item dixit dictus deponens, quòd postquam dictus Episcopus dixit ista verba suprà scripta, dictus Comes Fuxi in exitu cameræ dicti Episcopi, cepit ipsum deponentem per brachium, dicendo eidem : Audiuisti quid dixit iste proditor : caueas tibi quòd bene recorderis & teneas bene in memoriam.

XX.
Témoin.

IACOBVS de Molino de Appam. testis iuratus & diligenter interrogatus per iuramentum suum si scit quòd B. Appam. Episcopus machi-

FAIT A B. EVESQVE DE PAMIERS. 647

nauerit aliquam proditionem contra dominum nostrum Regem Franciæ, vel verba blasphemiæ contra personam domini nostri Regis dixerit, seu regni vel Consilij sui ipsius domini Regis: dixit quòd quadam die hoc anno circa festum Pentecostis fuit vnus annus, dum ipse testis esset apud sanctum Antoninum, quando tractabatur de pace inter dictum Episcopum & dominum Comitem Fuxi, ipse Episcopus traxit ad partem dictum testem, & dixit sibi ista verba: Dominus Comes Fuxi dominus tuus nescit facere vtilitatem suam, quia si vellet mihi credere, ego facerem ipsum magnum hominem, quia ego facerem ipsum Comitem Tholosæ, & dominum totius Tholos. cum amicis meis & parentibus, quos habeo maiores de Tholos. quia ipsi bene crederent mihi, & gentes Comitatus Tholos. libenter reciperent ipsum in dominum, quia non diligunt Regem nec Gallicos, quia nunquam fecerunt eisdem gentibus nisi malum, imò eis auferunt quicquid habent. & dicas ex parte mea hæc domino Comiti domino tuo, & quòd non habeat bricam mecum, sed quòd faciat pacem mecum, & voluntatem meam, quia ego faciam sibi omnia ista fieri. Item dixit ipse testis, quòd hoc anno in vigilia Pentecostis proximè præterita idem testis fuit apud sanctum Antoninum cum familia dicti domini Comitis, & cum Senes. eiusdem Comitis, pro facienda solutione quatuor millia librarum Turon. quas debebat dictus dominus Comes ipsi Episcopo pro compositione cum eo facta. & vidit & audiuit quòd magister R. de Roergue, qui erat ibi pro dicto domino Comite, rogauit dictum Episcopum quòd ipse descenderet inferiùs in Thesauro pro videnda solutione quæ sibi fiebat de quatuor millia librarum Turon. & tunc dictus Episcopus noluit ire, imò vituperauit dictum magistrum R. & post recessum dicti magistri R. ipse Episcopus vocauit ipsum testem qui loquitur: Audi, dixit idem Episcopus, Comes credit quòd ego multùm curem de ista pecunia, quam mihi soluit, quam facit Rex, sed ego in tota illa pecunia non darem vnum stercus, quia praua & falsa est, & sine lege, & falsus qui eam facit fieri, nec in Curia Romana daret homo vnum stercus in ista pecunia. Postea Senesc. dicti Comitis venit ad dictum Episcopum, & rogauit eum quòd iret ad dictam Thesaurariam. & tunc dictus Episcopus dixit dicto Sen. Gratia vestri ibo, nunc malis gratibus Dei & matris eius. Item dixit idem testis quòd semel dictus Comes dominus suus misit ipsum testem ad dictum Episcopum cum quadam litera, quæ dirigebatur ipsi Episcopo, & inuenit eum in Mirapisce in Ecclesia de Vallibus, & recepta dicta litera, dictus testis venit cum dicto Episcopo vsque ad sanctum Antoninum, quæ loca distant per vnam leucam & dimidiam. & tunc in itinere dictus Episcopus interrogauit dictum testem, si Comes Fuxi faceret matrimonium de filio suo cum filia domini Philippi de Artesio consanguinei domini nostri Regis. Qui testis respondit quòd sic in omnem euentum. Et tunc dictus Episcopus dixit quòd de hoc matrimonio non faceret commodum suum, nec honorem: & dolebit adhuc, dixit idem Episcopus, quia non vult mihi credere, quia si ipse vellet, ego facerem pacem de ipso & de Rege Aragonum, & facerem matrimonium de filio suo cum filia Regis Aragonum, & ego irem ad dictum Regem ad meas expensas pro pace & matrimonio antedictis, si placeret dicto Comiti. & dicas sibi ista ex parte nostra, & quòd nunquam inueniet in istis Gallicis fidelitatem, & quòd facto dicto matrimonio inter filium dicti Comitis & filiam dicti domini Philippi, isti Gallici non appretiarentur eum vnum stercus. Interrogatus de tempore quando ista verba fuerunt vltimò dicta: dixit quòd hoc anno circa festum beati Ioannis fuit vnus annus elapsus.

XXI.
Témoin.

PERICO Camerarius Episcopi Appamien. testis iuratus & requisitus super prædictis articulis, dixit per suum sacramentum, quòd ipse audiuit pluries dictum Appam. Episcopum dicentem quòd tempore domini nostri Regis qui nunc est, regnum Franciæ debebat destrui penitus, & ad alienos deuenire, & hoc audiuerat à sancto Ludouico pluries dici idem Episcopus, vt dicebat. Super aliis articulis dixit se nihil scire.

XXII.
Témoin.

MAGISTER Guillelmus Montanerij testis iuratus & requisitus si sciebat aliquam proditionem factam, machinatam, seu dictam, per B. Episcopum Appam. contra dominum nostrum Regem Franc. seu Curiam eiusdem: Dixit quòd quadam die, qua is testis erat Parisius cum magistro Rogerio de Alairaco pro negotiis domini Comitis Fuxi. & erat tempore illo quo sanctus Ludouicus fuit reuelatus, ipse Episcopus Appam. erat Parisius similiter, & idem testis vnà cum Rogerio prædicto iuerunt ad hospitium dicti Episcopi iuxta Minores. & ambo, scilicet idem testis & magister Rogerius, loquuti fuerunt cum prædicto Episcopo de pluribus, & inter alia dixit præfatus Episcopus eidem testi, dicto magistro Rogerio præsente, quòd ipse inueniebat totum Consilium domini Regis & totam Curiam falsam, infidelem & corruptam, & Regem eodem modo, & quòd ipse Rex non erat homo nec bestia, & quòd totus mundus erat mortuus, & destructus propter malitiam totius Curiæ & Regis, nisi Deus adhiberet aliquod consilium, & non poterat esse quin adhiberetur. Item dixit quòd quadam die anno præterito idem testis venit ad ipsum Episcopum apud sanctum Antoninum Appam. & dixit idem testis eidem Episcopo: quid fiet de hoc quod B. Safant * Tenentemlocum Castellani Montis Regalis, & gentes Regis voluerunt abstrahere quendam hominem captum in castro Appam. de ipso castro, qui captus dicebatur fecisse falsam monetam. & idem Episcopus tunc ostendit eidem testi vnum librum in quo erat scriptus vnus articulus de moneta, quòd Curia domini Regis concesserat eidem Episcopo cognitionem de falsa moneta. Postquàm idem testis dixit eidem Episcopo: Quid vultis quod faciamus. & respondit idem Episcopus eidem testi: Volumus quòd bene defendatis à gentibus Regis castrum manualiter, quia pertinet dicto Comiti, quia Rex nihil habet videre in villa Appam. nec aliquid tenetur ab eo, quia totum est de Ecclesia: nec etiam Comes nisi per donationem meam, vt apparebat per sententiam scriptam in dicto libro domini G. de Cordua, quondam Senesc. Carcas. nec etiam Rex poterat dare aliquid Comiti, quia nullum ius etiam superioritatis habet Rex, nec vnquam habuit in villa Appam. sed propter Pariagium, quia totaliter est Ecclesiæ. Postmodum idem testis dixit eidem Episcopo quòd ipse haberet vnum procuratorem proprium, & vnà cum eodem teste irent ad dictum B. de Fonte Locumtenentem Castellani, & quòd appellarent ab eo, & fieret eidem prohibitio ex parte domini Regis quòd non abstraheret dictum hominem de dicto castro, quia aliàs idem testis nolebat se inbricare cum gentibus domini Regis, nisi per appellationem, & aliis iuris remediis. Item postea idem Episcopus dixit ipsi testi quòd nunquam facerent gentes Regis nisi malum domino Comiti, & quòd tota terra erat confusa & destructa. & si dominus Comes vellet mihi credere, iret bene alio modo,

&

ns & fiet pro tempore, dicendo etiam *Arapas Arapas*, quia bene adhibebitur confilium, & quòd alio modo non poffet fuftineri nifi apponeretur remedium. Super aliis interrogatus dixit fe nihil fcire nifi de auditu dici.

ROGERIVS Athonius de Alairaco teftis iuratus & interrogatus fupra prædictis articulis, dixit quòd ipfe audiuit dici à B. Epifcopo Appam. dicto Sayffeti apud fanctum Antoninum, annus eft elapfus, quadam die, de qua non recordatur in camera eiufdem Epifcopi, præfente Comite Fuxi, dum tractabatur inter fe de Pariagio villæ Appam. Domine Comes, non difpliceat vobis aliquid in ifto Pariagio, quia fciatis pro certo quòd ego procurabo quòd vos habebitis caftrum Appam. & interim nunquam iniunget ibi Mag. Gallicus, & fi vultis vos credere mihi, ego faciam vos adhuc de maioribus iftius linguæ, & procurabo cum amicis meis Tholofanis, & aliis, quòd vos eritis adhuc Comes Tholofæ, & vtinam faceretis pacem cum Comite Armaniaci, & poftea effetis caput omnium, & non effet aliquis poftmodum qui vobis contradiceret in aliquo : & fi vultis credere Gallicis veftris, nunquam habebitis pacem cum eodem. Item dixit quòd audiuit tunc dici ab eodem Epifcopo, quòd melius effet eidem Comiti, vt faceret matrimonium de filio fuo cum illis qui femper dilexerunt eum & genus fuum, quàm cum iftis qui eum nunquam dilexerunt. Item dixit quòd quadam die ipfe teftis erat cum dicto Epifcopo, & dixit eidem ipfe teftis : Mirum eft quòd floreni auri ita augmentabantur in valorem, quia à tempore citra quo dominus Bernardus de Rupe iuit ad Curiam Romanam pro impetranda confirmatione Pariagij villæ Appam. floreni erant augmentati quilibet de 12. fol. & plus. Et dictus Epifcopus refpondit fibi quòd non erat mirum, quia illa moneta fcilicet Tholof. quam Rex facit fieri, erat falfa & fine lege, & non eft ibi argentum, propter quod floreni & alij boni denarij erant magni valoris. Item dixit idem teftis quòd ipfe, & Guillelmus Montanerij iuerunt de mandato Comitis Fuxi Parifius, & inuerunt ibi dictum Epifcopum in quadam domo vbi morabatur prope Fratres Minores, quando exaltatio feu tranfportatio fancti Ludouici facta fuit. Et dixit idem teftis eidem Epifcopo quòd ipfi venerant Parifius pro facto dicti Comitis, & fi neceffe effet, venirent ad eum. Qui dictus Epifcopus dixit quòd dimitteret in præfenti, quia temporibus iftis veritatem, nec legalitatem in illa Curia inuenirer, quia totum erat corruptum & falfum, & Rex eodem modo. & ipfe teftis dixit eidem quòd nunc erat, quia Rex fuftinebat. & ipfe refpondit quia Rex non erat homo nec beftia, fed * * imago, & fi fuiffet de fanguine Karoli Magni, non fuftinuiffet, & quòd totus mundus erat confufus & deftructus, nifi adhiberetur remedium, & quòd non poteft fieri quin adhibeatur.

XXIII.
Témoin.

COMES Conuenarum iuratus & interrogatus fub fuo iuramento, dixit quòd circiter feftum Pentecoft. fuit annus, Bonetus de Binis præfentauit dicto Comiti quandam literam claufam ex parte Epifcopi Appam. in qua inter cetera continebatur quòd dictus Comes crederet dicto Boneto fuper iis quæ eidem Comiti ex parte dicti Epifcopi proponeret. Qui Bonetus dixit ifti qui deponit ex parte dicti Epifcopi, quòd fe iuraret cum eo quòd ipfe effet intimus amicus eius. Refpondente dicto Comite quòd non oportebat fe iurare amico, & quòd nunquam fe cum eo iuraret. Item dixit dictus Bonetus, quòd expediebat expelli dominum

XXIV.
Témoin.

650 DIVERS ACTES DV PROCE'S CRIMINEL

Epifcopum Tholofanum, & quòd de facili poffet fieri per hunc modum quòd Comes domino Papæ teftificaretur, quòd Epifcopus eft inutilis in Epifcopatu, & inimicus linguæ Tholofanorum, & quòd gentes terræ habent ipfum odio, & demum quòd Comes fupplicaret Papæ quòd eum amoueret, & quòd Comes faceret quòd communitates terræ fuæ eodem modo fcriberent & fupplicarent domino Papæ, & quòd faceret quòd communitates terræ fuæ, quantumcunque modicæ, facerent fibi figilla ad figillandum literas domino Papæ dirigendas ; dicens idem Bonetus quòd hoc Comes fecurè poffet facere, quia Confules Tholofani eodem modo fcriberent, procurantibus hoc Vicario Tholofano, & aliis amicis dicti Epifcopi Appam. quos habet in ciuitate Tholofana, & quòd ifto modo poffet Epifcopus Tholof. expelli, & dictus Comes habere Epifcopatum pro vno de amicis fuis. Dixit etiam idem Bonetus dicto Comiti quòd Epifcopus Appam. faceret vnum de filiis Comitis Canon. Tholof. & alium Canonicum Appam. & quòd credebat quòd in breui deberet creari in Cardinalem. & tunc ipfe procuraret quòd filius Comitis effet Appam. Epifcopus, & daret etiam filio dicti Comitis redditus de monte Efquino, quos faceret valere centum marcas per annum, & quòd ipfe faceret dictum Comitem maiorem, quàm fit homo generis fui, & quòd gentes Tholof. libenter reciperent ipfum in dominum fuum, quia eft de recta linea Comitis Tholof. & quòd Epifcopus confulebat quòd modis omnibus fieret pax inter Fuxi & Armaniaci Comites, & ipfum qui deponit, & quòd tunc expulfo Epifcopo & facta pace inter Comites, ipfi duo & ille qui deponit poffent facere voluntatem fuam de terra de Tholof. & ibidem dominari, & de facili poffet fieri hoc, vt dicebat dictus Bonetus ex parte dicti Epifcopi, quia Rex nihil valebat : & incepit dictus Bonetus exponere computum de aue quæ electa fuit in regem, quod computum Comes noluit peraudire, dicens quòd vltra voluntatem fuam diceret. & ftatim dictus Bonetus prædicta afferuit poffe fieri, quia regnum Franciæ finiretur in ifto domino Rege, ficut idem Bonetus audiuerat à dicto Epifcopo. Item dixit dicto Comiti idem Bonetus, quòd haberet cor bonum & nobile, quia Epifcopus adimpleret fibi omnia, & venirent omnia ad votum. Quibus auditis ifte qui deponit, fignans fe dixit, quòd ifte Epifcopus Appam. non erat homo fed diabolus, & lecta fibi litera quam Epifcopus petebat figillari, refpondit quòd tot & tanta mendacia non fcriberet Papæ, nec alij de Epifcopo Tholof. qui eft probus & legalis & iuftus & vtilis Ecclefiæ, & dilectus à gentibus terræ, & quòd eum diligebat vt dominum fpiritualem & amicum, & quòd non placeret Deo quòd ipfe confentiret in talibus contra dominum fuum naturalem, dominum Regem Franciæ maximè : dicens dictus Comes : Ifte Epifcopus credidit deftruere fratrem meum, & modò vellet deftruere me, & genus noftrum. Refpondit etiam dictus Comes, vt dixit dicto Boneto : Ifte Epifcopus Appamien. habet tantam malitiam in fe, quòd fi Angeli conuerfarentur cum eo, faceret eos peccare, vadat cum maledictione Dei. & dixit ifte teftis quòd aliàs antè Epifcopus miferat ad eum fratrem Ar. Gras de Ordine Prædicatorum, rogans eum ex parte Epifcopi quòd haberet colloquium cum Epifcopo. Qui Comes cùm adhuc non audiffet quæ fuperiùs expofita fuerunt per Bonetum, dixit quòd libenter loqueretur cum Epifcopo. fed audito poftmodum dicto Boneto nunquam vidit, nec audiuit dictum Epifcopum, nifi præfentibus Inquifitoribus miffis per dominum Regem in Tholof. De aliis requifitus dictus Comes

FAIT A B. EVESQVE DE PAMIERS.

dixit quòd diu est cùm quadam die esset in villa Appam. dictus Episcopus dixit quòd dominus noster Rex est de genere Capeti, & decimus ab illo Chapeto, & quòd in eo finiret regnum, & dicebat quòd hoc inueniebatur in scripturis & Chronicis Franciæ.

Memoire des griefs faits à l'Euesque de Pamiers par les Commissaires du Roy, les sieurs Nepotis & le Vidame d'Amiens, donné par ledit Euesque à son Procureur, l'ennoyant à la Cour du Roy.

Qu'ils ont obligé ses officiers & domestiques de répondre sans conuiction ny information. Ils ont mis en la main du Roy les biens dudit Euesque. Ont fait arrester ses gens; qu'il a fait de grands frais à nourrir les Sergens. Ont pris de ses gens, les ont menez au Roy, & s'ils ont du quelque chose c'est metu tormentorum: tous ses chasteaux, villes, & biens temporels & spirituels, ses titres, lettres & Bulles, & ses ornemens ont esté pris, ses papiers & cedules aussi, & ses papiers leus scandaleusement denant le peuple.

L'Euesque de Thoulouse est l'auteur de ces peines, afin qu'il n'ait le moyen d'aller à Rome, & qu'il est obligé d'aller à la Cour de France pour faire deliurer ses gens, & auoir main-leuée de ses biens.

Se plaint quòd personam Ecclesiasticam citauerunt & personaliter in casu à iure prohibito.

Pamiers num. 21.

IN nomine Domini Amen. Hæc sunt grauamina illata Episcopo Appamiarum per Magistros . . . . . per dominum . . . . . videlicet per discretum virum dom. Ricardum Nepotis Archidiaconum Algiæ in Ecclesia Lexouien. & dom. Ioannem Vicedominum Ambianen. & dominum de Pinquinihio.

In primis enim super quibusdam criminibus, excessibus, qui per ipsum seu gentes suas dicebantur commissi per modum præuentionis tam contra eundem dom. Episcopum, quàm contra familiarios suos clericos & laicos, ex officio inquirere inceperunt, ipsos respondere coram eis super prædictis per potentiam regiam compellentes.

Item huiusmodi inquisitione præcedente, ipsis non confessis nec conuictis, & inquisitionis negotio non perfecto, omnia bona dicti Episcopi ad manum dom. Regis per Senesc. Tholosanum poni fecerunt, & etiam plurium seruientium garnisionem in ipsis, causa aliqua non expressa.

Item dicta inquisitione pendente dictum Episcopum extra Episcopatum suum ad locum de S. Felice dioces. Tholosan. coram se personaliter citauerunt, & vix potuit obtinere quòd posset per procuratorem comparere.

Item ad diem & locum dictæ citationis procuratores suos religiosos presbyteros & clericos idem Episcopus transmisisset, iidem procuratores per dictos dominos & magistros, seu mandato ipsorum, capti & arrestati fuerunt, & eorum carceribus mancipati.

Item pro petenda amotione garnisionis prædictæ, idem Episcopus apud Tholosam personaliter accedere habuit, & ibidem stare continuè ad magnos sumptus per quindecim dies & vltrà, & tamen donec gagiauit emendam super prædictis eidem Episcopo, & eius familiæ impositis, licèt de ipsis eisdem dominis magistris aliquatenus non constaret, noluerunt facere amoueri dictam garnisionem.

Item antequam seruientes ab eadem garnisione recedere vellent, idem

Episcopus in magna summa pecuniæ eis satisfecit pro expensis & vadiis.

Item dicta inquisitione pendente dictus Vicedominus ex parte sua venit de nocte circa primum somnum ad domum Ecclesiæ Cathedral. dicti Episcopi, portas domus sibi aperiri iussit, & magnis ictibus datis fecit aperiri, & dictum Episcopum à lecto surgere, & ad ipsum venire, & citauit eundem, & ad diem Mercurij quæ præcesserat dictam noctem, quæ fuit 12. mensis Iulij, vsque ad vnum mensem coram domino Rege Franciæ personaliter compareret. quam citationem fecit verbo tenus, mandato regio non exhibito, licèt ad hoc fuisset requisitus cum publico instrumento.

Item dicta citatione pendente die Veneris prima sequenti cùm dictus Episcopus misisset apud Appameam M. Bernardum Cardini Presbyterum, Camerarium & sigillatorem suum, ac Petr. Baudrici Thesaurarium suum, & Pontium Fabri Vicarium suum, & domini Comitis Fuxi in temporalibus in ciuitate Appam. ad dictum Vicedominum causa inuitandi eundem ad prandium cum dicto dom. Episcopo, & requirendo vt sibi placeret ex causa senectutis & infirmitatis dicti Episcopi, & longitudinis itineris dictum citationis terminum prorogare. Dictus Vicedominus dictos Presbyterum, Thesaurarium, & Vicarium cepit, & ipsos captos per ciuitatem palam apud Tholosam secum duxit, & postea cepit Tholosæ reuerendum de Benaugis domicellum, & ipsos quatuor ibidem suo carceri mancipauit, & quosdam ex eis supponit tormentis adeo durissimis, vt desperatur de vita domicelli. núncque scil. die Veneris post festum S. Iacobi, dictos Presbyterum, Thesaurarium & Vicarium ad dom. Regem captos ducit, vt si quid metu tormentorum deposuerint non audeant immutare propter minas dicti Vicedomini.

Item eadem die capi mandauit omnia castra, villas & alia bona temporalia & spiritualia Episcopi, & ad diuinum cultum spectantia, literas Papales, regias, instrumenta, libros Ecclesiæ & alios, mitram & baculum pastoralem, alia ornamenta & capellam dicti Episcopi, vasa argentea, & pecuniam ad manum dom. Regis posuerunt. Intrarunt cameram Episcopi, & omnes cameras domus eiusdem, omnes arcas, armaria, vchas, cofinos aperierunt, paleas lectorum inuestigando, consignando bona prædicta, & inuentaria facientes, legebant literas secretas, & alias scripturas per Papam & Cardinales & alios missas eidem Episcopo, nullis de familia vocatis, literas & cedulas extrahendo.

Item licèt dictus Episcopus disposuisset ire ad dom. Regem, idem Vicedominus noluit illi dare de sua pecunia summam sufficientem, imò abstulit medietatem pecuniæ, ita vt non remanserit Episcopo pro itinere suo nisi 500. literas, nec literas Papæ, nec Regis, vel alias ius Ecclesiæ suæ tangentes illi reddidit.

Prædicta omnia facta sunt procurante & ordinante Episcopo Tholosano, qui impedit dictum Appam. Episcopum ne possit ad Roman. Curiam proficisci, & propterea oportet ipsum ad Curiam Franciæ accedere, ad liberandos familiares suos & bona sua prædicta, licèt sint in parte vastata.

Nullus de familia dicti Episcopi nihil audet proponere contra Episcopum Tholosanum, nec securè intrare diocesim Tholosanam. Dictus dom. Vicedominus fecit de facto citationem istam, cùm de iure non posset, cùm ipse limitatam iurisdictionem haberet à Rege in Seneschallia Tholosana & Albien. in quibus non est situata Appamea, sed in Senesch. Carcass.

FAIT A B. EVESQVE DE PAMIERS.

Item alia ratione quòd perſonam Eccleſiaſticam citauit, & perſonaliter in caſu à iure prohibito.

Item dictus Vicedominus in maius præiudicium dicti Epiſcopi literas quas dom. Rex conceſſerat nomine dicti Epiſcopi domino Abbati Manſi Azilis de reddendis bonis & clericis eiuſdem Epiſcopi, quæ fuerunt eidem per eundem Abbatem præſentatæ, retinuit, nec vult eis obedire.

Item dictus Vicedominus omnia hæc & ſingula fecit, ordinauit, dicto Epiſcopo non citato, non vocato, nec conuicto, nullo ordine iuris ſeruato. Quare procurator dicti Epiſcopi ſupplicat Regiæ Maieſtati, & eiuſdem Conſilio, vt prædicta ſic attentata reuocare faciat, & corrigat taliter, vt ſuccurratur dicto Epiſcopo, & aliis. & cùm ipſi ſint notoria, petit idem procurator ſi negata ſint informationem fieri per perſonam ſcientiæ & conſcientiæ.

Acte par lequel Pierre Flote Cheualier remonſtre à l'Archeueſque de Narbonne en preſence de l'Eueſque de Pamiers, les crimes que ledit Eueſque a commis contre le Roy & ſon Royaume, qui ſont les meſmes articles qui ſont contenus dans la Bulle du P. Boniface.

Aprés leſquels il dit que ledit Eueſque eſt coupable de tous ces crimes, & que cela eſt certain, que l'on ne doit point differer à proceder contre luy, eſtant l'intention du Roy d'en faire la pourſuite. Et dautant que de ſi enormes crimes dont il pouuoit eſtre informé par de bons témoins, obligent à s'aſſeurer de la perſonne dudit Eueſque craignant qu'il ne s'euade, demande audit Archeueſque qu'il ait à l'arreſter, & le mettre en bonne & ſeure garde.

Que le Roy offroit l'aide du bras ſeculier, & qu'il importe au Roy que la choſe ſoit promptement executée. Periculum eſt in mora, & que s'il ne fait ce dont il eſt requis, le Roy fera ce qu'il trouuera à propos pour le bien de ſon Royaume.

Layette Pamiers num. 11.

IN præſentia veſtra domine Narbonen. Archiepiſcope, præſente B. Appam. Epiſcopo, dico & aſſero ego Petrus Flota miles, quòd idem B. licet domino Regi ad fidelitatem tenetur, in ipſius tamen domini iniuriam, blaſphemiam, infamiam, ac ſtatus ipſius domini Regis, & totius regni ſcandalum & ſubuerſionem dixit, fecit, tractauit, attentauit, & commiſit ea quæ inferiùs continentur.

Primò quòd dictus Appam. Epiſcopus licèt ad fidelitatem dom. Regis, vt prædicitur, tenetur, in iniuriam & blaſphemiam domini Regis prorumpens dixit, non ſolùm ſemel, ſecundò, ſed pluries diuerſis locis & temporibus coram multis perſonis Eccleſiaſticis, & ſecularibus, nobilibus, & ignobilibus, quòd S. Ludouicus dum viueret dixit eidem Epiſcopo Appamienſi tunc Abbati, quòd temporibus iſtius domini Regis qui nunc eſt, regnum Franciæ debebat deſtrui, & quòd idem dom. Rex & ſui temporis ipſius domini Regis debebant perdere dictum regnum, & quòd dictum regnum tempore ipſius domini Regis debebat ad alios deuenire, ad ipſum dom. Regem & ſuos vlteriùs non reuerſurum.

Item quòd dictus Epiſcopus dixit quòd dom. noſter Rex nihil omnino valebat.

Item quòd dictus dom. Rex non erat de genere Karoli Magni.

Item nec de regio genere Regum Franciæ.

Item quòd non erat homo nec beſtia, ſed imago.

Item quòd nihil omnino ſciebat niſi reſpicere homines.

Item quòd non erat dignus tenere regnum Franciæ, quia regnum ipsum regere nesciebat.

Item quòd tota Curia Franciæ intus & extra, huc & illuc erat falsa, corrupta & infidelis, neminem excipiendo, & quòd idem Rex erat eodem modo.

Item quòd omnes Gallici inimicabantur linguæ Tholosanæ, & quòd nunquam fecerant Tholosanis bonum, sed semper malum, & quòd auferebant eis quicquid habebant, & quòd dictus Rex faciebat eodem modo.

Item quòd dictus Rex fabricabat vel fabricari faciebat falsam monetam, & erat falsator monetæ.

Item quòd moneta quam fabricari faciebat, erat falsa & sine lege, nec poterat esse falsior, & quòd falsus erat qui fabricari faciebat eandem.

Item quòd idem Episcopus Appamiarum dixit pluries quòd ciuitas Appamiarum non erat in regno Franciæ, nec de ipso regno, & quòd idem Rex in ea nihil omnino habebat.

Item quòd idem Episcopus pluries dixit & præcepit gentibus suis, & cum gentibus Comitis Fuxi tractatum habuit, quòd gentibus dicti Regis volentibus in ipsa ciuitate iustitiam aliquam exercere, resisteretur manualiter & de facto.

Item quòd idem Episcopus tanquam sceleratissimus, diminutionem, blasphemiam & vituperium dicti Regis & honoris regij, ac subuersionem ipsorum Regis & regni voluit & consensit, ac ea proditionaliter tractauit quantum potuit, & in eo fuit, iniendo scelestam factionem per se & per alios fraudulosis machinationibus & dolosis cum multis nobilibus, & potentibus, & diuersimodè tractando, & eis promissiones multas & diuersas, vt ad proditionem consentirent, faciendo, ea quantum potuit & in se fuit ad effectum perducens. Primò videlicet tractauit quantum in eo fuit proditionem contra ipsum Regem cum Comite Fuxi, tempore quo erat guerra in Gasconia inter Regem eundem, & Regem Angliæ, promittendo dicto Comiti, & aliis pro eo quòd si dictus Comes vellet facere pacem cum dicto Episcopo & coniurare cum ipso, idem Episcopus dictum Comitem faceret dominum totius terræ Tholosanæ.

Item quòd idem Episcopus promisit ipsi Comiti quòd si confederationem vellet facere cum eodem, Episcopus ipse procuraret quòd omnes Tholosani iurarent ei fidelitatem, ac ipsum reciperent in dominum suum, & tunc iidem Episcopus & Comes possent expellere de facili omnes Gallicos de patria Tholosana, & illam acquirere totam sibi.

Item promittebat & dicebat idem Episcopus ipsi Comiti quòd hæc faceret per amicos suos, quos habebat in Tholosa de suo genere potentiores & nobiliores de tota ipsa ciuitate, sicut dicebat.

Item promittebat & asserebat dicto Comiti quòd omnes gentes de terra Tholosana ipsum Comitem libenter reciperent in dominum suum, & cum iuuarent in occupatione dictæ terræ, quia non diligebant dictum Regem nec Gallicos, & quia dicti Rex & Gallici nunquam fecerant bonum ipsi Episcopo, sed semper malum, & similiter dicti Comiti, & quòd hoc idem Comes bene sentiret, videret atque perciperet, si esset Vasconiæ guerra finita.

Item quòd idem Episcopus tractauit cum dicto Comite, ac quantum potuit induxit eundem, vt rescinderet vel non faceret matrimonium de filio suo cum filia quondam Philippi primogeniti nobilis viri Roberti Comitis

FAIT A B. EVESQVE DE PAMIERS.

Atrebaten. sed quòd faceret matrimonium de dicto filio suo cum filia Regis Aragon. vt ipsum Aragonum Regem, & suos adiutores haberet in occupatione & captione dictæ terræ Tholosanæ.

Item quòd idem Episcopus dicebat dicto Comiti quòd in Gallicis nunquam inueniret fidelitatem, & quòd dicto matrimonio celebrato de filia præfati Philippi nihil apretiarentur eum, asserens eum quòd omnes de domo dicti Regis Aragonum semper dilexerant ipsum Comitem Fuxi & suos.

Item quòd idem Episcopus obtulit & promisit dicto Comiti Fuxi ire ad Regem Aragonum suis propriis sumptibus, & expensis, pro dicto matrimonio procurando inter filium eiusdem Comitis & filiam præfati Regis Aragonum, & pro pace reformanda inter eosdem, asserens quòd idem Rex Aragonum erat suus intimus & magnus amicus.

Item quòd idem Episcopus tractauit cum dicto Comite Fuxi, & quantum potuit induxit eundem, vt faceret pacem cum Comitibus Armaniaci & Conuenarum, vt haberet eos adiutores in occupatione terræ Tholosæ ; dicens quòd ipsi Comites colligati vniti & coniuncti inuicem, ac huiusmodi matrimonio de filio suo & filia prædicti Regis Aragonum celebrato, & cum mala voluntate gentium dictæ terræ Tholosæ, quam habebant erga prædictum Regem Franciæ, terram ipsam de facili poterant occupare.

Item quòd tractauit dictus Episcopus per literas atque nuntium cum Comite Conuenarum, & quantum potuit induxit eundem vt esset aduersarius, hostis & inimicus prædicti Regis Franciæ, promittendo ipsi Comiti quòd gentes de Tholosa libenter eum reciperent in dominum suum, quia erat de recta linea Comitis Tholosani, & illæ de causa gentes dictæ terræ diligebant ipsum, & eum præ omnibus in dominum suum vellent habere.

Item quòd volebat & tractabat dictus Episcopus quòd idem Comes Conuenarum conueniret cum eo, & promittebat sibi quòd amici sui de Tholosa & de genere suo iurarent fidelitatem ipsi Comiti.

Item quòd dictus Episcopus tractauit cum eodem Comite, quòd Episcopus Tholosanus expelleretur de Episcopatu Tholosano, vt magis de facili per ipsum Comitem prædicta terra Tholosana capi & occupari valeret.

Item quòd idem Episcopus misit quandam literam ipsi Comiti, quæ dirigebatur nobis, in qua multa & diuersa mendacia inseruit, contra eundem Episcopum Tholosan. & etiam idem Episcopus Appamiarum suggessit ipsi Comiti quòd consimiles literas idem Comes à suis vniuersitatibus procuraret; & faceret fieri sigilla ab vniuersitatibus ipsis, quantumcunque essent modicæ, quibus sigillis dictæ literæ sigillarentur & dirigerentur nobis; & significauit ipsi Comiti quòd consimilem literam habebat idem Episcopus à Consulibus, & vniuersitate Tholosæ, & multis aliis viis fraudulosis & machinationibus dolosis tractauit ad amouendum dictum Episcopum Tholosanum dicti Regis Franciæ fidelem & deuotum.

Item quòd idem Episcopus Appamiarum significauit ipsi Comiti Conuenarum, quòd omnino volebat vt pax fieret inter ipsum & Comitem Armaniaci ex parte vna, & Comitem Fuxi ex altera, vt facta huiusmodi pace & amoto prædicto Episcopo Tholosano, ipsi possent facere voluntatem suam de tota terra Tholosana, & ibi totaliter dominari.

Item quòd idem Episcopus significauit ipsi Comiti Conuenarum suadendo ei, vt haberet bonum cor & nobile, & quòd omnia succederent sibi ad votum, asserens prædicta sic concepta & tractata posse fieri de facili, quia prædictus Rex Franciæ nihil omnino valebat, & misit ipsi Comiti vnum computum de aue; recitando quomodo aues elegerunt in regem quandam auem vocatam *Duc*, & est auis pulcrior & maior inter omnes aues, & accidit semel quòd pica conquesta fuit de accipitre dicto *Duc* regi, qui congregatis auibus, nihil dixit, nisi quòd flauit. & idem esse de prædicto Rege Franciæ dicebat idem Episcopus, quia ipse erat pulcrior homo de mundo, & nihil sciebat facere nisi respicere homines.

Significauit etiam sibi quòd tempore dicti Regis Franciæ qui nunc est, regnum Franciæ finiretur, & quòd idem Episcopus hæc audiuerat recitari pluries à S. Ludouico.

Item quòd prædicta omnia vel pro maiori parte idem Episcopus Appamiarum cogitauit, dixit, tractauit, & quantum in eo fuit, perfecit, durante guerra Vasconiæ, inter dictum Regem Franciæ & Regem Angliæ ad illum finem, & cum illa intentione, vt homines ad proditionem citiùs mouerentur, & concitarentur contra Regem Franciæ prælibatum, & ad subuersionem totius regni Franciæ supradicta, & ad diminutionem honoris & iuris regij prout superiùs est expressum.

Quicquid superiùs expressata dictum Bernardum Appamiarum Episcopum, licèt domino Regi ad fidelitatem, vt prædicitur, tenetur, in iniuriam, blasphemiam, & infamiam ipsius domini Regis, scandalum & subuersionem totius status domini Regis, & regni mendaciter & infideliter dixisse & impudenter fecisse, tractauisse, attemptasse, & nequiter commisisse, adeo diuulgatum est, certum & manifestum, nedum in Tholos. sed in circumuiciniis & aliis partibus regni Franciæ, quòd omitti non debet quin super tot & tantis execrabilibus delictis & damnabilibus excessibus contra eum per viam iustitiæ, per competentem iudicem, procedatur, dictúsque dominus Rex modis omnibus ea intendit prosequi, prout quando & sibi videbitur expedire. Verùm quia tam horrenda tam detestabilia tam damnosa delicta, quæ eos latere non credimus, vel de quibus statim poteritis per fide dignos informari competenter, exigunt quòd dictus Episcopus capiatur & detineatur, & quòd verisimiliter possit dubitari, ne ipse conceptum suæ iniquitatis intentum, & aliàs domino Regi & regno præiudicialia quæ iam incepit conaretur implere, si liberum eundi quò vellet haberet arbitrium, & ne pœnas quas pro iis meruit euitando, se in locis in quibus Romanæ Ecclesiæ, & dicto domino Regi non paretur, se transferat. Iccircò vos dominum Archiepiscopum eius metropolitanum requiro cum instantia qua decet, vt personam ipsius Episcopi capiatis, & captum sub fida custodia teneatis, donec per eum ad quem pertinet per viam iustitiæ cognitum fuerit de præmissis. Offert enim vobis dom. Rex impertiri vobis, prout iustum fuerit & ad eum pertinuerit, auxilium brachij secularis, & quòd multum interest dom. Regis, quòd contra dictum Episcopum super præmissis debitè procedatur. Ex parte dom. Regis vos requiro, vt ipsi domino Regi statim cùm periculum sit in mora respondeatis, quid super hoc facere intendatis. Significo enim vobis ex parte domini Regis, quòd nisi ad captionem & detentionem ipsius processeritis, vt præmissa requiruntur, dominus Rex sibi & regno suo in hac parte ob vestri defectum opportuno remedio prouidebit.

FAIT A B. EVESQVE DE PAMIERS.

Le P. Boniface VIII. adreſſa vne Bulle à l'Archeueſque de Narbonne, & aux Eueſques de Beziers, & de Montpellier, ſur ce qu'il auoit ſceu dont eſtoit accuſé l'Eueſque de Pamiers, & deſirant en ſçauoir la verité, leur ordonne qu'ils euſſent premierement à le deliurer ab omni poteſtate & cuſtodia ſeculari, *& faire oſter la main du Roy de deſſus ſes biens, tant Eccleſiaſtiques qu'autres, & le mettre ſous l'autorité du Pape en priſon; & cela fait qu'ils informent ſur les faits dont il eſtoit accuſé, ouïr des témoins; & le tout fait, clorre & ſeeller enſemble cette Bulle & luy renuoyer à Rome, comme auſſi ledit Eueſque ſous bonne garde.*

Aprés ſuiuent les articles ſur leſquels ils denoient informer: en voicy quelques-vns.

S. Ludouicus olim dixerat eidem Epiſcopo tunc Abbati Appamiarum, quòd temporibus ipſius Philippi Regis debebat Franciæ regnum deſtrui, ac idem Rex & ſui debebant perdere regnum ipſum, &c.

Philippus Rex nihil omnino valebat, non erat de genere Caroli Magni, nec de recto genere Regum, nec homo, nec beſtia, ſed imago: nihil omnino ſciebat niſi reſpicere homines: non erat dignus tenere regnum Franciæ, quia regnum neſciebat regere: erat infidelis & falſus: fabricabat falſam monetam.

Curia Franciæ intus & extra erat falſa, corrupta & infidelis, neminem excipiendo.

Que la fauſſe monnoye ſe fabrique en France, & rien de ſi faux de cette monnoye.

Que la ville de Pamiers n'eſtoit du Royaume, que le Roy n'y auoit rien.

Que ledit Eueſque a fait pluſieurs machinations contre l'Eſtat de France auec le Comte de Foix, le Comte de Comminge, & le Roy d'Angleterre.

Que le Roy de France eſtoit fort beau; mais qu'il ne ſçauoit rien faire que regarder le monde: qu'il ne valoit rien.

Qu'il a fait ce qu'il a pû pour ruiner le Royaume de France.

Layette Pamiers num. 11.

1301.
13. Feurier.

BONIFACIVS Epiſcopus ſeruus ſeruorum Dei, venerabilibus fratribus Archiepiſcopo Narbonen. & Biterren. ac Magalonen. Epiſcopis, ſalutem & Apoſtolicam benedictionem. Nuper non ſine graui mentis amaricatione percepimus, quòd venerabilis frater noſter Bernardus Epiſcopus Appamiarum extra limites diſcretionis egreſſus & inſanæ mentis effectus, Pontificali decentia prætermiſſa, contra cariſſimum in Chriſto filium noſtrum Philippum Regem Francorum illuſtrem diuerſimodè ad grauem prorupit inſaniam, prout in diuerſis articulis, quorum tenor nfrà deſcribitur, pleniùs continetur. Nos igitur ex hoc non immeritò prouocati, ac ex eo potiſſimum quòd idem Epiſcopus, ſi relatis veritas ſuffragetur, irruere non metuit in tanti Principis læſionem: ac ſcire volentes ſuper iis plenariam veritatem, de veſtra quoque indicii & circunſpectione plenariè confidentes fraternitati veſtræ per Apoſtolica ſcripta mandamus, quatenus eodem Epiſcopo ab omni poteſtate ſeu cuſtodia ſeculari plenariè liberato, & ab omnibus bonis eius & Eccleſiæ Appamiarum mobilibus, & immobilibus, ſéque mouentibus manu dicti Regis & ſuorum prorſus amota, tu Frater Archiepiſcope ipſum Epiſcopum Appamiarum auctoritate noſtra per te ac tuos nomine noſtro & Eccleſiæ Romanæ ſub fida cuſtodia diligenter cuſtodire procures. Vos autem, vel duo veſtrûm ſi omnes ad id commodè non poteritis intereſſe, ſuper contentis in articulis prælibatis & eorum circunftantiis, ac ad ea pertinentibus, infra triûm menfium fpatium à receptione præfentium fummariè de plano, fine ftrepitu & figura iudicij, plena tamen & libera defenfione dicto Epifcopo referuata ex officio noftro à fide dignis perfonis, de quibus expedire videritis, ftudeatis inquirere diligentiùs veritatem, etiamfi fuper hæc contingeret prædictum Bernardum Epifcopum ad Sedem Apoftolicam appellare, cuius appellationi feu appellationibus deferri nolumus in hac parte. Si verò idem B. Epifcopus huiufmodi perfonas, quas in inquifitione huiufmodi examinari contigerit, vel earum dicta voluerit reprobare, teftes qui fuper approbatione huiufmodi producti fuerint infra vnum menfem prædictos tres menfes immediatè fequentem prudenter recipere, ac diligenter examinare curetis. depofitionem omnium huiufmodi perfonarum & teftium fideliter in fcriptis redactas vnà cum præfentibus literis fub veftris inclufas figillis, ad præfentiam noftram quantociùs tranfmiffuri, ac fignificaturi nobis, quæ & quanta fit fides huiufmodi perfonis, teftibus, & depofitionibus adhibenda. Túque Archiepifcope prælibatum Epifcopum Appamiarum tunc ad præfentiam noftram fub fida cuftodia deftinare procures. Quòd fi etiam duo veftrûm legitimo forfan impedimento detenti exequutioni inquifitionis, examinationis & remiffionis huiufmodi non potueritis intereffe, reliquus illas, & quæ dependent ab ipfis diligenter & fideliter exequatur. Teftes quos fuper inquifitione ac reprobatione prædictis vocari contigerit feu produci cogendo ad perhibendum teftimonium veritati, & contradictores fi qui in præmiffis fuerint vel rebelles auctoritate noftra appellatione poftpofita compefcendo, nonobftante fi aliquibus à Sede Apoftolica fit indultum, quòd interdici vel excommunicari nequeant aut fufpendi per literas Apoftolicas non facientes plenam & expreffam, ac de verbo ad verbum de indulto huiufmodi mentionem, fiue quòd eidem Regi, & tibi, Archiepifcope, fcripfimus per alias noftras fub certa forma literas fuper amouenda cuftodia ab eodem B. Epifcopo & liberatione ipfius ac permiffione libera ad noftram præfentiam veniendi. Tenor autem prædictorum articulorum talis eft. Inprimis affetitur quòd idem Epifcopus Appamiarum in iniuriam & blafphemiam dicti Regis prorumpens, dixit non folùm femel & fecundò, fed pluries, & diuerfis locis, & temporibus coram multis perfonis Ecclefiafticis & fecularibus nobilibus & ignobilibus, quòd fanctus Ludouicus auus dicti Regis olim dum viueret dixerat eidem Epifcopo tunc Abbati Appamiarum, quòd temporibus ipfius Philippi Regis debebat Franciæ regnum deftrui, ac idem Rex, & fui debebant perdere regnum ipfum, & quòd dictum regnum debebat ad alios deuenire, nullatenus ad ipfum Philippum Regem & fuos reuerfurum vlteriùs. Item quòd idem Epifcopus multoties dixit quòd idem Philippus Rex nihil omnino valebat. Item quòd ipfe Rex non erat de genere claræ memoriæ Caroli Magni Regis Francorum. Item quòd nec de recto genere Regum Franciæ. Item quòd nec homo, nec beftia, fed imago. Item quòd nihil omnino fciebat nifi refpicere homines. Item quòd non erat dignus tenere regnum Franciæ, quia regnum ipfum regere nefciebat. Item quòd tota Curia Franciæ intus & extra huc & illuc erat falfa, corrupta & infidelis, neminem excipiendo, & quòd idem Rex erat eodem modo. Item quòd omnes Gallici inimicabantur linguæ Tholofanæ, & quòd nunquam fecerant Tholofanis bonum fed femper malum, & quòd auferebant eis quicquid habebant, & quòd di-

FAIT A B. EVESQVE DE PAMIERS.

ctus Rex faciebat eodem modo. Item quòd dictus Rex fabricabat seu fabricari faciebat falsam monetam, & erat falsator monetæ. Item quòd moneta quam fabricari faciebat erat falsa, & sine lege, nec poterat esse falsior, & quòd falsus erat qui fabricari faciebat eandem. Item quòd dictus Rex erat ex spuriis & bastardis. Item quòd idem Episcopus Appamiarum dixit pluries, quòd ciuitas Appamiarum non erat in regno Franciæ, nec de ipso regno, & quòd idem Rex in ea nihil omnino habebat. Item quòd idem Episcopus pluries dixit & præcepit gentibus suis, & cum gentibus Comitis Fuxi tractatum habuit, quòd gentibus dicti Regis volentibus in ipsa ciuitate iustitiam exercere, resisteretur manualiter & de facto. Item quòd idem Episcopus tanquam sceleratissimus diminutionem, blasphemiam, & vituperium dicti Regis & honoris regij, & subuersionem ipsorum Regis & regni voluit & consensit, ac ea proditionaliter tractauit quantum potuit, & in eo fuit, iniendo sceleftam factionem per se, & per alios, fraudulosis machinationibus & dolosis, cum multis nobilibus & potentibus, & diuersimodè tractando, & eis promissiones multas & diuersas, vt ad proditionem consentirent faciendo, ea quantum potuit, & in se fuit ad effectum perducens. Primò videlicet tractauit quantum in eo fuit proditionem contra ipsum Regem cum Comite Fuxi, tempore quo erat guerra in Guasconia inter Regem eundem & Regem Angliæ, promittendo dicto Comiti & aliis pro eo quòd si dictus Comes vellet facere pacem cum dicto Episcopo & coniurare cum ipso, idem Episcopus dictum Comitem faceret dominum totius terræ Tholosanæ. Item quòd idem Episcopus promisit ipsi Comiti, quòd si confederationem vellet facere cum eodem, Episcopus ipse procuraret quòd omnes Tholosani iurarent ei fidelitatem, & ipsum reciperent in dominum suum : & tunc iidem Episcopus & Comes possent expellere de facili omnes Gallicos de patria Tholosana, & illam acquirere totam sibi. Item promittebat & dicebat idem Episcopus ipsi Comiti, quòd hæc faceret per amicos suos quos habebat in Tholosa de suo genere, potentiores & nobiliores de tota ipsa ciuitate sicut dicebat. Item promittebat & asserebat dicto Comiti, quòd omnes gentes de terra Tholosana ipsum Comitem libenter reciperent in dominum suum, & eum iuuarent in occupatione dictæ terræ, quia non diligebant dictum Regem, nec Gallicos, & quia dicti Rex & Gallici nunquam fecerant bonum ipsi Episcopo, sed semper malum, & similiter dicto Comiti, & quòd hoc idem Comes bene sentiret, videret, atque perciperet, si esset Vasconiæ guerra finita. Item quòd idem Episcopus tractauit cum dicto Comite, ac quantum potuit induxit eundem vt rescinderet, vel non faceret matrimonium de filio suo cum filia quondam Philippi primogeniti nobilis viri Roberti Comitis Atrebaten. sed quòd faceret matrimonium de dicto filio suo cum filia Regis Aragonum, vt ipsum Aragonum Regem & suos adiutores haberet in occupatione & captione dictæ terræ Tholosæ. Item quòd idem Episcopus dicebat dicto Comiti, quòd in Gallicis nunquam inueniret fidelitatem, & quòd dicto matrimonio celebrato de filia præfati Philippi, nihil appretiaretur eum : asserens etiam quòd omnes de domo dicti Regis Aragonum semper dilexerant ipsum Comitem Fuxi & suos. Item quòd idem Episcopus obtulit & promisit dicto Comiti Fuxi ire ad Regem Aragonum suis propriis sumptibus & expensis, pro dicto matrimonio procurando inter filium eiusdem Comitis, & filiam præfati Regis Aragonum, & pro pace reformanda inter eosdem, asserens quòd idem Rex Aragonum erat suus intimus & magnus amicus. Item quòd idem Epifcopus tractauit cum dicto Comite Fuxi, & quantum potuit induxit eundem, vt faceret pacem cum Comitibus Armaniaci, & Conuenarum, vt haberet eos adiutores in occupatione terræ Tholofæ, dicens quòd ipfi Comites colligati, vniti & coniuncti inuicem, ac huiufmodi matrimonio de filio fuo & filia prædicti Regis Aragonum celebrato, & cum mala voluntate gentium dictæ terræ Tholofæ, quam habebant erga prædictum Regem Franciæ, terram ipfam de facili poterant occupare. Item quòd tractauit dictus Epifcopus per eius literas, atque nuntium cum Comite Conuenarum, & quantum potuit induxit eundem vt effet aduerfarius, hoftis & inimicus prædicti Regis Franciæ, promittendo ipfi Comiti quòd gentes de Tholofa eum libenter reciperent in dominum fuum, quia erat de recta linea Comitis Tholofani, & illa de caufa gentes dictæ terræ diligebant ipfum & eum præ omnibus in dominum fuum vellent habere. Item quòd volebat & tractabat dictus Epifcopus quòd idem Comes Conuenarum conueniret cum eo, & promittebat fibi quòd amici fui de Tholofa & de genere fuo iurarent fidelitatem ipfi Comiti. Item quòd dictus Epifcopus tractauit cum eodem Comite quòd Epifcopus Tholofanus expelleretur de Epifcopatu Tholofano, vt magis de facili per ipfum Comitem prædicta terra Tholofana capi & occupari valeret. Item quòd idem Epifcopus mifit quandam literam ipfi Comiti, quæ dirigebatur nobis, in qua multa & diuerfa mendacia inferuit contra eundem Epifcopum Tholofanum; & etiam idem Epifcopus Appamiarum fuggeffit ipfi Comiti quòd confimiles literas idem Comes à fuis vniuerfitatibus procuraret, & fieri faceret figilla ab vniuerfitatibus ipfis, quantumcunque effent modicæ, quibus figillis dictæ literæ figillarentur, & dirigerentur nobis. & fignificauit ipfi Comiti quòd fimilem habebat idem Epifcopus à Confulibus, & vniuerfitate Tholofæ: & multis aliis viis fraudulofis tractauit ad machinationibus dolofis tractauit ad amouendum dictum Epifcopum Tholofanum, dicti Regis Franciæ fidelem & deuotum. Item quòd idem Epifcopus Appamiarum fignificauit ipfi Comiti Conuenarum, quòd omnino volebat vt pax fieret inter ipfum & Comitem Armaniaci ex parte vna, & Comitem Fuxi ex altera, vt facta huiufmodi pace, & amoto prædicto Epifcopo Tholofano, ipfi poffent facere voluntatem fuam de tota terra Tholofana, & ibi totaliter dominari. Item quòd idem Epifcopus fignificauit ipfi Comiti Conuenarum, fuadendo ei vt haberet bonum cor & nobile, & quòd omnia fuccederent fibi ad votum, afferens prædicta fic concepta & tractata poffe fieri de facili, quia prædictus Rex Franciæ nihil omnino valebat; & mifit ipfi Comiti vnum computum de aue, recitando quomodo aues elegerunt in regem quamdam auem vocatam *Duc*, & eft auis pulcrior & maior inter omnes aues, & accidit femel quòd picca conquefta fuit de accipitre dicto *Duc* regi, qui congregatis auibus nihil dixit, nifi quòd flauit. & idem effe de prædicto Rege Franciæ dicebat idem Epifcopus, quia ipfe erat pulcrior homo de mundo, & tamen nihil fciebat facere nifi refpicere homines. Significauit etiam fibi quòd tempore dicti Regis Franciæ qui nunc eft, regnum Franciæ finiretur, & quòd idem Epifcopus hæc audiuerat recitari pluries à S. Ludouico. Item quòd prædicta omnia, vel pro maiori parte idem Epifcopus Appamiarum cogitauit, dixit, tractauit, & in quantum in eo fuit perfecit, durante guerra Vafconiæ inter dictum Regem Franciæ ac Regem Angliæ ad illum finem, & cum illa intentione, vt homines ad proditionem citiùs mouerentur, & concitarentur contra

FAIT A B. EVESQVE DE PAMIERS. 661

dictum Regem Franciæ, & ad subuersionem totius regni Franciæ supradicti, & ad diminutionem honoris & iuris regij, prout superiùs est expressum. Item quòd de prædictis omnibus & singulis est in partibus Tholosanis, & in regno Franciæ publica vox & fama. Datum Lateran. Id.
Ianuar. Pontificatus nostri anno septimo sub plumbo.

Bulle de Boniface VIII. au Roy. Dit qu'il a appris que sa Maiesté
auoit fait arrester l'Euesque de Pamiers, & baillé en garde à l'Ar-
cheuesque de Narbonne son Metropolitain ; prie le Roy & l'exhorte
de le deliurer, luy permettre de le venir trouuer, & luy donner la main-
leuée de ses biens. Il aduertit le Roy de ne faire plus de pareilles cho-
ses, qui offensent Dieu, & le Siege Apostolique, voulant bien que sa
Maiesté sçache que s'il n'a de bonnes excuses pour ce faict, il aura en-
couru sententiam canonis propter iniectionem manuum temerariam in Episcopum : *& mande audit Archeuesque qu'il*
deliure ledit Euesque, nonobstant que sa Maiesté luy ait baillé en
garde.
Il dit que Laicis nulla est attributa potestas in personas Ecclesiasticas regulares & sæculares.

Registre C. fol. 32.

BONIFACIVS Episcopus seruus seruorum Dei, carissimo in Chri- 1301.
sto filio Philippo Regi Franciæ illustri, salutem & Apostolicam be- 5. Decemb.
nedictionem. Secundùm diuina, canonica & humana iura Ecclesiarum
Prælati, & personæ Ecclesiasticæ tam regulares quàm sæculares, in quibus laicis nulla est attributa potestas, multa debent libertate & immunitate gaudere, & hoc laudabilium prædecessorum tuorum tempore seruabatur. & ideo plus dolemus, si tuo tempore, cuius regnum, decus
tantùm dilatauit & auxit, tanto deuotior Deo nostro redderis, imitando
laudabiles prædecessorum ipsorum actus, quanto adeo ampliora nosceris
recepisse. Sanè ad nostrum peruenit auditum, quòd tu venerabilem fratrem nostrum Appamiarum Episcopum personaliter ad præsentiam tuam
deduci fecisti sub tuorum tanta custodia, vtinam non inuitum, quem
sub colore securitatis personæ ipsius, custodiendum diceris commisisse
venerabili fratri nostro ..... Narbonen. Archiepiscopo Metropolitano
ipsius. Magnitudinem igitur tuam rogamus, & hortamur attentè, per
Apostolica tibi scripta mandantes, quatenus eundem Episcopum, cuius
volumus habere præsentiam abire liberè, & ad nostram præsentiam securum venire permittas, omniáque bona mobilia, & se mouentia, ac
immobilia, quæ per te vel tuos occupata, saisita vel detenta sunt, ad eum,
vel commissam sibi Ecclesiam pertinentia, sibi restitui facias, & de iis
quæ forsitan non exstarent debitam satisfactionem impendi, nec inan-
tea ad similia per te vel tuos occupatrices manus extendas, habiturus te
taliter in præmissis quòd maiestatem non offendas diuinam, nec Sedis
Apostolicæ dignitatem, nec oporteat nos aliud remedium adhibere. Sci-
turus quòd nisi ad excusationem tuam aliquid rationabile coram nobis
propositum fuerit vel ostensum, & præmissis veritas suffragetur, quin in-
curreris sententiam Canonis propter iniectionem temerariam manuum in

662 DIVERS ACTES DV PROCE'S CRIM. &c.

dictum Episcopum non videmus. Nos enim dicto Archiepiscopo damus per alias nostras literas in mandatis, vt eundem Episcopum liberet, & ad nos venire permittat, non obstante custodia, quam à te de eo dicitur recepisse. Datum Lateran. Nonis Decembr. Pontificatus nostri anno septimo.

L'original de cette Bulle est au tresor, coffre de mélange de Bulles nu. 147.

Ce Traité de la Puissance du Pape ayant esté imprimé in octauo l'an 1614. dans le Recueil des Actes de Boniface *VIII.* & Philippes le Bel, on a trouué à propos de le mettre à la fin de cette edition, toutes les autres pieces y ayant esté inserées.

QVÆSTIO
DE POTESTATE PAPÆ.

Ex pacificus Salomon, cui dedit Dominus diuitias & sapientiam, sicut habetur *3. Reg. 3. cap.* sapienter volens exprimere conditiones regales, in *Prouerbiorum* suorum *lib. c. 25.* sic dicit : *Gloria Regum est inuestigare sermonem* : Vbi describit personas regia dignitate fulgentes, quantum ad statum, & quantum ad actum. Significat ergo, primò statum regalem esse statum celsitudinis, & honorabilis reuerentiæ, in hoc, quod dicit, *Gloria Regum.* Istum honorem nec auferre, nec diminuere volebat primus Christi Vicarius, beatus Petrus Apostolus, qui in prima sua Canonica 2. cap. cùm ad timorem Dei suos subditos monitoriè induxisset, dicens, *Deum timete*, statim, sine alterius nominis quomodocumque dominum significantis interpositione, sed immediatè, subiunxit, *Regem honorificate.* Secundò notificat regalem actum debere esse actum sollicitudinis, & rationabilis diligentiæ, in hoc quod sequitur, *inuestigare sermonem.* Debent siquidem Reges non vacare deliciis, ludis, & otiositatibus : quia per hoc legimus aliquos Reges debito sibi honore priuatos. Quid enim regnum Assyriorum ad Medos transtulit, nisi effœminati Regis mollities, & delicacitas Sardanapali. Iste siquidem, sicut referunt antiquæ historiæ, cùm ab Arbato Medorum Præposito fuisset in lasciuiis, inter mulieres meretrices inuentus, Medis extunc sibi rebellantibus, nedum dominium Medorum amisit, sed inde in desperationem lapsus, accensa pyra se, suásque diuitias, in igne cremauit. Quod contigisse dicitur circa annum ab initio mundi 1240. Sed vt exemplum magis de propinquo quæramus, Childericum Regem Francorum simili de causa legimus per Barones regni depositum, Monasterio retrusum, & monastico contegmine palliatum : tandémque Pipinum, patrem Caroli Magni, in regni regimine substitutum : quod fuit circa annum Domini 750. Relicta ergo otiositate, quæ, sacra Scriptura docente, mala multa docuit, debent Reges habere sollicitudinem, & diligentiam : quod notatur in expressione inuestigationis : propter quod *Ecclesiastici* 51. dicitur, in persona boni Regis, *In iuuentute mea inuestigabam eam*, scilicet, sapientiam. Sed signanter subditur, *sermonem.* Nam est sermo aliquis præsumptuosæ elationis, sicut fuit sermo illius, qui dicebat Iob 32. *Plenus sum enim sermonibus, & coartat me spiritus vteri mei.* Et iste sermo est repellendus. Vnde & Iob 38. dicitur, *Quis est iste inuoluens, qui inuoluit sententias sermonibus imperitis ?* Est etiam sermo virtuosæ ædificationis, scilicet ille, de quo dicitur *Ecclesiastici* 5. *Honor & gloria in ser-*

mone sensati. Et talis sermo est retinendus, praesertim ab his, qui sunt in regimine constituti. Vnde dicitur *Sapientiae 6. Ad vos Reges sunt hi sermones.* Est tertio sermo scrupulosae dubitationis, sicut fuit ille sermo, qui exiit inter Fratres, id est, Apostolos Christi, quòd Discipulus ille, scilicet, Ioannes Euangelista non moritur, *Ioannis 21.* Et talis sermo est diligenter inuestigandus, vt diligenti inuestigatione Philosophi, vel occulta veritas, planè elucescat. Sicut fecit sapientissimus Ecclesiastes, qui *inuestigans composuit parabolas multas, quaesiuit verba vtilia, & conscripsit sermones rectissimos, ac veritate plenos,* sicut dicitur *Ecclesiastis* vltimo.

PROPONITVR QVAESTIO.

QVONIAM ergo nihil tam indubitatum est, quod non recipiat aliquam sollicitam dubitationem, in *Authentic. de Tabellionibus* in med. *collat.* 2. & veritas, saepius exagitata, magis splendescit in lucem. 35. q. 9. *graue verò.* ad maiorem veritatis patefactionem, quaeritur, Vtrum Papa sit dominus omnium, tam in spiritualibus, quàm in temporalibus: ita quòd habeat vtramque iurisdictionem, spiritualem, & temporalem.

1. Et arguitur, quòd sic. *Matthaei* 28. dicit Christus de seipso, *Data est mihi omnis potestas in caelo, & in terra.* Sed Papa est Vicarius Christi, & habet Christi potestatem & auctoritatem, sicut habetur *Extr. de translation. Episcop. inter corporalia.* Ergo in ipso est omnis potestas, tam caelestis, quàm terrena.

11. Item sicut dicitur *Genes.* in primo, *In firmamento caeli,* per quod significatur Ecclesia, *fecit Deus duo luminaria magna,* scilicet, Solem, per quem signatur auctoritas Pontificalis, & Lunam, per quam intelligitur potestas regalis. Sed Luna in firmamento nihil luminis habet, nisi quod recipit à Sole. Ergo potestas regalis nullam iurisdictionem habet, quam non recipiat à Summo Pontifice. Ergo Summus Pontifex habet iurisdictionem omnium, etiam temporalem. Et habetur ista ratio in Decretis *Extr. de maior. & obed. solitae.*

111. Item nullus potest aliquem deponere à dominio temporali, nisi sit eius dominus temporalis. Sed Zacharias Papa deposuit Regem Francorum Childericum, sicut habetur 15. *q.* 1. *alius.* Et Innoc. IV. deposuit Imperatorem Fridericum. Ergo Papa habet temporale dominium super Regem Franciae, & Imperatorem. Et si super istos, ergo & super omnes alios: cùm isti sint maiores in temporalibus, omnibus Christianis.

Item *De consecration. dist. 96. ca. duo sunt.* dicit Gelasius Papa Anastasio Imperatori, *Duo sunt, quibus mundus hic regitur: auctoritas sacra Pontificum, & regalis potestas.* Et post pauca, *Nosti itaque inter haec ex illorum te pendere iudicio.* Ergo Imperator subest iudicio Papae. Et si Imperator, ergo multo fortiùs alij Christiani.

Item Ecclesiastica hierarchia exemplata est ad similitudinem hierarchiae caelestis, secundùm beatum Dionysium, *in libro de caelest. hierarch.* Sed in caelesti hierarchia, quae est spirituum beatorum, id est, Angelorum, ita est, quòd habet omnis vnum superiorem, qui praeest omnibus, & omni modo, scilicet, illuminando, purgando, & perficiendo, vt habetur ibidem. Ergo similiter, in Ecclesiastica hierarchia est vnus superior, qui praeest omnibus, omni modo. Sed nullus talis est nisi Papa: quia nullus praeest omnibus in spiritualibus, nisi Papa.

Item Ieremias fuit vnus de Sacerdotibus, qui fuerunt in Anathot, in terra Beniamin, ficut habetur *Ieremiæ primo:* & tamen iste constitutus est à Deo superior gentibus & regnis: vnde dixit ei Dominus in eodem capitulo, *Ecce constitui te hodie super gentes, & super regna.* Ergo est de ordinatione diuina, quòd aliquis de Sacerdotibus habeat superioritatem super gentes & regna. Sed non nisi Papa, qui est summus Sacerdos. Ergo Papa est superior omnibus, etiam quantum ad temporalia: cùm regna temporalia sint sub spiritualibus. Et trahitur hæc ratio ex Decretis, *Extr. de maio. & obedient. cap. solitæ.*

Item *Deuteronom.* 17. dicitur, *Qui autem superbierit nolens obedire Sacerdotis imperio, qui eo tempore ministrat Domino Deo tuo, ex decreto iudicis morietur.* Ex hoc habetur, quòd omnes tenentur obedire in omnibus, sicut superiori, illi, qui est Sacerdos & iudex omnium. Sed talis est Papa, Vicarius Christi, qui est *iudex viuorum & mortuorum*, sicut dicitur *Act.* 10. Ergo Papa superior est omnibus, etiam in temporalibus. Et hanc rationem tangere videtur Innocent. Papa, *Extr. Qui filij sunt legit. per venerabilem.*

VIII. Item 22. *Dist. in capitul. omnes*, dicitur: *Ecclesiam solus ipse fundauit*, scilicet Christus, *& super petram fidei mox nascentis erexit, qui beato Petro, Ecclesiæ vice clauigero, terreni simul & cælestis imperij iura commisit.* Sed cæleste imperium est spirituale, & terrenum est temporale. Ergo Christus Petro, & eius successoribus in ipso, dedit imperium, non solùm spirituale, sed etiam temporale. Ex isto fortè capitulo moti sunt his diebus aliqui, ad dicendum, quòd quicunque teneret contrarium, deberet hæreticus reputari, propter aliqua verba, quæ sunt ibi: & sunt ista. *Non dubium est, quia si quis cuilibet Ecclesiæ ius suum detrahit, insustitiam facit: qui autem Romanæ Ecclesiæ priuilegium, ab ipso summo omnium Ecclesiarum capite traditum, auferre conatur, hic proculdubio in hæresim labitur: & cùm ille iniustus vocetur, hic dicendus est hæreticus.*

IX. Item Dionysius in libr. *De diuin. nominib.* dicit, *Quæ sunt causatorum, insunt causis.* Sed potestas spiritualis causa est temporalis. Ergo potestas temporalis omnium habet esse penes illum, in quo est potestas spiritualis omnium, scilicet, penes Papam. Probatio Minoris: videlicet, quòd potestas spiritualis causa sit temporalis: Sicut se habet anima ad corpus, sic spiritualia, quibus sustentatur anima, ad temporalia, quibus sustentatur corpus. Sed anima est causa corporis. Ergo & spiritualia causa sunt temporalium. Ergo potestas spiritualis causa est temporalis.

X. Item Augustinus secundo *de Ciuitate Dei cap.* 21. dicit sic, *Sine iustitia non potest regi Respublica.* Vera autem iustitia non est in Republica, cuius Christus non est rector. Sed Respublica populi Christiani debet esse recta & vera. Ergo Christus in ea debet esse rector. Sed Papa est Christi Vicarius, *Ext. de trãslation. inter corporalia.* Ergo Papa rector est Reipublicæ, etiã in temporalibus.

Item Apost. *in prima Corinth.* 2. *Spiritualis iudicat omnia.* Sed Papa spiritualis est, & dominus in spiritualibus. Ergo habet iudicare omnia, & de omnibus, etiam temporalibus.

Item, Qui potest quod est maius, potest etiam quod est minus. 12. q. 2. *præcipimus. Extr. de donationib. inter vir. & vxor. per nostras.* Sed maior est potestas spiritualis, quàm temporalis. Ergo Papa, qui est super omnes, & habet potestatem spiritualem super omnes, etiam habet temporalem potestatem. Probatio Minoris. 96. *Dist. duo quippe sunt*, dicitur, *Non tam pretiosius est aurum plumbo, quàm regia potestate ordo sacerdotalis altior.*

Item vna est Ecclesia, secundùm illud *Cant.* 6. *Vna est Columba mea, perfecta mea.* Et vna sponsa debet habere vnum sponsum, vnicum dominum. Ergo Ecclesia debet habere vnum sponsi Vicariũ, qui etiam sit dominus omnium,

Item non confirmatur quis, nisi à superiori, *Extr. de elect. nihil est.* Sed Imperator confirmatur per Papam in iurisdictione Imperiali, quæ est temporalis, sicut expresse patet *Extr. de elect. venerab.* Ergo Papa superior est Imperatore: & etiam in temporalibus. Et consequenter quolibet alio Christiano.

Item *Matth.* 16. Dominus constituens Petrum suum Vicarium dixit ei, *Et tibi dabo claues regni cælorum:* Per claues intelligens iurisdictiones. Ergo Papa, successor Petri, & Vicarius Christi, habet duas iurisdictiones, scilicet, spiritualem & temporalem.

Item nullus potest legitimare aliquem ad honores & dignitates temporales, nisi habeat super ipsum dominium temporale. Sed Papa potest omnes legitimare, & quantum ad honores temporales, sicut patet, *Extr. qui filij sunt legit.* Ergo Papa super omnes habet dominium temporale.

Item Bernard. *lib. 4. de Consideration. ad Eugen. Pap. cap. 3.* sic dicit, *Quid denuo vsurpare gladium tentes, quem semel iussus es reponere in vaginam? Quem tamen, qui tuum negat, non satis mihi videtur attendere verbum Domini, dicentis sic, Conuerte gladium tuum in vaginam. Tuus ergo & ipse, forsitan tuo nutu, etsi non tua manu, euaginandus. Alioquin si nullomodo ad te pertineret is, dicentibus Apostolis, Ecce gladij duo hic, non respondisset Dominus, Satis est, sed nimis est. Vterque ergo Ecclesiæ, & spiritualis gladius, & materialis. Sed hic quidem pro Ecclesia, ille verò & ab Ecclesia extrahendus; ille Sacerdotis, hic militis manu, sed sane ad nutum, & iussum, Imperatoris.* Huc vsque verba Bernardi, in quibus gladium accipit pro iurisdictione. Ergo vtraque iurisdictio, scilicet spiritualis, & temporalis, pertinet ad Papam.

IN OPPOSITVM ARGVITVR.

AD partem contrariam, videlicet, quòd Papa non sit dominus omnium temporalis, & quòd non habeat temporalem iurisdictionem super omnes, arguitur primò sic.

1. Si aliquis est dominus temporalis, ad ipsum pertinet iudicare de hæreditatibus, & possessionibus. Ergo à destructione consequentis, ille, qui non habet vbique, sed in certo loco, iudicare de hæreditatibus, & possessionibus temporalibus, non est vbique dominus temporalis. Sed Papa non habet vbique iudicare de hæreditatibus, & possessionibus temporalibus. Ergo Papa non est omnium dominus temporalis. Quòd autem Papa non habeat vbique iudicare de hæreditatibus, & possessionibus, probatur per Decretum, *Extr. Qui fil. sunt legit. causam:* vbi Alexander Papa tertius dicit sic, *Nos attendentes, quòd ad Regem pertinet, non Ecclesiam, de talibus possessionibus iudicare, ne videamur iuri Regis Anglorum detrahere, &c.* Hoc idem probatur per Decretum *in eod. titul. lator.*

11. Item ad dominum temporalem pertinet iudicare de feudis, vbi est dominus temporalis. Sed ad Papam non pertinet vbique iudicare de feudis: quia in regno Franciæ non habet hoc facere. Ergo Papa non est vbique dominus temporalis. Maior probatur per Decretum *Extr. De for. competent. ex transmissa.* vbi Innocentius Papa tertius mandauit causam feudi terminari. Probatio Minoris habetur, *Extr. de iudic. Nouit.* vbi Innocentius Papa tertius dicit, *Non enim intendimus iudicare de feudo, cuius ad ipsum,* id est, Regem Franciæ, *spectat iudicium.*

Item ad illum, qui est super omnes dominus in temporalibus, appellari potest de iure, cùm appellatur à iudice ciuili. Sed à ciuili, vel à sæculari iudice non potest appellari ad Papam. Ergo Papa non est dominus omnium in temporalibus. Maior plana est, & etiam potest probari per ea, quæ habentur in Decretis *de appellation. dilecti filij Prior.* Probatio

DE POTESTATE PAPÆ. 667

Minoris per Decretum, *Extr. de appellat. si duobus*, vbi Alexander Papa tertius dicit sic, *Quod quæris, si à ciuili iudice ante iudicium, vel post, ad nostram audientiam fuerit appellatum, an huiusmodi appellatio teneat: tenet quidem in iis, qui sunt nostræ temporali iurisdictioni subiecti : in aliis verò, etsi de consuetudine Ecclesiæ teneat, secundùm iuris rigorem credimus non tenere.*

Item per Decretum, *Extr. De for. compet. licet*, vbi Innocentius Papa tertius dicit sic, *Si quando à Laicis Vercellensibus literas super rebus præcipuè, quæ forum seculare contingunt, à Sede Apostolica contigerit impetrari, sublato appellationis obstaculo, decernas irritas, & inanes.*

v. Item Vasallus non recognoscens se feudum tenere à domino, ipso iure ipsum feudum amittit: hoc est enim notatum per Leges, probatum in *Summa*, quæ dicitur *Copiosa, titul. De feud.* & seruatur de consuetudine. Et iam factum est in promptu. Habemus in facto Franciæ. Nunquam recognouit, nec adhuc recognoscit, se feudum, vel temporale aliquid, tenere à Papa, sicut expresse dicit Innocentius tertius, *Extr. Qui fil. sunt legit. per venerabilem*. Ergo si Papa esset verè eius dominus temporalis, iam ab illo tempore regno suo fuisset priuatus. Contrarium videmus, & semper sic erit per Dei gratiam. Ergo Papa non habet, saltem in regno Franciæ, temporalem iurisdictionem.

vi. Item per dominum feudi debet inuestiri quicunque tenet feudum ab alio, & ratione feudi debet aliquam redebentiam, sicut patet in libro *Feudor.* & *Extr. De feud. ex parte*. Sed multi sunt reges & domini temporales, qui nec in personis suis, nec prædecessorum suorum, vnquam in regnis suis receperunt aliquam inuestituram à Papa, nec in terris suis vnquam sibi fecerunt aliquam redebentiam temporalem, licet exhibuerunt ei, sicut spirituali patri, reuerentiam, sicut Rex Franciæ, Castellæ, aliqui alij. Ergo, saltem quoad illos, & eorum regna, non est dominus temporalis.

vii. Item dicit Apost. 2. *Tim.* 2. *Nemo, militans Deo, implicat se negotiis secularibus*. Sed nemo in Ecclesia Dei magis militare debet Deo, quàm Papa. Ergo nemo minùs implicare se debet negotiis secularibus, quàm Papa. Sed iurisdictio temporalis, & præcipuè omnium, summè est implicatiua in negotiis secularibus. Ergo Papa non habet super omnes iurisdictionem temporalem. Si respondetur, quòd Papa non habeat iurisdictionem temporalem super omnes, quantum ad executionem, quia hoc esset se implicare negotiis secularibus : sed bene habet iurisdictionem temporalem super omnes, quantum ad imperium ipsius super Principes seculares : & sic respondentes multi innituntur auctoritati beati Bernardi, *lib. 4. de Considerat. ad Eugen. Papam*, quæ allegata suprà, ad contrarium in 17. argumento, ad quam auctoritatem respondebitur loco suo: Tamen contra istam responsionem, sicut dicitur *Deuteronom. 32. Dei perfecta sunt opera*, & omne quod à Domino ordinatum est. Sed perfectius & ordinatius est, quòd ille habeat potestatem & iurisdictionem, qui eam potest licitè demandare executioni, cùm militet seculo, non Papa, qui debet militare Deo. Videtur quòd Papa à Deo accepit nullomodo temporalem iurisdictionem super omnes.

viii. Item dignitas Christiana maxima regnare debet in capite Christianitatis, videlicet, in Papa. Sed habere dominium in temporalibus est contrarium dignitati Christianæ, præcipuè quátum ad personas Ecclesiasticas. Ergo Papa non habet dominium omnium temporale. Probatio Minoris est per auctoritatem Bedæ, qui in *Glos. Iacobi 1.* dicit sic, *Non est Christianæ dignita-*

tis in temporalibus exaltari, sed potius deprimi.

IX. Item nomina debent esse consona & conuenientia rebus, sicut notatum est, *Extr. De præbend. cùm secundùm Apostolum*. Sed Papa non nominatur ab imperio temporali, sed à spirituali dignitate. Papa enim dicitur, quasi pater patrum, nec cognominatur à temporali dominio, sed ab humili seruitute. Vocat enim Papa se, Seruum seruorum Dei, secundùm institutionem sanctissimi patris beati Gregorij Magni. Ergo realiter in Papa non est dominium temporale super omnes, sed dignitas, & paternitas spiritualis.

X. Item sicut Papa est iudex ordinarius totius Ecclesiæ, ita quilibet Episcopus est ordinarius diœcesis suæ, *Extr. de offic. iudic. ordin. cùm ab Ecclesiarum*. Si ergo Papa haberet iurisdictionem temporalem super omnes personas de Ecclesia, quilibet Episcopus haberet iurisdictionem temporalem super omnes de diœcesi sua. Sed hoc est falsum. Ergo & primum. Probatio Minoris, scilicet, quòd non quilibet Episcopus habet iurisdictionem temporalem in sua diœcesi: Videmus enim multos Episcopos, qui in suis diœcesibus habent Reges, & Principes, qui iurisdictionem temporalem super eosdem Reges & Principes non habent: Sed è contrario eos recognoscunt, sicut etiam verè sunt, suos dominos temporales: & hoc est, & fuit in regno Franciæ, à tempore, ex quo non extat aliqua memoria, obseruatum.

XI. Item nihil voluit Christus Petro Vicario suo, vel cuicunque successori eius committere, cuius contrarium voluit in se ipse docere. Imitatores enim esse Christi voluit omnes Apostolos, iuxta illud Pauli *Corinth. 2. Estote imitatores mei, sicut & ego Christi*. Sed Christus ostendit, & de facto docuit, se non velle habere dominium, vel iurisdictionem temporalem: dicitur enim in Euangelio *Ioannis* sexto, quòd cùm cognouisset Iesus, quòd illi homines qui viderant signum, quod fecerat de multiplicatione panum, venturi essent, vt raperent eum, & facerent eum regem, fugit iterum in montem. Ergo Christus, nec Petro, nec cuicunque successori eius, commisit dominium temporale, vel iurisdictionem temporalem, nec ostendit, quòd deberent velle habere eam generaliter super omnes.

XII. Item plus dominationis non habet Papa, ratione qua Papa, quàm habuit Petrus, postquam super ipsum fundata est Ecclesia à Christo, & sibi sunt traditæ claues regni cælorum. Sed Petrus post omnia ista non habuit dominium rerum temporalium super omnes. Ergo nec Papa, in quantum Papa, & successor Petri, habet super omnes dominium temporale. Quòd autem Petrus, postquam traditæ sunt ei claues regni cælorum, non habuit temporale dominium, patet per hoc, quod *Act.* dicitur, quòd illi claudo ex vtero matris suæ, qui intendebat in Petrum & Ioannem, sperans se aliquid accepturum ab eis, dicit Petrus, *Argentum, & aurum non est mihi: quod autem habeo, hoc tibi do*. Certum est enim, quòd illi nihil temporale dedit: & tamen dedit, quod habuit.

XIII. Item soluere tributum nunquam pertinet ad superiorem dominum temporalem: immo magnum tributum debet sibi solui, secundùm sententiam Saluatoris, *Matth. 22*. Vbi petentibus ab eo, Si liceret dari censum Cæsari, aut non? Petiit ab eis, cuius esset imago, quæ erat in numismate census: & audito ab eis, quòd esset Cæsaris, respondit, *Reddite ergo quæ sunt Cæsaris, Cæsari: & quæ sunt Dei, Deo*. Sed Christus pro se, & pro Petro, voluit soluere tributum. Ergo voluit ostendere,

DE POTESTATE PAPÆ. 669

nec fe, nec Petrum, velle habere in temporalibus fuperius dominium. Quod autem Chriftus, pro fe, & pro Petro, folueret tributum, patet *Matth. 17.* vbi dixit ad Petrum, *Vade ad mare, & mitte hamum, & eum pifcem, qui primus afcenderit, tolle, & aperto ore eius inuenies ftaterem : illum fumens, da eis, pro te, & me.*

XIV. Item dominium, & minifterium, ex oppofito fe habent, ita quòd nec domino debet imponi minifterium, nec minifter fibi debet vfurpare dominium : fed ex ordinatione Chrifti, qui maior eft in Ecclefia debet exercere temporale minifterium, vt probabo. Ergo qui maior eft in Ecclefia, non debet vfurpare, vel fibi vendicare, temporale dominium. Quòd autem maior in Ecclefia debet exercere temporaliter humile minifterium, probatur per illud *Luc. 22.* Vbi cùm fuiffet contentio inter difcipulos de maioritate, dicitur fic, *Qui maior eft in vobis, fiat ficut minor, & qui præceffor eft, ficut miniftrator :* Et paucis interpofitis fequitur, *Ego autem in medio veftrùm fum, ficut qui miniftrat.*

XV. Item iudicare eft actus pertinens ad iurifdictionem : Vnde qui non poteft aliquem iudicare, non videtur in ipfo aliquam iurifdictionem habere. Ex quo fic arguitur: Nihil à Chrifto commiffum eft Papæ fuper mundum, nifi illud, fuper quod venit in mundum. Sed Chriftus non venit in mundum, vt iudicet mundum, quod pertinet ad iurifdictionem temporalem; fed vt faluetur mundus per ipfum, quod pertinet ad iurifdictionem fpiritualem, ficut habetur *Ioannis 3.* Vbi fic dicitur, *Non enim mifit Deus filium fuum in mundum, vt iudicet mundum, fed vt faluetur mundus per ipfum.* Ergo à Chrifto nihil commiffum eft Papæ fuper mundum, quantum ad iurifdictionem temporalem.

XVI. Item illud nunquam fibi debet vendicare Vicarius, quod planè, & plenè, ad fe non pertinere voluit, & expreffit eius dominus, cuius vices gerit: fecundùm quod dicitur *Matthæi 10. Non eft difcipulus fuper magiftrum, nec feruus fuper dominum fuum. Sufficit difcipulo, vt fit, ficut magifter fuus.* Saluator, nofter magifter, voluit, & expreffit, fe non habere regnum, quod eft mundanum, & temporale, ficut patet *Ioannis 1.* vbi dicit, *Regnum meum non eft de hoc mundo.* Ergo nec quicunque Papa vendicare fibi debet, ex Chrifti Vicariatu, quòd habeat temporale regnum. Et per confequens, quòd habeat fuper omnes dominium temporale.

DECISIO QVÆSTIONIS.

CIRCA quæftionem iftam multi multa, & diuerfi diuerfa fenferunt. Quidam enim dixerunt, dominum Papam effe dominum omnium, non folùm in fpiritualibus, fed etiam in temporalibus. Et iftius opinionis multum adhæfiuè fuit dominus Hoft. qui fecit Summam Iuris, quæ dicitur *Summa copiofa.* Specialiùs tamen hoc probat in *Apparatu* fuo fuper Decret. *Extr. Qui fil. funt legit. per venerabilem.* fuper §. *rationibus :* vbi multas rationes adducit ad hoc, quarum meliores, & efficaciores adductæ funt fuperiùs, in opponendo ad partem iftam. Et hoc dico propter hoc, quòd inter rationes, quas ibi ponit, inueniuntur aliquæ multum friuolæ : ficut illa, quæ proponit, quòd Chriftus non folùm fuit præter naturam conceptus, fed natus, quæ in nullo eft ad propofitum. Alanus, & T. dixerunt, quòd quamuis à folo Deo effe dicatur, executionem tamen gladij temporalis accipit ab Ecclefia: quare etiam & Papa vtroque gladio vti poteft. Nam & Dominus vtroque gladio vfus eft, & Moyfes

DE POTESTATE PAPÆ.

omnibus præesse noscitur. Spiritualiter vigere debet discretio, & sapientia, qua Christi fideles, qui sunt membra Ecclesiæ, dirigantur ad opera salutis. Vnde ad ipsum, sicut ad caput, spectat omnibus fidelibus dare sensum discretionis, & per gratiosam cond'tionem, & suam doctrinam, secundùm illud Gregorij, in *Regiſtr.* & habetur *Diſt. 43. Sit rector discretus in silentio, vtilis in verbo, ne aut tacenda proferat, aut proferenda reticescat.* Spectat etiam ad ipsum dare fidelibus motum bonæ operationis, per virtuosam operationem, & bonam vitam, seipsum præbendo bonum exemplum fidelibus, sicut docebat Apostolus, *Ad Titum.* Nerui autem, ab ipso capite deriuati, sunt diuersi gradus, & ordines Ecclesiastici, quibus, secundùm eorum diuersa, & distincta officia, membra Ecclesiæ suo capiti scilicet Christo, & sibi inuicem, quasi quibusdam connexiuis compagibus, colligantur. Vnde in vnitate fidei faciunt vnum corpus. Cordis autem proprietas adaptatur rationabiliter illi, qui iurisdictionem temporalem exercet, & est dominus temporalis. Dicit enim Isidorus, quòd cor est totius corporis fundamentum. Et Arist. *in lib. 12. de Animalibus* dicit, quòd in corde est principium venarum, deferentium ad membra sanguinem, sine quo non est vita. Item dicit *lib.16.* quòd in generatione corporis animalis primò creatur cor, etiam antequam caput. Dominus autem temporalis, sicut Rex in regno, & Imperator in Imperio, rectè dicitur fundamentum, propter soliditatem, & firmitatem iustitiæ, quæ in ipso debet esse, sine qua Respublica nullomodo potest esse stabilis, sicut nec ædificium sine fundamento. Et in signum huius, videlicet, quòd dominus superior in temporalibus, sit quasi fundamentum Reipublicæ, legimus, & refert Isidorus *lib. 9. cap. 3.* quòd reges apud Græcos, ob hanc causam, Basilæi vocantur: quia tanquam Bases populum sustentabant. In signum etiam huius, dicimus dominos temporales, fundatores Ecclesiarum, quod non dicitur de Prælatis, nisi inquantum habentes sunt aliquod dominium temporale. Ab isto verò corde, id est, à seculari Principe, procedunt, tanquam à principio, venæ, id est, leges, statuta, & consuetudines legitimæ, per quas, quasi per quasdam venas, diuiditur, & defertur ad partes singulas totius corporis, hoc est, communitatis, & Reipublicæ, substantia temporalis, sicut in humano corpore sanguis. Sicut enim sine corde non est in corpore vita, sic nec sine substantia temporali, posset subsistere vita. Quomodo autem ista temporalis substantia habeat diuidi, pertinet ad Reges, & Principes, exercentes iustitiam. Secundùm quod habetur à beato Hieronymo *super Ieremiam.* & est 23. *q.* 5 *Regum.* Ibi dicitur, quod Regum est proprium facere iustitiam, & liberare de manu calumniantium, vi oppressos. Idem habetur à beato Augustino 23. q. 7. *quicunque.* Cor etiam potest dici dominus secularis, vt Rex, respectu domini spiritualis: quia sicut cor priùs creatur, quàm caput, sic priùs fuit iurisdictio temporalis in Regibus, quàm fuerit iurisdictio spiritualis in Sacerdotibus, vel Pontificibus: sicut patet per Augustinum *de Ciuitate Dei*, lib. 18. cap. 2. vbi refert de antiquissimis regnorum initiis. Patet ergo ex prædictis, quòd sicut in humano corpore sunt duæ partes principales, officia distincta, & diuersa habentes, scilicet caput, & cor, ita quòd vna de officio alterius se non intromittit: sic in orbe duæ sunt iurisdictiones distinctæ, scilicet, spiritualis, & temporalis, habentes officia distincta. Vnde, sicut non est aliquis dominus temporalis, qui se debeat reputare dominum omnium in temporalibus, & spiritualibus: sic Papa non est dominus temporalis omnium. Et hoc po-

DE POTESTATE PAPÆ. 671

test probari ex tribus: Primò ex ordinatione populi Israëlitici: 2. ex humili responsione Christi: 3. ex sublimi perfectione status Apostolici. Primò ergo videamus distinctionem iurisdictionis spiritualis, & temporalis, in Ecclesia, ex ordinatione populi Israëlitici. Ordinauit enim Dominus populum Israëliticum, vt regeretur, primò per Duces, & Sacerdotes. Vnde & Moyses, qui primò rexit populum eius, fuit Dux populi. Sibi enim, & non alij, dixit Dominus, *Exod. 32. Vade, & duc populum istum, quo locutus sum tibi.* Aaron verò frater eius fuit Sacerdos primus, & Pontifex primus. Vnde dictum fuit Moysi, *Exod. 28. Applica ad te Aaron fratrem tuum, cum filiis suis, de medio filiorum Israël, vt sacerdotio fungantur mihi.* Moyses ergo Dux fuit in populo Israël, & Aaron Sacerdos, quamuis etiam ipse Moyses Sacerdos fuisse legatur, secundùm illud Psalmistæ, *Moyses, & Aaron, in Sacerdotibus eius:* Et *Dist. 22. sacrosancta.* & Hieronymus super *Leuiticum* dicit, *Si quis vult Pontifex esse, non tam vocabulo, quàm merito, imitetur Moysem, imitetur Aaron.* Ratione ergo sacrificij, vterque habuit iurisdictionem spiritualem; sed ipsum sacerdotium magis propriè residebat penes Aaron, qui hostias offerebat Domino, quod non faciebat Moyses. Vnde in Glos. super illud verbum, *Moyses, & Aaron, in Sacerdotibus*, dicitur sic, *Moyses Sacerdos, qui si non hostias, vota tamen populi obtulit, & pro populo supplicauit.* Iurisdictio autem temporalis totaliter fuit in Moyse. Et hoc apparet ex nomine officij sui. Dux enim, secundùm Isidorum, est officium seculare. Iterum hoc apparet ex iis, qui successerunt sibi. Moysi enim in Ducatu populi successit Iosue, deinde Iudices, & postea Reges: de quibus certum est, quòd habuerunt, & exercuerunt, iurisdictionem temporalem. Idem etiam patet ex commissione facta ipsi Moysi. Dominus enim sibi commisit diuisionem hæreditatum, & possessionum, inter filios Israël. Diuisio autem hæreditatum, & possessionum, pertinet ad iurisdictionem temporalem. Igitur. Primum patet, scilicet, quòd Dominus commiserit Moysi diuisionem hæreditatum, & possessionum. Dicitur enim, *Num. 36. quòd accesserunt principes familiarum Galaad, locutique sunt Moysi, coram principibus Israël, atque dixerunt, Tibi, domino nostro, præcepit Dominus, vt terram sorte diuideres filiis Israël, & vt filiabus Zaphat, fratris nostri, dares possessionem debitam patri.* Secundum, scilicet, quòd diuisio hæreditatum, & possessionum, pertineat ad iurisdictionem temporalem, patet per Augustinum. *Super Iob. Iure humano hoc dicitur, Hæc villa mea est, & hic seruus meus est. Iura autem humana Imperatorum sunt: quia ipsa iura humana per Imperatores & Reges Deus distribuit humano generi. Et ex hoc sequitur, quòd Apostolus voluit seruiri Regibus, voluit honorari Reges, & dixit, Regem reueremini. Nolite ergo dicere, Quid mihi & Regi? Quid tibi ergo & possessioni? Per iura Regum possidentur possessiones.* Vsque huc verba Augustini: & habentur 8. *Dist. quo iure.* Ex quibus patet, quòd diuisio hæreditatum & possessionum pertinet ad iurisdictionem temporalem, cuiusmodi est iurisdictio Imperatorum & Regum. Patet ergo, quòd Moyses habebat super populum Dei iurisdictionem temporalem. Vnde, quantum ad hoc, Reges & Principes repræsentat. Nunquam autem legitur, quòd Aaron de Ducatu, & iurisdictione pertinente ad Moysem se intromisit, volens sibi ipsi dominium attribuere, nisi ad mandatum ipsius Moysi. Immo à contrario, Aaron vocabat Moysem dominum *Exod. 32.* cùm Moyses reuersus de monte, in quo locutus fuerat cum Domino, turbatus fuerat de vitulo conflatili, quem fecerat populus, dixit ei Aaron, *Ne indignetur dominus meus. Tu enim nosti populum istum, quòd pronus sit ad malum.* Cùm autem iurisdictio siue regimen in Scriptura sacra intelligatur per virgam, iuxta illud *Psalmi, Reges eos in virga ferrea,* hoc est, inflexibili iustitia, secundùm *Glos.* iurisdictio ista duplex designata est in duplici virga, de qua legitur in Veteri Testamento. Legitur enim *Exod. 4.* quòd Moyses tenuit virgam. Vnde dicitur ibi, *Reuersus est Moyses in Ægyptum, portans virgam Dei in manu sua.* Legitur etiam *Numeri 17.* quòd Moyses inuenit germinasse virgam Aaron. Per primam percussa est terra Ægypti plagis corporalibus. Vnde ipsa designat iurisdictionem temporalem. Secunda solùm reposita est in Tabernaculo Testimonij, sicut legitur ibidem, *& in Arca Testamenti,* sicut habetur *ad Hebræos 9.* Et per hoc designat iurisdictionem spiritualem, seu Sacerdotalem. Propter quod *ad Hebræos 9.* super illud verbum , *Et virga Aaron quæ frondueras* , dicit *Glos. Potestas sacerdotalis.* Ex his colligi potest, quòd Sacerdos quicunque iurisdictionem habens in spiritualibus, sicut Aaron, nunquam super illum, qui habet iurisdictionem temporalem etiam sicut Moyses, debet sibi vendicare dominium : & quòd penes Ecclesiam, quæ verè est Arca Testamenti, non est reposita virga , hoc est potestas aliqua , nisi solummodo virga Aaron, id est , potestas spiritualis : Quantum est dico ex ordinatione primò diuinitus facta. Et hoc intelligi debet accipiendo Ecclesiam, non in generali, prout dicimus , quòd Ecclesia dicitur congregatio fidelium , sed secundùm quod accipitur in speciali, scilicet prout Ecclesia distinguitur contra seculum, & Clerici, & viri Ecclesiastici, contra Laïcos, & seculares. Verumtamen , sicut Aaron aliquando volente Domino vsus est virga Moysi , id est , iurisdictione temporali , sicut in afflictione Ægyptiorum per plagas multiplices , semper tamen de expressa auctoritate Moysi : Sic etiam qui nunc vocatus est ad iurisdictionem spiritualem , sicut Aaron, bene habet vsum alicuius iurisdictionis temporalis, sicut Papa, & Prælati alij alicubi, sed nonnisi quantum sibi datum & permissum ab illis , qui habent in hoc mundo temporalium potestatem, videlicet, ab Imperatoribus, Regibus, & aliis Principibus: De quibus, quòd potestatem habeant in temporalibus, & super Ecclesiam, probatur per Isidorum 23. *q.* 5. *Principes.* Vbi dicit sic, *Sæpe per regnum terrenum, cæleste regnum proficit, vt qui intra Ecclesiam positi, contra fidem, & disciplinam Ecclesiæ agunt, rigore Principum terreantur, ipsámque disciplinam, quam Ecclesiæ humilitas exercere non præualet, ceruicibus superborum potestas Principalis imponat, & vt venerationem mereatur, virtutem potestatis impartiatur. Cognoscant Principes sæculi Deo se debere rationem reddituros esse propter Ecclesiam, quam à Christo tuendam suscipiunt. Nam siue augeatur pax & disciplina Ecclesiæ per fideles Principes, siue soluatur, ille ab eis rationem exiget, qui eorum potestati Ecclesiam tradidit.* Huc vsque verba Isidori. Ex quibus habetur, quòd Ecclesia, quantum ad temporalia, potestati Regum & Principum est tradita & subiecta. Nec vacat à mysterio, quòd cùm ab illo Propheta, qui fuit de Sacerdotibus , qui erant in Anathot, videlicet Ieremia, quæritur aliquando , quid videret ? ipse se non virgas, sed virgam vigilantem videre respondit: per hoc, tam discretè , quàm sanctè, significans , quòd quicunque Sacerdos Domini, hoc est, sacrè præsidens in domo Domini, non ad duas virgas, id est, ad duas iurisdictiones vbique habendas, sed ad virgam vigilantem, id est, ad iurisdictionem spiritualem, debet respicere, in qua multum est necessarium esse vigilem & sollicitum, secundùm illud Apostoli 2. *ad Corinth. 11. Instantia nostra, sollicitudo omnium Ecclesiarum.* Sed ad regimen populi Israëlitici pro tempore Regum,

DE POTESTATE PAPÆ. 673

Regum, qui succefferunt Iudicibus, & Ducibus, & per confequens Moyfi, defcendamus. Certum eft enim, quòd tunc Reges in temporalibus præfidebant, Sacerdotes, & Prophetæ, fpiritualia regebant. Nunquam pro illo tempore fuit Sacerdos, vel Propheta, qui tanquam dominium habens, præceperit aliquid Regi, licèt bene legantur annunciaffe Regibus præcepta Domini, ficut legitur de Saul, 1. *Regum* 13. 2. 15. Sed Reges, ficut veri domini, præcipiebant Sacerdotibus, & Prophetis. Et ne dicatur, quòd hoc fecerunt mali Reges, non exercentes iurifdictionem, fed fæuientes in tyrannidem, oftendi poteft hoc de tribus melioribus, qui vnquam tunc regnauerunt fuper populum Domini, videlicet, de Dauid, Ezechia, & Iofia. De Dauid enim legitur 3. *Regum* 1. quòd præcepit Sadoch Sacerdoti, & Nathan Prophetæ, & Bananiæ filio Ioiadæ, dicens, *Tollite vobifcum feruos domini vestri*, vocans fe dominum eorum, *& imponite Salomonem filium meum fuper mulam meam, & ducite in Sion, & vngite eum ibi, Sadoch Sacerdos, & Nathan Propheta, in Regem.* De Ezechia verò legitur, 4. *Regum* 19. quòd *Ezechias ingreffus eft domum Domini, & mifit Eliacim, Præpofitum domus, & Sobnam, Scribam, & fenes de Sacerdotibus, ad Ifaiam Prophetam.* Et fequitur, *Dixitque eis Ifaias: Hæc dicetis domino veftro: Noli timere.* De Rege etiam Iofia legitur 4. *Regum* 22. *Cùm audiffet Rex verba libri Legis Domini, fcidit veftimenta fua, & præcepit Elciæ Sacerdoti, & Ahicam filio Saphan, & Achobor filio Micha, & Saphan Scribæ, & Afaiæ feruo Regis, dicens: Ite, & confulite Dominum.* Ecce ifti tres Reges, fuper omnes, qui vnquam rexerunt populum Domini, meliores, imperando, præcipiendo, & mittendo, fe oftenderunt, ficut & verè erant, poft Deum effe dominos principales, fuper quos, nec Prophetæ, nec Sacerdos, vnquam aliàs attentauerunt aliquid, quod effet eis in diminutionem fui dominij temporalis. Hic poffet fieri alia ratio, ex hoc quòd Prophetæ fua tempora, non fub Sacerdotibus, aut Pontificibus, fed fub Regibus, tanquam fub dominis principalibus, defcripferunt, vt patet *Ifaiæ primo*, & fic de fingulis Prophetis, & *Luc.* 1. *& 3.* Ex quibus omnibus elici poteft, quòd Papa, pater fpiritualis omnium Chriftianorum, non eft dominus omnium temporalis. Item hoc idem, videlicet, quòd Papa non fit dominus omnium temporalis, nec iurifdictionem habeat temporalem fuper omnes, apparet ex humili refponfione Chrifti. Legimus in *Luca* 12. *c.* quòd quidam venit ad Iefum, & dixit, *Magifter, dic fratri meo, vt diuidat hæreditatem mecum. At ille dixit ei: Homo, quis me conftituit iudicem, aut diuiforem, fuper vos?* Oftendens per hoc, quòd ad ipfum non fpectabat iudicium, vel iurifdictio, de diuifione hæreditatis, vel hæreditate poffefsionis. Vnde Ambrofius fuper illud verbum, *Bene terrena declinat, qui propter diuina defcenderat: nec iudex effe dignatur littium, & arbiter facultatum, vinorum habens, mortuorúmque iudicium, meritorúmque arbitrium.* Ex quibus poteft argui fic, *Non eft difcipulus fuper magiftrum, nec feruus fuper dominum fuum: & fufficit,* id eft, fufficere debet, *difcipulo, vt fit ficut magifter eius:* ficut fcribitur *Matth.* 10. Super quod verbum dicit Remigius, *Magiftrum & dominum femetipfum appellat: per feruum & difcipulum fuos vult intelligi Apoftolos.* Si ergo maioritatem iudicandi in temporalibus, ficut de diuifione hæreditatis, noluit in hoc mundo habere Chriftus, magifter & dominus, etiam in vnico cafu particulari, certè nunquam maioritatem deberet appetere quicunque Chrifti feruus, quicunque difcipulus, quicunque Apoftolus. Vnde Dominus in *Luca* 12. *c.* poftquam refponderat, *Quis me conftituit iudicem, ac diuiforem, fuper vos?* fciens, quòd velle iudicare, vel iurifdictionem habere, in talibus, pro-

Q Q q q

cedit ex radice auaritiæ, statim direxit verbum ad Apostolos, & dixit, *Videte & cauete ab omni auaritia: quia non in abundantia cuiusquam vita eius est, ex his quæ possidet.* Et ex istis verbis Domini moueri videtur Bernard. *lib. 1. De considerat. ad Eugen. cap. 5.* vbi dicit sic: *Vbi aliquando quispiam Apostolorum iudex sederit hominum, aut diuisor terminorum, aut distributor terrarum? Stetisse lego Apostolos iudicandos, sedisse iudicantes non lego. Erit illud, non fuit. Itáne imminuitur est dignitatis seruus, si non vult esse maior domino suo: aut discipulus, si non vult esse maior eo, qui se misit: aut filius, si non transgreditur terminos, quos posuerunt patres sui? Quis me constituit iudicem? ait ille, magister, & dominus: & erit iniuria seruo, discipulóque, si non iudicet vniuersos?* Et post pauca, *Quidni contemnant iudicare de terrenis possessiunculis hominum, qui in cælestibus & Angelos iudicabunt? Ergo in criminibus, non in possessionibus, potestas vestra: propter illa,* scilicet, *crimina, siquidem, non propter has, accepistis claues regni cælorum, præuaricatores vtique exclusuri, non possessores. Vt sciatis,* ait, *quia filius hominis habet potestatem in terra dimittendi peccata, &c. Quænam tibi maior videtur, & dignitas, & potestas, dimitendi peccata, an prædia diuidendi? Sed non est comparatio. Habent hæc infima & terrena iudices suos, Reges & Principes terræ. Quid fines alienos inuaditis? Quid falcem vestram in alienam messem extenditis?* Vsque huc verba Bernardi. Sed quia posset hîc aliquis dicere, quòd intermissa sunt hic aliqua verba Bernardi, quibus patet ipsum sensisse contrarium: Ad hoc respondeo: Non sunt intermissa verba, nisi ista, *Mihi tamen non videtur bonus æstimator rerum, qui indignum putat Apostolis, seu Apostolicis viris, non iudicare de talibus, quibus datum est iudicium in maiora.* In illis autem verbis non intendit dicere, quòd Apostoli iudicare debeant de illis terrenis, quorum iudicium pertinet ad Reges & Principes: sed vult dicere, quòd ex indignitate, & insufficientia, non procedit, quòd de talibus non debeant iudicare, sed magis ex impertinentia. Vnde Bernardus, immediatè post omnia verba suprà posita, dicit, *Non quia indigni vos, sed quia indignum vobis talibus insistere, quippe potioribus occupatis.* Responsionem etiam aliam Christi habemus, ex qua satis potest concludi propositum principale. Nam cùm Pilatus peteret ab ipso, vtrum esset Rex? *Ioan.* 18. ipse Christus respondit, *Regnum meum non est de hoc mundo.* Super quod verbum dicit Chrysostomus sic, *Hoc dicit, quoniam non tenet regnum, sicut hi Reges terreni tenent: sed quoniam desuper habet principatum, qui non est humanus, sed multo maior & clarior.* Si enim, secundùm quod regula Iuris dicit, nemo plus iuris transferre potest in alium, quàm sibi competere dignoscatur, & Saluator dicit regnum suum non esse ex hoc mundo, innuens se non habere Principatum humanum, liquet, quòd nec in Papam transferre voluit temporale & humanum regnum, & regni dominium. Idem etiam patet, scilicet, quòd Papa non sit dominus omnium temporalis, nec iurisdictionem temporalem habeat super omnes, ex sublimitate status Apostolici. Status enim Prælationis est status perfectionis, sicut docent Theologi Doctores. Et hoc etiam habetur à Dionysio in libr. *de Ecclesiastica Hierarchia,* attribuens in 5. *cap.* illius libri, perfectionem Prælatis, tanquam perfectioribus: & in 6. *c.* Religiosis, tanquam perfectis. Papa verò, non solùm est Prælatus, immò est omnibus Ecclesiasticis Prælatis præpositus. Vnde maximæ perfectionis debet esse status suus. Ad perfectionem autem non pertinet temporalis iurisdictio, sed Dei electio: secundùm illud, quod dicit Dominus, *Matth. 19. Si vis perfectus esse, vade, & vende omnia, quæ habes, & da pauperibus.* Ergo ad Papam non tantùm pertinet requirere dominium in temporalibus, quan-

DE POTESTATE PAPÆ. 675

tum suum affectum retrahere à temporalibus. Et est valde mirum. Certum est enim, quòd Prælati non sunt domini rerum Ecclesiasticarum, sed dispensatores tantùm, *Extr. de donationibus. fraternitatem*, & 12. *q.* 1. *si priuatum.* Quomodo ergo Prælatus aliquis quæritdominium super res non Ecclesiasticas, videlicet, super regna, & super terras Regum & Principum? plus enim super res Ecclesiasticas habent, quàm habeant superseculares. Possent autem aliqui dicere, quòd nihil aliud concludunt prædicta, nisi quòd Papa non est superior dominus omnium Christianorum, ratione, qua est Vicarius Christi. Nam ratione ista non est nisi pater spiritualis. Sed bene habetur causa alia, propter quam reputari debet, & est, omnium dominus temporalis, videlicet, propter donationem, quam fecit Imperator Constantinus beato Sylvestro Papæ, & omnibus, qui postea sibi succedere debebant in Papatu, de qua habetur in Decretis, *Dist. 96. Constantinus*. Sed videtur, quòd istud non sufficiat ad probandum, quòd Papa sit dominus omnium Christianorum in temporalibus. Nam quidquid fuit de Imperialibus Imperij Romani, & Occidentalis, & de ipso Romano, & Occidentali Imperio, certum est tamen quòd Orientale Imperium beato Sylvestro non dedit, nec suis successoribus, sed illud sibi retinuit. Vnde & in Byzantio, quæ nunc Constantinopolis dicitur, sedem Orientalis Imperij posuit, eam ex nomine suo Constantinopolim appellans. Constat autem, quòd tunc, & post donationem prædictam, in Oriente erant multi Christiani, cùm in Constantinopoli fundauit idem Constantinus insignes Ecclesias, sed vnam præcipuam, quam Sanctæ Sophiæ, id est, Diuinæ Sapientiæ, quæ Christus est, dedicauit. Ergo ratione illius donationis non potest dici dominus temporalis omnium Christianorum, sed saltem illorum Christianorum, qui sunt de Romano Imperio. Quantum ergo ad illa regna, quæ non subsunt Romano Imperio, non est Papa dominus superior in temporalibus. Regnum autem Franciæ non subest Romano Imperio : immò sunt certi limites, & fuerunt à tempore, ex quo non extat memoria, per quos Regnum & Imperium diuiduntur. Ergo Papa in regno Franciæ non est dominus, nec superior in temporalibus, sed tantùm in spiritualibus, sicut & vbique terrarum. Et in signum huius, Stephanus Papa, qui Pipinum, Regem Franciæ, in Ecclesia sancti Dionysij in Francia, in Regem Francorum inunxit, nihil ibi egit, sicut dominus temporalis : sed sicut spiritualis pater ipsum, & sibi succedentes in regali hereditate benedixit, ordinans quòd omnis alienigena ab cius inuasione Apostolico anathemate interdiceretur, sicut apparet historias illius temporis diligentiùs intuenti. Si verò diceret aliquis, Regem, & regnum Franciæ subesse in temporalibus Romano Imperio de iure : & per consequens etiam Papæ, quamuis de facto fuerit aliud observatum : Contra hoc opponitur: Nam per præscriptionem legitimam ius acquiritur præscribenti. Nulla autem præscriptio magis est legitima, quantum ad cursum temporis, quàm centenaria : Vnde & ipsa currit contra Romanam Ecclesiam. Reges autem Franciæ longè plus quàm à centum annis sunt in possessione pacifica, quòd solum Deum superiorem habent in temporalibus, nullum alium recognoscentes superiorem in istis, nec Imperatorem, nec Papam. Vnde patet, quòd per diuturnam possessionem est ipsis ius summæ superioritatis in regno suo taliter acquisitum. Nec valet si contra hoc dicatur, quòd præscriptio, quantumcunque longæua, valeat, oportet, quòd ille, qui præscripsit, habeat bonam fidem. Nam possessor malæ fidei non præscribit. Constat enim Reges Franciæ fuisse bonæ fidei in ista possessione.

QQqq ij

Nam Christi semper fideles Ecclesiæ, & Ecclesiæ in suorum prosecutione iurium, extiterunt, sicut exempla habemus de multis, qui nobis fuerunt propinqui tempore. Ludouicus enim domini Regis, qui modò regnat proauus, in via quam fecit versus Albigenses, pro defensione Ecclesiæ obiit. Philippus pater eius, in Aragonia causam agens Ecclesiæ, ad Deum migrauit. Beatus Ludouicus istius regis auus, pro dilatatione fidei Christianæ apud Carthaginem debitum vniuersæ carnis exsoluit. Qui pro certo, si etiam in præscriptione superioritatis prædictæ, bonæ fidei non fuisset, nunquam fuisset canonizatus per Ecclesiam, nec auctor fidei, Iesus Christus, sanctitatem eius tot, & tantis, & tam euidentibus miraculis, comprobasset. Per istam eandem rationem concludi potest, quòd ius plenum habet Rex Franciæ accipiendi Regalia, id est, reditus Episcopales, dum vacant Episcopatus in aliquibus Ecclesiis Franciæ, & conferendi beneficia Ecclesiastica, quorum collatio ad ipsos Episcopos, dum viuerent, pertinebat. Ex præmissis ergo omnibus colligitur euidenter, quòd Papa non est super omnes Christianos superior dominus in temporalibus. Vnde argumenta omnia istud concludentia, concedenda sunt.

AD RATIONES PRINCIPALES SEQVITVR RESPONSIO.

RESPONDENDVM est ergo ad illa argumenta, quæ ad partem contrariam adducuntur.
Vnde ad primum, quando dicitur, *Matth. 28. Data est mihi omnis potestas, &c.* dico, quòd istud est concedendum. Et quando accipitur postea, Papa est Christi Vicarius, &c. dico, quòd Papa est Christi Vicarius, nec habet aliquam potestatem vel auctoritatem, quam non habuit à Christo. Sed certum est, quòd nec accepit omnem potestatem, quam habuit Christus. Christus enim suam potestatem non alligauit Sacramentis. Vnde & sua potestas est super Sacramenta. Potestas autem Papæ non est super Sacramenta. Restringitur enim Papæ potestas, sicut notatur, *Extr. de concess. præb. vel Eccles. non vacant. proposuit.* in casibus, in quibus non est dubium se excedere potestatem Christi. Christus autem potestatem habuit faciendi miracula, quam Papa non habet ratione sui Papatus. Vnde male concluditur, quando concluditur tam generaliter, quòd Papa habeat omnem potestatem.

Ad secundum, quando opponitur de duobus luminaribus firmamenti, notandum, quòd, sicut Gregor. dicit 13. *libro Mor. Sacra Scriptura omnes scientias ipso locutionis suæ more transcendit: quia vno eodémque sermone, dum narrat gestum, prodit mysterium.* Ex quo assumunt Theologi Doctores, quòd duplex est sensus sacræ Scripturæ, scilicet, historicus, qui dicitur literalis: & mysticus, qui dicitur spiritualis: qui diuiditur in tres, scilicet, anagogicum, allegoricum, & moralem: quorum medius, scilicet, allegoricus, est quando ea, quæ sunt Veteris Legis, signant ea, quæ sunt Nouæ Legis. Sed inter omnes prædictos sacræ Scripturæ sensus, non est nisi vnus argumentatiuus, scilicet, historicus vel literalis, ex quo posset trahi argumentum, sicut dicit Augustinus in Epistola *contra Vincentium Donatist. &c.* Dico ergo, quòd illa expositio duorum luminarium, quæ ponitur in Decretali, *Solitæ*, non est expositio tangens sensum historicum, siue literalem, sed solummodo mysticum, & spiritualem, videlicet, allegoricum. Vnde ex hoc non debet trahi aliquod argumentum. Quia ad destructionem errorum non proceditur, nisi per sensum literalem: eò

DE POTESTATE PAPÆ. 677

quòd alij senfus funt per similitudines accepti: & ex similitudinariis locutionibus non poteft sumi argumentatio. Vnde etiam Dionyfius dicit in Epiftola *ad Titum*, quòd symbolica Theologia non eft argumentatiua. Eft etiam ad hoc alia refponfio. Nam licèt Sol fit luminare maius, & Luna luminare minus: licèt etiam Luna lumen non habeat, nifi à Sole : funt tamen aliqua, super quæ Sol nihil poteft, vel faltem non tantum, quantum Luna : vtpote, super aquarum maris attractionem, super roris in aëre generationem, super humani corporis difpofitionem, ad mutationem ftatus Lunæ, fecundùm incrementum, & decrementum ipfius. Vnde concludendo maioritatem luminarium maiorum, id eft, primitatem auctoritatis Sacerdotalis, super luminare minus, id eft, super poteftatem regalem, non concluditur, quòd auctoritas Pontificalis fit fuper poteftatem regiam, vel quòd fibi de poteftate regia debeat aliquid vfurpare. Veruntamen, quia tota illa expofitio, de illis duobus luminaribus, ad duo videtur tendere, videlicet, quòd auctoritas Sacerdotalis fit dignior, quàm poteftas regalis : & quòd poteftas regalis nihil iurifdictionis habeat, nifi quantum fibi deriuatur ab auctoritate Pontificali : circa ifta duo eft aliquantulum infiftendum. Et quantum ad primum, fciendum, quòd fi de dignitate agitur, auctoritas Sacerdotalis dignior eft, quàm fit poteftas regalis, vel quæcumque poteftas alia fecularis, ficut fpiritus dignior eft corpore. Et illam dignitatem recognofcunt omnes fideles, & Catholici Principes, non folùm de Papa, Archiepifcopis, & Epifcopis, fed etiam de Sacerdotibus fimplicibus, ipfis in omnibus, fpiritualia tangentibus, humiliter fe inclinando, & genuflectendo etiam coram ipfis, fecundùm quod fe offert tempus deuotionis, vel offerendo, vel confitendo, vel abfolutionem petendo. Et hanc dignitatem, non aliquam dominationem temporalem, recognofcebat Valentinianus Imperator, quando Suffraganeis Mediolanenf. Ecclefiæ dixit, *Talem in Pontificali Sede conftituere procurate, cui & nos, qui gubernamus Imperium, fyncerè noftra caputa fubmittamus, & eius monita, cùm, tanquam homines, deliquerimus, fufcipiamus neceffariò, velut medicamenta curantis.* Extr. de iudic. nouit. Quia ergo conceditur ab omnibus, quòd dignior eft auctoritas Pontificalis, quàm poteftas regalis, fruftra conatus eft hoc tam exquifitè probare, inducens conclufiones Ptolemæi *in 5. libro Almagefti*, de maioritate Solis, refpectu terræ, & de maioritate terræ, refpectu Lunæ : & concludens, quòd auctoritas Pontificalis maior eft auctoritate regali fepties millies & feptemdecies & quadragefies, & vltrà, Hoftienf. tam in *Apparatu* fuo fuper Decreto, *Solitæ*, quàm in fua *Summa, in titulo, Qui fil. funt legit.* Quantum autem eft de fecundo, ad quod videtur tendere illa fecunda expofitio, videlicet, quòd poteftas regalis deriuetur ab auctoritate Papali, patet hoc non effe verum. Nunquam enim prius deriuatur à pofteriori, fed è conuerfo. Priùs autem fuerunt Reges, quàm Summi Pontifices, ficut docent hiftoriæ facientes de Regibus & Summis Pontificibus mentionem.

Ad III. quod dicitur de Zacchar. Papa, qui depofuit Regem Franciæ, dicendum, quod non eft verum. Nunquam enim permififfent Barones regni Franciæ. Vnde & Ioannes in *Apparatu Decretorum*, fuper illud verbum, *Depofuit*, gloffat, *id eft, deponentibus confenfit.* Et certe, fecundùm veritatem hiftoriæ, magis deberet gloffari, *Depofuit,* id eft, deponere volentibus confuluit. Pipinus enim mifit ad Papam, non ficut ad temporalis regni dominum, fed ficut ad virum fapientem, ad habendum confilium, quia confilium eius, ratione ftatus Summi Pontificij, videbatur effe mul-

QQqq iij

DE POTESTATE PAPÆ.

tum authenticum, sicut apparet ex verbis illius historiæ, quæ sunt ista, *Pipinus Princeps Francorum misit Legatos ad Zacchar.* Papam, consulens, *quis potius Rex esse, aut dici, deberet, qui magnos pro regni pace sustineret labores, an qui otio deditus, solo nomine regio esset contentus? Cui idem Pontifex remandauit illum potius appellari Regem, qui bene Rempublicam regeret. Qua responsione tanti Pontificis Franci animati, Childerico Rege in monasterio retruso, & monastico tegmine palliato, Pipinum Regem constituunt.* Quod autem dicitur de Friderico, quem deposuit Innocentius Papa IV. dico quòd verum est, & de illo Imperatore concedo, quòd Papa est eius dominus temporalis: quoniam ille Imperator sit per electionem, & à Papa confirmationem recipit, & coronam. sed nihil horum est in Rege Franciæ.

Ad IV. de Decreto Gelasij Papæ, dicendum quòd vis illius Decreti est in verbis illis, *Nosti itaque,* tu, scilicet, Imperator, *ex illorum,* scilicet, Pontificum, *te pendere iudicio.* Nam ex hoc concluditur, quòd Imperator subsit iudicio Summi Pontificis. Et hoc bene concedendum est, sed hoc est in spiritualibus tantùm, non in temporalibus. Et si etiam concedatur quòd in temporalibus de Imperatore, non propter hoc concludendum est de Rege Franciæ, propter causas tactas in solutione tertij argumenti.

Ad V. in quo opponitur de cælesti hierarchia, dicendum est, quòd hierarchia cælestis est de Angelis, & hierarchia Ecclesiastica est de hominibus: & ideo exemplificatio hierarchiæ Ecclesiasticæ ad cælestem debet esse, quantum ad illa, in quibus est conuenientia inter homines & Angelos, & non quantum ad illa, in quibus differunt. Conueniunt autem homines cum Angelis, non ratione corporis, quia Angeli sunt incorporales, sicut dicit Damascenus *libro secundo: Angelus,* inquit, *est substantia intellectualis, semper mobilis, arbitrio libera, & incorporea.* Nec ratione temporis, quia Angeli non mensurantur tempore, sed æuo. Dicit enim Augustinus 12. *de Ciuitate Dei, Immortalitas Angelorum non transit tempore, quasi iam non sit, nec est futura, quasi nondum sit.* Nec ratione alicuius rei temporalis, quia talibus non indigent, nec vtuntur, sicut dixit Angelus Tobiæ 12. *Cùm essem vobiscum per voluntatem Dei, videbar quidem vobiscum manducare & bibere, sed ego cibo inuisibili, & potu, qui non potest videri ab hominibus, vtor.* Sed bene conueniunt homines cum Angelis, quantum ad partem illam hominis, per quam homo est super corpus, & corporalia, & etiam temporalia, videlicet, quantum ad spiritum. Quando ergo dicitur, Ecclesiastica hierarchia exemplata est ad similitudinem hierarchiæ cælestis, dico quòd verum est in spiritualibus; sed in nullo exemplatio ista trahenda est ad temporalia, vel corporalia: & concedo quòd sicut in cælesti hierarchia est vnus qui præest omnibus spiritibus, ita in Ecclesia est vnus qui præest omnibus animabus, quantum ad ea, quæ pertinent ad spiritum & spiritualitatem, sed non quantum ad ea, quæ pertinent ad temporalitatem.

Ad VI. quo opponitur de Ieremia, cui dictum est, *Ecce constitui te super gentes, & super regna,* Ierem. primo, dico, quòd quamuis Innocent. Papa tertius illam auctoritatem ad suam voluntatem exponat in illa Decretali *Solitæ,* sunt tamen aliæ valde multæ, & suo proposito contrariæ, expositiones. Nam expositio Glossalis est ista, *Ecce constitui te super gentes, & super regna, vt euellas mala, & destruas, & dissipes regna Diaboli, & ædifices Ecclesiam, & plantes bonum.* Ecce videre potest quilibet, si secundùm istam expositionem datum est Ieremiæ super gentes, & super regna, dominium aliquod, vel iurisdictio temporalis. Potest ergo dici ad argumentum, quòd per illa

DE POTESTATE PAPÆ. 679

verba, *Constitui te super gentes, & regna*, data est sibi superioritas, quantum ad officium prædicationis, & correctionis, in spiritualibus, non autem, quantum ad dominium alicuius iurisdictionis in temporalibus. Et hoc satis expressè ostendit beatus Bernardus, *libro secundo de Consideratione ad Eugenium Papam, c.* 4. vbi loquens Eugenio Papæ, dicit sic: *Factum te superiorem dissimulare nequimus: sed enim ad quid omnimodis attendendum. Non enim ad dominandum opinor. Nam & Propheta cùm similiter leuaretur, audiuit, Vt euellas, & destruas, & disperdas, & dissipes, & ædifices, & plantes. Quid horum fastum sonat? Rusticani magis sudoris schemate quodam, labor spiritualis expressus est. Et nos ergo, vt multum sentiamus de nobis, impositum senserimus ministerium, non dominium datum.* Et post pauca sequitur, *Disce exemplo Prophetico præsidere, non tam ad imperitandum, quàm ad factitandum, quod tempus requirit: disce sarculo tibi opus esse, non sceptro, vt opus facias Prophetæ. Et quidem ille non regnaturus ascendit, sed extirpaturus.* Vsque huc verba beati Bernardi. Ex quibus clarè patet, qualiter dicta auctoritas Ieremiæ debet exponi, & quòd distortè ad sensum alienum trahitur.

Ad VII. vbi dicitur *Deuteronom. 17. Si quis superbierit, &c.* dicendum quòd satis ordinatè duo ibi tanguntur, scilicet, imperium Sacerdotis, & decretum iudicis: ita quòd in primo tangitur iurisdictio spiritualis, & in secundo iurisdictio temporalis. Et certè, *Nolens obedire imperio Sacerdotis*, id est, illius qui habet iurisdictionem spiritualem, *morietur*, id est, mortem merebitur spiritualem, mortale peccatum committendo: & *Nolens obedire decreto iudicis*, id est, illius, qui habet iurisdictionem temporalem, *morietur* temporaliter, id est mortem temporalem sustinendo, vel naturalem, vel ciuilem, secundùm varietatem casuum, in quibus committitur inobedientia. Ex quibus patet, quòd ex auctoritate illa non potest concludi superioritas Papæ, respectu omnium, in temporalibus, sed potiùs contrarium.

Ad VIII. de illo *c. omnes. Dist. 22.* dicendum, quòd quomodo illud verbum, *Qui beato Petro æternæ vitæ clauigero terreni simul, & cælestis imperij iura commisit*, debeat intelligi, apparet per Decretum Anacleti Papæ, *Dist. 21. in nouo.* Nam illa commissio facta Petro fuit, quando Dominus ei dixit, *Tu es Petrus, & super hanc petram ædificabo Ecclesiam meam: & portæ inferi non præualebunt aduersus eam: & tibi dabo claues regni cælorum*, sicut habetur in *c. illo in nouo.* Cuiusmodi verba sumpta sunt de *Matth. 16. c.* vbi post verba præmissa, sequitur, *Et quodcumque ligaueris super terram, erit ligatum & in cælis: & quodcumque solueris super terram, erit solutum & in cælis.* Ecce quomodo commissum est terrenum imperium: ita videlicet, quòd in terris potest ligare, & soluere. Quod certè necessariò posset intelligi, non temporaliter, sed spiritualiter. Et hoc apparet per illud, quod sequitur, *Et quodcumque ligaueris, &c.* Nam in cælis nullum locum habere potest ligatio, vel solutio, temporalis. Et verum est, quòd qui istud ius ligandi, & soluendi, spiritualiter, Ecclesiæ Romanæ subtrahit, *in hæresim labitur*, vt dicitur in *c. omnes.* Sed dominium super omnes in temporalibus non concedere Romanæ Ecclesiæ, non est ius eius in aliquo subtrahere: & per consequens, nec est labi in aliquam hæresim.

Ad IX. quando dicitur, Quæ sunt causatorum, insunt causis: potest dici, quòd quadruplex est causa: videlicet, materialis, & formalis: & istæ duæ sunt intrinsecæ: Aliæ duæ sunt extrinsecæ, scilicet, efficiens, & finalis. Si ergo intelligatur istud verbum, de causa materiali, non est verum. Materia enim, quantùm est de se, non est, nisi potentia pura. Et

QQ qq iiij

ideo actus, qui funt in compofito, non infunt caufæ materiali. Similiter etiam de formali. Forma enim de fe eft fimplex, & ideo ea, quæ in compofito funt, compofitionem habentia, non debent dici effe in forma. Quia iam non effet fimplex. De efficiente verò caufa, videmus etiam aliqua effe in caufato, quæ non funt in caufa. Sol enim caufa effectiua eft iftorum terræ nafcentium: & tamen in eis inuenitur humiditas, viriditas, & alia, de quibus certum eft, quòd in Sole non funt. De finali etiam caufa, finaliter patet non effe verum. Nam in his, quæ ad finem funt, inuenitur motus, & imperfectio: in fine autem quies, & perfectio, inueniuntur. Propter quod illud verbum non poteft intelligi fimpliciter, quæ funt caufatorum infunt caufis, nifi fiat aliqua additio, vtpote, fecundùm relationem, vel fecundùm virtutem, vt in caufa efficiente: vel fecundùm intentionem, vt in caufa finali. Et quando dicitur poftea, quòd poteftas fpiritualis caufa eft poteftatis temporalis, dico, quòd falfum eft, fecundùm quod accipimus poteftatem in propofito, videlicet, pro iurifdictione. Nam caufa prior eft eo, cuius eft caufa. Reges autem habentes poteftatem temporalem priùs fuerunt, quàm Pontifices habentes poteftatem fpiritualem, ficut iam pluries dictum eft. Ad probationem autem cùm dicitur, Sicut fe habet anima ad corpus, fic fpiritualia, quibus fuftentatur anima, ad temporalia, quibus fuftentatur corpus, dico, quòd falfum eft. Et ecce ratio. Nam anima fic fuftentatur fpiritualibus, quòd ipfa fpiritualia non agunt ad fuftentationem corporis. Sed temporalia fic ad fuftentationem corporis agunt, quòd agunt etiam ad fuftentationem animæ, quæ deficeret corpore deficiente. Vnde maiorem dependentiam habet anima à temporalibus, quàm contrà. Non poteft ergo per hoc concludi, quòd poteftas fpiritualis præeft refpectu temporalium.

Ad x. vbi opponitur per Auguftinum, quòd vera iuftitia non eft in Republica, vbi Chriftus non eft rector, dico certè, quòd hoc eft verum. Ipfe enim eft *Rector potens, verax Deus*. Sed quando dicitur, Papa eft Chrifti Vicarius, dico, quòd verum eft in fpiritualibus: fed bene habet alium Vicarium in temporalibus, videlicet, poteftatem temporalem; quæ cùm fit à Deo, ficut dicitur *Roman*. 13. poteft dici vices Dei gerere in regimine temporali.

Ad xi. de fpirituali, qui omnia iudicat, dico, quòd Apoftolus non loquitur ibi de iudicio iurifdictionis, quod competit alicui per fupremam impofitionem, de quo intendimus ad præfens, fed loquitur de iudicio difcretionis, quod habetur per internam infpirationem. Et hoc fatis apparet per Gloffam fuper illum locum. Ipfa enim interna infpiratio facit hominem de omnibus iudicare, hoc eft, difcretè fapere, & fentire, fecundùm illud 1. *Ioan*. 2. *Vnctio eius docet vos de omnibus*. Ex quo apparet, quòd auctoritas illa non facit ad propofitum.

Ad xii. in quo dicitur, Qui poteft quod eft maius, poteft etiam quod eft minus, dico, quòd illud non eft femper verum, ficut patet. Nam corpus Chrifti conficere multo maius eft, quàm excommunicare, vel ab excommunicatione abfoluere: & tamen non omnis, qui poteft corpus Chrifti conficere, poteft excommunicare, vel abfoluere, ficut aliqui Sacerdotes, nullam iurifdictionem habentes. Oportet ergo illud verbum exponere, vt dicamus, quòd veritatem habet in his, quæ inter fe ordinata funt, & ex hoc quandam dependentiam habent, ficut in officiis Ordinum Ecclefiafticorum. Quia enim inter fe ordinata funt, certè qui poteft miniftrare in Ordinibus facris, quod eft ma-

DE POTESTATE PAPÆ. 681

ius, poteſt etiam miniſtrare in Ordinibus non ſacris, quod eſt minus : & qui poteſt miniſtrare in officio Sacerdotis, quod eſt plus, poteſt etiam miniſtrare in officio Diaconi, quod eſt minus. In propoſito autem non eſt ita. Nam & iuriſdictio ſpiritualis, quam habet Papa, & iuriſdictio temporalis, quam habet Rex in regno ſuo, omnino diſtinctæ ſunt, & diſiunctæ, ita quòd, ſicut Rex non habet ſe intromittere de iuriſdictione ſpirituali, quæ eſt penes Papam, ita nec Papa habet ſe intromittere de iuriſdictione temporali, quæ reſidet penes Regem. Vnde non eſt inter iſtas duas iuriſdictiones mutua dependentia, niſi quantum ad mutuam defenſionem, quam ſibi mutuò tenentur exhibere, cùm neceſſe fuerit, prout ad vnamquamque pertinet, vt bene valeat regi Reſpublica, tam ſpiritualiter, quàm corporaliter. Et iſta ſatis probari poſſunt per ea, quæ habentur in Decretis *Diſt.* 10. *quoniam idem*, & in *c. de capitulis*, tam in textu, quàm in Gloſſa.

Ad XIII. de Cant. 6. *Vna eſt columba, &c.* id eſt, Eccleſia, dico, quòd illa vnitas non tollit duplicitatem iuriſdictionis, ſed ponit ſimplicitatem intentionis, tollendo duplicitatem ſimulationis. Vnde Gloſſa interlinearis, ſuper illud verbum, *Vna*, dicit, Simplicitate. Vel aliter poteſt dici, quòd vnum ſimpliciter poteſt dici aliquid, multis modis. Vno modo dicitur aliquid vnum, indiuiſibilitate, quod non diuiditur, nec actu, nec potentia, vt punctus, vnitas. Alio modo dicitur vnum, continuitate, quod eſt vnum actu, & plura potentia, ſicut linea. Tertio modo dicitur vnum, perfectione, ſicut domus vna, vel calceamentum, vel huiuſmodi. Et hoc modo dicitur vnum, illud, ad cuius integritatem diuerſa requiruntur. Et hoc modo Sacramentum Euchariſtiæ dicitur vnum, quamuis ibi diuerſa concurrant, & ex parte materiæ, ſcilicet, panis, & vinum, & ex parte formæ, ſcilicet, verba conſecrationis corporis, & verba conſecrationis ſanguinis. Iſto modo Eccleſiam eſſe vnam, vnitate ſcilicet perfectionis, ad quam plura concurrunt ad hoc, vt ſit perfecta. Inter quæ duo principalia ſunt, ſcilicet, iuriſdictio ſpiritualis, & temporalis. Et propter hoc, ſtatim poſt illud verbum, *Vna eſt columba mea*, ſubiungitur, *Perfecta mea*. Et ad hoc, quod dicitur, Vna eſt ſponſa: Ergo debet habere vnum ſponſum, dico, quòd verum eſt. Et iſte ſponſus eſt Chriſtus. Et iſtius ſponſi Papa eſt Vicarius. Et hoc in regimine ſpiritualium. Alium autem habet in regimine temporalium, ſicut patet in ſolutione 10. argumenti.

Ad XIV. vbi dicitur de confirmatione Imperatorum per Papam, dicunt aliqui, quòd ſicut Cardinalis Hoſtienſis conſecrat Papam; & tamen poſt conſecrationem nullam iuriſdictionem ſpiritualem habet ſuper ipſum Papam: ita Papa confirmat Imperatorem, & etiam coronat; & tamen poſt confirmationem, & coronationem, nullam iuriſdictionem temporalem ſuper ipſum habet. Ego dico, quòd quicquid ſit de Imperatore, nunquam tamen ſuper Regem Franciæ habet Papa, vel habuit, aliquam temporalem iuriſdictionem. Et hoc, quia idem Rex habet regnum, non per electionem, ſed per ſucceſſionem, nec vnquam à Papa recipit confirmationem, vel coronationem. Vnde patet, quòd non bene concluditur; quando dicitur, Papa eſt ſuperior in temporalibus Imperatore. Ergo quolibet Chriſtiano. Quia aliquæ cauſæ ſunt in Imperatore, quare ſubditus ſit Papæ in temporalibus, quæ non inueniuntur in aliquibus Regibus, ſicut in Regibus Franciæ, & Hiſpaniæ, & fuit etiam aliquando in Rege Angliæ, videlicet, vſque ad tempus Regis Ioannis, qui dicebatur, Sine terra, ſicut apparet per inſpectionem Chronicarum, vnde etiam illa Decretalis, *Extr. Qui fil. ſunt*

DE POTESTATE PAPÆ.

legitim. caufam, quæ facta fuit ante tempus illius Ioannis Regis Angliæ ſicut notat Hoſtienſis in ſuo *Apparatu* ſuper eandem Decretalem.

Ad xv. de conſtitutione Petri in Vicarium Chriſti, per illa verba, *Et tibi dabo claues regni cælorum*, patet ſolutio per ea, quæ dicta ſunt in reſponſione ad octauum argumentum, vbi verba illa pleniùs exponuntur.

Ad xvi. vbi arguitur de legitimatione, dicendum eſt ſemper, quod notat Bernardus in *Apparatu* ſuo, quòd Papa poteſt legitimare, quantum ad honores, & dignitates aliquas temporales, illos, qui non ſunt de iuriſdictione ſua temporali, vt per hoc intelligantur legitimati, vt poſſint eſſe iudices, & habere huiuſmodi honores, quos anteà non habebant. Tamen non poteſt legitimare aliquem, quantum ad hoc, vt ſuccedat in hæreditate, tanquam legitimus hæres, qui non ſit de ſua temporali iuriſdictione. Et in hac ſententia, ſicut notatur ibi, fuerunt Laurentius, Vincentius, & Tancredus. Primum non probat in Papa aliquod dominium temporale ſuper illos, qui non ſunt de ſua temporali iuriſdictione, Sed ſecundum bene probaret, ſi eſſet. Vel aliter poteſt reſponderi ſic: Quando dicitur, nullus poteſt legitimare aliquem ad honores & dignitates temporales, niſi ſuper illum habeat dominium temporale, dico, quòd verum eſt, ſi accipiatur, legitimare, directè, & de debito iure. Et quando dicitur, quòd Papa poteſt, dico, quòd hoc non poteſt, niſi indirectè, & quaſi per quandam conſequentiam non neceſſariam ſed congruam. Poteſt tamen legitimare, quantum ad ſpiritualia. Et certè clarum eſt, quòd qui legitimatus eſt, quantum ad ſpiritualia, quæ maiora ſunt, intelligatur etiam legitimatus, quantum ad honores temporales, per quandam reuerentiam, quæ debet exhiberi Papæ, quam etiam exhibuerunt ei Principes, plura ipſi, quæ non erant ſibi de iure debita, permittendo.

Ad xvii. argumentum, de auctoritate Bernardi ad Eugenium dico, quòd Bernardus non loquitur ibi aſſerendo, ſed magis dubitando. Et hoc apparet ex duobus. Primò ex hoc, quòd ipſe ponit ibi, *forſitan*, dicens, *Tuus ergo, & ipſe forſitan, &c.* Secundò ex hoc, quòd in fine illorum verborum dixit, *Et de hoc aliàs*: ac, ſi diceret, Non ſtes ei, quod modò dictum eſt cum dubitatione, ſed his, quæ aliàs dixi. Sub aſſertione autem contrarium dixit, & docuit, in eodem libro, in pluribus locis, ſicut ſuperiùs tactum eſt, & apparet intuenti in *primo libro, 5. capitulo, & in tertio libro, 1. capitulo*, in quo verba iſta ſunt, *Vt mihi videtur, diſpenſatio tibi ſuper illum*, id eſt, ſuper orbem terrarum, *tradita eſt, non data poſſeſſio. Si pergis vſurpare & hanc, contradicit tibi, qui dicit, Meus eſt enim orbis terræ, & plenitudo eius. Non tu ille, de quo Propheta, Et erit omnis terra poſſeſſio eius. Chriſtus hic eſt, qui ſibi poſſeſſionem vendicat, & iure creationis, & merito redemptionis, & dono patris. Cui enim alteri dictum eſt, Poſtula à me, & dabo tibi gentes hæreditatem tuam, & poſſeſſionem tuam terminos terræ? Poſſeſſionem, & dominium rede huic, tu curam illius habe. Pars tua hæc, vltrà ne extendas manum. Quid: inquis: Non negas præeſſe, & dominari vetas? Planè ſic. Quaſi non bene præſit, qui præeſt in ſollicitudine. Numquid non & villa villico, & paruulus dominus ſubiectus eſt pædagogo? Non tamen villæ ille, nec is domini ſui dominus eſt. Ita & tu præſis vt prouideas, vt conſulas, vt procures, vt ſerues: Præſis, vt proſis: Præſis, vt fidelis ſeruus, & prudens, quem conſtituit dominus ſuper familiam ſuam. Ad quid? Vt des illis eſcam in tempore, hoc ſt, vt diſpenſes, non imperes. Hoc fac, & dominari non affectes, homini homo, vt non dominetur tui omnis iniuſtitia. At ſatis ſupérque id intimatum ſuprà, cùm quis ſis diſputaretur. Addo tamen*

DE POTESTATE PAPÆ.

& hoc. Nam nullum tibi venenum, nullum gladium plus formido, quàm libidinem dominandi. Vſque huc verba beati Bernardi. In quibus apparet, quòd Papa ſuper omnes nec habet, nec appetere debet dominium temporale. Et placeat illi, qui *dominator eſt virtutis, & cum tranquillitate iudicat*, ſicut dicitur *Sap.* 12. Per quem in mari facta eſt tranquillitas, ſicut habetur *Matth.* 14. vt poſt tempeſtatem modernam, tranquillum faciat: & vt verbis Apoſtoli 1. *Timoth.* 2. vtar, *Obſecro primùm omnium fieri obſecrationes, orationes, poſtulationes, gratiarum actiones, pro omnibus hominibus, pro regibus, & omnibus, qui in ſublimitate conſtituti ſunt, vt quietam, & tranquillam vitam agamus.* Amen. Deo gratias.

EXPLICIT.

FINIS.

www.ingramcontent.com/pod-product-compliance
Lightning Source LLC
Chambersburg PA
CBHW061733300426
44115CB00009B/1205